无悔年华

解放战争时期清华校友足迹 上卷

王 浒 史宗恺 主 编

张其锟 张思敬 钮友杰
唐 杰 解红岩 副主编

清华大学出版社
北京

图书在版编目（CIP）数据

无悔年华：解放战争时期清华校友足迹 / 王浒，史宗恺主编 . 一北京：清华大学出版社，2021.4

ISBN 978-7-302-57776-8

Ⅰ . ①无… Ⅱ . ①王… ②史… Ⅲ . ①清华大学－校友－生平事迹 Ⅳ . ① K828.4

中国版本图书馆 CIP 数据核字 (2021) 第 054572 号

责任编辑：周　菁
封面设计：史宪罡
版式设计：方加青
责任校对：王荣静
责任印制：沈　露

出版发行：清华大学出版社
网　　　址：http：//www.tup.com.cn，http：//www.wqbook.com
地　　　址：北京清华大学学研大厦 A 座　　　　　**邮　　编：**100084
社 总 机：010-62770175　　　　　　　　　　　　**邮　　购：**010-62786544
投稿与读者服务：010-62776969，c-service@tup.tsinghua.edu.cn
质 量 反 馈：010-62772015，zhiliang@tup.tsinghua.edu.cn
印 装 者：涿州市京南印刷厂
经　　销：全国新华书店
开　　本：170 mm×240 mm　　　　**印　　张：**60.75　　　　**字　　数：**1150千字
版　　次：2021 年 4 月第 1 版　　　　**印　　次：**2021 年 4 月第 1 次印刷
定　　价：240.00元（全二册）

产品编号：090917-01

谨以此书献给

中国共产党成立一百周年

清华大学建校一百一十周年

清华大学党组织建立九十五周年

序言一

我们与共和国共成长共奋斗

■ 彭珮云（清华大学社会系 1949 届校友，曾任第九届全国人大常委会副委员长、全国妇联主席等职）

2021 年是清华大学建校 110 周年。在校友总会主持下，解放战争时期的一些老校友经过数年努力，编写了这本《无悔年华——解放战争时期清华校友足迹》一书，作为向母校的献礼。这是一件很有意义的事。

解放战争时期的一代清华人，都出生于内忧外患、积贫积弱的民族危亡之

彭珮云

际，在学生时代经受了爱国进步学生运动的洗礼，毕业后赶上中华人民共和国成立，参与、见证了中华民族从站起来、富起来到强起来的历史进程。

七十多年来，在中国共产党的坚强领导下，这一代清华人发奋图强、上下求索，在各自的工作岗位上做出了积极的贡献。其中许多人经历了坎坷和磨难，却风雨压不垮，始终矢志不移；"文化大革命"后，又焕发青春，老骥伏枥，全身心投入改革开放和社会主义现代化建设，竭尽所能，报效祖国，奉献人民。不少人成长为政界、学界等各界的领军人物，党和国家的栋梁之才。据不完全统计，在解放战争时期清华校友中，有 5 位校友成为国家领导人，2 位校友荣获国家最高科技奖，38 位校友当选中国科学院、中国工程院院士，10 位校友成为中华人民共和国将军，30 位校友担任省级、部级及以上领导职务，14 位校友担任大学校长。

本书编者挑选了 169 位同志作为这一代清华人的优秀代表，从多方面收集资料，讲述了他们在中华人民共和国成立后与祖国共成长共奋斗的感人故事。从这些故事中可以看到，他们虽然职业不同，境遇各异，但是有着共同的精神支柱和动力，这就是以爱国主义为核心的民族精神，以改革创新为核心的时代精神，是

"自强不息、厚德载物"的母校校训。他们既有崇高的理想追求，又能脚踏实地，不断实践，艰苦创业。正是因为有了这种伟大的中国精神，才能推动、形成强大无比的中国力量，为祖国创造"当惊世界殊"的发展成就做出自己的贡献。

当今世界正在经历百年未有之大变局。我们比历史上任何时期都更接近中华民族伟大复兴的目标，正处在实现中华民族伟大复兴的关键时期。越是接近目标，越是形势复杂，任务越是艰巨，在前进路上越是面临各种风险挑战。历史告诉我们，幸福生活是等不来的，唯有不懈地顽强奋斗，才能继续开辟新天地。

我们这一代清华人除英年早逝或因病离世的同志外，健在的已是九十岁以上高龄。为了实现我们民族的伟大梦想，我们愿意继续努力，做到有一分热，发一分光。我们更加殷切地期望新时代的清华人和广大青年个个都成为立志为中国特色社会主义奋斗终生的有用人才，能够担当民族复兴大任的时代新人，为实现"两个一百年"奋斗目标，实现中华民族伟大复兴，再接再厉，团结奋斗，在新征程上书写更新更美的时代篇章。

序言二

实干兴邦的一代清华人

■ 陈旭（清华大学党委书记）

2018 年春节前夕，我陪同贺美英老师等几位学校老领导去看望王浒和汪家鏐学长，年逾九旬的王浒学长介绍了他与张其锟、张思敬、钮友杰等几位老学长在彭珮云、滕藤、傅瑾、裴棣等许多老校友的鼓励支持下，会同清华校友总会在筹备出版一部关于解放战争时期的老学长们奋斗足迹的新书。这本书列入了清华大学 110 周年校庆系列出版计划，取名《无悔年华》，与在百年校庆时出版的《峥嵘岁月》是姊妹篇，将更完整地记录那一代清华人的事迹。我深深懂得，他们这一代人从苦难的旧中国走过来，一路筚路蓝缕、艰苦创业，为新中国的建立、建设与改革发展立下了不朽功勋，值得大力弘扬，我也十分期待该书的出版。近日，当我拿到这部厚厚的书稿，看到书中一个个令人崇敬的名字，读着一篇篇打动人心的奋斗故事，我被这样一个优秀的群体，被他们为共和国做出的宏伟业绩深深震撼。

陈 旭

清华人历来葆有深厚的家国情怀，始终与国家、民族同呼吸共命运。在国家发展历史的无数个重要时刻，都有清华人自强不息的奋进身影。中华人民共和国成立之初，千疮百孔、百废待兴，时代给了这批解放战争时期的清华老学长们一个历史机遇，而他们则以自己的信念、智慧和奉献书写了一部精彩的奋斗篇章。老学长们和他们的同龄人是共和国的创业者、开拓者、建设者，他们用毕生的努力使我们的国家逐步走向繁荣昌盛、民族复兴。我想，今天的每个中国人，如果了解了那段激情燃烧的奋斗岁月，了解了老学长们的辉煌成就，都会由衷地向他们表示崇高的敬意！

我们看到，从研制"两弹一星"等国之重器，到建设高性能计算机、万吨水压机、三峡水利枢纽等标志性工程，再到建筑、桥梁、航空、地质、汽车制造、教育、社科等各行各业，他们都勇挑重担、全力以赴，成为了中流砥柱，挺起了民族脊梁。据不完全统计，在解放战争时期老校友群体中，产生出朱镕基、李锡铭、彭珮云、周光召、丁石孙五位党和国家领导人，周光召获得"两弹一星"功勋奖章，金怡濂、郑哲敏两位国家最高科学技术奖获得者，高伯龙等38位两院院士，林宗棠等30多位省部级及以上领导干部，黄庆华等10位中华人民共和国将军；更有大批默默奉献了一生的各行各业的业务骨干、管理干部。尽管岁月流逝，他们的名字始终熠熠生辉。

在清华大学110年的历史上，每一代清华人都承担起了时代赋予的重任，在时代画卷上留下了浓墨重彩的一笔，值得我们每一个后来者骄傲与自豪，并以他们为榜样继续前行。因为篇幅所限，本书中所展示的169位校友只是这个时期3600余位校友的优秀代表，他们背后有更多默默无闻、脚踏实地在国家各条战线拼搏奉献的校友们，后者的功绩一样伟大。

回望历史，我们敬仰先辈；展望未来，深感任重道远。在实现中华民族伟大复兴的征程上，新一代清华人要传承弘扬老学长们的崇高精神，不忘初心、牢记使命、继续前进，努力创造无愧于前辈、无愧于时代的新成绩。

我们要学习他们心系祖国、忠于人民的奉献精神。老学长们这一代人，在国家民族发生巨变的历史时期出生、成长、求学、工作，他们每个人都把自己的命运与国家民族的命运紧紧联系在一起，对祖国的各项事业无限忠诚，把所有的精力、心血和才华都奉献给了他们深深热爱的祖国和人民，无怨无悔。这是我们清华人毕生的动力源泉。

我们要学习他们攻坚克难、勇攀高峰的探索精神。面对各种困难和挑战，他们无所畏惧、一往无前，把攻坚克难当作人生的常态，让勇攀高峰成为不懈的追求。他们坚持知识报国，干一行，学一行，爱一行，精一行，在事业上追求卓越、永不懈怠。这是我们清华人共同的优秀基因。

我们要学习他们信仰坚定、矢志不渝的自强精神。这个时期的老校友们，经历过多次政治运动，有的人生之路坎坷曲折，有的遭受过不公正的待遇。然而，正像王浒老学长说的，坎坷磨难并没有压垮他们，他们坚守理想、坚持真理、坚定信念、坚信党。改革开放之后，他们忍着身心的伤痛，听党召唤，重焕青春，奋斗不已，许多人超期服役，做出了重要的贡献。这是我们清华人应有的奋进姿态。

老学长们的故事正是清华精神的生动体现和诠释。今天，清华在创建世界一流大学的事业中取得重要成就，我想其中最重要的原因之一就是校友们为国家为人类做出的突出贡献，为清华赢得了良好的声誉。我相信，清华精神和老一辈留下的光荣传统将会代代传承，清华人将为中华民族伟大复兴、为人类文明进步做出更大的贡献。

在这里，特别要感谢本书主编、1950届航空系王浒老学长。作为解放战争时期老校友的总联络员，他会同张其锟、张思敬、钮友杰等数位老学长，为本书的组稿、编辑、出版做出了重要贡献。近十几年来，王浒老学长牵头组织过许多次解放战争时期校友的重要活动，他几乎熟悉这个时期的每一位校友，对校友们的经历、贡献都能如数家珍。在3年多的时间里，从发动、联络校友，到选定、修改文稿，再到仔细审阅每篇文字，他都是亲力亲为，令人感动。本书的顺利出版，也凝结着多位老学长和他们的老伴、子女的心血，他们以自己特殊的方式为清华110岁华诞献上了一份厚重的礼物。我们衷心感谢老学长们对母校的殷殷之情，衷心祝愿老学长们身体健康，生活幸福！

序言三

理想信念　矢志不移
——在纪念清华园解放 70 周年座谈会上的讲话

■ 王浒（清华大学航空系 1951 届校友，曾任北京工业大学校长）

一、纪念清华园解放首先要纪念解放战争时期轰轰烈烈的革命学生运动。

2018 年 12 月 15 日，王浒学长在纪念清华园解放 70 周年座谈会上讲话

正如彭老所言，1946 年西南联大师生带着"一二·一"的革命传统来到北平，和在北平沦陷时期与日寇坚决斗争、正在与来北平"摘桃子"的国民党进行战斗的北平大学师生汇合。同时，南方局领导的南系地下党和晋察冀城工部领导的北系地下党也胜利会师了。此后三年，在统一的地下党领导下，一场发动群众最广泛、最深入，合法、非法斗争巧妙配合，公开斗争和秘密地下工作水乳相融，社会影响很大，战斗在蒋家王朝心脏中的革命学生运动蓬勃开展起来了。毛主席和党中央称之为解放战争的第二条战线。这是一个多么高的评价。

为此，清华园解放 60 周年时，在校友总会主持下，我们编了一本《峥嵘岁月——解放战争时期清华校友足迹》，并作为向母校建校 100 周年的献礼。

二、我想今天我们纪念清华园解放 70 周年，要从一个新的角度纪念，那就是总结一下这个时期培养的一批老校友，他们为祖国做的贡献和他们革命的一生。

根据校史资料，1946 年，由西南联大转来清华 900 多位同学，从原在北平的各大学转来 412 位同学，当年招新生 903 位，还有先修班百余位，当时在校共有 2300 余位同学。1947 年招 816 位，1948 年招 471 位，3 年招研究生 62 位。总计从 1946 年复校到 1948 年解放，有 3600 多位同学在母校学习过，涵盖 1947—1952 年六个年级的毕业生。

这是一个特殊的群体，我们自称为解放战争时期的一代清华人。我们都经受了革命学生运动的洗礼，而且有着类似的人生经历，我总结了四句话：

生于患难，长于学运。我们大多生于1925—1930年左右，当时军阀混战，国民党忙于"剿共"，列强在国土上横行。我们上小学、中学时正赶上14年抗战。有些校友身处沦陷区，饱受亡国之痛；有些跟着家长逃难，四处流浪；就是身在大后方，也受敌机轰炸。我上的甘肃省立第一实验小学就被日机炸平，只能走十几里路爬到北塔山的庙里上学。我们都深感国家贫弱分裂之苦，扎下了深深的爱国情怀。

正当我们形成世界观、人生观的关键时期，经受了革命学生运动的洗礼，在共产党的教育下，种下了信仰共产党、信仰共产主义、信仰马克思主义的理想种子。

贡献青春，初露峥嵘。毕业时，我们风华正茂，赶上中华人民共和国刚成立，百废待兴，到处需要知识分子，我们被分配到各行各业，受到重用。初生牛犊不怕虎，大家干得生龙活虎，初露峥嵘。

坎坷磨难，不忘初心。20世纪50年代，尤其"反右"以后，"以阶级斗争为纲"成为党的主流，我们这些人大都出身非劳动人民家庭，又受民主思想熏陶，心直口快，很容易成为历次运动的审查和批判对象。"反右""反右倾"伤害了一批老校友，我们敬爱的老校友朱镕基就被划为"右派"。"文化大革命"更是人人挨批，最轻的也停职下放"五七"干校劳改。但坎坷磨难并没有压垮我们，大家仍然坚信党终会纠正错误、走上正途，矢志不移地参加劳动，干力所能及的工作。

老骥伏枥，再创辉煌。"文革"结束，我们已是50岁左右的准老人，但大家忍着身心的伤痛、家庭的伤痛，听党召唤，又焕发青春，奋斗不已。许多人超期服役，做出贡献。在座的王汉斌、彭珮云学长就是生动的例证。

三、这里我想讲几位校友的故事来说明我上述的总结。

第一位是曾任清华大学研究生院院长的吴佑寿院士的弟弟吴佑福。

吴家是泰国知名的爱国华侨，他们的父亲参加过孙中山领导的革命。1941年日寇占领泰国，他叫老三吴佑寿带着12岁的吴佑福经过日战区，冒着生命危险回到祖国云南学习。吴佑寿先进了西南联大，吴佑福15岁也考进西南联大先修班，1946年后到北平清华。在校时他积极参加学运，刚解放，他和傅琎等18位校友受东北军工部召唤去东北，和吴运铎一起干军工。"四野"解放广东，他会广东话，又派他随军南下。第一个任务就是押送人民币去广州。他带一支武装汽车队，走了七天七夜，胜利完成任务。到广州正赶上要解放海南岛，需要大批船只，就用汽车引擎改装渔民帆船。他是学机械的，积极参与此事。本来渡海没他的任务，他坚决要去。渡海后派他作为军代表之一接管海南铁矿。海南铁矿是全

国唯一的富矿，石景山钢铁厂就用它的矿石。1957年他刚结婚半年，"反右"运动开始，由于他有海外关系，又爱提意见，被划为"右派"下放当工人。他不气馁，和工人打成一片，还搞了许多革新。直至"文革"后，才派他和澳大利亚、联邦德国、加拿大谈判合作事宜。他刚想大干，突患肾癌，在兄长吴佑寿和矿领导关心下，来京得到及时治疗，在病床上收到改正错划"右派"的文件。大夫要他手术后长期休息，他坚决返回铁矿。领导任命他为副总工程师抓基建，他不顾病痛，埋头苦干直至离休。20世纪80年代初，他大哥吴佑龄参加旅游团来看他，准备了不少美元给他，他不但不要，还拿出微薄储蓄招待大哥。大哥把此事向同来华侨一讲，大家非常钦佩他高贵的人格。1983年，他当选省人大代表，广东省委机关报《南方日报》在头版用《矿山赤子》长文表扬他的事迹，并以《可敬可爱》为题发表评论。20世纪90年代，他和吴佑寿院士一起去泰国探亲，受到泰国政府隆重接待。可惜前几年他就和吴佑寿院士先后病逝了。

第二位是王金凤校友。中华人民共和国成立之初，她就是《人民日报》名记者，经常发表重大新闻和评论。抗美援朝她采访战斗英雄时认识了空军英雄赵宝桐，两人结为夫妻，组成幸福家庭并育有儿女。"文化大革命"中，由于她写了不合"四人帮"口味的报道，又因她姓蒋（原名蒋励君），是蒋介石同乡，"四人帮"就非说她是特务，抓起来关了几年也不审问。同时空军造反派强迫赵宝桐离婚并再婚。"文革"结束，王金凤出狱，赵马上和后妻分居，坚决离婚。他们对后妻做了妥善安置，终于破镜重圆。金凤晚年写了不少好文章，《邓颖超传》就是她的大作。

第三是我要介绍的一批校友。在今年出版的《清华校友通讯》复77辑、《清华校友文稿资料选编》第23辑有几篇文章，介绍清华园解放前夕，地下党派了以尚嘉齐为首的一批校友去了武汉，以姚国安为首的几位校友去西南贵州和重庆，加强那里的地下工作。他们奋斗的事迹非常感人，请大家读一读。遗憾的是，尚嘉齐校友，"文革"中在吉林工业大学被迫害致死；姚国安校友，"文革"时被关在水泥地的收容室，留下一身病痛，在担任复旦大学党委副书记时，得癌症英年早逝。

这里特别要讲一下《清华校友通讯》复77辑的文章《一个顶天立地大写的人》，讲的是在西藏工作了28年的戴宜生校友。他父亲是金城银行襄理，在他读清华时就想送他去美国留学，并给他一笔美元做准备。但他积极参加"学运"，姚国安发展他入党。1948年姚国安等三校友去贵州，派他去重庆，开展"学运"工作。尚嘉齐等一批校友到武汉后，生活很困难，写信给戴宜生求援，他立即把美元寄去，解了燃眉之急。姚国安他们到西南时，重庆、贵州地下党遭到严重破坏，接不上关系。姚国安去香港找到南方局组织部长钱瑛，才接上关系，在贵州建立了特别支部，工作开展得很好。曾任贵州省委书记、中央宣传部部长的朱厚泽，就是他们当时发展的党员。但不久戴宜生因身份暴露，国民党要抓他。幸好得到情报，他随爸爸去了香港。姚国安三人也因身份暴露，去香港找南方局钱瑛。但当时钱瑛已去解放了的武汉，于是四人化装成药商辗转到武汉接上了关系。姚国安做了钱瑛秘书，戴宜生随军去了成都。当时西藏和谈成功，解放军准备进西藏，他和新婚妻子（北大毕业生）积极报名随军入藏。戴宜生参加的是保护阿旺晋美等进藏的先遣队，路上还意外遇到"一二·九"时代老清华林亮同志，林是进藏部队政治部主任，后任拉萨市委书记。戴在西藏做公安工作，真是出生入死，但1959年还差点被划为"右派"，是张经武同志说："一个出身富贵家庭的青年，能安心在藏，不可能反党吧。"才没划成，但降职受处分。"文革"时清华造反组织"井冈山"去西藏造反，把他押上大卡车游街。此后一直让他种菜养猪，他不气馁，抓紧时间学藏文、英文。"文革"后，公安部急需外语人才，调他进北京任公共安全研究所所长，他大力开展国际合作，还去美做访问学者半年。晚年疾病缠身，80岁还在子女陪同下去西藏看望老战友，前些年因病逝世。

四、今年我们和《清华校友通讯》编辑部一起搜集到137篇写老校友的文稿，有些是报刊发表的，有些是动员他们自己、老伴、子女写的。其中有38篇是写校友中的院士，有5篇是写校友中的国家领导人。我都看了，篇篇感人肺腑，我把看后的感想归结为五句话：

理想信念，矢志不移。有人说我们是"盲从的一代""驯服工具的一代"，是什么"两头清醒的一代"，真是胡言乱语。我们这一代是从亲身经历新旧社会对比、认真学习马克思主义，才树立了热爱祖国，热爱共产党，热爱社会主义、共产主义的理想信念。这个理想信念是融化在我们的血液中的，是自觉的、经过考验从不动摇的。

自强不息，奋斗不已。蒋南翔校长号召清华人要"健康地为祖国工作五十年",我们这一代人都是超额完成任务的。我们不但超期服役,离退休了也还千方百计做奉献。工作从不懈怠,不出色完成任务决不罢休。不仅工作如此,对身体健康也如此。有位老大姐裴棣,从新疆下放回来满身病痛,她参加冬泳锻炼,乐观生活,至今95岁,脑子里还有一个瘤子,还在子女陪同下坚持游泳。

厚德载物,廉洁自律。 闻一多、朱自清教授教会我们"威武不能屈,贫贱不能移"。我们永远做正直、诚信的人,改革、创新的人。在学术上,我们中的院士从不迷信外国,盲从权威,是各自学科的开创者。他们从不造假,也从不张扬。干出十分,只说五分,永远谦虚好学。我们这一代从不追求享乐,在我们的队伍中没有一个贪官污吏。

鞠躬尽瘁,精益求精。 我们中许多人一生往往接受过多种任务,而且往往并不是自己熟悉的专业。但大家干一行、爱一行、学一行。而且要干就要精益求精。感谢母校在我们学习时就培养我们非常严谨认真的作风,工程图一笔不能错,实验数据一点不能差,更不能造假。

心系清华,校友情深。《清华校友通讯》复77辑我写了一篇《浓浓校友情》。我们这一代校友时刻关心着母校,百年校庆前我们年年都聚会,和校友总会一起隆重纪念了清华复员60周年、清华园解放60周年和百年校庆。百年校庆后由于年纪太大,为了安全不搞大聚会,但大家仍不断小聚会并在网上互相联系,现在还建了微信群,群主是张其锟。陈尚容校友还受大家委托,每年向年届八十和九十的校友发祝寿卡。

最后,向校领导提个请求:在校庆110周年前,帮助出版《无悔年华——解放战争时期清华校友足迹》一书。这会成为清华校史上的宝贵财富,也会成为年轻一代清华人的好教材。

我还希望年轻一代清华人和我们这一代清华人一样,继承发扬清华光荣传统,为祖国做出更大贡献,为母校争光。

目　录

三　上天下海　奠基元勋

四　自强不息　行业精英（上）
——经济战线

无悔年华
解放战争时期清华校友足迹

四　自强不息　行业精英（下）
——理论、文化战线

五　鞠躬尽瘁　为民造福

六　孜孜不倦　培育英才

七　历尽坎坷　不忘初心

八　淡泊名利　奉献一生

九　水木清华　母校情怀

✚ 多彩人生　更重晚情

一　攻坚克难
　　建树功勋

金怡濂学长

不辞夕阳铸"神威"

——记超级计算机专家金怡濂

■ 姚昆仑

金怡濂，1929年9月出生于天津，江苏常州人。中国工程院院士，著名高性能计算机专家，中国计算机学会名誉理事，清华大学兼职教授，国家并行计算机工程技术研究中心主任。他长期致力于高性能计算机技术的研究，多次主持多种类型大型电子计算机的研制工作，取得了多项重大成果。获2002年度国家最高科学技术奖。

人类文明之初，就与数有不解之源。从古代先民的"结绳记事"、古希腊毕达哥拉斯的"万物皆数"，到今天的数字化生存，"数"像一根奇妙的纽带，与人类的文明进步紧紧系在一起。20世纪40年代，数字电子计算机这个新生科技婴儿呱呱落地了。几十年后，这个长大成熟的孩子繁衍出庞大兴盛的家族，它的后代几乎无处不在，活跃于各行各业，用它敏感精细的脉络，把地球拉缩成一个小小的村落。中国计算机研究虽起步较晚，但伴随中华人民共和国的崛起，改革开放、科教兴国政策的实施，我国科学家以惊人的智慧、超群的胆识、坚忍的意志，使我国计算机从无到有，逐渐缩短了与发达国家的差距，实现了我国计算机技术的跨越发展。金怡濂院士就是这些杰出科学家中的代表。

求 学 之 路

1929年9月，金怡濂出生在一个知识分子家庭。1935年，他进入天津耀华学校开始接受启蒙教育。耀华学校的师资、环境都很好，是当时天津的一流学校。使金怡濂最难忘的是校长赵君达，他是一位知名教育家，爱国敬业，一身正气，建树颇丰。1938年6月，赵校长遭到了日本特务的暗杀，他的牺牲，使金怡濂和同学们悲愤万分，在他们幼小的心灵中激起了为中华民族崛起而努力学习的热情。

进入中学，学习难度大了，金怡濂更加刻苦。学校既重视概率论、排列组合、几何、物理等数理方面的教学，也非常重视语文方面的培养。国文课中不仅讲授《论语》《孟子》《诗经》《左传》等经典，同时也介绍《滕王阁序》《岳阳楼记》等古典名篇。在耀华学校的 12 年间，培养了金怡濂的爱国热忱及对理科的兴趣和偏爱，为他今后事业的起飞做了良好的铺垫。

1947 年，金怡濂中学毕业报考大学，同时被清华大学、北洋大学等 4 所大学录取。他首选了清华大学电机系。走进清华大学这所著名学府，水木清华、荷塘月色、西山紫气、三秋红叶，古色古香的清华学堂匾额，美轮美奂的欧洲古典式的大礼堂和中国传统的建筑教学楼，和谐优美，相映生辉。在这所新奇深邃的知识殿堂里，金怡濂感受到了生命的充实和快慰，他如饥似渴地吸吮着知识的甘汁。

清华大学非常重视基础课的教学，那时许多知名教授都教一门基础课和一门专业课。大一物理共开 4 班，分别由霍秉权、王竹溪、孟昭英、余瑞璜教授讲授；大二的工程力学共开两班，分别由张维和钱伟长教授讲授。教授们特别强调对"基本概念"的理解。如闵乃大教授讲课时，对理论公式的推导总是写满了黑板，推演完毕后，他便反复问学生是否抓住了"概念"。闵教授认为不论问题多么复杂，推导的公式有多长，关键是抓住基本概念和理论实质，其他问题就会迎刃而解。教授们讲课深入浅出、生动形象，金怡濂感到很"过瘾"，听后受益很大。

在清华大学的 4 年间，中国大地发生了翻天覆地的变化。1947 年的北京尚未解放，但向往民主自由的清华人，在这里讨论马列主义，收听陕北的新闻广播……点燃了希望的火炬，照亮了迈向光明的征程。1948 年年底清华园迎来了解放的炮声。1949 年 10 月 1 日，金怡濂和同学们高兴地参加了"开国大典"，目睹了中华人民共和国诞生的欢腾场面。1951 年金怡濂毕业，此时国家百废待兴，他与同学们坚决服从国家分配，带着满腔的智慧和热情，走上了建设新中国的工作岗位。在清华大学建校 90 周年之际，金怡濂与同学们聚首母校时，他们班上有 4 人成为院士、朱镕基当选为共和国总理。

人生"机"缘

1946 年，世界上第一台全电子数字计算机在美国宾夕法尼亚大学问世，这标志着人类走出了迈向信息时代的第一步。

从清华大学电机系毕业后，金怡濂有幸分配参加研制我国第一台继电器专用

留学苏联时期的金怡濂

计算机。1956年，周恩来总理领导制订的12年国家科学技术远景规划纲要中提出"四项紧急措施"，其中一项就是要快速发展计算机技术。为此，我国政府决定选派20人赴苏联学习计算机技术，金怡濂幸运地成为其中一员，这便开始了他与计算机事业的"缘定一生"。当年年底，金怡濂抵达莫斯科，被分配到苏联科学院精密机械与计算技术研究所进修学习。当时苏联的计算机技术比较先进，运算速度达2万次/秒。金怡濂在留学期间学习非常刻苦勤奋，据他回忆说："我们当时住在莫斯科南边的苏联科学院研究生宿舍，而研究所在北边。每天早晨，我们很早就起床，先倒两次公交车，再坐地铁，尔后又转乘公交，路上一般要花上一个半小时。我们在那里主要是做一些有关新型加法器方面的实验，回宿舍的时候就借些资料学习，尽管很累，但仍常常学到深夜。"由于忙，在莫斯科待了一年半的金怡濂，居然从没听过《莫斯科郊外的晚上》《红莓花儿开》等风靡全苏联且唱红到中国的名曲。

1957年，毛泽东主席来到莫斯科，特别在莫斯科大学礼堂接见了中国留学生，并发表了重要演讲。留学生们异常兴奋。金怡濂有幸聆听了毛泽东主席的教诲，那句"你们青年人朝气蓬勃，正在兴旺时期……希望寄托在你们身上"的勉励话语，令他终生难忘。

学成回国后，金怡濂参加了我国第一台大型电子计算机——104机的研制。不久，这台计算机研制成功，向国庆10周年献上一份厚礼，为当时国家许多重大课题的研究立下了汗马功劳。从参加第一台计算机研制开始，金怡濂在这个陌生的领域中学习，在实践中提高，他主持了多种类型电子计算机系统的研制，屡建功勋，展示了他在计算机方面的才华。

1963年4月，金怡濂所在的研究所转移到西南山区，这一去就是20年。艰苦的生活环境和研究条件，特别是当时的"不懂ABC，照样能造计算机"等错误言论的冲击，没有影响金怡濂他们为国家研制新型计算机的信念和决心。山区生活艰苦是小事，关键是科研条件太艰苦。当时国家电子工业基础薄弱，大型机研制举步维艰：一些元器件由玩具厂生产；数以万计的组件要靠钳子、螺丝刀、电烙铁一个一个组装起来。由于地处偏僻，参考资料也极其匮乏。为查询资料，金怡濂要跑上海、北京等地。为此，得先在崎岖的山路上坐大卡车颠簸半天，然后挤上列车，在硬座车厢里度过两三个昼夜的旅途。查完资料，匆匆背上一大包同事们让他捎带的肥皂、牙膏、糖果回到大山里，继续他的研制工作。

由于国外对技术的封锁，大型计算机全靠我国自主设计生产，金怡濂主要负责硬件部分的设计把关，每一张图纸都自行设计绘制。一台机器下来，图纸不下数万张，摞起来像座小山。当时孩子还很小，妻子也是搞计算机的，两人常常连星期天也不能顾及孩子，他说不清楚自己的孩子是如何长大的。条件的艰苦更激发了金怡濂创新的活力，他提出并指导研制成功了穿通进位链高速加法器，把多项并行技术应用于计算机中，实现了由单机向并行机器转化，研制的计算机居全国先进水平。到了20世纪70年代初，金怡濂在国内首次提出了双处理机体制，实现了并行处理和结构多重化等理念。在他与同事的共同主持下，完成了大型晶体管通用计算机、大型集成电路计算机的研制，把我国计算机的运算速度提升到350万次/秒，实现我国计算机研制技术的一次次重大突破。

1976年，美国科学家西蒙·克雷首创巨型向量计算机，在当时以运算速度最高、系统规模最大、具有很强的处理能力享誉世界。从此世界巨型计算机的发展进入了新时期。

巨型计算机也叫高性能计算机，拥有高性能计算机技术及其产品，不仅是衡量一个国家计算机研制水平的重要标志，也是一个国家综合国力的重要标志之一。世界计算机技术特别是超级计算机技术在迅猛向前发展，中国将如何应对，紧跟潮流，甚至引领天下呢？

"神威"风采

"四人帮"垮台后，我国科学技术进入一个全新发展时期，也给计算机事业带来了发展机遇。1978年，金怡濂获得全国科学大会奖，他深受鼓舞。1979年，邓小平指出："中国要搞四个现代化，不能没有巨型机！"然而，由于"文化大革命"的影响，我国计算机研制已远远落后于发达国家。而高性能计算机技术基本上一直为美国等发达国家所控制，对外实行禁运。提高我国的自主创新能力势在必行。20世纪80年代中期，在双机并行技术基础和群机并行思路基础上，金怡濂提出了群机共享主存的具体结构方案，解决了群机系统中许多关键技术问题。他参与共同主持研制的计算机实现了标量运算速度1亿次/秒的目标，取得我国计算机研制新的突破。

到了20世纪90年代，随着微处理机芯片的迅速发展，巨型计算机研制屡展新招，记录不断刷新。在世界强手如林、技术创新加速的挑战面前，金怡濂与其他专家勇立潮头，开始向世界先进水平冲击。他在新型巨型计算机的研制中，提出采用标准微处理器构成大规模并行计算机系统的设想，提出多种技术相结合的混合网络结构的具体方案，解决了240多个处理器互连问题，取得了运行速度突破了10亿次/秒的新纪录，实现中国巨型计算机向大规模并行处理方向的发展，推动中国巨型计算机研制进入与国际同步发展的时代。

形势喜人，那么下一个目标呢？在国家并行计算机工程技术研究中心召开的超级计算机研制方案论证会上，主持会议的领导同志提出：是否可以跨越每秒百亿次的高度，直接研制每秒千亿次巨型机。跨出这一步技术上难，风险太大，在沉默后便是激烈的争论，大家意见不一。多数专家认为，根据现有的技术条件和经验，百亿次机是比较可行的选择。唯有金怡濂支持这个大胆的设想，他语出惊人："根据现有的研制水平，造千亿次巨型机是完全有能力的。我们必须跨越，否则就会被世界越甩越远。"随后，金怡濂提出了以平面格栅网为基础的"分布共享存储器大规模并行结构"的总体思路，并进一步说明了自己的总体构想和技术依据。金怡濂对于巨型机研制技术的透彻了解和大胆创新精神，让专家们惊讶和叹服。最终，金怡濂提出的研制千亿次机的建议被采纳。

金怡濂当时提出这样的想法，不仅仅基于理论上的可能性，还基于为国家分忧的强烈的责任感。因为一件事令他刻骨铭心：当时中国急需一台巨型机。因西方国家对我国实行禁运，经过了种种谈判，才花了紧俏的外汇买到一台计算机。但卖方提出一个附加条件，买这台计算机之外，要请外方两个专家来帮助我们去维护计算机。实际上是以维护为借口，来监督我们使用这个计算机不能应用于某些领域。而且他们的专用小屋，中国人是不准进的。这件事大大伤害了金怡濂等计算机科技人员的自尊心。一种为国争光为民族争气的浩然正气，使他下定决心，走自主开发之路，奋起直追，赶超国际先进水平。

随后，令金怡濂吃惊的是，他这位退居二线的顾问型专家，却被任命为"神威"机研制的总设计师。24个课题组，近百名科研人员在他统领下，开始了中国计算机研制的重大飞跃！

擎起研制千亿次巨型机的帅旗，金怡濂感到压力巨大。他对技术人员说："我们必须保证'神威'出机时进入世界先进行列。"为此他们先后3次调整方案，提高"神威"的关键技术指标。他提出的总体方案是：以平面格栅网为基础的可扩展共享存储器大规模并行结构，为系统关键技术指标进入国际领先行列奠定基础；率先将消息传递、分布共享、结点共享等工作模式集于一体，以适合不同用户、不同课题的需要；以及网上多种集合操作、分布与重分布技术、无匹配高速信号传送、分布式盘阵、高密度组装等构想。就在"神威"预定出机鉴定的前一年，他仍决定调整指标。他宣布把"神威"机的运算速度提高到3000亿次/秒以上。

在把准大方向、抓好大事情的同时，作为总设计师的金怡濂把目光也关注到了研制的末梢，常常亲自上阵把关。"神威"启动初期，因为没有检查焊点可靠性的设备，金怡濂就和有关人员一道，一手拿放大镜，一手握电筒，用肉眼一个个检查成千上万个焊点。一次，他在机房的一个角落里捡到一枚小小的螺丝钉，他召开会议说："虽然厂里通过了 ISO 9000 国际质量管理体系认证，但这并不能说明一切。我的要求是，共同努力，文明生产。"他还要求大家："我们应该做到哪怕一个焊点、一枚螺丝钉也要体现世界水平。"在崇高的使命和责任面前，他常常为弄清楚一个问题，吃住都在办公室。在攻关最艰难的日子里，他每天都要听取课题组几十个人的工作汇报，与他们一起分析解决技术上的棘手问题。每天深夜回到家中，他得先在沙发上躺半个小时，才有力气和老伴说话。

艰难困苦，玉汝于成。1996 年，这是金怡濂难以忘怀的日子，国家并行计算机工程技术研究中心牵头研制的巨型机通过了国家鉴定，其峰值运行速度为 3120 亿次／秒，处于当时国际领先水平。鉴定委员会的专家评定：该机研制起点高，运算速度快，存储容量大；系统设计思想先进，创新性很强。总体技术和性能指标达到国际领先水平。这台外形精美的巨型机，令不少参加鉴定的计算机专家感慨万千！随后，在宋健国务委员的推动下，我国成立了北京高性能计算机应用中心、上海超级计算机中心，均安装了"神威"计算机，运算速度提升到 3840 亿次／秒。

时任国家主席的江泽民高兴地为这台计算机题名"神威"。"神威"问世，立即在我国的天气预报中发挥了威力。1999 年我国 50 周年大庆之日，"神威"的妙算预测和实际天气变化吻合：清晨大雨戛然而止，在庄严的阅兵大典开始之际，亮丽的秋阳荡开云层投向天安门广场……

"神威"的投入应用很快产生了巨大的社会效益。最初的两年间，就帮助科学家完成了 100 多个重大课题的研究，应用范围涉及气象气候、石油勘探、生命科学等领域，以其卓越的高性能，极大地提高了我国的科学研究能力。

利用"神威"计算机，中国气象局研制了集合数值天气预报系统，可进行 7 天甚至更长的天气预报，在 8 小时内可完成 32 个样本，其精确预报范围缩小到了方圆 5 千米。

利用"神威"计算机，加快了石油勘探的速度，提高了精度。过去，利用"地震找油"方法产生的数据分析处理量很大，即使在亿次机上也要 10 年才能得出结果。而在辽河油田石油勘探中，科技人员开发出了地震成像并行处理系统，实现了大规模地震数据三维成像处理，10 小时便完成工作，大大提高了钻探成功率，降低了勘探风险。利用"神威"计算机，中科院生物物理所成功进行了"人类基因计算机克隆系统"的研究。在"神威"的帮助下，我国科学家完成了心脏基因克隆运算，使我国的基因科学研究达到了国际先进水平。

利用"神威"计算机，大大缩短了新药研制、开发的周期。过去，一般的新药研制起码要三五年，甚至十年时间。中国科学院上海药物所的科研人员在对青蒿素的研制中，筛选了 20 万个分子只花了 3 个月，大大加快了筛选速度。

利用"神威"计算机，科学家还可进行重大课题的设计、模拟实验、验证理论的正确与否等，大大加快了科研速度，节省了科研经费，应用前景十分广阔。

再 攀 高 峰

在"神威"（后称"神威Ⅰ"）成功跨入世界先进行列之后，金怡濂和他的团队没有丝毫懈怠，他们又启动了新一代高性能计算机系统"神威Ⅱ"的研制，金怡濂受命继续担任"神威Ⅱ"的总设计师。

当时世界高性能计算机已经达到万亿次/秒。中国巨型机战线的科学家和广大科研工作者面临着巨大挑战。金怡濂就这样带领他的团队向世界最先进水平发起了又一轮冲击。有记者曾问金怡濂："您主持研制的'神威'巨型机，其运算速度已达到 3840 亿次/秒浮点结果，进入世界先进行列，'神威Ⅱ'您准备冲击什么样的目标呢？"金怡濂巧妙地回答："没有最好，只有更好。"

与"神威Ⅰ"相比，"神威Ⅱ"的起点更高，困难更大。随着机器指标数十倍的扩大，在系统的可扩展性、可靠性、正确性、好用性、通用性等方面，都提出了严峻的挑战。

在综合国际上高性能计算机先进设计的基础上，金怡濂提出了以超三维格栅网为基础的可扩展共享存储体系结构与消息传送机制相结合的总体创新构想，对"神威Ⅰ"消息传送、分布共享、节点共享等工作模式做了进一步的完善，做到了消息传送、全局共享、规模可变的节点共享等模式一体化。在这一总体方案付诸实施时，其中的 3 项关键技术：超三维格栅网络、硬件实现缓存一致性的大规模可扩展共享存储体系结构，以及在此基础上的高效 OpenMP 编译器实现的大规模共享编程模式，具有双端口异构访问功能的大规模分布共享磁盘阵列群海量文件存储系统，在世界上已完成的大规模并行计算机中，还未见报道。

金怡濂一心要把"神威Ⅱ"做成世界上最出色的高性能计算机，决心要打破国内高性能计算机性能模拟领域的空白记录，为系统的先进性打好基础。为此，他和团队在"神威Ⅰ"计算机系统上建立起模拟环境，在 20 天时间里完成了对构想中的"神威Ⅱ"的性能模拟，为最终确定总体方案提供了重要依据，同时也在国内开创了用上一代巨型机模拟新一代巨型机的先河。

在"神威Ⅱ"总体研究阶段，金怡濂就预见到超大规模系统的高效性、可靠性将对系统高密度组装和高功耗散热提出严峻的挑战，前瞻性地提出了水冷等设计思想。水冷技术此前在国内计算机行业中，还没有成功运用的先例，金怡濂和他的团队准备做"第一个吃螃蟹的人"。

这个思路听起来非常简单明了，做起来却困难重重。比如，如何保证数千根冷却水管在使用期间安全可靠、畅通无阻；如何保证数千块冷却板中冷却水压力均衡、温度一致；如何保证所有的接口都严丝合缝、滴水不漏；如何保证冷却水管不产生氧化腐蚀现象等。为了解决这些难题，课题组仅仅是在实验室里就埋头干了近2年，到上机实验时，他们还请来了化学防腐专家指导攻关，最后终于圆满解决了一系列技术难题。

印制板是"神威Ⅱ"完成所有逻辑和工程设计，最终由"梦想"变为"现实"的一个关键环节，其中大底板尤其重要。大底板在机器中所处位置特殊，板面大、层数多，中间还要做上15000个埋入式电阻。仅几毫米厚，却多达几十层的板子，要布上数百万条线、十几万个孔，小的孔小如针尖，细的线只及半根发丝。这样的多层印制板，制作工艺已接近生产的"物理极限"。生产过程中有100多道工序，任何一点差池，都会导致整板的报废。金怡濂要求，所有的插件板，包括大底板在内，都必须做到"零缺陷"，不允许有一个点、一条线的缺陷。此外，还有一个附加的要求，要求板面必须漂亮整洁："和国外的印制板产品放在一起，要看不出任何差别。"

为了解决大底板的问题，他派出一位副总工程师带人一头扎进生产一线，指导、帮助课题组开展工作。与大底板生产有关的技术保障单位都派出骨干参与攻关。金怡濂自己则每天都要询问工作进展，或直接到生产线上查看情况。那年春节过后的第5天，一块新压接的大底板装上了测试台。经过20多个小时的运行，测试人员惊喜地发现：大底板运行正常！这第一块经测试合格的"零缺陷"大底板，由于它极高的技术含量和所凝结的心血与汗水而显得格外珍贵，被形象地称为"金板"。

为给机器的可靠性加上"双保险"，金怡濂秉承他一贯的"正向设计"的思想，提出在大规模系统中，采用对用户透明的保留恢复技术和全局校验、诊断、恢复技术，即通过软硬件结合技术，提高机器的可靠性，使我国高性能计算机在这项技术上也与国际接轨。

满怀期待，经年努力，金怡濂和他的团队完美收官。2001年年末，"神威Ⅱ"计算机系统沐浴着新世纪的晨光从容问世。"神威Ⅱ"是继"神威Ⅰ"之后，我国又一台主要技术指标达到国际领先水平的高性能计算机，运行速度达到13.1万亿次/秒，经过Linpack测试，系统效率达75%以上，超过当时世界上排名第一的高性能计算机58.8%的效率指标。机器体积大为缩小，功耗也较低，是较全面的国际领先水平。

做 大 事 者

2003 年，金怡濂获得了 2002 年度国家最高科学技术奖。时任国务院总理的朱镕基称赞他是"做大事的人"。在我国超级计算机的发展史上，他无疑写下了精彩的一笔。

他是一位优秀的领跑者。超级计算机研制竞争激烈，领先纪录稍纵即逝。金怡濂把他的研究群体称为是"追赶太阳的人"，他们视时间和速度为生命，双休日和公假几乎全是在实验和试验中度过的。然而，大家无怨无悔。在研制过程中，金怡濂谦虚谨慎、学术民主、鼓励创新、博采众长。在他的领导下，研制队伍充满热情和活力，团结协作，开拓向上。正因为如此，他们攻克了无数技术难关，扫清了重重障碍，不断刷新纪录。不仅推动了该中心超级计算机研制的升级，同时也带动了我国超级计算机技术的跨越发展。

他是一位知人善用的伯乐。计算机是年轻人的事业，他把眼光看得很远，把培养年轻人看成计算机研制的重中之重，实现了"研制一代机器，造就一批人才"的设想。在研制"神威"计算机时，他不拘一格，选贤任能，让优秀青年人脱颖而出。他委任的课题主管和副主管设计师平均年龄为 28 岁，在当时非常罕见。为带出这支年轻队伍，他精心培养，授以重任；在授业解惑的同时，教之以德。他勉励后学要"团结、拼搏、奉献"，团结就是在充分发挥个人才智的基础上，协同攻关；拼搏就是勤奋刻苦，锲而不舍；奉献就是不为私利，把个人的理想和祖国命运紧紧系在一起。在研制"神威Ⅰ"之初，他曾语重心长地鼓励年轻人："世界上有幸摸过千亿次计算机的，估计也不过千把人。能够在这里从事这样一项光荣的事业，你们应当感到幸运。"身边的年轻人也深深感到，能与金怡濂一起从事高性能计算机研制，是一生中的幸事。这些优秀的青年才俊，很快成长为我国高性能计算机技术领域的栋梁之材。他们当中有的成为院士，有的获得"求是"奖、中国青年科学家奖，多人次获得国家科技进步奖特等奖；还有数十名科技干部走上科研领导岗位，成为中国巨型机事业的技术骨干和扛鼎人。

2003 年 3 月，金怡濂学长在清华接受采访

令金怡濂十分欣慰的是，这些青年科技工作人员不负众望，用智慧和心血托举起了中国芯。2003 年，在科技部支持和组织下，他们奋力拼搏，仅用 10 年时间，就使国产芯片研制完成了重大跨越，大大缩小了与国外差距。同时，完全采用国产处理器芯片，研制了多台高性能计算机。胡锦涛同志赞扬，"实现了历史性突破"。2011 年，采用国产 16 核 CPU 芯片的"神威·蓝光"高性能计算机在国家超级计算济南中心投入使用。这台由国家并行计算机工程技术研究中心研制的机器"是国内首台全部采用国产 CPU 和系统软件构建的千万亿次计算机系统，标志着我国成为继美国、日本之后能够采用自主 CPU 构建千万亿次计算机的国家"。它的研制成功，实现了国家大型关键信息基础设施核心技术"自主可控"的目标，是国家"自主创新"科技发展战略的一项重要成果。

美国《纽约时报》报道"神威·蓝光"说："中国以国产微处理器为基础制造出本国第一台超级计算机。这项进步令美国的高性能计算专家吃惊。"这篇报道对"神威·蓝光"的"复杂的液冷系统"特别感兴趣，它引用了 Convey 超级计算机公司首席科学家史蒂文·沃勒克的评价："用好这种冷却技术非常、非常困难。因此我认为，这是一项认真的设计。这项冷却技术有可能扩展至百万万亿级的超级计算机。"其实，这套"复杂的液冷系统"，是金怡濂带着科研团队在"神威Ⅱ"上就设计完成并成功实现的技术，而今只是在"神威·蓝光"上的再次完美呈现。

有人说，金怡濂在培养人才上的贡献，不亚于研制出一台"神威"巨型机。近几年来，科研人员不懈拼搏，顽强攻关，又取得了新的突破，得到了习近平总书记、李克强总理的高度评价。

从总设计师的岗位上卸任后，金怡濂始终没有停下思考的脚步，仍然关心着我国巨型计算机的研制工作，为一线科研人员提供咨询，帮助他们出谋划策，攻克一个又一个技术难题。因为金怡濂在我国巨型计算机研制中的杰出贡献，2010年，中国科学院国家天文台发现并获得国际永久编号的第 100434 号小行星被命名为"金怡濂星"。2012 年，中国计算机学会（CCF）向金怡濂颁发了终身成就奖，并推举他为我国超级计算创新联盟名誉理事长。他说，超级计算是综合国力的体现，也是创新型国家科技进步的重要标志；让我国超级计算机研制不断走到世界的前列，能够满足国家和社会的需要，是我的最大梦想。

谈到事业的成功，金怡濂这样说道："首先离不开机遇，中华人民共和国成立，改革开放、科教兴国，为科研人员展现聪明才智创造了条件。其次是坚实的基础知识，这是事业成功的根基。再就是必须付出辛劳和汗水。最后也需要灵感，需要有对专业的独到设想。不然，哪能在实现跨越式发展中实现自我价值？"

半个多世纪的风风雨雨，无数个难忘的日日夜夜，金怡濂一步一个脚印，一次一个台阶，把智慧和心血融入巨型计算机的研制中，撑起了中华民族科技进步的脊梁。他也从巨型计算机的研制过程中，找到了生命的意义，实现了人生的理想和价值，获得了祖国和人民的尊重。

来源：《中国科技奖励》2017 年 9 月

郑哲敏学长

郑哲敏院士：爆炸力学家的家国情怀

■ 李舒亚

87 岁的郑哲敏最令人难忘和喜欢的是他的笑容，笑容中透着的那份孩童般的天真和机灵很容易让人忘记他是当今中国力学界德高望重的泰斗。郑哲敏是著名的力学家，同时是三院院士：中国科学院院士、中国工程院院士及美国国家工程科学院外籍院士。他曾任中国科学院力学研究所所长、中国力学学会理事长等职。

他身材瘦小，行动灵活，思维敏捷，说起许多往事，总是和蔼地笑着，并带着几分孩子气地手舞足蹈。在他的身上，有许多同时代科学家的共同烙印：聪颖好学，名校出身，师从名师，游学西方，归国报效，成就斐然……但对于这一切，他本人只是淡淡地说："都是机缘和运气。"

直到与他深入地交谈了两个多小时之后，记者才慢慢地了解和读懂了些许老人阳光笑容和"一蓑烟雨任平生"的淡泊背后，是他面对命运时浪漫的天性和对家国始终放不下的情怀。

遵父命，不经商

在郑哲敏的人生中，父亲是第一个对他影响深刻的人。

父亲郑章斐出生在浙江宁波的农村，自幼家贫，念书不多，但聪敏勤奋，16 岁时到上海打拼，从学徒做起，最终成为著名钟表品牌"亨得利"的合伙人，分号遍布全国多地，还说得一口流利的英文。

郑哲敏于 1924 年出生在山东济南，是家中次子。他幼时顽皮，心思不在读书上，喜欢搞恶作剧，甚至仅仅因为对父亲店铺里一个男伙计女性化的打扮不满，就发动弟弟妹妹搞起了"小游行"。

郑哲敏终生难忘，8岁那年，父亲对他说，经商让人看不起，以后不要走做生意这条路，要好好读书。在郑哲敏的印象中，父亲没有一般商人的恶习，他正直良善，崇尚文化，决心不在子女中培养一个商业接班人，不娶一个姨太太，朋友也多是医生或大学教授。在家庭的影响下，郑哲敏与家中兄妹也都一生刚正不阿，一心向学。

尽管郑哲敏成长在兵荒马乱的年代，少年时又心脏不好，他的求学经历多次因战乱或生病中断，但因为父亲对子女教育的重视，所以学业却从未荒废。即使在休学期间，父亲也为郑哲敏请来家庭教师，给他补课；此外还带他到全国多地旅游，使他开阔眼界；给他买《曾国藩家书》，教他学会做人做事的道理；带他大声朗读英语，使他后来渐渐能够使用原版英文书自学数学、物理等课程。郑哲敏说，这些点滴的往事，影响了他一生，养成了他喜欢自学、不喜求问于人的习惯。

1943年，他以优异的成绩同时被西南联合大学（抗战期间国立清华大学、国立北京大学和私立南开大学在昆明合办的大学）和国立中央大学录取，因哥哥郑维敏已在此前一年考入西南联大，郑哲敏也毫不犹豫地选择了西南联大，和他从小敬佩的哥哥同样进入了工学院电机系。

进名校，遇名师

因家境富庶，当年郑哲敏是坐着飞机去昆明上大学的。然而，1943年至1946年在西南联大读书的三年里，学习和生活条件却很艰苦。课堂就设在茅草房里，他有机会见到梅贻琦、沈从文、闻一多等名教授，他们简朴的生活让他印象深刻。

郑哲敏至今印象最深的是教授们教学时的一丝不苟。作为低年级生，他与那些名教授近距离接触的机会并不多，但是，通过听他们的报告，以及整个学校大环境的耳濡目染，他渐渐隐约感到"学术上要有追求，做人要有追求"。

同样使他记忆犹新的还有学校里浓厚的民主气氛。持不同政见的学生们经常辩论，而郑哲敏属于"中间派"。他也开始思考国家前途，并逐渐意识到当时社会的许多问题恐怕根源于体制问题。但他生性淡泊名利，很多事都是想想就放一边，"政治太危险"，还是学习要紧。在大学时代，和很多这个年龄的青年一样，他开始思考"人为什么活着"这样的哲学问题，还特意到图书馆借来哲学书籍寻找"答案"。他最后的结论是："人终归是要死的，一个人活着的价值，还是要做一些事，为社会做点贡献。"

因为觉得和哥哥学不同专业，能对国家有更大贡献，郑哲敏从电机系转到了机械系。中学时郑哲敏的理想是当飞行员或工程师，前者可以在前线抗战，后者可以建设国家。然而，最终他还是走向"力学"这条理论研究的道路，因为他遇到了第二个对他影响深远的人——著名物理学家钱伟长。

1946年，抗战胜利后，北大、清华、南开三校迁回原址，郑哲敏所在的工学院回到北京的清华园。同年，钱伟长从美国回国，到清华大学任教，在他的课上，大四的郑哲敏首次接触到弹性力学、流体力学等近代力学理论，钱伟长严密而生动的理论分析引起了郑哲敏的极大兴趣。钱伟长也很赏识这个聪明的年轻人，常叫他到家里吃饭。郑哲敏毕业后留校为钱伟长当了一年助教，还见到了回国探亲时到清华演讲并在钱伟长家小住的钱学森。

1947年冬，郑哲敏（左1）与同届留校的电机系助教在宿舍外合影。右1为黄敞，右2郑维敏（郑哲敏兄），第四人姓名不详。宿舍地点为"36所"最西头朝南的一个四人间，位置在西体育馆西南侧，早已拆除

多年后，郑哲敏回忆道，钱伟长对他的重要影响：一是使他从此确定了研究力学的道路；二是钱伟长重视数学和物理等基础学科，对他影响很大；三是钱伟长是当时有名的"进步教授"，积极参与爱国学生运动，还常跟学生讲对美国社会的认识，认为美国"虽有很多科学创造，但都不能为人民所用"。

1948年，经过清华大学、北京市、华北地区及全国等四级选拔，同时在梅贻琦、钱伟长、李辑祥等人的推荐下，郑哲敏在众多竞争者中脱颖而出，成为全国唯一的"国际扶轮社国际奖学金"获得者，前往美国加州理工学院留学。

国家需要什么，就做什么

美国加州理工学院是世界最负盛名的理工学院之一，培养了多名诺贝尔奖获得者，中国的多位著名科学家都先后在这里留学深造过。在这里，郑哲敏用一年时间获得硕士学位后，跟随年长他13岁，当时已誉满全球，即使在美国社会也家喻户晓的钱学森攻读博士学位。钱学森也因此成为他人生路上第三位影响深远的导师。

在加州理工学院，郑哲敏有机会聆听许多世界著名学者的课程或报告，尤其受钱学森所代表的近代应用力学学派影响很深：着眼重大的实际问题，强调严格推理、表述清晰、创新理论，进而开辟新的技术和工业。这成为郑哲敏后来一生坚持的研究方向和治学风格。

出国留学，是为了归国报效，郑哲敏"从没想过不回国"。然而，中华人民共和国成立后，中国留学生归国集体受阻，郑哲敏毕业后不得已继续留在美国加州理工学院当了两年助教。尽管美国人很友好，但他仍然感到一些微笑面孔背后的歧视，"似乎与你交往是对你的施舍"，他感到自己像一叶浮萍，扎不下根来。

1955年，钱学森与郑哲敏师生俩终于相继回国。郑哲敏回国前夕，钱学森特地跟他谈心，告诉他回国不一定能做高精尖的研究："一直在美国，也不知道国内科研水平如何，只能是国家需要什么我们就做什么。"在此后的50多年里，郑哲敏的科研人生，始终与钱学森如影随形，也一直在践行着钱学森的这番话。

国内生活条件的确不如美国，但是郑哲敏"从来没觉得苦"。他所看重的是，街上的社会秩序不乱了，物价不再像旧社会那样一天一个价，买东西不再需要用麻袋装钱了，商店的橱窗里居然也有了一些国产的电子和五金产品。他特意到书店里买了一部《宪法》，认真研究这个他眼前的新社会。

回国后，郑哲敏投奔恩师钱伟长。当时中科院还没有力学所，力学研究室设在数学所，钱伟长专门在研究室设立了新专业——弹性力学组，由郑哲敏担任组长，研究水坝抗震，后

1955年郑哲敏离美回国前照片

来又领导大型水轮机的方案论证。钱学森回国后，带领创建中科院力学所，郑哲敏参加了这项工作并成为该所首批科技人员。

因中苏交恶，苏联专家从中国撤走。1960年，郑哲敏受航天部门委托，研究爆炸成形问题。钱学森预见到一门新学科正在诞生，将其命名为爆炸力学，并将开创这门学科的任务交给了郑哲敏。郑哲敏与他所领导的小组不负所托，成功研究出"爆炸成型模型律与成型机制"，并应用此理论基础成功地生产出高精度的导弹零部件，为中国导弹上天做出重要贡献。同时，相关理论和技术还广泛应用于其他国防和民用领域。4年后，在大量实验和计算分析的基础上，郑哲敏独立地与国外同行同时提出了一种新的力学模型——流体弹塑性体模型，为中国首次地下核试验的当量预报做出了重要贡献，并为爆炸力学学科的建立奠定了理论基础。

"文革"期间，郑哲敏的研究被迫中断，他被隔离审查过，也到干校劳动过。如今，提起这段往事，他只是呵呵一笑，说："很多事，我已经都忘了。"

1971 年，从干校返回中科院力学所后，郑哲敏继续致力于爆炸力学的研究。经过 10 年努力，郑哲敏先后解决了穿甲和破甲相似律、破甲机理、穿甲简化理论和射流稳定性等一系列问题，改变了中国常规武器的落后状况。此外，他还通过在爆炸力学和固体力学中的科学实践，为国家解决了瓦斯等生产爆炸的力学分析、港口建设中海淤软基处理等一批重大实际问题。

1984 年 2 月，郑哲敏接替钱学森出任力学所第二任所长。虽然他不再担任爆炸力学实验室主任，而是把精力更多地放在了力学学科及相关科学的规划工作中，但还是会经常对爆炸力学的一些具体工作进行理论指导。

郑哲敏院士十分重视培养下一代科学家，"文革"后到 2004 年，他培养了 15 名博士生、22 名硕士生。2004 年，他已是八十高龄，还指导着 8 名博士生和 5 名博士后。

科研需要耐心

至今，87 岁的郑哲敏依然每天会到中科院力学所上班。在记者专访的两个多小时里，仍不时有前来拜访或请教的客人。

尽管在旁人看来，郑哲敏已是了不起的享誉海内外的大科学家，但他本人却从不以为然。他说，自己有一些问题，比如"胸无大志"，从未一门心思地想过要成就些什么；还"不够勤奋"，所以没能做更多的事。

有人曾将郑哲敏与比他年长 5 岁、在加州理工学院结识且交情甚笃的学长冯元桢相比较，认为论聪明才智，郑哲敏绝不在冯元桢之下，而当年选择了留在美国的后者，如今已经是赫赫有名的"美国生物力学之父"。对此，郑哲敏说，人到晚年，他也曾和冯元桢在美国会面，谈起过两个人不同的道路，彼此都会觉得羡慕对方——一个是功成名就；另一个是尽忠报国。二者很难比较。

问及当前中国力学的发展水平，郑哲敏认为，虽然有进步，但与国际先进水平相比，仍有不小差距，他认为当下学术界浮躁的风气是制约发展的重要原因。他说："科研需要耐心。现在，一些人都急于求成，沉不下心来坐冷板凳，这样做出的也最多是中等成果，很难有出色的、有重大影响的成果。有的人急于要实效，不重视基础理论研究，最终会极大地制约整体科技的发展。"

他语重心长地说，当科学家并不像大家看上去的那么美。"科研有突破的那一刻很快乐，但是更多的时候很苦、很枯燥，在一遍又一遍的错误中寻求突破，在反反复复的试验中总结创新。"

一口气说完上面两段话，郑哲敏又笑笑说："人老了，很多事我也只是想想而已，想过就放下了。当前，我想得最多的事还是，如何培养好我现在唯一的研究生。"

他告诉记者，如今，他业余喜欢散步和听音乐，最喜欢听巴赫和贝多芬。

来源：《人民画报》2012 年 5 月 31 日

一 攻坚克难 建树功勋

林宗棠学长

焊点棠木　行者无疆

——记原航空航天工业部部长林宗棠

■ 莫梓芫　关　悦

如果一个人的人生年轮转到了第 87 圈，激情和乐观还会不会依然包裹着他的生命？如果四个癌症一一袭来肆意掠夺生命，他会不会依旧坦然处之闲庭信步？可偏偏有个人即是如此，回顾人生长路，路途的跌宕起伏被他轻描淡写，动情处他会顿一顿，用手比画，爽朗笑声从不断却。林宗棠，在自家的书房墙上写下这样的字句：

我感到非常骄傲，

我是一名中国人民的儿子，

我是一名中国共产党员，

我是一名清华大学学子。

冬日里的航天航空部大院与北京其他地方并无两样，枝叶凋敝，萧瑟寂静。只不过，最靠里的那栋老单元楼前挂着一排火红的灯笼，张贴着一对遒劲有力的对联。这对联出自林宗棠之手，他就住在这栋老单元楼里。林宗棠自称"老书童"，一进门的书房里全是他的书法习作，横竖大小簇叠相拥，墨香幽幽。

2007 年夫人佟一莹过世后，这间屋子略显寂寥。子女们常年在外，除了保姆，就只有林宗棠的茕茕身影。客厅四面墙上贴满了大大小小的照片，记录着对于他的生命、对于这个家庭、对于中国的现代化建设重要的人物和事件。整间屋沉浸在经久的流年中，平淡却丰盈。

老骥伏枥，赤子之心

林宗棠 1926 年出生，11 岁就作为儿童团团长参与了革命工作。1937 年，为躲避凶残的日本侵略军，林母带着孩子迁往娘家河南太行山附近的西村。西村贫困落后，教育更无从谈起，幼时在青岛打下坚实新学教育基础的林宗棠便俨然成了村里的小知识分子。他带领孩子们上坡放哨，在村子里演戏、唱歌支持抗战。就是在这里，林宗棠第一次对"共产党"有了直观而深刻的印象：八路军夜里借住在舅舅家院里，却从不入屋扰民，来去静悄悄，还每天把院子打扫得一尘不染，有空时还会手把手教林宗棠编织草鞋。这在小小的他心中种下一颗美丽的种子：长大后一定要做这样的好人。

1948 年，国共两党内战正酣，正在清华大学机械系读书的林宗棠毅然加入清华大学地下党的外围工作中，只是那时年轻的他对于共产主义还没有清晰的概念。一天在图书馆，一位一同为地下党工作的同志偷偷往他手心塞了一张小纸条。林宗棠又紧张又好奇，一个人躲进图书馆厕所里，看看四下无人，才小心翼翼地展开——"为人民服务"，极小极小的纸条上，只有米粒大小的这几个字。如今听来，这简直是电影里才有的情节，可是对当时的林宗棠而言，却无异于重锤击鼓。"我对于入党最初所有的理解，就是这五个字。"林宗棠如是说。在那样一个国难当头的年代，每一个有担当的知识分子，内心都是焦灼而煎熬的。

1949 年，林宗棠终遂所愿，光荣地加入了中国共产党。没经历过那样的年代、那样的动荡和波澜，今天的年轻人也许很难理解林宗棠对共产党、对国家的那份热烈情怀，但这样的情怀和信念，却是真真实实地支持林宗棠和他那一辈人前行的动力。1949 年清华毕业，林宗棠作为大队长带着 1000 个学生浩浩荡荡坐上了去东北的专列，参加东北建设。他先是被分配至东北工业部工作，随后调往沈阳第一机床厂担任副厂长，参与一线生产建设。由林宗棠发起组织的高速金属切削和几次群众性的技术革新活动，使劳动生产率成倍乃至十几倍地提高，对中华人民共和国的工业发展起到了极大的推动作用，他本人也多次荣获"劳动模范"称号。此后，他又进入国家计委，还担任过上海重型机器厂总设计师、总工程师，江南造船厂总设计师等职务。因为工作能力出色，1958 年，林宗棠被党中央一纸调令，招入对新中国重型机器制造业具有里程碑意义的万吨水压机研制团队中，担任副总设计师。

两年后，我国第一台身高 23.65 米，相当于 7 层楼高的 1.2 万吨锻压水压机终于试制成功，它标志着我国重型机器制造业进入一个新的水平。林宗棠也由此开始在国内机械制造行业声名鹊起。

此后，林宗棠又先后参与了正负电子对撞机研制、捆绑式火箭研制等国家重大科研项目。他的职务也几乎涉及了新中国科技制造行业的所有领域：中国国家科委副局长、高级工程师，国家科委高能物理工程指挥部总工程师，清华大学教授，国家经委委员，国务院重大技术装备领导小组副组长兼办公室主任，国务院机电产品出口办公室主任，国家经委副主任，航空航天工业部部长……

　　如今，离休多年的林宗棠依旧心系祖国发展，已是87岁高龄的他依旧奔走于各民族企业、各行业商会协会之间，助力民族品牌的推广和发展。他的父辈以及如他的一辈，都在用生命供奉着对"民族复兴"的期盼。无怪乎听到习近平在参观完国家博物馆《复兴之路》展览后的讲话，林宗棠会引为心声，并按捺不住内心的激动挥笔写下"实干兴邦"四个大字，把它悬挂在客厅最醒目的地方。

有生于无，行者无疆

　　林宗棠说，要实现中华民族的伟大复兴，实现从"中国制造"向"中国创造"的转换，归根到底要"实干"。怎么个实干法？他将之归结为：就是要具体落实到"抓项目"。而他的人生在中国现代化建设中发挥的作用，也得从三个项目说起：万吨水压机、正负电子对撞机、捆绑火箭研制。

万吨水压机：99%反对声音下做出的项目

　　万吨水压机研制的年月，正值国内三年困难时期，那时候一穷二白的中国，不仅面临物质的匮乏，前来援助的苏联专家也开始陆续撤离。1958年5月，时任第一机械工业部副部长的沈鸿给中共中央主席毛泽东写了一封信，鉴于当时电力、冶金、重型机械和国防工业都需要大型锻件，但国内只有几台中小型水压机，所需大型锻件只能依赖进口的现状，建议利用上海的技术力量，自力更生，设计制造中国自己的万吨水压机。这一建议得到了毛泽东的支持。当时，对于这一项目是否要立项，行业内以致国家领导层内部其实一直存在着不同意见。"可以说我们是在99%反对的声音下，做出了项目。"林宗棠说。在一无资料、二无经验、三无设备的情况下，项目总设计师沈鸿和副总设计师林宗棠带着设计人员跑遍全国有中小型锻造水压机的工厂，认真考察和了解设备的结构原理及性能，接连闯过了"电""木""火""金""水"五个大关，制造出了争气的万吨水压机。万吨水压机建成后，为国家电力、冶金、化学、机械和国防工业等部门锻造了大批特大型锻件，并连续几十年正常运转，为社会主义建设做出了重大的贡献。

　　随后，林宗棠又参与了中国重型机械"九大设备"的制造。如今回头看，这一时期的重机建设奠定了之后几十年中国重机发展的基础和格局，有力地支持了中国的工业建设。但在"文革"那段黑白颠倒的岁月，这却为林宗棠带来了无妄之灾。他被定罪为"学术权威"，关押在地窖里，直到1976年才被放出来。林宗棠出来后的第一件事是去医院做全身检查。由于长期不见天日，只能吃冷饭冷菜，他早就觉察到身体的不适。果不其然，检查结果是胃癌。"我问医生'怎么办？'医生说:'最好拿掉。'我就说:'好啊,拿吧!'"如此对话,仿佛只是在讨论明天的天气。正应了"五十知天命"这句话,50岁的林宗棠平静地接受了上天赐予的一切际遇。

正负电子对撞机:"我没有什么理论,但是我是个实干家。"

仅仅两年后的1978年,52岁的林宗棠就迎来了事业乃至人生中另一至关重要的转折。

当时,任上海江南造船厂总工程师的林宗棠与沈鸿正在研发一个很重要的创新项目,已进展至九成,成功眼看就触手可及。就在这时,中央五个副主席一起下令让林宗棠务必到北京参与国家建设工作。充满未知和忐忑心情的林宗棠就这样转移了自己事业的阵地。直到来京后很久,林宗棠才得知,是陈云同志多次向中央推荐他来北京抓机电、机械工作。

转眼到了1979年年初,林宗棠在人民大会堂的一个座谈会上,第一次见到了邓小平。主抓科技工作的方毅指着有些清瘦的林宗棠向邓小平介绍:"这就是林宗棠。"林宗棠边回忆边模仿着邓小平的四川口音:"哦?你就是林宗棠?"小平同志又接着问方毅:"你们让他干什么工作呀?"方毅回答说:"我们让林宗棠同志当总工程师。"邓小平听了笑呵呵地说:"总工程师?那只是有职无权的差使,应该让他有职有权嘛!"这次会见之后不久,中央决定让林宗棠到国家经委工作,作为总工程师参与我国高能加速器的研制建造工作。

"对于高能物理,我是完全不懂的。宇宙、微粒子、中子……这些东西我都不懂的。但是中央批了让我上,当总工程师,怎么办?"面对完全陌生的领域,学机械出身的林宗棠倍感压力。他谦虚地对主持项目的李政道说:"政道,高能物理我不懂,你让我现在再来学,也来不及了。物理方面就听你的,听你们这些科学家的,你们说怎么干,我们就支持。我能做的,就是解决你们提出的困难和问题。"

科学家们提出了八大困难,林宗棠就采取"各个击破"的战术,用他自己的话说,就是找出主要矛盾,然后不停地把问题一分为二、一分为二……最后各个击破。中国实在解决不了的问题,就联系美国的研究所和企业讨论;美国都解决不了的问题,还是回来依靠自己。"我没有什么理论,但是我是个实干家。你说不行,我来试试看。我当院士不行,但是当个公关馆长、小组长我可以,我可以找科学家、找工程师、找工人,和工人一谈就谈得拢。"

1988年10月16日凌晨5点56分,我国第一座高能加速器——北京正负电子对撞机首次对撞成功。被称为是"我国继原子弹、氢弹爆炸成功、人造卫星上天之后,在高科技领域又一重大突破性成就"。而巨大成就的背后,固然科学家们居功至伟，像林宗棠这样的"公关馆长"也同样功不可没。

鲜为人知的是，这段共同奋斗的日子，也开启了林宗棠和李政道长达一生的友谊。林宗棠和李政道当年都在西南联大读书，但那时彼此并不认识。几十年后，这个具有划时代意义的国家项目却成了他们的牵线搭桥人。一个擅书法，一个工丹青，常常书画传音。林宗棠的客厅里，挂着好几幅李政道送他的书画。"政道喜欢画画，他和我同岁，每年都会画个生肖送给我。"谈到老战友，林宗棠脸上不禁露出温暖的笑。

捆绑火箭："我最感谢的是工人们。"

1988年3月，距北京正负电子对撞机成功撞击仅差7个月，林宗棠被中央委任为航空航天工业部部长。

上任第一天，第一研究院的屠守锷教授便找到正准备吃午餐的林宗棠。而这一席谈话，促使62岁的林宗棠做出了一个大胆但对于中国航天事业至关重要的决定：着手捆绑火箭实验。

当时，国内科学家对于火箭的发展方向究竟是发展捆绑式火箭还是扩大火箭直径争执不休。发展捆绑式火箭，实验耗资巨大，如果失败还会影响我国航天研究的国际声誉。但如果没有人愿意冒险，中国的航天技术就永远达不到国际水平。而直径扩大的技术研发至少需要三十年的时间，用此方式，中国航天事业的战略发展期就会失去。参加过那么多工程，林宗棠得出的经验是："有很多东西就是实干就能成功，不去干光讨论，十年八年都不会成功！"

林宗棠随后找到时任七机部第一研究院院长的王永志落实项目可能性的研究。缜密的研究后，大家一致认为捆绑式火箭有可能！胆识过人的林宗棠随后在国家没有立项、没有资金的情况之下，靠着远见卓识，启动了捆绑火箭的图样设计工作。经过半年时间的研究，捆绑火箭的关键、发射的关键等问题都摸清楚了，林宗棠的底气也渐渐足了起来。

1988年年底，中央就火箭发展的问题召开重要会议，指名要林宗棠参加。会议桌上，坐林宗棠对面的是一溜反对发展捆绑火箭项目的航天专家。而会议桌的这一端，只有林宗棠一个人。专家们一致认为，捆绑式火箭在技术上完全不可能实现。而林宗棠的倔脾气也上来了，他当场立下军令状："请中央给我一年半时间，办不成，我提头来见！"

今天的航空发展已经告诉了我们故事的走向：中央慎重做出了发展捆绑式火箭的决定。而谈到研制过程中最深的感触，林宗棠的回答颇让记者有些意外："困难什么的都不用说了，我最感谢的是工人们！"

一次火箭发射点火，刚飞上去马上直直落下。"位置离发射台的边缘只差几个毫米！如果火箭真倒下来，里边的几百吨燃料瞬间将会炸毁整个实验室，我死了不要紧，还有这么多科学家和工人哪！"至今说起，林宗棠仍旧心有余悸。

接下来就是寻找火箭坠落的原因。科学家们反复检查讨论，却毫无头绪。这时一位老工人找到了林宗棠：会不会是点火的开关出了问题？如果恰好有焊接铝屑掉到开关口的位置，点火后摩擦引起火花，保护装置就会启动，自动熄火。随即工人又用实验证实了这种猜测存在的可能性。那铝屑又是从哪里来的？要知道火箭制造工序极为严格，任何一个环节都要求零疏漏，并有极为严格的检查和清理程序。科学家们再次陷入困惑。这时，又是一位老工人对林宗棠说：会不会是最终火箭上身封顶时，最后钻螺丝时恰好掉落下来一小粒铝屑到了点火开关那里？就如侦探小说的逻辑：推翻了所有可能性后，最不可能的就是正确答案。最终的试验结果证明，事故原因正是如此！捆绑火箭的又一次危机就这样被解决了。

学机械出身的林宗棠对工人始终抱着尊重和感谢的态度，"科学家的理论和工人的参与，缺一不可，再高深的理论也是需要工人去践行"。观照当下，他也对现在工人的状况颇有忧思："现在重视科学重视知识了是好趋势，但是工人的重要性一定不能忽视！"

林宗棠在一次接受采访时，称自己是航空、航天两个部门合并时，中间调和的那个"焊点"。无论是万吨水压机、北京正负电子对撞机，抑或是捆绑火箭，林宗棠扮演的总是铺路者的角色。从自己熟悉的机械领域到陌生的高能物理、航空航天研究，不论领域怎样转换，他总是本着实干家的精神逢山开路、遇水造桥，抱着谦虚的态度扮演中枢枢纽的角色，尊重科学家，团结老工人，在摸索行进中，一点点参与并推进着我国的现代化建设。

情深清华，心纳天下

在林宗棠家中，并不宽敞的客厅像极了小型博物馆：窗台十来盆盆栽旁，竖立着一米多高的捆绑火箭模型；茶几上横躺着太空卫星和万吨水压机的模型；照片墙上，则是满满的林宗棠各个时期参与重大项目和事件的照片。照片上的林宗棠从青年到暮年，中华人民共和国也从积贫积弱踏上了民族复兴的路途。回顾林宗棠走过的人生之路，算不得少年得志，却也是大器晚成，用他的话说，是"不辱母校清华使命"，确实做到了"行胜于言"。

让林宗棠特别自豪的是：林家不仅仅他出自清华，女儿林梅、孙女林凌都是清华学子，一家三代清华人。如今，三个孩子中除了二儿子在上海工作外，其他都常年在国外工作。"我盼着他们早点回来，但没办法，国内找不到合适的工作，只能等他们退休后回国"，谈到国外的孩子，这位乐观的实干悍将露出了少有的惆怅担忧。

人，年龄越大，越盼着热闹，越盼着团圆，只不过，林老的惆怅不光是为他自己，还是为中华民族，为流失国外的近100万中国精英人才惋惜。他也常反思为何在中国最为贫弱时，邓稼先、钱学森这辈优秀人才都会破除万难回到祖国，而当中国富强起来时，最优秀的人才却在流失？"他们都是栋梁之才，我们应该把他们请回来，要求贤若渴、三顾茅庐"，他多次向中央相关部门提出建议，"即便是退休的也是可以破格任用的，我七十多岁的时候脑筋还转得很快，不比年轻人差，能做的时候就继续做点贡献。"林宗棠盼着，国家能有一个大的战略，为海外人才回国建设创造主客观条件。

他说，自己给孩子们留下了遗嘱。但他的遗嘱不涉及财产分配，也不需要法律程序，"我的遗嘱就是一句话，就是我的子女、我的孙辈们，必须要为中华民族的伟大复兴做贡献！"

谈到死亡，87岁的林宗棠显得特别平静。"我有四个癌症"，他说这话时带着爽朗的笑声，"'文革'后胃癌手术那会儿，医生告诉我说，你可能能再活15年，15年之后就不好说啦。我说没事，15年也好。没想到活过了15年，然后又活过了30年……"他任航空航天工业部部长时，又被查出患有肾癌，切除坏肾才发现，癌细胞只差一丁点就顶破了包裹的膜，一旦顶破，扩散恶果将无法挽回。又过不多久，他嘴角边起了一个小疙瘩，反复化脓不止。医生查出是皮肤癌，建议依旧是"拿掉"。这次林宗棠有了一些忧虑："拿掉我这脸不是破了相啦？"医生告诉他说不要紧，边做癌症手术边做美容外科，就这样第三个癌症又被"拿掉"了。

"我曾经做了个计划活到60岁，到70岁了没事，到现在已经87了。最近检查出肺上有几个点。我想可能是时候啦。癌症嘛，这个癌细胞特别活跃，我身上有四个癌症，癌细胞怎么可能在我身上就不活跃了？它总是要找个地方来串一串。来了就治疗嘛，治疗不了就去嘛！87岁了，操劳那么多了，可以了。"

这位以中国人民的儿子、共产党员、清华学子的身份而自豪的老人，漫卷诗书写下"中华民族的伟大复兴"九个遒劲大字，载着美丽的"中国梦"，携着子孙后代，同千千万万默默为祖国建设付出毕生心血的拓路者一道，继续着无怨无悔的征程。

来源：《水木清华》2013年第3期

侯伯宇学长

毕生心血献科教

——追记著名理论物理学家、西北大学教授侯伯宇

■ 秦　明　柯昌万

2012 年 9 月 10 日，古城西安秋雨绵绵。坐落在城墙西南角附近的西北大学恬静祥和。一大早，时任陕西省省委书记的赵乐际来到西北大学慰问教师。他一再向省教育工委副书记、省教育厅厅长杨希文强调，西北大学侯伯宇教授的事迹很有教育意义，在庆祝第 28 个教师节之际，更要广泛深入地开展向侯伯宇学习的宣传活动。

侯伯宇是国际知名的理论物理学家。他把一生奉献给了祖国的科技和教育事业，创立的"侯氏理论"被称为"中国的骄傲"。2010 年 10 月 6 日，这位为祖国教育科技事业奉献了全部心血的科学家被病魔夺去了生命。诺贝尔物理学奖获得者李政道当即发来唁电，惊呼他的去世是祖国物理事业的重大损失。

一年多来，陕西省教育工委、省教育厅持续深入开展向侯伯宇学习活动。2011 年 11 月，中共陕西省委决定追授侯伯宇同志"优秀共产党员"称号并在全省开展向侯伯宇同志学习的活动。2012 年 3 月，人力资源和社会保障部、教育部决定，追授侯伯宇为"全国模范教师"。

科学报国一生坚守

1930 年 9 月 11 日，侯伯宇在天津出生。他的父亲侯镜如是黄埔军校一期学生，东征中经周恩来等介绍加入中国共产党，参加过南昌起义。后因顾顺章叛变，他寻找不到组织，辗转回到国民党部队，成为国民党陆军上将。抗日战争时期，侯镜如参加过台儿庄会战、武汉会战，1949 年 8 月率部起义。

幼年时期，侯伯宇随父亲四处辗转，在战火硝烟中先后就读过 10 所小学、3 所中学。日寇的侵略使他立志科学救国，父亲更是勉励他学习物理，将来做出更好的武器。1948年，18岁的侯伯宇进入清华大学学习物理。仅仅4个月，平津战役的炮火又逼迫他中断学业。中华人民共和国成立前夕，侯伯宇满怀一腔热血，放弃了在台湾大学的学业，也放弃了出国的机会，辗转回到北京。刚刚在清华安顿好，抗美援朝战争爆发。他决然中断学业投笔从戎，并将父亲给他的四年大学学费、生活费1000美元全部捐出。

抗美援朝初期，侯伯宇（后右）投笔从戎，报名参军当翻译

1951年，组织批准侯伯宇参加军干校，他被派往东北师大学习俄文，准备跟随苏联军事顾问入朝参战。1953年，新中国"一五"计划工业建设迫切需要既懂外语又有数理基础的人，侯伯宇主动提出去鞍山，赴鞍山黑色冶金设计院翻译科当了一名俄语翻译。在东北，无论政治、外文学习，或是翻译工作，侯伯宇均名列前茅。

1954年侯伯宇被"定性"批斗，虽在1955年得以平反，但在1957年又几乎被打成"右派"。这一时期，国家提倡向科学进军，侯伯宇考上了西北大学插班生。1958年，28岁的侯伯宇终于拿到了本科毕业证书，成为中华人民共和国培养的第一代高级知识分子。

1950年，20岁的侯伯宇第一次向党组织递交了入党申请书，然而那段不可回避的历史问题，让入党这件事被一再搁置。从激情燃烧的青春岁月，到阅尽人事的华发壮年，侯伯宇先后3次向党组织递交入党申请书，他对自己的信仰始终不离不弃，终于在1980年50岁时加入了中国共产党。从此，"共产党人"这个光荣称号，对党的事业的不懈追求，伴随了他的一生。他用朴实无华的行动践行着入党誓词和对党的事业的庄严承诺。

20世纪80年代后期，一些国外及北京、上海等地知名高校多次以优厚待遇邀请他前去任教，都被他婉言拒绝。他说："西部更需要我，那里的学生更需要我。"

他很少向他人提及自己的家世，更不会为了自己的私事动用父亲的关系和权力。他申报院士屡屡未果，很多人既为他感到不公，也奇怪他为什么不利用一下父亲的影响。弟弟侯伯文是全国政协委员和黄埔一期同学会联络员，曾经私下里问过哥哥要不要"帮忙"，侯伯宇的回答只有5个字："你不要害我！"

面对许多人热衷的"位子"，侯伯宇不光主动辞去现代物理研究所所长职务，还多次婉谢了组织上让他担任行政职务的提议。他说："我最适宜的岗位是科研第一线。虽然物理学界到我这个年龄的人多数已不在科研第一线亲自动手，但我感到我还有精力在难得的科学春天中继续与战友及学生们向国际舞台冲刺。"

侯伯宇从不接受媒体的任何采访，更不愿意宣传自己。每当被人说到"侯氏理论"是"中国的骄傲"时，他总是很反对，认真纠正说："我做的是基础工作，算不上'中国的骄傲'，那些造出'两弹一星'的元勋们才是中国的骄傲。"

始终站在理论物理前沿

像陈景润证明哥德巴赫猜想一样，侯伯宇因发现"侯氏定理"而成为世界理论物理研究代表人物之一。

在侯伯宇的时间表里，没有公休日，没有节假日。"一年三百六十五天，他三百六十四天半都在工作，"侯伯宇的夫人曹淑霞说，"只有大年三十，才抽出半天时间和我们一起吃顿团圆饭。"

侯伯宇在和时间赛跑。他的客厅甚至贴出了"谈话不超过十五分钟"的警示语。"先生从不让学生给他拜年。过年了，我们到家中去看望，先生只是礼节性地打个招呼，就去书房工作了，留下师母陪我们说话。我们和先生在一起，讨论的永远是学术。"71 岁的大弟子石康杰教授说。

为了学术研究，侯伯宇坚决谢绝了担任副校长等职务的组织安排，拒绝出席一切非学术活动。他的思维几乎全在理论物理王国里遨游，每次参加会议，只参加学术研讨，不参加观光游览。

他敢于在学术领域与国际高手较量，发现美国著名学者的观点是错误的，当即在国际学术会议上指出对方观点的漏洞，提出自己的见解，引起同行学者的极大重视。20 世纪 50 年代后期，侯伯宇致力于群论在物理学中应用的研究，解决了国际权威未能完成的重要定理的证明。

1983 年 5 月，53 岁的侯伯宇与美国布鲁克海文国立实验室乔玲丽博士合作，推导出一系列非定域守恒流的结果，运用对偶变换找到了给出所有无穷多个守恒流生成元的办法。这一研究成果被称为"侯氏定理"。新华社曾以"中国的骄傲"为名，展示了包括"侯氏理论"在内的 20 项"以中国人姓氏命名的现代科技成果"。

在规范场理论研究中，已知作为完成可积系统的 1+1 维经典场模型具有无穷多守恒流，可它的对称性根源并未弄清，被称为"隐藏对称性"。侯伯宇在会议上获悉美国学者道兰和路斯已找出它的前三个对称性生成元。能不能找到其他对称性生成元，解开"隐藏对称性根源"之谜呢？

他谢绝了美国朋友的旅游邀请，决心利用当地先进的科研条件，抢在外国人之前攻克这个难题。酷暑三伏，他查文献、演算、求证、推导，苦干了一个月，终于发现 1+1 维经典场模型作为完全可积系统所具有的无穷多守恒流，是与某种特殊的对偶变换相联系。他利用这种对偶变换找到并指出了所有无穷多个守恒流的生成元，并统一用一个对偶参数来表达，从而揭示了守恒流的根源。

侯伯宇教授结识了20多个国家的学者，同世界一流学者，包括一些著名的诺贝尔物理学奖获得者以及国内学者建立了密切的学术联系，每年都要从国外收集近千项理论研究信息。他结交同行，不分天南海北和年龄资历，没有门户之见。在所内，他经常主持召开小型学术讨论会，广闻博采，与他疏于社交形成鲜明对照。侯伯宇的学术思想异常活跃，科研主攻方向明确，屡获成果。

"侯先生是一位真正的学者，他的一生为我们树立了一个纯粹学者的榜样。在当今充满浮躁气氛的学术界，这种榜样尤为宝贵。"吴可教授说，"侯先生每年到北京去两三次，一到就开始讨论，直到离开北京要去机场时才结束。我们之间有一个约定：免去一切应酬，互不请吃饭，到对方食堂餐厅用餐，不要人陪，省出时间用于科学研究讨论。"

侯伯宇的工作室至今保持着他工作时的原貌。那里是理论物理的世界，到处是外文资料，先生的笔记本写满数学公式。翻看桌子上、书架上、柜子里的外文资料，无不被先生用五颜六色的荧光笔细细标记，密密麻麻写满了注解，先生的工作强度由此可见一斑。

2006年，侯伯宇开始向数学物理以及理论物理的核心研究领域之一超弦理论和量子场理论发起冲击。

2009年11月，侯伯宇被确诊患了膀胱癌。但他谁也没有告诉，就前往北京参加学术会议，他说自己承担的科研项目更重要。

住院后，他曾经问医生，能否为他争取三五年时间，让他把课题做出来。

侯伯宇身受病魔折磨，却依然放不下科研课题。他的学生陪同他去检查时，他还经常携带最新的论文随时研读。住院期间，他一再请护士推车慢一点、轻一点，不要影响他在轮椅上读书、看文献。

卧床之际，他不能看科研报告了，就让学生代读，虽然他的记忆力、思维衰退了，却从不忘记，并敦促学生一定不要放弃学术研究。

侯伯宇把全部的精力都献给了科学事业，科学研究就像水和空气，在他生命中静静流淌。他有一种紧迫感，希望能在有限的时间内，在科学道路上更进一步，为祖国的发展做一些事情。而科研成果能给自己带来怎样的声望和利益，却不在他的考虑之中。

一言一行诠释师德

"我们西北大学的人最津津乐道的是以侯伯宇教授的姓氏命名的'侯氏理论'。"西北大学党委书记乔学光说，"其实，在他的身上除了'侯氏理论'，还有很多和'侯氏理论'一样宝贵的东西，他用言行诠释了师者的厚重内涵。"

1992 年，杨文力走进西北大学现代物理所攻读硕士专业，师从侯伯宇。满怀着毕业后出国深造梦想的他，却在第一堂课上被侯伯宇泼了冷水。

"你们不要考虑出国，我不会给你们写推荐信的。"侯伯宇说。杨文力不敢多问，一门心思扑在学业上。毕业后，他申请前往日本一家科研院所从事课题研究，却因为老师当初的那句话，迟迟不敢去找侯伯宇写推荐书。

一天，杨文力在自己的电子信箱中，发现了一封邮件，署名侯伯宇，上面只有草草几个字：如果你要申请去那家科研机构工作，希望我写推荐信的话，我非常愿意。在导师的支持下，杨文力最终如愿以偿。

在与侯伯宇的促膝长谈中，困扰他多年的心结终于解开。当时先生感到学生们还没有踏踏实实学到东西，即使给机会到国外去，去了以后也不会有下一个机会。他希望他的学生能静下心来，真正去做学问。

侯伯宇就是这样一个人，他以循循善诱的姿态，适时调整着学生们做学问的心态。事实上，侯伯宇非常注重开阔学生的学术视野。他想尽办法送学生到国内外著名高校或科研机构访学进修；另一方面，又不断挖掘自己的人脉资源邀请世界一流的科学家来为学生上课。1985 年，在他的努力下，西北大学现代物理研究所获批为全国首批博士后科研流动站。学生们坐在西北大学的课堂上，便能聆听到杨振宁、李政道等多位诺贝尔物理学奖获得者和吴健雄、巴丁、普里高津等国际著名物理学家的讲学。

在理论物理领域，侯伯宇培养出一支学术品质过硬的"西北军"。从教 37 年，他的学生遍布全国乃至海外。学生李卫、顾樵的研究成果被学术界冠名"侯—李变换"和"顾效应"。石康杰、杨仲侠、岳瑞宏等人更成为新的学术带头人。

2007 年 8 月，77 岁的侯伯宇同往常一样，在办公室专注于课题研究，不料，噩耗从天而降：唯一的儿子和心爱的孙子在加拿大遭遇车祸，双双遇难！然而，经历这一悲剧的第二天侯伯宇就回到办公室，第三天就又站到了讲台上。学生们发现，侯伯宇不但没有减少课时，反而比过去更多了。从星期一到星期五，他每天都要给学生上课。这个学年中，他承担的前沿动态研究课达 600 个学时！

侯伯宇先生（右 2）与李政道（右 1）、周光召（左 1）等合影

做人之道，是为人师表的根本。但如何做到？侯伯宇从没有向学生讲过，学生们却早已经从他身上学到了。

西北大学物理研究所教授杨战营是侯伯宇的学生。十几年前，母亲突然患病，几乎掏空了家里的积蓄。这对于一个农村家庭来说，不啻雪上加霜。情急之下，还没有读完硕士学业的杨战营动了辍学的念头。

"我不允许任何一个学生在我这个地方辍学，我可以供养你读完学位，如果我一个人不行的话，我可以让其他老师一块来供你毕业。"侯伯宇说。

侯伯宇的帮助，让杨战营的人生发生了根本的改变。受到先生资助的学生何止杨占营一人。在他的带动下，资助贫困学生已经成为西北大学物理所全体教授的自觉行为。学生毕业了，侯伯宇还要经常询问他们的生活情况，最关切的当然是有没有坚持做研究……

张小玲是西北大学物理研究所行政人员，平时负责打印文件、财务报销等工作。她回忆说："有一次，先生去日本回来，有一笔账我拿财务室去报销，报完账后，我把钱拿给他。侯老师一看，说咋多出这么多呢？肯定是算错了，让我赶快给人家退回去。"

坚持给本科生上课

侯伯宇不仅给学生传授知识，塑造他们的学术品格，更用自己的善良、宽容、认真和正直，塑造着学生的人格，影响着他身边的每一个人。他的很多课题，总会无私地分派给他的学生和国内各个地方的合作者，学生津贴会发到最高限度，悉心指导学生完成课题研究后，从不要求在成果上署上自己的名字。

他从来不肯用科研经费为自己报销一本和课题无关的书；数十次出国交流访问，他从来没有一次带家属同行。20 世纪 90 年代初期，他拿自己的科研奖励给研究所办公室装上了空调。他的家里，至今依然简陋得近乎寒酸，老旧的家具用了几十年也舍不得更换，简陋的办公桌斑斑驳驳，快散架的抽屉用胶布粘住。一位来访的记者看到后开玩笑说："这个桌子要是交给收破烂儿的师傅，恐怕还要倒贴钱。"他的衣柜里挂的那件常穿的中山装已经洗得蓝里泛白。他的房间里，唯一透着现代气息的是桌上妹妹送给他的一盏台灯，用手轻轻地触动灯罩，台灯就会打开、变亮、更亮、熄灭。

在侯伯宇的古稀之年，他说，要尽可能地在最短的时间里，把自己的所学完完全全地传授给学生们。他先后为本科生和研究生讲授过《普通物理》《原子物理》《前沿动态物理》等多门基础课和专业课，一堂课 4 个小时只休息 10 分钟，学生们普遍感觉吃不消。2007 年到 2008 年的一个学年，侯伯宇承担的前沿动态课程就达到了 600 个学时。

侯伯宇病重时，学生们几乎天天陪在他身边；离世后，学生们流着泪写下悼词，悬挂在校园的棵棵小树上；大家自发组织了烛光追思会，跑了一个上午才买到了足够的蜡烛。学生们说，这不只是寄托哀思，而是记在心中，无论走到哪里，我们都是"侯老的学生"。

侯伯宇长期工作在教学第一线，先后为本科生和研究生讲授十多门基础课和专业课，曾获全国高等教育首届优秀教学成果一等奖，专著《物理学家用微分几何》至今仍是国内和美国许多著名大学物理专业的指定参考书。

从教37年，侯伯宇先后培养博士、硕士研究生40多名，指导博士后研究人员7名，许多人读研期间就在现代物理前沿做出了创造性成果。目前，这些学生中，有15人已成为国际知名的学术带头人。

侯伯宇的学生们有太多的"不会忘记"：美国加州大学吴如山教授，不会忘记当年自己在为确定研究方向举棋不定时，是侯老师建议他做地球学和物理学的交叉研究，于是20世纪80年代他就成为国际知名的地球物理学家。侯老师的第一届研究生不会忘记，毕业时，是侯老师极力推荐他们参加李政道先生主持的选拔，3位同学一起到了美国继续深造。在中科院物理所范桁研究员的记忆中，他的导师侯伯宇从来不因自己的事情去求人，但在2005年，侯伯宇曾经向孙昌璞先生极力推荐范桁，以至于和他相知甚深的孙昌璞都吃惊：严肃寡言的侯伯宇怎么会有这样的热情。

1978年，在北京召开的全国科学大会上，侯伯宇受到邓小平等中央领导的接见，他的《群论、角动量及规范场与磁单极的研究》成果同时获得了全国科学大会奖。多年来，他获得的荣誉和奖项实在太多了，但他绝口不提这些。平时除了学问，更不谈别的事情。

高尚师德的典范

侯伯宇是中华人民共和国培养的第一代高级知识分子，国务院首批授予的博士生导师。他忠诚党的教育科技事业，长期从事理论物理和数学物理研究，在前沿领域做出了开创性的贡献，取得了国际一流的研究成果。他所创立的"侯氏理论"被誉为"中国的骄傲"。

在近半个世纪里，侯伯宇把攀登科学高峰当作最大追求，数十年如一日，夙兴夜寐，饱含深情地在教育科技战线上忘我工作，体现了中华人民共和国第一代知识分子不畏挫折、迎难而上的奋斗精神。他多次放弃优越的国外求学工作机会，在西北艰苦的环境中工作52年。他不仅传授给学生知识，塑造着学生们的学术品格，更用自己的善良、宽容和认真、正直，塑造着学生的人格。

当前，我们向侯伯宇学习，一要学习他心系祖国、矢志不渝的奉献精神。侯伯宇一心为国，把自己的命运与国家民族的命运紧紧联系在一起，对科学和教育事业无限忠诚，把所有的精力、心血和才华都奉献给了他深深热爱的祖国。二要学习他攻坚克难，勇攀高峰的探索精神。侯伯宇勇于面对各种困难和挑战，把科学研究当作最大的乐趣，把占领科学高峰当作最大的追求，取得了举世瞩目的科研成就。三要学习他精心育人、甘为人梯的师德风范。侯伯宇把自己研究的最新成果和国内外最新科学成就毫无保留地介绍给学生，培养出了一批高水平的学生。四要学习他朴实无华、淡泊名利的人格品质。侯伯宇从不追求享乐奢华，利益面前从不伸手。五要学习他对待科学一丝不苟的严谨作风，力戒心浮气躁、急功近利，自觉加强学术道德修养。

来源：《中国教育报》2012 年 9 月 13 日

刘金铎学长

悼念刘金铎学长

■ 金振东

在清华大礼堂东北百米处，柳荫丛中矗立着一块西南联大纪念碑。纪念碑的背面，镌刻着六十多年前参加中国抗日远征军的西南联大学子的名单，第五行闪耀着刘金铎学长的名字。六十多年过去了，昔日的热血青年、莘莘学子，已是白发苍苍的学界泰斗。2011 年 12 月 11 日，刘金铎学长走完了 87 岁的人生历程，永远离开了我们。

刘金铎学长是我国著名的电力系统继电保护专家、电力系统继电保护奠基人之一。生于四川成都的刘金铎学长，1942 年考入昆明西南联大电机系，翌年响应政府"知识青年参加抗日"的号召，毅然投笔从戎。抗日战争胜利后，解甲归学，1946 年 7 月回到清华大学电机系学习；1949 年 7 月毕业后在中共中央办公厅行政处建设科工作；以后在东北电业管理局中试所、调度所工作；1959 年调华北电力设计院工作，"文革"中下放内蒙古电力勘测设计院；1978 年 10 月起，调水利电力部南京自动化研究所（现为国家电网公司电力科学研究院）从事电力系统继电保护研究工作。历任工程师、高级工程师、教授级高级工程师。1984—1987 年间，曾任江苏省人大常委，兼任财经委员会委员。

刘金铎学长作为我国著名的继电保护专家，为开创我国的继电保护事业，毕其一生殚精竭虑，呕心沥血，为我国继电保护的发展做出了重要贡献。曾获国家科技进步二等奖和电力部科技进步一等奖。

刘金铎学长一生为人师表，治学严谨，一丝不苟，诲人不倦，积极扶掖后人；在南京，他先后培养了多名研究生，现都已成为电力部门科研、生产和管理的骨干，其中一名还当选为中国工程院院士。他为人正直，作风正派，在江苏省人大常委会任职期间，曾多次为使农村学生获得公平的受教育机会仗义执言。

刘金铎学长爱党爱国，在清华大学期间，他积极参加文艺宣传活动迎接祖国

1996 年清华大学校庆，联大电机系 1946 级毕业 50 周年聚会。左起：刘金铎、王祖遽、陆钟祥、张慕林、傅书遐、童诗白、王先华、赵骥、毛恒光

的解放；在东北电管局工作期间，他积极参与该局组织的各种抗美援朝宣传活动。刘金铎学长在华北电力设计院期间，根据电网急需和针对苏联距离保护存在的问题，研发了国内第一台 LH-11 整流型距离保护，并无偿交上海继电器厂批量生产。之后又成功研发了短线路纵差保护装置。为解决保护装置的防雷问题，他查阅大量资料，用廉价的材料自行研磨，在不断修改材料配方和烧结温度后，终于用简陋的设备成功烧制出非线性电阻构成的防雷片，解决了防雷难题。他一心为工作，即使在历次政治运动，尤其在"文革"中，因在抗日期间曾为来华参战美军作过翻译的所谓历史问题而受到极不公正的待遇时，他的爱国敬业之心也丝毫未变，从未停止过对继电保护技术的研究。来南京后，更是积极工作，在新型继电保护产品研制方面作出多项贡献。

在退休之后，他仍积极从事继电保护装置配套产品的开发、生产，即使在重病期间，仍在不断阅读和研究有关资料。刘金铎学长积极学习并践行党的方针、路线和政策，作为一名勤勉踏实的老科技工作者，虽年逾花甲，仍以自己的实际行动，实现了加入中国共产党的愿望。刘金铎学长律己甚严，从不计较名利，他是中华人民共和国成立前参加革命工作的，完全符合离休条件，但直到逝世，他也未去办理离休手续，他在辞世时的遗言也是"一切从简"。

来源：《清华校友通讯》复 65 辑

高伯龙学长

用生命，书写一曲"强军之光"的赞歌
——追忆中国"激光陀螺奠基人"、国防科技大学教授高伯龙院士

■ 赵姝婧

曾经，有这样一位老人。

每天，他都身着绿色老式作训服，脚穿黄胶鞋，面容清瘦，眼眶深邃，缓缓行走在公寓房和实验室的小路上。

这条路，一走就是60多年，风雨无阻。

没有人知道，就在这样一位普通的"老头儿"身上，有着如此厚重的人生故事和如此卓越的科研贡献。

甚至，在他最后留给我们的影像资料里，也是只穿一件背心埋头在计算机前工作，完全不知节目播出后，"背心院士"已感动无数人。

他曾是当年清华大学物理系"极为优秀"的学生，是一间清华学生宿舍诞生四位院士的"传奇人物"之一，一生深受清华精神影响，情牵清华。

他始终将个人命运与国家利益紧密结合，从"哈军工"到国防科技大学，日思夜想，心系国家最迫切重大需求，"一条道儿走到黑"，干起活儿来"不要命"。

他历经20余年艰苦攻关，40年漫长跋涉，带领团队在重重艰难险阻中，开辟出一条具有中国自主知识产权的研制激光陀螺成功之路，使我国成为全世界第四个能够独立研制激光陀螺的国家，被誉为中国"激光陀螺奠基人"。

他临终之际，念念不忘的，仍然是激光陀螺。

高伯龙，今天，我们终于知道了他的名字。然而，他却已在2017年12月6日离开了我们，享年89岁。

那盏常年亮到下半夜的灯再也不会亮起，绿树葱葱的路上再也不见他蹒跚独行的身影。然而，他的科研成果如今已让我国海、陆、空、天的大国重器有了"火眼金睛"，他淡泊名利、严谨治学的精神也已化作星光点点，如那陀螺散发出的光芒，留在了人们心间……

踌躇满志，清华园追求科学

清华读书期间的高伯龙

1928 年 6 月 29 日，高伯龙出生于广西南宁一个书香门第，父母皆为高级知识分子。受到家庭潜移默化的影响，高伯龙从小对科技、历史、人文等方面具有浓厚的学习兴趣，成为他刻苦学习、立志成为科学家的最初动因。

1947 年 9 月，高伯龙以优异成绩考入清华大学物理系。高伯龙读书时，清华物理系云集了叶企孙、周培源、钱三强、霍秉权、王竹溪、余瑞璜、孟昭英、彭桓武、葛庭燧等名家大师，标志着清华物理系的师资队伍建设达到了一个新的高峰。

在清华，高伯龙前所未有地开拓了科学视野，以极大的热情投入学习之中。清华物理系名师大家博大精深的课堂教学和优良学风的熏陶，加之自己刻苦勤奋的钻研和天资聪颖，使高伯龙在学业上日益精进，尤其在物理学知识领域不断深化拓展学习内容，汲取科学知识的营养。他如饥似渴地抓住一切机会、利用一切条件全身心地投入到新的学习和生活中。

当时，清华大学倡导实行"通才教育"，主张全面加强学生的基础教育。物理系作为清华大学实施"通才教育"最基础、最重要的大系，尤其注重打牢学生的基础学科知识，高伯龙正是这一教育理念的受益者。

清华大学物理系以教学严谨、内容艰深、考试严格著称，高伯龙严格自律、学风扎实，成绩优秀。当时的同学、粒子物理和理论物理学家何祚庥院士回忆说："高伯龙的确是当初极其优秀的学生。我们当年有两个人成绩最好，一个是高伯龙，另一个是周光召。当年我们叫高伯龙'高公'，他的业务特别好，要解决点困难的问题对他来说是很容易的。有一次考试，老师出了一个比较难的题目，做起来很费事。高伯龙用群论的方法，很简单就做出来了，很漂亮。"

清华园的学习生活，是高伯龙人生成长的一个重要阶段，在这里他坚定了报国志向，打下了扎实深厚的数学、物理知识基础，为他后来成为我国激光陀螺研究的领军人物创造了最重要而基本的先决条件，奠定了他在物理学领域开展研究的理论和技术基础。

在名师大家的谆谆教诲下，涌现出与高伯龙同期的周光召、何祚庥、杨士莪等著名院士，巧合的是，他们四位当年在清华园中住同一个宿舍，成为一时美谈。

清华读书四年间，正值重大历史转变时期，翻天覆地的政治、社会变化，给清华大学带来深刻变革。如火如荼的革命运动，也使高伯龙经受了一次深刻的思想洗礼，追求科学与进步，成为他生活的两个重要方面。对于出生于民国时期知识分子家庭的高伯龙来说，从中学时弃学从军抗战救国，到清华园中积极投身革命运动，他以"科学救国""科学强国"的理想，践行着清华"爱国奉献、追求卓越"的优良传统。

奋力破解"钱学森密码"

1951 年，高伯龙从清华大学毕业，分配到中国科学院工作仅三年，就被选调到中国人民解放军军事工程学院（简称"哈军工"，国防科技大学前身）任教。从全国自然科学最高学术机构到最好军事工程技术学府，高伯龙从大学毕业起就从事自己挚爱的科技事业。

1971 年，两张神秘的"小纸片"递到了国防科大。当时，只有极少部分人知道，这两张纸片来自钱学森，上面写着激光陀螺的大致原理。

激光陀螺，是自主导航系统的"心脏"部件，被誉为现代高精度武器的"火眼金睛"。它集成了众多尖端科技，可以不依赖外部信息，实现自主导航、制导、定位等功能，是导

高伯龙在激光实验室作研究

弹、飞机、舰船等武器装备实现精准打击、快速反应的核心部件。因为集成了众多尖端科技，这个方寸大小的仪器极难研制。

"国外对这个激光陀螺的研究是封锁的，没有其他的材料，只有两张小纸片。"国防科技大学教授罗晖回忆说。

这两张纸片所代表的难度，堪称世界级"密码"，无异于让一个从未见过火箭的人去设计火箭。谁是那个能破解钱学森"密码"的人？

高伯龙没有辜负期望，数理功底极强的他，通过大量计算，反推出激光陀螺的关键理论，提出了我国独有、完全没有任何成功经验可借鉴的四频差动陀螺研制方案。在短短一年半时间里，这位激光陀螺界的"新人"，从理论上破译了"钱学森密码"。

次年，高伯龙所著《环形激光讲义》出版，成为我国激光陀螺理论的奠基之作。"书如其人，既透着物理的灵气，又把技术完美地融合了进去，十分难得。"清华大学精仪系教授张书练说，"能感受到高院士在清华物理系打下的扎实基础，能体会到他对理论的挚爱，能把物理变成解决问题的工具，这是非常了不起的。"

"这本书含金量极高，理论十分精彩，是如今每一位研究激光陀螺科研人员的'必读书目'。"国防科技大学副教授江文杰说。

"理论研究是高伯龙院士的强项，离不开他在清华园里打下的深厚物理功底。"国防科技大学高级实验师周宁平说，"深厚的理论功底和敏锐的洞察力，促使高伯龙找到了最容易突破的'点'，为我们赶超其他国家提供了有力支撑。"

理论解决后，工艺难题如连绵高山，高伯龙开始了长达20年的攀登。几乎每一个攻关都是从零开始，而其中最难攻破的是激光陀螺的"命根"——极高反射率和极高透过率的光学薄膜。

"激光陀螺最关键、最难的工艺就是镀膜，当年就没有任何书本知识，也没有任何可参照的。"国防科技大学教授龙兴武回忆。"找不到任何参考资料，那怎么办？就靠自己去琢磨，去研究，去创新，对我们来说都是原始创新。"罗晖说。

高伯龙义无反顾，带领学生"一条道走到黑"。没有实验场所，就改造废弃食堂；没有实验装置，就自己推着板车去建筑工地捡废料、搭平台；没有现成软件，近60岁的高伯龙还当起了学生，自学了程序设计语言，自己动手编程。在攻关镀膜技术的最关键一年，高伯龙瘦了近30斤。

光学薄膜技术的突破，使研制工作走上了快车道，各种新型陀螺及系统纷纷研制成功，全新技术迭代频出。从1975年到1994年，高伯龙带领团队，20年怀揣忧患意识，践行科技自立，将激光陀螺核心关键技术的"命门"牢牢把握在自己手中，也终于让中国从激光陀螺研制技术的"陪跑者"变成"引领者"。

1997年11月，高伯龙当选为中国工程院院士，这是对他在研制激光陀螺方面取得开创性成就的最好认可。

"以身许国，何事不敢为！"

高伯龙反复叮嘱：研究出的成果，一定要形成战斗力，切实应用于国家的尖端武器和大国重器上，"以身许国，何事不敢为！"

"搞科研，我是个拿得起、放不下的人。只要问题没有研究清楚，不解决，我就丢不下，成天想，做梦还想。"高伯龙生前曾说。

如今，我国已成为迄今为止世界上唯一一个把平面结构四频差动激光陀螺运用到武器装备上的国家。21世纪初，经过改良后的该型装备在某海域进行测试，发发命中，以战时"一剑封喉"的姿态，傲视九天。这是人民海军历史上首次取得"百发百中"的历史性时刻，激光陀螺功不可没。此后，该型装备成为海军慑敌中坚力量，筑起共和国坚不可摧的和平盾牌。

我国某型卫星，长期被微振动影响、测量不够精确、成像不够清晰等问题困扰。怎么解决卫星对陀螺体积的需求？团队首先想到的是高伯龙。"高院士都这么大岁数了，还会'出山'解决陀螺问题吗？"大家不免有些疑虑。凭着对激光陀螺的热爱，高伯龙二话没说，爽快地"受领"了任务。

清华大学精仪系教授张书练回忆，每次去长沙找高伯龙院士，都能见到他办公室的灯光亮到深夜。他要么和团队科研人员研讨技术方案和技术难题，要么独自设计专门用来核算相关参数的程序。这位倔强的老头儿，不顾自己已是耄耋之年，硬是凭借深厚的物理理论功底，在短短几天内将程序编写完成，论证了参数的合理性。

"高院士，我们的陀螺上天了！"卫星首次搭载激光陀螺发射成功时，高伯龙已缠绵病榻多时，当从学生口中得知这个消息，瘦削的老者在病床上如孩童般咧嘴笑出了声。42 载痴心不改，他终于令我国海、陆、空、天有了"火眼金睛"，他终于等到激光陀螺飞天，耀我国防。

高伯龙以一种近乎修禅人的定力与坚守，对所从事的激光陀螺事业全力以赴，穷其一生孜孜不倦地将钟爱的事业做好、做专、做到极致，散发出工匠精神之光。

学高为师，身正为范

心无旁骛，一切为了科研，一切只为科研。这样一位业内公认的开拓性大师，因为从事的工作密级较高，和团队几乎都是埋头默默攻关，很少出现在媒体大众的视野，更谈不上名利。张书练教授曾说："如果你只是赶时髦，追求短期效果，为了晋升职称，那肯定不会干这个。因为这个陀螺说不定十年八年都出不来。"

从1984年指导第一个博士研究生起，近30年时间，高伯龙只培养了不到20名博士。他所培养的学生数量之少，与他和学生取得的成就之大，形成了鲜明的对比。

"严格，太严格了。"高伯龙的学生们说，"他常跟我们说，当年在清华大学受到的就是高质量的教育，课程紧、内容多，老师们都很严格，只有真正下功夫，才能做出切实对国家有贡献的成果。"

"在你迷茫的时候，他总能给你指出路，告诉你该往哪儿走。高院士是我们的魂。"国防科技大学实验师李晓红说。

"那永远是我的好老师啊，没有他哪来的我今天呢。"国防科技大学教授龙兴武说。

一次临近中午，高伯龙的学生去向他请教问题，想着先吃饭再来详细讨论，没想到，高伯龙一拿到问题便立马投入思考，完全没有要吃饭的意思。思量许久，高伯龙突然站起来："走！我带你去见个人，他是这方面的高手。"于是，师生二人骑着自行车、顶着夏季正午的烈日，去拜访国防科大显微镜检测领域的王教授。王教授正在家吃饭，见到二人只好放下碗筷，三人一谈又是两个小时。"不仅我们的午饭泡了汤，王教授估计也没有吃好。"这样的故事在高伯龙身上数不胜数，他的老伴曾遂珍曾经无奈地说："我这辈子做得最多的一件事，就是给老头子热饭。"

"四时相催不肯迟，脚踏实地不停歇。"只有充满正能量的人，才能把温暖和坚定传递给别人。在高伯龙身上，我们看到了一位科学家恪尽职守、夙夜为公的无私胸襟。学生写的论文无论他修改了多少，也不会署上自己的名字，评功评奖机会再多，也不会提起自己一分一毫；当年的夜班记录本上记录着他"一个月加28天夜班"的印记；晚年深受哮喘病、高血压困扰却依然坚守岗位……

淡泊名利，一切只为科研

多年来，高伯龙始终情牵母校清华大学，在 2011 年清华大学迎来百年校庆的时候，他主动打电话要"回家"。校庆期间，高伯龙带夫人和家人前来清华，参加多场活动交流体会，并对母校未来发展和清华学子提出意见、建议。"我在母校打下了扎实的基础，一生深受影响。当前清华发展得很快，期待取得更多傲人的成绩。"

张书练与高伯龙常常通电话，他也时常问起清华当前的发展状况。同时，清华大学精仪系等院系与高伯龙带领的国防科技大学科研团队多年来也有着紧密的合作关系。

"记得我当时正在写《正交偏振激光原理》，就与高伯龙院士进行了反复细致的讨论，他十分肯定书籍的成果，并对其中的核心问题和注意事项都提出了重要的意见和建议。"张书练说。

从科研理论、技术探讨、项目合作到师生交流，长期以来，高伯龙和他的团队注重与母校清华大学发挥各自优势，齐心协力为国家攻克更多难关，努力培养高水平的优秀人才。

高伯龙团队在激光陀螺研究中建立了全套高精度激光器制造设备，凝聚了强大的工艺力量，培养了几代创新人才；清华大学持续进行激光效应及其他应用研究，是正交偏振激光原理和应用的先行者。两者强强联合，时常开展深入的交流讨论，总能擦出意想不到的火花。此外，双方共同推进学术发展和研究生培养，联合培养的博士生在读期间发表了多篇 SCI 收录论文，并共同研究世界首创的微晶玻璃激光器纳米测尺，取得了一系列的成果。

87式作训服是高伯龙日常的标配。在他离世后，人们回忆最多的，就是他身着绿色老式作训服在校园里蹒跚独行的样子。

"高院士的一件衬衣，可能要穿至少五六年甚至十几年。"李晓红说，"我们开玩笑说，如果把高院士这件衬衣捐上去，估计会给'打'回来，因为又破又薄，几乎没办法穿了，捐出去别人也不会要。"

医院的护士长回忆："高伯龙曾经有一件棉袄，他穿了30多年，我们就说帮您把这件衣服洗一洗好不好，他都不要洗，洗多了容易坏，他不同意我们给他洗。"

2017年12月，高伯龙躺在湘雅医院的病房里，无法再下床。可即便这样，他嘴里不停重复的、心头念念不忘的，却仍是那方寸之间陀螺的魅力，那永恒闪烁的激光陀螺。

在高伯龙身边工作过的人，听他说过最多的一句话就是："死也要死在工作上，拿不出成果死不瞑目。"

随着身体日渐衰弱，高伯龙开始抓紧时间发短信，他要把自己的思考全部告诉学生。他坐在病床上，捧着老人机艰难地打字，一条短信要耗费半个小时，看得一旁的护士偷偷抹眼泪："他总说在办公室的抽屉里还有一篇学生的论文，很有价值，他要回去继续深化，直到去世前的那一年，他还想着要出院的事……"

长沙南郊的阳明山，是人们最后和高伯龙告别的地方。那日，无数人从全国各地甚至国外赶来，只为送他最后一程。夫人曾遂珍在挽联上写了这样一句话：该休息了老头子，安心去吧。

"高院士去了，但是他的精神永留心间。我希望年轻的清华学子们以老学长为榜样，学习他不忘初心，坚韧不拔，不达目的不罢休的科研精神；学习他牢记使命，始终将个人发展与国家命运紧密结合在一起的奉献精神。"张书练说。

这一生，高伯龙把自己的才智全部奉献给祖国，用近半个世纪的默默坚守，让我国的激光陀螺从无到有、从弱到强，绽射出耀眼的强军之光。他忠于使命、科技报国的坚定信念，聚焦实战、服务打赢的执着追求，以我为主、自主创新的奋斗精神，求是求实、至真至纯的崇高风范，生动诠释了从清华园走出的科技工作者知识报国、以身许国的人生价值，书写了一曲用生命践行使命的精神赞歌……

来源：清华新闻网 2019年9月12日

万哲先院士

万哲先：人生几何 情系代数

■ 李福安

　　万哲先是我国著名数学家，主要从事代数学和组合理论的研究，研究兴趣包括典型群、矩阵几何、有限域、有限几何、编码理论和密码学、区组设计、图论、格论等。60多年来，他在典型群、矩阵几何、有限几何、编码与密码、图论与组合数学等领域做出了杰出的贡献，在国际上也有重要影响。他是华罗庚典型群和矩阵几何学派（国外称之为典型群的中国学派）的继承人，是我国有限几何及其应用研究的开创者，在编码和密码领域也有卓越的成就，并带出了一支很强的队伍。

　　1927年11月，万哲先出生于山东淄博张店，先后就读于胶济铁路张店小学、济南小学、汉口市立第六小学。之后辗转贵阳、云南等地读中学。1942年10月进入昆明西南联合大学附属中学学习。1944年10月—1946年7月，在西南联合大学算学系（数学系）学习，联大复员后在北京清华大学算学系（数学系）学习，1948年毕业后在清华大学数学系任助教。

　　1950年8月，万哲先在中国科学院数学研究所（筹备处）担任助理员，1952年7月，到正式成立的中国科学院数学研究所工作，1964年5月晋升为副研究员，1978年3月晋升为研究员。1984—1985年，任中国科学技术大学研究生院教授。1985年至今，任中国科学院系统科学研究所（数学与系统科学研究院）研究员，曾任所学术委员会主任，担任过学术刊物《代数集刊》主编，以及《有限域及其应用》《组合年刊》《组合数学、信息与系统科学杂志》《离散应用数学》《中国科学》《科学通报》《数学通报》等多个学术刊物的编委。担任南开大学组合数学中心学术委员会主任、福州大学离散数学与理论计算机科学中心

万哲先清华毕业照

学术委员会主任等职，1991 年当选为中国科学院学部委员（院士）。

1953 年万哲先在中国科学院数学研究所经田方增介绍，加入中国民主促进会，担任过民进中国科学院支部委员、民进北京市委委员。1985 年 10 月 23 日，万哲先在中国科学院系统科学研究所由吴文俊、丁夏畦介绍加入中国共产党。1988 年和 1993 年万哲先分别当选为北京

2007 年 8 月，万哲先与著名数学家吴文俊合影

市第九届、第十届人大代表。1951 年万哲先在北京参加中国数学会，担任过理事、常务理事。1980 年在美国普林斯顿（Princeton）大学参加美国数学会，1983 年在意大利乌迪尼（Udini）参加国际密码研究会。

几十年来，万哲先对研究工作始终兢兢业业，严肃认真，取得了丰硕的研究成果。在国内外著名学术刊物上发表研究论文 149 篇，出版著作 23 部，还有 20 余篇介绍数学知识的通俗文章。特别值得一提的是，其中有 90 多篇学术论文和 17 本书是在他年逾花甲后完成的。如此高龄取得如此丰硕的成果，其中的辛劳是可想而知的；其坚实的功底，广博的知识，成熟的技巧，以及许多开创性的工作令人十分敬佩。

华罗庚和万哲先的"典型群"获 1978 年全国科技大会重大科技成果奖，"图上作业法及其应用"和"伪随机序列"（万哲先为第一作者）也都获 1978 年全国科技大会重大成果奖，"移位寄存器序列"（万哲先为第一作者）获 1984 年中国科学院科技进步奖一等奖，"典型群的同构理论"（万哲先为第一作者）获 1986 年全国自然科学奖三等奖，1995 年因代数学和组合论的贡献获第二届华罗庚数学奖，1995 还曾获光华基金奖一等奖，"有限域上典型群的几何学及其应用"获 1997 年中国科学院自然科学奖一等奖。

万哲先不但是基础数学专业的博士生导师，同时也是应用数学专业的博士生导师，培养了数十位硕士和博士研究生。

万哲先的学术贡献主要在以下几个方面：典型群、矩阵几何、有限几何及其应用、编码学和密码学、图论与组合数学。万哲先的研究领域相当宽广，在李代数、KacMoody 代数、有限域、格论等方面都有贡献。

来源：《人生几何 情系代数——万哲先学术传记》，科学出版社 2017 年版

赵柏林学长

大气科学与遥感技术学家
赵柏林

■ 九三学社中央网站

　　赵柏林，1929年4月16日出生于辽宁省辽中县。大气科学与遥感技术学家。1991年当选为中国科学院学部委员（院士）。1986年加入九三学社，九三学社第九、十届中央委员会委员。

　　赵柏林幼年入私塾，熟读诗书。10岁时父母先后逝去，不久外祖父又病故。家境的变化使他从小就树立了自立自强的信念。1945年，赵柏林考入北京师大附中读高中，老师的教育、鼓励，使他的视野顿开。他对于代数中的拉格朗日内插法及四次方程解提出了新的处理方法，这些内容被老师韩清波、吴越阡副教授认为是创新，纳入教学内容，并向联合国教科文中学生成绩展览推荐和呈报。1948年，北师大附中数学会考，赵柏林获第二名并得奖，同年考取清华大学并获奖学金。学习期间，赵柏林由于家境困难，欲放弃学业去潞河中学当数学教员。此时，李宪之、谢义炳教授给他以帮助，使他在清华大学任半时助理，半工半读完成学业。1952年，赵柏林于清华大学毕业，毕业后到北京大学物理系气象专业任助教。1954年，他在谢义炳教授的力荐下，成为苏联动力气象专家阿基诺维奇的研究生。在阿基诺维奇的指导下，他完成了副博士论文《摩擦层中的湍流交换系数》，于1956年12月通过副博士论文答辩。

　　赵柏林于1957—1959年赴苏联莫斯科大学和科学院应用地球物理所进修，以"云中的电荷"为题开展研究。他与领航员等4人携带仪器乘气球飞至1000～3500m高空，进入云中进行云中电荷的测量。他们两次从莫斯科至乌拉尔进行的行程约1000km、20小时的飞行，取得一批云滴电荷资料。这是人类首次乘气球测量自然云中的电。他以此撰写成论文在苏联科学院学报上发表，并被作为苏联科学成就的一部分，刊载在世界气象组织公报上，受到苏联和国际上的重视。

　　赵柏林是我国卓越的大气科学家。几十年来，他先后从事云降水物理及人工影响天气、微波辐射计及其环境遥感应用、大气云雨对微波通信的影响、光学和卫星遥感大气污染、海洋大气遥感等研究，其中微波辐射计系列是中国首先研制出来的。早在1972年，他领导的试验小组研制成功5mm波段的微波辐射计，与美国研究成果同时期发表，引起世界震惊。以后，他们又陆续研制了5～30mm波段五个频率的微波辐射计系列，使得这一研究成果跨入世界先进行列，并于1986年获国家教委科技进步奖一等奖，1987年获国家科技进步奖一等奖（首名获奖者）。西北太平洋云辐射实验是应邀与日本合作从事世界气候计划云辐射对气候变化的影响的研究，1989—1991年，赵柏林等携带自制的微波辐射计系列，三次在日本潮岬及奄美大岛进行海洋大气观测，取得成功。这项研究推动了中日云辐射研究的合作，在国际上受到重视和好评，在中日报刊上有多次报道（其中中国7次、日本18次），并被评为国家自然科学基金资助的优秀项目。海洋大气遥感等研究是国家"七五"科技攻关项目，该项成果鉴定达到国际先进水平，部分处于国际领先地位。在环境污染的遥感研究中，赵柏林采用光学遥感大气气溶胶、二氧化氮及卫星遥感尘暴流动、大气臭氧，在国际上产生了良好反响。有关云雨对微波通信影响的评估，为国内外所采纳，被载入国际无线电协会（URSI）科学评述中。赵柏林在科学刊物上发表论文150余篇，并撰专著《大气探测原理》。由于他突出的贡献，1979年由讲师直接晋升为教授，历任北京大学地球物理系教授、博士生导师。1988年被授予中青年国家级有突出贡献的专家称号，1990年被授予"全国高等学校先进科技工作者"称号；1994年当选为国际高等学校科学院院士。2004年获"何梁何利科学进步奖"；2006年获国家教育部科技进步奖一等奖和"中国气象科技先进工作者"称号。

赵柏林对大气科学的国际合作做出了很大贡献。他是国际大地测量及地球物理协会（IUGG）中国际云降水委员会（ICPP）执行委员（1986—1992），国际核化与大气气溶胶委员会（ICNAA）委员（1992—1996），曾赴美国、日本、德国、苏联等国讲学和访问。他主持了世界气候研究计划中全球能量与水循环试验（GEWEX）和热带降雨测量卫星（TRMM）的中日国际合作项目。

几十年来，赵柏林培养了大批人才，包括学士、硕士、博士和青年教师。他虽然承担许多重大科研项目并有众多兼职，但始终坚持在教学第一线为大学生、研究生讲授云雾物理、大气物理、数理统计等多种课程，并先后为本专业开出了大气遥感、微波遥感与大气物理的前沿学科课程。他在教学上始终兢兢业业，一丝不苟。不论什么课，不管讲过多少遍，每次上课前他都认真书写，字迹工整的讲稿在教师中传为佳话，为青年教师做出了榜样。

几十年走过的路程，使赵柏林真正懂得了自力更生、艰苦创业的意义。他认为："人生就是要奋斗、要拼搏，最困难的时候，必须坚持住，绝不退缩。"多年来，他一直遵循这样的信条：人生只有一次，要奋斗，要拼搏，要光明磊落，不枉今世。做一件事，自己决不姑息、纵容，如果随大流，只能成为最末。只有高屋建瓴、博大精深，才能有所发明，有所发现，有所前进。面前的事情，只有最终取得成功，才有出路。这也是他兢兢业业的真谛。

来源：九三学社中央网站

魏廷琤学长

陪同国家领导人视察长江

■ 魏廷琤

1949年中华人民共和国成立，结束了国民党的反动统治，长江回到了人民的怀抱，中国开始了历史的新纪年。治理开发长江、造福广大人民，成为共和国三代领导人几十年来领导我们为之奋斗的宏伟目标。

在我青年时期，曾先后就读于南京导淮水利工程学校、复旦大学和清华大学。1948年9月在清华园，经物理系1950届同学何祚麻介绍，我先后加入中国民主青年同盟和中国共产党，北平解放前为清华大学法律系地下党负责人。从1946年开始，参加过反美、反蒋爱国学生运动。1949年3月，北平古城刚刚解放，我们200多名清华学子（其中有8位中共党员）满怀革命豪情，参加了中国人民解放军第四野战军"南下工作团"，随"四野"南下。1949年11月，在当时政务院副总理董必武同志领导的中央人民政府指导接收委员会华东工作团率领下，时任中原临时人民政府农林水利部部长、长江水利委员会主任的林一山，以及孔祥榕、刘鹏夫、钮形平和我共5人，赴南京接收了国民党的水利部系统，并将原扬子江水利委员会人员大部分迁至武汉，合并组建为长江水利委员会。从此，我的一生就与这条既养育了古老的中华民族，也给人民带来深重灾难的世界第三大河——长江结下不解之缘。

我在长江流域规划办公室（以下简称"长办"）工作了40多年，从1954年开始历任规划设计处处长、副总工程师、副主任、主任，负责汉江规划、丹江口工程、葛洲坝工程、三峡工程设计，先后参加了荆江分洪，丹江口水利枢纽、葛洲坝、三峡工程的建设工作。在这期间，我曾陪同共和国领导人视察长江，亲身感受到党中央、领导人关注并领导长江治理开发的动人情景。许多事情虽过去多年，但仍然历历在目，终生难忘。

毛主席、周总理关心长江建设

长江黄河的水患一直是我国的心腹之患。中华人民共和国成立后，治理长江黄河就成为毛泽东、周恩来等领导人高度重视的一件大事。早在20世纪50年代毛泽东就作词："更立西江石壁，截断巫山云雨，高峡出平湖。神女应无恙，当惊世界殊。"长江规划和三峡工程建设长期以来是周恩来亲自负责、组织实施的。几十年来党中央、国务院始终雄心不变。

1953年春节刚过，毛主席视察长江，由武汉乘"长江"号军舰顺流东下。我随同林一山同志跟随毛主席同往南京。在军舰上毛主席详细听取了林一山同志汇报的关于长江的基本情况，存在问题以及治理设想方案等。毛主席指示，支流水库对长江干流洪水控制作用远不如干流三峡水库控制有效，应着重开展三峡工程的研究，并指示要考虑研究南水北调，引汉济黄的方案。

1958年2月26日至3月6日，周总理视察长江。周总理一行从武汉乘船溯江而上，历时十日，亲自视察了荆江大堤、三峡坝址和三峡水库区。在轮船上，我向周总理汇报了汉江流域规划和丹江口工程设计，重点是三峡工程研究和长江流域规划的情况。在讨论过程中，绝大部分同志都赞成及早修建三峡工程以及长江流域规划的基本原则。视察工作在重庆结束时，周总理做了总结，指出："从国家长远的经济发展和技术条件两个方面考虑，三峡水利枢纽是需要修建且可能修建的""应当采取积极准备、充分可靠的方针进行各项有关的工作"。并指出："由于条件比较成熟，汉水丹江口工程应当争取在1959年做施工准备或者正式开工。"

1958年9月丹江口工程开工，开始了长江干支流治理开发的新纪元。我参加了丹江口水利枢纽的坝址选择，并负责丹江口电站的设计。丹江口工程正如周总理所说的做到了防洪、发电、灌溉、航运、养殖五利俱全。

我接受搞三峡工程是1958年成都会议以后，中央政治局正式通过下发了《关于三峡水利枢纽和长江流域规划的意见》。当年8月，我参加了由周总理主持，在北戴河研究长江规划和三峡工程建设的会议。9月，"长办"党委正式决定由我担任长江三峡工程设计领导小组组长。1959年和1960年，我们先后拿出三峡水利枢纽工程设计的要点报告、初步设计初稿，等待中央决策。而这时出现了三年经济困难，丧失了最佳的开工建设时机。通过调整，经济很快恢复。1965年1月17日，周总理又召见林一山主任，林汇报"长办"工作，要我去汇报三峡工程的情况。周总理已经有个想法，丹江口工程完了以后接着就干三峡工程。没有想到1966年"文化大革命"把兴建三峡工程又耽误了。

1970年3月，周总理通知湖北省"军管会"，点名要解放林一山同志，并让他立即到北京参加全国计划工作会议，研究第四个五年计划的大纲，周总理下决心要把三峡工程写到纲要上。在北京饭店礼堂开的会，我跟林主任一起来的。周总理在会上问："林一山来了没有？"林一山同志答："来了。"总理说："兴建长江三峡工程是伟大领袖毛主席的伟大理想，我们一定要在他健在的时候把这件事定下来，不把这件事办好，对不起党，对不起人民。"总理含着眼泪说："我年龄大了……"

正在这个时候，提出了一个先上三峡工程还是先上葛洲坝工程的问题。总理经过一段时间考虑认为，三峡工程规模大，一下子恐难上得去，不如先做一个低坝，为三峡工程做实战准备。这样，是年8月中央定了下来，由湖北向中央写了个报告："兴建宜昌长江葛洲坝水利枢纽工程的建议"。毛主席12月26日批准葛洲坝工程上马。

葛洲坝工程于1981年年初大江截流，当年通航发电，说明我们中国人自己有能力、有志气把这项工程建设好。葛洲坝工程建成后，美国人前来参观，不得不对此工程刮目相看。美国内政部垦务局局长席金生说："你们能做葛洲坝这样的工程，我相信你们各种水坝都能做。"现在回过头来看，先上葛洲坝工程是对的，没有葛洲坝工程的成功，就没有今天三峡工程的兴建。

小平同志与长江三峡工程

1980年7月初，我接到当时湖北省委书记陈丕显同志亲自打的电话，说有要事，要我立即到他家里去面谈。到了陈书记家中，丕显同志对我讲小平同志要亲自看三峡和葛洲坝工程，要我一起陪同去看。

1980年7月上旬，我随丕显同志去重庆迎接小平同志。13日上午我们一行在重庆4号码头登东方红32号轮，小平同志下火车后即上船。开船后，丕显同志把我们介绍给小平同志，而后开始汇报。小平同志一开头就问我："有人说三峡水库修建以后，通过水库下来的水变冷了，下游水稻和棉花也不长了，鱼也没有了，究竟有没有这回事？"我当即回答，不会影响农业和渔业，并举丹江口水库为例，详细加以说明。小平同志还讲到长江中下游是鱼米之乡，物产丰富，一定要注意保护好环境。随后我又向他汇报了三峡工程研究的经过、工程规划设计、施工方案、设备制造、资金筹集等问题。当汇报到当年周总理确定先建葛洲坝工程，为三峡工程做实战准备时，他很赞成，并指出葛洲坝建设过程中所取得的经验一定要很好地应用到三峡上。船行经瞿塘峡进口时，小平同志见两岸山势陡峻，江面很窄，就问我："为什么坝址不选在这里，而要选在下游，这里筑坝地形很好嘛。"我报告了三峡工程泄洪流量很大，水电站厂房很长，还要布置通航船闸，这里很难布置，坝址地质条件不好，三峡河段航道也不能得到根本改善，因而不宜选在此地。

　　船行进三峡以后，小平同志要邓楠同志将我叫到船头会议室，一边观看两岸，一边和我谈工程建设问题。他详细询问了大坝、电厂、船闸的设计，和国内外已经达到的水平做比较。他对设计所依据的基本资料，包括水文、地质各种试验研究成果以及结论意见——做了详细了解，他对施工安排包括工期进度、施工方案以及国内外大型水坝建设中所发生过的一些重大问题也都做了了解，特别是和葛洲坝工程的对比就询问得更为详细。他特别关心有无把握，会不会出现黄河三门峡类似问题，我尽我所知向小平同志做了详细汇报。他还问到了资金筹集问题，我提出用葛洲坝发电收入作为三峡建设资金，如果每度电 0.1 元，葛洲坝年发电 160 亿度，可得 16 亿元，小平同志对此很感兴趣。谈话持续了将近两个小时，他很满意。

　　在经过荆州时，小平同志对荆江两岸 1500 万人口、2300 万亩良田处于荆江洪水严重威胁之下十分关注。他对当时所采取的防洪防涝措施进行了详细的了解。他指出洪水淹到哪里，哪个地方就要倒霉，人民要遭殃，必须采取有效措施解除这项严重的威胁。他对三峡水库调节长江洪水的功效十分注意，对于两岸分洪区的安全措施也十分关注，他对我说，长江两岸的防洪问题要十分重视，一点也不能马虎。

　　在邓小平同志和中央主要领导同志的直接关心下，1984 年 2 月国务院正式批准关于三峡工程的可行性报告，并建立以李鹏同志为首的三峡工程筹建领导小组，着手筹建。

　　1985 年后国内外出现一些不同意见。有人说，秦始皇筑万里长城，隋炀帝修运河，都没有好下场，现在的领导要修三峡，也不会有好下场。反对上三峡工程之语就是这么尖锐。小平同志在 1986 年人大会议期间，对香港《中报》董事长傅朝枢先生谈话时说明建设三峡工程的必要性和重要性，并说明对提出的各种问题都要研究。小平同志认为轻易否定搞三峡不好。

　　基于对三峡工程的"周密考虑"，贯彻决策科学化民主化原则，使方案做得更加切合实际，1986 年国务院决定对三峡工程进行重新论证。之后成立了三峡工程论证领导小组，由水电部长钱正英负责，各部委参加，我参加了领导小组。论证分为 14 个专题，10 个专家组，重新论证工作历时 2 年零 8 个月，其间领导小组开了 11 次会议。结果在参加的 412 位专家中，只有 9 位不赞成，没有签字，其他的都签了字。国务院 1990 年听取三峡工程重新论证情况汇报，决定由"长办"根据论证结果重新编制可行性报告，并组成以国务院副总理邹家华为首的审查委员会审查可行性研究报告，1991 年审查通过。

江泽民总书记最后决策兴建三峡工程

江泽民总书记对三峡工程极为关心。1989年他刚上任不到一个月，就冒着炎暑，于7月赶到宜昌视察三峡现场和长江中下游防洪工程建设情况。他看了三峡坝址和葛洲坝工程后，乘"昆仑"号轮船沿长江东下。在船上我向他详细汇报，特别是这些年来各方面对三峡工程提的一些意见和我们研究的成果，他都认真地听取。对于三峡建设工程中的问题，如水库泥沙问题，生态环境问题，水库库岸稳定性问题，工程技术上有没有困难，工程究竟要花多少钱，什么时候能把它做起来，其根据在哪里，有什么科学技术的基础等等，他听得都很仔细。他到武汉以后还到"长办"、长江科学院看了实体模型试验，并对"长办"的工程技术人员代表做了热情洋溢的讲话，给从事三峡设计科研工作的人员以极大的鼓励。他反复强调了科学技术的重要性，要尊重知识、尊重人才，对当时社会分配不公、知识分子待遇低的问题要着手解决，并指示对科学实验工作要抓紧进行，这样才能把三峡建设得更好。他认为小平同志对三峡工程所做结论是有科学根据的，要"长办"的同志更好地工作。在江泽民、李鹏等中央领导同志支持下，中央政治局常委会在江泽民同志主持下开了一整天会，听取了国务院对三峡工程可行性研究报告的审查汇报，并广泛听取了意见，进行了讨论，最后由江泽民同志做了会议总结。会议批准了国务院向人大七届五次会议提出兴建三峡工程的议案。我列席了这次会议。1992年3月人大会上通过了国务院的议案。

当时在中央政治局常委会讨论时，江泽民同志还吟读了歌德长诗《浮士德》中的一段，表明了建设三峡工程的美好前景无限光明。1993年9月27日，江泽民同志为三峡开发总公司题词："发扬艰苦创业精神，建好宏伟三峡工程。"这是我党第三代领导人对三峡工程广大建设者寄予的厚望。至此，三峡工程建设步入一个崭新的时代。

1994年12月，三峡工程开工。1997年11月7日，江泽民总书记亲自出席了举世瞩目的三峡工程大江截流仪式。随着江总书记一声令下，最后一车石块倒入江心，长江这条奔腾的巨龙终于又一次被截断，滚滚江流驯服地通过导流明渠流向东方。

如果说，毛主席、周总理时代倡议要进行长江流域规划，兴建三峡水利枢纽，那么到邓小平、江泽民同志这儿，就使三峡工程进入了实战阶段，在葛洲坝工程实践的基础上把三峡工程推上马，以实现毛主席"高峡出平湖"的伟大构想。

每当面对着滔滔东去的长江，回顾自己与之打交道的半个世纪，我总是有无尽的感慨。这条大江，它曾记载下中华民族从贫弱走向振兴的历史，能够在这个过程中贡献自己的一分力量，是我终生的骄傲。这时，我常常想到我的母校清华大学，我曾在这里就读过，并光荣地参加了中国共产党，在党组织领导下和美蒋反动派进行过斗争，深深体会到当时被誉为"半解放区"的清华大学在中国人民解放斗争中所起的第二战场的重大意义。回想清华是美国当年用庚子赔款为培养帝国主义的奴才而办的学校，但事实却走向了反面。清华近90年来，培养了大批为国家振兴、民族发展做出很大贡献的优秀人才。有很多清华学子为民族解放前赴后继，献出了自己的生命。大批清华学子成为社会主义建设各条战线的骨干。在"长办"和我一道工作了40年的曹乐安同志，是1941年清华土木系毕业的，从1950年开始即在"长办"工作，一直从事荆江分洪、丹江口工程、葛洲坝工程和三峡工程设计工作，不幸于1992年因病去世。他勤勤恳恳，对工作极端负责，做到了鞠躬尽瘁、死而后已。还有为长江水文建设做出过巨大贡献的杨积昭同志，1936年清华土木系毕业，也是将一生奉献给长江水利建设事业。他们都是我尊敬的老学长、老同事，在他们身上体现出爱国敬业的道德风尚，体现了清华精神，我对他们经常怀念不已，向他们学习。现任长江水利委员会副主任兼三峡公司副总经理的王家柱、三峡公司总工程师张超然、副总经理秦中一等，都是20世纪60年代毕业的清华学子。现任长江水利委员会副总工程师，负责三峡等大型工程设计的徐麟祥、成昆煌、刘宁同志，也是清华水利系毕业的校友。我相信，母校在新世纪里必将为祖国的繁荣昌盛培养更多的优秀人才。

　　*作者为原国务院三峡工程建设委员会委员、办公室副主任、长江流域规划办公室主任。

来源：《清华校友通讯》复42辑

二　两弹一星
国之重器

周光召学长

周光召："十万分之一"的科学元勋

■ 张芸学

2012 年 3 月 31 日，北京中国科技会堂群贤毕至，包括国务委员刘延东、清华大学教授杨振宁在内的众多嘉宾与科学家汇聚于此，见证香港求是科技基金会颁出首个"求是终身成就奖"。香港求是科技基金会从 1994 年开始颁发"求是奖"，已资助了数百位在数学、物理、化学及生物医学等科技领域中有杰出成就的中国科学家。而在今年基金会的年会上，顾问和科学家们共同决定增设"求是终身成就奖"，并一致同意将首奖颁给著名物理学家、中国科学院院士周光召。

香港求是科技基金会主席查懋声在颁奖仪式上表示："如果说杰出科学成就曾是求是奖项的主要指标，那么考虑'求是终身成就奖'就有三个因素：无可争议的学术成就；高山仰止的科学精神；悲天悯人的人文情怀。"这正是周光召的人生写照。从清华、北大的高才生到"两弹一星"功勋科学家，周光召的人生伴随着中国由战乱动荡走向科技强国，他的名字也成为这一历程中耀眼的光辉。

清华、北大双料毕业生

周光召 1929 年出生在湖南宁乡一个知识分子家庭。他的父亲周凤九是公路工程专家。父亲在土木工程上的才华与勤勉深深影响着幼年周光召。然而据周光召自己回忆，他在童年并不是一个用功学习的孩子。由于父亲工作繁忙，周光召与兄弟姐妹平素难得与父亲相见。由于家庭疏于约束，周光召玩耍度日，"是一个顽童还差不多"。周光召 9 岁那年，抗日战争全面爆发，他与家人被迫背井离乡走上逃难之路。其间，周凤九被派往西昌修川滇公路，周光召与哥哥留在重庆，进入重庆南开中学就读，他的人生也从此时开始了改变。

在南开中学时，周光召的成绩并不出众，然而一位叫唐秀颖的数学老师对他产生了很大的影响。这位唐老师虽然是刚从中央大学毕业的年轻教师，但她讲课生动，鼓励学生独立思考，颇受学生们的欢迎。周光召由此对数学产生了浓厚的兴趣，在学习中也有意在数学功课上多花一些时间。

1946年，战后的中国获得了短暂的平静，周光召随家回到湖南，并于同年秋天报考了大学。由于周光召成绩不算太好，清华大学将他招入了先修班学习一年，类似于现在的大学预科班。清华大学是当时中国名副其实的顶尖学府，集中了全国最优秀的青年才俊，这让这个只上了先修班的湖南小伙感到了不小的压力。周光召开始认识到自己所学的不足，以优秀的同学为榜样，发奋努力地学习。那时清华大学图书馆夜间无人管理，他就自告奋勇去当管理员，以利用这个时间在图书馆里多读一些书。他的学业得以迅速提高。

20世纪40年代末的清华大学，云集了叶企孙、王竹溪等一批中国杰出的物理学家，他们正在利用自己所学为百废待兴的中国培养新一代的物理人才。叶企孙当时是清华大学物理系主任、理学院院长，是物理学界的扛鼎之人。他在清华对青年学生关怀有加，令周光召印象十分深刻，"给人一种很亲切的感觉"。王竹溪则是享誉海内外的"清华四杰"之一，他自英国剑桥大学留学回来，作风严谨，对学生要求很高。周光召回忆："上他的课，要非常聚精会神才能学好。"在王竹溪的课上，周光召不仅对热力学有了较为深刻的掌握，还从老师身上学到了做科学认真严谨的态度。清华求学的所得令周光召受用一生，也为他打开了探寻科学的大门，使他坚定不移地在这条道路上走下去。

在周光召求学清华园的同时，校园外的世界也正在发生着天翻地覆的变化。处在历史大变革的时代中，周光召和他的同学们也在关注着政治，思索着中国将往何处去。1946年年底，北平发生了"沈崇事件"，北平各大高校学生纷纷走上街头抗议美军暴行，周光召听闻此事很气愤，参与到游行队伍中。此时，一些描写解放区的书籍在同学中盛传，周光召也从很多同学手中借阅，开始对中国未来的道路有了新的看法。据他回忆，他在清华时与在北大哲学系就读的中学同学陈砾交往密切，陈砾是蒋介石"文胆"陈布雷的儿子，思想却倾向共产党，是学生运动的积极分子。陈砾还常带周光召去他的二姐陈涟处，陈涟当时已是中共地下党员，为周光召讲述了许多解放区和共产党的事情，并鼓励他在专心治学的同时多关注中国的形势和命运。周光召回忆说，从那时起他已觉得"中国一定要解放，我们一定要为中国的解放做事情"。

1974 年，黄昆、邓稼先、黄宛、周光召、杨振宁（从左至右）游览北京颐和园

政权的更迭没有影响周光召在科学上探索的脚步。1951 年 7 月从清华毕业以后，周光召继续在本系读研究生，随着 1952 年全国院系调整，清华大学理科被划归入北京大学。在北大，周光召师从于著名的理论物理学家彭桓武教授，进行基本粒子物理的研究。彭桓武是当时国内首屈一指的物理学家，被称为我国核物理理论冲子物理理论以及核爆炸各层理论的奠基人，用周光召的话说，"差不多所有这方面后来的工作者，都是他直接或间接的学生"。与彭桓武学习的这段经历令周光召受益颇深，在周光召眼里，彭桓武为人随和，无话不谈，将学生当成朋友看待，一起逛公园、吃饭，畅谈国际国内大事。1952 年，周光召加入中国共产党。1954 年，周光召从北大毕业并留校任教。

杜布纳初露锋芒

1945 年 8 月，两颗原子弹相继在日本爆炸，原子弹以其极大的摧毁力，一方面终结了第二次世界大战，一方面则将世界带入核竞争的新时代。彼时的周光召还是重庆南开中学的高二学生，因为当时物理课到高三才开设，周光召对物理一无所知，对原子弹更毫无了解。还是同学陈砾对他说，原子弹是一个大事件，物理在其中发挥着巨大作用，学习物理将来很有前途。或许正是受了陈砾启发，周光召从大学开始走上了物理这条道路。而随着他毕业留校，他的所学全部用于教学之上，他也早已将当年由原子弹而引申的这个话题忘记了。然而，或许当年真的是一语成谶，在 1957 年，周光召遇到了人生的转折点，并从此将自己的生命与原子能联系在一起。

中华人民共和国成立后的前十年正是中苏关系最为亲密的时期，大批苏联专家进入中国，参与中国工业与科技的建设与发展，中国也选送优秀的科研人员前往苏联，向"老大哥"学习。其中，为应对美国可能构成的核威胁，中国高层将对核武器的研发提上日程，并将此当作向苏联学习的重要内容。在此背景下，1957年春，周光召被派往苏联杜布纳联合原子能研究所学习。

杜布纳联合原子能研究所是1956年由社会主义阵营各国代表在莫斯科签署协议共建的，这个伏尔加河畔的小城一时间聚集了12个社会主义国家的科研人员进行高能物理研究，俨然成为"冷战"中社会主义阵营对抗西方大国的科技中心。中国也派出了几十位科学家在此参加联合研究工作，周光召即是由第一批来此的物理学家胡宁推荐而来。此时的周光召年仅28岁，已经是中国物理界优秀的青年骨干。

在读大学时，周光召曾有三次机会去苏联留学，都因为当时复杂的国际国内形势而未能成行，因此能够来到苏联从事物理研究，令胸怀大志的周光召激动不已。尽管杜布纳的设备和科研力量在当时算不上是世界上最优秀的，但相比较国内被信息封锁的科研环境，杜布纳的确让甫出国门的周光召大开眼界。这里的图书馆提供了大量国内无法掌握的行业信息，时常有著名学者作报告，提供一手的学科前沿动态。周光召在杜布纳工作了4年，不到30岁的他在这里展现了杰出的才华，两次获得联合研究所的科研奖金，发表了33篇论文，其中有不少成果引起了国际物理学界的高度重视。

尽管是以学习的态度在杜布纳工作，周光召还是在科研中坚持真理，敢于提出自己的质疑，哪怕对方是苏联的权威专家。一次，周光召组里的负责人马尔科夫邀请他参与关于相对性粒子自旋的讨论，这是一个比较前沿的课题，苏联一位知名教授对此已经得出了自己的结论。周光召参会后当面对这个结论提出了不同的看法。教授的权威受到了挑战，对年轻的周光召颇不以为然。周光召并不气馁，他用了三个多月的时间，一步一步地严格推演证明，把研究成果写成了题为《相对性粒子在反应过程中自旋的表示》的论文。过了一段时间，美国科学家在研究中也得出了相似的结论。这就是著名的"相对性粒子螺旋态"理论提出的过程。苏联教授无话可说。因为此次"交手"，两人随后还成了很好的朋友。

回忆起当年在杜布纳的经历，周光召表示，在杜布纳学到最多的是对思维方法的训练，使人在面对一个未知的问题时，能够找出最佳的方法入手去解决它。"从学校一直到毕业，每段时间都在训练，不过那个时候是一种更高层次的训练。"这些经验，为后来周光召与他的同事白手起家开展核武器理论研究奠定了基础。

为原子弹引爆把好最后一道关

1959年，中苏之间裂痕已深，终至歧路。苏联单方面撤走所有援华专家，使包括原子核能在内的科研陷于停顿，中国的发展遭遇前所未有的孤立困境。毛泽东于 1960 年 7 月号召"自己动手，从头做起，准备用 8 年时间，拿出自己的原子弹"。中央决定自力更生，派自己的优秀科学家进行原子弹研制。

在此背景下，时任第二机械工业部副部长、中国科学院原子能研究所所长的钱三强专程带队来到杜布纳，与周光召等中方科学家进行了一次长谈，向他们介绍了苏联专家撤走后国内的困难。言语之间，其意不言而喻——请他们回国进行核武器的研制。

对于周光召及许多在苏的中国科学家来说，他们在杜布纳的研究已入佳境，回国就意味着放弃手中的所有工作和科研成果。作为支部书记，周光召立即召集了支部会议。会议上，科学家们一致表示：国家需要我们，我们完全可以放弃现在的工作回去，一定要为国家的富强尽自己的力量。周光召与吕敏、何祚麻等联名给国内写了回信，表明了自己的坚定立场。

1961 年，周光召登上南下的列车启程回国。抵京后，他随即搬入第二机械工业部第九研究院，作为理论部第一副主任，开始了长达 19 年的"秘密工作"。杨振宁后来说道："光召兄的回来，使得中国 1964 年爆第一颗原子弹，早了一两年。"

研制原子弹的工作队伍很快组建了起来。其中既包括王淦昌、彭桓武、郭永怀这样的资深科学家，也包括朱光亚、邓稼先、程开甲等一批中青年骨干。周光召时年 33 岁，正是年富力强的年华。在他之下又有许多从各高校毕业生中挑选的优秀年轻力量。这样的老中青组合使队伍既具备专业高水准，又富有活力和创造力。周光召常与比他小十多岁的年轻人共事，他们对待工作严谨认真、对待艰苦的条件义无反顾的精神让他看到了中国科学的未来。

由于苏联专家的撤走，我国在第一颗原子弹的研制中既无权威资料，又无实践经验，困难可想而知。即便是苏联专家遗留下来的记录，也都需要重新复核，因为原子弹的研发实在是事关重大，容不得丝毫马虎。在原子弹设计初期，有一份苏联总顾问口授的简要记录，上面记载的一个数据引起了科学家们的质疑，邓稼先带领一批年轻人夜以继日地进行了多次计算，结果与苏联专家的数据记录依旧不一样。周光召接受任务对邓稼先小组的计算数据进行复查。他采取了一个全新的角度，从炸药能量利用率着手，求出炸药所做的最大功，证明了邓稼先小组计算结果的正确性——苏联专家的记录是错误的。像这样一一攻克技术难关的例子还有很多。周光召与他的战友一道，通过自力更生打破了对苏联专家的盲从，在原子弹研制上逐渐走出独立自主之路。

原子弹的研制关系到国家安全，这项工作一直处在严格的保密之中，周光召与他的战友们长期过着与世隔绝的生活，甚至亲人们也不知道他们究竟在做什么工作。周光召后来回忆这段岁月时说："当时国际上就传说是我们逝世了，说是制造了一个什么事件，在我们回国的时候飞机爆炸，就不在了，这种传言都有。"

1964 年 10 月 15 日，中国第一颗原子弹经过科研人员的反复试验，在罗布泊安装就绪，等待它最终的问世。周光召也在北京后方关注着这一激动人心的时刻。然而就在起爆的前一天，周光召突然接到一份来自罗布泊的紧急来电，电文中对设计提出了一些忧虑，希望周光召再核查一遍。周光召知道，周恩来总理正在对罗布泊实验基地进行视察，这个电报一定是总理的意思。周光召与同事们经过连夜紧张运算，在次日上午将结果回复给周恩来，报告中称，除了一些人力不可控制的因素外，原子弹的引爆不会出现任何问题，成功率在 999‰以上。这份报告让起爆现场的人们如同吃下一颗定心丸。当天下午，原子弹在罗布泊爆炸成功，中国跨入有核国家行列。

"我只不过是十万分之一而已"

原子弹研制成功后，周光召等科学家又在中央的指示下紧锣密鼓地开始了氢弹的研究计划。然而正在此时，"文革"浩劫来临，周光召所在的第二机械工业部第九研究院遭到了冲击。由于周光召的父母都曾在国民党当政时期供职，这样的出身自然引起造反派的高度关注。周光召的家被抄了三四次之多，很多老照片和资料都在打砸抢中遗失，甚至在北京帮他带孩子的岳父母也被赶回了乡下。

令周光召感动的是，在那个人人自危、世态炎凉的环境之下，他却得到了很多人的关心。因为周光召在 1957 年即远赴苏联，没有经历过"反右"等一些政治运动，很多平素与他来往并不多的同志生怕他精神上难以承受，主动来安慰他，甚至当着他的面把江青骂了一顿。1966 年年底，周光召等人一边遭受着造反派的批判，一边却仍在进行氢弹的研究和实验。聂荣臻元帅前往视察工作，看到周光召等人在如此严寒的气候下却住在干打垒的房子里挨冻，立即提出让周光召搬到楼房里住，并关切周光召哮喘病的病情。这些关怀让周光召十分感动，表示一定要克服重重困难攻克氢弹的难关。

1967 年 6 月 17 日，中国第一颗氢弹的蘑菇云冉冉升起。从爆炸第一颗原子弹到爆炸第一颗氢弹，中国仅用了 2 年零 8 个月。这一速度当时在全世界引起了轰动。法国总统戴高乐为此大发雷霆，拍着桌子质问法国原子能总署的官员和科学家，为何让中国人抢在了前面。

"科学的事业是集体的事业。制造原子弹，好比写一篇惊心动魄的文章。这文章，是工人、解放军战士、工程和科学技术人员不下十万人谱写出来的！我只不过是十万分之一而已。"面对荣誉，周光召如此谦逊地表示。

周光召在国外访问

改革开放后，周光召陆续任中国科学院院长、中国科协主席、第九届全国人大常委会副委员长，他仍然以饱满的热情对科学事业及中国社会经济发展贡献自己的力量。在他主管中国科协工作时，中国科协向中央提出了制订和实施"全民科学素质行动计划"的建议，被采纳推行，科学教育、传播与普及开始深入田间乡里、惠及亿万百姓。对于中国科技界出现的种种问题，周光召也常以其直率的性格进行抨击。针对当下中国科学研究的环境，他说："一是缺乏学术民主的氛围，往往是院士或领导一讲话，就再没有人敢讲话了；二是实行不必要的封锁，大家都生怕自己的想法被别人知道了。"而对于科研现状，他深感忧虑："我现在特别忧虑的就是社会上急于求成的浮躁状态。有的弄虚作假，有的为追求论文数量而不管质量、效果，结果就是只跟着别人走。"他还在公开场合对院士制度提出批评，认为："学术界应该是没有权威意识的，只有在统一平等的基础上进行讨论才能真正造就人才，实现科技创新。"

由于周光召在"两弹一星"事业上做出的突出贡献，1996 年 3 月，经国际小行星命名委员会审议通过，中国科学院紫金山天文台观测发现的、国际编号为3462 号的小行星被命名为"周光召星"。

来源：《科学导报》2017 年第 43 期

黄祖洽学长

黄祖洽：核武大家　筑梦杏坛

■ 王力可　祁雪晶

　　黄祖洽，理论物理学家，北京师范大学教授。因病于 2014 年 9 月 7 日在北京逝世，享年 90 岁。1924 年 10 月 2 日生于湖南省长沙市；1944 年进入西南联合大学物理系；1946 年抗战胜利后随清华大学复员回京；1948 年毕业。1950 年清华大学理论物理专业研究生毕业后，分配到中国科学院近代物理研究所。后任第二机械工业部第九研究院理论部副主任、中国原子能研究所副所长、北京师范大学低能核物理研究所所长等职。

　　主要从事核理论、中子理论、反应堆理论等方面的研究，是中国核武器理论研究和设计的主要学术带头人之一，积极参加和领导了中国氢弹理论的研究工作，对中国核武器的研制成功、设计定型及其他一系列科学试验研究作出了重要贡献。1980 年当选为中国科学院学部委员（院士）。

　　2013 年盛夏，北师大物理楼。阳光透过树隙铺洒在教室的讲台上，一位耄耋师者正在整理讲义，陆续有年轻的学生走进来，毕恭毕敬地向他打声招呼："黄先生好！"——这是一个时代向另一个时代的致敬。

　　时间回溯到 1950 年。一个身量精干、质朴低调的年轻人拎着行李，毅然从清华园走进了新中国第一个核科学技术研究基地——中科院近代物理研究所。他就是第一批分配到这里的研究生黄祖洽。

　　之后的 30 年，仅凭手中的笔和笔下的方程式，黄祖洽推演出了共和国核武器研制史上光彩绚烂的一幕。在他完成计算、纵笔勾点的瞬间，已然瞥见了千里之外罗布泊上那刺眼炙目、灼天烧地的核爆光亮，望见了那缓缓升腾而起的蘑菇云……

　　如今，"两弹"的漫天烟尘散尽，而黄祖洽已从核爆中走出，跻身杏坛，品酌执教鞭起舞的优雅与从容。

这个洗净铅华、风轻云淡的转身，用了三十年的时光，故事却才刚刚开始……

殚思求火种
核武大家是怎样炼成的

钱三强找他谈话："你是不是组织一批人先走一步，探索氢弹的原理？"——他成了中国唯一同时参加氢弹和原子弹研究的工作人员。

"从 1950 年分配到近代物理研究所，直到 1980 年调离核武器研究所，我和原子能打了 30 年的交道。"谈起从事核武研究的 30 年岁月，黄祖洽显得波澜不惊。

1950 年，新生的中国正不断受到来自西方的核威胁，发展中国自己的核事业刻不容缓。当时，在此领域的研究无异于白手起家。黄祖洽回忆，他刚被分配到中国科学院近代物理研究所理论室工作时，所里分工明细，每个室下设研究组，每个组里都有一些大学生。他当时任理论部副主任，同主任邓稼先、副主任于敏等人担负着最基础也是最关键的方程式推导、设计工作。

刚进研究所 3 年，黄祖洽就面临第一次"转身"。1953 年，按照所长钱三强的部署，他放弃原先的研究方向，开始投入核反应堆理论研究。对当时的中国来说，这一领域的理论基础与实验设备可以用"一贫如洗"来形容——直到 20 世纪 50 年代才有两台电动计算机，还不是现在的电子计算机，设备非常简陋。而当时的反应堆理论还具有相当的保密性，加上美国对中国的封锁，公开的资料很难得到。那时的苏联在反应堆领域是绝对的权威，初出茅庐的黄祖洽却偏敢于质疑甚至推翻苏联数据。

1955 年，黄祖洽随"热工实习团"访问苏联，其间，他用两种方法对临界尺寸进行计算，发现临界尺寸放 56 根零件即可，但是苏联原设计书给出的数据是需放 63 根，高出 10% 以上。面对如此大的差距，黄祖洽选择相信自己的结果，"因为我做的事情，都经过仔细的检查"。于是，黄祖洽立即找到苏联方面的负责人加拉宁博士讨论，加拉宁最后也承认设计书上给出的数据可能有误。1958 年，在我国实际建堆的临界启动过程中，发现黄祖洽的"56 根"临界尺寸结论是正确的。

正是靠着这股执拗与闯劲，我国反应堆理论研究平地起步，迅速提升。1960 年，在民主德国德累斯顿国际反应堆会议上，黄祖洽做了我国第一个重水反应堆理论工作的报告。为了培养后继的研究者和工作团队，黄祖洽、彭桓武挑了十来个应届生，手把手教导具体计算方法、科研工作方法，毫无保留地将毕生所学传授给他们。我国第一代核反应堆理论研究队伍就是这样手把手带出来的。朱光亚评价黄祖洽为"我国核反应堆理论的奠基者、开拓者之一",丝毫也不为过。

进入 20 世纪 60 年代,国家加大对核武器的研发力度。为了国家需要,黄祖洽再一次"转身"——从反应堆研究转向核武器研究,加入到"两弹一星"的研究队伍里。

1960 年,当我国原子弹的研制在苏联背信弃义、断绝援助的情况下,自力更生,紧锣密鼓进行时,中央已在考虑氢弹的研制问题。钱三强找黄祖洽谈话:"你是不是组织一批人先走一步,探索氢弹的原理?"说干就干,黄祖洽被任命为"轻核理论小组"组长,首先开展氢弹的理论预研。不久,苏联回来的何祚庥和一直做核理论研究的于敏也都参加到这个小组中。钱三强当时具体负责主管轻核理论组的工作,黄祖洽、于敏和何祚庥每隔两三周向他汇报一次工作进展,解决了不少具体却关键的问题,例如需要增加计算机机时、需要增添磁带等;黄祖洽和于敏也领导有方,按照专业与特长不同,把小组细分成几个研究小组,每人分管各个小组的工作。当时正值三年困难时期,但是黄祖洽回想起当时的情景,都是一群有干劲、有实力的年轻人,"都风华正茂,意气风发,大家夜以继日地从各个角度分别探索着、思考着,又不时在一起讨论着突破氢弹的途径"。

为了加强原子弹和氢弹预研工作的联系,他又接受安排,分出一半时间在核武器研究所(原子弹研制的负责单位)兼职。大家开玩笑叫他"半导体",因为钱三强先生再三嘱咐他:"你要做一个'半导体',原子能所(主要是理论研究)的一些研究成果,你可以提供给核武器研究所,但是原子弹研制是绝密的,一点不能透。"因此,黄祖洽成为了中国唯一同时参加氢弹和原子弹研究的工作人员。

"当时我家和两个工作地点分三地,要花很多时间乘公共汽车来回跑。有时在公共汽车上脑子里也在想着某个疑难问题,而有些问题也确实是在这种场合下,突然得到触发而想出来的。"氢弹、原子弹,再加上要指导四名学生的毕业论文,"三头跑"的工作任务之繁重、压力之大,可想而知。黄祖洽像永远上紧了的发条,时时刻刻从不松懈。

由于谁也不知道原子弹和氢弹是怎么造出来的,邓稼先、周光召、于敏、黄祖洽等老前辈,各自带领着刚毕业的大学生们,从不同的途径来寻找突破口,大家一起没日没夜、自力更生地求索,定期分享和讨论。资历不分老幼,常常争执得面红耳赤,人人都畅所欲言,天天都演算得废寝忘食。

不计其数的演算,换来一瞬间爆发的绚烂:1964 年,中国第一颗原子弹成功爆炸;两年零八个月之后,第一颗氢弹又成功爆炸。间隔时间之短,在世界上从未有过。美国用了 7 年时间,苏联用了 4 年时间;原子弹爆炸我们排在第五,在美、苏、英、法之后,但氢弹爆炸我们排在第四,超过法国,而英国还是在美国帮助下搞成的。我们之所以快,是和黄祖洽小组的预研分不开的。当全国上下为此沸腾欢呼时，最该激动庆祝的黄祖洽却显得十分平静："搞理论的人，觉得理论上应该是可以成功的。"超脱的冷静，同时也是过人的自信。正因为有了前期一百二十分严谨踏实的准备工作，才会有一百分的"意料之中"。

深情寄木铎
还要在讲台上永远工作下去

"我愿意做一个铺路者，架桥人，永远和年轻人在一起，我从心底里热爱他们。"——"功成名就"后，他出人意料地选择做一名普通教师。

"两弹"研制成功、当选中科院院士、获得国家自然科学一等奖……荣誉纷至沓来，功成名就的黄祖洽却再一次出人意料地"转身"——前往北师大做一名普通教师。

"我愿意做一个铺路者，架桥人，永远和年轻人在一起，我从心底里热爱他们。"这是黄祖洽对教育事业最炙热的表达，却绝不是一时兴起的选择。相反，这一次重要的"转身"，是黄祖洽长期深思熟虑的结果。

1969 年，在领导完成一种新型号氢弹的设计后，黄祖洽被送到河南上蔡县的"五七干校"进行"学习改造"。在那里，他播种、收割、养猪、种菜，还干过建筑小工。而就在那段时间，他开始反思自己过去的工作。"虽然尽力完成了应当完成的任务，但在培养年轻人方面却做得不够。"

"文革"时期，各大学的秩序被完全打乱，黄祖洽也在科研工作中日益察觉"中国的人才断层问题很严重"。1980 年，"两弹一星"的研究工作基本已获突破，又赶上北京师范大学新建低能核物理研究所，需要人来承担教学工作，黄祖洽坚持要到大学里去，于是，核武大家"转身"成为一名大学教授。

如今，"现代物理前沿选讲"课堂上，年届九十的院士黄祖洽仍旧在给本科生授课，这在中国教育界可称得上罕见。从 1999 年所里开始招本科生，他主动要求为大一学生开大课起，这课一上就是十多年。教授给本科生上课，这个普通人眼中的怪现象，在黄祖洽眼中却不成问题。有记者曾问及此事，老先生像被问了什么不公平的问题，委屈得孩子似的，"我是个老师，给本科生上课有什么奇怪的。"在他看来，这是老师的分内之职，"当教授去讲课是理所当然的，当教授不讲课就是不正常的。"

如果有人以为这样一位学识渊博的老科学家给学生讲课，一定太艰涩枯燥，就大错特错了。黄祖洽的长女黄萌回忆父亲当时讲课的情形，"老爸并不看重分数，而是注意学生是不是真的学懂了？是否对物理学感兴趣了？能否提出问题了？有没有独立思考和解决问题的能力了？"由于大一新生还没学习高等数学，黄祖洽就避免使用高等数学，代之以讲故事的方式，甚至引用古诗来授课。由此，这门课开出后，许多其他专业的学生参加，甚至也有文科的学生选修，从来不点名的课堂，听课者多得坐不下。

本科生初入门庭，打基础、培养兴趣极为重要，而对于研究生的深入培养，同样十分关键。黄祖洽不仅喜欢教，更善于教。他带学生有自己的一套办法：鼓励兴趣，培养习惯，身教重于言教。为了培养学生大胆怀疑和实事求是的精神，他要教师带头提出问题，启发学生就不同观点进行讨论和争辩。从1980年进入北师大的第一年开始，黄祖洽就开始带硕士生和博士生。他培养学生是真正站在尊重学生发展的立场上，站在为祖国培养人才的高度上。"我的学生，我希望他们能取得很好的成绩。"这是一名园丁对学生最诚挚的期望。

回忆起教师生涯，黄祖洽对1982年曾招收的一位博士生丁鄂江印象深刻："他基础好、做学问态度好，是个难得的人才。"为此，黄祖洽毫无保留地向他介绍自己的研究经验和国外最新研究成果。"之后丁鄂江在这个课题上获得了很大的成功"，黄祖洽自豪地说。学生从国外留学回来后又回到研究所，师徒二人常一起讨论、互相学习、互相启发，合作编写了《输运理论》和《表面浸润和浸润相变》两本书，并合作发表了好几篇文章。

名师出高徒，黄祖洽的许多高徒也成了名师。他所培养的许多博士，都成为了能独当一面的研究人员，取得了一系列成果，有的自己也可以带博士了，继续在各地为祖国建设培养着人才。"比如冯世平，他是1986年研究生毕业，到现在为止，20年一直坚持研究一个方向。我鼓励他，你再做10年，做出更好的成绩。"看到自己的弟子开枝散叶，黄祖洽颇感欣慰。

"杏坛二三子，起舞亦婆娑"是黄祖洽自题诗《述怀》中的两句。谈起给学生上课，黄祖洽说："每当上完一节课，看到我的学生紧皱的眉头解开了，眼睛里的疑惑不见了，听到他们激烈的讨论，嗅到空气中浓厚的学术气息，我都会感到莫大的快乐。"

"教书育人培养人才是一辈子的事情，只要我还有一口气，就会继续做。"多年来，黄祖洽数次被评为北京师范大学最受学生喜爱的"十佳教师"，还曾多次被评为北京市师德标兵，这不正是对"师者"黄祖洽这一"转身"最大的肯定么？！

何须绘麟阁
做人当如花之君子，求学要下实的功夫

"要学着去做一个老师，行为应该被社会所规范。"——他对北师大校训"学为人师，行为世范"有自己的理解："我到现在为止还觉得自己是个学生，还不断

在学。"这是黄祖洽常说的一句话。《三杂集》是黄先生出版的一部书，所谓"三杂"即"八十杂忆""杂文"和"杂诗、词、联"。他在"八十杂忆"这部分写道："我从 12 岁开始离开家，有相当一段时间里心理上总觉得自己还是 12 岁，没有意识到在不断地长大。"印证了他觉得自己现在还是学生的心态。在流转离徙中，黄祖洽度过了他的求学生涯。然而，从那时起，他就在内心埋下了深深的"教师"情缘。

1937 年，小学毕业后念了半年私塾的黄祖洽回到长沙读中学；暑假即遵父命，赴南京考取了中央大学附属五年制中学。不料"七七事变"爆发，南京岌岌可危，还未入学的黄祖洽只得离宁返回长沙。1943 年，奔徙不定的中学生活结束了，黄祖洽为投考渴慕已久的西南联大物理系，又一次选择了长途跋涉。他经赣县、贵阳、重庆、西昌，辗转一年方才来到西南联大所在地昆明，遂获录取。在这一路上，黄祖洽走过窄峭凶险的"掉死崖"，睡过痛痒难眠的"臭虫床"，还做过一个学期川滇西公路局子弟小学的代课老师……奔走在求学之路上的黄祖洽当时也许没有想到，37 年后，教师真的成了他的职业。

"我所走的道路就和教师有着紧密的联系，尤其是中学和大学时期教过我的老师。"

王竹溪教授是黄祖洽在西南联大时的物理系教授，在教分析力学时，王先生向黄祖洽介绍了一本法国人写的书，但是黄祖洽不会法语，于是王先生鼓励他自学，还借了一本《法语语法大全》给他，教了他基础的读音和拼法。复员迁校回北京之后，王先生见黄祖洽饮食不适身体太弱，常把黄祖洽叫到家里"开小灶"。乱世漂流求学的经历让黄祖洽养成了"不求人，求诸己"的独立性格，而乱世中老师的关心爱护却让黄祖洽多了一分博爱温暖。

在所有师长中，彭桓武是特殊的一位。二人亦师亦友的情谊一直被广为传诵。彭桓武只比黄祖洽大九岁，黄祖洽投入彭桓武门下时，年仅 34 岁的彭桓武已是国际物理学界的知名学者。他常常邀黄祖洽在清华园一边散步，一边讨论，从学术问题聊到留学点滴，畅所欲言，无所不谈。许多想法就从散步讨论中萌发，回去后经过实验论证，得到科学的新发现。黄祖洽的硕士论文《氟化氢分子的一个量子学力学计算》，就是这样"散步散出来的"。

毕业后，黄祖洽与彭桓武从师徒变为战友，共同投身到核反应堆的理论研究工作中，都成为我国核反应堆理论的开拓者和奠基人。

2006 年 10 月 2 日，一场空前的祝寿仪式让世人惊叹。乍一看，似乎在举办一个高端学术会议，朱光亚、彭桓武、何泽慧、于敏、陈能宽、何祚庥……50 多位中科院院士同时聚首。更引人注目的是，诺贝尔物理学奖获得者、许多年来从未同时出现过的杨振宁、李政道首次"破冰"共坐一排，和祝寿仪式的主角谈笑风生。原来，全国最知名的物理学家们相约前来，是为祝贺共同的老朋友——黄祖洽先生八十寿辰。他们或是老同学，或是老战友，借此机会叙旧。大会现场，黄祖洽语重心长地说："我的心态始终是个学生。在座的不管年长的还是年轻的，在和他们的交往中总能学到很多东西。"

与任何人打交道时，黄祖洽都怀着这样谦逊的态度。

2000年，黄祖洽（右）与彭桓武（左）、何泽慧在中科院近代物理所旧址留影

他时时刻刻提醒自己："我还是一个学生"，总是去发现别人身上的长处。他说："我当教师的时候，也很注意向学生学习，而且我觉得要做好教师，不学习是不行的。"

然而有很长一段时间，黄祖洽总会被问起这样一个问题：与"两弹一星"元勋的荣誉失之交臂，是否觉得留有遗憾？"不是因为可以当功臣，我才去做这件事。它是国家的需要，也是我个人的兴趣。"黄祖洽的回答总是平静如水。基于这种谦逊的态度，黄祖洽对北师大的校训有着自己的理解："'学为人师，行为世范'，一般理解为我的学问要当别人的老师，我的行为要做社会的模范。但是我的理解是前面'学'字是个动词，要学着去做一个老师，'行为世范'是说行为被社会，被'世'所规范。"

黄祖洽钟爱莲与莲实，赞莲的高洁，感莲实的苦与济世。他曾经为母校写下过这样一副对联："做人当如花之君子，求学要下实的功夫"，在自题诗《述怀》中也说"山花今烂漫，何须绘麟阁"。这不正是他自己的真实写照吗？——淡泊宁静，不忘济世。

"曾为攻关奋战苦，又与后辈铺路勤"。严于律己、厚以待人、谦虚谨慎、淡泊名利的共和国两弹功臣黄祖洽，历尽人世沧桑后，将自己的人生梦想浇筑在杏坛之上，熔铸于祖国的强盛、中华民族的伟大复兴里，自己甘愿平凡，这在当下本身就是最不平凡的精神。

述　怀

黄祖洽

人生诚苦短，沟坎复何多。八九不如意，困厄逐逝波。

忧患与生俱，璞玉赖琢磨。浪涛何惊惧，矢志苦航过。

殚思求火种，深情寄木铎。山花今烂漫，何须绘麟阁。

杏坛二三子，起舞亦婆娑。雏燕离巢去，良材异国挪。

相依惟老伴，同唱白头歌。桑榆虽云晚，心旷不蹉跎。

来源：《光明日报》2013 年 8 月 29 日

我与清华工程物理专业的情缘

刘广均学长

■ 刘广均

刘广均，1952 年毕业于清华大学物理系。我国著名同位素分离专家，曾任清华大学工程物理系同位素分离教研组主任，1963 年调入中国核工业集团公司 504 厂，参与完成我国第一颗原子弹的供料任务。1982 年调任核工业理化工程研究院总工程师。1991 年当选为中国科学院院士。本文于 2012 年 4 月 11 日由刘广钧口述，黄文辉采访整理。

我是如何进入到工程物理专业领域的

我 1929 年 7 月 15 日出生于天津市一个回民家庭。1948 年夏天我刚读完高中二年级，就以北京考区第一名的成绩考入清华大学物理系。1952 年我从物理系毕业后，留校教普通物理。1956 年，清华大学根据国家需要，决定成立工程物理系，为国家培养原子能方面的人才，从学校其他专业和物理教研组抽调了一些教师，我就是其中之一。

首任工物系主任由学校党委副书记何东昌同志兼任。他对工物系的筹建工作抓得非常细致。我到工物系后，系里安排我准备开一门原子核物理的课，我是学习物理的，对这项工作兴趣还是很大的。何东昌同志就派我们几个人去北大学习核物理。我现在还记得当年和刘迺泉、陈世猷、桂伟燮等同志骑着自行车去北大听课时的情景。

1956 年 9 月上旬，国家为培养一批核工业人才，负责核工业的二机部选派了 40 多名大学毕业生到苏联莫斯科动力学院，进行为期两年的核工程专业的学习。这些学生在校时没有学习过核物理，苏联方面提出必须派一个中国教师随团辅导，主要是辅导原子核物理和量子力学。二机部找到清华，何东昌同志通过余兴坤找到我，让我去做这个辅导老师。这批人在苏联莫斯科动力学院被分成四个专业：反应堆、同位素分离、金属物理、自动控制。这些学生后来都成为我国核工业的骨干，其中出了五个院士、两个副部长。

调我去做这个辅导老师，我是非常高兴的。余兴坤通知我时说，何东昌同志的意思是，你做辅导老师的同时还要学习一门新专业，叫同位素分离。当时在国内，什么是同位素分离大家都不清楚。组织上让我去担任辅导老师，我自己一边辅导，一边学习量子力学和核物理，我很愿意。但同位素分离是工程学科，我在工程方面一点基础都没有，因此我说，辅导的任务我可以接受，学习这个专业我可能接受不了。余兴坤将我的意思转告了何东昌同志。

当时要求留苏的这批人很快出发，七八天后就走。余兴坤找过我后的第二天，何东昌同志就把我叫到他家。他动员我说，建工程物理系，同位素分离专业很重要，核工程很重要的一项任务是分离铀同位素，工程物理系需要这个专业。我当时还是没有答应。何东昌同志不愧为做思想工作的专家。他说："你现在定不下来没有关系，你去苏联先看一看，如果可以学，就写信回来告诉我。"

在留苏的日子里

从接到通知到出发，我记得前后七八天就上火车了。到莫斯科动力学院之后，大约过了一两个月，我经过了解，发现同位素分离这个专业确实非常重要，利用核能和制造核武器都离不开铀同位素分离，我就确定学习这个专业了。现在想起来，何东昌同志真善于抓住机会，二机部要清华派一名辅导老师，他就想到同时学这个专业，又很善于做思想工作。我在苏联时都是将信写给余兴坤，由余兴坤转给何东昌同志。在信里我说我同意学习这个专业，这件事就定下来了，同时和二机部说好，将我也编入这个班当班长，并担任党支部的学习委员。所以，我学习这个专业与何东昌同志密切相关，和何东昌同志重视这个专业有关。

何东昌同志抓系里的工作抓得非常紧。我在苏联又是辅导老师，又是支部委员，又是班长，这任务就不少了。系里还让我考察苏联的其他大学，当时苏联搞核研究的还有门捷列夫化工学院。这个学院核化工专业多一些，系里让我到那里去看一下，还让我国高教部开了介绍信。我拿着介绍信到苏联的高教部转批了一下，就到门捷列夫化工学院实习了，质谱就是在那里学习的。我在苏联期间，不只在莫斯科动力学院，还在莫斯科大学学习了放射化学，还在搞重水分离的卡尔波夫研究所实习过。

何东昌同志一直很重视教学计划，学习期间，让我找苏联老师请教怎么搞同位素分离专业的教学计划。为此，我就找给我们开同位素分离专业主课的老师，他是苏联库尔恰托夫研究院的研究员。为了这个任务，我几个周末都到他家里去请教。他总是很晚才回家，回来后很累，就先坐下来吃晚饭。他坐下之后的第一句话总是说："啊，我累了！先吃东西，先吃东西。"吃完后喝会儿茶，一直到晚上10点半左右，他有点歇过来了，说："咱们谈。"然后我们来到他的书房谈教学计划。我去过他家多次，回清华后的教学计划就是以在这里学到的东西为蓝本的。

系里希望我早点回来建设专业，所以1958年5月，我的论文答辩完成就回国了（大多数同学都是7月份结束）。我的爱人谢慧琼是和我在苏联同班学习这个专业的。因为我回清华工作，回国后二机部也把她调到清华工物系工作了。

参加创建同位素分离专业

我不在国内时，同位素分离专业（220专业）是余兴坤同志负责。220专业刚成立时只有4个老师。我们回来后马上就抽调物8班8个同学建这个专业。这8个人是：梁尤能、应纯同、蒋同远、舒景樟、肖承德、王嘉裕、张国华、毕福春（张国华、毕福春后调往二机部）。当时工物系在化学馆四楼，整个面积就化学馆四楼一层。建实验室就是我们这些人。我一边讲课，一方面制订教学计划，1958年夏天一直都在忙这些。"大跃进"以后大家更是白天黑夜连着干了。实验室建得比较快，大约用了三个月，实验室建好后，专业也就正式成立了。梁尤能当时是党支部书记，开始从清华和北航等学校抽调学生。从1958年秋季学期学生就开始上课了，建专业的速度还是很快的。

在工物系我一共教过5个年级，在我1963年3月去504厂之前，有三个年级的同学已经先走了。我教过的0字班（原9字班）、1字班、2字班分别于1960年、1961年、1962年毕业，这些同学到504厂以后，为我国的核工业做出了重要贡献。1960年毕业的有：郭日开、郭松涛、陈维周、李祚珍、孟浚、刘乔生、范时中、高金山等。1961年毕业的有：忻鼎才、尹协锦、王天赐、姚曼宝、谢光贤、王砚芳等。1962年毕业的有：谢庄应、谢齐应、刘耀弟、黄国华、陈伯荣等。还有一些工物系其他专业的同学，如俞静澄、郑庆云、桂祖琲、于绍良等。

这批学生去的时候正是苏联专家撤退时，各种事情特别多，他们很快就顶上去了，这是很不容易

刘广均院士（中）、应纯同教授（右）指导学生

的。当时，正赶上国家三年困难时期，肉、蛋、奶都没有，一个月大约是 30 斤粮食，生活很困难。504 厂是国防重点单位，国家在供应上还是重点保障的，但还是有好多同学身体浮肿，可是大家都克服困难，努力工作，取得了很大成绩。

我的西部情结

为了加强核工业建设，中央、二机部一再强调在人力上保障，尽量抽调一些专业背景合适的人到这些单位去工作。1963 年春节前，何东昌同志找我到甲所，告诉要调我到 504 厂去。他说，这是中央的意见，各地调了很多人，清华也要抽调几个人。我想，去 504 厂参加第一线的生产工作是非常有意义的，当然，离开清华、离开北京，总归是有些不舍，但想到搞了这么多年不就是为了得到浓缩铀产品吗？我痛快地接受了组织的调动。

春节后我就到二机部报到了，先在二机部看了一个月资料，3 月份就到 504 厂了。在这个过程中，何东昌给二机部提了个条件，说我不能完全调走，还得在清华兼课。意见带到后，我回来告诉何东昌同志说，二机部同意。何东昌同志说，必须有书面意见。我记得给我办书面手续的是二机部人事处处长张邵千和人事局局长斯高，书面意思是刘广均以后还在清华兼课。回来我交给何东昌。他说，这封信要交人事处存，否则，以后人事一变动就无根据了。可见，何东昌同志办事是非常细致的。

我是 1963 年 3 月到 504 厂的，困难时期基本过去了。我对西北特别的情结就是源于那时。甘肃确实是"干"，干旱少雨，一眼望去都是黄土，自然条件很差。我为什么有西北情结？我在 504 厂待了将近 20 年，我在甘肃时到当地农村看过。老乡种地就在群山环绕的一层层的高原平台上，到老乡家一进去，土房子，半间屋子是土炕，炕上只有一床棉絮，一家子人就盖那一床被子。屋中只有一个没有上漆的木条案，摆在条案上的装饰品就是两个空酒瓶子，那就算是他们的花瓶了。喝的是什么水呢，是冬天下的雪存在地窖里沉淀后的水，老乡就吃这个水。每年下几次雪，就扫存几次水。站在水窖边上往里一看，里边蝎子、蜈蚣什么的都有。有些人家这样的水都没有。504 厂由于在黄河边上，条件好多了。只要离开黄河一点距离，就是一片黄土。这些给我印象太深了，到现在我还惦念着黄土高原的乡亲们。

我个人到 504 厂也跨了一大步。我以前是学理论的，从我在校学习的东西到讲220 专业课，已经迈了一步，再到工厂去将书本知识变成实际应用又是一大步。清华前面去的同学也帮了我很多忙，他们是我的学生，我也拜他们为师。当时给我的职务是副总工艺师兼中央实验室主任。工艺师就是搞分离的，原料进入生产线，通过一定的流程，出来合格的产品。中央实验室用不同的方法分析出来的产品是否合格。504厂机器有很多台，要通过各方面的控制让它运行正常，要摸索这个过程。我的职责就是保证主工艺的正常运行，出来合格的产品。我去后正是开始启动机器的时候，我和大家一起努力拼搏，终于在1964年1月14日取得合格的高浓缩铀产品。以后怎样安全运行，怎样提高产量降低成本，也都提上了日程。

工厂和研究单位有许多不同。在学校和研究院做事情有一个实验的过程，可以一次性不成功，在工厂出来的产品必须是合格的。工作特点就是硬碰硬，实践性特别强。在学校组织同学讨论的时候，大家常常会说，结果可能这样、可能那样，在工厂不行，做一件事情是要签字的，是不能出差错的。在工厂集体智慧很重要。在工厂一个人很难将各个环节都搞清楚，集中大家的智慧就可以将各个事情搞得比较清楚，才便于正确决策。

2012年4月11日，校友总会、工物系、教育研究院有关同志在天津核工业理化工程研究院采访刘广均院士（左5）后留影。左6为校友总会理事钱锡康；右2为校友总会研究室主任黄文辉

何东昌同志和我们一起在教研组复习笔记

何东昌同志建系功劳很大，建我们专业功劳也非常大。他特别支持这个专业。1959年和苏联关系还没有破裂的时候，有一个苏联专家是二机部的总顾问，何东昌从二机部把这个专家请到清华来讲同位素分离课。何东昌自己也亲自来听苏联专家讲课。那时保密很严，听课笔记本不能带出教室，笔记本上课时记录，

下课要交回保密室。所有人都一视同仁，包括何东昌在内。看笔记必须在工物系老系馆的 220 教研室里，那里专门有一个保密室。晚上想要复习，必须再登记，看完后再交回。

有一次，我看到何东昌也在那里看。他那时是校党委副书记了，还是系主任，他不但听课，还抽时间复习笔记，所以他对分离专业是非常支持的。何东昌在领导上起主要作用，业务上主要是余兴坤在抓，余兴坤的助手是梁尤能。我主要是抓教学，安排课程、教学计划等。何东昌的教育思想和蒋南翔教育思想是一致的，他倡导全面发展的教育理念。当时国家倡导教学、科研、生产三结合，教学要有教学计划，同时要搞科研，向科学进军，还有生产，教育要与生产劳动相结合。在"大跃进"的这段时间，教学受到一些冲击，我向何东昌同志反映了这些情况，他明确地指出：要有相对稳定的教学计划。

在清华读书的一件趣事

老清华有严格的教学传统。记得在清华第一次走进普通物理实验室，助教老师已经把仪器摆好了，实验讲义也放好了，要求按照讲义自己做。讲义上的要求我看懂了，按照要求也做完了。在做实验的时候，自己就拿了一张纸，将实测的数随便写在上面了。当时的助教就是现在的李德平院士。他在物理系比我高四届，我上大一时，他刚毕业当助教。临到我们要出实验室，他坐在实验室门口，我要出门时，他问我："你实验做完了吗？"我说做完了。他说："你的'data'呢？"我说："什么是'data'？"我第一次听到这个词，不知道什么是"data"，现在叫数据，那时还没有译名。他想了半天说："'data'就是'data'。"我还是不知道他说的什么意思。后来，他说："就是你记的那些数。"我就把这张纸给了他。我没有画表格，乱七八糟记了一大堆。他眉头一皱说："这是什么？"把我训了一顿说："你下次可不能这样啦！"所以说，清华要求学生是很严格的。我自己当老师的时候也保留了这个严谨的传统。

来源：《校友文稿资料选编》第 17 辑

胡仁宇学长

"两弹"功臣胡仁宇

■ 徐忠友

这是两个载入中国史册并令中华儿女激动万分的时刻：1964 年 10 月 16 日下午 3 时，我国第一颗原子弹试验成功；1967 年 6 月 17 日上午 7 时，我国第一颗氢弹空投试验成功。在参与"两弹"研制的著名核科学家行列中，有一位是浙江儿女，中国科学院院士、我国著名核物理学家胡仁宇。

在我国四川省绵阳市涪江岸畔，有一座现代化的科学城，它就是中国物理研究院的所在地。在研究院高级科学顾问的办公室内，年已 78 岁高龄的胡仁宇院士坐在办公桌前，正在编写一部核物理研究文献，孜孜不倦地为我国核物理科研工作奉献余热，同时也在续写着他人生的不凡经历。

出生于战火纷飞的年代

胡仁宇祖籍是浙江省江山市，他的父亲是一位早期的知识分子，母亲是衢州市区人。1931 年 7 月 20 日，胡仁宇出生在上海，当时的家境还是不错的。只可惜在他出世两个月后，震惊世界的"九一八事变"就发生了。为躲避战乱，父母只好带着不到 1 岁的胡仁宇逃离上海，回到江山老家。1942 年 6 月 10 日，日本鬼子侵犯江山后，把胡仁宇家的房子烧毁了。这年冬天，他的父亲因战乱流离、积劳成疾，含恨去世。这一年胡仁宇正在江山志澄中学（现为江山二中）读初中。1946 年，胡仁宇以优异的成绩考进浙江省立杭州高级中学。在高中学习期间，他就爱上了数理化，喜欢从事课堂实验。虽然在全班同学中，他的年龄是较小的，但每次考试成绩都名列前茅。

1948 年，胡仁宇参加了高考，被清华大学物理系和上海交通大学电机系同时录取。在交大上学离家较近，经济上开支也要少一点，所以胡仁宇就选择在上海的交通大学就读。后来，他在学习中发现自己对工科并不太感兴趣，而非常喜欢物理学科，就申请转到清华大学物理系继续学习。在这里，他遇到了叶企孙和后来一道参与"两弹"研制的彭桓武等良师，使他学业进步很快，为日后参与"两弹"研制打下了基础。

成长于核物理研究所

作为清华大学的高才生，1952 年 8 月胡仁宇从物理系毕业后，被选入中国科学院近代物理研究所，当研究实习员。他参加工作之际，正逢我国即将制订实施第一个"五年计划"。当时担任中科院近代物理研究所所长的钱三强和他的夫人何泽慧曾在法国巴黎居里实验室工作过；副所长王淦昌原是浙江大学物理系主任；另一位副所长彭桓武教授是留英哲学、科学双博士，回国后在清华大学教书。他们都是我国著名的核物理学家。钱三强和研究所的一批科学家经过研讨，着手制订了《关于发展我国核物理和原子能科学技术的规划》。对于刚走出校门的胡仁宇来说，儿时遭遇的国被侵略、民被杀戮之痛，使他心中常常想到"落后就要挨打"的道理，希望手中有一把保家卫国的"神剑"，以抵御外来的侵略，支撑国家的尊严。他在自己的笔记本上写下了"为国争光" 4 个字。

钱三强等老科学家们对胡仁宇这一代年轻的学子寄予厚望，经常挤时间给他们补上原子核物理学、电动力学等专业课，辅导他们做核物理方面的实验。1954年，他们在设备十分简陋的情况下，白手起家完成了比较重要的镭所释放出的 γ 射线的剂量绝对测量。后来他又在杨澄中教授的指导下，从事光电倍增管的性能研究、培育测量 β 射线的晶体、测量 γ 射线的晶体碘化钠、建立闪烁 γ 谱仪等许多方面的工作，其中有些工作属于中华人民共和国之初开创性的科研工作。

在老师的严谨教导下，胡仁宇通过自己的努力，干出了工作成绩，让钱三强、王淦昌、彭桓武等研究所领导看到这位年轻人身上的潜力，决定花力气培养好这棵"核物理苗子"。1956 年 7 月，胡仁宇光荣地加入了中国共产党。两个月后，物理所便选派他到苏联科学院列别捷夫物理研究所攻读研究生。非常幸运的是，带他的导师就是世界著名的物理学家、后来获得诺贝尔物理学奖的契仑柯夫教授。在苏联，胡仁宇主要从事利用云雾室研究光致轻核反应的研究。

成功于"两弹"实验基地

1958 年，以研制核武器为主要任务的国家第二机械工业部九局成立，胡仁宇奉时任国家第二机械工业部副部长兼原子能研究所所长钱三强之命调回国内，并到二机部九局工作，带领一批刚毕业的大学生共同组建几个新实验室，开展科研攻关。从此，他正式走上了研制"两弹"、为国铸"神剑"的人生新路。

当时，胡仁宇如果继续在苏联留学，毕业后就能获得副博士学位了。但他并不计较这些，而是愉快地服从组织的安排，及时到新单位报到。上班的第一天，他接受的第一项重要任务就是负责组建加速器与中子物理研究室。这项工作直接关系到我国第一颗原子弹能否尽快研究成功，对于只有 27 岁的胡仁宇来说，摆在面前的无疑是一副重担。在王淦昌、何泽慧、朱光亚等科学家的指导下，他和王定方、赖祖武等同事一道，以满腔的工作热情、严谨的工作态度、细致的工作方法，带领一批年轻大学生，夜以继日地投入到科研工作中。当时文献资料很少，大部分都是大学里和在国外留学带回来的旧书；实验室的条件也很差，设备非常原始落后，但他们迎难而上，废寝忘食地开展工作，用较短的时间、较低的成本、较高的效率，研究成功多台低能加速器，建立了快中子物理和放射性核素测量等实验室，创造了中子微观与宏观参数的测量条件并进行实验，为原子弹理论设计提供了较正确的数据。

1959 年 6 月，苏联拒绝向我国提供原子弹研制的技术资料，不久又撕毁合同、撤走专家，使我国的原子弹研制工作蒙受巨大损失。1960 年 7 月，毛主席在北戴河会议上发出号召："自己动手，从头做起，用 8 年时间，拿出自己的原子弹！"在党中央的领导下，胡仁宇所在的国家二机部等相关单位集中大量人力物力，投入到代号为"596"的工程中，自力更生开始研制原子弹。1963 年中共中央做出决定：为了做好保密工作，根据原子弹试验的实际需要，要求在北京研制原子弹的科研人员迅速迁往青海省境内的金银滩核试验基地。一夜之间，胡仁宇等上万名科研人员、解放军官兵隐姓埋名、告别亲人，从北京秘密开往千里之外的青海湖北面的金银滩基地——后来称作 211 厂。

金银滩基地的海拔高度在 3200m 以上，空气稀薄；平日里经常飞沙走石，气候非常干燥；有时还没到冬天，这里就开始大雪飞舞了，气温最低降到 −40℃，一年内有八九个月必须穿棉衣；基地的房子很少，有些科研人员就住帐篷和坑道，有的解放军战士干脆就自己挖个"地窝子"住下。"头顶沙尘暴，脚踏白雪地，饥餐砂砾饭，渴饮苦水浆"……就是这里当时生活环境的写照。在那些年中，他们克服了种种常人意想不到的困难，全身心地投入到科研中。作为科研室的负责人，胡仁宇和王定方等同事还组织了一支理论、化学分析、物理测量密切结合的技术骨干队伍，并建立配套的仪器和设备，通过大量的事先冷实验，发现并攻克了多项技术难题。在实验中，他还担任了一个作业队的小组负责人，与同事们研制的核心部件被成功地装配在我国第一颗原子弹上，为第一颗原子弹的试爆成功，做出了贡献。

胡仁宇（右1）与科学家们在一起。左起：高潮、陈能宽、李英杰、邓稼先、于敏

我国第一颗原子弹核爆试验成功后，胡仁宇和同事们又投入到我国第一颗氢弹的研制工作中。由于他的表现出色，组织上任命他为实验部副主任。在当时部主任一级的负责人中，胡仁宇是最年轻的一位。为了在氢弹研制技术上有新突破，胡仁宇在王淦昌等老科学家的指导下，带领一支年轻有为的科研队伍，有时奔波在严重缺氧的青藏高原上，有时穿梭在荒无人烟的大漠中，有时行进在野兽出没的深山峡谷间，有时飞驰在茫茫草原里，收集许多科研资料和数据，开展各种实验活动。他先后参加过6次国家级大型核试验，每一次都自始至终坚守在条件较差的核试验现场，参与试验与测量部门的指挥与领导，出色完成了所承担的任务，为我国第一颗氢弹的研制和试验成功发挥了重要作用。

数十年来，胡仁宇院士在核物理领域潜心研究、奋勇拼搏，与许多同事一道，铸造了一批保卫共和国安全的"神剑"，为世界和平做出了重要贡献。1987年7月24日，中共中央邀请胡仁宇等十多位有重大贡献的中年科学家到北戴河休养，受到了邓小平同志的亲切接见。小平同志与胡仁宇等专家及家属合影后说："对你们在多个领域做出了贡献，党感谢你们，国家感谢你们，人民感谢你们！"

来源：《今日浙江》2008年2月

无悔年华
解放战争时期清华校友足迹

李绪鄂学长

泪飞化作倾盆雨

——深切缅怀哥哥李绪鄂

■ 李绪桂

李绪鄂，1928 年 10 月生，湖北省武汉市人。1952 年毕业于清华大学航空系飞机设计专业。曾在中南航空工业学校和北京航空工业学校任教员和专科副主任。1957 年 9 月调入国防部五院，历任研究室副主任、研究所副所长。1965 年任七机部一院 702 所副所长、所长，1980 年 11 月任一院副院长、七机部总工程师。1981 年 6 月任七机部副部长。1982 年 4 月任航天部副部长，1985 年 4 月至 1988 年 4 月期间，任航天工业部部长、党组书记。1988 年 4 月调任国家科委常务副主任。第十二届中共中央委员。1993 年任全国人大常委、全国人大教科文卫委员会副主任。

在从事导弹与航天事业的 30 多年中，主持建成了具有世界先进水平的、专业门类齐备的强度与环境实验系统，其中包括我国第一个全自动的热应力试验室、大型火箭垂直振动试验塔，是中国火箭结构强度与环境工程实验研究专业的奠基者。1980 年被评为"七机部劳动模范"。

我们家只有绪鄂和我兄妹俩。在他生前，我俩亲密无间，无话不谈。一转眼，哥哥已经去世 15 周年，他走得太早，走得太急，一想到这些，我就感到很痛心，又很惋惜。

现在大家的寿命越来越长，为什么哥哥 73 岁就去世了呢？这有深刻的教训：一是他工作太劳累；二是不坚持锻炼；三是生活饮食都没有规律。这一切都源于哥哥对工作的强烈责任感和使命感。他一心只想着要科技兴国、科技强国，我曾多次劝他不要只顾工作而不顾身体，他执拗不听我的劝告，一天到晚都闲不住。他的工作方式是"5+2""白 + 黑"，经常夜以继日地工作。对于哥哥来说，工作就是最大的乐趣。

79

抗战时期，我们一家人逃难到重庆，日寇的飞机经常狂轰滥炸，百姓的生活没有安宁之日。从那时起，飞机就给哥哥留下了非常深刻的印象，激发了他科技报国的志向，他立下誓言要报考清华大学航空系，造出中国人自己的飞机。

功夫不负有心人，哥哥最终如愿以偿。毕业后他先在航空系统工作。1957年，国家制订"12年科学规划"，当年的10月8日成立国防部第五研究院，钱学森等一批老科学家决心造出自己的导弹火箭。哥哥受他的大学老师、两弹元勋屠守锷先生的邀请，义无反顾地加入了发展壮大我国航天事业的队伍。

哥哥在航天工业部工作了31年，那是一段艰苦创业的岁月历程。哥哥曾先后创建了中国运载火箭研究院的两个研究所。1957年建立结构强度和环境研究所时，既没有经验，又缺人才和经费，但他还是愿意带着大家自力更生，从零起步，亲力亲为，刻苦攻关，这是哥哥勇敢拼搏的真实写照。

1971年，组织派他组建导弹弹头研究所时，正逢"文化大革命"，全国混乱一片，政治局势动荡，哥哥被造反派列为"走资派"和"反动学术权威"，多次被批斗和隔离。接受建立导弹弹头研究所的任务，哥哥算是临危受命。那会儿，我和他住在一起，我目睹了哥哥顶着巨大压力，废寝忘食地工作。白天很少休息，晚上他还经常召集技术骨干讨论问题到深夜。看着百般忙碌的哥哥，我十分担忧。一来那时哥哥患有严重的胃溃疡，工作压力大导致他的胃病反复发作。二是全家人集体吃食堂，食堂的饭菜既单调又粗糙，我担心哥哥的营养跟不上，就建议在家里做饭补充能量，但被哥哥拒绝了。他说："不用，这样（去食堂吃）可以节省时间。"我想，可能是在那段时间埋下了胃癌的祸根。

在担任洲际战略导弹及固体潜艇对地导弹的副总设计师期间，哥哥领导并参加了一系列导弹与火箭的研制和飞行试验工作，在导弹结构与强度理论和试验技术、地下和水下发射技术、战略导弹的弹头技术等方面都做出了贡献。作为"地地战略火箭"课题的少数几名主要完成人，哥哥还荣获了国家科技进步特等奖。作为航天工业部部长，每次导弹发射试验，哥哥都要亲自奔赴基地一线察看。虽然奔波劳累，但他总对家人说："我辛苦，我愿意，只要发射成功，就是我最高兴的事。"

调任国家科委后，他协助宋健同志管理科委日常工作。在工作过程中，他继续发挥开拓精神，以他的视野、他的智慧、他的胆识进行创造性的工作。他主持制定并组织实施了"火炬计划"，促成并领导了全国第一批52个国家高新技术产业开发区的创建。回忆哥哥为国家科技事业发展所做的贡献，我由衷地觉得哥哥是一个善于思考问题、有战略眼光的人，同时也是一个脚踏实地的实干家。

从领导岗位上退下来以后，他担任全国人大教科文卫副主任。本来日子可以过得闲散一点了，但他还是拼命工作。在这阶段，他提出并主持制定了促进科技成果转化法、国家高新技术产业开发区法，参与了其他围绕科技的立法、组织实施等日常活动。他一如既往地关注国家高新技术事业的发展，为中国高技术产业开发区协会、中国科技开发院的建设一直奔忙，直到有一次出差途中病发住进医院，就再也没有站起来了。

哥哥生前对子女要求很严格，要求他们学习上要高标准，生活上要低标准。在他的言传身教影响下，三个孩子在恢复高考后，分别考取了清华大学、国防科技大学和上海交通大学，他们毕业后都从事科学技术工作。哥哥临终前还给子女留下了三句话遗嘱："与人为善，对人宽容；努力工作，多做贡献；教育好下一代，做对国家有用的人。"

来源：《中国高新区》2016 年 6 月

二　两弹一星　国之重器

淡泊名利　笑对人生
——回忆父亲徐乃明

徐乃明学长

■ 徐 红 徐 倩

我们的父亲徐乃明，在祖父母留学期间于 1929 年生于日本东京，2016 年 9 月因病在北京去世。

1947 年，毕业于西南联大附中的父亲怀揣科学救国的理想，从昆明来到当时的北平，进入清华大学机械系读书。1948 年秋，解放战争局势渐明，北平解放在即，此时父亲已在清华大学度过了一年多时间。其间不仅学到了科学技术知识，在汹涌澎湃的学生运动影响和推动下，在进步组织和同学的帮助教育下，在思想上已经从单纯的科学救国理想上升到先改革社会再科学救国的理念。对于北平的解放已经不再是恐惧，而是期盼了。远在昆明的祖父母担忧新旧社会交替中北平的社会安全和教育质量，便着手安排父亲离开北平，南下转去香港大学就读。然而父亲不但毅然拒绝了祖父母的安排，而且积极投身到各种进步活动中去，并于 1948 年年底加入中国共产党，坚定地走上了革命道路。

晚年回忆起此事，经历了几十年风风雨雨的父亲，即使在"文革"中遭受过不堪回首的迫害，仍然坚定地认为当年做出了正确的选择，并且将此称作是自己人生道路上的"三岔口"，诙谐而自豪地认为是："为当今的海外华人群体减少了一个不知会是在做什么的成员，而为我国的航天技术队伍增添了一名战士。"

1951 年大学毕业前夕，曾担任清华大学学生会主席的父亲被北京市委调离清华，直接安排参与主持北京市学生联合会的工作，先后担任副主席、主席职务。1954 年学生联合会换届前夕，组织上希望他继续留在青年团和学生联合会系统的其他岗位工作。然而，当时正逢党中央为加强已经开始实施第一个"五年计划"的国民经济建设而号召技术干部"归队"之时，这正与父亲一直以来的科学救国的抱负和理想不谋而合，他立即提出了归队的申请。在经历了不少周折之后，最终在时任市委书记刘仁同志的支持下，组织上同意了父亲的请求。就这样父亲被调入当时赫赫有名、第一个"五年计划"中首批国家重点工程、苏联援建的北京国营211厂，加入到祖国年轻的国防工业队伍中，由此开启了他毕生为之奋斗的航天人生涯。父亲将这次转行称作自己人生道路上的另一个"三岔口"，并终生为此而感到自豪。

1958年，211厂划归国防部五院，由此对工厂的全体员工进行了极其严格的政治审查，将所有员工划分为三类：完全符合条件的留厂，不符合条件的离厂，条件介乎两者之间的技术骨干则暂时留厂继续进行审核考察。由于家庭出身的原因，父亲当时被划为第三类人员，调

青年时代的徐乃明

离厂部关键岗位，分配到一个辅助车间担任主任。直到一年多后的1960年，父亲才被调回厂部关键岗位，从而有幸直接参与了我国第一枚自行设计制造的弹道式导弹的研制、试制生产工作。期间，父亲提出的设计/工艺/生产工人密切配合的"平行作业/三结合"的工作方法，在我国自行设计的导弹新型号研制工作中取得明显成效后，被编入国防部五院型号研制程序，对保证之后导弹研制工作的顺利进行起到了重要作用。在211厂工作期间，年轻能干且思路敏捷的父亲从基层做起，曾担任生产长、车间主任、总工艺师、副总工程师、厂长兼总工程师，直至1966年"文化大革命"开始后作为"走资派""黑帮"被打倒。

1968年，父亲被关进"牛棚"，直至1971年才被"解放"，但随后立即被列入支边队伍，被调离北京，调离航天系统（七机部），调往山西太原重型机器厂担任副总工程师。隔行如隔山，然而父亲边干边学，自学钻研了许多非航天领域的技术，并且很快适应了相应的技术领导工作。作为一名共产党员，父亲秉承"螺丝钉"精神，党把自己拧到哪里就在哪里发挥作用。他也曾打算为民用机械行业做些有益的事情，了此一生，然而1975年，邓小平同志复出后的百废待兴之时，在了解到当时211厂不能令人满意的科研生产状况后，时任国防科委主任的张爱萍同志亲自点将并督办，在不到三个月时间内便将父亲调回211厂，从而使父亲得以重返航天技术队伍。第二次归队后，父亲以更加饱满的热情投入到祖国的航天事业中。他组织领导了重建生产计划、质量管理工作，着手改善生产秩序，以期尽快将因"文革"而损失的时间抢回来。在211厂工作的前前后后二十多年间，父亲参与领导了我国多种液体火箭的研制生产，主持研究开发了航天领域的多项制造技术。

1979年，父亲被调往七机部230厂担任厂长兼总工程师。该厂虽与211厂同属七机部，但是其产品完全不同，并且在整个系统中地位十分重要，而所涉及的技术范畴对于父亲来说又是一个全新的领域。还要肩负行政与生产技术领导重任

的父亲，虽年过半百，但又一次边干边学。更具挑战性的是，父亲到任后立即面临着领导团队执行一项十分重要且时间紧迫的生产任务，他亲自担任该项任务的"厂所攻关领导小组组长"职务，这其中的困难程度可想而知。最终，父亲领导着团队按时保质地完成了任务。父亲这颗"螺丝钉"就是这样，被拧到哪里就在哪里稳稳地发挥作用。

1981年，父亲又奉命调往航天部（原七机部）第二研究院（简称"二院"），担任副院长兼总工艺师，后再担任院总工程师，担子之重可想而知。当时二院的工艺专业人员极少，懂得管理的工艺专家更少，身为副院长的父亲被任命为二院的首任总工艺师。他上任后便首先从队伍建设抓起，在各个相关厂所建立工艺队伍与管理机构，以充实工艺力量。同时，狠抓工艺制度建设，使得二院的工艺技术队伍获得了空前发展，工艺工作逐步规范，工艺管理不断加强。

20世纪80年代中后期，父亲组织完成了20多项工艺技术攻关，攻克了多项关键工艺技术，从而有力地保证了二院当时的主力型号研制工作；20世纪80年代末，为使之前仅从事模样产品生产研发的二院能够具备武器装备的小批量生产能力，父亲亲自担任了二院小批量生产配系领导小组组长，主持制定生产能力发展规划，完善生产配系等，有效地提升了二院的小批量生产能力。之后，父亲又着手实施了工艺振兴工程，逐步健全和完善了工艺管理体系，从根本上改变了工艺工作的被动滞后局面，缩短了型号研制生产流程，提高了产品研制生产的快速反应能力，为型号批量生产提供了有力保障。鉴于其在工艺工作建设与发展中做出的重要贡献，父亲被誉为二院"工艺事业的奠基人"。

与此同时，父亲出差、出国的频率大幅增加。改革开放之初，国家急需先进武器装备军队，为集中精力投入经济建设，提高人民生活水平保驾护航。由于"文革"十年间我们国家在武器装备研制与生产上严重滞后，急需引进先进技术，从1982年起到1995年离休这十几年间，父亲走遍了英、美、德、法、日、加等西方发达国家，以及掌握武器制造先进技术的俄罗斯和乌克兰等友邦国家，进行技术交流，洽谈技术引进。20世纪70年代后期，年近半百的父亲曾在工作之余跟随广播讲座自学法语。记得那段时间，家里总能听到他朗读、背诵法语单词的声音，父亲最终硬是在零基础上，将法语自学到能够进行一般阅读、笔译直至简单对话的水平。年近半百，居然能在很短的时间里自学一门外语，需要多么坚强的毅力！当然这里面也有他天资聪明的成分。我们不太清楚已经熟练掌握英语并粗通俄语的父亲当时为何又要自学法语，回想起来，那段时间是他几十年职业生涯之中相对清闲的时期，他便抓住机会为自己充电，以便在国家需要之时全力以赴投入战斗。事实上，父亲自学的法语在之后引进法国武器系统及技术的谈判中的确派上了用场。父亲英语基础很好，在用英语交流的谈判中完全没有障碍；但鉴于外事要求，他作为中方领导须通过翻译进行交流。记得一位在外事谈判中为父亲做过翻译的同事曾颇为感叹地回忆起，当年在谈判中遇到困难一时翻译不出时，父亲会不动声色地巧妙为其提词，且尽量不露痕迹。

20世纪80年代起，父亲多次担任总指挥，成功地主持完成了包括新一代地空导弹武器系统、新型地地导弹武器系统等多项航天型号的研制任务；父亲还作为总指挥，主持建成了具有国际先进水平的北京仿真中心，解决了仿真计算机应用研制中的许多难题，从而多次获得国家科技进步特等奖、一等奖等奖励。1991年，父亲被评为"航空航天部有突出贡献专家"，享受政府特殊津贴；2006年，被授予航天事业五十周年杰出贡献奖。

1993年，已步入花甲之年，正在逐步离开行政和技术领导岗位的父亲，随原航空航天工业部部长带领的技术小组出访美国。当时美国正在研究建设一座世界最大、最高量级的"超级超导对撞机"（SSC），由于规模宏大，建设工作量巨大，采取了多国分包的办法。经李政道先生推荐与建议，中国有关方面将承包部分项目，中方可以此为契机获取最新前沿技术，同时培养相关人才。出访技术小组回国后，着手研究派人组建常驻美国的办事机构，父亲被列入其中，然而该项目的拨款预算最终被美国国会和克林顿总统否决。在20世纪90年代，被国家派遣常驻美国是令人羡慕的事，失去这种机会对于常人来说多少会感到遗憾；然而父亲完全没有在意，立即满怀热情地转而投身到为提升我国航天工艺管理、技术水平出谋划策的工作中。当时恰逢1992—1999年，我国航天卫星发射任务连续失败，航天人面临巨大的政治压力。分析事故原因表明，工艺问题、工艺落后是重要因素；振兴航天工艺，全面进行工艺问题治理与工艺水平的提升被提上议事日程。航天总公司为此专门成立了工艺专家组，父亲受聘担任组长，同时兼任总公司领导的工艺顾问。父亲尽心竭力出谋划策，在航天系统的工艺研发机构——航天工艺中心的建设，治理工艺常见病、多发病等方面发挥了重要作用，为扭转航天卫星发射连续失败的局面做出了重要贡献。

1995年离休以后，父亲先后被聘为航天工业总公司工艺顾问与工艺专家组组长、航天部科技委员会委员及材料工艺专业组副组长、国防科工委专家委员会委员、中国航天科技集团公司与中国航天科工集团公司工艺专家组顾问、中国航天机电（科工）集团公司CIMS工程顾问与专家组成员、中国航天科工集团公司第四研究院科技委高级顾问、中国国际工程咨询公司专家委员会委员、国防科工委专家咨询委员会科技管理专家组成员与军工项目审核中心项目审核专家等，继续为祖国航天事业的兴旺发达贡献着余热。

新世纪之初的几年里，在国家为应对台海紧张局势而进行导弹批量订货之际，由于一直以来的多研制、少生产的状态，使得航天企业遇到了生产能力弱、没有批量生产的经历和经验的困难，科研生产构架和管理体系也不能适应批量生产的要求。如何组织好批量生产、完成国家赋予的任务困扰了航天人。父亲及时提出了在批量生产中发挥工艺的技术主导作用的理念，为批量生产的组织管理工作明确了方向。该理念得到了各级领导与技术人员的认可，集团公司党组专门下发了发挥工艺技术主导作用的决定，因而在后续的批量生产组织管理工作中，全面以工艺总方案为依据，保证了导弹批量生产任务的顺利完成。

长久以来，父亲为振兴航天工艺技术倾注了大量心血。他一直为机械制造行业中普遍存在的重设计轻工艺的状况而焦急万分，多年来致力于为工艺技术与管理在科研生产中的重要性正名。记得在二女儿（1982年毕业于北京工业学院机械系）上大学期间，父亲十分关注学校工艺课程的设置，在得知许多学生对工艺课程不重视的状况后十分焦急，也曾多次批评女儿对工艺课程不屑一顾的态度。航天系统有一本期刊《航天工艺》（现名《航天制造技术》），在1983年创刊伊始，父亲便给予高度重视，亲自担任编委会主任，多年来为期刊的创办与发展倾注了大量心血。2002年，父亲在应邀接受该刊专访时指出，我国航天工艺技术面临着极其复杂的国际环境，挑战与机遇共存。在充分肯定了工艺技术人员为航天事业的发展所做努力的同时，父亲为我国未来的航天工艺发展提出了许多建议。他反复强调，振兴航天工艺的任务是全航天系统的一件大事。父亲为航天工艺的振兴与发展操碎了心，直到去世的当年——2016年，父亲身体已经十分虚弱，还邀请航天战线的工艺专家定期在家里碰头开会，回忆畅谈航天工艺发展的历史，希望能够在有生之年完成一部《航天工艺发展传奇》。去世前不久，经抢救刚刚从ICU病房出来，仍处于病危状态中的父亲还牵挂着此事，念叨着"本来应该在这周开碰头会的……"。

离开领导岗位20多年来，父亲离而未休，一直活跃在祖国的航天事业当中，直到他生命的最后一两年。由于身患多种疾病，饱受病痛折磨，活动渐减。但只要是组织召唤，他仍然在力所能及的情况下乐此不疲。用他自己的话说："我竟然在耄耋之年还能不时应邀为祖国的航天事业、航天制造技术的发展做一些力所能及的事情，提供一些咨询意见，让我在退休后的多年时间里，一直能够发挥余热，老有所为，生活充实；能有这样的经历，对我来说真是非常幸运的。"

父亲将几十年的职业生涯、毕生的宝贵年华全部奉献给了他无比热爱的航天事业，他亲历了中国航天事业的诞生、成长、壮大，直至今天在世界上名列前茅的光辉历程。自己也从一名青年技术人员开始，在这个历程中同步地得到学习和锻炼，成长为一名中国航天战线上受人尊重的技术专家与管理干部。用他特有的朴实无华的口吻来描述："几十年间，我和大家共享过我国第一枚弹道式导弹试射成功的喜悦和振奋，也一道经历过新型弹道式导弹试射失败的悲痛和反思；投身航天事业几十年，我没有做出什么丰功伟绩、特殊成就，但自认为在我国航天事业达到今日之成就的努力中，有我微小的一份。"

在父亲弥留之际，心中惦念的仍然是他牵挂的航天事业，他口齿十分清楚地说出"7103（航天系统某工厂的编号）的XXX……"。在那一刻，他整个人似乎完全回到并沉浸在他热爱且为之奋斗了一生的航天事业中，像是在和同事对话，问道："会议结束了？""我们下面的安排是什么？"在家人面前对自己的工作一向守口如瓶、思路敏捷的父亲，怎么会把自己的女儿错认成了同事？几个小时之后，最亲爱的父亲便永远地离开了我们，离开了他毕生挚爱的航天事业。

父亲在生活中是位开朗、乐观、幽默的人。年轻时全身心投入工作，完全没有时间陪伴子女，在幼年的我们心目中，他是一位严父。父亲也没有时间关注我们姊妹的学习，但他的身教引导着我们，培养了我们良好的学习习惯，令我们在没有家长督促下成绩一直名列前茅。然而父亲始终十分关注对我们的道德品质教育，他对我们从不打骂训斥，管教方式用现在的眼光来看都是很西化的。记得小时候，我们最害怕的就是父亲说"坐下来，咱们谈一谈"，那就说明我们犯了错误，他会严肃而耐心地指出并分析所错之处，谈到最后还会问一句："想通了吗？"直到我们心服口服为止。年老之后空闲时间多了，尤其是有了第三代，父亲变得越发慈祥而幽默，给孩子们起外号，随便一件小事经他幽上一默便令人忍俊不禁。

他不仅是位慈父、严父，还是一位体贴入微的好丈夫。他与同为清华学子的母亲相濡以沫，携手走过60多年，他们二人是一对令人羡慕和称赞的恩爱夫妻。晚年的父亲开始热情拥抱生活，从离休后的20世纪90年代后期开始，他就带着母亲"周游列国"：西欧、东欧、美国、日本、新西兰、澳大利亚、非洲、东南亚……直到稍长的母亲年近八旬不再适宜出境远游；国内各个著名景点也留下了

徐乃明学长全家福

他们的足迹。在年事已高家人不放心他们单独出游后，父亲每年也要组织全家人一起出游。父亲是位时髦老头，从20世纪90年代起，手持摄像机还是稀罕之物时，他就开始在旅游中使用小型摄像机记录人物风景。之后，他手中的装备从小型变成微型，再变成数字式摄像机，每次更新换代后，他很快便学会操作使用。至于计算机、MP3、手机等更是不在话下，连一般老人不太敢碰的网上银行，他都使用得得心应手。作为高龄老人，这并不多见。

在父亲为祖国航天事业辛勤耕耘的几十年中，特别是担任领导时期，航天事业还是高度保密的行业，普通人对其知之甚少。由于保密的原因，其成果从不进行报道，更别说像现在这样大张旗鼓地公开表彰航天领域里做出突出贡献的个人了。而在我国航天卫星发射逐渐开放民用市场，逐步有限度地开始被公开报道后，父亲又被调往仍然高度保密的导弹武器研制行业，继续无怨无悔、兢兢业业地为航天事业奉献着他的智慧与心血。父亲去世后，我们整理照片时才惊讶地发现了许多张在党和国家领导人视察时，他在现场汇报、解说时的照片。记忆中关于国家领导人来视察的事，我们只是在事后院里职工们"奔走相告"时才得以知晓，而父亲从未向家人提起过自己在其中担任着如此重要的角色。鉴于工作领域的保密性质，身为技术型管理干部的父亲，发表的所有技术论文和文章只能在内部刊物上发表，完全没有名扬天下的机会。他和所有那一代献身国防事业的知识分子一样，一辈子不计名利地做着无私的奉献。

由于工作调动的原因，打断了父亲业绩的持续性，使他错失了本应获得的某些荣誉与奖项，许多人为此替他感到不公，但他总是一笑而过。他一辈子淡泊名利，同在航天领域工作的大女儿，用四句话高度概括了父亲的人格与一生：**正直做人，宽容待人，淡泊名利，笑对人生。**

余庆昌学长

参加我国早期核武器研制的片段回忆

■ 余庆昌

1958 年年初，我从一机部设计总局第三设计分局调入当时的二机部九局，那时九局刚组建不久，技术干部都在部大楼里的几间房中一起办公，分成两个组，物理专业的一个组，非物理专业的一个组。我属于非物理专业的组，组长是李嘉尧同志。

那一阶段，九局的重要工作就是建设九所。在花园路选择了一块地，根据苏联专家提出的建设规划，盖起了房子。现在知道，这是执行 1957 年 9 月聂荣臻副总理访苏时签订的《国防新技术协定》我方要做好的准备工作。在花园路三号，第一个要盖好的房子是一间带有天车的库房，库房附属了几间测量检查室、仪器室等。领导说，那是将要存放从苏联运来的原子弹样品的地方。其次是两栋宿舍楼。

花园路三号宿舍有一栋楼完工之后，我们就搬进去了。大家都以极大的热情投入两件工作：一是盖房子，即盖宿舍楼和办公楼；二是学习原子能基础知识。我们这些非物理专业的技术干部都听邓稼先同志讲课，从原子核构造一直讲到原子弹原理。

到花园路三号不久，领导让我参与研究苏联专家提供的有关九所建设的技术资料。主要包括九所的组织构成、需要哪些专业的人员、仓库的建筑平面图、建筑设计的技术要求，还有一张原子弹示意图，当然是非常笼统和粗略的。吴际霖副局长对我说偏重注意自动控制方面，我最关心的电器电子控制部分，在示意图上一片空白，文字中提到的自动装置也不知为何物。

朱光亚同志大约在这时出任九所副所长。记得在看资料那个阶段中，曾同朱光亚同志讨论过原子弹示意图中"瓦片"的作用。看完资料之后不久，吴际霖同志让我考虑一下，为了检测将要到的原子弹样品，需要用哪些仪器仪表，提出一个订货单。这回给我出了一个不小的难题。

大约 1958 年年底，局领导说，原子弹样品可能来不了了，要自己干了。大约 1959 年年初，整个九所的工作转向了独立自主、自力更生的轨道。郭永怀、王淦昌、彭桓武等科学家先后到任。五室是专攻自动控制这一条线的，我被任命为五室的技术负责人。很快，五室分来了几十位同志。我们要建立实验室，购置仪器设备，确定科研课题等。我必须尽快对引爆控制系统有一个比较全面、系统、完整的认识，否则一切行动都将是盲目的，甚至危险的。

局领导也同样着急和紧张。记得那时李觉副部长曾亲自带我一个人到七机部看一个短程地地导弹 1059 的资料。虽然导弹的引爆及其控制系统和原子弹的引爆及其控制系统有较大差别，但作为武器的控制系统，电源、保险、自毁等对我仍有很多启发。

关于原子弹的引爆装置问题，当时的一室、二室并没有向五室提出任何技术要求。我根据邓稼先同志讲课谈到的内爆原理，综合先前看到的九所建设的技术资料，对原子弹引爆的关键所在悟出一定认识。再由于进九局以来已注意研究过有关的脉冲技术、雷达技术、火工品引爆技术等，加上当时政治责任感的强力推动，我对于原子弹的弹上引爆控制系统逐步形成了一个可以实现的总体方案。

1959 年年中，钱学森同志来到九所了解情况，探讨弹头和运载火箭的配合问题。我做了五室工作的汇报。记得在黑板上画出弹上引爆控制系统方块图及弹道示意图，说明工作原理及保险、引信的工作程序。那是我第一次见钱学森同志，所以现在仍能忆起一些情景。

那个时期，隔几天我就明确几位同志的工作。电池和逆变器、高压整流倍压、同步装置、触发管、气压引信、保险闩、自毁装置、电雷管分别由不同的同志负责。我们的工作进展受到九所党委及吴际霖同志大会表扬。

在此期间，得知朱光亚副所长除抓总之外，还兼管引爆控制。这是所里几位科学家的分工。得知这个消息之后的心情现在仍能记起，因为原来业务上都是吴际霖副局长管的，现在又有科学家分管，精神为之一振，期待着朱光亚同志来五室检查指导工作。有一天朱光亚同志来了，专门问起航弹的无线电引信怎样解决。我向他汇报了以一两种飞机上用的测距、测高雷达为基础进行改造的设想。朱光亚同志还比较满意。

1960 年年初，我国进入严重困难时期，九所的伙食慢慢变得非常贫乏。有一个时期，没有副食，顿顿是清水煮咸菜。我正在跑七机部看一个地对空导弹无线电近炸引信的技术资料，看资料中感到一阵阵难受。开头没太在意，以为是饿的，后来感到实在支持不了了，才去医院检查。初诊时怀疑患肺结核，待确诊时已有大空洞。

开始我是在安定门外医院住院治疗，但是治疗效果很不好。后来到了天津，立刻在医院检查，是自发气胸，一侧肺已被压缩成一个拳头大。医生说一旦出现这种情况，随时有生命危险。立即住院，紧急处理，之后迅速做出切除一叶肺的决定。那次真算命大。

手术两个多月后，我回到工作岗位上，被委任为设计部五室系统组组长。在我任系统组组长期间，引爆系统未有变动，因为那时系统的各个部件都处在研制过程中。系统组闭门搞系统已无必要，也无可能。只有待各个部件研制工作进展到一定程度，需要协调部件的关联、接口、影响时，系统组才有工作任务。而当时最紧迫的是各个部件的研制，遂请求参加到部件研制工作中去。经朱光亚副院长同意，我调到了十五室搞天线。

1961 年当中，困难时期尚未过去，九院的工作重点就要转向西北。理论部、实验部的工作已有重要突破，设计部的工作，包括引爆控制系统的各部件的研制，也有长足进展，事实上已接近我国核装置爆炸成功的前夜。李觉副部长一声令下，各路大军浩浩荡荡奔赴西北战场。我刚肺切除不久，对身体能否适应高原气候心中无数，但在当时那种壮烈氛围中，我已做好听从安排的思想准备。后来组织宣布我留北京工作。1961—1962 年，我主要参加了航弹引信天线的研制工作。我写了航弹引信天线安装于模拟弹壳的模拟飞行试验总结。1962 年下半年，大约和航弹引信试验工作完成的同时，迎来了好消息，我国第一个核装置爆炸成功。

在研制航弹引信天线的调研中，发现国外有关天线及宇航的权威性杂志上，自早些年起就有报道载人飞行器无线电通信中断问题，现在一般称黑障问题。在航弹天线工作基本解决后就重点调研这问题了。那时心中的盘算是：核导弹弹头引信任务虽未下达，但是迟早问题，还是早动手好。

正在我们日日夜夜奋战核导弹弹头引信及天线时，传来了前方我国第一颗原子弹试验成功的消息。记得在交货的最后期限，那天晚上 10 点钟左右，我们正在做最后的环境试验及检查，七机部打电话给朱光亚同志，询问还能不能交货，"再不交货就取消该项目，加装配重了"。朱光亚同志匆匆到实验室找我，我向他报告："12 点以前送到。"当我和李春山同志抱着我们的部件走出实验室时，九院的捷克大巴已等在门口，拉了我们两个飞奔向东高地。那天夜里又在七机部东 -2 装配调试车间干了一夜。这大概是 1964 年年底。

之后我和李春山同志被指定为二机部的代表，去西北火箭发射场，参加了这次搭车试验，全权处理这次试验中弹头引信及天线部件有关的技术问题。

1966 年年底，"文革"正在高潮中，我得知我国第一颗导弹核武器试验成功。北京九院工作因"文革"的动荡都已基本停下来，在欢欣鼓舞的同时，我无从知道为之奋斗的那个弹头引信的设计方案用上了没有。直到 1987 年才得知，不但用上了，后来还得了国家发明三等奖。现在回想起来，我那次请战，早动手做导弹引信的研制工作，是蒙对了，否则上级任务一旦下达，时间会是很紧的。

　　以上是我在九院建院初期参加我国早期核武器研制工作时若干历史片段的回忆。这都是活的历史，贡献出来，有利于记录历史的面目。

来源：《清华校友通讯》复 65 辑

张履谦学长

履行谦逊　志在蓝天

——记中国工程院院士、雷达与空间电子技术专家张履谦

■　常　理

1926 年 3 月 1 日，在湖南长沙县黄花镇蛇山嘴村，一名男孩呱呱落地。父亲张子尧是当地有名的中医，读过书，有文化。对于自己的第一个儿子，张子尧在起名上颇费心思，他借用《史记·留侯世家》中"张良进履"的典故，给孩子取名"履谦"，即要求他"履行谦逊"，谦虚向人求取教益。

在此后漫漫人生中，恰恰是这种谦逊的心态，伴随张履谦一路乘风破浪、披荆斩棘，不断为我国的雷达、电子对抗、空间测控、航天事业贡献力量。

采访中，记者见到的是一位德高望重的科技工作者，感受到的是一位和蔼可亲、谦逊近人的长者。张履谦说："人生是短暂的，事业是无限的，我个人的工作很渺小，只不过是大海中的一滴水。"

"土办法"解决大问题

1951 年，张履谦从清华大学电机工程系毕业，带着几分学生的稚气与闯劲，来到中央军委通信部工作，进入部队这个"大熔炉"。报到第一天，总政治部肖华副主任派人把张履谦等几个青年学生接来，宣布他们光荣地加入了中国人民解放军。

这一年，是张履谦开启新征程的一年。他第一次进入工作岗位，第一次穿上军装，第一次接触雷达，第一次奔赴前线……

1951 年，抗美援朝战争正处在激烈的相持阶段。当时，我国刚刚组建空军，无论是装备还是技术水平都与美国存在很大差距。为切断我志愿军后方补给线，美国 B-29 轰炸机对鸭绿江两岸进行狂轰滥炸，并施放电磁波干扰，使我军雷达不能发现目标，无法引导空军发动反击。

作为中央军委通信部雷达处技术员的张履谦临危受命，迅速赶往前线，寻求应敌策略。在简易的雷达站里，张履谦一待就是十几天，和雷达技师一道，观察分析电磁波干扰现象，研究出几种抗干扰措施：快速改变频率，使用扩展频段，加装瞬时自动增益控制电路，多站联合定位干扰源。

虽然条件落后，设备简陋，但是张履谦懂得活学活用：他将几个空罐头盒剪成半圆形做成"电容器"，用麻绳和拉杆把这些"电容器"连接起来同步转动，作战时通过改变它们的相对位置，达到快速变频的目的。

在随后的战斗中，就是通过这个"土办法"，使得我军防空雷达抗干扰能力取得突破。雷达技师们无不佩服张履谦："小罐头盒解决了大问题！"

1962年，美国为了解我国尖端武器发展状况，指使台湾"第35气象侦查中队"驾驶当时最先进的U-2高空间谍侦查飞机，进入大陆窜扰侦查，刺探我军事部署和尖端武器实验情报，短短几年间，U-2的航迹几乎遍及中国大陆。

敌方如此肆无忌惮地进入中国大陆领空，就是因为我们没有完备的地空导弹防御系统。张履谦得知后寝食难安，他带领团队加紧仿制"543"制导雷达的工作。与此同时，他结合自己的实战经验，向上级提出"近打、快打"的战术，即敌机靠近后突然开启雷达锁定方位迅速打击，此方法在1963年11月成功击落了一架U-2侦查飞机。

但是狡猾的敌人怎会轻易放弃，每次失败后他们都将干扰设备进行改造升级，继续犯我领空。张履谦像一位经验丰富的猎人，不断搜寻"猎物"的踪迹。"敌人能更新装备，我们就要用更高超的技艺去攻破他们。"他带领团队不断改良我军制导雷达，并先后击落了5架U-2侦察飞机。最后一次是在1967年9月，我军首次使用国产地空导弹——红旗二号，并配合我国自行研制的照射体制地空制导雷达，精准打击了敌机，挫败了敌人的士气。从此，敌U-2侦察飞机再也不敢来侵犯了。

投身航天事业

1970年，是中国所有航天人为之振奋的一年。4月24日，我国成功发射了第一颗人造地球卫星——东方红一号，中国人终于在太空中有了一席之地。

随后，根据国家需要，有关部门开始进行通信卫星的科研工作。1975年，我国试验卫星通信工程"331"工程正式列入国家计划。此项通信卫星工程和潜水艇水下发射导弹、发射洲际导弹，在当时被称为"三抓"任务。

试验通信卫星工程主要包括通信卫星、测控、运载火箭、发射场和地面应用等五大系统。测控系统主要包括一部微波统一测控（雷达）系统（450-1）和一部超远程卫星跟踪引导雷达（450-2）。1979 年，张履谦被任命为总设计师，负责这两部雷达的研制工作。

微波统一测控系统的天线伺服系统重达 70t，当时电子线路只能采用分立元器件组成，共有 10 多万个，64 个机柜分别安装在 15 个机房，连线达 20 多公里。工程研制厂（所）以上单位达 15 家，规模宏大、技术复杂，是一个巨型电子系统工程。在研制过程中，张履谦坚持"实验室原理过关，初样校飞指标合格，正样成功集成"的步骤，遵循科学规律，严格控制产品质量，不带问题出厂，保证了一次研制成功。

1984 年，超远程跟踪引导雷达在地平线处捕获了卫星目标，引导微波统一测控系统成功对卫星进行测轨和姿态调整，控制卫星远地点发动机点火，精确控制我国第一颗地球同步通信卫星定点在东经 125°赤道 36000km 上空，使我国在地球赤道轨道拥有位置资源。微波统一测控（雷达）系统的研制成功，为建立我国载人航天、空间站的空间测控网和月球、太阳系行星探测的深空测控网研制，打下了坚实技术基础。

2010 年，已经 84 岁高龄的张履谦仍然奋战在我国航天事业的一线，他被聘为"神舟"八号飞船和"天宫一号"目标飞行器交会对接测量与控制专题组首席专家，在半年多的时间里，他会同其他专家，提交了一份长达 10 万字的专项独立评估报告。

"天上的稳定性需要在地面下功夫，要求科研人员反复做实验，确保数据的准确性、覆盖性。这是一项艰苦、细致而又反复的工作，科研人员要有耐心。"张履谦说。

2011 年，"神舟"八号与"天宫一号"胜利完成交会对接。两个飞行器以 20 多倍音速在太空中飞行，从 100 多公里以外开始自主控制，在最终交会对接时的位移偏差仅为 0.05m。张履谦和我国广大航天工作者的努力，让我国空间技术再次进入世界前列。

勤奋刻苦学习终生

张履谦少年时期的生活清贫艰苦，但对他来说这仅仅是一种磨砺。他至今清晰地记得父亲教给他的一句名言："天将降大任于斯人也，必先苦其心智，劳其筋骨，饿其体肤……"在他看来，这也正是父亲身上优秀品质的写照。张履谦从中汲取经验教训，幻化成自己成长的动力和源泉。他说："勤奋努力，给予了我孜孜以求的意志，锻炼了我的体魄，让我有愉快豁达的心情，更重要的是给予了我为国效力、奉献自我的无穷智慧和精神力量。"

在开展电子对抗工作初期，张履谦意识到，要搞好雷达干扰与抗干扰，必须精通雷达的各种原理和用法，然而那时我国在相关领域的研究几乎是空白。正在这时，他在图书馆里找到了一套刚刚出版的外文版《雷达丛书》，这套丛书是美国麻省理工学院研究的总结性文献，共28卷。张履谦如获至宝，暗下决心，立志用10年时间，把这套丛书全部读完。从此，他常常早上拿着两个馒头，夹点咸菜，跑到附近的树林里读书，一读就是一整天，夜里困了用冷水浇头提神后继续研读。

无悔年华 解放战争时期清华校友足迹

中国航天五院院长吴燕生看望张履谦（右）

凭着这铁一般的毅力，张履谦结合业务工作，反复实践，历经12年苦读，终于掌握了牢固而丰富的雷达知识，为此后应用雷达技术搞好电子对抗，发展航天事业打下了坚实基础。

2010年元旦，84岁的张履谦写下"大江东去奔腾急，黄昏日照争朝夕"的书法作品。他解释说，时光像长江、黄河一样急速奔腾，自己到了黄昏之年，要争取时间，积极努力，为中华民族的伟大复兴多做些工作。

"学而思，思而行，行必果"，这是张履谦写的另一幅书法作品。他说，一个人不但要学习，更重要的是学习后要思考，学而不思则罔；思考成熟了，就要付诸行动，不能纸上谈兵；有了行动和实践，不管遇到多大困难，都一定要坚持到底，绝不能半途而废，亦"行必果"。

如今，已93岁高龄的张履谦院士仍闲不下来：他关注国际学术动态，及时与同行分享交流；他关心国内外大事，每天要浏览各种新闻APP；他微信玩得很熟练，不仅会发朋友圈还会和朋友互动……

张履谦用实际行动为我们树立起一个活到老、学到老、工作到老的榜样。"我一辈子都在跟蓝天打交道，一生只做了两件事——学习和实践，学习后实践，实践中学习。"

来源：《经济日报》2019年11月26日

谢希仁学长

将军校友谢希仁

■ 胡雪琴

"4月24日，我将到北京参加在人民大会堂举行的清华大学百年校庆庆典。清华校友中的院士和将军都将被邀请参加。我属于将军之列。"

4月7日，南京，解放军理工大学，已经迈过八十门槛的谢希仁教授，看上去比同龄人要年轻许多。他对《中国经济周刊》说，他是一位文职将军。

母校清华百年华诞在即，两鬓飞雪的他打开了记忆的闸门，仿佛回到那青春年少的时光。

难忘的"大师云集"胜景

清华园让谢希仁最难忘的是恩师们。"有许多老师都是大师级的，其中多人后来都成为了院士（或学部委员）。"

"一年级我选了孟昭英（著名物理学家，中国无线电电子学事业奠基人之一）的普通物理。二年级的应用力学有四个大班，钱伟长（中国近代力学奠基人）教两个班，张维（著名力学家）教两个班，我选了张维的班。二年级以后也有很多非常著名的教授给我们上课。例如，麻省理工学院的博士钟士模教授给我们上过三门课：交流电路、电机原理和瞬变分析。哈佛大学的博士常迥教授也教过我们三门课：应用电子学、无线电原理和电波学。"

谢希仁特别提到钟士模教授的授课水平非常高，凡听过钟老师课的学生，都感到终身受益。谢希仁说，他在几十年的教学生涯中，都是以钟老师为榜样来进行教学工作的。

当年，学生们可以任意旁听自己感兴趣的课程。谢希仁说，他旁听过周培源教授的理论力学，闵嗣鹤教授（数学家）的高等微积分，还有彭桓武教授（理论物理学家）的物理数学。这些大师们的讲课让年轻的谢希仁获益匪浅，显著提高了学习方法。

抚今追昔，谢希仁很有感慨："现在的清华大学与当年相比，漂亮的大楼更多了，实验设备更先进了，科研经费之多就更不用提了。但当年大师云集的胜景已不复存在。现在清华在校的年轻本科生，已很难享受到我们当年的课堂教育了。"

"可怕"的成绩公布

清华园严格的考试制度让当年的谢希仁备感压力。当时清华大学有一个特殊的制度，就是期末没有补考一说。任何一门课如果不及格，就必须重修。如果一门主课不及格，那很可能要留级；如果两次主课不及格，就很可能要退学。

成绩公布栏在他的记忆中留下了很深的印象。考试后，大家会带着忐忑不安的心情去看成绩公布栏。每到期末结束后，都会按学号顺序公布成绩。如果不及格，分数就是红笔写的。"大家自然内心祈祷，千万别红啊。"与此同时，班级里最高分是多少，最低分是多少，自己在班上的排名如何，这个榜单看得很清楚了，大家都会暗暗鼓励自己下次要更努力，争取排名再往前靠一点。

每次考试后，不及格的人数还真不少。而清华园的教授们有个癖好，不以本班学生考得好为荣。如果某门课程的最高成绩只有 70 分，那才表示教这门课程的教授非常严格。例如，当年的钱伟长教授就以出题奇难而让学生"闻风丧胆"。

清华电机系二年级的平时小测验非常多，基本每周一次，每次 50 分钟，只有一道或两道考题。这些题目出得都非常有水平。如果你一看题目，觉得很有把握，马上就匆匆下笔演算，那最后的结果很可能是做不出来，越做越繁，压根就来不及做完。但如果你开始不急于去做，而是先认真思考 20 分钟，想清楚再做，或许 10 分钟就能把整个题目做出来。这当然要求学生必须真正掌握了教授所讲授的基本概念。

让谢希仁一辈子无法忘记的是第一次"电工原理"课程的折戟，仅考了 20 分。开始以为刚上了几天，应该不会很难，就考欧姆定律和克希荷夫定律，在高中时就学过了。但小测结果出来后傻眼了，才 20 分，"这是平生考得最差的一次"。

这次考试让他深刻领悟到清华老师的教导，掌握基本概念非常重要。因此他下苦功夫改进学习方法。以至于后来，他自己当老师考学生时，也是以此为原则。谢希仁回想到自己的成长时经常会说："这次小测验的失败，是自己学习方法得到改进的一个转折点。我非常感谢老师对我们的严格要求。"

"1952 年毕业之前的一个师生座谈会上，常迥教授当时的临别赠言让我铭记了一辈子。'你们要经常注意学科发展。现在有一种半导体，将来有可能会取代真

2018 年校庆，谢希仁学长（右 5）返校参加电机系 1948 级入学 70 周年活动

空管.'常週教授说这些话的时候手上正拿着一本非常著名的美国学术期刊 BSTJ。这句话对我震动很大。我原以为一辈子把真空管吃透了就行了，没想到，科学发展如此之快，真空管居然要被替代。"

1952 年毕业后，谢希仁选择了到军队去工作。因为在抗战时期，全家被迫向后方多次逃难，好几次差点毁于日本人的轰炸之中。他盼国强兵强。

打造中国卫星通信网

中国第一台通信卫星地面站，是由 1972 年尼克松访华带来的。尽管直径达到 10 米，是座庞然大物，但它的功能却让人称奇——通过这个地面站，到美国的国际长途通话可以空前清楚。

当时，美国人在中国发现了巨大的商机。美国休斯公司在中国卖出了许多卫星通信设备，大赚一笔，但中国的通信安全因此受到威胁。于是，中国人下定决心自己做卫星通信网控中心。

网控中心是软硬件结合的系统，不仅要有设备，关键是软件设计。这个艰巨的任务落在了谢希仁的肩上。1977 年，解放军通信工程学院从重庆搬到南京，上级交给谢希仁一个任务，让他组建军事通信网教研室。

选择什么研究方向呢？从清华出来的谢希仁对本学科的最新前沿发展一直保有足够的敏锐，他发现了一个新事物，那就是计算机网络，即现在大家已经非常熟悉的互联网（Internet）。

当年，这是个新鲜事物。美国人在 1969 年才试验了一个非常小的计算机网络，仅仅只有 4 个节点。20 世纪 70 年代才陆续出了一些书，还有一些专业杂志的报道。

　　国内缺少好的教材，他就自己动手编教材，即《计算机网络》。这本教材现在已成为中国最畅销的专业教材之一，先后多次再版，总印数早已超过百万册，这在专业教材的出版中是比较罕见的。

　　但谢希仁团队的任务不仅仅是写几篇论文，而是要研发出真正的工业产品，而且，这个产品将与美国最先进的卫星通信产品直接对阵。

　　谢希仁面临抉择，是仿照美国做，还是独立自主做一套中国版？二者各有利弊，难以取舍。因为，当年中国市场全被美国产品占领，如果仿照美国做，产品出来后，就可以与现有的设备顺利对接，非常便利，但存在两个问题：一是涉及知识产权，仿照美方做，需要缴纳高额的专利费；二是如果美方更新升级，我们必须要紧随其后，长久来看，还是受制于人。

　　权衡再三，谢希仁团队决定还是独立自主，做一套中国版。大约花了5年时间，他们终于成功研发了中国版的通信卫星网控软件。这项成果赢得了1996年电子工业部的科技进步一等奖和1997年的国家科技进步三等奖。

　　但产品的市场推广并不顺利，国内很多原有的卫星通信用户并不愿用：一是信不过国产的；二是现有设备全是从美国购买的，如果改用国产软件不兼容，现有设备就得报废。

　　但随着时间的推移，老设备要更新换代，美国人高昂的价格加上通信安全的失控，使得很多用户都逐渐转向了国产设备。现在，该设备已经在全国大面积推广，大部分都已经更新为国产化，特别是在军队系统中，早已全面普及。

　　作为计算机界的著名专家，谢希仁桃李满天下。他的学生中不乏商界巨子，但他却固守军营一辈子。从1995年起，他多次被推荐为院士候选人，但均与"院士"名头擦肩而过。对此，他认为，只要在工作，能为国家做点贡献，他就心满意足了。

来源：《中国经济周刊》2011年第15期

何祚庥学长

何祚庥对氢弹理论和层子模型研究的贡献

■ 刘 磊 刘 立 任安波

何祚庥，理论物理学家、中国科学院院士。1945 年考入上海交通大学，1947年转入清华大学，1951 年毕业。1951—1956 年就职于中共中央宣传部科学处，从事党联系和管理科学界的工作，在 20 世纪 50 年代一系列重大科学历史事件如知识分子思想改造运动、十二年科技规划的制定、科学大会、中国科学院高能物理研究所和理论物理研究所的创建等方面做出积极贡献。1956 年调入中国科学院原子能研究所，从事核物理研究。1961—1965 年，参与氢弹的理论研究，在氢弹材料及相应的爆炸机理、平衡和不平衡状态下氢弹应满足的流体力学方程等方面做出了重要贡献。1965—1966 年作为科研骨干参与"层子模型"的研究。1982 年曾获国家自然科学奖二等奖及多种奖励。第八、九届全国政协委员，北京大学科学与社会研究中心兼职教授、科学技术哲学专业博士生导师，中国科学院理论物理研究所研究员、理论物理专业博士研究生导师。

科学和革命的求学路

何祚庥 1927 年 8 月出生于上海。其曾祖父何维健曾任晚清湖北盐法道督粮道，光绪九年（1883）移居扬州，在扬州建造后来被誉为"晚清第一园"的"寄啸山庄"（今称"何园"）。1901 年，何维健率家族移居上海，欲发展现代工商业。但由于多种原因何家创业失败，并逐渐走向没落。

何祚庥幼年时接受的是"家馆"教育。1942 年，他以优异成绩考入上海当时最好的一所中学——南洋模范中学。在南洋模范中学，讲授数理化等科目的教师都是一些名师。赵宪初先生教数学、俞养和先生教物理、徐宗骏教化学。俞养和老师的物理课讲得非常精彩，他引导何祚庥对物理产生了浓厚的兴趣。何祚庥后

101

来走上了从事物理学研究的道路，与此有很大的关系。

除了学习之外，何祚庥还从老师们那里接受了抗日救国思想。那时正值抗日战争时期，何祚庥一方面学习科学知识，另一方面也接触到老师们私下传播抵抗日本侵略的思想。年轻的学生们在抗日爱国思想下，曾自发地抵制学日语。

1945年，何祚庥考入上海交通大学。为毕业后的生计着想，何祚庥选择了化学专业。虽然读的是化学专业，但是他那时对物理依然很有兴趣。美国用原子弹轰炸日本，使人们了解到了原子弹的威力。原子弹爆炸不久，美国便出版了介绍原子弹原理的《史密斯报告》，随即中国就翻译出版了这份报告。何祚庥用微薄的零花钱购买了《史密斯报告》中译本，逐字逐句阅读，这更强化了他对物理的热爱。

年轻时的何祚庥

何祚庥在上海交大取得了较好的成绩。据档案记载，何祚庥在上海交通大学的课程和成绩是：国文6学分，英文6学分，微积分8学分，普通物理8学分，中国通史6学分。那时上海电力供应很紧张，宿舍九点半就要熄灯。功课做不成了，上床又睡不着，同学们就开"卧谈会"，大家七嘴八舌、畅所欲言，纷纷发表对时局和政治等方面的"高见"。可以说，这是一种自发的"政治学习"。在上海交大期间，何祚庥阅读了一些进步书籍，参加了进步活动。

1947年，何祚庥通过了清华大学在上海举行的转学考试，依据自己的兴趣和特长，转学清华园，转学物理。"从此，改变了我的一生。"何祚庥说，"第一是我改行学物理了，没有这个改变，我就不会成为理论物理学家了；第二，到清华的第二天，就有一位我在中学时代的同学，介绍我在清华参加了地下青年团（当时的名称是民主青年同盟），两个月后，又参加了地下党。"

1947年9月，何祚庥终于踏进了心仪的清华园，报到注册入学。由于在上海交通大学学过一年，是转学生，何祚庥直接进入物理系二年级。清华大学名师荟萃，何祚庥选修了许多名师的课程，如周培源讲授的"理论力学"，叶企孙教授讲授的"物性论"（property of matter）。何祚庥在余瑞璜教授的指导下完成了毕业论文。清华解放前夜，作为地下党员，何祚庥参加了保卫清华大学、保护教授的活动，与钱三强在科学馆打地铺彻夜交谈，畅想发展原子弹事业。

大师们的言传身教，对何祚庥科学与革命的一生发挥了重要的影响。

氢弹理论研究与"附骥尾的苍蝇"

何祚庥虽然一心想着为国家的原子能事业做出贡献，然而 1951 年毕业之后，他被分配到中宣部科学处。当时于光远是科学处的处长。办公室很简陋，办公桌、板凳、椅子都很破旧。于光远是处级领导，坐的是藤椅。何祚庥是干事，坐木方凳。两人共用一张办公桌，面对面办公。

从 1951 年到 1956 年，何祚庥在中宣部科学处从事党联系和管理科学界的工作，在 20 世纪 50 年代一系列重大科学历史事件如知识分子思想改造运动、十二年科技规划的制定中做出了积极贡献。

1956 年，经钱三强的建议和帮助，何祚庥离开中宣部科学处，调入核工业部参加原子能研究工作。何祚庥从而"归队"到物理学研究。

原子能研究是高度保密的工作。当时选拔人才的政策是"又红又专"，很看重家庭出身。虽然何祚庥新中国成立前加入了地下党，可是家庭出身成分不好，所以只能参加些原子能研究的"外围"工作。稍后，何祚庥被选入中苏等国联合成立的杜布纳联合核子研究所工作。1960 年 4 月，何祚庥奉调回国，进入原子能研究所，从事氢弹理论的预先研究。

在氢弹理论研究过程中，大家高强度工作，常常是一天工作 12 个小时，或者更多。氢弹研制的机密那时候在国际上根本就没公布过，谁也不知道氢弹怎么做，大家整天一起讨论，一起"猜"。研究组整天就是讨论和辩论，激动时有时指摘别人的观点是"狗屁"。但是，争论完了，大家仍然高度密切合作，仍是工作伙伴。大家在辩论中提高了自己的业务水准，终于找到了氢弹的秘密。1967 年 6 月 17 日，中国成功地进行了第一颗氢弹爆炸试验，成为世界上第四个拥有氢弹的国家。一位法国专家曾问钱三强：中国为什么能在这么短的时间里进行氢弹爆炸试验？钱三强的回答是"材料准备得早，理论准备得早"。

氢弹的研究是集体协作的结果。如何正确地看待个人和集体的关系，如何正确对待个人的贡献？何祚庥自我评价说，只是在其中做了小小的工作。他把自己比喻为追随着骏马向前飞跑的一个马尾巴上的"苍蝇"。2007 年，曾任中科院理论物理所所长的欧阳钟灿院士对何祚庥的工作评价说："1961—1965 年期间何祚庥院士参加国防任务方面的研究。在原子弹理论方面，研究过原子弹的'点火'问题，高温、高压、高密度下的状态方程问题，高温、高密度下辐射平均自由程问题；在氢弹理论方面，研究过氢弹的材料以及相应的爆炸机理、平衡和不平衡状态下氢弹所应满足的流体力学方程等重要问题。"由此他认为："何祚庥院士是我国氢弹理论研究的早期开拓者之一。"

"夸克层子赋新篇"

层子模型的研究有其科学背景，但其直接背景是毛泽东主席就日本科学家坂田昌一的新基本粒子观所发表的哲学谈话。

1963 年下半年，毛泽东看到日本物理学家坂田昌一所撰写的《基本粒子的新概念》一文后，对粒子是否可分的问题进行了新的思考。1964 年 8 月 18 日，毛泽东找了几位哲学工作者谈话，特别赞扬了坂田所说的"基本"粒子并不是最后的不可分的粒子的观点。同年 8 月 24 日，毛泽东又找了于光远、周培源等人，谈论了类似的见解。

由于毛泽东重视基本粒子的哲学问题，当时在中宣部科学处工作的于光远，建议《红旗》杂志重新译载了坂田昌一的《关于新基本粒子观的对话》。坂田的《关于新基本粒子观的对话》在《红旗》上发表以后，《红旗》及其他报刊又约请了一些哲学家和科学家就此进行座谈和撰写讨论性文章。

1964 年 10 月至 1965 年 9 月，何祚庥先后在河南的罗山和信阳参加"四清"运动，所以未能参加于光远所组织的座谈和讨论。但其妻子庆承瑞被邀请参加了坂田昌一文章的注解工作。她写信给何祚庥，告诉了有关情况。他们通过信件交流学术和哲学意见，后来合作撰写了《关于〈关于新基本粒子的对话〉的对话》文章；该文先后刊登在 1965 年 8 月《光明日报》和 1965 年《自然辩证法研究通讯》第 3 期上。文章指出："对于基本粒子如何一分为二的问题……是我们在未来的研究工作中尚待解决的任务。"

1965 年 8 月，中国科学院党组书记、副院长张劲夫给时任原子能研究所所长的钱三强布置任务，要他把粒子物理理论工作者组织起来，根据毛泽东主席提出的物质无限可分思想，进行基本粒子结构问题的研究。在钱三强的安排下，原子能研究所基本粒子理论组、北京大学理论物理研究室基本粒子理论组、数学研究所理论物理研究室与中国科技大学近代物理系四个单位联合组成了"北京基本粒子理论组"（理论组），定期交流与讨论强子的结构问题。

1965 年 9 月，何祚庥奉调由信阳回到北京。由于有前期的研究基础，何祚庥加入了粒子物理理论工作者关于粒子结构问题的研究队伍之中。

有关层子模型的研究，既存在合作，也存在竞争。在钱三强的建议下，1966 年 3 月，《原子能》杂志发表了原子能所朱洪元、何祚庥等人的研究成果"强相互作用粒子的结构的相对论模型"。北大与数学所的研究成果发表在 1966 年 5 月出版的《北京大学学报（自然科学版）》第二期上。经过约一年的深入工作，由 39 人组成的"北京基本粒子理论组"在三期杂志上共发表了 42 篇研究论文（不包括综述性文章），形成了关于强子结构的理论模型。

北京科学讨论会1966年暑期物理讨论会于1966年7月下旬在北京举行，有来自亚洲、非洲、拉丁美洲和大洋洲国家及一些地区的140多位代表参加会议。预备会议在北京民族饭店召开。在这次预备会议上，大家一致认为"夸克""元强子"名称不能反映毛泽东关于物质的结构具有无限层次的哲学思想。钱三强提议用"层子"这名字代替"夸克""元强子"，得到了大家的接受。之后国内学术界即把"北京基本粒子理论组"提出的关于强子结构的理论统称为"层子模型"论。

暑期物理讨论会正值"文化大革命"发动初期。由于受"极左"路线的影响，有不少直接参加层子模型研究工作并发挥了重要作用的研究人员被排斥在讨论会之外。如朱洪元、胡宁等科学家只能作为"陪衬"人员参加会议，其任务只是在报告后的讨论中答复别人答复不了的问题；原子能所所长钱三强这位曾对层子模型工作给予支持和鼓励的"功臣"，也被排斥在会议的领导工作之外。

讨论会结束当晚，毛泽东、刘少奇、周恩来等国家领导人接见了各国与会代表。巴基斯坦著名物理学家、诺贝尔物理学奖获得者萨拉姆对层子模型高度评价说："这是第一流的科学工作！"另一位诺贝尔物理学奖获得者格拉肖（S.L.Glashow）甚至提议，把构成夸克与轻子的下一级结构成分命名为"毛粒子"（Maons）。

"文化大革命"发动之后，关于层子模型的理论研究以及与国外学术界的交流都几乎完全中断了。理论组的研究人员有的被打成了专政对象，被关进"牛棚"，对层子模型的研究也就结束了。由于缺乏后继深入工作，与国际上的交流又中断了，层子模型在国际上未能引起较大的影响。

"文化大革命"结束后，层子模型的工作得到了"迟到"的承认。1978年，层子模型获得中国科学院重大成果奖与全国科学大会奖。1980年年初，在广州召开的粒子物理国际会议上，朱洪元代表当年的"北京基本粒子理论组"在会上作了"关于层子模型的回忆"的报告，原"北京基本粒子理论组"中有25位学者在这次会上做了学术报告。与会的李政道、杨振宁对层子模型论文给予了高度评价。

何祚庥参加了这次粒子物理盛会，并赋诗一首："滴翠亭前忆旧谊，陶然厅内集群贤。上下底顶漫飞舞，夸克层子赋新篇。"何祚庥解释说：这一绝句便反映了层子模型的影响。首先，这一观念表明物质出现了新的层次。许多物理问题，不仅是粒子物理，甚至原子核物理，都要从强子以及质子和中子具有更深层次的结构这一观点来重新加以讨论。其次，在描述强子和轻子间相互作用的理论中，也不再以强子作为相互作用中的"力"的最基本的承担者，而改为用夸克作为物质间相互作用着的"基元"。

1982 年，层子模型理论获得了国家自然科学奖二等奖，获奖人共 39 人，朱洪元、胡宁、何祚庥、戴元本为主要获奖人，何祚庥排名第三，这也表明了何祚庥对层子模型建立做出了突出贡献。

关于何祚庥的科学贡献，欧阳钟灿曾经进行过较全面的评价，他认为："何祚庥除了在理论物理学的一些领域有较高的造诣外，他思想活跃，工作领域宽，善于组织讨论，善于推动不同领域的工作者进行合作研究。他尤其善于从国家建设和当代科学的发展与需要入手，提出并推动一些重大科学问题的研究，是我国理论物理学方面一位有重要贡献的学术带头人。"与何祚庥同时代的多位科学家总体上认同这个评价，尤其对何祚庥"思想活跃"有着一致的看法。何祚庥的"思想活跃"，不仅体现在科学研究的灵感迸发，还表现在他善于把理论物理的思维模式、方法应用到重大现实问题的研究上，为社会经济的发展建言献策上。

来源：《中国科学报》2016 年 7 月 18 日

周文盛：为研制新型雷达不断创新突破

周文盛，1928 年 8 月 21 日出生于天津。电子机械工程技术专家、中国电子学会理事、电子机械工程分会名誉主任委员、电子产业战略研究分会副主任委员。1950 年毕业于清华大学机械系。历任南京电信技术研究所技术员，第四机械工业部长江机械制造厂工程师、副总工程师，南京电子技术研究所总工程师、所长、高级工程师，电子工业部雷达工业管理局局长，中国电子学会第三届理事。长期从事雷达研制工作。在研制新型雷达，如靶场精密跟踪雷达、舰载远程精密跟踪雷达等工作中做出了贡献。撰有《精密合金在雷达工程中的应用》《现代防空雷达结构与工艺的展望》《电子机械工程的发展》等论文。

一

周文盛，1928 年 8 月 21 日出生于天津。同年随家移居北平，1936 年 9 月，全家迁往江苏南京。1938 年春到达四川省重庆市，就读于朱家寨小学。1940 年 9 月，入四川省合江县国立第十六中学学习；1941 年转至江北县南京基督教青年会中学初中学习；1943 年毕业后考入四川省合川县国立第二中学高中部；1946 年毕业后考入清华大学机械系。

1948 年秋，周文盛加入民主青年同盟；1949 年 11 月加入中国共产党，在校期间参加了多次学生运动。1950 年 7 月毕业后，分配到中央军委通信兵部北京电机修配厂，11 月调南京军委通信兵部第一电信技术研究所。此时，朝鲜战争爆发，急需空防雷达，但研究所初创，仅有从全国收集来的日美遗留下来的破旧雷达和零散件以及少数雷达说明书、操作手册和一些雷达书籍。在老专家的指导下，他们这批刚毕业的大学生，靠这些资料，利用这些零散件，日夜奋战，克服重重困难，拼装或改装出一批批雷达，支援了前方。

1950 年至 1955 年，周文盛在第一电信技术研究所任技术员，1955 年 4 月，研究所归属第二机械工业部，改名为国营七二〇厂，周文盛任生产施工科副科长。1956 年被评为工程师，任仿制海军雷达的主持工艺师，先后解决了有关微波元件、精密小模数齿轮和精密齿轮传动系统等关键技术；主持编制并推行了工艺规程及相应的管理规章制度，为完成仿制雷达做出了贡献，同年任副总工艺师。1958 年 6 月任总工艺师，12 月任新产品办公室主任，主管搜索雷达和跟踪雷达的仿制工作。1959 年 9 月，此研究所又改名为第一机械工业部七二〇总厂第十四研究所，周文盛于 12 月任研究所副总工程师，主管结构工艺和技术管理工作。1961年，研究所归属国防部第十研究院，他分管测高雷达和三坐标雷达的结构工艺技术和研究所技术管理工作，主持编制了一整套雷达整机的研制程序和相关规章制度，后来在第十研究院全院进行推广。1965 年 7 月，十四所归属第四机械工业部第十研究院，他先后主持了为导弹和卫星发射配套的单脉冲精密测量跟踪雷达的结构工艺方案论证和整机研制，远程预警试验雷达的大型天线系统和天线罩的方案论证和研制。

1972 年起，为配合我国洲际弹道导弹发射试验，他开始主管舰载远程单脉冲精密测量跟踪雷达的方案论证和研制工作。1977 年 5 月任十四所总工程师；1979年 1 月任副所长，被评为高级工程师；1980 年 11 月任所长，被评为研究员级高级工程师。同时受聘为西安电子科技大学兼职教授、第四机械工业部科学技术委员会委员。

1982 年 8 月调电子工业部雷达工业管理局任副局长，后任局长。任期内一方面组织厂所保证完成军品任务，另一方面，积极推动厂所利用军工技术开发民品，为国民经济各部门和社会服务，取得了良好的社会效益和经济效益。他还积极支持帮助研究所和工厂迁出闭塞的三线山沟，改善科研和生产环境条件，加速了研究所和工厂的发展。他积极倡导"电子机械工程"（机电一体化）的学术活动。1981 年 8 月，他主持创建了中国电子学会电子机械工程分会并先后任主任委员三届。他积极推动分会《电子机械工程》期刊的出版。1988 年代表中国电子学会受中国科协委托，组织了全国 13 个一级学会联合召开了全国第一届机电一体化学术大会，并且组织出版了论文集。1987 年以他为主编，出版了《机械工程手册》。1994 年被批准为享受政府特殊津贴的专家。

二

为了配合我国"东方红一号"卫星的发射和导弹发射试验，1965 年十四所承接了靶场精密测量跟踪雷达的研制任务，这需要一种新体制的雷达——单脉冲精密测量跟踪雷达。周文盛开始时分管结构和工艺的方案论证和设计制造，1968年开始主管全机的研制工作。他和科技人员一起深入地分析了技术难点，尤其是雷达的测量和跟踪精度对卡塞格伦天线、天线座系统和馈源馈线系统精度的要求，研究比较了各种设计方案，最终选择了爆炸成型做主反射面的结构和工艺，天线座用静液压轴承结构来保证水平轴精度，用液压马达和液压伺服阀做天线座驱动系统，以及五喇叭馈源和能产生"和""差"波瓣和多种极化的波导元件组合的馈线系统等新结构。同时决定采取以本单位为主外协为辅的内外结合的措施，建立了专门的液压实验室，成立了爆炸成型攻关小组及馈源馈线攻关小组等。周文盛亲自参加设计方案讨论并组织实施，参加关键的试验，与科技人员一起现场解决问题，最后以优于设计指标的结果完成了分系统任务。

1968年夏，各分系统进入试验场进行整机联调，解决联调和试飞中出现的问题。1969年4月底，雷达进入靶场。1970年4月24日晚，"东方红一号"卫星播放着音乐飞过十四所上空，基地也传来了我国首台单脉冲精密测量跟踪雷达成功地完成了任务的喜讯。20世纪60年代到70年代初，在研制远程预警试验跟踪雷达任务中，周文盛主管了大型天线、天线座及大型玻璃钢蜂窝结构夹层刚性天线罩（直径45m）的方案论证和结构设计工作。专门成立了天线罩设计攻关小组，论证天线罩的结构分块、玻璃钢材料的选择和有关电性能的要求。通过刻苦攻关和与有关单位合作，解决了新材料研制、天线罩分块和夹层结构等技术问题，保证了整个雷达的研制进度。这个大型雷达和天线罩研制成功后，在空间目标探测试验中发挥了重要作用。

20世纪70年代，为配合我国洲际弹道导弹的发射试验，十四所承担了一种舰载远程精密测量跟踪雷达的研制任务，以满足在太平洋布站的需要。周文盛主管了该雷达的研制。他认识到这个任务责任重大，稍有差错，就会影响我军威国威。他在研制方案中首先提出了设备的可靠性问题，并在该所建立了可靠性研究室，负责在雷达方案论证和设计中提出可靠性指标要求。他还根据以往产品的印制电路板不稳定的教训，将印制电路板的涂覆一律改为铅锡合金（一种新的电镀涂覆材料），并对车间生产设备、流程进行了改造，这一措施收到了良好效果。在研制这种舰载雷达过程中，最让人担心的问题是雷达在舰船摇摆状态下如何精确捕捉几千里外的高速目标，做到万无一失。他组织有关专业人员进行认真讨论，提出研制一个摇摆台的方案，模拟实际船摇的状态，以考验和改进系统设计。同时还决定做一个接收连续波的小天线并列架在大天线上，用来接收导弹飞行时发出的连续波信息，以求尽早发现目标，然后再由主天线的波束捕获目标。这些措施均取得了成功。在我国首次洲际弹道导弹发射试验中，此种舰载精密测量跟踪雷达不但提前捕获了目标，而且精确跟踪到落点，立了功。

三

周文盛主管工厂工艺工作时就重视工厂的技术管理工作。工艺是产品从科研到出厂技术管理工作中的一个重要组成部分，工艺规程是编制试制与生产计划、工时定额、材料消耗定额和控制质量的基础。20 世纪 50 年代中期，根据工厂生产的需要，他主持编制了产品的工艺文件以及相关的规章制度，并为其贯彻开展了培训，对工厂的产品试制和生产起了良好的作用。60 年代初，他主管研究所的技术管理，根据雷达整机研制的特点和以往的工作经验，并参考有关技术管理的资料，主持并参加编制了大型电子产品从战技指标论证、收集文献资料、方案确定、技术攻关……一直到产品鉴定出厂的一整套程序，制定了各级领导和相关职能部门的职责、相应的规章制度，并绘制了流程图，作为研究所管理科研工作的依据。因实施效果良好，在第十研究院范围内作了介绍，并结合全院情况做些修改后，在全院印发推广。这是当时大型电子产品研制科研程序的雏形，为研究所产品的研制全过程的科学管理和贯彻"三敢三严"，出成果出人才打下了扎实的基础。

四

通过长期雷达研制工作，周文盛认为，雷达、地面站、射电望远镜等大型电子产品是电子技术、机械技术和工艺技术相互渗透、融合和紧密结合的产物。随着计算机、微电子、通信等信息技术的迅猛发展，机械产品、消费类产品以及各类工业产品中电子技术和机械技术的结合也更加广泛。有鉴于此，周文盛积极倡导成立电子机械工程学术组织。1981 年 8 月，经中国电子学会批准，周文盛主持组建了中国电子学会电子机械工程分会，有关部门的研究所、工厂和高等院校的专家、学者都积极参加学会组织及其学术活动。分会还出版了《电子机械工程》期刊，影响日益广泛。1984 年，他受聘为《中国大百科全书·电子学与计算机·电子设备组装与结构》编写组主编，组织领导分会的有关专家、学者编写了相关条目。1985 年，由中国电子学会电子机械工程分会通过中国电子学会提议，经中国科协批准，以中国电子学会为主，联合全国 13 个一级学会共同召开了全国第一届"机电一体化"学术交流大会，周文盛任大会主席。他还积极推动"电子机械工程"（机械电子学）的学术活动走向世界，利用分会领导出国访问的机会开展工作，促成中日相关学会联合举办中日机械电子学学术会议。中方由中国电子学会电子机械工程分会主办，电子科技大学协办，至今已召开了三届中日机械电子学学术会议，周文盛两次担任大会执行主席。中日双方对这种交流形式都表示满意并主张扩大范围，经中国电子学会同意，电子机械工程分会与日本、韩国、泰国和香港地区的相关学会于 2004 年 9 月联合召开了首届亚洲机械电子学学术会议。在他的指导和分会干部的努力下，分会多次受到上级学会的表扬和奖励。1987 年，他作为主编，与分会的专家、学者共同编著出版了《机械工程手册》，为从事电子机械工程设计的专业技术人员提供了有益的参考资料。

五

1982 年，周文盛调任电子工业部雷达工业管理局领导。此时根据国家对军事装备的战略调整，雷达局所属企业和部分研究所的军品任务大幅度减少，产值产量急剧下滑，经济效益甚微甚至亏损；另外，社会的发展对家用电子产品和工业用电子产品有了需求。根据这一情况，他首先提出"在确保国家军品任务的前提下，各企业和部分研究所要组织科技力量和生产能力，按照引进和自主开发相结合的精神开发民用产品，为国民经济各部门和社会需求作贡献、求效益"。在具体工作中，他带领局机关职能部门积极支持和协助各单位转轨，在政策、项目安排、经费上甚至在和外商谈判上帮助解决困难。几年期间，这些单位从任务不足、亏损，转变为各有独特民品入市，满足了社会需求，使民品的产量、产值和效益都翻了几番，甚至还创出了名牌（如长虹、长岭阿里斯顿等），部分研究所也走出了困境，受到上级的好评。

有些研究所、工厂地处三线偏僻山沟，信息闭塞，物资供应不便，生活颇多困难，科研和生产效率很低，亟待改善。周文盛积极贯彻上级意图，支持帮助有关厂所与有关省市协调，解决搬迁、征购土地和户口迁移问题，帮助厂所多方设法解决搬迁经费问题，逐步地将一些三线山沟里的所厂搬迁到文化科技素质较好、交通比较方便的城市，使这些所厂改善了科研和生产环境和条件，科技队伍不但得到了稳定而且逐渐充实，科研进展加快，成果不断涌现，满足了国防建设的需要。

来源：百度百科

李德平学长

辐射防护领域的科学大家李德平

■ 沈 冰

李德平，1926 年生于北京，祖籍江苏兴化。1948 年清华大学物理系毕业，我国著名辐射物理、辐射防护与核安全学家，中国科学院院士。中国辐射防护科研领域主要开拓者和奠基人之一，中国辐射探测技术的主要开拓者之一。国际原子能机构、联合国原子辐射效应科学委员会委员，曾连续三届担任国际放射防护委员会主委会委员。

作为中国核工业先行者之一，李德平的科研工作有着时代的召唤，又有着国家需要有所担当的情怀，最终成为辐射防护领域的科学大家。

辗转求学路

李德平系江苏兴化望族之后，其家族尊师重教，人才辈出，祖上不乏被颂之人。先祖李春芳，字子实，谥号"文定"，明朝状元，内阁首辅，兴化人为其立匾"状元宰相"。祖父李元宰是前清秀才，曾留学日本，供职北洋政府。父亲李继侗是著名植物学家、林学家，清华学堂留美专科生，美国耶鲁大学林学博士，回国后先在南开、清华任教，后在西南联大任教，抗战胜利后返回清华大学，1955 年被聘为中国科学院学部委员（院士），1957 年任内蒙古大学副校长。母亲徐淑英是读书人家千金。李德平有兄妹四人，哥哥德宁、大妹德清、二妹德津。

李德平 1926 年 11 月 4 日生于北京，童年在清华园度过，在成志学校上学。李德平童年时就表现出对书籍的热爱，当时父亲为他订阅的《科学画报》（反映当时的先进科学），他每期必读。

李德平的青少年时代受战争的影响，一直在动荡中求学。抗战爆发，清华大学被迫迁往西南，学校停办，还没上完小学的李德平只能随家人回江苏兴化，续读于兴化县开元观小学。一年后入读兴化县立初级中学，由于战争的原因，学无定所，没有上过一个完整学期。初中三年级时，李德平跟随四姑李慧英到上海法租界的迁徙扬州中学就读，但仅上了不到一个学期，"珍珠港事件"爆发，日本占领租界，扬州中学停办，只好又回到兴化。到了该上高中的年龄，兴化家族中注重学习的亲戚们商量后，请了几个高明的老师及家族中读书人，每家出份子，把这些孩子聚集起来，上了高中科目。尽管初中的学习是支离破碎，高中主要靠家族教师和自学来完成，但家族教师讲了普通学校学不到的东西，让他对数理有了更浓厚的兴趣。

在兴化读完高中课程的李德平，与同族的李德容、李绳祖、李维骄相约到了昆明。由于战时未赶上高考，李德平先在西南联大先修班学习，由于成绩合格保送进西南联大物理系，被录取为正式生。西南联大物理系师资力量强大，同时还进行理化科学研究，但也面临实验仪器设备极度贫乏、经费短缺的问题。学校想方设法开设各门实验，鼓励学生自己动手，培养实践能力。在班上，李德平实验总是做得最好，同学们公认他的动手能力最强，学生册上记录的电学实验分数达90分。他学习成绩超群，尤其在物理方面，常被同学请教做"小先生"。自身的努力，同学之间的相互影响，老师的启发诱导、严格的要求，培养了他严谨的学风，打下了扎实的理论基础和过硬的实验技能。

日本无条件投降后，西南联大解散回迁。李德平回到北平，选择在清华大学继续上三、四年级课程，1948年正式毕业。

伴随名师成长

毕业后，李德平留物理系任助教，随胡国璋分管电磁学实验，同时带一个班的普通物理实验。课余自己动手设计振荡器电路并制成整机。

后来物理系主任霍秉权教授让李德平随他一起恢复抗战前中国的第一个云雾室。与此同时，无线电实验室也在加紧建设，孟昭英老师征得霍先生同意把李德平召去，在孟先生的指导下制作了一台千伏级高压稳压电源装置。

当时实验室教学仪器紧缺，同时美国又对中国购置核物理科研设备进行封锁，很难添置。而每年的招生人数却在大量增加，物理系的助教们为了能让学生多学到有用的知识和技能，就自己动手做教学仪器，设计图纸制造仪器，甚至改造仪器使其发挥多功能用途，充实实验项目。当时李德平他们还编写实验讲义，批改实验报告。

中国科学院近代物理所成立之初，钱三强曾和应邀前来参加会议的清华大学教务长周培源先生谈到选人的问题，周老说："你们要谁，可以提名，只要学校能开出课来，不影响教学，清华全力支援你们，但有一条，必须本人愿意。"周先生在谈话后推荐了两个人，其中一位就是李德平。1950年秋，彭桓武让李德平参观中国科学院近代物理所。李德平发现中国科学院近代物理所研究的云室技术和计数管技术都是国际前沿，而自己工作的清华大学还在做1937年前的恢复工作，当时就很受"物质诱惑"，马上答应来中国科学院近代物理所工作。

1951年1月，李德平到中国科学院近代物理所后，被安排加入到钱三强主持的计数管组，组里人员紧缺，没有专门的玻璃工，他就动手吹制了简单的扩散泵，自己动手用"皮老虎"代真空压缩机，经汽油产生高温火源，将普通平底玻璃烧瓶烧制成水银扩散泵。又利用收集的旧仪器，装配成精度极高的毫安计组合，这个装置在以后的工作中发挥了很大的作用。自己又动手研制出了千伏级的稳压管，用稳压管制成高压电流。

1951年，从英国回来的戴传曾先生到了中国科学院近代物理所，他接过钱三强所长亲自主持的核探测器组，与李德平这些年轻人一起艰苦创业，开始研制中国第一代核探测仪器。

当时正值朝鲜战争，王淦昌去朝鲜战场考察回来带了一项特殊任务，要求研制一套手携式辐射探测仪来鉴定美军是否在朝鲜使用核武器。戴老接到王淦昌先生给的紧急任务后，就立即让李德平着手准备。眼前的实验室条件极差，一切都要自力更生，白手起家。卤素管当时国外虽已商品生产，但工艺保密，有关文献屈指可数，利用简陋的实验条件，戴老和李德平攻克了卤素管如何不被腐蚀的问题，动手制成充气系统，实验了多种工艺后，他们制出了实用的卤素管。卤素管盖革计数管的生产工艺被推广到华东电子管厂，产品批量生产。戴传曾先生和李德平先生"卤素计数管与强流管的制备和它们放电机制的研究项目"于1957年1月24日获得中国科学院科学奖金委员会授予的"科学资金三等奖"。

中子探测技术的研究首先要解决中子源的问题，当时国内还没有加速器，更没有反应堆。戴老提出自制中子源，打听到北京协和医院有一个封存的500mg镭源，在放射化学家杨承宗先生大力支持下，他们清理修复好镭源装置，提取出氡气，之后把戴老从英国带回的铍粉与氡气一起封入玻璃管中，制成氡—铍中子源。有了中子源，戴老和李德平开始三氟化硼中子计数管的攻关，实验室里用的浓缩10B、计数管测量中的 μSv（微希沃特）90Sr 和 1.5mgRa 还都是钱三强让杨承宗从法国居里夫妇老师那里带回给实验室的。对三氟化硼计数管的机制和工作条件深入研究后，他们很快闯过技术关，制成中子计数管，建立了生产工艺，实验性能优良，立即就推广到上海电子管厂生产。

这几种计数管的研制生产，为中国核工业的铀矿勘探和开采、教学工作、武装防化兵、中子物理实验、核武器研制和核试验提供了必不可少的测量手段，为中国自主研发核武器和核反应堆奠定了基础。

仰望高地，开拓中国辐射防护事业

"生产未动，防护先行"。在进行铀矿地质勘探、核科学研究及核工业建设的同时，如何防止核辐射危害已被提到议事日程。1958年，中国科学院原子能研究所放射化学研究室、放射生物学研究室及技术安全研究室先期开始核安全防护科学研究工作。1962年3月7日，以李德平为首的技术安全室的技术骨干以及放射生物学、放射化学研究室的研究人员共132人成立了"北京工业卫生研究所"，内称二机部七所，李德平任辐射物理研究室主任。

1962年，中国第一座生产用重水反应堆101建成。朱光亚听取了当时苏联专家总顾问扎基诺的建议："反应堆要启动了，应该把反应堆周围本底情况测量出来，留存好数据。"于是，就让李德平协助完成反应堆周围的环境测量。

当时，赤手空拳没有任何现成的移动环境监测仪，李德平借来辆吉普车作为气溶胶采样仪的移动平台，再配上发电机，解决了"移动监测"问题。由于没有反应堆周围地形图，起初李德平他们主要到附近周围随机找些开阔的地方，再随机找些不同的样品进行环境监测。虽然工作有局限性，但得到了第一手环境监测数据，以备将来有了更好的仪器，用新旧仪器比较分析可找到之间规律，再测环境，就可让这环境监测数据延续下来。此后，他组织设计、试制和安装调试了零功率反应堆剂量监测系统，这是我国第一套自行设计研制并投入运行的剂量监测系统。

1962年，经聂荣臻副总理批准，北京工业卫生研究所同华北原子能研究所合并组成"华北工业卫生研究所"，定址太原。1964年10月16日，中国西部地区试爆第一颗原子弹成功的消息传来时，搬迁路上大家雀跃欢腾。这次试爆，华北工业卫生研究所16名科研人员协同防化兵21所共同承担了计量仪器仪表的安装调试，现场的辐射剂量测量以及生物效应的实验研究工作。

李德平早在4月之初，已与防化兵21所为这次执行任务交换了意见，随后选精兵强将，告之准备去西北出差，可能几个月不能写信与家人联系，同时叮嘱要求不要告诉任何人。几天后，李德平带着将参加第一颗原子弹爆炸现场进行辐射剂量测量的同志去塔院防化院研究所，这时先生才正式说出他去参加我国首次核试验。同时，李德平还派另一名科研人员参加了第一颗原子弹现场安全防护指挥工作。他们获取了大量实验数据，计算出核爆后辐射沾染区内地面辐射水平随时间的变化，列成表格编出手册，为防化兵辐射安全管理提供依据；起草了整个现场的安全防护规程。李德平以这次核试验为契机，在华北工业卫生研究所深入开展了我国组建电离室的研究工作。

李德平以他科学家的敏感性，抓住防护原则与标准这个根本问题，力排众议，建议采用国际公认的防护原则和标准。这一建议使我国避免了苏联曾走过的弯路。

他与罗正明发展了空腔电离理论，共同得到了空腔的作用相当于腔内存在一个虚源的概念，这是中国人对带电粒子输运理论的一项突破性贡献。

早期在矿山防护实践中只测氡而不测子体，测量结果不能正确反映对矿工健康影响的状况，李德平组织专门研究组研究氡测量的问题。针对国内当时测量氡子体时确定探测器对 RaCα 效率时常发生错误，他给出了计算探测效率随粒子能量变化的方法，在快速测量方法的计算中考虑了探测效率的变化，发表了《受到射程限制时探测器几何因子之计算》一文，获得了 1978 年全国科学大会奖。

1982 年 8 月 30 日，苏联发射的一颗"宇宙 -1402 号"核动力卫星失控，未能进入高轨道后围绕地球运转，如果卫星残核坠落在领土或海洋中，被认为可能造成严重的放射性污染，这一事件引起各国公众关注，纷纷采取应急措施。我国有关部委、各省市进行了应急准备，山西省立即成立了以省军区司令员负责的应急指挥部、应急办公室，应急办公室设在中国辐射防护研究院，李德平为总技术指导。他立即组织成立应急小组着手应急响应，一是苏联"宇宙– 1402"号核动力卫星坠落时放射性含量的估算；二是进入稠密大气层后，大气污染的估算；三是苏联"宇宙– 1402 号"核动力卫星坠落于山西省的概率的计算。还要求密切注意继续收集有关"宇宙– 1402 号"的核动力卫星的情报资料，同时还进行了有关监测仪器的应急响应。理论计算结果得出人造卫星上装载的反应堆的堆芯在稠密大气层中几乎全部烧尽，在地面上所受到的辐射量是很少的结论。最终卫星坠落在英吉利海峡，应急准备工作宣告结束。鉴于应急组工作迅速完整，被国防科工委嘉奖。

1980 年的一天，李德平亲自动手研制了一台场效应管静电计，这台仪器设计制造独特，除用国产的场效应管外，仪器的机壳、电子器件都由先生亲手制作和焊接，仪器有良好灵巧可靠的接地装置用以保护场效应管不被损坏。仪器表盘经李先生精心刻度，只有细心的人才能发现其表盘的不均匀刻度。这台仪器研制成功后交付专人保管使用。

1981 年 4 月 27 日，W. kolb 来中国时，这台"李氏"场效应管静电计由中辐院丁民德教授与北京原子能研究院岳清宇教授的 AET 场效应管静电计、西安 262 厂的动电容静电计及 W. kolb 教授的闪烁型辐射仪 PTB7201 进行了国际比对。在太原的明仙沟岩洞铅室中和中国辐射防护研究院两处地方的比对结果惊人的相近，证明李先生制作的仪器非常准确。

当时原子能研究院的岳清宇教授爱不释手李德平做的这台仪器。为了得到这台设备，他提出用他们单位的一台球形电离仪交换这台手工制作的场效管静电计仪，李德平考虑到中国辐射防护研究院只有圆柱形电离仪，还没有一台球形电离仪，就爽快同意。现在这个科技瑰宝已作为实物交付给国家保存。

李德平十分重视发现和培养人才。他善于育人、乐于育人，常说"世界上只有知识是给了别人而自己不会减少的"。改革开放初期，通过李先生推荐，一批专家学者被送出国门参与国际间科技交流活动；担任《辐射防护》主编期间，他把修改稿件看成是提高作者学术水平的手段，常说，为杂志审改稿件，就是指导科研。他重视学习，"不把自己限制在已熟悉的领域，总是不断学习新知识，不断开拓新领域"。

他反对哗众取宠、浮夸其谈，曾幽默地讥讽有的人："上知天文地理，下知鸡毛蒜皮，听到蛤蟆放屁，看到爸妈拜天地。"这个诙谐的顺口溜广为流传，博得大家的称赞，端正了学术风气。他作风纯朴，"多次出国，都是来去清风，不讲排场"。

改革开放以后，李德平积极建立和加强中国辐射防护界与国际社会的联系和交流，并在重要的国际组织中担任重要职务，为推进我国辐射防护事业的发展发挥了重要的作用。李德平从 1985—1997 年连任三届国际放射防护委员会主委会委员，1987—1992 年任联合国原子辐射效应科学委员会中国代表；1988—1992 年任国际原子能机构国际核安全咨询组成员。他强调："国际合作关乎国家声誉，一定要言必信，行必果。"

李德平作为 ICRP 主委会委员参加 1990 年 ICRP 建议书会议合影留念，后排站立者左 4 为李德平

令人折服的人格魅力

每天晚上李德平都去办公室，办公室对面分配来的小伙吃过饭也急匆匆去办公室看书。有一天，两人中间休息闲聊，李先生说：瓦特发明的蒸汽机为人类做出了贡献，然而有一个聪明人把蒸汽机上的曲轴制造报了专利，瓦特的蒸汽机最为关键的问题是必须要把蒸汽机的直线运动转变为曲线运动，曲轴是关键。李先生和他交谈，是在告诫他要善于抓主要矛盾。

参加"四清"时，十几名大学生集资买了一把理发推子，李先生见状，一句话也没说，去商店里把理发剪刀买回来（当时一把推子和一把剪刀价格相差无几），有了推子、剪刀，大家的理发问题就解决了。生活中李先生平易近人，供销社有时来了新鲜水果等商品，这时李先生就慷慨掏钱，为大家解馋。"文革"期间有一个春节刚过，有位同志的父亲突然患病，有三个孩子的他，工资低微，根本承受不了这突然的变故，他四处借钱，但是在这动乱年代，人心惶惶，很难借到，只好求助李先生，李先生问了一句："用多少？"他应道："一百就够了。"李先生二话没说，就从抽屉里拿出一百元借给他，还问了一句："够吗？"言辞不多，但这位同志内心深深感动。

中辐院电工组当时坐落在铯源房旁约 20 多米处，电工组的同志担心铯源提升时会对人体造成伤害，就让技安室的同志带着仪器去测量。在离铯源房 15m 处，TyPe7 仪测得数据是 $9.8\mu R/h$，FD-71 仪测得数据是 $12\mu R/h$。当铯源提高时 TyPe7 测得数据是 $70.2\mu R/h$，FD-71 测得数据是 $70\mu R/h$，感觉的确铯源提升时，测得的值高，对人体有大的影响。技安室的同志拿着这些测得的数据找到李先生，李先生看到这些数据结果胸有成竹地说：你们去电离室测一下就会发现问题了。按着李先生的指示，技安室的同志用电离室仪重测数值，结果发现，当铯源提升时，电离室仪测得数据只有 $21.9\mu R/h$。李先生闻讯后哈哈大笑，告诉大家这就是仪器能量响应造成的假象。铯源提升时，铯源房墙外的辐射主要是散射辐射，铯源的光电子的能量 662KeV，散射的能量肯定会很低，经计算散射光子的能量最低是 184KeV，即使是 120 度角的散射，散射能量也只有 224KeV，而这恰好是 NaI 探头低能响应的峰值处。李先生凭借对探测器的深刻了解，解决了技安室工作中遇到的技术问题，同时也消除了电工组同志的担心。

来源：《中国科学报》2016 年 10 月 24 日

叶铭汉学长

叶铭汉：用"大机器"
探索"小宇宙"

■ 李舒亚

他穿着白衬衫、黑夹克、灰呢长裤，满头银发，很瘦，总是温和地笑着。在两个小时的专访中，修养极佳、思维敏锐是他留给在场每一个人的共同印象。

他叫叶铭汉，89岁，中国工程院院士，现任中国高等科学技术中心学术主任、中国科学院高能物理研究所（下称中科院高能所）研究员，曾任中科院高能所所长、中国高能物理学会理事长等职。

专访在位于北京中关村东路的中国高等科学技术中心进行。他娓娓讲述起如何辗转步入原子核物理领域，如何参加中国最早的粒子加速器研制，如何主持标志中国高能物理实验跃居国际先进水平的北京谱仪和北京正负电子对撞机的研制……讲述时，既无得意之情，也无过分谦虚之辞，他只是平静地谈论往昔，特别是那些有趣的工作。他说："物理很奇妙，可以追究事情是如何发生的。"

找到自己的道路

横跨瑞士和法国边境，深埋地下100m、长达27km的欧洲大型强子对撞机，是目前地球上最大的机器。功率达到最大时，数以万万计的粒子在加速器环内以每秒近30万km的速度急速穿行，相当于光速的99.9999991%。

用世界最大的机器，研究最微观的粒子，探索宇宙的奥秘，这是粒子物理学家们所做的工作。

叶铭汉觉得，这工作很有趣，也很适合自己。而当年他却是经过一番波折才逐渐找到了这条道路。叶铭汉1925年出生在上海一个知识分子家庭。其祖父是前清举人，父亲曾任上海市南市区电话局局长，家境小康。但叶铭汉自幼体弱多病，性格内向，不擅运动，小学成绩属中下水平，唯独喜欢"翻家里的书，乱看一气"。直到初二时，他因在一次作业中表现出色意外受到老师表扬，"不知不觉对念书专心起来"，期末考了全班第一。

1942 年，叶铭汉受叔父叶企孙之邀，前往重庆继续学业，以免受上海战事的牵累。两年后，他同时考取中央大学、西南联大和上海医学院，出于"学工容易有饭碗"的简单考虑，最终选择了西南联大土木系学水利。

当时，他的叔父叶企孙也在西南联大执教。叶企孙被誉为中国近代物理学的奠基人之一，是早年清华学堂的首批学生，后留学美国芝加哥大学和哈佛大学，获博士学位，回国后曾任清华大学物理系主任、理学院院长。杨振宁、李政道、王淦昌、赵九章、钱伟长、钱三强、王大珩、朱光亚、周光召、邓稼先等赫赫有名的物理学家都曾是他的学生，因而有人称他是"大师的大师"。叶铭汉自幼对叔父崇敬有加，视其为人生楷模，他中学的学费亦均由叔父资助。不过，叶铭汉说，对他的学业和人生抉择，叔父从不干涉。

1946 年 5 月 4 日上午，西南联大召开大会，宣布联大解散、三校复员。四位联大学生满怀喜悦走在春光明媚的校园里。左起：物理系一年级的楼格已经办好转电机系手续，物理系二年级的李政道正准备留美，土木系一年级的叶铭汉已经办好手续转物理系，物理系四年级的陆祖荫即将毕业去复员后的北大任教。他们对未来充满向往

进入大学后不久，时值日军疯狂进攻中国西南部，爱国心切的叶铭汉于1945 年 1 月在校加入青年远征军抗日。他随军坐飞机到了印度，被编入汽车兵团。其时战争已近尾声，他并未真上战场，只是参加了一段汽车驾驶训练，抗战胜利前和战友们开着美国吉普回到国内，抗战胜利后不久便返校复学。

然而，这段特殊经历却意外改变了叶铭汉的人生轨迹。因在青年军交的一些好友是物理系学生，受他们影响，叶铭汉对物理产生兴趣。一年后，西南联大停办，清华、北大、南开分别迁回原址，叶铭汉通过转系考核，如愿转入叔父主持的清华物理系学习。他自言未受到叔父特别荫庇，回京后也未住过叔父在清华园的寓所——雅致的北院 7 号。他回忆说："叔父做人很严谨，做事公事公办。我也向他学习。"

后来，叶铭汉一度萌生再次转系、改学气象学的念头，因他发现自己对部分课程很有兴致，但对一些纯理论内容却兴趣较缺。大三学年年末，后被称作中国原子能科学事业创始人的钱三强回国，在清华做了一场关于原子核物理的学术报告，促使叶铭汉最终决定继续留在物理系。"有实验事实才能发展理论。我觉得实

无悔年华
解放战争时期清华校友足迹

验很适合我，我比较合适搞一些不是太玄的东西。"他微笑着说。

中国最早的粒子加速器

叶铭汉在青年时代就有机会在多位名师身边学习工作，这让不少人羡慕不已。

1949 年，本科毕业后，叶铭汉考取清华大学硕士研究生，导师就是钱三强。叶铭汉一心想从事原子核物理的研究，在量子物理等相关课程中表现优异，导师钱三强称赞他是同学中学得最好的，并给他看一本从国外带回来的关于回旋加速器的参考书。

回旋加速器是粒子加速器的一种。继 1897 年发现原子由原子核和电子构成，1932 年发现原子核由质子和中子构成之后，科学家们又陆续发现众多比质子和中子更小、更基本的"粒子"，于是形成了粒子物理学（又称高能物理学）。要研究这些微观粒子，人类无法像使用显微镜观察细胞那样直接进行观察，只能通过粒子加速器，将这些微小粒子加速到接近光速的高速，通过"打靶"或轰击，改变其状态，进而分析和了解微观物质的组成和运动规律。

"钱先生回来是有打算的，就是要在中国开展核物理实验。"叶铭汉回忆说。核物理实验是人类认识微观世界的手段，也是现代科技进一步发展的必要条件。中国要缩小与西方的科技差距，需尽快开展核物理实验。粒子加速器是其中重要的实验装置，1949 年，叶铭汉即在导师钱三强的指导下开展相关的调研工作。

一年后，限于当时的条件和政策，粒子加速器只能在中科院建造，叶铭汉遂受导师之命转到中科院近代物理研究所，在王淦昌、萧健领导的宇宙线研究组工作。不久后，人类历史上首次观测到正电子、后被称为"中国原子能之父"的核物理学家赵忠尧冲破重重阻拦回到祖国，在近代物理所创建静电加速器组，叶铭汉受调参加中国第一台粒子加速器——质子静电加速器的研制。

当时，国内的核物理基础近乎空白，科研条件简陋，经费也很有限。赵忠尧设计了静电加速器的总体方案，将不同部件的具体任务分配给研究组成员。叶铭汉被安排负责主要部件之一离子源的研制。他回忆说，当时，国内物资匮乏，核物理实验器材更是奇缺，他们形容当时的工作为"要吃面包，先种麦子"，从研制一些基础设备开始。赵忠尧回国时带回一批在美国费尽心思采购的静电加速器部件和核物理实验器材，对推动中国核物理的发展起到了重要作用。

虽然条件艰苦，工作紧张，但叶铭汉感到那时每天在学习进步，心情很愉悦。1953 年，中国第一台 700 千电子伏静电加速器建成。叶铭汉介绍，这台静电加速器的能量很低，进行的科学研究不多，后转到大学里用于学生实验。"但它标志着中国的粒子加速器成功迈出了第一步，摸索了技术，培养了人才。"他说，"我们从未研制过这个，一些现在看来很简单的东西，当时花了不少时间。但它让我有了一种信心，别人能做到的事，不管多困难，只要我们认真努力去做，最终一定可以克服困难，一定能够做到。"

"跳上飞驰的特快列车"

1957 年，叶铭汉参加中国第二台静电加速器的研制，其能量于 1959 年成功达到设计值 2.5 兆伏，比第一台增加 300 余倍。建成后，叶铭汉作为静电加速组副组长负责其运行和改进工作，后率先研制和发展多种粒子探测器，开展了中国第一批低能核物理实验，并于 20 世纪 60 年代初做出了国际水平的成果，测出一条国际上从未在实验中测出的 Mg 原子核（24Mg）新能级。

"发现新能级当然很高兴，其实是个很小的工作，它的意义是标志着我们的技术达到了一定水平。"叶铭汉说，"当时国外进展也很快，已发展出串联静电加速器，能量达到千万伏。很明显，我们刚入门，与国际差距还很大。但我们看到了希望，发展不是遥遥无期。"

就在叶铭汉怀抱希望，准备与同事们快马加鞭赶上国际水平时，他却懊恼地发现自己的境况"每况愈下"。1964 年，国家原本批了 1000 万元研制串联静电加速器的项目被停，叶铭汉被安排下乡参加"社会主义教育运动"。不久后，"文革"开始，他又成了"反革命分子"，是重点批判对象。叔父叶企孙更被揪斗、抄家、关押。叶铭汉一度想到自杀，所幸后来看开。后于 1969 年被下放湖北潜江"五七干校"，他每天干完活就偷偷看书，心情渐渐舒畅。

1972 年，各地"干校"陆续解散，叶铭汉回京投入静电加速器的应用研究中。次年，中科院高能物理研究所成立，叶铭汉被调至高能所物理一室任大组长，陆续开展了多丝正比室、漂移室、闪烁计数器、重粒子磁谱仪等高能物理实验常用的粒子探测器的研制，并在国内首先实现多丝正比室计算机在线数据获取。

1978 年，全国科技大会召开，科学的春天到来。建造一台中国的高能加速器，被明确列入国家自然科学发展规划。然而，历经十年"文革"后，中国的基础科研举步维艰，与国际先进水平的差距越来越大。此时，中国的高能加速器发展该走哪条道路，是先建一台技术"十拿九稳"的质子加速器，还是将目光直接瞄准此时国际上更为先进，但国内基础一片空白的正负电子对撞机？各方意见莫衷一是。

叶铭汉介绍，早期的粒子加速器都是用高能粒子束轰击静止靶，就像用手枪打固定靶。而对撞机是两个高能粒子束相向撞击，相当于用子弹打子弹，它是更有效产生高能反应的实验方法，但无疑技术更复杂，标准更严苛，研制难度更大。

"第一，我们资金有限；第二，质子加速器在国际上已不具竞争力，而对撞机则可以做国际前沿的工作。"叶铭汉赞成对撞机的方案，这也是国家最终确定的方案。他回忆说："有人说，我们好比站在月台上，想跳上一列飞驰而来的特快列车。如果跳上了，从此走在世界前列，否则将粉身碎骨。"

为帮助中国早日建成对撞机，美籍华裔物理学家、诺贝尔物理学奖得主李政道专门设立了一个访问学者项目，让中国学者可进入美国最尖端的高能物理实验室工作。叶铭汉因该项目于1979年年底到普林斯顿大学做访问学者，1981年又到犹他大学做访问教授。在美国边工作边学习，他切实感受到中美之间的差距，但也更确信："只要条件允许，我们一样也能做到。"

1982年，叶铭汉回国担任高能所物理一室主任，全面负责北京正负电子对撞机的"眼睛"——大型粒子探测器"北京谱仪"的研制；1984年升任高能所所长，领导全所建设北京正负电子对撞机。

叶铭汉称，北京正负电子对撞机赶上了"天时、地利、人和"。"天时"是改革开放，包括达成中美高能物理合作协议，使一些国内当时无法生产的材料可在美国购买，一些研制中的问题可与美国专家讨论。"地利"是研究所设在北京，国家又对该项目大力支持，经费、物资等均优先照顾。"人和"是当时有一批高水平人才，大家不计名利、团结一心地忘我工作。

1988年10月16日，北京正负电子对撞机首次实现正负电子束对撞，中国终于拥有了最先进的研究物质微观世界的"武器"，被称作"中国继原子弹和氢弹爆炸成功、人造卫星上天之后，在高科技领域又一重大突破性成就"。1990年，"北京正负电子对撞机与北京谱仪"获国家科技进步特等奖。

一辈子都要学习

叶铭汉生性内敛，从未有过定要做出何等成就之类的"雄心"。在教育子女时，与许多望子成龙的家长不同，他对孩子直言"不必争取第一"，理由是："总想争第一，太计较分数了，可能反而学不好，只要尽自己的努力就可以了。"

在科研方面，叶铭汉受钱三强、赵忠尧等恩师影响最大的是，解决问题要服从科学的方法，要严谨；还要积极发动大家的力量。无论当"大组长"、室主任还是所长，他都坚持"尽量放权，不瞎指挥"，遇到难以决定的事，则由他来做决定和负责任，"让大家放心做"。

叶铭汉于1995年当选中国工程院院士；1996年后担任中国高等科学技术中心学术主任。至今，他仍在坚持工作，最关心的还是中国粒子物理的发展。他说，作为一门以实验为基础的学科，粒子物理的发展史是实验与理论不断相互促进的历史，也是人类对物质世界认识不断深化的历史。它看似离人们的生活较远，但物质微观结构的研究是各学科研究的基础，激光、通信、新材料、生物、医学、农业等学科的许多新技术都由原子物理学的成果转化而来。例如万维网，最早就诞生于高能物理领域。

"中国必须在世界高科技领域占有一席之地。"这是邓小平当年参观北京正负电子对撞机时所说的话。叶铭汉说，如今这"一席之地"已稳稳占住。北京正负电子对撞机自建成运行以来，已取得一系列国际先进水平的成果，并经过一系列改造，其亮度又比从前提高近百倍，是国际最先进的对撞机之一。他还指出，目前，世界规模最大的粒子物理研究机构是欧洲核子研究中心，未来中国的粒子物理如何发展，是否要建一个类似规模的中心，以及如何合理改进基础研究的评审方法和管理体制等，是中国物理学界当前需考虑的问题。

"人一辈子都要学习。技术发展很快，问题摆在面前，新东西、新发现会不断出现。"叶铭汉告诉记者，"最近，我刚买了一个智能手机玩玩，打算用一下微信。不过，我不喜欢一天到晚总看手机，因为我工作时不希望总被打扰。"

来源：《人民画报社》2015 年 4 月 1 日

从事核事业 60 年

朱永䁖学长

■ 朱永䁖

朱永䁖，安徽泾县人，1929 年出生于上海，核化学化工专家；1995 年当选为中国工程院院士。1951 年毕业于清华大学化学系留校任教；1956 年调入工物系，参与原子能新专业筹建。1959 年起研究磷酸三丁酯溶剂萃取法核燃料后处理化学和工艺，此法被国家用于建造核燃料后处理厂，满足了国防需要。20 世纪 80 年代在清华大学核能技术研究所研究发展了从核燃料后处理高放射性废液回收超铀元素的三烷基（混合）氧膦（TRPO）萃取流程，用它构成先进的核燃料循环，可望大幅度降低核裂变能产生的长寿命高毒性放射性废物量。此成果获得 1993 年国家自然科学三等奖；1998 年国家技术发明二等奖。20 世纪 90 年代中期研究发现了分离 3 价锕系和镧系元素的高效萃取剂——二烷基二硫代膦酸。曾任清华大学核研院学术委员会主任、中国核学会常务理事等职。

　　1929 年冬我出生在上海一个没落资产阶级家庭，兄妹四人我居长。祖籍安徽泾县黄田。太平天国战乱时期先辈跑到江西南昌做生意发了财。20 世纪初，祖父在上海办裕源纱厂；1918 年把工厂卖给了日本人。到我父亲一辈，家道日益破落。

　　我出生时正值国家灾难深重的年代，1932 年 1 月 28 日日军进攻吴淞口，父亲做地产买卖亏了大本，把家从租界迁到郊区闵行。1937 年 8 月 13 日日军侵占上海，又逃难到租界。抗战时期，生活一年比一年艰难，但"穷虽穷，还有半担铜"，尚未落到衣食无着的地步。

　　我父亲毕业于上海法政学院，母亲系出南浔邢氏，有中学文化，对子女教育比较重视。我从南洋模范中学预科开始直读到高中毕业。"南模"教学认真，有学识、经验丰富的老师，如名誉校长赵宪初先生等，学生学得也比较扎实。以英文为例，我进大学后读英文教科书、用英文写实验报告、和外籍英文教师交谈均无什么困难。

高一那年迎来抗战胜利。战争结束前，盟军轰炸机飞临上海，在高空盘旋，偶尔投下一些炸弹。日本人的高射炮火够不着，只在半空开出朵朵白花。那时，出于对日本侵略者的痛恨，心里非但不害怕反而充满喜悦。

抗战胜利后，国民党来接收，物价飞涨，日子一样不好过。"南模"有了中共地下组织，在进步同学引导下，我参加了一个叫"复兴联谊会"的社团，解放后才知道是地下党的外围组织。当时我政治上很幼稚，学习成绩中等偏上，"南模"同学中天资高的太多了。

1947年，我考取了清华大学。那时战局紧张，平沪之间铁路不通，但上海同学对清华很向往，家里也不反对我北上。于是，在9月间和同学们结伴坐货船到秦皇岛，再坐火车到北平。我考清华时报的是电机系，因名额已满临时转到化学系，这一转就决定了此后一生的事业。

位于北平西郊的清华园和上海的商业社会及市民家庭的气氛大不相同。原来上大学似乎只是为了学一门技术，好挣钱养家。上海一位父执听说我学化学，就说："很好，很好，可以造肥皂、牙膏。"到清华后，在老师的熏陶下，我逐渐产生了科学上的追求。当时化学系由张子高、高崇熙、黄子卿、张青莲、冯新德等先生讲主课，我还有幸听了钱三强、赵访熊、陈岱孙、吴晗等先生的课。当时的清华园也是很不平静的，学生运动一浪高过一浪。1948年冬清华解放当晚，我在化学馆底层值班护校，半夜时听到枪炮声由北往南绕过了清华园。几天后，我和同学们步行20多里，到玉泉山前石牌坊旁村庄里找到解放军指挥部进行慰问，还帮助他们写"安民告示"。

1951年毕业后，我留校作无机化学助教。1952年院系调整，我留清华在张子高先生领导下搞工科普通化学教学。尽管讲的内容比较粗浅，但一备课就会发现很多地方并不真懂，要重新学习。记得那时年轻教师中流行按小时排计划，每周工作学习达七八十小时。这段经历对巩固我的化学基础起了积极作用。

1955年开始搞原子能，清华成立工程物理系，主任是何东昌同志。我被调去准备放射化学课，后来发展成放射化工专业——人工放射性工艺专门化——工程化学系，我就沿这条线进入了核化学化工领域。一切从头学起，除自学外，我还去北大听课，去近代物理所杨承宗先生处进修。但是，人工放射性工艺学的核心是核燃料后处理，即提取核材料钚的技术，当时国内没有，国外也不可能学到。掌握它的唯一途径是通过自己的科学研究实践。在系里汪家鼎、滕藤等同志的领导下，以我为主任的教研组确定了磷酸三丁酯萃取法为研究的主攻目标，因为它是当时知道的最先进的流程。那时蒋南翔校长提倡"真刀真枪毕业设计"，教研组没有专门的研究人员，全靠教师和高班学生结合，从1960年到1966年把萃取流程的化学、工艺、分析、装备、计算等全面做了一遍，同时培养了200多名本科生和十几名研究生。

这项研究在我国核工业发展中起到了始料不及的重要作用。原来，苏联曾答应帮助我国建造后处理厂，但用的是很落后的沉淀法。核工业部门一直按沉淀法做研究和设计，到1964年因问题实在太多做不下去了。由于有我们的工作基础，才决定抛掉沉淀法改用萃取法。

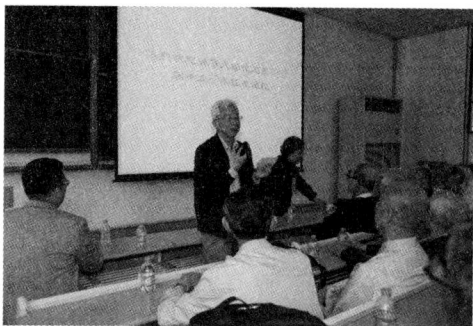
2015年清华校庆，朱永赠院士在化工系1965届毕业50周年返校活动上致辞

经中央专委批准，用周总理专款在清华200号工地（核研院现址）建造热化学实验室，做全流程热实验。我先带队去401所合作进行萃取法热验证，然后回来负责整个热实验。学校和设计院、工厂大力协同，用仅仅一年多时间建成了复杂的热实验室，又用大半年时间完成了实验准备和14次热实验，取得大量数据和令人满意的结果。当时日夜奋战的情景令人难忘。做热实验的1966年6—9月正处于"文化大革命"开始的大混乱中，8月份面临热实验中断的危机。8月22日晚，大雨滂沱，我乘周总理到清华东大操场群众大会讲话之机，挤到主席台前，递上一份给总理的报告请求支持。过不了几天，二机部刘杰部长受总理委托到200号工地，传达要把热实验做完的三点指示，才使热实验得以坚持到底。

采用萃取法建厂，除大大提高了后处理技术水平，节省大量投资外，还使建设进度提前，赢得了宝贵的时间，1968年就为氢弹提供了钚装料。在开始签署核不扩散条约的1970年和我国成为联合国安理会常任理事国的1971年，我国已是和美、苏、英、法平起平坐的铀、钚、氢弹都有的核大国。这项成果的政治意义是很大的。

十年动乱期间，我接受过批判，也曾去江西鲤鱼洲劳动。在此期间，我曾为清华找"工业点"到过一些偏僻山区，目睹那里极端贫困落后的状况，实地体会到知识分子为劳动人民服务的真正含意。以后每当不顺心的时候，想起这些往往给我带来动力。

1978年后，清华大学200号定名为核能技术研究所，现为核能及新能源技术研究院，成为核能为主、多学科的研究单位。我一直坚持核化学化工为主要研究方向，主要做了三件事：

一是钍燃料循环研究，它是"863"计划高温气冷堆项目的一个课题。我们研究了钍燃料后处理工艺和装备，论证了技术可行性。但由于我国近期不打算建立

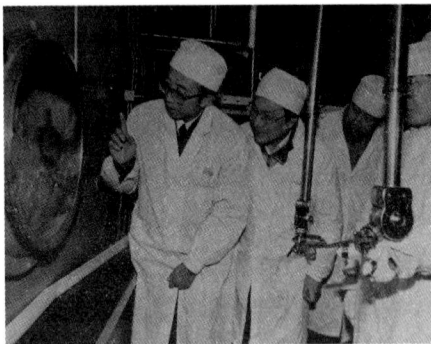

1995 年，和同事在核研院 710 热室前区

钍燃料循环，课题停止了。钍的储量丰富，钍燃料循环产生超铀元素少，还可能消耗核武器材料钚。相信我们这方面的工作不会白做。

二是研究开发了一个从高放射性废液提取超铀元素的三烷基氧膦萃取流程。它可使高放废液非 α 化，提出的超铀元素可以用中子嬗变成短寿命核素，使核废物的长期毒性大大降低，这个流程的优良性能已为国际核能界认可，被评为世界上两个优秀流程之一。现在正研究把它用于我国生产堆高放废液的非 α 化处理。

三是找到了一个能有效分离镅和裂变产物稀土的萃取体系。与稀土分离是镅中子嬗变前的必要步骤。本体系的分离系数是迄今已知的最高值，且不用络合剂，有工业规模应用前景。

我是一个实验工作者，几十年来一直亲自做实验，重要的实验事实更不放过。实践出真知，我想是不假的。

我 33 岁与黄慎仪结婚。她从清华大学无线电系毕业，毕业后留校工作直到退休，曾任清华大学研究员，紫光集团副总裁，紫光测控公司总经理等职。她是经济学家黄元彬先生之女。黄先生是原国民党立法委员，因反对国民党政府经济政策被通缉，全家避居澳门，1950 年应中央人民政府邀请，回国任财政部和人民银行参事。我们有一女儿，现和女婿一起在香港生活工作，他们育有两个女儿。

滕藤学长

我的科研生涯

■ 滕 藤

我 1930 年出生，1946 年考入上海交大，由于羡慕清华"小解放区"的革命气氛，第二年我又考入清华大学化工系，1948 年 4 月在清华参加了地下党的外围组织"民青"，秋天就加入了地下党。1951 年毕业，留校任教，这时我已担任了校团委书记。直到 1985 年我才离开清华，在清华学习、工作了 38 年。水木清华是我心灵生命中永远的家。

此后八年，我在国家科委副主任、中宣部副部长、国家教委副主任几个领导岗位之间频繁调动。包括 1987 年，中央派彭珮云（任党委书记）和我（任校长）去安徽中国科技大学一年。直到 1993 年，我 63 岁时，被选为全国人大常委并被调中国社会科学院任副院长，直至离休。

回顾一生，牢记母校"自强不息、厚德载物"的校训，积极为祖国、为人民做奉献。这里做些片段回忆。

为制作原子弹材料探新路

20 世纪 50 年代，毛主席指示要搞"两弹"，首先要培养人才。在蒋南翔校长领导下，1955 年指派何东昌副书记组建工程物理系（实际上是原子能系），并抽调学机械、时任校教务处教学研究科科长的吕应中，学物理、时任人事室副主任的余兴坤和我做助手。当年就招生。

为了学习苏联培养原子能人才的经验，1955 年 9 月蒋南翔校长亲自率高教代表团去苏考察，成员有清华教务长钱伟长、北大教务长周培源等，回来时带回苏联有关的教学计划和课程大纲。我们看了非常困惑，一致认为必须派人去学。当时派了四个人，其中有我。

129

本来去苏联学习都要在国内脱产学一两年俄语，幸好解放后，我跟化工系一位德国教授的夫人学过俄语，打下了基础。后来又参加了周光召他们组织的专业俄语短训班，总算可以基本满足留学的需要。

1957年7月，我作为进修教师来到列宁格勒工学院，学习人工放射性物质工艺学。导师是什维多夫，科学院院士，参加过研发钚、铀这些核弹材料，因此还有少将军衔。我向导师提出主攻制造核材料，他说我们这里拥有门德列夫工作过的全苏联最好的实验室，但要做核材料不行。其实核裂变后不仅是铀和钚，分析其他化合物也有用。我不愿做他布置的化学分析课题，他让我自己找课题。

1957年冬，滕藤在苏联列宁格勒工学院学习留影

于是我去了列宁格勒的谢德林图书馆，这里保存了世界各国核理论与技术的资料。我非常幸运地发现了1955年8月美国给日内瓦第一届和平原子能会议提供的缩微胶卷。其中讲到美国20世纪40年代制作原子弹的材料钚，都用居里夫人当年用的沉淀法。"二战"结束后，美国研制出溶剂萃取钚的新方法，叫雷道克斯流程，1954年投入运行。1956年美国汉福特工厂又用普雷克斯流程代替了雷道克斯流程，成为世界上最先进的核处理技术。比起苏联仍在使用的沉淀法，它不但效率高，而且可以自动化，对操作人员放射性伤害小。

看缩微胶卷用了我三个月的时间，这个图书馆条件很好，一天三顿饭都可以在里面吃。我从早上9点开馆到晚上11点闭馆，都在馆里工作，和工作人员都非常熟悉。缩微胶卷全是英文，幸好我英文底子还好，全看懂了。看缩微胶卷非常费眼，对我眼睛有了伤害。我向导师做了汇报，他承认美国萃取法比苏联沉淀法先进，并让我在研究室做了系统介绍。但我提出在学校做模拟实验，他说这是国防工业，学校做不了，仍让我做他布置的课题。

我按他的布置做了锶和铈的分离、稀土的分离等，导师让我用俄语写了一篇论文，并请他的研究生把俄文润色后，在《分析化学》杂志发表了。导师很满意，让我照这样做下去，再发表几篇论文就可以评副博士。

1958年，蒋南翔校长要办工程化学系，支持核化工的研究，让何东昌同志通知我回来筹建。当时我在苏联不仅学习，管留学生的钱其琛还让我当留学生总支委员会的委员，管4个学校的留学生。钱反对我回去，但我还是买了机票回到北京。1958年7月，清华建立了工程化学系，开始招本科生。首任系主任是张子高，1962年由汪家鼎接任，我于1960年任党总支书记，1962年兼副系主任。

工程化学系建成后，南翔校长认为力量很强，又调我去当党委宣传部副部长。我心系两头，仍想搞铀和钚的研究。1959年苏联突然开放，允许我到原子能核电站和国防 15 号实验室去实习，南翔同志同意我去。去了半年多，回来我就要求不要当宣传部副部长，仍回工化系，研究核材料。

我向系里介绍了美国的萃取法，正好汪家鼎也拿到一份美国洛斯阿拉莫斯实验室报告，他们做的也是萃取法。我们在实验室用冷试验做了验证，数据都符合。

当时我国在苏联专家指导下，都是用沉淀法，1959 年苏联专家撤走后，二机部仍想沿用这种办法。我们听说二机部要在吉林召开一次全国专家会讨论此事，就事先将萃取法写了详尽资料，一到会就先散发这份报告，汪德熙、刘允斌（刘少奇之子，在苏联学过核科学，回国后在二机部工作）和天津大学都支持我们。主持会议的白文治局长向二机部刘杰部长、刘西尧副部长做了汇报，决定开党组会研究，找我和汪家鼎参加会。我们每人讲了一段，比较沉淀法和萃取法的优劣，并说在实验室已做了验证，现在需要建中试基地，完善生产流程和设备的验证。会议决定上马萃取法，并向周总理汇报，总理批给 230 万元，后追加到 300 万元，由清华为主搞会战，取名"712"工程。

搞萃取法，美国资料里稀释剂是煤油，煤油是复杂的混合物，用不好会出大问题。经过考虑，用人工合成煤油最好，成分可以控制。在锦州有个石油六厂，总工程师是李贵鲜（后来当过国务委员、中国人民银行行长），找他们做人工合成煤油，经过放射辐射很稳定，解决了萃取法的关键问题。

建设"712"，开始选址在清华附近的八家，地方上听说有核辐射，就提意见。市委书记刘仁听说，也很关心，认为应另选址。他亲自带我和吕应中开车去南口虎峪，这里后倚大山，前面只有一条路，既安全又保密。于是决定在这里建"712"中试基地，后来这里成为清华建试验核反应堆的"200 号"。

建设"712"中试基地，工程化学系的学生都参加了，和修密云水库一样，实现了清华任务带学科的特色。不仅出色完成了萃取法全套设备和工艺流程的研发，还培养了一大批人才。中试成功后，我让吴华武带一批人去 404 厂转产。此后我国生产军用和民用核燃料的 404 厂、821 厂的很多技术人员、领导人员都是工程化学系的毕业生。陈宝生当过 404 厂厂长，况利华当过 404 厂党委书记，而且都是连年的模范。

当时，全世界核能工业比较完整的只有两个国家：法国和中国，连美国都不完整，还缺一些环节。我们的核燃料元件全是自己研发出来的。

没有萃取法提取的钚 239，就没有我国的第一颗钚原子弹，没有工化系培养出的大批人才和科研成果，就没有后来原子弹、氢弹和原子能发电站的发展。工化系的师生们为此而骄傲。

发展溶液理论和湿法冶金

"文革"后，工化系扩大招收研究生，并开展了国际学术交流。我不愿局限于研究辐射化学，开始重点研究萃取过程的热力学和动力学。我带的几位研究生很有成就。

当时蒋南翔校长为培养拔尖人才，选拔一批本科生、研究生，由指定教授一对一培养，叫"因材施教生"。我带的因材施教研究生黄瑞和能力就很强。我指导他用氟离子电极把溶液中钠、钾、钙、锶、镁测出离子活度，并用数学模型把活度和热力学平衡常数一次测定计算出来。他做成功了。冶金热力学的权威魏寿昆院士看了很有兴趣，召集会议让我作系统讲解，并让我们在他主管的《有色金属》上发表论文。黄瑞和跟我读完硕士后，去美国密歇根大学读博士，该校化工系认为他的硕士论文够博士论文水平。他的导师是搞固溶体的，他用跟我搞溶液那套办法搞固溶体，也获得成功，得到导师和系里赏识，后来担任该校结构分析实验室的主任。

溶液理论的世界中心是美国加州大学伯克利分校。J.H. 希尔德布兰德教授（1881—1993）是大权威，他百岁生日我去参加，和他们建立了联系。老教授的一位大弟子 K.S. 皮策，当过斯坦福大学校长，卸任后继续研究电解质溶液。我把我的第一助手李以圭送到他那里进修，李把皮策教授著名的 Pitzer 方程由低阶推到高阶，使应用范围更广。皮策特别高兴，把方程改名为 Pitzer‐Li 方程，还要把李以圭留在他那里工作，我只同意他半时在清华，半时在伯克利。后来李以圭研究工作很出色。老教授另一位大弟子 J.M. 普芳施尼茨研究有机溶液，我和他合作在中国开了一个化工热力学和溶液理论学术会，本来计划只是中美双边会，他却把在德国、法国的弟子都找来了，实际开成了国际学术会议。

我有一位搞溶液理论的得意门生李如生，硕士毕业后我就送他到比利时诺贝尔奖获得者伊利亚·普利高津教授那里读博士。教授给李如生一个有关化学的数学模型题，估计他要三个月才能做完。李如生用一个多月就做完了。这个课题把普利高津教授一个低阶理论推广到高阶，教授非常满意，留他在那里搞研究。李如生有个雄心壮志，要打破热力学第二定律。本来研究有进展，可惜英年早逝。

清华的传统还是要把理论运用为经济建设服务。当时冶金都注重火法，把许多珍贵的有色金属都当废渣扔了。我和魏寿昆院士合作，把萃取法应用到冶金，叫湿法冶金，共同署名写了论文宣传此事。当时副总理兼国家科委主任方毅同志对资源综合利用很关心，带着他的搞冶金的班子和我去了包头的稀土矿、攀枝花的钒钛矿、金川的贵金属矿、云南的锡矿和钨矿。他们大多用火法，我一路宣传湿法冶金，在金川说服他们在炼铜后用湿法冶金，从矿渣中提炼金、银、铂、钯等贵金属。其实国际上已经有用湿法冶金直接炼铜的，如英国在非洲赞比亚就建了很大的铜矿，用湿法冶金炼铜。我组织清华工化系师生在金川铜矿完成萃取湿法冶金研究，推动了全国湿法冶金工艺。我国有色金属资源丰富，伴生元素多，清华工化系为资源综合利用做了很大贡献。

1984 年是我在清华的最后一年，我和汪家鼎教授研究了核废料的处理问题。压水堆核电站的新燃料含 3.2% 的铀 235 和 96.8% 的铀 238，在压水堆中燃烧后，剩铀 235 约 7.6%，铀 238 约 94.3%，我们用萃取法回收铀和钚再制成核燃料元件，重复使用。强放射性废物则直接固化，使它们具备安全处置条件。这样形成闭合循环，既经济又安全。

引进、推动我国"可持续发展"研究

1993 年我被调到中国社会科学院任副院长，我是学自然科学的，干这工作有点不搭界。但我在国家教委时分管联合国教科文委员会中国分会的工作，接触到国际上研究社会发展的许多理论，如环境治理、生态经济、可再生能源等都是自然科学和社会科学的交叉。当时挪威首相提出了可持续发展的理念，在欧美很盛行，而我们国内还少为人知。我认为社科院应负起这个责任。

我首先建议和推动社科院建立有关组织集合人力开展研究。1997 年在世界经济与政治研究所成立可持续发展研究中心，2000 年成立生态经济研究中心，开展了许多学术研究活动。

我组织出了三本书：第一本书主要介绍了西方各国的理论发展和他们的观点。当时台湾把这理论译为"永续发展理论"，我们研究认为不妥，改译为"可持续发展理论"，这个名称为全国所接受。这本书是我和助手李千共同写的，社科院郑玉歆也参加了。

第二本书是我和数量经济与技术经济研究所副所长郑玉歆合写的，他也是清华毕业生。这本书完全是从发展中国家角度写的，而且反映了中国的情况和观点。当年获得国家图书奖。

第三本是联合国教科文组织要出一套生命大百科全书，其中有一本是讲可持续发展的，他们约我编写。我约了日本金泽工业大学校长金田一郎、一位奥地利专家和一位我国香港专家共同编写。这本书完全是从发展中国家角度写的，因为教科文组织成员大多数是发展中国家，很顺利通过。后来在约翰内斯堡开的国际首脑会上，还专门把我写的结论部分抽出来印成专门文件发给各国首脑。

现在，"可持续发展"方针已成为我国重要国策，成为联合国的共识，内涵也大大丰富和扩展。我在社科院总算做了引进、推广的工作。

王凯学长

我的爷爷王凯

■ 方世宽

我的爷爷本名王凯，1948 年到解放区后改名方安逸。他 1923 年 12 月出生于河北省怀来县，少时求学，先后考取北大、清华，期间参加中国共产党立志报国，后服从祖国秘密调动参与铀矿勘探一线的工作，晚年在铀矿产地江西抚州教育培养新一代地质人才，2001 年 10 月 5 日在江西省南昌市人民医院逝世，享年 78 岁。

回顾爷爷的一生，他是一位优秀的中国共产党党员，406 大队地质工程师，华东地质学院（现东华理工大学）勘探专家，他的一生是不计名利、无私贡献的一生，是我们晚辈学习的榜样。

少年求学 危难立志

爷爷小时出生于当地大家族，生活富足，但他勤俭刻苦，毫无少爷习气。中学时，北平已沦入日帝之手，他在教会学校汇文中学上学，因而少受日本奴化教育，1943 年考入在北平的北京大学地质系。当时中国半壁江山沦陷，学习之余，他经常思考改变时事之路径。当时的北大已有地下党活动，他曾积极参与北京大学边疆问题研究会，并与友人共同发起《大学周报》刊物，为当时进步同学发表进步见解提供平台，并被选为北大工学院学生会会长。

1945 年抗战胜利之初，国民党政府对收复区教职员及中等以上学校学生和毕业生进行歧视性的甄别审查，甚至称他们为"伪学生"，其实沦陷区学生绝大多数是抗日的。这引发知识群体极大不满，地下党因势利导发起"反甄审"运动，并按照"争取理解，培养信任，发展组织"的路线，取得了社会各界的同情，同时揭露了国民党下山摘桃、反人民的恶行。这也使广大学生打破了对国民党政府的幻想。我爷爷当时是北京大学工学院学生会会长，他积极组织和参加了北京大学

"反甄审"运动。

当时"反甄审"运动得到了由昆明等大后方复员来的学生们的大力支持，南北学生运动骨干和地下党进行了会师，从此北平的爱国学生运动风起云涌，形成了解放战争的第二条战线。

我爷爷于1946年由北大地质系转入清华大学地质系二年级。在清华，他不但潜心学业，而且积极参加学生运动，并于1947年11月正式加入中国共产党，从此确立了一生奋斗的方向。

清华读书时，王凯（左）和堂第王浒在航空系飞机库前合影

学成报国 不计得失

听我的叔公、爷爷的堂弟王浒说，他是1946年由昆明考入清华航空系的，也参加了地下党，因为不是一个系统，虽然互相猜到对方是地下党员，但心照不宣，互不通气。1948年暑假我爷爷毕业，组织通知他去解放区工作，我叔公也正好被通知去解放区参加短训班，为了互相掩护，党组织批准了两人通气。后来我叔公学习后回校，我奶奶还抱着不到周岁的我父亲到清华找爷爷，叔公安排她住在女生宿舍，说我爷爷到保密的地方实习去了，把她劝回了老家。

我爷爷到解放区后便按规定更名为方安逸，解放后也没有改回，所以现在我们全家仍姓方。他先被分配在晋察冀边区工业局机械工业部情报研究所工作；1949年4月太原解放，5月他任太原军管会工业组军代表，参与接收工作，任太原轻重工业管理处地质组组长。

中华人民共和国成立后，他接受任务，对龙烟铁矿进行了详细的地质勘测，确定这里矿石类型为赤铁矿、菱铁矿、磁铁矿，且矿层的厚度和储量丰富实属国内罕见。1950年他调入河北宣化龙烟铁矿任计划科科长，1953年又调入省钢铁局地质处主持地质勘探工作，1954年调入国家重工业部地质局任地质工程师。

1955年，一份神秘的调令下达，选调的条件是家庭出身好、本人政治历史清白、政治面貌党员、初中以上学历。但去哪儿，干什么去，调令上只字未提，只是被告知在规定时间内要到省委组织部报到。报到后，他们被直接送上专列，整整三天三夜时间，每天每顿饭两个烧饼一杯水，日夜兼程到达了甘肃兰州。在兰州进行后勤补给，给大家配发了皮袄、皮裤和皮靴。看着这些东西，大家开始猜测，应该不是去西藏、青海就是去新疆。果然不出所料，带队的领导宣布了工作地点和目标任务。他说："同志们！现在要进入原子能时代了，我们不能落后，我们要挺进新疆寻找铀矿石，为祖国原子能核工业的发展贡献力量！"这时，大家才知道，急切把大家集中起来日夜兼程赶到这里，原来是为了国家发展原子能核工业，创建铀矿地质勘探队。

当时勘探铀矿石采用的是航空放射性测量，先由飞机飞到距地面 150～200m 的高度，通过仪器接受放射性信号，发现放射性异常点就会从飞机上投抛石灰包定位，实现概略找矿。然后再由地面普查队员根据飞机投抛的石灰包定位，进行查找、勘探。由于飞机从高空投抛石灰包会有一定偏差，因此地面搜索工作依然很艰巨。地质队员们硬是以不屈不挠的精神，在飞机空投石灰包的范围内外仔细寻找。准确位置找到后，再由地质工程师和物探工程师绘成详细图纸，最后进行大规模勘探采样。十几斤重的仪器每人背一台，走一走停一分钟，打开仪器进行一次测量。每人一天要数着步子行走 20 公里，漫山遍野地到处跑着找有价值的矿石，有时跑上几天都没有一点收获。

新疆的地质勘探工作相当艰苦，爷爷带领地质勘探队员每天早上 6 点就要起床，野外寻矿，晚上加班整理资料到 12 点以后才能睡觉。他们没有休息日，从开春一直忙到大雪封山方才收队，历时三年，夜以继日。

1958 年，406 大队成立，爷爷任地质科科长、工程师，被分配至江西境内勘探。同年，他们不畏艰苦，勇于探索，发现并勘探明确数以百计的各类放射性异常区域，查明的铀矿床数和探获的铀资源储量名列全国第一。其中不少铀矿床现已被开发利用，为我国国防事业和核电发展做出了重要贡献。

1959 年，根据党和国家制定的发展原子能核工业总体战略方针，爷爷服从组织调动，由 406 大队调到同属核工业系统、正在筹建中的江西抚州地质专科学校（后曾扩大为华东地质学院，现改为东华理工大学），负责培养原子能材料的后备干部，直至 2001 年去世。

"文革"期间，我奶奶由于家庭出身地主，曾被红卫兵押送回老家批斗。我爷爷全家被扫地出门，落户农村。但由于我爷爷、奶奶干农活非常卖力，又为当地做了许多好事，受到农民拥戴，我爷爷曾做过乡党总支书记。"文革"后，爷爷一家被平反，返回学校。

我叔公王浒曾说："20 世纪 50 年代，你爷爷在重工业部工作，安家在北京百万庄，我们常来往。后来听说他去苏联学习，又调到江西工作，就很少联系。'文革'后才知道，由于他从事的是保密级别很

王凯夫妇

高的原子能材料工作，所以'文革'前我们联系很少，直到改革开放后我们才有了联系，但他对过去的事仍不多谈。"

安贫乐道 直道而行

1984 年，我爷爷获组织批准离休。在学校里，虽然资格老，年纪大，但他各方面严格要求自己，为人低调，作风正派，从不计较职位高低和个人得失，不谋取私利，不向组织提要求。我奶奶在老家当过小学教师，后因随爷爷到处奔波，子女又多，就丢了工作，"文革"后在学校烧锅炉当杂工，我爷爷从未为奶奶的事找组织提什么要求。离休后，家中没有特别的私产，也断绝了回老家的想法，长期居住在学校分配的住房，一日三餐，简而有序。

1995 年，爷爷因多年的隐疾发作，中风偏瘫在家，学生会组织了互帮互助小组，轮流去照看他。他虽然行动不便，但尽可能不去麻烦同学们。互助小组中有一个学生，每次来照看的时候都非常尽心尽力，她每次都穿一样的衣服。问其缘由，原来她来自一个贫困县，家中贫穷。爷爷当即表示，她如果愿意，可以免费到家里吃饭，并帮助缴纳了学费。平时如遇到不懂的问题，爷爷便悉心教导，传道授业解惑。事情传出去后，一时间，来请教的同学络绎不绝，他都能不顾身体劳累，耐心讲解，用独有的人格魅力诠释了一个共产党员的精神，为人师表，全心奉献，影响并感染了一批年轻师生。

爷爷一生中默默奉献，他没有担任什么高级的职务，但从不计较，是一位平凡而高尚的共产党员。

三　上天下海
　　奠基元勋

我的抗美援朝纪实

魏佑海学长

■ 魏佑海

1945 年我在北平育英中学高中毕业，原准备到大后方投考军校，然后打日本，但是 8 月 15 号日本投降了。因此，我决定还是考大学。父亲建议我学医，母亲建议我学经济，我自己决定考清华大学航空系，造飞机。为什么呢？因为这是祖父的遗愿。

我的祖父魏瀚是清朝福州船政学堂第一届制造专业毕业生，官费留学法国，兼习法律并获博士学位，在国内钦赐工科进士。回国后长期总负责为北洋和南洋水师设计制造、采购并赴海外监造军舰。他曾任船政会办大臣（即副大臣）和海军造船总监。辛亥革命后继续任海军部造船总监。1915 年应美国政府邀请率代表团去美考察学习制造潜水艇和飞机。1917 年回国后在福州马尾造船厂造出我国第一批飞机。回国时祖父已经 67 岁，旋即告老退休，未能亲自参与，极感遗憾。1927 年我诞生时老人家特给我取名"机孙"，希望我长大后能为国家制造飞机并建设空军。由于铭记祖父的遗愿，我考取清华大学航空工程系。

1950 年 6 月 25 日朝鲜战争爆发，10 月 25 日中国决定派出志愿军抗美援朝。

为了响应号召，我瞒着母亲报名参加志愿军。想到就要去前线，很有可能会牺牲而再也回不了北京，回不了家，抱着壮烈和怀念的心情我来到天安门向北京告别。回到家以沉痛的心情看望了母亲。

不久得到通知，为了国家的建设需要，大学三年级以上的在校生志愿军不接受报名，我只好继续读完大学再做打算。在这段时间里怀着羡慕的心情庆祝了我们最可爱的人在战场上一个接着一个的辉煌胜利。

1951 年暑假我毕业了，当年已经开始实行毕业生由国家统一分配工作。宣布工作分配那天，毕业生齐聚大礼堂，大家都很紧张。宣布到的同学，满意的喜形于色甚至热烈鼓掌，不满意的则垂头丧气。我们航空系 7 个同学被分配到军委空

139

1993年，魏佑海学长（右）到表兄陈岱孙（中）北大寓所拜访

军训练部。

几天后，来了一辆大汽车接我们去到空军训练部。训练部的位置在东城灯市口同福夹道，离我毕业的育英中学不远。部里举行了简单的欢迎会，然后就宣布我们的分配。其中3名去学校管理处，我和另外3名去部队训练处。训练处有4个科，我被分配去歼击科，另外3个科是轰炸科、强击科和伞兵科。我们的职务是见习参谋，正排级；当时是供给制，吃大灶，每月生活费3.6元。

空军初建，以歼击机部队为主，只有少量的轰炸机师和强击机师。当时我国空军刚参加抗美援朝作战，首先派出歼击师出战。这样我第一次出差就跟着处长去了辽宁省辽阳，参加检查空军第四师的战备。四师的副师长知道我学航空工程但是从来没有坐过飞机，就约定第二天一早带我飞米格–15教练机，我当然高兴极了。不幸被处长知道了，坚决不同意并严厉批评了我，说万一在天上出了问题，你连跳伞都不会。我只好遗憾地作罢。

恰巧随后空军参谋长王炳章也来检查备战情况。谈话中他问我在清华航空系学什么，我回答"学设计"。他大喜，说："学射击，太好了！我们参战部队就是射击有问题，整个飞机就是为三门炮服务的。"不由分说地告诉我的处长，让我立即下到师里去帮助解决射击问题。说老实话，在学校里从来没有学过飞机上的瞄准器、机关枪和机关炮等武器系统。既然作战有需要，那就从头学起吧。

空军前方的指挥机构是中朝联合空军司令部，简称"联司"，地址在辽宁省安东市（今称丹东市）东方海边的大东沟。这里的海面就是1894年中日甲午海战的地方，我参战空军的野战机场就紧挨在大东沟东南方向海边的大孤山上。

我们空军机场设在我国境内的原因，首先是防止加重鸭绿江大桥的运输负担，其次空军的首要任务就是保卫大桥。大桥是上百万志愿军后勤补给的"咽喉"，也是美国空军轰炸的第一目标。所以我们的空军都在国内，只有飞机出战时才到朝鲜境内。因此陆军部队开玩笑地讥笑我们空军说：抗美援朝不过江，保家卫国不带枪。我们只有驾驶员持一把手枪，其他人员都没有枪，空军也不佩戴志愿军胸章。

我第一次到"联司"时，司令员是刘镇上将，他是东北空军司令员。中国空军只有两个上将，另一个是中国空军司令员刘亚楼。空军各师是轮流参战以锻炼，指挥员也是各大军区空军司令员轮流到"联司"锻炼。中央是把抗美援朝当作锻炼全军的战场。

我每次到"联司"指挥室，遇到刘镇司令员在指挥作战时，他就会让我帮助他收听侦听台，直接收听美国空军指挥的对话。当两军飞机接近正式开战后，双方就放弃使用密语而改用明语。因为这时飞行员的精神很紧张，说密语很容易出错。在空中双方彼此都是能清楚听到的，听熟悉了对方是谁也可以知道。我们12师的郑长华团长多次率队出战都能围歼敌机取得胜利，所以敌人一听到率队出来的是郑长华的口音，就慌忙招呼他们初战的飞行员赶快返航。

朝鲜战争初期我军的空军还没有训练好，是苏联首先派空军师来保卫鸭绿江大桥，机场在浪头。我空军参战以后苏联继续轮流派歼击师协助。这件事我们政府没有对外公布，所以中国人民不知道。美国是清楚的，因为他们清楚地听见我方飞机上讲的是俄语。

美国的飞行员除也有一部分新飞行员到前线来锻炼外，主战的都是参加过第二次世界大战的老飞行员，飞行战技术水平很高。但是我们的飞行员更勇敢，他们来自陆军部队，我们要经常提醒他们不要轻敌。他们常常轻视美机的机关枪，认为被击中一些机枪子弹不碍事。我们飞机上装载的是三门机关炮，两门2.3cm口径小炮和一门3.7cm口径大炮。炮弹击中时是会爆炸的，只要打中一发一般就能击落。可是炮的载弹量少，大炮弹只有200发。一旦打光了炮弹，飞机就完全失去了战斗力。

我们的战斗英雄张积慧就是打光炮弹后，抱定必死的决心与敌机迎头相撞。相对距离极度靠近时，美国飞行员害怕了，翻转向下逃脱，撞在下面的山上机毁人亡。后来知道这个飞行员是美国的王牌飞行员。

空军的战斗和陆军一样也是非常残酷的，一场空战回来飞行员脱下皮夹克浑身湿透。警报再一响立刻又登机出发。昨晚还在一起参加讲评，第二天出战后没有返航，就是牺牲了。美国人不讲国际法规，我国飞行员跳伞在空中和落地后美机还继续追击，必欲置之于死地。但是我国只训练几十小时的飞行员和敌人经历第二次世界大战飞行了上万小时的飞行员拼死战斗，由于我国空军战士援助朝鲜和保卫祖国的决心和勇敢，终于战胜了敌人，保卫了鸭绿江大桥畅通，保证了地面战场的制空权。

我们在机场地面也经历了战争的考验，敌人也日夜企图轰炸和偷袭机场与指挥所。有一次我站在跑道T字布旁边迎接我们的战机返场。一架一架依次着陆，有一架敌机混入我机群也伪装着陆，待到前面我机降速接近着陆而机动性很差时，准备开火射击我机。被我塔台指挥员发现急告我机蹬舵侧滑避开，敌机的机枪子弹啪啪地打在了我脚旁的跑道上。护场的高射武器万炮齐鸣，但敌机仍然狡猾地逃脱了。幸好敌机机枪子弹都打在跑道中央，若是打偏一点，打飞机的12.7mm的机枪子弹打在身上，后果不堪设想。

美国"冒天下之大不韪"，在我国境内也投下细菌弹。我们也做了充分的准备，那就是每个人一个小玻璃瓶和一双筷子。每当听到敌人在某个地方投下了细菌弹，大家就会戴上口罩拿上全套武器奔赴该处，一齐蹲下用筷子将各种小虫，也不管它们是当地的还是从美国来的全部夹起放进瓶内，拿回来烧死。方法虽然原始，却始终没有发生任何疫情。恐怕美国人也没有想到细菌战就是这样被中国人破解的。

我们也曾经去拜会苏联空军师，对他们的国际主义援助表示感谢。也协商在情报和战斗方面的合作。他们用的机种是米格15改进型，比我们的米格15更先进一些。他们的飞行员大部分是参加过第二次世界大战的，战斗力很强，也很有经验。一次换防，新来师的师长是著名战斗英雄阔日杜布，他曾击落过几十架德国飞机。他问我们知道不知道美国F86飞机上的瞄准具的构造，我们说不知道。没想到过了几天，出战时苏联的几架飞机包围了一架F86，在被击落的威胁下美机乖乖地降落在苏联的机场里成了俘虏。这架F86带着瞄准具很快就被送回莫斯科去分析研究了。真了不起！

经过我志愿军两年零九个月艰苦卓绝的战斗，以美国为首的联合国军不只被打回三八线，并遭遇重大伤亡，狂妄的麦克阿瑟也被撤职。美国国内反战声浪高涨，美政府不得不承认这是在错误的时间、错误的地点和错误的敌人打了一场错误的战争。终于，在1953年7月27日，在板门店签署了《停战协定》。

签署协定以后，司令员派了一辆大卡车将我们这些参谋人员送过鸭绿江到朝鲜参观一天，也不枉参加了抗美援朝。我们到达江对面的新义州，由于多次遭遇严重轰炸，到处残垣败瓦，和安东市真有天渊之别。朝鲜老百姓衣衫褴褛，看到我们都热情招手。看来战后的恢复任重道远，也还需要我们的大力帮助。

战争既然结束了，我们很快就准备返回北京。动身之前我再一次走到大东沟的海边，这里恢复了平时的宁静。望着碧蓝色的连天的海面，仿佛回到了59年前就在这里进行的甲午海战。祖父的同年同窗刘步蟾、林泰曾两位总兵指挥北洋水师与日本舰队在此进行了殊死的海战，另一位同窗、致远舰管带邓世昌抱着爱犬海中殉国。经祖父一手设计制造、购买、监造的全部舰船损失殆尽。

甲午海陆两军全面失败以后，李鸿章奉命赴日与日本首相伊藤博文谈判，我的姑祖父罗丰禄（祖父的妹夫，他也是船政学堂第一届驾驶专业毕业生）以政治参赞的身份陪同前往，因为罗在英国留学时与日本的留学生伊藤博文相识，并且私交甚笃。我也曾经看见过伊藤送给罗的一些礼物。然而，既然兵败于侵略者，私交又有何用。结果订立了丧权辱国的《马关条约》，赔重款而且丢掉台湾和琉球，遭受全国人民唾骂。这既是国仇也是家仇，既是国耻也是家耻。

这次战争又是为了援助朝鲜，面对的是以美国为首的十几个国家的军队。而我们中华人民共和国则是刚刚经过长期战争建立仅仅一年的年轻国家，却取得了胜利。这说明我们中国人民是真正站起来了！

回到北京以后，空军开展"审干"，每个人都要向组织用文字交待清楚全部亲属和社会关系。由于祖父有15个子女，8个儿子和7个女儿，因此我的同辈堂表兄弟姐妹有40多人，他们大部分在国外，其中的多数又住在美国。经过组织研究，正式通知我不适于在空军领导机关工作，建议调我去空军航校任教员。我考虑若到位于偏僻地方的航校，我的众多海外关系更显突出，就拒绝了。后来组织同意我自己联系单位，我想回到母校最好，因为学校的老师们最了解自己。这时院校调整，清华航空系已经组成了北京航空学院。

1954年7月，我找到正在建设的北航，找到副院长沈元老师，讲了我的情况，并且表示我希望回到学校工作。沈老师当即表示航院初建很缺乏师资，欢迎我回来，并立刻派干部处的一位冯姓同志到空军办理了调动手续。很快我就正式调入了北京航空学院，从事教学和系主任工作。1984年应广东省约请，赴江门市创办五邑大学；1989年调深圳大学任校长，直至离休。

2014 年 4 月

王尚真学长

对海军航空兵创建工作的回忆

■ 王尚真

我于 1927 年出生于天津市。10 岁那年日寇侵占平津华北，我的中小学是在八年沦陷的天津度过的。1946 年高中毕业，适逢清华复校第一年招生，饱受亡国之苦的我，抱着航空救国的愿望，从天津考入清华航空系，学号是 350178。

苦读四年后，1950 年 6 月毕业，随即投身海防前线，参与祖国海上空军的创建工作，从而留下了一段人生难忘的经历。

解放之初的海防形势

1950 年，祖国大陆已基本解放，但一些沿海岛屿还在国民党军队手中。龟缩在台湾的蒋介石不甘心失败，还在幻想和叫嚣"反攻大陆"，不断派遣特务偷渡和出兵骚扰渔民生产。特别是朝鲜战争爆发以后，美机时常侵入我海岸线侦察骚扰，而我万里海防基本上还是空白。我军当时面临的任务，不仅是继续解放和保卫全部领土，还要保卫辽阔的领海和领空，而这就必须有一支强大的空军。那时人们有个"不规范"的说法，即把空军分成"陆空军"和"海空军"。由于在国内战争中，有一些国民党空军人员起义，胜利后又先后接收了日、蒋空军的部分人员和设施，"陆空军"已先有了一定基础，但"海空军"却全属空白。当年 2 月，中央军委做出决定：立即建设我国的海上空军。按照我军传统方式"建军先建校"，第一步先建立海军航空学校，并请苏联派出军事专家指导和支援。

奔向海航建设第一线

1950年6月毕业离校前，航空系领导找我谈话，说中华人民共和国成立后，航空事业面临大好形势，中央已决定尽快发展航空工业。西方发达国家的航空工业是在汽车工业基础上发展起来的，而我国不能沿袭这条老路，要与汽车工业同时发展。为此，清华航空系将扩建，要大量培养人才，首先要扩大教师队伍，希望我能留校任教。因我未表同意，团支部、党支部负责人又相继找我谈话，我都婉言谢绝，放弃了人人羡慕的、在最高学府优美环境中从事科研和教学的大好机会，抱着以知识报效祖国的决心，毅然奔赴航空建设第一线。

1950年7月初，我的行政关系从学校转到中央军委，组织关系从清华团委会转到团中央，我和几位转到军队的同学到军委总政招待所集中居住，接受一个月的政审，等候分配。8月1日，海军党委决定在山东青岛市沧口机场组建海军航空学校，我和俞幸祜随即被分配到了这片刚解放不久的土地上，张允谦、沈冠时等同学则去了"陆空军"。

白手起家创建航校

"海空军"正规的名称是"海军航空兵"，作战对象主要是敌军舰艇，任务是"御敌于国门之外"。当初，对我海军要不要组建航空兵还曾有过争论。一种意见认为已经有了空军，就可担负起海空全部作战任务，没必要再增加一个兵种，如国民党海军就没有航空兵。但海军司令员萧劲光等同志认为海空作战有许多特点，与陆空作战有很大区别，我国应学习世界海军强国，必须增加这个兵种。中央军委支持这种意见，做出建军决定，并随后从各地调集人员到青岛来。其后，到1954年年底的军委扩大会议上，粟裕同志明确提出："海军建设应以鱼雷快艇、潜艇和水鱼雷轰炸机为重点。"在传达这一精神时，概括成为"轻型舰艇，海上空军"八个字。这足以说明航空兵在海军建设中居于重要的地位。

沧口机场地处青岛市北郊，距市中心20公里，历经日军占领和国民党使用，蒋军逃跑时遭严重破坏，长期无人居住。房屋失修，庭院荒芜，瓦砾遍地，野草丛生。我到达时刚建立了政治部和后勤处，训练处还未成立。我被安排在后勤处，处长叫徐春山，是红军长征时毛主席的军马饲养员兼警卫员，我们每天负责检查各种修建施工的质量。在检查到飞机跑道施工时，发觉私商（当时还没有国营建工单位）偷工减料，水泥砂石配比竟还不到1∶4∶8；还有极个别人搞有意破坏等现象，均立即向领导汇报并得到了及时处理。

当时生活条件还比较差，食堂连桌凳都没有。开饭时，几个人发一个菜盆，打出菜来放在伙房外面土地上，大家围成一小圈，蹲在地上吃。但人人都吃得高高兴兴，因为我们是为了建设祖国的海空军而工作，而且也比战争年代的条件强多了。

1950年8月底训练处成立。由陆军来的简明副教育长（即航校副参谋长）兼任处长，从西北军来的杨士勤副团长任副处长。我任飞行原理组长，俞幸祜任发动机组组长。我主要负责海航飞机驾驶员的培训。但那时我的组内只有当年10月份以后才陆续从陆军调来、也从未学过航空知识的几位年轻同志。从技术上说，我这个组长基本上算个"光杆司令"。

建校伊始，领导上就十分重视抓政治思想教育。简处长每月至少给大家讲一次国内外形势等。杨副处长在一次全处大会上讲的两段话，我至今记忆犹新。一是我这个副团长已当了12年，怎么当上的？是在抗日战争初期一次惨烈战役中，营团级干部伤亡9人，我才从一营长提上来的。一想到为国牺牲的战友就极其难过，我作为幸存者得到提升，从来不考虑自己的地位待遇，希望你们更不要考虑这些。二是你们每人好比是一个电灯泡，你能发多大的亮光，大家都看得清，不要总考虑被安在哪里、合适不合适等等，领导上自然会让每位同志都能发挥最大作用的。

1951年，王尚真在海军航空学校第一届庆功大会上

承担艰巨的培训任务

1950年9月初，几十位苏联专家来到航校，他们集中住在一栋较好的楼房，称为专家招待所。专家来后视察了学校情况，随即进行培训。培训的方式是一带一，有的培训军政领导，有的培训理科和外场技术人员。当时组成了许多三人小组，每小组有专家、翻译和中国同志各一人。由于这些专家都不会说中国话，只能通过中国教员给学员讲授课程。负责指导飞行原理教学的专家三十多岁，名叫弗拉季米尔·吉聂维奇，乌克兰人，苏军大尉军衔，讲师，说俄语时带有乌克兰口音。他与我和一位担任翻译的女孩见面后，立即开始编写驾驶学员使用的教材。教材是参照苏军航校的培训内容，结合中国实际情况，按课时划分段落编写的。每写完一段，由翻译译成中文，再交我审校整理付印。

苏军航校飞行员的学习进度，是理科一年，初级教练一年，高级教练一年，三年后毕业分到部队。可是我们当时情况特殊，一是朝鲜半岛战争形势严峻；二是闽浙沿海蒋军骚扰日益猖獗，辽阔的海防前线急需兵力。上级下达了"速成"的要求，即培训时间要压缩一半，半年左右就结束理科学习，一年左右完成外场

无悔年华 解放战争时期清华校友足迹

教练，到部队后再边值勤边提高。

苏军航校培训的学员，要求具有中学毕业以上的文化水平，其教材也是按此编写。可是我们当时没有从中学选拔飞行学员的做法。我们的学员都是从陆军一、二、三、四野战军选调的基层干部、战斗英雄、模范工作者，并且通过严格政审和体检选拔出来的，文化程度普遍很低，平均只有小学水平，达到初中程度的只是极少数，还有许多连自己的姓名都写不好。特别是驾驶学员班，政审更严格。记得当时陈毅曾说过，飞行员必须政治可靠，因为飞机上天不像放风筝，一拉线绳就能回来。让文化低的同志一下子就要接受高深的空气动力学原理，还要压缩时间赶进度，其困难可想而知。偏偏那时又只有我能担任授课，这个极端繁重的担子就压在了我一个人的肩上。由于当时我是苏军讲师的助手，所以我的职务就叫作助教组长，以后升为教员组长、主任教员。

因人施教效果良好

我们航校负责培训的，是水鱼雷轰炸机飞行员。按编制，一架双发动机轻型轰炸机上共有驾驶、领航、报务兼轰炸和射击员四人。驾驶员的学习和训练任务最为繁重，必须尽快开课。在其他军事科目专业教员、教材和设施还不齐备的情况下，驾驶班的飞行原理在 10 月 5 日就抢先上课了。而航校的开学典礼是在 1950 年 11 月 1 日举行的。

第一期驾驶学员共 3 个班，每班 30 人。课程表是每天上午上 6 节课，每个班各上 2 节飞行原理，2 节飞机构造，2 节发动机。下午 3 节课自习，按上午课程先后进行。教员必须到班上辅导和解答问题。

驾驶班飞行原理的教学内容，主要是力学和空气动力学的基本原理，解释飞机为什么能飞；飞机上各活动舵面的作用和原理；飞行各种动作的操纵方法和原理（包括一些公式）；飞机在空中如何保持正确飞行状态；飞行和战斗中各种意外情况（如失速进入螺旋下降，早期多因此造成机毁人亡）的处理办法和原理等等。许多知识我在大学中都没学过，需要从头学起。

由于空气看不见，摸不着，空气动力学理论较深，还有不少外文符号和公式，我在备课中，就想出许多日常生活中常见的实例，或自然界中常见的现象，解释原因，上升到原理，再归纳成公式，这样就使得理论不再抽象和难懂。同时，我还经常穿插一些苏联卫国战争中的空军战例来讲各种动作的操纵方法，使学员们听得津津有味，十分入神，对这门课产生浓厚的兴趣。此外，又设计制作了许多挂图、模型，让学员能观察和体验一些看不见、摸不着的理论问题。这样，使他们既感觉不到理论艰深，又能增加实践知识。

例如讲飞机起飞、落地的操作，我讲了一个故事：苏联卫国战争期间，一架战斗机被重创，飞行员跳伞，落在敌占区的一条公路旁，飞行员隔着公路与德军士兵对峙。德军并未急于进攻，而是待其弹尽时抓捕（飞行员只有一支自卫手枪）。此时另一架苏军战斗机测好下滑角度和滑行距离，迅速降落在落地战友的身旁，并打开舱盖。这位战友见状迅速跃上公路和飞机，跨进驾驶舱，随即加大油门，重新起飞冲上蓝天。公路对面的德军士兵被此情景惊呆了，待醒悟过来开枪射击时，飞机早已远去。该飞行员机智勇敢救回战友，荣获英雄称号。我举此例，讲明掌握目测的重要性，学员们听得如醉如痴。

由于学员们政治觉悟高，克服困难决心大，我采用了因人施教的方式方法，师生关系又特别融洽，在3个月的飞行原理课程结束后，3个班都取得了良好的成绩，为顺利转入外场飞行训练打下了稳固的基础。

中央军委十分重视和关心海军航空兵的建设。航校本来是师级的建制单位，却任命正、副军级的干部担任校领导。开学不到一年，总司令就亲临视察。1951年8月30日，朱德总司令在海军司令员肖劲光和公安部长罗瑞卿等陪同下来到青岛航校。在视察训练处时，首先来到飞行原理组。当时我们已把全部教学用模型图表陈列在一间大教室内，处领导安排由我为首长作讲解员。朱总司令和萧司令员逐件仔细观看了这些能把抽象理论形象化演示的设施后，不断地点头称赞。这次视察，对航校工作给予了很高的评价。此后，海军参谋长罗舜初和政治部主任刘道生也都分别来视察过，并且都由我来担任解说员。记得刘道生主任还仔细端详我，然后说："我曾在什么地方见过你！"我当即答道："您曾到清华大学做过报告，我在大礼堂门口见过您，还跟您说过话。"这件事，使我对我军高级领导同志的超强记忆能力十分钦佩。

在第一期驾驶班飞行原理课刚结束时，苏联专家安排我上雅克18飞机体验各种操纵动作，其他教员均未能享受到此待遇。这种飞机是前后双座式，由苏军教官带飞，从起飞到降落，让我亲自体会驾驶杆、脚蹬和油门的动作幅度和力度以及飞机反应的灵敏度。他在空中两手高举，示意把飞机全交到我手中。

我参军后，在组织的亲切关怀和教育下，不断增强建设祖国强大海军的神圣使命感和革命军人、青年团员的责任心。曾经满腔热情、废寝忘食、夜以继日地拼命工作，终于看到我国第一代海空军飞行员在我们亲手培育下飞上了祖国的蓝天。我教的第一期第一班（即101班）班长姚雪森，入学时是一位营长，毕业后立即被任命为海航一师一团团长，驻守宁波，在解放浙江沿海岛屿的战役中任空中指挥员，以毫无损失的战绩取得胜利，其后任海军航空兵副司令员。航校每一期学员毕业后，都立即组建成军，开赴海防前线。

党和上级领导也给了我很高的荣誉，4年中我曾9次立功受奖。我现已年届八十，半个多世纪前，在祖国最需要的时候，我离开母校，投身国防建设，在白手起家、创建海军航空兵的艰苦工作中，做出了清华人应有的贡献，没有辜负母校的培养教育和期望。

目前，我人民解放军海军航空兵已在保卫祖国万里海疆中形成强大的力量。当年的两个海军航校已发展成两个现代化的学院，每个学院的院史展览馆中，均有我的大幅照片悬挂在墙上，并已载入海航院史。总之，在祖国海军航空兵从无到有的创建工作中，我们清华人曾荣幸地参与其中并起到了骨干作用。

2007 年 4 月校庆前

来源：《校友文稿资料选编》第 12 辑

把青春献给祖国的航空工业

——参与苏联援建我国航空工业谈判纪实

任华（任天祺）学长　　■　任　华

1943 年我在昆明从先修班进入西南联大机械系，1945 年 5 月参加了民主青年同盟（简称"民青"），经过"一二·一"学生运动的锻炼和考验，树立了革命人生观。

复员后的第一届学生自治会，我当选为理事。我们这一届学生自治会举办了"一二·一"学生运动的周年纪念大会。当年 12 月，北平发生"沈崇事件"，我们组织了抗暴大游行。1947 年爆发了"五·二〇"反内战、反饥饿大游行，几次游行我都参加，做了一些组织宣传工作，得到了锻炼。1948 年 2 月，清华地下党批准我加入中国共产党，我誓言要为共产主义奋斗终生。

迎来第一批苏联专家组参与六个航空修理厂的设计

1951 年 5 月中旬，航空工业局调我和其他两位翻译随航空工业局副局长陈平同志到北京工作。陈平说，根据今年初段子俊副局长在苏联谈判的协议，苏联要派一批工厂设计专家来华帮助我们设计修理厂，现在苏联专家已经到达北京，设计工作急待开展，要我们四人赶到北京和苏联专家一道工作。我们到京后一面组建航空工厂设计处，一面开始和苏联专家工作。

以华西列夫为组长的航空修理厂设计组专家共计 20 人，其中包括组长、总工程师，飞机工艺、发动机工艺等十几个专业的专家，有的一人身兼数个专业，他们是一支专业比较齐全、技术力量比较精干的设计组。

为了配合苏联工厂设计专家组的工作，航空工业局在北京东交民巷重工业部院内成立了工厂设计处，由陈平同志兼任处长，我担任翻译技术组组长。我当时负责专家组组长华西列夫与我方部局领导之间的口译和记录，我还配合苏联专家总工程师高尔捷夫作口译和笔译工作，每天还要担负一部分技术图纸和说明书的译审工作，六个修理厂的初步设计说明书是由我翻译完成的。

1951 年 6 月，陈平和我们几个做翻译工作的同志与苏联专家组去哈尔滨、武汉、株洲、南昌等地选择厂址，收集原始资料。最后选定哈尔滨的 120 厂（后来分为两厂——120 厂及 122 厂）作为 Ty-2 型轰炸机及发动机 AIII-82 修理厂，选定沈阳的 112 厂、111 厂作为 MHr-15 歼击机及其发动机 BK-45 修理厂，选定南昌的 320 厂及株洲的 331 厂为 HK-18 型教练机修理厂及其发动机 M-11 修理厂，这就是航空工业局称为"起家"的六大修理厂。

这六个修理厂的设计用的原始资料的收集主要是由苏联专家和我们几个翻译同志在现场完成的。由于经受了战争的破坏，没有现成的档案可以利用，为了取得第一手资料，查明地下管线的走向和现状，我们和专家们不辞辛苦地拿着手电筒钻进地沟里和锅炉里去测量和绘图，每天蹭得一身油污而没人叫苦。我们几个中国人既做翻译又做助手，每天工作十几个小时，不到两个月的时间里，这个设计处在苏联专家多于中国工作人员的情况下，既完成了六个修理厂的厂址选择，又收集了设计所需要的资料，并和供电供水及气象等部门签订了协议。

现在回想起来，在炎热酷暑的两个月里，在语言不能畅通的情况下，完成如此大量的工作，实在是难能可贵的巨大收获。打破工厂设计的惯例，边设计、边施工、边生产地建设工厂，1951 年年底就修理了两百多架飞机和几百台发动机，这不能不算是一个奇迹。

航空工业局认为这是快速设计的典型。仅一年的时间，设计任务完成了，六个工厂迅速建成了，培养了一批中国的工厂设计人才。

航空工业第一个五年计划的编制

中国航空工业应该从修理走向制造，即在完成空军的飞机、发动机修理任务的同时，不断地扩大零备件的制造，逐步发展到造成整架飞机和发动机的道路，这是党中央和周总理为新中国航空工业规划的正确道路。1952 年初航空工业局从局内各业务处抽调了一批技术人员，组成航空工业"第一个五年计划"的编制小组，我作为设计处的一员参加了这个小组。这个小组的成员没有任何人编制过五年计划，也没有任何人具有工厂工作的经验，大都是刚从大学毕业的青年学生。我们曾求助于苏联专家组组长华西列夫，但遭到他的婉言拒绝。我们迫于形势只好自己动手干，白天搞设计，晚上编计划。在"第一个五年计划"，我国将拥有机种齐全的六大航空制造厂。为了与飞机和发动机配套，还要求建几个飞机附件厂、发动机附件厂、电气仪表厂。为了满足空军的修理任务，拟再建六个修理厂。这样在"第一个五年计划"内，我国航空工业将有制造厂，又有修理厂，还有附件仪表厂，到那时我国将有 30 多个航空工厂，形成完整的独立的工业体系。投资 100 亿元，职工将达到 60 万～70 万人。我们就是这样闭户造车，反复讨论，反复修改，一版不行，二版，三版……到八版。才算编出我国自己的航空工业"第一个五年计划（草案）"上报中央，最后由我和几位翻译同志译成俄文，准备提交苏联政府请求援助。

赴苏谈判第一个五年计划

1952 年年初，周恩来总理率领我国政府第一个代表团访问苏联，陈云副总理和李富春副总理为副团长，成员包括有关工业部门的领导，各军兵种的司令员，代表团人数达到 60 多人，规模之大前所未有。代表下榻莫斯科列宁格勒大道的苏维埃旅馆，这是当时苏联最豪华的旅馆之一，全部为中国政府代表团所进驻。代表团成员一律着深蓝色中山服，显得严肃而整齐。当时苏联的外交部长维辛斯基到机场迎接，并为中国政府代表团访苏举行了盛大的宴会。代表团参观了克里姆林宫，晋谒了列宁墓，所到之处，长长的车队风驰而过，莫斯科的市民夹道欢迎，中国政府代表团的访苏成为当时世界舆论关注的中心。中国代表团的任务主要是解决中苏间的重大问题，如关于旅顺大连港、中长铁路移交我国的问题，还要和苏联政府谈判援助我国"第一个五年计划"的建设问题。航空工业由陈平和我随代表团去苏谈判。我担任航空工业项目的翻译。我和其他工业部的几位干部为代表团押运资料，乘火车先期离开北京，经满洲里改乘苏联专列火车，穿过了辽阔的西伯利亚，看到了清澈如镜的贝加尔湖，饱赏了大自然的森林海洋。列车在苏联境内整整行驶了九个昼夜，当我国代表团飞抵莫斯科时，我们正行驶在亚洲和欧洲交界的地方，与代表团只一日之差到达了莫斯科。

中国政府代表团在完成中苏关系的重大问题后，向全世界发表了公报，代表团大部分人员到苏联远东部分乌拉尔一带参观工厂和城市后随周总理回国，留下李富春同志和有关的工作人员来完成与苏联谈判"第一个五年计划"的援助问题。陈平和我都被留下，我们一直随富春同志住在苏维埃旅馆等待谈判。1952 年 11月中旬，苏方在苏联国家计划委员会大楼组织了一次有关中国航空工业"第一个五年计划"的听证会，陈平和我参加这个会，在会上我宣读了我国航空工业"第一个五年计划"的俄文本，在会上苏方人员不断地插话，说我们的计划规模太大，并问我们国家能否拿得出这样大的投资来建设？会后苏方宣布要我们继续等待。陈平同志因病回国，留下我一人随富春同志的小组继续等待，这个小组的人员不断减少，到 1952 年底只剩下十来个人了。我们眼看谈判没有消息，国内却传来了一片大好形势的声音，我们都希望早日回国参加建设。

在李富春同志（中）身边，左为任华（1952 年摄于莫斯科）

当时富春同志不断地对我们进行思想教育，要我们耐心等待，只有等待苏联的援助定下来，国内的建设才可能开展。他还分配我担负他的部分秘书工作，抄拟部分电报及收发工作，还要我负责与我国驻苏大使馆和商务参赞处联系，取回当天的《参考消息》。我还常陪他外出散步。富春同志平易近人，他知道我从事航空工业，而且和苏联专家工作了一年多的时间，他经常问我对工厂设计有何心得。我向他反映苏联专家来华和中国同志共同设计，不仅设计快，而且与中国现场实际相结合，设计质量可以得到保证。我的这些观点得到富春同志的肯定，要我在谈判中向苏方提出我的观点。在生活上，我和富春同志同食同住、打台球、照相，听他讲当年在法国勤工俭学的情况。在莫斯科随同富春同志的这一段生活，虽然过去半个世纪了，每当看到留下的老照片，总是怀念不已。

我们在莫斯科等待谈判，从 1952 年的 8 月等到 1953 年的 4 月，历时 8 个多月。斯大林在世时接受了我国的请求，直到斯大林逝世后苏联政府才提出在中国"第一个五年计划"期间援助建设 141 个项目的议定书草案，大大地削减了我国提请援助的方案内容，这关系到我国"第一个五年计划"建设规模。富春同志为了慎重起见，特派宋劭文（原中央财经委员会秘书长）回北京向我国政府和毛主席汇报，派钱志道（兵工局副局长）和我随同回国。毛主席和党中央领导同志都表了态，说苏联既然不经过谈判，就提出此议定书草案，没有再去争取的必要，并授权富春同志在莫斯科签字。我们三人于 5 月初再度返回莫斯科传达毛主席指示。1953 年 5 月 15 日富春同志和苏方代表米高扬在苏联外交公寓正式签订了苏联援助中华人民共和国"第一个五年计划"的 141 个项目，后来又陆续增加了 15 个，这就是 156 个项目的由来。

航空工业项目在这 156 个项目中占有相当大的比重，共计 12 个。中苏签订的协议中，每一个项目都明确规定了完成各设计阶段的日期。为完成中国"第一个五年计划"航空工业项目的设计，苏方在北京成立一个特别设计处，简称

Cn6-216 设计处，任命契肯为该设计处处长。

1953 年秋，Cn6-216 设计处的苏联专家陆续来华工作，最多时达到 49 人。可谓是中苏合作设计的鼎盛时期，持续了三年的时间。

为了和苏联 C6-216 设计处共同完成航空工业的"第一个五年计划"的任务，我国把原来的航空工业设计处相应地进行扩编，充实了大批 1952、1953 年毕业的大学生及其他人员。到 1953 年年底，这个设计处已拥有 700 多名职工，还拥有地形测量和地质水文勘测队伍，发展成为我国航空工业设计院，当时称为第二机械工业部第二设计院。任命刁筠寿为院长，李兆翔为副院长，我被任命为工艺设计科科长。1954 年我被提升任命为副总工程师，代行总工程师职务。这时称为航空工业第四规划设计院。这个设计院从 1951 年成立起，曾经是一个朝气蓬勃的设计院，不仅设计任务完成得好，每天清晨在设计院的花园里还到处可以听到朗读俄语的声音，大家都希望尽快地掌握俄语，以便直接和苏联专家工作、学习。夜晚设计大楼灯火通明，加班加点完成设计任务，那几年，大多数同志每天工作十几个小时。可以说"第一个五年计划"是中苏合作完成设计的最佳年代，也是我国航空工业设计院迅速发展的黄金时代。随着任务的完成，我们这一代人在工作中得到了严格的锻炼，业务能力得到了提高，生活节奏是紧张的，但心情十分舒畅，一心要把青春献给祖国的航空工业。"第一个五年计划"工厂设计任务的提前完成，对我国第一架歼击机的试制成功起了保证作用。

第一个五年计划第二批援建项目的谈判

航空工业"第一个五年计划"的建设可望提前一年半到两年完成。当时全国形势大好，我国政府想乘胜前进，继续建设"第一个五年计划"的第二批项目，向苏联提出援建轰炸机制造厂及第二套歼击机制造线，还提出要求援建航空工业的科研设计项目。1955 年 11 月，我国政府派出以国家经委副主任孔祥桢为团长，第二机械工业部副部长张连奎为副团长的代表团赴苏谈判，我作为航空工业代表参加谈判。苏联航空工业部副部长鲁金主持了谈判。我们到达莫斯科后不到几天就开始谈判，经过一个多月的谈判就达成了协议，苏方提出一套轰炸机、一套歼击机制造厂及几个专业化工厂组成的 19 个工厂项目，另外还提出援建三个航空科研项目，即航空材料研究院、航空工艺研究院、飞机飞行研究院。在设计过程中，专业化工厂撤销，仍然归并到主机厂，最后协议中的 19 个工业项目变成了14 个。

这次谈判的协议草案由孔祥桢在莫斯科草签，后来于 1956 年 6 月由周恩来正式签署生效。

这一次谈判，比以前的两次谈判都较顺利，谈判的气氛也比较融洽，谈判结束时，苏方邀请张连奎副部长和我专程赴喀山参观轰炸机制造厂。工厂规模相当大，装配厂房的跨度为100m，十分壮观。

"第一个五年计划"的第二批项目的谈判结果传回国内后，航空工业局及第四设计院的同志们情绪十分高涨，立即进行厂址选择。曾把轰炸机制造厂及其配套的专业化工厂的厂址选在甘肃的张掖戈壁滩上，飞机飞行研究院的院址选在新疆地区。由于我国当时正处于"第一个五年计划"的末期，没有更多的投资用来开拓新区，因此原来所选的厂址不得不重新选择，建厂时间也不能在"第一个五年计划"中进行。这个原定的"第一个五年计划"的第二批项目，实际上变成了"第二个五年计划"的建设项目，即今天陕西阎良的轰炸机制造厂、西安的发动机制造厂、四川温江的歼击机制造厂以及与其配套的成都发动机制造厂。

一次不欢而散的中苏航空工业谈判

中国航空业的根本出路，在于要自己搞科研，自己设计飞机、发动机和机载设备，不能长期依靠别人。中国航空工业局提出《关于建设综合性航空科学研究机构》的报告，建议建设航空材料、空气动力和强度、飞行研究、发动机特设（即辅机）、工艺和生产组织等6个研究机构。1956年航空工业局根据毛主席发出的"向科学进军"的号召，着手进行"第二个五年计划"的编制工作，决心要建立空气动力研究所和发动机研究所。由于这两个研究所的规模大、技术复杂，我们当时自己设计有不少困难，因此希望苏联提供技术和设备。另外为了改变当时航空大锻件从苏联进口的局面，要求苏联援助建设一个大型锻件厂。

1956年7月，中国政府派出中国国民经济"第二个五年计划"代表团，去苏联谈判，由李富春同志任代表团团长，赵尔陆同志是国防工业方面的总代表，油江和我作为航空工业代表，随代表团赴莫斯科。当时李富春同志将我国"二五"计划的正本提交苏联部长会议，并要我们各行各业的代表将各自的"二五"计划的援助项目送交苏方对口的工业部，准备谈判。油江同志代表中国航空工业局把"二五"计划副本提交苏联航空工业部。我担任翻译，接待我们的是苏联航空工业部对外联络司司长德沃连钦科，这位司长粗略地翻阅我们的计划后，很不礼貌地说："你们搞的计划太大了，两个大研究所和大型锻件厂就不必搞，你们现在连汽车还没搞出来，我看不必要，也不可能……"油江同志听后给予反击："我是奉命将我国'第二个五年计划'中航空工业计划的副本交给你部……你不愿意接受，我可以收回。你没权力指责我们的国家计划。"苏方的这位对外司长当时十分尴尬，赶紧说："我不是这个意思，我只是说这个计划太大了！"结果他还是把副本收下了。以后的谈判换了一个副司长，谈判气氛十分沉闷。

过了几天，1956年9月下旬，苏联航空工业部部长捷明杰夫会见赵尔陆部长，这是两位部长第一次见面。初见时气氛还比较融洽，赵部长还给捷明杰夫送了礼品。但当赵部长提到苏联援建的第二批项目的歼击机厂是根据 Mиг-19 机型设计的，建议将这个厂按 MиГ-21 机型进行设计时，捷明杰夫竟板起面孔，公然矢口否认苏联已生产 Miг-21 飞机，反而追问道："这是谁告诉你们的？"其实，苏联已生产 Mиг-21 型飞机一事，西方杂志早有报道，可这位部长在外交场合还演这场掩耳盗铃的把戏。那天的谈判，我作为翻译，赵尔陆部长很气愤地说"我只是建议而已。"这是一次不愉快的会见。

当时除了谈判，苏联照理应该安排代表团的同志到对口的单位去参观。但苏方暗中有个限制，凡是他们答应援建的项目，才同意邀请去参观有关的工厂和院所，不援助的项目就不给看。这次苏联航空工业部邀请我们参观的项目，都是我们过去赴苏同志们参观过的几个厂。而我们希望看的空气动力研究院、发动机研究院和大型锻件厂，都不邀请我们去。赵尔陆部长和油江局长非常气愤，把邀请单退还，拒绝参观，并提前回国。这是中苏间航空工业不欢而散的一次谈判。

"第二个五年计划"航空工业的建设没有"第一个五年计划"进行得那样顺利。1960年中苏关系破裂，原在航空工业设计院工作的苏联专家全部撤离中国，航空工业的工厂设计陷于停顿中。

我对苏联援建航空工业的若干体会

首先，在历次谈判中，苏方始终在执行着一条不成文也不见诸语言的限制规定：一是只帮助我国设计和建设航空工厂，而不帮助设计与航空产品有关的科研单位，使我国航空工业长期不能形成科研设计和生产的完整体系，不能独立自主地进行发展。二是对我国生产的机种加以控制，苏联转让给我国制造的机型至少要比苏联正在制造的机型落后一代到两代，儿子永远不许超过老子。三是苏联对中国的援助不是无私的援助，甚至是不平等的援助，当时苏联的卢布和人民币的汇率悬殊很大，1个卢布比2元人民币，论当时卢布的购买力大约不超过0.2元人民币。苏联帮助我国建设的项目，对我国国民经济起了作用，但我国为之付出了相当昂贵的代价。四是苏方在谈判中对我方是不够尊重的。他们的部长、司长表现是不够礼貌的，具有大国沙文主义的作风，使人记忆犹新。

总的来说，苏联在援助我国航空工业建设的10年里，成功地设计了"第一个五年计划"的 12 个航空工厂，此外，还为中国训练培养了一批工厂设计力量。大多数来华的苏联设计专家对中国是友好的，为中国航空工厂的设计立下了功劳，尤其是 Cn6-216 设计处的第一任处长契肯和苏联航空设计院长阿尔洛夫都是实实在在地帮助过我国的。我们也向他们学习了不少东西。作为与他们一道工作过的中国设计人员，我确实感到他们对我国的帮助是可贵的，也是令人难忘的。

来源：《校友文稿资料选编》第 13 辑

三　上天下海　奠基元勋

孙肇卿学长

改装 7M 亲历记

■ 孙肇卿　李周书

孙肇卿，1928 年 3 月生于上海，1947 年考入清华大学机械系，在校期间加入中共地下党北平外围组织"民青联"，1951 年加入中国共产党。1952 年从清华毕业后，历任哈尔滨飞机制造厂设计员、副生产长、副总工艺师、副总工程师、总工程师。1979 年被派往英国，任中国航空工业首任驻外代表处总代表并兼任中航技公司副总经理。1980 年任中航技公司总经理，1991 年任董事长，1993 年离休。

孙肇卿把自己一生中最宝贵的年华都贡献给了航空事业。在几十年的工作中，曾担任多种领导职务，每个岗位都表现出色，是一名优秀的领导者。特别是负责航空技术外贸工作以后，积极推进外贸体制改革，与国外合作开发后继机，开拓航空产品出口市场，打开了航空外贸局面，为航空工业的建设和发展做出了许多宝贵贡献。

从 1985 年至 2000 年，我国航空工业向国外出口的各型飞机中，以歼 -7M 及其改型飞机的数量最多。歼 -7M 是在歼 -7 Ⅱ 型飞机的基础上进行改进设计的，其设计图纸有 80% 是沿用歼 -7 Ⅱ 的，还借用了歼 -7 Ⅲ 的一些设计资料，改型专用图纸 7706 标准页。机载成品沿用歼 -7 Ⅱ 的占 77%，新选成品 86 项，其中引进英国的电子和火力控制系统设备 7 项。歼 -7M 的改进效果显著，不仅使火控、导航和通讯功能明显提高，而且增强了近距格斗能力，增加了航程和续航时间，增大了弹射救生的速度范围，延长了飞机和机载成品附件的使用寿命。

这是一次成功的改进设计和国际合作，同时也充满了风险与坎坷。

部长访欧，运筹帷幄

1978 年 6 月，邓小平同志在听取吕东部长关于航空工业发展问题的汇报时指出：按现在这个速度不行，飞机发展的解决途径要包括引进外国先进技术，要引进科研手段，要多派一些人出国留学。美国的买不来，就到西欧去买，然后在引进、吃透的基础上再发展。

为了落实邓小平的指示，掌握西方发达国家有关航空工业的第一手材料，1978年11月2日至12月23日，吕东部长和段子俊、陈少中、徐昌裕副部长，国防工办、空军、海军及航空工业的专家20多人，组成中国航空工业代表团，访问了英国、法国和联邦德国。在历时52天的访问中，参观、考察了32个工厂、9个研究所和4所大学，涵盖这3个国家的主要飞机、发动机制造公司，航空研究机构和一批机载设备制造企业。考察内容包括生产、科研、教育、新产品开发、质量管理、航空电子、售后服务、设备更新和国际合作等方面的课题。通过这次访问，首先是开阔了眼界，看到了发达国家航空工业的实际水平和发展趋势，看清了自己存在的差距，更加激发了奋发进取、加快我国航空工业发展的决心。其次，更加明确了要高度重视科学技术研究及其基础设施的建设，要把新产品研制放在重要地位。同时，对大力发展航空电子技术，广泛应用计算机技术，加强机载设备研制，引起了特别的重视。就是在这次访问中，部领导和专家们酝酿：如果引进整架飞机的技术，花钱太多，而对我国的歼-7、歼8来说，电子和火控设备是薄弱环节，如引进其技术，则花钱不多，却可以使飞机的作战性能得到改善。于是提出了引进英国的电子火控设备，改装歼-7、歼8飞机的方案，并进行了初步的探讨，慎重决策。1979年3月，在航空工业部段子俊、陈少中副部长亲自领导下，由中国航空技术进出口公司（简称中航技公司）副总经理孙肇卿和成都飞机厂（成都飞机工业公司）总设计师屠基达具体负责，有关单位参加，组成专门队伍，开始与英国的马可尼、史密斯、费伦蒂三家公司商谈歼-7、歼8飞机引进电子火控系统进行改装的问题。

中英双方的重要会谈有10轮。第一轮是在1979年3月3日至9日，马可尼公司常务董事培特曼先生等12人来华，详细询问了歼-7飞机的有关情况，并提出了设想方案和下一步打算。第二轮是在1979年4月8日至22日，重点就歼8飞机改装问题与费伦蒂和史密斯公司会谈。通过上述谈判，航空工业部和电子工业部于1979年5月30日联合向国务院、中央军委提出报告，从英国引进电子火控系统改装歼-7、歼8飞机。6月6日，王震副总理、邓小平副主席等中央领导批示"同意"。

1979年7月4日至8月9日，陈少中副部长率领包括孙肇卿、屠基达等30人在内的代表团赴英国，分别与马可尼、史密斯、费伦蒂公司进行具体商谈，双方明确了用于改装的设备及其主要性能和装机技术要求；初步商定引进马可尼和史密斯公司的7项电子设备改装歼-7飞机的时间表及费用。

此后，双方又进行了6轮技术与商务会谈。1980年3月27日至4月5日在上海举办的英国设备展览会上，吕东部长和段子俊、陈少中副部长会见了英国国防大臣皮姆等人，就中国从英国引进先进设备等问题进行了更高级别的商谈。

1980 年 6 月 30 日，由段子俊副部长和国防工办叶正大副主任带队，空军、总参和航空、电子工业部门人员组成的代表团到英国进行第 10 轮会谈，正式签订了两项合同：一是马可尼公司与中航技公司合作改装歼 –7 飞机，马可尼提供平视显示器、雷达测距器、大气数据计算机、通讯电台、静止变流器和照相枪等 6 项设备和技术支援；二是史密斯公司和中航技公司签订了雷达高度表供货合同。两个合同的 7 项设备，共购买 124 套，用于改装 100 架歼 –7 飞机。1980 年 7 月 31 日，中国政府批准了上述合同。9 月 1 日，我方向英方支付了预付款，合同正式开始执行。

改装的主要内容如下：

（1）装马可尼公司的平视显示器，用以代替原光学瞄准具及导航设备，原导航仪表作为备用，可使飞行员减轻负担，提高火控精度，增加对地攻击的计算功能和对空快速射击功能，提高飞机的对地攻击和空中格斗能力。

（2）换装马可尼公司的数字式脉冲测距雷达，增大了作用距离，提高了测距精度，具有频率捷变等抗干扰能力，并有自检测功能。

（3）加装马可尼公司的大气数据计算机，具有高精度数字电路，除向平显提供多种数据外，还向飞机的进气道调节锥提供高精度的马赫数信息。为此，恢复了使用 BM–2.5 马赫数表。

（4）换装马可尼公司的甚高频 / 超高频电台，具有 3 个可选频段，兼有调频、调幅功能，通话可加密，语音清晰，提高了通讯距离。

（5）用美国凤凰公司的两台单相静止变流器和一台三相静止变流器，使变流效率提高 30%。

（6）换装戴渥公司的记录照相枪，具有延时功能，与平显交联，每盒胶卷可使用两分钟以上，并可在空中换盒。

（7）换装史密斯公司的雷达高度表，使测高范围扩大了 1.5 倍。

（8）为了与引进的以上设备相匹配，须新研制多项与之相关的国产机载成品，并对飞机结构做相应的改进。

风云突变，绝处逢生

歼 –7 改装的初衷是为了提高我国空军作战飞机的性能，有关部门也参与了决策的全过程。但在合同签订两个月后，因国民经济的调整，减少军费，空军提出不要经改装的歼 –7M 飞机。1981 年 1 月和 2 月，有关领导机关两次召开会议，讨论撤销合同的问题。航空部提出，如取消合同，需向英方赔偿损失。中国人民银行认为，合同是由中国人民银行作担保的，如取消，将影响银行的国际信誉。

我驻英大使从外交关系上考虑，希望不要轻易取消合同。会议决定压缩购买设备的数量，减少金额，由航空部与英方谈判。经航空部和中航技公司驻英总代表孙肇卿与英方交涉，对方不同意撤消或改变合同，否则应按规定罚款。

1981年4月1日，高层领导机关再度开会，仍然决定撤消歼-7改装合同。经再次与英方谈判，对方提出按国际惯例，要赔偿的金额数额很大。于是，领导机关又开会，决定减少购买数量，以避免巨大损失。

此前，国外有用户希望购买歼-7，但需改善其性能。于是中航技公司主管出口的刘国民副总经理等人1981年4月17日至30日在国外访问时，用户提出拟购买80～110架歼-7飞机，但要求装有较先进的电子火控设备，使歼-7改装项目出现了转机。

1981年5月3日，领导机关开会研究，一致同意在国外有此需求的情况下，与英方所签合同不变，并把改装的飞机全部用于出口。此后，中航技公司、成都飞机厂与用户进行了四轮会谈。由于对方提出了很多新的改装要求，价格又压得很低，谈判异常艰苦。

除改装7项电子设备外，其他改装要求有：

（1）扩大弹射救生的飞行速度范围。

（2）飞机能装用法国制造的马特拉R550格斗导弹。

（3）机翼下增加一对外挂点，可以悬挂副油箱或火箭筒或炸弹。

（4）延长飞机、发动机及机载成品的寿命。

由于对方要求交付时间很急，改装技术难度较大，成都飞机公司提出分两步走的方案：第一步只满足一部分要求；第二步再满足全部要求。

在价格方面，经向部领导请示，吕东部长授权，价格可以灵活掌握，努力把合同签下来。经过半个多月的谈判，夜以继日，精疲力竭，连久经谈判沙场的对方团长也双手抱头，直喊受不了啦！合同草稿经过10次修改，终于在1981年6月签字生效，规定1982年10月交付第一步改装的20架歼-7B飞机，1983年10月至1984年6月交付第二步全面改装的60架歼-7M飞机。

"山重水复疑无路，柳暗花明又一村。"出口合同的签订不仅为歼-7M飞机找到了出路，保住了与英国签订的引进合同，而且看到了歼-7改装出口的广阔前景。第一步改装工作进展较顺利，1982年11月完成了20架歼-7B的交付任务。

背水一战，突破难关

中英双方经过一年多的努力，1982年装出两架歼-7M飞机的研制型样机。当马可尼的雷达装上飞机后，发现雷达截获来自进气道的假目标，经大量的试验和分析，成功地解决了此问题。1982年10月开始进行全面鉴定试飞，发现雷达截地高度大于1000m时有地杂波，经多次改进设计和试验，一直达不到规范要求。

使用方对我方一再推迟交付歼-7M表示不满，多次强烈要求罚款，并表示如果不明确交付日期，就不予办理延长信用证的有效期，使我方无法收款。经与对方上层官员多次艰苦谈判，反复解释推迟原因，才勉强同意在限定时间内交付飞机可免于罚款。

此时，中航技公司和成都飞机公司都感到压力很大。陈少中副部长亲临工厂，动员大家千方百计克服困难，提出"背水一战"，没有退路。为了突破雷达有地杂波这个难题，考虑到巴基斯坦也有购买歼-7M的意向，当时决定请巴飞行员来华试飞歼-7M。飞行员飞完后说："歼-7M雷达有些地杂波是正常现象，我们飞F10-16飞机时也有。"这样，我们心中就有了底，对马可尼的要求比较现实了，对使用方也有了回复交付时间的依据了。后来，马可尼公司在雷达上增加了地杂波抑制电路，经过飞行考核，彻底解决了问题。

从1982年12月至1984年3月，歼-7M共试飞197架次、164小时。中英双方技术人员密切配合，做了大量工作，逐一解决试飞中出现的各种问题。到1984年4月，中英双方同意改装已获成功。

为了进行实战考核，中航技公司于1984年6月至9月送这两架歼-7M飞机去巴基斯坦，请巴方飞行员进行航炮、火箭的对地攻击、炸弹的投放、空对空航炮打靶以及空中格斗等试飞，并经受了高温、大过载等情况的考验，获得巴方的好评。一位很有经验的飞行员说："歼-7M的操纵灵活性好，火控系统改装是成功的。"巴空军司令贾马尔上将说："歼-7M飞机性能好，易掌握，好维修，可与同类西方飞机媲美。"试飞中也进一步暴露了改装中的一些隐患，如引进设备的故障率较高等，督促马可尼公司提高产品质量。

"宝剑锋从磨砺出，梅花香自苦寒来"。从1984年7月至1985年5月，我方完成了交付60架歼-7M飞机的出口任务。同时，先后邀请埃及、泰国、突尼斯、巴西等国的飞行员前来试飞歼-7M，都给予很高的评价。

成果丰硕，体会深刻

改装歼-7M，虽然经历了艰难曲折，从航空部领导去西欧考察开始酝酿方案，到交付60架出口飞机，共花了6年半时间，但在引进先进技术、提高飞机作战性能、促进飞机出口等方面，都是一项成功之举。进入20世纪80年代以后，我国原有的飞机明显落后，出口难度越来越大，歼-7M在很大程度上缓解了"后继无机"的矛盾。该型号及装有 7 项电子设备的进一步改型飞机，成为此后十多年的主要出口机种。到 1999 年，歼－7 和歼教 7 系列飞机已出口 400 多架，其中歼－7M 及其改型飞机接近 300 架。

善于抓住机遇，果断决策，正确处理冒风险与求稳妥的关系，是这项工作的一个重要体会。要想有高回报，就伴着高风险；要办成一件大事，不冒一点风险是不可能的。遇到风险，要敢于"背水一战"。改装歼－7M，经历了两次"背水一战"的局面，既没有后退的余地，只能排除障碍，勇往直前。第一次是谈判第一个出口合同，如果不设法满足对方的要求，把出口合同签下来，那么与英国签订的引进合同就没有出路。第二次是技术攻关，只能前进，不能后退。

在与英方签订引进改装合同时，我方下决心一次就采购 124 套设备，用于改装 100 架飞机，也是冒了很大的风险。为稳妥起见，应先采购少量设备，改装几架飞机，试验鉴定成功后，再进行成批采购和改装。这样做的缺点是周期长，后续采购将提高价格。当时考虑为尽快满足使用需要，就采取了冒险的做法。后来，空军不买了，就感到还是数量太多，一再提出减少采购数量。当谈判第一个出口合同时，对方需求数量在 60 架以上，时间要求急，价格又低，正是由于原先的采购数量大，订货早，价格偏低，才满足了出口要求，挽救了全局。

另一条深刻体会是，在外贸上必须使进口和出口紧密结合，形成一盘棋，才能把棋下活。改装歼－7M，如果只能供国内用户使用，就是死棋一盘，必将造成巨额损失。由于开拓了出口渠道才化险为夷，路子越走越宽。由此而启发我们：引进国外先进技术的一个重要目的在于形成可供出口的商品。这条宝贵经验已成为航空工业发展外贸的重要指导方针。运－12 飞机和 K-8 教练机的开发与出口也充分证明了这一点。

还有，中央的方针、领导的决策和及时指导，有关部门和单位的密切配合，外贸公司和工厂的统一协调，项目骨干队伍的相对稳定，都是搞好这个系统工程的必要保证。整个改装工程技术复杂，牵涉国际合作和国内很多单位，时间跨度很长，由于中英双方和国内的基本骨干队伍始终保持稳定，减少了很多矛盾，保证了工作的连续性，也培养和锻炼了队伍。总设计师、后来成为中国工程院院士的屠基达深有体会地说："技术人才必须经过岗位实践，实践出真知，并在实践中培养敬业精神和为事业做出牺牲的精神，锻炼承受挫折和失败的顽强意志，学会善于团结大家一道工作，共同克服各种困难，才能取得好的成绩。"

＊作者分别为中航技总公司原总经理、副总经理

来源：《航空档案》2005 年 7 月

三　上天下海　奠基元勋

陆建勋学长

陆建勋院士：弄潮逐浪七十载
唯愿祖国海疆平

■ 王　健

　　陆建勋，1929 年 9 月出生，祖籍浙江杭州，生于北京。1951 年毕业于清华大学电机系。无线通信工程专家，中国舰船研究院研究员，中国工程院院士，两院资深院士工作委员会委员。主要研究从高频到极低频波段的无线通信与工程应用，为国家重大科学技术基础设施建设项目"极低频探地（WEM）工程"首席科学家、国家安全重大基础研究项目"无线通信网络智能化应用基础研究"项目首席科学家。专著《极低频与超低频无线电技术》，译著《现代通信原理》。

痴迷无线电　结下一生不解之缘

　　陆建勋，祖籍浙江杭州，1929 年生于北京。父亲常年在外谋生，母亲操持家务，初时家境较为富足，"七七事变"以后，生活渐显窘迫。1935 年，陆建勋入北京虎坊桥小学读书，两年后转入育英学校。育英学校于 1864 年由美国基督教公理会初建，薪火相传，桃李芬芳。

　　在育英，他最喜欢自然科学、国文两门课程。他在课堂上认真学习科学知识，课后就与小伙伴烧制泥捏的茶壶茶碗、做模型飞机、用牛油火碱自制肥皂，复杂深奥的科学理论经由亲身实践变为有趣浅显的现实，小孩子爱玩的天性得到释放，善于动手的能力也逐渐养成。在国文方面，陆建勋也显示出较高水平，同学撰写的《一九四一年高小毕业班班史》中特意提到："陆建勋同学为文章高手，……皆令人深切羡慕者也。"

　　但最令陆建勋着迷的还要算无线电。他的无线电启蒙得益于育英学校良好的教育氛围、丰富的课余活动和专业的指导教育。育英校史中写道："自'九一八'事变后，育英学校一九三三届有同学十余人，感体力之不足，不能投笔从戎。欲从科学方面，着手报国，乃组织一电波团，学习收发无线电之技能及各种电机装置之方法，数月后已能随意收发，此十数同学既有相当无线电技能，欲于必要时为国家军队竭其绵薄，略尽国民之职责。"育英学校还专门成立了学生电波社团以及专门指导学生课外生活的无线电研究班。受学校浓厚无线电研习氛围的影响，同时受师友的指导启发，陆建勋逐步踏上了无线电的探索之旅。他常泡在图书馆学习无线电知识，又跑去隆福寺地摊寻找旧配件，自己动手做各种无线电设备，在失败中摸索，在成功里前进，谁也没有想到这粒兴趣的种子最后成长为陆建勋一生探索追逐奉献的事业。

1947年，陆建勋考取了清华大学，并如愿进入电机工程系。该时期电机系对学生要求严格，大部分学生都养成了刻苦钻研、严肃认真的学习习惯。陆建勋至今仍记着当时清华大学流传的顺口溜："一年级买蜡烛，二年级买眼镜，三年级买痰盂（得了肺结核），四年级买棺材。"正是严格良好的学风，使陆建勋所在的1951届清华电机系培养出了"一位总理、四位院士"（朱镕基、金怡濂、张履谦、王众托、陆建勋）。

在清华，他有幸聆听了知名教授的授课，如张维的材料力学、张光斗的水力学、孟昭英的无线电原理、周培源的相对论报告等，也经常向常迵、吴佑寿等师长请教疑惑。通过系统的学习，陆建勋将理论知识与自己长期以来的实践积累结合了起来，过去自己动手瞎碰乱撞时遇到的疑惑迷茫经由理论的点拨变得豁然开朗，他更是沉浸在无线电知识的海洋中难以自拔。陆建勋在清华遇到了许多志同道合的朋友，经常凑在一起研习无线电。当时生活清苦，他就利用暑假时间帮教授誊写书稿来赚取报酬，全部用来购买无线电配件。

1950年，抗美援朝爆发后，清华大学响应国家号召动员青年学生参军。大连海校拟选拔6名清华电机系四年级学生担任助教支援海军建设，要求既有理论基础又有实践经验。作为无线电课代表的陆建勋义无反顾地报了名，投笔从戎，参加了人民海军。

左起：陆建勋、张履谦、王众托、金怡濂四位院士在2016年科技三会合影

1950 年 11 月，陆建勋（前排右 2）与清华参军同学合影

参军后，陆建勋被分配到北京海军司令部通信处工作，他是新中国成立后海军司令部接收的第一名大学生，主要负责发信台、收信台收发报机的维护和修理，也给那些只有初中文化程度的调配员教授无线电知识。陆建勋理论基础扎实，动手能力又强，同志们在修理中遇到困难都会找他帮忙，而他也总能想出各种办法，帮大家解决问题。

后来，海军司令部通信处先后成立机务组、无线电修理厂、科技处，陆建勋都是绝对的技术骨干，并先后荣立了个人一等功，集体二等功、三等功，还当选了海军首届英模代表。

深海传音 推开对潜通信大门

也正是在海军司令部通信处，陆建勋踏出了对潜通信研究的第一步。1954 年 6 月，中国人民海军第一支潜艇部队——海军独立潜艇大队在青岛宣告成立。潜艇部队成立初期面临的主要问题之一就是如何保证对潜艇的通信指挥问题。为此，海军曾委托南京无线电厂生产了一部功率为 1000 瓦、频率为 100 千赫的超长波发信机。陆建勋在参加设备接收试验时发现，由于功率太小、频率偏高、天线低，设备根本无法满足和保障潜艇的通信要求，对潜通信探索的第一步"踏了空"。

1957 年，苏联提出了中苏两国合建大功率超长波电台的建议，中国则坚持我国自建，苏联提供技术上援助的主张。陆建勋随海军副司令员罗舜初前往中南海西花厅向周恩来总理汇报了超长波电台的情况，解答了总理提出的相关疑问。"西花厅里的考试"极大地鼓舞了陆建勋继续在潜通信领域进行探索的信心。

1959 年 4 月，陆建勋随考察团到苏联考察学习，亲眼看到了苏联核潜艇配备的瞬间大功率超快速通信系统和其他先进的通信装备。深受震动的他回国后立即组织哈尔滨军事工程学院、大连工学院等几家单位尝试探索短波快速通信研究。他委托军工三系师生采用窄脉冲发射的方案，进行哈尔滨至沈阳试验，但终因带宽太宽、噪声很大而再次失败。

1960 年，我国正式引进了苏联瞬间大功率超快速通信系统"阿库拉"。在认真研究该系统的通信体制后，陆建勋发现该体制在抗多径干扰方面存在严重缺点，不宜开展仿制，同时瞬间大功率发射机、潜艇天线等设备也应按照我国当时的水平进行改进。于是，他大胆提出了国内自行研制"潜艇瞬间大功率超快速无线通信系统"的方案，并初步提出代替进口样机的新技术体制。该方案是陆建勋根据我国当时通信技术发展的水平和配套能力，经反复研究提出的，充分体现了他严谨细致、实事求是的科学精神。在当时强调"一丝不苟搞仿制"的整体环境下，提出完全由国内设计新通信系统的建议是极为难得的。最终，他提出的核潜艇工程通信装备——第一代瞬间超快速通信系统（"九〇〇号"工程）被国防科委正式批准立项。

科研之路无坦途，"九〇〇号"工程研制曲折艰难，先后经历了仿制与自主研制的争论、核潜艇"下马"的波折、"文化大革命"的侵扰，陆建勋团结各合作单位，带领科研团队先后攻克超快速通信终端机、大功率短波液压伸缩天线等难关，最终夺取了核潜艇超快速通信系统研制的胜利。

自主创新 倾听来自远望号的欢呼

20世纪60年代，我国原子弹、氢弹成功爆炸。如何把核力量投送到万里之外，我国尽快发展远程洲际导弹的任务迫在眉睫。远程洲际导弹的射程一般在8000km以上，我国虽然幅员辽阔，但无论从哪个地点量起，也不能达到8000km以上的空间跨距，唯一可以选择的，就是利用公海进行试验。如此远距离的飞行试验，必须在导弹数据舱掉落的海域设置充足的测量、护航、警戒舰艇和辅助船只的庞大编队，保障跟踪测量船，进行洲际导弹的数据测量与飞行姿态观察和及时打捞数据舱。

1966年冬，陆建勋到北京饭店参加一次重要会议，会议动员我国开展洲际导弹全程飞行试验工程（代号"七一八"工程），他所在的研究室负责船－船、船－岸通信分系统总体论证与技术抓总任务。

该系统除了要保证庞大的测量船和护航编队之间的可靠通信外，重要的是保证测量船与火箭发射基地8000多公里的不间断通信，其中最为核心的是保证"火箭关机点"参数的准确传递。因为测量船只有根据"火箭关机点"参数才能计算出弹道和确定"弹着点"，然后尽快派船准确地把数据舱打捞回来。在某次会议上，国防科委副主任钱学森同志提出："如果通信系统保证了'火箭关机点'数据的传输，那么通信系统就完成了50%的任务，就算及格。"为此，陆建勋早已开始苦苦寻找能够确保"火箭关机点"参数正常传输的制胜法宝。

当时我国远程通信手段很少，主要通信又不能依靠国外的"海事卫星"，陆建勋提出以短波为主，同时以甚长波通信为辅，双管齐下，确保"火箭关机点"参数的传送。为了保证测量船与陆地的沟通，他拿着国外测量船的照片作参考，为"远望"号测量船设计了大功率旋转对数周期天线，安装了大功率的短波发射机。为了避免强场强对接收的干扰，后来决定以向阳红5号科考船作为短波发射船，信号经中继转发。但是短波在远距离之间能否保证24小时不间断通信依然存在不确定性，因此他又委托有关研究单位计算、测量短波频率和可通时间。前后数年，经过多次实船考察短波传播特点，对短波远程通信的规律有了更加深刻的了解。但发现通过预测，远距离的短波通信每天至少有2个小时无法保证连续通信。这就使得"24小时不间断通信"的要求打了折扣，这是绝对不能接受的。

保证短波8000km不间断通信的任务必须完成，陆建勋又陷入了思考，努力寻找完成使命的可靠方法。他受武汉大学物理系开展的短波脉冲后向散射项目的启发，收集了大量国外关于短波脉冲探测信道研究的资料，经过仔细研究，最终研制出一种短波脉冲发射机和同步探测实时选频系统，并建立了专门发射台站，终于实现了24小时不间断通信的目标。但他还是不放心短波的可靠性，又组织科研人员开展了新的调制技术的研制并取得成功，利用我国新建成的大功率甚低频发射台进行"关机点"参数传输，从多方面保证了关机点参数的正确传输。陆建勋历经13个春秋，认真思考，仔细钻研，为"七一八"工程的成功攻下了一道道重要的难关，最终听到了从"远望"号上传来的欢呼，所有的艰辛化作成功的喜悦。

站高望远 领导舰船科研事业前行

1983年至1993年，陆建勋担任中国舰船研究院院长。年过半百、一心专注于科研的科技工作者被推到了一个新的工作岗位，改革的浪潮推动着他努力探索改革旧体制、建设新院所的适宜方法，成为改革的践行者。作为中国舰船研究院的领导者，他肃清"文革"阴霾，整顿秩序保科研，统揽全局三线搬迁促发展，解放思想大胆尝试推改革，开启了科研院所实现新发展的崭新征程。

繁重的行政工作牵扯着极大的精力，但陆建勋庆幸自己并未离开他所热爱的舰船科研事业，也从未放弃在此科研领域的探索耕耘。无论沉潜基层还是身居高位，他一直不改科学家的本色，领导并组织开展了多个军民品重大项目。

陆建勋率领各科研院所将先进石油测井设备国产化变为现实，成功研发出我国研制的新一代石油测井设备——电缆传输数控测井系统。该项目被列为首批国家级"火炬计划"，打破了国外对测井技术的垄断，保证了我国战略资源的安全，最终实现了先进石油测井设备的中国制造。

他领导了某国防大型指挥自动化系统工程，圆满完成科研任务。该工程是中国舰船研究院首次对工程进行总承包，工程地域跨度大、组成系统多元、技术专业多元、参研单位众多，这使得互联互通极为艰难，但陆建勋带领科研队伍硬是攻克了这道难关，彻底改变了我国海军指挥系统落后的局面，也为后续系统的发展提升奠定了坚实基础。

有成功必然也有失败。20 世纪 90 年代，陆建勋得知美国 LFIS 公司欲在远东寻求合作伙伴，进行高档 CCD 图像传感器的技术转让。他抓住机会，积极沟通，希望通过引进美国 CCD 图像传感器的先进技术，彻底改变中国在该领域的落后状态。他奔波往来于中美之间，商讨合作事宜，签订了技术转让合同，无奈经费始终无法落实，项目最后无疾而终。他将 CCD 图像传感器的引进列为自己"失败"的项目。

老骥伏枥 奋发图强再前行

1995 年，陆建勋当选中国工程院院士。当选院士是对他既有成绩的表彰，他从未停下科研探索的脚步。

20 世纪 90 年代末，陆建勋主持了与俄罗斯科学院的极低频民用技术合作的谈判。在引进相关技术的基础上，他联合国内有关专家根据我国特点进行了改进和创新，提出"利用极低频 / 超低频无线电波进行地震预报及地下资源探测系统"的方案研究。在他的带领下，经过多年充分论证和不懈努力，国家发改委正式批准"极低频探地（WEM）工程"列为"十一五"国家重大科学技术基础设施项目之一，陆建勋以 82 岁高龄担任了工程首席科学家。

陆建勋对科学的热情激励着他一次次开拓新领域。他在开展某项目的研究过程中，认识到认知无线电与抗干扰通信的结合是开创性的研究领域，具有广阔的应用前景。为此，他提出申报国家安全重大基础研究项目。当时已近 80 岁高龄的他，仍以饱满的热情带领科研团队开展申报。谁知前路漫漫，历经五年申报、四次失败后，该项目终于获得通过。此时已是 85 岁高龄的陆建勋亲自挂帅，担任了该项目的首席科学家。

现在陆建勋已是 88 岁高龄，但自称"80 后"的他依旧坚持天天上班，忙忙碌碌，从未停止过在科研领域的耕耘，因为他心中始终放不下对学术研究的热望，坚持站在学术前沿，推动科学技术的创新发展。他在科研工作中的坚持执着所释放出的激情，于平静之中感染他人。他之所以这样努力，是因为心里有更高的追求，那就是心中有一份对深海探索、国防建设、民族复兴的沉重责任。

来源：《中国科学报》2017 年 7 月 10 日

三　上天下海　奠基元勋

程不时学长

程不时：给雄鹰插上"中国翅膀"

■ 赵征南

程不时，中国第一代飞机设计师，1930 年出生于湖南醴陵。1951 年毕业于清华大学航空工程系。在 40 多年的飞机设计生涯中，他负责过许多不同类型的飞机的总体设计，其中包括中国第一架喷气式飞机歼－教1、第一架超音速飞机强－5。他是中国第一架喷气式客机运－10 的副总设计师，还是国产大飞机 C919 的专家顾问团成员，并负责起草中国第一部适航标准。

大飞机，对于中国的航空人而言，是一个充满挑战的梦想。

1903 年，美国莱特兄弟发明了人类历史上第一架载人动力飞机，之后的数十年间，世界航空技术迎来飞速发展。可对于中国而言，飞机如同一个沾满鲜血的魔鬼，带给国人更多的是伤痛。在抗日战争中，日本空军肆无忌惮地轰炸中国的土地和百姓，我们的空军曾用"血肉之躯"，阻挡侵略者的袭击。

曾经，有外国人讽刺说："中国是一只没有翅膀的鹰。"

擦干眼泪，仰望星空，我国的第一代航空飞机设计师们发誓，一定要给雄鹰插上飞翔的翅膀。程不时就是其中的代表。

中华人民共和国成立后，百废待兴，21 岁的程不时在国家开启航空工业之年加入建设队伍。7 年后，由他负责总体设计的中国第一架喷气式飞机歼－教1在碧蓝的天空划出一条优美的弧线。后来，他从军机战线转向了民用飞机战线。1980 年，由他参与设计的我国首架喷气式客机——运－10 首飞成功。

雄鹰的翅膀越发强劲、有力。2017 年 5 月 5 日，国产大飞机 C919 成功首飞，为大飞机之梦奋斗了 47 年的程不时，终于圆梦。

耄耋之年，这位亲历中国航空事业发展的老人，回忆起逐梦路上的点滴瞬间，依然热情如火。

雄鹰初啼 陪伴他的是小提琴、飞机

程不时的家，是上海静安区的一处公房。

房子修建于 20 世纪 80 年代，已经有些年头，老化的墙纸快要看不见最初的底色，斑驳的地板踩上去会发出吱吱的响声。

进门就是厨房，拥挤显而易见，灶台上放着烧得变色的水壶和铁锅，搓衣板立在墙根，洗碗池也同样是洗脸池、洗衣池。朝北的一间小屋被他改造后，兼具客厅和书房的功能，木凳、沙发椅、靠椅分开摆放，静静地等待客人的到来。

在这样一个看起来有些杂乱的老屋里，第一次看见程不时的样子，足够让人吃惊。

他显然是个"讲究"的人。会见客人，满头华发的他精心打扮，白衬衫搭配着黑色背带西裤，脚上穿着黑皮鞋，举手投足间都是绅士风范。同行的女记者看到，连声发出"好帅"的赞叹。

听到这儿，一旁的程不时妻子贺亚兮开心地笑了起来。她同样是航空领域的高级专家，相知 50 多年来，一直是程不时的"小迷妹"，夫妻二人携手铸就了"伉俪妙笔绘鲲鹏"的佳话。

书桌上，密密麻麻的书本中，一把满是"伤痕"的小提琴成了焦点。程不时说，这把二手小提琴的琴身上，刻着它上一个主人记下的日期，落款时间是 1921 年。

自从程不时搬进来的那一天开始，小提琴的乐谱一直架在靠窗的位置，没有移动过。曾经是清华大学管弦乐队首席小提琴手的他，如今还是被网友称为"清华学霸合唱团"的清华大学上海校友会艺术团的主心骨之一。

现在，窗外的人们依然可以时常听到老屋里传出悠扬而厚重的小提琴曲。采访当天，多天未拿起小提琴的他，即兴演奏了三段曲子，当他演奏完最后一段《梁祝》时，在旁的最忠实听众贺亚兮陶醉于此，激动得一直鼓掌。

程不时夫妇感情极深，不过却并未把二人的合影放在房间的 C 位，而只是挂在墙角。因为，在程不时的心中，有比合影还重要的东西。

多年来，陪伴程不时的，除了妻子、小提琴，还有飞机。他的计算机屏幕，还有微信头像，都是飞越喜马拉雅山脉航行的运 -10 飞机。而客厅墙壁的正中间，沙发的上方，仍然是运 -10 的位置——程不时以大飞机顾问的身份到中央电视台参加节目录制，临走时，他将运 -10 背景板一路夹在胳肢窝里，乘着飞机带回上海，如今成了程不时家中最显眼的装饰。

幼年的程不时住在湖北汉阳机场附近，常常有飞机低低地越过他的头顶，引擎声吸引着他。抗战期间，在日军飞机的轰炸中，程不时随留德回国的工程师父亲辗转到山东、河南、广西生活，在桂林七星岩，当他抬头望着高空中翱翔的雄

主要设计人员在飞机歼教 1 前留影，右 3 为程不时

鹰时，常常畅想："有朝一日我设计的飞机要像这些鹰一样翱翔天际。"

深埋在泥土里的种子从此扎下了根。读初中时他郑重地向同学们"宣布"："我将来要设计飞机。"

高考时，程不时，只有一个选择。

其实当时家中来客们有的并不支持他北上，因为在 1947 年，"学习航空可能没有好的就业前途"。但是他依然义无反顾地报考清华大学——中国第一所建立航空工程系的大学。

可刚入学，他却遭到了航空系主任的当头"棒喝"："中国航空事业的发展势头微弱，学生毕业后很难找到合适工作，建议转系。"有转系的同学也想拉他一起，跟他说："你对艺术有兴趣，去建筑系吧，那里工程和艺术完美结合。"

在山河破碎、国难当头时许下的豪情壮志，怎能轻易放弃？他下定决心，哪怕就几个人，也要设计飞机！

雄鹰展翅 中国天空有了一个个第一

程不时的心中，还珍藏着一份开国大典的特别记忆。

1949 年，留在清华的全体师生参加了开国大典，为了准备晚上的提灯游行，航空系师生决定制作一盏从未有过的"飞机灯"。他们并未按一般灯笼的结构，而是拆了吊扇作螺旋桨，还在飞机翼尖和机尾装上了红绿白灯，部分实现了飞机的实际构造。有人对学子们说："希望你们以后设计出真正的飞机。"走在游行队伍中的程不时明白，发展航空，不仅是他个人的梦。

1951 年，中华人民共和国决定建立航空工业，首先要有生产能力，因此，程不时的第一份工作，是参与设计中华人民共和国第一批航空工厂。

1956 年，航空工业局在沈阳成立"第一飞机设计室"，主任是科班出身的徐舜寿，程不时担任总体设计组组长，当时他只有 26 岁，设计组的平均年龄仅为 22 岁。

"飞机设计要遵循'需要和可能'。为何设计室成立后的第一种机型，就是喷气式教练机歼 – 教 1？因为那时需要这样一款飞机，中华人民共和国的设计队伍也需要成长，而当时我们已具备造喷气式歼击机的工业基础。"程不时说。

有种声音认为，与其辛苦研制飞机，不如买图样，照葫芦画瓢。程不时说，中华人民共和国从设计第一架飞机开始就确立一条设计路线——根据飞机的任务需要，从世界航空技术库里挑出合适的手段，进行新的"工程综合"来形成自己的设计。

"就是要'熟读唐诗三百首'，熟悉许多不同的型号，熟知部件的各种可能方案，从中取舍新设计的工程措施，绝不应设计出某种飞机的仿制体。"程不时说。

1958 年，歼 – 教 1 首飞成功。这是中国自行设计和制造的第一架喷气式飞机，也标志着中国的自主设计能力进入喷气式时代。

谈及为何自己的重心从军用转向民用，程不时说："20 世纪 60 年代，周总理出国，只能向巴基斯坦借飞机，中国航空业离世界太远。我们明白不是某个人落后，而是国家、民族落后了。"

1970 年，"708"工程启动，国家先后从各地调集了 300 多名航空技术人员前往上海研制运 –10，41 岁的程不时在飞机研制中担任副总设计师，分管总体设计、气动力分析、计算机和试飞工作。

"运 –10 是我国第一架自主研造、拥有完全自主知识产权的喷气式民用客机，也是我国在 20 世纪自主研造的最大飞机。仅其平尾面积，就比我过去所从事的喷气战斗机的机翼面积大上 5 倍，是我国的飞机设计首次从十吨级向百吨级冲刺。在科学技术上，凡数量差上十倍就称为达到一个量级，事物就会起质的变化。"程不时说。

当时的条件极为艰苦，程不时家 6 口人，挤住在只有十几平方米的小房子里，睡觉只有行军床解决，晚上只能伏在木箱上编程序。

而设计组连办公室也没有，只是借用民航废弃候机楼临时工作。为了展开图纸，设计人员就在食堂办公，一到开饭时，便要把图纸收起，吃完饭别人都出去了，再把图纸摊开工作。那时不同的设计组，有的在走廊上、在楼梯间，就摊开工作，还有人把大包装箱当作设计室，边上开个门，在里面工作。闷热的夏天，设计师就不停擦汗，生怕汗水滴下来濡湿了图纸，便把报纸裹在腿上、手臂上，同时还可抵挡蚊虫叮咬。

"飞机设计绝不是一个'热闹'的工作，而是要吃苦，有时很枯燥，要耐得住寂寞。"在程不时的自传中，他也提到了飞机设计师的必备素质——是一个创造者；是一个涉及诸多学科的"通才"；有良好的判断力和预见性；在常规技术任务之外熟练运用语言、文字和图像等交流的技能。

程不时还给年轻设计师一个建议："应对飞行有必要的关注。"在他看来，设计师如果只执着于在车间拼命干活，意识里没有"天空"，很难实现开拓天空的意愿。"我和飞行员都是很好的朋友，飞行员带我体验过载，别人都在吐，而我每次试飞都很关心，询问飞行员飞行的感觉如何，体验怎么样，这对我的设计工作是重大的参考。"

C919首飞仪式现场，程不时是年龄最大的出席者

1980年9月26日，运-10在上海大场机场飞向蓝天。"当时，我特别专注，动用全部的知识储备，思考着几百万个零件可能出现的所有问题，为之准备对策。"程不时说，首飞非常顺利，试飞员王金大降落后评价"像'大个子打篮球'"，庞大却灵动。

"这是科学的胜利，也是开创精神的胜利。"程不时感慨。

雄鹰腾飞 "不时"说自己"生逢其时"

令人遗憾的是，1982年后，受多种原因影响，运-10的研制工作基本停顿，国产大飞机的逐梦之旅暂时搁置。

在C919的总装基地摆放着一架运-10飞机，飞机前的石碑上镌刻着四个字"永不放弃"。

"'永不放弃'四个字，不是不放弃运-10，而是不放弃我国自主设计民航客机、发展本国工业体系的道路。"程不时说，"遭遇运-10这样的挫折，我感到无奈。但是前进路上我们不能害怕困难。经过运-10项目的洗礼，我始终相信我们有能力研制大飞机。"

最艰难的时刻，仍然是对工作的热情，以及对梦想的追逐支撑着他，让程不时充满斗志。他仍然心甘情愿地做逐梦路上的一分子，哪怕只是一块铺路石。

甚至在退休后，为了让大飞机项目重新启动，程不时每天要花十几个小时撰写对我国自主发展大飞机的意见。有时，写到中午，饿了，他就跑到街上买两个包子吃；累了，就在沙发前面的空地上打地铺躺一会儿。他还参加香山科学会议、全国经济界讨论会，对"中国如何走出大飞机的路"陈述他的意见。

除了工作，程不时还有丰富的业余生活。科技和艺术是他生活的两条平行线，一个是正业，另一个是爱好，两条独立的线互相烘托。

程不时喜欢巴赫、亨德尔、海顿、莫扎特等人的小提琴奏鸣曲和协奏曲，最常习练的，是贝多芬的《D 大调小提琴协奏曲》。"贝多芬是个硬汉，我很喜欢他那种大调风格带男子气的庄重，不怕痛苦，直面艰难险阻。"

不少人和程不时有同样的想法："在当时那样一个中国连高压锅都造不出来的时代，研发的运－10，其材料竟然全部靠自主研发完成。""有了运－10 的研制，我们才有干大客的信心，才有干大客的基础。"

2007 年，经过长期的论证，国产大飞机 C919 正式立项。十年磨一剑，2017 年 5 月 5 日，C919 首飞现场，作为民用大客机专家组的成员，时年 87 岁的程不时成为仪式上最年长的出席者。那一天，研制飞机的青年科技团队，身穿"中国商业飞机公司"的绿色工作服，胸前配有国旗图案，他们却把最前排、最显眼的位置让给了程不时。

翼展 35.8m，机身长度 38.9m，可载客 155 人，程不时看着 C919 推上油门，在跑道加速，轻盈离地，昂首飞上天空，眼里充满泪水，喉头哽塞，他极力控制声音的颤抖，大声地说："我们国家多少人为 C919 的腾飞努力了几十年，终于走到了这一步！这是一个了不起的胜利，一个非常重要的成就！"

在程不时看来，在民机制造，或者说整个工业领域，过去曾存在两条岔路：一条是闭关锁国，独自发展；另一条是崇洋媚外，抱国外的大腿。而 C919 走出了一条自主创新与全球合作结合的路。

"有人说，科技创新的金字塔必须从基础开始一步步向上，C919 不是中国制造而是中国组装。但我认为，我们不可能孤立于世界，全球供应链的时代，波音也不是自己造发动机。关键在于，我们掌握了最主要的东西，就是飞机设计的知识产权，自主设计意味着掌握了飞机型号的主导权。核心技术需要从局部突破，以点带面发展，否则，创新的时间会拉长，成本也显著提高。"程不时说，"为外国打工能赚钱，美滋滋。但历史的经验证明，如果期待飞机设计也可以像冰箱、洗衣机那样，靠引进外国整条生产线，一个个环节'国产化'，以为这样就可以得到整条生产线的本土化，并取得民族科技的发展，那就错了。往往越是关键的技术，国外越不会给你，即便'甘当小学生'去求人，也得不到半点怜悯。"

有人说，程不时"生不逢时"——如果当年运－10 没停下来，他个人的成就也许更加辉煌。

对此，程不时表示，父亲给他取名"不时"，是希望他不去赶时髦，老老实实做实事，更要勇于创新、开拓。而自己作为一名飞机设计师是"生逢其时"，赶上了中国航空事业发展的好时代，并为此做出贡献。

程不时深爱着小提琴，他最喜欢的音乐家是贝多芬

"我们今天仍然应该敬佩詹天佑、茅以升、徐舜寿，他们到国外学习先进技术，目的是用来振兴自己的国家民族，并在这项事业中万死不辞。他们在留学过程中，拒绝了国外的各种诱惑；在遇到挫折时，也没有愤而抛弃自己的国家，而是和国家一起共患难，报国之心从未降温。"程不时说，"21世纪中国航空产业的振兴，需要一批真正用科学思想武装起来的、充满朝气的、生气勃勃的人才，他们一定会是时代的主流。"

关于未来，程不时忍不住再次提醒："真正的命脉绝不能掌握在别人手中。"

记者手记

感恩奉献于时代的人

采访结束，到了程老的晚饭时间。老人缓缓起身，由于前些年不慎摔跤的缘故，腿脚已有些蹒跚。他对一日三餐没什么特别的要求，都是吃社区为老助餐点送来的饭菜。

走下楼梯，推开门，被高楼环绕的上海闹市气息扑面而来，可程老却习惯老屋里的一切。

"对于新中国第一代飞机设计师而言，这样的生活条件是否过于平凡？"

对于记者的这个问题，程老认真地回答："我们这一代人一腔热血建设新中国，不是只图享受的一代。我不是一个整天在意'吃喝拉撒睡'这些生活细节的人，我的脑海里只有大事情，只有大飞机——这个实实在在的志向。"

为了实现大飞机的梦想，程老付出了47年去等待，盼啊盼，他盼到了那一天。

这两年，程老的不平凡人生，由于在《开讲啦》《出彩中国人》《朗读者》等多个节目中出现而更多地为人所知，年轻人亲切地叫他"清华学霸爷爷"，向他表达敬佩之情。

"我每天会上两个小时的网。"程老说，"我也看到了网友们对清华校友合唱团演唱《我爱你中国》的评价，有这么大的反响很意外，也很高兴。我觉得，我和其他头发花白的老专家之所以能成为'网红'，是因为国家真的进入了尊重科学、尊重知识分子的时代。"

回顾这条圆梦之路，程老说他首先要感谢四个人：北京航空学院（现北京航空航天大学）的创建人沈元，世界流体力学权威普朗特的唯一中国弟子、冯·卡门的师妹陆士嘉，中国首个飞机设计室主任设计师徐舜寿以及航空航天教育家曹传钧。

让老人心怀感恩的，是四人对中国航空业的贡献。

我想，我们同样应该是懂得感恩的人。对于面前这位将一生奉献于新中国航空事业发展的老人，唯有说声——程老，谢谢您！

来源：《文汇报》2019 年 6 月 2 日

周尧和学长

航空工业金奖得主、铸造领域的育人大师周尧和院士

■ 黄 辛

周尧和，我国凝固科学与技术的开拓者与奠基人，国际著名的物理冶金专家，中国科学院院士，上海交通大学教授，因病医治无效，于 2018 年 7 月 30 日 5 时 28 分在上海逝世。

半个多世纪以来，周尧和致力于中国冶金、铸造事业的科学发展和人才培养，作为中国冶金锻造领域德高望重的科学大家、桃李满天下的教学名师，周尧和院士在科学研究、教育管理、教书育人方面的卓越贡献让后辈学人深感"高山仰止，景行行止"。

一、代表中国铸造走上国际舞台，研究成果被收入我国和苏联的教科书

1950 年，周尧和从清华大学机械系毕业，3 年后被公派到苏联莫斯科钢铁学院冶金系深造。从机械工程转读冶金，开始俄语又不过关，但他凭着每天学习 16 小时以上的毅力，半年时间就自修完了冶金专业本科的所有课程，并在学业上崭露头角。留苏期间，他发明的铸型表面高温强度测试方法和装置获苏联创造发明专利，关于造型材料退让性的博士学位论文，因见解独到，被收入苏联的高等院校教材中。1957 年获得苏联技术科学副博士学位，圆满结束了自己的留学生涯。

学成归国后，周尧和被分配到西北工业大学，领导组建铸造专业。靠着满腔热忱，他和同事们白手起家，经过 5 年努力，硬是在西北工业大学建起了当时国内最为先进的铸造实验室，西北工业大学铸造专业也因此跻身国内领先水平。此后一个时期，围绕液态金属停止流动的机理进行了深入研究，提出了充型能力的计算方法，利用绝热涂料解决了航空大型薄壁铸件的欠铸问题，研究成果被收入

我国高校铸造专业的教科书。

20 世纪 70 年代，周尧和提出用效能系数估算保温冒口效益的新方法，并研制出新型保温材料，使铸钢件实收率提高 20%，冒口耗用金属减少 40%，在全国推广后，产生了巨大的经济效益。1979 年 9、10 月间，第 46 届国际铸造会议在西班牙马德里召开，这是恢复中国在国际铸造学会席位后的第一次世界铸造会议，周尧和作为中国代表团成员之一被特意安排在 10 月 1 日那天进行第一个大会学术报告。当他用朗朗之声将作为中国官方论文的"保温冒口研究"宣读完毕时，全场掌声雷动，国际同行无不为演讲者精湛的演讲技艺和高水平的研究工作所折服，所宣读的论文也被评为大会优秀论文之一。代表团回国以后，《铸造》《光明日报》等媒体对之做了广泛的宣传报道。从此，周尧和先生为国际铸造界同行刮目相看。以后周尧和又分别于 1983 年（开罗）和 1985 年（墨尔本）参加了国际铸造会议，成果也获得了 1986 年国家科技进步三等奖。1988 年，周尧和被推选为全国铸造学会理事长，同年在莫斯科举行的国际铸造会议上，被选为国际铸造学会的执行委员，开始正式介入了国际铸造界领导层的活动和工作。从 1989 年到1992 年，周尧和出任历次国际铸造会议中国代表团团长。1992 年，任国际铸造学会副主席，1993 年，升任主席，为争取 1995 年第 61 届国际铸造会议在中国召开做了大量的工作。1995 年，第 61 届国际铸造会议首次在中国召开，以周尧和为代表，中国铸造就这样一步一个脚印地走上了世界舞台。

二、中国铸造专业的第一位院士，开辟生态材料新方向

20 世纪 80 年代，周尧和主持了国家重点攻关项目"大型铸件凝固组织控制"，采用计算机模拟和物理模拟相结合的方法，在优化浇注系统和外冷铁设计方面取得重要进展，其宏观偏析形成机理与控制研究被鉴定委员会认定为国际先进水平，由此成功解决了葛洲坝大型水轮机叶片铸造成形及 30 万千瓦发电机组高压外缸铸件的凝固质量问题，克服了因补焊而产生的叶片气蚀现象，叶片寿命提高20%。成果获得了 1986 年辽宁省科技进步一等奖。1987 年，因应铸件轻量化发展需求，周尧和主持发明了"调压成型精铸法"，实现了轻合金薄壁异型构件的高精度成型，该技术在精密机械、航空航天、电子和通信领域显示出不可替代的优势，在法国国际展览会上赢得赞誉的同时，获得了 1990 年国家发明三等奖。

这一时期，由于认识到金属凝固理论是铸造领域进一步发展的关键，周尧和积极倡导在国内开展金属凝固理论的研究，开始了个人历史上的第二次创业。在借来的房子中，他带领课题组的老师和研究生加班加点，向新的科学高峰攀登。随着透明模型合金凝固与晶体生长实时观测实验室、快速凝固实验室、定向凝固

实验室、计算机模拟实验室等实验基地的陆续建成，一批批成果也相继问世了，大型铸件凝固控制、强制性凝固组织形成原理、大型铸件凝固过程宏观偏析形成、大体积液态金属深过冷与快速凝固、凝固前沿动力学与形态选择等，每一项成果的发表，无不吸引着国际学术界的关注。1988年，在原西北工业大学铸造实验室的基础上，"凝固技术国家重点实验室"获准建设，周尧和的凝固理论研究团队在国际上也声名鹊起，国外学者纷沓而至，希望开展合作研究。周尧和也因其对中国科学与技术进步所作的巨大贡献，于1991年被选为全国铸造专业的第一个中国科学院学部委员（院士），同时获得了5项省部级科学技术奖。

还是在任国际铸造学会副主席期间，周尧和负责主持主题为"铸造和环保"的技术论坛。他发现，世界上很多矿产资源正在趋近枯竭，如果不开源节流、有效地循环利用，一些矿产将在几十年中被人类用尽。为此，周尧和1996年应聘来到上海交通大学，建立了生态材料学梯队，开始了自己的第三次创业。他一方面开发先进的金属材料回收技术，以提高循环利用率；另一方面研究提高金属材料性能方法，以节省材料的使用。经过十余年时间的拼搏，他领导的梯队在金属熔体纯净化和高性能材料合成方面获得了数十项国家发明专利，并开始向社会提供成套的生产设备和技术。与此同时，相关基础研究也取得了很大的进展，在快速凝固理论、块体金属玻璃的成分设计理论、块体金属玻璃的塑性变形、电磁场作用下金属熔体中夹杂物的运动规律等方面产生了一大批具有国际影响力的成果，获省部级科学技术一等奖4项。

三、"从严、重导、求新"，立足国内培养高水平研究人员

师者，传道、授业、解惑也。在教育战线辛勤耕耘的数十年里，周尧和始终把教书育人当作自己的首要任务。无论工作和生活中遇到任何困难和问题，课堂上的他总是精神饱满，侃侃而谈。周尧和在"文革"前即已是教学楷模，所教"铸造原理"课被树立为国防科工委高等院校的样板示范课。其深入浅出的讲述，准确清晰的概念，丝丝入扣的推理，整洁美观的板书，发人深省的问题，以及从无赘言和从不出错的精确，构成一个感染力极强的科学系统。学生从中学到的不仅是扎实准确的知识，由表及里、层层深入的科学方法，更有严谨求实的科学精神和被美轮美奂的精妙学问激发的探索热情。

周尧和院士指导留学生

1981 年恢复研究生教育制度后，周尧和先生已是享誉神州的学者，众多学子慕名来到他的门下求学，培养研究生成了他另一重要任务。根据自己多年的教学体会，周尧和先生总结出了一套"从严、重导、求新"的教学方法，1989 年获得了国家级优秀教学成果奖。

"从严"，就是要求做事一丝不苟，学术上要有"一流水平"。他的学生从来没有见过周尧和发脾气，他也极少责备人。但在他面前，学生们总是有种敬畏感，甚至有些战战兢兢，生怕自己做得不够。这种严，不仅体现在研究计划的制订、实施和数据结果的分析上，乃至对论文中的每一个标点符号都要求弄得很准确。他的学生常讲，周先生修改过的文章，可以说是多一个字少一个字都变得不完美。

"重导"，就是要求学生要有悟性。他对学生信任并"放手"，让学生自己去探，用悟性去体会，而不是越俎代庖地告诉你怎么做。周尧和认为，只有逼着学生去动脑筋、想办法，学生的能力才能得到培养，潜能才能得到发挥。

"求新"，就是要求学生做研究起点一定要高，一定要搞新的东西，一定要做世界科学前沿的。周尧和对学生的评价，不是简单看你写了多少篇文章，更重要的是要求能说清楚学术上有哪一点的贡献是你的。

进入 20 世纪 90 年代后，博士生数量越来越多，并日渐成为高校科研工作的主力军。如何提高博士生的培养质量，就成为了重要的课题。总结过去几年培养研究生的经验，借鉴发达国家培养博士生的方法，周尧和认为，培养博士生，首先要激发学生的创新意识，学位论文题目要有挑战性，甚至带有比较大的风险，不仅实验方案要学生自己设计，甚至连实验装置都要自己搭建，唯有这样，才可能引领世界。再就是要放眼世界，掌握领域内各个团队的研究进展，同行间经常交流的同时，利用好国内外的研究条件。周尧和从不轻易否定学生的想法，即便是"奇谈怪论"，也主要是提出学生逻辑上存在的问题。博士生课程教学，他也一改传统讲课模式，给学生一个大纲，让学生自己去学，导师不定期检查，课程小组定期听学生汇报。这套"立足国内培养高水平博士研究生的途径"，获得了1993 年国家级优秀教学成果二等奖。

周尧和到上海交通大学工作后，博士生开始主要由改革开放后出生的人构成，他们在强调实现个人价值的同时，集体观念有所淡薄，周尧和又不失时机地以生态材料学的英文单词 Ecologicalmaterialogy 开头三个字母"ECO"作为课题组师生的座右铭："Excellent、Cooperative、Original"，即"卓越、合作、原创"，要求要有出色的成果、合作的气氛和创新的思维。周尧和对课题组成员和博士生提出三点要求：一是要有志气，教师要有志气成为组内最优秀的成员，学生要有志气成为课题组内最优秀的研究生。但这还不够，学生要有志气赶超自己的老师，超过世界上的名家，没有这种成为杰出人才的志气，就不可能有大的作为。二是要讲团结，竞争意识是要有的，但不是组内的明争暗斗，而是和国内外同类研究小组的较量。要想在这种较量中取胜，课题组必须是真诚合作的集体。三是肯拼搏，不能只有愿望而不付诸行为，要赶超别人，就要走别人没有走过的路，这就要创新，要比别人付出更多的劳动。后来，面对日益加剧的国际竞争环境，他又进一步提出，课题组的教师和同学要"心怀祖国，志存高远，自强不息"，做一个对国家、对人民有用的人。

在教育战线辛勤耕耘的数十年里，周尧和院士先后培养博士 50 余名，硕士 30 余名。其中，1 人当选中国科学院院士，7 人获国家长江学者奖励计划特聘教授，8 人获得国家杰出青年科学基金，30 余人在国内外大学和科研机构任教授。先后发表各类学术论文 500 余篇，出版专著 1 部，获国家科技进步奖 1 项，国家发明奖 1 项，省、部级科学技术奖 13 项，1991 年获国防光华科技基金一等奖。1979 年，被国务院授予全国劳动模范称号。1986 年，被评为全国优秀共产党员，同年被航空工业部命名为"教书育人、为人师表"优秀教师。1987 年，作为航空工业部和兵器工业部受表彰的 20 位专家之一，受到党和国家领导人的亲切接见。1989 年，被全国教育工会授予"为改革和发展教育事业做出重大贡献的教育工作者"称号，并获"尊师重教、为人师表"奖，是全国 10 位受表彰的优秀教育工作者之一。1991 年，获中国机械工程学会授予的最高荣誉奖——"科技成就奖"，成为该会成立 55 年来有重大贡献的 10 名科学家之一。1991 年，获得中华人民共和国成立以来首次颁发的航空工业个人最高荣誉奖——"航空金奖"，成为获此殊荣的 10 名专家之一。1997 年，当选亚太地区材料科学院院士。2011 年，获上海交通大学"杰出校友卓越成就奖"。2012 年，获首届"中国铸造终身成就奖"。

获得"航空金奖"不久的 1992 年 12 月 21 日，周尧和收到了来自诺贝尔物理学奖获得者李政道先生的贺信，信中表示"得知您荣获中国航空工业颁发的最高荣誉奖励——航空金奖，这相当于中国航空工业的'诺贝尔奖'。我作为中国第一个世界诺贝尔奖获得者，对您表示最热烈的祝贺和最崇高的敬意。中国正在改革开放的大道上胜利前进。我深信在不久的将来，下一世纪初，华人科学家必将领导人类科学新潮流。祝愿您在航空工业发展上做出新的贡献，祝愿您在新的科研领域里取得新的成就。"周尧和院士在其职业生涯中，忠于职守，成果卓著。2012 年，周尧和获得了"中国铸造终身成就奖"。

来源：科学网 2018 年 7 月 30 日

黄敦学长

纯粹不凡 脚踏实地
——记北京大学数学研究所老教授黄敦

黄敦先生，1928 年 11 月出生，江苏无锡人。1944 年考入西南联合大学，1948 年毕业于清华大学机械系，留校担任助教。1949 年加入中国共产党。1951 年作为业务骨干成为解放后第一批选拔派遣赴苏联的留学生，1956 年毕业于苏联莫斯科大学力学数学系，获得苏联物理数学类副博士学位，其间曾任莫斯科大学留苏中国学生会对外联络部长、学生会主席。历任清华大学机械系助教，北京大学数学力学系教授、博士生导师，航空工业部第五研究院兼职研究员，北京大学数学研究所教授、副所长等职。曾兼任中国核学会计算物理学分会副理事长、《计算物理》副主编。1985 年获国家教委科技成果二等奖（项目主持人）、国防军工协作先进个人，1987 年获国防科工委国家科技成果一等奖（参加者）。2019 年 3 月 16 日，在北京逝世。本文为北大数学学院的研究生采访小组采访黄敦先生的女儿黄悦勤教授后撰写。

一、退休生活：闲适风趣老来乐

黄敦先生一辈子均未离开过大学校园，几十年的学习工作都倾注在了数学力学的知识奥秘之中，为中国的国防科技建设贡献了毕生精力。在退休之后延续和培养出来了围棋、桥牌、武术、看报等兴趣爱好。他订购了《棋牌天地》杂志，结识了许多棋友、牌友，没有对手的时候就在家自我对弈。刚退休时，先生身体还很硬朗，还曾加入了科学院武术协会，重习太极拳，学操太极剑，一招一式就同数学公式推演般的一丝不苟。几十年来，他还是《人民日报》和《红旗》杂志的自费忠实读者，家里的旧报纸和杂志堆到了天花板，但就是不许扔弃或变卖，一位老共产党员的执着与坚守可见一斑。

然而先生最喜欢的是做数独，且造诣颇深，哪怕"骨灰版"的也可以做出来。他经常坐在椅子上，举着板子心算，一举就是好久，然后才下笔很快一挥而就。先生的女儿在北医工作，同事们有做不出来的题目，也会让她拿回家给先生做。他苦思半宿，还真给做出来了。第二天被问到是怎么做的，他得意地笑道："题错了咯！我改了个数。"俨然一幅老顽童开心的模样。

某一天黄先生说感觉手痛好久了，家人担心是不是生病了，作医生的女儿赶紧带着他去医院照 X 光、做体检。看完大夫，却是健康得很！一家人才恍然大悟，原来是做数独时过于专心致志，小托板举得太久而肌肉劳损了！

二、毕生追求：航空科技梦成真

黄敦先生一生获奖无数，而令他最满意最珍贵的奖状是 1985 年国家颁发给他的先进个人奖，以表彰他对我国国防航空事业做出的贡献。他曾经参与设计了我国第一架超音速飞机，具体是做过机身机翼气动效应的课题。能为祖国的航空事业做出自己的贡献，先生觉得特别自豪，也是圆了年轻时的梦想。

先生出生于学者世家，父亲黄修青是国民政府派遣到德国西门子公司引进技术的电信专家。先生从少年时的兴趣就一直在航空领域，这与抗战期间全家老少在昆明频繁"跑空袭警报"有关。他的大学第一志愿就报了航空专业，也如愿被西南联合大学顺利录取。但这却与父亲一辈子"躲开军方"的意愿相违，父亲觉得学航空就要和政府和军方密切打交道，将来工作太复杂也太危险。本来想在航空领域仔细钻研的先生，都在航空专业学习一年了，可父亲还是不同意，他又不好违背父亲的意愿，只好在大二时申请转了专业，曲线救国从航空系转到了机械系，这样一来，着迷于航空的先生认为机械系的课程和航空专业最接近，同时又能让父亲少些担心。按他父亲的话说，机械系研究的都是大路货，既安全又好找工作，虽然父子俩各有心思，但也就两相情愿了。

令父亲没想到的是，黄敦先生毕业后还是转向研究自己心爱的航空动力学。1948 年，他从清华大学毕业，留校给力学前辈钱伟长作助教；1951 年，黄敦先生作为第一批留苏学生出国，主攻方向就是空气动力学和流体力学；1956 年，他获得苏联物理数学类副博士回国，在北京大学数学力学系担任起教学工作，开设了流体力学、爆炸力学、气体力学、水动力学、水波理论、地震学、高超音速空气动力学和计算流体力学课程，后来航空动力领域的中坚力量，不少都接受过黄老的教诲。

而先生的父亲黄修青，这位解放前一直刻意与旧政府保持距离的著名电信专家，在解放后很快就受国家委托马不停蹄地在南京、上海、沈阳等地负责主持多个电话设备厂的兴建组建，退休前还是为数不多的几位享受部级待遇的老专家，父子间对于是否从事航空科研的分歧，也早就时过境迁了。

1952 年，黄敦先生在莫斯科大学留学时留影

先生回忆说起过，20 世纪 50 年代留学苏联时，在莫斯科附近的风洞，半径 24m，功率有 32 万千瓦，可以进行战斗机的整机实验；即便进行降落伞实验的小风洞，功率也有 10000 千瓦。而当时在北大的风洞，只有 400 千瓦，当然也就只能做小模型实验；但落后的实验条件依然没有阻挡科学家们的科研报国决心，先生这一辈科学家们硬是在这样简陋的条件下得到了宝贵的科研数据，为我国的国防航空工业的最初起步做了大量的空气动力学实验研究。

后来，随着国家的"三线建设"，在四川绵阳空气动力中心建成了我国真正实用意义上的风洞。先生属于当年为数不多的空气动力学顶层学者，也就成了该中心的兼职教授，需要经常从北京到四川绵阳往返，坐两天多长途火车去做研究工作。也许因为先生一贯的彬彬有礼又待人热情、活跃诙谐的特点，到后来连火车上的列车员们都认识先生了。

先生的学问做得很好，发表的文章却不多，但每一篇都有实实在在的"含金量"。到 70 岁出头了，学校还"不让"退休，要他仍然当学科带头人；1999 年北大蓝旗营住宅排队分房时，他已是全校"在职"序列里年资第二名。在此之前，先生的同事、学生中已经多有"院士"，儿女们问及为什么不申报院士，先生轻松答道："没写文章"；再问为什么不写文章呢，先生回答："别人的好文章多得很，自己读懂了就行了，干吗要勉强自己花时间去凑文章数字。"一句话，先生这辈子就从没把个人功名当回事。

三、追忆往昔：从"文革"浩劫到科学春天

十年"文革"期间，先生由于具有苏联留学背景，还有一个同事胡乱举报，结果被隔离审查和停止过党组织生活。其间，随着旧书堆里几封苏联老同学给他的信件被查抄出来，就又被指为"里通外国"，他却不改知识分子书生气的倔强，据理力争地辩解道："是外国人给我写信，又不是我给他们写信，至多只能算是'外通里国'。"从"特嫌"到"里通外国"，帽子却紧紧扣上了。因此，先生不能随力学系到陕西汉中"653"从事国防科技工作，而是在 1969 年被下放到江西鲤鱼洲农场打柴班劳动两年。1971 年从江西回到北京后，因为审查尚无结论，又被

派到大兴农场喂猪两年。

直到"文革"结束之后的组织审查，当时已经位高权重的中央领导人、20世纪50年代留苏的同学给他作证："黄敦很不错，在苏联表现很好，不会有问题"，先生的"特嫌"问题才算是一锤定音有了结论。先生有很好的语言天赋，自幼生长在学者世家，英语、俄语、广东话跟普通话一样流利，女儿戏谑"我老爸说梦话都不讲中国话"。先生在留苏那会儿，他的俄语是中国留学生中的佼佼者，不仅成了苏联频繁举行"声援中国抗美援朝"群众集会上的"职业演讲者"，又担任了莫斯科大学留苏中国学生会的会长，还被郭沫若率团访苏时点名"把黄敦叫来"替代了随团翻译，他的俄语优势使他成了中国留学生中的"著名活跃分子"。那位曾经是20世纪50年代留苏学生党组织负责人的领导及众多同学当时对他的深刻记忆，没想到会在20年后又成了他摘去"特嫌"帽子的"政治救星"。

先生于1973年终于恢复了党组织生活，并从大兴劳动农场回到北大，迅速回到了毕生热爱的教学科研工作之中。当时北大最好的计算机房安置在"南阁"和"北阁"，由于还是电子管计算机，纵横排列的巨大机箱虽然堆满了整个屋子，可计算性能却远远比不上现在的一个小小PC机，但也颇有藏经阁的样子。当时书写计算程序最后要用光电打孔来实现，把一条拇指宽的纸带穿过打孔机，需要手工操作将计算公式的每个字母和符号逐一认真打孔；往往一个普通计算任务就是一大盘卷起来的几十米甚至上百米的纸带，然后才是计算机辨认纸带孔洞的输入和计算。若是不幸有一个孔洞的疏忽失误，则就是整个计算的失败。当时搞计算的老师和学生们，会整天对照着计算公式一寸一寸地捋着纸带，长时间进行校对；其时先生已年过半百，却总是亲力亲为地跟20岁出头的学生们一样，整日整宿地戴个老花镜低头趴在桌前，数小时不变地重复着这繁杂枯燥的工作。

再有就是计算机资源有限，偌大一个北京大学，却只有"南阁""北阁"虽看似壮观却远不及现在一台PC机的计算能力，"科学春天"带来师生们的旺盛需求，何止是一句"供不应求"能够形容。为此，北大计算中心还特意根据先后顺序列出一个排队表，24小时轮流使用计算机。先生当时已是国务院批准的第一批博士生导师，但一再谢绝了特殊照顾，会经常轮到夜里上机使用，即便凌晨三四点钟也毫无怨言。要么半夜往返机房，要么不分昼夜在家里校对纸带，家里也成了他一人睡一屋，夫人和儿女挤在另一屋，因为这样就可以随时工作，不打扰家人。就是在当时那样艰苦的科研环境下，黄敦先生等老一批科学家硬是从无到有地做出了一系列成果，将自己的精力和时间都心甘情愿地贡献在了国防科研第一线。

四、个人魅力：热心勤勉老实人

生活之中，黄敦先生也时刻展现着充足的个人魅力。黄先生十分惜才，会让他的研究生们经常来家里讨论问题。他对勤奋好学的学生十分喜爱，甚至是"溺爱"；但对认为"偷懒"的学生，又会严酷得"不给面子"。早年他有一个研究生种连荣总是来家里请教问题，先生看他没有自行车，便挥手把楼下女儿闲置的自行车送给了他。见到种连荣同学络腮胡长得旺盛一直没刮，先生随手便把苏联访问带回的剃须刀塞给他，让他刮干净胡子再来讨论问题。30年过去了，种连荣同学成为医学部信息通讯中心主任，一直很珍惜这个体现着师生情分的剃须刀，直到现在还保存着。

先生也是个热心肠。有一次在家里的阳台休息，他看到有一个小娃娃在楼下一边哭，一边站着揉眼睛。他突然自言自语地嘀咕一声："一定是眼睛被沙子迷住了。"然后，迅速拿了瓶眼药水从三楼跑下来。

先生还是个实在人。他一直没有去过美国。20世纪80年代有一次计划要去美国开会，学院按照当时政策发了300元"出国置装费"，买了旅行箱，买了衣服。结果最后没成行。他就主动把购置的旅行箱、新衣服一并交还到学院。家人曾劝说，学院里没人能穿得这衣服，没人会要的，但先生还是坚持一定要交还学院让"谁出国谁用"；结果在学院存放了很久，也没人取、没人用，学院最终又让先生领了回来。还有一次去外地出差，回程时邀请方在火车窗口塞给他一套茶具作为礼物，火车开动了他没办法还给人家，回到学院之后第一时间便上交党组织"对照检查"了。

随着年事渐高，年近90岁的黄先生身体也大不如前了。三年前半夜不慎摔了一跤，导致颅内外出血，当时昏迷，继发感染，情况很危急。幸而后来转危为安，目前精神状况不错。前几日，西南联大的老同学、第一汽车制造厂前厂长李刚先生，南昌大学前校长潘际銮先生和北医三院妇产科经永春教授分别来看他，先生一眼就认出了老朋友。几位老同学回忆起当年一起求学的青年时代，记忆犹新，其乐融融。老同学们走之前还约好了，每年西南联大校庆的时候，大家都要聚一次。

从立志航空事业，到最后曲折完成年少梦想，黄敦先生将自己的大半辈子都投身在了祖国的国防科技建设上，也用自己的实际行动影响和激励着年轻一代奋发图强，为了自己的理想和祖国的发展不断前进。退休之后的黄先生生活闲适，老有所乐，采访小组的同学也衷心希望先生身体可以快快康复，不负老校友之约。

来源：《校友文稿资料选编》第24辑

杨士莪学长

杨士莪：倾听大海的声音

■ 曹 曦 唐晓伟

时间都去哪儿了？从一个 23 岁的青年才俊到一位 83 岁的耄耋老者，用人生的 60 年去忠于一项事业，是融入，更是镌刻。

在哈尔滨工程大学校园的世昌路和文庙街交会处，民族英雄邓世昌的半身铜像威风傲然，悠远的目光见证了一代又一代献身海洋事业的哈工程人。在这长长的名录里，我国水声工程学科的奠基人之一、中国工程院院士杨士莪，就是一个沉甸甸的名字。

热血是红色的，土地是黑色的，杨士莪的内心是蔚蓝色的，足迹遍布中国版图。在这个远离大海的城市，杨士莪用一甲子的岁月守护着那片蔚蓝色，遥远却可触，仿若听得到浪花击石的欢快声。

在哈尔滨这片黑土地上，杨士莪选择了一种人生：漂泊；

在渺茫而寂寥的大海上，杨士莪笃定了一种态度：淡然。

"我的运气好，赶上了这个机遇"

杨士莪是哈尔滨工程大学的元老，是水声工程学院的"招牌"。简单说，水声工程就是对水下声学特性及其应用的研究。在光波、电磁波等都无计可施的水中，只有声波可远距离传播而衰减很小，由此研制出的声呐设备成为各国海军舰船的必备之物。

杨士莪被公认为我国水声工程领域的先驱。1953 年，"哈军工"（哈尔滨工程大学前身）创立之初，网罗天下英才，杨士莪就是这个时候从大连第一海军学校"被选择"进入了哈军工海军工程系，成为一名教员。

1957 年，水声科学在我国尚属空白。作为"拔青苗"选出来的人才之一，杨士莪被派往苏联科学院声学研究所进修。渴求知识的杨士莪很快发现，该声学所的四个实验室有两个是对像他这样的外国人紧紧关闭的。

那里是什么？那里就是任何国家都要对外保密的军事科学里"最要命的东西"——舰船水下噪声研究工程。国际上这一领域的学术论文交流时常常仅写一个题目，任何国家在这方面的技术都只能靠自己摸索、提高。紧闭的实验室激发了杨士莪的信心和志气：自力更生，从零开始，建设中国的水声科学研究事业。

两年时间里，杨士莪像一部高灵敏度的雷达，在水声科学的广阔领域里搜寻和索取信息与知识。

1960年，杨士莪回国，在"哈军工"建议创立了我国第一个理工结合、为国防建设服务的综合性水声工程专业。他写出了国际上最早集中论述水下噪声机理的著作《水下噪声原理》，出版了国内最早的声学理论著作《声学原理》，讲授并指导编写了《水声传播原理》《统计传播》《水声学》等一系列教材。

如今，哈军工创建的中国第一个水声专业已成长为国内著名的水声科研基地和最大的水声人才培养基地。1981年，该学科点获得国家第一批博士学位授予权；1987年，第一批成为国家重点学科并建立了博士后科研流动站；1993年，国家级国防科技重点实验室在此建立……从这里走出去的人才现在占据了

杨士莪在颁奖典礼上

我国水声科研的大半壁江山，这里也当仁不让地成了国家水声领域的龙头。

他的同事和学生都说：他对学科发展方向、研究方向的把握令人叹服，他提出的一些开拓性的研究，当初都是很冷清、无人关注，但总是在若干年后，人们才看出其分量。

"开辟鸿蒙，功不可没"，我国水声界至今都奉杨士莪为"引路人"。

"我的运气好，赶上了这个机遇。"每每说起这些，杨士莪总是轻描淡写，谦虚的语气里透着悠悠的幸福。

"父子两院士，满门科教才"

杨士莪祖籍河南南阳，这是个人杰地灵的地方，全国的两院院士中，仅南阳籍院士就达十几人，有"院士之乡"的盛名。

说起南阳，不能不提到杨士莪的祖父——辛亥志士、民国时期南阳首任知府杨鹤汀，杨士莪的父亲——建筑大师、中国科学院院士杨廷宝。像杨廷宝、杨士

裁这样的"父子院士"在中国大约仅有 5 对。除了长子杨士莪，杨廷宝的后代基本上都在科教领域工作。

"父子两院士，满门科教才"。杨士莪的儿子杨本坚从小在祖父杨廷宝的身边长大，已在美国定居二十多年，依然一口地道的南京话。他说，祖父一生醉心于建筑设计，在家的时间很少，其实并没有刻意地指导过自己的儿女。"他很开明，不干涉子女的选择，他从没有强求子女也去学建筑，所以我父亲学了物理，我姑妈学了化学，只有一个小叔叔学建筑。"

杨士莪注定是漂泊的，生在天津，童年在北京度过。在北京上到小学一年级，恰逢"七七事变"，书没法念了，带着一箱箱"精神食粮"，全家人开始了逃难生涯，第一站便是故乡南阳。数月之后，因南阳遭受日军轰炸，家又搬到乡下，母亲却没让杨士莪因此辍学：由于当时在南阳乡下只有私塾式教育，母亲首当其冲成了他的私人教师，杨士莪完成了小学二年级到四年级的课程。后来，杨士莪又随家人辗转到了重庆，就读于著名的南开中学，直至 1946 年夏天。

"家庭环境对成长是有影响的，一方面家里比较关心、重视孩子们的学习；另一方面父母总是在尽他们所能，给孩子们提供稍微好一点的条件。"童年的动荡生活并没有给幼小的杨士莪留下什么不安，反倒是"走到哪儿学到哪儿"，一直没有间断。

当年的杨士莪是母亲眼里的"小破孩儿"。他说，母亲当时让我们读"四书""五经"、《古文观止》等，我不太愿意学，就说太枯燥了。"枯燥？喝两碗水就不枯燥了！"母亲生气时说的这句话让他记忆犹新。

"现在回忆起来，对于母亲当时强迫我学习这些古书是很感谢的，让我有机会从小接触国学，对后来的成长也很有好处。"杨士莪翻出自己上小学时的生字本，看着那些已然泛黄却保存完好的小本子，一笔一画的字迹里，泛出了母亲的影子，慈祥而有远见，仿若就在身边，触手可及。

"不要接触新闻媒体，踏踏实实做事"

在百度检索栏里敲入"杨士莪"，搜索到的相关新闻只有 181 篇，而在这有限的信息里，又有很多是重复发布的，大多都是关于哈工程水声专业的，抑或是获得了哪个奖项，单独记述杨士莪事迹的文字很是寥寥。

杨士莪院士，功勋卓著却又远离新闻。随行采访的哈尔滨工程大学宣传部的工作人员告诉记者，杨院士一直远离媒体，也没有记者朋友，即便接受采访也都是受学校之托，他几乎不接受个人采访，却乐于向世界告知"哈工程"这个响当当的名号。

听杨士莪谈他的经历、他的科研、他的人生哲学，对于后辈的我们无疑是一种偏得，一种享受。

在哈尔滨工程大学水声工程学院，每一届学生入学的第一堂课都由杨士莪来上。一位哈工程的学子回忆道："几百人的大课堂，杨院士不开麦克风就开始讲课，他的声音很洪亮，言语比较慢，但是思路很清晰。""学习专业知识切忌死记硬背，水声学里头那么多公式，背是背不过来的，比如要学好'声与振动基础'课，记住一个波动方程就可以了，别的都可以推出来。"他这样告诉自己的学生。

现为水声工程学院教授的朴胜春，1991年开始跟着杨士莪学习，相继获得了硕士、博士学位。他说，杨教授上课的认真劲儿让人很感动。自己读研一时上"水声传播原理"的课，是杨教授的主要研究领域，由于该研究方向的研究生很少，所以上课的就只有自己一个人，但是每堂课杨教授都是工工整整地写满整个黑板，几十学时的课程从头到尾上下来，一直这样认真。

"那是我上得最累的课，一点儿不敢偷懒，因为每堂课杨教授都会提前很早赶到教室，在那里等着我去上课。"朴胜春的言语间充满了敬意。

今年83岁的杨士莪现在依然坚持给本科生上课，带研究生和博士生。因为需要出差做实验，或者参加学术会议，不可避免地会给研究生串课，但他只要一回到哈尔滨，第一件事就是安排研究生把被耽误的课程补上。因为要占用他们的周末时间，杨士莪常常因此跟研究生们道歉，还自嘲为"不可靠分子"。

杨士莪的第一个博士生、哈尔滨工程大学水声工程学院书记李琪说："杨院士并不看重论文、获奖，对于名利十分淡泊。"他说，杨士莪在担任研究所所长时，岗位津贴只给一半，他提出自己拿一半的一半。每次讨论奖金、评奖时，他都把青年教师和教学一线的同志向前推。许多科研项目他从头至尾参加，但在向上报奖时，他根本不报自己。

2012年度"全国优秀科技工作者"是杨士莪最新一次获奖，"那是同行客气。"杨士莪说，"与其站在领奖台上，不如让我站在讲台上，我更愿意给学生们上课。"李琪说，开表彰会、颁奖会的时候，杨士莪也会常常不在场，因为经常去海上实验、参加学术会议，每当这时他总是舍弃荣誉选择工作，是一位缺席的获奖者。

高调做事，低调做人，这是杨士莪一直的操守。1995年杨士莪当选院士后，已故的哈尔滨工程大学教授徐玉如曾在杨士莪家里长谈了三个小时。"不要接触新闻媒体，踏踏实实做事"，当时杨士莪说的这句话给徐玉如留下了深刻的印象，而徐玉如后来当选院士后，也一样几乎不接受媒体的采访，只顾闷头做学问。

"我是个四海为家的人"

时间都去哪儿了？八十多年流淌的风云岁月，杨士莪留给水声事业太多的印象：我国水下噪声研究的开拓者和水声学术带头人之一，创建了我国第一个理工结合的水声工程专业，我国著名的机械与运载工程专家，最先在国内开展水声定位系统的研制，领导研制并完成一系列具有国际先进水平、用于不同目的的长基线、短基线和超短基线水声定位系统……

大海是蔚蓝的，杨士莪的内心世界永远是那一片蔚蓝。杨士莪与海洋打了半个多世纪的交道，在这个远离大海的北国都市，度过了近60个春秋，不是出生地，却胜似故乡。这期间出差在外的时间累加起来就是30年，海上实验、课题论证、决策咨询，每年他都有好几个月的时间在全国各地度过。

黑龙江离大海很远。杨士莪倾尽一生心血，在这个远离大海的城市里从事着关于海洋科学的研究。大海的澎湃从来传不到这里，却时刻能传进他心里。涛声如魅，成就了他一生的事业，成就了他大格局、大气度的人生。在这种情结下，他任考察队长兼首席科学家，主持了我国首次南中国海水声科学考察。

南中国海一望无际，我们的祖先最早踏上了这里的每一块珊瑚礁。杨士莪对年轻人说："海洋是人类的最后一道生命线，关注它、利用它、保护它是当务之急。"

1994年春，广东湛江港，两艘考察船载着全国十几家水声科研单位近百人组成的考察队驶离了码头。

对于中国和杨士莪来说，为这一天都等待得太久了。为了筹备这次考察，国家准备了整整10年，而杨士莪则等待了35年！1959年，正当韶华的杨士莪作为中方副队长参加了中苏联合南海考察，看着水碧沙明、富饶美丽的南海如处子般沉睡，他深深忧虑：何时我们能凭自己的力量来这里考察开发？

在杨士莪的倡导推动下，这个梦终于圆了。考察筹备期间，作为技术组长，他频繁奔波于北京、广州、湛江等地考察调研，亲自起草编写了《南海重点海域水声综合考察论证报告》《实验大纲》《实施计划》等重要文件。

从琼州海峡到南沙群岛，考察队的航迹深入南中国海。深海区域作业时，赤道附近的太阳几乎垂直挂在头上，甲板高温近70℃。水声科学家们冒着高温，抱着一百多斤的线轴在电缆里钻来钻去，一干就是十几个小时。杨士莪和大家一起忍受着高温酷热、缺少淡水、没有蔬菜的艰难时光。在长时间海上实验、淡水告罄的情况下，他和同志们把压载水仓飘着油污的水烧开了喝。

这次考察是我国第一次有战略意义的水声科学考察，也是新中国成立以来我国水声工作者首次独立的深远海水声考察。在杨士莪的主持下，考察不仅掌握了南海典型海域的水声环境特点及主要参数规律，积累了宝贵的第一手材料，更培养了一批新的水声力量。

在哈尔滨工程大学的"哈军工纪念馆"里，有杨士莪用日、德、英、俄四种文字记录的笔记，对此杨士莪说得十分轻松："英语是当年在大学的时候学过，俄语是在苏联学习时学的，日语和德语是看文献的时候不得不学习，但我认为我的水平也就是依靠翻字典才能认识。此外，上海话、四川话等很多方言都能听懂。因为工作的关系，只能到处跑，跑的地方多了，在哪个地方生活过一段时间，对当地语言就能适应。"

"我是个四海为家的人。"杨士莪语出幽默，却是大半生的真实写照。

好老师让人终生受益

个子不高，眼镜用链子挂在脖子上，留着鲁迅式的胡子；衣着简朴，泛白的夹克衫抑或泛旧的羽绒服，夏天偶尔在校园里骑着破旧自行车；按照医生的指标每天只抽五支烟；一日三餐除了辣椒不吃，从不挑剔口味，但每顿都必须有肉吃……

其实，生活中的杨士莪就是这样一位普通的老者，意态安详，平易近人。

院士、教授、老师、先生、老爷子……在众多称谓中，杨士莪最喜欢听当年同事称呼他"姓杨的"。"这种称呼让人听着很家乡，很贴心，没有距离感。"杨士莪笑呵呵地说。

好老师就像一面镜子。杨士莪说，从小到大，有三位老师对他的影响非常大，使其终生受益。

重庆南开中学的数学老师唐秀颖在杨士莪的记忆中挥之不去。他说，唐老师教学极为认真，作业改得很仔细，给自己打下了非常好的数学基础。杨士莪上中学时很调皮，不愿意背英语单词，因为英语、劳作课都不及格，学校就要开除他。"唐老师领着我去找学校领导，说这个孩子只不过就是贪玩、不太用心而已，却是个可塑之才。"杨士莪忆起当初，"这件事对我触动很大，后来自己当了教员，对学生的态度也受唐老师的影响。"

中国近代力学事业的奠基人之一、清华大学教授周培源是杨士莪的大学老师。"我是理论力学的课代表。很深的一门课，周先生分析得非常透彻，能够将其提纲挈领地精炼到牛顿力学定律，就像庖丁解牛一样，将一个问题最关键的两根筋抽出来，我们对课程的深刻体会就是通过对课程关键点的捕捉得来的。周老师还告诉学生做学问的方法，教我们如何把复杂问题简单化。"

杨士莪在苏联学习时遇到的苏联声学所所长布列霍夫斯基是他的第三位恩

师。他告诉杨士莪：你要学什么，不是要找最权威的、内容最完整的书籍，而是要找这门学科的小册子、小薄本，对基本理论体系做了介绍，你在短时间就能明白这门课的总体架构，对其有了概括性的认识，相当于把知识的骨架搭上。将来用到哪儿，你再去翻权威书籍。这就好像你不用去背字典，但是你要学会怎么查字典，你要用到哪儿你就去查。"这种学习方法让我很受益，我也是这样教授我的学生的。"杨士莪说。

因为工作忙碌，杨士莪很少能照顾到孩子们的生活学习，对家庭教育似乎也传承了父亲的开明，并不干涉子女的选择。如今，三个儿子都不在身边，也没有继承他的事业。对此他并不遗憾："这个很正常啊，我也没有继承我父亲的，个人根据各自的具体条件选择过什么样的人生。"

在杨士莪的书房，历史、哲学、小说，各类书籍堆满了三面墙。"这只是其中的四分之一。不知道总数量，但小学、中学、大学的很多书都保存完好。"他说。

院士平时喜欢养花，阳台上摆放着不少盆栽。"常常在外面跑，顾不上照看，我家的花都只长叶子不开花。"杨士莪看着茂盛翠绿的蟹爪兰说。

他是丈夫、父亲、祖父。杨士莪的第一任夫人因患脑血栓后遗症，常需住院输液，他便自己骑着自行车带老伴儿上医院。由于子女不在身边，有时他出差为了既照顾老伴儿又不麻烦学校，便带上老伴儿一起去。就这样带在身边，照顾了二十多年，直到老伴儿去世。2011 年，经朋友介绍，哈市 73 中学退休教师魏少芬成为杨士莪晚年的伴侣。

"杨老师心里总装着别人，对去世的老伴儿照顾了二十多年，这也是我同意相处的最主要原因。有敬才有爱嘛。"魏少芬的善解人意体现在生活的细节中，在书房依然摆放着杨士莪和前妻的结婚照。

"家里锤子、凿子、扳手等各类工具齐全，哪儿坏了都他自己修理，就是换灯管，他也会自己爬梯子，从来不麻烦别人。"魏少芬的眼里，杨士莪更是个暖心的居家男人。

杨士莪的身上有着一股绵延不绝的干劲，充满了好奇心，80 岁的人却依然有着"80 后"的年轻心态，时常不厌其烦地推演着长达几页纸的科学公式；时常不听劝阻亲临海上实验现场；时常在别人休息的时候抓紧时间看书……

热爱、执着，水声科学是杨士莪的第二生命。

走近杨士莪，你会真切领略到一种大家气象，你会真切体会到，真正的"大家"，绝对不只在学术上有令人仰止的成就。

来源：哈尔滨工程大学网站 2014 年 4 月 9 日

献身人民海军

陈绍炘学长

■ 陈绍炘

在近 80 年的人生经历中，我的成长与发展是与党和国家的命运紧紧联系在一起的。分为四个时期：

一、清华读书——我走上了革命的道路

1946 年我考入清华电机系，当时正值全国内战，面临着"中国往何处去"的命题。清华是念书的好地方，我是埋头念好书呢，还是投身反美、蒋，创建中华人民共和国的斗争呢？在地下党帮助下，我积极参加地下党领导的《清华周刊》、"识字班"等社会活动、学生运动，并于 1948 年 11 月加入了中国共产党。在地下党领导下，我担任当时全校最大班级（电机系三年级）的班会主席，组织同学们胜利完成了迎接解放工作（护校、留住师生）和北平解放后的进城宣传工作。1949 年，我担任班团支部书记。

二、参加海军——全心全意为建设人民海军而努力学习、积极工作

1949 年冬，党中央为了加强人民海军建设，开办了大连海军学校（简称"海校"），从全国一些重点高校抽调人员去学习和任教。清华除派了一些教员去"海校"外，从学生党团员中抽调了 20 人去学习，我是其中一员，并兼任"海校"机械系学员队团支部书记。

学员们要在二三年内学完课程，不少同学跟不上。严格的军事生活，也让不少同学感到不适应。作为班长和支部书记的我感到压力很大。我建议学员队党支部号召学员之间大力开展思想、生活和学习上的互助活动。我分秒必争地学好自

己的功课，并抓紧一切可以利用的时间做好班长和支书工作。1950年9月，全校评选我为"学习模范"。同年9月，学校党委让我代表大连"海校"去北京列席了全军战斗英雄代表大会。1951年7月，又让我到北京参加了全国学生代表大会，并担任解放军代表团团长。1952年6月，在毕业典礼上，海军党委首长授予我一枚"海军英模"奖章。

1952年7月，我被分配到上海华东海军第五舰队旗舰"井冈山"号任见习机电长。上舰不到一星期，舰上原机电长、副机电长都调走了，只剩下我一个部门长，我向谁见习呢？"井冈山"是旗舰，任务重，偏偏又是舰龄最长、故障最多的舰。舰上机电部门人数最多，有50多人，其中从陆军转业来的技术上不去，原国民党留下的官兵，又担心政治上不被信任。上舰一个多月我不离舰，对全舰机电设备进行摸底，我找干部、战士促膝谈心，让他们打消顾虑。我与干部、战士一块检修机器并与他们打成一片。最后胜利完成了远航和训练任务。1953年初我荣立三等功。

1953年，海军调我回大连"海校"，到电工系当教员。连续两年荣立三等功。1954年年底，又调我任物理教研室主任。我是学工科的，只学了一点普通物理，要去领导一批从北大、清华等校物理专业来的教师，困难很大。我首先表态我是来学习的，并虚心向他们学习。我的主要工作是把大家团结好，充分调动每个人的积极性。同时，我也努力学习物理专业知识并勇于去上课。这样，物理教研室工作开展好了，1956年，海军司令部、政治部共同授予我"先进工作者"称号。

三、从"反右"到"文革"——灾难的年代

1957年整风运动中，在讨论"辅导问题"的大会上，我谈了一些与学校领导不同的看法，当即受到无情的批判，说我"反对党的教育路线，就是反党、反社会主义"。我在受到无数次批判后，教研室主任职务被撤销，留党察看两年处分。我被下放到"大炼钢铁"中去运"矿石"，到伙房去喂猪，去当管子工、泥瓦工、钳工。每次政治运动一来，我都要受批判。"文革"开始后，学校又首先把我抛出来，说我是"漏网右派"，造反派抄了我的家，给我挂上黑牌子游斗，把我关进"牛棚"。在这些困难的日子里，我挺过来了，原因有三：一、我坚信党是伟大的党，一定会纠正错误，我的问题一定会搞清；二、我自信不是坏人，没做过坏事，没什么可怕的；三、我有一个理解我、支持我、深深爱着我的妻子。

四、改革开放——我焕发青春，进行"最后的冲刺"

1979 年，党组织为我平了反，撤销了对我的处分，恢复了我物理教研室主任职务。我心情舒畅，干劲十足。1983 年，中央军委任命我为海军工程学院副院长。我上任后面临的情况是十分困难的。"文革"对我院破坏很大，我面临百废待兴的局面。在院领导分工中，我分管教育训练、后勤保障和行政管理，担子十分沉重。我上任时已过了 55 岁，而军官服役条例规定军职干部最高服役年龄为 60 岁，我可以工作的时间也不多了。怎么办？我开始在工作上做"最后的冲刺"。我基本上没有休过假，起早贪黑地干。在海军领导下，在全院同志齐心协力共同努力下，我院逐步建设成为全军一流、全国知名的大学。我校曾经先后接待了美国海军训练司令率美海军各院校领导的参观等重要访问。1988 年 5 月，总参谋部在我院召开全军一百多所专业院校的教学改革现场会议。

1988 年 8 月，我超过 60 岁半年多了，奉命离职休养，进入海军武汉干休所，一切皆好。

最近我一直在思考，母校清华给了我哪些财富？我是在清华学生运动的洪流中走上了革命的道路。在清华大环境下，我确立了共产主义世界观、人生观。清华的教学质量高，使我打下较好基础。参加海军后虽几次改行，也能较快适应。在清华参加社团活动、学生运动的经历，培养了我一定的组织领导能力，这对于我以后的领导工作有很大帮助。在清华锻炼出的强壮身体，为我能参加海军并适应海上舰艇生活，完成繁重的学习与工作任务打下了较好的基础。衷心感谢母校对我的培养！

20 世纪 50 年代，清华抽调学生来"海校"学习，派教师来"海校"任教，分配毕业生来"海校"工作，接收"海校"教师到清华进修。20 世纪 80 年代初，清华"文革"后第一批毕业研究生也有十来人到"海校"工作。"海校"中清华校友最多时达 60 多人，并且是各级领导与教师的骨干。但是，20 世纪 80 年代中期以后，几乎不再有清华人来"海校"了。希望这种局面今后有所改进，有更多的清华学子投身"海军工程大学"（现名）的建设，因为人民海军建设还任重道远。

来源：《清华校友通讯》复 57 期

四　自强不息
行业精英（上）
——经济战线

潘际銮学长

潘际銮：不合时宜的老派院士

■ 陈　璇

　　潘际銮院士 86 岁了，但"退休"仍然是件很遥远的事情。

　　北京初冬的一个早晨，戴着蓝色棒球帽的潘老先生，裹着灰色呢子大衣，蹬起一辆半旧的电动自行车，"呼呼"地穿行在清华大学校园里。

　　车轮子不时滚过枯黄的落叶，一路把他从北边的宿舍楼，带到机械工程系的焊接馆。

　　这座三层老建筑物的楼龄比这位院士还要小 28 岁，建于 1955 年。那时，潘际銮在这里筹建清华大学焊接专业。

　　在这座老焊接馆，"潘际銮"三个字高挂在门厅的墙壁上，居于一堆名字里最顶头的位置。不过，对很多普通公众说，这个难读的名字，同样也很陌生。

　　与潘际銮相关的很多成就，已经被写进教科书。比如，中学生在地理课本里读到的秦山核电站，他是这项工程的焊接顾问。

　　很多人不知道，当他们乘坐着高铁，奔驰在铁轨上时，已和那位在焊接馆摸钢板的老院士，产生微妙的关联。潘老先生曾在一年中最寒冷的时候，穿着厚棉袄，站在南京段的铁轨边上，在深夜里测定钢轨的焊接工艺。这年，潘院士已经年过 80 岁了。

　　不过，对这位"身陷"焊接领域 50 多年的专家而言，年龄不是衡量他是否已经"老"了的唯一指标。

　　比他小好几轮的同事郑军说："潘老师还很年轻呢。"

　　这位老院士像年轻人一样，玩微信、看微博，家中计算机 QQ "嘟嘟"上线的声音不时响起。

　　尽管已过耄耋之年，他可以不借助眼镜，轻松地翻查手机号码。他自由穿梭在铁块拼接起来的焊接机器人和墙角的缝隙间，俯下身随手拣起一块普通成年人掂得动的钢板。当然，他还能清晰地说出某个发动机焊接转子的转速、直径以及

潘际銮院士骑自行车带着夫人穿行在清华园中

气压值。

这位中国焊接科学的奠基者，摊开双手，自信地说："我现在研究的课题，是焊接领域的前沿，比如'高超超临界'，仍是没有解决的世界难题。"

尽管，潘际銮丝毫不认为自己的研究"过时"了，但是他用坦然的语气说："我是一个老派的过时的科学家。"

如同许多上了岁数的老人家，潘际銮喜欢回忆往事。他时常和年轻的同事吃饭时，一边夹着菜，一边念叨起他的西南联大。

毕业50多年的老校友潘际銮，如今是西南联大北京校友会的会长。他说，自己之所以被选为会长，是因为"还很年轻"。

这个中国著名校友会成员的平均年龄，已经超过90岁。

如今，年纪越往上攀登，潘际銮的记忆，就越爱寻找属于西南联大的"焊接点"。

去年11月3日，在"西南联大建校75周年纪念大会"上，潘际銮和一百多位老校友聚在一起。他们有的被家属扶着，还有的已经"糊里糊涂了"。

当时，他们中的很多人双手扶着桌沿，颤颤巍巍地站着，齐声唱着西南联大的校歌。他们唱到"多难殷忧新国运，动心忍性希前哲。待驱除仇寇复神京，还燕碣"时，潘际銮的心里激动不已。

他环顾四周，看到眼泪顺着很多张布满沟壑的脸，往下淌着。

潘际銮说，他这么大岁数，还想"干活"，是因为自己"终身陷在这个事业里了"，仍然"可以为国家做贡献"。

"爱国"从这位老科学家的口里说出来，在他的很多学生和同事的耳朵里听着，"一点儿都不空洞"。

20多岁时，在炮火声中从老家九江逃难到昆明的潘际銮，"知道国家要亡了的滋味"。

此刻，正当潘际銮坐在老旧的焊接馆里，"焊接"着往日的艰难岁月时，窗外晃动着很多年轻的身影。这一天，是2014年公务员"国考"日。

潘际銮在实验室

每一代青年人，都面临着人生选择。当年潘际銮主动报考焊接专业时，这门学科还很冷清。当时还有人笑话他：学焊接？学焊洋铁壶、修自行车吗？

显然，当潘际銮决定学焊接时，并不能预见是否有光明的个人前途。不过，他认为，"这门发展中的技术会为新中国的建设发挥重要作用"。

这个西南联大1944级校友说："那时候读书，纯粹求学问，不想功名和前途。"

在他看来，1980年当选为中国科学院学部委员（院士），是件"后知后觉"的事情。他回忆，当时"填了一张表"，简单地写下完成的工程成果，而且"当时也没发几篇论文"。后来，他被告知，"评上院士了"。

"我所获得的荣誉，都不是我追求的结果。"潘际銮说。

不少接触过潘际銮的人一致评价他："对名和利，不敏感。"

潘院士步入晚年以后，能让他惦念的事情，已经不多。1992年，他开始担任南昌大学校长。10年间，他一直试图把西南联大的办校理念和方式，"焊接"到南昌大学上去。

很多人眼里性格随和的潘校长，显现出改革者"铁腕"一面。他在南昌大学推行本科教育改革，实行"学分制""淘汰制"和"滚动竞争制"。

初入南昌大学，潘际銮晚上在校园里外散步时，经常看到学生在跳交谊舞和打桌球。这些场景显然与他记忆中的大学生活，并不相符合。

他总是回忆起，当年宿舍太拥挤，学生就去学校附近的茶馆看书和写论文。

经常说起的例子是，西南联大中文系的汪曾祺，在"昆明的茶馆里泡出来"小说。

潘际銮要扭转南昌大学的学风。"三制"的焊接轨迹，带有明显的西南联大特征。他并不讳言，自己大一时也曾物理考试不及格，而西南联大"8000多学生，真正毕业的只有3000多人"。

作为南昌大学的校长，潘际銮"抓教学和科研"，但他并不直接掌管学校的财务和人事。

"他是个放权的校长。"潘际銮在南昌大学的一位同事说。

显然，这位老校长很了解，"管钱和管人，哪怕只是管分房子，都是很大的权力"。但是，他不亲近这些权力。

潘际銮用西南联大式的方法，重新拼接南昌大学。最明显的成果是，昔日薄弱的院校，在他任上的第五年，成为一所国家"211"重点大学。

不过，潘际銮的一些学生和下属却说，他们并没有跟着校长"沾光"，也没有得到"实惠"。

说起自己的导师，在南昌大学任教的张华，有"苦水"要倒。身为校长的学生，张华没有"获得更多资源"。相反，潘际銮跟他说："你就默默无闻地干，自己去争取课题，别指望在学校拿钱。"

而曾经给潘际銮做了6年秘书的徐丽萍，在潘上任时是正科级，一直到他卸任，直至自己离校，职级都没有改变。

当时，作为校长秘书，徐丽萍都不敢印名片，"那么大年纪，还是科长，实在不好意思啊"。

而潘际銮本人，对名片上的头衔，并不在意。2002年，他从南昌大学校长的职位上卸任，回到清华园的焊接馆。

"校长不是我的终身事业。科研，才是我一辈子扑在上面的事。"潘际銮说。

从75岁开始，他的身份是个"无官一身轻"的焊接专家。当然，他还是院士。但他认为，院士于他而言，只是一种荣誉，不是权力。

他没有行政头衔，也没有秘书。他带着一个平均年龄60岁的团队，在墙皮有些脱落的焊接馆里，研究世界上焊接领域的前沿问题。

时下，这位手机屏幕里会跳出微博新闻的老院士，知道人们正在讨论院士制度。

潘院士并不否认，"有个别单位在'包装'院士"。他也不讳言，"个别院士成为给单位装点门面的花瓶。这是院士被'异化'的现象"。

这个中国最著名的焊接专家，把围绕院士以及科研界存在的问题，比作钢板上的"裂纹"。不过，早期就以"热裂纹"为研究方向的潘际銮，攻克过无数个技术难题，但很难说清这些暴露在社会肌体上的"裂纹"，"究竟该怎么解决"。

如果深入探究那道"裂纹"，潘际銮认为，人们之所以担忧院士的退休问题，是不喜欢院士们成为"学术资源的垄断者"，或者享受"特殊待遇"。

现在，潘际銮仍在焊接馆的一间光线不好的屋子里办公。资料堆到墙边，以至于部分书被挤到窗台上。他的褐色办公桌和矮茶几角，已经部分掉漆，裸出木头的原色。

而他在南昌大学当校长时，办公场景比这一幕还要"寒碜"。

他挤在办公楼西南角那间12平方米的屋里，秘书徐丽萍只能在过道上用玻璃隔出一间办公室。

有人劝他："潘校长，外国学者也要拜访您呢，换间大的办公室吧。"

但潘际銮坚决不换，还说："西南联大那会儿，比这条件差好多呢。"

至今，他唯一享有过的"配车"，是在当校长的时候。那是一辆留学生捐赠给学校的老旧尼桑车。他的司机总忍不住抱怨："校长，换辆新车吧。"

那辆汽车终于没被换掉，"最后都快报废了"。潘院士的电动自行车倒是换了一辆。

他 80 岁生日时，学生送给他这辆眼下正骑着的银灰色"坐骑"，代替之前那辆电池笨重而且总是坏掉的"老古董"。

提起院士是否应该像老电动车一样"退休"，性情温和的潘际銮会有些激动。他反对"用行政化的方式来处理高级知识分子人才问题"。

"院士是否退休，不能搞一刀切。个人情况不一样。"潘院士打比方，"这就像找专家挂号，有人找我帮他们解决难题。要是我没用了，也不会有人来找我了。"

如果没有"老糊涂"，潘院士就想骑着他的电动自行车，"呼呼"地穿梭在清华园的一年四季里。

来源：《中国青年报》2013 年 11 月 27 日

潘际銮图片集

潘际炎学长

多舛人生　一力担当

——访中国铁路栓焊钢梁奠基人潘际炎

■ 王晓彤

潘际炎居住在北京铁道科学院家属区中，电梯门一开，就看到他已早早站在门口等待访客。面对相机和录音笔，这位亲切又严谨的耄耋老人再一次谦言："我太普通了，没有什么好采访的。"

诚然，潘际炎这个姓名的前缀既不是院士也非大师，但他作为中国铁路栓焊桥梁的奠基人之一，一生致力于发展大跨度栓焊钢桥及其用钢的研发，为填补我国大跨度焊接钢桥的材料、工艺、结构、理论的空白做出了重大贡献。

战火年代　因桥得救

1924 年 12 月 10 日，潘际炎出生于江西省九江市。潘父头脑聪慧，13 岁中科举，在邻里间是小有名气的"文化人"，在清末科举制被废除后，进入铁路学堂学习。正是在铁路上工作了一辈子的父亲，看到了当时国家的工业水平极度落后，便萌生了一定要让 3 个儿子"上大学、学工科"的念头，认为只有这样才能为国家富强出一份切实的力量。潘母贤惠，勤俭持家，对教育一事也早有开化，虽然自己文化水平不高，但对儿子做人做事的要求简单明确：读好书，做好人。

就这样，潘家成为那个年代里多少有些与众不同的家庭，生活条件虽然清苦，却时时刻刻都将孩子上学读书作为头等大事。潘际炎 8 岁时被父母送入私塾念四书五经，晚上潘母则会在光线好的地方摆上板凳，督促他补习英语和算术。1935 年，潘际炎参加了江西同文小学的入学考试，准备转入正式的学校学习文化知识。放榜那天，他的名字赫然挂在榜首，还未来得及高兴，就发现本该进入六年级的他，只获得被五年级录取的资格，所取得的第一也只是五年级的榜首。这一番哭笑不得的转折令潘际炎被望子成龙的父母严厉"教育"了一番，也促进了他更加刻苦学习的决心。

好景不长，1937 年潘际炎小学毕业之时正逢"七七事变"爆发，潘氏兄弟安安稳稳的读书时光戛然而止。1937 年 12 月，日本侵略者在南京实施大屠杀，潘父日日见到越来越多的难民和伤兵跑到九江，忌惮战争的蔓延，决定携妻儿和老父亲南下逃难。后来潘家辗转多地，落脚云南昆明七家村，一家人

潘际炎与夫人在芜湖长江大桥合龙现场

租住的房子在苗族老乡家的牛棚上面。那时潘际炎就读的云瑞中学离家有一二十公里，上下学路上与他同行的除了弟弟，还有狼嚎和一座又一座需要翻越的大山。一个周日的下午天降大雨，潘际炎和弟弟在父母的要求下坚持返校。两人走在大坝上的时候，弟弟手中的伞突然被风吹飞了，潘际炎一手被弟弟拽着，一手去捡伞，一不小心两人顺着高而陡的坝堤滑落到泄洪河槽中。大雨中的泄洪槽水流湍急，两个人被水冲出去几里地，直到冲至一座桥下，被几个正从上面赶集回家的老乡发现，合力用竹竿将潘际炎和弟弟救起。这大概是他第一次与桥结缘。

一直到 1940 年，潘际炎都是在躲避战火中度过的，初中 6 个学期他就读过 5 所学校。天南初中毕业之后，因为没有合适的高中，他只好停学。刚刚大学毕业的哥哥建议他研习范氏大代数和解析几何，在家自学，日后以"同等学力"考大学。那时哥哥还会时常拿回些美国士兵传阅的小说给他看。这些读物，在后来他的成长道路上也起了一定的作用。

1941 年，潘际炎考进云南镇南联中高三年级。1942 年高中毕业后，考取西南联合大学理工先修班。后因国家时局动荡以及家中实在贫穷，他只好弃学从工。3 年后抗战胜利，潘际炎再一次回到西南联大，重拾书本考入清华大学，1946 年秋天随清华从昆明迁回北京。

造就"英雄桥"

1950 年 8 月，潘际炎以优秀的成绩从清华大学土木系结构组毕业，并如愿分配到铁道部，进入铁道部设计局武汉长江大桥设计组作实习生。1953 年，武汉长江大桥开工，大桥局成立，他随设计组部分人员留在北京，组成大桥设计事务所，继续负责处理各地的桥梁问题。这期间，潘际炎完成了多项工程——从 26 岁

起，第一次担纲修建西宁线河口黄河木便桥；驻扎在京沈线大凌河桥畔，破解桥墩因未封底被水流冲歪的顽疾，完成日方留下的后续工程；借鉴船工造船技术，解决南宁邕江桥深水筑岛沉井；在詹东线上的太行山口修建丹江一号桥，这座跨度 88m 的拱桥今天仍在服役……

经历了 8 年的锤炼后，他发现自己积累的实践经验日渐丰富起来。20 世纪 50 年代末，潘际炎被委以重任——担任南昌赣江长江大桥、南京长江大桥和芜湖长江大桥的设计副总工，参与全面指导大桥的设计、预算及施工工作。

可惜的是，1959 年赣江大桥尚未完工，潘际炎就被一纸调令派到越南援建。接到命令的潘际炎迅速到北京铁道部外事局报到，几日后便与铁道部工程师王庆璋一同南下赴越。因开始定下的援建期为半年，所以潘际炎的行李很简单。到达河内稍事休息后，越方安排潘际炎、王庆璋在河内交通部工作。

中国驻越南大使馆援越办事处领导给潘际炎二人下达了明确的援建指令——修建清化麻江咸龙公铁两用大桥（下称清化大桥）。清化大桥位于越南南方与北方沟通的交通要道，是运送作战物资的生命线，桥址经过石灰岩地区，河床下遍布着大大小小的溶洞，且基岩高低相差悬殊，大桥最难修建的部分就是基础。此外，清化大桥临海，潘际炎实地考察后，很快明白，对这座大桥而言，最怕的是海上军舰的炮火，为了抗敌，他发誓一定要将大桥修得牢固无比。

其实在潘际炎和王庆璋之前，就已经有两位法国桥梁工程师在此桥有过实践。但不幸的是，第一位的结局以建桥失败跳江自杀告终；第二位为了避开桥址区的地质地貌难点而修建了拱桥，最后大桥被敌军炸毁。原南越广播电台预言，中国专家帮助越南兴建清化大桥也必将失败，但是这两位专家并没有让预言成真。潘际炎和王庆璋两人依据个人所长，分别负责基础和钢梁部分。他们克服现场难点，为了备战，结构设计时尽量采用静不定结构和适当加大安全系数两点原则。也正是出于对战争的考虑，潘际炎和王庆璋选择放弃对清化大桥外观的追求。很快，周恩来总理听到了越南方面的不满，但是在了解二人的苦心后，总理表示出支持："我们国家的设计人员思路是对的。"

半年时间已过，潘际炎和王庆璋并没能回到祖国。国内正在经历大饥荒，没有充裕的资金援助越南，清化大桥工程因此推进得很慢。潘际炎在越南期间，除了负责清化大桥的设计施工，还协助越方桥梁技术人员承担了很多越南国内公路、铁路、桥梁战后的修复设计工作。他每天都会工作到深夜 12 点以后，这样的工作强度他坚持了 4 年之久。

直到 1963 年，贯穿了中国桥梁专家设计思想和技术理论的清化大桥终于顺利建成。1965 年，美越战争爆发，美国空军向清化大桥发射的 32 枚导弹全部命中目标，但在硝烟中大桥屹立不倒。局部遭到轰炸时，白天炸夜晚修，天不亮就能通车，保证了越方作战物资的运输供应。越南人民以清化大桥为傲，赋予它一个满载功勋的名字——"英雄桥"。为感谢和表彰中国援建专家，时任越南主席胡志明亲自为潘际炎等人颁发了越南共和国劳动奖章。

当时国内的《人民日报》也刊登了有关清化大桥的报道，但是现在已无从找寻。意外的是，两年前，潘际炎的孙子在网上浏览到一篇美国人写的文章，题为《炸不垮的清化大桥》，从美方角度完整地记述了这座"英雄桥"抵抗美军空袭的故事，甚至称清化大桥是"上帝保佑炸不垮的大桥"。

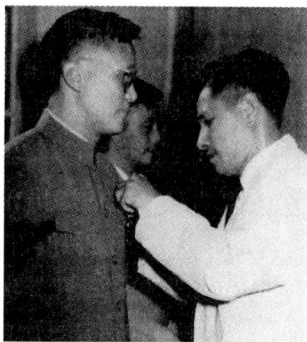

潘际炎接受越南民主共和国劳动勋章

秀才挂帅：栓焊钢桥零突破

1963 年 10 月，潘际炎回到中国。因为在越南清化大桥上才华毕露，造桥的才能深受铁道部和铁道科学院铁建所赏识，于 1964 年被调到北京工作，随即他就与大批科研人员一起奔赴正在开工兴建的成昆铁路。

如果说越南的清化大桥是潘际炎事业的第一个高峰期，那么这次赴祖国西南他将迎来事业的第二个重要组成部分。当时欧洲大量的桥梁在经历第二次世界大战后都处于待修状态，为加快修复，国际上兴起了焊接的应用热潮。为了加快成昆线的修建和我国桥梁事业的发展，潘际炎与同事一起上谏国家铁道部，建议在成昆铁路的修建中，以迎水村桥为试点，研究试建中国的栓焊钢桥。建议虽得到了铁道部的批准，但是苦于国内尚无成熟的栓焊钢桥的建造经验和理论基础，一时间无人敢贸然担当此项目的负责人，时任铁道部部长吕正操拍板说："就让潘际炎'秀才挂帅'吧！"

为使栓焊钢桥这一新技术工程得以实现，西南铁路建设总指挥部技术委员会下令组成栓焊钢桥新技术研究战斗组，负责研究、试验、设计，指导制造、施工。战斗组由铁道部铁道科学院、设计院、工程局、铁道兵、清华大学、中科院声学研究所和机械部哈尔滨焊接研究所等十多家单位抽调的 90 余名工程技术人员组成，潘际炎任战斗组组长。工程在 1965 年 5 月开工，力学试验地点在北京，设计和焊接试验地点在山海关，高强度螺栓研究在上海，潘际炎在一年半的时间内往返三地主持大局。新型栓焊梁最大的难题还是摆在了潘际炎的面前：不知如何进行焊接。庆幸的是，幼时曾与潘际炎一同落水的胞弟、如今的中国科学院院士潘际銮，在当时已是我国首屈一指的焊接工程专家，他为成昆铁路栓焊钢桥焊接难题的解决给予了莫大的帮助。

　　1967年年初，迎水村桥的栓焊梁便架好了，潘老回忆起我国这首座新型栓焊钢桥，告诉记者："建成的迎水村桥外观苗条，质量优良，火车通行没有任何问题！而且建造的速度很快。"鉴于此，西南铁路建设总指挥部为加快成昆铁路线的建设，根据施工的需要，决定再增加栓焊钢桥43座，全部由战斗组组长潘际炎继续负责。于是在接下来的几年中，潘际炎继续挂帅，根据这43座桥的地形地质特点以及行车要求，又率领战斗组完成了13种不同结构、不同跨度的栓焊钢梁设计。1965—1970年，成昆铁路44座栓焊钢桥全部建成，最大跨度达112m，使我国栓焊钢桥从零的起步，实现了与国际水平的接轨。

　　栓焊钢桥和铆接钢桥相比，可以节约10%～15%的钢材，加快施工速度，但成昆线的栓焊桥用钢是南京桥铆接桥的用钢16Mnq，这种钢修不了特大桥。1967年铁道部计划在枝城长江修栓焊特大桥，并将任务交给了潘际炎。潘际炎与冶金部联系，请求提供国产高强度新钢材，鞍钢钢研所建议采用15MnVN钢。在一起奋战了5年的栓焊钢梁战斗组被"文化大革命"冲散了，铁道部只好将任务又交还给原单位按铆接设计，但潘际炎与鞍钢对高强度钢的研究并未停止。1973年鞍钢钢研所对15MnVN钢在实验室的研究完成，可以投产。潘际炎征得铁道部同意，联系专业设计院选定沙通线北京密云水库白河为试验点，在白河上建造应用国产高强度15MnVN新钢种的试验桥。试验桥1976年建成，取得了很多用高强度钢焊接钢桥的经验，但结果并不理想，强度和焊后韧性没有达到预期的要求。

　　1973年，九江长江桥开始上部结构设计的研究。设计方案有两种意见，一种意见也是原设计意见，按照武汉长江大桥、南京长江大桥修建米字形铆接连续桁梁；另一种是潘际炎等的意见，要用国产高强度钢建造一个"高强、大跨、轻型、整体"的栓焊新型结构。两种意见争论很激烈，相持不下。后经铁道部上报，由计委、建委、科委批复，同意栓焊结构方案。采用此方案，在当时却是阻碍很多。首选是要解决国产高强度钢的问题，自1976年至1986年，铁道部开会决定以15MnVN钢作为制造九江大桥的用钢。通过冶金、焊接、设计、研究各方面参加人员的努力，根据白河桥的经验，对15MnVN钢进行大量试验。1986年，15MnVN钢优化终于试验成功，于1992年应用国产优化的15MnVNq钢九江栓焊大桥建成，彻底地完成了铁路钢桥由铆接向栓焊过渡的阶段。

　　15MnVN钢的优化试验过程并不十分顺利，一次次的失败，迫使这些土木工程师不得不深入钻研钢材所涉的化学元素、冶炼轧制工艺以及焊接的影响。潘老几乎成了土木界最懂钢材的人，2015年他还荣获钢结构协会颁发的"中国钢结构30年领军人物奖"和"终身成就奖"。在潘际炎代表铁道部与冶金部及鞍钢的谈判中，从安全与经济出发，制定了 15MnVNq-A、15MnVNq-B、15MnVNq-C 三种不同规范的优化型高强度钢应用于九江长江大桥钢梁不同部位的建造标准。当时受设备和资源所限，15MnVNq 钢的降碳、脱硫、脱磷不够，加入的合金元素 V 与 N 也不够理想，因此对焊接工艺要求极其严格。有人生动形容说："这个钢很难伺候，在焊接时既怕冷又怕热。"

1992 年，九江长江大桥建成，正桥钢梁全长 1806m，主跨 216m，是一座高强度、大跨度、轻型整体的栓焊钢桥，兼具了雄伟和秀丽的特点。九江大桥采用的高强度钢的力学性能和焊接性能，达到了当时国际同类钢的先进水平，钢梁厚度也已经超过了国际铁路钢桥的规定。它的建成是潘际炎栓焊钢桥事业的提升，也彻底解决了栓焊技术在铁路特大桥梁上的应用问题。在潘老看来，九江长江大桥是我国铁路桥梁继武汉长江大桥、南京长江大桥之后的第三座里程碑。

难求的人师

清华毕业，几经磨砺，以"书生之姿"担下重任的潘际炎，在 72 岁还是迎来了退休的那一天。但这位为国家奉献了一辈子的老人并没有就此歇息，他被返聘到还在建设中的芜湖长江大桥上担任建桥顾问，进行钢材、钢材焊接、钢梁制造、钢梁架设及疲劳问题的研究。芜湖长江大桥是我国 20 世纪栓焊钢桥的深入发展，钢梁材料采用新钢种 14MnNbp，该钢种的成功应用开拓了桥梁对中强度钢需要不同板厚的市场，与既有桥梁钢形成了我国国产桥梁用钢系列化。此外，为使桥梁的设计制造更加正规，在芜湖桥修建期间潘际炎还系统地完成了钢桥疲劳试验，制定了疲劳设计规则；参与制定了钢桥制造规则等。2000 年，芜湖长江大桥建成通车，潘老对同事说："我的任务完成了，如今没人会说我国栓焊桥不行了，我们国家有技术有材料，完全可以做大跨度栓焊桥了。"

2007 年之前潘老身体尚好，即便退休还是天天在铁科院的办公室坐镇，坚持做顾问工作。2007 年他生了场大病，之后家便成了他的办公室。这期间，他的学生弟子们成了家中的常客，潘际炎的大弟子、中国铁路工程总公司原总工张健峰便是其中之一。"虽然现在我的研究重点不是栓焊梁了，但是潘老师所教的东西我现在还很受用。"张健峰正色道，"虚心学习、科学严谨，这是影响我至今的工作品质。"

现为美国加利福尼亚州交通厅高级工程师的龙文艺于 1982 年年初考入潘际炎门下攻读硕士研究生。他说："在做潘老的学生期间，得到了老师悉心的指导和耐心帮助。常听老师说起前辈工程师修建成昆铁路时逢山开道、遇壑架桥的动人故事。对老师、铁科院及其他单位的工程师们充满羡慕和敬意。"潘老的学生们如今已经各司其职，遍布海内外，但只要回到北京，总是想方设法抽时间去看望老师。他们之间甚至还有一个微信群，以"潘老师弟子群"命名，无论是沟通专业问题还是相约去拜访潘老师，总有一如当年作弟子时的归属感。学生感言，中国有句古话，"经师易得，人师难求"，潘老师就是这样的人师。

兢兢业业一辈子的潘际炎在 2012 年停止了全部的工作，因为他的老伴儿在这一年一病不起。与大多数桥梁工程师一样，潘际炎投身于科研事业时常年不在家，夫人独自带着一对双胞胎女儿，尝尽艰辛，还保持着难得的豁达，潘老对夫人和孩子深感愧疚。老伴缠绵于病榻后，已是口不能言，潘老天天陪在她身边，拉着她的手絮叨着琐碎的家常，这一病就是 3 年。2015 年年底，老伴儿的病逝给了潘老最沉重的打击。也就是在那段时间，他养成了用计算机写文章的习惯。92 岁高龄的老人，操作计算机极是熟练，令人佩服。

如今的潘际炎已经逐渐走出了老伴离去的阴影，对生与死这个严肃的话题看得很平常。潘老还告诉记者，现在他身体不好，很少出门，平日里最常做的两件大事就是写回忆录和工作纪事，前者留给子孙，后者留给后辈，所有文章均不想出版。

潘际炎的时代是最坏的时代，也是最好的时代。幼年左为战火，右为父训，"兴邦"二字在心里埋下了深深的烙印，更成就了他压不垮的坚毅精神。大学毕业后恰逢国家百废待兴，大有可为，国家铁路栓焊钢桥的事业经他手从零起步，遇到所有的困难都不曾有过半分推诿，全部承担下来。负责设计研究建成的桥共有 54 座，完成了我国铁路钢桥从铆接钢桥到栓焊钢桥的研究，结束了我国使用了一百多年的铆接钢梁的历史，让钢材从 16Mnq 钢到 15MnVNq 钢再到 14MnNbq 钢成体系发展。共培养了硕士、博士研究生 17 人，现均已成为工程中的骨干。对这"一生开拓，一力担当"的总结，潘际炎说："毕业时我的老师叮嘱我，'要为国家健康地工作 50 年。'如今我的国家需要，我总要为她做些事情。"

来源：《桥梁杂志》微信公号 2017 年

方秦汉学长

方秦汉：钢锁苍龙 霸贯九州

■ 郭永玉等

方秦汉，1925年出生，浙江省黄岩县人。1950年毕业于清华大学土木工程系。中国铁路大桥勘测设计院教授级高级工程师，1997年当选中国工程院院士，2000年被聘为华中科技大学教授和土木工程与力学学院名誉院长。曾参与武汉长江大桥的设计，先后主持了在中国铁路桥梁建设史上具有里程碑意义的南京长江大桥、九江长江大桥和芜湖长江大桥等桥梁的设计和科研。研究、开发、创新、推广多种新材料、新结构、新工艺是方秦汉设计建造大桥的主线条。他主持设计建造的桥梁工程均达到同期的国际先进水平，为贯彻落实新中国制定的铁路桥梁建设要"高强、大跨、轻型、整体"的技术政策做出了巨大贡献。他先后获得5项国家科学技术进步奖和多项省部级科学技术进步奖，1997年获"詹天佑铁道科学技术奖大奖"。2014年10月14日，方秦汉因病在武汉逝世，享年90岁。

武汉长江大桥：初出茅庐结桥缘

方秦汉1925年出生于浙江黄岩的一个较为殷实的橘农家庭，在家乡泾岸初级小学无忧无虑读完蒙学之后，因抗战爆发，家道开始中落。幸得益于大哥方世渊的支持，才在黄岩中学顺利念完初中和高中。1946年考入清华大学土木工程系，在张维、刘仙洲、张光斗、钱伟长等名师教育和影响下刻苦钻研专业知识，为日后的桥梁设计打下了坚实的理论基础。

1950年方秦汉从清华大学毕业时，正值国家开始着手武汉长江大桥的建设，他因此被幸运地分配到铁道部武汉长江大桥设计组实习。大学一毕业就有机会参与到建设"万里长江第一桥"的工作，为其从事大型桥梁设计奠定了很好的基础。

211

更幸运的是他还遇到了一位好导师——武汉长江大桥钢梁设计组中方组长、当时国内最顶尖的桥梁设计专家王序森。实习工作开始时，方秦汉发现大学所学的土木工程专业知识并不能满足桥梁设计的需要。如何从一个土木工程的通才锻炼成一个桥梁设计的专才？实习导师王序森一步步教给他答案。方秦汉的许多钢梁设计理论知识和实践能力就是在王序森的言传身教中慢慢习得的。

命运从来都只青睐勤奋和有准备的人。凭借踏实肯干和虚心好学的精神，方秦汉很快从同辈人中脱颖而出。不到 5 年时间，他就从一个初出茅庐的学生成长为一名有经验的技术员。自 1956 年开始，不到 30 岁的他逐渐被委以重任，独立主持了衡阳湘江桥的修复设计、贵州乌江桥的设计建造和重庆白沙沱长江大桥的设计工作。当时新中国不仅建桥技术落后，而且建桥环境艰苦，要想完成这些任务，吃苦和创新是最重要的两个品质。如在设计乌江桥时，由于恶劣的生态环境，晚上回驻地时他几次差点掉到乌江湍急的水流里。几十年后方秦汉回忆这一情形时仍然后怕，同时也很庆幸地调侃说："如果掉下去了，哪还有机会去建设南京桥、九江桥和芜湖桥啊！"

乌江不仅"险"，而且"怪"，怪在其有特殊水文环境，汛期时常会出现其他河流少见的"壅水"现象，即下游的水位反而高于上游，这就造成了桥址处的流速在涨水时反而低于枯水时，历史上最大水位差曾达到 27 米。面对此"怪"，方秦汉决定采用钢与钢筋混凝土共同作用的结合梁方案。为什么联合两种材料呢？因为钢与钢筋混凝土这两种材料各有优劣。混凝土的弱点是抗拉强度小，但有横向约束时抗压强度增大；钢材的弱点是容易压缩屈曲和生锈，但抗拉强度大。在乌江这种特定地貌条件下，结合两种材料的钢桁梁结构能发挥这两种材料的优点，克服其缺点。而且，这种混合材料的设计与单纯的钢材料桥相比能节省钢材、减少冲击，增加耐疲劳度，降低钢梁腐蚀，减少噪音和修养护工作量；与单纯的钢筋混凝土桥相比，又显现出重量轻、制造安装容易、施工速度快和工期短的优点。

这些建桥经验及其养成的良好品质，为方秦汉后来独立设计长江上里程碑式的超大型跨江桥梁（南京长江大桥、九江长江大桥和芜湖长江大桥）做好了理论、实践和意志品质上的储备。

南京长江大桥：危难受命显身手

1958 年，年仅 33 岁的方秦汉被任命为南京长江大桥钢梁设计组组长，而此时风云变幻的国际国内环境为南京长江大桥的设计建设带来了巨大的困难。困难之一是中苏关系破裂，苏联单方面撤回全部在华专家，并终止提供建设南京长江大桥所需的特殊钢种。困难之二是从 1959 年至 1961 年我国遭受的三年自然灾害以及"大跃进"时期的政策失误，加之 1966 年爆发的"文化大革命"，造成南京桥建设物资供应紧缺，工程处于时断时续的状态。

作为设计组长，摆在方秦汉面前的首要难题就是桥梁用钢问题。为了研制出抗拉、抗压和抗剪强度都很高且相对较轻的匀质材料，方秦汉一方面自学钻研钢材资料，另一方面积极与鞍山制钢厂交流合作。功夫不负有心人，经过各方面的协调努力，终于独立自主地研制出两万吨名为 16 锰低合金钢的新钢种。其强度比武汉长江大桥用的原苏联 3 号钢提高了 30%，符合建造南京长江大桥的要求。此事轰动全国，被国人称为"争气钢"。"争气钢"的研制激发了方秦汉为工程需要研发新钢材的动力，他后来的各大成就无不与此有关。

新钢种研制成功后，并不意味着南京桥的建设就一帆风顺，尤其是在高强度螺栓表面处理上，需要增加摩擦力，减少磨损和防锈。当时流行的做法是对螺栓表面进行喷砂、喷锌或采用复性油漆，方秦汉经过试验发现这些方法不仅不能完全解决问题，反而会带来环境污染和极大的安全隐患。于是他急切地向上级部门反映情况，因为心情迫切，他形容自己当时说话很急，是"呱啦呱啦的"。当时中国正处在"文化大革命"的运动中，方秦汉这样的行为被认为是拒绝新事物，因此被"戴帽子"。但他没被帽子吓倒，而是多方咨询和联络，最终协同宝鸡桥梁厂攻克了这个难题，他们使用在工厂里喷铝的方法来处理高强度螺栓表面技术，这样一方面不危害人体健康，另一方面又耐风化，同时也符合技术标准。

有耕耘就有收获，南京长江大桥终于以其先进的设计和优秀的质量获得了很高的评价。1985 年，南京长江大桥建桥新技术获得国家科学技术进步奖特等奖。桥梁建设的主要技术负责人方秦汉从此奠定了他在桥梁建设领域的地位。

九江长江大桥：据理力争彰霸气

在与方秦汉院士的一年访谈之中，他提到最多的就是九江长江大桥，其原因不仅在于难度更大，而且还在于一场轰动当时中国建桥界的"京都大辩论"。

一说难度。1975 年，方秦汉被任命为九江长江大桥钢梁总设计师。九江长江大桥的主跨需达到 216 m，大大超过南京长江大桥的 160 m，这就意味着原来为南京长江大桥设计的钢材和连接螺栓已不适合九江长江大桥。"争气钢"已不符合现要求，首先必须研制新钢种！方秦汉凭借丰富的钢材设计经验，依托山海关桥梁厂，严格按照各种技术指标和参数要求，研制出符合要求的新钢种。其次要改南京桥的单一栓接为复合的栓焊结合连接。什么样的栓焊和工艺符合这么大跨度的要求呢？方秦汉没有迷信经验，而是在施工工地旁自制实验室进行断裂力学的

"疲劳机"实验，最终确定采用 15MnVNq 钢焊接接头和 H04MnMoE 焊丝 +HJ603 或 HJ35O 焊剂的焊缝技术，显著提高了断裂韧性。最后是风振问题。九江桥桥址存在巨大的风旋。大桥合龙后一个晚上，工地上的负责人急匆匆地敲响了方秦汉的门："哎呀，不得了了，九江大桥上的吊杆晃动剧烈，整个大桥宛如在跳舞，工人们吓得光着屁股就跑了。"方秦汉明白这是"风致涡振"现象，1940 年美国华盛顿州建成才 4 个月的塔科马海峡大桥就是因此而垮塌。多数人建议采用传统的"打腰带"方法，即用钢条把多根吊杆中央连接起来。方秦汉觉得这种传统方法不仅增加桥梁自身重荷，而且极不美观。他找来风振专家顾金钧一起讨论设计，最后通过实验确定采用"耳垂方案"，即在吊杆上设置多个质量调谐阻尼器（TMD），其减振原理为在主振系统上附一个小质量的动力消振系统，通过调谐使主振动系统的振动能量最大限度地转移到附加的消振系统上，从而降低或消除主振动系统的振动。TMD 挂在吊杆上形似女人耳垂上吊着的坠子，因而被形象称为"耳垂"减震方案。

二说大辩论。用创新和实验克服三大技术难点之后，方秦汉正全心投入桥梁建设之中时，一场突如其来的风波，险些让他的努力付之东流。1990 年 7 月 25上午，正在工地上指挥钢梁架设的方秦汉突然接到一个电话通知，要他立即赶到北京参加会议。会议中他了解到一位同事向当时的国务院总理李鹏写了封信，反映正在架设的九江长江大桥有严重的技术问题，建议大桥停止施工。方秦汉发现是写信举报者的计算依据有问题，但他的辩解却很难消除会议专家的疑问。这样，他不得不一次次去北京向专家们报告数据和参数。此后经过多次会议"辩论"，直到次年的 1 月 17 日，专家们终于确认了方秦汉的设计方案是安全的结论，这就是历时半年之久的、震动中国建桥界的"京都大辩论"。这项大辩论表面是围绕九江长江大桥的设计，实质是桥梁设计技术上的保守和创新之争。九江长江大桥是在我国挣脱"文化大革命"和极左思潮统治的时代背景下开始正式上马的，科学技术为这座桥的设计建设预示了一个良好的前景，方秦汉适时抓住了这个机会，拟将数十年所学基础和实践积累结合起来，通过创新，把九江长江大桥建成一座世界级水平的桥梁，但却遭遇到保守势力的阻碍，幸运的是经过艰难的据理力争和持久的辩论，终于打消了各方质疑，为我国建设了一座有高技术含量的大桥。因为采用了大量先进技术，创造了十多项全国第一，九江长江大桥的建设不仅总体工程获得了国家科技进步奖一等奖，而且其独特的"耳垂"减震方案和合拢技术还分别获得了国家科技进步奖三等奖和铁道部科技进步奖二等奖。

芜湖长江大桥：老骥伏枥谱新篇

1996 年，71 岁的方秦汉又接受了一个新的任务：担任芜湖长江大桥的钢梁设计和科研负责人。此时的方秦汉对一座桥梁设计的眼光更为长远，既不希望停留于复制前人，也不限制于局部的技术创新，而是放眼如何将我国的整体桥梁设计与国际接轨，力争达到国际领先水平。

方秦汉像一名从容的"棋手"，指挥着芜湖长江大桥这局大棋有条不紊地展开。他不仅指导设计出符合我国桥梁事业长远发展的新钢种——14 锰铌桥梁钢，还创造性地设计出符合实际情况的桥梁形式——大跨低塔斜拉桥，并且根据大型试验和小型试验的结果，得到了 14MnNbq 钢及其焊接头的断裂抗力表达

1998 年方秦汉在芜湖长江大桥建设工地

式。采用断裂力学的 K 概念，建立起了 14 锰铌桥梁钢各韧性级别的极限厚度表，确定了与此钢相匹配的焊接材料，制定了焊接工艺要点，为我国今后的钢梁制造规范提供了依据。经过数千名建设者连续三年半的艰苦奋战，芜湖长江大桥于 2000 年 9 月 30 日建成通车。大桥建成后产生了良好的经济效益和显著的社会效益，2001 年被评为国家优质工程鲁班奖，2003 年获詹天佑土木工程大奖。

如果说"能吃苦""善创新"和"信实验"是方秦汉主持设计多座优质大桥工作的前三大法宝的话，敢于坚持原则就是第四个法宝，其"钢霸"雅号即由此而来。

"钢霸"之说，起初源于一座桥梁厂的技术工人之间。1989 年，方秦汉把完成的钢梁工艺设计图纸和方案交予该桥梁厂进行试制。可是厂方出于成本考虑，竟擅自改动设计图纸、简化生产流程。这样的改动很快就被前来了解钢梁试制进度的方秦汉发现了，当即责成更改回来。可等他一离厂，厂家又将图纸改了过来。当方秦汉第二次来桥梁厂检查时发现图纸再次被改，他怒不可遏，厂方终于妥协。从此，该厂上上下下都知道方秦汉的"厉害"了。谁知道更"厉害"的还在后面，为验收第一批试制出的钢梁，方秦汉第三次来到了该厂。这一次，虽然设计没有擅自改动，可是他发现钢梁焊接处加温不到位，原本设计标准要求的 100℃~120℃，生产时却只有 60℃~80℃。他脸色即刻阴沉下来，从技术人员、车间负责人到厂领导，他逐一责问了一遍，当即要求所有试制钢梁全部报废重来。可厂方允诺接下来的钢材一定按标准来，而已经生产出的 19t 钢材希望能够继续使用，因为这不仅涉及巨大的经济利益，更关系到厂家的声誉和领导的

威信。然而，方秦汉始终只有一句"规章制度摆在那里"的话，意思是必须坚持原则，致使双方僵持不下，怎么也谈不拢。方秦汉心想，九江长江大桥可是百年大计，马虎不得，也耽误不得，于是他马上直接进京，找铁道部基建总局的领导"告状"："九江长江大桥，百年大计啊！能马虎吗？敢马虎吗？这新技术联合攻关项目，是周总理生前决定的，能这么应付吗？每一根钢材都绝对不能出任何质量问题呀！"总局的领导对方秦汉的这番话肃然起敬，当即宣布不合格的钢梁全部报废。桥梁厂这下没辙了，转而向方秦汉说情，可是却遭到方秦汉的痛斥："质量问题，绝不姑息！"于是该厂上上下下又得从头开始忙。从那以后，该厂的人背地里谈起方秦汉的时候，都戏谑地说："这老头，真是个'钢霸'！"慢慢地，这个绰号就在从事桥梁建设的同事和工人之间传开了。

大家都知道，在材料质量和施工质量面前，方秦汉是严格坚持设计标准而不近人情的。平时的方秦汉话语不多，和和气气，可一旦工作起来，就像换了一个人似的。在重大技术问题上，他从来是认理不认人。他和领导"吵"，和同事"吵"，和工人"吵"。在一次又一次"争吵"中，完成了一项又一项气势恢宏的钢梁设计。

方秦汉这种严谨、认真的态度感染了身边的很多人，于是"钢霸"由绰号变雅号。这一雅号既是他科学严谨工作态度的写真，也是对他精通桥梁钢材的褒奖。因为在建设大型跨江桥梁方面的突出贡献，方秦汉1997年入选中国工程院院士。

原《科技日报》社总编辑张飙看了方秦汉院士的事迹之后，深为他的科学创造精神和人格魅力所感动，即兴填词《鹧鸪天》：

> 一生与桥共沧桑，桥桥手塑锁大江。
> 千慧入桥成钢霸，万情融桥写华章。
> 秦桥拱，汉桥昂，今桥等闲万丈长。
> 方将我魂化桥魂，心桥如虹飞巨梁。

正是凭借方秦汉院士为主导的一批科技人员的努力，一座座跨长江大桥逐渐建起，似根根钢制缰绳制服了汹涌奔腾的长江巨龙，改变了旧中国的铁路公路线"逢江即断"的落后局面，使中华大地越来越便捷地连通起来。"钢锁苍龙、霸贯九州"之说，既是对方秦汉院士巨大贡献的描述，又概括了他的人格魅力。

来源：《中国科学报》2014 年 10 月 24 日

周干峙学长

周干峙：规划春秋

■ 艾江涛　于　涛

周干峙（1930—2014），江苏苏州人，1952年毕业于清华大学建筑系。中国科学院院士、中国工程院院士。历任国家建委副处长，国家城市建设总局城市规划研究所所长，天津市规划局局长，中国城市规划设计研究院院长、高级建筑师，城乡建设环境保护部副部长，建设部副部长、国际建筑师协会理事。是中国第一部城市规划法的主要起草人之一，主编的《国家科委蓝皮书第6号——城乡建设》获国家科技进步一等奖。

"我不同的是，有幸一辈子主要都干一件事。"

这一件事，就是城市规划和建设。1952年，作为梁思成的弟子，清华大学建筑系学生周干峙大学毕业。碰巧的是，建筑工程部（现住建部前身）也于这一年刚刚成立，一毕业，周干峙便被要到建筑工程部。

此后的60年，周干峙一直工作在城市建设与规划一线，对共和国建筑规划史上的重大事件，"不能说都经历，但经历得比较多"。从"一五"计划的"156项重点工程"到"八大城市"；从西安的总体规划，唐山、天津震后的重新规划，再到深圳的开发规划；从国内"城市化"概念的最初讨论，到中国第一部城市规划法的起草，以至改革开放后的城市规划、设计，周干峙都从未缺席。

与许多人不同的是，他虽身居中央部门行政领导的岗位，但从未离开第一线的专业技术工作；他虽戴着两院院士的头衔，但"始终没有停止动手、动笔"。他虽已80多岁的高龄，但"眼前的活还特别多"，忙碌的身影还经常出现在各地的各种学会、论坛以及城市设计的项目规划会上。关注的问题也越来越多，中国特色的城市化道路、城镇化的健康发展、城市交通、建筑节能、环境保护、文化继承等重大话题的讨论中，不时能听到他的声音。

对中国日益迅猛的城市化进程，周干峙认为，中国有宝贵的历史经验和伟大的历史成绩，同时也有许多可以总结提高的地方。在他看来，建筑与人、自然的和谐是城市建设的最高目标，能源消费也是建筑科学的重要组成部分，城市建设必须为节能环保服务；对各地鳞次栉比、互相攀比的高楼大厦，周干峙提出在建筑能耗已占我国总能耗 1/3 的情况下，要避免"高层建筑陷阱"。面对日益突出的能源浪费，周干峙力行力倡节约文化。

更难得的是，在许多人眼里，这位规划大师敢讲真话，敢提意见，只要涉及自己的专业，从不推诿、回避。在 2012 年中国建筑学会年会上，周干峙勉励年轻的同行们："作为专家我们一定要坚持真理，该说话的时候一定要说话，这是我们专业人员的历史任务。"

在周干峙看来，搞规划的人，既是幸运的，又是倒霉的。幸运的是，有机会运用所学专业为城市谋篇布局；倒霉的是，所谋与所想往往超越现实，壮志难酬。

也许是搞设计施工出身，周干峙给人感觉干练、平和。在住建部办公室等他的时候，秘书接了个电话，告诉本刊记者，周部长骑着自己的三轮车出发了，待会就到。采访中，聊得兴起，他浑然不觉时间过去多久。

西安：保护城墙非我一人之功

1930 年，周干峙出生于苏州，后即迁居上海。时局动荡，少年时期的周干峙频繁换校，读过英国人办的工部局学校，也读过汪伪政府的学校、国民党政府的学校，最后考入清华大学建筑系。

1952 年 8 月，为"一五"计划做准备，中央决定成立建筑工程部，大学刚毕业的周干峙被调遣过来，参与了 156 项重点工程的厂址选择和重点城市的规划设计。他跟随苏联专家四处出差，投身于当时项目最多的西安市的选厂与城市规划工作。

当时，各行各业百废待兴，专业规划人才非常稀缺，加上保密的原因，因此技术人才更加稀缺。西安懂城市规划的，只有一个做施工的老工程师，建筑出身的周干峙根据工作需要，迅速接过编制西安城市总体规划的大任。扎实的专业基础很快显露，苏联专家也称赞他的徒手画和建筑画画得不错。

对有"十三朝古都"之称的西安，古城墙的存废成为城市规划的争论焦点。一些人说，北京都要拆了，西安还保留什么？忆及这段历史，周干峙对本刊记者说："保护西安城墙不是我一个人的功劳，我当然主张保护，因为我是梁思成的学生，我知道他的思想。"

当时，"搞规划的都极力主张不要拆"。从历史文化保护的角度看，修于明代的西安城墙无疑值得保留，此外，修好护城河对外开放，也是很好的城市特色。当时还有同志说，抗战时期，西安城墙被挖出许多防空洞，现在还可以防原子弹的冲击波，这个理由在很大程度上促进了高层领导的决策，最后决定了不要拆，留着没什么坏处。

西安古城墙就这样保留下来，成为今天西安这座文化古都最为亮丽的风景。

"这个功劳还要归到西安市规划局的一些老同志"，周干峙告诉本刊记者，他们随后整修了护城河，补砖添瓦，将城墙一带修成风景区。在周干峙的回忆中，当时搞规划的人与西安市行政领导（包括李庭碧、何家成等人）意见一致，非常难得。

"一五"期间，中央和地方都加快了规划设计管理机构的建立工作。除西安外，当时重点规划的城市还有兰州、包头、武汉、洛阳等八个城市，正是这些城市打下了共和国最初的城市与工业基础。此后一直到改革开放前，再无如此规划有序的城市建设。

唐山、天津：从算账到规划

"工作需要什么就学什么，国家需要去哪里就到哪里去"，这几乎是那一代人的道德律令。

1976年"唐山大地震"后，周干峙又很快被派去做唐山的震后恢复建设规划工作。"我们在唐山飞机场搭了个帐篷，住在里面抓唐山的救灾规划。"唐山的重建规划基本完成后，天津的问题提出来了。

天津震后没有唐山死的人多，当时国家首先面临的是唐山的救灾。二三十万的难民没有地方住，所以震后建设部的重点任务是重建唐山。搞了两年后，有领导发现天津的经济损失很大，大过唐山。尤其是天津住房地面比院落地面低、院落地面比胡同地面低、胡同地面比马路地面低的"三级跳坑"问题十分严重。领导马上指出：不光要支援唐山，还要支援天津。时任国家建委城市规划局规划组组长的周干峙，马上带人从唐山转到天津。

到了那里，周干峙才知道天津的救灾规划为什么天津市自己做不了。当时天津有规划局和计委，按照分工，震后规划盖多少房子、盖在哪里，首先由计委做计划，其次由规划局做具体规划。可搞计划的人不掌握图纸资料，不了解损失现状，坏了多少房子、多少管道，花多少钱都不知道。周干峙带领的工作组开赴天津后，首先要干的事情就是，根据规划局的资料基础，把救灾规划所需要的资金算出来。

"我跟天津市规划局的办公室主任在一号宾馆整天画图、算账,最后算出来这笔钱总共要 24.6 亿元,每年要投入 8.2 亿元,分 3 年完成。"

这笔资金报送中央批下来后,紧接着来的是房子怎么盖、盖在哪儿、盖什么样的房子等一系列规划问题。于是,周干峙又被留下来当了天津市的规划局局长。如此又是两年——周干峙在天津待了四年,重塑震后的天津新形象。

在不远的前方,一个更为艰巨而崭新的城市规划任务还在等待着他。

深圳:一个城市规划的范例

与西安和天津截然不同,作为改革开放的"桥头堡",深圳的规划几乎从零开始。

1979 年,深圳由原来一个不到 1 万人的小县城升级为地区一级省辖市,第二年,国家批准在深圳设置经济特区。国家建委决定派出一个"五人小组"支援深圳的规划建设。作为"五人小组"的成员之一,刚刚结束天津唐山震后重建规划的周干峙被派往深圳,参与主持特区的规划工作。

"历史证明,深圳的城市规划是成功的,幸亏有这个规划,深圳才有今日的发展",谈起深圳特区的规划工作,周干峙难掩激动,"说来话长,它解决了新的问题,积累了新的经验,特别是在深圳,专业人员与行政领导通力合作,整个规划是大家一笔一画地深入探讨、设计出来的。"

"深圳最成功的一条,我觉得是当时的行政领导跟专家学者、专业人员密切结合,事无巨细,共同商量。"

讲到当时的行政领导,周干峙一下子就点出来三个,市委书记梁湘、市长周鼎、主管规划的副市长罗昌仁。周干峙本人由国家建委主任谷牧直接派去,当时虽然没有总规划师的头衔,但他却实际承担着深圳市总规划师的角色。

深圳最初的人口规划,谷牧找人研究后初定为 70 万人。可周干峙从专业角度一算,发现对于深圳这样未来快速发展的口岸城市,$36km^2$ 的土地放 70 万人太少,实际规划按 100 万人做,考虑到特区的流动人口,再考虑到交通,事实上将规模做成了一个不断滚动的"活的概念"。最后,当他按 120 万人规划、160 万人可延展画出规划图后,同样没人反对。

确定了人口规模后,周干峙利用深圳地形狭长、河道分隔的特点,结合自然山川,从东到西,依次布置了沙头角—盐田、罗湖—上步、福田—华侨城、南头—蛇口等五个组团。这种带状组团式布局的城市结构便于调节,也为后续发展预留了空间。同时,规划还预留了地铁、机场、火车站的位置,为深圳日后的城市交通建设提供了空间、节约了成本。

在深圳的规划、建设中，专家与官员配合良好的例子数不胜数。

大致的布局确定后，像现在一样，很多单位来占地方。深南大道市中心南侧的地皮很快被划分出去了，鉴于这块地皮的重要，周干峙看后向当时的市长王炬提意见——这块地皮还未做详细规划，不能马上划出去。最后，市长亲自出面，给予一定的赔偿后又拿回这块地皮重新规划。

在周干峙看来，深圳的另一条成功经验是，规划不离建设，每项建设都要经过规划，结合起来进行研究。

大的区县规划定后，深圳需要首先修建一条老城往西的道路。许多人觉得应该修贯串城市的深南大道，周干峙力排众议，认为在整体规划还不够的情况下，不宜先修建"牵一发动全身"的深南大道。最后，市政府先在特区北边修了北环路，避免与将来深圳的总体规划发生矛盾。

深圳市中心的建筑则开国际招标的先河。在大批外国建筑师的方案中，市政府最终选中一位华裔美籍设计师的方案，没有建高楼，将市政府放在"中心"的边上，"全国唯有这个市中心，是市政府接纳了规划人员的意见，叫'市民中心'"。

提出的意见几乎都得到市政府支持，周干峙也不断陷了进去，"有工作需要我就去，结果变成了蹲在那里，参与了每一栋主要的建筑、每一条主要马路的修建"。这样一晃又是四五年。

功夫没有白费。"世界上没有一个城市像深圳这样一次规划上百万人口，按规划建出来，而且建得如此完整、如此合乎功能。"这份"得意之作"，也因此获得国家科技进步一等奖和国际建筑师协会阿勃克朗培奖——来自英国皇家规划师协会的颁奖者正是当年"梁—陈"方案提出者之一陈占祥先生在英国的同学。

2010 年 11 月 19 日，由于在城市规划与建设方面做出的杰出贡献，周干峙被授予日本建筑科技方面的"大林奖"。该奖设立于 2000 年，现已成为城市规划和建设领域的一个重要奖项，旨在奖励那些在这一领域做出突出贡献的优秀科技工作者。

幸运与倒霉

做了 60 年的城市规划，周干峙对自己的职业有了比较深刻的理解，"搞规划的人，往往是幸运的，也往往是倒霉的"。幸运的是有机会运用所学，打造一张张城市的面孔；倒霉的却是想法超越现实，被冷酷的现实所击碎，他的老师梁思成就是这样的例子。

当本刊记者问在他的职业生涯中，幸运多一些还是倒霉多一些，周干峙回答差不多。规划西安、天津、深圳，都是幸运的，但在平时工作中，尤其是挂着部长的名义去推动一些事情时，却往往做不到。

"我只有一个兴趣，就是把城市搞好"，但这份工作也有很苦恼的地方，"越搞越难"。

随着中国城市规模的不断飞升，城市所面临的问题也越来越多，越来越难，比如交通、环境、能源等。所有这些问题都不是孤立的，尤其是牵涉的管理部门越来越多，推动起来也越难。跟城市规划相关的部门至少有住建部、国土资源部、环保部、交通部。周干峙举了地铁的例子，"现在城市里的地铁属交通局管理，很好，也很不好。很好在于它本身搞车辆，搞机车轨道建设和铁道配套，但是交通部门的头脑里就很少有长远、全局的全市规划"。

在周干峙看来，搞规划难就难在这里，因为规划涉及很多全局、部门的利益问题。

正如他参与的、他的师长吴良镛所开拓的广义建筑学和人居环境学，城市规划除了学科自身的交叉特性外，必然还面临着历史、政治、文化、社会、体制诸多因素的重重影响。一代规划人，倘要将纸上理想践行大地，谈何容易！这也正是吴良镛先生所讲的，"做规划的人，就是要训练将理想主义和现实主义结合起来"。

"知其难为而为之，知其难言而言之"，从周干峙的身上，似乎可以清晰地看出传统儒者柔以进取的那份担当。对规划师而言，"作为专业的人要讲，作为行业要争，你不是为个人，你的特点就是整体，没有这一点，哪有规划"？

来源：《能源评论》2013 年

邱大洪学长

邱大洪：在科研与工程实践中勇于创新

■ 王晶华 姜文洲

邱大洪，1930 年出生，浙江湖州人，港口、海岸和近海工程专家，1991 年当选中国科学院学部委员（中国科学院院士）。1951 年从清华大学土木工程系毕业后，任教于大连工学院（现为大连理工大学）。现为中国海洋工程学会名誉理事长，大连理工大学海岸和近海工程国家重点实验室学术委员会顾问。主要从事波浪理论及其工程应用研究，在浅水区非线性椭圆余弦波工程应用理论和试验论证、不规则海浪和椭余波对常见海工结构作用力实用计算法、波浪在海床中的渗流与海工结构的相互作用等方面取得显著研究成果，为海岸工程设计提供了科学依据；同时开展了近海海域潮、波、波流共同作用下的污染物迁移转化规律研究。主编、合编著作 4 部，发表学术论文 130 余篇。获得国家金奖、省部级科技进步奖等 10 余项奖励，被授予国家有突出贡献中青年专家、国家重点实验室建设先进工作者、全国高等学校先进科技工作者等荣誉称号。

良好的教育：从渭风、南模到清华

邱大洪出生于上海，祖籍浙江湖州南浔。晚清同治、光绪年间，浙江湖州水乡古镇南浔出现了因丝绸业发家的富裕阶层，在当地被誉为"四象八牛七十二黄金狗"。"牛"有邢、周、邱、陈、金、张、梅、蒋八家，邱家便是"八牛"之一。富裕的家境使邱大洪从小就受到了良好的教育，5 岁时就和姐姐一起上了上海私立渭风小学读书，小学三年级开始学习英文。父亲还请了一位先生教他学习书法。

当然，父亲的教诲远不止这些。小学时，有一天父亲特意把邱大洪叫来，说："大洪，你已经是读书人了。人嘛，方趾圆颅，有口有眼，大家都一样。而或灵或拙,区别就在于能否坚持学习。民惟邦本,本固邦宁。你要好好学习,做一个对国家有用的人。"年幼的邱大洪虽然没有完全理解,但他记住了父亲的话。从此,"做一个对国家有用的人"就成了邱大洪读书做人的奋斗目标。

"八一三"事件后,日本帝国主义侵略上海。日伪当局规定:中国老百姓从日本哨兵面前走过,都必须向"皇军"行鞠躬礼。对此,邱大洪很是气愤,他每天上学放学宁肯绕远路,也不肯在日本侵略者面前弯腰。

在上海私立渭风小学的学习是丰富而快乐的。他特别喜欢语文、英语和算术等课程,所学功课成绩始终在班级名列前茅。1941 年 7 月,姐姐以优异成绩考入上海中西女中,邱大洪则考入了上海私立南洋模范中学。邱大洪在渭风小学的同班同学周干峙 1952 年毕业于清华大学建筑系,1991 年当选为中国科学院院士(学部委员)、1994 年当选为中国工程院院士。此是后话。

邱大洪在上海南洋模范中学度过了 6 年时光。"勤、俭、敬、信"是"南模"的校训。"南模"的教育历来以教学严谨著称,同时注重爱国主义教育,要求学生要做一个有追求、有理想、有抱负、对社会和国家有贡献的人。在"南模"的教育下,在中共地下党员的表哥的影响下,邱大洪憎恨国民党反动政府,积极参加义卖等反蒋爱国学生运动。

邱大洪在"南模"学到了许多基础科学知识,奠定了他扎实的学业基础,同时也形成了正确的思想道德观念,养成了良好的修养和气质。回顾在"南模"的学习经历,邱大洪认为:在人的一生中,中学是人生的关键阶段,从某种意义上来说,比大学还重要。中学是人生旅程的开始,对每个人的成长起着决定性作用。"南模"中学的六年,使他终身难忘。

1947 年,邱大洪中学毕业后,报考了 7 所大学,全部被录取,最终他选择了清华大学土木工程系。大学课程包罗万象,房屋建筑、水利工程、市政工程、道路与铁路工程等课程他们都学,到最后一年才分出几门专业课。在这所著名学府,邱大洪的学业大有长进。他记的笔记全用英文,写得工工整整;他从参考书和习题集(基本是英文原版)上找来各种题目练习,从头做到底,以增强对所学知识的理解,提高自学能力。四年里,他的各科成绩在班级总是名列前茅。清华大学非常重视社会实践,注重学生实际能力的提高。读书期间,邱大洪曾分别到沈阳驼峰调车场、郑州铁路局进行了两次野外实地测量,这为邱大洪日后的工程实践打下了非常好的基础。

大学期间,邱大洪还多次参加社会活动,明白了许多革命道理。大学毕业前,他有幸聆听了朱德总司令和冯文彬、安子文等同志为北京市应届毕业生所做的报告,深受鼓舞,决定放弃留校任教的机会,要求到工业建设第一线去,到东北去。在组织安排下,他来到了建国前夕我党亲手创办的第一所新型正规大学——大连大学（当时已更名为大连工学院，现为大连理工大学）任教。从此，他把一生都献给了高等教育事业和科技事业。

幸遇恩师：钱令希悉心指导年轻人

初建的大连工学院，可以说是"白手起家"。全国解放前后，虽从香港、上海等地招聘了一批知名专家教授，但师资依然短缺。头几年，邱大洪一面虚心向老教师学习，一面承担了繁重的教学任务。他几乎同时为4位教授、副教授助课，包括工程制图、测量学、土力学、结构力学等课程。他博采众长，不断充实自己的理论基础。1952年，学院决定"靠海吃海"，创办港口工程专业，这是新中国的第一个港口工程专业，也是中华人民共和国之前从未有过的专业。由港口工程教研室主任钱令希教授主讲"港口工程"，邱大洪担任助教。

1955年，邱大洪开始与侯穆堂副教授一起主讲港口工程课程。1956年，邱大洪担任了港口工程教研室副主任。1958年，他和侯穆堂副教授合作编著出版了我国第一本港口工程专业高校通用教材——《港口及港工建筑物》，由高等教育出版社出版，在高教界引起了良好反响，工程设计界也把它当作主要参考书。邱大洪还结合教学工作主编了本科生全国通用教材《工程水文学》和研究生教材《波浪理论及其在工程上的应用》。

对邱大洪事业影响最大的应该是钱令希教授。邱大洪担任钱令希的助教，协助他开设交通部港工培训班，并结合我国港口建设的实

1952年，新中国第一个海港工程专业创立，邱大洪（右2）开启了"与海结缘"的研究方向

际，指导学生做毕业设计。钱令希非常喜欢这个聪明好学、悟性极强的年轻人。

初到大连工学院，邱大洪对于什么是科学研究和怎样做科学研究还没有深刻的认识。1954年，学校拥有港工、水工、水力学（包括水力机械）和水能利用4个实验厅的水利馆落成。港工实验厅不仅有港工模型实验水池，还有波浪水槽、船闸模型实验水槽，以及引进的九线电磁示波仪等现代化测试系统，是当时具有世界先进水平的海洋动力学实验基地。1955年，钱学森来校参观，高兴地说："想不到国内已建立了这样具有现代化水平的实验室。"当时，我国高校和研究机构所使用的量测设备都比较落后。为此，大连工学院开办了一个电测培训班，培训各高校和研究机构的实验工作人员。在钱令希领导下，邱大洪参与了水库动水压力

的电模拟试验，认识到水库动水压力的数学方程和电流在电场内流动的数学方程是同样的拉普拉斯方程，因此，用电模拟方法测定模型水库边界上的电压就可以得到真实水库坝面上的动水压力。这使他对数理方程在工程方面的应用有了更深的认识，为他走上科研之路指明了方向。

邱大洪刻苦钻研，很快写出了一篇关于高桩台计算的论文。计算高桩台可以采用好多方法，邱大洪利用钱令希提出的利用弹性的连续梁来计算。钱令希看罢论文，表扬邱大洪想法好，有创新，并动手帮助邱大洪认真修改，最终定稿。论文实事求是，每个计算都做得很准确，语言平实，措辞严格。邱大洪学到了撰写论文的方法。

1957 年 2 月，中国科学院物理学、数学、化学部和技术科学部联合召开第一次全国力学学术报告会，并通过了中国力学学会章程，选举了 35 位著名力学家为理事，钱学森为第一任理事长，中国力学学会正式成立。就是在这次会上，邱大洪宣读了《柔性高桩台的计算》论文，在力学界引起关注。

有一次，邱大洪看到一篇文献，述及在地中海的一次风暴中，热那亚港的防波堤被大浪冲毁，数百上千吨的混凝土方块被冲下海。文章中详细阐述了风浪的强度和破坏的状态。邱大洪想，能不能在实验室的风浪水槽中复演出这种状态？钱令希非常支持他的想法。于是，邱大洪就按文章介绍，在实验室中进行了多次试验。最终证明，当风浪水槽中产生的波浪达到文献所述水平时，防波堤就会被冲垮，毁坏的状态和文献介绍十分一致。通过这个试验，使他在感性上对海浪的能量有了更切实的了解，这对他确定今后的研究方向产生了不小的影响，并对科学研究要密切结合工程实践有了较深的体会。

以上这些，看似细枝末节，却是邱大洪走向科学研究道路的开端。名师的指导、实践的勇气和脚踏实地的作风，正是邱大洪学术成长的宝贵财富。邱大洪对钱令希十分尊敬和爱戴，每年春节都去拜年。钱老八十寿辰时，邱大洪还特意送去一个大花篮。

如今，邱大洪也培养了一批又一批硕士生、博士生和博士后科研人员，他们也成长为高校和研究院所的重要科研力量和行业领域领导和业务骨干。

科学研究创新：创建国家重点实验室

此后，邱大洪在波浪理论及其工程应用等主要研究领域开展了一系列有创造性的工作。他坚持教学、生产和科学研究相结合的原则，在理论研究中既重视学科发展的前沿课题，又重视理论的工程应用和实践方法。他发展了浅水区非线性椭圆余弦波的工程应用理论，系统研究了波浪在海床中的渗流与海工结构的相互作用，部分成果被列入交通部修订的设计规范。在不规则海浪统计特性研究中，他将对海浪波面极值的统计分析理论应用到对建筑物波浪力过程线极大值的统计分析中，对单柱、柱群、单墩、墩群等海工建筑物波浪力进行了理论研究，得到了工程上简易可行的计算波浪力极大值的方法。在开展关于波浪引起海床内的渗流与海工建筑物相互作用课题的研究中，他系统地对墩柱、平台、直墙、海底埋设管线等一系列海工结构上的波浪渗流力及其周围的波浪渗流场进行了理论和实验研究，得到了解析解和数值解。他主持完成"波浪渗流理论的工程应用"研究项目，获得 1996 年国家教委科技进步奖二等奖。

邱大洪认为：要使科学研究达到高水平，除了实践、认识、再实践、再认识外，创新是关键。同时，现代化的试验研究是检验创新思想的非常重要的手段，而试验研究现代化又必须具有先进的试验设备和手段。

1978 年，在开始对不规则波进行研究时，这一工作在国内刚刚起步，没有相应的试验设备，也没有引进国外设备的条件。邱大洪决定自力更生，提出了改造原有的规则波造波机为调频式不规则波造波机的技术方案，在实验室进行了改装。1986 年，他接受国家计委的工作任务，在以前工作的基础上主持筹建海岸和近海工程国家重点实验室。从组织实验室规划设计、编写实验室建设计划任务书，到引进国外设备谈判，进行国内配套设备研制，以及基建工程和设备安装、调试、验收，再到制定实验室研究方向，建立各项规章制度等，邱大洪主持参与了全部工作。1990 年实验室通过国家验收。对外开放以来，针对我国港口与近海工程的大规模发展、海洋环境污染治理和深海能源开发等国家重大需求，围绕海岸、近海和深海工程中的重大基础科学问题和关键技术，实验室以海岸和海洋动力环境及作用、海岸和海洋岩土工程、海岸和海洋工程结构、海岸和海洋工程防灾减灾、海岸和海洋工程实验模拟技术为主要研究方向，承担了大量重大科研任务，取得了一大批高水平的创新性研究成果，并广泛应用于工程实践，取得了显著的社会经济效益。实验室总体定位准确，研究方向充分体现了国际前沿和我国区域特色，在国内外产生了重要影响。实验室设备先进，尤其在自主研制的重要试验设备方面体现出很强的综合实力，是我国港口、海岸及近海工程的重要研究基地。海岸和近海工程国家重点实验室 1994 年、1997 年、2003 年、2008 年、2013 年五次通过科技部组织的评估。

2017 年 6 月 20 日，以大连理工大学海岸和近海工程国家重点实验室、澳大利亚西澳大学海洋基础研究中心为核心成员，以中国海洋石油总公司、澳大利亚伍德赛德石油公司为协作成员组建的海洋油气工程国际合作联合实验室接受了教育部科技司组织的现场考察，专家组一致同意海洋油气工程国际合作联合实验室通过立项论证。海岸和近海工程国家重点实验室的发展即将拉开新的篇章。

工程实践创新：设计大连渔港、大连新港

邱大洪常说："All knowledge comes from practice."（"一切知识来源于实践。"）他认为：从事科学研究和工程教育，到工程实践中汲取营养和成长锻炼至关重要。1958 年，大连市为发展海洋渔业资源，要修建一座当时亚洲最大的渔港。大连工学院承担了大连渔港工程的全部设计任务，邱大洪作为技术总负责人。这一年，他只有 28 岁。

这座渔港规模很大，而且是完全敞海，在我国渔港建设方面史无前例。担此重任，邱大洪如履薄冰，十分慎重。他首先和市水产公司、本校教师一起到烟台港、青岛港实地考察，学习建设经验；又跑遍市郊海区，选择港址；还主持了扩初设计和施工图设计（陆域上的工艺和厂房由其他单位设计），并开展了港口整体模型等试验。在施工中，他经常深入现场解决技术难题。终于，这座拥有 4 个现代化的卸鱼浮码头、年卸鱼量 12 万吨，海域面积 5 万多平方米、可以同时停泊 300 艘渔轮，防波堤总长 1327 米，配有上冰上箱码头、修船码头等设施的大连渔港于 1966 年胜利建成。经验收，质量优良，完全达到国家标准。渔港建成后，日共中央政治局委员、日本国会众议院议员志贺义雄前来参观时感叹地说："不仅日本还没有这样现代化的渔港，甚至整个亚洲都还没有。"1987 年，邱大洪再次担任总工程师，主持了大连渔港的扩建工作，使这座港口拥有了接纳万吨级远洋捕捞船的能力。扩建工程于 1989 年竣工投产。

根据周恩来总理关于"三年改变港口面貌"的指示精神，1973 年，交通部决定在大连建设我国第一个现代化原油输出港——大连新港。大连工学院土木工程系、数理力学系、机械工程系、电子工程系等与大连市其他有关单位共同协作，主持设计并建设实施这一多学科协同作战的国家重点工程。此前，曾与外商谈判，准备引进海底管线和单点系泊工程方案，后因对方谈判条件苛刻而中断，改为栈桥式码头工程方案。教师们贯彻"独立自主、自力更生"的方针，憋着为国争光的一口气，承担了全部主体工程的设计和研究任务。邱大洪主持了码头工程设计工作，并担任施工现场设计单位代表。他带领学生，从油港的勘测、规划、设计、研究、施工到竣工投产，付出了极大的辛劳。在分析当时技术条件和现场实际情况的基础上，合理利用自然条件，细致地进行了波浪、水流等资料的勘测分析，做了 16 项模型试验和原型观测分析研究，采用了开敞式码头的方案。钱令希等设计的百米大跨抛物线空腹桁架全焊接栈桥，材料省、施工快，外形美观，节省投资 2500 多万元。六层楼高的 19 个巨型桥墩采用的预制和浮运设计施工方法，在我国建港史上均属首创。这些成果先后获得全国科学大会奖和"优秀设计金奖"。我国一位远洋油轮的老船员第一次来到大连新港，顿时热泪盈眶，说：

"这个港为我们争了气，说明中国知识分子和工人的智慧与能力是不可低估的！"

20 世纪 70 年代，我国海上采油事业蓬勃兴起，邱大洪认识到海洋环境条件的复杂多变，开始了在海洋环境荷载方面的研究工作，研究领域从海岸工程拓展到近海工程。1983 年，为开发我国南海北部湾石油资源作前期预研，探索在我国建造钢筋混凝土平台的可能性，他主持了原国家教委组织的五校联合设计组的工作，承担了该项目"六五"科技攻关任务"混凝土多用采油平台的可行性研究"。在各高校和工程单位 100 多名同行的共同努力下，圆满完成研究任务，1986 年获国家科技进步一等奖。

邱大洪通过参加上述一系列工程实践，既检验了理论知识，又丰富了工程经验，为他从事国内多项重大工程的咨询和顾问工作打下了基础。他受交通部和建设单位委托，结合连云港集装箱码头工程和深圳赤湾 9 号深水泊位集装箱、散粮码头工程，对采用预应力大管桩的新结构进行理论分析计算、模型试验及工程设计研究，在连云港工程中提出了双排管桩新结构方案，并在计算理论、构造设计、施工方案等方面解决了一系列关键技术，经国家教委科技司组织国内学校和工程部门专家鉴定，认为该结构为国内首创。这一设计被业界同行称为"邱式板凳"。

2000 年，在上海市"建设'三港'服务全国"研讨会上，邱大洪做了《尽早尽快建设上海国际航运中心集装箱深水枢纽港——洋山港区》的发言，认为根据当前设计施工能力和水平，到 2005 年，用 4 ~ 5 年的时间建成洋山港区一期工程是完全可以做到的。而后，在洋山深水港区的建设过程中，他多次参加工程问题研讨会。在四期工程建设时，由于前三期工程建设后，港区的地形地貌和潮流态势发生了较大变化，原设计方案要把最西侧的一个汊道口堵死，工程单位提出保留，引起了激烈的争论。邱大洪经过深入思考潮流和泥沙运动规律，提出坚决保留汊道口。事实证明，这一方案是成功的。

法国科学家路易·巴斯德曾说过："在观察事物之际，机遇偏爱有准备的头脑。"2010 年 9 月 8 日，在大连理工大学刘长春体育馆，邱大洪院士应邀为入学新生作报告——《谈谈人生、生活、机遇》，他告诫青年学生要"勤恳实践、锐意创新"。他说："一个人的成长靠的是志坚、机遇和勤奋。什么是机遇？机遇就是遇到的机会。机会在哪里？就在你身边，就在你生活的环境里。机遇是可遇而不可求的。你在学校努力学习，在工作岗位上好好工作，若干年后，再回过头去，才知道当时抓住了机遇。如果你不好好干，白白放过身边的机会，却去求那些不在你身边的机会，那就永远抓不到机遇。"邱大洪真正做到了干一行，爱一行，专一行，他是机遇的宠儿，是专业理想的坚守者，更是勤奋的智者、科学研究和工程实践的创新者。

来源：《中国科学报》2017 年 7 月 24 日

程庆国学长

桥梁专家程庆国院士

■ 沈惠金

程庆国(1927年10月11日—1999年8月18日)，研究员，中国科学院院士，俄罗斯运输科学院外籍院士，桥梁和铁道工程专家。

1950年加入中国共产党，同年毕业于清华大学土木系。1956年获苏联列宁格勒铁道学院副博士学位。历任甘肃天水西北铁路干线工程局实习生，北京丰台桥梁厂主管工程师兼中苏合作丰台预应力混凝土试验基地技术负责人，铁科院铁建所桥梁室副主任、副研究员，成昆铁路桥梁技术委员会委员兼预应力混凝土桥梁新技术组组长，研究员，铁科院副院长、院长、院党委委员、院学位评定委员会主任、主任委员。1992年当选俄罗斯运输科学院外籍院士，1993年当选为中国科学院院士。中国共产党第十一次、第十三次全国代表大会代表。1979年获"全国劳动模范"称号。

浙江省嘉兴市崇福镇横街97号至99号为桥梁专家、中科院院士程庆国故居。1927年10月11日，程庆国出生于此。

程宅北临横街，南达宫前河（现为宫前路），屋宇高大，前后四进，面阔六间，中间有一条狭长的备弄从横街直通河埠。程宅建于何时？何人建造？缺少文字资料记载，已经很难稽考。但是可以确定民国初年的程宅主人是程介眉，族中晚一辈人都叫他鸿生大伯。

1913年出生的百岁老人程女士曾对笔者说：西寺弄口鸿生大伯在程氏同代人中辈分最大，他娶过四位夫人，只有第二位夫人生了个儿子，名叫月槎，就是程庆国的父亲。月槎17岁结婚，23岁就病故了，月槎的夫人是鸿生大伯第四位夫人的侄女，苏州人。

程庆国的哥哥程庆昺告诉笔者："我的祖父程介眉、父亲程斌和我的大哥同一年死于伤寒病，那年我四岁，弟弟庆国三岁，父亲当时还在读大学。"

祖孙三人同年死于伤寒病，真是程家的大不幸，程家顿时失去了顶梁柱。两三年后，程庆国兄妹三人随母投奔苏州外祖父家。外祖父姓叶，叶氏是洞庭东山的大姓，舅舅是苏州城里开钱庄的，兄弟两人就读东山钱庄从业人员的子弟小学——钱业小学。

程家大宅人去楼空，只留下一个范妈负责照看，房屋逐渐出租给外姓人居住。范妈是程庆国祖母的陪嫁丫头，结过婚，无子女，一直住在程宅，直到九十高龄在此逝世。

1936年，程庆国以四年级插班生考入江苏省立苏州中学附属实验小学。抗战爆发，全家逃难到洞庭东山外祖父老家，一年后，又转到上海，投奔姨妈家。因家庭经济困难，程庆国曾患过肺结核。17岁那年，母亲又不幸患病身亡。程庆国的少年时代是在颠沛流离的战乱生活中度过的，先后就读于上海育才小学、中光中学、建文中学，1944年转入育英（当时改名郁行）中学。

1946年中学毕业时，程庆国同时报考燕京大学历史系、上海交大物理系及清华大学土木系，结果均被录取。程庆国对历史专业很感兴趣，但考虑到清华大学的奖学金要高于燕京大学，而且他久已仰慕清华的学术环境和民主风尚，结果选择了清华大学土木系。他的哥哥程庆曧当时就读圣约翰大学，还差一个学期就可毕业，因仰慕清华大名，也报考清华大学并被录取，兄弟俩高高兴兴一同进了清华园。为了节省开支，他们在清华求学四年期间，没有回过上海。程庆国在清华开始接受革命思想，积极参加学生运动。

1948年年末清华解放，在解放后的第一个"五四"青年节，程庆国参加了新民主主义青年团，1950年6月他由艾知生、李斌介绍加入了中国共产党。为支持中华人民共和国，程庆国兄妹早在土改前就主动将崇德故乡的房屋及田地全部上缴给了政府。1950年7月，程庆国由清华大学土木系毕业并被分配到甘肃天水西北铁路干线工程局工作，离校前夕，张光斗先生勉励他要尽量多接触工程实际，对张先生的教导，他一直铭记在心，并在工作中努力实践。

1951年8月，程庆国由国家派赴列宁格勒铁道学院读研究生，导师是该校校长、著名桥梁专家普罗塔索夫教授。程庆国给人的印象是生活朴素、为人坦诚、作风正派，他学习努力，热情好客，知识渊博，经常得到老师和同学的赞扬。除了俄文外，他还自学德文、日文，连同原来学的英文，当时他已通晓4门外语。程庆国还注重了解当地社会情况，积极发展与苏联人民的友谊。他担任列城留苏学生会秘书，和不少苏联朋友热情来往，结下了深厚友谊。这种友谊一直持续了近半个世纪，1999年他的俄罗斯朋友在得知他去世的噩耗后，还写来了感情真挚的悼念信。

程庆国在学习、业务上非常虚心、执着和认真，在写学位论文期间，他一方面虚心向师长请教，积极和同学讨论，一方面常常不分昼夜地钻研思考，甚至常常忘了吃饭。1956 年他以优秀成绩完成学业，取得技术科学副博士学位回国。

回国后他被分配至铁道部科学研究院工作，历任桥梁研究室副主任、助理研究员、副研究员、研究员、副院长、院长。曾任中国土木工程学会副理事长、中国铁道学会副理事长、茅以升科技教育基金会主任、国际桥梁及结构工程学会委员、国际预应力混凝土学会工程实践委员会委员。1992 年当选为俄罗斯运输科学院外籍院士。1993 年当选为中国科学院院士。程庆国承担过多项国家和铁道部的重点科研项目，担任过南昆铁路、三峡工程西陵长江大桥、上海南浦大桥、杨浦大桥、江阴长江大桥等数十项国家重大工程项目的技术决策、咨询及管理工作，多次担任专家组组长。他重视培养和造就科技人才，培养出近三十名博士、硕士研究生。曾获国家科技进步二等奖、特等奖，全国科学大会奖等奖励。1979 年获"全国劳动模范"称号。先后当选中共十二大、十三大代表。他始终保持谦虚谨慎，认为只有"共产党员"和"桥梁工程师"才是他的终生称号。1999 年逝世，享年 73 岁。

程庆国少年时代离开崇福，对故乡的印象不是很深，但对故乡始终怀有深厚的感情。解放初，程氏兄妹除保留一楼一底房屋给程家女佣范妈居住外，主动将崇福故乡的所有房屋及田地在土改前全部捐献给国家。范妈逝于"文革"初期，其生前生活费用始终由程家兄妹供给，后事也由他们料理。

1996 年清明节前夕，程庆国来杭州参加学术会议之后，拜访居住在杭州的表兄李行。李行原名李天恩，是他姑妈的儿子，崇福人，解放前夕参加浙东纵队金萧支队，当时刚卸任中共浙江省纪委常委职务。程庆国对李行说："离开家乡六十年了，想回去看一看。"李行走南闯北几十年，也很少回故乡。两人一拍即合，遂结伴作故乡之行。横街程宅原貌尚存，程庆国高兴地在他的旧居摄影留念。

来源：《嘉兴故事》网站、百度百科

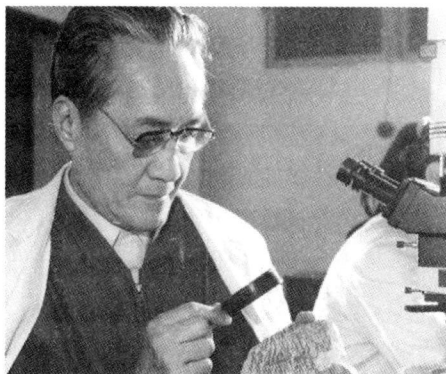

常印佛学长

常印佛院士：野外走出的地质学家

■ 王 申　吕凌峰

常印佛是我国著名矿床地质学家和矿产地质勘查专家，1931 年出生于江苏泰兴，1952 年毕业于清华大学地质系；1952—1965 年在长江中下游从事矿产勘查工作；1965—1974 年由原地质部先后派往越南和阿尔巴尼亚从事援外地质技术工作；1977 年起，先后任安徽省地质局（后改称地质矿产局）副总工程师、副局长、总工程师、技术顾问；曾任中国科技大学地球与空间科学学院院长；现为安徽省国土资源厅教授级高工、合肥工业大学教授。1991 年被选为中国科学院学部委员（院士）；1994 年被遴选为中国工程院首批院士。

重视野外工作的理念伴随常印佛一生，即便当选为院士后，只要有机会他仍亲自到野外，放大镜随身必带，每到一地都会用它仔细端详岩石。他把野外当作课堂和实验室，从那里发现真正的问题，也从那里捕捉解决问题的线索。

如今虽已年登耄耋，但常印佛依然在为揭开地下秘密搜寻宝藏而不遗余力地发出光和热。"他很平淡，没有太多有趣的事情，但他在平淡之中互相交融，他把智慧潜移默化地传给大家，而不会居高临下。他文章很少，更多的是言传身教，启发很多人去做……"

科学救国梦

1931 年 7 月 6 日，在江水流泽的江苏省泰兴县一户常姓耕读世家里，一个男婴呱呱坠地，常家已三代单传，父亲给孩子取了意味深长的名字"印佛"，希望他心念里能有佛家的某种境界。

小印佛的童年有幸福也有苦难。父母对家中唯一的孩子十分宠爱，尤其是师范毕业的母亲不仅给了他最初的启蒙教育，更以严格家教帮他养成了良好的性格和生活习惯。抗日战争爆发后，社会动荡，小印佛留在家中随母亲学习四年。1940年，因父亲在抗战后方染痢疾辞世，他便与母亲和年迈的奶奶相依为命。同年，泰兴沦陷。

常印佛的小学与初中是在日寇的统治下度过的，他目睹了中华同胞遭受欺侮和压迫的深重苦难，忆起当时情形，他依然颇为痛心："在政治上，是群魔乱舞，暗无天日；在经济上，是百业凋零，民不聊生；在文化上，则是一片沙漠。"他意识到，国家贫弱才会招致侵略，于是暗下决心，一定要改变现状，让国家富强。就当时而言，好在家中有丰富的藏书可供阅读，包括古典名著和现代著作，常印佛从中广泛地汲取营养，其中有一本《世界科学家列传》给他留下了深刻印象，他从中认识到科学世界的神奇和科学家的伟大，对科学产生了向往之情。

榜样的力量是无穷的，常印佛很早就从长辈和老师口中知道了泰兴当地的两位名人丁文江和严爽。丁文江是我国地质事业奠基人之一，领导了中国早期地质调查与研究工作；严爽则是著名的采矿和石油工程专家。因此他们为寻找祖国的宝藏做出了贡献，都是科学救国理想的践行者，也是泰兴当地妇孺皆知的英雄。常家与丁、严两家还有些姻缘关系，母亲也常教导他要向二位乡贤学习，他对地质学产生一种天然的亲切感，与其结下了最初缘分。

常印佛高中就读于华东地区的王牌中学——南京中央大学附属中学。在那里他不仅学到了知识，还对科学救国思想有了更多的了解。他当时的理想就是效仿丁文江和严爽，做一个地质学家，把祖国地下的资源开采出来，让国家变得富强，故填报高考志愿时，第一志愿和第二志愿分别选择了清华大学地质系和北京大学地质系，最终被前者录取。正如他晚年所总结，"强国梦"和"科学梦"是他一生中的重要驱动力。

在清华大学地质系学习，为常印佛一生的事业打下了坚实的基础。清华有来自全国的最优秀的同学，也有得天独厚的师资，在教授常印佛专业课的老师中，有10位后来被选为中国科学院学部委员，如袁复礼、张席禔、冯景兰、孟宪民、杨遵仪、池际尚、涂光炽等。当时清华大学通识教育风气尚存，常印佛广泛涉猎，博览群书，并旁听物理、化学、气象等系开设的部分课程，还学会了独立思考和批判精神。经过三年学习，1952年毕业分配到安徽铜陵321地质队。清华是常印佛为科学救国梦装上翅膀的地方，也是他扬帆远航的起点。

实践出真知

李四光曾有一句名言："地质科学的源泉在野外。这里，也只有在这里，才能产生真正的科学问题和科学理论！"这也是常印佛奉为座右铭的一句话。地质学的公理化程度相较其他自然科学为弱，许多规律性认识需要从大量地质现象中总结，这就要求地质学家具备很强的野外工作能力。常印佛来到 321 队后，成为一名地质队员，在最初三年里，他几乎把地质工作的所有工种都摸了一遍：看管钻机、岩芯编录、区域测量、地质普查与勘探、协助队长编写勘探报告等。他有近半时间在野外度过，先后到青石山、贵池铜山、湖北繁昌等多地做地质普查填图，并迅速成长，锻炼出了野外独立工作的能力。

1955 年起，常印佛调至华东地质局有色金属办公室工作一年，随后又重返长江中下游野外一线，先后在 374 队和 321 队担任技术负责人、总工程师，直到 1964 年年底。如果从毕业算起，常印佛在长江中下游从事野外一线地质工作近 12 年。其间，他参与了铜官山铜矿的勘探和外围普查，发现（部分参与发现）和探明了狮子山铜矿、凤凰山铜矿、贵池铜山铜矿、黄山岭铅锌矿等一批大、中型矿床和矿产地，为铜陵有色金属基地和长江中下游"工业走廊"的确立提供了资源保障。他还率先组织实施了我国最早的 1∶5 万地质调查（铜陵幅），不仅极大提高了这一成矿远景区的地质研究程度，还树立了大比例尺地质调查工作的技术典范。到 30 岁左右，他已对长江中下游地区的地质地貌、多种矿床类型及分布了如指掌，积累了丰富经验，为理论研究奠定了坚实的实践基础。

"观千剑而后识器，操千曲而后晓声"，常印佛的学术研究与发现源于大量的找矿实践经验，体现出强烈的实践与理论的互动。在成矿理论研究方面，他把长江中下游地区不同时代地层中顺层发育的含铜、铁、金、铅锌、钨、钼、磷矿层的矽卡岩型矿床作为一个系统整体进行研究，引入层控成矿概念，提出"层控（式）矽卡岩型矿床"新类型，丰富和发展了矽卡岩成矿理论；他结合铜陵矿集区，研究了铜陵—戴汇基底断裂对岩浆和矿床分布的控制规律，提出了"基底断裂控矿"的认识。在区域成矿学方面，他以长江中下游为例开展了系统的区域成矿学研究，创造性地提出了该区内成矿结构、控矿规律新认识，系统总结了成矿带成矿模式，为构建我国大陆成矿理论奠定了基础。这些理论成果源于实践，又反过来促进了实践，对长江中下游一系列找矿发现起到了关键的指导作用。

常印佛是从野外走出的地质学家，一生著述不多，纯学术性的文章约十来篇，专著两本，但它们都极有分量。实践性强，成为他学术的最大特征。他没有读过研究生，没有出国留学经历，也没有进过高校、研究所，一生实战于生产系统，从 321 队总工程师，到安徽省地质局总工程师，他的工作都与地质找矿实践紧密联系。人们习惯称他为"常总"，只是这个总工程师有些与众不同，321 队的同事张兆丰认为他是"能做研究、具有学者素质"的总工程师，而同行学者翟裕生院士则认为他是学界少见的"理、工兼优"的学者。实质上皆因他的学问来源于找矿实践，来源于常年的野外工作。因此，在院士评选大会上，一位地理学界的资深院士在听完对常印佛的介绍后发言："科学院学部委员多数都是做理论研究的，现在地学部正需要这样既有理论贡献又有实践能力的科学家。"

重视野外工作的理念伴随常印佛一生。即便当选为院士后，只要有机会他仍亲自到野外，放大镜随身必带，每到一地都会用它仔细端详岩石。他把野外当作课堂和实验室，从那里发现真正的问题，也从那里捕捉解决问题的线索。他对野外工作的益处深有体会，并深情寄语年轻地质工作者："野外工作非常重要，对那些刚毕业的大学生，我积极鼓励他们去野外，起码在野外工作五到十年，然后再选择研究机构、学校，从事教学、科研都行，但是最基本的素质要在野外培养出来。"

海外建奇功

20 世纪 30 年代或更早出生的科学家们，几乎每人都是一座"历史博物馆"，他们经历了抗日战争、解放战争、"反右"运动，以及让知识分子"在劫难逃"的"文化大革命"。令常印佛深感幸运的是，"文革"期间他的大部分时间都在国外度过，那时的他先后被派往越南和阿尔巴尼亚做地质援助工作。

越战期间，中国对越南的援助是全方位的，其中即包括派地质专家组赴越做地质援助。受地质部借调，常印佛担任援越地质专家组组长，在老街一带寻找铜矿，并直接负责新权铜矿床勘探和外围普查工作。经过研究，他否定了原先认为该区矿床是矽卡型矿床的看法，弄清楚了实际成矿过程。专家组以新认识指导勘查工作，大大地提高了储量及远景。

援越地质专家在老街地区的勘查工作，总结了当地铜矿成矿规律，在主要规模的找矿远景方面具有较大贡献，地质报告获得越南政府高度认可，为越南矿产开发和经济建设贡献了力量。常印佛作为援越地质专家组的负责人，做出了较大贡献，在项目结束次年获得越南国会颁发的二级劳动勋章。

援越工作历时三年多，专家组在完成援助任务后回国，当时国内正值"文革"浪潮汹涌，而常印佛很快又被地质部借调到阿尔巴尼亚担任地质成套援建项目技术总负责人。经过简单的政策学习，他即飞往海外。

在阿尔巴尼亚，常印佛作为援阿地质大队总工程师，负责全区整个项目的地质技术管理和指导工作，另外还直接负责米尔迪塔铜—铬矿带中铜矿的区域成矿地质条件和分布规律的研究。在他所负责的成矿带内，经过实际调查，推翻了原先对地形构造的认识，找到了符合实际的控矿规律，并扩大了矿产储量。

中国援阿地质大队经过 4 年多努力，圆满完成援建项目任务，所做工作被阿地质总局局长誉为"样板性的工作"。回国前，阿尔巴尼亚最高领导，阿尔巴尼亚劳动党第一书记兼总理恩维尔·霍查率政府代表成员举办宴会作饯行和感谢。次年，常印佛获阿尔巴尼亚政府授予的一级劳动勋章，以此表彰他在援阿地质工作中做出的贡献。

常印佛回国时已是 1974 年，国内"文革"已进入尾声，近十年的援外经历使他幸运地躲开了国内政治风雨的冲击，当国内同行连自由和安全都无保障时，他依然能够继续从事业务工作，并有进一步积累和提升。虽然越南和阿尔巴尼亚的地质成矿特征与国内不同，但他开阔了眼界，在工作思路和方法上都有收获。

两院摘桂冠

改革开放后，常印佛先后担任安徽省地质局副总工程师、总工程师兼副局长。这是他学术的总结阶段也是开创阶段。他在总结多年工作经验的基础上，把认识提升到理论高度，并写成学术论文发表。另一方面，他也开始主持许多大型科研项目，包括全国首批跨省区划项目、科技部"七五"和"八五"期间开展的两轮长江中下游隐伏矿床预测科技攻关项目。这些地质科研的大手笔都取得了高水平的研究成果。

在 1985 年地质部在太原召开的固体矿产普查会议上，常印佛代表安徽省地质局发言。他首次提出把全国矿产普查工作的发展历史划分为三个阶段，积极倡导遵循由浅到深，由"点"到"面"再到"体"的地质认识规律，指出在当下技术和方法手段允许，且工业开采能力有长足进步的条件下，应向深部找矿，并建议在重要成矿远景区开展立体地质填图。会后，他率先在铜陵、大冶矿集区开展了立体填图试点研究。深部找矿理念的提出与国际同步，揭开了我国地质矿产工作向深部进军的序幕。

常印佛多年的劳动成果获得了国家和社会的认可：1979 年，国务院授予他"全国劳动模范"称号；20 世纪 80 年代又先后获"地矿部成果一等奖"（两次）和"国家科技进步特等奖"；并被国家人事部授予"有突出贡献的中青年科学技术管理专家"称号。1991 年，因其在矿床学、区域成矿学和找矿勘探学等方面做出的一系列创造性的理论发现，当选为中国科学院地学部学部委员（院士），也是当年唯一在省局系统内当选的地学部委员。1994 年，中国工程院成立，常印佛因其在工程科技领域做出的杰出成就，被从科学院直接遴选为工程院首批院士。中国科学院院士获此殊誉者仅 30 人，地学部仅 2 人。

当选院士之年，常印佛 60 岁，正值经验丰富而精力未减的人生阶段。其后，他继续主持完成了科技部"八五"科技攻关项目，主持或参与指导完成"九五""十五"期间多项国家重点科研项目和安徽省科研项目，其学术研究主线亦由找矿勘察、成矿系统向地球系统转向，致力于在更高的层次上认识长江中下游乃至华东—环太平洋地区的成矿规律。

从 20 世纪 80 年代中期开始，由于国家矿产政策在执行过程中出现偏差，过分依赖国际市场，使得全国固体矿产普查工作经历了 15—20 年的萧条期。为改变此种窘境，常印佛与其他院士一起呼吁，国家应加强对地质工作的支持，开发本国资源，确保国家安全和可持续发展，并提出具体对策和办法。伴随着经济发展"资源瓶颈"的凸显，国家终于在 2006 年出台了《国务院关于加强地质工作的决定》，地质工作焕发青春。

在地质萧条期内，常印佛在铜陵主持的立体地质填图试点因缺少支持而没能继续下去，到 21 世纪初，他又积极倡导开展深部找矿，继续选择铜陵大型矿集区作为研究重点，并在全国找矿工作部署会议上力保长江中下游地区作为找矿重点。在 2007 年于合肥召开的全国深部找矿研讨会上，常印佛再次从战略高度阐述了深部找矿工作的下一步方针，提出要做好地质勘探技术、队伍和人才三个方面的准备工作。近年来的找矿实践充分证明了这一理念的前瞻性和重要性。

常印佛在野外工作

近年来，全国地质工作呈现蓬勃发展的大好形势，但同样存在着一些问题，如地质体制亟待改革，地质萧条期留下的问题仍未得到完全解决，地质队伍建设、人才培养亦有待完善等等。常印佛对这些问题都做了冷静的思考，深入分析了全国"三勘"（勘查工作、勘查单位和勘查队伍）的历史与现状，并提出了建议和对策。

进入晚年后，常印佛更多地是为地质工作提供指导和建议。对于此，中国地质科学院副院长董树文很有感触："他很平淡，没有太多有趣的事情，但他在平淡之中互相交融，他把智慧潜移默化地传给大家，而不会居高临下。他文章很少，更多的是言传身教，启发很多人去做……"

虽然现已年登耄耋，但常印佛仍然关心着国家的地质工作，还有许多好的想法与建议，他仍会风尘仆仆地赶到各地开会、考察，还常到地质一线山水中去。他不知疲倦，乐在其中。

来源：《中国科学报》2014 年 5 月 30 日

裴荣富学长

裴荣富:
踏遍青山矿业新

■ 韩 露

　　裴荣富,矿床地质与矿产勘查学专家。1948 年毕业于清华大学。历任中国地质科学院矿产资源研究所研究员、所长,中国地质学会矿床专业委员会主任,国际矿床成因协会主席。他一生致力矿业工程勘查和科学研究,创新性地提出"双控论"和"合理域"固体矿产勘查模型,为指导地质工作做出充分科学论证,并被国际引证。从 20 世纪 90 年代开始,他专攻特大型矿床成矿背景研究,提出"成矿偏在性"和"异常成矿"等新概念,为在全国开展找矿提供理论基础。其成就除获多项国家级、部级科学技术进步奖和李四光地质科学最高奖外,并以他为首,与多国矿床学家合作执行了国家地质对比计划 IGCP-354 项目,成果达国际先进水平。1999 年当选为中国工程院院士。

　　如果说每个人的一生都由各个节点串联而成,那么毫无疑问,裴荣富的一生深深地镌刻在了中国矿业工程勘查和科学研究的里程碑上。从儿时父亲所供职的开滦矿务局到北师大地学系,从清华地质专业到矿产勘探"跑野外",最后走向国际地质舞台,裴荣富由一个对地质勘探"不陌生"的孩童,深造为一名"初显地质天赋"的地质人才,继而逐渐成长为一名中国地质勘探事业的旗帜性人物。"顺势而为",是他回顾自己学习工作生涯时的最大感受,顺历史之大势,服从国家和民族的选择;"永不止步"是他一生致力地质事业的不变状态。

顺 势 而 为

　　如果追溯裴荣富与矿产勘探的结缘,那不得不提到他的童年和父母。1924 年 8 月 24 日,裴荣富出生于河北省临榆县(现秦皇岛市)。当时裴父在开滦矿务局

239

工作，也正因如此，童年时代裴荣富便接触了众多的地质工程师和地质勘查仪器设备，因此他对地质勘探并不陌生。裴荣富 10 岁时，父亲去世，加之社会动荡，裴家陷入困苦。

逆境中，裴荣富刻苦学习，小学、初中、高中均成绩优异。1943 年，他又以第一名的成绩被北京师范大学地学系录取。在北师大期间，裴荣富曾到北京西边的玉泉山实习，在没有老师指导的情况下发现了玉泉山的断层，初显地质天赋。

1945 年 8 月 15 日，日本政府正式宣布无条件投降。下半年，南京政府派人到北平成立临时大学补习班，补习完之后才可进入正式大学，北师大被改为临时大学第七分班。1946 年，从临时大学补习班毕业的裴荣富选择了清华大学地学系继续深造。当时，清华大学的教学条件和师资力量都要优于其他学校，尤其地学系的教师队伍更是优秀，裴荣富努力地汲取着这些知名学者的知识和思想。1948年 8 月，他顺利大学毕业。

毕业后的裴荣富进入北平地质调查所工作，成为一名实习技术员，开始了矿山野外考察和地质矿产的研究工作。

初入社会，裴荣富便得到了一次珍贵的野外调查机会——组织安排他和日本的留用人员森田日子次一同到山西大同进行为期一年的考察。他十分敬重这位日本地质专家，虚心向他学习。短短一年，裴荣富跟随专家系统学习和参与了野外地质调查的各项工作，增长了实践经验和技能。

此后，加入东北地质调查队、参加五台山区调，裴荣富逐渐锻炼成一名真正的地质技术人员，具有了独立完成区域地质调查研究工作的能力，并开始承担和主持一些工作。

1952 年 4 月，为落实中央对地质工作的整体安排，大冶资源勘探队在湖北黄石铁山宣告成立。5 月，裴荣富调入大冶资源勘探队（后改称为 429 勘探队）。在此次勘探过程中，裴荣富开始承担并主持了一些工作，重点做了铁山矿区和程潮地区的勘查和研究。经过两年的工作，429 勘探队终于完成了从一般的普查勘探到详查、满足矿山建设要求的所有工作，并集体提交了《湖北大冶铁矿地质勘探报告》。在这份报告中，裴荣富主要负责有关地质部分的撰写，总结了未来接触构造控制矿卡对称分带的意见，这些意见对之后寻找盲矿具有一定的预见作用。

完成了铁山的工作后，裴荣富又被调到程潮地区进行勘查。在程潮进行勘查的人员中，大部分都是刚刚参加工作的年轻地质队员，裴荣富全面负责了整个项目的工作。程潮的地质勘查没有像对铁山那样详细，完成普查工作后，他最终提交了《湖北大冶程潮铁矿地质勘探报告》，报告中详细给出了该矿区的评价并提出开发建设的可行性建议。

科 研 创 新

经过在 429 队和 304 队的锻炼，裴荣富成功蜕变为有资历的工程师。1954年 4 月，他被调到地质部矿产司黑色金属处的铁矿组工作，担任主任工程师。刚到黑色金属处工作，裴荣富就要主持河北宣龙庞家堡铁矿、四川攀枝花铁矿、海南石禄富铁矿、甘肃镜铁山铁矿、内蒙古白云鄂博铁泥稀土矿等五大钢铁基地建设的铁矿资源问题，于是他奔走于各大矿山之间进行调查。除了解决五大钢铁基地的事情，他又负责了太行山东麓铁矿的普查工作，加上前一阶段东北地质队和429 队的锻炼，他几乎掌握了全国大部分矿山的铁矿资料。

1956 年之后，地质部先后建立了地质矿产、矿物原料、水文地质、工程地质、地球物理探矿和勘探技术 6 个研究所。当年 8 月，裴荣富调入地质部矿物原料研究所。裴荣富开始用专业方法开展研究工作，主要的研究方向是铁矿地质和综合地质普查勘探方法。在又一次对大冶进行地质考察的基础上，通过一个阶段的铁矿地质研究，裴荣富编写了《铁矿普查勘探规范》，提出了关于富铁矿的相关性和继承性的意见，对指导我国当时的铁矿普查勘探发挥了重大作用。后来的铁矿勘探规范都是在这个基础上发展起来的。

早在 20 世纪 50 年代初，裴荣富就起草了铁矿储量规范，后来通过储量委员会的全体委员讨论和地质部的批准，正式确定了下来，直至现在储量规范还在沿用。1962 年，裴荣富又在全国开展了大规模矿产勘查与开采工程验证对比研究，这为制定《中国矿产储量规范（总则）》、编制《矿产资源法》提供了重要科学论据。

1979 年，裴荣富被任命为地质部矿床地质研究所副所长，承担起了区域成矿规律研究。20 世纪 80 年代初，裴荣富会同地质部综合地质大队等单位近 30 人组成的研究队伍，历经约两年时间，首次在全国完成 10 个矿种、30 多个矿山的固体矿产地质勘探与矿山开采工程验证对比研究。通过矿山开采工程验证对比研究，他获得了大量的第一手资料，特别是有关矿床矿体变化性和合理勘探控制的科学信息。因为地质勘探虽然能发现一些矿床矿体的情况，但并不是全面的，之后经过开采，与勘查结果比对，两者会发生出入。带着这些问题，裴荣富在众多研究基础上，从勘探和验证开发的角度，吸收了对矿床的新认识，提出了矿产勘查的"双控论"和"合理域"。根据"双控论"和"合理域"，裴荣富逐步发展了矿产资源合理勘查理论。

也正是从 20 世纪 80 年代开始，国际矿床成因协会年会、国际地质大会、赴日本讲学、参与 IGCP-282 项目……裴荣富参加了众多国际交流与合作，他的影响力也逐渐延伸至国际。

援 外 工 作

在国际舞台上，国际局势风云变幻。为了有更好的国际环境，中华人民共和国在外交上积极与各国建立了邦交关系，同时支援了很多国家。作为国家安排的援外地质专家，裴荣富先后参与了三次非常重要的地质援助工作，并发挥了重要作用。

早在 1965 年，国家就安排裴荣富作为我国地质方面的专家援助巴基斯坦进行铁矿评价，他提出了重要的找矿建议：根据后积相变特征提出寻找易于冶炼的磷铁矿、赤铁矿。多年后，该国地质人员反馈，采用此方法找到了赤铁矿。

20 世纪 50—70 年代是中国对非洲援助的初期。这一时期，我国面临外国的军事威胁和经济封锁，承受着巨大的国际压力。此时非洲大陆的民族解放运动也已进入高潮，各国奋起反抗殖民主义统治，纷纷寻求国家独立。获得独立的国家百废待兴，他们迫切需要支持，寄希望于中国。地质勘探便是其中之一。

1974 年 7 月 2 日，中国成套设备出口公司与苏丹工矿部地质资源局签订了《关于苏丹铬铁矿普查勘探会谈纪要》。据此，该项目于 1974 年 7 月开始在英格萨纳山进行铬铁矿地质普查勘探。裴荣富出任此次地质部援助苏丹铬矿勘查地质队总工程师，也是技术负责人。到了苏丹后，他又在当地雇了 100 多人。他们事前就做好了区域地质的填图，一共有 10 台钻机在工作，从预查、普查、详查和勘探，

1979 年裴荣富（左 2）援助苏丹地质学家在红海山区调查铁矿

一直到满足矿山建设的要求，最后探清了矿山的储量。他们为苏丹找到了储量百万吨的铬铁矿，调查并登记了铬铁矿点 147 个（其中新发现了 96 个）；计算了初期勘探的铬铁矿石储量 695138 吨，其中加姆矿区 528432 吨；顺便对铬铁矿石中伴生的铂族元素和河谷中的铂族重砂矿物进行了初步工作。裴荣富完成了苏丹东部超基性岩浆带和英格萨纳山铬铁矿地质特征的报告（中英文），受到好评。

1982 年 4 月，裴荣富再次受聘苏丹能源矿业部担任地质咨询顾问工作，对红海山区铁矿地质工作进行咨询。1974 年援助苏丹，裴荣富给苏丹地质人员留下了深刻的印象，而这次邀请他来是做资源评价，查看资源量。在高温、疫情和蚊虫叮咬等异常艰苦的考察环境下，裴荣富不仅将自己的野外实践经验传授给了苏丹的年轻地质队员，经过考察后，还发现了红海山区是海象喷流沉积的铁矿，规模虽然小，但都是富矿。于是裴荣富在报告中指出："该矿区为火山岩型富铁矿，储

量达 1530 万吨"，并建议：这样的富铁矿可以开采并运出来，利用苏丹港——苏伊士运河将铁矿卖到欧洲去，以此换来巨大的经济效益。

考察结束后，苏丹能源矿业部部长接见了裴荣富，并授予苏丹地质队一面锦旗。这次勘探又为中国在世界地质研究上的声誉以及裴荣富在国外的声望奠定了坚实的基础。

永 不 止 步

20 世纪八九十年代，我国的地质工作迅猛发展。裴荣富先后在南岭、华北地块、长江中下游等重要成矿带开展区域成矿规律的研究，提出西华山—大吉山钨矿"多期成岩、共岩岩浆补余分异"的成矿观点，金属成矿省"景、场、相、床"等级体制成矿理论，"行、列、汇"构造控矿样式和"姻袭成矿""变异相矿床""衍生矿床""成矿轨迹追踪"等概念，并相继发表了《再论大冶式铁矿》《中国东南部中生代火山岩特征和区域成矿条件和成矿系列》《华南地区花岗岩形成环境、侵位类型与成矿》《南岭地区有色稀有金属矿床的控矿条件、成矿机理、分布规律及成矿预测（总论）》等著作和文章，获地质矿产部科学技术进步一等奖和国家科学技术进步二等奖。

1989 年，裴荣富主持"八五"国家攻关项目"南陵—铜陵—贵池地区铜矿成矿预测及靶区优选"的亚专题"四维成矿研究"，任技术负责人。他首次提出"时间维造就空间维"的成矿作用 3Dto-y 新思维。因此，1992 年 3 月，裴荣富参加在日本召开的第 29 届国际地质大会，他被选为大会中"成矿年代学"专题的副主持人，并在成矿年代学的讨论会中提出"时间维造就空间维的成矿"观点。这也是他在国内首创完成四维成矿创新认识后在国际大会上的展示。他首创提出成矿定时钟新概念，引起与会人员的极大关注。

对特大型矿床成矿背景的研究是裴荣富的重要研究方向之一，从 20 世纪 90 年代开始，他就提出"特大型矿床成矿偏在性"和"异常成矿构造聚敛（场）控矿"等新概念，为在全国开展找矿提供理论基础。同时，多年活跃在国际地质舞台上，裴荣富深刻感受到了矿产资源图在找矿中的重要性。因此，他首先申请了编制全球的世界大型—超大型的成矿图。2000 年 8 月，世界地图委员会批准设立国际合作项目 "1∶25M World Metallogenic Map of Large and Superlarge Deposits"，裴荣富任首席科学家。2009 年 1 月，地质出版社正式出版《1∶25M 世界大型超大型的成矿图》及说明书（中英文版）。接着在 2008 年，世界地质图委员会又批准了裴荣富关于编制海洋矿产资源图的申请，并设立了矿产资源编图国际合作项目 "1∶2500 万世界海洋矿产资源图"。2014 年 2 月，裴荣富赴法国巴黎，参加在联合国教科文组织总部举行的世界地质图委员会全体会议，汇报"1∶2500 万世界海洋矿产资源图"工作进展，向外国专家展示新编的《1∶2500 万世界海洋矿产资源图》。2010 年世界地质图委员会在审议裴荣富等研究人员 2006 年提交的立项建议和 2008 年提交的项目可行性报告的基础上，正式批准以裴荣富为首席科学家编制的《1∶1000 万亚洲成矿图》。

《中国矿床模式》《深部构造作用与成矿》《中国中生代成矿作用》……多年来，裴荣富出版的专著和主持的矿产勘查报告达 15 部，在国内外发表科技论文 130 余篇。他曾获李四光地质科学奖、第十届光华工程科技奖、中国地质科学院新华联科技杰出成就奖，并在 1999 年当选为中国工程院院士。

"我年龄虽然大了，但我依然有很多新的认知，老中青相结合，将使我晚年还能为找矿事业多做贡献。"如今 91 岁高龄的裴荣富，他的矿产勘查事业还未止步，奉献之心依旧如初。

来源：《中国科学报》2016 年 2 月 22 日

无悔年华

解放战争时期清华校友足迹

宣祥鎏学长

永远怀念宣祥鎏学长

■ 储传亨

宣祥鎏学长，上海市嘉定人，1951年毕业于清华大学电机系（1947年考入建筑系，一年后转入电机系）。一生主要从事北京市城市规划建设事业。历任北京市建设委员会副主任、首都规划建设委员会副主任兼秘书长、首都建筑艺术委员会主任、首都城市雕塑艺术委员会主任、北京市书法家协会主席等职。曾任北京市第九届和第十届人民代表大会代表。2012年12月21日，宣祥鎏学长因病逝世，享年83岁。

宣祥鎏同志离开我们一年了。我怎么也不能忘记2012年12月在他出国临走前到我家告别时说"经过体检，各项指标都很好"。他这样自信，使我本想劝他活动不要接二连三的话也咽进了肚子。这就成了我们最后一次见面。

宣祥鎏同志作为原首都规划建设委员会副主任兼秘书长，在任时做出了杰出贡献，离休后仍然关心规划事业。同事和朋友们都劝他在84岁生日时出版一本自己的回忆录，这不仅是一般的个人传记，也是北京整个城市规划领域的历史经验总结。实际上他发挥了文思敏锐、善于总结、勤于笔耕的优势，早就有所准备。以致在他逝世一年后的今天，一部包括他家庭、成长、事业（规划、城雕、书法）的巨著，呈现在我们面前。这是他留给我们最宝贵的精神财富。

我与宣祥鎏是20世纪50年代认识的，那时我们都很年轻，都在北京都市规划委员会工作，我搞经济，他原来在交通组搞无轨电车规划，后来到办公室，各忙各的，接触不多。我们真正开始接触得多是在"文化大革命"以后，我们都恢复了工作，而且又都住在苏州胡同，他住的楼跟我住的楼对着，能常见面。那时他住过一次医院，我问他住院的原因，他说是冠心病的前兆，我说："你比我还小一点你都得冠心病了，那我的危险性比你更大了"，问他有什么预防措施，他

宣祥鎏（后排右）与储传亨（后排左）等
同志合影

说要加强运动，所以我们俩约好每天新
闻广播一听完就去东单体育场跑步。那
时的东单体育场没什么建筑，也没人管，
里面有个 400 米的跑道，我们就每天进
去跑步，从此也成了好朋友。

20 世纪 70 年代，我们在北京市建委
有一段共同工作的时期。他在建委规划
处，我在新成立的市规划委员会。规划
处是"一仆二主"，既归市建委管又归市
规划委员会管，所以我们那一段是同事。我到建设部工作后也主管了一点规划业
务，我们有些联系。后来按照国务院的指示，为了提高市长城市管理的水平，中
组部、科协和建设部专门成立了市长研究班，由我分管这件事。之后成立了市长
协会，当时市长协会的会长是北京市的市长，宣祥鎏作为北京市派出的协会副秘
书长，所以我们的来往比较多了。

首都的建设，基本上是按照规划来实现的。老宣主管北京城市规划工作，是
非常称职的。他担任过首都规划委员会的副主任兼秘书长，既擅于行政管理又精
通业务，是不可多得的优秀干部。

我认为宣祥鎏在他的职务岗位上是机遇与挑战并存。他充分利用了机遇，同
时又成功应对了挑战。机遇有很多方面，一个是首都的规划受到中央、市委的重
视。首都的城市总体规划从 20 世纪 50 年代就开始研究制定，市委以彭真同志为
首，先是郑天翔同志主管，后来是万里主管，实际上有很多是由彭真同志直接明
确指示的，有一些问题还是毛主席的指示，比如关于人口的规模问题。国务院批
准 1982 年上报的规划，并且做出了一些决定，比如成立首都规划建设委员会等，
所以说中央对北京的规划建设是非常重视的。即使在"文化大革命"期间，由于
当时首都的建设和外事活动的需要，根据周总理的要求，万里同志在"文化大革
命"后期就出来主管首都的城市建设工作，当时宣祥鎏在万里同志身边当秘书，
受到万里同志言传身教的影响，这对于他是非常有益的机遇。

另外一个机遇是，宣祥鎏经历了从制订规划开始到实施规划的全过程实践。
规划的制订是很重要的，而更难的是实施，规划实施比规划制订的难度要大得
多。他能参与规划从制订到实施的全过程是个非常有利的机遇。

宣祥鎏的一生也可以说是从制订规划开始，包括修改，一直到规划的具体实
施。他充分利用他的机遇、各种优越条件，同时成功地应对了挑战。实施规划有
个根本矛盾，就是规划要着眼全局利益、长远利益，这和建设项目、建设单位本
身的局部利益有时在客观上是存在矛盾的。实施规划就是成天和矛盾打交道，宣
祥鎏能够成功地应对矛盾，之所以能够如此，我觉得这取决于宣祥鎏的一身正

气、高度负责，同时是百折不挠地坚持，原则性强，而且他具有创新精神，这一点很重要。

对于他的创新精神我有一点体会。"文化大革命"期间，要修订规划以适应当时的首都建设。因为"文化大革命"期间规划停止执行了，所以出现好多矛盾，万里同志根据总理的安排出来管北京规划，他就找原来搞规划的同志，我也从下放的农村被召回来。后来我去见万里同志，他说规划工作不好搞，要将高度的原则性和高度的灵活性相结合，同时规划在实施过程中一定会遇到新的问题，新的矛盾。毕竟当时的规划只是总体规划，没做到详细规划。比如王府井的道路红线，按照原规划是 70 米的宽度，实施就是很困难的，涉及很多建筑能不能拆掉，这些都要根据实际情况做局部的修改。所以我当时就记住了"搞规划需要将高度的原则性和高度的灵活性相结合"。后来我离开北京市到建设部工作，我也知道管规划是很难的，规划是第一线，所以有的规划部门包括城市的领导问到我怎么应对规划上遇到的问题，我也告诉他们万里同志曾经告诉我们要将高度的原则性和高度的灵活性相结合。后来有一次跟宣祥鎏同志聊天，他就发表他的实践体会："高度的原则性和高度的灵活性"中的"高度的灵活性"应该修改成"适度的灵活性"，我觉得有道理，他是从实践中总结之后的创新，如果在规划上具有"高度的灵活性"，也可能最后把"高度的原则性"否定掉。

宣祥鎏同志能够在规划战线做出优异的成绩，主要就是充分利用机遇，成功应对挑战。之所以能够达到这样的境界，我认为原因有三：

一、他本人勤奋好学，而且有很好的文学、书法、理工的功底，我想这是他从事规划工作以及以后取得规划工作成就的基础。

二、勇于实践，注意新事物，善于总结。因为要管北京的规划建设，我们讨论过继承和创新的问题，他总结出"时代精神、民族传统、地方特色，三者的完美统一"，这是他从实践当中总结了很多的建设项目遇到这样那样的矛盾得到解决之后体现出来的标准。

三、善于发挥组织的功能，能够调动广大专家为首都建设发挥作用。根据中央的指示成立了首都规划建设委员会，北京市的规划管理部门就是首规委的工作机构，所以有这么一个优越条件。而且在首规委下设立了几个工作机构，有一个首都建筑艺术委员会，有一个首都城市雕塑艺术委员会，这两个机构我都参与、接触过。我记得我们议论过，首都的规划建设牵涉到三大家：中央机关，部队和北京市。它的概念不仅仅是北京市，而是整个北京地区，很多建设甚至有好多比较难的项目都是来自中央部门或者军委部门，这就要发挥专家的作用。

2013 年 12 月 3 日

吴全德学长

电子物理学家吴全德

吴全德（1923 年 12 月 12 日—2005 年 12 月 29 日），出生于浙江黄岩。电子物理学家。1991 年当选为中国科学院学部委员（院士）。1953 年加入九三学社。

吴全德的父亲吴甘霖，在黄岩县城郊开设小酒店，母亲从事家务劳动。父母教育他要诚实待人，认真读书，做个好人。吴全德小时候跟邻里老人学认字，1931 年入县樊川小学，1933 年转入浙江海门省立台州中学附属小学。他在小学成绩一直优秀，1933 年毕业，顺利升入台州中学初中部。1938 年进入台州中学高中部，因遇上日本兵舰炮击海门（现台州市椒江区），1939 年转入黄岩县中学，1943 年春毕业，并以优异成绩被保送进入西南联大。

经过两个多月的千辛万苦，他才到达昆明。抗日战争胜利后，1946 年他随清华大学回到北平继续学习，1947 年以优异成绩毕业于清华大学电机系，留校任物理系助教，协助孟昭英教授筹建电子学实验室。1952 年院系调整，吴全德调到北京大学物理系，在电子学组任讲师。1953 年任电子学教研室代主任，1955 年任电子物理教研室主任。从那时起他开始进行电子光学方面的研究。1958 年该室研究红外变像管。1959 年北京大学建立无线电电子学系，电子物理专业被划入该系，吴全德也转到该系继续任原职。1961 年被提升为副教授。他在讲授"阴极电子学"课程的同时，进行光电阴极的研究工作，于 1963 年首先提出了阴极的固溶胶理论，1966 年提出离子晶体或共价晶体中固溶胶粒的形成和生长理论。1978 年晋升为教授。1979 年他提出银氧铯阴极含银超微粒子的能带模型，推导出光电流密度和量子产额公式，此公式后来被国外学者称为"吴氏输运函数"。他所提出的光电阴极的固溶胶模型和光电子发射的理论被称为"吴氏理论"。他对"金属超微粒子—半导体薄膜材料的结构和特性"的研究获 1987 年国家自然科学奖三等奖和国

248

家教育委员会科学技术进步奖二等奖。

在光电阴极方面，他进行了较深入的理论和实验研究，尤其是对银氧铯（Ag-O-Cs）光电阴极的结构和光电子发射机理的研究取得了重要成果。Ag-O-Cs 光电阴极（也称 S-1 阴极）是最早（1929 年）发明的实用光电阴极，世界上第一只电视摄像管和第一只红外变像管就是利用这种阴极制成的。它具有较高的近红外灵敏度和复杂的光谱响应特性，至今在红外光电转换和探测仪器中仍被广泛应用。在激光出现以后，它的优越的超短脉冲检测特性和多光子效应受到光电专家的重视，但它的发射机理长期没有被认识清楚。近半个世纪以来，多数人认为这个阴极是半导体结构，但用半导体模型解释该阴极特性时又遇到很多矛盾，有些学者认为 S-1 阴极的发射机理是一个谜。吴全德于 1963 年首先提出了这种光电阴极的固溶胶模型，指出了这种光电阴极的结构是金属银超微粒子埋藏于氧化铯半导体中，他从理论上讨论了基质中金属微粒的成核、生长条件，提出了离子晶体或共价晶体中固溶胶粒的形成和生长理论，并给出了金属微粒—半导体薄膜的能带结构和电子态分布，以此为基础讨论了 Ag-O-Cs 光电阴极的导电机理、光吸收、光电激发和光电子输运过程以及光电子发射的量子产额公式：$Y（hv）=\alpha \int \infty$ Es-EFEE+（Ev-hv）E+（Ev-Ec）1/2expEm-EkTdE。

在这个领域，吴全德最先用这种模型、理论和公式定量地阐明了 Ag-O-Cs 光电阴极的结构和特性，并从理论上得出对长波光电发射有贡献的平均银超微粒的直径为 3.1 纳米。大量的科学实验证实了这个模型是合理的，这个理论较好地解释了实验结果。

在 20 世纪 60 年代后期，多碱光电阴极获得广泛应用，它是在可见光、近紫外和近红外范围有较高灵敏度的实用光电阴极，是高增益高分辨率像增器发展的基础，但对它的光电发射机理的讨论都采用单晶半导体模型。吴全德在 1985 年与合作者一起对"多碱效应"做出了实质性的解释，并提出多晶光电发射模型和对光谱响应有影响的两个参量，即晶粒间界处的位垒高度和光电子的界面损失率，从而对光谱响应的变化给出解释。

吴全德在光电阴极的研究方面取得突破性成果的同时，扩展了他的研究范围，研究了在更普遍情况下，原子团和超微粒子成核和生长理论，给出了在介质或半导体中形成原子团和超微粒子的理论公式和物理条件。在这个理论指导下，可以有目的地控制制备金属超微粒子—半导体薄膜和金属超微粒子—绝缘体薄膜。这类薄膜具有独特的光学、电学、磁学和光电性质，它可以制成光和电磁波强吸收材料、光学双稳态材料、超短光脉冲检测薄膜，以及多种气体敏感薄膜，因此这类薄膜是目前人们感兴趣的研究课题。

吴全德意识到薄膜技术在高科技各个领域的重要性，但对薄膜生长的基础

（包括成核、生长、连续成膜和外延等）还没有完整的理论。因此他研究了在固体表面原子团形成的物理条件，讨论了薄膜形成的一般过程和稳定外延生长的条件，提出成核、生长和外延生长的互补性，给出了有关公式。这一理论工作在薄膜制备和固体器件加工及外延生长条件等方面是非常有意义的。

在上述研究的基础上，吴全德与合作者以及他所指导的研究生进行了金属超微粒子的结构和特性的系统实验研究。超微粒子是指尺寸小于 100 纳米的微粒，其中小于 20 纳米的称为原子团。原子团具有不同于原子物理所描述的原子、分子和固体物理所描述的块体的结构和特性，描述原子团的结构和特性的学科为原子团物理。至今人们在这个领域中研究较多的是在惰性气体中制备原子团和测试原子团的特性，而吴全德则已经比较深入地研究了埋藏在介质或半导体中的金属超微粒子薄膜的结构与特性，特别是它们的光电特性，从理论和实验上给出一系列的研究结果。这些成果表明吴全德的研究工作有其独到的开创性和先进性。

吴全德发现在纳米信息薄膜中会出现艺术性造型。他收集到一批图片，曾举办"显微镜下的形象艺术——纳米信息薄膜艺术图片展"。他称这种艺术图像为"实验造化艺术"，这里既有造化之功，也有人的创造性付出。

在吴全德等人的建议下，北京大学于 1997 年 9 月成立"纳米科学与技术研究中心"，吴全德被任命为主任。该中心在单壁碳纳米管、超高密度信息存储、针尖化学等方面取得了创新成果。

吴全德出版有《吴全德文集》和《薄膜物理》等书籍，发表 150 多篇学术文章；还出版了《艺术与科学的融合——纳米科技改变人类生产、生活、思维方式》一书。

吴全德历任《物理学报》《高速摄影与光子学》编委，电子工业出版社顾问，中国电子学会理事，国防科工委夜视专业组副组长，北京大学学术委员会委员，国家计委世界银行贷款项目"重点学科发展项目"专家组成员，国家自然科学基金委员会信息科学部电子学科评审组成员，中国科学院真空物理实验室学术委员会副主任，中国电子学会会士评审组成员和学术委员会委员等职务。

来源：九三学社中央宣传部 2018 年 8 月 23 日

梁应辰学长

梁应辰：他把骨灰撒进海河波涛

■ 矫　阳

梁应辰生前曾交待子女，身后把骨灰洒在天津的海河。

他爱大江大河，这位中国工程院院士一生与之牵手。

黑龙江、松花江，闽江、珠江，长江钱塘江，西江、红水河、澜沧江……这些美丽的江河，无一不留下了他的足迹。

2016年12月18日，生命的双桨缓缓停下，这位88岁的航道工程专家随江河远去。

水利是印在脑中的远大志向

1928年8月，梁应辰出生于河北保定。少年因目睹日寇烧杀抢掠，萌发了读书报国的志向，学习成绩一直名列前茅。

从小受困于饥饿，怀着"要吃饱饭就要种田，要种田就要水和肥料"的朴素想法，学习水利成了早年印在梁应辰头脑中的"远大志向"。

1948年，成绩优异的梁应辰参加了包括清华、天津大学（原北洋大学）等9所大学的招生考试并全部通过，最后毅然选择进入清华园的土木系水利组就读，从此与水利结下一世情缘。

由于国家建设的迫切需要，1952年2月，梁应辰从清华大学提前毕业，被分配至天津塘沽新港。两年后，技术拔尖的梁应辰又被国家选派到苏联敖德萨海运工程学院攻读研究生。学习期间，为增加实践经验和阅历，他走遍了黑海沿岸的港口。

1958年归国后，梁应辰即刻投入到中华人民共和国火热的建设中，协助设计了塘沽新港三码头。三年后，梁应辰被国家派到越南，用两年时间为越南援

251

建了一家氮肥厂专用煤码头。因工作突出，获越南总理府颁发的二级红旗劳动勋章。

对水利工程心存敬畏

20 世纪 70 年代初，国家开始研究葛洲坝项目。1970 年岁末的一天，梁应辰和数位水利专家受到周恩来总理的接见。

"对待伟大的三峡系列工程要'战战兢兢、如履薄冰、如临深渊'，可不能太自信。"他头上永远悬着一把"达摩克利斯之剑"，即"水利建设是涉及国计民生的大事，永远都不敢大意"。

葛洲坝地区的水工环境和条件确实给了梁应辰一个下马威。因为当他和同行看海图时，有一件事竟是那样匪夷所思，长江在葛洲坝段的标高还有负值——海图显示长江最低的地方比海平面低了 40 多米。

经过多次实地考察，才明白，是江水太湍急。经年累月的不断冲刷，河床被冲出深坑。长江中这种深坑形成的反坡非常多，带来的直接后果就是产生冲击力极强的"泡"。水流向上，强度大的有害泡将会对行船安全产生很大的破坏力，几百吨甚至上千吨的船队遇到有害的泡之后，两三分钟内就会上演"断缆、翻船等一系列"惊险惨剧。这让梁应辰在今后的水利工程实践中，更增添了敬畏。因为每条江河都不一样。

在葛洲坝水利枢纽建设期间，梁应辰与当时国内一批最杰出的学者、专家通力合作，不仅出色完成了葛洲坝水利枢纽通航建筑物的规划设计工作，自己也在实践中逐步成长为我国知名的水利水运专家、港口与水道工程专家。葛洲坝水利枢纽的成功为三峡大坝工程建设提供了强有力的科技支撑。

参与三峡工程成一生骄傲

"建设三峡枢纽是中国几代水利人梦寐以求的夙愿，上大学时就知道美国有一个 TVA（田纳西河水利枢纽工程），而中国要建 YVA（长江三峡工程）。"1994 年 2 月，梁应辰被中国长江三峡工程开发总公司聘为技术设计审查升船机专家组组长、船闸专家组副组长时这样说。亲自参与伟大的三峡工程设计，成为梁应辰一生最骄傲的事业。

此后五年多，三峡工程工地经常看到他精神矍铄的身影。期间，他与全体专家和设计单位竭尽全力共同解决了特大规模船闸总体设计、超高水头船闸输水、与高陡边坡岩体共同作用的大型衬砌式船闸结构、五级船闸监控系统等重大难题。数十年的水利实践与探索，使梁应辰逐渐成为中国水利界泰斗。

1994 年 5 月，梁应辰被选聘为中国工程院首批院士。两年后，即被国务院三峡工程建设委员会任命为三峡工程质量检查专家组成员。1999 年 11 月任国家科学技术奖励委员会委员。

进入 21 世纪后，已是古稀之年的梁应辰，身体状况大不如前，但他对水利建设的关注从未间断。"我生命的意义就在于为祖国的水利事业出谋划策。"这是梁应辰发自肺腑的心声。这一心声，持续到他生命的最后时刻。

2013 年年底，梁应辰接到国务院三峡工程建设委员会"关于委托开展三峡工程建设第三方独立评估工作的函"时，已是 85 岁高龄。函件委托他任项目评估组专家、航运交通组专家。

生命已近终点，但仍殚精竭虑

2014 年 1 月，他带病参加三峡工程建设第三方独立评估筹备会；2016 年 12 月 18 日在北京逝世前夕，病榻上的梁应辰，对三峡工程第三方独立评估，依然心心念念。

他用一生，牵手水利。

来源：科普中国 2017 年 12 月 14 日

王众托学长

王众托院士：莫道桑榆晚 为霞尚满天

■ 陈文雪

尽管已是 89 岁高龄，身形瘦削的王众托却并不显老态。1928 年出生的他，幼时历经战火洗礼，在动荡中奔波求学，立下报国之志，如今已为中国工业建设工作 60 余年。

在大连理工大学度过的大半生中，他以开拓者的身姿不断迈进新的方向，在管理科学与工程的学科基础建设、决策分析与支持系统的研究与开发、元决策概念的开拓与理论体系建构、知识管理学科的创建与发展等诸多领域成绩斐然。

他的学生爱戴并尊敬他，潜移默化间传承着他的精神。而他也仍在努力，试作一片红霞，映照更多人。

祖国沉沦感不禁：立远志，盼国强

1939 年，11 岁的王众托跟随家人避难至陕西汉中，于一次日军轰炸中，与死亡擦肩而过。劫后余生，王众托至今仍能记得彼时所想："那时一方面非常惊恐，另一方面又非常愤恨。"目见祖国沉沦，同胞饱受欺凌，深谙国防力量贫弱、工业发展落后之苦的他，一边在防空洞门前的露天课堂中汲汲求学，一边在残酷的现实中认识到"必须为自己的国家做贡献，使国家发展，富强康乐，自己才有出路"。

抗战胜利后的第二年，王众托如愿考入清华大学电机工程系，与一群同样怀抱家国情怀的同辈人相伴，度过了解放前后紧张而有所期待的 4 年。期间，开国大典在天安门广场隆重举行，曾见证这一历史事件的他，至今不忘当时心情："那时非常兴奋，觉得中国人总算站起来了。我们将可以建立一个独立富强的国家，我呢，也要为中国的工业建设出一份力。"

不断转向，跑好学术第一棒

1978 年，大连工学院系统工程研究所正式成立，同时招收硕士研究生。作为主要奠基人的王众托担任第一任所长。这是我国第一批系统工程科研机构与博士学位授予点，现已成为管理科学与工程学科领域的国家重点建设学科之一。

20 世纪 70 年代，尚在自动控制领域耕耘的王众托于实践中发现，仅仅着眼于技术手段无法妥善解决实在的具体问题，社会、经济、个体行为及组织管理等因素无不以其方式产生着影响，谋求总体性的综合考虑大有必要，而这恰恰需要系统工程的思想。

系统工程学科开始建设，王众托又"白手起家"。面对众多亟待解决的问题，曾经的艰辛难为外人道。然而数年后的努力成果，也同样令之欣慰。

从电工、电子到自动控制、系统工程，乃至管理学下的诸领域，事实上，自1951 年清华毕业赴大连工学院工作后，王众托的学术生涯转折，还有多处。在他看来，纵然 60 余年间不断变动，有一脉轨迹却始终清晰："我从事的教学和科研工作一直集中在中国工业化的几个前沿。"随着中国工业由机械化、电气化、自动化，迈向信息化、数字化、智能化，国家需要不断更迭，而他也一次次选择站到技术前沿，迎难而上。

未能深入钻研一个领域，王众托并非没有遗憾。他打比方，称搞学术就像跑接力，他总是跑第一棒，掌声却属于撞线的人。然而自己从未后悔，因为"历史给你的使命就是去开辟，还是应该把第一棒跑好"。

培养人才，深入实践宽容引导

20 世纪 80 年代，深信系统工程作为应用学科，需密切联系我国实际的王众托，曾亲自带领青年教师和研究生团队下工厂、下乡镇，完成了一系列受到各方肯定与嘉奖的项目。

对王众托来说，为学生开拓视野，不过是在贯彻他所理解的教学"三境界"。他认为，教学有三种境界，一是将概念讲清楚，"不能含糊"；二是传授方法，授人以渔，教人知其所以然；三便是点拨方向，帮助学生打开眼界，摆脱窠臼，获得学术前瞻性。

崇尚学以致用的王众托还非常重视实践："我经常带学生下厂、下乡，在实践里头扩展他们的知识。现在的学生，常常进工厂，却很少进车间。"尽管王众托能够理解学术评判标准所带来的客观影响，但仍然对当下重理论，少实践的学术风气感到惋惜。

大连理工大学系统工程研究所的夏昊翔觉得，德高望重的导师展露更多的是平易近人，"他对学生那种建议式、启发式的沟通方式，更利于培养学生自发思考、主动探索的品质。"

王众托所在的学术团队成员及秘书吴江宁则用"与世无争"来形容王众托。"他从不争名争利，生活上也没有一点额外的物质要求。"年近鲐背的王众托远行时从不坐飞机头等舱，甚至还穿着棉袄去挤冬日里的公交车。如今，他仍然每天早晨七八点就到办公室，开始工作。走过一个甲子，王众托仍在努力以其力所能及的方式传播学术思想，引领学术精神。

来源：《文汇报》2014 年 11 月 4 日

谷兆祺学长

化作滴水汇江河

——追记我国水利水电工程专家、清华大学水利系教授谷兆祺

■ 程 曦 吕 婷

他是一名最普通的教授，却为中国的水利水电事业做出了无可替代的贡献。

他从不与人争辩，只以学识服人。同行们渴望得到他的指点，却又有些敬畏他直指要害的见解。

他是老专家们最可信赖的"战友"，是中青年教师心目中的"大咖""男神"。

他把名利看得最淡。虽然在他身上没有太多耀眼的光环，但他对女儿说，爸爸这一辈子做了自己最喜欢做的事情。"那些钢筋混凝土结构摆在那里，证明我干了些什么就足够了。"

临走时，他为母校捐出了高达百万元的励学金，留下了86本记录重要工程资料的笔记，把遗体捐献给医学院用作研究。

终其一生，辛劳却愉悦，简朴却富足。

生命中的每一天应该怎样度过？秉持怎样的信念才能心安无悔？什么才是最宝贵的财富和快乐？清华大学水利系教授谷兆祺用他普通而不平凡的人生做出了自己的回答。

向祖国水利事业许下终身之约

选择从事水利水电事业，对谷兆祺来说，或许是一种偶然，抑或是一种必然。

谷兆祺的父亲谷镜汧是中国人自己创办的第一所高等医科学校——上海医学院（今复旦大学医学院）的创始人之一。抗战爆发后，谷镜汧携全家随校迁往昆明、重庆，并辗转应聘担任中正医学院、广西医学院、同济医学院等校病理教授。虽战乱流离而弦歌不辍，学堂不灭的灯火点亮了少年谷兆祺的心。

257

在重庆，治军治水并重、致力打造"塞上江南"的绥远省主席傅作义（新中国成立后任水利部部长）曾到南开中学做过有关水利工程的报告，这让谷兆祺对水利造福民生有了初步的印象。

1946年，谷镜汧代理上海医学院院长职务，并组织该校师生员工分批迁回返沪。随父亲和家人沿嘉陵江东行时，谷兆祺目睹了纤夫拉纤的悲苦。15岁的谷兆祺由此立志："不能让他们再这么辛苦下去，我一定要学水利！"1948年，谷兆祺同时考取了清华大学土木系（水利专业）与上海交通大学电机系。当时内战尚未结束，南北交通极为不便，家人希望他留在上海读书。然而谷兆祺却坚持要去清华学水利，尽管这在当时看来是一个无比艰苦的行当。

谷兆祺的夫人陈方说："和那个时代的很多人一样，'国家兴亡，匹夫有责'是谷兆祺的毕生信念。"而水利，就是谷兆祺向祖国许下的终身之约。

在清华学习期间，谷兆祺和同学们自称"洪流"，共同创作了一首名为《洪流》的班歌，还曾一起出过一本叫《回首洪流》的集子。谷兆祺工作后常跟学生们谈起"洪流一代"的故事，他很自豪能为水利事业奋斗终生，教育学生们也要做热爱河流、心胸开阔的水利人。

1952年大学毕业后，谷兆祺一直在清华水利系任教，从事水利水电及岩土工程的教学、科研与生产工作，不仅桃李满天下，还先后参与密云水库工程、引滦入津工程、三峡工程、南水北调工程、黄河三门峡、万家寨、小浪底、二滩、龙滩、东风、新疆石门子等上百个大中型水利水电工程的设计、审查、评估及咨询工作（如果算上小型水利工程，则超过200个），此外还为京、冀、陕、甘、宁、新、藏、云、贵、川、晋、桂、蒙、鄂等省区的水利水电工程做了大量义务工作。

江河风雨冲刷过的石头，寄托着他一生的情结和追求。

"做工程就一定要肯吃苦，要多去工地"

八千里路云和月，六十余载江与河。谷兆祺一生奔走在万里江河之间，"真刀真枪"做水利。从1958年参加密云水库建设工程开始，一直到古稀之年，谷兆祺都坚持亲赴施工现场检查指导。爬大坝、钻隧洞、进电厂、攀闸门、睡帐篷、查阅资料、核算结构、取样实验、现场检测……攀上爬下是他的工作常态。他把全部心血都投入到工程现场中，甚至连身体健康和生命安全都置之度外。

密云水库建成后，清华水利系大队师生撤回学校，设计总工程师张光斗先生考虑到前两年在"大跃进"的情况下，有些设计或施工工作可能有不周到之处，因而嘱咐谷兆祺等几位师生继续留在工地，一方面完成所有的扫尾工程；另一方面把已做的工程仔细核查一遍，凡有不妥之处，务必加以补救。

就这样，谷兆祺在密云水库工地一共驻守了6年。送走大部队后，他带领设代组（代表工程设计单位在施工现场的机构）仔细核查每一本计算书、每一张图纸、每一项观测记录，发现隐患10余处。这些加固修补的工作都很重要，若不做好，每一项都可能引发严重的后果。谷兆祺等人反复考虑各项加固方法，花了几年时间才把这些缺陷弥补好。在此后几十年的运行中，这些地方均没有发生任何问题，保证了"放在首都人民头上的一盆清水"（周恩来总理对密云水库的赞誉）安全送入千家万户。

张光斗的研究生、水利系教授彭守拙回忆说："每当谈到密云水库工程时，（张光斗先生）都会提到谷老师，张先生常常因谷老师常驻水库而无法照顾家庭子女，又难以找人代管而深感不安。"因为谷兆祺的能干、实干、足以独当一面，张光斗先生把他视为自己最得力的助手之一。

现场踏勘是谷兆祺最看重的环节，不管发生什么事也拦不住他。土木系教授王元清在水电部西北勘测设计院担任助理工程师时，曾多次跟随谷兆祺去青海拉西瓦水电站工地踏勘。那里河谷狭窄陡峻，施工中因岩崩等不止一次造成人员伤亡，但哪怕事故刚刚过去，谷兆祺都执意要亲自去现场。王元清回忆说："工地的探测洞大多都在三四百米的高处，每次都要顶着8公斤重的钢盔爬上去，谷老师每次都身先士卒，攀爬时我们追都追不上，钻洞时一下子就钻进去了，在现场非常认真地测试和指导。谷老师对我们说，我们做工程就一定要肯吃苦，要多去工地。"

2004年，已经有一次脑梗发作史的谷兆祺坚持远赴二滩水电站一线踏勘，跟年轻人一起钻隧洞、绘草图。在北京家中的妻子陈方忽然接到谷兆祺打来的电话，让她到首都机场接他。谷兆祺平时出差从不让人接送，身为医生的陈方知道，丈夫一定是出现了严重的身体状况。"那是他第二次脑梗发作。去工地前他就觉得身体不舒服，一直坚持到在文件上签字时，大家才发现他已经拿不住笔了，赶紧把他送到当地医院作了紧急处理，再送上飞机。"回忆起当时的情形，陈方和小女儿谷丹心有余悸。

"活着干，死了算。"这句略带戏谑却质朴有力的"口头禅"，谷兆祺身体力行了一辈子。

"把学问做到大地上"的专家

谷兆祺是典型的"烂笔头"，在任何业务性的场合，他总是拿着笔记本随时做记录。不过谷兆祺的家人、同事还是没有想到，在整理谷兆祺的遗物时，发现他留下的工程笔记竟然有 86 本之多。他从风华正茂的 1957 年一直记到年逾古稀的 2007 年，直到 2008 年再发脑梗才不得不停下了手中的笔。这些笔记清晰记录了他去过的每一个工地和各项水利水电工程的详细参数，还有当场绘制的工程草图，字迹刚劲方正，绝无潦草之处。谷兆祺一笔一画把这些参数记在了本子上，也一点一滴把这些工程的每个细节记在了心里。从这个涵盖半个世纪间中国各大水利水电工程的手写"数据库"出发，谷兆祺构建了自己扎实而独到的专业体系。

或许得益于记笔记，谷兆祺对数字的记忆力超乎寻常。"若论记得多，记得准，水利系几乎无出其右者。"清华大学水利系教授马吉明说，"谷先生工程经验丰富，常能迅速洞悉问题的本质，这与他记住了国内外很多工程的参数有密切关系。"最让马吉明叹服的，是谷兆祺基于丰富经验练就的敏锐洞察力和快速决断力："在简单浏览了设计图之后，谷先生能很快指出压力隧洞覆盖层厚度是否满足要求、洞线规划是否合理；对于一个水电站，他可以快速估算出各部分的尺寸、规模与造价。"

"文革"后清华水利系首届水工专业的毕业生，曾经担任贵州东风水电站地下厂房设计总工程师的曹普发，回忆谷兆祺曾在水电站实习工地上说过一段使他们终生受益的话："作为一个合格的工程师，三秒钟要对观察的对象有个数字反应，三分钟要有个较准确的数量概念，三小时后要拿出精确的数据结果！"曾任国际岩石力学学会中国国家小组秘书长的清华大学水利系教授李仲奎钦佩地说："（谷老师）是这样说的，也是这样做的，而且做到了极致。在水电工程领域中，从宏观的规划设计，到具体的结构计算分析，甚至到绘图、写字、描图，都达到了理念创新、技术精湛、追求卓越的境界。"

"学识特别渊博，工程经验丰富"，是国务院三峡工程质量检查专家组成员、清华大学水利系教授王光纶对谷兆祺的评价。王光纶清楚地记得，第九届全国政协副主席、曾长期担任水利部部长的钱正英在向时任国务院副总理的温家宝汇报中国工程院西北水资源咨询项目时，尽管业界专家院士云集，但钱正英最终只挑选了两位汇报人——一位是国务院三峡工程质量检查专家组组长、南水北调工程建设委员会专家委员会主任潘家铮院士，介绍全国水资源总体情况；另一位就是清华大学水利系教授谷兆祺，专题汇报对社会上关于"大西线"调水建议的讨论。谷兆祺用建筑高度和体量打比方，形象地对比了三峡工程与"大西线"的工程难度。听完汇报后，温家宝特意感谢了谷兆祺的讲解，称赞他这么一讲，过去有些不太清楚的事情一下子就清楚了。

九三学社中央委员、清华大学水利系教授周建军回忆说，谷兆祺也许并不认识和记得他这个晚辈，但是每次因为工程问题请教谷兆祺时，老先生都会认认真真地做计算，亲手写下非常仔细的意见和建议。周建军感慨地说："谷老师是地地道道的水利工程师，一生以建坝为事业，但他也是中国最早认识到生态环境重要性的水利学者之一，他是实实在在地'把学问做到了大地上'。"

享誉世界的 Professor Gu

谷兆祺不仅走遍了祖国的江河湖海，还在改革开放后多次走出国门，带回国外先进的水电工程经验，为亚洲多个国家的水利项目做出了重要贡献。

1984—1985 年，谷兆祺到挪威科技大学研修访问。山国挪威拥有先进的水电科技，全国 99% 以上的电量由水电站产生，而 85% 以上的水电容量存于高水头的地下电站中，可以称得上是"地下水力发电系统的博物馆"。在挪威期间，谷兆祺抓住一切机会跑遍了大大小小的水电工程现场，详细考察挪威水电发展的方方面面。在一年多的时间里，谷兆祺与当时在挪威进修的李新新、郭军合作编写了《挪威水电工程经验介绍》一书，系统总结了挪威水电发展所采用的新技术，具有很高的参考价值。

这本书从编写、审核到最终出版，涉及很多单位和人员，工作量巨大。谷兆祺白天实地调研、记录素材，晚上查阅资料、梳理所见所闻，常常挑灯工作到深夜，第二天又迎着晨曦出门。得知这本书的主题后，有老师曾经提醒他把调研到的技术经验同时写成学术论文发表，为评教授做准备。谷兆祺却干脆地说："我没有时间再去做论文了。评职称只是我个人的事，写这本书对国家更有用。"本着为国家的水利水电事业带回宝贵经验的初衷，谷兆祺呕心沥血完成了这部"引进、吸收、再创新"的著作。

挪威的水电技术有很多值得借鉴的地方，然而谷兆祺在学习过程中一直不卑不亢，对祖国的热爱与自信更是有增无减。他在挪威科技大学研修访问期间，还专门为相关院系的师生做了一场关于中国水电事业发展成就的报告。谷兆祺的报告深深震动了以水电为傲的挪威人——原来中国在水电方面也有如此不俗的成就！因为这场报告，也因为谷兆祺为中挪两国水电事业交流做出的不懈努力，挪威水电系统中有很多人对"谷教授"（Professor Gu）和他身后蓬勃发展的中国水电事业留下了深刻印象。

从挪威回国后，谷兆祺积极筹办了中挪水电技术研讨班，邀请挪威专家来清华讲课，国内很多设计院所都派代表参加学习，不少总工、总设计师因之受惠。得益于谷兆祺打下的良好基础，清华水利系至今仍与挪威科技大学、挪威工业研究院保持着密切的合作关系。挪威科技大学的教授还曾专门派研究生到谷兆祺门下进修，到中国水电工程工地实习。

挪威为总结本国水电发展的经验，曾出版了一套多达 17 本的系列丛书，内容涵盖规划、水工结构、水电站、地下工程、水文学、水力学、施工组织、环保等诸多方面。鉴于此套丛书对国内水电发展具有重要参考价值，退休后的谷兆祺组织相关专家翻译了全套丛书，并亲力亲为，笔耕不辍。书籍最终以《挪威水电发展》的中文名称出版。2010年上海世博会期间，挪方在挪威馆内隆重举行了丛书发行仪式（此前在清华水利系也举行了发行仪式），并把这套书为礼物送给有关代表。

在亚洲，谷兆祺先后参加过尼泊尔库勒卡尼电站、伊朗卡尔赫大型水利枢纽项目、德黑兰 Lavarak-Sohanak 引水工程、泰国宋卡供水工程、马来西亚里瓦古电站、柬埔寨供水工程、印度尼西亚杜迈输水工程等各国水利工程的设计和咨询，常常能在短时间内高水平完成任务，得到外国同行的极高评价。

"不管去到哪个国家，谷兆祺总是说，比不上中国的大好河山，他是真的深爱我们这个国家并为之骄傲。"夫人陈方说。

"革命人永远是年轻"

1993年，谷兆祺退休了。然而他心中始终牢记老校长蒋南翔"争取至少为祖国健康地工作五十年"的教导，他放不下那么多学生、那么多工程、那么多祖国的山山水水。直到耄耋之年，谷兆祺依然满头黑发，他喜欢唱《革命人永远是年轻》，干起活来常常忘了自己的年纪。1993—2008年这15年间，谷兆祺保持着平均每月出差一次的频率，坚持奋战在工程第一线，直到病重卧床，无法再亲临现场。退休后，谷兆祺接手的第一件大事就是密云水库的全面安全检查。曾经参加密云水库设计、建造、维护全过程的他，在1994年密云水库迎来历史最高水位的紧要关头，义不容辞地挑起了守护水库的重担。

密云水库工程项目众多，包括潮河、白河两大枢纽，7座主副坝、7条隧洞、3大溢洪道、电站及各种闸门等，技术涉及结构、土力学、水力学、水文、地质、水环境等水利系的所有专业，情况极其复杂。为了做好这次全面安检，谷兆祺召集了30余位老教师，带领数十位研究生和本科毕业班学生奔赴密云水库。"爬大坝，钻隧洞，进电厂，攀闸门，查阅资料，核算结构，取样实验，现场检测……无论严寒酷暑，谷兆祺都亲赴现场检查和指导。"在他的带领和感召下，这些各自领域的老专家义无反顾地表示："你说做什么，我们就做什么。"数九寒冬，谷兆祺的嘴唇冻紫了，手冻僵了，还是精神抖擞地带领师生，穿着水靴，钻进隧洞一一检查。这感人至深的场景深深印在水利系教师才君眉的脑海里，也烙印在年轻后辈的心里。经过一年半的苦干，师生们对水库进行了全面彻底的检查，编写出70余份专题报告。年事已高的张光斗先生也一直关注和指导安检工作，经常听取谷兆祺的汇报，亲自审查、修改每一份报告。这项成果为水库加固与改建提供了详尽的依据，对首都的防洪安全及供水安全做出了重要贡献。

随着时间的推移，参加密云水库工程建设的老教师们逐渐力不从心。为了做好交接工作，2005 年后，谷兆祺陆续为水库管理处安排讲座，向年轻一代的技术员、工程师们全面讲解水库工程的设计、建造、加固、抗震以及安检情况。最集中的一次组织了各专业十余位老教师，进行了历时一周的讲座。对于这次"交底"，老教师们非常重视，纷纷翻出自己多年积累的笔记，认真备课。水库管理处也非常重视，全程做了录音。就这样，谷兆祺为守护密云水库做出了最后的努力，留下了宝贵的技术遗产和精神遗产。

1997—2000 年，谷兆祺担任清华水利系承担的新疆昌吉州玛纳斯县石门子水库设计总承包项目的副总工程师。石门子水库工程位于高震高寒地区，基础岩石为较软弱的砾岩，施工条件和生活条件十分艰苦。年近七旬的谷兆祺却经常在最艰苦的时间段，出现在工地上最危险的地方。每次到工地，谷兆祺首先一定会去引水发电隧洞的"掌子面"，亲自查勘是否有地质缺陷和不良构造，对围岩的支护方案提出建议。"为了工程安全，他真是可以将生死置之度外。"当时在石门子水库工地担任清华设代组组长的李仲奎感动地说。

谷兆祺（左）在金沙江溪洛渡水电工程工地进行风险检验

"莫道桑榆晚，为霞尚满天。"退休后的谷兆祺，时刻牵挂着他的水库、电站。他参加了三峡工程、溪洛渡工程、向家坝工程的设计和质检工作；帮助成都勘测设计研究院，四川省水利水电勘测设计研究院，华能集团康定公司、涪江公司等设计环保型水电站，并组织了一支经验丰富的队伍参加南水北调，研究大西北调水、雅鲁藏布江开发以及三门峡第三次改建等重大课题，帮助解决黄河、三门峡水库的泥沙淤积问题。十多年间，谷兆祺为我国许多大中型水电建设项目做了上百项科研课题，总经费达 1800 余万元；为各项工程提供了上百份的报告，解决了许多"疑难杂症"。

为了把多年积累下来的成功经验和教训及时传承给年轻一代，谷兆祺组织一些有经验的离退休教师共同撰写了《水利水电工程经验及案例分析》一书，以及相关的 100 多篇文章，系统总结了清华水利系 50 多年在科研、设计、生产方面的知识积累。直到病重前夕，谷兆祺一直在为国家的水利事业贡献全部的光和热。"爸爸的记忆是有选择性的，到晚年很多事都不记得了，但是关于水利的记忆从不含糊。像密云水库的库容量、历年降水量这些数据，他一直都记得清清楚楚。"

谷兆祺的小女儿、北京四中特级教师谷丹说。

奉献了一切的人生 "如愿以偿"

2016年7月，病榻上的谷兆祺委托夫人陈方来到清华校友总会，捐赠多年积蓄80万元，设立"清华校友—谷兆祺励学基金"，资助经济困难、学习勤奋的学生完成学业，成才报国。直到身后，按照他的遗愿，家人又把他最后一个月的退休工资和近20万元丧葬费悉数捐入励学基金。

走到人生边上，谷兆祺选择了一切都"不留"。

他和孩子们的家庭再普通不过，但家人们觉得他的决定也再正常不过——谷兆祺一生从未大富大贵，却总是无比慷慨。只要遇到需要帮助的人、可以促成的事，他就会毫不犹豫地解囊相赠、倾囊以授。

谷兆祺最关心教育。20世纪90年代初，他经常利用出差间隙，到附近的农村小学看望学生。看到孩子们在简易搭建的教室里，顶着风、淋着雨坐在地上听课的情形，谷兆祺心中很不是滋味。当时正值清华1946年、1947年、1948年三届校友发起"希望工程"建设的募捐活动，计划在河北易县建一所希望小学。谷兆祺一次性捐出了2000元，这是他好几个月的工资。在学校的落成典礼上，谷兆祺郑重承诺："我会尽我所能帮助学校发展。如果我不在了，就由我的女儿继续来做这件事。"从1998年到2008年，谷兆祺坚持每学期向易县希望小学捐款，从未间断。

1997年，谷兆祺在电视上看到一部讲述贫困山区代课教师清贫奉献故事的纪录片，当即按照片中提供的地址给教师们汇款并建立联系，长期向他们提供资助。

其中一位优秀教师因住处离学校很远，又正处于哺乳期，条件艰难到一度想要放弃工作，谷兆祺又及时出资为她购买了一辆汽车，解决了她的后顾之忧。当这名教师得知谷兆祺自己并没有车，每天都骑自行车上下班时，流下了感动的热泪。谷兆祺说："我不图任何回报，只希望她能继续为山区教育做贡献，因为孩子们需要好的教育。"

对他接触到的贫困学生，谷兆祺几乎是"有求必应"——资助他们的学业，关心他们的生活成长，并把当地教师接到清华培训……他像一枚温暖悠长的火种，拨亮贫困山区的红烛，用教育的力量改变了数十位贫寒孩子的命运。

在易县清华希望小学、阜平县同心希望小学，谷兆祺这个名字已经成为一条纽带，将关爱和善意源源不断地传递下去。在谷兆祺的带动下，他的家人和学生们也参与到扶贫助学活动中。有的学生义务为希望小学讲课、为教师作培训；有的已在美国生活工作多年，仍然坚持每年资助希望小学的贫困生。

在亲人、同事、学生和所有得到过他帮助的人的记忆里，来自谷兆祺的那份关爱和温度永远那么自然、及时，甚至无须言语——

年轻同事放假回家探亲，谷兆祺会送上一包特意购买的点心；学生去外地实习，带的现金不多，他二话不说就把自己刚刚领到的工资信封递了出去；考研的外地学生因为关系没办好无处落脚，谷兆祺不仅提供生活费，还帮忙租房子，直到第二年学生顺利入学。

谷兆祺曾经在回京的火车上偶遇一位探亲的军属。老太太专门从外地赶来，只为看一眼在驻地当兵的儿子，儿子却因出差不能来接她。谷兆祺就把老人接到自己家中住了几天，和夫人陈方一起带着她去天安门、颐和园，尽力弥补她没能见到儿子的遗憾，最后买票把老太太送回了家。

第一次脑梗发作住进北医三院，得知同病房的患者经济拮据，谷兆祺嘱咐自己的研究生代他把治病钱送到了病友家人手中。

每到冬天，清华工会俱乐部旁冰封的荷塘都会成为大人小孩嬉戏溜冰的乐园。几乎没有人知道，是谷兆祺和其他几位教授出资雇人每天泼水、扫地，维持冰面的厚度和清洁。

这样的故事还有很多，很多。

谷兆祺的逻辑很简单：他只是觉得自己并没有更多的需要，觉得自己有能力去帮助别人，所以就这么去做了。

女儿们支持他把积蓄悉数捐出的逻辑也很简单："妈妈自己有退休工资，加上我们的供养，后半辈子衣食无忧，就行了。"

谷兆祺的父亲当年未能实现的捐献遗体用于医学研究的心愿，在近半个世纪后由谷兆祺实现了。女儿们说，她们将来很可能也会像父亲一样。

与谷兆祺携手走过七十载风雨的陈方最懂他的性格："谷兆祺一生热爱祖国，所想的就是尽最大能力做好工作，做一个有益于人民的人。最终，他如愿以偿。"

如愿以偿的谷兆祺走得平静、安然。

同事和学生们去家中为他送行，映入眼帘的是老旧的家具和起皮的木地板。就连摆放鲜花和遗像的桌子，都已经非常破旧了。

他们怀念谷兆祺，怀念他精致详尽的图纸、清晰准确的论断、一往无前的身影，怀念他带领他们见识过的山山水水和大小工地，怀念他为他们一一拍摄、冲洗和寄送的照片，怀念他深沉、浑厚而富有感染力的歌声，怀念他永远的乐观、淡泊和精神的富足。

而在大女儿谷承的记忆里，最快乐的是爸爸在夏天傍晚载着她，飞快地骑车到大礼堂前给她买五分钱的冰棍；最感激的是在那个鼓吹读书无用的年代里，爸爸骑车到知青点给她送去两本高中课本，让她在劳动之余不要放弃学习："中国的未来不能没有知识，中国的未来一定需要知识。"

没有豪言壮语，也没有轰轰烈烈。谷兆祺用一生的学识、坚守和奉献，诠释了做好一名普通教授、一个普通知识分子和一位普通父亲的充实与幸福。

他像一滴晶莹剔透的水珠，汇入江河，渗入泥土，润物无声……

来源：《新清华》2017 年 4 月 14 日

李道增先生

李道增：徜徉在剧场时空的行者

■ 周秀芳

李道增（1930—2020），1930年生于上海，祖籍安徽合肥，为晚清重臣李鸿章家族后裔。1947年考入清华大学，学习建筑。1952年毕业留校任教。1958年主持设计国家大剧院，项目因国家经济困难而停建，1991年后又积极参与国家大剧院设计竞赛，所设计方案最终入围却遗憾落选。1988年，李道增成为清华大学建筑学院第一任院长，推动了我国注册建筑师制度的建立。李道增主持设计了中国儿童艺术剧院、新天桥剧场、新清华学堂等一批剧场与建筑，培养了多名在建筑理论与设计尤其是观演建筑设计领域的杰出人才。1999年出版横跨建筑学与戏剧学两大学科的《西方戏剧·剧场史》，填补了国内学术空白，同年被评为中国工程院院士。李道增堪称剧场理论研究与设计的奠基人和开拓者，为新中国剧场建设和发展做出了突出贡献。

在60余年的建筑设计实践中，除20世纪50年代末设计的国家大剧院和解放军大剧院外，李道增还曾设计过中国儿童艺术剧院、新天桥剧场、新清华学堂等诸多项目。在一次次的磨砺中，李道增逐渐形成了自己的设计理念，即新制宜主义，这种理念源于设计实践，又在设计实践中进一步丰富完善。

李道增，1930年1月19日出生于上海，祖籍安徽合肥，为晚清重臣李鸿章家族后裔。父母这样教育儿女：和合为人、自立自强。李道增从小受到中西两种文化的熏陶，跟著名画家学画，喜爱读书，小学二年级开始学英文，到六年级时，已能阅读英文原版小说《双城记》和《小妇人》了。初中到师资力量雄厚的上海南洋模范中学读书，毕业后李道增考入江苏省立上海中学。李道增的成绩名列前茅，物理老师杨逢挺为清华大学毕业生，常给学生讲述清华故事，令李道增

1956年梁思成先生与学生李道增（左）、林志群（右）合影

心驰神往。1947年高中毕业后考取清华大学电机系。

李道增入学后方知清华大学有建筑系，因爱好绘画，便慕名找到建筑系主任梁思成，如愿转入建筑系。在梁思成的办学方针指导下，李道增系统学习了重视实践的包豪斯理论，从梁思成等清华各位大师身上获益良多。清华大学建筑系重视实践教学，李道增还曾领命到中南海为国家领导人设计暖气。1952年，李道增因成绩优异留校任教，成为清华大学建筑系的一名教师。

情系国家剧院，此生无悔

1958年，中华人民共和国计划在北京兴建十大国庆工程项目，其中之一便是国家剧院。项目要求各大设计单位和高校在两周内提交方案。李道增此前设计过五道口工人俱乐部，便被抽调担任由11位师生组成的设计组组长。李道增多方调研后，把舞台设计成当时世界上最为先进的品字形。谁也不曾料到，这位28岁青年设计的方案竟然一举夺魁。

消息传来，全校沸腾。校长蒋南翔立即抽调精兵强将，组成300多人的国家剧院设计研究团队，仍由李道增挂帅。文化部还请了中央戏剧学院舞台美术专业的专家来配合提出基本工艺要求。为了国家大剧院，以李道增为代表的清华师生竭尽全力，经常挑灯夜战，有的人累得竟在公交车上睡着了。国家大剧院设计模型建成不久，波兰一位建筑师来参观，边比画边说："这种剧院在我们波兰要胡子这么长的人才能承担设计，你们这几个毛头小伙子就设计了，真是不可思议。"1959年4月，李道增又被选为解放军大剧院方案设计的负责人，同时负责两个项目的设计。

1960年初，国家剧院的很多施工图纸都已完成，解放军大剧院的设计图也已部分完成。然而，此时的国家经济遭受困难，这两个项目被迫停工。李道增等人汇总了当时调研获得的大量资料，编写了《国外剧场建筑图集》等四本剧场方面的书籍，总结了这次的设计经验，这是我国第一批较系统全面的关于剧场设计的专业书籍。

时光荏苒，1991年，国家大剧院再次提上议事日程，李道增和同事胡绍学帮文化部做了厚厚两本国家大剧院的可行性研究报告。经过国内竞赛、国际设计邀请赛，方案几轮改进之后，要求中方设计院与外方合作联合署名报送方案。清华大学建筑学院的合作方是法国保罗·安德鲁领衔的巴黎机场设计公司。两家商定，分别设计，联合署名报送方案。李道增团队还专程去巴黎与安德鲁沟通设计思路。安德鲁拿出的是椭圆水泡放在水池中的全新构想，清华团队推出的则是源于中国古老哲学理念的"半实半虚"的设计方案。

巴黎归来，有感于"半实半虚"方案大的体型不够完整，李道增苦思冥想，在翻阅一本关于西藏建筑的图书时，受到一幅西藏大昭寺的天花板照片的启发，旋即绘制出国家大剧院的平面布置图，即为"天圆地方"方案。方案创造性地继承了中国传统中圆形与方形交替相套的母题，在圆形环廊中套了一个十字形平面，而圆形环廊又被套在一个正方形水池中。围廊、水面、剧场三者之间构建了丰富的室内外空间，各座建筑既可独立开放，又能形成有统一秩序的表演艺术中心。遗憾的是，此时距最终期限只剩短短几天时间了，设计组加班加点，仍未能全部完成剧院外部环境设计。李道增感叹：灵感来得太晚了！无奈之下，只得在设计未能全部完工的情况下提交了方案。

1999年7月，安德鲁的"水泡"方案中标，"天圆地方"方案落选。有记者问李道增如果再有剧场设计任务，做还是不做的时候，李道增毫不犹豫地回答："做！我这个人很奇怪，搞什么东西，很容易就会喜欢上，也谈不上放下不放下的问题。"

丰富建筑设计实践，贯穿新制宜主义理念

在60余年的建筑设计实践中，除20世纪50年代末设计的国家大剧院和解放军大剧院外，李道增还曾设计过中国儿童艺术剧院、新天桥剧场、新清华学堂等诸多项目。在一次次的磨砺中，李道增逐渐形成了自己的设计理念，即新制宜主

1999年3月27日，李道增（右2）带领的国家大剧院清华设计组在巴黎合影

义，这种理念源于设计实践，又在设计实践中进一步丰富完善。

中国儿童艺术剧院前身是建于 1920 年的北京真光电影院，对反映我国近代建筑师在 20 世纪 20 年代模仿西方建筑风格这一历史阶段具有文物价值。为最大限度地保持原样，李道增设计组采取了多项措施，只用了两周时间就解决了之前许多大设计院知难而退的保护与重建的矛盾。中国儿童艺术剧院地处黄金地段，怎样充分利用有限的空间，既有利于今后剧场在经济上的运营，又能为人们提供一个文化生活的休闲场所？李道增设计组创造性地在功能厅顶部增设了多功能厅，中国儿童艺术剧院因此获得了较好的经济效益。这源于李道增的设计理念：经济、实用、适用。中国儿童艺术剧院翻建设计 1993 年获得建设部优秀设计三等奖和国家教委优秀设计三等奖。

李道增总是以使用者的感受为设计出发点。在设计新天桥剧场舞台时，李道增还请芭蕾舞演员现场试跳，舞蹈演员感觉好之后才施工安装。剧场历经百余场次演出后得到的反馈是"舞台噪音低、弹性好，落脚相当柔软，脚感舒适；演员感觉效果好于其他剧场，且有助于演员跳得更轻松、动作更舒展"。新天桥剧场获得了多项殊荣，其中一项是 1996 年首度建筑设计汇报展十佳公建设计方案第一名。

1988 年，李道增在清华大学建筑学院奠基仪式上

新清华学堂是唯一一所建在大学校园里的能演芭蕾和歌剧的专业剧场，凝聚了李道增一生的剧场研究成果精华。从 2004 年年初清华大学提出建设设想到 2012 年 4 月投入使用，李道增带领他的设计组共设计 38 种方案，历经数轮修改。剧场建筑是一类公认比较复杂的建筑，牵一发而动全身，每次变化都要考虑衔接是否得当、功能结构是否合理等问题，其中的艰辛难以想象，李道增却乐此不疲。2009 年年初，新清华学堂方案正处于紧要关头，李道增带着博士生们一起修改方案，夫人石青电话催促多次后又亲自到办公室去找，几人才去吃晚饭，此时已是晚上 9 点。李道增充分考虑利用自然光和自然通风减少能源消耗，采用陶板做立面组合大幅降低成本。施工时，这位八旬开外的老人多次去工地查看，一个上午要在二十几米高的观众厅上下几次。竣工后的首场音乐会请来了中国爱乐乐团，演出结束，乐团指挥受邀讲话，他用右手挡开工作人员递过来的麦克风，热情洋溢地发表演说，场面令人动容。在一轮一轮地"磨"这座剧场时，无论面临多大的外界压力，李道增始终坚持把"以人为本"的功能设计作为建筑设计的第一要素，提倡形式追随功能，提倡建造的科学性，提倡节能环保和可持续发展。

1998 年，李道增结合自己数十年的建筑设计实践，提出了新制宜主义建筑观，主张因地、因时、因事制宜，强调城市设计和场所精神，并将其概括为：情理之中，意料之外；得体、切题、兼容并蓄；"妙在似与不似之间"，同时强调细部设计。这是李道增几十年丰富设计实践的结果，也是他从事建筑设计的指南。

钻研戏剧剧场史，填补学术空白

1999 年，凝聚着李道增半生剧场实践与理论研究心血的巨著《西方戏剧·剧场史》出版。该著作内容跨越 2500 年，150 万字，上册由李道增独立完成，下册由李道增与其博士生傅英杰合作完成。这是我国第一部横跨戏剧和剧场两个门类的史学著作，填补了我国西方戏剧史和剧场史学术研究的空白，也奠定了李道增在我国剧场设计史中的地位。

李道增从最初准备到动笔完成花费了近 40 年时间，积累的资料卡片数以千计。1960 年，国家大剧院和解放军大剧院两个项目停工后，李道增对剧场研究的兴趣却日益浓厚。国内涉及西方剧场史的出版物少得可怜，李道增便四处查阅各种英文资料。1979 年，李道增随清华大学加速器代表团访美，其间走访了许多剧场，回国时带回了两箱英文资料，业余时间便摘录翻译。李道增在 20 世纪 80 年代初开了"西方剧场的历史发展及其近代趋势"的新课，讲课稿成为该著作的基础材料。1993 年，李道增赴卡耐基·梅隆大学任客座教授，在讲授"剧场设计"课程之余，从该校图书馆查阅搜集到了有关戏剧和剧场史的多种资料，之后又在数次访问欧美期间，走访了许多重要剧场，获得了许多第一手资料。20 世纪 80 年代中期，李道增开始着手写作，他将戏剧与剧场叠加着写，边搜集材料边写作，从公元前 5 世纪一直写到 19 世纪欧美戏剧繁荣发展，几乎涵盖了在剧场发展史上最为重要的剧场建筑，之后分国家写到了 20 世纪。每手写一本，他就去找人打印，校对后再修改装订。

李道增认为，通过研究戏剧和剧场史，可以开拓知识视野，了解历史规律，从古人的意匠、手法中吸取丰富的营养，对未来也有借鉴意义。李道增的写法类似于西方学者，重要的剧场有图纸，有主要技术参数，对各种史料来源也做了清晰的说明。李道增细致描述了剧场的演变过程，对演变原因进行分析，论从史出，令人信服。如对于举世闻名的悉尼歌剧院，李道增认为，这是从形式出发设计的建筑，虽名为歌剧院，但最大的内部空间是音乐厅，而非严格意义上的歌剧院。巴黎新巴士底歌剧院设计有新意，舞台机械化、自动化程度也很高，但建成数年后舞台部分一直在不停地修改。李道增评价这座受到许多建筑师吹捧的剧院："从剧院建筑的功能和技术角度来讲，不能算是一座十分成功的剧院。"

推动注册建筑师制度，育建筑英才

1983 年 9 月，李道增开始担任清华大学建筑系主任，1988 年成为清华大学建筑学院第一任院长。李道增致力于学科建设，重视培养通才基础上的专才，对清华大学建筑学院课程进行改革，促其与国际接轨，为建筑学专业学位建设以及职业建筑师制度在我国的建立起到了重要的推动作用。同时，作为清华大学建筑学院教授，他坚持为本科生上课，开设新课，培养了一批活跃在我国剧场设计和建筑领域的精英。

20 世纪 80 年代初，改革开放的中国开始与国际接轨，建立注册建筑师制度势在必行。中国建筑学会理事长戴念慈和学会秘书长张钦楠找到李道增，共同探讨国内建筑学专业学位制度以及在国内建立并施行注册建筑师制度的议题。李道增和美国的大学、建筑师协会多次交流、牵线搭桥，商定双方互寄资料，把清华建筑系一学期念多少课、多少学时、多少学分等都翻译成英文寄给美国，美国也把他们的资料邮寄给清华，双方不断沟通，商讨学位如何相互认证。在调整完教学计划，为专业学位做准备后，清华大学建筑系又拟出一套评估考试的办法，以让学生明确将来考取职业建筑师的方向。经过李道增等建筑学界众多专家学者的努力，1992 年 11 月 10 日，国务院学位委员会第十一次会议原则通过"建筑学专业学位设置方案"。1993 年，清华大学等四所大学的建筑学专业毕业生首次被授予建筑学学士学位。1994 年 9 月，建设部、人事部印发《关于建立注册建筑师制度及有关工作的通知》，并成立了全国注册建筑师管理委员会。

1979 年年初次访美归来后，李道增开设了环境行为学和西方剧场的历史发展及其近代趋势两门新课。他边研究课程，边寻找参考书籍，仅英文资料就搜集了数十种。先进的理念以及幻灯片教学给学生们留下了深刻印象。当时，李道增除了建筑系里的日常管理工作，还承担着首都艺术委员会的工作，经常有设计任务，于是他把新课的备课、讲课时间全部安排在晚上。1999 年，李道增出版了《环境行为学概论》和《西方戏剧·剧场史》。如今，"环境行为学"已经成为国际建筑学专业评估体系中不可缺少的一门基础理论课。

从 1979 年开始招收硕士研究生，几十年来，李道增共培养了 41 名硕士、博士以及博士后，他们多数已经成为建筑设计、生态建筑等领域的专家。李道增的弟子们都认为李道增是他们所见过的最认真严谨的老师。他们的论文都曾被导师用工整隽秀的小字逐字逐句地批改过。李道增的弟子觉得，跟李先生学的最主要的是去实实在在地研究建筑本质性的东西，做出又好用又具有经济性的建筑。李道增多次向他的弟子们谈起在美国肯尼迪表演艺术中心的收获，强调绝不能把歌剧院、戏剧院和音乐厅三个剧场设计在一个屋顶下，反对形式主义。

李道增涉猎广泛，除去他热爱的剧场设计和研究，他还密切关注生态建筑与可持续发展，把城乡规划、建筑设计放到大的生态学范畴中进行考量，热爱中国传统文化，反对大拆大建和千城一面。1999 年，李道增被评为中国工程院院士。然而，李道增的成就都是在他不断遭受病痛折磨甚至是死神威胁的情况下取得的。为了工作，李道增不惜以牺牲健康为代价，可谓名副其实的"拼命三郎"。他数次病倒，又在学校领导、同事、学生以及家人的支持和帮助下数次站起。他视事业为生命，在命悬一线时仍不忘初心，病情稍有好转就在病床上开始工作，在创造了生命奇迹的同时，最终成就了事业的辉煌。

来源：《中国科学报》2017 年 2 月 13 日

龙驭球院士：有限元法研究的峥嵘岁月

龙驭球学长

■ 南秀渊

　　88 岁的龙驭球院士是我国著名的土木工程和结构力学专家、教育家。他与有限元法研究结缘，可以追溯到 40 多年前。当时正值"文革"，龙先生从江西鲤鱼洲农场返校后，加入了为工农兵学员授课办学的行列。其间翻阅西方学术杂志，他经常会碰到两个新名词——"计算机力学"和"有限元法"。

　　"当时我对这两个概念并不是很清楚。"龙驭球回忆说，"在当时国外科技发展日新月异，国内学术领域却信息滞后、止步不前的大环境下，我感到很心急。通过对西方研究状况的了解，我开始逐渐认识到，计算机已经'闯进'了经典力学领域，'电算'势必代替'人算'，传统力学将面临巨大变革。"

　　为了追赶世界的步伐，龙驭球克服重重困难，通过自学钻研，在"文革"后期编写了《有限元法概论》一书，这也是我国最早正式出版的有限元著作之一。从那时起，在 40 多年孜孜不倦的耕耘中，龙驭球带领团队一次次攻坚克难，把中国的有限元法研究成果不断推向世界，并最终在这个领域确立了自己不容忽视的地位。

　　2014 年 1 月，"广义协调与新型自然坐标法主导的高性能有限元及结构分析系列研究"项目获 2013 年度国家自然科学奖二等奖。

四次"突围"辟新天

　　1981 年至今，龙驭球在新型有限元方法研究领域共培养出 10 位硕士、14 位博士，形成了一脉相承的研究团队。他们先后经历了四次"突围"，开辟出一片硕果累累的新天地。

　　首先是理论创新，在学科难题中突围。龙驭球和他的团队迎难而上，选定有限元学科领域一系列悬而未决的历史难题作为"靶子"，寻求突破与创新。功夫不负有心人，他们针对位移型有限元的"协调之谜"，建立了广义协调理论与广义协调元，从根本上解决了有限元法中非协调元不收敛的难题，把西方学者提出的后验式"分片检验"方法变成了预先的理论保证，重新发现了被传统方法排斥在外的上百个高性能结构新单元模型；龙驭球提出的自然坐标法与自然坐标元，则很好地解决了四边形单元网格畸变敏感问题，这一理论成果在壳体三重非线性大变形分析、金属板壳成形、金属罐刺穿冲击断裂等挑战性问题中得到成功应用；此外，龙驭球还提出了分区混合有限元法，破解了应力奇点计算难题，成为迄今为止计算代价最小但精确度最好的奇异问题有限元分析方法。

其次是模式创新，在"单元"丛林中突围。翻开浩如烟海的有限元文献，各式各样的单元不胜枚举。随着理论的不断革新，新的单元模式也会不断涌现。龙驭球团队在单元丛林中的突围，有两点格外引人注目：一是在数量上，迄今他们共创立了 116 个新型优质单元，分属于 5 个新单元系列，可谓"群星闪烁"，蔚为大观；二是在质量上，这些单元都具有很高的性能。"1985 年，美国 MSC 软件公司（著名软件 Nastran 的生产商）创始人麦克尼尔曾经提出一个关于网格畸变的难题（即'麦克尼尔细长梁问题'）——很多著名单元都对网格畸变敏感，在梯形畸变网格中精度很低。直到 2004 年，我们团队基于四边形面积坐标提出了广义协调元 AGQ6，这个遗留了 19 年的历史难题才得以破解，并黯然退出历史舞台。"提到这一点，龙驭球不无骄傲地说。

再次是"中华智慧"在国际名著中突围。有限元领域已经出版的名著不在少数，但大部分都是国外学者的成果。作为长期从事新型有限元方法研究的中国学者，龙驭球和他的团队深感责任重大，期望在有限元研究领域也有属于我们自己的专著，发出中国科学家的响亮声音。经过多年努力，《新型有限元论》于 2004 年正式出版。2009 年，应德国斯普林格出版社和清华大学出版社联合邀请，《新型有限元论》的英文版 *Advanced Finite Element Methods in Structural Engineering* 也正式出版。这套介绍中国学者原创成果的有限元中英文专著相得益彰，是龙驭球团队集腋成裘的结晶。其英文电子版在斯普林格出版社网站公开发布后两年半内，已经被国际同行下载高达 7409 次，产生了广泛深远的影响。

最后是推动"本土精兵"在国际软件中突围。据统计，目前我国每年新增建筑面积约占世界新增建筑面总量的 50%，拥有"半壁江山"。而在庞大的建筑结构设计产业中，国产软件占据了主导地位，这在其他行业领域是不多见的。如今，由龙驭球带领创立的许多新型有限元模型已经被国内主流结构设计软件广泛采纳，并被证明优于国外同类软件中的同类模型，有力支撑了国产结构设计 CAD 软件的发展。

275

中西合璧力争先

"进行学术创新需要智慧。中西智慧各有不同，应当超越局限，取长补短，交相辉映，互补共生。这既是我们秉承的方针，也是我们具有的优势。"在长达半个世纪的治学生涯中，龙驭球始终坚持用中西结合的独特方法指导团队研究。

"我们研究的有限元法，其精髓是离散化。"龙驭球解释说，"'离散分析，精密入微'是西方的智慧，我们应该学习；与此同时，我们也要运用'和谐综合，源头治本'的中华智慧，以防偏差。"

厚板壳单元剪切闭锁问题曾经是一宗学科难题——著名的"缩减积分法"和"选择性缩减积分法"都不能"根治"这一问题，只能进行修补，修补过程中还会派生出"零能模式"的新问题。针对传统解决办法的弊端，龙驭球带领团队运用"源头治本"的策略，找出闭锁问题产生的根源——厚板元在薄板情况下会出现虚假剪应变，从而导致闭锁。于是他们改用"打假"后的剪应变合埋插值模式，从源头上清除了闭锁现象。

龙驭球和团队成员一起讨论，左起：龙志飞、傅向荣、龙驭球、岑松、陈晓明

运用"源头治本"的理念，龙驭球团队还先后解决了单元网格畸变敏感、位移元应力精度损失、应力奇点计算、非协调元不保证收敛而协调元法排斥优秀单元等难题。这充分体现了龙驭球团队敢于挑战学科世界难题，在西方学者占统治地位的有限元领域独树一帜的精神。

后来居上薪火传

"在团队里，一开始是我领跑在先，现在则是后来者居上了！"龙驭球看着坐在一旁的得力助手岑松教授，欣慰地说，"薪火相传，后来居上，是一种常态。后来者有机会看到前人留下的成果，同时也要看到他们的经验教训，这样就会得到更多新的机遇。"

事实的确如此。如今，龙驭球的团队中人才济济——岑松从1994年读硕士时开始从事有限元法研究，主要涵盖广义协调元和新型自然坐标方法领域，多次获得突破性成果，已经逐渐成长为新型有限元方向的学科带头人；龙志飞教授则在广义协调薄板单元新模式、薄壳单元新模式、新型自然坐标法及应用等诸多方面做出了创新性贡献；还有傅向荣、陈晓明这样的"生力军"，他们对有限元领域不少难题的破解起到了至关重要的作用。

龙驭球和各位团队成员都有各自的主攻方向，在"独当一面"的同时又能相互沟通，密切合作，这也是他们最终在新型有限元方法和结构分析研究等多方面取得突破性进展的重要原因。"有限元领域依然存在很多难解之题，相关研究还有很大的拓展和深化空间。但是我们没有理由畏难，只要我们的研究后继有人，就一定能把有限元法研究不断推向前进。"龙驭球坚定地说。

来源：《新清华》2014 年 5 月 23 日

梁新国学长

怀念班长梁新国学长

■ 李如健

在我的写字桌玻璃板下压着一张 1950 年秋 17 人合影的老照片。当时，这 17 人才结束共同在东北的暑期实习。他们精神焕发、意志昂扬，心中充满了对共同实习中的回忆和对未来祖国经济建设美好的憧憬。每天我看着它，也不禁思绪万千。

梁新国 1929 年 11 月生于北京，祖籍山西，在北京上了小学、中学，1947 年以北京地区奖学金第一名考进清华大学电机系学习。1948 年 "八一九" 大逮捕时，他用传递学生证的方法掩护过校外的地下党同学。在校时他担任过学生会体育部长、生产委员会主持人。1949 年 1 月，他参加了地下党的外围组织——新民主主义青年联盟；同年 3 月 20 日清华新民主主义青年团成立，他是第一批团员；同年 12 月参加了中国共产党。1951 年毕业，他由国家统一分配到东北工业部东北电工局沈阳变压器厂工作，任车间技术员。1952 年为支援抗美援朝，他被调到东北军区工程兵司令部，在丹东、朝鲜等地工作了三年，获东北军区颁发的军功三等功。此后他一直在变压器厂，从技术员、副科长、车间主任、厂长助理、生产长、副厂长，直做到厂长。二十年工作经历使他对变压器的制造技术和生产管理打下了扎实的基础。这在我们同辈中是不多见的。

他一贯遵循理论联系实际，注重科学技术在经济建设中的作用，用来解决生产中的问题。他参加了我国第一台 5000 千伏安 44 千伏的大型变压器的试制，负责变压器装配及真空处理工艺，获得东北工业部一等奖。此后 1967 年至 1971 年，参加试制塑料浇注式高压电流互感器，获得了地方科技成果奖。"文化大革命" 期间，他身为厂长，坚持原则，深得工人和干部的尊敬，在斗争大会上，老工人振臂高呼 "不许斗争梁新国！" 使斗争会流产。1971 年 11 月，他调任沈阳市机电工业研究设计院院长兼党委书记。1977 年 11 月调到北京，任机械工业标准化研究所所长，多次参加国际电工标准会议。1979年8月调任机械工业自动化研究所所长，为研究所的技术管理、发展与壮大做出贡献。1985年辞去所长职务，继续从事科研工作。1985年5月担任军工210海军炮舰产品试制项目的副总设计师和该产品液压系统及控制软件课题的总负责人，组织并参与翻译了有关技术资料约80万字。

2006年5月2日，他抱病参加了"清华、北大电机系50、51级同学聚会"，写就新作："同源一脉出清华，海北天南是君家。耕耘奋斗半世纪，宛若青松立山崖。"情怀感人。这是他最后的遗作。

他乐观坚强，积极与疾病做斗争。1998年秋，突发心脏病，做了支架介入治疗，还自嘲此后"胸有成竹"，可以"退出江湖（不担任工作）"了。后又得食道癌，仍很乐观。我们同学去他家或医院探望时，他总像说别人的病似的，讲这病是怎么回事，现在如何治疗。

1950年9月30日，清华电机工程系同学从东北实习归来在清华二校门前合影。后排左起：高鹏九、朱镕基、李特奇、李如健、袁楠、李金堂、邹家隆、章希博、沈安俊、刘景白；前排左起：孟繁初（南开大学一同去实习同学）、梁新国、傅秉让、孙骆生、张同铭、宣祥鎏、陈业粒

他生活艰苦朴素，从不趁职务之便为自己谋取个人私利。在沈阳25年、在北京30年没有搬过家，没有装修过住房，自称是"陋居"。至今仍然使用包装箱薄木板制成的书柜。

2006年9月3日，梁新国在北京逝世，享年78岁。

他逝世后，郭道晖学长送挽联：

是革命战士，是建设功臣，五十载领军机电，卓越奉献留名青史；

为吾侪领班，为众生效力，老来犹操持会务（班友联络会），晚霞流韵光照同窗。

张信传学长送挽诗：

溘然仙去竟如归，曾嘱同窗且莫悲。

班首少年风采俊，吞吴气势不可摧！

张信传学长2007年1月13日亦已仙逝，此诗恐系其最后同类遗作。

来源：《校友文稿资料选编》第12辑

张曰骞学长

我搞汽车的一生

■ 张曰骞

我算是一辈子搞汽车的人了。2010年的春节除夕日，就是我89岁的生日。

1941年我19岁，在上海中华职业学校毕业后，就去云南滇缅公路局下关（大理）修车厂实习两年。抗日战争时期，滇缅公路是当时昆明到缅甸的唯一国际通道，主要运送军用物资和民用商品。它是一条砂石路面的简易公路，天晴时沙尘滚滚，下雨时泥泞不堪。公路一边是万丈高山不见天日，另一边是雾气重重，深沟不见底，车翻下去就不见踪影了，翻掉的车不计其数。当时运输车辆都是2.5吨的雪佛兰和小道奇，商家的车一般都超载到4吨以上。这就叫做"马达一响，黄金万两"，可都是用司机的命换来的！这两年时间使我对汽车有了一个感性认识。后来滇缅公路被日本人切断了，我回到昆明进了昆明无线电厂，搞些机械制图工作。厂里来自西南联大的同事都劝我上大学，1945年我考上了西南联大的先修班。抗日战争胜利后，我随学校回迁北平，进了清华的机械工程学系。听了宋镜瀛老师开设的"汽车工程"课，在汽车理论知识上有些收获。1950年毕业，被分配到中央重工业部汽车工业筹备组。

在这里，我想说一件我在清华求学期间发生的人生大事。我原在昆明时，认识了张年英并订了婚。来清华上学时，她在电机系图书室当管理员，参加了地下党组织的"读书会""大家唱歌咏队"等进步组织。1948年年底，清华先于北平解放了，她很快报名参加了四野南下工作团。部队领导考虑到我们的关系，给了她三天假，让她回学校和我结婚。我当时毫无思想准备，也没有钱，真是不知所措了。老师和同学们热心帮助，他们说这是清华解放后第一对新人的喜事，很快凑了钱买来糖果糕点、灯笼红烛，就在学校名胜之地"水木清华"的宽大厅堂里，为我们举办了歌舞婚庆晚会。正好延安文艺工作团驻在清华，也来为我们演奏。来宾们济济一堂，在一片欢笑声中让我掀起她的盖头，大家还表演了许多精彩的歌舞节目为我们祝福。这大概是清华历史上第一次或许唯一一次让学生在"水木清华"举行的婚礼，还是如此特别的婚礼！婚后第三天，我爱人就随军南下了。60多年来我始终珍藏着这段美好的回忆。

1953年12月，我被派到苏联斯大林汽车厂总设计处，实习汽车发动机设计，那里已有一位1952年毕业的清华机械系校友刘经传在实习汽车总布置。"一汽"郭力厂长同意我延长实习时间（原规定只有一年），这样我不仅在斯大林汽车厂总设计处画设计图纸，还参加了他们的新产品开发答辩会和全厂生产质量问题讨论会等内部会议。此外，还安排我去汽车发动机研究所实习一个月，去有关的发动机各附件厂学习汽车发动机附件生产。总设计师还让我参加他们新设计试制的大客车的道路试验，从莫斯科经乌克兰的基辅开到高加索的雅尔塔。最后实习结束时总设计处开了隆重的欢送会，苏联朋友们还到火车站送我上车。送来的鲜花我都抱不完，还是列车员帮忙把花抱进火车。由这段实习经历可见，当时苏联和我国的关系是很友好的。

1955年我回到"一汽"，被提升为工程师，担任设计处发动机科科长。全科60多人，我把他们分成了几个专业小组。那时因产量小，苏联专家只在厂里安排了三个发动机试验室，经我向厂领导申请，增加了一个柴油机试验室。一汽的设计处发动机科就是这样起步的。

1956年"解放"牌卡车投产了，厂里开始抓新产品设计，包括"解放"牌的改进和多种派生车型，军用越野车和轿车。轿车方面的设计工作由设计处史汝楫副处长主抓。从1957年5月开始筹划，半年的时间就完成了"东风"牌中级轿车的设计，1958年5月就试制成功开到北京报捷了。但是东风轿车还没有来得及批量生产，"一汽"又迎来了更重更难的任务——设计试制供中央领导同志和驻外大使馆使用的豪华轿车，其中240马力、4400转/分的V8发动机是一个关键，由我主持设计工作，冯建权负责总布置，发动机科全员参加。

一开始厂里还有人怀疑我们是否能设计出这种高级大马力的发动机，我们不管这些，只是脚踏实地地干起来。那时我们有一个克莱斯勒高级轿车和一个凯迪拉克高级轿车的发动机做参考样机。最难设计的是缸体，因为我们不太懂铸造。因此我请设计师杨建中（1953届汽车）把图板搬到铸造厂的木模车间去，与工人师傅们一起搞设计，结果把砂芯减少了，铸件设计合理了，一次试制就成功了。消声器也是一个难搞的东西，既要发动机功率消耗小，又要噪声消减效果好。我就派冯钊同志去音乐学院请教声学教授，又去乐器厂学习讨教，最后搞了几十个方案，从中比较选定了一个。后来又碰到一个液压挺柱发响的问题，由设计师冯建权和时任"一汽"发动机技术科科长的李刚同志（清华1948届校友，后来曾任"一汽"厂长、中国汽车工业公司总经理），带着由工艺人员和老工人组成的攻关队日夜攻关，从材料、热处理、超精加工等方面采取措施，最后也解决了问题。厂里请来的一位苏联专家是我在苏联实习时的导师和好朋友，他向我要这份液压挺柱攻关资料，他说苏联也没有解决这个问题，斯大林乘坐的轿车的挺柱也发响。我请示了设计处总支书记后，把资料给了他，不料后来在"文革"的浩劫中，这件事竟被说成是"里通外国"了！

V8 发动机试制完成后，上台架做性能试验和 1000 小时强化耐久试验，都顺利通过。又装上两排座的红旗轿车，由苏联专家主持了道路性能试验，结果各项性能合格，试验顺利通过，大家都很高兴。这第一代"红旗"高级轿车除了 V8 发动机外，还有自动变速箱、车身冲压件、四腔化油器、车用润滑油、车用空调、防弹玻璃、防弹轮胎等，也都是"一汽"或国内协作单位自主开发出来的。这表明依靠集体的力量和智慧，中国人也能设计制造自己的高级轿车。后来 1966 年"一汽"又造出了三排座的红旗防弹车，从底盘到车身全改了，发动机也从 240 马力提高到 320 马力，主持发动机设计的是杨建中。国庆 50 周年时，江泽民主席的检阅车就是用这种车改装的。听说 60 周年大庆时，胡锦涛同志的检阅车又做了进一步的改进。

20 世纪 60 年代的时候，"一汽"饶斌厂长要我和发动机厂厂长毛德犹一起组织"两参一改三结合"小分队，去进行解放牌发动机改造成顶置气门发动机的设计试制工作。我们按红旗轿车试制的方法进行工作，厂领导大力支持，一周开三次试制调度会，调动全厂的资源，结果一个月就完成了试制，上试验台架强化试验 1000 小时，顺利通过。只因遭遇"文革"，"一汽"无法改发动机机型了，便把图纸上源于英制换算的那些带小数的尺寸改成正整数，交给"二汽"生产，就是后来的 EQ6100 型汽油机。该机投产后，使"二汽"的卡车拉得多跑得快，也使"一汽"受到很大压力。这个机型的开发也是"文革"动乱前搞出来的一个自主开发的成功范例。

1967 年，我由"一汽"调到"二汽"产品口，1972 年"二汽"产品设计处成立，我先后担任副处长、副总设计师，1983 年又调任东风联营公司总设计师。期间先后主持了 2.5t 越野车（EQ240）和 5t 载货车（EQ140）两种车型的整车 104 项和发动机 64 项质量攻关工作；解决了 EQ6100 发动机大量冲缸垫的质量问题。1980 年起，我极力支持发动机厂设计科自主研发 EQ6100D 柴油机，历经四轮，于 1989 年通过了鉴定，交南昌柴油机厂生产。1983 年后，我又主持了郑州轻型汽车厂（属东风联营公司）的 3t 农用货车的设计，通过机械部组织的鉴定后由该厂生产，这个项目还为该厂带出了一支设计开发队伍。

改革开放以来，我们有了比以前更多的渠道和机会接触到国外的先进技术，通过引进或技术合作加以利用。例如，1979 年孟少农总工程师邀请美国 Cummins

公司负责产品研发的副总裁林慰梓先生（清华 1940 届毕业生，孟总的同学）来"二汽"参观指导，我陪同请教了三天。林先生拿出一张 Cummins 新开发的发动机照片给我看，说他们的气缸体铸件的壁厚只有 3mm，很先进。后来"一汽"引进了这种发动机，与 Cummins 公司合资生产增压和中冷增压两种机型。铸件壁厚 3mm 也由我们的铸造厂攻关解决了。再如，EQ6100/EQ6105 型汽油发动机曾以 40 万英镑委托英国 Ricardo 公司进行设计评定和改进，"一汽"派人去参加性能试验和结构参数测评，学到了不少先进的试验方法和评定技术。当我带两位同志去 Ricardo 公司验收他们的改进型样机时，发现样机存在拉缸问题和一些附件带来的质量问题，我还给他们出主意解决了，后来 Ricardo 公司的总工 Moss 先生到中国来做总结汇报时，几次向厂领导表扬我"是一个优秀的设计师"。Ricardo 公司当时还竭力主张把 EQ6100 汽油机改成柴油机，可惜限于当时我国的燃料政策，这个正确的主张没被采纳。不过，过了几年汽油机还是停产了。

我一直认为学习外国的先进技术是很必要的。在经过"文革"的十年动乱、停滞之后，我国的汽车技术严重落后，同时国家资金匮乏，实行利用外资和引进先进技术的方针也是必要的。但是，买技术买不来外商的最新技术，合资企业中的外商又总是对我施加种种限制。从长远来看，还是要壮大自己的技术队伍，靠自己发展技术，掌握开发产品的本领。事实已经说明，50 多年来我们已经有了一些自主开发的经验，现在又有了较好的发展条件，需要的是有更多的领导重视和支持，更多的自主开发实践，更多的愿意献身中国汽车工业发展的人才。

我早在 1987 年就离休了，现在只担任东风公司咨询委员会委员，但我非常关注我国汽车工业的发展。看到 2009 年 3 月国家发布的《汽车产业调整和振兴规划》中明确提出三年内"自主品牌乘用车在国内市场份额要超过 40%，其中轿车要超过 30%"，我很高兴。看到国庆 60 周年大典上胡锦涛主席乘坐"一汽"自主研发的新红旗检阅车，我很激动，不禁又想起了 50 年前自主研发第一代红旗轿车的往事。我希望清华的同学们努力学习，投身于中国汽车工业的振兴，开发出更多更好的自主品牌车！

来源：《清华校友通讯》复 62 辑

陈秉良学长

陈秉良：刚毅坚卓写春秋

■ 李　敏

陈秉良，江苏宜兴人，1926年出生。1945年考入西南联大，1949年清华大学土木系毕业，水利水电专家。先后参与三峡水电站、云南鲁布革水电站等国家重点大型水利水电项目的论证和建设，为我国的水利水电事业发展做出了积极贡献。

"当代青年最需要什么样的精神？"在纪念"西南联合大学在昆建校暨云南师范大学建校80周年"活动的一次师生对话上，面对云南师范大学青年学子的提问，陈秉良毫不犹豫地说出"刚毅坚卓"四字，全场掌声雷动。

辗转至昆明

1926年出生于江苏宜兴的陈秉良是家中长子，其父母重教育，竭尽全力让孩子们去上学。陈秉良和弟弟没有辜负父母的期望，成为那个年代罕有的大学生，两个妹妹也接受了教育。

1931年，抗日战争爆发。随着战火逼近，陈秉良一家只得随老乡们一路逃难，颠沛流离，后来辗转到贵州铜仁，才换来片刻安宁。虽然处于战乱中，但陈秉良的父亲却深知知识的重要性，竭尽全力帮陈秉良再续校园梦。到铜仁不久，陈秉良便入读铜仁国立三中，在那里完成了高中学业。提及母校，陈秉良颇感自豪："铜仁国立三中的前身是国立贵州临时中学，也就是现在的铜仁一中。"

1937 年，抗日战争全面爆发，华北及沿海滨江学校纷纷内撤。教育部为了收容安顿撤退出来的中学师生，决定成立国立河南、四川、贵州、陕西 4 所临时中学，不久取消"临时"二字。后因全国国立中学陆续增加，便改以序数为校名，选址铜仁的贵州国立临时中学改名为国立第三中学，简称"国立三中"。国立三中在铜仁八年，毕业九届，考取大学的学生比例为国立中学之冠。不仅如此，国立三中成立不久，流亡的江浙师生包括失去组织联系的中共党员余正清、马松子、王竹铭和进步教师刘苇、刘云、冯大鹏等来到该校，秘密组织"读书会"，开展"曙光剧社"等进步活动，创办《文坛》《文笔》等进步壁报。陈秉良正是在这样的环境中完成了自己的高中学业。

联 大 时 光

1941 年 7 月，受国民政府委托，前往美国购买飞机和招募飞行员的中国航空委员会顾问、美国陆军航空队退役军人陈纳德回到中国，带回 68 架飞机、110 名飞行员、150 名机械师和一些后勤人员。为了有效配合援华美军作战，培训翻译人员，1941 年秋成立的"军委会战地服务团干部训练班"（通称"战地服务团译训班"）征调或招考了 4000 名左右的英语译员。译员主要来自大学及专科学校学生、在职编译人员和英文较好的知识分子。

1943 年，高中毕业后的陈秉良来到昆明。期间，一心想要继续学业的陈秉良想报考西南联大，但因生活所迫，愿望只得暂时搁浅，后加入了译员训练班。"训练班也叫 The Interpreter School，训练合格后为美军当翻译。"为了生计，陈秉良加入了训练班，闻一多成了他的老师。

1945 年年初，抗日战争胜利在望，陈秉良也结束了翻译工作。期间，他上大学的信念从没有断过，但不能因备考断了生活来源，于是，陈秉良去云南宜良的滇越铁路子弟小学当了一名老师，一边教学一边复习。为圆大学梦他全力以赴，1945 年终于成功考取西南联大土木工程系。据西南联大校友何兆武回忆："西南联大共有五个学院，文、理、法商、工及师范学院，其中工学院主要是清华的，文、理、法商三个学院则北大、清华、南开三个学校都有。"

"大一时不分系，同学们在一起上大课。当时有很多大师，比如我们的语文是沈从文教的。"说起在西南联大的岁月，陈秉良在《西南联大口述史》里满是自豪地说道。"还有潘光旦、陈寅恪、朱自清。"西南联大校友彭鄂英补充道。

1946 年 5 月，组成西南联大的北大、清华、南开开始陆续复员北返，陈秉良也在其中，后来他入读清华大学土木工程系，于 1949 年毕业。

"对于西南联大，我最大的印象就是他的民主作风。因为在当时国民党的统治区里，是没有什么民主可言的。"对于自己短暂的联大时光，陈秉良这样说。

投身水利事业

"1949 年前，工作是自己找；中华人民共和国成立以后，工作由组织分配。1949 年毕业后，我被分配到东北丰满水电站。那时我们的国家正处于百废待兴之际，而东北作为老工业基地，基础较好，但需要一批人才。"陈秉良说。

丰满水电站位于松花江上，总装机容量 100 万千瓦，水库总库容 108 亿立方米，是我国建成最早的大型水电工程。1945 年日本投降后，苏联军队进驻丰满水电站，后在撤离时带走了大量设备，只留下 2 台破旧的水轮发电机。1948 年，东北人民政府对电站进行全面修复和改建。

在那个物资极度匮乏的年代，修复和改建的难度可想而知。"最大的困难就是各方面的基础比较薄弱，很多方面都要从零开始。但无论是做工程还是其他事，首先要明确目标，目标明确后，要不畏困难，一个劲儿地往前钻。"陈秉良说。

因天气寒冷，加上长期劳累，陈秉良患了肺病，久治不愈。1952 年前后，他不得不返回家乡江苏宜兴养病。病愈后，时值清华大学水利系教授张光斗正在寻找合适的助教，在前同事的推荐下，陈秉良开始了为期两年的助教工作。两年后，他相继进入水利部基建总局和规划设计院工作，期间，还参与了三峡水电站的论证工作。

1984 年 9 月，国务院发布《关于改革建筑业和基本建设管理体制若干问题的暂行规定》，决定在建筑业开展招标投标、用工制度、工资制度和工程质量监督办法等一系列改革。在这一背景下，搁浅多年的云南鲁布革水电站项目得以顺利推进，陈秉良参与了鲁布革水电站引水工程的国际招标工作。"鲁布革水电站作为我国第一个采取国际化招投标的水电站，具有里程碑式的意义。"陈秉良介绍，鲁布革水电站在我国首创了采用国际通用的现代项目管理模式组织大型水电项目建设，取得了良好的经济效益和一系列项目管理经验，对我国推行国际工程招标和项目管理起到了巨大作用。

1988 年，62 岁的陈秉良退休。退休后的他并没有让自己"十全美景享余生"，而是立刻投入到大亚湾核电站项目的建设中。之后，陈秉良又相继参与四川二滩水电站项目建设、黄河小浪底水利枢纽项目建设、孟加拉国第一大港——吉大港项目建设。就这样，陈秉良一直工作到 80 多岁才真正闲下来，正所谓"雄心犹在，不用谁问廉颇老！壮志再酬，何须人道岁月少"。

来源：云岭先锋网 2018 年

章淹学长

从气象学员到水文气象预报开拓者

——章淹教授访谈录

■ 陈正洪等

　　章淹，女，1925年生，浙江上虞人，气象学家，1947年毕业于清华大学气象系。曾任北京气象学院研究生部教授、院学术委员会主任、中国科协全国委员会委员等。长期从事暴雨理论与应用开发的教学与科研，主要致力于数量化、精细化降水机理和预报的研究与实践，发表学术专著三本、学术论文150余篇，先后有14项成果分别获国家、省或部委奖励。其中"长江流域暴雨及预报"获1985年国家科技进步三等奖，《暴雨预报》获国家气象局1992年科技进步（推广）二等奖，"台风、暴雨预报警报研究"获国家计委、科委、财政部重大科技成果奖及1996年中国科学院科技进步一等奖。

　　受访人：章淹
　　访谈整理人：中央气象局陈正洪、钟琦、申丹娜
　　访谈时间：2012年9月20日
　　访谈地点：章淹教授家中

在西南联大学习气象

　　钟琦（以下简称"钟"）：章老师，您出身书香世家，怎么走上了气象的道路？
　　章淹（以下简称"章"）：我母亲那时候是女高师的，是该校第一届大学毕业生，那时候李大钊、鲁迅都在女高师教书，我母亲是他们的学生。我母亲是当时北平的女学界学联会主席，就是相当于现在的学生会主席，许广平比我母亲低两三届。我父亲叫章廷谦，他的笔名叫川岛，是绍兴人，和鲁迅是老乡。父亲当时经常写一点东西给《晨报》副刊（后来成为"语丝社"），他和鲁迅他们在一起都

说绍兴话。鲁迅认为语丝社那三个小将，主要骨干力量就是我父亲一个。我父亲差不多一辈子在北大，他文笔好，后来被选作校长蔡元培的秘书，因为已经有校长秘书谭熙鸿，给我父亲的名义叫西文秘书。那时候罗素、杜威来中国演讲，我父亲就做笔记，做记录，搞一些西文的东西。后来应鲁迅先生邀请，父亲去了厦门大学教书。但没待多久，就跟北大校长蒋梦麟到了浙大，在那待了四年，后来又回到北大。

那时候，家里面父母反帝反封建，他们很鼓励我们学科学，要科学救国，所以我们兄弟姐妹就学自然科学。我没上大学以前不知道有气象系，1942年就上了西南联大的物理系。物理系念了两年，期间日本飞机老来轰炸。飞机来轰炸就跟天气有关，天气不好飞机不来，天气要好的话就要防着飞机来炸，要拉警报，我就觉得气象挺重要的，后来我就从物理系转到了气象系。

钟：那时候气象还不是一个专门的专业。

章：那时候西南联大是清华、北大、南开三个学校合在一起，所以那个系也是合并的，是地质地理气象系。不过在联大的时候没什么人念气象，我们班算是多的，我们班有四个同学，我们上面一班基本上没有人。物理系毕业的江爱良（是杨振宁的上一届），他已经在中法大学任助教，他觉得物理系念得好像有点儿不够意思似的，就又来念气象，所以他跟我们一起上课。我们班虽然是四个人，加上他就五个了。

陈正洪（以下简称"陈"）：班上有哪四个人您还记得吗？

章：我一个，北大的严开伟，北大的仇永炎，还有民航的葛学易。

陈：那时候已经有气象系，是哪一年？

章：清华气象系可能是最早的，抗日战争以前就有，但是念气象的人很少。具体哪一年我记不清了，"一二·九"运动的时候张乃昭、蒋金涛他们都是清华气象系的，"一二·九"以后他们就参加革命了。他们还不是最早的，在他们前面还有人，像研究风筝的史镜清也是比较早的，他当时是清华气象台的助教。那时候清华有一个气象台，他是工作人员，放气象风筝，放风筝的线是金属的，结果风筝搭到高压线上，他就被电死了，为此清华还设了一个史镜清奖学金。李宪之原来是北大的，送去德国学习以后回来到了清华大学作气象主任。那时候我们在昆明没什么老师，李宪之就是我们气象系的主任，剩下有几个讲师、助教。

陈：如果要这样分的话，第一代气象学家可能是竺可桢、蒋丙然。第二代是哪些？

章：李宪之我没想过他算哪一代，李宪之算是比较早的，但是在北大李宪之还算比较年轻一代的教授。再往下就是叶笃正、顾震潮、谢义炳这一批了，其实早在1911年，蔡元培就提出气象来的。清朝的时候气象观测基本上就是在天文台、观象台工作。后来北京观象台又被"八国联军"破坏了，就剩一两个仪器。1911年"辛亥革命"临时政府成立以后，蔡元培提倡成立了气象台，以后蔡元培出国了，他再回来就到中央研究院了，他还是坚持应该成立气象台，可是他已经忙不过来了，就找了竺可桢来推动这个工作。所以要真正说中国现代气象的发展，还是蔡元培为首，他重视中西文化，有他这样的威望，气象台在临时政府里面才能通过，因为这个事情是要花钱的。

钟：当时主要学什么课程呢？

章：自己选课，一、二年级的课和物理系是一样的，是必修课，到三、四年级就随便选课了，我们气象系的课多一点。普通气象、天气预报、气候和观测。动力气象是赵九章执教，普通气象是李宪之教，天气预报是刘好治教，观测学是谢光道教。教材用美国的讲义，美国新出的书，最新的就是天气预报的课。当时西南联大的很多课程都是英文教材。

我们的课程，偏理论的讲得多一些，到临要毕业的时候才画了一张天气图。实际天气预报这些东西，我是从顾震潮那里学来的，顾震潮从欧洲回来后带着我做这些东西。顾震潮爱国心很强，中华人民共和国建立后，他很快就急着回来了，他也没有顾及自己是不是拿到了博士学位，他对中国气象事业带动的力量还是很大的。

陈：您大学毕业是哪一年？

章：我是1947年毕业，我们念到1945年时抗日战争胜利，西南联大又在昆明待了一年，到1946年联大就算结束了，当时政策是你愿意回哪个学校就去哪个，北大、清华、南开都可以。气象系只有清华大学有，我当然就回清华。清华的气象台是中国大学里最早的气象台，别的大学里当时是没有的。

到华北观象台做预报员

陈：您毕业之后去哪儿？

章：在我们班四个人里我是学得最好的，成绩考得也是最高的。没毕业的时候系主任李宪之说是留下我任助教。后来仇永炎到了华北观象台，葛学易去了民航，严开伟那个时候还没定。李宪之就报到理学院说留下一个助教，留下了我，理学院院长说："没有男的呀？女的搞这种搞不来的，化学和生物留女助教还差不多，物理和数学这一类不要留女助教。"后来李宪之跟我谈这个问题，提出要我跟仇永炎换，当时我思想有点儿不通，我父亲说科班出身从头锻炼也挺好，我就跟仇永炎两个人换了，到了华北观象台。

那个时候，华北观象台预报员基本上都是日本人训练的，日本人不教预报，原来在华北台高中毕业生都是观测员，个别好的可以到日本去留学，回来他们自己学一点。当时预报室都不让进去，偶尔让你去参观一下，所以那时候除了我是正经学气象、学预报的以外，剩下的那些人多半是日本人训练留下的，还有一些是国民党空军来的。张乃昭来了以后，把他们好多人都送去学习了，剩下四五个人在华北观象台做预报，所以那个时候他们说我是开国大典的预报员，我都不记得这回事儿。

陈：这个事情很重要，请您说说。

章：我都不记得了，那天我值班，张乃昭来告诉我，说那天（开国大典）要我做预报，刚好那天是我值班，他也比较放心。我当时不懂得那么多事情，只知道这是一个大事情要准备一下，因为别的人多半都不是正式气象训练出来的，当然他们都是老预报员，比我有经验。当时王维黑是预报组长，他被日本人训练过气象技能，回来以后在华北观象台作了预报组长了。

陈：1949 年做预报的时候有什么条件吗？

1949 年开国大典上的飞机表演

章：那时候条件差得很，根本没有什么。华北观象台每天就画两张图，上午一张、下午一张天气图，而且还很不全，在整个图上就画一小块儿地方。有时下午加一张图，就是从地面反推上去3000 公尺的高空图，是根据一个理想的气压推上去的。一天就三张图，就一个人值班。当时是秋天秋高气爽，没想到国庆节会有什么变化，我就以为大概"十一"前后都是这样的好天气。但后来我查了资料，发现"十一"前后其实下雨的情况并不少见，这才有点儿紧张。

那天最主要的是飞机要上天，云层很厚的话，对飞机上空的安全没有保证。后来我就做了一些准备，就找资料。当时华北观象台本来有一个大木头箱子，但日本人把有用一点儿的资料都给烧了。我就找到清华气象系，还好找到了清华气象系的历史天气图，翻了以前"十一"的时候可能有什么天气，知道"十一"的时候可能会下雨，那天还真是有点儿零星的雨。后来飞机还是顺利地上天了，就是在零星的雨中间抓了一个空档正好上天，配合着天安门上毛主席的讲话，另外群众也正好在下面看见，所以领导还是挺满意的。

钟：当时他们观测是什么样的？就是地面常规的观测吗？

章：就是地面常规的简单观测，一天 8 个小时一次。但是因为开国大典比较特殊，就和观测的人商量好了，他们不停地观测，而且空军气象台也有观测，我们就互相通电话联系：现在我们观测的云高是多少了，天气是怎么样的。

陈：新中国成立初社会上对天气预报的需求是什么样的？

章：很少，偶尔有人打电话来，我们自己在气象局有一块小黑板，做完预报，下午就把小黑板写上，挂到走出大门最容易见到的地方。下班以前就打电话把预报给报纸，（一般是晚报，个别的白天也登），报阴、晴、昙、风向、风力、温度，温度不像现在有这么精确的数字，报得很粗。当时很多老百姓打电话来问什么叫昙天？意思就是日头下面有云，被云盖住了，古文里面的话，都文绉绉的，根本不是群众的语言。后来顾震潮来了以后才改成多云、少云。

陈：当时来看预报准确率有多少，有提准确率这个概念吗？

章：那个时候没有统计过，也没有提预报准确率这个概念。"文革"以前我统计过，因为那时候长江三峡水文部门要得比较紧，就我们一家做，所以我就做过大雨以下的统计，那时候的预报准确率也就是 14% ~ 17%。别的台上连降水量都不报，就报有雨、无雨，或是雨比较大，暴雨这样的预报几乎没敢做过。

在联合天气分析预报中心

陈：1950—1955 年成立了联合天气分析预报中心（以下简称"联心"），当时您也去"联心"了吗？

章：我们预报组就在"联心"下面。1950 年，涂长望代表气象局，赵九章代表中科院，两家合并成立了联合天气分析预报中心。当时预报力量太弱，预报也比较重要，中科院大气所派来了顾震潮、陶诗言、杨鉴初等几个人。"联心"开始的时候有四大领班，陶诗言、杨鉴初、朱抱真、曹恩爵各自一个领班，陶诗言作为副主任兼领班，主任就是顾震潮，后来变成我、牟维丰、陈汉耀、李明熙作了领班。我在华北观象台作预报员，跟着王维黑、陈玉樵那些老的预报员一起做1954 年大水的预报。我做得比较好，得到了气象局表彰，表彰在那时是很少的。1954 年大水以后我成了预报组组长，陈汉耀做副组长。

陈：1954 年长江流域大水预报的过程您还记得吗？

章：当年时间很长，整个一个夏天我们都坐在那儿做预报，而且那时候属于部队，属于一级战备，我们都没有假期了，没有周末。我们住在那儿，都出不去，随叫随到，夜里有事就要把你叫起来。那时候我就是主要负责人，顾震潮是主任，我们有时候夜里直接跟武汉通电话做预报。陶诗言作为副主任，作为领班，会商他参加，预报讨论的时候他也参加，预报主要是顾震潮在抓。

陈：1954 年最后那场暴雨，签字发布消息是谁签的字？

章：我们每天谁值班谁发预报。因为那时候电报不行，只有夜里电报还听得清楚，12 点的时候我们就和武汉联系，另外再选安徽等一两个旁边的有关台，夜里三四个台会商，这个会商由我和顾震潮两个人回答。会商是通过电报和长途电话。由于当时情况特殊，我们就临时在下午加了一次会商，在下午下班吃晚饭时，会商第二天的天气，会商完以后，吃了晚饭他们让我睡一会儿觉，7~9点睡觉，9点以后再把我叫起来，再看天气图，再准备夜里会商的稿。夜里会商稿是由我来准备，顾震潮一般到11点会商的时候都参加。有时候对方有一些问题我回答不了，比如民兵是不是可以下堤等问题，我就问顾震潮。

陈："联心"在中国气象科技史上占有重要地位，很了不起，当时"联心"有多少人？

章：当时"联心"的人都是流动的，培养成熟一批就调出去了。不断地有外地送人来这儿学，学的时候就分配在我们班上了，我们带他们，我们带成熟了以后下面着急要，就又走了，老是流动的。不但是向国内各大区送人，部队也都送人，空军、海军，他们都有气象部门。还有国外的，朝鲜的、日本的也来。

钟：1954年报大暴雨的时候，有什么样的气象条件吗？或者什么样的依据吗？

章：主要是台上的天气图，没有雷达，也没有数值预报，就靠天气图，使劲盯着看哪个台站有什么变化，有什么苗头，主要还是用外推的办法。

陈：涂先生什么时候开始提出要搞数值预报的？

章：天气研究室是1956年夏天成立的，成立了以后大概在1958年，涂长望感觉到中国应该有数值预报，但是数值预报要靠我们个人通过完全自学掌握，挺难的。天气研究室成立后，朱抱真是主任，我、廖洞贤和朱抱真在一个办公室。有一天，涂长望突然到天气研究室找朱抱真商量这件事，涂长望觉得要开展数值预报，如果没有人来带一带，讲一讲，我们可能用来学习的时间比较长。涂长望跟朱抱真商量，是不是请日本人来讲，那时候提倡中日友好。后来请了岸保勘三郎来讲学，一共有七八次。他讲的时候大气所、空军气象室都派人来听，我们找人翻译，日本学者做了启蒙报告。

钟：当时的苏联数值预报也还是挺先进的，他们没有给我们提供什么帮助吗？

章：我们局里有几个苏联专家来，他们没有提数值预报，他们提的最多是天气预报、动力气象、观测、物理，没有数值预报的专家。苏联的那套理论后来被证明至少不太适合中国的情况，苏联人自己也不太用了。

水文气象预报员

陈：您原来是学气象，从做气象预报怎么又转到做水文预报去了？

章：这个事要从给三峡做预报说起。1958年的时候我刚从预报组调出来，成立了天气研究室，朱抱真任主任，开始做数值预报。我主要负责降水，我们组算是人最多的，我，还有我带的一个大学毕业生和一个专科毕业生，三个人的组。那时候降水预报我们只能报有和没有，有时候只有百分之十几的准确率。当时长江要建三峡，因为我是负责降水预报的，就派我去，报中期的（三天以上）预报。当时我感觉很兴奋，中国要建三峡了，听说比卫星上天还重要。

我们的观测站设在那儿，老百姓感到很新鲜，都来看。雨量统计仪器有时候就被人拿走了，觉得这个铜盆还有用。我接了任务以后才知道，三峡建设要修一个围堰，说是要有9万~11万人下去，在下面做坝址的基础。假如我们报不准确，一场大雨来了，9万~11万人要死在围堰里头。知道这个情况后，我当时很着急，当时我们连有、无都很难报准确，怎能报降水量？只能千方百计想办法。后来我就想，三峡要求这么高，我们又报不了，于是我就去给三峡的69个台站讲课，让所有观测站全做预报，当时他们是不做预报的，只做观测。

当时，刚好三峡在湖北咸宁的一个地方，地质条件和三峡很相近，我就想先做一个试验，也练练兵。于是，我们把观测站都动员起来报天气，结果有两次报得很好，就在全国大会上表扬我。全国当时关于三峡有一两千个课题，气象局是被人家很看不上的小单位，但是在那个大会上张闻天表扬的头一项就是气象局，说我们发动了沿江的所有站都做预报，而且在实验工地上报准了，很多材料就免于被水冲走。中国气象局领导很高兴，觉得气象系统很露脸。后来就动员全国气象站都做预报。当时提出来大中小结合的办法，中央台和省台算大，专区台算中，县站算小。从前是大台报，当然很粗线条，稍微加上专区台和县站就细一点，所以开始的结果还不错。

陈：您为葛洲坝也做过洪水预报吧？

章：实际上我们从1958年开始研究水文预报，经过20年到1978年才提出，后来在葛洲坝上倒是应用成功了。我们报了八次，都报准了，我也不知道是不是碰的。葛洲坝后来给我们写了很多感谢信，说我们保证了他们施工的安全，又节约了钱，还保证了他们按期发电，按期通航，说这个经济价值还是很大的。

钟：当时做中期预报有什么条件或者技术手段吗？

章：就是用波谱分析的办法，我们有好多资料，那些资料后来出了八本书给全国各个省用。我们用大气里的长波和短波，把短波滤掉，就用长波和超长

波，就发现有一个 3 ~ 7 天左右的周期振荡，把长波和超长波滤出来，超长波和长波有一次变化调整的时候，可能就有一次降水过程。我们找出了一些规律，虽然没有两三个小时的预报那么精细，但是能报给他们，解决了问题。现在已不用这个方法，现在主要用数值预报。

陈：您还提出了一个设计洪水的概念。

章：设计洪水不是我提出来的，是水文部门早就有的。每个水库都要有设计水文，他们跟气象局要"可能最大降水"，看水库大小，有的水库说我就要 30 天，有的要 60 天。连续这几年最大会有多少洪水，水库设计要一项一项考虑这些东西，有的水库是底下小上头大，上头高一点水就会多很多，钱也要多很多，而且水库要垮的话，洪水的泛滥影响也要大很多。设计洪水是一件很大的事，过去是水文部门自己算，后来中华人民共和国以后跟我们说大家合起来做，我们跟他们合作就要好一些。

陈：现在数值预报发展得比以前进步多了，您看它能不能代替预报员的主观能动性？

章：我觉得数值预报还是需要补充的，因为那些方程式里这么复杂的天气变化不能完全放进去。就像 2012 年北京的"七二一"暴雨，大部分地方是 100 多毫米，只有房山那么一个小点是 400 多毫米，但是损失就很大，那个 400 多毫米在数值模式里是报不出来的。因此，中国要发展精细气象，我们现在还是中小尺度的。我从 20 世纪 60 年代初和 70 年代初在华东和湘东两个基地开始搞测量，的确是很难的。国外 20 世纪 50 年代末开始搞，他们有同步卫星，还有飞机观测，还有雷达，我们中国那时候什么都没有。后来，我们就用气象和水文结合，这样就有了两个基地。一个是在华东，以上海为中心，周围是江苏、浙江、安徽组成的一个基地，叫精细气象中小尺度研究基地。那个时候国内只有一个雷达，在上海，我们就以上海雷达为中心，周围划了一片地方，成立了精细研究基地。这个基地 20 世纪 60 年代初开始建立，1963 年开始报雷雨的精细预报，雷雨大风可以报出来，但是还报不了暴雨，因为暴雨要量。到"文革"期间河南大水出来以后，湖南开始成立研究基地，我们去湖南和他们一起研究，这就是第二个研究基地。当时在湖南发现了三四个小时的临近预报，保住了两个中心水库，湖南省政府还给了一个重大特别成果奖。

钟：当时水利部门有降水的观测是吧？

章：有水文观测，他们的雨量站非常密，是 8 倍于我们气象部门的站，主要是沿河设置的站。当时我们派一个人过去，他们一有雨情报出来，就从水文站报到了长沙站，雨情我就知道了。因为水都往洞庭湖汇，洞庭湖要是涨水，一下就能灌到长江，就会闹洪水。我们就在湖南试点，由于部队里有一些雷达，还有航空站，我们就和民航、部队联系，航空报每小时一次，我请他一式两份，也给我一份，另外再结合一些预报方法，就这样在湖南先后做了五年预报。前三年 11 次里面有 7 次大概 3 ~ 5 小时的精细预报，基本上报出来了。两次报空，两次漏报，当时这就差不多是国际水平了。

说到现在的天气预报，我觉得主要是预报员没有时间来总结前面工作。特别是台站上的那些搞实际观测的预报员，他们忙于一天的业务，没有时间来事后总结，其实事后总结挺重要的。我最近看湖南的一次预报，是一次锋面过来，锋面还没到呢，雨就下了。另一个锋面再过来，也没下雨，等过了一段才下雨，这都是精细预报才能报出来，但是他们哪有时间研究精细气象。可是真正搞理论的那些人，也不会解决你这些实际问题，所以实际发现了问题后要总结，这是很能解决问题的。像 2012 年"七二一"房山那样的暴雨，你要不搞精细气象，你怎么知道那个点出在那儿。

来源：中央气象局，2012 年

吕应中学长

科学攀登 55 年历程回忆

■ 吕应中口述　郑小惠等整理

　　吕应中 1926 年出生，江苏丹阳人。1948 年 10 月加入中国共产党。1949 年任清华大学学生会主席，1950 年毕业于清华大学机械系，留校任教。曾任工程物理系副主任兼反应堆工程教研组主任、核能技术研究所所长、技术经济与能源系统分析研究所所长、校务委员会副主任等职。1988 年赴美国斯坦福大学和加州大学指导联合培养博士生，后从事能源经济与环境工程及先进核动力堆研究，兼任联合国与世界银行主办的"全球环境基金"第一届科学技术委员会顾问。20 世纪 50 年代中，参加我国原子能专业的创建，培养了我国第一代核反应堆专业的大学生、硕士生和博士生。1958—1964 年主持清华大学屏蔽试验反应堆和零功率实验反应堆的设计、建造和运行，并集体获 1978 年全国科学大会奖。1980—1985 年参加并协助主持中国能源研究会期间，作为中国能源研究报告主编之一，集体获 1987 年国家科技进步一等奖。

从"航空救国"到"革命救国"

　　我原籍江苏丹阳，1926 年 6 月 24 日生于南京。1937 年日本侵略我国，我目睹日本飞机轰炸南京的惨象。后来我随家人从南京迁居重庆附近的江津县，日本飞机开始轰炸重庆，造成防空洞窒息大惨案。我们小学生也经常"跑警报"，不能上课。因此我幼小的心灵就立志将来长大后要学习造飞机，现在称为"航空救国"。1945 年抗战胜利，1946 年我就考清华航空系，因为清华有庚子赔款，可以公费留美，实现自己航空救国的理想。

　　来清华以后，我遇到的第一件大事就是"沈崇事件"，这是我第一次参加学生运动，以后所有的学生运动我都参加，接受了学生运动锻炼。

清华有几个最有名的社团："大家唱""民舞社"和"识字班"，还有一个叫"团契"。在过去的音乐室灰楼（现在附中入口处），办了"一二·一"图书馆，里面放了一些比较进步的书籍。我年纪慢慢大了，思索生命的真正意义，想到将来中国的前途，很苦闷。有一次，有一个同学说还有一本书我可以看看，那本书是红色封面，叫《大江流日夜》，书架上没有放。我说好啊，打开一看，原来里面叫《新民主主义论》。看了以后，我觉得这个不错。因为旧民主主义也不好，我知道"八国联军"打中国，杀我们中国人，假如有一个新民主主义，那中国就有救了。这样，我慢慢接触了一些进步同学，他们也找我聊天，这样我就有了追求新民主主义的思想。

后来我知道，原来是地下党提出工作的重点要转到以班级工作为主。有人开始来找我，说我学习成绩很好，鼓动同学把我选成班上的"学习委员"，让我办壁报，上面把有些难解的课程习题，或者学习上的问题，由我或者其他同学写出来。大家有兴趣的问题还很多，包括青春期的问题和国家大事。机械系二年级的壁报就这样在机械馆内首先问世，以后又贴到明斋后面原来的大餐厅前面布告栏上，一贴一大片。我们自称"机二突击队"，除了办壁报以外，还有人负责替同学谋福利，比如说谁要买卖自行车等，给登广告，还有经济上互相帮助的办法。这样不仅吸引了大批观众，也罗致了一大批积极分子。

1948年8月19日，国民党"八一九大逮捕"后，很多地下党员去了解放区，清华的党组织一下子就减员，需要发展。在这个情况下，我在短短两个多月内，顺理成章地先被发展入外围组织成员，然后成为地下党的党员。

1948年12月份，东北战役已接近尾声。我们接到上级的任务，第一是劝教授不跟着梅贻琦走；第二是在解放过程中要保护好学校的财产，防止国民党的破坏。地下党派学习好的学生党员做教授的工作比较容易，保护学校财产却很费劲，我们赤手空拳，怎么保护财产？但我们也还有优势，因为我们同学平常学习认真，对工人挺好，不管是看门还是扫地的工人，特别是机械系有很多实验工厂的工人，他们当然拥护共产党了。只要有人组织，不用花太多时间，他们就成为保卫系馆和学校的一支队伍。在国民党把石景山发电厂送来的电源切断后，我们和机械系工人开动实验室里从来没有开动过的一台200多千瓦的汽轮发电机向全校供电，算是对护校有点贡献，对这件事我们还挺骄傲的。

全城解放了，大家选我做学生会主席，因为机械系替全校同学服务是出了名的。当选不是靠耍嘴皮子，全靠一点一滴的具体工作。譬如办"面粉银行"，国民党后期物价见风飞涨，助学金一发下来，同学们一分钟也不敢耽误，跑到"面粉银行"存钱，负责人立即打电话到城里面粉厂，买几袋面粉，替同学保值。

后来学校成立校务委员会，当时不实行党委领导，还是教授治校，由于当时还没有党员教授，委派我作为学生代表委员，去贯彻党的方针路线。

2016年6月29日，陈槐庆—吕应中比较文学研究基金启动仪式暨二老九十寿辰座谈会在清华大学甲所举行

学生会工作中印象最深的是 1949 年 10 月 1 日，在校行政部门的全力配合下，共同组织全校师生员工星夜从清华园车站进城参加开国典礼。我以学生会主席身份，荣幸地与代表校委会的钱伟长教授在清华队伍前列走过天安门广场，接受国家领导人检阅。走到广场中心时，隐约听见扩音器中传来主席台上中央领导同志对话的声音，有领导同志向毛主席指点说："这是清华大学的队伍……走在前面旗帜下面的是钱伟长教授……"我们全体欢呼，其热烈情景终生难忘！

1950 年大学毕业，我留机械系任理论力学助教。1952 年学习苏联，进行高等学校院系调整与教学改革，蒋南翔校长到校。蒋校长指定我担任教务处教学研究科科长，协助教务长进行专业设置、编教学计划、组织速成俄文学习，以及苏联教材翻译和教学方法研究等方面的工作。1955 年清华大学开展科学研究工作，我又转任科学处科学研究科科长，协助留苏归国的博士处长高景德教授进行科研选题和项目管理。

科学救国：攀登核能科技高峰

为了源源不断地提供我国自己培养的原子能青年干部，中央决定由清华大学带头，在全国几个高校内设置原子能专业，并派蒋校长率领教育代表团赴苏考察原子能专业设置，还聘请了几位苏联专家来华讲学。在这一背景下，1956 年清华大学建立工程物理系，一共设立 210—250 五个专业编号（其中 210 之下又细分为五个专业）。我被指定筹建 240 "原子核反应堆工程"专业。不久，蒋校长又根据他一贯主张的"理论与实践相结合"的教育办学方针，争取到建设"屏蔽实验原子反应堆"实验基地的任务，于是又指定我负责筹建该实验反应堆。

没有理论指导的话，原子堆是设计不出来的。当时世界上原子能技术尚处于高度保密时期，公开资料极少。弄到美国的一本教科书，叫《原子反应堆理论概要》，我就首先要读懂这本天书。念完第一遍，根本不懂里面的专业名词和概念，因为那些英文名词在我们的字典里没有，只能猜想。好在我还有点数理基础，只能自己慢慢推导那些公式，懂一点再推导下一个，并自己创造新的技术名词。这样念到第三遍以后，有点儿懂了，然后就动手翻译，一节节翻了又改，改了再翻。翻完以后，出版了第一本原子反应堆理论教科书《原子核反应堆工程原理》，科学出版社 1959 年 12 月出版。

1958 年开始设计清华屏蔽实验原子反应堆时，工物系年轻师生平均年龄为 23 岁半，我当时年龄最大，为 32 岁，他们都比我小，所以流传"23 岁半设计原子反应堆"。实际上参与设计反应堆本体的才是这批年轻人，而屏蔽实验原子反应堆的整个系统和反应堆本体内的许多具体工程技术设计，来自学校其他几乎所有系各专业教职工的全力支持。只举一例：反应堆内必须用极高纯水作为"慢化"与冷却剂，因此对于大池壳材料的抗腐蚀性要求极高。当时不可能按照苏联图纸要求，从国内取得不锈钢薄板做池壳，我们决定采用高纯铝板"阳极氧化"后代替。但有两个技术难题：一是焊接，焊接教研组主任潘际銮教授立即派了他的"系宝"李庭贵老师傅来工地，用他的绝技"氩弧焊"解决问题；二是铝池壳"阳极氧化膜"防腐蚀难题，也是在 230 专业李恒德教授和化学教研组周昕教授的指导下解决的。

清华屏蔽实验原子反应堆（200 号）1958 年上马，1960 年在昌平县虎峪村破土动工。当时正值国内大搞阶级斗争，政治运动不断的时期。我们坚持理论与实践相结合的学习方法，不屈不挠的顽强拼搏精神，实事求是、一丝不苟的科学作风，终于克服重重困难，于 1964 年国庆节按期建成。1965 年 8 月，我们按照蒋校长的指示，写出了一个总结《六年的奋斗，四个方面的丰收》，由中共清华大学委员会工程物理系总支上报，在校内外广为流传。1979 年此项成果获全国科学大会奖。

1965 年，在清华"屏蔽实验原子反应堆"建成投产后，我们就想"飞跃"一步，攀登两座外国还没有攀上去的高峰。一个就是一体化船用动力堆，也可用于驱动核潜艇。再一个是钍的利用。因为原子能的原料除了铀以外，还有一种叫钍，是稀土元素中含量最多的一种元素。我们国家的稀土元素并不稀少。教育部批准并支持我们提出的建议，拨款开展这两项前瞻性的核能研究。于是（200 号）的同志们用前面建造屏蔽实验反应堆经验总结出来的"尖端分解为一般"的办法，一天三班倒，热火朝天地搞起来了。

1966 年 5 月下旬，我作为中国首次出国参加原子能学术会议的代表团成员到英国出席"气冷反应堆会议"，李恒德教授为团长，我为副团长，为开展和平利用原子能的国际合作探寻道路。6 月初开会回来，国内"文化大革命"已经开始。迎接我的是给"200 号黑帮头子"戴的高帽子，放在我家桌上。造反派闻讯我回国后，就立即前来抄了我的家，拉我去批斗。其中第一条罪状就是说我搞蒋南翔的"黑任务"，跟我们国家的核工业唱"对台戏"。因此可以用于核潜艇的动力堆就成了"黑任务"，戴罪下马。我至今心疼不已：世界上一体化核潜艇用动力堆是我们第一个搞起来的，凭什么几个"红卫兵"就可以这样轻率地把我国海军技术储备的生命判了死刑呢？直到"文革"结束以后，我不死心，跟所内一商量，200号的人齐心协力，实施迂回战术。拿它的基本设计和部分未完工的主体部件大材小用，1985年以"低温核供热堆"名义，申请国家批准立项。我后来把这个5兆瓦低温供热堆移交后任所长，经他领导和全所的辛勤劳动，于1989年建成运行。

第二个是钍的利用项目，它的命运就更艰难曲折，甚至带有传奇性了。1968年两派武斗迅速升级，造反派把我关在旧水利馆顶层的一间单人囚室里，局势非常险恶，我也没有准备活着出来。但我想既然我活着，就还要做点儿正事，痴心想念着钍的利用没有人研究不行。"造反派"叫我写检讨，给了我纸笔。纸是点数要交的，我就在手纸上用笔计算钍增殖堆方案，算出一点结果就记在心里，将手纸在大便池里冲掉。后来工宣队进校以后，把我救出来，随即由卫戍区把我送到一处监狱里"保护起来"。我被告知不许跟家里写信，但可以写个便条索要日常生活用品。我灵机一动，就在生活必需品中间向家里要纸笔和计算尺，等于告诉他们我并不是犯了什么罪，而是在一个秘密地点进行科学研究。我根据记忆的计算结果，在卫戍区做了钍增殖堆的方案计算初稿。1969年春节前，从卫戍区放出来回家后，我就写了一个正式报告，通过军宣队转呈给周总理。总理于10月24日批示国防科委的5位负责同志，请他们多找些人仔细研究后，然后就批准我报告中的所有要求（其中包括大到钍增殖堆所需几十公斤的高浓缩铀，小到为多年两地分居的几十名科学骨干解决家属的北京户口），下达清华核研所，正式上了钍增殖堆的"八二〇"项目。

"八二〇"项目开始不是采用高温气冷堆，因为我1966年从国际会议上知道高温高压氦气技术有很多难点，估计国内不可能短期内解决。因此我最先提出采用低压力的高温融盐堆，虽然也是用石墨慢化的反应堆，结构跟现在高温气冷堆差不多，但国内生产设备较易完成。但不幸后来由于融盐堆所用的特殊高镍合金研制单位（太原钢厂）发生武斗，研制工作停止，材料无法解决，三年后被迫转到用气体冷却。那个时候我们已经解决了联邦德国高温气冷堆预应力混凝土壳的技术，做了实验，成功了，我们才决定搞气冷堆，气冷堆就是这么样变化过来的，不过当时没有改革开放政策，还不能与联邦德国合作。

1979年我被批准参加在西德汉堡举行的美国与欧洲核学会联合大会，是我国在这种国际会议上第一次发表学术论文，内容是我在造反派狱中构思的中国发展

"钍增殖反应堆理论"，还没有具体设计。但论文立即引起了到会的联邦德国高温气冷堆专家、被世界誉为"球床堆"之父的苏尔登博士的重视。他说他从来没有想到在遥远的中国会有人做与他们同样的工作。我从此和他建立了密切的联系，次年他应邀来我所向国内各单位的技术专家讲了 80 小时的课程，受到科委方毅同志的接见，与我所订立长期全面合作协议。他的鼎力相助，大大加速了中国发展高温气冷堆的进程。

我在清华核能技术研究所任职 25 年，从 1965 年开始研制上述两种新型反应堆 20 年的过程，竟有了两种完全不同经历：第一座是完全"自力更生、白手起家"，第二座最后走的是"改革开放，大力开展国际合作"，天壤之别，真是难得的奇缘！这段经历使我萌发了进一步走出国门，到世界上探索更多新研究领域的想法。

第二次飞跃："软科学救国"解决我国的持续发展问题

"文革"结束，百废待兴，能源必须先行，形势空前严峻。

1979 年 12 月某日，我忽然接到科委主任方毅同志紧急通知，当天晚上去科委开"鸣放会"。他约了一批能源的老专家，我是最年轻的三个例外之一。方毅说："国家经济现在处于崩溃边缘。中央提出到 2000 年国家经济要翻两番，但现在到处是缺能，怎么能够保证翻两番呢？"结果大家七嘴八舌讲了三天。12 月底又去杭州，开到第二年 1 月。

出席这次杭州会议的有 100 余人，百家争鸣，终于形成共识，大胆向中央领导提交报告，如实反映当时中国能源的严重问题和造成这些问题的政策失误。我自始至终参与这些材料的整理与起草，深受教育。会议认为：中国已有能源危机，要解决问题，首先要打破过去"领导拍脑袋"的决策方法，应当改用科学的方法制订中国能源政策与能源规划。

不久，科委通知：已获批准成立能源研究会，并在各地成立分会。可是如何解决能源研究会的经费或人员编制？我灵机一动，就派了所办公室的几个同志到科委二局（能源局）为能源研究会办公，自带"粮票"。能源研究会先后向中央呈送了两份综合性能源政策建议报告，1982 年正式出版了中国第一部民间的国家政策研究成果——《中国能源研究报告》，其中以大量事实与数据阐明中国能源的严峻形势、问题与对策。科学的能源政策实现了它所保证的诺言，以后到 2000 年，中国果然提前实现了"能源翻一番，国民经济翻两番"的世界奇迹，最终证明了科学决策的力量。我有幸自始至终参与了中国能源政策的制定与实施全过程。当我 1990 年在斯坦福大学进行合作研究期间，就把这十年参与制定与执行这部能源政策的经验，总结写了一本书，向国际友人介绍"中国先进经验"，1993 年以英文在美出版，书名《为十亿人民提供能源》。出版后，该书获各国能源专家重视与好评，认为是研究中国能源问题必读书，还被美国普林斯顿大学选为研究生教材。

鉴于能源—经济规划在国际上也是一项新学科，需要在我国培养一支专门队伍，所以 1980 年我又在清华核能技术研究所内选了一批技术骨干，"转行"学习西方先进的采用系统工程和数学模型的规划方法，并在所内成立"能源系统分析研究室"。之后，清华大学为了加强软科学研究，在全校建立跨院系的"技术经济与能源系统分析研究所"，由我兼任所长。1985 年我提前主动辞去核研所所长，专任该所所长职务。

1980 年后，随着我国改革开放的逐渐深入，我也将工作重点转向国际舞台，先后与许多国际机构及外国能源研究所取得联系，开展合作研究。清华核能技术研究所在 1980 年后短短的五年内，就冲上国际舞台，参加了联合国开发署及环境署、教科文组织、世界银行、亚洲开发银行、欧洲共同体等主办的多项世界性、地区性或国家性的能源规划、研究和人员培训网及项目，并与五大洲二十几个国家的 60 多个著名研究所与大学建立合作关系。后来欧洲共同体还资助在北京清华大学内设立"北京能源培训中心"，为亚太地区发展中国家培养能源规划与管理人才。在这一时期，我还在清华核能技术研究所内建立了多学科的博士点，我也亲自培养博士研究生，还为他们中的一些人创造条件，送往国外联合培养或短期进修，他们回国后都能独当一面，有些成为清华大学校方与研究所的主要领导成员。

20 世纪 80 年代初引进能源规划学科的同时，还有一个出乎意料的大收获，对于我国未来经济发展的影响超出能源本身。1980 年我邀请美国橡树岭国家实验室的老主任温伯格博士访华，他介绍了"全球性温室气体排放对气候变化的影响"，即所谓的"温室效应"。由于过去没有听说过"温室效应"，科委决定在校外科学院 401 所举行，安排更大范围参加。专家们听报告之后，反应十分强烈。我国是使用煤炭为主的能源消费大国，而煤炭燃烧时所产生的"温室气体"最多。所以我开始研究"温室效应"问题，并推动国内有关单位共同研究。1985 年回访温伯格博士主持的美国能源分析研究所时，我提出了一份《中国温室气体排放状况与地区分布》的报告，为他主编的"全球温室气体排放数据库"填补了一大片空白。此后，联合国为全球环境保护问题先后举行过几次各国元首会议，并制定了国际公约。中国也积极参加，成为主要一员，核研所也与国外许多单位合作开展了这方面的系统研究工作。

1983 年，国家计委与科委在制定全国能源规划的基础上，又着手制定中国核

2008 年校庆日，吕应中与返校学生在一起

能政策，我代表中国能源研究会参加。会议通过热烈讨论，统一了长期在有关部门之间争论不休的发展核电站的堆型、容量、发展路线和研究重点等问题。会议接受我提出的在中国应发展核能供热的建议，从而制定了一部具有中国特色的国家核能政策。会后，清华核能技术研究所制定了一整套发展由低温、中温到高温供热反应堆的研究规划，并立即将已有的实验原子反应堆改装在所内进行低温供热实验，由国家科委主持现场检查鉴定，证明核供热的可行性与安全性。

1985 年核能技术研究所的核能研究获得国家低温供热实验新项目，重新走上轨道，我认为当时已有条件将核能技术研究所所长的工作移交给副所长，自己可以走出国门，用更多时间开展国际合作研究，探寻更广大的新研究领域。

第三次飞跃：致力于"技术救世"

记得 1946 年投考清华，为的是争取庚款公费留美，学先进技术制造飞机"航空救国"；60 年后，我果然留美，不过目的变了：想让中国率先发展最先进的原子核反应堆，"技术救世"。这段奇缘起始于 1979 年与温伯格博士的相遇。

美国橡树岭国家实验室的老主任温伯格博士是美国核动力的主要创始人，先后设计研究与领导过包括石墨水冷堆、压水堆、重水慢化堆、水均匀堆、先进高温气冷堆、高温液态金属燃料（飞机）动力堆和高温融盐燃料钍增殖堆等多种先进反应堆，成为美国当时重要的橡树岭国家实验室（ORNL）第二代主任。后来他担任过美国政府能源研究与发展办公室主任等要职。1980 年他应邀访问中国，居然和我一见如故，立即邀请我回访。

1985 年回访温伯格主持的美国能源分析研究所后，我更为他的人品与高尚作风所感动。1988 年我到清华经济管理学院担任经济系教授，为该系培养经济理论课程的青年教师。在温伯格博士热情帮助下，由美国华盛顿公共政策研究所出资支持了我们的联合培养博士生项目。1990 年，他邀请我到橡树岭，合作研发他主张的"固有安全动力堆",并介绍我到他担任顾问的公司,让我分管"小企业科技"项目。我有了这样的学习研究机会,经常回清华向师生介绍研究成果,前后有 20 年。

在橡树岭的 20 年中,我除了完成包罗万象的研究项目(如天然气处理)外,还应邀参加美国和国际组织中与发展中国家能源环境有关的顾问工作,其中最重要的是联合国与世行合办的"全球环境基金"第一届科学技术顾问,前后约 3 年,经手审查许多亚洲地区或国家(含中国)的清洁能源、生物多样性和温室气体减排项目,扩大了科学眼界。

在 2010 年,研究工作获得突破,我向中国专利局申请了名为"在任何功率下长期自动运行生产高温核能的方法",又向美国专利局申请了专利。该项目基本达到温伯格所要求的高标准,能够实现他自传中所期望的愿景:采用先进核能,开辟第二核纪元,到 21 世纪末,世界 100 亿人口不再担心资源短缺而导致社会冲突,和平地共同享受更高水平的物质生活。

在整个的科研和创业 50 余年的漫长岁月里,我有两个座右铭:一个就是马克思讲的,"在科学上没有平坦的大道,只有不畏劳苦沿着陡峭山路攀登的人,才有希望达到光辉的顶点";另外一个就是苏联的生物学家巴甫洛夫讲的,"科学需要一个人贡献毕生的精力,假定每个人有两次生命,这对你们来说也是不够的"。我自己是按照这两个座右铭走过 60 年,越走体会越深,终于"合二为一",原来讲的是同一真理:一山还比一山高,需要一代代人前仆后继,切莫过早地自以为到达了光辉的顶点;我们的第二次生命在哪里?就在我们一代一代的新人身上。

来源:《清华记忆》,清华大学出版社 2011 年版

王勤谟学长

我在坦克工业中的经历

■ 王勤谟

我是在 1947 年考入清华大学机械工程学系的，本应在 1951 年毕业，却推迟到 1952 年了。新中国成立后，国家正在为发展汽车工业和重型机械工业储备人才，主管的重工业部与学校商量，搞一个"教育改革"试点，动员学生自愿在大学三年级后先在汽车工业和重机工业两系中选定一个，去对口实习一年，再回学校读四年级，毕业后就去那个系统工作。为了吸引学生参加这一教改试点，学校还宣布虽然毕业时间推迟了，仍算是 1951 届毕业生。我和一些同学报了汽车工业系，由汽车工业筹备组组织实习。那时，筹备组的办公地点在地安门外一个叫扁担厂的胡同里，还记得当时有句打趣的话："不要忘记中国的汽车工业是在扁担（工）厂里起家的。"实习一年后我们回到学校继续上课，有一门汽车课是宋镜瀛老师教的，我们还拆装过一辆大约 8 吨左右的日本坦克，开过一辆卡车。

1952 年 8 月毕业时，学校让我经苏联去罗马尼亚首都布加勒斯特参加第六届国际学联理事会，10 月中才回到学校。这时同学们都已分配走了，我被分配到坦克工业局，一个人去报到。后来才知道，我从汽车工业转到坦克工业，是因为汽车工业筹备组一开始还负责坦克、拖拉机、轴承等工业的筹备工作。到 1952 年 9 月坦克局成立时，从汽车工业筹备组接过来三个工厂：两个坦克修理厂（北京 618 厂、哈尔滨 674 厂）和一个坦克发动机修理厂（长春 636 厂）。1953 年开始上马苏联援建的一个坦克厂（包头 617 厂）和一个坦克发动机厂（大同 616 厂），新建厂的工程技术人员一般由原来三个老厂对口抽调。我们 1947 年入学的同学中先后在 1951、1952 年分配到坦克工业系统工作的共有 15 人（可能不全）：陈君安、陈涤新、贾仲卿、徐材、孙一唐、章熙康、刘振东、陆惟励、王勤谟、唐亮兴、刘鉴、孙振华、董继屏、金宝华、巫宝瑜。孙振华、金宝华、巫宝瑜三位后调出。而比我们晚一两年进清华机械系的学生，在 1952 年提前一年毕业分配，他们中也有唐仲文等十几人分配到坦克工业系统工作。就业务方向来说，同学们大多是做制造工艺方面的工作，铸、锻、焊、机加工、热处理、工具等等，我的工作从工厂设计开始。

我到坦克工业局报到后分配在636厂。到厂后，让我担任工厂改建设计组组长，组员都是1951年和1952年到该厂的大学毕业生，包括清华的学生。我们这些人都还不懂得坦克发动机修理的工艺规程，只能硬着头皮来做。例如，机械加工车间采用机群式的布置，虽然可行，却比较落后。完成了636厂改建设计任务后，我于1953年9月调北京，在二机部坦克局新成立的新厂筹备处工作。

1954年1月，我们随同苏联专家去包头和大同选择坦克厂和坦克发动机厂的厂址。回到北京后，以苏联专家为主起草这两个厂的计划任务书，我任起草小组中方组长，实际上是向苏联专家学习。苏联专家在收集了一批工厂设计所需的资料后回国，当年年底就把两个厂的初步设计交给我国，而且是先按"二战"中的T-34型坦克设计了一遍，又改按苏联新一代T-54坦克修改了设计，的确是真诚的援助。

617厂和616厂，就像第一汽车制造厂一样，是按"大而全"的全能化生产模式建设的，即在一个厂里尽可能生产出产品的所有零部件。这种模式在我国机械工业建设的初期有其合理性，至少可以节省分散建设大把零部件厂的费用和零部件厂与总装厂之间的运输费用，减少因工厂管理人才和经验缺乏造成的损失。实际上福特公司在20世纪30年代初也是实行全能化生产的，它曾经自己炼钢、制造玻璃，甚至养羊做垫子，比一汽还要"全能"。但是，随着我国工业的发展，还是应该逐步走向更加高效优质的专业化生产。可惜在改革开放前对此没有重视。

1948年王勤谟摄于二校门前

1952年8月，从清华毕业时，王勤谟（左1）在罗马尼亚参加国际学联理事会

在 617、618 厂开始建设后，新厂筹备处撤销。1955 年 12 月起，我随坦克局黄副局长参加国家计委组织的"选择工业用地工作组"，去为拟议中的"三汽四拖""第二坦克厂"等下一轮项目到襄樊、汉中等地考察选择厂址，许多地方为了能发展当地经济也积极推介。在这一工作中用上了我从苏联专家那里学来的一套知识，不过到了 1956 年工作就叫停了，因为周总理提出了"反冒进"，还批评了选择工业用地时有过分侵占农地的现象。

1956 年 10 月我被调到六○研究所工作，主要任务是协助 616 厂做生产准备工作。1957 年 2 月又调到 616 厂直接参加发动机试制。1959 年 9 月发动机试制成功，同月由我主笔和另一位同志共同起草了工厂竣工报告。这样，我从参与起草该厂计划任务书、参与试生产到撰写竣工报告，也算有始有终了。1959 年 9 月，工厂派我去北京向局里送工厂开工动用报告，10 月 20 日举行开工典礼，主管部副部长、苏联对外联络委员会驻华代表和装甲兵部队代表都出席了大会。当时，我的心里充满了喜悦，在新中国建立的短短的十年中，终于生产出了当时世界上最先进的坦克，这是多么了不起的事！

1959 年 11 月，我又被调回坦克工业局工作，工作性质也转向科技管理工作和生产管理工作。1960 年，我任坦克工业局技术处科研科科长，直到 1963 年 6 月。在此期间我主要做的一件事是和军方一起具体组织第二代轻型坦克、水陆坦克和履带装甲输送车的设计、试验与定型工作。此项目在国防科委领导下，由装甲兵副司令员贺晋年、国防科委唐副局长和坦克工业局局长李玉堂组成协调管理小组。战术技术指标的提出和定型试车工作由军方负责；设计和试制工作主要由坦克局的企业负责。而坦克局科研科在业务上归口管理各工厂的设计所和几个独立研究所：坦克研究所、坦克发动机研究所、金属材料研究所等。当时决定坦克研究所派人支援有关工厂的轻型坦克和水陆坦克的设计任务，坦克发动机研究所负责研制与轻型坦克配套的发动机，金属材料研究所研究装甲钢。由于李局长一般不参与具体工作，我常代表他去与军方协调。贺副司令员十分务实，从不提过高的要求；对于已提的较高要求，只要工业部门确实尽了力，达不到时还可以降低到和当时技术水平相适应的水平。例如，对于新发动机的研制进度拖后，而且没有可能在短期内跟上一事，贺副司令员就毅然决定改用现成的主战坦克发动机，并为此调整了轻型坦克的体积和重量指标。因此，研制的进度还是很快的，到 1963 年 5 月，这三种车辆就相继定型了。

这是坦克工业第一次在消化、吸收、引进技术基础上的自行设计。通过这一项目，我得到了两个经验教训。一是产品设计是以现有成熟技术为基础，从中进行选择、集成和匹配的；二是要提高产品设计的技术水平，就要有新的科技成果。因此，研究工作要先行一步，要有技术储备，否则就难免还会发生发动机拖了轻型坦克后腿这种事情。鉴于这些体会，我在这几个产品设计定型后召开了有独立研究所和工厂设计所参加的会议，总结了这一阶段工作的经验，提出开展技术基础理论研究工作和零部件研究工作的意见，会后通过自行设计、制造实验设备，在有关研究所建立了一批零部件实验室。1963年6月，我还为上述三种定型车辆和617厂生产的中型坦克安排了一次大型试验工作，目的是从试验中发现这些车辆存在的问题，作为改进这些车辆的依据。这次试验我是请示过主管科技工作的副局长并得到他同意后进行的，试车地点是通过贺副司令员请南京军区安排的，没想到这次试验给我个人惹上了麻烦。坦克局的常务副局长不同意此举，在四种车辆都到了试车地点后，他叫我回北京对我说："你知不知道工厂领导对你有意见，刚定型就要改进，要工厂如何安排工作？"最后，他还说："我的意见是，稳定生产十年后再谈改进。"几天后，我这个科研科科长的职务就被解除了，改让我担任新成立的质量检验科科长。

1963年9月，中央决定成立主管兵器工业的第五机械工业部，并由过去的部、局、厂三级管理改为部、厂两级管理。我被调到生产司质量处，不久就随张连奎副部长去617厂搞"质量整风"。1964年5月至8月，我又随张副部长去617厂落实"工业学大庆"。在工厂召开的"工业学大庆"的大会上，工厂领导要张副部长讲话，他上去只讲了8个字："形势大好，坦克多要。"这是我听到过的领导讲话中最短的一次讲话。接着全国开始进行"四清"运动，张又要我随他去617厂搞"四清"，到1965年9月才结束。

一开始，分配我在厂设计所搞"四清"。我很快让该所所长陈君安"洗澡下楼"了。由于他是我同班同学，在"文化大革命"中该厂的造反派还到机关斗了我一番，说我包庇同学。接着，就让我在"四清"工作团团长张副部长直接领导下抓生产。这时，工厂的厂级领导都在"洗澡下楼"之中，工厂的生产工作由该厂的生产长李立青负责。这样，就成为由我和李两人负责工厂的生产工作。由于种种原因，617厂建成后生产一直上不去，1964年的产量只有工厂设计纲领的十分之一左右。但即使如此，工厂的生产还显得很紧张，具体表现在装配车间的前松后紧上，一般每月要到25日后零部件才能到齐，开始装配。

当时张副部长下的任务是，1965年做到日产1台坦克。这个指标虽然仍大大低于工厂设计纲领，但比1964年的任务要高出很多。为了完成这个任务，并使工厂的生产管理水平能比过去上一个台阶，我决定从抓均衡生产入手。具体办法是：每月机械加工零部件比装配任务多安排5台份，铸锻等毛坯件又比机械加工零部件多安排5台份，容易出质量问题的机械加工件和毛坯件还要多生产一些。这样一来，机械加工车间和毛坯车间的任务比1964年要增加很多，但由于仍比工厂设计纲领低得多，从生产能力上讲还是完全能做到的。我当时就像工厂生产调度员那样，整天在车间里抓生产短线的进度。经过三个月的努力，机械加工件有了 15 台份的备份，装配车间在月初也可以装配了，这就实现了均衡生产。后来，李立青调到部里任副部长，他对我说："你知道当时工厂的人如何称呼你和抓生产班子的人吗？叫'铁榔头'！"

在"文革"动乱中，进驻 617 厂的军代表大批均衡生产，认为这是违反"事物都是波浪式前进的"毛泽东思想的。工厂还为此派人来部机关找我，要我出面和军代表说说。这时，我在机关里已挨整，即使不挨整，在当时情况下，秀才碰着兵，也是有理说不清的。

"文革"动乱使我在很长一段时间内失去工作，直到 1982 年才彻底平反，恢复工作。我为坦克工业做的最后一件工作是，对第二代主战坦克（八〇式坦克）系统的生产厂进行技术改造。

1982 年初，国务院做了一个对现有企业有重点、有步骤地进行技术改造的决定，提出："今后固定资产投资重点，应从过去的新建、扩建转向现有厂、所的技术改造。"兵器工业部党组经过反复研究确定：以八〇式坦克作为技术改造对象，进行成套的系统的改造。这是兵器工业部列入国家计委首批技术改造计划的唯一项目，共涉及主体厂 3 个（617 厂、616 厂、541 总厂，其中 541 总厂是为 617 厂扩散零部件服务的）；主要配套厂 16 个（其中 10 个已另有专项拨款）；研究所 2 个。因此，部里很重视这项工作，确定由两位副部长主管该项工作，同时各有关司局也确定了参加该项工作的联络员。由于我对 3 个主体厂都比较熟悉，就确定由我担任该项工作的协调员。

我首先根据有关文件和国防科工委领导讲话精神，起草进行该项工作的工作纲要，提出几项工作原则：一是技术改造的着眼点是以八〇式坦克为对象，采用新工艺、新技术、新设备、新材料和新的测试手段，提高技术水平，促进技术进步，为后十年加快产品研制和生产打下基础；工厂的技术改造总体规划由军品发展规划、民品发展规划、工艺技术改造规划和经营管理改造规划四部分组成。二是以解决生产八〇式坦克新的零部件、配套件，提高加工精度，提高装备的可调性，确保产品质量，加强和完善生产、科研中必不可少的测量和试验手段和条件为重点，讲究技术改造的技术经济实效，把改造费用真正用到关键点上去。三要贯彻专业化协作生产方针，通过改造，逐步改变 617 厂、616 厂"大而全"的局面，尽量把零部件扩散给专业化生产点，还要有利于能源、水源的综合平衡和环境保护。

在部里批准了工作纲要后，我多次到 617 厂、616 厂具体商议技术改造的目标和实施方案，帮助工厂提出合理的资金预算。最终在 1983 年 8 月写出了送呈国防科工委和国家计委的《关于八〇式坦克系统生产厂技术改造总体方案报告》，并得到批准。后来 617 厂、616 厂经过技术改造，工艺水平确实大为提高。

此后我还做过军转民方面的管理工作，主编了《兵器工业行业技术政策》《兵器工业制造技术七五发展规划》等文件。1987 年兵器部和机械部合并后，我在机械委技术司做科技规划工作，主编了《机械工业"八五"科学技术发展纲要》。1991 年 1 月离休，离休后仍从事软科学研究和写作。从 1989 年 9 月就担任兵工内部刊物《问题与探讨》的主编，一直做到 1999 年年底。

总的来说，我这一生做的事情很平常，还多次受到政治运动的冲击，论成就大概是没法和同班同学中的佼佼者比。不过我有幸参加了坦克工业基建、生产、科研、技改等多方面的工作，为坦克工业的成长尽心竭力，认真负责地完成了国家交给我的每一个任务，我问心无愧，没有虚度此生。

庄沂、银重华夫妇

钢铁夫妻——庄沂、银重华

■ 庄　建

我们的爸爸妈妈是随着春天的脚步相继走向另一个世界的，想到等待他们的是春暖花开，悲痛中有了些许慰藉。

爸爸庄沂是在饱受了病患的折磨后，于2016年3月14日离开我们的。2019年2月16日，妈妈银重华在她93岁高龄时去和爸爸团聚了。从此，春天对于我和妹妹成了伤感的季节。

爸爸妈妈于1949年1月受北平地下党委派，参加石景山钢铁厂接管工作。他们在反对国民党反动统治的进步学生运动中相识、相知、相爱，是同学、战友、夫妻，携手走过漫长壮丽的一生。

对爸爸的记忆

我大妹妹两岁半，对于爸爸妈妈最初的印象是什么呢？

依稀记得，是周一清晨，爸爸好话说了一大箩，动员我去上幼儿园，这是年幼的我最憎恶又不得不就范的事儿。大约是1958年，在"大跃进"的热潮中，家里的阿姨要回安徽老家务农，我和妹妹都被送到石钢公司金顶街幼儿园长托。一个星期见不到爸爸妈妈，对于饕餮父母宠爱的我们无异于服刑。每个星期一早上，天还没亮，被窝里的"战前动员"就开始了。双方的讨价还价，筹码轻得可怜，我要爸爸"周六早点接我和妹妹"，爸爸郑重地承诺"一定早点接你和妹妹"。渐渐的，爸妈连周末接我们回家都做不到了。周末，会沦落为幼儿园的"留守儿童"，让我们恐惧。

那时，爸爸是石钢公司宣传部长，妈妈则担任新建炼钢厂的党支部书记，整日忙得昏天黑地，根本无暇顾及我和妹妹。有了几次周末待在幼儿园抹眼泪的经历，我想出了自救的办法。又到周末，眼巴巴地看着同班的小朋友一个个被父母接走，我心急如焚。八点多了，大班只剩下我和另一个孩子，就在这时他的爸爸来了。我铤而走险："叔叔，我爸爸说请你帮忙把我接回家。"我的这个小把戏，叔叔当时就识破了，但他没有拆穿我，而是从金顶街幼儿园把我送到了石钢厂区内的山下村职工宿舍区。九点多了，家还是"铁将军"把门。叔叔把我放在隔壁二山家就告辞了。夜深了，我却无论如何不肯先睡，一定要和二山奶奶一起等爸爸来接我回家。

没过几周，我故伎重演，可这次没有那么幸运。开往山下村的81路公共汽车进站了，就在车门口，我被幼儿园耿园长"缉拿归案"。妈妈已经和耿园长打了招呼："周末若休息，我们会亲自去接孩子的。"我和妹妹在幼儿园度过多少个思家的周末，如今已经记不清了，只记得有一次，周末没能回家的孩子被集中在小班的寝室，我和妹妹躺在相邻的两个小床上，偷偷抹眼泪。不知过了多久，寝室的门开了，我们听到了爸爸在和值班的阿姨说话。阿姨说："孩子们都睡了，要不今天就别接她们了。"没等爸爸说话，我和妹妹就从被窝里跳了起来，高喊着："我要回家！我要回家！"那时，我们的家刚从山下村搬到石钢厂外宿舍区古城大楼，我和妹妹第一次回新家，异常兴奋。公共汽车早就收车了，爸爸用自行车一前一后驮着我们姐俩儿往家走。当时苹果园到古城的路还没修好，有相当长的一段路无法骑车，只能推车走。妹妹当时只有三岁，一路上自己走了不少路，却没提要爸爸抱一抱。回家和爸爸妈妈在一起，她心中的愿望一定比我还要强烈，为此她不怕吃苦。到家的时候，已经是星期天的凌晨。

爸爸是江苏常州人，从小品学兼优，一路拿着奖学金读到高中毕业。听爸爸说，1946年考大学，怀抱工业救国的志向，他同时考上交通大学和清华大学。风趣幽默的爸爸曾和我们说："幸亏当年选择了清华，不然，就不会有你们了。"

清华大学，是爸爸革命生涯的起点。在清华大学学习期间，他积极参加了"抗议枪杀东北同学""反饥饿反内战"等反对国民党反动统治的进步学生运动，参加了党领导的地下宣传工作。他1948年4月加入民主青年同盟，1948年8月加入中国共产党，任清华大学地下党工友夜校支部委员。1949年5月，爸爸担任石景山钢铁公司团委书记，1953年3月之后，先后担任石景山钢铁公司党委宣传部副部长、部长，党委办公室主任，政治部副主任等职务。

我童年时印象中的爸爸，就是没白没黑地写材料。大约是1959年，我离开幼儿园，成了一个脖子上挂钥匙的"待学"儿童。那时，我们家在古城大楼12栋，11栋西楼门一楼两套三间半单元，临时用作公司办公处，由一位鄢姓大爷打理。爸爸经常是下班回家简单地为我和妈妈做点儿饭，自己匆匆吃上几口，就又去11栋和叔叔们"吹文章路子"了。记得有一天，妈妈在炼钢厂忙没回家，爸爸为我准备了晚饭就去 11 栋了。六岁的我一个人待在家里害怕得很，就把家门反锁上，躲在床上被擦咎儿里睡着了。半夜，爸爸回来，敲了半个多小时的门，把邻居都吵醒了，我还在梦中。

爸爸写文章有个习惯，边写边读边改，以至于成文后都朗朗上口，许多文章就是他这个宣传部长作报告时的文本。每次，爸爸在家熬夜写文章，我都要爸爸把摊着纸页的方桌挪到床边，陪着我。我常常是伴着爸爸的低声朗读进入梦乡的。由此，也成为了爸爸文章的第一听众，文章中的片段文字，我至今记得。

爸爸报考的是理工科，清华大学电机系，之后转入了经济系，却写了一辈子的文章。"全国文章数石钢，石钢文章数老庄"，这是在北京工业系统，特别是冶金企业流传很广的佳话，出自何人之口，说法不一。我下乡去黑龙江生产建设兵团时，爸爸还在为他的文字赎罪，戴着"走资派""黑笔杆子"的帽子被强制劳动，但这关于爸爸的"传奇"还是随我去了黑龙江，因为我们团的北京知青基本上都是首钢工人子弟。

爸爸这一辈子都写了什么？"文革"中，石钢炼钢厂白云石车间党支部由"北京市基层党支部工作的一面红旗"沦为"北京市委的黑样板""修正主义的白旗"，爸爸因此为自己倾尽心血参与总结的"白云石经验"吃了不少苦头，"交代材料"屡屡过不了关。"白云石"童年时觉得那么好听的一个名字，却成了少年的我心中永远的痛。

20 世纪五六十年代，爸爸还写过什么，年幼的我和妹妹全然不知。听爸爸的同事夏祖炽叔叔说，1960 年，邓小平同志受中央委托，会同李富春、薄一波等在全国进行调查研究，为制订《工业七十条》做准备。北京市委也组织工业调查组来石钢进行为期两个多月的蹲点调查。当时爸爸作为石钢党委办公室主任，带领石钢相关部门的几十名干部全力以赴投入这项工作，写出二十多个不同专业的调研报告，每份报告从调查研究到文字起草，爸爸都亲力亲为，经常几天几夜不休息。这些调查研究报告充分揭露了高度集权的计划经济体制的弊端，为后来扩大企业自主权的改革提供了重要依据。

"四清运动"开始后，当时石钢炼铁厂被上级定为重点单位。中央机关派出的工作组采取扎根串连、暗箱操作的手段，污蔑该厂是走资本主义道路的坏典型，造成人心涣散、生产下滑。在此关键时刻，石钢党委在北京市委的支持下，派爸爸出任炼铁厂党委书记。上任后，他与厂领导班子团结一心，充分调动广大干

庄沂、银重华夫妇（1962 年）

部、职工的积极性，通过发动群众，总结成功经验，树立了生产技术上攀高峰、夺冠军的雄心壮志，提出了"回马坡前不怕鬼，强敌面前不服输""顶破天花板，才能上青天"的口号，并借高炉停产大修之机，对高炉进行技术改造，采用多项先进工艺技术，终于使高炉的焦比、利用系数等关键指标夺得世界冠军。当时的北京市委书记郑天翔曾亲自来石钢，帮助总结炼铁厂的成功经验，《北京日报》曾发表了题为《石钢炼铁厂持续跃进的道路是怎样打通的》长篇通讯。

爸爸在冶金战线工作了一辈子，他的工作得到了党组织的充分肯定：庄沂同志在首钢工作初期，为首钢恢复和发展生产做出了积极的贡献，此后，他长期从事思想政治工作和生产技术管理工作，既熟悉生产技术，又善抓经营管理，既有理论又有实践，是一位能文能武的冶金工业管理专家。

我们的妈妈

1949 年 1 月 16 日，妈妈一路风尘仆仆到了石景山钢铁厂。当年奔赴石景山的更多细节，妈妈在清华的同学吴宏宛阿姨是这样回忆的：

1 月 16 日，工人夜校地下党支部的吴海泉、庄沂、勾澄中、张忠永、张履谦、余兴坤、蔡益鹏等 11 位男同学，还有银重华、周际参和我 3 位女同学共 14 人，在从解放区打回北平的清华同学周全（原名周汝汉）、助教王甫（原名王先冲）带领下，登上大卡车，经过青龙桥，傍晚时分到达位于石景山金顶街的中共石景山区委会。区委的同志安排我们吃饭、洗漱、住下。当晚吃的是小米饭白菜汤，睡的是地铺，但大家热情高涨，一点不觉苦，而是感到又一番新鲜……在正式留下工作后不久，我们也穿上了棉军装，女同学穿灰色"列宁服"，束腰带，好不神气。我高兴，我已是革命工作队伍中的一员了。

我们这批学生干部在较为艰苦的生活条件下（当时实行供给制，每月发折合 5 斤小米的零用钱，女同志另加 5 斤小米的卫生费），始终保持着高昂的革命激情，干劲十足，终日工作不觉累，愉快歌声飞满天。有人说我们"大米白面反饥饿（指反饥饿、反内战、反迫害学生运动），小米窝头扭秧歌"，我们置之一笑，照干不误。在车间，在学习班，在各种会议，在职工家中，都能看到我们的身影。

我相信，吴宏宛阿姨说出的也是妈妈的心声。那件"列宁服"我还有印象，我小时候，冬天妈妈总披着那件破旧的棉外衣。石钢炼钢厂的很多叔叔阿姨都记得："银书记总披着一件旧棉衣。"

妈妈是四川省富顺县人，因出生在 1926 年阴历三月初三，乳名三三。她八岁丧母，遂被送到富顺乡下外婆家寄居。我的外公早年毕业于成都高等师范（川大前身），教了一辈子书，曾是早期中共党员，母亲一生受外公影响很大。在老式大家庭中，女孩是没有地位的，可外公坚持要母亲接受良好的教育。一到上学年龄，就把妈妈接到江安上学了。"好好读书，将来送你去留洋。"外公的话，妈妈记了一辈子。

妈妈做人很低调，很少和我们讲她自己的过去。直到妈妈去世后，我去南京出差，专程去拜访了妈妈当年在重庆清华中学读高中时的老师，103 岁的许光锐师爷。从许老口里得知，妈妈原来是个"学霸"。许老翻开他的文集《文脉与情缘》让我看，书中写道"……五级毕业四十人，毕业成绩八十分以上的四人，钱赓立、银重华、张正卿三人并列第一，都是 82 分……"妈妈去世前一年，已经收到了许老寄给她的这本文集，但妈妈从未向我们提起。

1979 年，妈妈被授予全国"三八红旗手"称号，这事也是前几年北京市经济与信息化产业局老干部处的同志来家里提起，我们才知道的。

妈妈 1946 年考取了西南联大。上学前，她先回富顺老家陪自己的外婆住了一段时间，以这种方式回报外婆给自己的关爱。到昆明后，妈妈考入西南联大先修班。听妈妈在西南联大与清华的同学傅瑶阿姨说，在昆明她们一起参加了进步学生运动，为"一二·一"死难同学守灵，送葬，抗议国民党特务的暴行。在为烈士送葬的队伍里，妈妈和傅瑶阿姨抬着花圈。

1948 年 8 月，妈妈在清华大学加入民主青年同盟，同年 11 月加入中国共产党。1949 年 1 月，新中国诞生在即，百废待兴。参加革命工作最初的日子，妈妈激情绽放。1949 年 1 月至 1950 年 5 月她在石景山钢铁厂工作，任接管工作组组员、工会文教委员会副主任。关于这段时间，妈妈有一篇回忆文章。文章是这样写的：

一声命令进石钢

相传《首钢日报》1953 年 9 月 17 日创刊，由我开始，当我见到首钢日报社同志送来的《石钢小报》第一期复印件，我发现误会了。我的确办过报纸，不过比这早，那是 1948 年 12 月石钢刚解放时，军代表指示要办一张报纸，由石钢工会负责，名字叫《石钢职工小报》，办报的具体任务就落在了我的头上。这份职工小报从 1949 年初开办，至 1952 年上级通知小报一律停办为止，历时两年多。这是 1953 年《石钢小报》正式创刊前的一段前奏。

听从党的召唤

1948 年 12 月 17 日，石景山解放了，海淀地区也被解放军攻占，这时我在清华大学读大三，并且是工人夜校支部地下党员，当时清华地下党的任务是广泛团结进步同学，宣传党的政策，迎接北平和平解放。

有一天上午，我正在图书馆地下室里忙着印传单，有个同学急急忙忙地叫我出来。工人夜校党支部书记吴海泉对我说，西郊有个大厂解放了，缺干部，上级党组织要求从清华调一些地下党员去支援接管工作，其中有我。听到组织的召唤，我兴奋极了，马上跑回静斋女生宿舍卷起铺盖，就跟大家一起上了汽车。当时急得连衣服都没有顾得上多穿，车下有个同学见天气冷，就把自己的棉大衣披在我身上，这件大衣成了离别的纪念。同学们跟着领队吴海泉一路向南，道路崎岖不平，但汽车开得很快，一会儿就到了石景山钢铁厂。

我对石钢一点儿不了解，没有精神准备，是奉组织之命而来。在开往石钢的汽车上，我只想这是党对自己的考验，一定要大胆迎接新任务，用自己的双手建设新中国。我是学西语的，至于专业对口不对口，根本就没有这方面的考虑，自己最坚定的信念就是一心听从党的召唤。想不到石钢成了我今后扎根成长的沃土。

油印石钢职工小报

由于遭到国民党的破坏，石钢一片狼藉，恢复生产的难度很大，职工没有口粮和烧煤，更是燃眉之急。驻厂军代表指挥马不停蹄地从丰台长辛店运粮。我们承担的是思想宣传的任务，同志们深入基层，向职工宣传党的方针政策，晚上去家属区教大家唱解放区的歌和动作简单的集体舞，大家的热情很快高涨起来，到处充满了喜庆气氛。

不久，军代表让我搞油印《石钢职工小报》。当时条件很差，找来一块蜡版和一架油印机，职工小报编印工作就启动了。要宣传的内容很多，登啥职工都感到新鲜，如党的城市政策，军代表的指示，解放战争胜利的消息，以及积极分子响应党的号召的好人好事。由于没有别的途径和职工交流，小报就成了大家心中挺权威的读物。小报一发到班组，都争相阅读，不识字的人也凑到跟前问一声报上登了什么。原来每周出一期，群众要求多出的呼声很高，经领导同意我又物色了三位文化水平较高，又会刻蜡版的青年人帮忙，小报俨然办成了日报。印报的地方油墨气味冲天，我们的两手油乎乎的，摸哪儿哪儿黑，但大家都不怕脏，不怕累，工作积极性很高。

铅印报纸跑城里

油印的《石钢职工小报》质量差，字迹不清，也不正规，能不能再上一个台阶改成铅印，军代表这样考虑，我更乐观其成。但石钢还没有铅字印刷设备，这又成了一大难题。我觉得自己年轻，有困难就克服呗。铅印的方案很快就定下来了，时间是1949年6月左右，计划每周一期，四开二版，印数二三百份。

从油印改铅印，每周跑城里，又是我一个人，这个台阶实在迈得不易。铅印版面容量大，需要的稿件比油印小报多得多，组织一期稿件需要更多的时间。无论是山下村办公室还是一宿舍，无论是白天还是夜晚，我手里时刻放不下的是稿件，心里不断琢磨的也是怎样把报纸办得更好。那时从石景山到城里，每天只有一趟往返火车，每逢去城里印刷厂送稿件、做校对时，我就得在早晨准时出发，出小西门再到广宁村石景山火车站，赶上午的一趟火车，到西直门改乘电车。印报的私营小印刷厂在西单报子胡同附近，中午我在厂子里的小食堂买点吃的凑合一顿，下午盯在车间等着校对。幸好，我有个女同学家住西单附近，她知道我当天回不了石景山，就叫我晚上到她家里住。第二天报纸印完，我请师傅把报纸捆好，往肩上一扛便颤儿颤儿地原路返回。

1950 年 8 月，工会领导给我找了个助手协助我办报，我物色的这位青年叫薛鹏起。委托印刷的私人小印刷厂经营不佳，无利不接活儿。小报印的份数少，只有微利，厂家不是推辞，就是保证不了时间，这让薛鹏起很着急。小薛会聊天儿，有一天在乘公共汽车时，他又向旁边一位干部讲起了印报的难处，这位干部在市委工作，又恰巧是我在清华的同学，他当即拿笔写了一个条子，介绍小薛到国营新华二厂去委托印报，这一来情况大为改观。

小报见证解放初期的时代变迁

解放初期，厂里的大量群众工作都由工会出面组织开展。我后来在工会任文教部负责人，主管小报，但每期都要送党委书记赵焕然过目。他掌握党委的精神，并经常给予具体指导，使报纸成为全厂的舆论中心。大家迫切需要了解的生产恢复发展，职工当家做主生活改善，社会民主改革的进程等具有当时时代特点的信息，都成为深受厂内外读者欢迎的新闻。

1949 年 7 月 1 日，朱总司令首次光临石钢，一是和石钢工人共同庆祝党的生日；二是祝贺石钢高炉出铁恢复生产，《石钢职工小报》刊登了相关消息。这是油印改铅印后职工小报刊登的一条最重要新闻。当时还没有五一剧场，厂里面组织职工在"新机场"搭了一个临时大会主席台，台口两边贴上大幅标语。大会开始时没有鞭炮放，待命在较远安全地方的战士便投放了数枚手榴弹，气氛像放"礼炮"一样隆重。朱总司令在讲话中高度赞扬石钢职工护厂爱厂，努力生产，支援解放战争的主人翁精神，鼓励大家投入增产节约运动，取得更大成绩。小报因有这条重要新闻备受青睐。可惜当时连台照相机都找不到，缺失了这个重要历史镜头。

1950 年 10 月以后，抗美援朝、保家卫国运动轰轰烈烈。为给战斗在朝鲜前线志愿军捐献飞机大炮，全厂职工都积极投入生产竞赛运动，累计创造的利润可以购买 25 架战斗机。这条消息不仅《石钢职工小报》大登特登，在全国、全市的报刊上也是最振奋人心的重要新闻。

1951 年，石钢进行了一次历史性的工资改革，毛主席挥笔给石钢职工写了一封信，这封支持石钢工资改革方案的信一传开，全厂沸腾了。赵焕然书记高兴得带上这封信，拉着薛鹏起坐上吉普车，跑到西单和前门，找了一个店铺做了裱糊，然后用镜框镶起来摆放在办公室的桌子上，让大家都前来观看。人们纵情流淌的感恩热泪，在增产节约运动中化成了一项项新成绩新纪录，回馈幸福的新社会。《石钢职工小报》接到报喜的稿件很多，刊登不完。经领导研究，决定成立宣传组，把能写文章的人集中起来，搞个"短平快"的宣传报道，暂停一段铅印小报，每天出打字灵活的简报，捷报、喜报天天都有，收到了大面积宣传鼓动的效果。

1952 年"三反""五反"运动中，上级正式下发了关于企业停办报纸的文件，至此，《石钢职工小报》停办。两年多的时间，《石钢职工小报》共出版油印铅印小报 254 期。一年多后，根据发展的需要，改名为《石钢小报》的企业报，终于在 1953 年 9 月 17 日创刊，由党委宣传部主办。

这些文字，再现了峥嵘岁月中风华正茂的妈妈。

1957 年，妈妈向组织上提出参与筹建石钢炼钢厂的申请。这之前的 1954 年，妈妈患了严重的神经衰弱症，组织上照顾她，安排她离开文秘工作，到石钢医院任党支部书记。那一段工作经历，不仅为妈妈留下了许多温馨的记忆，也留下了不少一生相知相助的朋友。当时，谁也没有想到，在胜任愉快的石钢医院党支部书记任上的妈妈会主动请缨到生产一线。

筹建采用当时世界先进技术的氧气顶吹转炉炼钢厂，是石景山钢铁厂历史性的机遇，石钢将从此改写其有铁无钢的历史。要把这副繁重的担子交给一个女同志，石钢党委的领导有些踌躇。调令最终还是下来了，1957 年 11 月妈妈调到石钢炼钢车间、实验厂工作，先后任党支部书记、党总支副书记、党委书记。

20 世纪 50 年代的银重华

这是一段披星戴月的工作，我和妹妹很少能见到妈妈，以至于这段时间关于妈妈的记忆几乎是空白。我四岁半时发生的一件事，妈妈晚年经常提起。那是个周一，一早送幼儿园时还好端端的我，到了上午十点多钟竟高烧昏迷，被送至北京儿童医院抢救，确诊为中毒性痢疾，生死未卜。医生问赶到医院的妈妈："你有几个孩子？"妈妈答："两个。"医生说："你回家去照顾另一个吧。"这话的言外之意让妈妈好绝望。但是，我还没出院，妈妈就又带领着工人去唐钢学习顶吹转炉技术了。临走，只是躲在医院的窗帘背后看了看病中的我。

从唐钢学习回来，石钢马不停蹄地建起了三座三吨小侧吹转炉开始炼钢，在此基础上建成了我国第一座 30 吨氧气顶吹转炉。

钢花飞溅，是一道多么美丽的风景。不亲临其境，谁又会知道其中的风险，一旦发生事故，极其惨烈。大约是 1964 年前后，两名检修工违反操作规程，在维修顶吹转炉现场吸烟，被重度烧伤，火甚至顺着他们的呼吸道烧伤了气管，生命垂危。我是在爸爸妈妈交谈时才知道了事故的严重。在生产一线作一把手，安全生产的压力有多大，我们小孩子是无法理解的，妈妈中年以后交感神经紊乱的症状，医生说与长期精神高度紧张有关。

一直到1966年，妈妈都在石钢炼钢厂担任党委书记。这一年，爸爸调任石钢炼铁厂担任党委书记。"钢铁夫妇"由此得名。

经 历 磨 难

"文革"对于国家是一场浩劫。覆巢之下安有完卵，我们这个小小的家，也遭遇了劫难。

长期的熬夜写作摧残了爸爸的身体，他患有严重的十二指肠溃疡。记得三年经济困难期间，粗粮细粮按比例供应，在家里爸爸是重点保护对象，细粮紧着爸爸吃。"文革"中，爸爸被关了"牛棚"，一天三班倒地被批斗，还不准吃细粮。没多长时间，爸爸胃穿孔，胃被切去四分之三。当时，妈妈也被关进炼钢厂的"牛棚"，家中只有14岁的我和11岁的妹妹。接到炼铁厂的通知，我和妹妹去了医院。

石钢南厂住院处一间空旷的病房里，地当中孤零零地停放着一张窄窄的手术推车，白被单子下面的爸爸闭着双眼，脸上没有血色，呼吸很弱。死是什么样子？爸爸会不会死？我无法抑制自己的胡思乱想，牵着妹妹的手，心里好害怕。

爸爸的病让妈妈心急如焚，失去了人身自由的两人只能互相牵挂。妈妈是在批斗会上再次见到爸爸的。"手术只有七天，就又拉去批斗了。你爸爸的脸一点血色都没有，像一张白纸。"说这话时，"文革"已经过去了几十年，妈妈的心仍然在痛。

"文革"一开始，我们被从原来居住的古城大楼轰出来，搬进了日伪时期建的大杂院。不足10平方米的房间，放不下三张床板。原来用煤气，现在我和妹妹要学着生蜂窝煤炉子。记得1966年七八月的一天，我和妹妹包了饺子等爸妈回家吃晚饭。天晚了，我们只好先吃了，睡下。大约晚上10点多钟，挨了批斗的爸爸妈妈才筋疲力尽地回到家。谁想饺子刚下锅不久，锅子底下燃尽的蜂窝煤一下子塌了下去，锅下只剩一点儿炭火的余温。面对一锅半生不熟的片汤，爸爸落泪了。我没睡着，躺在那里装睡，不敢吱声。在有了一些生活阅历之后，我理解了爸爸妈妈那时内心的苦楚。

妈妈在"文革"中承受了更多的摧残。因为我和妹妹年纪小需要照顾，有一段时间妈妈可以回家。但造反派要妈妈把写着"死不改悔的走资派"与"地主分子"

的两块白布，分别缝在上衣的胸前与背后。每天骑车上班的妈妈，沿途不知要承受多少砸来的石子与羞辱。

有一段时间，妈妈常常被打得皮开肉绽，衣服和皮肉黏在了一起。原来，一些别有用心的人，逼迫妈妈说违背事实的话，妈妈坚决不从。于是，他们多次将妈妈押到炼钢厂的风机房，在风机轰鸣声的掩护下对妈妈施暴。为了让妈妈抵挡皮带的抽打，顾不得夏日酷暑难当，爸爸给妈妈的内衣续了厚厚的棉花，这多少减轻了妈妈旧伤未愈又添新伤的痛苦。后来爸爸被关进"牛棚"，每次就由我和妹妹为妈妈清理伤口。我们担心妈妈承受不了这样的折磨，妈妈却宽慰我们："我不会自杀，绝不叛党！"

"文革"一开始，我和妹妹就承担起大部分日常家务，自己照料自己。一次，我从外面回家，只见案板上有不少血迹，血滴一直滴到门口，妹妹也不见了。原来，刚刚十岁的妹妹做晚饭，高抬的刀砍在了自己的手指上，刀口很深，血流不止。好心的邻家李婶儿带她去了医院。医生给妹妹处理了伤口，打了防破伤风的针。谁知，妹妹对破伤风针过敏，待妈妈回来时，妹妹全身发风疹，呼吸已有些困难。半夜，李婶儿帮妈妈背着妹妹，一起去了石钢医院儿科主任张仲安的家，妹妹就在张大夫家里留观了一夜，好在最后转危为安。

受了这么多折磨，爸爸妈妈仍坚定地相信党、相信群众，期待着真相大白、拨乱反正的到来。没进"牛棚"的日子，妈妈周末就从石景山骑车去清华、北大等高校看大字报，每次回来，都会带回一大包各种小报，从中观察运动动向，思索国家的命运。爸爸对生活的热爱，即使在落魄时也没有改变。因为妈妈身体不好，没有保姆时我们的家务全由爸爸包揽，帮手是我和妹妹。搬出古城大楼的时候，我们只领了两张床板，几块用来拼床的长木板，还有几个支床板用的铁管架子，一张用了多年的两屉桌随我们一起搬到了大杂院。虽然从小一直读书，可爸爸的动手能力很强，他把三年自然灾害时用过的兔子笼改装成我们的衣柜和碗橱，将铁钎钉在一面墙的高处，上面横上几快板，遮上布帘，吊柜就做成了。简陋的小家，依然充满生活的温馨与情趣。

无论遭遇何种境遇，爸爸妈妈始终诚恳宽厚待人，波澜不惊地回顾以往，乐观坚定地面对未来。在"文革"的磨难中，我们看到了爸爸妈妈的坚强与坚定，这也为我和妹妹的人生打上了底色。

绽放更壮丽的人生

改革开放，为爸爸妈妈提供了更广阔的舞台。

1975年7月，爸爸离开了他奉献了青春的首钢，调往冶金工业部，先后担任政治部负责人、钢铁司负责人、钢铁生产技术司司长、冶金工业部党组成员；1989 年任中国冶金企业管理协会副理事长。这阶段，正值改革开放的关键时期，爸爸全面主持了钢铁行业的生产协调和技术管理、钢铁企业管理体制机制的改革和技术改造以及技术和管理的进步与创新。他积极协助部党组研究拟定行业发展战略，具体组织实施钢铁生产的协

庄沂（右 1）、银重华（左 2）与女儿庄建（左 1）、庄原（右 2）

调和行业管理工作，在改革开放初期为中国钢铁工业的发展做出了积极贡献。

　　这期间，爸爸的足迹几乎遍及全国的大中型钢铁企业。爸爸写了一辈子，但写的都不是空头文章，他的调研功夫当真了得。听和他一起调研的钢铁司同事讲，每到一处，爸爸下车伊始，就又看又问，调研成果随即在他的报告中体现。爸爸的讲话风趣幽默，妙语连珠，讲话常常被听众的掌声打断，同事们笑谈："老庄是语不惊人死不休啊。"

　　工作中，爸爸注意抓全局抓大事，善于发现新事物研究新问题，及时发现和剖析总结典型经验，大力组织推广。他与时俱进，积极组织总结推广首钢放权让利承包经营责任制，扩大企业自主权改革，促进国营企业逐步成为独立市场主体的经验；宝钢吸收消化国外先进经验和继承发扬中国传统经验的现代化管理经验；武钢以经济责任制为中心，转向以全面质量管理为中心的经验；杭钢内涵挖潜，以老企业技术改造配套扩建为主，节能挖潜增效的经验；邯钢模拟市场核算倒推成本扭亏增盈，积极适应市场的经验等一大批大中型钢铁企业改革改造内涵挖潜增效的经验，组织召开经济效益剖析会，为引领促进钢铁工业加快发展，提高经济效益做出了重要贡献。

　　在做这一切的时候，爸爸也在受着病痛的折磨。先是几乎每年都会因胃切除吻合口出血住院，再后来又因为胃切除造成的粘连带导致多次肠梗阻，直到再次手术切开粘连，肠梗阻才算消停下来。之后是右肾因癌症切除，接着，因胆结石导致急性胆囊炎多次发作后实行了胆囊切除术。术后，又出现胆总管结石，不得不再次实行了胆总管取石的大手术。这次手术时，爸爸已经 76 岁。

　　2009 年暮春的一天，爸爸自己去协和医院做常规复查。医生给他开了腹部 B 超，很久没检查的左肾也在检查之列，检查的结果让人意外：左肾实性占位。让爸爸直接面对又一次"绝症"的宣判，太残酷了。因为没有陪爸爸去复查，我和妈妈肠子都悔青了。这次手术，我们踌躇了很久，协和的医生对我说，庄老此次手术风险很大，担心他下不了手术台。最后，是爸爸不放弃的坚定赢得了希望，

死神不得不再一次把一个生龙活虎般的爸爸还给我们。

直到这时，爸爸也没有放下手中的笔。成年后的我，无数次地听到爸爸认识不认识的人提起"全国文章数首钢，首钢文章数老庄"的传说，认识爸爸的人在我们面前一提起爸爸，总会夸赞爸爸的文采。似乎，做了一辈子记者，看了一辈子爸爸写作时那般投入，我才渐渐走进爸爸的内心。爸爸一辈子"刳肝以为纸，沥血以书辞"，字里行间，搏动的是他对国家、对人民、对事业赤诚的心。

年届五十，妈妈走上了石钢公司、首钢公司的领导岗位。在首钢公司党委副书记兼生产指挥部主任、生产副经理的岗位上，她参加了企业整顿和改革工作，参加制定和健全岗位责任制，组织公司"抓基础、打水平、夺冠军"的活动，使首钢主要技术经济指标如高炉利用系数、焦比、转炉利用系数、炉龄、钢铁料消耗等处于全国领先水平。妈妈是工作在我国钢铁企业领导岗位上极少数女性当中的一员，是时代造就了她。

1980年5月，妈妈从首钢公司主管生产副经理的岗位调至北京市经委任副主任、党组成员。在负责领导北京市工业系统企业改革、企业管理和教育工作的岗位上，她30多年积累的经验有了用武之地。

妈妈自觉站在改革开放的潮头。她深入北京市的大中型企业，推行厂长负责制、企业承包经营责任制，组织企业进行开放经营的试点工作，在企业内部推行现代化管理。她的作风务实严谨，一个一个企业落实方案。她了解基层实际，和企业家们很谈得来，交了很多企业家朋友，工作获得了企业家们的支持，改革、试点工作推进顺利。她发表的在改革实践中形成的论文，受到有关专家的好评。北京企业改革、企业管理和教育工作的进步凝聚了她的心血与贡献。妈妈曾担任中国企业协会副会长、中国企业家协会副会长、北京市企业管理协会会长。

1986年，花甲之年的妈妈受市领导的委派开始了新的创业。在京东苇子坑一片荒地上规划、奠基，平地起高楼，建起了北京国际技术合作中心与北京经济管理干部学院。1991年5月30日，北京国际技术合作中心举行隆重的开业典礼，妈妈成为中心第一任主任。北京国际技术合作中心的建成，实现了北京市政府与德国西门子公司以现代化工业基础培训为特征的全面合作，成为当时首都的一道亮丽风景线。同时，妈妈还兼任了北京经济管理干部学院院长。学院在为企业培养了大量管理人才的同时，广泛开展了国际培训业务，与瑞典、日本等多个国家和地区合作办学，成为国内经济管理干部学院中开展国际合作交流活动较多的一所学校。有关领导同志赞赏妈妈的作风和作为："不言不语的两个大基地建起来了！"

随着我国经济的发展和社会的进步，一批女性走上了企业管理的岗位，成立女企业家自己的组织，成为时代的呼唤。1985年，作为曾在大企业特别是重工业领域指挥过一线生产的女企业家，妈妈被国家经委领导同志推荐参与创办中国女企业家协会并担任首任会长。随之，培训女企业家，宣传女企业家，推荐女企业家被列入协会工作日程。女企协响应全国妇联的号召，在全国女企业家中开展了"巾帼建功"活动，同时开展了推荐优秀女企业家活动。女企协是一座学校，也是女企业家们"温暖的家"。在世界瞩目的联合国第四次妇女大会上，妈妈被联合国确定为世妇会观察员。

我们的爸爸妈妈在他们选择的人生路上相濡以沫，携手走过了一生。他们的人生中虽然缺少仪式感，但却是美丽的、动人的。爸爸把对理想的追求，对国家、人民、事业、生活的热爱，凝结于华章；妈妈则把对理想的执着、信念的坚定、事业的激情写在了她热爱的土地上。

"革命人永远是年轻"，我们的爸爸妈妈就是这样的人，对事业、对生活永远怀抱年轻人一样的激情。这是爸爸妈妈留给我们最宝贵的遗产，弥足珍贵。

2020 年 7 月于怀柔

四　自强不息　行业精英（上）

四 自强不息
行业精英（下）
——理论、文化战线

龚育之：追求科学　追求革命

■ 孙小礼

> 人生要有追求。我追求科学，追求革命。
>
> 科学是革命的力量，革命要依据于科学。
>
> ——龚育之

1948 年，作为一个追求科学的青年，龚育之考入了清华大学化学系，努力学习科学；同年，作为一个追求革命的青年，他加入了中国共产党，决心投身革命。

在清华大学学习期间，龚育之对马克思主义理论产生了浓厚兴趣，并把这种兴趣与自然科学结合起来，开始学习马克思主义与自然科学相交融的自然辩证法。

在病榻上从事俄文译作

1951 年春，龚育之突患急性肾炎住进医院，不久，转为慢性肾炎，病情严重。他只能休学，回家卧床疗养。当时他是清华大学化学系三年级学生，理学院学生党支部副书记。

中华人民共和国成立之初，全国掀起学习苏联的热潮，龚育之在病榻上努力学习俄文，在清华大学学过俄文课的基础上抱着字典阅读苏联的《真理报》和化学、哲学方面的刊物，边读边翻译一些科普文章。他从苏联《化学的进展》《哲学问题》等杂志上读到了从哲学上批判共振论（一种化学结构理论）的文章，他还看到了记录全苏化学结构理论问题讨论会的单行本。他决心把这些文章翻译成中文。

那时，龚育之因肾炎全身虚弱无力，双腿浮肿，不能垂腿而坐。他请人给他做了一个斜面的小炕桌，他就斜卧在床上，伏在小炕桌上，吃力地、认真地翻译

325

了这些文章，译文在中国科学院主办的《科学通报》上陆续发表。他依据这些文章写了一篇论文：《反对化学中的唯心论和机械论——苏联科学界讨论有机化学中化学结构理论问题的情况和意义》，发表在《人民日报》上。

龚育之把这些译文和这篇论文视为自己学习和研究自然辩证法的一批成果。当时，他是把苏联对自然科学理论的批判当作"马克思主义"的、"革命"的东西来加以介绍的。后来逐渐认识到这种批判是错误的、粗暴的，直接妨碍了自然科学理论的发展，也完全违背了马克思主义的本质，因而也极大地损害了马克思主义。1956年中央提出"百花齐放、百家争鸣"方针，龚育之作为中宣部科学处的工作人员到北京大学化学系听取意见。在一个座谈会上，黄子卿教授（龚在清华时的老师）说，他在回国前是研究金属键的，这个研究与共振论有联系，当时这个研究方向正处于科学的前沿，回国后碰上批判共振论，就不好再继续研究了。现在看来，这个研究是很有价值的，人家不断往前走，他却搁下来，落在后面了。他特别对龚育之说："老弟呀！咱们要总结经验教训啊！"这件事使龚育之很受触动，印象殊深。

到中宣部科学处的第一件工作

1952年，应国家之急需，全国高等院校理工科学生提前一年毕业。龚育之虽然还在休学养病期间，也随同他原来所在的年级和低一年级的同学一起进行毕业分配了，他分到中共中央宣传部。

中国科学院成立以后，党中央就通过中宣部联系科学院的工作，为此，在中宣部设立了一个新的单位——科学卫生处（1954年以后改为科学处），成员是从大学调来的一些党员毕业生和青年教师，主要任务是了解和反映科学界的情况，研究科学工作中的政策问题。

龚育之能进入科学处，是很高兴、很振奋的，但他患有慢性肾炎，不能像正常人那样工作，没有力气到各科研单位去了解情况，尤其是不能吃盐，一吃盐就身体浮肿。为适合他的身体状况，他承担了编译《列宁、斯大林论科学技术工作》这样一项可以只坐在室内就能进行的工作。

编译这样一本书，是为了学习苏联建立政权以后管理科学技术工作的经验，了解苏共最高领导人列宁、斯大林怎样论述科学技术工作。当时，《列宁全集》和《斯大林全集》的中译工作刚刚开始，原先只翻译出版过列宁、斯大林某些著作的单行本。龚育之从北京国际书店购买到俄文版的《列宁全集》和《斯大林全集》。他搜集了已出版的各种中文单行本，从中摘录列宁、斯大林的有关论述，与俄文版中的论述核对校订，有的他重新翻译。俄文版全集中的有关论述，凡没有中译文的，他都翻译成中文。他将所有论述分类整理，编成《列宁、斯大林论科学技术工作》。全书二十多万字，摘录和翻译约各占一半。这本书 1954 年由中国科学院出版，后来由科学出版社重印。此书印数不少，影响也不小。

这项编译工作给龚育之的最深印象是列宁对科技专家的重视、关怀和支持。1955 年他将这一心得写成文章《列宁论团结和教育科学、技术专家》，发表在《学习》杂志上。

研究科学政策及其理论基础

从 1954 年起，于光远到科学处主持工作，他早年毕业于清华大学物理系，后来成为著名的哲学家和经济学家。他认为科学处这批从大学来的年轻干部，为适应工作需要不但学习马克思主义、学习哲学和自然辩证法，而且他们原有的自然科学知识也是不够的，要求他们到科学院去拜科学家为师，每周用两天时间进修自然科学。龚育之去了近代物理研究所，请理论化学家郭挺章指导他学习量子化学，同时，他自学"原子物理"等课程。为提高自己的学识水平，他刻苦地发愤地读书学习，连星期天也手不释卷。

为了研究科学政策，就要研究科学的对象、特点、方法、作用和发展规律等问题。于光远准备领导科学处的同事们系统地讨论和研究这些问题，他让龚育之草拟了一份内容相当广泛的研究提纲，希望通过认真的探讨，最后分工合作，写出一部著作《论科学》。这个设想由于工作繁忙和政治运动的冲击而未能实现。然而，从此科学处很自然地形成了一个经常从理论上探讨科学问题的集体。例如，经过学习和研究，他们确认自然科学是没有阶级性的。

在苏联，在我国，都曾经流行过"自然科学有阶级性"这样一种观点。20 世纪 50 年代初，在我国的医学界出现了这一观点的直接推论："中医是封建医，西医是资本主义医，巴甫洛夫学说是社会主义医。"由于这是卫生部门的一位党员领导干部提出的，其文章就成为卫生工作的指导思想，收入《医务工作者的道路》一书，在全国各地组织医务人员学习。文章不但从理论上否定中医，而且要在实践上消灭中医。

针对这一情况，1954 年龚育之写了批判这种错误言论的文章，登在中宣部的内部刊物《宣传通讯》上，1955 年又与李佩珊合写《评所谓"中医是封建医，西医是资本主义医"》一文，发表在《人民日报》上。文章明确指出："医学，正如其他自然科学部门，它不仅仅是某一个社会时代、某一种经济基础的产物，也不随某一个社会时代、某一种经济基础的消灭而消灭，它是人类社会长期历史发展中世代继承和积累起来的关于客观自然规律的知识。"

参与起草科教方面的中央文件

1953 年中国科学院访苏代表团回国后，科学院党组就访苏的收获和科学院工作任务给中央写了《关于目前科学院工作的基本情况和今后工作任务给中央的报告》。中央讨论这个报告后，要中宣部科学处代拟一个批语。于光远写了简略的批语初稿，由龚育之执笔，对初稿加以充实和展开。他写得很认真，讲了科学工作的重要性，团结、尊重科学家的重要性，以及科学工作和科学家思想改造工作中的各种政策问题。这个长达一千多字的批语，1954 年 3 月 8 日在党刊上发表了（这个批语作为中共中央第一个专门、全面阐述党的科学工作政策的文件，收入《建国以来重要文献选编》）。《人民日报》为此要配发一篇社论，科学院起草的社论稿送到科学处，由龚育之执笔改写，以《发展科学事业，更好地为社会主义建设服务》为题，于 3 月 26 日发表。

此后，龚育之参与了许多科学方面的文件以至文化教育方面的文件起草。1961 年，他参与起草了我国科学技术工作政策调整的重要文件《关于自然科学研究机构当前工作的十四条意见（草案）》（简称《科学十四条》）和聂荣臻给党中央的《关于当前自然科学工作中若干政策问题的请示报告》。他还参与起草《中华人民共和国教育部直属高等学校暂行工作条例（草案）》（简称《高教六十条》）等文件。

自然辩证法研究

中共中央在 1956 年 1 月召开的知识分子问题会议上，发出了"向科学进军"的号召，部署编制十二年科学发展远景规划。经于光远建议，对于处在自然科学和哲学交叉地带的自然辩证法也制订出一个规划，列在哲学规划中。

龚育之作为于光远的助手，全程参加了《自然辩证法（数学和自然科学中的哲学问题）十二年（1956—1967）研究规划草案》的制订工作。他们先后约请了五十多位自然科学和哲学方面的专家参加讨论，拟定了九大类研究课题，并对每一个子课题请一位专家写出说明书。

制订规划之后，当年就在中国科学院哲学研究所创建了自然辩证法研究组，于光远兼任组长，龚育之先后兼任学术秘书和副组长。同时创办刊物《自然辩证法研究通讯》，于光远兼任主编，龚育之参与实际编辑工作。

1956 年 12 月 26 日《人民日报》发表了龚育之的文章《开展自然辩证法的研究工作》，介绍这个规划的主要内容和开展研究的指导思想。

龚育之在自然辩证法研究方面，陆续发表了十余篇成系列的论文，于 1961 年结集出版《关于自然科学发展规律的几个问题》一书，这是第一部由我国学者撰著的自然辩证法研究文集。他在序言中特别提出要"学习和研究马克思主义的科学技术论",认为"这门学问应当成为党的科学技术工作的理论基础。"

自 1962 年起,龚育之作为导师之一,在北京大学和中国科学院哲学研究所招收和培养自然辩证法专业的研究生。

努力贯彻"双百"方针

我国在自然科学领域搞批判,是从苏联学来的。苏联搞过的那些批判,大都在我国或多或少地跟着批了一阵,尤以对遗传学中摩尔根学派的批判为最。1956年中央提出"百花齐放,百家争鸣"方针,自然科学方面的背景,就是要纠正从苏联学来的进行粗暴批判的错误。"双百"方针受到我国广大知识分子的热烈欢迎和衷心拥护。

为了贯彻"双百"方针,中宣部科学处的同事们到各科研机构和高校去听取科学家的意见。龚育之在北大化学系的两次座谈会上听到傅鹰教授对党组织的极其尖锐的批评。他没有只摘录其尖锐词句而是完整详细地记录傅鹰的两次发言,作为一个专项材料全文刊登在《宣教动态》上。这个材料受到了毛主席的关注,毛认为傅鹰的批评虽然很尖锐,还是善意的、诚恳的。傅鹰因此幸免于被划为"右派"。当时,科学处还整理了一个综合材料,对大家在各种鸣放会上听到的意见、在公开报刊和内部刊物上见到的意见加以归类和整理。在于光远的指导下,经过大家多次讨论和分析,由龚育之等人执笔写成,以"当前科学工作的几个问题"为题,刊登在当年 5 月 28 日的《宣教动态》上,期望在整风中重视科学家们的意见,改进党对科学工作的领导。然而,形势急转直下,6 月初,"整风"变为"反右",有人指责科学处反映那么多科学家的意见,成了资产阶级知识分子的"传声筒"。幸好中宣部的部领导理解科学处的工作,没有把这个材料看作宣扬"右派"言论的证据。

1957 年以后,"百家争鸣"方针中的"百家"被归结为只有资产阶级和无产阶级两家,要"灭资兴无"!于是,苏联式的对自然科学学术领域的粗暴批判又在我国重新掀起。中宣部科学处屡屡向中央反映这种动向也无济于事。直到 1961 年,在《科学十四条》中,才重申和强调了"双百"方针的重要性。

粗暴的批判发生在中国,根子是在苏联。科学处的同事们认为,应该研究苏联建国以后在处理哲学与科学、政治与学术的关系的历史经验教训。龚育之花费了很大精力从事这项工作,他编译整理出一份综合性材料:《苏联自然科学领域思想斗争的历史情况》,作为一个专辑,于 1962 年 1 月刊登在《宣教动态》上。同年,为在自然科学领域贯彻"双百"方针,正确对待哲学与科学的关系,他撰写了《自然科学和世界观》一文，发表在《红旗》杂志上。

1966年，"文革"爆发，在自然科学领域里，粗暴无理的批判变本加厉地在全国各地掀起。"四人帮"又重弹"自然科学有阶级性"的老调，并且鼓吹用哲学原理充当科学理论的"代替论"。

"文革"结束，在科学界、理论界需做大量的拨乱反正工作。在1977年的全国自然辩证法暑期讲习会上，龚育之以《自然辩证法工作的一些历史情况和经验》为题，作了一个长篇报告，从上午到下午讲了一整天，他介绍了从马克思、恩格思到列宁，从斯大林到赫鲁晓夫，在对待哲学和科学的关系方面的历史情况，回顾了在我国贯彻"双百"方针的曲折过程，详细讲解了《科学十四条》和《高教六十条》中有关贯彻百家争鸣方针的论述。他指出：贯彻执行"百家争鸣"方针，对于正确处理自然科学同哲学的关系，做好自然辩证法工作，具有关键性的意义。

龚育之认为，革命需要从历史上走过的弯路中吸取教训，以求少走弯路。而要吸取历史教训，抽象地讨论问题，成效是有限的，需要具体地了解和研究历史的教训。

前事不忘，后事之师。"文革"之后，他率领一些年轻学者继续研究苏联的有关历史，主编了《历史的足迹——苏联自然科学领域哲学争论的历史资料》一书。

"文革"十年，埋头读书

中宣部作为要砸烂的"阎王殿"，1966年"文革"一开始，部长们就作为"阎王"、处长们作为"判官"，一一被揪出来批斗了。龚育之因执笔写了署名方求的所谓"假批判真包庇"的批判吴晗《海瑞罢官》的文章、为彭真主持的关于学术讨论的《二月提纲》准备材料等事，也作为"牛头马面"被揪了出来，称他为"反党反社会主义黑线骨干"，编入"黑帮"队，住进"牛棚"，成为群众专政的对象。

龚育之每天扫院子、扫厕所，写交待、写检查，有时被批斗，所余时间可以读书，但只能读毛主席的书。他把四卷《毛泽东选集》读得滚瓜烂熟，还从家人为他搜集的各路红卫兵所编的印刷品中抄录到毛主席的许多内部讲话、批示和信函。几年下来，密密麻麻地抄录了一厚本，他把这些内部文献按年月日排成目录，编成一部供自己学习查阅的《毛选》。

1969年龚育之被下放到宁夏中宣部"五七"干校劳动。劳动之余，他除了阅读马列著作，还订阅了当时国内唯一一份介绍世界科技进展的刊物《国外科技动态》。

龚育之在干校获得解放，解除群众专政、恢复党籍以后，于1973年与中宣部的所有干部一起分配工作，他分到国务院科教组。作为一个"犯过错误"的干部，到这个"四人帮"所掌控的单位工作，可以想见，他的处境是很艰难的。在他参与编辑的刊物里，他力所能及地贯彻"双百"方针，不做违心的事。同时，他埋头读书，读了不少科学书籍和科学哲学书籍。

踏入党史研究领域

在 1975 年邓小平主持中央工作期间，原中央书记处候补书记胡乔木曾一度将龚育之借调到国务院政治研究室，参加《毛泽东选集》材料组的工作，并参与修改胡耀邦主持的《关于科技工作的几个问题》（后改题为《科学院工作汇报提纲》）。

"文革"结束，1977 年他正式调入中共中央毛泽东主席著作编辑出版委员会办公室，任理论组负责人。周围的同事很惊讶龚育之怎么那么熟悉毛主席的著作，哪年哪月在哪里讲话，他都了如指掌。

1980 年龚育之被任命为这个办公室的副主任。因为不但要编毛主席著作，还要编其他中央领导人的著作，当年这个办公室更名为中共中央文献研究室，龚仍被任命为副主任。他先后主持或参与主持编辑了《毛泽东著作选读》《毛泽东书信选集》《建国以来毛泽东文稿》《毛泽东早期文稿》以及《邓小平文选（1975—1982）》《周恩来选集》《刘少奇选集》等。这些编辑工作都直接涉及党的历史研究。

1979 年 11 月起至 1981 年 6 月，龚育之参与起草《关于建国以来党的若干历史问题的决议》，在长跨三个年头的起草过程中，经历了反反复复、上上下下的讨论、争论和修改，他觉得自己如同上了一个党史研究班，系统地学习了党的历史。之后，他作为主编之一，于 1983 年编辑出版了《〈关于建国以来党的若干历史问题的决议〉注释本》，这项编写工作更使他感到自己已经极有兴趣地进入到党的历史和理论的研究中。

从 1977 年党的十一大到 2004 年党的十六届四中全会，龚育之参与了六届党代会报告和相关中央文件的起草工作。他还参与起草了 1982 年《宪法》修改草案。这一工作经历，使他深深领悟到党的历史转折的艰难，以及党的理论怎样在实践的基础上一步一步推陈创新、丰富发展。

为推动改革开放，龚育之自 1991 年 8 月起，系统地研读邓小平改革开放以来的全部论述，包括没有发表的所有谈话。他发现邓小平的许多重要思想，如"改革是中国的第二次革命""社会主义也可以搞市场经济，社会主义与市场经济没有根本矛盾"等，原先没有引起重视。他决心把自己的心得体会写成文章。1992 年 1 月初，他写出近四万字的长文《在有中国特色的社会主义旗帜下——读邓小平著作的笔记》，先在世界观察研究所讲了一遍，1 月 8 日又在经济体制改革理论与实践研究会讲习班做了报告。3月他根据邓小平视察南方（1月18日—2月21日）的谈话，对文章做了增补。此文于4月16、17、18日在《解放日报》以四个整版进行连载，并作为《学习与参考资料》印了几十万册，5月由人民出版社出版了单行本。

在党的历史决议的基础上前进

龚育之屡屡强调：1981年由中共十一届六中全会通过的历史决议得来不易，它是付出了历史的，特别是"文化大革命"的沉重代价之后，集中了全党智慧制定出来的，具有科学权威（符合实际）和组织权威（中央通过）。坚持历史决议，就要警惕和防止从决议已经得到的成果后退。这有两种情况：一种情况是淡化甚至否定历史决议对"文革"及其以前的错误所作的结论，从这样的结论后退。对"文革"十年内乱十年浩劫给人民、给国家、给党带来那么大那么深的灾难，对"文革"以前反"右派"运动、"大跃进"运动、反"右倾"运动的错误给人民、给国家、给党带来的那么多的伤害，不能采取回避、淡化的态度，而是应该如实地、恰如其分地正视它，记取它。不这样，怎么可能避免这样的伤害和灾难的重演呢？还有一种情况，是另一个方向的后退，即淡化和否定历史决议对中国社会主义成就的肯定，似乎中华人民共和国成立以来什么成就也没有，只是一个接一个的错误。对全党和全国人民艰苦奋斗取得的基本成就，不能采取无视它、否定它的态度，而是应该如实地、恰如其分地尊重它，这也是尊重人民，尊重历史。

同时，龚育之还一再强调：历史在前进，理论在前进，人们对历史的认识也在前进。对中华人民共和国以来的历史过程和历史经验的认识应该进一步有所深化，有所发展。他曾指出，历史决议对于从1949年中华人民共和国成立到1956年八大前后的历史，是完全肯定的。这七年，人称凯歌行进的时期，研究历史的人们要充分估计这七年的成就和光明。但是，光明时期也有它的阴影，后来的失误也可能这时就伏下了前因。如那一时期的潘汉年事件、胡风事件、公安系统中上海的杨帆事件，广州的布鲁、陈坤事件，以及对朝鲜战争被俘归国人员的不公正对待等，后来查明，这些全是冤案。十一届三中全会以后，也就是二十多年之后，这些冤案才被一一予以纠正和平反。这样的悲剧怎能不引起人们对人权、民主、法治等问题的深思？历史的经验教训应该记取，而历史的经验教训，只有在深入了解和如实总结历史事件、历史过程中才能为人们所认清。如果对这类历史事件人们都没有具体了解，都淡忘了，淡化了，或者根本就不知道，那么，历史的悲剧有什么把握能够避免重演呢？

1991年，龚育之参加了胡绳主编的《中国共产党的七十年》的写作，他负责统改关于新中国成立后的十七年的两章。后来，他又花费很大心血协助胡绳主持《中国共产党历史》中卷（1949—1978）稿的写作。

活跃在两个学术研究领域

"文革"以后，龚育之的主要精力转移到了党的历史和理论研究领域，取得了许多研究成果，出版了不少有影响的著作，成为深有造诣的党史专家，2001年当选为中国中共党史学会会长。同时，他与科学技术界、自然辩证法界、科学学界一直保持着学术上的联系。1980年起，他历任中国科学技术协会全国委员会委员、常务委员、荣誉委员；1981年起，历任中国自然辩证法研究会秘书长、副理事长、理事长、名誉理事长；1988年任中国科学学与科技政策研究会理事长。自1983年起，他相继担任北京大学科学技术哲学专业的硕士生、博士生导师。

龚育之曾参与《自然辩证法百科全书》的编撰工作，是全书总条目《自然辩证法》的作者之一，又是自然科学论分支主编，撰写了《中国共产党的科学政策》条文。1987年他拟出《中国科技政策的历史、理论和实践》一书的写作提纲（此书未能完成）。

龚育之曾把科学的力量概括为三个方面：一、科学技术是第一生产力；二、科学思想是第一精神力量；三、科学决策、科学规划、科学管理是第一组织力量。他大力倡导科学思想、科学方法和科学精神，大声疾呼"马克思主义与科学精神共命运"，如果迷信泛滥，科学精神受损害，马克思主义也必定受损害。1999年他曾做报告《坚持科学的唯物论和无神论》，旗帜鲜明地捍卫科学精神。

在晚年，龚育之一再呼吁科学与人文的结合。2003年他发表长篇论文《科学与人文：从分割走向交融》，提出："我们提倡的人文精神应当是具有现代科学意识的人文精神，我们提倡的科学精神应当是充满高度人文关怀的科学精神。这就是现代的科学精神同人文精神的相互渗透、结合和统一。"

2006年冬，他生病住院，还期望病愈后还要写一系列的党史文章。住院期间他编定了回忆文集，在《自序》中他又一次重述了这样一段话："研究当代的历史，是一件很有兴味的事情，因为我们都从这历史中走过来。我们曾经竭尽绵薄参与推动这历史，又曾身不由己被这历史所推动。这使我们在研究中产生特殊的亲切感，又产生特殊的沉重感。"

2007年6月，龚育之病逝，终年77岁。

龚育之图片集

英若诚的传奇人生

英若诚学长

■ 梁秉堃

英若诚74岁的一生是从艺的一生，可以说，戏剧就是他的整个生命。如果从1947年英若诚在清华大学外国语言文学系读书时开始钻研英语文学和戏剧，随后参加学生业余的"骆驼剧团"，登台演出了《地窖之门》《保尔·莫莱尔》和《春风化雨》等剧目算起的话，那么，他就已经有了整整60年的舞台艺术生涯，并且被光荣地誉为"全世界最杰出的十名中国艺术家"之一。

"毛三爷"

英若诚除了祖父和父亲都是旧时京津一带的名士以外，他的长辈们当中，还有众多的学者、教育家、实业家、宗教家、行政官员等。可以毫不夸张地说，英若诚是一位名门大户的后代。英若诚的英文那样好，以至对于英语中的美国音、澳洲音，及许多地方俚语都能了如指掌，倒背如流，那是与深厚的家庭文化背景密不可分的。

英若诚出生于1929年的夏天，在家里兄弟姐妹当中排行老三，又加上他的小名儿叫"小毛儿"，所以全家人不分男女老少都叫他"毛三爷"。"毛三爷"自幼出奇淘气，上了中学以后，虽然学习成绩优等，名列前茅，但是淘气的秉性依然未改，而且还有所增强和发展。

一天，训育主任在上"修身"课的时候，大讲什么"中日亲善"和"大东亚共荣圈"之类的话。"毛三爷"对此一点都不感兴趣，甚至有些反感。于是，他就大声向同学说着各种逗乐搞笑的俏皮话，搅得课堂里笑声不断，议论不断，秩序十分混乱。训育主任简直不敢面对黑板抄写粉笔字，否则就会出现身后"起火"的危险。

训育主任很快就抓住了"罪魁祸首"："英若诚，给我站起来！"

"毛三爷"梗着脖子站起来，以示根本不服气。

训育主任真火了："你为什么不用心听讲，还扰乱别的同学听课？"

"毛三爷"摇头晃脑，不作回答，也不看老师。

训育主任大声喊着："你不听教导，那就给我一直站着吧！"

"毛三爷"这时反倒把两只眼睛紧盯着老师，毫无惧色地站了整整一堂课。

罚站的时候，"毛三爷"就想好了报复训育主任的办法。下课以后，他悄悄地拿着用猴皮筋儿做的弹弓，装上一块小石头子儿，躲在校园的一个墙角后面。等到训育主任从办公室里走过来的时候，他拉直了猴皮筋儿对准对方的脑门儿猛然松手，小石头子儿立即将主任打出一个大紫包来。

这个矛盾太尖锐了，也太激烈了，训育主任马上直接找到了校长，校长二话没说就去找到英若诚的父亲英千里。训育主任提出，如果不开除英若诚，他就辞职不干了。校长向英千里"请示"："您看我是留住训育主任，还是留住您的公子呢？"英千里自己是教育界的名人，怎么能担起被人指责为"祖护儿子"的恶名呢？于是，只好同意校方把"毛三爷"除名。

"毛三爷"灰溜溜地回到家里，英千里恼怒地把他叫到自己的面前来。

英千里忍无可忍地说："我要把你送到天津去继续学业，免得你在家里游荡，惹是生非，丢人现眼。"

就这样，"毛三爷"不得不进入了天津一家教会办的学校——圣路易中学。

这是一所法国人开办的教会学校，对于学生的管理是非常严格的，起床、睡觉、吃饭、上课、上教堂，一律都规定了时间，不能有分秒的差错。就连课间在校园里玩耍，也规定不许站着不动，不许扎堆儿说话，只准不停地跑步，或者踢足球。谁违反了规定，就要毫不讲情面地接受用藤条打手心，或者脱下裤子用木板打屁股的严厉处罚。

更为可怕的是，60多名学生当中，只有4名中国人，其他均为美国人、英国人、法国人、德国人、俄国人。为此，校方明确规定，在校期间一律用英语交谈，如有违反者从重处罚。"毛三爷"当时一句英语也不会说，不但要出冷汗受憋，还要被其他同学嘲笑和欺负。事物的发展规律常常就是这样的——物极必反，人的本事大部分都是被硬逼出来的。在困惑、孤立和屈辱之中的"毛三爷"，此刻反倒暗暗地下定决心："你们这些小子们别太高兴，半年之内，在英语上我一定赶上所有的人！"

老实说，"毛三爷"在学习外国语言上并不是有很高的天赋。他同样是采用了下笨功夫的办法，充分利用早自修的一个小时和晚自修的两个小时时间，每天都要下决心背一段500字的《圣经》原文以及莎士比亚著名的14行英文抒情诗。这样坚持半年以后，他便有了长足的、扎实的、难能可贵的进步。

"毛三爷"从被中国学校开除，到不情愿地来到外国学校，并且被逼出来一个很不错的英文基本功底，为终生做一名优秀的翻译家打下了牢靠的、坚实的基础。这，大约也算得上是"因祸得福"或"歪打正着"吧。

然而，"毛三爷"中学毕业的时候，命运的道路再一次没有像人们想象的那样顺利地发展下去。

圣路易中学学生的成绩是非常优秀的，只要是从这里毕业的，基本上就算是拿到了读英国剑桥大学的入学证书。就在"毛三爷"毕业考试获得高分，兴高采烈地准备走进剑桥大学的关键时刻，英千里与他进行了一次语重心长、影响深远的谈话。

英千里开门见山地说："你祖父把我送到国外去，是要我长时期地学习西方，彻底西化，将来好建设我们的中国。"

"毛三爷"一声不吭地听着，不知道父亲的意图如何。

英千里继续说下去："可你祖父万万没有想到，这造成了我一生不可弥补的缺陷。"

"毛三爷"皱着眉，马上抬起头来。

英千里又加重了语气："我回国以后，只能英雄无用武之地，因为我不了解中国的一切，我的中文还是 12 岁以前学的那么一点点。因此，有很多应该做而且又想做的事，我都根本做不了。"他看了儿子一眼，提高了声音，"你千万不要从一个外国学校出来，再进到另一个外国学校里去。"

"毛三爷"有些惊讶地看着父亲。

英千里不无激动地说："你要去剑桥大学读书，等你回来就 20 多岁了，再学我们本国的东西就晚了，我劝你舍弃剑桥，一定要在国内上大学，这样就可以更多地了解中国社会！"

尽管"毛三爷"并不完全懂得这些话的全部含义，甚至也并不完全同意这些意见，但是他已经深切地感受到那火焰一般炽热的父爱了。

"刘麻子"

英若诚在圣路易中学毕业以后，真的没有去英国剑桥大学读书，而是考进了清华大学的外国语言文学系，并拜在那里任教的英国诗人燕卜荪为研读西方戏剧的启蒙老师。从此，他便与戏剧结下了终生的不解之缘。那时，在清华园的图书馆里，经常有这样一个学生出入其间，此人中等身材，微微有些发胖，大头，方脸，鼻子上还架着一副白边儿的重度近视眼镜。

英若诚在读书上受到四位前辈先生的影响很深，一位是曹禺，一位是钱锺书，一位是李健吾，一位是张骏祥。英若诚在图书馆借书的时候，常常发现借阅卡片上不断地出现这几位前辈的名字。甚至，连一些冷门书籍的借阅卡片上也不例外。为此，他很惊奇，也很感动，立志要向前辈们学习，只要是他们借过的书，自己也一定要看。英若诚这样说："要说聪明，钱锺书才称得上是聪明，简直有照相式的记忆力，他的成功就在于他是名副其实地钟情于书，几乎没有他不看的书。比起这位先生，我真是望尘莫及的。"

多少年来，英若诚读书的痴情一直没有丝毫改变。记得 20 世纪 60 年代初期笔者和他同台演戏的时候，在后台不大的化妆室里，别人可以山南海北地聊天，唯独他却找一个相对安静的角落，甚至是卫生间里，抱着一本书投入地读着，旁若无人。

1950 年，北京人民艺术剧院正式成立了，并且向社会招考演员。清华大学毕业以后，在"骆驼剧团"当过业余演员，已经有了演戏瘾头的英若诚和夫人吴世良，立即前去北京人艺报名。当他们被顺利录取以后，又急急忙忙跑到原来分配的外事单位，要求改分配到北京人艺。

英若诚从此开始，逐步成长、成熟为一位十分出色的优秀演员。半个多世纪以来，他在话剧舞台上、电影银幕上和电视屏幕上，塑造了许多真实可信、鲜明生动而又引人入胜的人物形象。比如，话剧《骆驼祥子》里的人力车厂主刘四爷，《茶馆》里的土混混儿老刘麻子和小刘麻子，《推销员之死》里的推销员

英若诚、吴世良夫妇

威利·洛曼，电视剧《围城》里的大学高校长，《我爱我家》里的邻居"老右派"；电影《马可·波罗》里的元世祖忽必烈，《知音》里的窃国大盗袁世凯，《白求恩》里的童翻译等，至今都还留存在观众的美好记忆里。

20 世纪 50 年代末期，英若诚在成功地扮演了《骆驼祥子》里的人力车厂主刘四爷以后，又接受了扮演《茶馆》里专门从事买卖人口的老刘麻子和小刘麻子的任务。毫无疑问，这既是一次机遇，又是一次挑战。

戏开排以后，首先面临的一个难题就是如何扮演这样的坏人。在当时"左"倾文艺思想指导下，很容易把这类人物形象演得简单化、公式化、概念化。如同京剧里的丑角儿，一出场鼻子上就先有一块标志性的白色"豆腐块"。

一天，剧作者老舍先生来到排练场看排戏。

第一幕排完第一单元以后，导演焦菊隐就让演员休息一下，并请老舍发表观

看的意见。

老舍对着英若诚说："您把刘麻子演得伶牙俐齿，这对。"他停了一下，又接着说："可您演得还不够坏。"他又停了一下，再说："不过，您可千万别去演那个坏！"

说完，老舍看着英若诚笑了起来。

这时，英若诚心里打开了鼓——又要演得坏，又不能去演那个坏，那到底应该怎么处理才好呢？

英若诚回忆起一段过去的事情——1943 年，父亲英千里被日本宪兵队抓进监狱以后，使得生活难以为继，母亲只好靠变卖家物度日。当时，和母亲打交道最多的是收买旧货，"打小鼓的人"。这些人乘人之危牟取暴利，表面上面带微笑和蔼可亲，似乎是为卖主着想，实际上让卖主为难。他们时而哄骗，时而刁难；时而褒，时而贬。态度一会儿一变，但是万变不离其宗，那就是得从你的手里赚一笔大钱。想到这件事，英若诚表演有了质的飞跃。他在戏中皱着眉头向康六说："要不卖到窑子去也许多卖几儿八钱的，可你又不干！"他又满面春风地向康六说："告诉你，大太监庞总管，伺候着太后，人家家里连打醋的瓶子都是玛瑙的！"他更仿佛已经操碎了心而恨铁不成钢地用手点着康六的脑门儿说："你呀，傻蛋！"这里，完全不是简单地"逼其就范"，而是以自己的"正经歪理"说服人、打动人、改变人。应该说，英若诚扮演的刘麻子，使他在话剧表演上达到了一个新境界，登上了一个高峰。

黄宗江先生说："英若诚演的刘麻子，浑身上下都是戏！"这个内行的评价，真是不可谓不高也。

"忽必烈"

在中意合拍电视历史巨片《马可·波罗》过程中，意大利的制片人文琴佐·拉贝拉先生急得如同热锅上的蚂蚁。因为，片子已经开拍了将近两年，而扮演元世祖忽必烈的演员一直没有找到。或者说，找到了不少的演员，但都不够理想。为什么这么难找呢？由于对演员的要求是很高的，甚至是很苛刻的。忽必烈是 13 世纪一位叱咤风云，精通文韬武略，统帅蒙汉大业的中国皇帝，他的扮演者既要有帝王端庄伟岸的风度仪表，又要有博大精深的历史知识和高超出色的表演技巧，而且，更重要的是必须会说一口流利的、标准的英语。拉贝拉曾经想过许多方案——请意大利人演？不行，形象就不合适；请日本人演？英语又不过关；请好莱坞的美籍华人演？请香港人、台湾人演？也都不能完全符合条件。就这样，一个个方案都被推翻了。真是让人着急上火。

就在拉贝拉急得要发疯的时候，美国的同行们一致向他推荐了一位中国演员——英若诚。对此，拉贝拉并不敢完全相信。因为他根本就没有想过用中国人来扮演，他认为中国人没有人能够具备条件来扮演忽必烈。在万般无奈的情况下，拉贝拉带着一张写有"英若诚"名字的纸条，抱着试一试的想法匆匆来到了中国。

拉贝拉首先到了北京电影制片厂，提出要找一位扮演忽必烈的中国演员。完全没有料到，那里的人竟然也异口同声地推荐英若诚扮演。于是，拉贝拉观看了所有英若诚的影片资料。当他看到英若诚在《知音》里扮演的袁世凯以后，开始有些动心了。

1981年的春天，拉贝拉和英若诚在北京饭店见了面。

随着一阵门铃声，房门打开了。一个中国男子汉走进房间里——年龄50岁开外，方正的面庞，宽阔的前额，高高的个子，魁梧的身材，在庄重而潇洒的神态里又有几分粗犷和威严。拉贝拉立即发现，此人与故宫博物院里收藏的忽必烈画像真的十分相似。

等到英若诚一开口，拉贝拉就已经感觉到，对方讲的伦敦英语比他这个美籍意大利人的英语要好得多。

英若诚认真地说出自己的看法："忽必烈是一个有着雄才大略的君主，是13世纪中国伟大的政治家，但是，他也有许多似乎矛盾的性格，比如，对战争、汉族文化，都采取了开明的态度，而在乃颜叛乱时却进行了无情的镇压。这似乎是矛盾的，然而，如果从维护封建集权制和大元帝国的江山社稷这个根本动机去想，就又完全是合情合理的。还有……"

拉贝拉听到这里，一拍沙发的扶手立即站了起来，大声喊着："英，定了，忽必烈，就是你！"

英若诚在仅有的3个月准备时间里，日日夜夜看资料、读剧本、研究人物。仅仅资料一项，他就通读了《元史》《蒙兀儿史记》《马可·波罗游记》《元史通俗演义》等，还阅读了忽必烈统治期间的大部分资料，并通过《元世祖本纪》以及带有"起居注"性质的资料，详细考证了忽必烈的思想言论、为人处世，以及衣食住行、起居坐卧等等详细的状况。

英若诚扮演忽必烈最精彩的表演，是那场12分钟与马可·波罗离别的戏。在这场重头戏里，英若诚准确地把握住人物的思想感情和性格特征，表演得惊心动魄，又发人深思。拍摄结束以后，在一旁观看的全体演职员都折服了，不少人的眼睛里闪出了泪花。

就这样，《马可·波罗》一炮打响。

部长英若诚

1986年的夏天，英若诚随《茶馆》剧组从加拿大演出归来，原计划再去新加坡参加艺术节演出。这时，他接到了任命——调国家文化部任主管艺术的副部长。从当演员到当副部长，大约英若诚是中国的第一名。为此，北京人民艺术剧院老院长曹禺，为他写了一副点化人生的墨宝：

大丈夫演好戏当好官

奇君子办实事做真人

若诚粲正

上任以后，英若诚没有什么"官架子"，还是那个"有时候洋得要命，有时候土得掉渣儿"的、真诚率直的英若诚。不管是谁，你向他提出问题以后，他知道的，能解决的立即回答；不能解决的也说个明白。他很少有官话、官腔和让人摸不着头脑的"模糊信号"。

关于话剧是否走进了低谷和如何能走出低谷的问题，经过认真的调查研究以后，英若诚谈出自己的中肯意见："话剧艺术不会灭亡。一部好的话剧给人的强烈艺术感受，是别的艺术形式所代替不了的。前不久北京人艺到上海的演出证明了观众对高级的艺术有饥渴感，他们需要有深刻思想的好戏。话剧传入中国的时候，怎么站住脚的？和京剧比吗？京剧有精彩的唱段和武打，有那么多吸引人的形式，话剧比不了。可最早那易卜生式的话剧硬是在中国站住了，发展了，靠的就是有思想，有振聋发聩的思想，有引人深思的语言。如果没有深刻思想，光剩下形式，观众当然不爱看。如果你表达的那思想不怎么样，都是别人在戏里说了多少遍的，是别人嚼烂的馍，那当然没人看了。"为此，他大声疾呼："话剧要出高质量的作品，不要去埋怨观众吧。"

三年以后，当英若诚离开副部长岗位的时候，有一位记者问他："你离开副部长岗位以后，是否受到了冷落？"他明确而又幽默地回答："舞台是我的家，是我如鱼得水的领域，假如有人为我不当官而疏远我，那是他的悲剧，而不是我的。"的确，英若诚虽然后来又过着平民的生活了，但是，他仍然是一个艺术家，一个学者型的艺术家。

1990年初夏，一个阳光灿烂的早晨，英若诚那天就要从副部长的位置上离职了。他把自己办公室里的零散用品收拾一下，装进一个大提包，又站在写字台前用含情的目光缓缓地环顾了四周，最后拿起提包转身走了出去，锁上办公室的门，把钥匙交给行政管理人员。然后，在楼道当中与所有相遇的同事一一握手告别。同时，他还热情洋溢地邀请大家："如果方便的话，请您明天晚上到首都剧场来，看我主演的《推销员之死》。"

黄宗江对于英若诚这种"大土大洋、大雅大俗"的表现，有一段妙不可言的描写："'人有十分雅，不可无一分俗，如美人拒食大蒜，诚憾。'这句看来极土的话，姑用之以赞伶官学者英若诚，如不避蒜香之佳人，尤属可亲也。"

来源：《北京日报》2015 年 10 月 22 日

齐怀远学长

齐怀远　第一张"中国面孔"

■ 张　朔

齐怀远，1930 年出生，湖北鄂州人。1947 年至 1948 年在清华大学机械系学习，参加了新民主主义青年联盟。1948 年入华北人民大学一部学习。1948 年 11 月加入中国共产党。1950 年毕业于哈尔滨外国语专门学校（现黑龙江大学），1950 年进入外交部工作，任中国驻德意志民主共和国使馆翻译、随员、三秘。1960 年任外交部苏联东欧司副科长。1963 年任中国驻德意志民主共和国使馆三秘、二秘。1969 年下放外交部"五七"干校劳动。1974 年任中国驻德意志民主共和国使馆参赞。1983 年任外交部新闻司司长，第一任外交部新闻发言人。1984 年后先后担任外交部部长助理、外交部副部长、国务院外事办公室主任、中国人民对外友好协会会长。齐怀远是第九届全国政协常委、外事委员会副主任委员。中共第十三届中央候补委员，第十四届中央委员。

今年 4 月，一则 200 余字的短消息出现在媒体上，并未引起太多关注——"破冰者杯"中英名人桥牌赛开赛，由前中国对外友协会长齐怀远等组成的中方队获得冠军。

同样未引起太多关注的，是"齐怀远"这个在 21 世纪已显陌生的名字。然而 25 年前，这个名字却曾出现在北京《人民日报》头版头条的标题中，境外媒体也专辟版面给予报道。

他就是中国正式建立发言人制度后的首位发言人，主持了中国实行改革开放之后，1983 年 3 月 1 日在北京国际俱乐部举行的第一场新闻发布会。从某种意义上讲，正如 25 年后这场友谊赛的冠名一样，齐怀远是一位"破冰者"。

"茶，还是咖啡？"当记者近日走进齐怀远位于北京东部的家中，这位前任外交部副部长、今年 78 岁的长者，依然保持着高级外交官的风度：微笑，热情，尊重对方的选择。

"我是在中国驻民主德国大使馆工作时接到调令，调回外交部担任新闻司司长的。1983年1月回部里上班后不久，主管新闻司工作的钱其琛副部长就找我，谈了决定建立新闻发言人制度的安排。"

一个多月后，外交部正式举行第一场新闻发布会，这也是中国官方的第一场定期举行的新闻发布会，从此开启了中国发言人制度从无到有并不断发展的进程。

忆及第一次与中外媒体面对面的情景，齐怀远至今仍历历在目。"在容纳近百人的国际俱乐部大厅内，那天座无虚席。中外记者各半，'长枪短炮'架了一排。那时记者多用小型录音机采访，比手机稍大，我面前的桌上摆了半桌子小录音机。"

他透露，时任外长吴学谦亲自主持了第一场发布会的准备工作，可见高层对此的重视。会上，发言人对印度新德里不结盟国家和政府首脑会议的召开表示热情欢迎，并宣布一项有关柬埔寨问题的外交部声明，受到很大关注。因经验不足，这次没有安排答问。随着准备越来越充分，以后逐渐形成了记者招待会的形式。

"在我任内没碰到挑衅性的提问。面对记者时，我尽可能不说'无可奉告'，不让记者失望。"齐怀远说，"因为记者主要是想了解更多的事实以进行报道，这一点我们和他们的愿望是一致的。"

"作为发言人，我们的主要工作就是要争取志同道合者。"他说，"首先是争取13亿中国人民，13亿中国人民理解、支持国家的政策，谁再来反对我们都不是那么容易的事情。同时，在国际上也要争取尽可能多的人理解和同情我们的政策。"

对于刘建超、秦刚、姜瑜等现任发言人，齐怀远给予颇多肯定。他并谏言，如何让中国的声音在国外有越来越多的人听到，外国驻华记者是一个重要渠道，应在不涉及国家机密的前提下尽可能为他们提供方便，让他们成为"好的中国通"——能够了解真实的中国，并客观报道出去。

回顾几乎与中国改革开放同龄的发言人制度，齐怀远说，建立新闻发布会制度，是外交部在贯彻改革开放方针的过程中一项创新性的制度建设，"这项举措和其他机构的创新措施一起，显示了中国改革开放大潮的声势"。

来源：中国新闻网 2008年10月20日

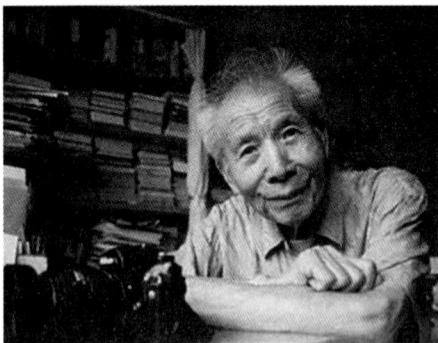

张祖道学长

张祖道：中国纪实摄影的先行者

■ 石 湾

2012 年，九十高龄的张祖道荣获第九届中国摄影金像奖终身成就奖，大会宣读的颁奖词是："20 世纪 40 年代考入西南联大社会学系，社会学的训练和背景奠定了张祖道一生摄影的基调。他在革命时期随军转战南北，和平时期进入媒体继续从事报道工作。他带着学者的思考，以及文化自觉的态度记录了丰富的人文世界。20 世纪 40 年代清华园的校园生活和北平天桥街头的艺人，随潘光旦、费孝通学术调查拍摄的社会学、人类学、民族学文献，以及众多的文化名人影像，都是中国摄影史上的珍品。他是中国纪实摄影的先行者。"

自我退休后，就养成了晚睡的习惯。10 月 4 日晚，在厅里看完中网女双决赛电视实况转播，就已十一点半钟了，早在里屋躺下的妻子对我说："你今天就别上网了，早点回你屋休息吧。"我"嗯"了一声，但洗漱后想到也许还有文友新发来的电子邮件需要回复，就进书房打开了计算机。呀，还真的有一个新邮件：《刹那——中国当代文化名人剪影》。我打开文件一看，标题下的说明文字把我惊呆了："惊闻西南联大张祖道先生仙逝，特别制作了一组音乐幻灯片，以兹纪念。本片根据张先生原作制作，为纪念片之一。"这组音乐幻灯片共选用了十六幅张祖道拍摄的文化名人的照片，其中包括齐白石、梁思成、林徽因、费孝通、周扬、夏衍、老舍、梅兰芳、刘开渠、吴祖光、新凤霞、艾青、徐迟、田间、黄永玉等文

张祖道的三本著作：《江村纪事》《1956，潘光旦调查行脚》《刹那——中国当代文化名人剪影》

化名人。最为罕见的一幅，竟然是前清慈禧太后御前女官、中国近现代第一个女舞蹈家裕容龄的照片。裕容龄生于 1882 年。这幅照片摄于 1957 年 4 月，裕容龄当时已 75 岁，我想，也许这就是她生前留下的最后一张照片了，弥足珍贵。这组音乐幻灯片配的是刘半农作词、赵元任作曲的《教我如何不

想他》。深情、沉郁的男低音催人泪下。看完这组音乐幻灯片，我立即给友人做了回复："谢谢您给我发来张祖道拍摄的一组文化名人照片。张是我在《新观察》时的老同事，他离休后还与我有过合作与交往。我竟然不知他在 8 月逝世了。他是一个值得我敬重和怀念的人。"

费孝通先生（张祖道　摄）

我是 1980 年由中国艺术研究院调入中国作家协会参与《新观察》复刊的筹备工作的。我报到后，在编辑部里唯一认识的人，就是张祖道。这是因为"文革"中我俩都曾下放在文化部团泊洼"五七干校"劳动改造。当时他在由中国摄影家协会组成的二连，我则在由中国舞蹈家协会、中国民间文艺研究会和中国戏曲研究会组成的三连，虽在田间干活和开全校大会时常能碰面，但因那时从不谈各自原先从事的专业，所以仅以一般的认识而已。《新观察》复刊前，归队的男编辑记者只有五人。除张祖道而外，还有卢盛法（费枝）、朱行、潘德润、许法新。他们五位中，其中四位互相称呼都是老卢、老朱、老潘、老许，唯独称呼张祖道为"老道"，让我们几个不明就里的新编辑记者以为他是"道士"出身。后来我才打听到，之所以习惯叫他"老道"，不只是他名字中有个"道"字，更因为他出道比其他老同事要早得多。

梅兰芳先生（张祖道　摄）

前清慈禧太后御前女官、中国近现代第一个女舞蹈家裕容龄（张祖道　摄）

张祖道 1922 年生于湖南浏阳，1945年入西南联大社会学系就读，师从潘光旦、费孝通，后毕业于清华大学社会学系。1949 年 2 月 3 日，他亲历了北平和平解放，拍下了人民解放军举行的入城仪式。随后参军南下，在《前线画报》当记者，与新华社资深记者穆青一起工作。1952 年起任《新观察》杂志摄影记者。在《新观察》杂志，张祖道干了两件一直为同事和他本人津津乐道的事情。第一件是

1956 年社会学领军人物潘光旦到湘鄂川一带进行实地调查，识别土家族。那时土家族作为单一的民族还没有得到确认，被外界认为是瑶族、苗族或者是汉族。潘光旦向《新观察》杂志点将，要他的高足张祖道随同前往拍摄照片，并许诺此行的文章将在《新观察》上独家发表。

张祖道高兴地领受了任务，随恩师调查了六十五天，路过十八个县市，行程七千多公里，沿途拍摄了大量的风土人情。他感慨道："我不仅耳濡目染，从潘光旦老师身上学到了很多东西，而且也领悟到摄影是观察、调查、见证事物的方式，社会学的调查态度就是老老实实，尽可能做到全面客观。今后，我一定要老老实实做人，老老实实拍照。"可以说，这句话贯穿了他整个的摄影生涯。第二件是他的另一位恩师费孝通决定于 1957 年 5 月重访成就自己学术高峰的老家江苏省吴江县江村，特邀他一同前往。费先生对他说："你就专心拍摄，我不提什么要求，就拍村子里农民的生产和日常生活。"这次圆满完成拍摄任务回来，费先生的《重访江村》一文就在 1957 年 6 月的《新观察》第十一、十二期上发表，引起了不小的反响。不幸的是，费先生因在《人民日报》上发表了《知识分子的早春天气》一文，不久就被打成了"大右派"。不仅《重访江村》终止了连载，而且《新观察》杂志也成了"反右"运动的重灾区，随后被迫停刊。

到 1982 年 1 月，平反后的费先生第四次访问江村，张祖道又赶赴吴江，师生俩再度合作。返京后，费先生在江村所写的《漫谈养兔》一文就在《新观察》半月刊当年的第五期上发表了，配发的三张照片当然又是张祖道所摄。此后不久，费孝通先后出任全国政协副主席、全国人大副委员长。但他一旦有了新作，总是让爱徒张祖道亲自去取，交由《新观察》杂志发表。因此，尽管张祖道在杂志社一直是个连组长都未当过的"大头兵"，但在同行们的心目中，他绝对是个真正的"无冕之王"。

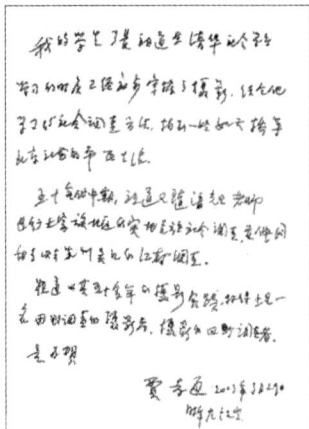

我的学生张祖道在清华社会学系学习的时候已经初步掌握了摄影，结合他学习的社会调查方法，拍到一些如天桥等北京社会的平民生活。

五十年代中期，祖道又随潘光旦老师进行土家族地区的实地民族社会调查，并伴同我多次去苏州吴江的江村调查。

祖道以其五十多年的摄影实践，称得上是一名田野调查的摄影者，摄影的田野调查者。

是为贺。

费孝通 2003 年 3 月 29 日
时年九十三岁

作为资深记者，张祖道对我们几个新来乍到的年轻编辑十分关心，时常来问我们，有什么采编的文章需要他用图片配合？一开始我在文艺组，兼管体育方面的稿件。因当时中国女排在争夺奥运会代表权的比赛和南京国际邀请赛中，力挫了日本、韩国和美国女排，大振国威，而中国女排教练袁伟民又是我高中同学，我就顺利地到国家体委组到了一篇题为《中国女排》的长篇报道。我告诉张祖道后，他立即去体委拍回来了袁伟民和十二位队员的照片。他的工作做得十分细致，在照片下方标出了每个队员的排号、年龄和身高。如郎平照片下标的是：（1号）、19岁、身高1.84米。这应该是国内媒体全面报道中国女排崛起的第一篇文图并茂的文章，令我至今难忘。接下来我与张祖道的合作，是采访全国少数民族文艺会演。几十场演出，他都是背着沉重的摄影器材赶场子，拍下了近千张舞台演出照片。我采写的《歌声唱彻月儿圆——全国少数民族文艺会演巡礼》在1980年《新观察》第八期上刊出时，除封二用了他拍摄的哈萨克族舞蹈《叼羊》外，文章只配发了两幅照片：蒙古族独舞《鹰》和朝鲜族的《淘米舞》。我很有些歉意地对他说："您辛辛苦苦拍了几十个胶卷，只刊用了三张照片，真对不起您。"未料，他笑道："全国五十多个少数民族的舞蹈节目，要不是有这次会演，我怎么拍得全呀？这可是一个难得的机会，将来，这些未刊用的照片，都是宝贵的资料啊！我过去是学社会学的，就是对拍摄这样纪实性的作品感兴趣。"

为有机会常到外地走走，采写一些反映经济改革的报告文学，1981年下半年，经主动请缨，我调到通讯报道组当记者，接受的第一次任务，就是去甘肃省武都专区采访农村改革的"大包干"。临行前，张祖道对我说："山区路陡坡险，要不是我已年近花甲，实在跑不动了，不然我一定陪你去采访。"接着他又问我："你会拍照吗？"我说："像我这样农村出身的大学毕业生，连结婚照都没有钱去拍一张，哪买得起照相机这样的奢侈品啊！"他告诉我，他在西南联大时就对摄影产生了浓厚的兴趣，起初也买不起照相机，总是借同学的一台折叠式的"皮老虎"相机试手。直到抗战胜利一年后，才在王府井淘到了一台老式的蔡司依康旧

相机，不料第二天就拍下了北平学生抗议美军暴行大游行的场面。后来，又用这台旧相机记录了1949年2月3日解放军入城的全过程和北平和平解放大会挂起的第一版天安门上的毛主席画像……讲完这些，他说："我们摄影美术组有几台淘汰下来的旧相机，你带一台去采访吧，拍照的基本要领不难学，我来教你。"他手把手教了几次，当我初步掌握

2008年12月，张祖道回清华母校参加活动

叶浅予先生（张祖道　摄）

拍摄技巧之后，他又嘱咐我说："你一定要注意观察生活，千万不要让人家摆姿势，喊什么'一、二、三，茄子'，要学会在瞬间抓拍真实的场景。"那次，我从甘肃、陕西采访回来，写了三篇报告文学在《新观察》上发表，所配照片都是我自己拍的。张祖道为我冲卷洗印时说："你初学乍练，拍成这样就不错了。关键是你若不带相机，到那些穷乡僻壤去采访，谁能为你提供这些真实记录农村改革的照片呀！"

1990 年，北京有家杂志改刊，临时聘我去当主编，搭班子时，我就想到了已在 1987 年离休的张祖道，到他家去请他出山。那天，他让我看了他家的无价之宝：一只金丝楠木箱子。这只箱子是那年随潘光旦先生去做社会调查时花 7 元钱买的。他近半个世纪来拍摄的照片底板和资料卡片，全都装在这箱子里边。他说："你需要用什么样的老照片，我立马就能找出来。"当我说到杂志改刊号上准备发一篇题为《毒品犯罪的死灰复燃》时，他就说："你没见过旧社会的人抽鸦片烟吧？我有一张这一场景的照片，现在就可以给你找出来。"办刊期间，他还和我一同到中关村去采访。望着林立的高楼大厦，他感慨道："1949 年前，这里还是郊外的一个破旧的小村庄。我家里还有当年拍摄的中关村照片哩！"到了 21 世纪初，我应邀到中关村去看一个展览，见到中关村管委会的宣传干部，问他们有没有半个世纪前中关村的老照片。他回答说没有。我就把张祖道的联系方式告诉了他。他连声说："这样的老照片真是踏破铁鞋无觅处，太感谢您提供的这个重要信息了。"

1992 年底，我申办《作家文摘》成功，创刊后深受读者欢迎。一天，张祖道兴冲冲地来找我。他知道我手下只有几个编辑，忙得不亦乐乎，就说："我来帮帮你吧。"我说："文摘类报纸，所用图片都是原发图书报刊上的，不用摄影记者。"他笑了："这我知道。你们不是还没有物色到专职校对吗？我来帮你看看校样还是可以的。"我曾听他说过，巴金的《随想录》再版时，他曾主动当起了校对，结果还真的发现了几处错误，赢得了巴老的赞许，并送上大三十二开线装五卷本《随想录》表示感谢。但我考虑到他已年逾古稀，又是近视眼，再干校对工作太吃力，就婉谢了他。我说："还是赶快把你的照片资料整理一下，你又能写，出几本有价值的书吧！" 2002 年 4 月，我写了一篇《生正逢时——我所认识的吴祖光》，在一家大型刊物上发表时需要配发照片，这时我就又想到了张祖道。打电话给他的第二天，他就把他拍摄的七八张吴祖光不同时期的照片送到我家来了。其中最

无悔年华
解放战争时期清华校友足迹

为珍贵的一张，是 1956 年 6 月吴祖光和《新观察》记者龚之方坐着马车随新凤霞到杨三姐的故乡去演出《杨三姐告状》的照片，令我深受感动。那天我问他："你回忆摄影生涯的书写得怎么样了？"他回答："学不会用计算机了，正在写着呢，慢慢会一本本写出来的。"他果然没有食言，从 2007 年开始，就在上海锦绣文章出版社连续出版了《江村纪事》《1956，潘光旦调查行脚》《刹那——中国当代文化名人剪影》三本书。日前，我到首都图书馆查阅了不外借的这三本书，看到装帧精美的《刹那——中国当代文化名人剪影》画册的封面上，衬底

这是张祖道先生所摄吴祖光不同时期照片中最为珍贵的一张：1956 年 6 月，吴祖光（右）和《新观察》记者龚之方（中）坐着马车随新凤霞到杨三姐的故乡去演出《杨三姐告状》

的是约一百六十个金色的名字，右上角头一个是胡适，左下角末一个是郁风。可以说，几乎包罗了近现代所有的文化名人。最令我惊奇的是，其中居然还有茅盾文学奖的得主迟子建。这张照片摄于 1997 年 4 月 12 日，当时他已是七十五岁高龄了，离休也十年了，他依然执著于他钟爱的纪实摄影事业，这种锲而不舍的精神多让人敬佩啊！

2012 年，九十高龄的张祖道荣获"第九届中国摄影金像奖"终身成就奖，大会宣读的颁奖词是："20 世纪 40 年代考入西南联大社会学系，社会学的训练和背景奠定了张祖道一生摄影的基调。他在革命时期随军转战南北，和平时期进入媒体继续从事报道工作。他带着学者的思考，以及文化自觉的态度记录了丰富的人文世界……他是中国纪实摄影的先行者。"

诚哉斯言。这样一位一生老实做人干事的老同事、老朋友悄然驾鹤西去，教我如何不想他？

来源：《文汇报》2014 年 10 月 20 日

张祖道摄影作品集

往复的哲匠之路

钟涵学长

■ 钟 涵

我首先要感谢王浒老学长，是他的热诚关照让我写出这篇自述来，又等我过了经年抱病的日子之后，才找到了《往复的哲匠之路》这个题目，交上这个卷子。

一

我在这里用"哲匠"一词，表明自己的治艺生涯经过漫长的过程。这个过程的启蒙，正是在清华实现的。虽然到清华以前，在艰苦的抗战时期，我在故乡江西萍乡农村环境里受到了初级的教育，并且已经萌发了爱好绘画的兴趣，从而有了长大学艺的念头，那幼小的时光也是难以忘怀的。1946 年我 17 岁，兄长宋华樾来信通知在乡下的我，说清华复员了，由梁思成先生创设了建筑系并招生。我听从了兄长的召唤，经过陆、海长途辗转到了北平。华樾大哥是 20 世纪 30 年代的清华老校友，他领着我进了清华园。我这个乡下孩子突然进入了偌大的名园胜地，兴奋不已，张开了心胸来呼吸，好像每处院子都是朝我们开着的。如同所有清华学子一样，我感念母校给予我的教育，这里指的是双重叠加起来的启蒙教育。

第一种教育就是清华作为现代中国高等教育前端而素有的优越学风，它中西贯通，求知重道，文理互补，让学子们走上创造性的学术前程。初上学时有陈岱孙先生授经济学课，叶企孙先生讲普通物理课，梁先生一回国就给我们讲授建筑史，还批准我选读了邓以蛰先生在哲学系开的美学课。我们从一年级起就有设计课，吴良镛等先生他们手把着手教，建筑系楼上制图室交稿前夕总会灯火通明。我学各门功课都还算用功，但是有弱点，例如我以前没有做过物理实验，英文只会读写而不会口说，美学课业也并没有懂。

同时我又没有专心。解放战争时期的城市学生运动被称为"第二条战线"，我们这些新生，很快就被吸引进去了。我也参加了各项群众性、小组性的活动，不久就成了积极分子。但我没有加入党内的组织，只是热忱卖力，那种兴奋劲儿以前从来没有过。尤其是到1948年，我被系里推任学生自治会学艺部理事，就更来劲了。学艺部外搞宣传内管学习，我们还一度主管当时的《清华周刊》，我独自接办了《华北学生运动小史》一书的后期编务和出版。这种年轻向上的群体力量相互推进，我已体验到这是在前进的人民事业中成长，也是当时清华的第二种教育。

1948年暑假时，学校里的同学明显走了很多。又发生了反动军警入校企图逮捕学生的强暴事件。我找到老学长骆宝时，提出也要到解放区去。就这样，我在清华只读了两年多，在一个秋天的黄昏离开了清华园。

二

在解放区泊镇的城工部，我见到了不少清华老同学。组织上看我有进华北大学的想法，让我去了半年，也就是改造思想。大约在学习党的七届二中全会精神的时候，被分配了工作，随大队伍回到了北平城。开国大典那天，华大的队伍在广场的最东南角，而在庆典最后行进到广场时，正听到万众欢呼的热潮中，一个宏伟的声音响彻夜空："华北大学同志们万岁！"这一字字震撼的呼声，至今仍留在我的心中。

我在华大（后来的中国人民大学）先做青年团工作，这种工作使我体会到与当年进步学生的自我教育有精神上的连续性。1952年，学校调我给敬爱的吴玉章老校长（中国人民大学）任专职秘书。这跟青年工作不同，我心里突然感到好像进入了成熟的天地。吴老是革命元老，我才是个小伙子，来到德高望重的老前辈身边，既兴奋又紧张。吴老非常具有长者气度，他温厚和悦，视我为子弟一般，很快就把我的生疏拘谨打消了。他那里还有几位青年警卫护理人员，主要照顾他的出行，而我则着重在院内留守、待客，管文秘类事务。有一次，吴老领着我去怀仁堂，聆听了周总理亲自所做的"关于研究斯大林新著作"的专题报告。我多次有幸听到他讲述自己从同盟会、辛亥革命以来跨世纪的一生为革命奔走的故事。我曾经有感应当为之存录，后来发现这需要太深的历史修养而我难以胜任。人大在城内外有不少地方，每到新学期开学前夕，吴老总要亲身下去看那些教室准备好了没有。有一次，中央发了一个"关于山西省万荣县在农村开展文字改革和推广普通话相结合的经验"的文件，吴老十分高兴，决意单独远行，去那里考察清楚。还有一次到青岛休息时，他去山东大学了解培养工农兵大学生的情况，很高兴地当即商定选调纺织女工、劳模郝建秀转学来京上人大。这样，开学前不久郝就来报到了。老人家之热爱工作、热爱人民、热爱教育、培养青年，铸成一位高尚长者榜样，使我个人深受恩惠。我后来向吴老报告有心重回学校专门学画时，他说："我这里还需要你，平常不忙的时候，你可以先去旁听。"后来就这么做了。一年后，学校让我入美院，吴老还特意留我说："这里离你学校不远，你就还继续住在我这里吧，有事好找你来。"而今言念及此，令我老泪欲垂。

三

1955年我考入中央美术学院，从此开始了我专业化的治艺生活。我抱着极大的上进心、新鲜感和"入伙"般的感情来重新当一名大学生。

作为学生，我很用功，不亚于更小的同学们，但是并不顺利。问题在于对所学专业生疏，头几年杂乱而不到位。绘画基础以素描、色彩训练为两大项。那时群情有一种力图脱离"土油画"的倾向而重视"苏派"，这二者虽并不矛盾而确有区别，我这个初学者，在左顾右盼中不得要领。几年后发生突破，则在林岗老师带往延安数月之久。他一次次地为我们的写生就地改画，手把着手甚至彻底抹去重来，才使我从实际上而不是口中讲的懂得，原来油画传统自巴洛克以来经过法国印象派的更新，更到后来经过俄苏先后的传承，实现了外光条件下多因素整体比较关系的原理。我们中国人学得认真，也出现了面目一新。对于我，比这更要命的是在素描。很多人都知道素描是"造型艺术的基础"，实际上各行其是者多，这表明了我国长期引入西画其实并不很到家。我自己到1962年时，受雕塑家友人钱绍武大喝一声："你的素描根本不行！"才决心从头由人物解剖开始补课，经过一段时期，也是从实际上而不是口头上懂得了掌握空间形体结构的奥妙之重要。我确实在受到不少老师的反复引导之后才悟道入流。这里回顾当学生时的两个亲历故事，是因为实际上至今这些还不被重视。

我在1963年的油画创作《延河边上》，可以说是"初露头角"的成果。我初期的创作曾重点在革命历史画题材上，在油研班上受到罗工柳先生的热诚鼓励。这里有一个要点就是一画之"母题"（motive），它是从生活和传统中形成并经过主题精神的把握转化而成的创作关键。当我把一批草图呈交给罗先生看的时候，他高兴地立即支持肯定；而在后来上画布前，我的一度犹豫又经他再度予以端正，直到完成。此画初展后曾经广受社会欢迎，记得那年我还回清华建筑系谈过创作经验。

我在美院入学后又当了干部，"反右"后学校成立党委时，我被推选任委员。我对这项职权不生疏，但学生与干部这两重身份使我对专业的认识领域与程度有

钟涵《延河边上》，布面油画 180cm×360cm。1963 年中国国家博物馆藏

不同，接触老师更宽更多。美院是国内有代表性的一个意识形态单位，它坚持为人民服务的方向，努力在正规化的要求上提高，但在办学的诸多问题上面临着发展中的矛盾。从 20 世纪 50 年代到"文革"那一段时间，处在政治运动多起的环境中，颇不安定。其集中的遭遇在于党委 1963 年所做的三年总结。这个总结曾在艺术高校中积极执行，纠正"大跃进"中的失误而主张调整提高，但在 1965 年被当作了修正主义纲领批判，我作为主笔人首当其冲。这里特别提到一点，在动乱中美院广大教研人员曾经在逆境中共同地自觉深入生活和坚持艺术的修习。我也一样自感有所充实。我作为干部比作为学生受到的教育要多得多，受到的锻炼和经过的折腾也更不同，事过之后，也日渐坦然了。

四

"文革"结束后，改革的清风吹遍大地，大家的心胸放开了，都在想快把损失的时间抢回来。系里开组会时，老师们互相开诚相见，对旧时事情彼此握手道歉，大家交换着重新办系的意见。那时物质条件还差，十多个人都挤到教员休息室来，很久没有这样一起对着同一个模特练手了。我们认真地参与了积极的反思。例如，针对"各种思想无不打上阶级的烙印"这种一度的说法，我们找了一些经典琢磨，尤其是《马恩选集》4 卷本里《恩格斯致布洛赫》等一批书信，反复地讲清楚了意识形态只是在分析思想的一定范围内起作用，唯物史观并不把历史过程中的基础与上层建筑的关系讲得绝对，而"每个意志都对合力有所贡献"等。把找到的文献拿到系里去让大家讨论，心里就一一洞明了。后来"实践是检验真理的唯一标准"成了大家的共识。这个时期思想空前之活跃令人难忘。

为了纪念周总理去世一周年，中国革命博物馆筹集美术作品，油画家们很热烈。在这种劲头上，我一连画了两幅大油画。一幅是接着下乡的底气，画革命历史画《东渡黄河》，稿子搞了几年，跑了几趟吴堡的川口村，还仔细地揣摩了领袖、战士与河工同船在波浪中行进的壮观场景。这段功夫不错，但这个题目对于我太难了，我把历史画上的革命浪漫主义气势弄得很勉强，以致未免脱离了实际。虽然画成后送给了中国革命博物馆，可是渐渐明白立意之后的能力缺乏，于心不安。另一幅是《1976年清明节天安门之夜》（与画家冯真合作），这幅画的构成是当年在广场上反复观察体验到的，我们采取了大场面的鸟瞰式构图，使用夜色与光炬对比的浓重调子，表现人民群众激动的感情波浪。展览后我几年不在家，这件作品在校内什么地方遗失了。很遗憾只留下局部图稿。

五

"文革"后我出国进修，是为中年之际往复"哲匠"之路上的转折。起初只是一次机遇，后来成了常态的修习。1980年上级收到比利时的一份艺术专业奖学金，分派到我头上。我去了安特卫普这个中等城市。初到外域时过得很孤独，我曾以小诗自嘲："繁花喧闹着，嘲笑异乡人的寂寞。"行前，吴作人先生嘱咐我："直接去美术馆临摹"，我果然这样做了。我买了一个肩挎帆布旅行包，安上超市用的木条盒子，就成为每日使用的画箱，几乎泡在美术馆里了。这不但消除了我的寂寞，而且确实找到了那时补课的门道：直接与原作对话，可以专心致志地把每一幅作品好生琢磨透，从里到外深入经营。语云："骨气神似，皆本乎立意而归乎用笔"，中国画论这么讲，原来西法何尝不然。一张张深入下去之后，获得独有的喜悦，还由此养成了一种专业观画入情达理的习惯。当然我不会只临摹，而是抓住所有的时间尽量观赏。有一点至今想起来仍然心怀有怨，使馆文化处一位比我年小的官员命我必须一年内回，根本不懂一个中年求学者的苦心。我第二次又转回同在比利时北部的邻市根特，于1983年到1985年间在根特大学东方文化研究所作访问学者又一年多。这一次条件好多了，可以从弗拉芒地区到广大的名城大馆反复观瞻。这期间在巴黎继续头一次性质的临摹，集中临绘纳比画派画家维亚尔的一幅大件肖像，因为其中有后印象派所积累的色彩成果，又有一定的写意性造型手法，与我国近代兴起的写意相近。把这两次加在一起，我自己觉得是从一个地区到一个整圈。弗拉芒地区也曾经得风气之先，开启北方的初始画派，属于中世纪后期初起的人文气息作用。荷兰则独擅巴洛克兴起的一方胜场，就以伦勃朗个人而论，他一手托起了多么惊世的天地。这里还连接着德国文艺复兴重地。此外，在欧洲绘画传统向19世纪发展时，这里也出现了热闹的过渡声色，这又影响到他们向现代转变时发生了自家另起的种种新潮。

我初出国时曾立下一个心愿："广涉百家，窥一堂奥，兼及今古，究其变通。"艺术上的好多现象，不管怎么转圜，到底还是能够总括起来的。随着国家开放的迅速扩展，出国习画成了群众性的方式，我也成为了"常态化"的一员，公务私兴，兼而有之。这就可以说面向世界了，我们比前辈的视野宽阔多了。我们正在进行一种全面的艺术文化之现代性的改造重建。一方面，我们既不要简单地看待西方历史上传统的演变和简单地接受后来现代主义潮流的多样张扬；另一方面，更要把领会和借鉴他们的系统与重建民族自身系统的自信结合起来，这样就踏实多了。

出国涉外，自然开拓了与彼邦人士的往来交流。我自己属于独立的游学性质，往来偏少。回忆起来，难忘的友谊也是情重的。安特卫普美院老院长范路易先生，曾经对我热诚照顾，主持我在该院研究生部的讲座，用他的办公室接受记者对我个人的专访，还操心我入聘比利时皇家学院的事情。安特卫普皇家美术馆美术史专家范丹姆先生是当年最密切的熟友，日常关怀，为我一次次敞开馆内藏画库的大门，领我遍访诸地市馆所。还有根特市大学东方文化所所长魏列曼教授、德国杜塞尔多夫美院克拉菲克教授。1984年，使馆文化处孙兰同志委派我参加了在英国牛津大学举办的中欧文化讲习会，由我做介绍中国绘画传统的综述讲座。此番又引起结交了德国巴德—萨尔祖弗伦小市的"Fachwerk"（《框架》）画会的国外画友们，举行画展。我受邀回安特卫普美院举行了个人画展，作为追加的汇报。1994年11月，我有幸被授予比利时（弗拉芒）皇家科学文学艺术院聘外籍院士的荣誉，在专赴那里的仪式上做了专题《现代中国美术的三相结构》的学术报告。1993年，作为中国美协代表团成员参加了"93东京·日中美术研讨"，并做了题为《现代中国绘画的开放之路》的专题发言。很多往事过去，年深日久，音信稀少，不敢忘怀。

六

三十多年中，我反复做的是三件事情：教学、写理论文字、创作。兹分述如下。

改革开放以后回到教学岗位，学校分配的任务主要在组建油画进修，前后十几年之久。油画进修当时一下热起来，其故在于"文革"期间不少青年自学美工，各自积累了丰富的经验而入学的基础差。改革一到，纷纷找学校补课。记得在黄山油画会议上到处可以见到这样的朋友。他们比普通"学历生"成熟，能力强，上进心切，多有好手，后来果然出了不少有成的名家。当时他们需要的是在具象再现方式基础上又有些现代新意的教育，我们美院办得认真，热了多年。那时找到了一种手段，就是大量地使用专拍的幻灯片系列，被视为当年初级的"看原作"，往往"观者盈门"，读画又与事后的分散讨论相结合。我自己的做法是力求把自己先前习得的东西跟后来获得的新鲜见识集拢起来传授。深感教学相长，得以吸收改革年代年轻人的新鲜气息。一届一届之后，眼见水涨船高，我院在20世纪90年代末在中国油画学会配合协助下举办了"高研班"。放眼全国，招生择优，组织良师，并且花了几个月时间按一定路线赴西欧名馆直接观赏研究原作，前后达数十处之多。进入21世纪，不少高校的油画等专业实行了博士生制度，我院亦然。我也参加了油画博士生专业与理论双修的导师组。这个制度已有多年。就个人参加的几届工作而言，高级学位制度比进修的学术体制复杂得多。我自己年老退下来了。

涉及教学还要涉及一个学术委员会制度，美院素有这个历史。我在20世纪80年代后期起与朱乃正先生搭班参加了两届主持工作。有一件事值得一提。在20世纪80年代大家对改革的展望议论活跃的时候，教师们对美院的发展有很多主意。我们在大家平素交谈的基础上，专门组织了调查访问，形成了论题大纲，产生了一个关于本院《若干教学原则问题意见的方案》。后来院长把它送报文化部，王蒙部长收阅后很高兴，把它转发给有关院校参考。

七

我在人大时学习理论较多，到美院也搞了点理论文字工作，例如翻译俄文美术资料等。20世纪80年代在国外时我一个人活动，习惯于边看边记，积累了一批笔记本，回校工作后自然成了我的一个资料来源，都是自己"新啃的馍"，常拿出来讲用，不料由笔记本又一步步发表成文。有几年间，此兴一发不可收。记得在巴黎日久时，我曾经有一段每日看一家印象派画家而后晚上复习的经历，为此汇成了专论《印象派》一文的个人见解的基础。关于比利时表现主义画家培尔梅克（Fachwerk），我起始并未注意，反复多年熟悉起来以后，又帮助他的个展来我国举行，从而获得比较独立的心得。在伦敦大不列颠博物馆看过晋人顾恺之的画卷《女史箴图》（可能系唐人摹本），感到难得有缘"与古人相接"，那些精微的笔线和简丽的朱红线描构成了高雅的古人神貌。那时我也正在给根特的一位学生做魏晋研究辅导，的确在文献中发现了谢赫的个人画风并不与前人顾氏时期相同，形成了涉入的念头，于是写成了《谢氏黜顾与画风新变》一文。后几年到美国，在堪萨斯城看到了一个集中董其昌大作的展览，此展颇有新意，促使我也试图带着这种观点看董。于是我启动在《董其昌这个难题》上动笔，这样就把中西接近的近代美学绘画比较这个问题浮现出来了。

我先后出版了两本论文集。一本由中国美术出版社将我写外国美术的文字集中为《廊下巡礼》一书，先后出版了两次。一本是后几年，承广西美术出版社将我另一部分有关国内艺事的更广泛的文论随笔出版，书名为《画时来鸽》。近年来，北京中国油画院为我整理各种旧稿，编印了《钟涵艺术文稿》新选本两册，在展览内部发放。我的写作劲头在 20 世纪 90 年代渐渐有所省悟了，可年岁不饶人，诸事都感力不从心。作为一个在哲匠之路上走到此时者，创作实践和理论探索固然有互参之益处，又确是捉襟见肘，倘要进入史论深处，谈何容易！

八

"双管齐下"不行，我把重点转回到创作上来了。开始还是粗放为多，不计能力。例如画一组纤夫在晚潮中收工的场景，本来形象壮观，而我依靠图片使画面结构编排组织得不好，始终粗糙，保留了多年，改起来大动干戈，同志们评为"没完没了的抹去重来"，始终没有完成。又有一图表现边区幼儿园孩子们乘船过河的情景，题为《浪里摇篮》，但空间拥挤不堪，难以成章。又有一幅画抬伤员过河，在陡岸上夜路举灯，暗色难图，也是勉强成章。我往往想把接受到的新东西用在画上，但慌忙从事实在不行。这样一种毛病，初不觉悟，一堆半成品撂在那里；受到岁月的警告，才有所反思。那年还有一幅《密云》画高垂下的船工特写，交出时初被拒，不得不反复塑造，从头大改，这一来反而渐见精神，后来被中国美术馆收存，倒成为此时期的一个代表作。还有一件自拟的历史题材，画战士在秋霜的长城上枕戈待旦，图景很好，吃亏在人物形象全凭图片印象剪裁，太缺乏实感的锤炼了。

美院的一个好处是同行师生的眼力常在左右，使我渐有改变。我的修习功夫在风景上比较熟悉而人物逊色。总括起来，在渐趋向老化的后来那些年，创作大致可分归为三个系列。

第一个系列是以黄河人与景物为主题。有一年我到壶口，从东向日落的陕西那边张望，河中层层映日的激流与荒滩一片苍茫，悠久沧桑，不禁令人感慨万千。我用此种浓厚的感性画成了《行舟与弃舟》一图，先后重作两次。反复中比较成功的也有，这就是《饮河者》。有一回夏日晌午间，我与船工刘赖儿独留河上，寂静中见他捧流自饮，即抓住入画，反复琢磨。而这个动态要抓好很难，硬是要抓准模特动态空间中的结构才行。一再重研深入，才有起色。兴起之后，拟得画题为《饮河者》，一下子把境界放大了。这时，画中人物塑造的肌理也就偶然得成。作为我所不擅长的人物画，此幅经验获益甚大。

钟涵《暖冬》，布面油画
170cm×190.5cm，1999 年

　　第二个系列以熟悉的画室内外为主题。盖日夕劳作其间，忧乐厮守。有一次在院内 12 层楼上，夏雨袭来，室内积水中有一来鸽栖木与我相望。这"栖"字使我有感，当日就竖起一块现成的画布，即兴以彩笔构连成大局。此件以静物作大图，从技巧上受了当年恩索尔（Ensor）的影响。而画中赫然一具骨架则是好不容易从教具里找出来的。室内人物我有过一幅取名《暖冬》，画本系老师们座谈的群像图，记录在学校借舍办学日子里的温暖，这都基本上靠随机快照剪辑成图。此外，我要提到 2007 年为纪念张志新烈士而作的《北国春祭》一画。张志新是我早年在人大团委时的同事，画为纪念。值得一说的是，那是仅有的一次按照资料寻访而得来的火车站景物，它使我们能以画家的眼睛去找却能处处呈现入画寄情的所在。在这一批作品里我对画中意兴价值增加了新的经验。

　　第三个系列到更晚的后期才出现。许多年里，我注意到文物古迹上的土石刻记往往能使人感到其固有的沉郁或飞扬势态，再靠着画笔语言的发挥，在这个领域里有可能引发出一种天人之际的历史感念，成为我们民族特有的一种现代性文化依托。请允许我在这里列述几幅。最早的《厚土轻羽》取自泰山刻石"瞻鲁"二字，我极度地夸大了它，以至占满大半个画幅，如同齐鲁大地的胸脯；又从杜诗里取出"羽毛"这个意蕴寄托在天上云间；再把烟云和天线列置山野，也扩大了时空感。我渐渐感悟到此中艺术表达可以是无限的。第二幅画是《碑林》，许多次的瞻仰会使我们产生一种在此间"思古"的矛盾：一方面，林立的古碑密集挤压着，产生极沉重的负荷压力；另一方面，文字构成的积累中又无声地呼吸着，而强光的照射也透过这岩石的丛林涌进来了。我请研究生叶剑青等同志把这样的构思刻制而转置到画布上来了。后来还加了一个厚重的光罩，使这件作品又多了一点现代装置性的意思。第三幅是《白鹤梁》。此景物原在长江中游深底岩层石上，满布刻字，水浅时露出，传今有千百年以上了。关于它的每岁浮沉有许多美丽传说和诗文记载。大家知道，三峡大坝修建时此处没入了江底。有一年承画家秦文清同志帮助，我们就地找到历史资料。后来也是在叶剑青帮助下，做成了画布上的浅刻浮雕。我没有画过中国画，很高兴人们说这一幅的风格有点中国画的影子。第四幅是《沙尘暴之履涉》，起因于在新疆偶遇到沙尘的直接感受，而构思关键则得益于唐玄奘《大唐西域记》。在一本宋拓本文字的阅读中，我们可以感受到古人行旅的辛苦跃然纸上。有一次我们专程去南疆来往，巧遇一件小事：在途经一段沙尘地带时，正好看到的车辙纵横竟宛如那书文点画起伏的印象！这使我们立即获得了一种把今古人文与自然综合使用的灵感。后来又经画家胡明哲巧妙地在画布上扬出一片岩彩，从而增色不少。我不禁想起：所有这些表明，在层层感念思考的叠加中，我们不正是在拓展现代性油画的某个领域么？

九

在 2013 年年底和 2014 年年初，我在中国油画院和中国美术馆先后两次举办了生平最大的个人展览，作为迟到的集中汇报。靳尚谊先生在开展时致辞说："很多画家到五十岁就画不出来了，我们的钟涵先生却是五十岁才显出来。"这话被传开了。作为一个当代中国画家群体中的老者，我像沐浴着温暖的阳光。

十

搞了一辈子画的哲匠，到晚年我还能做什么呢？许多年来总在盘算，估计大体上不会离开在具象传统基础上含有中国现代意味的探索。然而，近年来因年老易生病，我越来越软弱了，画架上也落上了灰尘。当然，画家不能只顾自己。我们的心胸都朝向着偌大的母亲般的中国，在自己受教成长的中华人民共和国，她出现了多么巨大的文化宏观发展啊，其面貌之多样异彩，连我们本行里头的人都有点眼花了；同时在种种影响的代谢纷繁之下，我们还没有来得及树立好有力的民族文化自信和清醒开阔的世界眼光。让我们以坚实的实践担当起中国人文事业的未来发展吧。

题注："哲匠"一词取自营造学术前辈朱启钤先生上世纪 30 年代为中国营造学社提出的主张。他破除轻视建筑仅为匠艺的陈言，而认为其职业修习必须以道器相结合融汇，称为"哲匠"。本文作者自当年上清华以来，深受教益。这里是扩大地借用。

钟涵及其作品

茅沅学长

茅沅与《瑶族舞曲》

　　茅沅，原籍山东济南，1926 年生，幼年就极其喜爱音乐，从小跟随父亲学习小提琴。1950 年毕业于清华大学土木工程系。1951 年起茅沅在中央歌剧院工作，开始从事专业音乐工作。他的成名作是与刘铁山合作的《瑶族舞曲》（1952 年首演）；最著名的是小提琴曲《新春乐》，这首乐曲在当时几乎是家喻户晓，现在仍然是音乐学院小提琴专业的必拉曲目。其代表作品还有：歌剧《刘胡兰》（与陈紫等合作）、《南海长城》《王昭君》；舞剧《宁死不屈》《敦煌的故事》等。

　　2008 年 11 月 10 日晚，广东省连南顺德文化广场灯火辉煌、人山人海，小城万人空巷，首届中国（连南）瑶族文化艺术节的"瑶山谣"歌舞晚会在这里隆重举行。晚会以大型歌舞《瑶族舞曲》开场，又以该曲结束，而晚会中新稻子组合演唱的《瑶族舞曲》和珊瑚演唱的由陈建斌填词的《爱的月光》，则把晚会推向了高潮。《瑶族舞曲》第一次用如此恢宏而瑰丽的形式演出，而观众之多，也肯定超过世界上任何一间音乐厅。

　　这一夜，《瑶族舞曲》使瑶族文化又一次如鲜花般绽放……

　　在 20 世纪中外名曲的大回响中，谁能忘得了独具魅力的《瑶族舞曲》呢？作曲家茅沅在给艺术节的贺信中深情地写道："该曲虽是我和刘铁山依据瑶族民歌曲调加工发展而成的一首管弦乐曲，但归根结底要归功于瑶族同胞悠久的音乐文化传统提供了美妙动人的音乐素材，否则《瑶族舞曲》也无从产生了。现在全世界都欣赏到瑶族美妙的音乐文化，这是全体瑶族人民的骄傲，我们也感到了万分的荣幸和庆幸……"毋庸置疑，经典的《瑶族舞曲》是中国民族音乐的骄傲，也是世界民族音乐的骄傲。

　　而鲜为人知的是，当年《瑶族舞曲》的创作，也有着动人的插曲。1951 年，作曲家刘铁山参加中央民族慰问团到广东和云南的少数民族地区采风创作。而在连南看了原汁原味的瑶族歌舞表演后，灵感这只美丽的精灵蓦地飞临他的心空。回京后，慰问团的艺术家们创作了一台题为《民族大团结舞》的节目，向首都人民作汇报演出，其中就有刘铁山的《瑶族长鼓舞曲》。

作曲家茅沅在接受香港《大公报》记者洪捷的采访时说："那时我去观赏一个民族文工团演出的少数民族舞蹈，而舞蹈中有一首歌（指《瑶族长鼓舞曲》）我听了很喜欢，于是回去找到乐谱，是文工团的简谱，加以发挥改动，写成了管弦乐作品，后来才知道原来是刘铁山创作的。虽然当时尚未有版权意识，为了尊重作曲家，我还是把他的名字加上去。"他还说，他当时还不知道谁是刘铁山，当时刘铁山所在的中央音乐学院在天津，而茅沅在北京的中央歌剧院，因为信息闭塞，两位风华正茂才华横溢的作曲家近在咫尺却不曾相识。《瑶族舞曲》的诞生，是多么的富于诗意，多么的富于传奇色彩。

已使几代人沉醉的有着鲜明民族特色的《瑶族舞曲》，其内容健康向上，旋律优美生动，情绪欢快明朗，配器干净洗练。乐曲使用单乐章复三段结构（A—B—A），第一部分让我们仿佛看到银色的月光下瑶家莎腰妹悄然起舞，仿佛听到长鼓的敲击声。第二部分改用三拍子，旋律凸显歌唱性，时而也出现跳跃性。在这部分中，我们可明显地听出连南排瑶民歌的旋律。而在乐曲的第三部分，旋律再次改变，气氛变得热烈，感情变得奔放。轻快活泼的旋律使人感受到歌舞的瑶山强烈的青春气息，人的灵与肉同时绽放。谛听《瑶族舞曲》，我们仿佛可以看到白云生处梦幻般生动的瑶寨，看到山野热烈而温暖的篝火，看到皎洁的月光下瑶族青年男女的奔放与缠绵；仿佛听到牛背上牧童轻快稚嫩的五月箫，听到瑶家汉子粗犷的喊山，听到被爱情胀痛的长鼓的呼唤……而这一切，既有安详又有躁动，有神秘又有鲜亮，有简洁的表达又有深沉的思考。

那些或徐缓悠然或轻快紧凑的节奏以及优美和谐的旋律，让我们仿佛闻到了满

1948—1949年间，清华音乐室邀请北平音乐家老志诚来校举办音乐会。前排右起：张肖虎、李洪宝、老志诚、黄庭贵、关紫翔、雷振邦、王维屏、黄敞。照片最右侧为茅沅学长

山花卉的清香，神奇而美丽的瑶山由陌生而变得熟悉和亲切……《瑶族舞曲》是独一无二的，但一件杰出的艺术作品的诞生往往是可遇而不可求的。瑶山给予了作曲家一种独特而新鲜的创作灵感，而作曲家又以自己杰出的才华赋予瑶族音乐一种现代而鲜活的灵性。2007年中央电视台"民歌·世界"栏目的记者采访了刘铁山和茅沅两位老人。刘铁山这位已84岁高龄满头银发的作曲家神采飞扬，脸上始终洋溢着幸福之情。他说他们上瑶山采风学习，听瑶族民歌，看瑶族长鼓舞，也听瑶胞吹牛角，他说他采用了他们的一些音调、一些节奏进行创作，主要是反映他们的生活情景。我想，那一刻，刘铁山老人的内心也许正在感谢以歌舞为美酒佳肴的瑶族人民。

至于被人认为眼睛会笑的作曲家茅沅，他虽然没有亲临瑶山采风，但凭他对民族音乐的热爱和他对瑶族音乐的独到理解，经他的加工发展而成的《瑶族舞曲》，最终成为世界名曲。同样颇有诗意的是，茅沅这位在国际乐坛享有盛誉的作曲家，原来却是1950年毕业于清华大学土木工程系的高才生。他是个极力推动让西方了解中国音乐的音乐家，《瑶族舞曲》是他以西洋管弦乐配器的。他这么做既便于西方人更好地接触和了解中国民族音乐，同时也让中国民族音乐更好地融进了西乐的演奏中，可谓一举两得。可以说，《瑶族舞曲》的每一个音符，都诠释着刘铁山和茅沅两位音乐家对民族文化和民族音乐的深刻理解，都诠释着他们对瑶族音乐和瑶族人民的无比热爱。同时，《瑶族舞曲》也表现出他们超卓的音乐禀赋。《瑶族舞曲》从她诞生的那一天起，就与《彝族舞曲》《新疆舞曲》《嘎达梅林》和《梁祝》等一样，成为中国民族音乐中的一朵奇葩。而富于个性与新意的她，也和肖邦的《波兰舞曲》、柴可夫斯基的《小天鹅舞曲》以及勃拉姆斯的《匈牙利舞曲》一起，成为世界民族音乐之林中一道迷人的风景。

客观地说，瑶族原始音乐是有不少缺憾的，而刘铁山、茅沅两位作曲家用大浪淘沙的方法，摒弃了瑶族音乐中原有的种种缺憾甚至消极的元素，为传统的瑶族音乐注入了许多富于生命和时代感的音乐元素，从而使瑶族音乐焕发出青春的活力，从而让人们从崭新的角度审视和认识瑶族音乐和瑶族人民，也使瑶族音乐这很民族性的东西，变成了很现代化和很世界性的艺术精品了。艺术家的艺术创作是多么的可贵！

《瑶族舞曲》创作的巨大成功，也给了我们极好的启迪和警示：无论是民族文艺的创作还是民族文化的建设，都应该站在民族和时代的高度，放眼世界，不要急功近利，不要夜郎自大，不要坐井观天，更不要只为了得到那些转瞬即逝的鲜花和掌声和只为了抓住那转瞬即逝的"目光"，而把认真的文化和艺术变成应急的万花筒似的游戏，虽然萨特说"存在的就是合理的"。

来源：《清远日报》2009年3月15日

戈泊学长

清华校训砥砺我前行

■ 戈　泊

在清华近 110 年的历史中，抗战期间在大后方昆明与北京大学、南开大学组成的西南联合大学，是清华校史中光辉的一页。我，原名顾骅，于 1946 年抗战胜利后清华在北京复校后的第一次招生时，以同等学力考入了土木工程学系，又于 1948 年 9 月通过中共城工部进入了华北解放区，在清华只待了短短的两年。入学时我只有 16 岁，对"自强不息、厚德载物"的校训还不甚了解，但我有幸于 1940 年至 1946 年在昆明西南联大附小和附中上了六年学，深受西南联大"刚毅坚卓"、清华大学"自强不息、厚德载物"校训和校风的影响。

在西南联大附中和清华的学习生活

抗战时期西南联大附中是昆明的顶尖中学，实行兼容并包的方针，教育学生德、智、体全面发展，崇尚通才教育。校长是南开大学教授黄钰生先生，各门课程都聘请名师执教，例如学术精湛的任继愈先生曾教过我们年级的国文，杨振宁先生（当时还是西南联大的研究生）曾教过我们数学，等等。联大附中还鼓励学生自由发展，不仅追求高超的教学质量，还开设了音乐、劳作、体育等课程，培养学生的艺术修养、劳动习惯、动手能力和集体配合的精神。虽然学校对教学要求很严，但我还是有时间阅读许多中外文学名著，并养成了对歌咏和古典音乐的爱好。

1946 年进入清华以后真是眼前一亮，过去我经常到西南联大去，看到的都是草房茅舍，现在映入眼帘的都是一栋栋红砖砌就的洋房，真个是天上地下。但是正如梅贻琦校长所说的"所谓大学者，非谓有大楼之谓也，有大师之谓也"，我也感同身受。清华教授们上课与中学迥然不同，无论是用中文还是英文授课都是旁

363

征博引、口若悬河，没有照本宣科的。叶企孙教授给我们上"普通物理"，戴世光教授给我们上"经济学简要"都是谆谆教导、诲人不倦。马约翰教授给我们上体育课，教给我们怎样健身强体，寒冬腊月他还穿着短裤，光着头，真是以身作则、言传身教。这使我逐步体会了"自强不息、厚德载物"的含义，那就是无论做学问或为人处世都必须砥砺奋进、奋发图强，力求进步、永不停息。特别是像自己这样一个资质平平的人，更必须勤勤恳恳、埋头苦干。"厚德载物"就是为人要坦诚，胸怀要宽广，严于律己，宽厚待人。

可是，好景不长，内战爆发。1946 年年底发生了"沈崇事件"，地下党在各高校组织了罢课游行，我由于少年时代受到进步思想的影响，自然积极参加。1947 年内战愈演愈烈，学生运动接连不断，这年"五二〇"，北平全市大中学生在中共地下党的领导下组织了声势浩大的"反内战、反饥饿、反迫害"大罢课大游行，清华学生也经常进城游行。我是学生运动的积极分子，是罢课游行的积极参加者。除此以外，我还参加"大家唱"合唱团，排练了冼星海的《黄河大合唱》《生产大合唱》以及《团结就是力量》《山那边哟好地方》等革命歌曲，经常到校内外演唱。1947 年 7 月，我被吸收参加了中共南系外围组织"民主青年同盟"，自此算正式参加了革命工作。

1948 年夏，中国人民解放军已转入战略反攻阶段，中共地下党员及其外围组织的成员在清华全校学生及教职员中已占有很大比重，为了避免敌人大肆搜捕，并为解放南方蓄积力量，党派遣大量党团员南下，潜伏于社会各阶层中。我因为家在上海，也被派遣回家。由于我从小生长在昆明，不通上海话，年龄又小，找工作有困难，家长又不同意弃学就业，只好"离家出走"，重新回到北平。经地下党同学李开鼎介绍，通过封锁线，我到达华北解放区，经城工部派遣，去了正定华北大学学习和工作。当时济南战役已经结束，辽沈战役已经打响，由于工作积极，我于 1949 年 1 月 10 日被吸收加入中国共产党。

在中国人民大学的教学生涯

1949 年年初刘少奇秘密访苏，请斯大林派遣 60 名苏联专家协助中国培养经济建设急需的政治经济干部。刘少奇同志归国后以华北大学、华北人民革命大学、鲁迅艺术学院等院校为基础，筹建了中国人民大学。我随华北大学并入了人大，并参加了人大的筹建工作。

招生任务完毕后，人民大学挑选了一批具有大学学历的干部跟随苏联专家学习。我被分配到计划统计系工业统计教研室。由于中国要向苏联"一边倒"，实行计划经济，这个系是很重要的。当时苏联专家廖佐夫已经到校，计划统计系招收的本科和专修科学生也都已到校，本科学生都是青年知识分子和部分熟练工人，专修科的学生都是在职干部。当时我国原有的大专院校中都没有开设有关计划经济的课程，更没有这方面的师资和教材，一切都得依靠苏联专家。而计划统计系只有一位苏联专家，只好由我们这批年轻的大学生"赶鸭子上架"，跟着苏联专家边学边教，采取现买现卖的办法，勉为其难了。

其他大专院校为了适应新形势，也派了一些教师来人民大学学习苏联式的统计学，于是我们还开设了研究生班。这时我刚满20岁，除了自己学习，还要承担本科、专修科和研究生班等不同类型的教学任务。各类学员的年龄都比我大，真是诚惶诚恐、如临深渊、如履薄冰。为了备课，每天半夜一点以前都睡不了觉。这时清华校训"自强不息"激励了我，在重压之下，我奋力拼搏，完成了各项教学任务，取得了较好的教学效果。

1953年我被任命为人大工业统计教研室的副主任（主持工作），我们这个团结奋斗的集体，不仅完成了繁重的教学任务，还与国家统计局工业司保持着密切的联系，经常参加他们组织的工业普查和其他调查研究活动，因此在教学过程中能联系中国实际进行讲解，初步做到了理论联系实际。在科学研究方面，我们还参照苏联沙文斯基教授编著的《工业统计学教程》，联系中国实际，编写了一部《工业统计学》，这部教材获得了中国人民大学颁发的科学研究二等奖。为了奖励我在教学和科研方面取得的成果，我被评为"青年社会主义建设积极分子"，并参加了中共北京市的党代表大会。

1954年我被评为讲师，1956年国务院高等教育部评选了中华人民共和国成立以后的第一批教授、副教授，中国人民大学也有20多人入选，计划统计系评上了两名副教授，我是其中的一个。我当时26岁，算是新评上的副教授中最年轻的。实行工资制时，我被评为高教六级，也算是个高级知识分子了。

在苏联当研究生的体验

1956年，人民大学派了六名教师去苏联进修两年，我被派到国立莫斯科经济统计学院（现名国立莫斯科经济统计信息大学）。中华人民共和国成立以后，与美国交恶，掀起了反对崇美媚美的高潮，各大中学都取消了英语课，改学俄语。我作为人民大学的教师，当然得改学俄语。当时盛行俄语速成法，我学着裁了许多小纸条，一面写一个俄语单词，另一面写上对应的中文单词，每天都要死记硬背十几个单词。当然凭这点俄语知识要去苏联进修远远不够。于是我在行前每天骑车从人大到设在北京外语学院的留苏预备部，跟随一个班学习口语。但是，到苏联以后，在一个陌生的语言环境中还是不能应付，后来在俄语教师和同房间苏联同学的帮助下，才逐步适应了。

我在国内虽然已被评为副教授，但当时只有 26 岁，本着清华校训"自强不息"的精神，为了奋发图强、积极向上，我决定改为攻读研究生。经人大领导批准，从两年制的进修教师改为四年制的研究生。

苏联的研究生制度是学习德国的洪堡制，采取师傅带徒弟的办法，精雕细刻，重在扩大研究生广博的知识面，培养他们独立进行研究工作的能力。无论学习什么课程，都不要求你听课，而是指定一大堆参考书让你去阅读，进行综合梳理，发现问题，提出问题，定期和导师讨论。这种培养方式与清华梅贻琦校长提出的"尊重学术自由、尊重思想独立"的见解不谋而合。在这种培养方式下，我通读了《资本论》等许多俄文马列原著，许多经济学、统计学的书籍和论文，甚至阅读了不少沙俄时代的统计学著作。到学习后期的编写论文阶段，我每天一早就跑到莫斯科市中心的列宁图书馆去查阅资料，中午喝杯咖啡，吃点面包，直到闭馆时才回到宿舍。

苏联的研究生培养方式极大地提高了我的独立思考和逻辑思维能力，使我终生受用不尽。其结果是，我用三年半时间完成了研究生学习，最后能够"兼容并蓄"，用俄文写成了 100 多万字的毕业论文，于 1959 年 5 月通过了学位论文答辩，并受到评委会委员们的好评，被授予经济学副博士学位（注：苏联的学位授予制度非常严格，在 3000 多名中国留学生中只有两位在国内已有较高学术造诣的自然科学学者获得了博士学位）。

在联合国世界知识产权组织的历练

1980 年年底，我从北京市委被调到国务院新成立的中国专利局担任负责人。当时联合国下属的专门机构"世界知识产权组织"（WIPO）同意中国派一名官员去该组织担任"高级顾问"，专利局领导决定派我前去任职。那时我国恢复联合国的合法席位不到 10 年，很少有人到国际组织中去任职。当时我已经是 51 岁的半大老头子了，英语还是 30 多年前在西南联大附中和清华打下的一点基础，现在要只身去资本主义国家工作，还有两个多月就要去日内瓦赴任，能不能应付局面？心中不禁有些嘀咕。我决定临时抱佛脚，参加了北京市白堆子外国语学校的一个英语口笔译加速班。班上的同学都是 20 来岁的小青年，我又运用 20 多年前在北外留苏预备部学习俄语的经验，不怕丢人，在班上抢先发言，练习英语的听说能力，我的积极态度受到了师生们的好评。

在世界知识产权组织报到以后，明显地感到语言方面的差距，因为在这里从领导到同事都是外国人，日常交谈、读写文件、开会都得用英语，我那点英语水平相形见绌。好在联合国各组织都鼓励职员学习外语，办了许多免费的学习班，我每天利用上班时间可以参加一个小时的学习，从英语二级学到英语五级（最高级），根据个人能力经过考核随时可以晋级。我和过去一样，经过勤学苦练，顺利地学完了全部课程。加之平时主动和同事们交流沟通，听、说、读、写能力都有了很大的提高，阅读和起草文件的能力，听会和会议发言都渐入佳境。

从 1981 年到 1984 年，我在世界知识产权组织工作了四年，当时该组织的创始人和总干事是美籍匈牙利人鲍格胥博士，他是一位雄心勃勃的强势领导人，很希望能促进中国这样一个拥有全世界四分之一人口的大国建立起保护知识产权制度。我去以后，他们很重视，鲍格胥博士安排我直接在他领导下工作。但是，当时我国改革开放刚刚开始，计划经济和"文革"的意识形态在人们的思想中还根深蒂固，知识分子即便有一些知识，那也是党和国家培养的结果，如果有什么发明创造，应该由全社会无偿地使用。专利制度要给予发明创造者以长期垄断的独占使用权，那是典型的资产阶级法权，是与社会主义社会的性质不相容的。在计划经济的长期熏陶和影响下，中国人一般都不知道知识产权为何物，特别是听到"专利"二字，更觉得那是资本主义的东西，甚至有一种本能的抗拒思想。当专利局把起草的专利法草稿提请社会各部门讨论时，遭到一些主流部门的普遍质疑或反对。他们认为我国所有的工业产品和科技产品都是模仿国外的，如果建立了专利制度，国外的发明创造大举进入中国申请专利，那就会堵塞了我们模仿的门路，束缚了我们自己的手脚。能否在中国建立专利制度的争论一直持续了三年多；反对的声浪占上风时，影响了 WIPO 官员的情绪，我的日子就很不好过。

中国专利法草案先后修改了 23 次，每个修改草案及其实施细则都会送到WIPO 来征求意见。鲍格胥必定召集法律顾问、工业产权司司长和我在一起，逐条逐句地仔细分析研究，提出意见和建议，反馈给中方。关于是否在中国建立专利制度的争论，最后经过邓小平同志的拍板才算尘埃落定，有了肯定的结论。直至 1984 年 3 月 12 日，专利法才由全国人大常委会讨论通过。在这个过程中，由于我身处世界知识产权组织这个大环境中，耳濡目染，对中国建立知识产权保护制度的必要性还是坚信不疑的，对我国专利法、商标法及其实施细则的顺利通过，也算尽了一点绵薄之力。在此期间，我还对《保护工业产权巴黎公约》《专利合作条约》《商标国际注册马德里协定》等国际条约的作用、意义和参加的必要性等进行了深入的调查研究，写出了调研报告，报送给国内有关部门，对我国参加这些国际条约起了一点参考价值。

参与创建中国的专利制度

1984 年年底，我结束了与 WIPO 的工作合同，奉召回国。1985 年年初，被任命为中国专利局副局长和党组成员。专利局成立后的前四年，中心工作主要是起草和修改专利法草案，局的业务建设还在筹备过程中。对于建设一个新型的、业务性很强的现代化专利局，大家都很陌生，只能参照国外的经验，一切从头开始。

1985 年 3 月 12 日，专利法正式生效，也就是专利局正式开张接受专利申请的日子。局党组定的目标是做好各方面的充分准备，顺利地接受专利申请，争取当年通过专利审查，授予第一批专利权。WIPO 总干事认为能实现这个目标将是一个奇迹，这在其他国家是不可能的。局长黄坤益做事很果断，但作风比较民主，充分放手让几位副局长管好他们各自分管的工作。

3 月 12 日清晨，许多申请人就到专利局排队领取申请表格，第一天就提交了四千多份专利申请。在党的领导下，经过全局职工的共同努力，大家同心协力，众志成城，终于胜利实现了预定的目标，于 1985 年年底以前在人民大会堂小礼堂授予了第一批专利权，创造了世界专利史上的一个奇迹。

当时局党组分工，让我分管法律、国际合作、文献、出版、宣传、自动化等业务，并担任中国专利局的新闻发言人，除了审查业务以外，其他业务工作都压在我身上。这些业务对我来讲都是生疏的，压力是很大的，但是在清华"自强不息"校训的激励下，本着学习的态度，我勤勤恳恳，奋发图强，到每一个部门去，依靠群众，进行调查研究。在所有的会议上，我都聚精会神地听取每位同志的发言，开动脑筋，认真思索，所以很快就能发现问题，解决问题，较好地完成自己的任务。

专利文献是专利审查制度的必要工具和基石，每年各国专利局都会公布成百万份的专利文献，专利审查员必须检索浩如烟海的专利文献，才能确定一项发明创造是否属于全世界首创，是否有资格授予专利权。我在 WIPO 任职期间，就去了德国、瑞士、奥地利等国专利局，请他们将多年来积累的专利文献纸件的备份支援中国专利局，装了三大集装箱，为我国的专利审查工作奠定了初步的基础。回到专利局以后，又与一些主要国家的专利局建立了专利文献的互换关系，使专利审查工作具备了坚实的物质基础。

中国专利局从建局伊始就很重视舆论宣传工作，德国专利局援助我们建立了一个现代化的印刷厂，拥有先进的黑白和彩色印刷设备，从一开始就可以自行印制全部专利文献、有关的杂志和书籍。我们每隔一段时间就召开一次记者招待会，向媒体通报专利工作的进展情况。每年年底还编印中英文对照的彩色中国专利局年报，向国内外汇报中国专利的发展状况、年内的大事以及重要的统计资料。我们还编印了中国专利局的机关刊物《中国专利》月刊，1987 年左右又扩大为《中国专利报》。作为专利局宣传工作的负责人，这些工作都是由我主持筹办的。

专利工作是一项国际性很强的业务，与国外业界具有千丝万缕的联系，中国专利局的建设也受到国外同行的热情关怀和支持。我们除了与世界知识产权组织建立经常性的业务联系以外，还与德国、美国、法国、英国、瑞士、瑞典、日本等国的专利局以及欧洲专利局建立了密切的友好合作关系。特别是联邦德国科尔总理政府决定拨两千万马克专款，帮助中国建设专利制度，为中国专利局建立了一个印刷厂，提供了全套通信设备，接收了几百名审查员和管理人员到德国专利局去培训。日本有关部门也赠送了两套富士通计算机，并派专家组来协助安装，指导使用。其他各国专利局也都承担了为中国专利局培训人才的任务，使中国专利局有了合乎国际标准的人才队伍和硬件设备，保证了工作的顺利运转。世界知识产权组织每年都要召开一次成员国大会，每次都由我陪同中国专利局局长前往参加，担任中国代表团的发言人，参与大会的讨论。

现在，我已届耄耋之年，回顾这一生，我有一点体会，无论从事什么行业，做什么工作，都必须下苦功夫，认真钻下去，才能取得较好的效果。几十年中，我坚持凡是写文章、做报告、做演讲，无论是用中文、英文还是俄文，都必须亲自动脑、动手，亲力亲为。要独立思考，绝不让别人操刀代劳。我遵从"活到老，学到老"的教诲，尽量做到与时俱进；70 岁开始学计算机，逐步学会了用中文、英文、西班牙文打字，打了几百万字的材料，速度还不慢；还学会了用中英文上网检索资料。我从 68 岁学开汽车，一直开到 84 岁，是一名具有 16 年驾龄的老司机了。

陈柏生学长（1949 年）

万里云山如画 千秋笔墨惊天

——记《人民日报》高级记者陈柏生

■ 李灿灿

1949 年，刚进城的柏生（后排中）与报社女职工和孩子们，前排左 1 为女记者金凤

1949 年 6 月 19 日，新政治协商会议筹备会在北平隆重开幕。柏生奉命采访这次会议，见到了伟大领袖毛泽东和朱德、周恩来。毛主席问她是哪个地区的代表，活跃的柏生脱口而出："我是《人民日报》记者！"毛主席握住她的手，笑着点点头说："哦，人民的记者。"毛主席一边和别的代表坐下来交谈，一边招呼柏生坐在自己身边。机灵的她抓住难得的机会，用笔"摄"下这个镜头，一篇特写发表在次日的《人民日报》上。

她在 23 岁的时候登上人民空军的飞机，参加了开国大典的空中采访，接受了开国领袖的检阅；同时又不愧为朱自清先生的弟子，文笔清新朴素；她还是一个新闻速写和人物专访写作高手，在 40 余年的记者生涯中笔耕不辍，佳作频出。

她就是陈柏生，《人民日报》高级记者。在很多大学新闻学院的课堂上，讲人物专访时，至今不得不提的名记者当中就会有她。

见到陈柏生时，她坐在客厅的沙发上，穿着暗红色的毛衣，虽然有白发，但是梳得整齐。老人指指沙发，示意让我坐下，茶几上是她的几本文集。和蔼、安静，是这位出生于 1926 年的老人给人的第一感觉。

采访开国大典的唯一一位《人民日报》记者

我们的采访以"开国大典"开门见山，陈柏生说自己当时是《人民日报》派出的唯一一位采访记者，虽然那么多年过去了，她还是透着几分自豪。

我向老人追问更多关于开国大典的细节，她为我找出了自己在十年前，也就是 1999 年曾经写下的一篇文章《我参加了开国大典的空中采访——难忘的历史画卷》，她说，很多细节可以从以前写下的报道中去寻找。

我打开她递过来的文章，开头这样写道："我永远忘不了 1949 年 10 月 1 日，中华人民共和国的伟大诞生日！作为《人民日报》一名年轻的记者，一清早我穿上了崭新的银灰色列宁服，把白色衬衫的衣领翻在制服外，梳好了两条小刷辫子，挎起绿色帆布包，里面装好了我的采访本、笔和稿纸，高兴地乘车来到南苑机场，同我们的空军战斗员和机群一起参加开国大典的隆重阅兵典礼。"

她说当时自己还很年轻，写东西很快，一听说要采访开国大典很激动，时间紧任务重，而且稿子马上就要写，也没有很多的时间能做准备工作。一整天的采访很紧张，"从机场回到王府井大街人民日报社，已是傍晚。顾不上吃饭，就匆匆拿出采访本、笔和稿纸，伏案奋笔疾书。当时就是想把现场目睹的感人事物和情景都一一真实地写出来，为人民留下开国大典领袖和人民隆重检阅祖国空军飞行队伍的珍贵见证——《飞行在首都的上空》这篇速写。"

60 年过去了，从 20 多岁风华正茂到如今已是耄耋之年，当年激动人心的难忘经历已经化为无声的历史情怀。我们常说，新闻是在记录正在发生的历史，而陈柏生无疑在历史和新闻中找到了钥匙，用自己的新闻作品成为历史的记录者、见证人。

朱自清先生的女弟子

陈柏生的求学经历中，1943—1946 年在西南联大中文系学习，1946—1948 年在清华大学中文系学习。在校期间曾受到朱自清等多位先生的亲切教诲。

"我非常尊敬朱先生"，在对话中，她用了"敬爱的"这个词来形容朱自清先生。当时朱自清是系主任，"他不仅课教得好，而且平易近人"，陈柏生的印象中，朱先生经常跟大家一起聊天，没有一点名师的架子。

谈到老师对她写作道路的影响，陈柏生说，朱先生挺喜欢他们这些学生，经常会给一些题目让写"命题作文"，还经常亲自指导修改。

本想问陈柏生最为欣赏的朱先生作品是哪一篇，她说："朱先生的佳作真是很

朱自清先生（2排左4）与中文系学生合影。2排右1为陈柏生

多。这太难说了。"虽然没有得到渴望的答案，但是从她眼神中流露出的尊敬与怀念让人难忘。

写就一代科学家风华

"凡是能够采访的基本上都采访了。"陈柏生这样概括自己的人物专访经历。

柏生的新闻作品，以人物专访见长，其中许多作品是写科学家的。我和老人一起翻开《柏生专访集》《柏生新闻作品选》，看到她用笔记录下的李四光、钱学森、钱三强、华罗庚、竺可桢、高士其、严济慈、茅以升、童第周、林巧稚、卢嘉锡、梁思成……

因为自己年轻时爱好广泛，尤其是喜欢文学和科学，加之当年住在清华大学，陈柏生说："差不多采访过当时所有有名的科学家，其中的很多人一直都记得我。"她把这些人物的命运与整个社会大背景结合起来，以人生为写作的出发点和归宿点，使作品具有长久的生命力，展现了一个时代知识分子的精神风貌。

我不免好奇，采访这些大科学家会不会觉得很紧张？她一下子笑了，说："还是多少会紧张的，到底是老师，都是名师。"之前看到有学者这样评价她——名记者柏生，由于自己的经历和所受的教养，使她了解知识分子，尊重知识分子，和知识分子广交朋友，所以，许多著名的专家学者都成为她的专访对象。

"千秋笔墨惊天"

说起她的代表作，不得不提的就是《写在绢帕上的诗》这篇人物专访。透过邓拓赠送丁一岚的两首写在绢帕上的诗，深情地记述了他们既是战友又是情侣的崇高感情，记述了他们在不同的战斗岗位上互勉互励，互敬互爱，在战争严峻的考验中结下了忠贞不渝的爱情。

邓拓曾经赠言柏生"万里云山如画，千秋笔墨惊天"，于是我们的话题转向了邓拓。她说："邓拓当时工作很忙，有时间的时候，我会去他家登门拜访，与邓拓的夫人丁一岚也很熟悉。"

陈柏生曾说过："专访中，记者可以出面，作为见证人，把读者带到现场，结识人物，了解事件；可以在文章中勾画人物外貌、神态、衣饰、动作，描写人物对话，以及周围的环境；也可以写自己的思想、感情、见解，写得情景交融，使人一路读来，如临其境，如见其人，如闻其声。"

她是那么说的，也是那样做的。半个多世纪的烟云散去，她的经验之谈和代表作品，不仅为我们勾勒出邓拓这位令人尊重的报人清晰的影像，而且也把宝贵经验传授给了新闻后辈。

时代在进步，从老人采访开国大典时用的"采访本、笔和稿纸"到我们今天在计算机前用键盘运指如飞地写稿，"千秋笔墨惊天"中所寄予的新闻理想也在不断延续。

来源：人民网 2009 年 5 月 4 日

四　自强不息　行业精英（下）

373

过伟学长（1949 年）

为祖国健康工作 62 年

■ 过 伟

蒋南翔校长 1957 年勉励清华学子"争取健康地为祖国工作 50 年"。

1949 年 3 月 11 日，我离开清华大学参加第四野战军南下工作团，11 月进入广西少数民族地区。现在，写此文遥祝 2011 年母校百年华诞，我已为祖国健康工作了 62 年，超越了蒋校长的期望。

2007 年 11 月 30 日，中国文联、中国民间文艺家协会为我颁发"第八届中国民间文艺山花奖民间文艺成就奖"，表彰我 60 多年中出版了 60 多部书。

2009 年 7 月，中国作家协会给我颁发"从事文学创作 60 年"荣誉证书、证章，这使我回忆起：1949 年我写《南下日记——从燕园到鸡公山》，当时南下工作团一大队住在燕园（燕京大学），之后坐火车南下到河南信阳鸡公山。文稿寄给母校中文系李广田教授，在李师任编委的《新建设》发表。62 年的写作从此起步。

第一位壮族歌师傅

1951 年参与创办《柳州群众报》，报社领导同志叫我物色一位农民歌手当记者。柳州专区南部象县、武宣、柳江三县刚完成土地改革，抽调支援北部各县开展土改的一批积极分子，正在柳州市集训。我曾参加象县土改，于是找到带队的象县县长。他推荐一位壮族女歌手韦桂英。她到报社后，我在一个礼拜中向她采录三百首传统情歌。

我还发动《柳州群众报》《宜山农民报》通讯员采录传统山歌，209 位通讯员寄来 20 万首。我从中精选 1000 首，辑为《柳州宜山山歌选》，1958 年在北京出版。其中 200 首是韦桂英传唱的，她是我的第一位壮族歌师傅。62 年的歌谣研究从此起步，先后出版或参与的民歌著作有：《中国歌谣集成广西卷》，任副主编；

合编《侗族民歌选》《毛南族民歌选》《京族民歌选》《中国曲艺精品秦良梅传奇》《中国侗族歌谣故事精选》；审定《毛南族民歌》和《仫佬族古歌》并写序，主编并写序《广西侗族琵琶歌》，合编《民间诗律》《中外民间诗律》《古今民间诗律》《中国少数民族文艺理论集成》（其中民间诗论）等。

所写研究论文有：《民间诗律与新诗发展的思考》《壮族抒情长歌〈嘹歌〉的抢救、翻译与研究》《侗家诗学初探》《毛南族民歌的艺术特色与民间诗律》《京族民歌的艺术特色与民间诗律》《仫佬族民歌的艺术特色与民间诗律》《民间诗学美学，精邃丰富，瑰丽多彩，实践—理论—实践之论》《侗傣民间诗论与钟嵘〈诗品〉之比较研究》等。

从三部文学史到《台湾民间文学》

1981 年我到毛南山乡采风，1982 年到京族三岛采风，1984 年后陆续出版《毛南族京族民歌选》《故事选》《毛南族京族仫佬族风俗志》《中国歌谣集成广西卷》。在此基础上，独自一人撰写毛南族、京族、仫佬族三部文学史，于 1993 年出版。青年时，受闻一多先生的影响，立志写一部"史诗"、一部"诗史"。离开清华园参军南下广西后，采录了侗族《娘梅歌》、毛南族《枫蛾歌》、京歌《十三哥卖鬼》等民间叙事长歌，也顶得"史诗"了。写了三部文学史，也顶得"诗史"了。

我在完成了国家重点课题三部文学史和《中国歌谣集成广西卷》以后，1996 年自选了"中国女神"这个题目，写了 5 年，2000 年出版，探索 56 个民族 1000 多位女神。本书获全国首届山花奖，广西第四届铜鼓奖。日本君岛久子、新岛翠、林雅子经过 4 年翻译为日文，找到出版社并反复修订 4 年，于 2009 年在东京出版，架起中日人民友好之桥。

1977、2001 年，我曾两度赴台湾出席三个民间文学学术会议，获台湾学者赠予的 200 多部民间文学书籍。2001—2005 年，经过 5 年工作出版《台湾民间文学》，被北京大学段宝林教授称为"论述和介绍台湾民间文学的海峡两岸第一部书籍"，获中国民间文艺家协会第八届山花奖学术著作奖。

母 校 师 情

1996 年 4 月，我出席国际民间叙事研究会北京会议，刚好逢上母校校庆返校日，便和汪瑞华、孙景瑞、董松泉、李家兴、蓝勤臻、史哕春等学长于 4 月 28 日回母校参加校庆活动。中文系主任徐葆耕教授在中文系会议室与我们座谈。会议室墙上挂着六位学术大师肖像：梁启超、王国维、赵元任、陈寅恪、闻一多、朱自清，引起我绵绵追思。

闻一多先生 1946 年在昆明遭国民党特务暗杀，那时我就读暨南大学。64 年了，我至今还清楚记得 1946 年 10 月 4 日上海各界公祭李公朴、闻一多，邓颖超同志到会，宣读周恩来同志亲笔写的悼词。报纸刊登了一副挽联：

一个人倒下去，千万人站起来；

千万人站起来，一个人倒下去。

闻一多先生去世后，朱自清先生编《闻一多全集》。我在报纸上读到闻师文章，就剪报寄朱师。朱自清先生在全集《编后记》里记下了我的名字和所寄文章的篇名。我同时还寄给朱师自己稚嫩的习作，朱师在回信中热情肯定那首源于生活的诗。他的信鼓舞我读了 12 部中国文学史、6 部中国通史，终于在 1948 年考上清华插班生。可是朱自清先生却在那年 8 月 12 日仙逝，我只赶上 11 月在香山的骨灰葬礼。

1948 年，我由暨南大学转学清华，听过陈寅恪师讲授白居易《新乐府》等，终身受用。陈师主张"以诗证史"，我受此启发，以民歌证少数民族史。陈师是清华中文系、历史系的教授，在历史系讲授隋唐史，在中文系讲授白居易。陈师住新林院 52 号，有间小教室，二三十个学生座位。那时的清华中文系，一、二、三年级各 5 人，四年级 13 人，研究生 2 人，全系共 30 人。陈师的课是研究生课程，我虽是三年级学生，却选了白居易，学校也批准了。陈师在躺椅里娓娓而谈，助教在黑板上写板书。李广田师讲授各体文习作。我受屈原《天问》启发，也写长诗《问》，责问历代封建王朝为什么镇压知识分子：

秦始皇为什么坑儒？

东汉为什么搞党锢？

……

现代为什么逮捕救国会七君子？

当代为什么镇压学生运动？

通篇近百问，问问深入，写了很久却未能完稿。在 1948 年 12 月 12 日保卫图书馆之夜，思想深处突发闪光：

沉积人民心底的火药爆炸呀，

那总统宝座垮不垮？

我终于找到了最后一问。李广田师画了三个大红圈，这是李师给学生作业的最高分。2000 年 8 月，我在昆明参加少数民族文学学会学术会议，凭吊李师在"文革"中殉难的莲花池。哲人已逝，追思悠悠。

余冠英师给我们讲授《诗经》。记得 1949 年岁初的农历除夕在余师家里包饺子，他请了汪瑞华、李家兴和我等南方同学，一面包饺子一面谈岁时风俗，我学会了擀饺子皮。窗外寒风阵阵，室内师生乐融融。我 20 世纪 80 年代到北京西山出席民间文学学术会议，会前托余师嘱其儿子余绳武（中国社会科学院历史研究所教授）在社科院崇文门招待所代订两个床位。哪知这趟火车晚点 12 个小时，余师便让孙子到儿子那里住，把卧室让给"老学生"。我和壮族民间文艺家蒙光朝深夜到达余师家，余师竟一直等我，迎我进门。他跟师母说："不是造反派揪人批斗，是清华的学生来看望。"师母才放心回房。我每次到北京开会拜访余先生，他总会做南方口味的菜肴招待"老学生"，赠我《诗经选》《诗经今译》《汉魏六朝诗选》。悠悠师情，铭于我心。

清华园里只读书一个多学期，1985 年补发的毕业证书，"追认"1950 年毕业。

生命不止笔耕不息

2009 年中，我交给出版社六部书稿，可望 2010—2011 年问世：

一、《吴歌研究》（独著），我是吴歌流传地域江苏无锡人，研究广西及全国歌谣 60 多年，老了又开始研究家乡的民歌。

二、《台湾高山族民间文学》（独著），继《台湾民间文学》之后，深耕台湾，进而探求高山族民间文化。

三、《中华民间文学民俗学 26 名家》（独著），读 26 名家的书，做 26 名家的"弟子"，自称为"民间读博计划"。

四、《中华民俗大典广西卷》（过竹、过伟合著）。

五、古籍整理《广西侗族琵琶歌》（合编，主编之一）。

六、《侗族民俗文化研究》（独著）。

1991 年，中国民间文艺家协会名誉主席贾芝教授曾勉励我在民间文学领域"挖一口深井"。我在 2007 年赋《五不歌》自策自勉：

不为名累兮！不为利蚀兮！不为欲惑兮！不为成功骄兮！不为挫折馁兮！

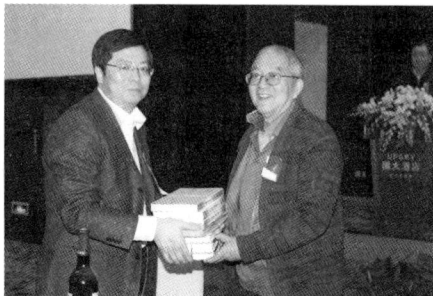

2010 年 4 月在南宁，时任副校长邱勇代表学校接受过伟学长捐赠的个人著作

现天天锻炼"练功十八法"徒手保健操，朝朝锻炼 12 斤的哑铃操，日日读书看报爬格子，保持身心健康，为祖国工作。

2010 年 4 月 20 日

来源：《清华校友通讯》复 62 辑

曾俊伟学长

深感清华雨露情

■ 曾俊伟

岁月易逝，时节如流。我从清华毕业到现在，倏忽将到 60 周年了，60 年恰是一个甲子。在历史长河中甲子只是一瞬间，但在人的一生中，却占了大部或整个时间。在此值得纪念的时刻，我愿意将自己 60 多年来的经历以及感受诉诸笔端，谨请学长与后来的清华学人指正和鉴诫。对我来说，也是一个反思，但愿能起到"温故知新"的作用。

魂牵梦萦清华园终于实现夙愿

我高中是在抗战时的国立二中上学，这个学校的前身是扬州中学，抗日战争时学校迁到我的家乡四川省合川县。当时的扬州中学是全国名校，所以我们本地人要考进去很不容易。二中的特点是：老师管教不严，学生崇尚自由，但学习比较自觉。当时二中的学生十分仰慕北大、清华两个"民主堡垒"，很多同学更钟情于清华，我也是其中的一个。

当年我少年气盛，有些缺乏自知之明，考大学时只报考了一所学校清华大学。不料第一年考试就名落孙山。尽管我非常失望，但并不灰心，于是我去重庆大学先修班进修了一年。第二年报考大学时，我就感到有些心虚，再不敢孤注一掷地只考清华了。除清华外，我还报了重庆大学。这次很幸运，两个大学都录取了，而且还考了重庆大学外文系第一名，可以得到一笔奖学金，可说是双喜临门。可是这个"双喜"却使我十分为难：如上重大，不仅经济条件很好，而且不用远走他乡，可以舒舒服服地在老家读完大学；但如上清华则不然，当时北平的物价要比重庆高 10 倍以上，单是上学的一大笔路费就很难筹措，况且时局动荡，未来的艰苦日子更是难以预料，但是我仍不愿改变上清华的决心。经过反复考虑和思想斗争，我做出了平生第一个重大抉择：放弃重大奖学金，北上进清华！在亲友的关怀和资助下，我终于凑足了路费。我孤身一人，离开重庆，取道上海，乘海轮经天津去到北平，十分兴奋地跨进了我向往已久、魂牵梦萦的清华园。

荣登学术殿堂进门真不容易

初进清华园，真像刘姥姥进大观园一样，我们什么都感到新奇。中西合璧的华丽建筑，各种完善的教学设施，优美绮丽的校园风光，特别是这里有一批博学多才、闻名中外的学术大师。当时我内心暗喜：我能跻身在清华这个学术殿堂，领受这些名师学者的教导，真是莫大的幸运。可是我也感觉到，要进入清华这个学术殿堂真是不容易！到清华不久，在我们系新生初次见面会上，每个人照例做了简单的自我介绍。我在自我介绍中特别说明，我第一次考清华没考上，是第二年再次报考才被录取的，几个同学便搭话说："我也是第二次才考上的。"坐在旁边的一同学最后开口说："你们考了两次算什么？我考了三次才考上哩！"然后，他便叙述了他"三考清华"的经历：第一次考清华是在广州考区报考的，住在他舅舅家里。他舅舅卢华焕（西南联大注册处职员）就是清华大学广州区招生办公室的主任。他舅舅只管他吃住，从不与他谈招生、考试问题，也不问他的学习情况，结果没有考上。第二年他又在北平报考了清华，还是没有考上。第三年，经过在清华先修班苦读一年后，才如愿以偿地考进了清华。他就是曾任中宣部教育局局长、后任国家图书馆党委书记兼常务副馆长的唐绍明学长。绍明学长的叔曾祖父唐国安，是清华学校的第一任校长，他的叔祖父唐孟伦是清华学堂庶务长，他的父亲唐贯方、姐姐唐绍贞都是清华或西南联大图书馆馆员，可谓是世代清华人了，尽管有这样的关系，可他一点也没沾到光。这说明清华录取学生是何等严格、公正，这才保证了在校学生的水平和素质，从而为造就优秀人才创造了条件。

赞赏通识教育

清华对大学一年级新生的教育、培训十分重视，学校专门设立了一个"大一部"。我进清华时"大一部"主任是经济系的戴世光教授，他每周都要安排有关教授在大礼堂向刚入学的一年级新生作报告，介绍清华情况和优良传统，指导学生如何学习、做人。给我印象最深的是潘光旦教授（社会系主任，图书馆馆长）的报告，他十分真诚、热情地鼓励我们这些青年学生，要充分利用清华图书馆的优越条件，多多读书，积累知识；特别要求我们提高阅读外文书籍的速度和能力。潘老师说，清华是实行通才教育（Liberal Education），"通"指的是人生；"专"指的是事业。做人的"通"和做事的"专"，应以通为主，通专结合。他号召我们，

2004 年，曾俊伟（右 2）与清华同学团聚

学习要兼收并蓄，博采众长，努力使自己成为通晓古今中外、知识渊博的学人。潘老师这一番话，使我十分振奋，不但印象深刻，而且影响很大。

我虽是念经济系，但说老实话，我对经济并不很感兴趣，因此也不肯下功夫去深入钻研。相反的，我却选修了不少外文系、中文系和哲学系的课程。当时的教务长周培源教授发现我选课太多，门类太杂，遂把我叫去"训斥"一通，说我"好高骛远，贪多不精"，令我退选好几门外系的课程，我只得遵命。课程虽然退选，但我还是照样去上课，就是拿不到学分。

走向社会接触实际

1952 年秋，我从清华毕业，被分配到中国国际贸易促进委员会工作。我这个典型的"三门干部"，这算是跨进了第三个门槛——机关门。在贸促会一干就是四十多年，没有更换过单位。四十多年中，我先后从事了以下三方面的工作：

先干出国展览。 起初我在贸促会研究室整理有关联合国的材料，是为我国恢复联合国席位做准备。不久，被借调到出国展览部参加筹备去苏联的展览。当时正是"牢不可破"时代，去苏联展览被视为"重大的政治任务"，许多重大问题都是由周总理亲自批示、决策。比如对我们草拟的出国展览方案，周总理就亲自做了这样的批示（大意）：军事不要，政治少要，以实物为主，结合图片图表和文字说明，宣传中华人民共和国三年来的经济建设成就，以增进两国人民的相互了解和友谊，促进两国经济贸易关系的发展。这一精辟的批示，几十年来一直是我们出国展览的指导方针。

1953 年夏，我国第一次在苏联的莫斯科举办大型展览，我是展览团成员之一，亲自感受到了展览会的盛况。当时苏联以赫鲁晓夫、马林科夫为首的苏共中央主席团全体成员参观了展览会，对中华人民共和国在短短三年中取得的巨大成就大加赞扬。展览会后，我又转去民主德国参加来比锡国际博览会。回国后，组织上决定我继续留在出国展览部工作，直到"文革"下放"五七"干校。在十多年的工作中，我从一个一无所知的生手，很快熟悉了业务，成为可以独当一面的骨干。我的主要任务是：在国内草拟方案计划，撰写对外宣传文稿。在国外展览期间，主要是参与对外谈判、接见新闻记者等宣传联络工作。其间也做一些组织领导工作，如担任 1979 年在约旦王国举办的中华人民共和国经济贸易展览会秘书长、1983年保加利亚普罗夫迪国际博览会中国馆馆长等。

再搞对外宣传。"文革"中去干校待了三年多，回到机关后，领导上分配我搞对外宣传工作，但不是文字宣传，而是口头宣传。就是和外宾座谈，向他们介绍中国经济建设的成就，答复他们提出的问题。因为当时我国还没有实行对外开放政策，中央各部门尚无"发言人"制度，国务院外办决定，凡是对民间外宾有关经济贸易方面的宣传工作，归口由贸促会负责，这项具体任务就落在我的肩上。宣传的对象不只是贸促会的外宾，还有工会、青年团、妇联、对外友协以及旅游部门等群众团体的外宾，包括一些上层人物，如学者、教授、退职的阁僚、议员等。

根据我的工作任务，1978年、1979年我曾以贸促会研究员的身份参加当时的外贸部，分别与联合国贸发会、亚太经社联合举办中国经贸座谈会，并在会上介绍了贸促会的职能与业务活动。

改行从事法律。1982年，在改革开放的新形势下，为加快我国法制建设，大力培养涉外法律人才，当时贸促会主管法律事务的副会长任建新同志决定调我去贸促会法律顾问处工作。考虑到我法律背景不够，遂派我于1983—1984年以访问学者身份去美国一个大律师事务所工作。1984年夏回国后，我即受命筹建中国环球律师事务所，该所是我国最早成立的从事涉外经济贸易业务的律师事务所，我是环球律师事务所的第一任主任。

我在环球律师事务所任职的三年中，为中外大企业和政府机关提供的法律服务包括：参与仲裁、代理诉讼、调解争议、谈判协商、草拟法律文件等。我直接主持和参与的大项目有：作为冶金工业公司的法律顾问参与同澳大利亚CRA矿业公司商谈在西澳合作开发铁矿事宜，这是我国第一次在国外开发资源的重大项目，后来建立了中澳合作经营企业，为我国宝钢、武钢等大型钢铁企业提供了矿砂原料。作为中国航空技术进出口公司的法律顾问，参与同德国MBB飞机公司商谈合作研制支线飞机的合同。与美国律师事务所合作参与中国银行为大亚湾核电站从法国、英国取得40亿美元出口信贷的各项法律事务等。此外还应聘为司法部高级律师培训班讲授美国出口管制和反倾销法等。

1985年12月，我率领环球律师事务所法律小组应邀访问了新加坡，在200多人的工商法律界人士的大会上，我做了"中国经济形势投资环境"的主题演讲。因当时中新尚未建交，当地人对中国情况了解甚少，所以我们的讲话，很自然会引起他们的很大兴趣。

1987年，我国改革开放已逐步深入，香港回归已提上日程，当时的司法部部长邹瑜、贸促会会长贾石两位领导考虑到，香港回归后实行一国两制，我国如何在香港地区开展司法工作和律师业务问题，应预为谋措。于是两位领导签署了一个协议，决定合作在香港成立"中国法律服务（香港）有限公司"，作为中国司法部门对外的一个"窗口"，为将来内地在香港特区开展法律业务创造条件，为中国律师走向世界开路搭桥。合作协议规定，公司的总经理由司法部委派，副总经理由贸促会委派。我就是贸促会派去该公司的董事兼副总经理。由于司法部委派的总经理经常在北京主持其他工作，所以香港公司实际上是我主持日常工作。

在香港的五年中，我们处理的法律事务和案件包括：为香港廉政公署对涉及内地的案件提供有关中国法律问题的咨询；作为香港中旅集团法律顾问参与同美国方面商谈在奥伦多（迪斯尼游乐园附近）修建"锦绣中华"游乐园项目等。

我在香港时还主持参与了两项重要法律事务：第一，改革了出证认证体制，规范了香港居民办理受内地承认的公证文件的法律程序，促进了两地经贸民商关系的发展。第二，受理了一件跨越五六十年、三代人向日本索赔的海事大案：1936年香港中威公司的两艘轮船租给日本大同海事株式会社，抗日战争全面爆发后被日本海军劫持，用作运输战略物资。抗战胜利后，中威公司第一代船主多次亲赴日本有关方面交涉，要求归还两条轮船，日方百般推脱，未获结果。第二代船主根据父亲的遗嘱，继续向日方索赔，并委托日本律师在东京起诉，结果失败。我们香港公司是接受第三代船主的委托，接办此案。考虑到此案历时很久，情况复杂，涉及面广，于是我们组织了一个包括国内许多民商、知名海事法律专家、学者的庞大律师团来办理此案。任继圣同志任团长，我任秘书长。已故的王铁崖老学长和柳谷书董事长等德高望重的老专家们均被聘请为律师团的顾问。律师团的专家们认真研究了案件的档案材料后，做了充分准备，于1988年12月在上海市法院起诉日本海运株式会社（大同株式会社为其前身），要求赔偿两条轮船。随后近十年中，曾五次开庭审理，中日双方律师在法庭上进行了激烈辩论，最后日方败诉。法院判决日方向中方当事人支付两条轮船的赔偿金29亿多日元。日方不服，向上海高级人民法院申诉，上海高院最终裁决维持原判。现在本案正在执行中。

在香港的几年中，除了开展法律业务工作外，还多次应邀参加一些社会及学术活动。1990—1992年，我应澳大利亚墨尔本大学亚洲法律中心的邀请，以访问学者身份，从香港去澳洲讲学，讲授中国经济法。

离开清华园走上工作岗位以来，不管干什么，我都兢兢业业，恪尽职守，努力完成任务；无论到了什么陌生环境，我都能很快适应新的情况，把承担的工作做好。这些无形力量和智慧的泉源，都是来自清华的熏陶和培养，和"通才教育"的影响有很大关系。我深深感谢在清华的几年中，母校对我的春风化雨之情、良师育人之恩。

2012年3月10日于北京天兆家园

来源：《清华校友通讯》复66辑

李光远学长

六十多年来的学习与写作

■ 李光远

　　1950 年夏从清华母校社会系毕业后，我一直从事理论宣传工作（"文革"期间被迫停止工作那几年除外），边工作，边学习，学习过程中写一些文章。1950 年夏至 1958 年秋，在中共北京市委宣传部；1958 年秋至 1966 年夏，在市委《前线》编辑部；1974 年春至 1986 年年底，在中共中央《红旗》杂志社。从《红旗》离休后，没有停止学习和写作，继续发表了一些文章，出了几本书（包括翻译）。

　　我学习马克思主义理论开始于 20 世纪 50 年代初在职干部的政治理论学习课程：社会发展史、政治经济学、哲学、中国近代史、中共党史、联共党史等。那时，中共北京市委宣传部请著名专家给在职干部讲这几门大课。我的工作是听课做记录，整理好送请专家审定后，印发给听众。有时通过电话或书写回答一些问题，到一些单位去传达。我每周几个晚上还去人民大学为在职干部举办的夜大学听几门课，后又被送到中央党校理论教员训练班学习政治经济学半年。结业后，我与四五位准备作兼职理论教员的同志脱离工作岗位一起闭门读书，集体攻读《资本论》约三个月。之后我在市委宣传部讲师团作专职理论教员，给在职干部中级班讲政治经济学，辅导兼职理论教员教学。

　　1954 年年初，我曾应约为《北京日报》写了三篇辅导读者学习过渡时期总路线的小文章，起草了一篇讲郊区农业合作化的社论。这几篇文章是我从清华毕业后在报刊上发表文章的开始，主要是复述文件的内容，谈不上有什么自己的见解。1957 年 1 月，我在《学习》杂志发表一篇评论，题为《要说服，不要硬灌》，批评那种照本宣科、回避现实、拒绝回答问题的讲课方法，强调要如实回答听众和现实生活提出的问题，不要乱扣帽子。

　　我此后的学习和写作情况如下：

　　一、1965 年，"文革"爆发前一年，时兴"阶级斗争为纲"，阶级斗争天天讲。在这个背景下，有些人主张真理有阶级性，不同阶级有不同的真理。《前线》编辑部收到一些读者来信问这个问题，我写了一篇文章《真理有没有阶级性》作答，《人民日报》予以转载。接着又针对一些不同的意见写《再谈真理有没有阶级性》作进一步阐述，我的基本观点是，真理的客观内容不以人们的意志和认识为转移，因而没有阶级性；人们对有些真理（特别是人文科学的真理）的理解、解释和运用，会因阶级地位不同而不同，因此有些理论、学说有阶级性。这两篇文章顶风犯忌，与前边说的那篇《要说服，不要硬灌》在"文革"中成为我一度被打成漏网"右派"、反革命修正主义分子的主要罪证。

二、斯大林著《苏联社会主义经济问题》中文版出版后，我国经济学界讨论经济规律问题热闹了好多年。一些学者热衷于讨论已知的几条经济规律的"要求"和"作用"，说要按规律的要求办事，要发挥某些规律的主导作用、积极作用，防止某些规律的消极作用等。我认为这些说法有违规律的客观性和常识；事实是事物的发展和相互作用中存在着客观规律，不是冥冥之中有什么规律在对事物发生作用。科学的任务在于研究事物相互作用中存在怎样的客观规律，逐步校正、加深对客观规律的认识，并不断发现新的规律，扩充知识面；而不是要研究怎样发挥和限制客观规律的什么"作用"。我在一些文章和讨论会发言中讲这个观点，关于规律"作用"的讨论由于难有什么结果慢慢降温，终于没有什么人再提了。后来，我在一篇文章中谈到我国经济学者的任务时对我的上述观点作了系统的阐述（《社会主义的本质、劳动者的地位和经济学的任务》，载丛书《我的经济观——当代中国百名经济学家自述》，江苏人民出版社，1992年7月）。

三、在改革开放之前，我国实行计划经济时期，经济学界对于社会主义社会是否存在商品讨论了多年，有人否定，有人部分肯定，有人完全肯定。斯大林肯定集体农庄之间、集体农庄与全民企业之间存在商品交易关系，否认全民企业之间有商品关系。许多人赞成这种说法。我参与讨论社会主义商品经济问题，发表了十几篇文章。其中一篇《全民企业商品关系的根源和商品概念的发展》（《中国社会科学》1987年第2期）提出"商品是双方在交换中计较其劳动补偿的产品"这一新概念，回答全民企业间为什么存在商品关系的问题，并用这个概念对劳动"创造"价值、商品中"包含""凝聚"着劳动等形象化比拟的说法给予新的更符合实际的诠释。我论说，沿用马、恩、列把商品定义为私有者交换的物品的概念和斯大林把这个定义中的"私有者"改换为"不同所有者"的概念，无法合乎逻辑地回答社会主义社会存在商品的问题。我认为，多年来学者们试图调和经典定义与现实的矛盾的种种说法，都没能说通，都没有考虑科学概念的内涵和外延会由于实践和认识的发展而变化，例如"数"这个概念由只指正整数发展到可以包括0、负数、无理数、虚数。

四、1959 年，毛泽东提出人民公社中生产资料和劳动力归哪一级所有的问题。随后，1962 年 1 月一位著名经济学家发表文章说，应该提出劳动力所有制这样一个新概念来补充常说的生产资料所有制范畴。他认为，在资本主义社会，劳动力是工人的私有财产；社会主义制度下劳动力属于公有，说这是按劳分配的依据。一些人赞成劳动力所有制这个新提法，但说社会主义下劳动力仍属私有，这才是按劳分配的根据。1962 年 8 月我在《新建设》杂志上发表文章说，劳动力只有在生产活动中才能成为现实，因此不可能成为任何人的真正意义上的财产；生产资料所有制范畴的核心内容就是劳动者在生产中的地位，不需要另提劳动力所有制做补充；劳动力所有制的提法不能成立，无助于说明任何经济问题。大约 20年后，我国进入改革开放时期，1981 年有些学者在讨论社会主义公有制、按劳分配等问题时，重拾 20 年前的这个话题。社会主义社会中劳动力公有说、个人所有说、部分个人所有说、两重所有说等等，众说纷纭。我在《经济研究》1982 年第1 期发表《劳动力所有制论质疑》指出，把一无所有的无产者说成是劳动力财产的所有者，是资产阶级学者的"发明"；马克思揭穿了这种市场假象，而不是如有些学者说的马克思肯定了这种主张。社会主义公有制是联合起来的劳动者的共同所有制；把他们的劳动力当作公有的财产来议论，否定了劳动者作为公有财产的主人的地位、利益和权利，是多年来许多侵犯劳动者权益的"左"的错误的根源；把劳动报酬说成是劳动力私有权出让的补偿，歪曲了公有制、按劳分配的意义和国家、集体与个人的关系。

五、改革开放的实践和 20 年前后这两场讨论使我认识到，怎样理解社会主义公有制是个需要深入讨论的问题。1984 年 3 月我写了《劳动者是社会主义公有制的主人》（《红旗》第 11 期），批评一些学者把马克思在《资本论》中说的"在协作和对土地及靠劳动本身生产的生产资料的共同占有的基础上，重新建立个人所有制"（《马克思恩格斯全集》第 23 卷第 832 页）曲解为恢复私有制。我指出，（1）马克思这话的意思是，生产资料公有制使劳动者个人的地位发生了根本的变化，由无产者变成有产者，而不是如当时无政府主义者们所说公有制使"社会升为最高所有者"而使个人"遭到第二次掠夺""变为乞丐和游民"（《马克思恩格斯全集》第 3 卷第 225—226 页）。（2）这里说的个人所有是联合起来的劳动者个人共同所有，不是个人私有。对这一点，《共产党宣言》《德意志意识形态》《法兰西内战》《1861—1863 经济学手稿》等著作中都有明确的阐述。不可以只孤立地就《资本论》哪一句话做文章。其后我又发表了一些文章，从更多方面论证这个主题，于 1998 年 6 月出版了论文选集《劳动者个人与社会主义公有制的实现》（经济科学出版社）。其中一篇是发表于《中国社会科学》1994 年第 6 期的《马克思恩格斯著作中的"公有""社会所有""个人所有"及其他》（英译稿摘要发表于同刊英文版 1996 年第 2 期）。这篇文章为向一位著名经济学家请教而作。他发表文章说，人们通常称我国的社会主义所有制为"公有制"是错误的翻译引起的误解；按马、恩原文，只能译作"社会所有制"。他认为，以往各种社会都存在"公有制"，这不是社会主义社会的特点。一些学者发表文章表示赞成。我根据查对《马思恩格斯全集》50 多处指称社会主义所有制的德文和中文，列举马、恩二十几种不同的表达方式。大体分三类，可分别用"公有""社会所有或集体所有""个人所有"概括其涵义（中文误译只是特殊场合个别例外）。我认为，三类说法用于不同场合，可以互相补充、互相解释：社会主义公有制就是劳动者个人组成社会（或集体）对生产资料实行公共的占有。在文章的结尾，我总结说，马、恩关于公有制的论断启示我们，社会主义公有制改革的方向是劳动者作为共同所有者的主人地位真正落实和不断充实，劳动者的民主权利和自由更加扩大，生活更加富裕。

六、大约从 1979 年开始，"社会主义生产的目的是什么？"一度成为经济学界关注的热门话题，议论纷纷。我在《经济研究》1981 年第一期发表文章《社会主义生产的"最终"目的》，论说，纷争难解的关键在于论者们没有区分中间目的和最终目的；不同论者在不同意义上使用目的这个概念。我认为，中间目的是达到更高目的的手段，最终目的则只是目的而不是达到其他目的的手段。区别不同社会形态下生产性质的不是各种中间目的，而是各自有不同的最终目的。"满足社会需要"这类的提法含义过于笼统，不能说明社会主义生产的特点。满足发展经济、文化、国防、卫生、教育等方面的需要都是社会主义生产的中间目的。只有全体劳动者个人的全面而自由的发展才是社会主义生产的最终目的。

七、1992 年年初，邓小平视察南方谈话中说："社会主义的本质，是解放生产力，发展生产力，消灭剥削，消除两极分化，最终达到共同富裕。"我 1994 年发表了两篇学习笔记。其中一篇题为《共同富裕——社会主义的旗帜》（《求是》杂志 1994 年第 9 期）。我论说，以人民共同富裕为社会主义的最终目的和根本特征，是马克思主义的基本原则。邓小平总结历史经验，结合现实，重申这个原则，高举这面旗帜，具有伟大的意义。这面旗帜引导我们为人民物质和精神生活的共同富裕包括更广泛、更充分的自由而奋斗。这篇文章后来侥幸获得 1996 年度孙冶方经济科学论文奖。另一篇题为《公有制·目的·手段》（《学习与研究》1994 年第 16 期），论说建立公有制是社会主义革命和建设的目的，但这不是最终目的。最终目的是人民物质和精神生活共同富裕及个人素质和才能自由地全面发展，公有制是为了达到这个最终目的的手段，因此，要不断地完善和改进。

八、对社会主义公有制意义的探究，联系改革开放的实践，回顾自从在清华参加学生运动、入党、毕业、参加工作以来经历的各种运动，我逐步体会到，我们党多年来对个人自由的认识有误解，甚至一度忌讳禁止讨论这个问题，亟须拨乱反正。1991 年 6 月，我出版一本小书《社会主义与个人的解放》（福建人民出版社），主要说明，全体劳动者个人的自由和发展是社会主义制度本质的体现、最终的目的和发展的动力，也是衡量社会主义发展水平的尺度（概括为社会主义制度的本质论、目的论、动力论）。后来又出版了两本小书《个人问题》《个人自由》（2008 年 7 月、2012 年 1 月，华龄出版社）和一些文章论述这个主题，呼吁拨乱反正，"为自由平反"。2012 年党的十八大确认自由为社会主义的核心价值之一，我认为这不仅具有现实的指导意义，而且在党的思想建设史上具有重大理论意义。为此，写了《自由是社会主义的核心价值》（《炎黄春秋》2014 年第 2 期），结合马克思、恩格斯的设想和我国改革开放前后的历史经验，论证十八大此项规定的理论和实践意义，澄清多年来流行的一些误解。

九、2012 年 10 月 31 日，党的十八大召开的前几天，我给代表们写了一封信，建议用"中国化现代化的马克思主义"这个提法，一以贯之地表述党的指导思想。我在学习了胡锦涛同志在大会上的报告之后，感到报告中所提把握"时代特征"和"时代发展的要求"有重大意义；这比我所建议的提法中的"现代化的"马克思主义一词的意思更明确。于是，我把原来建议的提法修改为"适应时代要求的中国化马克思主义"，把这封信送交《求是》杂志社研究所编印的《秋实论丛》第四集公开发表（红旗出版社，2015 年 4 月）。

回顾六十多年来学习、思考、写作的经历，心怀两种感触：感谢与遗憾。感谢的是党和母校对我的教育。自从在清华参加学生运动和后来参加工作以来，党教育我要坚持为人民服务的立场；要从实际出发，实事求是，要全面地一分为二地从发展中看问题；以及母校提倡独立精神和自由思想。这一直是我学习、写作的指导思想，我写的都是真心为民的老实话，不盲从，不说假话。遗憾的是我做得太少，空说了一些没起作用的话，未能为祖国建设奉献一砖一瓦，愧对养我育我的人民和母校；而且想做的事也没能做完。我原计划继续广泛深入学习和探讨自由问题；以马克思、恩格斯全部著作为基础选辑一本《马克思恩格斯论自由》（摘编或语录），力求完整和准确；再写一本系统探讨马、恩自由观的起源、内涵、体系、历史和现实意义及局限性的学术著作（有别于原来写的那些应时的评论文字）。但是，四年前由于我和老伴已近 90 岁，体弱多病，一同被孩子们送进养老院，没有了学习、研究、写作的条件，不得不放弃这个计划，只能寄希望于后来者。

写到这里，心里涌出几句话，作为结束语：

殷殷报国情，孜孜以求真；

学写六十载，悠悠寸草心。

387

李琮学长

李琮：世界经济的 50 年探索

■ 李成刚

追随钱俊瑞先生的脚步，李琮用 50 多年的研究，为中华人民共和国世界经济学的创建发展贡献了卓越力量，他把全球化看作是世界经济的新发展，并对世界经济的运行机制和可持续发展问题进行了深入的研究；他对当代资本主义的新发展、对经济全球化等问题都进行了深刻的思考。

李琮，河北丰润县人，中共党员，1950 年清华大学电机工程系毕业。中国社会科学院世界经济与政治研究所研究员，博士生导师。中国世界经济研究所顾问、中国国际关系学会顾问。学术领域为世界经济、国际经济关系。著有《第三世界论》《当代资本主义的新发展》《当代国际垄断——巨型跨国公司综论》《经济全球化新论》等。

早在中华人民共和国成立初期，我国部分学者就提出，将世界经济学作为一门学科独立出来。其中对创建世界经济学发挥了重要作用的学者就包括钱俊瑞先生。受钱俊瑞先生领导和影响，李琮协助钱先生做了大量工作。钱先生过世后，李琮继续为创建新中国的世界经济学而不懈努力——他把世界经济看作是世界规模的经济整体，把国际经济关系作为世界经济学的主要研究对象；他坚持历史与逻辑统一的观点，依次对国际分工、国际商品流通、资本流通和国际生产进行了论述，并在此基础上对世界经济从总体上进行分析；他把全球化看作是世界经济的新发展，并对世界经济的运行机制和可持续发展问题进行了深入的讨论。除此之外，对当代资本主义的新发展、对经济全球化，李琮都进行了深刻的思考，在相关学术领域获得卓越成就。

从电机工程到世界经济研究的转折

李琮老家在河北丰润县，父亲虽然是贫农出身，但也读到中学毕业，后来到辽宁锦州谋生，作过家庭教师、铁路职员等工作。李琮出生在锦州，家里孩子很多，兄弟姐妹一共9个，母亲没有文化，是典型的中国农村贫苦人家女性，家庭开支全靠父亲微薄的工资收入，日子过得十分拮据。

抗日战争时期，李琮全家搬到唐山，生活更是艰苦，常常是吃了上顿没下顿。尽管如此，李琮的父母对孩子的教育仍然十分重视，家里的女孩多是读书到中学，男孩只要肯学，家里节衣缩食也会一直供下去。李琮兄弟4人全部大学毕业，李琮和大哥李瑛（著名的军旅诗人）抗日战争胜利后分别考入清华大学电机工程系和北京大学中文系，李琮的三弟和四弟新中国成立后分别考入上海医学院和北京大学生物系。"这样的家庭让我懂得，要同情穷苦群众，平等待人；要不尚浮华，自强自立。"接受《中国经济时报》采访时，李琮曾这样总结家庭对他的影响。

李琮在清华读书时，正值1946年末爆发的"沈崇事件"，在中共地下党的领导下，北京大学和清华大学带头发动了声势浩大的"反美反蒋、反饥饿、反内战"大游行。出于对美国士兵的义愤，李琮也毫不犹豫地参加了游行。这次罢课游行，成为李琮跨入革命行列的开始。此后，直到北平解放，历次学生运动李琮都积极参加。在清华大学学生会组织的图书馆里，李琮阅读了《邹韬奋传记》和毛泽东的《新民主主义论》等进步书籍，逐渐懂得了一些革命道理。1948年，在经过赴美留学还是留下来投身革命之间的思想斗争后，李琮自主决定留下来，他先是加入"民主青年联盟"，随后又申请加入了中国共产党。

1950年，李琮清华毕业，成为新中国第一批大学毕业生。党对这一批大学生非常重视。李琮说，记得那年夏天，周恩来总理和郭沫若、肖华等领导同志在原辅仁大学礼堂亲切接见了北京这一批1000多名大学生。周恩来总理说："新中国成立了，国家将进入全面建设时期，各条战线需要大量的人才，你们是国家的宝贵财富，国家和人民对你们寄予了殷切的希望。"周总理勉励大家服从国家分配，到最需要的地方去。李琮一个班62名学生，都表示要坚决服从分配，李琮作为党员，更是决心在电机工程领域干出一番大事业来。不过，出乎他的意料，组织分配他到北京俄文专修学校去学俄文，1953年完成学业后，李琮被分到国家计委"专家联络室"，给苏联专家作了3年的口头和文字翻译。李琮一直想回到心爱的电机专业去，1956年苏联专家陆续回国，联络室工作大为减少，不少技术人员纷纷归队，李琮却没能心想事成回归电机领域——领导找他谈话，计委新成立"世界经济局"，组织认为李琮3年多来对经济已经熟悉，又懂英语、俄语两种语言，一定能搞好世界经济研究工作。当时李琮心里很不情愿，总觉得自然科学才是科学，经济学太枯燥，更没有什么兴趣。不过，最终李琮还是服从了组织安排，开始了一次"大的转折""从工作角度来说这是一个转变，到后来我逐渐感到，无论是搞自然科学、工程技术，还是社会科学，从大的方面看都是相通的，不是一点关系没有，因为它们都是科学"。李琮说。

1958 年，全国机构调整，中央决定将国家计委世界经济局合并到中国科学院哲学社会科学学部经济研究所，成为该所的世界经济研究室。当时经济研究所所长是孙冶方，他是经济学家，非常平易近人，愿意听取别人意见，甚至是"奇谈怪论"；还有张闻天也曾来到经济所，他是位学者型的领导；还有一大批中青年学术骨干，后来都成为著名经济学家，如刘国光等同志。"应该说，经济所良好的学术氛围，对我乐于投身世界经济研究起到了重要作用"。

对资本主义发展的研究引起争论

"文化大革命"之后，李琮对世界经济的研究进入高产期。尤其是对资本主义的发展研究，许多结论引起了广泛的关注和争论。

1983 年，李琮在《中国社会科学》杂志发表《对帝国主义垂死性的认识》，他认为不应该再说帝国主义的垂死性。帝国主义垂死性是列宁的一个判断，李琮认为，列宁提出这一论断是在第一次世界大战期间，在既有战争和革命，又有危机的情况下做出的判断，而以后的实际情况说明，关于帝国主义是无产阶级社会革命的前夜等提法还是过于乐观了。

李琮的这篇文章发表后引起强烈争论，有两位教授著文批评他。香港一些媒体也断章取义地将这篇文章称为内地共产党学者已经放弃帝国主义和资本主义即将灭亡的观点，将学术问题变成了政治问题。此后，美国报刊也予以曲解，当时国内学术界正在批判自由化，这些误读都引起了不小波澜。"我始终认为学术研究必须实事求是，必须坚持正确的学风。"李琮说。

1987 年，李琮在《中国社会科学》杂志发表《论当代资本主义结构性经济危机》，提出资本主义生产方式除了周期性经济危机之外，还存在一种结构性危机，例如 20 世纪 70 年代出现的通货膨胀、失业严重、生产停滞的资本主义世纪"滞涨"问题等就是一种结构性危机。不久，李琮又发表了《对资本主义基本矛盾的再认识》。这些论文阐明了李琮对资本主义发展认识的新思考。当时，国内对资本主义发展阶段的理论观点多有分歧，一种观点认为处于跨国垄断资本主义阶段，另一种观点认为处于国际垄断资本主义阶段，有人认为是全球资本主义，也有人认为是社会资本主义或社会垄断资本主义，各种说法很多。

事实上，李琮的主要研究成果集中在对资本主义新发展的再思考上。他认为，第二次世界大战后资本主义已转变到国家垄断资本主义，其基本特征主要并不在于国家占有多少生产资料，国有经济占多大比重，而在于国家政权与垄断资本相结合，对经济进行宏观干预和调控。1978年李琮就在《世界经济》创刊号上发表《国家垄断资本主义是垄断资本主义的新阶段》一文，认为各发达国家对经济宏观调控的指导思想和价值观不尽相同，形成了不同的经济模式，并对这些模式进行了比较研究。《对帝国主义垂死性的认识》就阐述了第二次世界大战后发达资本主义国家经济发展的实际，认为资本主义内部有不断变革的机制，向国家垄断资本主义的转变就是这样的变革，并成为生产力发展的动力。李琮认为，资本主义的基本矛盾并不会消除，只是其表现形式与过去有所不同。

李琮在他主编的《当代资本主义论》一书中提出，当代资本主义就是国家垄断资本主义。其实质就是"国家政权与垄断资本联合，对经济生活进行干预和调节，以保证资本主义再生产的进行，经济的稳定增长，维护资本主义制度的生存和发展，维护资产阶级的统治，并力求使垄断资本集团获得最大利润"。李琮认为，国家垄断资本主义的实质性特征就是国家对经济的调节。资本主义生产力的发展，迫使资本主义在其生产关系所容许的范围内发生了一些阶段性的变化，即从自由竞争资本主义转变为一般垄断资本主义，再转变为国家垄断资本主义，其基本特征分别是：自由竞争、市场垄断、国家调节。"迄今为止，人们在分析各种社会制度的国家职能时，往往只强调国家对内压迫的阶级职能，面对国家的社会职能注意不够。"李琮提出，在国家垄断资本主义阶段，国家仍然发挥着它的两种职能，所不同的是，当代资本主义国家的社会职能比以往任何时候都大大地扩展和加强了。两者的关系是，国家的阶级职能往往隐蔽在其社会职能后面。只有当国家担负起其社会职能时，才能完成其阶级职能。甚至有的时候，资产阶级国家为了完成其社会职能，还会要求资产阶级做出一些"牺牲"，这就使资产阶级的统治更加巩固，资本主义的生存和发展有了更大的保障。

此外，在经济全球化的研究中，李琮也有非常深刻的思考。他在《中国社会科学》杂志发表《论经济全球化》一文，把全球化看作是生产社会化扩展到全球范围的结果；他还把全球化与全球一体化加以区别，认为前者是客观过程，而后者则有人为因素（政府间契约）的作用；他特别研究全球化对国家主权的影响，认为对主权削弱或受"侵蚀"是有限度的，不应夸大。该文发表后，被翻译成英文，在国内外受到重视。

李琮对跨国公司的研究是他对世界经济宏观问题研究中的重要课题之一。他的专著《当代国际垄断——巨型跨国公司综论》一书对跨国公司的历史演变、垄断与竞争、价格与利润等基本理论问题进行了再思考，对跨国公司的两重性进行了全面的分析论证，认为跨国公司在促进科技进步、经营方式和组织管理、企业文化创新和推动全球化等方面有巨大的积极作用。另一方面，又因其追逐最大利润的本性而具有消极作用。

1991年，李琮参加11次专家座谈会，为"社会主义市场经济体制"确立进行思想建设。

1992年，中国确立了社会主义市场经济体制改革的目标。在此之前，为"社会主义市场经济"的提法进行理论思想建设，1991年10月至12月期间，时任中共中央总书记的江泽民主持了11次专家座谈会，对一些重大经济问题进行系统研究和讨论，主要目的是为次年党的十四大有关经济体制和政策纲领的提法进行理论思想准备。参加座谈会的专家大部分为经济学家，其中包括中国社会科学院的刘国光、蒋一苇、张卓元、陈东琪，李琮也参加了座谈。除中国社科院的学者外，还有来自国家体改委的杨启先、傅丰祥、江春泽；国务院发展研究中心的吴敬琏、王慧炯、林毅夫；中国银行的周小川、国家计委的郭树清等人。

这11次座谈会主要讨论了三个问题，一是分析资本主义为什么"垂而不死"，其体制机制和政策有哪些值得中国借鉴。二是对苏联和东欧国家的剧变进行了分析，研究是什么因素导致这些国家的经济和社会发展出现停滞和危机，以至于发生解体和剧变。三是确立我国社会主义市场经济体制改革的目标。

座谈会初步明确了"社会主义市场经济体制"的提法，并对其进行了两点解释，一是市场在资源配置中发挥基础性作用，二是市场是由国家宏观调控而不是放任自流的。之所以提出社会主义市场经济体制，是认真研究资本主义"垂而不死"和苏东剧变的结果。包括李琮在内的许多学者都认为，从许多国家经济发展实践看，由市场配置资源是比由计划配置资源更加有效率的。1929年世界经济危机后，主要资本主义国家纷纷借鉴社会主义国家的计划经济模式对宏观经济进行调节，并采取了改善工人福利、推动科技进步等措施，使现代资本主义经济制度在与传统的社会主义经济竞争中占得上风。因此，中国社会主义制度要在资本主义包围中站稳脚跟，并在经济和技术上追赶发达的资本主义国家，就要大胆借鉴资本主义国家由市场配置资源的做法，使有限的资源得到高效利用，同时实行宏观调控，努力使整个国民经济稳定高速健康发展。

这11次座谈会为中央下决心确立社会主义市场经济体制改革目标提供了必要的理论支持，在此之后，社会主义市场经济理论则成为中国经济学界的主流观点。

新中国国际问题研究的历程与经验教训

李琮认为，中华人民共和国成立后，党的历代领导人都十分重视国际问题研究，中华人民共和国的国际问题研究虽然遇到过种种困难和挫折，特别是遭到1957年"反右"斗争的干扰和"文化大革命"十年动乱的严重破坏，但它的基本趋势是不断向前发展的。党的十一届三中全会以来，随着理论思想上的拨乱反正和改革开放事业的蓬勃发展，我国的国际问题研究进入了繁荣和发展的时期。

对中华人民共和国成立以来的国际问题研究历程，李琮认为可以划分为两个时期，即党的十一届三中全会之前和之后。

中华人民共和国成立前后，从事国际问题研究的著名学者，有张闻天、李一氓、宦乡、刘思慕、钱俊瑞、陈忠经等人，他们是我国国际问题研究的开拓者。这一时期，我国国际问题研究侧重于宣传社会主义的优越性和批判对资本主义制度的不合理性、帝国主义的腐朽性和垂死性，特别是揭露帝国主义的对外侵略战争政策。另一重点是介绍苏联建设社会主义的经验，研究国际共产主义运动的历史和现状，研究一些国家无产阶级革命斗争的形势，研究一些国家共产党的发展和对中国的态度，研究如何有针对性地积极开展对外宣传工作和联络工作。

20世纪60年代初，一些正式的国际问题研究机构开始建立，研究队伍和研究范围迅速扩大，中国的国际问题研究出现可喜的发展势头。与此同时，北京大学、中国人民大学也开设了世界经济专业，复旦大学还设立了世界经济研究室等，"这都标志着我国的国际问题研究和教学工作走上更加有组织、有系统的轨道"。

正当我国国际问题研究出现可喜发展势头的关键时刻，"文化大革命"十年动乱开始了。国际问题研究也和其他科学研究工作一样受到严重破坏。从事国际问题研究的人员遭受到迫害，我国的国际问题研究几乎瘫痪。党的十一届三中全会后，饱受摧残的我国国际问题研究事业也终于度过了它最困难的岁月。自此之后，国际问题研究在研究力量、研究方法、研究领域和研究深度等方面，均取得了突出的成就和长足的进展。

"纵观我国的国际问题研究，也和社会科学的其他学科一样，走过了崎岖的道路，在这个不寻常的历程中，积累了丰富的经验和深刻的教训。"李琮说。所得的教训，一是教条主义和"左"的思想把许多重大现实问题和理论问题限定在一定的理论框架之内，思想受到禁锢，实事求是、理论联系实际的原则不能很好贯彻。二是遍设禁区。在"左"的思想和教条主义的干扰下，国际问题研究的范围也无形中受到限制。三是背离马克思主义基本原则，严重影响国际问题研究的水平和质量。四是背离百家争鸣的方针，使学术研究受到窒息。

"现在来看，国际问题的研究仍然存在许多未解决的问题。"李琮认为，一是错误的思想倾向仍然存在。"左"的思想和教条主义，在我国有着深厚的根源。条条框框不时出现，不看客观情况，从书本出发，重复已不适用的某些结论的状况仍不少见。某些无形的禁区仍然存在。另一方面，自由化的倾向又有所抬头。其表现是，否定以马克思主义的基本原理为指导，对西方的思想观点不加批判地全盘接受，对西方的实践经验不加以分析地照搬。二是受商品经济大潮的冲击，有些人搞研究缺乏踏实的、坚韧的、埋头苦干、求真务实的精神，而是急功近利，急于把并未经过深入研究、仔细琢磨的东西拿来上市，追求"轰动效应"。三是理论创新不够，这也是国际问题研究成果数量虽多，但精品力作不多的原因之一。四是就世界政治、经济、安全等方面的形势、动态，进行短期性研究得比较多，对带有长期性、前瞻性的问题，系统、深入的研究不够。五是学术空气不浓，还没有形成"百家争鸣"的局面。六是研究机构各自独立作战，缺乏统一协调，这是我国国际问题研究中的一个十分突出的问题和组织管理中的严重缺陷。七是研究单位与职能部门脱节。"这些存在的问题，有的是思想方面的，有的是体制方面的。因为问题的存在，对今后国际问题研究的更大发展，是十分不利的。"李琮说。

来源：《中国经济时报》2015 年 3 月 16 日

五 鞠躬尽瘁
为民造福

彭珮云与她捐款资助的在汶川地震灾害中肢残
的三位小姑娘

心系人民 勤政务实
——记彭珮云为民奋斗的一生

■ 陆慧丽

彭珮云出身于湖南浏阳的一个中产家庭，时代的潮流使她选择了革命的道路。1945 年她考上了西南联大社会学系，在学校里参加了进步的读书会和一些社团，不久就加入了中共外围组织"民主青年同盟"，在"一二·一"学生运动中，经受了锻炼，于 1946 年 5 月经王汉斌介绍加入中国共产党。1947 年秋，彭珮云到北平清华大学社会学系复学，在地下党组织的领导下，团结和带领同学参加爱国学生运动。1948 年 12 月，她担任清华大学党总支委员。1949 年北平解放后，19 岁的彭珮云担任了清华大学党总支书记。

1950 年，彭珮云调北京市委组织部学校支部工作科工作，历任市委高校党委办公室主任、大学科学工作部大学组组长。

"文化大革命"的磨难和考验

1964 年 8 月，彭珮云被北京市委派到北大任党委副书记。那时，中宣部派到北大的调查组写的调查报告说："北大资产阶级知识分子的进攻是很猖狂的，特别集中地表现在教学和科学研究领域之中。校内帝国主义、蒋介石、修正主义的特务间谍活动，贪污盗窃分子、流氓分子的活动也相当严重，北大党委对这些重大问题却没有认真抓。"调查组在"唯成分论"影响下，听了某些人的反映，通过翻阅干部档案，主要根据干部的家庭出身、社会关系和历史情况就得出结论：北大干部队伍在政治上严重不纯。因此他们认定北大党委"实际上走的是资产阶级的道路方向"，在"社教"运动中，对以陆平为首的一批校系两级党组织主要负责人进行了过火的批判斗争。后来，中央纠正了这种"左"的偏差，认为北大办得还是比较好的，陆平是好同志，虽然工作中犯了某些错误。北大不存在改换领导的问题。北大党委一直是由北京市委直接领导的，北京市委、市委大学科学工作部和彭珮云对北大干部的基本情况和成长过程比较了解，在"社教"运动中抵制了工作队的"左"的做法。

1966 年 5 月 25 日，在康生及其妻子曹轶欧的策动下，北京大学聂元梓等七人在校园里贴出"宋硕、陆平、彭珮云在'文化革命'中究竟干些什么？"的大字报，歪曲事实，上纲上线，攻击宋硕、陆平、彭珮云压制群众革命，是反党反社会主义的黑帮，矛头直指北京市委。1966 年 6 月 1 日，这张大字报在中央人民广播电台向全国广播，2 日在《人民日报》上发表。紧接着，北大党委被改组，陆平、彭珮云被撤职，遭批斗。彭珮云不仅受到人身攻击、人格侮辱和遭受毒打，还要参加繁重的体力劳动。先是在北大校内，后又被遣送到江西南昌的鲤鱼州农场，继而到北京大兴的天堂河农场劳动改造。"文革"初期，她十分困惑和痛苦，经过反复思量，她认识到无论怎样，都应该挺住，坚持革命的理想和信念，相信总有一天是非能分清，真相会大白。在漫长而艰难的日子里，她始终把握一条：尊重客观事实，压力再大也不能失去诚实，不能乱检讨乱揭发。她在劳动之余，坚持苦读马列原著，坚信祸国殃民之流必将受到历史的惩罚。

粉碎"四人帮"后，彭珮云得以平反。这十年对彭珮云来说是一场严酷的磨难，但也锻炼了她的革命意志，在以后的岁月里，无论碰到什么困难与压力，她都无所畏惧，勇往直前！

"文革"中整整十年没有工作，复职后的彭珮云争分夺秒，将全部热情投入工作，她要把耽误的时间补回来，她要为党为人民多做些实事！

1977 年到 1978 年彭珮云先后担任北京化工学院革委会副主任和国家科委一局负责人。1979 年她调到教育部，先后担任政策研究室主任、教育部副部长、国家教委副主任。1988 年后，任国家计划生育委员会主任、国务委员、全国人大常委会副委员长、全国妇联主席、中国红十字会会长。每变动一次工作，接受一项新的任务，对于她都是一个挑战，同时也是增长才干、积累经验的机会。

坚定、稳妥地处理"科大"学潮

彭珮云在教育部和国家教委分管大学文科教育和学生思想政治工作，不断探索新时期文科教育和思想政治教育的新经验。

1986 年 12 月，中国科技大学一些学生在副校长方励之煽动下，公开否定四项基本原则，以"要民主要自由、反对官僚专制"为口号，煽动并串联其他高校学生上街游行，使学潮蔓延到不少城市和学校。在一段时间内，方励之在一些高校、留学生集会和一些刊物上散布资产阶级自由化言论，起了极坏的影响。当时科大的主要领导人已不能保证党的领导和国家的教育方针在学校的贯彻执行。

中央决定改组科大领导班子，果断处理这次学潮。1987 年 1 月 12 日，时任中国科学院院长的周光召在科大党员干部大会上宣布免去管惟炎的校长职务、撤销方励之的副校长职务，任命彭珮云兼任科大党委书记，滕藤担任科大校长。

彭珮云带领新改组的领导班子，坚决贯彻中央关于处理学潮的政策，向师生进行坚持四项基本原则、反对资产阶级自由化的正面教育，稳定学校的局势，努力端正办学方向。她主持召开了各种类型的会议，与干部、教师和学生沟通思想，向大家讲清形势，宣传政策，鼓励他们提高认识，努力建设好科大，为国效劳。她亲自分别给党员教师和党员学生讲党课，要求广大党员提高觉悟，充分发挥应起的作用。

怎样对待不同程度参与这次学潮的学生？彭珮云强调，除了个别触犯法律的犯罪分子外，从根本上说是一个教育问题。对年轻人要允许他们犯错误，欢迎他们改正错误，有错误只要改了就好。"对犯错误的人一律实行三不主义，不戴帽子、不抓辫子、不打棍子。"这次学潮过后，卷入过学潮的师生没有一个人受到处分。

对彭珮云的工作，科大师生都看在眼里。科大研究生谢鹏云曾说："当时科大的气氛比较凝重，许多学生对北京派来的工作组的理念还不认同，但对彭珮云的工作是认同的，认为她是一个真诚的人，发自内心地关心学生，认为是资产阶级自由化思想侵蚀了年轻人，由此感到痛心。她不知疲倦地工作，帮助学生们明辨是非，清醒起来。"科大宣传部副部长远泽清记得一次座谈会后，彭珮云站起来领唱，指挥大家齐唱聂耳谱曲的《毕业歌》："同学们，大家起来，担负起天下的兴亡……"彭珮云不仅曲调唱得准，歌词也记得清清楚楚，而且激情洋溢，就像回到了当年在西南联大投身进步学生运动的激情岁月，使在座学生深受感染。

经过一年深入细致的艰苦工作，彭珮云和她的同事们不辱使命，较好地解决了科大的学潮问题。

计划生育既要抓紧又要抓好

1988 年 1 月，中央调彭珮云到国家计划生育委员会主持工作。当时正值新中国成立以来第三次人口出生高峰，当年全国人口出生率为 22.37‰，人口自然增长率为 15.73‰。广大农村经济社会发展水平不高，许多农民还难以接受严格控制生育的政策。既要完成中央交付的控制人口过快增长的任务，又要搞好党群关系、维护社会和谐，一直从事教育工作，对农村工作不熟悉，从没做过计划生育工作的彭珮云感到为难。她迎难而进，勇敢地挑起了当时被称为"天下第一难"的重担，努力探索符合我国国情的治理人口问题的路子。

彭珮云到任前，1984年中央文件规定我国的计划生育政策是：在提倡一对夫妇只生一个孩子的同时，农村中第一个孩子是女孩的家庭如果生产和生活有实际困难的，间隔几年后可生第二个孩子。当时，各地干部对于生育政策的认识不尽一致，有人主张在全国农村执行严格的"一孩政策"，有人则主张允许农村夫妇普遍生两个孩

2001年，彭珮云在山东肥城百福周村与育龄妇女亲切交谈

子。彭珮云经过调查研究，向中央反映了基层执行政策的实际情况，请中央重申了计划生育政策，各地按照中央的要求统一了认识，稳定了政策，抓紧了工作。

党的十二大提出到20世纪末力争把我国人口控制在12亿以内。1988年彭珮云调查发现绝大多数省、自治区、直辖市没有完成当年的人口计划，20世纪末把人口控制在12亿以内的任务难以完成。彭珮云认为，人口计划既要体现严格控制人口增长的要求，又要切实可行。如果人口计划过紧，许多地方完不成任务，就会挫伤干部的积极性，还会助长弄虚作假或强迫命令的现象，对控制人口不利。她请有关研究机构分别测算并收集联合国、世界银行等国际机构的测算结果。在汇集了各方面的意见后，她向国务院建议调整2000年的全国人口控制指标。经国务院领导研究同意，在随后制定的"八五"人口计划和十年规划中，将2000年全国总人口控制指标改为13亿以内。

计划生育工作关系到经济建设、社会发展的全局，又是一项艰巨复杂的工作，必须争取各级党委、政府强有力的领导才能做好。从1991年到2000年，在每年全国人代会期间，中央都召开一次由各省区市和中央有关部门领导人参加的计划生育工作座谈会，党中央总书记和国家总理出席，对计划生育工作做出明确、具体的指示。这样的座谈会在彭珮云任期内总共召开了八次，有力地促进了计划生育工作的开展。经过几年的艰苦努力，随着经济社会的发展，人口过快增长的势头得到了有效的控制。但是，计划生育工作中也存在着不少不容忽视的问题，一些干部认为"计划生育难度大，咋干咋有理"，"只要完成人口计划，采取什么手段都可以"，在工作中往往采取简单粗暴、强迫命令的做法，还存在着乱罚款、乱收费的现象。彭珮云一直十分重视解决这些问题，她认为这些做法不仅损害了农民的切身利益，而且严重损害党群、干群关系，损害计划生育工作的形象。1991年，她及时提出计划生育工作"既要抓紧又要抓好"的指导方针，切实加强全国计划生育干部队伍和基层计划生育服务网络建设，引导干部增强群众观念和法制意识，认真落实以宣传教育为主、避孕为主、经常性工作为主的方针，要求做到"七不准"，严禁一切违法乱纪的行为，将计划生育工作逐步纳入依法管

理的轨道。通过这一系列措施，逐步改变了主要依靠行政手段、补救措施、突击活动来推行计划生育工作的做法，努力实现计划生育工作的科学化、规范化、法治化，力争做到既有效地控制人口增长，又密切党群干群关系、维护安定团结。

1994年联合国召开国际人口与发展大会，1995年召开社会发展世界首脑会议和第四次世界妇女大会。这些会议所倡导的理念和出台的纲领性文件，使彭珮云和她的同事们进一步认识到人口问题从本质上讲是发展问题，人是可持续发展的中心，要解决好人口问题必须坚持以人为本的理念，尊重人的基本权利，重视人的全面发展，维护人的生殖健康，特别是要提高妇女地位，保障妇女的合法权益，增进妇女的身心健康，要从更广泛的领域采取综合措施，促进人口与经济社会资源环境协调可持续发展。

1995年10月，在认真总结本国经验和借鉴国际上先进经验的基础上，彭珮云明确提出计划生育工作思路和工作方法要实行两个转变，由孤立地就计划生育抓计划生育，向与经济社会发展紧密结合，采取综合措施解决人口问题转变；由以社会制约为主，向建立利益导向与社会制约相结合，宣传教育、综合服务、科学管理相统一的机制转变。她强调计划生育工作必须坚持以育龄群众为中心，真心实意地为他们提供生育、生产、生活方面的服务，把计划生育工作同发展经济、帮助群众勤劳致富、促进社会文明进步、建设幸福文明家庭结合起来，注重维护群众的切身利益和基本权益，发动群众积极参与计划生育工作，使计划生育真正成为群众的自觉行动，全面提高计划生育工作的水平。为了贯彻这些先进的理念，探索适合我国国情、切合实际的好经验，国家计生委于1995年开展了计划生育优质服务的试点。通过一批具有远见卓识、人文情怀的专家学者和实际工作者艰苦的实践，优质服务试点取得了良好的效果，积累了成功的经验。

彭珮云在十年任期内，带领广大干部逐步走出了一条干部好做工作、群众易于接受的好路子。

承担医疗卫生制度改革重任

1993年3月，彭珮云任国务委员期间分管卫生工作。改革开放以来，我国卫生事业有了长足的发展，但是在前进的过程中遇到了许多困难和问题。彭珮云和卫生战线的同志一起，进行了大量的调查研究，并与有关部门的同志反复研讨，代党中央、国务院起草了《关于卫生改革与发展的决定》。1996年12月，党中央、国务院召开了中华人民共和国成立以来第一次全国卫生工作会议，进一步明确了我国卫生事业的性质、地位、指导思想、大政方针及奋斗目标，为卫生事业的改革和发展指明了前进的方向。

在繁忙的日日夜夜中，担任国务院医改试点领导小组组长，有一段让彭珮云难以忘怀的经历。

20世纪90年代初，我国实行的公费医疗和劳保医疗制度的缺陷日益突出，中央决心适应社会主义市场经济发展的需要，对医疗保障制度进行改革。这项改革涉及广大职工群众切身利益，涉及如何正确处理国家、企事业单位、职工个人与医疗医药机构的关系，又没有现成的经验可循。在彭珮云到国务院工作之前，有关部门已经初步提出了医改的试点意见。彭珮云分管卫生工作后，意识到医改的艰巨性，经过反复调研、讨论、修改，抓紧使"初步意见"完善起来，上报国务院。

1994年年初，国务院批准了国家体改委、财政部、劳动部、卫生部四部委《关于职工医疗制度改革的试点意见》，并决定由彭珮云牵头，以卫生部和劳动部为主，有关部门参加，成立职工医疗保障制度改革试点领导小组，开展试点工作。这年3月，确定江苏镇江和江西九江为试点城市，因为这两个城市名字中各有一个"江"字，故被称为"两江试点"。

彭珮云知道，医疗保障制度改革是一个公认的世界性难题，在中国这样一个人口多、底子薄、各地发展很不平衡的发展中国家尤为艰巨和复杂。但是，不改革是没有出路的，必须以披荆斩棘、一往无前的精神，勇于实践，积极稳步地推进这项改革。彭珮云认为，要突破阻力，搞好改革，处理好改革、发展与稳定三者的关系，一方面要做好制度设计，使之符合国情，切实可行。四部委的试点意见就是这次医改的顶层设计方案，要通过"两江试点"进行检验。一方面要做好宣传教育和思想发动工作，更新观念。

当时，不少人对医改不理解，甚至抵触。在干部职工中有一种议论，认为医疗费用全部由国家、企业包下来，才是社会主义制度优越性的体现，现在一改，就把社会主义制度最后一点优越性改没了。彭珮云要求大家认真学习党的十四届三中全会《关于建立社会主义市场经济体制若干问题的决定》和中央关于医改的指示精神，充分认识医改的重要意义，着重阐述建立个人账户不仅仅是个人要分担一些费用，更是要促进职工增强自我保健意识，在年轻体壮的时候就想到年老体衰的时候，通过自我积累一定的医疗保险金，增强自我医疗保障的能力；让大家认识到，这个制度从长远看是好的，可以克服过去吃国家、企业"大锅饭"的弊端。

彭珮云带领改革试点领导小组切实加强领导，精心推动试点工作。从1994年4月到1996年初，她带领卫生部、劳动部、体改委、财政部等部门的负责人和这些部门的有关司局长们先后8次前往镇江、九江调研试点情况，深入基层，包括到普通百姓家了解新情况，研究新问题。每到一地，一般都是分组先做几天调研，每晚由彭珮云亲自主持，几个组集中汇报调研情况，研究工作中的问题，每晚都要讨论到十一二点。经过充分的民主讨论，大家的意见得以统一，提出的解决问题的办法比较切实。对一些没有把握的问题，则鼓励地方的同志继续在实践中探索。

由于医改领导小组工作抓得紧，作风比较深入，由于镇江、九江两市同志的积极努力，试点在较短时间内取得了成效，初步形成了一个全新的医疗保障体系，运行基本正常，达到预期的目标，得到了广大干部职工的拥护。1996 年，在总结"两江"试点经验的基础上，国务院决定在全国范围内逐步推广医改试点。5月 5 日，国务院办公厅转发了国家体改委、财政部、劳动部、卫生部制定的《关于职工医疗保障体制改革扩大试点的意见》。此后，全国各地的医改试点陆续开始，但发展不平衡。

1997 年 8、9 月，彭珮云与有关部委的同志到各地调研，分别召开了华东、中南、西南、西北、华北 5 个区域会议，10 月向国务院提交了有关各地医改试点情况的汇报。10 月 21 日，她在全国医改扩大试点工作电视电话会议上讲话，再次进行了动员和督促。这次电视电话会议后，全国 58 个地级市都启动了医改试点。

从"两江试点"到扩大试点，在实践和探索中，我国建立了由国家、单位、个人共同负担的医疗经费筹措机制，医疗费用有了稳定的来源，职工的基本医疗有了切实的保障；建立了对医患双方的制约机制，医疗费用浪费现象明显减少，促进了医院自身的改革；提高了广大干部群众对新型医疗保障制度的认识，为下一步在全国范围内建立新型医疗保障制度打下了思想基础；为在中国建立新型医疗保障制度闯出了一条新路，积累了一些宝贵的经验，接触到许多亟待解决的矛盾，提出了许多需要继续研究解决的问题，为我国卫生事业和医疗保障事业的改革和发展做出了贡献。

按国务院要求，医改领导小组开始起草《建立职工基本医疗保障制度的决定》。1998 年 3 月，彭珮云完成了国务委员任期，到全国人大工作。这个决定后来经过修改，于 1998 年 12 月 14 日正式颁布。

依法保护妇女的合法权益

1998 年，69 岁的彭珮云担任了全国人大常委会副委员长，分工联系教科文卫委员会。五年里，她和教科文卫委员会的同志们一起，积极推动教科文卫领域的立法工作。在九届人大常委会通过的 76 件法律中，教科文卫方面共有 11 件。彭珮云参与制定或修订的重要法律有《执业医师法》《人口与计划生育法》《文物保护法》(修订)《民办教育促进法》等。在五年任期内，她还参与了对《促进科技成果转化法》《义务教育法》《食品卫生法》《职业教育法》《妇女权益保障法》的执法检查，提出了改进工作的建议。

1998 年 9 月，彭珮云当选为全国妇联主席。她提出妇联要坚持一手抓发展，一手抓维权，只有两手都要抓，两手都要硬，才能更好地促进男女平等。她认为尽管当时国家颁布了很多保护妇女、儿童权益的法律、法规，但是受经济社会发展水平的制约和陈腐落后思想的影响，贯彻落实男女平等基本国策仍有不小的阻力，侵犯妇女儿童合法权益的现象依然存在，比如下岗女工和女大学生就业难、妇女参政比例低、男女退休年龄不平等、农村妇女土地权益受到侵害、出生人口性别比失调、拐卖妇女儿童和卖淫嫖娼等丑恶现象屡禁不止等。因此，她用了较大的力量抓维权工作，每年都要重点抓几个迫切需要解决的问题进行调查研究，提出对策建议。她自觉地把人大工作和妇联工作结合起来，力求依靠法律从源头上维护妇女的合法权益。

2000 年 1 月，彭珮云收到了广西南宁郊区 3000 多名出嫁女及其子女的上访信，强烈要求解决上访 12 年来悬而未决的土地承包问题，这让她很是震撼，觉察到这是一个涉及农村妇女土地承包权益的大问题，带有普遍性，一定要努力解决。她将此信转送时任国务院副总理温家宝，请中央研究农村政策的部门作为典型事例调查研究帮助解决，并对解决这类问题制定更加具体明确的政策。与此同时，她将此信分别批转广西壮族自治区党委书记和妇联主席，请他们关注并妥善解决。2000 年 5 月，由中央农村工作领导小组办公室牵头，农业部、全国妇联等部门联合就此问题开展调查后提出：由于这个问题比较复杂，各地情况差异大，起草全国性的文件条件尚不成熟，可在起草有关政策法规文件中充分考虑到这个问题，目前还是以省或地市根据当地情况提出具体解决的办法。彭珮云同意这个意见，并向国务院建议将这个调查报告转发各地。她还要求全国妇联和 15 个省区市妇联对这个问题进一步调研。2000 年 12 月，全国妇联向中央提出了《关于进一步解决农村妇女土地承包问题的建议》：一、各级政府及有关部门要认真贯彻男女平等基本国策，研究、解决妇女在土地承包中存在的问题；二、正在制定的《农村土地承包法》要明确规定任何组织和个人不得侵害妇女应当享有的土地承包权；三、户籍制度改革时，公安部门要切实解决好出嫁女的户口迁移问题；四、最高人民法院在处理出嫁女权益的案件时要做出明确规定；五、各级妇联组织要切实维护农村妇女土地承包中的合法权益。在全国妇联的推动下，中办、国办于 2001 年 5 月下发了《关于切实维护农村妇女土地承包权益的通知》，对保护农村妇女土地承包权益提出了明确的原则和具有可操作性的要求。

2001 年 2 月，全国人大农业和农村委员会提交委员长会议讨论《农村土地承包法》稿，彭珮云发现此稿中没有涉及保障农村妇女合法权益的条款，当即要全国妇联上报材料，力争将这方面的规定写进这部法律。在此法进行第二次审议前，她还致信全国人大中的女常委，希望她们为解决好这一问题发声。经过坚持

2003年1月，彭珮云在春节前夕慰问河北廊坊市农村妇女

不懈的努力，2002年8月通过的《农村土地承包法》对保护农村妇女的土地承包经营权做出了明确、具体的规定。

彭珮云十分关注《婚姻法》的修订工作，推动全国人大常委加快了修改《婚姻法》的进程。她强调妇联要在婚姻法修订工作中发挥积极的作用，进行广泛深入的调查研究。2000年7月，全国妇联在调研的基础上向人大法工委连续提交了修改《婚姻法》的五项建议，包括：坚决遏制重婚纳妾、"包二奶"等行为、制止家庭暴力、完善夫妻财产制度、规范离异家庭的父母子女关系、增设无效婚姻制度等内容。彭珮云对这五项建议均作了认真的审改。这五项建议受到全国人大法工委和相关专家的重视和认可。2000年11月，彭珮云出席中国妇女研究会、中国婚姻家庭研究会和中国法学会婚姻法研究会联合举办的婚姻法修改中热点、难点问题研讨会，作了主题发言。研讨会进行了热烈的讨论。会后，《婚姻法》修正案又吸收了专家的意见，做了较大修改。2001年1月，全国人大常委会决定公布《婚姻法》修正草案，在全国范围征求意见。全国妇联随即部署各地妇联向不同人群征求意见。这年4月，全国人大常委会通过了关于修改《中华人民共和国婚姻法》的决定，并于当日公布施行。这一部新婚姻法填补了1980年婚姻法的若干立法空白，增强了公民婚姻家庭权益的保障机制，朝着落实男女平等基本国策又迈出了坚实的一步。

在推动妇女参政议政、培养选拔女干部、争取男女公务员同龄退休、保障女性就业权利等方面，彭珮云都利用自己的双重身份做了积极的努力。

为建设中国特色红十字事业尽心尽力

1999年10月，身为全国人大常委会副委员长、全国妇联主席的彭珮云又接任了中国红十字会会长职务。通过对地方"红会"工作的考察和调研，她了解到，多年来红十字会为人民特别是处于困难境况的群众做了大量好事、实事，受到群众的欢迎，但红十字会的知名度不高，缺乏应有的社会地位，救助实力很弱；"红会"工作人员数量少，积极性未能充分调动；各地"红会"工作发展很不平衡。彭珮云对"红会"面临的形势进行分析后，做了如下判断："尽管中国红十字会已经有近一百年的历史，但在发展的进程中有些曲折，在前进的道路上还存在许多困难和问题。从某种意义上说，现在还处于开创时期。"她同时分析了红十字会面临的诸多优势，帮助广大红十字工作者增强艰苦创业的决心和信心。

彭珮云带领执委会先后争取政府和有关部门出台了十多项支持红十字事业的政策，进行了一系列强基层、打基础的工作，努力创业绩，树形象，求发展。彭珮云把理顺红十字会的管理体制，切实加强各级组织建设当作破解红十字会发展难题，开创工作新局面的突破口，亲力亲为，做了大量艰苦细致的工作，使红十字会从一个长期依附于政府部门的机构逐步成为能独立自主依法履行职责的社会救助团体。随着理顺管理体制工作的不断推进，各项传统业务工作也在原有的基础上有了新的进展。

2004年10月，彭珮云再次当选为中国红十字会会长。这一年，恰逢中国红十字会成立一百周年，各级红十字会广泛深入开展以"办实事、迎百年"为主题的宣传活动，扩大了红十字会在社会生活中的影响和地位。国务院办公厅转发了《中国红十字会关于进一步加强红十字会工作的意见》，对红十字事业的发展给予了有力的支持。中国红十字会在印度洋海啸救援中发挥了重要作用，赢得了国内外的良好赞誉。彭珮云清醒地认识到，中国红十字事业迎来了前所未有的发展机遇期。她在全国工作会议上，要求红十字工作者抓住机遇，乘势而上，推动红十字事业健康、快速、持续地向前发展。

彭珮云对怎样建设中国特色红十字会事业，逐步形成了明确的思路，她强调要依法建会、依法治会、依法兴会，努力把"红会"建设成符合自身特点、密切联系群众、充满生机与活力的社会团体，按照社会化、开放式的运行机制，独立自主地开展工作，广泛动员社会力量，共同推进人道事业，把各项传统业务做得更好，并不断开拓新的工作领域，更好地发挥红十字会在我国社会生活和国际红十字运动中的作用。她带领新一届执委会相继召开了红十字青少年工作、农村工作、志愿服务工作、组织工作、卫生救护工作、应急工作等全国性会议及筹资、宣传、对外交流与合作等专项工作会议，推动红十字会各项工作向着专业化、规范化、科学化方向持续发展。

这些会议的召开和相关文件的形成及实施，为红十字会系统在2008年汶川地震灾害和北京奥运会上发挥作用、彰显力量做了积极的准备。中国红十字会在抗震救灾中募集了价值199亿元人民币的款物，除用于紧急救援阶段的救助外，先后投入130多亿元资金用于灾后恢复重建，援建了18.3万户民房、2114所学校、5123所乡、村卫生院（站）和一些基层康复中心、敬老院及防灾减灾设施等。在北京奥运会和残奥会期间，有170余万名经过卫生救护培训的红十字志愿者参与了奥运服务。红十字会与红新月会国际联合会主席和国际奥委会主席都对中国红十字会参与奥运服务的工作给予高度评价。

2008年5月12日汶川发生了特大地震灾害。作为中国红十字会会长，面对新中国成立以来破坏性最强、波及范围最广、救灾难度最大的一次地震，彭珮云深感责任重大。中国红十字会系统紧急行动起来，以极大的热情和坚忍不拔的精神投入到抗震救灾中。因年事已高，总会执委会的同志们不让彭珮云去灾区抗震救灾一线。灾害发生初期，她人在北京，心系灾区，多次到接受捐赠的现场，感谢社会各界群众对灾区人民的支持；接受新闻媒体专访，介绍中国红十字会开展抗震救灾工作的情况；强调各级红十字会要珍惜自己的声誉，认真管好、用好每一笔救灾款物，协助政府及时把党的温暖和红十字会的关爱送到灾民手中。还通过高层协调解决接收境外红十字组织援助的问题。6月初，79岁高龄的彭珮云执意亲自去四川灾区考察慰问，指导工作。在四川灾区的几天中，彭珮云顶着酷暑，陪同红十字会和红新月会国际联合会的主席、副主席考察灾情，看望灾区的群众，慰问在一线工作的红十字会工作人员和志愿者，并悉心指导红十字系统的抗震救灾工作。彭珮云为红十字会的工作人员和志愿者特别能战斗、特别能奉献的精神感到欣慰，同时她也了解到，这些重灾区的红十字会有的刚刚理顺管理体制，有的尚未理顺管理体制，人员紧缺，救灾运作机制不健全，加上缺乏抗大灾的经验，红十字会面临着重重困难，承受了巨大的压力，让本已连续作战，心力交瘁的工作人员感到委屈。彭会长召集受灾严重的六个市、州红十字会工作人员座谈。她对红十字人的奉献精神表示崇高的敬意和诚挚的问候，指出，在这次地震灾害中，全国红十字会系统接收了上百亿元的救灾款物，这是全国人民、社会各界对红十字会的信任。由于红十字会人员少，基层组织不健全，实力薄弱，难以适应面临的艰巨任务。各级红十字会一定要以"如临深渊、如履薄冰"的态度扎扎实实地做好抗震救灾工作，兢兢业业地做好捐赠款物的管理和使用，做到程序规范、手续完备、账目清楚、统计及时。她还指出，各级红十字会一定要抓住这个契机，以积极作为来赢得政府和社会各界的重视和支持，积极推动市、县红十字会理顺管理体制，加强自身建设，使红十字会更好地发挥政府的助手作用。

十年来，彭珮云的足迹遍布全国除西藏以外的省、区、市，为困难群众送上党与政府的关爱和红十字会的爱心。2002年，在酷暑难当的8月，她和总会及省"红会"的同志来到湖南张家界市永定区尹家溪镇三坪村，亲手为遭受洪涝灾害的群众送上印有红十字标志的棉被和大米；2005年隆冬时节，她出席了中国红十字会"红十字博爱送万家"活动安徽启动仪式，并在滁州、淮南、合肥等地慰问困难群众。2005年年底，她率中国红十字会"博爱送万家"慰问团翻山越岭来到西南边陲云南省景洪市的基诺乡巴飘村，把扶危济困的关爱送到贫困山区的少数民族家庭。在云南昆明、新疆伊宁、四川内江、河南驻马店、黑龙江哈尔滨，她多次深入艾滋病感染者和志愿工作者中，与他们促膝交谈，鼓励他们积极做好艾滋病防治工作，使艾滋病感染者深受感动。在贵州"氟、砷、麻"地方病高发区，她走村串户，关注这些地区综合防治项目的开展，为病患者送去关爱。

十年中，每次发生重大灾情，她都积极为灾区捐款。2009 年 5 月，她向中国红十字基金会捐赠 5 万元，资助在地震中肢残的三位小姑娘，勉励孩子们自强不息，积极向上。

彭珮云为自己能在晚年从事红十字这项造福人类的崇高事业深感荣幸。红十字会系统的同志们评价彭会长是新时期中国特色红十字事业重要的开拓者。

在改革开放的 30 余年中，彭珮云付出了艰辛，也收获了荣誉。2004 年，联合国授予彭珮云杰出贡献奖，表彰她为促进中国与联合国合作所做出的贡献。颁奖时，联合国驻华机构代表马和励介绍说："彭珮云曾担任教育、计划生育、妇联等部门的领导职务，现任中国红十字会会长。长期以来，她关心并致力于教育、计划生育、妇女儿童、人道主义事业，为促进中国与联合国合作做出了贡献。"

推动生育政策的调整和完善

2009 年 10 月，彭珮云卸任最后一个职务——中国红十字会会长。她继续担任一些社会组织的名誉职务，仍然一如既往地关注国家大事，关心她所从事过的各项工作。其中，推动生育政策的调整和完善，是令她始终牵挂、矢志不移的一件事。

进入 21 世纪后，我国人口形势发生了历史性变化，主要矛盾从过去的生育率过高、人口增长过快转向长期低于更替水平，人口结构呈现明显的少子高龄特征，对我国人口均衡发展和经济社会发展带来新的挑战。这时候的彭珮云已不再负责计划生育工作了，但她仍是中国人口学会的会长。她积极参加人口学界的学术研究活动。2004 年 4 月，她支持 21 世纪中国生育政策研究课题组向中央和国家人口计生委报送《关于调整我国生育政策的建议》，提出"分步实施，逐步开放，两步到位，平稳到位"的方案。6 月，她建议中国人口学会等单位召开中国人口分析与预测学术研讨会，就是否调整生育政策展开内部讨论。会后，她签署了向中央和国家人口计生委提交的会议综述报告。2007 年，彭珮云卸任人口学会会长，她仍多次在学术研讨会上鼓励人口学者深入研究调整生育政策的问题，并一直关心新的研究成果。2009 年 1 月，21 世纪中国生育政策研究课题组再次向中央和有关部门提交《关于我国生育政策调整的再建议》，提出逐步放开二胎生育。彭珮云支持这个建议。

2011 年 7 月，她向中央领导同志递交了"一个老党员、老计划生育工作者的建议"，明确提出应及早启动允许一对夫妇生育两个孩子的试点工作。2012 年 11 月，她作为特邀代表，在党的十八大小组会上发言，建议适时把生育政策调整为一对夫妇可生育两个孩子，以应对人口形势变化带来的挑战。在十八届三中全会启动单独二孩政策（一方是独生子女的夫妇可生育两个孩子）后，针对是否要尽快全面放开两孩的争论，彭珮云亲自到福建、广东和上海调研，认识到计划生育工作要从"以控制人口出生"为主，转向鼓励和支持人们"生育二孩"。回到北京以后，她将调查结果写成《情况反映》，分送中央和地方有关领导。2014年12月19至20日，彭珮云全程参加了由一些学者发起的"面向未来的中国人口"暨第三次生育，政策座谈会。会后他们根据会上达成的共识，九易其稿，写出"全面放开二孩生育，取消对公民的生育限制"的建议书，由39位专家学者签名，向国家领导人呼吁，尽快在全国放开二孩生育，这份建议书经彭珮云之手送习近平总书记和中央政治局常委，引起了决策层的重视。2015年10月29日，中共十八届五中全会决定：全面实施一对夫妇可生育两个孩子政策。习近平总书记在十八届五中全会上关于十三五规划建议的说明中，对全国人口形势做了深入而全面的分析。

2017年10月，特邀代表彭珮云在党的十九大分组会上发言，对人口发展战略问题发表了自己的看法。建议进一步释放生育潜力，动员全社会营造育儿友好环境。2018年5月，彭珮云在上海和一些专家、学者和实际工作者一起，就人口形势与人口政策等问题进行了认真讨论，她亲自整理了与会同志的意见和建议，报送中央有关领导同志，建议尽快将生育政策改为"家庭自主有计划的生育"，努力促进人口长期均衡发展。

一些了解彭珮云的同志认为她为了推动生育政策的完善，真是殚精竭虑，倾注了心血。

从清华园走出来的彭珮云在几十年的奋斗历程中，无论在坎坷的磨难中，还是顺利的境况下，都始终牢记并努力践行母校"厚德载物"的校训，心系人民，勤政务实，自强不息，奋斗不止。她干一行，爱一行，钻一行，成一行，成为中国政坛上少有的杰出女性。

彭珮云的老领导、新中国著名的教育家、曾担任过高等教育部部长兼任清华大学校长的蒋南翔同志对学生有过这样的冀望：为祖国健康工作50年。从19岁担任清华大学党总支书记，到退出工作岗位后仍在为国家大事建言献策，90岁高龄的彭珮云已在不同的岗位上为党为人民奋斗了整整71年！如今，她可以用自己所做的一桩桩一件件实事告慰老领导：我已将全部的热情和力量献给了我终身为之奋斗的理想和事业！

彭珮云图片集

李锡铭学长

人民公仆李锡铭

■ 李 湜

每每想起父亲，心里便涌动着深深的崇敬和隐隐的心疼。

在我的记忆里，父亲温暖慈祥，他对我们的爱总是在默默的关注中。没有说教，没有指责，总是用实际行动引领和教育着我们。他善良厚道的为人、无私奉献的精神，无形地贯穿在我们的成长过程中。父亲不太爱讲话，沉静、稳健、内敛、持重，却能让人体会到感人至深的"于无声处听惊雷"的力量。

在那些发黄的旧照片里，我们看到学生时代的父亲，马裤、长靴、白衬衫，一脸的桀骜不驯，满身的激情热血。他是经历了怎样的苦难、磨砺，承受了多重的使命、责任，才从一个翩翩学子，成长为一个坚忍不拔的共产党人。

求 学 之 路

1926 年阴历正月十六，父亲出生在河北省束鹿县城里的一个富裕的家庭，七岁开始在镇上的小学读书。1937 年"七七事变"，抗日战争全面爆发，不久老家沦陷。父亲跟着奶奶到北京逃难，和在京做生意的爷爷团聚。父亲先后在北京志诚中学和育英中学读书。当时北京城被日本鬼子占领，学校实行奴化教育，父亲对日本教师极为反感，不甘心作亡国奴。

1943 年，父亲和他二哥一起冒着战争的烽烟，冲破重重封锁线，历经几个月的徒步行走，千辛万苦来到当时的"国统区"。因为战乱，和家里失去了联系。父亲的二哥报考了远征军，到印度美军联络官组当翻译，当时得到一笔安置费交给父亲，才使得父亲在四川合川国立二中继续完成学业。年仅 17 岁的父亲经历了一段非常困苦的学习生活，他不怕吃苦，追求光明，小小年纪就有了忧国忧民、立志报国的情怀。在他留存下来的诗稿中，可见一斑。

念奴娇·鱼城怀古

蜀天千里，重峦外，云海苍茫邈处。默默嘉陵千古事，苦难重重谁诉。叱咤风云，豪杰喋血，滚滚江水赤。蒙哥何存，巍峨鱼城如故。

遥想故国燕云，狼烟鼙鼓，寇骑长驱入，几代权奸轻社稷，俯首甘为奴虏。曼舞轻歌荒淫无度，甘做儿皇帝。为国干城，自有英雄人物。

1944 年春于四川合川国立二中

父亲用"曼舞轻歌荒淫无度"来表达对国民党政府的不满和失望，用"自有英雄人物"来表达自己为国担当的气概。

1945 年日本鬼子投降，父亲高中毕业，从四川来到上海。1946 年在上海他考入了清华大学土木工程系，回到北京。

在清华大学学习期间，父亲参加了学生进步组织，在党的领导下开展革命活动。1946 年 12 月 24 日，发生了"沈崇事件"，父亲和几千名学生参加了抗议游行。父亲是游行纠察队的队员，他举着一面旗帜，走在队伍的前面。这次游行唤起了学生们政治上的崛起，随即父亲又参加了反内战、反饥饿的斗争。

21 岁的清华大学学生李锡铭

父亲的表现得到了中共北平地下党组织的注意。同宿舍的中共党员刘义立向他讲述了党的主张，给他地下党的秘密刊物，父亲如饥似渴地阅读，从而更加积极参加进步的学生活动。1948 年 3 月父亲加入了中国共产党。就在清华大学宿舍"善斋"楼顶上，入党介绍人刘义立同志带着他举起了右手，对着漆黑的星空，庄严地、轻声向党宣誓。

刘义立同志回忆说：年轻时的锡铭很有正义感，对黑暗的东西疾恶如仇，政治上很成熟。我们住在一个宿舍里，他很聪明，多才多艺，他的画画得很棒，而且他很正直，话不多，却很有分量。锡铭入党后，很快成了骨干，做了支部的委员。

从入党的那天起，父亲便为了自己的信仰努力奋斗着，从不懈怠，从不退却，从不低头，义无反顾，执着而坚定。

脱 胎 换 骨

1949 年，北平和平解放。接收和管理北平城需要大量的干部，党组织抽调了一批在校的学生党员骨干，分配到各个工作岗位。党组织派遣父亲到石景山发电厂从事建团工作并兼任厂党总支宣传委员，先后担任了厂总支副书记、党委书记。从 22 岁到 49 岁，一干就是 26 年。

中华人民共和国成立前，石景山发电厂只有5.5万千瓦的发电容量，设备残破不堪，可是北平用电全靠它。当时的中国是多么的贫穷落后，困难重重。父亲是个出生在富裕家庭的知识分子，他面临着严峻考验。父亲没日没夜地和工人们战斗在生产第一线，经过多年的努力，在永定河畔建成了十几个电站。石景山老厂被人工爆破，改建为大型热电厂，既供电又供热，发电容量从5.5万千瓦增加到150多万千瓦。

父亲作为石景山发电厂的党委书记，带领着一支勇于拼搏的工人队伍。社会主义建设的大军里，有父亲的脚步；国家经济快速前行的辉煌里，有父亲的奉献。那时我们都还小，只记得父亲整日地忙碌。他穿着一身工作服，和工友们一起摸爬滚打，一起锻炼成长。

建设高井电站时，他没日没夜地加班，抢工期，干部、工人、家属一起上工地。扛洋灰，别人一次扛一袋，他一次扛两袋。有一次累得吐了血，也不吱声。父亲工作起来不要命，工人们叫他"拼命三郎"。

1955年，国家实行统购统销，粮食定量，管理人员一个月定量32斤。那时候没有油水，吃不饱，父亲还常常把粮票和钱送给家里孩子多、干体力活的工人。父亲和几位党委委员每人每月从工资中拿出10元钱，放在一个纸盒子里，积少成多，补助给有困难的职工。

1960年，饥荒严重，党号召公职人员减口粮，其他人减到30斤或28斤，父亲自己减到了25斤，定量是全厂最少的一个。我们都饿得面黄肌瘦。为了填饱肚子，我和小伙伴爬到树尖上摘榆钱儿充饥，树枝断了，我从树上掉下来，摔晕了，几个工人把我抬回了家。

父亲对自己要求非常严格，对工人特别的宽厚，从小我们就效仿着他谦逊和善地做人，福利面前不伸手，工作之中挑重担。

工人们回忆说：刚进厂时的锡铭，是一个朝气蓬勃的洋学生，厂里的年轻人都跟在他身后转。他教工人们识字、学文化，带着工人读书，恨不得把自己全部知识都传授给工人。抗美援朝时，他给工人们做报告，只写一个提纲，一讲就是2小时。每次报告后，工人们都围在他身边，问这问那，久久不肯离去。由于他工作起来勤奋得像头牛，年轻人都亲切地叫他"牛哥"。"石电"的工人们都不叫他李书记，而叫他李师傅。直到他身居高位，"石电"人遇见他，仍叫他李师傅。这种亲情已融入石电人和父亲的血脉中。一个知

参加劳动的李锡铭

识分子在基层经历了 26 年的磨炼，完成了知识分子工农化的蜕变。

厚 德 载 物

1975 年春天，父亲接到中央组织部的通知，调他到水利电力部任副部长。他拿到工作调动函，乘坐厂里的破旧吉普车，到中央组织部报到。传达室的工作人员看到他穿着一身工作服的装束，以为他是送信的，说："你把信放下，回吧。"父亲说："我是来报到的。"传达室工作人员惊讶地打量着这个"油脂麻花"的副部长。父亲的朴实憨厚、低调平素，始终贯穿在他的生命中。

父亲到水电部不久，就赶上了 1976 年唐山大地震。受组织委派，父亲当天就带领水利电力部工作队赶赴灾区，战斗在抢修陡河电厂第一线，不顾自己的安危，不顾余震的影响，冒着酷暑，在现场指挥抢险。在一片狼藉的废墟中拼命地挖救伤员，双手手指伤痕累累，几天几夜不离开现场。灾区环境恶劣，尸骨遍野，断水、断电、没有食物。父亲耗尽了所有的体力和情感，钱正英部长考虑到他的体力不支，调他回家休息。当他回到家里时，已经不成人样了，在疲惫不堪的脸上刻着无限的悲伤，眼睛里布满了血丝，妈妈心疼得掉下了眼泪。父亲在家里只睡了一天一夜，体力还没恢复，就又返回唐山，投入到抢修陡河电厂的战斗中。

那时妈妈在石景山发电厂工作，别人家盖防震棚都有男人干，我家只有妈妈和我俩，多亏了邻居帮忙，我们家和邻居赵叔家盖了一个防震棚，两家住在一起，相互有个照顾。我们习惯了家里没有爸爸的日子，妈妈含辛茹苦带大我们兄妹三个。可妈妈从没有埋怨过，默默地支持着父亲。

1977 年年初，父亲接到余秋里副总理的通知，要马上赶赴沈阳，领导恢复东北电网的重要工作。"文革"后的东北三省，这个全国最重要的重工业区，陷于一片瘫痪。电网周波只有 44.7，已将瓦解。余秋里副总理下了死命令："一定要把东北电网恢复到 50 周波。如果完不成任务，你就跳鸭绿江，不要回来了。"父亲率领着全国各地抽调的 120 名技术骨干组成的工作团，带着党赋予的重任，来到辽宁清河电厂，一干就是两年没回家。他吃住在现场，大半年的时间蹲在点上，挖掘潜力，扩大容量，提高发电能力。

当时的东北三省派系争斗十分厉害，人心涣散，恶势力猖獗，恢复电网工作屡遭重创。父亲把所有的干部都派到第一线去抓点，解决问题。后来中央决定成立东北电网领导小组，由政治局委员、沈阳军区司令员李德生同志担任组长，父亲为副组长，共同携手完成了恢复东北电网的工作，从而他们也结下了深厚的革命友谊。

无悔年华
解放战争时期清华校友足迹

正是这年，由于东北的气候原因和父亲超负荷的工作，他患上了严重的鼻窦炎，以至于几年后不得不在北京医院做了手术。记得父亲手术时我一直陪着李德生同志在手术室外等候。他风趣地说："锡铭的病是因为帮助我们东北人民用电才得的，他手术，我代表东北人民陪伴他。"正是由于父亲在工作中不怕苦、不怕难、勇于担当的精神，使他在电力系统威望极高，有"消防队长"之称。

务 实 进 取

记得 2003 年我陪父亲去上海看病，途经苏州，我着实爱上了小桥流水，前街后河。当地接待我们的一位同志说："漂亮吧？这都得感谢你父亲哪。现在的园林建筑和小桥流水能够保留得这样完整协调，多亏了当年李部长的决策。"1982 年，有些地方官员要把围绕园林建筑的河道填平，修成宽阔的马路。时任建设部部长的父亲立刻组织考察组，带着建筑学、规划学的专家，来到苏州，实地考察。经过研讨规划，申请将苏州城北划拨一块地，扩大了原市区的规划。最终保留住苏州园林建筑群的原貌，保住了这座有特色的江南老城。

父亲一直是个追求进步、接纳新思想新事物的开明之人，有独立的思考，有开阔的眼界，不因循守旧，不墨守成规，是个坚定的改革派。他做事稳健，实事求是，讲究科学，绝不冒进，绝不胡来。父亲身上强烈的责任感和使命感，使他在改革的进程中始终保持着冷静的头脑。

心 系 百 姓

关乎民生的每一件事，在父亲那里都是大事，他来自基层，能够体会到人民群众的疾苦。

20 世纪 80 年代初，上山下乡的"知青"返京，北京城一下子"冒"出了 40 多万待业青年，社会压力非常大。作为一名普通街道干部的尹盛喜，接受了带领二十几名待业青年谋生路的任务，他们办起了"大碗茶"。谁也不会想到，这个茶水摊把尹盛喜推上了时代的潮头。当时刚刚改革开放，中国人还不能接受这种自谋生路的经营方式，各种阻力接踵而来。要求处置尹盛喜，撤销茶社的人不少。

父亲来到北京市后，很快走访了"大碗茶"，询问待业青年安置情况，茶水摊的经营发展，对尹盛喜的工作坚决支持。这对城镇集体经济和个体经济的发展，起到了至关重要的作用。同时为全国"知青"返城的安置工作提供了好的经验。父亲成了"大碗茶"的座上客，也成了尹盛喜的好朋友。我还记得尹盛喜来家里时和父亲促膝谈心的情景。

利康搬家公司是北京市住总集团的三产，是父亲极力支持和扶持的第一家为市民服务的企业。父亲常常到利康蹲点儿，为他们出谋划策，解决实际问题。后来又办起了利康烤鸭店，为当时发展多种经营给予了大力的支持。

为解决学生们中午吃饭的问题，父亲支持个体小饭馆办"小板凳""小饭桌"。父亲多次来到小胡同里，实地考察个体饭馆经营、卫生、安全等问题，鼓励他们承接孩子们的午饭，解决家长们的后顾之忧。为发展个体经济提供了广阔的天地。

记得茶食胡同小学、北京开关厂，都是父亲的联系单位，他常常去学校和孩子们一起活动，和老师探讨有关教育改革的问题。去厂里和工人们一起工作，解决企业在改革中出现的实际问题。

有一张照片是父亲去北京齿轮厂慰问老干部时，在职工食堂和工人们一起吃饭时的情景。他手里拿着个大火烧，和工人们挤在一张饭桌上，边吃、边聊、边笑。父亲对改革的倾心投入和平易近人的工作作风，使他成为很多基层干部和群众的知己。他是北京开关厂的荣誉职工，是留民营村的村民，是大碗茶青年服务社的座上客，是利康搬家公司的好参谋，是民营高科技企业四通集团公司、京海集团公司的支持者，是首钢人的朋友。

这是个伟大的时代，每个中国人都参与到改革开放中来，体会着从精神到生活的复苏和解放。父亲走在改革队伍的最前列，北京日新月异的变化里有他的无私奉献和无限深情；北京的一砖一瓦，一草一木，都凝结了他的心血。

扶 持 民 企

中关村科技企业刚起步时，得到了时任市委书记的父亲不遗余力的支持和庇护，才有了今天"中国硅谷"的兴旺。

北京市京海计算机技术开发公司（京海），当时创业无比艰辛，遇到各方的阻力。总经理王洪德说："时任市委书记的李锡铭，给予京海公司特别的关注和支持，前后四次来到京海公司调研。他第一次来京海时就高兴地说：'干得好，京海的路很宽，要坚持走下去。'他还亲自为京海公司题词'开拓前进'。"

1989年春夏之交，四通公司卷入了政治风波，中央要求北京市代表中央派出一个小组清查四通公司的问题。当时四通公司总裁、副总裁等人已纷纷出逃，四通公司处于群龙无首的状态，四通人整天都在惶恐不安中度过。1989年6月19日，市委检查组进入四通，经过两个月的清理调查，终于到了决定四通命运的时刻。

在张福森同志主编的《中关村纪实》一书中记述到：8月21日，在市委书记李锡铭的办公室，检查小组汇报四通公司的清查情况。从下午2点开始，经历了3个半小时的会议。四通的干部们都没有下班，焦灼地在公司会议室等待着命运的裁决。市委书记李锡铭边听汇报边提问题，最后他一脸凝重地说："出现的问题解决了，企业是应该办下去的。有些人认为四通出了些问题，就要否定四通，否定试验区，我们要公开宣传，四通不但要办，还要比万润南在时办得更好。"他的决策不但在当时挽救了四通，而且也对日后四通以及其他中关村民办科技企业的快速发展起到了至关重要的作用。

在改革路上，父亲与民众携手同行，他们之间建立了深厚的感情。直到父亲退休了，京海公司总经理王洪德、四通公司总经理段永基等人还来家里看望父亲。谈起他们共同经历过的奋斗岁月，不禁感慨万分。

父亲一向做事稳健，实事求是，扎扎实实，却也难免有人把他的稳健攻击为"保守"，把他的坚守原则编造成"极左"。改革的进程中，不仅仅只有意识层面、技术层面、操作层面的创新，还有政治因素的较量，人际关系的抗衡，来自方方面面的压力。从父亲的诗词中，能感受到父亲举步维艰、心力交瘁的疲惫，迷惘困惑的无奈：

南歌子·寒夜风声紧（1986年）

寒夜风声紧，窗含斜月残。沉思灯下心寂然，涉事深繁更知事理难。

从未黄梁梦，不曾图安闲。自知愚钝悔当年，应是薜萝林下早让贤。

站在全国改革开放的最前线，父亲的压力太大了。有时他忙得几天几夜不睡觉，脚肿得连拖鞋都穿不上，每天忙到深夜，要靠安眠药才能入睡。他也是个有血有肉的人，也有无法承受重压的瞬间。

在北京市工作的八年，是他一生中最艰难的八年。他有过太多的迷惘、困惑，遇到过太多的阻力、障碍。父亲累垮了，人瘦了很多。本来就不太爱说话的他，变得更加沉默。看着他疲惫的样子，家里人非常非常地心疼。如果有来生，希望他会选择更简单的生活，也许他会是个画家，也许他会是个诗人吧。

老骥伏枥

1993年，父亲当选为第八届全国人民代表大会常委会副委员长，主抓法制建设。使命感和责任感，让年近70岁的父亲拖着带病的身体，又全身心地投入到新的工作中。

五年里，父亲到过广西的巴马、贵州的毕节、甘肃的甘南等地区，体察群众的生活；到过人烟罕至的黄河第一坝龙羊峡水库，慰问水电职工；到过全国百分之八十的国家级高科技产业开发区，了解最新成果；到工厂、机关、学校、科研院所，到田间地头，祖国大地 25 个省市的 183 个地市（县）留下了他的足迹。

五年里，父亲召开座谈会、参加各种研讨会 197 个，考察农业、企事业单位 723 个。在去农村的路上，他停下车来，同放学路过的小学生席地交谈，了解青少年法的落实情况；在工厂矿山，他握住工人油乎乎的手，询问《劳动法》的执行情况。为了唤起民众的法律意识，他不停地奔走着，为建立中国的法律制度辛勤地工作着。

1998 年，父亲结束了人大的工作，终于退休回家，安享晚年。

淳 朴 家 风

从小我们就习惯了父亲的忙碌。很少在家的他，爱我们，尊重我们。在他点点滴滴的行为中，我们体会着他的品德，效仿着他的为人。他潜移默化地传承着李家的家风：老老实实地做人，踏踏实实地工作，淡泊功名利禄，不计较个人得失，不追求奢华，不弄虚作假，不溜须拍马，不趋炎附势，做个正直的人、善良的人、实事求是的老实人。

父亲去世后，我们照顾妈妈的生活，妈妈的退休金很低，生活难免有些拮据。她的退休金只有 4000 元，刚够雇一个保姆。我查看过她的工资条，1980 年退休时是 60 元，2016 年才涨到 4000 元。

1952 年妈妈到石景山发电厂办公室工作，后来几次涨工资时，担任厂党委书记的父亲就会把妈妈的名字划去，把涨工资的机会让给别人，就这样，妈妈成了全厂干部工资最低的一个。

妈妈退休后，有关部门曾经询问核实过妈妈的退休和工资情况：妈妈是 1949 年 10 月在老家加入共青团；1951 年在小学当老师；1952 年到石景山发电厂工作。当时把退休转成离休，也不是不可以。妈妈坚决不同意，说自己参加工作的年限不够，不能算离休。

2000 年 8 月，工作人员刘占国受父亲委托到南长街派出所，要求把李锡铭户口本上大学毕业改成大学肄业。当时负责管理户口的民警非常惊讶，刘占国对他讲了父亲的故事：李锡铭在毕业考试前，受党调遣去执行任务，没能赶上毕业考试。当时有一批学生党员，在外执行任务，都没能参加考试。组织上决定这批学生党员都算大学毕业，所以父亲的履历上是清华大学毕业。可是他觉得不妥，所以在发电厂工作时他就把履历上的大学毕业改成大学肄业。父亲到领导岗位后，组织上又把他履历上的肄业改成毕业。退休后，他还是坚持把学历按实事求是的事实改了过来。这件事让民警同志感叹不已。

老老实实做人的家风，传给了我们兄妹三人。尤其是哥哥，不仅容貌酷似父亲，他还秉承了父亲的沉稳、正派、厚德。他的敦厚在外人眼里近乎愚钝，他干净的心灵屏蔽了尘世的污浊，过着"世外桃源"般的简单生活。退休在家的哥哥，读书、看球、伺候老妈，清心寡欲，无欲无求。三个孙辈都在平凡的岗位上认真踏实地工作着，低调、谦虚、不张扬、守规矩。李家的家风在父亲潜移默化的行为中得到了传承。

简单的日子里更能品味出浓浓的亲情，朴素的生活中延续着最本真的家风。父亲永远都在我们的生命里，陪着我们一路前行。

2018 年 4 月

五　鞠躬尽瘁　为民造福

417

朱森林学长

我走过的人生路

■ 朱森林

我今年89岁了，明年就是90岁了，到了人生的边沿上。我有幸生活到这个新时代，一个走向民族复兴的伟大新时代。对我走过的革命的人生路做一些回顾，是我对党的培养、教育、成长和母校的感激之情的一个汇报。

清华学子，报国有门跟党走

1948年夏天，我考取北平清华大学社会学系（报考外语系，入校后改读社会学系），由上海清华校友会组织，乘坐招商局的执信号轮船北上。途经辽东半岛，有人指点说，对面就是解放区。当晚，就有人跟我们接触，向我们宣传解放区的情况。那时，我年纪还小，虽也读过一些进步书籍，但认识不深，满心都是去大学求知求学的欢喜。

进入渤海湾，船颠簸得厉害，晕船的同学躺在船舱里。我不晕船，从船头到船尾来回走。我们睡在甲板上，海水经常溅湿了被子。经过一夜航程，目的地天津塘沽到了。下船后，迎接我们的是一批清华同学，他们热情地帮我们运行李、上火车。在天津码头，我结识了化工系的陈宜焜，他负责接待帮助我。

当时的清华大学被誉为"蒋管区内小解放区"，民主气氛浓，爱国学生运动、社团活动如火如荼。到校不久，在陈宜焜介绍下，我参加了"春泥"团契。团契最早是基督教青年相互分享和交往的一种传教形式。党借用这种形式来发展进步学生，做学生工作。团契组织的活动有学习讨论、看进步书籍、唱歌、跳集体舞等。如传阅《新人生观》《方生未死之间》等书籍；讨论对人生的主张：反对怀疑派、定命派，提倡服从真理、为真理而奋斗的科学人生观。大家在融洽、欢乐的气氛中说家常、谈抱负。

1948 年 11 月 4 日，我 18 岁生日的时候，团契负责人之一张一华（心理系）为首的几位契友给我写了非常感人的生日贺信。信头信尾的署名都用了化名，我叫"竹笋"，张一华叫"小兔"等。

信里讲了形势："大江流日夜，中国人民的血在日夜流，现在要生的已经生出，要死的还未死去。"意指革命即将胜利，蒋政权将要死亡。讲了对我的期望："如何迎接这大时代？""殷切地期望，从今天起你能更积极地负起你的任务，充实自己，准备作黑暗中的火把，把光明贡献人类，也希望你能够化为泥土，让新中国的幼芽长得更苗壮。"

信中对我个人的优点和弱点进行剖析，提出了深切嘱咐："你聪慧、热情、富有正义感，这是值得注重的地方。我们期望，你不要浪掷了智慧，踏实地生活，不放任自己。好学的精神，还必须有批判的目光去辅助。坚强的信念，必须与实际生活一致，才不致流于空泛、脆弱。"讲得多好啊！

这些话，深深地、长久地印在我心里，成为启发革命激情的一种动力。

生日过后不久，团契负责人陈宜焜、张一华发展我加入"中华新民主主义青年联盟"。这是地下党外围青年组织中的一个，我当然高兴地加入，并参与一些活动，如刻写蜡版，把从解放区电台收听到的消息油印传播等。

形势发展比多数人预料得要快。1948 年 11 月上旬，辽沈战役结束，解放战争胜利推进。12 月 15 日，清华园解放，是第一个获得解放的国立大学。

1949 年 1 月 31 日，人民解放军入城，我们精神饱满地从清华园乘火车到前门外欢迎解放军。在锣鼓爆竹声中，我们翘首望着整齐排队的解放军雄赳赳走过来，汽车和马匹拉着大炮紧跟其后，新缴获的坦克也开过来，大家欢呼雀跃，追着解放军的脚步跳跃、欢歌。随后，大家又分别参加"清华迎接解放服务队"，我们分配到城里一所中学宣讲革命形势。

解放军入城后的第二天，在北大举行了全市地下党员大会，地下党转向公开

1949 年清华大学社会学系中共地下党外围组织同志合影。后排右 1 为朱森林

的执政党。"中华新民主主义青年联盟"的组织关系，组织上明确可以转为中国新民主主义青年团团员。3 月 20 日，我们在清华大礼堂举行入团宣誓仪式，成为最早的一批新民主主义青年团团员。

清华园解放后呈现一片欢乐的气氛，每个人都兴致盎然地谈论着，我们胜利了，大家对国家的未来充满憧憬。教务长钱伟长向全校同学作动员，学理工的留下继续深造，学文法的到社会大熔炉去，参加革命工作。

这在学生中引起强烈反响。有人说，行胜于言，国家建设正当时，百废待兴，我们该尽绵薄之力；也有人觉得，现阶段最重要的是求真学问、学真本领，欲速则不达。

我那时年轻、冲动、富有激情，没有一些年长的学长那么纠结，觉得我们搞社会学研究的，光在书斋里面闭门造车不行，还是得走出去，加入到共产主义建设中，将理论学习与社会实践结合起来。我们那批学子最终出来工作的人数虽然不是太多，但也不少。

在组织的动员和安排下，同学们分批参加了北京市的工作，我分配到外三区搞民主建政工作，从工作组到成立第二街政府，又从街政府到公安局外三分局公安派出所。在我任派出所所长期间，带领辖区群众参加了 10 月 1 日在天安门广场举行的开国大典，这是终身难忘的大事。

当时，组织上担心同学留恋学校，告诉我们出去工作一段时间后，想回校读书的可以回去。实际上，投入到热火朝天的革命建设中后，绝大多数人都没有回校再读（后来中央教育部有一规定：凡学习中途因革命工作需要不能返校者，都算作毕业）。

我也是如此。落其实者思其树，饮其流者怀其源。在清华的时间虽短，对我的思想、行为影响非常深远。2001 年清华 90 周年校庆之际，我写过一首《忆清华岁月》：

方生未死启蒙篇，人生价值作思辨。

情结春泥深款款，革命征途始着鞭。

同时，写诗为母校贺：

九十载耕耘，十万学子，自强不息振中土。

新世纪祈盼，一流学府，厚德载物誉全球。

奔赴南国，多个岗位的磨炼

1952 年，应广州市委要求，将北京、天津支援搞"三反""五反"工作队的一批同志留广州市工作，我是其中之一。在转到广州工作前的 7 月，我在北京外三公安分局经办公室主任卫道崇、治安科长任均介绍，参加中国共产党。我到广州市工作，从市委组织部的干事做到科长、处长，做到从化县委常委、越秀区委书记（工作六年）。广州是南方大城市，新中国成立后有很大发展，但三年自然灾害和"文化大革命"的破坏，造成很多困难。大家曾称广州有"三不"："电灯不明，电话不灵，道路不平。""四季如春没菜吃，鱼米之乡没鱼吃"是它的真实写照。

县和区的工作很实际，对人民群众的需求感触也深。计划经济下的价格管制违反价值规律，流通体制僵化，是造成上述状况的另一个主要原因。蔬菜等农副产品实行统购统销，每亩种多少，什么时候上市都有规定，完不成任务要受处罚。农民为了完成任务，拼命增产，讲数量不讲质量，通心菜只有1/3能吃，"可食率"成为当时的专有名词。

我任从化县革委会副主任时，与供销社人员一起，按要求到农民手上收购家禽，每户一只。由于收购价格低，农民不愿卖，卖也是卖瘦鸡，闹得"鸡飞狗跳"，双方都不愉快。

市民购买东西同样麻烦，样样要凭证，粮票、鱼票、肉票、布票……有一件事对当时刚刚到广东主政的习仲勋同志触动很大，有市民把兑不了的鱼票（五毛钱）寄到他那里。他在一次会议上拿出这几张鱼票，要求大家深入解剖鱼票背后的深层次问题。这样一来，物价改革率先在广东发展就成了顺理成章的事。

我曾和市委政策研究室一部分同志到广州芳村做过调查，认为应该给农民种植自主权，否则农民就不能发挥生产积极性。后来，市委决定实行"三放开"："放开任务，放开价格，放开流通渠道"，让农民自主经营。广州成为第一个"吃螃蟹"、进行价格改革的城市。1978年，芳村最早放开河鲜、蔬菜、塘鱼价格，后来广州市也陆续放开农副产品价格。

价格改革过程中难免出现困难与杂音，物价上涨较大，导致市民情绪波动，反应强烈，有人说怪话，"形势大好，白菜三毛"（原来5分钱一斤）。甚至有人告到中央，震动中南海，中央领导亲自打电话询问情况。

但长痛不如短痛。不放开农副产品的价格，不触动违反价值规律的价格体制，就无法解决商品缺乏的顽疾。因此，我们不顾"阵痛"，顶住各方面压力，成功实现价格"闯关"：一段时间后，价值规律发挥了杠杆作用，调动了农民的生产积极性，农副产品普遍增多，价格逐步回落，并日趋稳定。农民收入增加了，市民也得到了实惠，广州价格改革取得了明显成效，在全国反响很大。

十一届三中全会做出改革开放的重大决策，当时的大环境对改革开放存在争论，广东的改革开放就在这种争论中，怀着期待、探索及某种程度上的坚定先行一步。

率先向中央提出要让广东"先行一步"的就是习仲勋同志。习仲勋同志到广东后，深入考察调研，倡建深圳经济特区，针对当时广东的种种弊病，提出要"实行特殊政策、灵活措施"，主要是外汇收入和财政实行定额包干，一定五年不变；在国家计划指导下，物资、商业实行新的经济体制，适当利用市场的调节；在计划、物价、劳动工资、企业管理和对外经济活动等方面，扩大地方管理权限；试办深圳、珠海、汕头经济特区，积极吸收侨资、外资，引进国外先进技术和管理经验等。他可以说是广东改革开放的开启者、奠基者，带领我们越过急流险滩，"杀出一条血路"。

主政广州，接棒花城绘新图

如果将广东的改革开放比作是一场长期的接力赛，那么我就是中间接棒的。自 1981 年到 2001 年，从广州市委常委、广州市委副书记、市长到市委书记、省委常委、省委副书记、省长、省人大常委会主任，在广东改革开放从起步到蓬勃发展至关重要、也是最为自豪的 20 年，我很荣幸能够参与其中，贡献了自己的力量。

1984 年，广州市计划筹办经济开发区，我主动请缨，时任广州市委书记的许士杰同志就说："既然你想搞经济工作，那你就去筹备开发区吧！"

就这样，我带着兼任广州经济技术开发区管委会主任的名义启动筹建工作。开发区购置的第一批资产是单价 37 元的 10 张办公桌，没有办公场地，我们只能租用东方宾馆副楼的一间会议室，结果办公桌过于简陋，宾馆门卫不让我们往里面搬。有人笑着说我是"拎着几个公章，带着几个人，白手起家办广州开发区"。

那段日子确实比较艰苦，开发区的筹备和建设初期，地域偏、环境苦，政策、资金来源、人才、技术都是必须要解决的问题。好在广东上下对开发区工作很重视，时任省委第一书记的任仲夷同志、国务委员谷牧同志都先后现场考察开发区的选址、企业引进等工作，当时的广东省省长梁灵光同志专门拨款 3000 万元作为专款专用开发资金。这让各地开发区都很羡慕，说广东是真心支持开发区建设。

后来，14 个沿海开放城市开发区交流经验，认为广州、大连、上海、青岛、天津等 5 个城市的开发区办得很红火，有了"广大上青天"的称号。

开发区从无到有、从小到大称得上广州当时飞跃发展的一个缩影。无论是广州市还是下面的区县，总体来说，条件都是艰苦的、物质也是匮乏的，发展得这么快、这么好，除了上面给政策、给支持，我们也唯有咬紧牙关，求真务实、追求效率、开拓进取。

改革开放刚刚起步时，广州面临严重的用电紧缺问题，一个星期停电三四次是常事。市民对此很有意见，幽默的批评者说："我们全家准备今晚去市长家里看电视，因为这里已经停电一个星期了！"火气旺的直接骂："你这个市长怎么当的？连电也解决不了，这样当市长有什么味道？"报纸上出了讽刺漫画：打开冰箱一看，冻鸡变成了烤鸡。

当市长免不了挨骂，挨骂也有好处，它会使人清醒，当然，我希望尽量做得好些，少挨一些骂。于是，我们开始筹资自己办电，增加了已有的发电机容量，并筹建了大容量的珠江发电厂。

1980年，广州经济实力综合指数在全国十大城市中排第六，居中下水平。我从1987年下半年到1988年，提出了一个口号"超天津"，只用于内部做工作，对外不宣传。经过几年努力，1990年，广州综合实力跃居第三位，首超天津，仅次于北京、上海，人均国民生产总值第一。

在1987年10月召开的党的十三次代表大会时，我当选为代表、中央候补委员。

省府运筹，改革开放新气象

1991年5月，我接替叶选平同志担任广东省省长。1992年1月18日—2月21日，邓小平同志视察南方，我有幸陪同他老人家到珠海视察，亲耳聆听了他那闻名中外的"南方谈话"。小平同志要求广东20年要赶上亚洲"四小龙"，这是他基于"落后就要挨打"的历史教训，立足于国际间实力的较量，面向自立于世界民族之林的目标，对广东所做的政治嘱托。这是对广东改革开放新的要求，是广东经济社会加速发展的大好机遇。

在广东省委的领导下，我们对"四小龙"的现状进行了深入调查，对其20年的发展趋势进行了科学的预测，认为要20年内赶上"四小龙"，就必须在未来的20年内平均经济发展速度超过13%。当时人们特别是港澳的一些人士对此表示怀疑，他们认为，在历史上没有一个国家和地区实现过持续20年保持两位数的增长的。我们坚信，党中央提出这个目标是有科学依据的，也是符合广东实际的，广东人民通过艰苦卓绝的奋斗和努力，是一定能实现这个奇迹的。因而我们脚踏实地，面向宏大目标，制订科学规划，分两大阶段，一步一步去实现。

要经济大发展，首先必须让能源、交通、通信等基础设施大发展，而前提就是利用多种途径筹集资金。我们加快利用外资发展的步伐，1991年实际利用外资25亿美元，1992年达到48亿美元，1993年增至96亿美元，从1994年开始每年都超过100亿美元。我们积极开辟海外市场，增加出口创汇。到1994年年底，广东省实现了出口总额占全国的三分之一，实际利用外资占全国四分之一。我们上

朱森林（左）与霍英东一起视察广州番禺南沙

马了一系列基础设施建设大项目，包括向香港供水的东深供水三期工程、飞来峡水利枢纽工程、广深高速公路、广梅汕铁路等，使广东初步形成现代海陆空交通网络框架。

在兴建基础建设和工农业生产的大项目过程中，我们注意尽可能减少对环境的损害，减少对土地能源及其他资源的过度损耗，甚至尽可能对历史文物影响最小。例如飞贯珠江的虎门大桥，是我国第一座大型悬索桥，主跨度达 888 米，规模宏大，修建技术难度大，桥位地质和地理环境相当复杂，又位于我国人民抗英斗争的古战场虎门，周围文物密布。既要建具有世界先进水平的大桥，又要保护好文物。我们当时秉承"敢为天下先"的精神，决定由本省的工程公司来设计、施工，从大桥选址、定桥型至动工兴建，组建专门的攻关小组全程跟进。特别是桥位选址上，我们组织进行了全面细致勘探，才选定对文物影响最小的现行桥位方案。

但当东锚基坑开挖全面铺开时，施工人员在威远山顶意外地发现了一条鸦片战争时期留下的古坑道。这一发现引来了争议：考古学家担心会影响虎门炮台遗址；建筑专家则认为并不影响。面对争议，我请了时任国务院副总理邹家华同志和党中央宣传部部长丁关根同志到现场调研，并向国务院总理李鹏同志汇报。得知虎门大桥建设只影响炮台遗址的一些坑道，就决定继续兴建。李鹏同志要求在虎门炮台遗址旁建一个虎门炮台博物馆。建桥的同时，我们还筹措资金，投资近亿元建成了一个虎门爱国主义教育基地，包括全面修复的虎门炮台群、鸦片战争海战馆和鸦片战争纪念广场等。

广东经济进入发展"快车道"，每天都有新企业挂牌成立，数量多且活跃，民间投资发达，资本做强意愿强烈。为了给企业股份制改造提供平台，打造股权交易的完整链条，帮助企业正常运转，并为创业资本创造一个完善有效的风险退出机制，鼓励创新，我们决定深化金融体制改革，1991 年成立深圳证券交易所。这对于促进我国证券市场的规范化、制度化起到了推动作用，同时支持了一大批广东企业的融资，对深圳乃至整个广东早期和现在的经济发展都有很大的贡献。

在深圳证券交易所正式开业典礼上，我代表广东省委、省政府表示了热烈的祝贺，认为证券交易所的开业，不仅标志着深圳证券市场的逐步成熟，也为广东金融体制改革的试验迈出了重要的一步。

1993 年，中央决定在全国推行分税制。分税制必须有返还基数，从哪一年开始，对于广东而言，一年相差达 100 亿元。财政部的方案是以 1992 年的年终数为基数，我们考虑到了地方的难处，向中央提出以 1993 年为基数。中央认真考虑我们的意见后，决定返还基数由 1992 年改为 1993 年。这样既维护了地方利益，又保证了中央实施分税制大局。后来，很多省市来人见到我的第一句话是："谢谢你们敢于直言，向中央说明白了地方的难处。"

由于坚持改革，扩大开放，1991 年到 1995 年这 5 年间，成为广东历史上经济发展最快的时期，全省 GDP 每年递增 19%。1995 年，广东的国民生产总值是 1980 年的 8.5 倍，翻了三番还多，为 2010 年赶上亚洲"四小龙"开了个好头。人民生活也有了较大的改善，农民的年人均收入增长 7.2%，城镇居民年人均生活收入增长 11.4%。当时还"消灭"了很多极为贫困的地区，全省（包括石灰岩地区）400 万贫困人口，有 320 万实现脱贫。

在 1992 年召开的党的十四次代表大会上，我当选为十四大代表、十四届中央委员。

人大五年，依法治国新探索

广东在改革开放中先行一步，实行"特殊政策，灵活措施"，在这过程中遇到许多新的问题，亟须运用法律手段加以调整，许多新经济现象和社会现象为当时广东所特有，国家还没有制定相应的法律，在这种情况下，广东人大地方立法必然要先行一步。1993 年，时任全国人大常委会委员长的乔石视察广东，提出"在市场经济体制建立过程中，广东可以成为立法工作试验田，先行一步"。广东省人大常委会提出了"全速推进立法"的动员令，广东地方立法进入"快车道"。

1996 年，我转任广东省人大常委会主任，积极推进依法治省工作，努力建设社会主义法治广东。当时，省委很重视，专门做出了推进法治建设的决定。形势的发展使我们认识到，改革开放之初广东赖以发展的政策优势和地缘优势在逐渐淡化，必须营造良好的法治环境，才能使经济社会得以持续发展。广东省在改革开放方面先行了一步，依法治省方面应该与之相适应，对此既要有一种历史责任感和紧迫感，又要看到它的艰巨性和渐进性，需要做长期不懈的努力。

1996 年，广东人大常委会通过《广东省专利保护条例》，该《条例》被誉为"专利法规建设的里程碑"，受到《中国专利报》高度评价："广东带了一个好头"，"解决了十多年来一直困扰着行政执法工作的一些难题"。

1997 年，我们尝试让更多的学者、专家、律师、普通民众加入到立法队伍中来，于是，在常委会审议两个月前，在《南方日报》上刊出《广东省燃气管理条例（草案）》，公开征求公众意见。短短两个月时间征集到了上百条，许多建议被采纳。

1999年9月9日，广东人大常委会举行了立法听证会，在全国开了先河。那次听证会的内容是，就《广东省建设工程招标投标管理条例（修订草案）》广泛听取社会各界的意见、建议，从而确保该项法规能"保证大多数企业和个人的利益"。

听证会召开10天前，我们分别在《南方日报》和《羊城晚报》上刊登了公开举行立法听证会的消息，将听证会时间、地点、内容、报名方法、报名电话等信息予以公开。消息见报后，各界反响强烈。短短的几天里，报名在听证会上发言的就有30人，还有30多人报名参加旁听。报名者包括律师、建筑业从业人员、专家、学者、在校大学生、外国领事馆官员等。海内外新闻界也高度关注此事，有28家新闻单位要求采访报道，包括新华社、中新社、《人民日报》等，以及香港《大公报》、香港《文汇报》《澳门日报》、美国远东经济论坛等境外新闻媒体。

9月24日，人大常委会审议通过《广东省建设工程招标投标管理条例》，听证会上的意见，有不少被采纳。该条例成为我国第一部经由立法听证程序制定的地方性法规。

在没有先例可循的情况下，广东可以说是对立法技术和立法程序进行了全新尝试，在我国立法史上写下了浓墨重彩的一笔。

2000年，人大常委会通过的《广东省各级人民代表大会常务委员会讨论决定重大事项规定》，是全国首部各级人大常委会讨论决定重大事项的地方性法规，在全国引起了广泛的关注和热烈的反响。

广东处于改革开放的前沿，承担着大胆探索、先行先试的历史重任。广东人大及其常委会在不断地解决新情况、新问题的过程中，敢于探索实践，充分发挥了立法试验田的作用。在我任职期间，广东不断突破计划经济体制下形成的立法思想束缚，大力加强经济立法。有先行性、实验性内容的法规，占广东制定的地方性法规数40%以上。

2001年2月，时任全国人大常委会委员长李鹏来广东视察，我汇报了广东依法治省工作，受到李鹏的赞扬，李鹏对我说："广东要在依法治省上走在全国前列""现在广东的经济已发展到这么高的水平，法制就必须跟上来，才能保证经济和社会的健康发展。"我把广东的法治建设写了一本书，叫《依法治省的理论和实践》。

我置身于广东工作到70岁，在2001年2月离休。广东的伟大建设成就是党领导下广大干部、群众奋力拼搏、砥砺奋进的结果，我只是尽了力而已。

2019年

卢世璧学长

严厉的老师　慈祥的医者
——缅怀卢世璧院士

■ 彭　江

卢世璧（1930—2020），1948—1951 年在清华大学生物系学习；1956 年毕业于北京协和医学院；1958 年调入解放军总医院工作，曾任主任医师。1996 年当选中国工程院院士。卢世璧是我国骨科泰斗，1972 年在国内率先开展人工关节的基础及临床研究，获得突破性成果。在战伤救治、周围神经损伤修复、脊柱矫形、肿瘤免疫等方面取得多项成果，成为业界标准。主持的再生医学项目取得突出治疗效果。卢世璧始终把个人追求与国家、军队的命运紧密联系在一起，先后参加邢台、营口、唐山、汶川重大地震灾害的医疗救援，襄渝铁路三线建设医疗巡诊和对越自卫反击战伤员救治等重大任务。兼任中国残疾人康复协会理事长，解放军医学科学技术委员会骨科分会主任委员。曾获国家科技进步一等奖 3 项、军队科技进步一等奖 5 项、"何梁何利科学与技术进步奖"，被评为原总后勤部"一代名师"、全国抗震救灾优秀共产党员、全国抗震救灾模范，2009 年被中央军委授予"模范医学专家"荣誉称号。

先　河

2020 年初春，北京，解放军总医院骨科研究所，橱窗左侧正中间位置的人工关节蜡型已经发黄，边缘龟裂，透明胶带覆盖表面，将快要碎裂的蜡型颤颤巍巍地黏接在一起。我久久伫立在这橱窗前，思绪万千——

"卢老，您看这个蜡块实在是太碎了，根本不能固定到背板上，周围这么多精致的东西，还要这个做什么？"我漫不经心地问道。"是啊！卢老，您看这个蜡型已经散摊了，不行我们再做一个放上去吧？！"旁边一起整理的汪爱媛也应和着。

那是 2008 年，一个秋高气爽的上午，刚开完北京奥运会，我们还沉浸在"北京欢迎你"的欢快节奏之中。解放军总医院骨科研究所即将从要拆除的东病房楼搬至现在的南病房楼一层。原来的实验室仪器都要重新归位，最让我们挠头的，是那个固定人工关节假体部件的展柜。部件全是金属，沉不说，黏胶也已经有了年头，轻轻一碰，金属部件就会从展板上往下掉。最后实在没有办法，我们干脆将所有挂在墙上的样件取下来，打包到了新的办公地点。对此，不少同事好一阵埋怨。

"把那个蜡型拿给我，你们先固定别的吧。"于是，我们将其他不同类型的人工关节假体一个一个用尼龙丝线固定到展板上。而卢老要了透明胶带，把自己关在办公室，整整一个上午。

临近中午休息，卢老出来了，像个孩子似的欢快，他用那双粗糙的手（多年透视下手法复位，皮肤粗糙，指骨变形）将碎裂的蜡型用透明胶带一块一块地黏结在了一起。"彭江，来，你们看呀，我黏得怎么样？"

卢老双手捧着，像捧着一个孩子似的，对那块蜡型关爱有加。可是，我们一看，立刻犯愁了。是啊，虽然黏好了，但还是随时要碎的样子，怎么往墙上挂？老人家看出了我们的心思，"你们先挂别的吧，这个我来挂。"

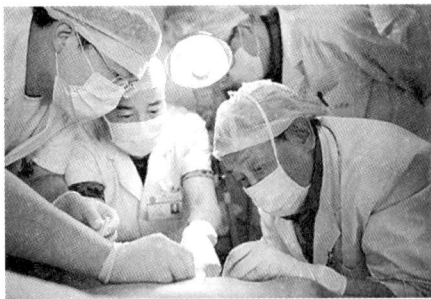

2008 年，卢世璧（右）在汶川一线进行手术

后来，我们才知道，那个蜡型的历史竟然有 36 年。

2008 年，中国发生了两件大事，除北京奥运会之外，另外一件就是汶川大地震。作为解放军总医院的专家代表，卢老冲锋在第一线，在接受记者采访时，他说起了人工关节的往事。

"那是 1972 年，陈景云主任把我叫到身边，当时我还是主治医师，嘱咐我带着王继芳教授（当时是住院医师）一起开始国产人工关节的研发。"卢老回忆道。当时我国正处于动荡时期，被外界封锁，衣食极度不足，原材料匮乏，加工手段落后，几乎没有外文资料可供参考，一切都是白手起家。人工关节假体形状怪异，无论怎么描述，绘图师（那时只有手工绘图）和工人师傅也领会不了卢老的意思。最后，卢老干脆亲自木刻人工关节模型，指导设计师依照这个模型绘制工业设计图，赴宝鸡的深山中寻找金属钛，选择金属材料的配比，先后经过制作蜡型、浇铸成型、铸造毛坯、精技工成型等研发步骤，直到动物实验成功。正是在这样的条件下，一年后开始了我国首例人工关节（肘关节、股骨头和全髋关节）置换术。

是啊！看着橱窗里的一个个样品，里面有金属毛坯，有人工股骨头、人工髋臼，有人工膝关节、肩关节、肘关节、指间关节，有骨水泥型假体，有珍珠面型非骨水泥假体，有最早的钛金属假体，有钴铬钼不锈钢假体，有肿瘤型假体，还有髋膝关节

2019 年 5 月，卢世璧院士接受光明日报记者采访

的翻修假体……1972—1991 年，时间跨度 20 年，我们最终获得国家科技进步一等奖。

卢老和他的同事们一起，奠定了解放军总医院骨科今天的成就，开启了中国人工关节外科的先河。就是这个蜡型，这个粗糙的铸造假体，这个木质的人工关节模型，在那个没有原材料、没有数控机床、没有计算机、没有 CAD 辅助设计、白天手术、夜间加班的年代里，需要何等的坚持和努力，才能做出如此成就。

严　苛

我是 2002 年来到骨科研究所跟随卢老读博士的。刚来时，因为第一次面对一位院士，对老人家还是怀着几分畏惧。随着与卢老的接触增多，才发现他在工作和生活中的"两面性"——学问上的一丝不苟和生活中的俭朴随意，形成了鲜明对比。

记得 2002 年秋，博士研究生上基础课阶段，我与同学在食堂午餐，饭后闲聊，突然有人提醒我："看，那不是你'老板'吗？"（我们私下称导师为"老板"）。放眼望去，还真是。卢老身着夹克衫，手里拿了个烧饼，边走边吃，全然没有著名专家的高大形象。他来去匆匆，我本想上去打个招呼，结果一转眼，他就出了食堂，消失在人流之中。

在那以后，我才发现，在生活方面，卢老非常俭朴，吃饭没有过多要求，经常加班，加班后与工作人员和学生一起吃盒饭，就餐时也会一起讨论学术问题。他经常跟大家开玩笑，全然没有大牌专家的架子。

但是，一说起做学问，很多在研究所工作和学习过的人都清楚，从来不敢有

半点马虎，因为卢老对每一个研究细节的要求都达到了近乎苛刻的程度。同时，他对学生的要求也非常严格。

读博期间，我从事的是股骨头骨坏死方面的研究，那时国内还没有 MicroCT，需要在组织学切片的基础上对松质骨切片进行三维重建，经常工作到凌晨一两点，但按照课题进度，仍有些慢。

突然有一天，卢老把我叫到办公室，听我汇报完进度后，他突然生气地批评道："你毕不了业，不要怪我！"我立刻无语了。当时很是不理解，自认为已经很努力了，为什么还这样说我，觉得非常委屈。

回来后，我对比标书进度，发现确实慢了不少，知识量也不够。在随后的研究工作中，我再也不敢有丝毫懈怠，索性住在研究所，白天做实验，晚上看文献。终于，在卢老和辅导老师汪爱媛教授的帮助下，历经失败，取得了一系列突破。

那段时间，我的脑子里除了研究就是思考。除了掌握基本实验技能之外，还阅读了大量文献，在学习医学基础课程之余，还掌握了大量包括计算机图形学、三维重建理论与实践、MicroCT 骨计量分析和基于骨小梁结构的微有限元分析、骨强度计量方法等工科知识。加上大学毕业后学过一些力学方面的课程和博士期间的大量阅读和实践，获得了很多学术领悟，尤其是在股骨头骨坏死的塌陷机制方面，形成了自己独到的见解和认识。

后来，我自己也开始带学生，经常叮嘱他们，千万不要荒废研究生时期的宝贵时光。回顾那些年的忙忙碌碌，有人问我哪个时期的收获最大，我会毫不犹豫地告诉他，一定是博士期间。正是在那段时间，能够排除一切干扰，在导师的指导下，将自己过去之所学做一个集成，并攻读将这个集成放大，形成对事物的科学认识和独立见解，也终于敢对教科书的某些观点和某些治疗方案提出异议。

担　当

从卢老的日常工作言行中，我们更能体会到他的谆谆教诲和勇于担当。

在骨科临床上，有一种难治性疾病叫股骨头骨坏死，主要是因为创伤、激素使用或酒精导致股骨头血供障碍。股骨头骨坏死早期症状不明显，只有到 II 期以后，机体自身的修复导致股骨头骨结构改变才会引起疼痛不适。

在两项国家自然科学基金重点课题的资助下，我们成功建立了鸸鹋股骨头骨坏死塌陷模型，随后确立了组织工程技术修复治疗早期股骨头骨坏死的治疗方法，即采用组织工程技术局部抑制破骨过程，局部植入细胞和组织工程骨促进成骨过程。

2011 年 8 月，我们准备首次将这项技术应用临床，尽管动物实验获得成功，但是要将培养的自体骨髓间充质细胞注入人体骨内，还是担心并发感染，并发脂肪栓塞及肺栓塞以及骨坏死加重等状况。

这时，已经 81 岁的卢老给我讲起了他当年进行我国第一次人工关节置换手术时的故事。由于是全国首例，为保障手术的顺利进行，医院停掉了他当日的所有手术，医院院长和政委在手术室外等候，全力保障手术顺利进行。

卢老告诉我，他当时作为主刀医生，心理压力非常大。那时，作为骨科主任的陈景云教授紧紧握住他的手说："出了问题算我的，你就大胆干吧！"

"现在，我想对你说的也是这句话'干吧，出了问题算我的！'"卢老对我说。

手术成功了。

半年后，病人过来复查，髋关节功能和股骨头外形均不错，但髋关节核磁共振的结果还是显示坏死，我一时迷茫了，"是不是治疗没有效果？"不知道该如何跟病人解释。

我找到了卢老，他拿着片子，仔细看后，把我叫到看片灯前，拉着我的手，将手术前后的片子一幅一幅对比，结果惊讶地发现，坏死股骨头的外形不仅保持完整，坏死的范围也明显缩小，骨坏死的类型也由 JIC 分型的 C 型（塌陷率 100%）转变为 B 型（塌陷率 60%）。直到手术后第 9 年，这个病人的股骨头不仅外形良好，而且核磁信号恢复了正常，髋关节还能活动自如。

我们治疗股骨头骨坏死所采用的组织工程技术于 2018 年成为北京市卫健委重点新增医疗服务项目。在那之后，我也学着卢老教我时的样子，把学生和病人叫到计算机前（现在图像都在计算机里保存），采用卢老教我的办法，将手术后与手术前的片子一幅一幅做对比，告诉他们——"哪个区域的骨头吸收了，哪个区域的骨头长起来了"，今后还应注意什么。

有些人嫌我啰唆、磨叽，但我心里清楚，在我迷茫时，我的老师卢世璧院士就是这样不厌其烦教我的，我也应该这样对待我的学生和病人。因为这样的教诲，已经融入我的内心深处，成为我思维和行为的一部分，更成为我的工作习惯和行为准则。我要像卢老对我一样对待年轻人，做到"东风化雨，春泥护花"。

卢老的博学、严厉和宽容，不仅造就一批批著名的医生和学者，其教书育人的方式也深深地影响着后辈。我不是卢老最出色的学生，但在我心里，卢老始终是我最出色的老师。

执　拗

　　说起卢老的医术和学问，无人不称赞。有人不禁要问，卢老是如何达到这一境界的？虽然卢老靠人工关节起家，但我接触他时，他的研究已经转向，主要集中于组织再生方面（包括神经、关节软骨和骨）的研究。

　　组织工程作为一门新兴学科，是把创伤修复从置换（Replacement）、修复（Repair）带到了再生（Regeneration）时代。卢老时刻告诫我们，一定要在关键领域和关键技术方面形成自己的特色和创新，一定要紧密结合临床。他强调，骨科研究所的方向是应用基础研究，一定要以"科研课题来自临床，科研成果服务临床"为宗旨。这一点我的体会特别深刻。

　　那是 2006 年春，我作为杨强博士的辅导老师和研究生一起做课题，方向集中于组织工程软骨支架的制备。当时，可以作为软骨支架的材料很多，工艺也有种种不同，骨科研究所已经探索出关节软骨细胞外基质的制备方法，但是呈颗粒状，因为关节软骨内的 II 型胶原纤维排列是取向的，在如何取向这一点上始终不令人满意。我看到文献中 PLGA 等材料做出的支架结构和可降解性能都让人满意，产生了改变方向的念头。

　　那时，正逢师母病危住院，卢老全家上下都在为她的病情忙碌。百忙之中，卢老听取了我们想更换支架材料的工作汇报。没想到，刚提及此事，卢老就严厉地批评了我们。他表示，材料可以选择，也可以采用复合材料，但有一点不能变，就是必须以软骨细胞外基质为中心、为基础。

　　说实话，我们那一刻困惑极了，没有人这样做过呀！也没有文献这样报道呀！但对于这一点，卢老非常"执拗"，坚持这一方向，并认为这是组织工程发展的重要方向。随后，我们创新性地改进了软骨下细胞外基质的制备方法，采用湿法粉碎，获得丝状纳米级软骨浆料，再重新组装成型交联，制备出了取向性的三维多孔支架。

　　在卢老的大力推动下，这项技术申请并经过总后卫生部批准，应用于临床。骨科研究所也成为最先将自主研发的组织工程软骨应用到关节软骨损伤治疗的单位。6 年过去后，这一技术先后获得 6 项国家发明专利，并得到国际同行认可，称之为"第四代"关节软骨损伤修复技术。不仅如此，该技术也于 2018 年成为北京市卫健委首批重点新增医疗服务项目，成为组织工程技术临床转化的标志。

　　回想起来这些往事，更增加了我对卢老的崇敬，要是当年没有他老人家的"执拗"，也不可能有我们今天的软骨修复技术。软骨修复技术之所以能够成功，就是在众多纷繁复杂的事务中，大量阅读文献，反复调研、细心揣摩，认准方向、一鼓作气的结果。

那时候，卢老已进入耄耋之年，仍坚持亲临一线查看病人，与我们讨论课题。大家经常为实验的事情争得脸红脖子粗，仿佛在吵架。为此，许文静经常提醒我们，声音太大了。但每次争论过后，卢老又像个孩子一样，不时开开玩笑，轻松一下气氛，并鼓励我们"真知来源于交谈"。

　　在学术上，卢老鼓励个人拥有相反的观点，从来不以势压人，更谈不上事后报复，常常是争论完后，大家分头查文献，回头继续争论，最终形成统一方案，并执行。

　　与卢老讨论的过程，不仅是工作，更是学习，学到的不仅是知识，更多是做学问的态度——在困难面前的一种淡定自若、一种坚持不懈、一种一往无前。也正是在这种精神的鼓舞下，我们先后获得国家支撑计划、国家"863"计划、国家自然科学基金重点课题的资助。我自己也成为科技部"973"项目、科技部干细胞专项课题组组长和多项国家、军队重要课题的负责人和执行者。

　　在卢老的带领下，骨科研究所连续两次在北京市重点实验室考评中荣获优秀，排名医学实验室第一名。解放军总医院骨科在2019年全国科技综合实力和创新能力排名中名列第一。

　　然而，在学科发展取得辉煌业绩之时，我敬爱的老师——卢世璧院士却于2020年3月28日11时30分永远地离开了我们。卢老从医70年，对党、对祖国、对人民绝对忠诚，对医学事业执着追求，开创我国人工关节外科先河，在骨科再生医学领域创造非凡业绩，耕耘临床一线，不懈奋斗，研究成果惠及无数患者。

　　卢老是301医院医学精神的缔造者，他诲人不倦，培养了大批顶尖医学人才，锻造了国际一流骨科团队。他的学术思想"科学问题来自临床，科研成果服务临床"引领学科发展，造就国家顶级学科，是我国医学领域的一面旗帜，他无愧于"模范医学专家"的荣誉称号。

　　遵从卢老生前遗愿，不给大家添麻烦，丧事从简，没有遗体告别。但他的同事、好友和学生都纷纷来到其生前办公室，缅怀这位医学大家，感谢他为解放军总医院、为祖国医学事业、为国家做出的卓越贡献。

　　夜深了，骨科研究所橱窗里的灯还亮着，里面有一个个冰冷的金属假体，有发黄的颤颤巍巍的即将碎成多块的人工关节蜡型，有已经"48岁"的木雕人工关节模型，有令当代人觉得不起眼的铸造的人工关节毛坯……透过这些冰冷的物件，我仿佛置身于40年前。我的老师卢世璧院士和他的战友，正夜以继日地查阅资料、绘制图纸，以满腔热血将滚烫的钢水浇铸、打磨成型。一批批病人摆脱关节疾患的困扰，走出病房，重新开始他们正常的工作和生活。

　　这些冰冷的假体，是卢老和他的同事们在那个内忧外患的年代，用热血铸就的"不忘初心、牢记使命"的见证。"宝剑锋从磨砺出，梅花香自苦寒来。"卢老的成就起源于他对事业的执着追求，源于他献身医学、服务人民的坚定信念。他的成就在于他用这样的信念，一口气坚持了 70 年，他用他的坚持，磨砺出他的光辉一生。

卢老，一路走好！您的教诲学生铭记心间。

来源：《光明日报》2020 年 4 月 13 日，作者为解放军总医院骨科研究所副主任

无悔年华
解放战争时期清华校友足迹

谢毓元学长

谢毓元：本然化成

■ 陈珂珂

他是官宦子弟，却饱尝了战乱流离之苦；

他酷爱文史，却选择一辈子与化学相关的瓶瓶罐罐打交道；

他一生多次更改研究方向，却都取得了令人瞩目的成就。

穷期本然，化为践履，谢毓元先生毕其一生，从青丝到华发，始终不忘科学报国之初心……

谢毓元，1924年出生，药物化学家、有机化学家。祖籍江苏苏州，出生于北京。1949年毕业于清华大学化学系后留校，1951年转入中科院有机化学所药物研究室（该室于1953年扩充建立为中科院药物研究所，以下简称药物所）。1956年被推荐留学苏联科学院天然有机化学研究所，从事四环素类化合物的合成研究，1961年取得副博士学位。1984年任药物所第三任所长，大力开展国际合作，推进新药研发及科研基本设施建设，打开了药物所发展的新局面。1988年卸任所长后，他又重新出山，主持"新药研究国家重点实验室"的筹建工作。

谢毓元在多个科研领域开展研究并取得重大成绩：在医用螯合剂领域，他的成就独树一帜，在国内外都处于领先地位；在天然产物化合领域，他是国内率先可以系统完成发现活性物质—阐明结构—进行全合成的化学家之一。

他参与的普鲁卡因合成于1965年，获中科院推广奖；他首创的放射性核素239钚、234钍、95锆促排药物"喹胺酸"于1980年获国防技术重大成果奖三等奖；他主持的莲心碱与甘草查尔酮的研究作为药物所"中草药活性成分的研究——12种新有效成分的发现"的组成部分，于1982年获国家自然科学奖二等奖；他首创的放射性核素90锶促排药物"酰膦钙钠"，于1983年获中央卫生部甲级成果奖。1991年，谢毓元被评为中国科学院学部委员（院士）。

苦读不辍 结缘化学

1924 年，谢毓元出生于北京。其父谢镜第毕业于京师大学堂，在北洋政府和国民党南京政府时期，曾任交通部路政司要职，其母徐墨蕾是苏州豪门之后。因时局动荡，又因为人耿直难为新任上司所容，谢父于 1928 年携全家迁回苏州菉葭巷生活。

谢毓元自幼熟读古文经典，文学造诣颇深，兼以孔夫子的忠恕之道为立身处世哲学，一辈子与人为善，不参与文人相轻，还和三哥谢毓寿一样酷爱阅读英文小说，就此打下了良好的英文基础，在中学和大学阶段使用英文原版教材学习时得心应手、游刃有余。

为避战乱，谢家先后避居洞庭东山、辗转上海租界，谢毓元先后就读于三所中学，他非常珍惜在烽火战乱与不断迁居中来之不易的学习机会，学习异常刻苦。谢父秉承实业救国思想，认为学文、法科，走仕途，会永久受人气，所以只准子女学理、工、医、农，将来靠"本事"吃饭。因此，在 1940 年 6 月从苏州中学毕业并考入当时迁沪的私立东吴大学时，本来爱好文史的谢毓元选择了化学工程系。

1941 年，太平洋战争爆发，日寇占领了上海租界，东吴大学被迫停办，谢毓元无奈辍学 4 年之久。其间，他苦读不辍，打下了坚实的中英文基础，为日后书写论文、查阅外文文献、开展科研工作带来诸多便利，也为他以后为学者、为人师、为领导者奠定了坚实的人文基础。

1945 年抗日战争胜利后，谢毓元辗转于南京求学，参加南京临时大学补习班，然而不久临时大学宣告取消。1946 年 5 月西南联大结束，清华大学、北京大学和南开大学分批北返复员，清华大学于 1946 年 10 月 10 日正式恢复教学。22 岁的谢毓元以破釜沉舟之决心认真复习，于 1946 年考取清华大学，插班进入化学系二年级就读。

当时，清华大学化学系教授都是留学归国的，很多教授用英文授课，化学实验严格按照规范操作，用英文撰写报告，化学系有自己独立的图书馆与齐全的专业期刊，化学系

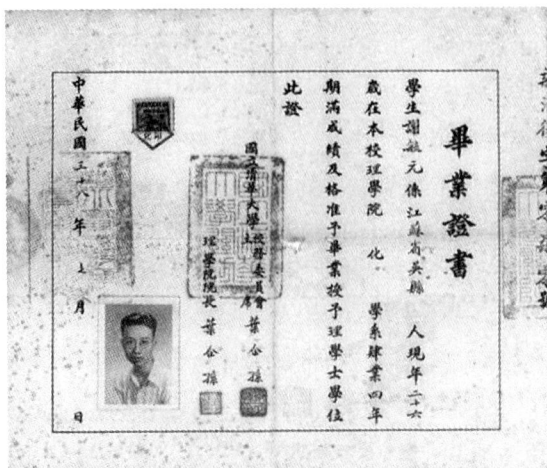

谢毓元的清华大学毕业证书

学生一路经过严格的考试筛选，毕业率只有 60% 左右。在这种环境下，谢毓元刻苦勤奋，成绩一路领先，基本功扎实，科研技能精湛，深得无机化学教授张青莲的信任与器重。1949 年，谢毓元以化学系第一的成绩毕业，随后留校，先后任无机、有机分析助教。

无心插柳 意外突破

因个人兴趣，1951 年 2 月，谢毓元离开了学习和工作近 5 年的清华大学，来到上海，成为当时挂靠在中国科学院有机化学研究所下的药物研究室的一员，跟随赵承嘏先生从事中草药的提取及小分子化合物的合成工艺研究。当时，赵承嘏不断地在国内外招募合成化学、中药研究、药理研究和抗生素研究这 4 个领域的人才，截至 1953 年正式成立之际，药物所人才储备已可开展化学学科和生物学科两方面的研究。

在建所之初，药物所主要任务是协助政府发展制药工业，协助企业解决技术问题，通过开展系统研究指导国内流行疾病的新特效药合成。1951—1956 年，谢毓元在这里先后参与了常山叶中常山碱的提取及含量测定、普鲁卡因合成工艺改进、抗血吸虫病治疗药物的化学合成等多项研究工作，逐渐从一个药物研究的门外汉成长为可以独立开展工作的研究者，他也亲历了药物所从弱小到壮大的发展过程。

1951 年，谢毓元采用简便的有效成分提取方法，出色地完成了常山叶中抗疟疾成分的提取及含量测定工作，最终发现常山叶中所含有效成分约占 0.20%，是常山根所含有效成分的十倍，并建立起一套简单可行的常山叶中碱性物总含量的测定方法；次年，他又以曼陀罗及类似物为原料，选择能应用于工业生产的适当方法，制成医疗上必需的药品阿托品和后马托品，实现了这两种药品的国产化；

1952—1953 年间，谢毓元作为主要参与人员，将法国制药厂先进经验本土化，成功完成普鲁卡因的两个重要原料——对硝基苯甲酸和二乙胺的合成工作，解决了普鲁卡因和青霉素普鲁卡因盐生产原料的自给问题。

1953 年，作为主要参与人员之一，谢毓元参加了由嵇汝运先生负责的抗血吸虫病药物的设计及合成工作。嵇汝运很是放手，让作为组内大弟子的谢毓元充分发挥才能。在详细文献调研基础上，谢毓元带领组内几个成员合成了

1953 年，谢毓元在上海武康路 395 号实验室做实验

若干含巯基的抗血吸虫病化合物，其中有一个是二巯基丁二酸钠（又称二巯丁二钠），虽然最后二巯基丁二酸钠没有成为一个很好的血吸虫病治疗药物，但是无心插柳，二巯基丁二酸钠及其游离酸二巯基丁二酸却陆续被开发为享誉中外的广谱重金属解毒药物，不仅可以解锑毒，还可以解汞、砷（砒霜）、铅、铜等金属毒，并用于治疗铜代谢障碍引起的肝—豆状核变性疾病。

这次设计合成是谢毓元涉足医用螯合剂的开端，也为他 10 多年后从事另一项医用螯合剂的研究——放射性核素促排药物研究打下了深厚的理论和实践基础。

留学苏联 硕果累累

由于在药物所工作成绩突出，1956 年，谢毓元获得留苏预备生的资格，他毫不犹豫地选择了有机化学合成专业。

1958 年，谢毓元在莫斯科红场留影

从 1957 年到 1961 年，谢毓元在位于莫斯科的苏联科学院天然有机化学研究所留学，师从苏联天然化合物化学领域的杰出科学家舍米亚金院士，开展四环素类化合物的合成研究。其间，谢毓元的学位论文《去二甲胺基去氧四环素合成方法研究》对于从氧化蒽酮转向四环化合物的方法进行了系统研究，是天然有机化学研究所抗生素实验室进行的四环素化学研究的重要部分，为 1966 年该实验室完成四环素全合成工作做出了贡献。

1961 年春，谢毓元顺利通过学位论文答辩，获得副博士学位。他出色的工作也得到舍米亚金的高度评价："他有一双幸福的手，别人合成不了的东西交给他做，总是能很好地完成。"

对于谢毓元来说，他在苏联期间的收获，远不止一个副博士学位，更重要的是得到了如何做科研工作的完整训练，这正是他之前缺乏的。

1961 年 9 月回到了阔别近 5 年的药物所之后，谢毓元凭借在苏联学习到的一套方法，在天然产物全合成方面取得了骄人的成绩——先后完成了莲心碱绝对构型的确证及全合成、甘草查尔酮的结构确定及全合成、灰黄霉素的全合成、放线酮类物质化学成分的研究、抗生素 C-4826 的化学结构测定、补骨脂乙素的全合成等工作。

谢毓元几乎没有休息日，每天痴迷于他的研究。在甘草查尔酮结构鉴定中，他曾连续奋战 36 个小时，只为确定一个羟基的位置。

这些天然产物全合成是我国科研人员运用现代物理学、化学等技术，对我国传统中草药进行的系统研究，为探索新生物活性物质及原理提供了线索，对推动天然产物化学研究的系列性和完整性起了积极的推动作用。

天然产物全合成所取得的突破性研究成果，让谢毓元越发体会到文献调研的重要性。"我做任何工作都是先从调查研究入手，所有想要解决的问题都尽量从文献里面找到解决的方法。"谢毓元曾如此说。熟练运用英、德、俄、日四门外语进行文献调研，严格按照实验流程操作，锲而不舍地验证自己的创新想法，谢毓元对天然产物全合成研究饱含深情。

重续前缘　再创辉煌

1966—1969 年，谢毓元先后接到二机部（后来的核工业部）、上海跃龙化工厂、中国人民解放军海字 166 部队等部门委托给药物所的放射性核素 239 钚、234 钍与 95 锆的促排药物化学合成的重大任务，这使得谢毓元重拾了十几年前进行广谱重金属解毒药物合成时涉足的医用螯合剂研究。

为了在较短时间内迅速完成上级指派的 3 项重要军工任务，谢毓元又开始了新一轮的"搬砖头"工作——对美国《化学文摘》影印版及相关文献原文进行调研。经过充分的文献调研，谢毓元发现这 3 个元素性质具有共通之处：3 个元素外层电子排布有其相似性，钚为 5f67s2，钍为 6d27s2，锆为 4d25s2，最外层电子数均为 2，这 3 种元素的化合价均有 +3 价和 +4 价，当这 3 种元素的离子在与络合剂配位时会表现出相似的性质。

谢毓元脑海逐渐形成了一个"一石三鸟"的策略——设计一种高效低毒的、具有多胺羧结构的邻苯二酚型螯合剂，毕其功于一役，将这 3 种核素的促排同时解决。按照这一思路，他研究出一套系统的放射性核素促排药物研究方法，设计合成了国际首创的促排药物——喹胺酸，并从藜豆中提取有效成分，实现了震颤麻痹症药物左旋多巴的国产化。该成果载入（1977 版）《中华人民共和国药典》。

1974 年，海字 166 部队又将一个世界性的科研难题——放射性元素 90 锶促排药物的化学合成任务委托给了谢毓元。

锶是第二主族元素，与前述的钚、钍、锆性质相差较远，之前所有积累的设计与合成经验都不可借鉴。在新一轮的文献调研之后，谢毓元提出了利用积二磷酸化合物既可以进入骨骼又可以迅速排出的性质，来进行亲骨性锶的促排的设想。经过 3 年的努力，在合成的 200 多个化合物中筛选发现了促排效果良好的酰膦钙钠。该首创性研究于 1983 年获卫生部甲级成果奖。

"文革"结束后，二机部不再投入放射性核素促排药物研究，但谢毓元和当时药物所的同事并未就此停止，而是继续开展研究，发现了目前国际上铀促排效果最好药物双酚胺酸。但由于临床病例少的原因，他研制的这几个药物都没有被正式批准成药。

20世纪80年代以来，国际形势趋于缓和，国内重视经济发展，核能的利用逐渐趋向于民用，国家停止了对放射性核素促排研究的资金资助。谢毓元开始进行多方面的尝试，将自己多年来在医用螯合剂研究领域积累的经验和成果进行民用开发，开展羟基乙叉二磷酸合成工艺改进及成果转化、靶向性抗肿瘤药物研究及偕二磷酸类抗骨质疏松药物研究，并低成本大规模成功合成植物生长调节剂天丰素——混表—油菜素内酯，对农作物产能与免疫力提高意义重大，为"科技兴农"作出了突出贡献。

高瞻远瞩　开拓局面

自1984年起，谢毓元担任药物所第三任所长。任期内，谢毓元采取"自由报名和学术带头人选择相结合"与"自由结合和组织安排相结合"方法组建课题组，明确了研究室的学术领导与科研体系，改善了科研秩序。同时，他统筹兼顾了药物所学科发展与科研布局，主张保留了药物所自己的图书馆。

其间，谢毓元落实执行了中科院在全部研究所推行的所长负责制，显示了对药物所长远与全局发展的领导力。

当时，据国外统计，一个化合物从药理初筛到最终发展成上市新药的平均概率仅为万分之一到八千分之一，研究周期为8～10年，平均耗资为0.8亿～1亿美元。而1984年中科院院部给予药物所全年的实际科研经费只有110万～120万元人民币，虽然药物所的课题组每年都会申请"中国科学院院内科学基金"和"国家自然科学基金"资助，但这些基金的资助金额很小，根本无法缓解经费紧张问题，满足新药开发的需求。

谢毓元清醒地认识到，在当时我国医药企业管理体制下，即使是大型和托拉斯型的国内制药企业，也没有投资新药研发的实力，再有远见的厂长也无力支持新药研究的前期工作，解决研究所的科研经费只能依靠国际合作。

于是，他积极与国外药企接触，着力介绍药物所丰硕的研究成果与强大的科研实力，吸引国外药企的投资愿望，同时也可以借由开展国际合作，使药物所了解国外药企新产品开发的组织管理工作，为我国研制的药物跻身世界市场创造条件。

在谢毓元任期内，药物所先后与日本全药、山之内、津村顺天堂、昭和以及美国普强、罗氏、格拉苏等药企建立合作关系，为药物所争取到了约150万美元的经费，购置了 400 兆核磁等多台精密仪器，开拓出良性循环局面。药物所财政从他接任时的捉襟见肘，转变为卸任时的颇有盈余。

为充分利用我国丰富的生物资源，创制新药造福我国人民，谢毓元于任期最后一年开始着手"新药研究开发中心"筹建工作，获得全所上下积极响应。

1987 年 12 月，国家教育委员会与世界银行合作的"加强研究生教育的贷款项目"启动。逢此良机，已卸任所长之职的谢毓元重新出山，在已有"新药研究开发中心"的建设基础上，主持筹建开放实验室，参与角逐贷款项目资格评审。严格的审批整整持续了一年，最终，"新药研究国家重点实验室"顺利获得世界银行贷款资助，更凭借出色的科研成果和采用先进管理模式的能力成为 7 个试点实验室之一，被列入试点实验室管理计划，谢毓元又一次展现了自己出色的领导能力。

来源：《中国科学报》2019 年 12 月 13 日

何大中学长

广播电视技术管理专家何大中

何大中，广播电视技术管理专家。历任中央广播事业局技术处副处长、广播科学研究所副所长、广播电影电视部总工程师兼科技委员会主任、高级工程师、中国广播电视学会副会长、中国电子学会副理事长、跨国电气电子工程师学会高级会员。长期从事广播电视技术管理工作，制定并组织实施适合中国国情的技术政策，推动了广播电视事业的发展。积极引进外国先进技术，注意调查研究，结合国情，提出适合中国需要的技术项目、标准和方法，为迅速发展中国广播电视事业做出了重要贡献。

何大中，1929年出生于北平市一铁路职工家庭。1937年抗日战争全面爆发后，何大中随家辗转徙居天津等地，饱尝了日本帝国主义统治奴役之苦，激起了强烈的民族义愤。1945年8月日本投降。1946年，何大中考入清华大学，由于国民党政府的腐败无能，使他重盼天日之心深感失望。同年发生"沈崇事件"，何大中怀着愤慨之情投入学生运动，成为学运骨干，并加入中国共产党，参加党的关于发展进步力量、迎接北京解放等工作。当时，他按照地下党的安排，竞选学生会理事，负责与外校的全部联络工作，以接替因白色恐怖而撤离的某些党内负责人的工作。1948年年底任"迎接解放委员会"联络部部长，为迎接北平解放进行了一系列宣传联络工作。

1950年，何大中从清华大学毕业，来到中央广播事业局投入中华人民共和国的广播事业建设。为使当时留下来的破旧设备能为新中国广播事业服务，何大中在实践中总结出"故障快速判断法"和"紧急处理法"，缩短了停播时间。不久被任命为机房主任。

1951年，党中央发出着重利用广播网和收音网推动工作的指示。当时承多年战乱之余的新中国广播事业，无网可言，国内绝大多数地方收听不到广播。为求从根本上改变这种状况，何大中被调到计划处，在当时任计划处处长的卢克勤领导下，受命编制"第一个五年计划"中的广播事业发展规划。根据当时全国经济技术条件，提出了集中力量建设中央电台（包括对外广播）的方针，在若干全国人口密集地区建设大功率广播发射台，播送中央人民广播电台节目，推动全国有线广播网和收音网的发展，完成党中央交给的宣传教育任务。为了建设大功率广播电台，1954年何大中受命组建安装工程队并任队长，负责这些电台的技术安装调试工作。

1955年，何大中参与发展中国电视广播的技术准备工作，并于1957年前往苏联学习彩色电视技术。1958年回国后任广播科学研究所副所长，领导彩色电视的研究。1960年5月建成中国第一个彩色电视试验台，除摄像管、显像管外，所有设备全系自己研制成功的。后因国民经济暂时困难，中断了试验。在科研所工作期间，何大中还提出并建立了调频广播试验台，组织研制了一批调频收音机，为此后发展调频广播作好技术准备。

1962年，中央广播事业局组建了由他主持的技术处，负责制定广播系统的技术政策、发展规划，并实现对频率资源和科技工作的归口管理，初步建立起了广播系统的技术管理体系。在此期间，他对全国广播事业的两年调整、"第三个五年计划"的安排、农村广播网的建设和管理、有线广播和无线广播的结合，进而有步骤地建设全国广播网等做了大量卓有成效的工作。

1966年，何大中在"文化大革命"中受到冲击。1968年全力投入调频广播试验工作。同年，何大中主持了调频广播中间试验鉴定会，中央广播事业局在会上确定调频作为节目传送手段，并决定建立北京至东北、西北、东南三条调频干线工程。这是中国实施调频广播的开端。

1968年底，"文化大革命"进入"清理阶级队伍"阶段，何大中再度受到审查。1969年冬，尚在受审查的何大中，开始了中波同步广播的研究，1972年冬，他结合中国现状提出了同步广播系统的全部技术要求和技术参数，并亲自研制出了同步激励器样机。1976年5月，中央广播事业局决定推广同步广播技术以解决频率拥挤问题。

1973年，何大中致力于广播电视网的规划工作。例如，1977年规划座谈会上，他和当时任广播事业局技术部副主任的卢克勤等提出了中国广播电视采用卫星覆盖的具体实施方案，并以此为基础向中央提出建议，得到党中央和国务院的批准；在1982年2月的全国广播事业规划会议和4月的规划工作会议上，通过了以他为主提出的广播电视网的技术政策、规划原则和规划方法；根据改革开放的新形势，他和当时任广播电视部部长的吴冷西等，提出了实行"四级办广播、四级办电视、四级混合覆盖"的方针，这项方针被 1983 年 3 月召开的全国广播电视工作会议采纳，并于同年 10 月得到党中央的批准。这些，连同何大中于 1973 年至 1985 年期间陆续主持编制出的中波广播网，米波、分米波电视网和短波广播网的技术规划，对于中国广播电视事业进入新的发展阶段起到极有力的指导与推动作用。

自 1982 年起，何大中任广播电视部总工程师。1983 年，广播电视部建立了作为最高科技咨询机构的部科技委员会，何大中被任命为首届主任委员。

中华人民共和国成立以来，广播事业发展很快，20 世纪 80 年代尤为迅速，科技干部的培养远远赶不上事业发展的需要，广播电视新技术不断涌现，迫切需要对广大在职科技干部进行继续教育和岗位培训。何大中为此倡议并组织广播电视战线一些老专家分册编写了一套大型丛书《广播电视技术手册》，合 1000 余万字，内容覆盖了广播电视各技术领域。此丛书已被用作岗位培训和继续教育教材。何大中任总编并执笔写了第一分册。他还接受委托组织广播电视新技术讲座，以提高各级技术干部的业务水平。在他主持下，中国电子学会广播电视分学会创办了"高科技培训中心"，以函授方式向广播电视科技人员进行继续教育。由于他一丝不苟、黾勉以求，这些工作均取得良好效果。

何大中一贯热心有关全国性学术团体的建设与发展工作。他曾被选为中国电子学会副理事长、中国电子学会广播电视分会主任委员、中国广播电视学会副会长、中国录音师协会理事长，他还是中国电子学会会员和跨国电气及电子工程师学会高级会员。

来源：百度百科

中国石油战线的优秀领导干部金钟超

中国共产党的优秀党员，忠诚的共产主义战士，中国石油工业和石油科技、石油政治工作的优秀领导干部，原中纪委驻石油工业部纪检组组长、中国石油天然气总公司党组成员、副总经理、党组纪检组组长金钟超同志，因病于 2002 年 11 月 1 日在北京逝世，享年 72 岁。

金钟超同志 1930 年 12 月 1 日生于浙江省平湖县，1947 年 9 月考入清华大学化学工程系。1948 年 11 月参加革命，在北平军管会工作，1949 年 3 月回到清华大学学习，同年 9 月加入中国共产党，1951 年 9 月毕业。大学毕业后，先后在甘肃玉门油矿任党委秘书、科长，玉门油矿党委、玉门市委副秘书长、秘书长兼采油厂党委副书记，玉门市委副书记等职。1965 年 7 月至 1975 年 12 月，先后任甘肃省委办公厅秘书处副处长，甘肃省石化局办事组副组长、省石油地质研究所负责人等职。1978 年 4 月任华北油田石油勘探开发研究院副院长；1980 年 5 月任石油工业部科技司副司长；1982 年 11 月任石油工业部科技司司长。1987 年 8 月任中纪委驻石油工业部纪检组组长；1988 年 10 月任中国石油天然气总公司副总经理；1989 年 12 月任党组成员。1990 年兼任中国石油体协主席和中国石油文联主席。1991 年 3 月任中国石油天然气总公司党组纪检组组长。1995 年 2 月退居二线，1998 年 7 月离休。1999 年担任中国石油学会理事长。

金钟超同志早年在玉门和甘肃省委工作期间，积累了丰富的工作经验。在担任石油部科技司副司长、司长期间，他认真贯彻中央关于科技管理特别是科技体制改革的精神，从石油系统科研实际出发，在注重抓科技队伍建设的同时，先后与中科院、国内一批著名大学等部门建立横向科研协作关系，有力地促进了石油科技工作的发展和进步。他注意与有关司局沟通情况，使科技司发挥了科技归口管理的作用。他善于从生产需求出发，确定科研项目。"六五"期间，他大力支持油气资源评价、稠油热采、快速钻井等项目的攻关，他还组织了"七五"期间 12 项大的配套技术攻关，建立了科研网络。

金钟超同志担任中国石油天然气总公司副总经理、纪检组组长后，坚决贯彻执行党中央、国务院、中央国家机关工委及党组的指示精神，在思想和行动上坚决与中央保持一致。他工作认真负责，积极开展调查研究，针对问题采取有力措施，加强党风建设和职工队伍的思想政治建设，为加强石油企业领导干部队伍建设和职工队伍建设，为继承和弘扬大庆精神、"铁人"精神，培育新时期的"铁人"式的职工队伍，为推进陆上石油工业的二次创业，做出了积极贡献。

金钟超同志高度重视离退休工作，认真贯彻党中央、国务院有关离退休工作的方针政策。他在1991年5月召开的石油系统离退休职工工作会议上发表了重要讲话，会后根据他的讲话内容，下发了《关于进一步加强离休干部和退休职工管理服务工作的通知》，对加强全石油行业离退休工作管理，加强离退休职工思想政治工作，落实离退休职工"两项待遇"，发挥老同志作用，稳定离退休工作队伍起到了重要作用。

金钟超同志在兼任石油文联主席和石油体协主席期间，重视企业文化建设，大力培养企业文化艺术体育人才，积极开展石油企业群众文化及群众体育工作。1989年初夏，他倡导并组织了全国第一届石油职工文化艺术大赛，并在此基础上成立了石油文联。他本人被选为中国文联第六届全国委员会委员。他担任石油文联主席和体协主席期间，举办了三届石油职工文化大赛和石油体育运动会，为发展石油企业文化和体育事业做出了重要的贡献。

金钟超同志在主持石油学会工作期间，团结广大石油科技工作者，尊重老同志，爱护新同志，善于调动各方面积极性，积极开展多种学术活动，重视科普工作，特别是广泛地进行国际学术交流，并十分注意开展台湾"老油人"的工作，为祖国统一大业做出了积极的贡献。

金钟超同志一贯忠于党，忠于人民，忠于他所热爱的石油事业。在工作中，他重视把物质文明建设和精神文明建设结合起来，强调任何时候都要加强党的领导，加强思想政治工作，都要坚持改革开放，提升企业的国际竞争力。他善于把坚定的政治立场和严格的科学态度结合起来，坚持"实事求是"的原则，一切从实际出发，为不断加强石油工业的两个文明建设执着追求，锲而不舍。

金钟超同志崇尚科学，善于学习，勤于思考，专业基础知识扎实，勇于开拓进取。他主持编写的《英汉石油大词典》、主持编著的《石油开发用高分子材料》等书籍，均产生广泛影响。他担任总公司领导后，仍然笔耕不辍，他亲自撰写的《用唯物辩证法指导我国石油工业的发展》，把辩证唯物主义的系统观、过程论和矛盾学说运用于石油战线的认识和实践过程，经有关报刊发表后，产生很大反响。他亲自撰写的《走向未来的中国石油天然气工业》分析了天然气在我国工业发展和经济建设中的重要作用，指出了天然气资源研究和勘探方向，对于推动我国石油天然气资源的开发利用产生了积极影响。

金钟超同志长期从事党政、科研管理和企业文化工作，实践经验丰富，有较高的政治理论水平和较强的组织领导能力。他坚持党的群众路线，关心职工疾苦，注意听取各方面的意见，发扬民主，集思广益，重视调查研究，善于综合概括。他高超的领导艺术和密切联系群众的工作作风，深受广大干部职工的敬佩。他广泛联系、密切团结石油战线内外的文学艺术和体育工作者，与他们交朋友，增进交流，加深感情，深受大家的爱戴。

金钟超同志为人正直，坚持原则，敢于承担责任。他为党的事业任劳任怨，兢兢业业；他清正廉洁，以身作则，严于律己；他作风正派，工作深入，平易近人，为广大职工所崇敬。

来源：中国石油天然气总公司

五　鞠躬尽瘁　为民造福

447

林皋学长

九旬院士林皋：“还要向更高峰迈进”

■ 吴 琳 杜 佳

上午 10 点，当记者走进大连理工大学林皋院士的办公室时，他已忙碌了一个多小时。出差、开会、批改论文、到办公室工作，是 90 岁高龄的林皋的日常状态。不久前，他还应邀前往武汉参加第一届土木工程与仿真技术学术会议，精神矍铄、中气十足地在会上介绍他和团队最新的研究成果，并做了题为《壳体结构力学分析的比例边界有限元方法》的学术报告。

为节省吃饭时间，林皋坚持自己带饭上班 20 余年，中午就简单加热一下。他的办公室里放着一张单人床，困了就在上面眯一会儿，起来接着工作。当记者问他为什么如此不知疲倦地忙碌时，林皋说：“中国是一个筑坝大国，但还不是筑坝强国，核电和水利工程还在用很多国外的规范。我总想着自己应该完成的还没有完成，应该做好的还没有做得很好，因此我还应该多做一点，做得更好一点。”

作为我国大坝抗震学科开拓者之一，林皋为我国多项重点水利工程及核电站建设做出重要贡献，自 1956 年参加工作至今，依然以时不我待、只争朝夕的姿态在教学、科研一线耕耘不辍。

不 忘 初 心

1951 年，林皋以优异的成绩毕业于清华大学土木系。拿出当年的毕业证书，他笑着说其实自己的入学成绩并不高，平均成绩从大一、大二七十几分，到大三八十几分，再到大四时九十几分，直到班级最前列。他说：“因为我从不放弃，只要有可能，就要去奋斗，我的人生哲学是追求卓越、后来居上。”在近 70 年的工作生涯中，他无时无刻不在这样践行着自己的初心。

“我们初期的科研条件其实是很差的，只有在不利条件下改变条件，创造条件进行转化，才能取得需要的成果。"提到曾经的科研经历，林皋颇为感慨。1956年，广东流溪河上建起中国第一座双曲拱坝工程，采用坝顶泄洪方案可节约大量工程投资。由于传统的坝顶溢流方式对地基冲击较大，上海设计院提出采用坝顶挑流方式，可以保障大坝安全。为了验证方案的可行性，设计院遍访国内高校和科研单位。由于此项试验在国内尚无先例，难度之大让科研人员望而却步。最后设计院辗转找到了大连工学院，在老院长屈伯川和著名力学专家钱令希的支持下，秉承着科研要为国家服务的理念，时年27岁的林皋勇担重任，带领团队开始了艰难的试验研究工作。

时至今日，林皋对当时的情形仍记忆犹新："我们是一穷二白，跑工厂、选材料、做模型、自主设计、制作测振仪器和激振设备，一切从头做起，每前进一步都要克服很多困难。"超常的付出，换来不俗的成果。在无任何经验可循的条件下，经过一年多时间，林皋带领团队成功研制了橡胶模型材料，建成了我国第一座机械式振动台，完成了我国第一个拱坝振动试验。此项试验成功后被多次用于国际交流。

筚 路 蓝 缕

多年来，林皋深耕于大坝抗震领域，带领团队筚路蓝缕完成了一系列开创性的奠基工作。1958年，根据设计需要，在云南以礼河完成了中国第一个土坝抗震试验，第一个支墩坝模型的纵向弯曲抗震稳定试验。

1978年，在试验室仪器设备破损、奇缺的条件下，林皋等人通过自主研发直接摄影法，创出了一条新路，开展了当时全国最高的拱坝——白山拱坝的抗震试验，获得了拱坝正、反对称振动的前9阶振型。这在当时是其他试验方法都无法实现的。

同年，东北勘测设计院找到了林皋。起因是丰满水库因人防需要修建泄水隧洞，进口需采用水下岩塞爆破方案。林皋说："丰满是具有100亿库容的大型工程，在坝的近区进行大药量的水下岩塞爆破，振动对大坝的影响是首先需要考虑的问题，因为这关系到吉林、哈尔滨两市及第二松花江下游两岸人民生命财产的安全。"设计院自1975年起就曾委托多家单位进行过专题研究，但始终未得到满意结论。林皋临危受命，亲自编制动力计算程序进行分析计算，多次奔波于大连、长春两地，终于使课题顺利通过水电部的审查。1979年5月，该工程实现成功爆破。

追溯过去的周折，林皋仍记得彼时所想："爆破涉及安全问题，是要担风险和责任的，当时要求在很短的时间内调试程序，算出结果，难度很大，但任务来了，就要有迎难而上、解决问题的勇气。"1985 年，林皋有关丰满大坝抗御岩塞爆破安全的研究成果获国家科技进步一等奖。

改革开放以后，林皋领导的团队负责多项"六五""七五""八五""九五"国家科技项目以及国家自然科学基金重点项目。通过潜心钻研，对影响大坝抗震安全的主要因素，诸如大坝和库水动力相互作用，大坝和无限地基动力相互作用以及高坝地震应力的精细化分析等课题，以开拓进取的精神提出了新的计算模型和方法，解决了小湾、溪洛渡、大岗山等工程建设中所面临的众多科技难题，显著提高了大坝抗震设计和安全评价的水平，助推我国大坝抗震研究领域进入国际前沿。

20 世纪 80 年代初期，核能作为一种高效清洁能源在我国迅速发展，同时，核电结构的抗震设计和安全评价成为核电建设亟须解决的关键问题。1984 年，国家城乡建设部抗震办着手制定我国核电抗震规范，林皋主动请缨加入到编制组，后担任结构组组长。经过一众专家 8 年多的撰写、调研和修改，1992 年，我国第一部核电抗震规范由此诞生。

其间，林皋的研究项目也从核电站外围建筑结构的抗震设计转到核电站主体结构设计。结合国家需求，他带领科研团队开展了含不良地质体、软弱捕虏体等复杂不均匀介质地基上核电厂的抗震安全性研究，为解决红沿河、田湾、防城港等在复杂地基上修建的核电站的抗震适应性作出了重要贡献。为此，获得国家科技进步二等奖。由林皋首次提出的"在复杂地基上的抗震适应性评价"，更达到了世界前沿水平。

学 以 致 用

崇尚学以致用的林皋经常说："作为科技工作者，就是要通过理论结合实际来解决问题。"2008 年，汶川大地震的消息让林皋寝食难安，其中紫坪铺水库大坝的安全最让他牵挂。"当时，就相当于在成都百姓的头上悬了一大盆水，大坝一旦出了问题，就是不得了的事情。"他虽已 79 岁高龄，仍然坚持要亲自到现场查看。危难之际，林皋想到的是"国家需要，就是我们的行动指南"。他曾先后 6 次赴震区参加大坝会诊，查看受损程度，对大坝的抗震能力、检测标准、加固措施等提出权威意见，确保了大坝的安全。

在一个多甲子的执教生涯中，林皋培养了 120 余名硕士、博士生，直到最近两年，他才离开钟爱的三尺讲台，但仍然亲自带博士，经常与学生讨论问题，一字一句修改论文。林皋认为培养学生最重要的就是要"授人以渔"。他说："我培养的学生，不光要会做，还要清楚为什么这样做，培养他们分析问题、解决问题的能力才能让他们走得更远。"

纵观林皋的科研轨迹，也是我国从筑坝大国到筑坝强国逐步迈进的历史蜕变。随着国家的发展壮大，他不断拓展新的研究方向，而服务国家需求的脚步从未停歇。"科研工作就像打仗一样，要占领一个又一个山头，不断攻克更高的山头，我们还要向更高峰迈进。"虽已年逾九旬，林皋依然壮志未减。

孔子曰："智者乐，仁者寿。"采访中林皋始终面带笑容、娓娓道来，这也是他平时待人的常态。听着他朴实无华的讲述，智者与仁者的形象在这位备受尊崇的老科学家身上渐渐清晰，合而为一。

来源：《光明日报》2019 年 11 月 18 日

五　鞠躬尽瘁　为民造福

储传亨学长

我与城市规划工作结缘一生

■ 储传亨

储传亨（1928—2015），江苏省宜兴市人。1946—1949年在清华大学土木系学习。1947年在清华大学加入"民主青年同盟"；1948年加入中国共产党。历任中共北平市委学委、北京市委宣传部和市委办公厅干事、北京市委研究室副主任、市规划管理局副局长、市建委副主任、市人大常委会副秘书长、首都规划建设委员会副主任、市长助理等。1983年起历任城乡建设环境保护部副部长、建设部总规划师等职务。1999年12月离休。

1953年，正值国家建设"第一个五年计划"开始执行、经济建设热火朝天进行时，我耳闻中央有个决定：为了培养新中国的经济建设干部，所有高等院校没有毕业就调出来参加工作的学习理工专业的干部，应该尽量回校学习。由此，我思想上展开了激烈的斗争，并给时任市委第二书记刘仁同志写信，表明自己在清华大学学过两年半土木工程，有一些基础知识，希望能继续学习或直接参加经济建设。没想到很快就有回应：市委组织部通知，调我到市委办公厅，在时任市委秘书长郑天翔办公室工作。当时，郑天翔同志主管基本建设和城市规划，需要懂工程的人当助手。自此，我与城市规划工作结下了不解之缘。在彭真、郑天翔、万里同志的直接领导下，我先后在北京市和建设部从事城市规划工作，他们在言传身教中体现出的高贵品质和优良作风，使我终生受益。

彭真同志领导制订首都城市规划别具战略眼光

我第一次见到彭真同志是1949年2月4日，在北京大学四院举行的北平地下党会师大会上。彭真代表市委讲话，大意是：地下党员和进城干部要紧密团结，同心同德，相互学习，共同战斗，担负起管理好、建设好北平的重任，还要支援大军南下，解放全中国。

这次大会后，我服从组织安排，没有回大学继续读书，而是到市委学委大学部工作，不久调到市委宣传部。

真正近距离接触彭真同志是在后来市委召开全市干部会或者工作会议上，我多次被派去给他的讲话做记录。彭真同志出席这些会议讲话，很少有讲话稿，总是在会前把市委常委召集在一起，咨询大家要讲什么问题。常委们向他汇报情况，他边听边记，把要讲的问题写在一张纸上，然后就上台讲了。他的讲话深入浅出，寓意深，我们都非常佩服和爱听。

从 1953 年到"文革"爆发，这十几年，我基本上都是在以彭真为首的市委领导下从事城市规划工作，亲身感受到彭真对制订首都城市规划具有战略眼光。

中华人民共和国成立前的北京，是一个高度消费、市政设施落后、王府和贫民区对比非常强烈的旧城，要把它改变成中华人民共和国庄严、美丽、现代化的首都，以彭真为首的市委提出首都建设的总方针，即"三为"方针：为生产服务，为中央服务，归根结底是为劳动人民服务。这项任务艰巨，而当时面临的情况是：一方面，指导首都建设的总体规划尚未制订出来；另一方面，空前的大规模建设已经来到。如何制订首都城市总体规划，中外专家提出许多不同意见。彭真同志经过研究认为：首都是全国人民的首都，不单是北京人民的首都。我们的规划，不要束缚后人的手脚，而是要立足长远，要为子孙后代留下发展余地。为了避免浪费，可以用分期建设加以控制。比如马路问题，不要一拆房子就拆到60 米或 90 米宽，可以先控制一边，马路的这边拆，那边先不拆。彭真的中心思想就是：要为将来发展留下空间。后来，北京市规划部门就是这么办的。现在看来，彭真同志的指导思想是高瞻远瞩的，他对首都建设做出了奠基性的、战略性的贡献。

1956 年，总体规划方案基本定稿后，市委、市政府根据彭真同志的建议，采取举办展览的方法广泛听取意见。展览办了多次，先后参观的有市人大代表、市党代会代表、市政协委员、市属各部门、各区县干部、国内著名建筑师、部分高校师生以及 16 个省市城建部门的干部。当时正值党的八大召开，参观的还有全国各地方各系统出席八大的代表，来自几十个国家的共产党和工人党的代表，特别是刘少奇、周恩来、朱德、陈云、邓小平等中央领导同志也先后参观了展览。参观人数总计达一万六千多人。我作为展览的讲解员，向他们介绍情况，回答提问，听取意见。一个城市的规划方案，能够有那么多的中央领导以及国内外各方面的精英参观，发表意见，实属难得。可以说，规划方案是领导和群众智慧的结晶。

彭真同志对我的人生道路选择、品德修养的影响也是巨大的。记得1953年夏天的一个星期六晚上，彭真同志的秘书来电话，让我去彭真办公室。那次，彭真同志详细询问了城市规划工作班子的情况后，让我给他解释一些规划方面的技术名词，如"什么叫风向玫瑰图？""什么叫等高线？"我当时拿了一张图给他看，并向他解释说：规划上有一个根据北京主导风向和风的频率连接成的一个图，这个图有点像玫瑰花，所以就叫它"风向玫瑰图"。等高线就是拿一堆土，把它撒成多少片，再把这个片按下去，按平了就是"等高线"。彭真同志听懂了后发表意见说："我们党不可能什么都懂，就需要有懂得技术的党员，发挥他们的作用，向他们求教，变外行为内行，这样，党就能在各项事业中发挥领导作用。平心而论，我从市委宣传部'归队'到市委办公厅从事城市规划工作，完全是外行，当时充其量也就是现学现卖。"正是彭真同志这种虚心求教的精神，使我深受鼓舞，我暗下决心：一定要认真学习，刻苦锻炼，尽快成为内行。

郑天翔同志主持完成第一部北京城市建设总体规划方案

郑天翔同志两度（1953年至"文革"，1975—1978年）在北京市工作，都主管城市规划和建设。他倾注心血，主持编制的第一部北京城市建设总体规划方案，为北京的建设与发展打下了良好的基础。我在他身边工作了十多年，亲历了这个进程。他那高瞻远瞩、刻苦学习、重视调查研究、敢于担当的感人事迹，历历在目。

1953年，郑天翔同志从包头调到北京市，任市委常委、北京市都市规划委员会主任。市委分工由他领导编制北京城市建设总体规划方案和城市建设工作。这项任务对郑天翔同志来讲，既是完全陌生的，又是十分艰巨的。因为当时的北京已经开始"第一个五年计划"建设，施工任务急剧增加，迫切需要制订城市规划。而制订规划，一要有一支懂得这方面知识的专业技术队伍；二要有大批北京市的现状基础资料，这两方面当时都是奇缺的。为此，他让我们想方设法搜集有关城市规划的资料，他带头刻苦学习，在不到一年的时间里，亲自阅读并选定、编辑了上百万字的《城市建设参考资料》，共13本。这些资料中的大部分内容是有关苏联的，而当时俄语人才很缺，郑天翔同志就委托公安部门组织会俄语的犯人参与翻译工作。这些资料不仅满足了北京市培养城市规划技术队伍的需要，还影响到全国，不少城市前来索要。与此同时，郑天翔组织全市力量开展现状调查，1954年就编写出了《关于北京市的一些现状资料》。1955年苏联专家来京后，他又领导继续开展更广泛深入的调查，前后延续了四年多时间，动用了上万的人力，完成了系列的现状调查资料：气象、工程地质、工业、房屋、人口、土地利用、绿化、交通、上水、下水、河湖、电力等十余项，并绘制出现状图。当时的北京市都市规划委员会下设 8 个专业组，我担任其中的第一组即经济组组长，在苏联专家的指导下，开始在经济工作方面进行系统的调查研究，主要任务是搜集分析城市人口、工业、用地、住宅及各类公共设施现状，测算其规划发展目标。郑天翔同志不仅认真听取调查工作的汇报，提出问题，核实查对，而且亲自动手，对调查报告修改定稿。经中央批准的第一部北京城市建设总体规划方案，就是在这样扎实的调查研究的基础上完成的。

在实施规划的过程中，郑天翔同志坚持实事求是。当时，正处在向苏联学习的热潮中，他非常认真地贯彻中央的方针政策，同时强调学习苏联经验一定要结合中国和北京的实际，还要考虑到今后的需求。比如，对于道路系统的宽度和天安门广场的规模，开始，苏联专家有不同意见，认为太宽、太大，郑天翔同志坚持与苏联专家沟通，说明我们的国情，最后苏联专家还是赞同了他的意见。

郑天翔同志在主持编制总体规划方案的同时，还注意制订近期发展计划。他认为，仅有远景规划还不行，容易让人感到实现规划无从下手。于是，1954 年，他主持起草了《北京市第一期城市建设计划要点》。1958 年，他又主持编制了《北京市 1958—1962 年城市建设纲要》。这种既考虑长远又照顾当前的做法，在当时还不多见，可以说是一种创举。

1954 年，郑天翔同志在为市委起草的向中央的请示报告中，专门讲到关于城市建设中现在与将来的关系："现在的规划事实上要决定首都长远发展的方向。城市布局一经形成，即很难改变。因此，我们不但要从我们这一代人的需要和可能出发，同时还要考虑到后代发展的需要，给后辈子孙留下发展余地。""现在把城市用地留得大些，把道路和绿地留得宽些、多些，将来如果证明用不了这样大、这样宽，可以在分期建设计划中逐步修改。我们认为这样做可进可退，比较主动。"郑天翔同志的这些论述，充分体现了以彭真为首的北京市关于城市建设总体规划的指导思想。我在做城市规划时，也努力地贯彻这一原则。

万里同志强调城市建设、管理必须纳入现代科学的轨道

1971 年，北京市"革委会"因为城市建设、管理工作任务繁重，根据周总理的指示，将万里同志"解放"，恢复工作，担任市"革委会"工交城建组副组长。他上任后，将原来从城建部门下放的一些同志找回来，充实城建组，我因此也从怀柔下放处调回来，到城建组下属的规划局工作。

万里同志"文革"前任城市建设部部长，在北京市先后任市委常委、书记处书记、副市长，"文革"后任国务院副总理。在这几个岗位上，他都主管过城市

规划、管理和建设工作。他当过大城市的主要领导，专门到国外考察过规划、建设和环保等工作，对城市建设规划工作胸有成竹。在他任中国市长协会名誉会长时，我和协会的同志前去拜访，他就专门谈到城市规划的重要地位，说："城市没有规划不得了！规划的意义不只在当代，而是为了后代，为了城市的远景目标，也是为了实现人们的理想。在城市的各项工作中高度集中的是规划，其他还可以分散搞，但规划一定要抓在规划部门，规划一定要有高层领导关注。"万里同志的这一指导思想，我们在实践中千方百计地落到实处。

由于"文革"开始时，曾有过停止执行城市建设总体规划的通知，"文革"中出现了许多违反规划乱建的现象。万里同志一回到北京，就以市"革委会"名义下发加强按规划管理的文件，主持召开了北京城市建设和城市管理工作会议，提出整顿城市建设混乱状态、恢复规划机构、加强城市建设管理工作。同时，针对原规划经过十几年的实践，也出现一些不符合实际的地方，万里同志提出要进行修订。当我们向他汇报处理违章建筑难度很大时，他指示我们："规划工作不好搞，有时就要有高度的原则性和高度的灵活性相结合，适当处理。"这句话，我当时牢牢地记住了。后来，我从北京市调到建设部工作，亲身感受到，规划是第一线，管规划确实很难。所以，当有的规划部门包括城市的领导问我怎么应对实施规划时遇到的难题时，我就向他们转述万里同志说的那句话。一次，我跟时任首都规划建设委员会副主任的宣祥鎏（曾任万里秘书，也是清华校友）聊天，他发表体会，认为"高度的原则性和高度的灵活性"中的"高度的灵活性"应修改为"适度的灵活性"，因为"高度的灵活性"如果掌握不好，有可能最后把"高度的原则性"给否定掉。后来，宣祥鎏还说过："只要大原则得以实现，为了确保工程顺利实施，在其他相对次要方面适度的灵活让步是可行的，也是必要的。"我觉得老宣这话很有道理，这是他从实践中进一步总结出来的创新。

1982年，北京市根据中央关于首都建设四项指示精神，总结、修订北京城市建设总体规划方案上报中央。1983年中央书记处审查这一方案时，曾两次听取北京市汇报并进行讨论，最后顺利通过。万里同志代表中央书记处宣布：同意北京规划，并决定以中共中央、国务院名义对"北京城市建设总体规划方案"做出十项内容的批复；为了实施规划，协调好各方面关系，还决定成立以北京市市长为主任、中央有关部门负责人组成的首都规划建设委员会，统一领导北京市的规划建设工作。中央书记处、国务院并指定万里同志分管委员会的工作。

贯彻执行上述中共中央、国务院的《批复》和《决定》，使首都的规划、建设、管理工作进入了一个新时期，为首都的发展创造了极为有利的条件。当时，我以工作人员的身份列席上述会议，有幸全过程地聆听中央最高决策层对首都规划建设的讨论，这是我一生中最激动人心的瞬间。

1983 年，我从北京市调到城乡建设环境保护部任副部长。在去部之前，曾专门拜见曾任彭真办公室主任的我的老领导赵鹏飞同志，向他求教。我对他说："你当过国务院副秘书长兼国家房产管理局局长，而我没有在中央机关待过，到中央部委工作该注意哪些问题？"赵鹏飞同志语重心

储传亨学长（右2）回母校与同学相聚

长地对我说："你要埋头多做实际工作，不要揽权，不要到处亮相，不要出风头。要多向同志们学习，特别是向你的下级学习，因为具体工作都要靠他们去做。"赵鹏飞的这一席话，我印象非常深刻，并且努力身体力行。

我调到城乡建设环境保护部时，时任国务院副总理万里同志分管我们部的工作。他第一次见我面就说："城市建设、管理必须纳入现代科学的轨道。"他认为，现在许多城市的市长是从工厂调上来的，他们熟悉的是抓生产，对城市管理则不知如何着手。要解决市长的观念问题，从习惯于直接抓生产、抓企业，转变为抓城市规划、建设、管理。他嘱咐我要抓好当时正在进行的几件事：

一是积极推动成立中国城市科学研究会。

二是由建设部会同中共中央组织部、中国科协举办市长研究班。

三是抓好城市规划。城市必须要有发展规划，经过一定的审批手续，批准实行，而且要研究如何实施规划。

1983 年 12 月 5 日，万里在接见第一期市长研究班全体学员的讲话中进一步阐述道："必须用现代科学，按照中国特点、当地特点，搞总体规划，然后分期分批搞小区规划、近期规划。规划要经过批准，形成法律，谁不执行也不行。"万里同志的以上指示明确、具体，我听了之后，非常高兴，我的任务就是逐项落实。

经过积极筹备，中国城市科学研究会于 1984 年 1 月正式成立，我当选为副理事长。研究会成员都是全国知名的自然科学家和社会科学家，作为政府主管部门的参谋部、智囊团，为城市发展、加强管理出谋划策。全国的组织成立后，各省和直辖市城市科学研究会也相继成立。它对城市，特别是对那些建设任务大的城市，很起作用。

市长研究班从 1983 年开始举办，研究班的学员是直辖市和省会城市的主管城建的副市长，讲课人都是知名专家。1991 年，在研究班学员的倡议和要求下，成立了全国市长协会。第一届和第二届（1991—2001 年期间），我当选为常务副会

长。协会和研究班坚持开展多种形式的市长培训工作，对于提升各地市长的城市管理水平、加强城市间以及国际间的交流与合作、促进城市的改革与发展等，都起到了积极作用。

我对北京城市规划工作中一些争议的看法

回首当年的规划出台的前前后后以及一些争议，站在今天去看，我另有一番想法。

至今仍有不少人认为，如果中华人民共和国之初的北京规划采纳了"梁陈方案"（梁思成、陈占祥提出的方案），北京的发展要比现在好出很多。对这个问题，我认为，规划工作者要站得高、看得远，要从长远考虑问题，但城市规划的制订总是要受当时历史条件的限制。因此，对于北京市曾经出现过的一些有争议的问题，我觉得应该用历史唯物主义的观点来看待，一定要放到当时的历史时代背景里去研究，而不能套用现在的情况和政策。时间、地点、条件、经济力量不同，处理结果就会不同，这样比较客观。

比如，北京老城如何运用？我去过一些欧洲国家，它们的老城不过几个平方公里大，主要是开展旅游。而我们呢？当时是大约 62 平方公里、164 万人。这么多人在旧城里面，要求改善生活条件，你不能不管。再者，党中央、国务院已经在旧城办公，这是既成事实。还有好多中央和军队的领导机关进入北京城后，在一些王府办公，王府也挺好，不能空着房子不住，何况当时国家还拿不出那么多钱来盖大楼，好多人失业还顾不上。所以当时只能以旧城作为政治中心。也就是说，在当时的历史条件下，我们只能做这样的选择。

苏联专家介绍莫斯科的经验是以旧城为中心。另外，北京和美国的城市不一样，美国华盛顿没有什么工业，它的经济中心在纽约。荷兰也是这样，经济中心是在阿姆斯特丹，行政中心在海牙。我们那时候对美国和西方国家的城市规划建设缺乏研究，国家的政策又是向苏联"一边倒"。所以，当时的做法，有好多政策和经济方面的原因。

事实上，"梁陈方案"已经被采纳了一部分，就是在西郊建设了"四部一会"：计委、财政部、一机部、二机部、原重工业部等国家机关所在的三里河、百万庄地区，几乎是地方政府来京办事的必到之处。公主坟那边还建了各军种的司令部，军队领导机关大都在那里。

又比如，发展工业的问题。中华人民共和国初期，北京有大批的失业人员，如何解决他们的就业问题？发展工业是较好的办法。现在北京经济的发展和当年工业的发展也是离不开的。"第一个五年计划"期间，中央考虑到国际形势，决定在京汉铁路以东不能发展重工业，因此北京没有安排重工业项目。直到 1956 年，毛主席做了《论十大关系》的讲话后，禁令解除了，北京市提出城市性质除了是政治、文化中心外，还应该成为一个现代化的工业基地。于是，从"大跃进"开始，北京的重工业大规模发展，首钢就是当时建成的。现在有人说这些工厂当初要是不建在市区，建到郊区就好了。其实，20世纪50年代的总体规划就提出了发展卫星城的概念，只是没有足够的吸引力，几乎行不通，而且当时也没有考虑到环保的问题。

再如，修环路的问题。有人将北京城市"摊大饼"式发展，一圈一圈，越摊越大，完全归罪于环路。可是像北京这样的特大城市，处于平坦的冲积平原，要使城市各部分之间能有便捷的联系，从当时能看到的国外资料，环路加放射路是最佳选择。而1958年向中央书记处汇报的规划方案是采取集团式布局，各集团之间用林带、农田等空间加以隔断。何况市政管网系统都需要有管理，如果没有环形的管线作为高峰用气、用水的调节，就很难保证供应。

还如，拆城墙的问题。当时北京市委并不赞成马上拆城墙，认为只要不影响城市的发展，何必花这个力气去拆呢。但中央领导说得很肯定，甚至于做了决定要拆，北京市委不得不服从，但认为问题复杂，争论很大，反复研究，还是暂缓行动。事实上，"文化大革命"期间，是由于战备要修地铁，旧城墙才被拆除。

古建筑问题。当时大家承认它的价值，比如故宫，尽管宫殿是为皇帝老子服务的，但它是劳动人民劳动的结晶，要很好地保护。但具体到古建筑和城市发展有了矛盾时怎么办？如三座门、四牌楼等，当时北京市委认为："对古建筑，既要保留和发展它合乎人民需要的风格和优点，又要打破旧的格局所给予我们的限制和束缚。"所以不得不加以拆除，这是必要的，也是可以理解的。

半个多世纪过去了，当年规划的目标和任务都已逐步实现，也经受住了历史的考验。我作为和新中国同期成长的一名城市规划工作者，能够目睹、亲身经历一百多年来先烈们为之流血牺牲、千千万万人民梦寐以求的祖国终于强大起来了，伟大的中华民族走向复兴，中国人民站起来了。随着祖国经济、文化、社会各方面以前所未有的速度飞跃发展，几百座新城市，成千上万的新城镇、新村镇的出现，基本上从无到有的城市规划工作者队伍迅速成长起来，而且城市、城镇、村镇的发展如此之快、使得规划工作者能够很快看到自己参与的规划设想的实现，有什么能比得上这个使自己更感到幸运呢！

＊本文由陈瑞美同志根据储传亨校友生前的《第一部北京城市建设总体规划方案诞生前后》和《我与首都城市规划工作的不解之缘》编写

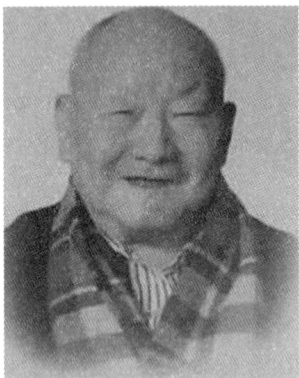

陈天戈学长

怀念老领导陈天戈

■ 李龙吟

陈天戈，作曲家、音乐活动家和群众文化活动家。1930年出生，湖北武汉人。1948年就读于清华大学农学院，1952年毕业。曾任北京群众艺术馆馆长、中国音乐家协会常务理事、中国音乐家协会北京分会副主席、北京市文化局副局长。代表作有《青年友谊圆舞曲》《走向生活》《奇怪的姑娘》等。2018年1月23日在北京病逝，享年88岁。

惊闻原北京市文化局副局长陈天戈去世，心中很难过。

现在的年轻人恐怕知道陈天戈大名的不多。说到20世纪50年代在年轻人当中流传的《青年友谊圆舞曲》，现在的年轻人可能都很陌生。但是，60岁以上的人不知道这首曲子的人很少，因为这是20世纪五六十年代，甚至到了"四人帮"被粉碎的80年代，在舞会上、广场舞上必放的一首曲子。根据这首乐曲编排的集体舞，一直是广场舞的保留舞蹈。这首乐曲还入选在1955年波兰世界青年联欢节上演奏，并大受各国青年欢迎。可以说在20世纪50年代以后，是一支家喻户晓的乐曲。而这支乐曲的作者，就是陈天戈。

我和陈天戈同志相识时，他还是北京市群众艺术馆馆长，一个胖乎乎、非常热情的四川人。20世纪50年代，北京市的群众文化工作应该说是相当热闹，各个区县文化馆办的各种学习班吸引了大量的年轻人，那个时候从文化馆走出来的艺术家数不胜数。现任北京人民艺术剧院院长的著名导演任鸣就是从参加朝阳馆的导演培训班考上中央戏剧学院的。现在大名鼎鼎的张和平，就是从大兴文化馆被陈天戈调到北京群众艺术馆担任戏剧干部，而一步步成为中国戏剧、电视、电影领域的人物，现在还在担任北京市文联主席。

后来陈天戈当上了北京市文化局负责群众文化的副局长，我在北京市朝阳区文化局负责群众文化工作，和陈天戈同志接触就多起来了。一来二去，我们又成了好朋友，我感觉他有事没事总是爱往我们朝阳区跑，后来知道那是我的错觉，哪个区的群众文化工作者都有和我一样的感觉。有人说："天戈局长上午在市局传达室分报纸，下午下基层。这是他的工作规律。"

我记得当时北京市正在整理民间艺术集成。民间艺术现在已经叫非物质文化遗产了，地位提得老高。可是在 20 世纪 80 年代，整理民间艺术集成还没有提高到现在这样高的地位，基本是各个地方的文艺协会和艺术馆、文化馆在整理。朝阳区对这件事情最热情的就是现在的文化馆馆长徐伟，我和徐伟第一次见面就是徐伟找到我家里，和我谈整理民间艺术集成的事儿，那是我第一次听说世界上还有这么一项工作。而北京市负责民间艺术集成的文化局副局长就是陈天戈。我感觉陈天戈对这项工作看得很重，听说哪里有民间艺术的好东西，他就会马上跑过去看，去听。

1987 年，中国第一次搞中国艺术节时，我们朝阳区想在整理民间艺术的基础上搞出一台以民间艺术为主的晚会。当我们把想法向陈天戈汇报时，他当时就表示坚决支持，我清楚记得他当时说的话："我愿意为这台晚会效犬马之劳。"我当时觉得很吃惊，一个市文化局副局长，对一个区里的当时听着不太靠谱的晚会给予这么大的支持，是我开始没想到的。陈天戈同志说到做到，他亲自分别找到中国歌剧舞剧院的舞蹈、民乐、指挥、舞台监督等几位艺术家，请他们来给我们朝阳区的业余民间艺术晚会做艺术指导。天戈同志不止一次地到我们的排练场，亲自指导排练，和各位艺术指导商量如何提高民间艺人的表演水平。在陈天戈同志的帮助下，那一台晚会居然被列入首届中国艺术节的正式演出剧目。文化部副部长周巍峙亲自来朝阳剧场看了演出，给予了很高的评价，许多来参加中国艺术节的外宾点着名要看这台完全来自民间的晚会。那是中国艺术节历史上第一次把业余民间艺术演出列为正式演出活动。可以说，是开了中国艺术节民间艺术表演的先河。

1988 年，全国首届农民运动会在北京举办，运动会开幕式文艺演出的任务交给了北京市群众文化工作者。陈天戈同志是开幕式文艺表演的总负责人。当时全国各地的表演都要到北京来，北京也不甘落后，每个区县都主动要求参加开幕式表演。天戈同志的理念是：各个区县报节目，必须是有地方特色、中国精神的民间艺术表演，各地先编出来，组委会集中挑选好节目，再编成一台整体的晚会。我记得我们朝阳区创编的是《武松操》，取自于小红门地秧歌中的武松的动作。在通县体育场合练那天，北京当时的 18 个区县各显神通，把通县体育场闹个热火朝天，我们为自己的表演骄傲，也为别的区县的表演折服，生怕我们自己的节目被淘汰。我记得天戈同志在合练后讲话："我们大家看了你们大家（我们哄笑，觉得天戈局长是太兴奋了）的表演，非常激动，现在我就表一个态，所有的节目都入选！"全场那是一个嗷嗷叫，所有的响器都当当当响起来了，真是锣鼓喧天。陈天戈同志又说："都入选，不能这么演，这么各演各的就乱了套了。要由总编导整体设计，哪个区县在哪个位置，表演时间长短都要听总编导的，还要考虑到外地的精彩表演。'各村的地道，都有许多高招'。北京要有思想准备，让外地的艺人们来北京大显身手，显示中华民族民间艺术的最高水平。大家能不能做到？"就那个情绪中，全场喊声雷动就一个字："能！"

结果是我们没有听明白天戈局长话里的意思。他是看过外地的表演的，他心中有数，北京的节目被压成了一个单元，我们那个时候有些不高兴，觉得给北京的表演时间太短了。

到了所有表演合成那天。我们才知道天戈局长说的"各村的地道，都有许多高招"是什么意思。第一场是山西的威风锣鼓，一开场就把我们打傻了。可以说，那是山西威风锣鼓第一次在全国人民面前亮相，人家那鼓打得是惊天动地、山呼海啸，我们从心里头服气。

我个人的观点，第一届全国农民运动会最大的收获是在开幕式文艺表演中，把全国各地的民间玩意儿亮了出来，从此中国的民间表演艺术有了新的表演空间。而陈天戈作为文艺表演的总负责人有很大功劳。

想起天戈局长，想说的事就太多了。我很感动的是，他和许多农村文化站站长都是好朋友，朝阳区东坝乡文化站站长王文和、金盏乡文化站站长孙启金都是他的好朋友，他经常跑到农村去参加那里的群众文化活动。王文和爱收集歇后语，在陈天戈和文化馆老师的鼓励下开始写歌词。孙启金是个地道的农民，可是喜欢作曲。陈天戈这样一个写过《青年友谊圆舞曲》，世界上获过奖的大作曲家却经常帮着孙启金改作品。一来二去，我们就有了一个想法：能不能给王文和、孙启金两个农民搞一场音乐会。这个想法报告给陈天戈局长，他又表示坚决支持。天戈同志那个时间总是往东坝、金盏跑，手把手指导这两个农民的创作。在陈天戈同志的支持下，《农民词曲作家王文和、孙启金作品音乐会》在北京朝阳剧场成功举办。当时是非常轰动的。

天戈同志离休后，我们接触就少了。但是，我掏心窝子说，北京的群众文化活动能有今天的大好局面，和当时陈天戈副局长主持北京市群众文化工作时期打下的基础是有很大关系的。天戈同志走了，我非常遗憾没有更多地和他接触，学习到更多的东西。

愿老领导陈天戈安息，天堂里再作好歌曲。

*作者为中国戏剧家协会理事、北京戏剧家协会副主席

唐绍明学长

风雨人生的足迹

■ 唐绍明

一、求学的经历

我 1930 年出生于北平，一两岁时住进清华园。这里东西荟萃，古今交融，旖旎的自然风光和精巧的楼堂建筑相谐成趣，宛如一座大花园。那时人少，孩子们在园子里尽情嬉闹。1935 年我入读园内的成志小学。在这里我度过快乐的童年。

然而日寇的侵略毁了这一切。我们颠沛流离，来到昆明，又为躲避日机轰炸，疏散到郊外农村四五年。我 1940 年入联大附中学习。国土沦丧、人民苦难、社会不公、官场黑暗，激发了我们对爱国、民主、进步思想的追求。1946 年我高二肄业，随清华复员回到北平。

家庭困难使我无法继续完成高中学业，就尝试以同等学力报考清华。不幸两度尝试，两度无缘。尽管我在广州参加高考时，广州考区办公室主任是我的舅舅，我也没想过走旁门左道。尽管我进了清华先修班"复读"，也并没有因是清华子弟而获得学籍照顾。1948 年我硬是以"自强"的意志、"不息"的精神，考进清华大学经济系，并获得奖学金。

大学四年，正值新旧社会大更迭。人文与社会科学学科要改造，人们的思想更要适应新社会。我们利用学习以外一切时间，积极参加社会活动，认识社会，了解工农。大四这一年，以参加土改代替写毕业论文。在

1948 年经济系一年级部分同学游玉泉山。前排左起：唐绍明、才金城、马敬鹏；后排左起：米鸿才、郭和平、沈同学、张一村

1952级经济系毕业生合影。前排（席地而坐）左起第1人为唐绍明

清华精神和风格的沐浴下，我的思想和学业有所见长。1952年8月，我完成经济系全部学业，取得清华大学毕业文凭，同时被党组织接纳，成为一名中共预备党员（一年后转正）。

二、服务于清华

毕业后，我留在清华担任政治理论课助教。政治理论课从这一年起在全国各大学开设，我和我的同事成了第一批大学政治理论教员，我们感到十分光荣。我尤其感到兴奋，因为我们学人文与社会科学的，正面临如何运用马克思主义来指导学科发展的问题，而此时能直接学习和研究马克思主义，抓住"主心骨"了，干起来自觉性就会更高。我被分配到科学社会主义教研组，边学边干，第一年搞辅导，第二年讲课，第三、四年到中国人民大学马列主义基础研究班进修，第五年回到清华讲课，共5年。

我们这批新兵，从学习毛主席的《实践论》《矛盾论》《改造我们的学习》开始，首先明确理论联系实际原则是政治理论教育的指导方针，应当贯彻到整个教学过程中。我们每堂课讲课前，不仅要认真做好理论准备，还会下到学生班级，在团组织的配合下，了解学生的思想和问题，以便有针对性地进行讲解。比如讲到党的组织原则时，联系学生中自由散漫的风气和认识，从理论上、历史上阐述组织纪律在一个革命团体中的重要性，每个成员都有自觉遵守纪律的义务。这无疑对学生的班级建设和团组织建设起了很好的作用，尤其对要求入党入团的同学启发帮助更大。政治理论学习引起了同学们的兴趣和学习积极性。教育部政教司派人来校听课并予以肯定。

几年以后，一次无线电系教师开学习会，系总支书记李传信同志邀我去做辅导，会后大家总结，感到有收获，孟昭英教授对我评说了三个字："不教条"，意思是我能理论联系实际，实事求是讨论问题。这话我始终没忘，日后时刻给自己提醒，理论教育的内容会因时而易，而理论联系实际的原则任何时候都不能放弃。

1958 年 10 月，我离开政治课教研室，到校刊《新清华》编辑组任负责人。组里常设人员近十人，兼职人员有好几位，流动性较大。党委对校刊工作抓得很紧，有专职书记指导和审稿，还让我常年列席党委常委会，了解全局动态，领会党委部署，学习工作方法等。这对编刊启发很大，我甚至在参会时能很快勾画出下一二期的编辑大纲来。我们还发动群众，依靠学生团委和工会组织，在班级和系里建立广泛的通讯网，保证优质稿件源源不断。组里同志团结一致，热情高涨，加班加点自不待言，原定出刊一周一期，实际成了一周三四期，甚至一度计划改为天天出，办日报。时值"大跃进"高潮，学校的教学、科研、生产、思政、行政五条战线并进，校刊紧密配合，充分发挥了报刊的组织、鼓舞、推动作用。

几年后我到了西北，有一次到甘肃武威甘肃农业大学搞调研，一位学校领导知道我从清华来，就问我清华建筑系某个"先进集体"班级（好像是"建 0"，记不清了）的近况如何，有什么发展。我惊奇地问他怎么知道这个班级，他说他们订有《新清华》，常从中参考清华的经验。我被校刊在彰显学校影响力上的作用所震撼！我们曾多次受到北京市委宣传部的表扬，我也曾被学校选为"先进分子"，出席 1960 年北京市文教战线先进分子大会，享有北京市"劳动模范"的荣誉称号。

三、入陕十八年

3 年后，1961 年 4 月，我和哲学教研组的黄寅宾同志经组织调动，随陈舜瑶同志去中央西北局（位于西安）宣传部工作，他在教育处，我在理论处。工作调动，情况突变，给家庭带来很大困难，我还是服从了分配，先期一人愉快前往。机关工作很重要一环是搞调查研究，我感到在清华那阵子的锻炼使我很快能够适应。又 3 年，我调到西北局政策研究室学习组，为领导同志提供学习参考。后来经过"文化大革命"，1969 年 12 月下放到陕西汉中专区西乡县胡家沟生产队劳动，一年后分配到陕甘川三省交界的宁强县政工组搞宣传。宁强县位于大巴山深处，县里主要交通唯有通过一个阳平关，坐落在宝成铁路线上，连通陕西和四川。县城在大山里，离阳平关还有一段山路，一天只有一辆卡车往返一次，途经"五丁关"峡谷，据说李白《蜀道难》中"地崩山摧壮士死，然后天梯石栈方勾连"指的就是这个地方。1972 年年底我调回西安，结束了下放生活，到陕西省委宣传部新闻出版处工作。

陕西是个农业省，工作任务面向农村。我们经常下乡，不是搞调查，就是搞试点，或参加整党整社、"四清"运动、路线教育，算起来在县以下农村度过的时间有 6 年之多，约占我在陕西 18 年的三分之一。我先后去过渭南县委蹲点，城关公社搞试点，去宝鸡县农村搞"四清"，去西乡县农村下放劳动，去司上公社搞"整社"，去宁强县委搞宣传，去洛南县三要公社的大队和长安县草村公社的大队搞路线教育。每次下乡都结合生产劳动，和农民一起做农事，修水利，建大寨田。总共有 3 年多时间在生产队（自然村）度过，吃了 3 年"千家饭"。记得最后一次去长安草村，临出发前生了病，比全队队员晚去了半个月，入村后第一天参加劳动，由于身体虚弱，不慎扭了腰，心想：这下可完了，怎么办？没想到晚上睡了一夜热炕，第二天居然好了，可以活动了！农村生活是比城市苦些，只要慢慢适应了，一切顺其自然，也能苦中作乐，活得自在。

时间久了，我和农民交上了朋友，建立了诚挚的友谊，对他们的生产和生活状况，他们的需要和追求，他们对共产党的热忱和信赖，他们对社会主义的向往和渴望，有了较深的了解。想起和他们相处的愉快情景，至今仍历历在目。农民占中国人口的绝大多数，在革命、建设、改革开放中发挥了重大作用，做出过伟大贡献，是我们党执政的政治基础。这个认识已深埋在我的心底。虽然我离开农村已多年，每逢遇到重大问题时，就会很自然地联想到我曾生活和工作过的农村的状况、农民的思想、农业的发展，就觉得有了底气。它成了我辨别方向的风向标，更加坚定了我对党的理论、道路、制度、文化的信心。

四、到了中宣部

"文革"结束不久，我母亲因病去世，家中老父和幼子需人照顾，我就提出回京的请求。正值胡耀邦同志主持中宣部工作，指示可从外省调一些骨干进京工作，幸运让我碰上了。我经陕西省委宣传部领导的推荐，于 1979 年 5 月来到中宣部理论局，分到理论教育处工作，重点是组织党政干部的理论学习。

这时，我们国家刚从"文革"的灾难中走出，社会上存在着"信仰危机"，各级党政干部理论学习荒疏。针对这一情况，领导上决定加强干部理论教育，重建干部理论教育正规化制度，让我们负责起草文件，经过反复修改，最后由中宣部、中组部批发下达。为此我们组织一些专家学者新编《马列文选》，供干部作为学习阅读的课本；设立干部理论教育讲师团建制，培养一批理论教育骨干；开设干部理论教育自学考试制度，为干部理论学习广开门路，等等。我们还按照中央要求，及时组织干部学习中央改革开放的重要文件、中央领导同志的重要讲话，学习活的马克思主义，并代中央起草学习通知，为报刊写评论。此外经常反映理论界出现的新情况和问题，提出研究解决的建议。有一时期"否定马克思主义"

的思潮泛起，有人把改革开放和马克思主义对立起来，以为坚持马克思主义就是否定改革开放。我们按照"一个中心、两个基本点"的原则，阐述坚持四项基本原则和改革开放的一致性，不为歪风所动，坚守马克思主义阵地，不断发出马克思主义的声音。

1988年春，我由中宣部理论局调到中宣部教育局，主要研究高校思想政治工作，重点是大学生思想政治工作，以及高校党的建设。1990年，我们和中组部组织局、国家教委政教司一起，经过联合准备，召开了第一次全国高校党的建设工作会议。

五、进到国家图书馆

1991年，我从中宣部教育局退下。领导上考虑我退休年龄刚过，还可做些事儿。去哪里呢？我想，我一直做的是思想宣传工作，缺少实体工作的经验；我又一直在领导机关工作，缺少基层工作的锻炼；我是搞马克思主义的，自觉缺少文化的积淀；因此很珍惜这最后一次工作机会，最终选定去北京图书馆（即国家图书馆）。工作陌生，任务繁重，责任重大。我抱着虚心学习、严于律己的态度，不敢懈怠，在上级领导和同志们的支持下，一路走来，基本完成任务，个人也收获了开拓古今中外文化的视野。三年届满，出乎我的意料，又派我去担任国际图联中国组委会常务副秘书长兼总协调员（秘书长为杜克同志），参与筹办国际图联第62届北京大会。

我国国家图书馆以藏有丰富的文献古籍著称，传承着千年古国文化的底蕴，被列为世界五大图书馆之一。1927年始创"国际图书馆协会联合会"（简称国际图联IFLA）时，中国就曾是发起国之一，受到普遍尊重。但旧中国积贫积弱，图书馆事业举步维艰，难以在国际图联中发挥多少作用，甚至有时连开会都派不出人出席。中华人民共和国成立后，中国长期被排斥在国际社会之外，以至于国际图联的中国席位长期由台湾占据，后来经过艰苦的斗争，终于在1981年国际图联承认中国图书馆学会为唯一代表中国的协会会员。正因此，争取到1996年国际图联第62届大会在北京召开，不仅是我国图书馆界的胜利，也是显示我国改革开放取得伟大成果的胜利，对图书馆界同志是极大的鼓舞。此次参会的国家和地区共89个，参会人数2600余人，为国际图联历来规模最大的大会之一。

可是大会的筹备并非一帆风顺。1989年政治风波后，国际反华势力在国际图联内刮起一股阴风，企图恢复台湾在国际图联中的席位，蓄意制造"两个中国"。我们坚决斗争，阴谋终未得逞。

召开大会是一大系统工程，须根据各项任务和要求，如确定主题、领导出席、报名注册、食宿安排、会上研讨、参观游览、安全保卫等，取得各方配合，一一做出周密的安排，为此准备工作做了两年。值得一提的是，开会本身是一次很好的宣传活动，我们抓住这一机会，大力开展图书馆宣传工作。李鹏总理的大会致辞，费孝通副委员长的主旨报告，大会中国组委会主席罗干、文化部长刘宗德、国际图联渥德威思主席等知名人士的发言和对他们的专访，一经传播，产生很大影响。新闻媒体各显神通，采取多种形式，互相配合，大造声势。粗略统计，新闻媒体发稿150余篇，宣传热潮持续一周，《中国青年报》以头版头条欢呼："北京成了世界'大图书馆'！"

国际图联大会后，我继续做了一年中国图书馆学会的工作。1997年7月换届，我终于完全退下来了。

六、过上退休生活

记得在清华念书时，一次结伴去西山樱桃沟游玩。沿着河沟上溯，一路风光旖旎，不觉走到沟尽头，来到山坡，上有一亭，坐下观景，只见天光一色，云起霞飞，气象万千！回头看，映入眼帘的是亭柱上一副楹联："行到水穷处，坐看云起时。"这两句诗句，不恰恰表达了我今日退休的心情吗？卸下肩上的担子，过着自由的生活，做着自己想做的事，真是别有一番情趣在心头。

我的家乡珠海，150年前出了个容闳，率领120名幼童赴美留学，被誉为"中国留学生之父"。幼童中我祖籍唐家湾人就有14位。乡亲们有感于此，委托我着手收集留美幼童的史料，集中研究同族前辈唐国安的生平和事迹。我花了五六年时间，在广泛收集资料的基础上，学习尝试运用唯物史观，写了一册将近40万字的书稿《清华校长唐国安》，交由清华大学出版社出版。这是我平生写的第一本书，算是我对退休生活的一个交代。

我多年参加西南联大北京校友会编辑《简讯》的工作，深受西南联大的师长和学长的爱国、民主、科学、团结精神熏陶，受益匪浅。西南联大早已结束，但它的精神长存。我虽衰老，还愿继续为弘扬西南联大精神做些力所能及的事。

漫漫长征路，风雨度平生。自觉辛劳有加，常感失意不少。不禁想起苏东坡词句："回首向来萧瑟处，也无风雨也无晴"。吾愿足矣！

2018年7月1日

艾知生学长

艾知生：献给清华和广电事业的一生

■ 艾 平

艾知生，原籍湖北蔡甸，1928 年 12 月生于武昌。1946 年 10 月考入清华大学；1948 年 7 月加入中国共产党；1950 年清华大学土木工程系毕业，留校工作。从 1951 年至 1966 年，他担任中共清华大学委员会副书记。在"文化大革命"期间，他被诬为"走资派"，受到残酷迫害。粉碎"四人帮"以后，艾知生恢复了工作。1979 年 5 月，他重新担任中共清华大学委员会副书记，并兼任清华大学副校长。1983 年 8 月，艾知生调任国务院副秘书长；1985 年 4 月担任广播电视部部长，1986 年 1 月任广播电影电视部部长；1994 年 4 月，调任中共中央宣传思想工作领导小组副组长。艾知生曾担任中共第十二届中央候补委员和第十三届、第十四届中央委员，第八届全国政协委员、常委。1996 年 3 月，艾知生因病离开领导岗位，1997 年 7 月 20 日在北京逝世，享年 68 岁。

颠沛流离的少年时代

艾知生的少年时代是在颠沛流离的战乱生活中度过的。抗日战争全面爆发之后，艾知生离开武汉，先是到鄂西，进入当局为收容战区流亡学生而创办的"湖北联合中学"，后来又进入设在四川长寿的国立十二中。当时，中国正处于抗战最艰苦的阶段，班上同学都是来自沦陷区的流亡学生。大家生活艰苦，加之国民党军队节节败退，普遍存在前途难卜的悲观情绪。然而艾知生并没有颓废，而是勤奋学习。这时，他接触到一些进步书刊，开始了解共产党的主张，萌生对民主的向往与追求。

1946 年，全校三班约 130 人高中毕业，考取国内一流大学的还不到 10 人，艾知生是其中的佼佼者，考入清华大学土木系。

于清华园参加革命

在清华大学读书期间，艾知生如饥似渴地学习马克思主义理论和毛泽东著作，阅读进步报刊，自觉接受党的教育，积极投身进步学生运动。他先是加入党的外围组织"中国民主青年同盟"，不久就被吸收加入中国共产党。入党后积极主动完成共产党组织的各项工作任务，经历了"七九游行"学运高潮和"八一九"大逮捕等严峻的锻炼和考验。在迎接北平解放的地下斗争中，艾知生担任清华大学中共支部书记，负责工学院党的工作。清华园解放后，艾知生参与筹建全国高校第一个新民主主义青年团基层组织的工作，并担任清华大学团总支副书记。

三十年水木生涯

在清华工作的三十多年中，艾知生作为学校的重要领导成员之一，同校党委其他成员一道，在蒋南翔等同志带领下，创造性地坚持党的教育方针，为学生的全面发展和思想政治素质的提高，为清华大学的建设、改革和发展，为社会主义建设人才的培养，为探索和总结我国高等教育的规律和经验，作出了重要的突出的贡献，为我国社会主义高等教育创造了重要经验。

其中，培养青年学生，最关键的是实实在在地提升其全面素质，其灵魂是对他们进行马克思主义思想政治宣传教育工作。比如1952年，清华学习苏联经验进行教学改革，一个重大举措是把几门马克思主义理论课列入教学计划，这些工作分工由艾知生负责领导，他还长期兼任政治课教研组的领导职务。从那时起，清华的政治理论课就一直重视联系实际斗争和学生思想实际。他还身体力行，和学生建立广泛联系，针对学生的实际思想问题，做宣传教育工作。

"文革"前，他一直在学校领导分工中负责宣传和学生工作，工作中最鲜明的特点就是始终强调马列主义毛泽东思想对学生工作和共青团工作的指导作用，以及实事求是、一切从实际出发的辩证唯物主义思想作风。他不仅自己如饥似渴地刻苦学习马克思主义理论和毛泽东著作，而且亲自走上讲台，为学生讲授"联共党史""哲学"等课程，深入浅出，理论联系实际，深受学生欢迎。旁听他讲课的学生干部深受教育，他对他们说："一个青年知识分子走上革命的道路，理论教育是一条重要的途径。如果我们的工作，使清华的学生在大学期间在这些方面有了进步，那就是我们工作的很大成绩。"

为了宣传贯彻党的路线方针政策，巩固和加强马克思主义的思想阵地，艾知生经常为学生做政治形势报告。他每次报告都能坚持用马列主义毛泽东思想的立场、观点、方法，帮助学生分析解决各种思想问题和实际问题。由于他的报告针对性强、分析全面，深受学生的欢迎，一些同学多年后仍记忆犹新。他把作报告的体会概况为"勤于思考、理论指导、有的放矢、以理服人、字斟句酌、反复修改"，可见他对马列主义、党的路线方针和青年学生极其认真负责的态度。

1958年，艾知生再次兼任团委第一书记。他说："清华团委肩负着带领一万多青年的重担，责任重大，一定要把工作做好。"他在团委工作中非常重视选拔和培养团委系统的干部，根据他的建议，校党委书记、校长蒋南翔决定从政治辅导员中抽调10个人补充校团委的力量。在后来的一次团代会前夕，艾知生告诉蒋南翔，当初调到团委的干部起了很好的作用，培养了一批干部，其中不少人"毕业"了。于是，校党委同意再增加10个人。

艾知生还十分重视学生政治思想工作队伍的骨干力量——政治辅导员的培养和提高，经常召开辅导员会议，明确任务，提出要求，交流经验。从1953年到1966年，先后有562名高年级本科生和青年教师担任辅导员，他们当中很多人后来成为各方面工作的骨干。例如，在中共十四大上有29名曾在清华学习或工作过的同志当选中央委员或候补委员，其中9名担任过政治辅导员，包括胡锦涛和吴邦国。

艾知生一贯重视学生的德智体全面发展，善于从实际出发，创造性地探索工作新途径。例如，他建议由学校集中体育和文艺骨干各一百名，成立体育代表队和文艺社团，统一安排学习和课外活动，建立单独的党团支部，由学校和团委直接领导，和基层班级协同统一安排好学习和课外活动。由于这项措施，从1959年到"文革"前夕，清华在北京高校田径运动会上一直名列前茅，文艺社团演出水平也大为提高。更为重要的是，从这两个集体中涌现出一大批全面发展的优秀人才。

艾知生在学生工作中强调从学生实际出发，针对不同类型的学生和不同年级的特点深入细致地做好工作。例如，分别成立大一新生和毕业生工作委员会，针对女学生、思想后进学生、学习优秀"因材施教"学生、干部子弟等不同学生特点，研究工作规律，开展工作。

艾知生从事思想政治工作，一个突出的优点，就是从实际出发，在复杂的斗争中，不随风倒，坚持正确的思想路线。他不仅大力宣传辩证唯物主义，而且坚持不搞教条主义和形式主义，强调学习毛泽东思想，主要要系统学习原著，反对把毛主席语录当成教条，反对形式主义的"天天读"。他一再告诫学生干部："学生工作要从实际出发，不要像氢气球一样，随风飘。"他在学生工作中坚持反对"左"的唯成分论，顶住压力，关心和保护一些非工农出身的团干部。他这种实事求是的思想作风，教育了广大团的干部，使当时的学生工作抵制了一些"左"的干扰，避免了一些损失和影响。但也正因为如此，在"文革"的浩劫中，他所坚持的辩证唯物主义被诬陷为"艾氏诡辩法"，其本人遭到了残酷的斗争和迫害。

艾知生有坚强的政治信念，这源于他一贯刻苦钻研马克思主义理论。在清华的同辈人中，他是系统学习马克思主义理论、注意联系实际解决问题的典范。毕业留校后，年仅23岁的艾知生成为清华大学最年轻的党委副书记。一次，他在马克思主义理论和时事考试中得了满分，被传为佳话。在清华与他差不多时间参加工作的干部中，他是读马克思主义理论书籍最多、最认真的一个。

艾知生之所以能一切从实际出发，实事求是地开展思想政治工作，是与他理论联系实际，努力参加社会实践，深入群众的作风分不开的。1961年，根据北京市委的安排，清华大学党委派出一个工作组参加北京郊区顺义县的农村"整社"工作，由艾知生带队。大家住在农民家里，吃派饭，亲眼看到"大跃进"灾难性的后果。顺义县是一片平原地区，当年并无天灾，大家心里都明白农村状况的根源是人为的原因。这段实际的经历对艾知生的思想影响很大，他后来多次谈到这次下农村的体会，说不了解农村就等于不了解中国。

艾知生无论做什么工作，都要自己掌握第一手材料，决不满足于开会听汇报。党委委托他联系学生工作，他很注意深入了解和掌握学生的实际情况。他经常参加学生的讨论会，找干部和学生座谈，细致地掌握他们的思想脉搏。由于他对各类学生都有接触，所以他能对他们的思想特点和规律掌握得比较准确，能经常从各个角度全面分析学生思想。20世纪60年代初期，全国出现了严重的经济困难，尤其是在农村，发生了缺粮和饿死人的情况，在部分学生中引起了很大波动。有一些学生对形势不满，对党的政策不满，甚至对党中央的信任产生动摇。有的学生缺乏具体分析，说了一些错误的话，声称要上山打游击、推翻共产党等。艾知生对此非常重视，从这部分学生身上看到学生思想动向，看到形势变化对学生的影响，看到思想工作的长期性和艰巨性。艾知生没有轻率表态，而是要求一个人一个人地摸清情况，了解原因，具体分析产生错误思想的家庭原因、社会原因以及本人的思想特点和规律，逐个听汇报，亲自看材料，一起讨论分析。考虑到这部分学生工作的重要性，艾知生建议成立"个别人工作小组"，由团委直接掌握情况、做工作。艾知生亲自找过多名学生谈话，听取他们的意见和看法，与他们交朋友，谈话心平气和、以理服人。在艾知生带动下，团委、系党总支、系分团委的主要干部都分别与这部分学生座谈，交朋友，做工作。经过深入的转化工作，这部分学生绝大部分都有显著的转变。有一位学生毕业30多年后回校时还专门找艾知生表示感谢当年对他的帮助。

在"文化大革命"期间，艾知生曾两度受到残酷迫害。他坚决抵制和反对种种倒行逆施，表现了一个真正共产党员的坚强党性。粉碎"四人帮"以后，艾知生以旺盛的精力更加勤奋地工作。他先后担任清华大学水利系三门峡基地领导小组组长、清华大学核能技术研究所领导小组副组长等职务。1979年5月，艾知生重新担任中共清华大学委员会副书记，并兼任清华大学副校长，以后又协助校长主持日常工作。他坚决贯彻党的十一届三中全会以来的路线、方针和政策，联系学校的实际，努力开创各项工作的新局面。他在学校拨乱反正、恢复教学秩序、推动教育改革、提高教育质量、加强科学研究以及加强学校党的建设等方面的工作中，夜以继日，呕心沥血，付出了艰辛的劳动。

献给广播影视事业的九年

1985年4月，艾知生调任广播电视部部长。担任广播电影电视部门领导工作的9年间，在党中央、国务院的领导下，他自觉地坚定不移地贯彻执行党的基本路线和改革开放方针，紧紧围绕党中央的战略部署和中心工作，肩负起广播影视事业的领导重任，积极发挥部党组集体领导的智慧和力量，全力推进广播影视事业的发展和繁荣，对全国广播电视事业的快速发展、社会影响的日益扩大、电影事业明显的进步和发展，起了关键性的作用，作出了重大贡献。

他牢牢把握正确的宣传舆论导向，时刻保证广播影视工作在政治上同党中央保持一致。他一到部工作就明确提出，广播电视工作的中心是宣传。他说，领导和群众评价我们的工作主要看什么？主要看荧屏上播出什么节目，节目办不好，其他工作做好了也是白搭。作为广播电视部的一把手，他把主要精力放在了抓宣传上，而且一直坚持部领导班子中一定要有人"统抓宣传"。他主张的"统抓宣传"有两方面的含义。一方面，他主张部领导抓宣传，要把新闻报道和艺术创作、对外传播和对外交往一起抓起来。另一方面，他主张部领导抓宣传，要深入节目制作第一线，从"源头"抓起。具体来说，就是多看、多听节目。他说过，把握舆论导向不外乎12个字，就是"团结稳定鼓劲，正面宣传为主"。但是要把这12个字落实到广播电视节目中去，就必须和节目制作人员一道研究工作，尽可能多看节目、多听节目。只有这样才能取得发言权，才能谈得出在贯彻党的宣传方针方面存在什么带倾向性的问题，才能对制作节目的人员提出指导性意见，否则只会干巴巴地空发议论。

艾知生到部工作后，一直坚持每天审看中央电视台的《新闻联播》节目，对此一些人颇有微词，但他始终不悔，这一方面是因为他牢记中央领导同志的嘱托，其次他的确从心底认为这是"统抓宣传"的好办法。据在场同志观察，他从来不把审看节目当成例行公事敷衍了事，而是态度专注，十分认真。就在人来人往、纷乱嘈杂的环境中，他能耳眼并用，不但能发现政治性、政策性的问题，还能发现常识性、文字性的差错。他日复一日地坚持这样做，确实收到了明显的效果。每次谈到新闻宣传工作，他都能滔滔不绝地举出许多生动具体的实例，说明工作中取得的成绩和存在的问题，让人听得津津有味。在他的主持下，部党组围绕党的基本路线，配合党和政府的中心工作，积极组织宣传报道，较好地完成了历次重大会议、重要节庆和国内外重大事件的宣传报道任务。

在 1989 年春夏之交发生的政治风波中，他坚决贯彻党中央的重大决策和部署，同党中央保持高度一致。在海湾战争、"苏东剧变"等国际突发事件的报道中，他坚决执行中央指示，严格掌握政策口径，正确稳妥地组织宣传。他利用各种场合，反复强调广播电视工作者要严格执行党的宣传纪律，保证广播电视发挥党的"喉舌"作用。他自己带头严守宣传纪律，对宣传报道中的重大问题，及时向中央主管领导请示报告。他熟悉宣传报道中的特点和规律，注重和强调广播电视和电影艺术的教育功能，特别强调广播影视在教育培养青少年和加强社会主义精神文明方面要发挥优势和特殊作用，取得了明显的效果。

他不仅对新闻宣传工作高度重视，抓得很紧，而且对在整个节目播出比例中高达 60% 以上的广播影视艺术创作也极为重视，认为必须切实加强管理。到任后不久，经他亲自提议，部党组批准将原有的"电视剧艺术委员会"更名为"中国电视艺术委员会"，并由他兼任主任。后来，在《关于中国电视艺术委员会工作职能范围的通知》中又明确指出："经部领导研究决定，由中国电视艺术委员会代表部行使全国电视艺术方面的管理职能。"名称的更动，少了一个"剧"字，多了"中国"两字，意味深长。他发现，不只是新生的电视剧艺术，还有覆盖面同样甚广、生产量同样越来越大的其他电视艺术（包括综艺晚会、电视音乐、电视舞蹈、电视戏曲、电视小品、电视相声、电视散文、电视小说、电视杂技等），都迫切需要加强科学管理，以促进健康繁荣。冠以"中国"两字，更增加了委员会的权威性和责任感。艾知生亲自兼任中国电视艺术委员会主任，真抓实干。他要求委员会每年召开一次"全国电视剧题材规划会"并形成制度。每年的会前，他都挤出时间开座谈会、搞调查研究。他出思想、出题目，由主持委员会日常工作的同志邀请不同类型的创作人员和观众群体代表开座谈会，到工会、妇联、团中央、科研院所和工厂、农村、居委会搞调查研究。他还亲自动手，对会议主题报告做细致入微的修改。

对电视艺术的管理，艾知生强调抓龙头，不仅抓题材规划，还重视抓评奖、抓导向。他经常说，小平同志讲得深刻，对作家艺术家写什么、怎么写，不要横加干涉；对文艺创作的引导，重要方法之一便是通过评奖；评奖是一种导向，既包含思想上的导向，也包含艺术上的导向。一年一度的全国电视剧"飞天奖"是广播影视部设立的"政府奖"。艾知生总是亲任评委会主任，对评选章程的制定、评委会的组成乃至整个评选、颁奖过程，都悉心指导，严格把关。每届评选，他总要抽出时间与其他部领导一起，莅临评委会，与评委交换意见，促膝谈心。当评委们产生分歧时，艾知生说服大家实事求是地谨慎地对待艺术创作，既要坚持正确的政治标准，又要保护艺术创新的积极性。他旗帜鲜明的做法产生了深远的影响。他也有很强的政治敏感性，善于见微知著，防患于未然。

艾知生长期自觉地坚持学习、宣传马列主义、毛泽东思想和邓小平建设有中国特色社会主义理论，并用以指导在社会主义市场经济条件下加强广播电影电视事业的改革、建设和管理。他积极倡导和支持中央三台以及一些地方台在管理体制、节目内容、宣传形式及新闻时效等方面进行的改革；他积极倡导和支持电影系统在重大题材创作及制片、发行体制等方面进行的改革；他十分关心和重视"老少边穷"地区的广播电视事业建设，亲赴基层调查研究，向中央反映情况，提出解决问题的办法；他非常关心广播电视的科技宣传和对青少年的教育，大力倡导和支持办好科教节目和丰富儿童影视节目；他关心国际问题的报道，重视加强和改进广播电视对外宣传；他重视对全国广播影视工作方针政策的指导，积极促进事业建设和行业管理；他特别重视广播影视队伍的思想、业务、作风、纪律和职业道德建设，重视广播影视专业人才的培养，强调广播影视工作者要打好基础，提高政治素质和文化修养；他还积极支持纪检监察部门查处违纪案件，纠正行业不正之风。

艾知生坚决拥护党中央的正确领导，"抓大事不含糊、靠两头不动摇"，对上紧紧依靠党中央，时时处处对党负责；对下紧紧依靠广大干部和群众，时时处处对群众负责。他在部党组领导集体中努力当好"班长"，坚持民主集中制原则，放手发挥党委一班人的作用，敢于承担责任；他深入实际，深入群众调查研究，注重钻研和探索广播影视工作的特点和规律，不断提高领导水平，赢得了全国广播影视系统广大干部群众的信任和尊重。

从1985年到1994年，艾知生在广播电视部领导岗位上工作长达9年，是改革开放后国务院系统中任职时间最长的部长之一。他为人正派，性格直率，爱憎分明，敢于坚持真理，坚持原则，实事求是地直抒己见，由此也引来一些非议和不满。某些人，包括港台和海外的个别刊物，甚至无中生有，极力歪曲渲染，说他"思想僵化"，是"强硬的保守派人物"。事实上，熟悉他的人都知道，多年教育工作的经历使他具有知识型领导干部的特点与风格，思路开阔，才干出众，事业心强。在改革开放的新时期，广播影视面临前所未有的机遇与挑战。作为部领导，既要全面准确宣传党的理论和政策，又要跟上时代的变化，推动自身的改革，以开拓进取的精神，促进事业的发展。对于此，艾知生做出了自己积极的努力。

早在1983年到1985年担任国务院副秘书长期间，他就积极支持和促进广播电视广告和财务管理体制方面的改革，到广电部后更是做了大量深入细致的工作。在他的亲自参与和指导下，会议的新闻报道取得突破性进展。此外，他对广播电视改革进行了深入思考、研究和部署，提出了许多有见地的观点、论述与对策措施，如：改革需要宣传，宣传需要改革；以新闻改革为龙头，带动各类节目改革；在社会主义市场经济条件下要更新观念，广播电视属于第三产业，新闻传播要努力适应由"卖方市场"向"买方市场"转变；按照广播电视的特点和规律办事；改进宣传艺术，增强宣传效果，节目要更加贴近群众；加强宏观调控，一手抓繁荣、一手抓管理等。他还重视调动、发挥广播电视工作者的积极性和创造性，尊重他们的首创精神。他坚持对外开放，注重学习和借鉴国外先进技术与管理方法，以及广播电视节目的制作技巧、手法，特别善于接受新事物和新知识，每次率团出国都有收获。如电视新闻实行滚动播出、突发事件直接在屏幕上打出文字等，就是他出访考察后率先提议实施的。他高度重视广播电视的国际交流与合作，并身体力行，与外国友人广泛接触，密切联系。他对科技尤为关注，反复强调广播电视要加大科技宣传力度，弘扬科学思想与精神。他还极为关心广播电视的技术建设，高度称赞技术人员是幕后英雄，为事业发展作出重要贡献。

艾知生严以律己，讲正气，在廉政方面以身作则，言行一致，令人肃然起敬。作为高级领导干部，他高度自觉地坚持高标准、严要求，从不搞特殊化。他对子女和身边工作人员要求也相当严格。他还非常守时讲信用，从不迟到和延误时间。他坚持少应酬多做事，把主要时间和精力用在工作、学习上。他尊重人才，爱护青年，多次参加共青团组织的活动，经常和年轻人聊天谈心，与他们打成一片，帮助他们排忧解难，被评为"中直机关青年良师益友"。他非常重视选拔和培养年轻干部，让青年人才脱颖而出。他善于团结有不同意见的人一道工作，强调领导者要宽容大度，心胸开阔，兼听则明。他还十分念旧，很重情谊。

最后一次公开讲话

艾知生毕生对清华充满深情，即使调离清华后也没有搬出清华园，每年的校庆更是从不错过。1997年校庆，距他离世不到100天，他仍同往年一样，前往清华大礼堂，参加1967届校友毕业30周年庆祝大会。大会本来没有安排他讲话，但校友们不断递条子，于是他起身发表了一生中最后一次在公众场合的即席讲话。

他说："大概因为过去我给同学讲话最多（笑声、掌声），所以大家希望听到我的声音，寻找失去了的过去的年华（掌声）。我今天参加这个会的目的，也就是来帮助大家圆这个梦（笑声），这个怀念过去的梦（掌声）。"

"我今天参加这个会非常高兴，因为我们作为老的教育工作者，一生最大的安慰和回报，就是看到我们清华毕业的同学成为栋梁之才，为我们国家建设有中国特色的社会主义，在各个岗位上做出越来越大的贡献。这就是对我们最大的回报和安慰（掌声）。"

艾知生夫妇与孙辈

"我回顾自己，这一生也就是做了两件事：一个是在清华，从解放以前到解放以后，有几万同学从清华出去，我个人有幸和这几万同学朝夕相处，可以说是同学满全国、遍天下，我觉得这就是对我最大的安慰。另外，后期还做了9年广播影视工作。当然，成绩、功过，只由后人评说（掌声）。"

艾知生去世后，朱镕基曾回忆说："艾知生同志不但是我的同学、同志，也是我的领导。在清华时，他当党委副书记，我当学生会主席，他直接领导学生会工作。他比我小两个月，我总是叫他'小艾'，我一见到他就好像回到了学生时代。因为他这个人特别坦率、直爽，有什么话都可以跟他讲。而且他还很廉洁公正，要求自己很严格，始终保持了我们在学校时的本色。他当了那么多年部长，没有一点官架子，关心群众。我觉得清华出这么一位校友，是清华的光荣。"

（本文综合了《艾知生纪念文集》中"艾知生同志生平"和何东昌、刘习良、张慕萍、方惠坚、贺美英、承宪康、谭浩强、仲呈祥、陈汉冕、艾平、唐世鼎等人回忆文章的内容，赵宇舒也有贡献。）

孙晓耕学长

回忆六十年前参加农垦工作

■ 孙晓耕

　　1948 年 5 月，晋察冀、晋冀鲁豫和山东渤海解放区合并为华北解放区。8 月间召开了人民代表大会，选举了华北人民政府委员会，组成了以董必武同志为主席的华北人民政府，成立了华北农业部。当时，姚依林同志派我和赵芳（我妻）到农业部工作，地址在平山西村。

　　到达之后，随即派我去冀县与衡水两县交界处名叫"千顷洼"的一大片荒地调查情况，准备在那里建立第一个机械化农场，同时开办拖拉机驾驶员训练班，为新中国成立后实现农业机械化做准备。

　　我从平山县西村出发，经石家庄到"千顷洼"。那时，我一个人打着背包步行，到衡水时已是半夜，无处投宿，只好在街边屋檐下休息，等天亮再走。到达冀县南良庄后，同正在筹建农场的杨寿堂同志和刘子荣同志（中国大学毕业）取得联系。我们吃住在村子里，并实地到荒地仔细了解情况。这块荒地大约有一千亩，当地解放前为地主占有，又无力开发，便成为一大片芦苇丛生的盐碱地。我们研究认为可以开辟建立机械化农场，因其地处冀县与衡水之间，故起名为冀衡农场。

　　在我返回平山农业部时，国民党反动派围攻并轰炸石家庄，我在轰炸中险遭不测。但回到平山时政府机关已转移，几经周折才找到山区里一群人，其中还有董必武等领导同志。夜间我随他们坐上装货的火车，在山西省阳泉找到农业部，大家睡在一个大房间的地上，工作照常，都很乐观。

　　1948 年 11 月，华北农业部搬到了河北井陉县的七亩村，那儿有山有水，风景优美，大家分散住在老百姓家。为了先培训拖拉机驾驶员，部领导派我带着林伯渠同志的介绍信，去正定找华北大学校长成仿吾同志，商调在那里工作的美国友人韩丁（William Hinton）当教师。我步行到正定已天黑，只好在一家小店住宿，次晨去华北大学找到成校长，他正在学习，全校师生清晨也在操场上做操，还有锣鼓声。成校长告诉我学校全力支持，约我下午来校找韩丁本人商量。当天下午我被带到韩丁的单人宿舍，我们用英语交谈，他对我们的要求很痛快地答应了，并且热情留我和他同吃同住。他希望了解当时国统区的情况和中国革命的前景。我在清华大学从事地下工作，是敌特抓捕对象，被组织上转移到了解放区。我向他谈了许多斗争情况，他都很有兴趣，夜晚睡下来还在交谈。从此，我们建立了深厚友谊。

韩丁出生于美国芝加哥，毕业于美国康乃尔大学畜牧系。第二次世界大战后，他作为联合国救济总署人员来到中国进入解放区工作。我俩自1953年分别后再未相见。今年惊悉韩丁挚友于2004年5月不幸去世，甚感悲痛。我们永远忘不了这位美国友人对中国人民的革命和建设事业所做的贡献。

经过"千倾洼"的调查和取得美国友人韩丁的同意，由救济总署经山东运来南良庄23台12马力福特福格森压式拖拉机，并附带少量农具。

紧接着，农业部领导又派我去石家庄招收学员。在石家庄文化馆，馆长是燕京大学学生自治会领导梁畏三，他协助我在文化馆找了间工作室，又在大门口贴上大幅招生广告。这样，每天就有不少青年来报名。我规定报名者须经过面试与笔试（语文、政治、数学）。报名的大部分是初中程度，其中有三位女同志（李振荣、侯继瑛、冀丰盈）来报名，那时我思想保守，认为女同志不适合此项工作，婉言谢绝。但她们不服找我辩论，我自觉理亏就同意了。新中国成立后她们果然做出了杰出贡献。还有一位身高体壮挑着担子修白铁活的男同志（张振生），他文化很低却坚决要报名，最后我终于同意免试录取他。

经过面试、笔试一共录取了33名学员。招生工作几乎都是我一个人办理，包括出题、判卷、面试、通知等，工作十分紧张，但精神上却是十分愉快。

1948年年底，冀衡农场在南良庄建立，拖拉机驾驶员训练班也同时成立，南良庄一下子热闹起来。当时，农场场长兼书记是杨寿棠，农业科长刘子荣（中国大学），技术员赵芳（中央大学），机耕科长李直（原四川党的地下工作者），副科长薛枫，经理科长李又生，会计张培桂、刘见石（辅仁大学）。

拖拉机驾驶员训练班领导是张省三（燕京大学，"一二·九"时期参加革命）和李直。教师是韩丁，翻译孙晓耕（清华大学）。不久韩丁的夫人、美国友人史克（Bertha Sneck）由石家庄来到农场。她是美国马萨诸塞州人，波士顿大学毕业，又在护士学校经过三年专业训练。她来后开设了医务所，给学员讲卫生课，也为当地老百姓治病。史克同志对中国人民有着深厚的感情，新中国成立后一直留在中国工作，是中国人民尊敬的一位国际战友。

训练班学员除公开招收的33名外，另由"革大"和各地机关保送来38名，共计 71 名。1949 年 1 月开学，韩丁除讲解内燃机和拖拉机的结构和工作原理外，还注重实际操作。我们把整台拖拉机拆成一件件零部件，让学员通过实物认识它的名称和功能，再让学员一件件组装恢复到原机。第二步是实际操作，学习保养和故障排除。同时，我们利用拖拉机耕地、耙地、播种小麦。

当地老乡从未见过拖拉机耕地，来观看的人很多，都感到非常新鲜，进一步认识到跟着共产党搞生产建设，前途无限光明。南良庄的老乡和我们十分亲近，我们开联欢会，韩丁曾利用照相机改制成幻灯机给老乡播放。史克和学员张铭制作幻灯片，其中有个幻灯片名叫"淘气的三毛"，大受老百姓欢迎。为此，张铭也得了个外号"三毛的爸爸"。

过年时，我们组织了演出，有唱歌、话剧等，还组成秧歌队扭秧歌，与民同乐。韩丁和史克也学着说中国话到老乡家拜年，让老乡们感到分外亲切。

当年冀中地区生活艰苦，韩丁和史克一再提出要和我们吃同样伙食。经再三研究，我们坚决不同意，但给他们吃的也好不了多少，用白面包素菜的饺子就是上等食品了。韩丁不计较生活条件，却忘我地劳动，他每天一身油污，亲自动手教会学员驾驶和修理，还亲自下地组织开荒师。

训练班在 1949 年 3 月结束，第一批学员先后分配到全国各地成为新中国农业机械化的骨干力量。

1949 年 4 月，奉农业部之命，我和张省三、李直、赵芳以及韩丁、史克回北平农业部报到，接受新的任务。我们用一辆拖拉机挂着一个拖斗，大家坐在拖斗上，由韩丁和孙晓耕轮流驾驶，从冀衡农场出发开进北京城。从此，我们又走上了新的征途。

来源：《校友文稿资料选编》第 14 辑

柯礼聃学长

我参与了新中国第一部《水法》的制定

■ 柯礼聃

1950 年，我从清华大学土木系毕业，那年 8 月 5 日，中央水利部一辆中型吉普搭着我和王瑞彭、严孝达等同学一行 6 人徐徐地驶出西校门，我们不时回头望着度过难忘的四个春秋的校园，情不自禁地相互问道："5 年后，不知道我们又在何方？"转眼，60 年过去了，大家都经历了不平坦的道路。我还算变动不大，一直在水利部门工作。

在近 60 年的水利生涯中，我经历了从国家机关到基层，又从基层到机关的轮回。先后参加了辽宁大伙房水库建设，河北省根治海河工程；亲历了保卫天津市（海河，1963 年 8 月）与保卫荆江大堤（长江，1981 年 7 月）的惊心动魄的抗洪斗争；参与了举世瞩目的三峡选坝和论证工作，以及我国水管理体制和水费机制改革。在职的最后阶段，我参与了新中国第一部《水法》的制定和水法制建设。值此离校 60 年纪念之际，向母校与同学们做个汇报。

改革开放初期，我国处于"多龙治水，群龙无首"状态，水资源开发利用和保护管理方面存在不少问题。对此，社会各界多次呼吁要求尽快制定水法。1978年 12 月，在十一届三中全会前夕，邓小平同志对一位地矿专家的《关于尽快制定水资源法改革水管理体制的建议》做了重要批示，吹响了我国水法制建设的号角。在批示精神指引下，有关部门做了大量前期工作。1984 年 10 月，时任水利电力部部长的钱正英找到我，她说："前几年组织起草《水法》，因部门之间协调不好，未出成果。今年，经国务院

1947 年在北京青龙桥测量实习，右 2 为柯礼聃学长

481

批准，我们有关部委成立了'全国水资源协调小组'，第一件事情就是要组织起草《水法》。我和李化一副部长（注：钱正英同志为协调小组组长，李化一同志为小组成员兼办公室主任，我为副主任）商议，想组织有关部门代表参加联合起草小组，由你来负责这次起草工作。"我深知，前段起草工作因部门关系搞得比较紧张，事情不好办，表示了犹豫。她见我面有难色，鼓励我说："有什么困难，我们会支持，有些问题还可提到协调小组研究解决。"我想到，我国水资源已到非依法管理不可的时候了，又有部领导的决心和支持，就接受了这项任务。

1984年11月，全国水资源协调小组第一次会议决定成立由水利电力部、国家计委、交通部、地质矿产部、城乡建设环境保护部、农牧渔业部、中国科学院、北京大学法律系（以后又增加国家环保总局）等部门代表参加的16人《水法》起草小组，由我任组长，并尽快开展工作。翌年2月，小组决定起草工作分《水法起草大纲》和《水法（草案）》两个步骤进行。

面对艰巨任务和多部门代表，当时我想只有发挥团队精神，充分调动每位成员的积极性，才能较好地完成任务。于是，在起草小组内部确立了"协商一致"的工作原则，并就以往部门之间有争议的某些焦点问题进行民主磋商，充分交换意见，草案中的有关条款，先由有关部门的成员草拟，提交小组讨论议定，很快呈现出和谐活跃的气氛，工作顺利开展。

柯礼聃学长（左）与张光斗教授（中）、殷子书学长（右）在三峡选坝船上合影

在《水法起草大纲》的基础上，《水法》起草小组根据协调小组第二次会议的审议意见，并参考了20多个国家和地区的《水法》，经过充分讨论和多次修改，于1985年12月拟定了《水法（审议稿）》。经协调小组第三次会议修改，提出了《水法（送审稿）》，于1986年2月呈报国务院。经国务院法制局审查，形成了《水法（草案）》，于1987年9月25日国务院158次常务会议原则通过。会后对草案进行了必要的修改，于1987年11月3日，以"国函（1987）174号"文向全国人大常委会提请审议。

1987年11月16日，钱正英部长受国务院委托，在六届全国人大常委会第23次会议上就《水法（草案）》做了说明。此后，全国人大法制工作委员会组成水法调查组赴河北、湖南、上海等省市进行调查座谈，同时以书面方式征求各省、自治区、直辖市和国务院有关部门的意见，对《水法（草案）》进行修改。1988年1月6日、7日，彭冲副委员长主持召开全国人大法律委员会，审议修改后的《水法（草案）》，并向1月11日召开的六届人大常委会第24次会议提出了修改稿。《水法》审议即将顺利完成，彭冲副委员长在人民大会堂请与会代表吃了一顿丰盛的午餐。

1月19日，在人大常委会联组会议上，人大法律委员会宋汝棼副主任做了修改说明，会后又做了几处修改。最后，于1月21日下午，由彭真委员长主持的六届人大常委会第24次会议全体会议上，以99票赞成，1票反对，表决通过，即日以李先念主席下令颁布。彭真委员长在会议结束时发表重要讲话，他说："定了法就要向群众宣传，让群众掌握。法律一旦为群众所掌握，就会变成强大的物质力量。"那天下午，与会代表和列席人员都十分高兴，相互祝贺，庆祝新中国第一部《水法》的诞生。彭冲副委员长握着钱正英部长的手，开玩笑地说："这次该轮到您请客吃饭了！"

《水法》的起草、审议和颁行是广泛地吸取各方面的意见，经过周全的立法程序，反复修改、审查后颁布的。《水法（草案）》较重要的修改约60余次，一次比一次修改得好。我在这个过程中，学习到很多，与起草小组的成员结下了友谊，20多年过去了，有的至今还在通信联络。时任全国人大法制工作委员会副主任的邹福肇和经济法室主任魏耀荣，他们都是我清华的校友，在审议过程中，我们之间沟通甚为顺畅，他们科学严谨的作风，非常值得我学习。

《水法》颁行后，水利（电力）部遵照彭真委员长的讲话精神，在第一时间召开水利厅局长会议，由钱正英部长主持，由我逐条讲解水法各条款的立法本意和内容解释，对重点内容由她作了背景说明。接着，在她的倡议下，召开全国水法宣传工作会议，发布宣传纲要，强调普法教育必须深入到水利系统的基层组织和社会各界。有了一部《水法》，又明确了水利部为水行政主管部门，我国开始进入了依法治水、管水的新时期。钱正英部长在离任时感言："我以一部《水法》交班，感到欣慰。"

1988年4月，水利部与司法部商议，决定开展水法宣传周活动，1992年后与世界水日合并活动。全国各地在各级政府领导下，通过电视、广播、报刊、街头宣传等方式，开展声势浩大的水法学习、宣传活动，普法工作深入人心。那年春天，全国城乡和我们水利部门洋溢着一派喜庆气氛，热烈庆祝新中国第一部《水法》的诞生。同时，水利部成立了水政司和水资源司，我被任命为第一任水政司司长；地方各级水行政主管部门的水政、水资源机构也相继成立。同年10月，水利部召开的全国第一次水政工作会议上，我们首先讨论的问题是何谓"水政"，水政工作从何入手？后来，大家把参加那次会议的代表喜称为"老水政"。在此基础上，水利部大力推进以宣传教育为先导，以建立水法规、水管理和水行政执法三个体系为中心的水法制建设。20年来，在各级政府和水利部历任部长的领导下，我国水法制建设取得重大进展，水法规体系基本形成，建立和健全了各级水法制工作和水资源管理机构，在全国范围内建立起水行政执法体系，基本实现了统一水政的目标，为我国水利的改革和发展打下了法制基础。从这个意义上说，《水法》的颁行为我国水利史翻开了新的一页。

1994 年我离休后，受水利部委托主持起草了《防洪法》与《水利产业政策》。1997 年《防洪法》颁行后，对规范 1998 年长江抗洪斗争起到重大作用；《水利产业政策》是我国第一部有关基础产业的国家政策，对指导水利改革与发展起着重要作用。这是我晚年为我国水利事业做的一点基础性工作。有关内容在我编著的《中国水法与水管理》一书中有所论述。

来源：《清华校友通讯》复 61 辑

郭维敬学长（1954 年）

难忘"清华人"这个称号

■ 郭维敬

1946 年是抗日战争胜利的第二年，我千里迢迢辗转来到北平，专程参加清华、北大、南开三校联考。经过缜密思考，我毅然选择了清华。之后，"清华人"和"自强不息，厚德载物"的清华校训便牢牢嵌在心中，终生难忘！

清 华 熏 风

每当想起在清华度过的那段峥嵘岁月，我都不免有一种莫可名状的豪情。首先忆起的是梅贻琦先生主政清华时，重大师的办学理念，无为而治的治校方针。当时学校有文、法、理、工、农 5 个学院，26 个系，人才济济，大师荟萃，怎不引青年学子神往？

入学之初，听知名人类学家兼教务长吴泽霖教授为我们讲"清华精神与传统"时，第一次听到"清华人"这个具有震撼力的称号，从此，赋予了我一个全新的视角，如影随形，泽及终生。朱自清先生讲现代文学，他那深邃平静的一代名师风格、视野，与他那拒吃美国救济粮的学人风骨，令人高山仰止！李广田先生讲授散文娓娓道来，如绵绵细雨，字字珠玑，使人如饮醇醪。吴晗先生快人快语，抨击时政一针见血。汤佩松先生讲如何学科学，说话不疾不徐，深入浅出，常杂以传神妙喻，助人理解，使人有豁然开朗之感。孙毓棠先生讲授历史口若悬河，对中国与西方历史发展过程做比较时，旁征博引，言之有据，极具说服力。罗念生先生精通希腊文学，他讲授希腊神话与荷马史诗时，形象生动，声情并茂。讲到维纳斯、阿波罗等诸神及希腊古代英雄，无不栩栩如生，引人入胜。马约翰先生讲运动时能用十分流畅的英语一贯到底，平素精神矍铄，严冬盛夏时刻为人表率，令人钦羡。张奚若先生是老同盟会会员，在动员我们参军南下完成全国解放任务时，热情高涨，讲话中形象地直指国民党既得利益集团，是打着孙中山先生旗帜的"包饭团",声色俱厉,至今言犹在耳!在他的鼓舞下,清华学子迅速掀起参加"南下工作团"的高潮,师生竟有 240 余人投笔从戎,这在清华历史上是光辉一页。

南 下 征 途

1949 年 3 月 11 日,在一个寒风料峭的日子里,清华各年级 240 余名同学在全校师生热烈欢送中,精神抖擞地进入北平城区,参加了南下工作团,其中还有外文系知名教授盛澄华夫妇及各系几名青年教师。顾名思义,南下工作团就是要越过长江,完成解放全中国的各项战斗任务,这是多么动人心弦的时代使命,这任务又是多么神圣!

肩负南下重任,最首要的是思想武装,因此,我们经过了一系列学习,直接聆听了多位中央领导的报告,其中包括周恩来、朱德、张闻天、彭真、叶剑英、聂荣臻、谢觉哉、罗荣桓、陶铸、李立三,以及一些知名人士如郭沫若、邓初民、刘白羽、艾青等。周恩来的讲题是《目前形势和任务》;朱德则为《动员南下》,他告诫人们要谦虚谨慎,"功则归人,过则归己"。这些报告高屋建瓴,内涵丰富,既鼓舞斗志,又激动人心。毛泽东也不例外,在百忙中给我们的赠言是:"忠诚团结,革命到底,今天加紧学习,将来努力工作!"

南下工作团学习结束后,我被分配到 41 军,在湖南的东安县正式进入部队担任随军记者,随"尖刀连"追击。当时的口号是:"速度就是胜利!"因此我们每日要行军百里以上,每到驻地我还要抓紧写战地新闻报道。就这样星夜疾驰,一步步走过湖南与广西的山山水水,到达西江沿岸的梧州、桂平一带。部队的任务这时由追歼国民党残部转为清剿散处四乡的匪霸,建立革命政权,并向新区进行政治宣传工作。当时我随 461 团驻军桂平,桂平紧依西江,古称浔州,上达贵县、南宁,下接与广东毗邻的梧州市,自古地理位置重要,太平天国起义的金田村就在其境内。部队在桂平、平南等相邻县境的乡间清剿匪霸,机关则在城区军管,进行接收与宣传工作,任务紧迫艰巨。

恰在这期间,在十万大山围歼国民党残部的战役胜利结束,大批重要战俘经由桂平向北押送,其中最重要的一个是白崇禧的第三兵团司令兼第七军军长李本一。李本一是新桂系的一员有名战将,他指挥的第七军是桂系李宗仁、白崇禧的王牌军,在广西几乎家喻户晓、人人皆知。现在第七军被全歼。这一消息传开后,既可震慑当地一切反动势力,又有利于争取中间群众。为此,我抓住这个难得的机会,对李本一进行了采访。

李本一从外表上给我的印象,是一个有风度的高级将领,虽然被俘但还从容沉稳。从文化上看也有一定素养，对军事上彻底战败沦为俘虏颇为感慨。他说他在抗日战争中曾参加过著名的台儿庄战役，和日本人打过多次硬战，没有料到今天兵败被中共俘虏。他对自己将会遭到什么命运感到焦虑茫然，显出郁闷神情。我针对他的思想状况对他讲共产党代表人民的利益，军心、民心是决定因素，并进而指出战争的胜负决定于人心的向背和士气的高低。我还向他宣讲了共产党对俘虏的政策，被俘将领只要思想转变，向人民靠拢，还是有前途的。李本一听了这段实事求是、不施加任何压力，又平等待人、合情合理的谈话后，在无可奈何的叹息中对我说："与君一席话，胜读十年书。"采访后，我抓紧时间写了一篇《李本一访问记》，以当时唯一的宣传方式，用墙报在桂平主要大街公布，墙报周围长时间挤满围观的人群。

在桂平 3 个多月的军管工作后，我调回设于梧州的师政治部任宣传干事，从事部队教育工作约一年时间。

抗 美 援 朝

"万里赴戎机，关山度若飞。"1950 年 11 月间，由于志愿军急需英语翻译，我是清华大学外文系学生，总政从全国各部队抽调外语干部，我自在抽调之列。师里接到调令后，师政委曹传赞同志亲自跟我谈话，鼓励我服从组织入朝鲜作战。于是我办理手续后迅即只身北上，向总政报到后经东北军区由安东（现丹东）渡江出国。北上途中，我曾萌生取道山西与年逾七旬的父亲见上一面后再报到的念头，但想到战争需人紧迫，因此还是立即打消了这个念头。

在东北军区（现沈阳军区）招待所中，曾听到由朝鲜回国的同志谈美机日夜封锁交通线、投掷凝固汽油弹的疯狂情况及朝鲜战争的惨烈程度，远远超过国内战争。尽管如此，我丝毫没有动摇，还是急速赶赴安东，过鸭绿江后又星夜兼程赶往位于朝鲜桧仓里的志愿军总部报到，接受战斗任务。

从此，我在朝鲜度过近 6 年的悠长岁月，先后在中国人民志愿军政治部俘虏管理训练处、朝鲜停战谈判板门店志愿军代表团及志愿军政治部敌工部三个单位工作。最早在俘管处任干事期间，我曾深入美、英等多国战俘军官及士兵各中队，进行深入的调查工作，写过一份被俘管处主任王央公认为很重要的调查报告。在报告中，剖析早期我军对俘虏教育管理工作的成败得失及各国战俘的思想动态，指出各国俘虏中当时仍存在着三种基本情况，即对我军依然采取"敌对、恐惧、怀疑"的态度，如继续按照教育管理国内战俘的老做法，收效甚微，很难转变俘虏的思想。

这篇报告不仅为俘管处，而且也为中央军委提供了可供参考的意见。不久总

1953年8月，敌我双方联合红十字会中组部分人员在我接收区我方牌楼前合影，当时郭维敬（右5）任中方中组翻译组长

政敌工部部长黄远亲到俘管处传达了周恩来总理提出的俘管十六字工作方针，即"消除敌对，缓和矛盾，拥护和平，反对战争"。从此俘管处明确了方向，工作立竿见影，改变了被动局面，取得巨大成绩。以后我被提升到四团任教育股长，主管全团千余名有士官军衔的多国战俘的教育工作。

在板门店谈判开始后不久，我又被调到朝鲜停战谈判代表团任一个大组的翻译组长，从此实际参与了多项停战前后的工作，持续时间近两年。我时而穿军装，时而穿便装，以不同身份，代表国家与中国人民志愿军同美方及多国不同身份的代表们周旋，均胜利完成了任务。俘管处给我的鉴定是"训俘工作有一定的成绩"，代表团给我的鉴定是"对敌斗争能把握原则"。我思想上很满意，认为组织上对我做了实事求是的评价。

1954年年初代表团善后工作告竣，我与代表团所有翻译同样将集中回国到外交部重新分配工作，但这时原任观察代表团团长的张梓桢将军请示志愿军政治部主任杜平，执意将我一人留下，调我到志愿军政治部敌工部任助理员。这显而易见是我一生的一个分水岭，我从此便失去了去外交部工作的机缘。

无 愧 此 生

1956年春部队大批转业，我由朝鲜回国转业到河南，弹指间已过去57个春秋。回溯我自清华读书，至今已64个春秋，大体可划分为四个历史阶段。对此，我用52个字写了一首涂鸦《回眸》：

风华正茂时，书生意气，豪情满怀。

抗美援朝中，效命祖国，风云一时。

卸甲归来时，风浪滚滚，迭遭磨难。

白发暮年期，壮志不已，日夜兼程。

前两行的历程前文已有交代，后两行明显表明又区分为两个不同的历史阶段。前一个阶段中，由于阶级斗争波谲云诡的时代风云，在将近22年的岁月中，我个人完全无法掌握自己的命运，只能在风浪滚滚中恪守心中的理想，接受磨砺。后一个阶段，由于国家拨乱反正，实行改革开放政策，我从沮丧中复苏，又心情舒畅地扬起了生活的风帆，尽管已近夕阳晚照的暮年期。为了弥补白白损失的时间，我在清华校训的支撑下，自策自励日夜兼程，一直走到望九之年的今天，仍在耕耘。

1956年转业，我主管平舆县及信阳地区教育工作，努力贯彻周总理主持的知识分子会议精神，消除知识分子的疑虑，使他们能大胆工作，取得明显成绩。1958年，河南"极左"思潮泛滥，我响应中央号召"下乡上山"，到确山县劳动锻炼，因坚持原则提意见受到打击报复，被偷偷打成所谓"漏网右派"。由于上级不知情，致后来"一吹风"平反时也被错过，一直蒙冤当"右派"劳改，致身心遭到无法想象的磨难，特别在"信阳事件"中，更是险象环生。1962年"摘帽"后，又在以后的"四清""文革"中受到牵连，无一日安宁。

改革开放之后，在宽松的政治环境中，我发扬"清华人"自强不息的精神，工作上兢兢业业一丝不苟，为国家做出了自己的贡献。离休后，我做了以下几件事，以报效国家，奋斗至今。

一、用清华校友会名义办民办大学7年，为社会培养造就了一批青年学生。

二、先后为希望工程、汶川大地震捐款各3000元，2009年中央统战部为我落实政策时，又为单位办学捐20余万元。

三、挥笔著述写出了《世界第一等战俘营》（副题：联合国军战俘在朝鲜）、《板门店谈判见证录》《共和国早期的故事》《九十年人生回望》等书，取得良好的社会影响。其中《世界第一等战俘营》宣传人道主义宽待俘虏政策，于2010年又重新修订出版，填补了一项重要历史资料空白。

四、1998年赴美，继续研究朝鲜战争近一年，挖掘出美著名战史专家贝文·亚历山大所著"Korea: The First War We Lost"购回译出，译名为《朝鲜：我们第一次战败》，李德生上将写序，由中国社会科学出版社出版，连印7次之多，与第一本书同为祖国赢得世界声誉，这两本书在国内及美、英等多国图书馆皆有收藏。

五、访美归来，按几位在京的志愿军老上级与战友建议，将访美研究朝鲜战争的成果向中央领导写了一份重要报告，概要摘录如下：

由1953年朝鲜停战迄今，美军政名人、专业作者、战史研究人员所撰各类关于朝鲜战争的论著，可谓浩如烟海，一本截至2010年的《朝鲜战争目录学》竟著录达 2600 余种之多！图书馆此类藏书汗牛充栋，且至今尚不断有新著问世。

反观我国，情况却形成极为强烈的反差。1989 年前，有关朝鲜战争的专著竟完全付之阙如，不见一本。之后，始有洪学智、杜平等将军拓荒破冰，但后继者寥寥，与美国相比几乎"千不及一"！这与我国实际在战争中取胜，且在战争中作为与美国互为主要对手的历史地位，均极不相称。

我国自古素以历史典籍宏富著称于世，为什么却偏偏因对彭德怀元帅一度的不公正错误处理，而竟对这样一次为全民族赢得历史上空前巨大荣誉的国际性大战争如此冷漠？真令人不能不感慨万端。

难道与以美国为首的世界多国进行战争取得胜利，使世界格局发生重大改变，中国从此登上世界强国的地位不是我国五千年历史长河中前无古人的伟大业绩？不是我中华民族的一项永远可引为自豪的空前历史荣誉？

早年在清华寻梦的过程，尽管时间短暂，但无形中影响了我的一生，使我受用不尽。"清华人"和"清华校训"无论在我的南征途中，异国战地，或是在我转业河南的一路风雨泥泞中，以及晚霞夕照时的日夜兼程中，无不是我的精神支撑、思想动力源泉。

今后，我仍要永远用"清华人"精神自策自励，恪守己志，以求真正做到无愧此生。

2013 年 8 月 30 日于郑州寓所

来源：《清华校友通讯》复 68 辑

董贻正学长

我为祖国健康工作 60 年

■ 董贻正

我是 1948 年考入清华大学电机系的，1952 年毕业时，大家满怀激情，决心要为中华人民共和国的建设添砖加瓦，为祖国健康工作 50 年。如今，我可以自豪地回答，我问心无愧地实现了这个诺言，我 1994 年办理了离休手续，此后又工作了 20 年，直至 2014 年才离开工作岗位，足足工作了 61 年！

1997 年，离休后的一个转折点

无论是我自己的感觉，还是了解我情况的一些老同学、老同事，都认为我离休后的 20 年是我人生中最值得怀念的阶段。在我 2015 年公开出版的回忆录《此生无悔——一个清华学子的钢铁人生》中，三分之一的篇幅就是记叙离休以后的经历的。

1992 年，我因年龄到点离开了冶金部政策法规司司长的岗位，1994 年办理了离休手续，并就任中国冶金企业管理协会副理事长，于是有更多的时间深入企业调查研究，了解企业改革和管理的状况，出主意，提建议，帮助企业改进工作。

事情的转折点发生在 1997 年。由于前几年钢材严重供不应求，钢铁产品价格猛涨，企业"闭着眼睛也能赚钱"，以致一些企业放松了内部管理和企业改革，再加上外界形势的变化，从 1995 年起，出现了一批亏损企业；到 1996 年，亏损企业和亏损金额又有较大增长。全国重点工业企业亿元以上亏损户有 14 家，钢铁企业就占 6 家，贵州的水城钢铁厂（以下简称"水钢"）就是其中之一。

水钢是贵州省最大的国企，它的巨亏使贵州省难以承受，时任贵州省省长吴亦侠恳请冶金部部长刘淇选派一位优秀领导干部来接替水钢现任"一把手"，并选派一个调查组进行调查咨询，提出扭亏解困措施。于是我受刘淇部长的委派，作为调查组组长，同调查组有关司局的其他 4 位成员，以及鞍钢总经理助理、拟任水钢总经理的朱继民于正月初七一起到水钢。同时前往的还有由 11 名邯钢基层领导干部组成的咨询组。调查组于正月初七奔赴水钢。

到水钢后，首先听取公司领导汇报，对亏损原因，基本上是归之于客观，比如说，第一条就是财务费用 2.05 亿元（当年账面亏损 2.09 亿元），其潜台词就是由于企业自筹资金上项目，以致财务费用急剧增加，导致严重亏损。但是当我们深入调查后，发现公司领导的汇报基调同实际情况不大符合。应该说，造成水钢目前状况的多种因素中，内部原因是主要的。比如，投产十多年来，年钢产量最高只有设计水平的 73%，1996 年更下降到 63%。其他各项技术经济指标都远远低于行业平均水平。生产上不去，亏损下不来，职工收入急剧下降，轧钢厂青工月收入只有 180 元。有的工人从农村带来土豆，在炉子上烤着，蘸点盐巴当饭吃，看了令人伤心。后来我把这些内部原因归纳为"四个一块""决策失误丢了一块，管理混乱漏了一块，挥霍浪费吃了一块，大小蛀虫吞了一块。"虽然有个别领导听了觉得很委屈，但水钢绝大多数干部职工都认为这很符合水钢的实际情况，也可以说，这是很多亏损企业的共性问题。

一周后，按原订计划，贵州省省长吴亦侠、副省长莫时仁，刘淇部长和冶金部总工程师单亦和，带领省、部有关部门领导来到水钢，听取调查组的汇报。接着，召开一千多名干部和职工代表参加的"学邯钢、扭亏增效动员大会"，省部领导都做了重要讲话，既严肃认真地指出了当前水钢面临形势的严峻性，又剖析了水钢内部存在问题的严重性和减亏扭亏的有利条件，更明确指出当前水钢需要迫切抓好的主要工作；并宣布了省委任命朱继民为水钢新任总经理的决定。大会实况通过水钢电视台向全体职工转播，引起了强烈震动，使大家看到了希望，增强了扭亏的信心。

考虑到朱继民单枪匹马来水钢，面临的又是百废待兴的严峻局面，任务艰巨，压力极大，我向刘淇提出，我留下一段时间，帮助他做些工作。在这期间，我主持了两期二级单位"一把手"的学习班。通过会上的发言我了解到，在那次大会后，干部们的精神状态有了可喜的变化，很多同志都在深入思考水钢的过去、现在和未来，思考自己的责任与水钢的前途，有的过去从不失眠的居然夜不成寐。边学习，边行动，一些方面的工作开始有了新的起色。

我是 3 月上旬离开水钢的，6 月底我重回水钢。没想到短短三四个月

1998 年 8 月，董贻正学长（前左）在水钢调研

内，水钢变化之大，变化之快，出乎意料。炼钢厂以邯钢同志为主组成新的领导班子后，发生了翻天覆地的变化。不仅钢产量一破再破设计水平，各项技术经济指标全面好转，全公司吨铁、吨钢成本也都大幅度下降，职工收入明显上升。广大职工意气风发，精神面貌大变样。炼钢厂行车车间电工班，为了加强管理，23名职工自发地集资六七千元，买了一台计算机，平均每人分摊300元，这是此前他们一个月的收入啊！水钢一些老领导过去看到朱继民孤身一人前来上任，认为他是"飞鸽牌"，待不长，靠不住，这次对我很动感情地说："朱继民干得好啊！过去我们想干干不成，甚至想都不敢想的事，他们竟然在短短几个月里做到了！"

回京后，我向部党组作了汇报。8月份，党组在水钢召开全国冶金系统的扭亏增盈现场会，与会代表触动极大，大家感到钢铁企业扭亏有望了。

没想到，这些我认为是很平常的事，却引起了不小的反响。1997年年底，冶金部党组在行业里提出："机关学董贻正，行业学刘汉章（已故的邯钢总经理，国庆70周年前夕被国家授予'百名改革开放杰出贡献奖'）。"冶金部机关党委发出了《关于开展向董贻正同志学习的通知》，《中国冶金报》在头版头条报道了我的事迹，中央国家机关党委刊物《紫光阁》登载了有关我的长篇通讯报道。

第二年8月，我又一次踏上去水钢之路，部党组决定再次在水钢召开现场会。水钢的巨变，为当时国务院提出的"三年扭亏"开了一个好头，引起了国务院领导的关注，李鹏、朱镕基都做了肯定，朱镕基在冶金部的报告上批示："这些经验很好，适当时机可做宣传报道。"

水钢的扭亏打响了第一炮，接着我又先后受冶金部和有关省市领导委派担任舞阳钢铁公司、长城特殊钢公司以及重庆特钢公司3家企业的扭亏调查组组长。可以说，在20世纪的最后两三年里，我基本上是同钢铁行业里的"穷哥儿们"打交道的。1998年，国务院机构改革，撤销了冶金工业部，刘淇调任北京市市长，他又邀请我到北京汽车、摩托车公司调查咨询，帮助该企业扭亏。我在相当长的一段时间里，为福田汽车公司的改革和发展出谋划策。以后又应北京市有关领导的邀请，去北京京棉集团进行调查咨询。仅1997年、1998年两年，我就有300多天在企业做调查。

1999年，我利用春节假期，回顾、思考这两年扭亏的经历，写成十篇文章，取名《扭亏十谈》，写成后，报送国家冶金局王万宾局长审阅。他读后给我回了一封热情洋溢的信，认为该文"将近几年来冶金企业扭亏脱困的情况做了令人信服的回顾和小结，实是值得各级领导干部和企业认真阅读的扭亏解困的教科书"。以后，冶金系统的报刊先后全文或详尽摘要发表，《经济日报》和《经济管理》杂志也都分期刊登"十谈"的详细摘要。当年9月，冶金工业出版社把"扭亏十谈"和我在部分亏损企业的调查报告和讲话以及一些评论性文章结集出版了《国有企业扭亏的实践和思考》。2000 年 3 月，我遵照有关领导的意见，将《扭亏十谈》改写成一篇长文《国企扭亏路在脚下》，经朱镕基总理批示，发表在《人民日报》上。

1999 年，我还把自己撰写的自 1978 年到 1998 年的企业调研报告、国外考察报告、小评论、专论等 159 篇，约 75 万字，汇编成书《管理——工业发展的永恒主题》。2014 年，又将 1999 年到 2013 年的各类文稿约 150 万字汇编成《关注软实力》一书，两书都由冶金工业出版社出版。后者包括 80 篇企业调查报告，近 50 篇会议讲话以及给企业同志的信件，14 封给中央以及地方政府领导的信件，80 多篇对企业一些问题发表观感的言论。还有 50 多篇"一得之见"是有关企业管理、企业文化等软实力方面的专题论述。

转观念传经验做诤友

21 世纪初，我任职的"中国冶金企业管理协会"更名为"中国钢铁工业协会"，企管协会就不存在了，我就成为一个没有组织领导的自由人。这些年来，我像个江湖独行侠先后到过六七十家企业做调查咨询，其中不少是多次进行跟踪调查的。这些调研，重点是围绕企业管理、改革和创新，企业文化、人力资源开发、队伍和领导班子建设等一些当前的热点问题。这些年，我在企业的活动大体可以用三句话来概括，就是：转观念，传经验，作诤友。

转观念。观念转，面貌新。因此，我的工作定位就是从理论和实践的结合上，帮助企业的两级领导转变观念，并通过他们影响全体职工，以适应不断变化的新形势，并在此基础上，不断改革创新。转观念，关键在于领导。1998 年 10 月，我给朱镕基总理写了一封信：《关于选派企业一把手的情况和建议》，反映了水钢、萍钢等企业更换主要领导后带来的重大变化，以及一些企业由于主要领导的问题而带来的企业衰退。他批给吴邦国副总理等领导同志参阅，并批了一段话："企业一把手可以兴邦，可以丧邦，可不慎乎。"这就更坚定了我的信念："千条万条，转变观念是第一条。"

传经验。我觉得，在全国冶金界很少有人有我这样的条件，在企业可以自由自在地进行调查，可以接触到从主要领导一直到基层的员工，他们信任你，愿意同你谈些心里话，使你能够掌握一些真实情况，从而得出比较符合实际的观点。于是，我把自己比作二传手，把各家企业的经验进行总结，把先进的理念和实践广为传播。一次在杭钢调查结束后，我应邀在中层干部会议上讲话。事后杭钢总经理说："以往我们也请过一些专家和大学教授来讲课，虽然也有收获，但他们有的理论上讲得头头是道，但听后总觉得无从下手；有的对国企体制批判一通，使我们无所适从。像你这样理论结合实际，有针对性地介绍先进企业的有益经验，我们太需要了。"

作诤友。对不少企业，我都是跟踪调查的，因此同这些企业的一些干部和员工之间建立起了密切的关系，他们对我也有高度的信任感。我觉得要不辜负大家的信任，既要对他们的经验认真学习、总结、推介；也要对出现的问题通过恰当的方式提出自己的看法，作一个真正的诤友。有的企业在扭亏以后，随着形势的好转，逐渐滋生了铺张浪费的风气，有的则滋长了盲目自满的情绪，我就从"两个务必"谈起，介绍魏征的两篇名著：《谏太宗十思疏》和《十渐不克终疏》，并阐述《从优秀到卓越》中的第一章第一节的第一句话："优秀是卓越的大敌"，促使大家增强危机感。

2000年11月，我在马钢调研后，在中层干部会议上做了一次讲话，其中批评了马钢某些改革不力的做法。对这篇讲话，马钢主要领导安排《马钢日报》全文刊登，从头版头条转二、三版，并配以鲜明标题：《老司长调研报告字字句句凝真情，马钢领导干部入耳入心更思再奋发》。马钢领导的这种做法，既体现了他们虚怀若谷、从谏如流的宽大胸怀，给我以极大的鼓励，也增强了我做好"诤友"的信心。

动真情不忘初心

这几年，我之所以还能继续发挥一些余热，企业的同志还欢迎我去，我自己认为，最关键的是：

不忘初心动真情。我是在清华入党的，从入党开始，就牢记"为人民服务"的宗旨，特别是提到领导岗位后，更是不忘初心。对企业的困难，我会真情相助；对企业的成就，我会热情鼓励，并尽一己之力，帮助总结宣扬。1997年，在向省部领导汇报水钢调查情况，提到有的工人在炉子上烤着土豆，蘸着盐巴当饭吃时，我哽咽得说不出话来；看到水钢天翻地覆的大变化时，我喜笑颜开。《水钢报》的记者把这两张照片对照着刊登出来，说明水钢的巨变。

在一家企业，我看到在更换领导后所发生的十分可喜的变化，引起了业内的高度重视，很多业内先进企业的主要领导都纷纷前来取经，但省内主管部门却不予搭理，我就以人民来信的形式把调查报告报送省委、省政府领导，并提出几点建议。后来，省里有关部门专门去该企业作调查，在省报、省电视台做了连续报道。对有的企业领导因抵制上级领导的违纪行为而受到不公正的对待时，我为之奔走呼吁，最后终于制止了这位上级领导的错误行为。

我耗时最长的是为一些民营轧钢厂伸张正义的事。他们购买了河南一家轧机制造企业的轧机，其主要技术指标达不到要求，客户多次反映，该企业却置之不理，甚至"倒打一耙"，嫁祸于人。多位业内颇具权威的轧钢专家联名作证，向主管质量监督的政府部门反映，仍无济于事。我在有关企业的邀请下，到了几乎所有客户单位做现场调查，证明情况属实。我将亲自撰写的调查报告发送国家质检总局，在总局领导的积极参与下，经过一年半的艰苦工作，期间同质检总局司局以上领导反复交换意见多达十余次，终于在 2010 年 10 月 1 日，质检总局通过新华网刊发了一条几百字的消息，指出"郑州拓普轧机质量客户反映基本属实。"

我很庆幸自己能够接触到这么多企业、事件和人物，特别是离休后二十多年，同企业的接触更密切了，联系更紧了，结识的朋友更多了，有的企业甚至把我当作自己的职工。既然企业这样信任我、厚爱我，自己身体尚可，有什么理由不用己之长，发挥一些余热，做一些对企业有利的事呢？

"五不""四勤"自鞭策

在实践中，我总结了自己正反面的经验教训，对自己提出了"五不""四勤"的要求，作为自我鞭策。

"五不"就是："为上不唯上，读书不唯书，识风不随风，贵和不调和，助企不扰企。"当然，这几句话说来轻松，实践起来并不容易。拿"识风不随风"来说，前几年，钢铁界刮起一股"规模扩张风"，规模似乎代表了实力和水平，代表了企业领导人的地位。一次，我到一家新近才整体搬迁的钢企，它的生产规模已经达到 600 万吨，比原先翻了一番，但我看到现场还在进行扩建。在同企业座谈时，我问总经理："还准备扩建？"他做了肯定的回答。我追问为什么，市场需求、资金来源、企业效益怎样？这位总经理就无语了。那时我才知道原来是市领导要求扩建的。因为其他几个直辖市都有千万吨级的钢企，唯独该市没有。

2013 年去新疆，看了宝钢和首钢所属的几家钢厂，其中一家是新建投产不久的 300 万吨规模的钢铁联合企业，布局宏伟，设备先进。但由于市场需求不足，两座 1800 立方米的高炉只开了一座。还听说山东、河北、江西等地的大钢厂都在新疆投资建厂了，粗算一下，全疆的钢铁产能超过 2500 万吨，也就是说，全疆

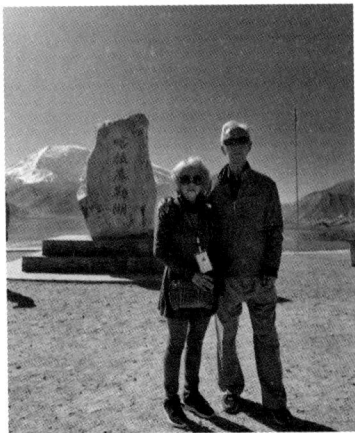

2019 年，董贻正与夫人在新疆旅游

人均拥有钢铁产能超过 1 吨，根本无法吸纳。返销内地，难有竞争力；说是打入中亚各国市场，这些国家又有多大消化能力？显然，这样的扩展带有相当大盲目性。返京后，我把《新疆钢铁工业见闻》一文发给宝钢和首钢的领导，不久听说宝钢新建的 300 万吨新厂撤人关厂了。这些现在看来是完全正确的意见，在当时那种"扩张风"的气候下没人说，也没人理，我就是有些顶风上的味道。

"四勤"：勤学、勤跑、勤记、勤写。回顾一生，我颇多得益于"勤"字。我并不聪明，但我坚信勤能补拙。我曾附庸风雅，给自己的书房起名"补拙斋"，刻了一枚闲章"勤以补拙"。

"勤"，我理解为一是要在"学、跑、记、写"这些方面舍得花时间，二是要善于利用时间，提高对时间的利用效率。我的调查报告有的就是在火车旅途中完成的。这些年，我公开出版的文字就有近 300 万字，包括未出版的以及内部文件等，恐怕也有近千万字。这都受益于"勤写"。我之所以没有说"勤思"，因为这还是我的一个弱点，当然，也是我的努力方向。

2013 年 8 月，我在新疆对宝钢八一钢铁公司和首钢伊犁钢铁公司等 8 家企业进行调查研究后，写出了 2 份调查报告，分送宝钢和首钢领导，有的还在报刊上发表。我的工作生涯从而画上了一个句号！至此，我为祖国整整工作了 61 年！

2019 年 9 月 3 日

来源：《清华校友通讯》复 80 辑

五 鞠躬尽瘁 为民造福

肖秧学长

肖秧：承父志守定初心
五十载为国为民

■ 肖 红

　　肖秧（1929—1998），原名陈玡，汉族，祖籍四川省阆中市，研究生毕业。1944年在重庆参加学生运动；1947年加入中国共产党，历任中共华北局城市工作部干事，北京军管会干事，北京电信局军事接管组军事联络员，北京玻璃厂军代表、副厂长、厂长、党委书记，北京玻璃总厂厂长、党委书记，北京玻璃总厂技改组组长、党委副书记、革委会副主任，国务院第九办公室领导小组成员、毛主席纪念堂水晶棺组副组长，北京市革委会工交办公室副主任、工业调整办公室主任、经委副主任，电子领导小组副组长，进出口委副主任兼北京经济建设总公司总经理、外经贸委常务副主任，四川省重庆市市长，中共重庆市委书记，中共四川省委副书记、四川省省长等职。先后当选为第六、七、八届全国人大代表和中国共产党第十四次全国代表大会代表、中国共产党第十四届中央候补委员。

　　肖秧，原名陈玡，出生在成都市一个抗日烈士家庭。父亲陈信余，在抗日战争全面爆发后，请缨由中校团副降为少校营职，任国民党川军第45军125师746团1营营长，同出川抗日的各路川军部队一道杀奔第二战区前线。他率部先后投入山东滕县阻击战、台儿庄战役、徐州保卫战等，辗转血战，抗击日寇，屡立战功，多次受到嘉奖。1940年元月，在武汉保卫战的周家山战役中，陈信余率部将数倍于己的日军拒于山下达5天之久。在援军迟迟不到的情况下，与日军短兵相接，展开了惨烈的肉搏战，他身受28处重伤，最终壮烈殉国，时年35岁。此时，肖秧还不满11岁。青山埋忠骨，浩气励后人，安葬陈信余烈士的墓地，现为四川省爱国主义教育基地。

　　母亲赵澄波，是一位受人尊敬的优秀教师。在执教的40年间，她严谨治学、辛勤耕耘，教书育人。1952年至1962年先后被选为四川省阆中县第一、第二、第三届人民代表。1985 年，四川省人民政府授予她执教 30 年以上的荣誉证书。同时她也是一位具有中国女性传统美德的贤妻良母。在丈夫为国捐躯后，她以坚韧的精神和伟大的母爱，战胜了种种艰难困苦，教育抚养子女成人。

肖秧自幼跟随父母多地辗转，4 岁就在母亲执教的学校里开始学习。11 岁时，由他的表哥何叔度（重庆树人中学数学老师）带到树人中学初中二班初二下学

肖秧幼年（左 1）

期就读，后到重庆兼善中学读高中。他聪慧敏学，各科成绩突出，且多才多艺，志向高远，特别具有坚忍不拔、刻苦钻研的精神，自学二胡，研习书法。1946 年，肖秧先考上四川省立教育学院数学系，后得知清华大学也在重庆招生，便前往报考。他询问老师哪个系最难考，得到的答复是电机系。于是他就报考了电机系。1946 年也被清华大学录取，因路费筹措不够，不得不申请保留学籍一年，到 1947 年才进入清华大学电机系学习。后来他又转读建筑系。

青少年时期的肖秧目睹民生疾苦、统治黑暗、民族危机，深感要勤奋读书，更要寻求真理救国救民。在重庆兼善中学、四川省立教育学院、清华大学学习

五

鞠躬尽瘁 为民造福

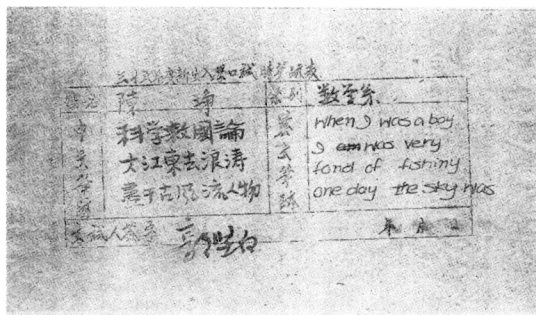

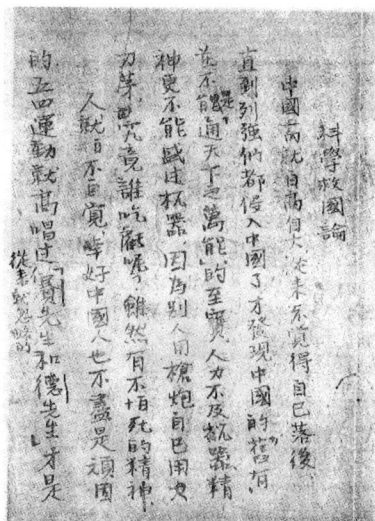

肖秧参加四川省立教育学院新生入学考试时的考卷，考官老师认为这不像 16 岁学生的字迹，为此专门进行了笔迹核对，确认无误

时，他积极参加学生运动，政治上要求进步，以"小央"为笔名撰写文章针砭时事、抨击反动统治，刻制、油印、散发传单宣传进步思想，因此，受到当时国民党政府的通缉。

1947 年，肖秧加入中国共产党，在中共华北局城工部、北平地下党负责人的直接领导下，出色地完成了党组织交给的秘密任务，有力地配合了北平的和平解放。1948 年他受组织安排去了河北泊头的解放区华北局城工部工作，一直到北京解放才再次回到北京，并改名萧秧。后因中华人民共和国成立后户口登记等原因，就沿用"肖秧"这个名字。他始终遵守纪律，这个时期在隐蔽战线工作的情况，即使是在新中国成立后，也未曾向党组织以外的任何人透露过。

1949 年 4 月，肖秧受命作为军代表接管伪国民政府破败不堪的官僚资产——北京玻璃厂，带领 20 多位工厂留守人员，仅用一个月时间就迅速恢复生产，半年后生产产品供不应求，有力地支援了前线，支持了市场需求，以优异成绩献礼新中国的成立。在 1950—1952 年国家三年国民经济恢复时期，肖秧忠实、坚决地贯彻执行了党和政府有关发展生产和管理的方针、政策，组建玻璃厂支部委员会，加强党的领导；建立新型的工厂民主管理制度，组建工会发挥工人当家作主的精神和作用；调整企业管理机构，进行建章建制工作；接收、改组、合并其他同类型工厂，新厂定名为新建玻璃厂，圆满完成了对企业的军事管制任务。

在 1953—1957 年国家第一个"五年计划"期间，新建玻璃厂改名为北京市玻璃厂，肖秧出任厂长。他满怀热忱、斗志昂扬地向北京市委积极争取，提出玻璃工业要走大工业生产发展的道路。1953 年年底，华北财政委员会批复同意建立新厂方案。1954 年初成立新厂筹备处，由肖秧同志负责。1955 年 4 月，中国与民主德国签订建厂协议书。1955 年肖秧受组织派遣赴民主德国硅酸盐研究院进行研究生学习，与此同时选定引进设备和技术，学习企业管理经验。他紧紧依靠党和政府的领导，带领广大干部群众、技术人员艰苦奋战，新型现代化的玻璃厂于 1958 年 3 月正式投产，以半机械化、机械化和自动化相结合的崭新面貌，完全改变了我国传统的手工作坊式玻璃生产方式，实现了跨越式发展，技术工艺达到国际先进水平，企业规模位列亚洲第一。

肖秧青年时期

1964 年 4 月，北京市玻璃厂作为中央决定的全国 20 个"托拉斯"（联合企业）试点之一，被正式批准改名为北京玻璃总厂，肖秧被任命为总厂厂长。下属 14 个生产厂，1 个研究所，并建立维修站、筑炉队和动力站。肖秧把民主德国的企业管理经验和中国的实际相结合，把引进技术和自主创新相结合，制定新的生产管

朱德委员长视察北京玻璃厂，肖秧（右5）汇报情况

国庆招待会上，肖秧（站立右2）向周总理介绍原民主德国专家

理体制和机制，建成一个包括玻璃仪器、石英玻璃、光学玻璃、硅单晶、眼镜玻璃、玻璃纤维、日用玻璃等在内的综合性、系列化的现代化联合企业；相继投产一批具有国内先进水平的光学玻璃、石英玻璃、硅单晶、光导纤维、眼镜片、电影镜头、军用炮镜等产品，有些产品还填补了国内空白。在时任北京市委书记彭真同志建议下，针对北京市知识分子多的特点，专门研制生产镜片玻璃，成为工厂的畅销产品。他们曾多次派人为毛主席配过眼镜，在毛主席动完白内障手术后，为他配制眼镜，使毛主席晚年也能够看书。成立北京玻璃研究所，他兼任所长并带头科技研发，引进人才，研究成果累累，其中获全国科技大奖7项，国家级奖4项，部级奖22项，市科委、市政府奖24项；创办北京玻璃技工学校，培养产业技术工人适应现代化生产，为后来的技术革新储备了人才。北京玻璃总厂的成立，标志着玻璃生产实现了由小作坊向现代化大工业跨越式的发展，形成现代化联合企业的规模。

1976年9月9日，毛泽东主席逝世。第二天，中共中央做出了研制水晶棺的决定，随即成立了领导小组，肖秧成为毛主席水晶棺设备研制小组成员。他怀着对伟人的无限崇敬和热爱，带领有经验的工人、技术人员和专业美术人员，在最短的时间内做出了模型。9月13日，他们的方案被中央通过。在有多个单位参加的会战组中，肖秧同志作为总指挥，经过10个月的艰苦努力，成功完成毛主席水晶棺的制作，直至将水晶棺安放在毛主席纪念堂。其间，石英玻璃工艺还有了新的突破，达到国际先进水平。

肖秧作为北京玻璃工业现代化发展的奠基人，他去世后，"北玻"人为他塑像，把他的身影留在了如今的北京玻璃集团公司，以此铭记他的功绩，寄托敬仰与怀念。

1977年12月起，肖秧奉调北京市政府，就任工交办副主任、经委副主

肖秧同志塑像

任、进出口管理委员会副主任、外经贸委常务副主任等职务。1978年12月，党的十一届三中全会召开，国家开始实行改革开放政策。1979年，肖秧随中国经济代表团到日本等国家参观考察，学习借鉴先进经验，寻求合作发展商机。在北京市委市政府的领导下，肖秧组织筹备成立北京经济建设总公司。1979年底，经国务院批准成立后，肖秧兼任公司总经理。短短几年时间，通过开展对外经济合作，接受来料加工，进行补偿贸易，组织合资企业，发展对外贸易，办理地方项目投资的信托业务等，总公司成为北京市外贸进出口的重要窗口和枢纽。期间，在他积极参与推动下，1979年北京电视机厂与日本胜利公司（JVC）合作组装JVC彩电获得成功，全国第一台彩电下线。1981年7月与日本松下电器公司合作建成年产15万台彩色电视机生产线，诞生了牡丹牌彩色电视机。1982年引进日本电气硝子株式会社软件技术，1983年引进日本保谷硝子株式会社光学眼镜片毛坯连熔自动压型生产线，生产面貌大为改观，生产效率大幅提高。中国第一家中外合资酒店——北京建国饭店、第一家中外合资合营五星级豪华酒店——北京长城饭店陆续建成开业。在他主持下，经过300多轮艰苦谈判，中国汽车行业第一家中外合资企业——北京吉普汽车有限公司于1983年5月签约成立，1984年1月正式营业。1980年邀请美国哈佛大学法学院教授来华开办培训班，讲授国际贸易法，培养经营管理人才，让从事经济工作的人员熟悉国际规则，懂得国际惯例，在对外经济合作中更有效地维护国家利益和信誉。在改革开放的初期，肖秧在艰难的摸索中坚定前行，成绩卓著，以招商引资、出口创汇、引进项目、成立中外合资企业等等工作，树立了北京市对外开放的形象，促进了北京市进出口贸易的繁荣增长，为北京市经济改革开放、技术引进革新进行了卓有成效的探索和实践，为国家大量创汇并积累了丰富的经验，他的贡献得到领导和社会的充分肯定。

1984年3月，肖秧同志到四川省重庆市工作，先后担任党政主要领导职务。重庆市是国家第一个进行综合经济体制改革试点的大城市。肖秧始终坚持党的实事求是的思想路线，坚持改革开放，解放思想，锐意进取，积极致力于城市综合经济体制改革。他在扩大企业自主权、增强企业活力的基础上，推进工业技术进步、产品升级换代，外引内联，扩大出口，狠抓能源、交通、空港和行政区划的建设，倡导、组织、推行农业"三绝"（再生稻、稻田养鱼、半旱式栽培）和商业"四放开"（经营放开、价格放开、分配放开、用工放开），工业"五自主"（生产经营自主、产品定价自主、劳动用工自主、内部分配自主、技术改造自主），机关"三清理"（清理各经济部门是否真正为基层服务，清理办事程序、规章制度，凡是束缚生产力发展的程序、制度、都要收起来，清理财务，各单位财务、包括小金库都要向群众公开），在经济建设、城市建设、商业流通、教育文化等方面总结出了一系列先进经验，给城市经济注入了新的活力，国民生产总值、国民收入、财政收入和城乡居民人均收入都翻了一番多，使重庆市成为一个轻、重工业门类比较齐全、有较强配套生产能力的综合性工业城市，开创了重庆市建设和发展的新局面，得到了党中央、国务院和四川省委、省政府的肯定。他团结和带领市委、市政府一班人，为重庆市的两个文明建设和军民共建双拥模范城做出了重要贡献。肖秧同志在重庆工作的近十年间，是重庆从新中国成立以来经济增长最快、人民得到实惠最多的时期，是为重庆市形成区位优势、发挥龙头辐射作用、催生直辖夯实基础的时期，为重庆社会稳定和经济发展发挥了重要作用。

1993年，肖秧调任四川省政府主持工作。当选为当时全国第一人口大省的省长时，他表示将不辜负代表们的信任和重托，时刻想到四川一亿一千万人民，坚持邓小平同志建设有中国特色社会主义理论，认真落实党的十四大精神，在党中央、国务院和中共四川省委的正确领导下，带领全川提前三年实现"八五"规划的第二个战略目标，把四川建成真正的"天府之国"。他遵照中央主要领导"理一理四川发展的大思路，谋划四川经济上新台阶的大动作，请求中央解决的大问题"的要求，总揽全省大局，加强各方协调，紧紧抓住中央、国务院开发大西南的优惠政策机遇，正确处理改革、发展与稳定的关系，努力克服重大自然灾害的困难，认真解决经济、社会发展面临的各种矛盾，以稳粮增收为重点，推动农村经济全面发展；以深化企业改革为重点，全面推进各项配套改革；以调整结构、提高经济质量和效益为重点，保持工业适度增长；以创汇、引资为重点，继续扩大开放，增强开放实效；以增收节支、搞活金融为重点，努力做好财税、金融工作；以抑制通货膨胀为重点，加强和改善宏观调控；加强社会主义精神文明建设，发展各项社会事业；继续实施区域发展规划，推动区域经济健康发展；加强民主法制建设，维护社会稳定；加强勤政廉政建设，确保政令畅通。他为四川省国民经济较快增长、加大对外开放力度、体制改革整体推进，扩大四川的知名度，维护四川安定团结，促进四川经济发展和社会进步迈上新台阶做出了卓越贡献。

1993年1月，肖秧兼任国务院三峡工程建设委员会副主任。他积极为三峡

肖秧在救灾一线

工程建设的一系列方针和重大决策深入库区调查研究，协同四川省积极提出三峡库区同原重庆市结合的行政区划调整建议，得到党中央、国务院的肯定。在身患重病期间，他仍然坚持参加三峡工程的重大活动，以高度的革命乐观主义精神和顽强的毅力，与疾病搏斗，时刻不忘库区移民群众的疾苦。在不担任四川省领导以后，他仍关心四川的改革和建设，支持省委、省政府的工作。

在肖秧五十余年的革命生涯中，历经从解放战争、中华人民共和国成立到改革开放后社会主义市场经济建设的全部重要历史时期。在半个世纪的革命生涯中，无论是在国有企业还是在党政领导机关工作，他一贯忠于党，忠于人民，忠诚党的事业。他坚持刻苦学习马列主义、毛泽东思想和邓小平理论，牢记全心全意为人民服务的宗旨，发扬党的优良作风和传统，坚定不移地贯彻执行党的决策部署，带头参加改革开放和社会主义现代化建设，维护团结和统一，坚持集体领导，服从组织的安排，对党和人民的事业忠心耿耿。

他有较高的马列主义水平和政策水平，锐意改革创新的精神，能正确处理整体和局部、近期和长远、国家和地区的利益关系，注重决策的科学性、实践性和前瞻性。他光明磊落，襟怀坦白，在"文革"逆境中，历经磨难，饱尝艰辛，矢志不渝，信仰坚定，体现了一个共产党员的优秀品质和高尚的革命气节。

他具有坚定的无产阶级党性，始终坚持四项基本原则，在政治上、思想上、行动上与党中央保持高度一致，特别是在重大政治原则问题及关键时刻，让党和人民信得过。在 1989 年春末夏初的"政治风波"中，他立场坚定，旗帜鲜明，方法得当，依法据理，不知疲倦地做了大量艰苦细致的工作，维护了重庆市的稳定，保证了重庆市的经济秩序。

他具有较强的组织领导和协调应变能力，敢于面对复杂局面，善于化解复杂矛盾，在重大突发事件和自然灾害发生时，知难而进、勇于承担责任，起到了稳定人心、凝聚力量、控制局面、稳妥解决的作用。1985 年 6 月 27 日重庆大溪沟爆炸、1988 年 1 月 18 日重庆白市驿空难，他都火速赶到，亲临现场指挥抢险救灾。1992 年年底主持四川省政府工作时，坚决果断遏制当时比较严重的四川农村存在的"白条子"现象，次年元月全部兑现农民手中的"白条子"。在重庆市永川、大足和四川乐山等地遭遇历史罕见的自然灾害时，他都是星夜涉险赶赴灾区，有效组织抢险救灾，果断采取对口支援的措施，开展城乡大协作、生产自救、重建家园。

他为人正派，廉洁奉公，就职省长伊始就响亮地提出了约法三章"三不准"，表示"省长只不过是'公仆'和'勤务员'的代号""珍惜这个权，用好这个权""为繁荣四川鞠躬尽瘁、死而后已"，同时严格管好家属和身边工作人员。在生命垂危之际，他仍惦念着三峡库区及长江中下游、东北灾区人民群众的生命财产安全和灾后重建工作，还为不能继续为党和人民尽力而深感遗憾。

他作风朴实、吃苦耐劳，冒着盛夏酷暑和数九严寒深入农村、深入藏区、深入国有大中型企业调查研究、访贫问苦，征求各方意见和建议，切实为基层、为群众解决实际困难。尤其是到环境最艰苦的地方，如在工厂时与工人同吃同劳动，高浓度的粉尘导致患上职业病——矽肺，给他罹患肺癌留下了隐患。

他顾全大局、团结同志，从不计较个人得失，作为成果丰硕的科研带头人主动放弃申报高级职称，面对荣誉奖项主动推荐其他同志。他体谅下情，关心干部、群众，作为输出农民工最多的四川省的父母官，深知川人的艰辛和不易，饱含深情地提出要保障农民工的权益。

肖秧一生辛勤工作默默付出，最后也没有享受过离休的幸福生活。他以自己的理想信念、卓著成绩、能力智慧和人格魅力赢得了广大干部和人民群众的尊敬和爱戴，赢得了党和人民的高度评价和关怀。用一生实践了自己当初的人生志向，践行了入党的誓言。

五十年风雨兼程，半世纪鞠躬尽瘁。终因积劳成疾，肖秧于 1998 年 10 月 9 日在国务院三峡工程建设委员会副主任、政协第九届全国委员会委员任上于成都逝世。

少年立志混沌中，忠党为民功绩丰；
才德兼备不居功，化作香墨春秋中。

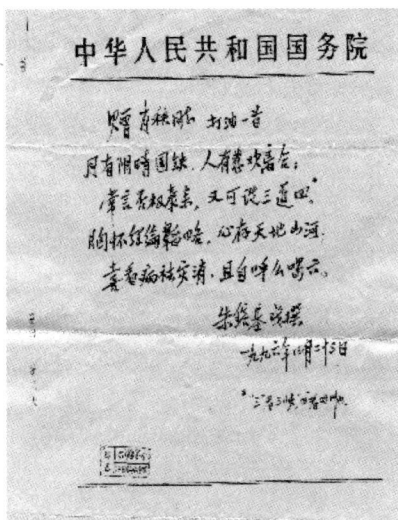

时任国务院副总理的朱镕基亲往医院看望肖秧，后又写信问候并赠诗

高原学长与夫人汤亚美

厚德载物　余香人间
——怀念我的老伴高原

■　汤亚美

2019年11月8日，与疾病抗争了近20年的高原闭上了眼睛，告别了人世，享年92岁。

高原，原名刘崇仁，1927年12月生于山东益都。1946年2月参加革命工作，同年加入中国共产党。高原曾任北京市科委党组副书记、常务副主任、教授级高工，北京市自然科学基金会会长，享受省部级医疗待遇，人民政协北京市委员会第六届委员、第七届常委。

1946—1948年，高原在清华大学机械系学习，曾任学生自治会理事、常务理事，党小组长、民联组长。参加了由地下党领导、学生自治会发动组织的历次反蒋爱国学生运动。1948年9月去解放区，在平山华北局党校直属班学习，任党小组长。1949年1月，在华北革大教研室任研究员、副组长。1952年2月，在华北局党校教务处秘书室任副主任、支委。

优秀毕业生金质奖章获得者

1952年8月，为了迎接国家大规模经济建设，组织上安排高原作为调干生回到清华学习，他被分配到机械系机五班，曾任支书、总支委。他深知离校多年，学习上有相当的难度，通过刻苦努力才逐步适应。1953年10月，为加强动力系学生党的工作，组织上又将他从机械系调至动力系汽五班。这时已开学六周，高原在繁重的党务工作的同时，要补上近两年汽车专业的课程，压力巨大，担子沉重。他通过不断改进学习方法，向老师请教、向同学学习，克服了重重困难，到三年级期末考试时，居然以每门五分通过了考试。班上同学们都知道他的成绩来之不易，一位同班同学专门为他写了一篇文章《他是怎样得到丰收的？》，在校刊

《新清华》发表。他的毕业设计是整车布置和设计，作为优秀毕业设计与其他毕业班的优秀设计一起在全校展出。他毕业时荣获优秀毕业生金质奖章。

高原在学生中有很高的威信。一位1953年入党的动力系党员同学对他印象非常深刻，曾经回忆说："高原同志来支部后也亲自抓我们学习，每次他的讲课都让我们觉得他对党的性质和政策说得特别深入，觉得他有很高的理论修养和水平，对同学们的帮助非常大。那时大学学习任务很重，他的社会工作很多，他常把汽车设计图板带到支部办公室，在开完会或找人谈话后，在熄灯后点蜡烛把作业做完。每次党课他都认真写好讲稿卡片，在办公室写到很晚。他毕业时获又红又专优秀毕业生称号当之无愧！"一位1955届毕业的老党员，在高原患病后两次跟我说，高原是他的领路人。

带领学生做真刀真枪的毕业设计——微型汽车

1955年毕业后，高原留校担任动力系助教、讲师、党总支副书记，负责全系的宣传工作，联系和协助领导汽车与发动机教研组。1956年毕业仅一年，他就给汽车发动机专门化四年级学生讲"汽车理论"课。1957年在"整风""反右"运动中，他受到党内警告处分，但处分没有压垮他，他保持了革命的意志和朝气。1958年，他除了指导一位学生毕业设计外，还和汽车教研室骨干教师结合，带领学生搞微型汽车。作为真刀真枪的毕业设计，目标是尝试设计我国自己的汽车。1958年国庆，教师徐大宏驾驶这辆微型汽车，在汽车实验室前广场上接待了周恩来总理和朝鲜金日成首相。1959年，经过一年的不断改进，几辆结构不同的微型汽车行驶在天安门前长安街上，还爬上通往京郊香山的连续坡道，穿过狭窄、弯曲的小胡同。坐在车上的是清华大学动力系汽车专业的教师、学生和工人，他们谨慎地控制着仪表，记录着试验数据，微型汽车的里程表已经达到2000公里了！

此后，高原和教师们一起主持研制微型汽车改进，他们与北京二里沟汽车厂协作，进行改进、试验、生产。此项目是北京市第一次自行设计生活小汽车的尝试。高原还同时负责汽车越野性能的研究，指导了防化兵汽车越野性试验，指导学生进行自由活塞发动机的测绘等项目。汽车系的师生在这些实践中能力得到很大提高。1959年9月26日，《光明日报》刊登了宋镜瀛、高原、黄鼎模的文章《飞驰在党的教育方针指引的大道上》，介绍了这一时期的工作情况。

1960年冬，国家经济困难时期，学校将他和几十名在1957年"整风"运动中被错划为"右倾"的人下放怀柔劳动锻炼，让他们带走户口及党员组织关系，时间暂定三年。虽给他冠以公社副主任职务，实际主要是艰苦的劳动锻炼。在超强度劳动锻炼中，重担压塌了他三根肋骨，使他肩膀左高右低，没有任何治疗，在炕上躺躺，接着干活。20世纪90年代初在北医三院检查时，医生说他的胸片比干苦力的都差。

由于国家经济形势好转快于预期，1962年6月高原回校。从解放后入清华，他前后在清华学习、工作了整整10年。这10年使高原充实本领、锻炼意志、接受磨炼，更加成熟，为一生打下了坚实的基础。

高精尖大会战

1962年8月，北京市科委副主任潘梁（1946级航空）将高原调至北京市科委，任工业处处长，主抓"高、精、尖、新"项目。1963年，毛主席提出阶级斗争、生产斗争、科学实验三项伟大斗争理论，大大提高了科学实验的重要地位。市委第一书记彭真提出要尽快改变首都工业落后的面貌。因此，北京市开展了声势浩大的"高精尖大会战"。

1965年9、10月份，北京市委生产委员会和北京市科委召开会议，确定举行北京市工业新产品展览会，并选拔优秀新产品参加第二年的全国工业成就展览。参加展会的有仪器仪表工业馆、机械工业馆等七个馆，仪表工业馆因为新品成绩突出成为当时的重点。高原对此高度重视，进行了认真深入的研究、落实，他亲自蹲点督办，倾注了很多心血。展览会在北京劳动保护展览馆举行，参展新品琳琅满目，都是填补当时国家空白的新产品。为接待中央有关方面领导参观，高原经常亲自当讲解员。之后，仪表馆的全部展品整体参加了第二年的全国工业成就展览会，有五个展品通过严格评审进入国家重大成果馆展出。其他参展的工业馆也有很多杰出的成果。

在展览会期间，有人发现向国家及各级领导人进行讲解的项目负责人，大多数都是当时的"右派"分子，很替高原担心，于是向高原反映。高原说，8402收音机、模拟计算机、数字计算机的总设计师都是"右派"，但他们为北京工业战线的发展做出了很多贡献，他们是各单位的技术骨干、顶梁柱。有这样的机会向各级领导汇报工作和成绩，是对他们的肯定和鼓励，从中可以看出高原务实的作风和宽阔的胸怀。

为了彻底改变北京电子工业的落后面貌，中央计委拨款800万元，北京市配套了地方资金，动员中央及地方企事业单位、科研院所、大专院校上百个单位开展大协作。前后300多天，硕果累累，大会战以高端整机拉动数百个高精尖元器件新产品开发填补了国家和北京市的空白。几十个无线电专业工厂拔地而起，使北京一跃成为我国重要的无线电产业基地。这些成果与高原兢兢业业的努力分不开。特别是"8402项目"（八管晶体管收音机）成为"文革"前北京市工业战线的重要成果，得到市委领导的充分肯定，后来成为周总理出国访问的国礼，在市场上也是供不应求。

北京市科学技术先进工作者

1969—1971年"文革"期间，高原先是到昌平"五七"干校劳动，之后又被下放到南口镇插队劳动，饲养马匹，过春节都不让回家。

1971年下半年，高原逐步恢复了在市科委的处长工作，集中有限的力量组织院所、大学研制了医用直线加速器、大型天象仪，还进行了激光通讯、测量装置以及半导体材料及应用等方面的研究，扶持了椿树整流器厂等一批小厂。

正当他努力工作、追赶日本等国际科技先进水平时，1972年国内开展"反击右倾翻案风"运动，凡努力工作的均有"右倾"翻案的嫌疑。处内干部反映，高原遭受压力时既不上推也不下卸，都是自己扛着；他为人低调，从不夸夸其谈，一心领着同志们实干。

1974年，北京市决定搞治疗癌症的医用电子直线加速器，高原促成了全市范围的科技攻关大会战，将近四年的奋战取得成功。会战副组长、清华大学工物系桂伟燮教授说，高原起到了令人难忘的领导和积极促进作用。

财贸系统一系列科研成果的研制成功，高原也发挥了不可替代的作用，他深知这是关系到国计民生的大问题。一商食品所的电子秤，二商科研所的水果储存保鲜，外贸商机所的包装，都是那个年代需要科研加以解决的。单说包装技术，小到火柴盒，大到出口包装箱，如不解决就会造成"一等商品、二等价格"，到了国外就是地摊货，赚不到多少钱。后来包装问题解决，提高了商品的价值。诸如此类的产品与技术经过科技攻关不断得到解决，这些都是科委领导下的重要工作。高原经常深入生产一线，调查研究，解决问题。1977年10月，高原被评为北京市科学技术先进工作者。

致力科技体制改革

改革开放后，我国的科技工作开始走入正轨，高原的工作也更加繁忙，任务更加艰巨。在20世纪80年代，他主要致力于科技体制改革，比如推进科研拨款制度改革，转变科研院所运行机制，实现科技与经济的紧密结合，等等。1986年3月，北京市启动实施科技开发基金资助项目计划，到1987年共资助科技项目122项，改善了科研院所的研究条件，提高了开发能力，稳定了科研队伍。1987年，遵照国务院进一步推进科技体制改革的精神，在高原的领导和精心组织下，经过深入调研，他们创造性地推出了"三保一挂"科技承包经营责任制的管理方式，提出从 1987 年开始，市属科研单位以所长任期目标责任制为前提，以宏观的社会经济效益为主要考核指标。"三保"即保社会经济效益，保科技水平，保科研后劲；"一挂"即工资总额或奖励基金同"三保"指标完成情况挂钩。目的是引入竞争和自我约束，使科研单位的责权利统一，进一步引导科研单位进入经济建设主战场。

高原带动科委有关部处干部深入调研，宣讲政策，了解实际情况，并采取了试点先行的办法。市属 83 个科研院所全部实行了科技承包经营责任制，增强了经济实力和发展后劲。1987—1990 年，实行这一制度的院所技工贸总收入以年均42.8% 速度递增，科技人员的收入提高了，生活有了改善。1991 年 5 月，国家科委在有关文件和领导讲话的通知中指出，北京市的做法值得推荐，具有普遍推广意义。

1988 年，根据《国务院关于深化科技体制改革若干问题的决定》精神，在高原主持下，结合北京市实际，提出了北京市科技体制改革的重点任务和相关配套政策，1988 年 11 月颁布实施。他们抓住改革的核心问题，也是关键性的难题——人事制度改革，作为突破口，进行深化改革。之后，北京市 50 个科研院所开展了以院所领导班子、组织结构、人员结构、课题层次结构和运行机制优化为主要内容的人事制度改革，形成了公开招聘、聘用上岗、离岗待聘、编余安排的用人制度，同时建立了新的分配制度。这项改革涉及 1.6 万名职工，占市属科研院所职工总数的 64%。这样一来就形成了干部能上能下，人员能进能出，工资上下浮动的新的运行机制。

面对改革中的重重阻力，高原目标坚定，攻坚克难，不畏挫折，把握全局，发挥了科技体制改革的"尖兵"作用。他们的改革在全国起到了突击队的作用，为全国的科技体制改革积累了丰富的理论和实践经验。

高原在调研中发现，科研院所的实验室成果不能直接实现规模化生产，中间试验能力薄弱。为了解决科研与生产之间这一"瓶颈"问题，他争取到市政府经费和市科委的匹配资金，于 1990 年成立了第一家科研院所中试基地。到 1998 年，北京市累计建设了 54 个中试基地。经过多年努力，这些中试基地发挥了很好的效果。如市第一轻工业研究所中试基地的电脑刺绣机控制系统已成为该所的主导技术和产品。中试产品达十几种型号，覆盖国内 80% 的市场。在此基础上孵化出的科技企业——北京大豪科技股份有限公司成为一家颇具实力的上市公司。

在北京市科委期间，作为北京市科技战线的优秀领导者，高原的其他重要工作和贡献主要有以下几项：

（1）主持制订了北京市 1978—1985 科技发展规划，提出并实施《科技开发"一条龙计划"管理暂行办法》。该办法于1983年年底由市政府正式发布，共安排30余个重大项目"一条龙"攻关，有力推动了科技成果的转化。他直接主持的技术论证和组织协调的三个项目取得重大成果。

（2）协助市领导组织了"居民出行人口"调查，支持和协助组织地铁线埋暗挖法施工技术，均取得了良好的经济效益和社会效益。

（3）调研和推动科研生产横向联合，扶持、引导、提高民办科技机构。尤其对中关村民营科技发展起到重要作用。参与调研电子一条街，筹建新技术产业开发试验区。拟定《调动企业科技人员积极性的若干规定》，为中关村科技园区的发展打下良好基础。

（4）分管北京市科技法制工作近五年，共制定、发布了49项地方性法规、办法和章程。

创建北京市自然科学基金会

1989年，北京市人大会议决定设立北京市自然科学基金，由市科委负责组织。62岁的高原领衔，从无到有，建章立制，组建了北京市自然科学基金委员会。在当时动荡的形势下，高原带领筹备组人员克服困难，争取老中青科学家的协助，展开调查研究。他们加班加点工作，经常工作到晚上八九点钟。

1990年3月，北京市政府批准市科委成立市基金委。10月27日，市政府正式聘任高原担任市基金委会长。之后，高原全身心投入到这项全新事业的开拓中。

在基金工作中，高原始终强调"三个坚持"，即坚持以首都科技、经济、社会发展中长期需求为目标，加强和发展相应基础研究为主；坚持以人为本，支持青年人才的成长；坚持创新原则，特别要在国际前沿水平上开展研究工作。为市基金发展指明了方向。

在基金申请程序上，依照宏观引导、自主申请、平等竞争、同行评审、择优支持的机制；坚持公开、公平、公正，制定了一套比较完整的规章制度。按照初审→通讯评审→学科组评议→委员会审定的程序确定资助项目，通过竞争择优支持、合理有效地使用科研经费，保障了市基金委各项工作的顺利开展。在遴选项目时，高原提出了基础性、创新性、方向性、实用性四原则，成为市基金遴选项目的指导原则。在评审过程中，他提出了"青年科技人员同等优先"等原则，使一大批优秀青年科技人才脱颖而出，迅速成长。

1992年2月，市基金第一部项目指南《1992—1994年市科学基金项目指南》发布。1993年元月，举办了"北京市自然科学基础性研究成果汇报展示会"。

1996 年，市基金会制定了《关于组建基础性研究实验室的试行办法》，1997 年审定了首批激光探测与测量实验室等四个实验室。1997 年年底又通过《会长基金试行办法》，开辟了紧急申请的"绿色通道"，使基金资助灵活性增强。1998 年开始设立重大项目资助类型，形成了预探索项目等五个层次的格局。

1998 年 2 月，高原等六人考察团出访美国，访问了美国两个基金会和佛罗里达农工大学，和有关方面拟定双边合作的谅解备忘录。同年，美中教育研究会会长等访问市基金委，双方就共同支持中美合作研究项目以及寻求农业和食品合作项目达成共识。

高原在工作中认真配合北京市科技工作的部署，立足管理创新，服务于首都经济建设、社会发展和科技进步。他一贯坚持专家在科学探索与创造中的主体地位，从全国各地的科研院所、高等院校、企事业单位遴选熟悉自然科学基金、学风严谨、办事公正的各领域专家，建立专家库，提高了基金管理的科学决策水平，提高了市基金项目的研究质量，也为以后市基金的蓬勃发展奠定了坚实基础。

1999 年 6 月—2011 年 9 月，高原担任第三、四届市基金委顾问，他仍然十分关心市基金的各项工作，经常抱病参加市基金委全委会等有关活动，为市基金发展、首都地区基础研究事业建言献策。在他和市基金委同志们共同努力下，市基金会已成为一支优秀的地方科学基金，高原为此付出的心血和贡献会载入史册。

1995 年，高原查出萎缩性胃炎已癌前病变，三个月做一次胃镜，服药治疗，控制发展。但他未因病休息过一天，仍坚持上班，中午就在办公室沙发上躺一躺。

1997 年 9、10 月间，他担任基金会第二届会长工作结束，要进行工作交接，他发现自己脑子空了，做过的事情有些竟然都忘记了。他一直没说，日常生活表现也不明显。直到 2000 年我带他去医院诊断，确诊得了阿尔茨海默症，医生说已经不是早期了。脑子灵活好用甚至胜过年轻人的他，为什么会得这个病呢？我分析的主要原因就是，他几十年如一日，用考试的标准要求自己的工作，几乎天天"开夜车"，严重伤害了脑神经。现有研究指出，人只有在睡觉时，让大脑充分休息，充足的血液流动让脑脊液流入大脑带走脑部废物，才能够维持脑部的健康。

廉洁奉公　奋斗终生

高原逝世后，在整理他生平的过程中，我更加认识到他有很多优秀的品质。虽然我与他的结合以忙和苦为主，但我非常敬佩他，珍视他的品质和才华。他是十分难得的好人，爱好文艺、体育，生活上很有情趣。

他对家人非常严格，我一位学问很好的同事想申请自然科学基金，高原给我的回答是："凡是你认识的人，我一个也不批！"两个孩子出国也跟他少有关系，都是临走前不久他才知道，只是到机场为孩子送行。1990年儿子出国读书，3500元的机票，他这个当了五年的科委副主任却拿不出钱，是我向两位老同学借了钱买的。我知道他原则性特别强，我自己工作上的困难也很少对他提起。他弟弟从北京回济南，搭科委的汽车到科委附近，他就叫弟弟下车，然后让弟弟自己打车去火车站。他作为副团长率领的赴日代表团因为省吃俭用节约经费，还曾经被媒体表扬过。

高原学长全家福

高原生病多年，科委的同志们非常关心他，不少人多次到医院探望，带来营养品，给了我们很大的安慰和鼓励。高原去世后，科委有二十七八位同志写了情真意切的怀念短文，他们说忘不了高原对他们的关心和帮助，使他们更快更好地成长和进步；在培养年轻人方面高主任倾注了很多心血。对高原的工作和为人都给予高度评价，说他是科委离退休干部的典范。他们的真情流露让我深受感动。

临终前两年，高原还能说话，他躺在医院的病床上说："我要去上班！"我问他要去做什么呀？他说："我服从分配。"还说，工作一定要做出成绩，年轻人要好好工作，不要只说不做，要搞大工程！他一生念念不忘的就是工作。

2020年8月

五　鞠躬尽瘁　为民造福

潘梁学长

潘梁：追求光明 奋斗一生

■ 潘海迅

辗转昆明 参加革命

我的父亲潘梁，江苏苏州人。1926年3月出生于上海一个殷实的家庭，幼年时期在天津度过；1935年春随祖父母来到北平。

1937年"七七事变"后，北平沦为敌占区，1941年12月太平洋战争爆发，父亲所在的育英中学被日本人接管，派驻教官，实行全面的奴化教育。他不愿当日本人的炮灰，更不愿作亡国奴，决定放弃高中阶段最后的学习，去寻找抗日救亡的希望。1943年春节后，他告别祖母离开北平，千里辗转，一路奔波，步行搭车，没有盘缠便就地打工挣路费，终于在一年后的1944年5月，来到了抗战大后方云南昆明。

同年初夏，他考入西南联大先修班，1945年5月加入中国共产党的外围组织——中国民主青年同盟。抗战胜利后的1946年年初回到北平，1946年3月加入了中国共产党。当年，考取清华大学航空系，同时根据党的指示在学校中开展地下工作，先后担任清华大学北系、南系地下党联络员，北系地下党支部书记，在学校里发展党员，在学生中建立中国民主青年联盟的组织。

1948年8月，国民党反动当局在全国对各大学发动了清除异己分子的"八一九"大逮捕，按照党组织指示，他撤回到设在河北泊镇的华北解放区城工部。12月，根据华北城工部刘仁同志的指示，他携带关于北平解放后党的工作方针和政策的文件秘密潜回北平。回来后，他不再负责清华大学地下党工作，被分配到新的工作岗位，担任东北流亡学生北平各大学区党委副书记，在东北流亡学生中继续开展民主学生运动，发展党员，扩大队伍。北平和平解放前夕，他担任北平护城指挥部东北城区指挥部副指挥，为保护人民的生命财产安全，组织护城纠察队，保护古都的文物古迹不被炮火焚毁，为攻城的解放军部队绘制精确的地图。

1949 年 1 月 31 日，解放军举行了隆重的入城仪式，解放军进入东交民巷行至美国大使馆前，父亲亲眼看见解放军战士将悬挂在使馆的美国国旗降下。这场景让他感慨万千。父亲落泪了，国民党独裁政府的黑暗统治结束了，中华人民共和国即将诞生。

青年工作 祖国未来

1949 年元旦，中共中央公布《关于建立中国新民主主义青年团的决议》，4 月在北京召开了中国新民主主义青年团第一次全国代表大会。这期间在市委的领导下，父亲参加了北京市团市委的筹备组建工作，担任团市委统战部部长、中学部部长，负责在中小学建立新民主主义青年团和少年先锋队组织。

新中国成立初期，隐藏的敌特分子猖狂地进行破坏捣乱，新生的人民政权面临着艰巨的挑战，民众对共产党不了解，对共产党的政策有所怀疑，因此积极开展青年工作，尤其是中小学的青少年工作显得尤为重要。为了北京的建设发展，团市委针对青年工作中的骨干分子开办了青年干部训练班，提高他们的思想水平和工作能力。结业后，训练班学员直接参加工作，父亲担任青训班的辅导员。

1950 年夏天，在父亲提议下，团市委举办了全国第一个北戴河青少年夏令营和中学生暑期学园。团市委中学部联系到秦皇岛驻军，部队领导非常支持，部队首长为夏令营营长，父亲担任副营长，部队为夏令营和学园腾出营房。夏令营前后举办了三期，每期 10 天，每期 1000 多人。军民结合的活动形式新颖别致，内容丰富多彩。白天由部队首长做报告，听战斗英雄讲战斗故事，军事操练；晚上学生们组织编排文艺节目与战士们联欢；夜间战士们在营地站岗查铺，学生们十分感动。闭营前，夏令营组织营员观看部队的军事演习，进行实弹射击打靶。短短的十天，紧张愉快的集体生活，让学生们大开眼界，英雄们讲述的亲身经历和报告，使同学们思想感情上有了很大的变化。摄影记者跟随此次活动进行拍摄，夏令营和学园生活刊登到了当年的《人民画报》上。

教育报国 火箭飞天

1950 年，我国召开了第一次全国高等教育会议，国家经济建设百废待兴，急需大量专门人才，会议提出"专、快、多"，即培养专业人才、快速培养人才、尽可能多地培养人才的精神，促使旧时高等院校的"通才教育"向"专才教育"转变。

1951 年，中央教育部做出了对全国高等院校进行院系调整改革的计划安排。1952 年 10 月，以清华大学航空系为骨干，与北洋大学、天津大学、西北工学院、厦门大学等七所大学航空合并，成立了北京航空学院。父亲调离了北京团市委中学部，来到了即将成立的北京航空学院。报到的那天，正赶上北京航空学院在东黄城根中法大礼堂召开成立大会，他参与了建院的全部筹备工作，先后担任了院党总支副书记、院党委副书记。

父亲喜欢飞机并报考清华航空系，除了小时候对航模、航空的爱好，更多是源于儿时的记忆。小学毕业那年，日本人的飞机天天在头上飞，发布限时通牒，叫嚣要轰炸攻打北平城。看着天空中涂有膏药旗的飞机，父亲义愤填膺，立志将来上大学一定要学飞机制造。

1956 年，国务院制定了《1956—1967 年科学技术发展远景规划纲要（草案）》。根据这份纲要，为满足国防建设对人才的大量需求，北航根据国防的需要和学院的实际情况，于 5 月制定了学院 12 年发展远景规划（草案），拉开了我国导弹研究的帷幕。1956 年 10 月，我国第一个导弹研究机构——国防部第五研究院成立，北航也相应设立了导弹设计、火箭发动机教研室及新的相关专业。

"一五"期间，苏联为我国援建了 156 个项目，为中华人民共和国成立初期的新中国工业打下了良好的基础。1956 年 11 月，北京航空学院武光院长作为中国高校代表团成员回访苏联，与苏方高校商谈聘请专业齐全的火箭专家名单。1957 年 4 月，由发动机、弹道、火箭发射架、固体燃料专业、液体燃料专业六位专家组成的苏联专家组来到中国，最终确定了北航作为双方的合作单位。

7 月，北航火箭系正式成立。成立火箭系时，父亲并不知晓由他出任系主任。武光院长找他谈话，让他担起系主任的工作。当时他感到困难，参加革命后从事地下工作，未能完成航空系的全部学习，总觉得是"半拉子"，难以胜任工作。那时国家在导弹研究方面人才匮乏，面对实际情况，他服从了组织上几乎命令式的决定，走马上任。

按照要求，系里相继设立了火箭设计、火箭发动机、火箭控制、火箭弹道、火箭装置等教研室，苏联专家兼任系和六个教研室的顾问，教师是全院各系选拔出的优秀的教授和讲师，他们理工科基础好，很快就适应了教学。为了尽快适应工作，工作之余，父亲从学生手中借来讲义，学习《火箭概论》《发动机概论》等专业知识，不懂的就向曹传钧副主任请教。

学院从全院大三高年级学生中挑选出 300 名政治可靠、学习成绩好的学生，进入火箭系学习，1960 年毕业的学生，成为我国第一批科班出身、具有专业知识的航空航天人才。

1958 年 3 月，"大跃进"风起云涌形势逼人，学院坚决执行党中央"教育为无产阶政治服务，教育同生产劳动相结合"的教育方针，强化教学与科研相结合的指导思想。院党委采纳导弹设计、火箭发动机和火箭控制专业教师在实战中"提高教学水平、培养高质量学生、锻炼科研队伍"的提议，决定以学院为基础，自主研发研制我国第一架轻型客机"北京一号"，第一架无人驾驶飞机"北京五号"控制系统，研制第一枚探空火箭"北京二号"。

火箭系成立后的第一个科研任务就是研制我国第一枚探空火箭"北京二号"，院党委任命父亲担任"北京二号"的总指挥。那时火箭技术研究在国内是空白，都不知道火箭为何物。好在苏联方面把两枚根据"二战"德国 V–2 导弹基础上设计的苏制 P–1 导弹实弹送给中国，放在了北航实验室，至此，参加研制的人员对导弹才有了初步概念和切身体会。

短短几个月，一支 250 多名教职工的骨干队伍，1000 多名学生 8 个专业设置的新火箭系迅速地建立起来。全系师生边建系，边教学，边攻关，苦战百天研制了 6 枚液体和固体探空火箭。9 月 22 日，在吉林白城发射场，6 枚火箭发射都取得了成功，达到升空 45 公里的设计高度，圆满完成了向国庆节献礼的任务。

为了进一步制造大推力远程火箭，学院组织师生在西山建立了大功率火箭发动机试验基地，父亲特别邀请北京市委市政府的老领导刘仁、郑天翔等同志前往参观，向他们介绍导弹火箭研制的情况。

调回市委 筹建科委

1960 年年初，在党中央"向科学进军"号召推动下，北京市在市委大学部内成立了科学处，父亲离开北航调回到科学处担任处长。科学处先后从北京各大学调入六人，他们分别是无线电控制、固体燃料、特种金属、原子能工程物理、电机、火箭结构专业的教师。

建立之初的科学处如何开展工作，是困扰他们的一个难题。面对全市工、农、医、建各条战线科学技术工作如何开展，大家都有些力不从心，没有现成的经验，只能从摸索中寻求思路。大学部领导指示他们：科学处的人"要下到基层，下到工矿企业、科研院所、大专院校，深入调查研究，在实际工作中探求，不懂的就学习，实践出真知"。大家心中豁然开朗，七个人商量后决定，除了处里的会议和寻找资料外，每周至少有四天的时间走出办公室，下基层，到工厂、学校和科研单位搞调研，了解科研生产第一线在干些什么，需要什么。晚饭后，大家立即赶回办公室汇报当天的调研情况，经过讨论写出调查工作简报，当夜报送市委市政府，第二天领导们上班就可以看到。市委市政府领导对科学处的工作简报十分重视，几乎每一期上都有批示，这些批示极大地激发了同志们的工作热情。

按照中央关于"科学技术与经济建设相结合"的方针，在市委市政府的直接领导下，逐步地筛选出北京市的尖端产品、工艺技术作为重点项目，组成了二十多个"产学研"三结合小组。

1963 年，北京科学技术委员会成立，父亲担任副主任，主管业务工作。市科委延续着市委大学部科学处的工作思路，充分利用北京市独有的中央和市属两级高校和研究机构的资源优势，结合北京市的城市发展，尤其是工业发展，加强前瞻性、计划性。在此基础上，北京市科委编制了《北京市科学技术发展方向报告》，明确了北京市科技工作的十个方向及其一批重点项目。

20 世纪 60 年代初，北京市市委大学部科学处在故宫午门城楼举办了一次科学技术普及展览会，这是中华人民共和国成立后第一个有关科学技术的展览，受到了群众欢迎和领导们的高度重视。"文革"前，市委大学部科学处和市科委都把半导体的研制应用作为龙头放在首位，集中全市的人力、财力、物力抓好这项工作。

那时，美国制作的半导体分立式晶体管已经用在计算机上有五年时间，世界范围内资本主义、社会主义两大阵营国家间的斗争异常激烈，以美国为首的西方发达国家在高科技方面对社会主义国家实行全面的控制，中国得不到任何技术资料和元器件实物。半导体研制过程中，使用锗还是硅材料制作，大家争论不休。父亲提到北航火箭系的老师专门讲到，在航空航天中所使用的控制元器件只能用硅，不能用锗，因为锗的性能不稳定。市委听取汇报后，指示半导体材料以硅为主。1965 年，万里副市长带团出访罗马尼亚，将以硅材料做出的小型晶体管半导体收音机作为礼物送给了罗马尼亚齐奥赛斯库总统。当时罗马尼亚没有这样的产品，总统听取父亲的介绍后非常感兴趣，当场向代表团提出购买要求。

1965 年随万里副市长（前排戴帽者）访问罗马尼亚。左 4 为潘梁

半导体硅晶体管的研制成功，结束了我国的电子管时代。研制半导体之初，北京工业学院（现为北京理工大学）有一个由一位教师和四个学生组成的半导体研制小组，因学院转移科研方向，这个小组将被解散。闻讯后，父亲觉得这是个"宝贝"，组不能撤，人更不能散。为这事，他找到了在解放区认识的宣武区区委书记，书记听后表示全力支持，决定把一所停办的幼儿园借给小组使用。滞留在幼儿园的都是保育员，研究人员要买热电耦，她们却买回了一筐莲藕，大家哭笑不得。可正是这些与科研毫无关系的保育员和工友们，成为了我国第一批半导体元器件生产制作的技术工人，这就是后来在全国名噪一时的北京椿树半导体整流器厂。

在中科院物理所、化学所专家的指导下，市仪表局半导体研究室拉制出了直径40毫米、长度约100毫米的单晶硅圆柱体，把它切割成黄豆大小的颗粒，每一个颗粒就是一个晶体管，所以称为分立式晶体管。当时研究室里会拉制硅晶体的只有两个人，也是国内仅有的两个工人，两位师傅为我国的半导体工业从无到有立了功。

多个第一 成绩斐然

在北京市科委正式立项的诸多项目中，除硅晶体研制成功外，还有许多项目取得了成功，如：程控交换机光纤光缆，用于无轨电车的水银整流器被半导体整流器替代，太阳能民用技术的开发利用，液化石油气的使用等。

太阳能是清洁能源，20世纪60年代初，北京城市设计院两位年轻技术员到市科委找父亲，谈到想利用太阳能加热技术向监狱提供热水，解决北京女子监狱中女犯人的洗澡问题。她们说监狱无法提供洗澡用热水，长此以往女犯人容易得病损害健康，也不利于管理。市科委和父亲支持她们的想法，下拨了研制经费。十年后，父亲度过劫难恢复工作，想起了这件事，他专门去了趟女子监狱了解使用情况。监狱负责人说，这套简易的太阳能采热装置使用了十年，从未中止过，所有易损件都可以在当地买到，更换方便，彻底解决了女犯人洗澡的难题，为提高监狱的管理水平立了大功。

1974年，市科委恢复为市科技局，市科技局代表中国与民主德国共同承接了联合国的"太阳能能源利用"项目，在京郊农村试点建立太阳能清洁能源综合利用系统，为解决农民住宅的用电、生活用自来水、冬季取暖问题，为彻底改变长期以来农村"脏乱差"的生活条件进行了积极有益的尝试。

20世纪，煤炭是城市环境污染的主要源头，是城市管理中的"老大难"问题。秋冬季登上香山极目远眺，北京城区上空漂浮着一层厚厚的黑灰色的"云团"，压得人抬不起头，这就是煤炭污染造成的。当时国际上流行的观点是，应把最好的清洁能源用于城市人民生活。为此，父亲想到了能否利用油田点天灯烧掉的石油气解决城市对热力的需求。1978 年他专门前往华北油田，向油田的专家和工程技术人员求教。油田的专家们听明来意后明确地说："油田采气技术上没问题，但我们只有采油任务，没有采石油气的任务。"父亲接着询问："如要采气该怎么办？"油田领导说："只要石油部下达采气任务就行。"当进一步问到采石油气加铺设输气管线施工需要多少投资时，回答是大致 3000 万元。回到北京，父亲立即向市领导做了汇报，并将项目材料上报北京市。在北京市和石油部双方的共同努力下，"华北油田至北京天然气输气管线项目"得到批准，使北京市城区十万户居民实现了煤改气，用上了清洁能源。

"文革"结束后，北京市科委的工作有了长足的发展，每年有 400 个应用研究项目在运行。其中 100 项完成中间试验，100 项在实验室阶段，100 个新项目上马。项目涉及工、农、医、建四大领域：食品方面的方便面、人造黄油生产设备研制，非洲鲫鱼及养殖技术的引进；农业方面的红果、板栗的种植技术推广，农田喷灌技术的引进和应用；医药方面的北大第一附属医院研制的全国第一台用于肿瘤治疗的医用直线加速器，并成立北京市肿瘤外科研究所；为王忠诚同志领衔的全国第一家颅脑外科临床研究的神经外科研究所拨款，从国外引进设备，使我国的颅脑外科临床研究走在了世界的前列。

据在市委领导同志身边工作多年的一位父亲好友讲，大学部科学处与市科委提供的科技情报和建议，为北京市经济、社会、文化教育的发展起着重要的辅助决策作用。

大学分校　再铸辉煌

1978 年是"文革"后国家恢复高考的第二年，当年参加高考的除了应届高中毕业生，还有往届毕业生和返城待业的下乡知青。受录取人数的限制，北京市有 16000 人以上达到及格线的考生没学可上，许多考生家长要求扩大招生名额，"十年浩劫"造成人才断档，国家经济建设发展急需大量的人才。

扩大招生不是增加计划名额那么简单，牵扯到方方面面的问题，其中最重要的是校舍和资金。1978 年 10 月，林乎加同志从天津调任北京市市委书记。北京市委在人民大会堂召开了一次全市所有大学校长参加的会议，专门研究扩招问题。林书记在会议上拿出他在天津市提出的"以学生走读，办大学分校，从而实现扩大招生"的思路，这个意见得到与会校长们的一致赞成。

市政府与各大学协商的结果是，分校的教师和教学管理人员由本校解决，利用本校的教学设备解决学生的实验和实习问题，办学经费和校舍则由市里统筹解决。市委市政府同时提出有条件的单位也可以办大学分校。

市科委根据自身的条件，经北京工业大学研究同意，办起了以培养计算机专业人才为主要方向的北京工业大学第二分校。二分校是全国第一所培养计算机专门人才的高等学府，也是父亲参与北京航空学院筹建后，第二次步入高等教育殿堂开办的新大学，并担任校党委书记。

二分校开办中最难的莫过于解决专业教师从哪里来的问题。短短三个月时间内，这个问题得不到解决，学校就无法正常开学。公共课教师容易解决，专业课教师就难了。学校分头与北京大学、清华大学、中国科技大学、吉林大学和中国科学院多方面沟通，他们对二分校办学给予充分的支持，派出最好的教师和科研人员到校担任讲师。在计算机领域专业人才培养上，二分校的开办迎合了市场对计算机专业人才的渴求。

学校的教学质量也得到社会高度认可，毕业生往往都被用人单位预订一空。多年来，二分校招生录取分数在市属理工科高校中始终名列前茅，一些学生放弃重点院校，二本志愿直接填报二分校，奔的就是计算机专业。二分校高质量毕业生的输送极大地缓解了中央机关和北京市单位计算机人才匮乏的局面。

为了进一步把握发展方向，学校不断向中国科学院院士、数理逻辑大师胡世华先生等一批专家请教。专家们建议在已有计算机技术系、计算机软件系和计算机科学系的基础上，设置数学系、物理系、化学系、工程系，办一所"亦工亦理、理工结合"的计算机学院。父亲非常赞同胡先生的建议，并聘请胡先生为学院顾问，父亲离开学院后，学院进一步聘请胡先生担任北京计算机学院院长。

20世纪70年代末，国家对外经济联络部接受了联合国援助中国的一台大型计算机，由北京市计算中心接受任务，成立了"北京国际经济信息管理与培训中心"。当时这是国内最大的进口大型计算机，下设三个分中心，每个分中心配备一台小型计算机，并连接15～30台终端计算机，便于培养人才，这样的设备全国绝无仅有。根据安排，计算机主机放在北京市科委所属北京计算中心，三个分中心待定。为此，父亲找到时任外经联部副部长的汪道涵同志，他让父亲向北京市政府汇报，同意把其中一个分中心放在即将更名的北京计算机学院。大型计算机对工作环境有着极高的要求，必须建专用机房，需要大量资金，市科委无力解决。为此，父亲又找到国家科委赵东宛主任，商谈两级科委共办、人才共享的合作思路。这个办法得到了赵东宛同志的赞同，他说国家科委一直想办一所以信息科学为主的高等学校，有了这台高水平设备，只要北京市出建设用地，北京计算机学院新址建院，包括学院征地、教学大楼、计算机专用机房、图书馆、教职员工宿舍的全部资金由国家科委拨款。而后，国家科委与北京市政府签订了合作协议，拨款400万元，新院顺利建成。

光大公司第一批进驻香港人员，前排左1为潘梁

1981年，经教育部批准，北京工业大学第二分校正式更名为北京计算机学院。短短三年，全院师生共同努力，在北京市的36所大学分校中脱颖而出，成为第一所独立培养计算机专业本科生的高等院校，为推进我国计算机事业的发展和人才培养做出了积极贡献。

进驻香港 创办光大

1983年3月，中央批准成立中国光大（集团）有限公司，王光英同志出任董事长兼总经理。根据光大公司的公司定位，他向北京市提出要一名理工科出身，懂得技术和项目管理的干部。4月，父亲从北京市市长助理、市科委副主任任上，调到总部设在香港的中国光大（集团）有限公司，担任公司的副总经理，负责技术设备引进项目。

父亲是光大公司第一批进驻香港的十人之一，参与了公司初期的创建工作。中国光大（集团）有限公司和荣毅仁先生的中国国际信托投资公司是我国改革开放前期建立起来的，是改革开放的产物，与国家的经济体制改革同步，一定程度上肩负着国家经济体制改革道路探索的任务。

1991年，父亲离开了工作八年的光大公司离休回家。他为人平和，工作较真，喜欢探究新事物。自青年时期接触《共产党宣言》成为无产阶级先锋队的一员始，他始终为实现党的宗旨，在不断的开创探索中，踏实认真地工作，为祖国的建设奋斗了一生。

（本文根据潘梁口述，由其子女整理而成）

无悔年华

解放战争时期清华校友足迹 下卷

王　浒　史宗恺　主　编

张其锟　张思敬　钮友杰　
唐　杰　解红岩　副主编

清华大学出版社
北京

谨以此书献给

中国共产党成立一百周年

清华大学建校一百一十周年

清华大学党组织建立九十五周年

目 录

四　自强不息　行业精英（下）
——理论、文化战线

五　鞠躬尽瘁　为民造福

六　孜孜不倦　培育英才

七　历尽坎坷　不忘初心

八　淡泊名利　奉献一生

九　水木清华　母校情怀

✚　多彩人生　更重晚情

六　孜孜不倦
　　　　培育英才

丁石孙学长

丁石孙：从清华园到燕园到全国人大

■ 黄景钧

求　　学

　　丁石孙先生祖籍江苏镇江，1927 年 9 月 5 日出生于上海，原名丁永安。祖父经商，父亲从医，家境殷实。10 岁前在家接受教育，11 岁考入上海南洋中学学习，一年后，再考入上海光华大学附中念初二，1942 年考入上海乐群中学学习；1944 年高中毕业，考入上海大同大学电机系，次年转入数学系学习。1946 年，国统区爆发了"反饥饿，反内战"的学生运动，大同大学也组织了在中共地下党领导下的学生运动。丁石孙担任学生会的宣传部长，参加多种社会活动，因参加反内战罢课而被国民党警局关押，遭到学校开除。因此，从 1947 年到 1948 年，他在上海教过小学，做过家教和中学代教。此间，他和大同大学的同学组织了一个名为"乌托邦"的读书会，研究政治和哲学问题，并且曾一度成为读书会的负责人，这件事为他在以后在政治运动中带来了许多麻烦。

　　1948 年秋，丁石孙赴北平报考清华大学和燕京大学，结果两所学校都录取了他。他决定上清华大学数学系继续学习，主修方向定为抽象代数。

　　1948 年 12 月 13 日清华园解放，丁石孙很快被发展为"民青"盟员。为配合解放军入城，他积极参加各种宣传活动，并参加了解放军的入城仪式。1949 年 4 月返校上课，被选为校学生会副主席。经过半年多的努力，他跟上了班上同学的学习水平，并与其他二人获得某项奖的奖金，以优异的学习成绩毕业，留校工作。1952 年上半年，他经清华大学经数学系民盟负责人蓝仲雄介绍加入民盟。

从　教

　　1952 年秋，为适应国家大规模经济建设的需要，在全面向苏联学习的形势下，全国高校进行了院系调整。北京大学、清华大学、燕京大学三所大学的数学系经调整后，组建了北京大学数学力学系，集中了原三校的 29 名教员，由段学复任系主任，林建祥任系秘书，丁石孙也到了北大数学力学系任教。丁石孙刚入北大时任助教，但破格在数学系讲授代数大课。1954 年升任讲师。1955 年加入中国共产党。1956 年 3 月，丁石孙和北大化学系教师桂琳琳结婚。

　　丁石孙在教学中总是把学习、教学、研究三者结合进行，善于在学习中提出课题，写出的论文题目也都是经自己选择而非别人指定，并且能很快进入对问题的攻坚。1956 年，他自学庞特里亚金的《连续群》和那汤松的《实变函数论》后，提出了一个问题：正则空间的乘积空间是否正则的？他构造了一个反例，说明该问题的答案是否定的，江泽涵教授对此十分欣赏。1958 年"大跃进"和"红专"大辩论结束，他被下放劳动，回校后，他选择了控制论作为科研方向，力图用计算机本身来编程序，实际上为后来发展计算机汇编语言做准备，具有划时代历史意义。系里支持了他的这个想法，程民德教授将自己最好的学生陈沐天分派去参加这个项目。他很快认识到，在理论联系实际这个方向上，要真正做好，必须要有坚实的理论做基础，让学生"赤膊"上阵是不行的。于是，他边学边给四年级一批学习很好的学生讲授苏联专家马尔可夫的《算法论》以及数理逻辑课程，这对计算机科学及其应用有极大的好处。

　　但是，在 1959 年的反"右倾"运动中，他却被扣上了"反对抛纲式教学，反对学生参与制订教学计划"的帽子，而遭受批判。他被迫离开了控制论小组，一个至关重要的研究也就这样终止了。1962 年平反后，曾是控制论小组的成员去看望他时，他说："我一生最大的遗憾可能就是程序自动化没能搞下去。"1964 年他编写的教材《高等代数讲义》出版，本来想就此调离北大，但是接踵而来的各种政治运动使他的这一打算已经无法实现。一月，他被派到怀柔长各庄公社搞"四清"，十月回到学校。1965 年上半年，位于十三陵附近的北大分校200 号建成，数力系和无线电系搬了过去。丁石孙也去了分校，那里条件比较好。因为没有课，他跟两个年轻教员下到

2010 年清华校庆，丁石孙学长返校

石景山特殊钢厂联系实际搞科研。从"特钢"回来，就给 1964 级的学生讲代数。1965 年底，他到上海参加教育部召开的修改教学大纲的会议，按照会议规定砍掉三分之一教材的要求，重新修订各科教学大纲。丁石孙接受了编写一本《高等代数简明教程》的任务，内容要比原来的教材减少三分之一，并且要在 1966 年暑期前出版。在从上海回北京的火车上，他在报纸上看到了姚文元批吴晗《海瑞罢官》的文章。

逆　　境

1966 年 2 月，丁石孙编写的《高等代数简明教程》初稿出来了，高等教育出版社准备出版。这本书刚一出版，"文革"就开始了。5 月 25 日下午聂元梓在大饭厅贴了一张大字报，即"五二五"大字报，点了宋硕、彭珮云、陆平三个人的名。6 月 1 日以后，整个学校领导机构就瘫痪了，6 月 18 日，北大带了个非常坏的头，搞了两个"斗鬼台"，把所谓的"坏人"都拉到台上去斗。数学系在哲学楼门口搞了个"斗鬼台"，丁石孙也被作为"黑帮分子"被拉到哲学楼门口的"斗鬼台"去斗，以后，家也被抄了，本人被关进"牛棚"，参加学校劳动改造。

1969 年第四季度，北京进行人口疏散，要求北大一周内搬到江西鲤鱼洲。北大有两千多人要搬到江西，只有老弱病残，或认为政治上特别可靠的才能留下。丁石孙一家三口是在先遣队之后第一批去江西的，走的时候把衣服全都装到箱子里，没有准备再回来。到了南昌，北大南昌办事处的人很快把他们送到鄱阳湖边，而后乘上一条很小的船驶向鲤鱼洲。同船的有丁石孙的老师王宪钧和他的两个才十一二岁的儿子。等到上了岸，发现那里完全是一片荒地，住的房子是一个特别大的草棚，可以容纳几百人。草棚四周的墙还没有砌好，只有一个房顶。棚子里面有很多柱子，旁边钉上木板，就是睡觉的床。当时鲤鱼洲根本没有什么东西可买，吃菜要坐船到周边的农村去买，买个冬瓜就是一天的菜，条件实在很是艰苦。丁石孙被分在四连种菜班，夫人桂琳琳在三连，儿子后来在农场自办的小学上学，一家分在三个连队。1970 年年初，领导决定调化学系的一部分人与清华的一部分人到德安去修建化肥厂，桂琳琳也就去了德安。以后，丁石孙也被照顾到了德安，开头和大家一起盖房子，以后被分配到三连当司务长，主要负责买菜。后来当上清华大学校长的张孝文也在德安修建化肥厂。

1971 年夏秋之交，北大干校撤销，丁石孙最后一批离开德安。回到学校，因为没有教学，数学系就成立了个应用数学组，专门搞数学应用，段学复也在这里面，丁石孙参加了这个组，和几个原来学概率的年轻教员组成小组到棉纱厂去推广"正交设计"。1973 年，校办派他到新疆去招收工农兵学员。在"批林批孔"

运动中他又受到批判。1974年开始给工农兵学员讲代数课。

春　天

粉碎"四人帮"后，北大重新建立系主任制度，段学复当数学系系主任，丁石孙当副主任。他的积极性比较高，觉得多少年来终于有机会把"左"的东西揭开了。在全系大会上发言，他谈了"四人帮"的"左"倾路线对数学系造成的破坏，在工作组开的会上也发了言，目的只是想发泄一下长期被压抑的情绪。1978年全国招生后，丁石孙提出系主任必须上课，他身体力行，在第二教室楼阶梯教室讲高等代数，有350多人听课。他下定决心，要在北大建设研究代数数论的一支力量。

代数数论是基础数学的核心分支之一，它要用到众多的其他分支的深厚知识，反过来它的思想与方法也对其他分支有重要影响，是半个多世纪来在国际上一直十分活跃的研究方向。此时，丁石孙已年过半百，但仍决心在国内填补这一空白。他开始自学，向聂灵沼教授请教，招研究生，1982年年底到哈佛大学做了一年的访问学者，集中精力学习椭圆曲线的算术理论。回国后，一直到他任校长前，他都潜心致力于开展这一重要分支的教学和研究。1979年他晋升为教授。1980年年底，学校同意段学复辞去系主任职务，经全系教师选举，丁石孙高票当选为数学系主任。1982年11月上旬，他应邀赴美国哈佛大学访问一年，行前，学校免去了他的系主任职务。丁石孙回忆："我在美国待了一年零一个月，这一年是我一生过得最愉快的一年，任何负担都没有，专心念书。过去我根本没有专心念一年书的机会，想安下心来做一件事情，总是被各种政治运动打断。"在美国期间，他接待了到美国访问的北大代理党委书记项子明，项子明向丁石孙透露了请丁石孙回国后担任北大校长的想法。

治　校

从美国回来后，丁石孙的情绪是乐观的，认为前途非常美好。1984年3月，北大开了个范围很小的会，何东昌代表教育部到会宣布了丁石孙当校长、王学珍当书记的决定。张龙翔从校长的位置上退了下来，项子明当了顾问。在何东昌宣布任命的会上，丁石孙做了简短的发言，大意是："我对学校的工作没有经验，希望大家给我三个月的学习时间。在这三个月里，原来怎么搞的，还怎么搞。一般的说法，叫'新官上任三把火'，我大概没有'三把火'。一个理由是，我在北大工作了这么多年，火气早就没有了。同时，我也认为中国的事情比较复杂，不是靠'三把火'能解决的。我只希望做到下一任校长接任的时候，比我现在接任的时候条件要好一点，这就是我的目标。"他总是这样低调。任命他当校长的同时，还任命了几个副校长，有朱德熙、沙健孙、张学书、谢青等，他以后还找了陈佳洱来当理科副校长。这个班子维持了几年。

担任校长后，丁石孙为学校的行政工作付出了巨大的心力，如为两个附中合并、改革食堂管理办法、解决学生熄灯事件、建立各种名目的中心等，还有应接不暇的内事外事、接待和出访任务。

担任校长后不久，丁石孙应校党委组织部的邀请，给学生讲了一次党课，有几百名学生参加。他针对当时学生中存在的虚无主义思想，结合自身的经历，讲解放前是怎么相信共产党，解放后是怎么参加共产党，以及改革开放后共产党又怎么纠正了自己的错误，说明共产党是值得相信的。没有大话空话，受到学生的热烈欢迎。不久，《人民中国》（日文版）的一位编辑把他这次讲课的录音整理出来，译成日文发表。

1985年，丁石孙主持改组了校学术委员会，规定65岁以上不能参加学术委员会。学术委员会有好几层，最基层的是在系里，然后是文科一个，理科一个，再是校一层，是最高一层。他担任校学术委员会主席，文科学术委员会主席是朱德熙，理科学术委员会主席是陈佳洱，通过学术委员会提升了一批教授、副教授，职称评定比较公正、严格，是做得比较好的一次。

1986年，丁石孙主持了两件事，一件是北大方正成立。北大王选教授发明了计算机汉字排版系统，与山东潍坊的华光公司合作生产汉字排版印刷机，丁石孙决定成立北大方正公司，解决了方正的产权问题。另一件是支持生物系教师姚人杰到福建指导、帮助农民用木屑生产木耳、蘑菇问题。

这一年民盟中央负责日常工作的副主席高天来到北大看望丁石孙，希望丁石孙多参加一点民盟的活动。高天说，他看中两个人，一个是丁石孙，另一个是清华的高景德。丁石孙说，我有三十多年和民盟没有联系，以为"反右"后民盟就停止活动了。他说他现在不可能有更多的时间做民盟的事情，高天说不要花费很多时间。这一年年底，民盟召开代表会议，费孝通当选主席，丁石孙和高景德都当选为民盟中央的常委，此后，丁石孙和民盟中央有了较多的联系。

同年12月，丁石孙赴日接受日本创价大学授予他的荣誉博士学位，桂琳琳同行。

1987年，为筹备1988年的北大90周年校庆和蔡元培120周年诞辰，北大成立了蔡元培研究会，丁石孙担任会长。他筹备做以下几件事：出版《蔡元培全集》，举办蔡元培图书展，到香港为蔡元培扫墓，拍一部关于蔡元培的纪录片等。

1988年年初，丁石孙被推荐为第七届全国政协委员，这件事他事先并不知道，猜想可能是民盟推荐的。和丁石孙一起当上政协委员的有清华大学校长高景德，他们共同被选为政协常委。1988 年是北大 90 周年校庆。丁石孙在主持完校庆活动后，即赴美国接受拉布拉斯加大学授予的荣誉博士学位。这一年暑期，丁石孙参加了国家教委在北戴河办的学习班，主题是如何加强学生工作，各大学校长和党委书记都要参加。学习班快结束时，中央领导接见了与会人员，邓小平同志与丁石孙亲切握手。

1989 年 8 月，国家教委领导到北大宣布了丁石孙不再担任北京大学校长的决定，肯定了他在任期间所做的工作。丁石孙在会上也讲了话，他说他当了五年校长，由于能力所限，工作没做好，相信后来的校长会比他做得好，会把北大办得更好。

参　　政

丁石孙卸任北大校长后，民盟中央的高天让他多参加一些民盟的活动。1993 年，丁石孙的关系正式转到民盟。1996 年当选为第八届民盟中央主席；1998 年当选为第九届全国人大常委会副委员长；2000 年连任第九届民盟中央主席；2003 年当选第十届全国人大常委会副委员长；2008 年退出领导岗位，前后达二十年之久。

民盟是一个民主党派，主要的工作是参政议政。参政议政，用费孝通先生的话来说，就是围绕国家的大政方针，"出主意、想办法，做实事、做好事"。丁石孙作为一位以文教科技界知识分子为主要成员的民主党派的领导人，经常不顾腿疾，不遗余力地为教师的地位和待遇、教育经费的落实、支边扶贫、西部大开发等问题进行调研并提出建议。

在和丁石孙先生相处的二十年中，首先，我感到他是一位原则性很强、政治敏锐性很高的长者。

丁先生年龄比我大十岁，在学校是校长，在民盟是主席，在国家是副委员长，称之为长者当之无愧。长者之道，体现在他的一言一行。丁先生做任何事情总是把政治原则性放在首位。他认为做好民盟的工作，一定要把接受共产党的领导，把服务中心和大局，把坚持和完善中国共产党领导的多党合作和政协制度放在首位。因此，他十分重视民盟内部的思想建设和组织建设工作。他常说，只有把我们自己的队伍建设好了，只有把我们自己成员的政治水平提高了，我们才能在参政议政和为经济建设服务方面发挥出积极的作用。他要求盟员"既不要妄自尊大，也不要妄自菲薄"，在工作中"要有所为，也要有所不为"。民盟的参政议政要从国情出发，从本地区本单位的实际出发，从有利于经济发展和社会和谐出发。他平时说话并不很多，但是他每说的一句话，都经过深思熟虑，都有相当的分量，可以称得上言简意赅。正是因为他的严格要求，在他领导下的十年民盟工作中，民盟的发展是健康的，是积极向上的，是通力和中国共产党合作的，是尽心尽力为社会主义现代化事业服务的，得到社会各界的公认和好评。

其次，他是一位充满学者风度的学者。

丁石孙先生来民盟之前是在学校生活的。他自己就是一位在数学教学和研究方面卓有成就的学者。高校的工作和生活，使他了解知识分子，关心知识分子，体谅知识分子，为知识分子说话，形成了自己的特有风度。这种风度是做民盟工作不可缺少的。因此，他在工作中能够倾听盟员的意见和要求，能够正确地分析和判断形势，能够从民盟的实际出发提出工作方针和任务。他注重调查研究，我先后曾随他到过河北沧州、安徽蚌埠、山东聊城、江苏淮安、湖北十堰、广东佛山、陕西西安等地进行调研，每到一地，他都要和盟员进行座谈，听取大家的意见。他从不讲空话、大话、假话，讲的是实话、真话、家常话。他每次要针对大家提出的意见和要求，又从民盟和当地的实际出发，讲一些自己的看法和体会。他总是把自己摆在盟员之中，平易近人，心态平和地和大家交换意见。因此大家都十分愿意和他谈心里话，都愿意向他反映意见和问题，即使他后来当上了副委员长也是如此。

我最难忘的是1993年，我随他到贵州贫困地区调查义务教育实施情况。当时我们行走在贵州麻山地区普定、紫云、长顺的崎岖山间小路上，看见一所所破烂不堪的乡村小学和在这些学校坚持教书育人的民办教师，他和我们一样心情极不平静，眼眶里含着泪水。回来后，他多次在不同会议上讲述他所见到的情景，引来了一位香港企业家的资助，使这些乡村小学的条件得到改善。

1990年教师节前夕，在民盟为庆祝教师节举行的电影招待会上，他向一千多位教育工作者讲话，他说："教育青年一代是走向繁荣富强的根本。从事教育工作的同志是十分艰苦的，因而也是十分光荣的。我也是当老师的，深知这项工作的甘苦。但是，我认为我们都应该对自己的职业引以为豪，因为我们是在培养、造就祖国未来一代。"会场上响起了热烈的掌声。

最后，我感到他是一位胸怀广阔、公私分明、关心群众、爱护同志的仁者。

丁先生心胸广阔，他所思考的问题多是关系国计民生的大问题，是关系全盟全局的方向性问题。大事不放手，体现了他的原则立场：小事不打扰，体现了他的灵活性。他对自己要求极严，公私分明，一丝不苟。他虽职位显赫，但是生活简朴。我不止一次去过他的家，室内除了书籍之外，没有见到什么豪华的摆设。他从不接受别人馈赠的礼品，很少出席开幕剪彩之类的活动，也不喜欢参加宴请之类的应酬。在北大当校长期间，一次民盟召开黄河三角洲经济发展研讨会，与会同志到北大参观，他请大家吃了顿饭，吃饭的地点是学校大饭厅旁边的小饭厅，可见他十分节俭。他对于群众的事却十分关心，不管是谁有困难找到他，他总是尽力去帮助解决。他爱护学生，爱护盟员。机关的干部有事找到他，他也是不厌其烦地倾听意见，循循善诱地去开导解决。在他所教过的学生中，他经常提到张景中，说他虽然在1957年遭到不公平对待，以后却经过自己的努力而成为中科院院士，精神是可贵的。1993年我随他去贵州，贵阳市有好些因1957年遭到错误对待的北大数学系毕业生被发配到这里任教，大家听说丁校长来了，非要集会请他吃饭。丁先生欣然赴约，我也作为校友参加。我感受到当年的同学对他的深厚情感，他们说的话句句使我落泪。我深深地感到，丁石孙先生身上体现着我们民族的传统美德。

＊作者黄景钧，1955考入北大法律系；1959年毕业留校工作。1962年调入民盟中央，曾任第八、九、十届全国政协委员，民盟中央宣传部部长、民盟中央法制委员会主任、《中央盟讯》主编等职，曾协助丁石孙先生在民盟中央期间的工作；2008年退休。

2018年1月20日于北京

六　孜孜不倦　培育英才

陈伯时学长

一生写得江山绿　夕阳犹映晚霞红

——记陈伯时老师清华毕业后的足迹

■ 汤天浩

　　陈伯时老师 1928 年 6 月出生；1949 年清华大学电机系毕业后留校任教。1951 年由清华选派到哈尔滨工业大学攻读师资研究生，毕业后回清华，和其他教师一起创办工业企业电气化专业，1956 年担任教研室副主任。1983 年 5 月调到上海工业大学工业自动化系（后合并为上海大学自动化系）；1984 年入党，先后担任系主任，电机与控制工程研究所所长，电力传动及其自动化、控制理论与控制工程学科博士生导师。1992—1997 年受聘为国务院学位委员会第三届电工学科评议组成员，在多个学术团体、教学指导委员会、核心学术刊物担任负责工作，并被国内多所高校聘为兼职教授或客座教授。1998 年 7 月离休。离休后继续指导博士生 6 人，退职未退心，潜心著书立说，精修教材，参加学术会议，掌握学术前沿动态，指导学术研究。

　　陈老师长期从事电力传动与控制领域的教学和研究工作，主持和承担过多项国家和省部级科研项目，著作和论文颇丰，为我国电力传动控制与电气自动化学科的创始人和开拓者之一，在培养人才、推进学科发展、促进国家工业化与信息化建设中做出了杰出的贡献。

学苏攻研，步入国家工业化进程

　　陈老师进入哈尔滨工业大学后，师从苏联专家德朗尼科夫学习工业企业电气化专业课程：《电力传动基础》《电力传动控制》《生产机械电力装备》，听图丕岑专家讲授的《自动调节原理》，完成生产实习和研究生论文。与解放前在清华电机系本科接受的英美式通才教育相比，相当于填补了联系实际的专业教育。

　　1953 年夏天，陈老师等研究生到鞍山钢铁公司实习。当时鞍钢正进行苏联援建三大工厂（炼铁厂、大型轧钢厂、无缝钢管厂）的建设，很多电力传动设备都是最先进的，也是他刚在苏联教授讲课中学到的。鞍钢教育处获悉陈老师学过这些新技术，就组织全厂技术人员听课，请陈老师讲"电机放大机控制系统"，使陈老师深感苏联的专业课程在我国工业化进程中的作用。当时正值国家执行第一个"五年计划"：**在工业化建设方面的基本任务是：集中主要力量，进行以苏联帮助中国设计的 156 个建设项目为中心、由限额以上的 694 个建设项目组成的工业建设，建立社会主义工业化的初**

左起：徐昇祥、钟士模教授、陈伯时、张仁豫

步基础。工业中各行各业都需要电力传动控制，陈老师感到可以在祖国的工业化建设中学以致用，跃跃欲试投入中华人民共和国的建设高潮之中。

研究生毕业后，他回到清华大学，承担"工业企业电气化"专业的教学工作，为祖国的工业化培养人才。同时，积极参加第一机械工业部电工局和天津电气传动设计研究所的工程与科研项目研讨。

真刀真枪，开门办学

1958 年，清华校领导提出要像水利系设计建造十三陵水库那样"真刀真枪"地做毕业设计。为了贯彻校领导的精神，从企九班开始，电机系电子学、工企、电工学三个教研组承接了两项实际任务：（1）与机械系合作开发"程序控制机床"。（2）与建筑系和机械系合作设计国家大剧院。陈老师参加国家大剧院设计，并在此基础上负责北京人民大会堂舞台大幕、吊杆、吊灯电气设备的设计与调试。

"真刀真枪"地设计的确使专业教学过程大不一样，教师和学生都在实战过程中得到锻炼。后来陈老师在 1959—1975 年先后参加过 4 个完整的工程项目，在这些项目中起到了"教师 + 工程师"的作用，给自己以后的工作打下了理论和实践相结合的基础。

编写教材，创新专业课程

按照苏联教学计划设置的课程，《自动调节原理》和《电力拖动自动控制》两门课分别由不同教师讲授，难免使理论与实际脱节。根据多年来对毕业生状况的调查，发现很多学生在灵活运用理论解决实际控制系统问题上有困难。陈伯时老师在多年教学和工程实践的基础上，着手改造《电力拖动自动控制》课程，在学生学过控制理论的基础上，建立了"针对控制系统存在的问题，应用控制理论解决系统的分析和设计"的课程体系，并按照"由浅入深、循序渐进"的原则编写出新的教材《电力拖动自动控制系统》。这本教材最早是油印版的《自动控制系统》，在清华大学和其他高校试用，深受师生欢迎和好评。此后，由机械工业出版社正式出版，从1981年推出第1版，直到2016年修订第5版，多次印刷，成为全国大多数高校电气工程与自动化等专业的统编教材，一直是同类教材中全国公认的最好教材之一，具有很高的声誉，获得多次奖励。

这本教材融汇了陈老师多年的研究和教学成果与治学精神，主要特点是：

（1）将一门把诸多基础知识综合起来的专业课，以电力传动控制系统为主线，用自动控制原理进行理论分析，形成"系统结构、数学建模、性能分析与控制器设计"的体系，使学者能够由浅入深、循序渐进地掌握其基本规律。

（2）理论联系实际，并进一步指导实际。陈老师在吸收国外技术的基础上，用控制理论总结并创造性地提出"典型系统及其性能指标"，构成简单实用的"工程设计方法"，用于解决工程设计和现场调试。至今几乎所有从业者都是按照这本书提供的设计方法进行研发和调试的。

因此，这本教材成为电气工程与自动化专业从业人员的良师益友，既受到教师和学生们的普遍欢迎，也为工程技术人员提供了参考指南，影响了改革开放以后整整几代电气工程从业人员。今天，国内几乎所有电力传动控制的研发人员和管理者、电气工程自动化专业的教师和学生都知道"陈伯时"这个名字，尽管他们中绝大多数人并没有见过陈老师本人。他们认识陈老师并非是"追星族"的热捧，也没有媒体的炒作，而是在大学宁静的课堂上、在夜校闪烁的灯光下、在工厂隆隆的机器旁，共同学习过陈伯时教授编著的《电力拖动自动控制系统》。他们汲取了书中的知识，应用于自己的工作实践，并由书及人，认识而且记住了这位给他们传道解惑的老师。

建设学科与专业教育体系，组织编写规划教材

陈老师不仅自己著书立说，而且精心筹划电气自动化专业的建设和发展，1982年起担任机械工业部工业自动化专业教材编审委员会副主任，1996年起担任全国高校电工及自动化类专业教学指导委员会副主任兼工业自动化教学指导组组长。他深刻洞悉时代的发展和需求，提出知识与能力培养并重的原则，把电气自动化专业的要求概括为"**强电与弱电并重、软件与硬件兼备、控制理论与实际系统相结合，掌握建模、仿真与计算机辅助设计**"。经会议讨论通过，据以制订教

学计划和教材规划，组织编写并出版全套教材。由机械工业出版社出版的全国高等学校工业自动化专业系列教材已在全国高校推广使用，为我国电气工程及其自动化专业教育做出了重要贡献。

1957 年晶闸管在美国通用电气公司诞生，开启了用弱电信号控制强电电能变换的第二次电子革命时代。陈老师较早认识到电力电子技术的重要作用，预料电力电子技术将会把电气化和信息化技术融合起来，并指出："一代电力电子器件决定一代的变流装置，而新的变流装置又催生新的电力传动系统。" 1963 年上海整流器厂的前身试制出 20A 晶闸管，1964 年陈老师就买来开始研制 McMurray电压型变频器。今天回顾电力传动的发展历程，证明了陈老师预见的正确性和前瞻性。

1992—1997 年期间陈老师担任国务院学位委员会第三届电工学科评议组成员。1997 年学位委员会要求把学科数量减少大约一半，陈老师提出建议：在电工学科中将"电力电子技术"和"电力传动及其自动化"合并为"电力电子与电力传动"，被学位委员会接受。从此这个新建的二级学科在全国高校蓬勃发展，为中国电气工程的人才培养，特别是研究生和博士生等高级人才的培养探索了一条新路，满足了国家产业变革的需要。

2019 年清华校庆返校，陈伯时（左 3）与学生在一起

建立博士点，开展科学研究

1983 年陈老师从清华大学调来上海工业大学时，上海工大只有"控制理论与应用"硕士点。陈老师组织全体教师，认准研究电力传动的计算机控制和应用控

制理论开发新系统的方向，激发师生的积极性，引进人才，组建学术团队。1984年经国家学位委员会批准建立"电力传动及其自动化"硕士点，1991年批准为博士点，成为当时在国内屈指可数的该学科博士点之一。

科学研究工作主要在软、硬两个方面提出课题。软的方面是应用控制理论开发新的控制系统，其中一个方向是应用非线性解耦控制理论分析和设计交流调速系统。为了尽快掌握理论，聘请国内外专家讲授基于微分几何的非线性系统反馈线性化理论，历经四届硕士论文和一届博士论文，研制出几种类型的异步电动机非线性解耦控制系统，并证明现有的矢量控制系统是符合非线性解耦控制理论的。此外，还研究了滑模变结构控制、智能控制、无速度传感器矢量控制系统等课题。

与此同时，开展了硬件课题的研究，首先是电力电子变频器，先后研发了晶闸管电流型变频器、全控器件（GTR、GTO、IBGT）电压型变频器、矩阵式交交变换器等交流装置，构建交流传动控制系统的实验平台。团队的研究成果先后转让给多家企业，生产了一批产品，但质量不高，主要是手工焊接电子电路板的问题。对比国外产品后认识到，要生产可靠的电子产品，必须有自动检测的连续生产线。随着社会主义市场经济的发展，在珠江三角洲、长江三角洲先后形成了具备这种生产线的上游工厂的环境，能生产高质量变频器的企业如雨后春笋般陆续出现，陈老师担任了多家企业的顾问，促进了国产变频器的迅速发展。

20世纪90年代，随着计算机技术、信息技术和智能控制的发展，陈老师又带领研究生率先在国内将信息科学的新技术、新方法引入到电力传动控制系统，大力发展信息化在工业化中的灵魂作用。推动交流调速技术的普遍应用，用于风机、水泵调速，比不调速时一般节约电能20%～30%，将高性能的交流调速系统用于轧钢机、矿井提升机、机床、电力机车、电动车、压气机等各行各业的设备中，提高了工作性能和产品质量，促进了国家的工业化与信息化建设。现在，竺伟博士创办的企业所生产的20兆瓦高压变频调速装置已成功用于从新疆到上海、广州、香港的西气东输工程；由陈老师主持鉴定的株洲电力机车研究所生产的机车驱动变频器，其改进产品已用于复兴号高铁。

现在陈老师虽然人已退休，仍然关注着电力电子和电力传动技术的发展，又推进电力电子技术应用于可再生能源发电及其电力变换，以期为解决全球共同面临的能源问题寻求新路。

春风化雨育英才，芬芳桃李遍天下

　在陈老师教书育人和言传身教的引领下，一大批研究生成长起来了。当初，这些学生也是从学习陈老师编写的教材起步的，为了进一步求取"真经"，他们从五湖四海相聚到黄浦江畔的上海大学，师从陈伯时教授攻读硕士和博士学位，成为得到陈老师真传的"幸运儿"。陈老师在上大招收并已毕业获得博士学位的学生共 18 人（包括 2 位巴基斯坦留学生），陈老师针对每一个人因材施教地设计了学习途径，至今大部分人已经毕业 20 余年，在工作中取得了出色的成就。

陈老师春风化雨数十载，一心为国育英才。毕业的博士中还有人接过了陈老师执掌的教鞭，在课堂上向新一代学生讲授陈老师开创的课程；有的正在续写他的教材，使其与时俱进，薪火相传；更多的同学从事电力电子、电力传动、智能控制和信息系统方面的研发、应用与管理工作，在各行各业中贡献他们的才智和心血。

积极组织学会工作，传播新技术应用

陈老师始终关注国际前沿研究。20 世纪 80 年代初交流调速技术初露端倪，陈老师就着手了解国际研究动态，并开始研究最新的矢量控制技术。1983 年，陈老师和上海交通大学陈敏逊教授等发起组织了昆明交流调速研习班，邀请全国高校 8 位教授分别讲授各章，最后汇总编写出国内首本《交流调速系统》教材（刘竞存教授主编）；1986 年 10 月 28 日—11 月 6 日邀请国际上的电力传动控制泰斗，德国 W.Leonhard 教授来上海工大开设"交流传动讲座"，组织全国教师听课。这些工作大大推动了国内交流调速系统教学和应用的高潮。

在他主持电气自动化学会的学术工作期间，多次在学术会议上做大会综述与总结报告，论述学科各方面理论和实践的发展；1989 年，发起七学会联合主办中国交流电机调速传动（CAVD）学术会议，负责学术工作，至 2001 年共举办 7 届，推动了交流调速技术在国内的蓬勃发展，促进我国电力传动技术赶上世界先进水平。

推动国际学术交流与合作

1986 年 7 月，陈老师参加了在意大利都灵为纪念感应电机发明 100 周年召开的"Evolution and Modern Aspects of Induction Machines"国际学术会议，在大会上宣读学术论文《微处理器矢量控制交流变频调速系统的新型检测方法》，受到与会学者的重视，开始进入国际电力传动自动化的专家队伍。1988 年，他被聘为欧洲电力电子学会（EPE）国际指导委员会委员；1993 年，率中国电工技术学会代表团参加 EPE 学术年会，并访问英国 IEE 总部；1997 年，陈老师协助中国电工技术学会创办国际电力电子与运动控制（IPEMC）学术会议，每三年一届，陈老师担任了第一、二届国际指导委员会主席；1998年，由陈老师代表中国电工技术学会参加韩国首尔电力电子学术会议，做大会报告，并洽谈中日韩联合举办亚洲国际电力电子学术会议。陈老师退休后，同行教授继续联系，终于实现了在 IEEEPELS 指导下的全球 ECCE（Energy Conversion Congress & Expo），包括 ECCE-Asia（中日韩和亚洲其他国家或地区四方轮流主办）。

为了推进国内电力电子与电力传动学术的发展，陈老师先后聘请了多位国际知名专家来上海工大讲学，他们是：德国 Braunschweig 大学 W.Leonhard 教授、美国 Virginia 理工大学李泽元（FredLee）教授、日本东京大学原岛文雄教授、美国华盛顿大学谈自忠教授、美国 Tennessee 大学 BimalK.Bose 教授等，并由学校领导授予他们名誉或客座教授头衔。

耄耋之年，捐资助学

作为电力传动自动化学科的一代宗师，陈老师一生俭朴，淡泊名利。20 世纪 80 年代担任上海工业大学自动化系主任时，就曾将自己获得的奖金一万元捐助给学生作为奖学金。后来在团中央的助学网站上，他又捐资一万元给一位西南铁道学院的四川贫困大学生。2009 年，在清华大学毕业 60 周年同学会上，他又向"清华校友 1949 级励学基金"捐出一万元。现在，已经 90 岁了，他不想再参加社会活动，想再做一件实事，遵循自己青年求学时获得的"叔苹公奖学金"所倡导的"得诸社会，还诸社会"的叔苹精神，再一次拿出自己的储蓄存款 50 万元，为他所在的上海大学电气自动化学科培养下一代再做贡献。

家人是其人生得以丰满、崇高的支撑。当他提出捐赠 50 万元存款资助学生时，家人一致表示支持。同样 90 岁高龄的夫人与他伉俪情深，鸾凤和鸣，在大问题面前想法自然一致。儿子还帮他开通了网上银行，帮他操作网银完成善举。

知晓陈老师个人捐出 50 万元后，他的学生，上海新航星投资集团有限公司董事长何志明校友，也以等额配捐 50 万元，加入在上海大学教育发展基金会设立的"陈伯时教育基金"。已在中国大陆 10 所高校捐资奖教助学近 20 年的台湾台达集团郑崇华董事长，听说曾担任台达科教基金中达学者计划实施委员会执行主任的陈老捐出教育基金后，也注资 50 万元加入"陈伯时教育基金"。其他学生和高校老师闻讯后，深受感动，纷纷表示尽个人绵薄之力，为基金添砖加瓦，使陈老师的善举惠及更多学子。

结 束 语

2008 年，在陈老师 80 华诞时，我们集资在机械工业出版社出版了《电力电子与电力传动自动化——陈伯时教授文集》，收集了陈老师和部分研究生的主要学术论文，记载陈老师研究成果和心路历程，希望能给同行以历史借鉴和研究启迪。我国电力电子专家、浙江大学汪槱生院士为《文集》作序。序云：

> 陈伯时教授是我非常敬佩的电工业界的一代宗师，其治学与为人均堪为师表，其才思敏捷，敬业、授业更是众所传颂。他将毕生精力奉献给我国的电气自动化和电力传动事业，开创和奠定了我国这一工业领域和这一学科的基础，一生俭朴，淡泊名利。值此华年，敬题《踏莎行》一阕，聊表敬意。

踏 莎 行

八十春秋，老骥伏枥，青春写得江山绿，夕阳犹映晚霞红，先生业绩为祖国。

马帐承风，程门立雪，传道授业兼解惑，教书教学更教人，名师名著万千读。

汪槱生　2008 年 3 月于杭州

六　孜孜不倦　培育英才

徐大雄学长

中国信息光学专家徐大雄

徐大雄教授，江苏苏州人。中国信息光学专家。吉尔吉斯斯坦共和国国家科学院外籍院士。1928年出生于江苏省，1951年毕业于清华大学物理系，先在长春邮电学校任教五年，1956年至今在北京邮电大学任教，曾任教员、系主任、校长助理。现任北京邮电大学信息光子学及光通信研究院教授、博士生导师、北京邮电大学世纪学院名誉院长。多年来从事激光信息技术研究，完成国、部省级科研项目20多个，发表论文80多篇，20次在国际学术会议上作邀请报告，获国家、部省级科技奖10项。2016年1月28日在北京逝世，享年88岁。

他对发展我国光信息处理科学做出开创性的工作，提出了和研制成多种高衍射效率高分辨率全息新记录介质，获国家科技进步奖，国家教委、国家科委先进科技工作者奖；提出了激光散斑离焦法新技术的原理，有效地应用于大面积图像边缘增强；提出了多种二维光学变换和多重光学变换技术、发展了载波条纹全息技术；提出了多种新型光学，二元光学完全混洗互联网络等。

生前任中国通信学会会士、中国光学学会资深会员、中国光学学会全息与光信息处理专业委员会名誉主任委员、北京光学学会名誉理事长、国家技术监督局全国防伪标准化技术委员会顾问、中国防伪行业协会专家组长、国际全息制造家协会中国顾问等。

在40多年教学科研工作中成绩优异，曾被评为全国劳模、北京市劳模、国家教委/科委颁发的全国高校先进科技工作者，所在的教学科研室被评为全国邮电先进集体。1992年开始享受国务院专家津贴。近十多年来从事激光信息技术研究，完成鉴定科研成果9项，获得国家科技进步奖一项，部省级奖9项，国家发明专利一项，培养了博士生33人，硕士生32人。

自1986年至1996年期间，曾在美国Global Images图像实验室、丹麦技术大学激光实验室、荷兰 Gronningen 图像实验室、美国洛杉矶 Educational Services Exchang With China 举办的防伪技术培训班及吉尔吉斯斯坦国家科学院物理所作为访问学者参加科学技术合作、讲学及进修等。

曾任中国通信学会国际学术交流委员会主任、中国光学学会学术外事副秘书长，成功举办了 8 次国际国内光信息、光纤科学、全息应用学术会议，12 次在国内外国际学术会议上做邀请报告。

1986 年起，创建了我国激光全息防伪高技术产业，推动了我国全息技术的发展，被国际全息界称为"中国发展压模全息应用的开拓人"，创造了很大的社会效益和经济效益，为我国打假防伪做出很大的贡献。

在帮助吉尔吉斯斯坦共和国建立防伪技术、发展中吉科学技术交流合作方面做出优异的成绩，1996 年 3 月任吉尔吉斯斯坦共和国国家科学院外籍院士。

来源：百度百科

六 孜孜不倦 培育英才

唐稚松学长

以诗人情怀徜徉

——记中科院院士唐稚松

■ 肖绮晖

我的案头摆着两部书,一本清新雅致——《桃蹊诗存》;另一本质朴庄重——《时序逻辑程序设计与软件工程》。诗集言志感物,讲述着诗人人生经历与历史风云;专著行文严谨,记载着科学家以及他领导的研究小组近 20 年来的业绩与成就。而作者是同一个人——中国科学院院士唐稚松。

世上诗人层出不穷,献身科学者也比比皆是,但像唐稚松这样,术业造诣精深,又终生保持着诗人情怀,且诗作上乘的,的确不多。2003 年初冬时节,我怀着一种极尊崇的心情拜访了这位知名的湖南学者。当时,唐老因为摔坏了腿,只能坐在轮椅上。年近八旬的老人,虽然身板不算硬朗,但声音依旧洪亮。看着开心地满屋子跑的不到 2 岁的小孙子,唐老像是喃喃自语:"最喜欢的就是这个小东西了。"眼里满是慈爱,声音也变得柔柔的。繁华背后,忧欢历尽,生活原本如此简单。

唐老对他的学术成就谈得很少,他谦虚地说,那是集体智慧。提及诗作,他显得神采飞扬,津津乐道。唐老自号"桃蹊",取自"桃李不言,下自成蹊"。流年似水,往事如烟,萍踪寄托诗集。他常说,诗品即人品。诗中有他的感情世界,诗中有他的人生足迹。

"卅载崎岖步履辛 烂柯余力献车薪"

1925 年 8 月 7 日,唐稚松出生于湖南长沙。唐家家境殷实,农村购有田地,城里置有房产。在长沙市南正街大古道巷内一个独家院落——桐园里,唐稚松度过了快乐的童年。桐园里对面是曲寺门——长沙的孔庙;桐园里有曾在外做官、思想开明的祖父办的新式学堂。祖父特别喜欢聪明伶俐的小稚松,经常带着他念古诗词，培养了他高雅的情趣和对旧学古诗文的爱好；而学堂里摆放的各式各样简单的生物、化学实验用品则吸引着小稚松好奇的目光。在浓浓的文化氛围中，唐稚松开始接受启蒙教育。

童年旧事没齿难忘，然而人世变迁，曲寺门没有了，桐园园门也不在了，唐稚松 20 世纪 70 年代后回湘，空余下"白首重来不似归""我过家门是路人"的感慨。

在家中习完小学课程后，唐稚松先后在岳麓中学、明德中学读初中，1942 年春考入湖南省立第一中学高中部。为避抗日战争的炮火，省立一中于 1939 年春就迁到了安化七星街虎溪山下（今属涟源市）。这所湖南一流名校倡导的"公勇勤朴"的理念和"有理服从，无理反对"的民主精神，给了学生们浓厚的学术气氛和自由发展的空间。学生社团繁多，思想活跃。

唐稚松和姐姐在校外租房请保姆，开始了离家求学的生活。唐稚松虽是富家子弟，但丝毫没有纨绔之气，从不耽于逸乐，而是自律甚严、修身洁行。他的天资聪颖、才华横溢、刻苦用功，给师友留下了深刻的印象。

高中有文、理两个班，唐稚松进的是文科班，与班上另三位志趣相投的同学诗词唱和、情谊深厚。因一中校址所在地名"虎溪"，同学们戏称他们为"虎溪四诗友"。四诗友深得国文老师——清朝举人、留日学者金次猷先生的喜爱。在老师的倡议下，他们将各自的诗作合为一集——《湘涟诗词选》，石印以遗同好。世事沧桑，几经劫火，这本记载了一段青春岁月、少年情怀的小诗集仅存孤本。虽非完璧，但作为烽火岁月湖南唯一一本中学生所出诗集，它的复印件还是在 20 世纪 80 年代被湖南省图书馆珍藏了起来。

七星街旁雪案萤窗，虎溪桥头赏月吟诗。校园生活艰苦却不乏快乐。唐稚松本来很活跃，能言善辩，成绩优异，外形英俊，在班上算是一个鼓动性、感染力都很强的人。但一件小事的发生突然给唐稚松的生活一次重创，甚至改变了他的性情。

一天，贴在壁报上的同班一女生的画不见了，他们疑为外班窃取，于是两班矛盾顿起、势不两立。作为壁报主编的唐稚松与另一男生带领全班同学吵上门去，事情越闹越大，终致全班被记乙儆 1 次（注：一中纪律严明，处分学生分甲儆、乙儆、丙儆三等，3 次丙儆等于 1 次乙儆，3 次乙儆等于 1 次甲儆，甲儆 1 次即被开除），而作为肇事者，唐稚松与同班那名男生、画作者女生受到了更严厉的惩罚。凭着素来成绩优异，唐稚松与那名男生保留了学籍，被记乙儆 2 次，而那名女生却被开除了。

望着无辜女同学离去的孤单背影，唐稚松难过极了："祸是我闯的，责任却由她承担了，多么不公平啊！"唐稚松第一次感到了事与愿违的无奈与可怕，从此收敛起来，不再热衷于抛头露面，而是潜心读书，踏踏实实地做人做事。也因为这个事件，1944 年夏，在三年一期过后，唐稚松只拿了张结业证书就离开了一中。他不能再在这个让他摆脱不了愧疚感的地方待下去了。

和姐姐辗转来到昆明，经过一段时间的准备，1945 年唐稚松考取了西南联大哲学系。回忆这一次人生志愿的选择，唐老说："如果闻一多先生没有被刺，我很可能就去读中文系了。备考阶段，我学过他很多课程呢，譬如《诗经》《楚辞》《庄子》等。但哲学系也有几个名教师，像金岳霖、冯友兰等人，冯友兰还教过我们《中国哲学史》呢。"

西南联大解散后，1946 年唐稚松进了清华大学哲学系。青少年时期的唐稚松既喜欢诗的韵味、灵感与纯真，又爱好数学的精妙、严密与深刻，并从两者交界处产生了对哲学的兴趣。在西南联大和清华大学的 7 年里，他读了很多这方面的书，为以后的研究工作奠定了扎实的基础。

1950 年唐稚松大学毕业，继而又在清华大学哲学系读研究生，专业是数理逻辑。这是一门用数学方法研究推理、计算等逻辑问题的学科，也叫符号逻辑。

朗朗清华，学者云集。才华横溢的唐稚松同样是出类拔萃的。著名学者吴宓曾向文史大师陈寅恪推荐唐稚松的诗作。陈寅恪给吴宓先生复信中称："唐稚松君函及诗均佳，信是美才也。"1951 年陈寅恪先生曾函召唐稚松赴广东作唐诗助教，而唐稚松因正徜徉在数理逻辑精妙的天地里，放弃了以古典文学这种终生爱好为职业的机会。

1952 年唐稚松研究生毕业，分配到中国人民大学。报到时还闹了个小笑话。中国人民大学一看来了个哲学系毕业生，挺高兴："太好了，《中国革命史》正缺人教呢，让他去吧。"弄得唐稚松一头雾水。最后好不容易在数学教研室归了队。

1956 年，唐稚松调入中国科学院，开始了他充满艰辛和光荣的科学之路。他先后在数学研究所任助理研究员，在计算技术研究所任助理研究员、副研究员、研究员，1985 年起任软件研究所研究员。他长期从事数理逻辑、自动机理论、程序语言与编译方法、形式语义、软件开发方法、工具与环境等方面的研究。1989 年荣获第四届国家自然科学奖一等奖，1991 年当选中科院技术科学部学部委员，1996 年获"何梁何利基金科学与技术"进步奖。

"种漆南园期晚器 移山北叟待坚持"

人生道路上方向的选择需要智慧与眼光，而朝着目标奋进却需要勇气与毅力。由古典文学到哲学，进而踏入全球新兴行业计算机科学领域，唐稚松一步步务实。移山愚公成为他一生自励的楷模。

从 1952 年到 1966 年，唐稚松主要从事数理逻辑与自动机理论研究。1965 年他在《数学学报》发表的一篇文章中，以多带图灵机为模型，证明了许多关于计算机指令系统的结构化性质，其中包括结构程序设计基本定理，即程序设计语言中可使用顺序、选择、重复三种控制结构来定义其他控制结构。唐稚松的这一研究结果比国外的 Bohm-Jaccopi 定理早了一年。20 世纪 70 年代他继续从事结构程序设计的研究，他设计的结构化语言引起国际信息处理协会（IFIP）WG2.4 组专家的高度重视，1980 年他被选为国际信息处理联合会系统程序语言专家工作组成员，成为亚洲第一位 IFIP 专家。

然而，唐稚松一生中最主要的工作则是从 20 世纪 80 年代初开始的以时序逻辑语言 XYZ/E 为基础的软件工程工具系统——XYZ 系统的研究。20 世纪 70 年代以来，由于半导体线路生产自动化水平提高很快，计算机硬件造价迅速降低。但软件生产仍处于手工编制状态，可靠性差、生产率低，严重影响计算机应用与发展，也进一步影响其他新技术的发展。因此，长期以来各工业先进国都把提高计算机软件生产率作为国家关键技术的重中之重。

针对这个问题，美国工业界与西欧学术界各提出了不同的解决方法。美国工业界的方案着眼于技术，认为提高软件生产率应加强支撑软件开发的工具，提高其自动化水平；并加强面向对象程序设计技术，提高程序模块的可重用性。而西欧学术界则认为，软件生产率低主要是由于程序可靠性差所致，命令式程序语言中包含的求解过程细节太多，所以难读懂、难修改，因此应设计一种直接表示程序含义的形式化规范语言来书写程序，然后再自动转换成有效的执行程序。要达到这个目的，关键在于形式化程序语义理论与规范语言的研究。两派沿着各自的道路越走越远，形成理论与技术实际严重脱离的现象，致使提高软件生产率的问题长期难以解决。

具有哲学眼光的唐稚松睿智地认为，这两种方案对提高软件生产率都有重要意义，但不应彼此分离。他分析，妨碍它们相互结合的深刻原因在于计算的模型。本来，计算机是为解题而研制的，其模型是自动机（即图灵机或有穷自动机），最基本的特征是状态转换。这就是通常所谓的冯·诺依曼体系的本质。在 20 世纪 70 年代前，不论机器体系、程序语言，还是形式化语法理论，都是围绕着这一模型建立的。它们相互间紧密结合，推进了生产率的发展。自从规范语言及形式化语义理论提出后，情况发生了变化。因为长期找不到一种以逻辑或代数等理论为基础的语义形式化方法表示状态转换机制，而计算机硬件体系结构又必须以状态转换方式表示。

当时，以英国学术界理论家为代表的一派，主张不但理论和规范语言（当时以指称语义及代数语义为代表）应建立在函数式模型之上，而且计算机硬件体系结构及程序语言的基础也应改为函数式模型。一时间，非冯·诺依曼模型研究形成高潮，我国的计算机界也受此影响。

唐稚松对这一潮流却持怀疑态度。他认为，只要作为物质基础的线路元件是脉冲式离散型的，那么，不论硬件体系或程序语言都绝对不可能脱离以状态转换为特征的冯·诺依曼模型，关键是如何以形式化方法表示状态转换机制的语义。

1977 年，以色列著名计算机科学家 A.Pnueli 教授（1996 年的图灵奖得主）把时序逻辑（或叫时态逻辑，是非经典逻辑中的一种，它研究如何处理含有时间信息的事件的命题和谓词）引入计算机科学，把它作为开发反应式系统和并发式系统时进行规格说明和验证的工具，取得了极大的成功，在软件工程界引起轰动，被认为是软件工程中的一场革命。当 1979 年至 1981 年唐稚松应邀到斯坦福大学访问时，那里的专家们正在积极地开展这方面的研究。在研究了他们的工作后，唐稚松感到这些工作非常有意义，但他认为时序逻辑还有另一重要特性被忽视了，即用时序逻辑可以自然地表示出状态转换机制，而且这是动态语义。唐稚松大胆地提出了时序逻辑语言 XYZ/E 的概念，并认为它可以作为软件开发过程的统一基础。

1983 年，唐稚松首次提出时序逻辑语言 XYZ/E 与软件工程工具相结合支撑软件开发全过程的 XYZ 系统。XYZ 系统由一个时序逻辑语言 XYZ/E 以及围绕这一语言的一组软件工程工具所组成。XYZ/E 既是一个时序逻辑系统，又是一个具有常见程序语言风格且可实际用于编程运行的程序语言。它的统一框架既能表示抽象规范，又能表示各种新的程序范型（如面向对象程序设计，可视图形程序设计，多媒体，分布式程序设计等），而且还能直接表示自动机状态转换机制，它是世界上第一个可执行的时序逻辑语言。

唐稚松在时序逻辑语言和软件工程环境方面的研究工作在国内外学术界产生了较大影响。XYZ 系统的理论与设计获得了 1989 年第四届国家自然科学奖一等奖。他本人获得了 1996 年"何梁何利"技术科技奖，并多次在国际学术会议上做特邀报告。1999 年 XYZ 系统的理论与设计被列为中国科学院建院 50 年来的 50 项主要科技成果之一。1988 年英国著名的理论家 Barringer 与 Gabbay 曾指出："将时序逻辑应用于软件工程的主要步骤即找到可执行时序逻辑。"他们承认，1983 年唐稚松发表的介绍 XYZ/E 的论文是这方面的先驱。1995 年，A.Pnueli 教授在为庆祝唐稚松的 70 寿辰而召开的逻辑与软件工程国际研讨会的会议论文集的序言中强调了"由唐稚松教授所构想并发展的 XYZ 系统作为先驱所开拓的这一方向"对于软件工程的重要意义。1997 年春，他从以色列启程去美国洛杉矶领图灵奖的前夕给唐稚松的一封电子邮件中谈道："我完全相信，由于你使时序逻辑成为一个有深远影响的概念，这一荣誉（指图灵奖）你应该分享其中有意义的一部分。"

回顾近 20 年来 XYZ 系统的研制过程，唐稚松深感在科研工作中走与世界主流方向不一致的道路多么艰难。XYZ 系统提出之初，只得到寥寥几位专家的赞赏与支持，而且他们虽因 XYZ 系统思路独特而乐意邀请唐稚松去介绍，却对 XYZ 系统的意义与价值长期不做评述，实际上是表示怀疑。唐稚松深感作为少数派的孤单，也充分体会了解决问题的困难。但他认为，只要思想方法正确，坚持不懈，终能找到解决问题的途径，因而对这条坎坷道路的前途一直满怀信心。在 XYZ 系统地位确定之后，唐稚松更是殷殷寄语青年同行：虽然软件领域中，不论在理论方面还是在技术方面，我国总体来讲还比较落后，应该向先进工业国的同行学习，但千万不要盲目追赶新潮，要以分析批判的态度对待他们的工作。这些工作不但可能有待改进，而且在某种条件下，甚至在重大的方向性问题上还长期走在值得怀疑的道路上。这种情况出现时，不但可能旁观者清，而且因为我们所处的文化背景不同，思维方式有异，或许我们比他们更易发现问题并认清道路。

"志汇中西归大海 学兼文理求天籁"

唐稚松自己认为，XYZ 系统有别于国外同行工作的一个特殊之处在于，这项研究有一个长期形成的完整的哲学体系为指导，其特征是将西方传统的逻辑分析与东方传统的辩证思维协调地结合起来，将矛盾各方组织在统一体中求得平衡。这是与孔子的中庸之道（及亚里士多德的中道思想）强调矛盾统一性有关的。

在 20 世纪 60 年代末"结构程序设计"提出之前，计算机的体系模型、技术领域、语言、理论各方面都是统一的；而从 70 年代初开始，以上各方面出现了百花齐放、百家争鸣的局面，从而引起模型体系、理论、范型、技术领域的大分裂。唐稚松当时预计，从 80 年代后期开始，为了提供一个完整的实用的软件工程系统，这一领域的研究将逐渐向统一的方向转化。用中国一种传统历史观来说，就是"合久必分，分久必合"。所以，XYZ 系统 80 年代初开始设计时，其基本设计思想即强调"统一"，既包括一种程序设计方式（范型、模型）的统一框架以及理论方面动态语义与静态语义的统一表示，也包括了时序逻辑语言与软件工程工具的结合与统一（也就是形式化理论与软件工程技术的统一）。为了使这种统一切实可行，必须从哲学的高度找到一种方法论作为指导思想去处理各种矛盾。唐稚松认为最合适的选择即中庸之道，只有这一思想才能避免矛盾的任何一方走向极端而产生片面性。在 XYZ 系统具体设计中的各种决策（不论是理论方面还是技术方面）处处都可以感受到这一思想的作用。具体地说，就是从实际出发，找到一个平衡点，避免片面地从少数人的理论兴趣或暂时的技术效果出发而走向极端。

唐稚松一直认为，XYZ 系统是他在深入分析了北美与西欧在软件工程理论与技术领域长期发展情况的基础上，以中西方哲学相结合的思想为指导提出的一个软件工程支撑系统。这个方案在 20 世纪 80 年代初提出时是超前的，所以使当时许多计算机科学理论家感到惊讶，他们都没有想到，以统一的形式化框架既表示程序的静态语义又表示程序的动态语义是必要的也是可能的。而十多年后技术的发展也越来越证明这一方向的重要意义，日益使这一方向为更多的同行所认同。

日本的同行，特别是日本软件工程协会主席岸田孝一，一直对 XYZ 系统的哲学思想非常重视，多次邀请唐稚松教授去日本作软件工程方面会议做特邀主题报告。1995 年 12 月 4 日他在《朝日新闻》（夕刊）上发表介绍 XYZ 系统的专文，他推崇 XYZ 的软件系统说："尽管系统所采用的数学理论来源于西方，但构造此系统的基本思想却是孔子的中庸哲学和佛教禅宗的认识论哲学。这也许可以说是东方文明对于新的 21 世纪计算机技术发展的一大贡献吧。"

"蚕为献丝甘自缚　蛾因恋火以身投"

早在 1972 年，唐稚松就出名了。那年尼克松访华，随行有 7 个代表团，其中之一是计算机科学家代表团。在北京，唐稚松是主要接待人员之一，他与代表团副团长——哈佛大学系主任 T.Cheatham 教授侃侃而谈，聊教授的学术专著，聊科研动态。唐稚松对国外学术领域的熟悉程度令这位美国教授备感意外、非常激动，甚至在宴会上还与邻座的唐稚松滔滔不绝，弄得夫人不得不提醒："你太激动了，太激动了！冷静点！"可这位美国教授还是兴奋地对随行的美联社记者说："中国人非常先进，他们和我们的差距顶多只有 8 个月。"唐稚松一下子扬名美国，成为这个领域"与美对等交流第一人"。

出名了，接踵而来的是各种去国外做研究、发展的机会。一方面，唐稚松很珍惜这些机会，抓紧进行业务交流；另一方面，他待人处事又十分谨慎，用他自己的话说就是"不会不恰当地利用这些机会"。在他访问斯坦福大学两年半、行将回国时，曾有美国记者问他："以你具备的条件，为什么不争取留在美国？"唐稚松淡淡回答："我爱中国，她是我的祖国。我在美国没有根。"没有豪言壮语，有的只是一个传统的老知识分子的良知与责任感。

唐稚松一心想在软件工程领域做出有中国特色的工作，以树立中国在这一领域的国际地位。因此，他为学生的付出也是无怨无悔："山行愿化云梯石，早送来人上九霄。"他先后培养了硕士生几十名，博士生 6 名，目前在学硕士生 1 人，博士生 3 人。唐稚松第一个博士生冯玉琳是 1982 年我国首批授予博士学位的 18 人中，唯一一位工学博士，曾任中科院软件研究所所长；他的第二个博士生林惠民是计算机领域目前最年轻的中科院院士，现任中科院软件所计算机科学重点实验室主任。"名师出高徒"，在乎名师有一套高明的治学之道。

唐稚松一直要求学生"做聪明的老实人"。一方面，他知道科学研究是探求未知规律，不具有高超的智慧就无法参与世界高技术领域一流人才的竞争；另一方面，他也经常强调，作为科学家，首先应具备科学家的人生观与世界观，而最基本的一条就是要做到实事求是。1995年10月在给母校湖南省立第一中学作学术讲座时，一名中学生问："搞科学最需要的是什么？"唐稚松脱口而出："求实的精神，科学的精神。"正因为这种实事求是的态度，在他的字典里，从来都是"对的就是对的，错的就是错的"。他也从不装腔作势，勇于在学生面前承认自己的无知或错误。

唐稚松治学还特别强调要"温故而知新"。"温故"即"熟悉、继承前人（包括他人）的知识"，而"知新"则是"创新"。"温故知新"的过程就是"先'入'后'出'"。

唐稚松既有学者之风，又有长者之范。做学问做研究严谨认真，对学生也要求很严；但又宽厚包容，给学生充分的思想自由、发展空间，并努力扶持年轻人，给他们创造更好的工作、学习条件，有时宁愿自己的工作受点影响。唐稚松又是个性情中人，读诗写诗是他的一种享受，做研究也是他的一种享受。高兴起来，他会在办公室毫无顾忌地哼起湖南小调，那快乐的气氛感染着小小办公室里每一个人。做唐先生的学生真是一件开心的事。

唐稚松为科学不竭地奉献，丝毫不想为自己索取什么。一套90平方米的房子从任副研究员住到当院士，多少年也不提出要更换，直到2003年才搬进了院士楼。他还一再感叹自己是个很幸运的人："一直以来，历次政治运动，甚至包括'文革'中，我都能得到领导的关照；家人和朋友的关心和支持是我背后的依靠；而学生，不仅是我的骄傲，还是我的幸福……"

在唐老心中，现在唯余一块心痛。这是我在采访中深恐触及的一处。偶有提及，我发现老人的眼睛便湿润了，声音也有些哽咽。这个话题就是关于他的夫人童恩健。

1999年春，童老师因脑动脉瘤突然去世，对唐老而言是一次始料未及的巨大打击，顿时"栋梁摧折""家似覆巢"。童老师本是生性纯朴、满怀理想的天津大学建筑系毕业生，画得一手好国画，然而婚后为能让丈夫专心研究，默默承担了所有家庭重负，清贫自守、含辛茹苦，甘于自我牺牲以维持家计。先是牺牲她本人事业以成全丈夫的事业；继而牺牲她平生唯一爱好——绘画，以至画笔搁置达20余年；最后唯有牺牲她自己的健康，终至积劳成疾。唐老深感恩情未报，愧悔难言，终日郁郁。

我能感觉到唐老感情的深沉，也知道，他内心的哀痛无人能够真正抚慰。看着以童老师的山水画作封页的《桃蹊诗存》，我想，他们有这么一本诗集，诗中有往事在，有青年时志业在，有真情在，断梦有遗痕，不也是另一种形式的珠联璧合吗？何况，以唐老一生的事业成就，于国家、于亲友、于自己，都该是无愧、无悔的了。

*文中小标题皆取自唐老诗集《桃蹊诗存》。本文在采写过程中得到了唐老学生李广元博士、好友王俨思教授的大力支持，谨此表示衷心感谢。

来源：《湘潮》杂志 2003 年

孙执中学长

来世再牵手
——痛悼孙执中

■ 蓝蒲珍

孙执中，1942 年考入西南联大；1947 年于清华大学社会学系毕业，继续攻读社会学系研究生；1951 年毕业后到北京辅仁大学任教。1952 年教育部院系调整，转入天津师范学院（现河北大学）任教。1989 年获"全国优秀教师"称号，1991年获国务院政府特殊津贴；1992 年被评为河北省管优秀专家，2000 年 2 月转为"资深"省管优秀专家。2013 年 1 月 13 日在天津逝世，享年 92 岁。

执中，你曾经与我争论：谁先离世？我们都希望先走，我说："我照顾了你一辈子，这事你得让我。"你说："你先走了，谁来照顾我？"如今你真的先走了。悲痛之下我安慰自己：这样倒也成全了我照顾你一生的心愿。执中，从在西南联大与你相识、相恋，到如今我们已经相濡以沫牵手七十载，该怎么祭奠你呢？

从认识你那一天，你的才气就深深打动了我，你是那么睿智机敏，能把《左传》倒背如流的人是一般人吗？能在国民党的监狱里默背《英文字典》的人是一般人吗？我们在西南联大徜徉在知识的海洋里，自由地呼吸民主的空气，那是真正以学生为本，以学术为本，以教学为本，以教师为本的大学。几载同窗，我们走过了抗战的艰难岁月。当"八一五"抗战胜利的消息传到昆明时，全市沸腾，万众欢呼，联大的同学们奔走相告，大家纷纷憧憬胜利后的安定幸福，几位相识的好友劝咱们趁着大家还聚在一起时把婚事办了。咱们先征求了系主任潘光旦先生的意见，先生不仅赞成，还自愿当咱们的家长主婚，并负责请梅贻琦校长当证婚人。1945 年 8 月 26 日，一场简朴而隆重的婚礼在昆明联大附近一饭店举行，潘先生作为主婚人做了简短的致辞，其中有一句幽默的话："你们是凭媒（与'梅'同音）正（与'证'同音）娶。"意指由梅校长证婚。这世界上能有几个人有此殊荣？

清华大学社会学系 1947 级全体毕业生与老师合影（摄于 1947 年 7 月 8 日）。第一排中间为系主任潘光旦教授；第二排左 2 为蓝蒲珍，左 4、5、6 依次为苏汝江教授、吴泽霖教授和吴景超教授，左 8 为袁方老师，右 1 为刘世海老师；第三排左 2 为孙执中，左 7 为费孝通老师

　　从西南联大到清华学习、工作的几年，铸就了你我一生的清华情结，母校给予我们独特的精神气质，是你我今生最大的财富。

　　你在清华读研期间得到潘光旦先生、吴景超先生、费孝通先生、雷海宗先生等国家级大师的教诲。先生们博古通今、学贯中西、才华横溢，教我们治学、做人的道理。清华的传统是：视学生如同自己的子女，不仅教授知识，还关心着学生的就业、婚姻、住房。我们的孩子出生时，师母们像亲姥姥一样给孩子置备了许多衣物，尤其是潘师母还亲自煨了一锅鸡汤送来。因为时刻生活在关爱和呵护中，这一辈子只要想到清华就暖融融的。清华一流的管理水平，令我们离开母校多年依旧得到最大的关怀与帮助：20 世纪 70 年代末为了职称评定到清华外调，保管学生档案的办公室很快出示了授予你硕士学位的详细资料。为了写这篇文章，我需要 12 年前的一期《清华校友通讯》，打了一个电话后，第一时间就收到编辑部寄来的期刊，令我感动不已。你的清华情结更深：小儿子考上北大，你就一直念叨："为什么不是清华？"清华的传统也融入我们的血液中，当我们成为老师后，也像师长那样关爱自己的学生，记得你给每一个生了孩子的学生送了一份衣物。

　　执中，这一生我担负起照顾你的任务，你很感恩，说自己是"感与惭并"。其实你在生活上没有任何要求，一辈子我都没有听你说过要求吃什么、穿什么，无论我做什么饭你总是一个劲儿说："好吃，好吃极了，极好吃。"有时其实还没有吃到嘴。

执中，你一辈子做教师，肩负着教书育人的双重重担，我知道你有多努力，从无丝毫松懈，如今你应当知足：你精心培养了一批优秀的人才，他们中有的成为今日国内外学术界的骨干力量，有的已经主政一方，有的自己也已经桃李满天下……

执中，我们一次次经历政治运动，你每一次都是被冲击的对象，可你依然乐观，永远不改你那赤子痴心。"文革"后，你以一种近乎疯狂的热情工作着，因为你说"我们赶上了'小平您好'的时代。"20 世纪 70 年代末你看到了日本政府制订的"倍增计划"的日文原文，敏锐地意识到这个文件对即将起飞的中国经济有多么重要，立即与他人合作翻译了日本《国民收入倍增计划》一书，又先后写出了《日本"倍增计划"的编制方法和可借鉴的主要经验》等一系列文章，不仅论述了日本国民收入倍增计划形成的背景、重点和比例关系，还按照日本 10 年"倍增"的理论根据，分析了我国 20 年翻两番的政策措施与可能性。这些著作呈送中央书记处和小平同志，为我国制订翻两番计划提供了宏观政策上的参考。这是你最感欣慰的时刻：终于甩开一切羁绊，有了用自己的知识报效祖国的机会。

执中，你一生不爱钱、不爱官，所有认识你的人有目共睹。因为敬佩你的为人，1994 年内山完造先生同一批曾经侵华的老兵一起为刚成立的全国第一个"日本经济"专业捐赠一笔钱，你连碰都不碰那钱，让教学秘书小周接过捐款，然后全部用来建设了一个当时河北大学最先进的语音室。在金钱上一丝不沾，这就是你一生的操守。党和国家没有忘记你，你获得了巨大的荣誉，可是你对荣誉却看得很淡，你想的还是报效国家。担任全国政协委员期间，你的每个提案都凝结着对国家深挚的爱，因为这些高质量的提案，你有机会跟李先念主席面对面共商国事，让你一偿以天下为己任的夙愿。为了主席那湖北乡音你是那么自豪。你愤怒地驳斥莱斯特·布朗《谁来养活中国》的谬论，并撰文《中国人不能养活自己吗？》（《相知》1996 年 8 期）。你在 1997 年 3 月第八届五次全国政协大会上发言《节水灌溉与缓解北京市缺水的建议》（《光明日报》1997 年 4 月 22 日）等都受到高度重视。你做了这么多，你心心念念要报效祖国和人民的愿望已经实现。

执中，你的研究事业已经得到了党和国家的承认，你关怀着的学生们都成长起来了，你深爱的孩子们都成家立业了，愿你的灵魂快慰、安息……

来世再牵手！

来源：《清华校友通讯》复 67 辑

孔令仁学长

当代女杰孔令仁

■ 乔植英

孔令仁（1924年11月—2016年7月18日），女，山东曲阜人，1942—1947年先后在西南联合大学历史系、清华大学历史系学习。曾任山东大学历史系教授、全国政协常委、全国妇联副主席、民盟中央副主席、中国孔子基金会副会长、山东省政协副主席、山大韩国研究中心主任。

孔令仁很美，衣着修饰有很高的品位。穿红不显其艳，着青不觉其素。名门淑女、大家闺秀这些词汇不能完全涵盖她的气质。她的美具有中华传统文化的深厚底蕴，是家庭素养、智慧学识、道德品行的互相交织和渗透，并洋溢着鲜活的时代气息。这种美会伴随岁月与日俱增，有着永远的魅力。

非凡的家世

孔令仁先生是孔裔近支76代孙，亦即颇有名气的"孔八府"嫡系传人。2550多年来，孔裔繁衍，生生不息。据说中国大陆孔姓就有300多万人，的确是天下第一大世家。

孔令仁从小就生活在浓郁的文化氛围中。她的太外祖劳乃宣是著名的音韵学家，著有《等韵一得》等书，清末曾任刑部大臣、京师大学堂第九任总监督。祖母劳绱，"识天文，精算术，通音律，善诗词"，曾任北京女子师范教师。民国初年推行的注音字母，在创造和推广中也有祖母不可磨灭的功劳。祖父孔繁淦，清末曾任京师审判厅厅丞，学识渊博，为人敦厚诚笃。孔令仁的父亲孔祥勉，英俊潇洒大度，大学毕业，是电机工程师，后从事银行工作，又是一位银行家。她的母亲于苹芗，美丽仁慈贤淑，毕业于济南女子师范。他们珠联璧合，为子女营造了一个非常和谐美满的生活环境。孔令仁上有一兄一姐，下有三妹二弟。外祖父于老名洪起，字范亭，毕业于京师大学堂，毕业时名列榜首，被授予举人资格。他思想开明进步，是同盟会的元老，一直追随孙中山从事革命活动。孔令仁兄妹也正像外祖父期望的那样，个个秀外慧中，除一人因抗美援朝参军外，皆毕业于著名大学。特别是他们受到父母为人处世的优秀品行长期潜移默化的影响，形成高素质的大家风范。

在孔令仁家客厅的墙上，孔子像旁，是77代"衍圣公"孔德成手书的条幅，"户牖观天地，山川足古今"。他们家与"衍圣公"的关系一直是很密切的。她的祖母德高望重，在孔族中备受尊崇。孔德成是遗腹子，当他出生时，76代"衍圣公"孔令贻的夫人特地请老夫人到曲阜去监产，作孔德成出生的见证人。1935年，孔德成去南京任"至圣先师奉祀官"。举行典礼后，专程到孔令仁家给老夫人请安。

丰富多彩的海外联谊活动

由于孔令仁的亲属、同学、老友多与海外方方面面有着较广泛的联系，为她海外联谊活动提供了非常有利的条件。她的姐姐孔令和，从20世纪60年代初就在"美国之音"工作，历任其华语部播音员、记者、导播。姐夫董绍基是原国民党驻美大使董显光的侄子，曾任驻美武官，其后任香港董浩云、董建华航业集团驻华盛顿代表。孔令和有渊博的学识、诗样的文采、完美的仪表和广泛的社会关系，夫妇俩成为华盛顿上层社交界的名人。福特、里根、老布什、基辛格等，都与他们有交往。美国政府对他家很重视，凡盛大国宴都请他们参加。他们的女儿董恺悌更是美国ABC电视台纽约黄金时间新闻节目的主持人，曾多次被评为美国最佳新闻工作者，获得"精美奖"，里根亲自给她颁发奖章。她还和李政道、杨振宁、王安等11人一同被选为美籍华裔名人。

孔令仁的老伴由其文的父亲由芝贵，是山东的老同盟会员，辛亥革命光复烟台时，他带领18位革命豪杰冲进烟台府台衙门夺权。孙中山先生视察烟台时，曾亲自送给他一把刻有"孙文赠"的指挥刀。现在烟台的博物馆中，还陈列着他的遗物。由其文的弟弟由其武在台北，二姐由其风、三妹由其静都在美国。

除了亲戚朋友，由于"孔"字结下的情缘到底有多宽多广，尚无确切的统计。首先是研究探讨孔子学术思想的团体组织遍布世界，港澳台地区就更多。我国周边的一些国家，如新加坡、马来西亚、日本、韩国等，都受孔子儒家思想影响较深。韩国现有孔姓7万多人，宗亲活动十分活跃，成立了全国性的"曲阜孔氏韩国大宗会"，刊印名为《曲阜孔子大宗谱》的族谱。世界上许多国家（地区）、尊重孔子，为了进行祭祀活动兴建了孔庙。可以说，凡是尊敬孔子及与"孔"字有关的人，都会向孔令仁伸出友好的手。当她作为中国孔子基金会的代表访问新加坡时，那里孔教会的人主动和她联系，非常热情友好。在宴会上秘书长徐一鸣引吭高歌为其一行祝福。这是新加坡对最尊贵客人的欢迎习俗。在他们离开的头天晚上，孔教会的人为送行一直在宾馆里等到夜里 11 时。还有几位姓孔的新加坡人让记者带着找她，她把带去的布印孔子像分赠给他们。他们非常高兴，说："有朋自远方来，不亦乐乎！"她说："何止朋？这是有亲自远方来，应该更乐！"报纸用这句话作标题报导他们的活动，热情洋溢，亲情绵绵，在促进中新和平友好中起着不可替代的作用。

由于种种历史原因，孔令仁姐姐一家对与大陆交往有顾虑。中国驻美大使章文晋与她家是世交，为了做他们的工作，多次宴请他们，并登门拜访，但顾虑总是难以消除。1985 年孔令仁应邀到了美国，给了他们一个惊喜。此事本身就很有说服力。孔令仁随时随地介绍家乡亲戚朋友的情况，介绍改革开放以来国家的繁荣与发展。当说到政府已落实政策，归还了他们家青岛的房子时，她姐姐非常高兴，特地让她姐夫买了随身带的小录音机，以便随时把她的话录下来，放给朋友们听。孔令仁以自己的经历使她姐姐一家转变了思想看法，不但应邀参加了我国驻美大使韩叙的就职宴会，还主动陪孔令仁到中国大使馆去拜见韩叙大使。在韩叙大使就职的宴会上，有位记者对孔令仁说："你这位妹妹真不简单，令姐从不参加中国使馆的活动，今天为你也来了。"她微笑着回答："这是大势所趋，人心所向，你不是也来了吗？"

孔令仁在美期间，"美国之音"的负责人徐元约主任邀请她在"美国之音"的"谈谈中国"专题节目中接受一次专访，并安排新闻处处长饶孝祚女士和薛振寰先生联合主持播出，时间共 30 分钟，分两次播完。按以前惯例，每采访一人，只播数分钟，像这样长的访问，是有此节目后的第一次。播出时，先由饶处长做简单介绍："我们很荣幸今天请到山东大学历史系教授、山东省政协副主席、孔子76

孔令仁（右3）与山东大学学生在一起

代孙孔令仁女士来接受我们的访问。孔教授这次是应美中学术交流委员会代表美国科学院的邀请来美考察的。这是一个美中杰出学者的交流活动……"接着她和薛振寰分别提了10个问题。概括起来有以下四个方面：一、您认为在哪些方面中国可以吸收美国的先进经验？哪些方面美国可以借鉴中国优秀的历史传统？美国对中国现代化方面能做出什么贡献？二、中国对儒学在学术上有什么新的见解和评估？三、听说"文革"中孔子的故乡曲阜遭到了破坏，现状如何？今后将采取何种保护措施？四、您对今后促进美中文化交流有何宝贵意见？由于孔令仁对中国国情的了解及山东政协副主席这个职务赋予她的责任感和参政议政意识，使她从容不迫地回答了所有的提问，圆满地完成了这次专访的任务。

在孔令仁访美的次年，孔令和被选为由陈香梅任团长的全美杰出华裔妇女访华团成员来华访问。这是规格很高的一次访问。行前，里根总统还在白宫接见了她们。到北京后，当时的全国政协副主席康克清在人民大会堂宴请她们。孔令仁在她们来华的20多天中，奉命全程陪同。此后，孔令和夫妇多次回国探亲观光，参加曲阜孔子文化节，并到孔林拜谒父母及亲人的陵墓。孔令和特别留恋故土，提出身后要回归孔林的愿望。通过她的活动和媒体的宣传，在沟通亲情、加强海外对中国的了解、促进祖国和平统一方面起了一定的作用。

孔令仁在20世纪40年代就认识陈香梅。陈香梅也是孔令和的好友，在美国政坛非常活跃。在得知孔令仁到华盛顿后，陈香梅与龙绳文（旧中国云南省主席龙云之子，与孔令仁是老同学）联合为孔令仁和王光英夫妇举行了一个盛大的宴会，邀请了华盛顿六七十位头面人物参加。孔令仁幼时的朋友夏道泰（前国民党最高法院院长夏勤之子），是美国国会图书馆法律部主任，这是华裔在该单位担任的最高职位。虽隔断音讯几十年，但老友相见，依然十分坦诚。他主动地问孔令仁是否有需要帮忙的地方。她说："有！希望你在向美国国会提供有关中国法律咨询时，能够实事求是。"他笑着回答："你放心。我每次向国会提供咨询时，都特别重视中国法律的进步。"也在国会图书馆任职的居蜜（国民党元老居正的孙女）得知孔令仁的外祖父于洪起是老同盟会会员，又是自己祖父的旧交后，对她非常亲切，多次宴请，并主动联系，放映她带去的录像《孔子诞辰故乡行》。在一次宴会上，孔令仁和胡祖望（胡适之子，孔令仁同学）谈起山东大学出版了一套《胡适资料》，他开玩笑说："这一下，你们又有批判材料了。"她回答："对胡适先生，我们还是要实事求是地进行研究和评价。纽约大学唐德刚教授的《胡适传》，对胡适先生评价很高，我们也出版了。"龙国璧（龙云之女），杨郁文（杨森之女，蒋介石甥媳），徐真（原国民党天津市副市长儿媳）都是她的老朋友，这次在美国相聚，感到非常亲切。她们谈着各自的境况，回忆着青年时聚在一起谈理想谈抱负的情景，感慨不已。她们对她很羡慕，认为她政治上有地位，业务上有成就，夫妻恩爱，生活美满，说，"只有你代表了我们过去的理想。"

孔令仁的美国之行，不仅会见了亲人、老同学、老朋友，还结识了一些新朋友，如黄兴的女儿黄德华、女婿薛君度。薛先生是马里兰大学知名度很高的教授。她到马里兰大学访问，因薛先生接待而相识，并建立了友谊。此后他们常回大陆，每次来山东，都要求孔令仁陪伴活动。她访问密执安大学，是由研究中国近代史的著名学者费维凯教授亲自接待的，并为她组织了盛大的欢迎会，介绍很多知名教授学者与她相识，其中有位中文名为"孟旦"的洋教授，对孔子很有研究，中国话很流利。他对孔令仁说："咱们是一家人！"孔令仁愕然，他不禁笑了，说："你姓孔，我姓孟，孔孟一家人嘛！"孔令仁听了也开怀地笑了，其他人也随着笑了起来。在笑声中消除了国家与民族的界限。这欢笑是绽放在心头的亲情、友情之花，是永远开不败的。当时韩叙大使曾由衷地赞扬她说："你是民间大使！"她是孔裔，更由于她是学者，她让更多的美国人民不仅了解了中国改革开放以来的发展进步和取得的重大成就，同时也从她本身看到了真实的大陆学者的风采。

热情地弘扬儒学

孔子被尊为世界十大思想家之首，这是众所周知的。1988 年，世界诺贝尔奖得主曾聚会巴黎发表宣言，其中有"人类如欲生存于 21 世纪，须向 2500 余年前之孔夫子寻求智慧。"之语可以说明孔子思想之博大精深，已为当代世界智慧精英深深佩服。

作为孔裔并对儒学有研究的孔令仁，更是以弘扬儒学为己任。她在《孔夫子与孙中山》一文中说，孔夫子汲取了夏、商、周三代文化的精华，形成了以仁、礼为中心的儒家思想体系。指出孔夫子和孙中山的思想体系既是对过去中国优秀文化的总结，也是在新的历史条件下对中国优秀文化的巨大发展。他们的思想，无疑是中国现代以前思想史上的两座最高的山峰。她的这一观点，在国内外引起了强烈的反响。她还撰写了《儒学对中国现代化建设的积极意义》等论文。其中不乏真知灼见。所以，她出国访问，除了做专业学术方面的交流外，还做了很多场关于孔子和儒学的报告。如《关于孔子与儒家文化的起源发展及演变》《孔子思想对中国传统文化所产生的深远影响》《当代学术界孔子研究的最新成果》等。每次报告会后，听众都会提出很多问题。如"孔子的儒学与基督教、天主教、佛教等有无共同的地方？""'文革'中对孔子批判，今天大陆上对孔子如何评价？""孔子的思想在今天的社会主义中国是否合适？""孔子曰'唯女子与小人为难养也'，这种轻视妇女的思想是否和后来中国妇女社会地位低下有关系？"

等等。孔令仁都一一做了令提问者满意的答复。你问我答，不拘一格，十分亲切友好。

在她做有关孔子报告时，有时她的姐姐孔令和与她一起出现。她们仪态典雅，十分引人注目。有人还提出了这样的问题："作为孔子后裔，你们是否有特别的感受？""你们是否做过血统方面的调查？""孔子后裔是否都有过人的聪明智慧？""孔子后裔是否都像你们姐妹这样美丽漂亮？"她的回答十分生动、得体，博得长时间热烈的掌声，她的姐姐也会报以赞赏的微笑，使得她们更加光彩照人。她说："身为孔子后裔，能够在异国的土地上受到特殊的礼遇，我感到很荣幸。这不仅是对我本人的尊重，更是对中国传统文化的尊重。孔子的后裔在相貌上，也和普通人一样，千差万别，风采各异。例如，我的姐姐就称得上是一位让东西方朋友一致推戴的佳丽，而我本人的相貌平平，自己认为更东方化一些。作为孔子后裔，有一点我认为是共同的：这就是对我们的祖先都同样崇敬、仰慕，并都会自觉地以先贤为楷模，在日常生活、待人处世及做人的标准上，努力做到无愧于一名孔子的后裔。"

1987 年 3 月，孔令仁随孔子基金会代表团到新加坡访问。那里的许多报纸在他们到达的前一天就做了报道。她一下飞机就被新闻记者紧紧围住。报刊、电台、电视台连连报道他们的访问活动。在短短的 7 天访问中，很多事让她难以忘怀。有一次她到商店买东西，老板从报刊的照片上认出了她，非要以最低的价格卖给她不可。给他们代表团开车的司机，态度特别好，服务十分周到。他们为了表示感谢，合伙买了点小礼物送给他。没想到在代表团要离开时，他回赠了每人一个十分精致的 K 金小书签。后来他们得知他是开着自己的车免费为代表团服务的。她说，新加坡广泛推行"新儒教运动"，孔子是位家喻户晓的伟人。孔子的画像被人们供奉起来，她带去的孔子像，成为最珍贵的礼物。孔子的语录到处可见。不少学校开设了儒学伦理课，她听过两所中学的儒学伦理课。老师讲得很生动，能联系实际，把古老深奥的儒学伦理讲得浅显易懂。学生也很感兴趣，讨论得很热烈。

那么儒学对于我国社会主义现代化建设有什么积极意义呢？对于儒学，孔令仁一直认为孔子是"圣之时者也"，对他的看法应坚持一分为二的看法。从发展看，而不是固守不移的。她认为，在我国目前改革开放的时代，除了坚持以马列主义、毛泽东思想、邓小平理论为主导之外，还应该吸收西方一切有积极意义的思想和学说，更应该吸收传统的儒家学说。孔子的儒学并不是为汉以后的君主们创立的，但他们通过对儒学的改造，把它用来作为巩固、完善、发展封建社会的武器，收到了卓著的效果。儒学更不是为外国资本主义创立的，但是日本、韩国、新加坡等都通过对儒学的改造吸收，借助儒学把自己建成了先进的现代化国家。她认为"治世崇儒"是值得重视的历史经验。她说，儒学的内容广博，在我国当前现代化建设中，值得借鉴、利用之处甚多。如主张大同，维护统一和秩序，修身、齐家、治国、平天下，讲的就是安定团结的道理。要发展经济，没有安定的社会环境是不行的。要加速我国经济的发展，关键是人才。这就要普及教育，发展教育事业，提高全体人民的素质。孔子就十分重视教育，主张"有教无类"，还总结了一套成熟的教育方法。我们只要善于利用，就能促进我国教育事业的发展和提高。她说儒学重视伦理道德，主张通过道德熏陶来提高人们的素质。儒学道德规范的出发点是要爱人，对人要宽容。搞好人际关系，"夫子之道，忠恕而已矣"。孔子还特别重视"信"，"民无信不立"，不讲信用，是办不成什么大事的。再就是举贤才，知人善任。我们现在实行的公务员制度，也可以说是儒家的"选贤任能"。我们现在已进入新世纪，新时代，更需要对儒学进行深刻的分析，择善而从，吸收其积极因素，使这个土生土长的古老学派更好地为中国人民服务。

积极地参政议政

孔令仁还是一位勤于参政、议政，敢于直言的社会活动家。温婉谦恭的孔令仁，常常表现出"白说也要说"的倔劲。事实证明，说了，并没有白说。所以她严格要求自己关心民间生活，关心教育，特别是知识分子的疾苦。每次政协开会前，她都很认真地写提案，开会时，坦率直言。这时的孔令仁十分庄重、严肃，你会感受到她对祖国人民的炽热的爱。在1983年4月召开的山东省政协五届一次会议上，她就大学教育改革问题提出的建议中，就有"文理互补""社会办大学""改革分配制度""实行人才流动"等内容。第一，打破人才单位所有制，实行人才流动，以充分发挥人才的潜力。第二，现在学生的知识面太窄，文科学生应选修一两门自然科学，理工科学生应选一两门社会科学。所有大学最好都开设中国近代史课，以加强爱国主义教育，丰富学生的历史知识。第三，改变目前就业完全由国家包下来的分配制度，调动学生学习的自觉性。第四，不要把大学变成一个小社会，无所不包。大而全、小而全都不适应现代化建设需要，我们应该做到社会办大学。今天回顾这些建议，你不得不佩服她的远见卓识。

在以后许多重要会议上，她多次呼吁要从根本上提高对教育事业的重视，增加教育经费的投入，改善教师的工作与生活环境，为培养跨世纪的人才不拘一格地选拔、重用青年教师骨干。在她当选民盟中央副主席不久，就以"互为诤友，坦诚相见"为主题发表讲话，对中国共产党所倡导的"长期共存，互相监督，肝胆相照，荣辱与共"十六字方针表示由衷的拥护。后来她又在全国政协常委会上就参政、议政问题，围绕着掌握理论，了解实际，掌握原则等方面提了一些建议，曾被刊登在《人民政协报》上。她的提案《关于建立孔子文化研究院》获得采纳，中央和地方部门各拨专款，现已建成一个颇具规模的研究院。

孔令仁还是全国妇联副主席，对中国的妇女问题自然十分关注。现在社会中存在的一些妇女问题，使她深刻认识到，要实现真正意义上的妇女解放，必须做大量的深入细致的工作。有感于此，她在全国政协八届二次会议上，做了《关于重视选拔使用妇女干部》的大会专题发言。她认为，建设有中国特色的社会主义，女性参政是大趋势；对国家、政府和社会来说，首先要提高人们的思想认识，进一步清除男尊女卑的旧思想，对妇女本身来说，要做到自尊、自信、自立、自强，努力使自己具有与男子平等竞争的素质、能力和水平。她的见解，引起了一系列社会反响。在 1995 年 9 月召开的"联合国第四次世界妇女大会"和"非政府组织妇女论坛"上，她为"论坛"撰写的《中国妇女的伟大贡献》，从不同侧面展示了中国妇女的风采，有利于增进彼此的了解。世妇会中国组委鉴于她做出的显著成绩，向她颁发了"嘉奖证书"。

1998 年"两会"期间，驻鲁全国政协党外委员认真履行职责，积极参政议政，所反映的问题和意见，共有 29 篇被中央统战部刊出并上报中央，其中就有孔令仁的 3 篇。

独具特色的经济史研究

孔令仁的学术成就是多方面的，其中对中国近现代经济史的研究尤为突出。当她走进这个领域时，中国近现代经济史的研究还处于"相对落后的状态"。从事此项教学和研究工作，面临的困难就大得多。因为必须拥有大量的资料、数据和较强的理论思辨能力。

孔令仁从小就受到正规系统的教育，又经过名师指点，基本功扎实，尤其是由于她自身勤奋努力，在学术上本应早有更高的成就，可是由于众所周知的灾难性的运动，她前进的路上面临重重障碍。但不管客观条件多么不利，她总是以平和的心态来面对。她的脸上常常带着发自内心的亲切、友善的浅浅的笑意，露出一种少见的从容，带着梦想、带着企盼在积聚能量。改革开放给中国带来了春天，也给了孔令仁一个极好的契机。她认真地教课，严谨地做学问，积极地参加社会活动。在繁忙的工作中，她始终把教学科研作为重中之重。孔令仁思想活跃，观点开放，是一个很好的学术带头人。她团结骨干力量，组织学术活动，撰写、主编学术著作。她的《19 世纪末山东的社会经济与义和团运动》一文，从独特的角度，对义和团运动的社会背景、性质、作用等，做了深刻的论述，受到国内外专家的重视。另一篇《〈子夜〉与 1930 年前后的经济》，同行专家也给予很高评价，认为"是一篇很好的经济史论文，也是一篇很好的文学著作导读"。《子夜》作者茅盾先生亲笔致函予以肯定。

到了 20 世纪 90 年代，孔令仁撰写并和李德征共同主编出版多部著作。如:《中国近代企业开拓者》（山东人民出版社 1991 年出版，分上下册，90 多万字）涉及有代表性的近代企业开拓者 120 人，既有全面准确的描述，又有科学深入的分析，生动翔实，使读者可从中了解到近代企业开拓者的艰难历程和创业精神，以及他们在长期经营活动中创造的有价值的经营管理经验，也为我国当前的经济建设提供了一定的历史借鉴。《中国近代化与洋务运动》（山东大学出版社 1992 年出版，约 56 万字），《周村开埠与山东近代化》（山东大学出版社 1996 年出版，约 30 多万字），《中国老字号》（高等教育出版社 1998 年出版，共 10 卷，417 万多字）等，都是难得的学术畅销书。特别是《中国老字号》，是国家教委"八五"规划重点项目，融资料性和研究性于一体，是我国第一部全面介绍各地老字号企业的大型综合图书。这套书，收录了 1949 年以前创办的具有中国特色的老字号企业 1500 余家，其收录厂家之多、涉及企业之全、分布地域之广，在国内同类著作中是空前的。书中记述中国老字号企业艰难坎坷的创业历史、别具风格的经营方略、各显神通的竞争要诀、称雄市场的名优产品，客观地展示了它们的传统优势和开拓精神，并充分肯定了它们在改革开放以来的新发展和新成就。而在理清企业的发展历史和评述企业的经营特色方面，又挖掘出了许多鲜为人知的史料，极大地丰富了中国现代经济史的内容。

在谈到这些成就时，孔令仁的脸上依然带着那亲切平和的浅浅的笑。逆境是这样，顺境也是这样。那种"不以物喜，不以己悲"的心态，表现出她个人修养的崇高境界。

来源:《济南文史》2015 年 1 月 31 日

曹添学长

他为地质事业奉献一生
——追忆曹添

■ 谭钰贞

曹添，1926年生于江苏南通石港——一个美丽富饶的地方。他的父亲教过书，办过报（最早的《南通时报》），也办过慈幼院。曹添自小受父亲教导，加之聪颖好学，是拔尖的好学生，1935年曾被评为"模范家庭"中的"模范儿童"。

1938年日寇侵略石港，疯狂烧杀抢掠，一把大火把他家烧光。他父亲正患病，气愤之下病重而亡。在家破人亡极端痛苦的情况下，12岁的曹添和家人掩埋了父亲，和母亲一起来到了上海。当时他大姐已从上海美专毕业，在印染厂搞美术设计工作。由于家庭环境的巨变，他母亲病倒了，他也由于过度劳累而吐了血，因此休学。一年后再考入上海中学，他很珍惜这段学习时间。在"上中"六年学习中，他对文理科都有广泛兴趣，高中分文理科时他想到科学救国，因此选到理科，但他对文科兴趣也很浓，所以报考大学时，他报了六七个学校的不同专业，令人高兴的是全部考取，最后他选择上了清华。

1946年秋，他来到文化古都北平，清华园令他大开眼界。民主自由的气氛环境中，知识渊博的教师和热情洋溢的学生散发着蓬勃的生气。热烈的迎新活动后，民主竞选产生了学生自治会。不久美国兵强奸北大女学生事件引起清华同学极大愤怒。曹添这个满腔热血的青年与同学们一起参加了抗议示威、罢课游行。他能写能画，写了好多标语口号并画了好多讽刺漫画贴在大饭厅里。搞运动的同时，他清醒地认识到不能耽误学业，因此和同班另一地下盟员互相帮助，加倍努力学习。他在地下党领导下担任系级学习委员，经常活动于同学和老师间。他曾在一位地下党员教师家中一起研究保护校产的计划，以迎接解放。

1949年除夕，地学系的师生以汗水和喜悦迎接这有意义的夜晚。在有着"新中国"三个大字的大蛋糕前，大家扭秧歌，唱呀跳呀，高呼"新中国万岁！共产党万岁！"等口号，人人热血沸腾，不少人流出激动的眼泪，此情此景他终生难忘。

563

1950 年 7 月 20 日，清华大学地学系地学专业 1950 届毕业纪念。前右 1 为曹添学长

1949 年 11 月他入了党，更明确了他的任务，不仅自己学好而且要带领全班同学学好。他身为班长带头学好功课，并积极帮助学习吃力的同学，使全班学习都达标。为此他常牺牲自己的休息时间为同学辅导。1950 年毕业时，他们聆听了周总理讲话"活到老，学到老，改造到老"，这成为他一生奉行的准则。填写毕业志愿时，他三个志愿全填写的是去新疆，因为他觉得大西北是待开发的处女地，需要地质人员去工作。但由于工作需要他被留校任教，他也愉快地服从分配，在新成立的地质系作一名助教。他走上课堂，首先自我介绍"我叫曹添"，说着扬头上望"朝天"，同学们便哈哈大笑起来，轻松愉快地听他讲解每一块矿物标本。虽然矿物本身很枯燥，但经他一讲变得活生生起来，因此不少同学喜欢上他的课。同学们毕业后聚会还经常邀他出席，有什么事都愿意找他谈。转正后，组织上交给他的新任务就是清华职工支部工作。这个支部人数不多，但职责范围涵盖清华园方方面面，如总务、教务、机关、图书馆、工厂、小学、家属等。他没有经验但虚心学习，支部工作有声有色。当时正值"三反""五反"，他工作头绪多、担子重，但年轻，精力充沛，工作能力和组织领导水平得到很大提高。

1951 年 6 月一个星期六的下午，课后四点半，我们在工字厅举行了简朴而隆重的结婚典礼，除一些亲友外，地学系几乎全部师生都参加了。由冯景兰老师填词，用抗美援朝的曲子，大家一齐唱起欢庆的歌，场面极为热烈，至今记忆犹新。婚后不久他便出野外实习，我去参加"土改"。在清华这个时期，也正是国家翻天覆地大变化的阶段，他由一个追求进步的知识青年，经过党的教育培养，在政治上成为了一个坚定的共产主义先锋战士，业务上也打下坚实的基础。

1952 年年初，高校院系大调整，以北大、清华两校地质系为基础，集中全国地质教育方面人才，准备建立地质学院。当时清华大学党委指派曹添参加筹备组工作，和北大派来的马杏垣教授及市委派来的陈子谷同志三人组成筹备组。任务要求：在 1952 年暑假后，一个新型的高等地质学院要建成上课。任务重，时间紧，三人小组分工，陈子谷负责基建总体规划，马杏垣负责教学，而曹添则负责人事。他一个 20 多岁的年轻助教，普通党员，资历经验均不足，但他凭着旺盛的精力和不畏困难敢挑重担的开创精神，勇敢地承担起此任务。当时我被分配到人大，单位已分给我们一间住房，在东城船板胡同，离他们筹备组（沙滩）不远。可他决定要住在清华，每天骑车从城外赶到沙滩来上班，因为他认为他是代表清华大学来参加筹备组的，所以应该随时和清华的师生取得联系。他每天骑自行车经海淀过西直门到沙滩，然后再从沙滩去市委或计委开会或商讨工作，借来的一位清华教师的自行车也给跑丢了，可他忙得根本没时间去找。我常常看到他气喘吁吁、汗流浃背的样子，他是在拼命地工作。

因为教学需要，不仅要有一定数量的教师，而且一定要保证教师的质量。他求贤若渴，到各有关院校联系人。母校清华给了他极大的支持，有不少基础课教师都是来自清华，可缺口还是很大，他常常为了争取一个教师而反复跑很多次。测量课教师周卡就是例子（周留美回国不久，工作还没定），好几个院校想要他，曹添知道此情况，也积极参加争取，大家一起摆情况，谈理由，最后由市委决定，把周卡分到了地质学院。另一部分师资来源是 1952 届北大和清华的地质系毕业生。他们大都是学习好的，所以留下后很快成为建校骨干。职工则全部由北工（端王府夹道北大工学院）原来的职工转到地院，对这些人的情况他也进行了了解。总之在不到半年的时间内，由不到百人的基础地质人员迅速扩充到四五百人，由单纯教学组织变成全面高等教学单位。筹备组人员默默地付出艰苦的劳动。他们安排好 1952 年暑期开学后每个人的任务职责，保证教学秩序正常运行，为建立地质学院打下了良好的基础。

北京地质学院正式成立后，他被分到矿物教研室，同时兼任教务科副科长及教研室党支部书记。头绪多任务重，一切都是新的开始。矿物是地质类基础课，开学马上就有教学任务，所以他经常是日夜兼程，白天要将全院教学安排具体落实到各教学环节，要听课、上课；晚间突击俄文（三个月）。以后就不断有人来谈工作、谈思想、党团活动等，工作生活紧张而愉快。

教研室前后来了三个苏联专家，他带领教研室同志向专家学习，因此他曾在全市高校教师学习苏联大会上做典型发言，并协助苏联专家指导两名研究生。他对老专家非常尊重。王炳章教授年老体弱，他陪着去上课并帮助在旁写黑板，积极支持王老写出古矿物学讲义。陈光远副教授为教研室主任，曹添主动协助他工作，常在一起坦率交换意见，并积极帮助陈入党。对青年教师他更是关怀备至，他了解彭志忠对矿物既感兴趣又肯钻研，就支持他去搞科研，为他配备了助手，还送他出去进修；在彭有了发明创造时，他给予热情鼓励和宣传，彭曾说："曹添是我的引路人"。

1953 年又一批新生入学，因校址不够，只好暂时在河北宣化上课。学校指派他去宣化搞教务并担任普通地质学授课工作。一年后，教学秩序稳定下来，新的实习项目又要开始，领导又指派他任生产实习科科长。这份工作很繁琐，先要和各生产部门打交道，讲清教学目的、要求，还要各职能部门一起配合。规章制度、合同等相关手续都花费了他很多精力和时间。

中华人民共和国成立初期，由于战略的需要，1958 年年初领导要他筹备组建三系（放射性地质专业）。这是极端机密又高度污染的工作，许多人害怕，而他认为这是组织的信任，也是地质工作者的神圣职责。他接受任务后就全力以赴，到二机部、地质部各部门了解要求，制订教学计划，组织人员建立物探和地质两个教研室，编写教材，并在极大危险的情况下建立了两个实验室。从高年级中抽出部分学生转入三系，这样一个完整的专业就建立起来了。在这段时期，他经常奔走往来于二机部及地质部，协商学生教学、生产实习等问题。他打了多少份报告已记不清，但他辛苦劳累往来奔波的情景仍留在人们印象中。三系建好后他又回到了矿物教研室。

1960 年年初，校领导命他组建地球化学这个新专业。当时正是国家困难时期，开创一个新专业困难很多，但他为地球化学发展的前景所鼓舞。他反复思考，走访专家，查找苏联、英、美等国的文献资料，考虑办专业的方向。另一方面，他积极招募人员，除了从矿物教研室抽出两人为骨干外，又从 1960、1961 届毕业班同学中抽出一些留校工作，这样一个年轻的教研室就成立了。他经常废寝忘食，白天上课、开会、联系各项事物；晚上编教材，这样边学习边建设。他鼓舞大家教学相长，并创造了一门课由几个老师轮流讲的"拼盘"式教学法。他热心帮助年轻人走上教学一线，说"我来保驾"，扶他们上马还要送上一程。

1975 年学校迁到武汉，他是第一批带地质系师生迁过去的。初到武汉时，工作头绪很多，许多领导还都没去，他吃饭时常常围了好多人来谈工作。没有黑板、灯泡不亮、炊事员和学生吵架等，他都要细致地做工作。他的宿舍是学生常去的地方，有的同学为他打水，有的为他收拾屋子，他对学生们也不仅是在课堂上传道授业，更多的是从各方面言传身教。学生毕业分配常有专业不对口学非所用的，这时他会帮助同学向各方面求援，每年毕业分配工作也花费他不少心血。

1969 年，我们全家下放江西干校。开始种菜时，他挑粪走不稳粪汤洒了一身，可他不嫌脏不怕累，经过一段时间锻炼就行走自如了。当我因病去上海治疗时，同事要我带些日用品，而他只是要我买些蔬菜种子和种蔬菜的书，因为他想让干校的同志们吃到一年四季生产的蔬菜。干校结束返京后，许多人无事可做，他却主动和生产部门联系举办了多期地球化学短期班，效果很好。

长期的超负荷工作，高血压、心脏病严重威胁着他的身体。1980年调回北京后，本应治疗和休养，可他毫不在意自己的身体，一心想将"文革"耽误的时光尽快弥补过来，所以还是急匆匆地扑到工作上。在条件极差的情况下，他先后招了四名研究生、两名出国代培研究生。为了培养合格研究生，他带病到处奔波，联系实习地点，确定专题，为出国生联系专业导师等等。他的血压常

1981年清华校庆70周年，曹添（后右1）与同学返校合影，前左1为作者谭钰贞

常高达200mmHg，可他仍以顽强的毅力与疾病进行着拼搏。

1982年8月，他从内蒙古野外队回来，评审稿件、推荐提职称等许多工作等待处理，他都认真完成。10月中，地质学会地球化学专业委员会第二次学术会议在昆明召开，他作为委员会副主任在会议的最后一天做了总结报告，这次的大会发言也成为他最后的告别留言。研究生答辩工作，学校规定11月要全部进行完。他从昆明回来后已是10月下旬，因此他每天关在小房间内审稿、写评语、提建议，连续工作了几个日夜。11月7日，正是全校欢庆建校30周年纪念的日子，校领导全去武汉开会，第二天早上便是他第一个评审研究生答辩会。当他离开书桌准备吃晚饭时，突然因剧烈头疼而晕倒，送去医院后没几天他就匆忙地离开了我们，他是因脑溢血而走的。

他去世的消息传开，在地质学院和地质界震动都不小。地矿部领导夏国治很快就来家探望，地质学院的领导、老师也纷纷来劝慰我。去武汉开会的同志陆续赶来，有的买不上坐票是在火车上站回来的。老院长高元贵只是连声说："可惜，可惜……"清华大学党委、艾知生、解沛基等送来了花圈；原职工支部的老同志陈舜琴、邢家鲤、刘颖达、徐凌等参加了追悼会，我们深为感动。

时光荏苒，地质大学建校60周年了。大家在欢庆中，想到了建校初期的开拓者曹添。地球化学教研室的同志们回忆起这块坚实的铺路石，而我们全家更怀念他，他没有留下一句话，才56岁就匆匆走了。虽然他离开我们已经30年了，但他的精神、人品，他鞠躬尽瘁的赤子之心是泯灭不掉的，我们将永远怀念他。

来源：《校友文稿资料选编》第17辑

六　孜孜不倦　培育英才

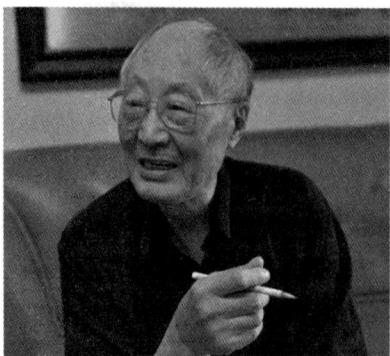

张倬元学长

张倬元：锲而不舍　声远非藉风

■ 张丹旭　王　潇　何奕楠

张倬元，1926 年出生，河北乐亭人。1951 年毕业于清华大学地质系。1984 年被评定为博士生导师。曾任国务院学位委员会学科评议组成员，地矿部和四川省学位委员会、国家自然科学基金委地球科学部学科评审组成员。他是我国和国际著名工程地质学家，斜坡稳定、库岸稳定、地质灾害和水电工程地质专家，工程地质学科博士点和国家重点学科、国家专业实验室及典型人类工程活动与地质环境相互作用关系研究方向的学术带头人。历任成都地质学院教授、院长，国务院学位委员会第二届学科评议组成员，中国地质学会工程地质专业委员会第二届主任委员，四川省矿物岩石地球化学学会第二届理事长。

早在 87 年前，他还是河北唐山乐亭县一个乡下的小娃娃。62 年前，他清华毕业，成为我国第一支入藏科考队伍中的一员。后来，他成为博士生导师，为我国工程地质人才培养做出重要贡献。本期《理工往事》，我们采访了成都理工大学"四大金刚"中的张倬元教授。让我们跟随张倬元教授的往事追忆，品读他耄耋之年仍旧对自己专业燃烧着的痴爱之情。

不闯关东闯地学

早年，父亲及两个堂兄顺应当时的潮流去闯关东，但我那股子执拗劲儿，让我选择了坚持学业这条永无止境的道路。正是那首不时回荡在我耳边的小学校歌，"青年青年要立志，切勿自暴与自弃，马援立功汉杀敌，班超投笔封侯去，男儿当自强……"，让我有了 11 岁背井离乡、外出求学的目标和勇气。因家庭及经济等各方面原因，曾先后两次失学。失学后，我一边在小学教书，一边复习之前学过的知识，等待复学的机会。

1946年，我考上了清华。因为高三失学，我的数学与物理底子都很薄弱，不得不放弃了一直很喜欢的化学专业，"漂移"到与这两门课关系不是很大的地质学专业。经过了一年的学习，地质学的魅力将我吸引，我还意识到地质学对人类有着极大的作用。这让我决定继续留在地质系，明确了一生的方向。

1954年，我被分配到北京地质学院当助教。在这里，我就又"漂移"到了水文工程地质系。该系学科以数理力学为基础，这恰是我知识的薄弱之处。所以1955年年初，我开始在长春地质学院苏联专家主持的工程地质研究生进修教师班学习，听了许多苏联专家的课程。1956年毕业后，我在北京地质学院当了一名讲师。一年之后，被调到成都地质学院任教。从此，与理工结缘。

集体协作 共建学术

20世纪80年代，我们制定了要让"石油地质"和"工程地质"两个学科评上重点学科的目标。为了这个目标，我们下足了功夫。重点学科评审第二轮要由国务院学位委员会学科评议组来认定。那时我胆囊出了些问题，刚做完手术。评议组体恤我身体状况还在观察中，我校第一轮全国专家函评名次也位列前茅，建议我可以不亲身到场。但我作为地质采矿石油学科评议组的成员，我们学校的事怎么可以不参与？我还是坚持打着绷带去了。最终我们争取到这两个重点学科，还抓住一个合作机遇——与西南石油学院共建一个油气藏地质及开发工程国家重点实验室。回来后我们就努力把这个实验室落实了下来。

1988年退休后，我继续申请国家重点实验室。那个年代，还没有"地质灾害"这个词来定义岩石圈的移动对人类生命财产、环境造成的破坏和损失。我提出后给它起了英文名"Geohazard"，还得到国际地质大会认证。后来经过申请报表、答辩、验收，"地质灾害防治与地质环境保护国家专业实验室"终于在2011年建成。这个实验室的成功建立，除了我个人的努力之外，关键是要感谢我们的合作集体。我们没有文人相轻、各搞一套，而是相互包容、合作，求同存异，荣誉共享。这样才会两次获得国家科技进步奖，才会有所发展。

左手学术 右手教学

几十年的地质学研究，让我深刻认识到地质学是一个实践性极强的专业。只是一味地纸上谈兵，是不可能有所建树的。1951年西藏和平解放，清华组织了57人的进藏综合科考队，科考队由专家和应届毕业生组成。我作为应届毕业生，荣幸地成为科考队的一员。科考队一行在简陋的考察条件下，耗时18个月，在1

万公里的科考总里程中，确定了青藏高原的四个地层系统，发现了大量的资源与化石，建立了全新的区域地层柱状图……这是中国科学家在西藏的第一次科学考察，我们发现了许多新"大陆"，这使得整支队伍甚至国际地质界都很振奋。我认为，野外考察、建立野外实验室，对地质工作者掌握一手资料，培养其观察、分析能力都很有必要。地质学不仅仅需要继承传统，更需要的是通过实践、观察与思考，推陈出新。实践不能说比学术重要，但如果不实践，再好的学问也不能够发挥其作用。

1983 年，我任成都地质学院院长。作为教师时，我要搞好教学；作为院长，我开始思考怎么把学术与教学相辅相成地办下去。我认为，提高学术水平，是为了能够壮大我们的师资力量，最终要落实到教育上。所以我的办学理念就是：提高学术水平，提高教学质量。简言之就是出成果，出人才。但当时的教育路线倾向于教学，学科建设还没有得到充分的重视。顶着压力，我们硬是把教学和学术一起发展了起来。为此我们对石油系统敞开大门，跟克拉玛依合作办班，把我们的教师以及毕业的学生插到了各个部门，还帮助水电部解决地质灾害问题。除了我自己的专业，对于教育，我也有一点自己的看法。"文理分科"这种模式可能使某一方面的研究更精良，但并不利于个人发展。一个理科生对于优秀文学作品感到一知半解，一个文科生面对一些常见生活问题束手无策——我们不应该把学生塑造成这样，现代人才应该是复合型的。

坚守人格 与君共勉

最后，我很想跟现在的青年人说，优秀的人才，是智商与情商的共同发展。智商是智，情商是德。要尊重自己的人格，让它保持高尚；要有自我要求意识，让它自强不息；要学会控制自我意志，让它抵制消沉。同时，注重培养自己正面进取、乐观善良、友好待人的品性。至于人生道路上的选择问题，我认为，不管选择了哪一条道路，都要坚持把它做好。我从一直很喜欢的化学专业，"漂移"到地质学，让我感受到它的魅力；后来又"漂移"到水文工程地质系，这让我充实了知识的薄弱之处。实例证明，做什么不重要，只要做好就不叫"失业"。在人的一生中，坚持做好一件事是很难的，无论是自己的兴趣，还是自己的专业，只要坚持，人生都能熠熠生辉。

记者手记：在我们和张倬元老教授聊谈的同时，张老的夫人彭老师会不时地插言补充。由于张老教授年事已高，身板已不像年轻时那么硬朗，彭老师适时善意地要求我们暂停采访，给张老足够时间歇息，让我们感受到他们晚年的恩爱幸福。

夕阳西下，余晖洒过张老慈祥的模样，又形成一幅思想者的剪影。张老回忆他在进藏科考队的日子时，曾向我们说："白天，我们外出在工程地质勘测作业，观察、描述、制图；晚上，我们在马灯下、蜡烛下、电灯下，把一本一本书里的知识与工作实践中遇见过的各种地质特征、构造现象等进行比对，整理成报告。"寥寥数语，却已然将那一个个本已模糊不清的攀援在崇山峻岭间、穿行在大河峡谷中的身影，又再一次清晰地展现，仿佛把那些为祖国的地科事业献出的青春，滚烫地展现在我们的面前。

当我们结束采访，进行到采集照片的阶段时，从录音笔里隐约听到张老自语般的结束语："你们也辛苦了！我故事上要说全（很难），只能说个大概。我说我（对自己的评价）……知识上，有欠缺；人格上，我坚守我自己的；另外，在业务上，锲而不舍。"

深夜改稿，忽地被张倬元老教授的几句话听得泪盈于睫。想起张老家中所挂笔墨"居高声自远，非是藉秋风"，这确是一语破的之论。

来源：《成都理工大学学报》2013 年 10 月 16 日

六　孜孜不倦　培育英才

方堃学长

我们的老校长方堃同志

■ 中央音乐学院党委

方堃同志1922年出生于浙江宁波象山县，1944年考入西南联大，1949年毕业于清华大学电机系。1938年参加过宁波柴桥地下党领导的抗日宣传队；1945年在昆明参加"一二·一"学生运动。1946年参加"民青"，1948年入党。方堃同志从小喜爱音乐，1938年在抗日宣传队中他就是教唱歌的最小队员。抗战胜利后积极参加学生运动，参加西南联大"高声唱歌咏队"，1946年从西南联大复员到清华，担任清华大学"大家唱"歌咏队队长兼指挥，积极投入反蒋运动。1948年国民党"八一九"大逮捕，方堃同志被迫撤到冀中解放区，担任华北局党校文工团音乐队长。1956年至1981年调至中央音乐学院附中任副校长、校长、党支部书记；1981年至1983年，担任中央音乐学院教务长；1983年12月离休。方堃同志曾获2003年"全国教育系统关心下一代先进个人"称号。

北京老同学合唱团是1980年成立的，当年12月6日，为纪念"一二·九"运动45周年、"一二·一"运动35周年，20世纪40年代北平各大学参加学生运动的二百多名老大学生，在人民大会堂由方堃同志指挥演唱学生运动中的反蒋革命歌曲，之后在大家的倡议下建立起来老同学合唱团。成立的那天，就有同志站到凳子上痛声疾呼"要为救救下一代而歌唱，要为抵制不健康的歌曲，争夺青少年而歌唱"。这个团打从成立时就订立了自己的宗旨：继承20世纪40年代学生运动中进步文艺社团的传统，深入大、中、小学，向广大青少年传唱古今中外革命的、健康的、优秀的歌曲。23年来这个团是北大、清华、北理工、北工大、人民大学、北化工、北师大、首都医科大学、林业大学、育英中学、贝满中学，以及各中专学校的"常客"。他们还两次去天津南开大学参加校庆演出，还为庆祝延安大学建校60周年在延安演出《黄河大合唱》。这个团在大中学校青年学生中有很

2008 年，西南联大建校 70 周年纪念大会上，方堃指挥老校友合唱团

好的声誉，一次为纪念"一二·九"运动在北大演出后，一批学生观众特地跑到后台高声喊说："我们和你们没有代沟！"清华大学学生听完这个团的演出后表示："还有机会再听到这样好的音乐会吗？"北京市委对此团倍加爱护，1995 年授予"精神文明单位"殊荣，2000 年授予"优秀社团"光荣称号。

1995 年，为纪念抗战胜利 50 周年，方堃代表老同学合唱团写信给市委副书记李志坚同志，建议举行北京大学生万人演唱《黄河大合唱》。在北京市委宣传部和教工委领导下，合唱协会全体指挥深入 56 所大学担当排练教师，于 6 月 14 日在首都体育馆由四个国家级的交响乐团伴奏，在严良堃同志指挥下演出了全部《黄河大合唱》，声势浩大，场面壮观。胡锦涛同志亲临聆听演出，并热情洋溢地讲话鼓励青年学生。参加演唱的万名大学生，通过排练和演出，把当年的民族苦难铭刻在心上，他们说："一辈子难以忘怀。"

方堃同志 1983 年 12 月离休，1984 年受聘回母校清华大学担任音乐室主任，1991 年离任。方堃同志竭力主张把人类优秀的音乐遗产教给学生，教书育人，抵制腐朽音乐，把音乐教育看作是向大学生进行美育教育的重要渠道。方堃同志发现清华广大同学喜欢自己的文艺社团，非常喜欢自己社团里的"明星"，这是很好的自我陶冶自我教育的模式。充实社团力量，提高社团水平，成为当时迫在眉睫的任务。1988 年，他代表清华大学亲自去市高教局请求批准试招两名特招生（略降低入学分数），特招生入学后，受到全校师生的普遍欢迎，这才引出了第二年清华大学的第一届音乐冬令营，招入近二十名音乐演唱、演奏和舞蹈尖子，大大地充实了学校文艺社团的实力。

1986 年 12 月 28 日，方堃同志被聘为国家教委艺术教育委员会首届委员，连续三届共 17 年，曾担任第二届常委。

1993 年盛夏，方堃同志以国家教委艺术教育委员会成员的名义，前去上海少管所调查艺术与犯罪的关系。前后一个星期，访问劳教干部，接触多名劳教学员，观看了该所"回春艺术团"的演出，重点访问了 17 岁 G 姓少女。经少管所介绍，G 因卖淫，身患性病，被判劳教三年。G 听说要提审她，十分紧张。方老说是来调查唱歌的，G 立显轻松活跃，一口气为方老唱了二十多首流行歌曲，包括《何日君再来》等，音高、节奏都唱得很准，音色很美，内容却都是些不健康的"爱情歌曲"，演唱情调十分缠绵，显然是一位有一定音乐天赋的"才女"，可惜走错了路。G 带着骄傲的口吻说："上海几十家高档歌舞厅的开张盛会上，我无不到场参与演唱。"方老问她，这些歌曲对你犯错误是否有影响？G 沉默了好一阵子，表示："也是，也不是。"她说："那些歌曲道明了我的心思，应该说是有影响的，但更大的影响是那些大姐、大哥哥们（指哥儿们），我为了报答他们对我的关怀，需要用钱，才走上歧路的。"说到这里，G 突然坠入沉思，说："方老师，我已来这里两年了，再有一年我就可以出去了，我有一个真心相爱的男朋友，两年我都没有敢与他联系，据说他到处在找我，明年我出去时，我不知如何面对他。"G 的眼圈红了，方老语重心长地说："你不该结交那些不三不四的哥儿们，正是这些不健康的歌曲，把你引入一个不健康的感情世界，你走上了一条不该走的人生道路。但你还年轻，只要从头再来，你是能获得人们的谅解而赢得美好未来的。"当方老走出少管所大门时，他面对高墙，热泪盈眶。一年后，也是 G 即将期满离开少管所的前夕，方老再去上海，专程到少管所，又与 G 长谈一次。显然，她满怀信心，充满对新生活的憧憬。方老又一次给了她很大的鼓励。

在少管所，方老还访问一位 W 姓少年，他因哥儿们义气打群架，犯了命案。劳教期间，少管所让他拜上海师大的一位钢琴教师为师。多年来，W 已与从未见过的钢琴教师结成挚友，学习成绩斐然。W 为方老弹奏了一曲贝多芬的《致爱丽丝》，流利而深情。临别时，W 对方老说了一段令人深思的话："我进所多年了，现在我才真正认识到过去的粗暴、野蛮和幼稚。这种认识，可能是由于我年龄的增长，但我更感到是由于这些高雅的古典音乐引导我进入一个高尚和文明的新的境界。"最后一天，方老观看了由少年犯组成的"回春艺术团"的演出，其中有一个舞蹈《悔恨》，悔恨自己走入歧途，伴奏是自己的管乐队，伴唱是自己的歌咏队，可贵的是他们的舞蹈内容和舞蹈语言都是自己创作的，表达了他们发自内心的悔恨，十分感人，催人泪下。当方老结束这次访问的时候，少管所所长对方老说："我们接到上级的命令，要求我们总结，为什么凡是参加过'回春艺术团'的少年犯，离所以后没有'二进宫'的。"方老向他们表示祝贺，同时也恳切地提出希望，今后对每一个被劳教人员，特别是青少年，都应该了解其犯错误前的艺术生活，尤其是音乐生活，久而久之，"你们将会总结出一条可贵的规律"。

方堃同志 1956 年调入中央音乐学院附中，他协助少年班创办人前任校长黄源澧先生，担任副校长、校长达 25 年之久，1981 年调任学院教务长后，仍关心着附中的工作，一直到 1983 年离休。他与另一位副校长俞慧耕同志是全国从事音乐附中领导工作时间最长的人。他在大半生岁月中都当了"孩子王"，尽管"文革"期间吃尽了苦头，他无怨无悔。"文革"后，中央音乐学院恢复了大、中、小教学体制，他主动要求回附中，"终死归宿于附中"。成千的毕业生，一批一批地在他的关怀下被送入中央音乐学院，走向全国、走向世界。到现在，刘诗昆、鲍蕙荞、郑伯农、盛中国、胡志厚、姜建华、陈左湟、王立平、王世光、刘长福、邢维凯等，一见到他都会亲昵地称一声"方校长"。他把自己心爱的二胡演奏丢在一边，以校为家，全力承担起一个垫脚石的角色。

1990 年前后，当他听到和在报上见到批评音乐学校是"大染缸"，家长们生怕"污染"了自己的孩子，不得不租房住在学校周围的民房里，形成一个"陪读族"时，方堃同志的心一下子紧缩起来，他开始萌生再办学的念头。当时正是老同学合唱团活动最多的时候，也正是频繁九下江苏的前后，以及全国高校音乐教育学会任务越来越重的时期，方堃同志不顾七十高龄，毅然于 1994 年创建"长城音乐学校"，1995 年又转建成"北京市艺术学校音乐分校"（民办性质）。2002 年学校终止后，又接受中央音乐学院附中的委托，承办起"中央音乐学院附中综合艺术部"，十年来得到周广仁、林耀基、郭淑珍、陈比纲、凌远、赵屏国等中央音乐学院的教授专家、退休和在职教师的大力支持，院长、附中校长都亲自来校考察、指导。学校一年比一年办得兴旺红火。相当一批学生凭他们的实力考上了中央音乐学院附中，大部分先后获得品学兼优的奖学金。先后毕业的近 40 名学生中，除一名被郑小瑛同志录取为厦门乐团小提琴手外，其他都考上了国内高等音乐院校（含师范）或出国深造，有在日本的、美国的、加拿大的、俄罗斯的、奥地利的、德国的等等，其中考上中央音乐学院、上海音乐学院本科者近 10 名之多。

方堃同志在办学方针上开宗明义提出：第一是学做人；第二是学文化；第三，有了前两条，才有可能把音乐学上去。这些理念博得所有家长的全面支持。生活管理是封闭的，教学是开放式的。他坚持因材施教，特别对家庭困难而有特殊才能的学生，给予特殊培养。1994 年第一届招生就制定了一定比例的减免生，全免和部分减免学费的学生前后不下数十名，这些学生有的已成为附中和大学的尖子人才。方堃同志还认为祖国处处有人才，他不顾自己八十高龄，不计酷暑和严寒，独自外出招生，南到海口三亚，北到长白山区，西至银川、贵州，东至沿海城市，在全国范围内选拔幼苗，这应该说是他办学事业的第二春，也算是当前高龄办学的佼佼者！

有人问过方堃同志，您已是 81 岁老人了，该是颐养天年的时光，为什么还承担这么多的工作？方堃同志回答："青少年是我们祖国的未来。"

来源：中央音乐学院党委宣传部，2003 年 12 月

王浒、汪家镠夫妇

一个青年工作者的回忆

■ 王　浒

　　我今年 91 岁，回想一生，和青年工作有缘。刚解放，我参加工作的第一个任务就是在母校清华大学筹建新民主主义青年团，并被选为第一任团委书记。半年后，调到北京团市委，做过大学、宣传、团校、青工等工作，一干就是 13 年。1962 年调到北京师院附中（现名首都师大附中），干了 16 年，一大半时间靠边站，但也是天天和青少年、中学生打交道。

　　1978 年调到北京工业大学，做青年大学生的工作。1992 年从校长岗位退下，第二年又被选为全国政协委员，干了七、八两届共 10 年。分在教育界组，并参加教科文卫专门委员会工作，仍然为与青少年密切相关的教育工作建言献策。所以，我自称为"青年工作者"，大概还靠谱。

　　今年是"五四"运动 100 周年，是亲爱的祖国建国 70 周年，也是北京团市委和母校团组织成立 70 周年。回顾过去，心潮澎湃，风风雨雨的一幕幕在脑海飘过。不禁执笔草拟此文，以作纪念。

我是怎样参加革命的

日军轰炸激起我的爱国情怀和学习航空的愿望。

　　我于 1928 年生于兰州，上小学时赶上抗日战争。兰州虽然是大后方，但它是苏联援华的重要通道，因此成为日军轰炸的重点。小学四年级时，我上的甘肃省第一实验小学就被全部炸毁，只好搬到黄河铁桥边上北塔山顶的庙里上学。当时我家搬到郊区小西湖，我每天要走十几里路爬到山上去上学。

开始日本轰炸机来，苏联和我们的战斗机还去打，后来日本制造了零式战斗机，苏联和我们的飞机就只能躲着走。黄河铁桥是日机轰炸的重点，在日机俯冲轰炸时，北塔山上的高炮连打下了几架。我很佩服并常去高射炮连玩，对日机恨得咬牙切齿，决心长大了要学航空，我订了航空杂志，很佩服高志航等英雄。

1944 年，我在甘院附中读高中一年级，国民党政府号召学生参加远征军，说先去印度受美军培训，然后打日本。我率先报了名，但我的父母坚决不许我去，我说没脸在兰州念书，就去了昆明我伯父家。由于已过了开学时间，我自学半年，在 1945 年插班进了云大附中高二。

云大附中是云南民主人士杨春洲创办的学校，楚图南、光未然、赵丰都曾在该校任教，师资大部分是西南联大的青年教师或研究生兼职。学校已有地下党组织，营火晚会上演过《兄妹开荒》。我班的公民课是谭元堃同志（解放后在北京市委工作）教，他已是地下党员，经常给我们分析形势，揭发国民党的腐败和反人民行径。在西南联大有兰州来的同学，我常去他们那里听张奚若、闻一多等进步教授演讲。"一二·一"运动我们全校也参加了，闻一多被刺，我也在昆明。

本来在兰州时，我完全把国民党当正统，还参加了"三青团"。到昆明后，我的思想起了翻天覆地的变化，认识了国民党的反动面目，对共产党虽仍不了解，但已有好感。

1946 年，西南联大解散，清华、北大、南开在平津复学。第一次全国招生，我和几位同学抱着试一试思想，高二就以"同等学力"参加高考，没想到我考上了清华。考上清华是很幸运的事，清华有公费留学，我的家人都希望我好好念书，争取去美国留学，因此，进校后就埋头读书。

但是，国内战事一天天激烈，再也无法"两耳不闻窗外事，一心只读圣贤书"。尤其是圣诞节前夜，美军强奸北大女同学引起轰轰烈烈的抗暴学生运动，使我再也忍不下去。经同学介绍，我参加了"大家唱"歌咏队，参加了"五二〇"反内战、反饥饿运动。由于表现进步，程法毅老大哥介绍我和黄庆华参加了地下党的外围组织"民主青年同盟"，简称"民青"。

我参加"民青"后接受的第一个任务就是创办识字班和医疗队，我和杨家福、吴时生组成民青小组负责此事。清华周围农村有很多失学儿童，没钱上学。我们争取"学生公社"提供经费，自编、油印教材，把小黑板挂在树上，露天为孩子们上课。我们在校内出大字报，号召同学报名当教师，报名很踊跃。从 1947 年暑假开办到 1948 年秋被迫结束，先后有 500 多位同学参加这项工作。识字班由三个学区扩大到八个学区，学生由不到百人扩大到 400 多人。

我们还发现农民没钱看病，缺医少药，就组织了医疗队，以生物系同学为主，先后有 100 多人参加。通过募捐购置了常用药品、器械和药箱，为农民看病

1500 多人，为识字班学生和家长种牛痘 1000 多人。

这两项活动拉近了农民和学生的距离，农民说：保甲长说园子里的学生都是"共匪"，不让我们接近。看来你们才是好人！"八一九"国民党派军警特务包围各大学，要进校抓进步同学。他们还迫使农民包围清华园，但农民都同情清华同学，睁一眼闭一眼，我们有些地下党员就是在他们眼皮下翻墙去解放区的。更重要的是，他们真正看到了农民在国民党统治下的悲惨命运，更坚定了革命的信念。我曾写了一篇《走向工农的第一步》，记载这件事。

这时期我除了重点搞识字班外，还参加"大家唱"歌咏队、"紫藤团契"等社团活动，并被选为学生代表大会的 1946 级级代表。

我参加读书会学习邓初民的《社会发展史》，看了许多苏联小说，对共产党领导的苏联很向往。看了《冀东行》对解放区的描述，"民青"也经常秘密传看手抄的《新华社通讯》，逐渐把自己的信仰和党联系在一起。

由于我在学校中很活跃，很积极，1948 年 1 月程法毅找我谈话，并秘密给我看手抄的党章，问我愿不愿参加共产党。我当时已把自己的命运和共产党领导的解放斗争结合在一起，很自然就积极写自传、写申请，加入了中国共产党。

入党后，潘梁是我们的党小组长，他给了我一个任务。当时各大学的地下党有两个系统：一个是从昆明来的、由南方局领导的组织，叫南系；一个是由晋察冀城工部领导的组织，叫北系。为了防止敌人破坏，复员后两个组织没有合并。为了在学运中协调一致，为了发展党员时不要重复，需要设立联络员。清华地下党联络员原来是潘梁和彭珮云，当时改为我和郑存祚。这样，我就从事党的秘密工作了，由潘梁单线联系。

入党后对我最深刻的一次教育是 1948 年暑假，党组织派我去解放区泊镇学习了一个多月。我写过《永生难忘的一课》，记录了当时的情景。

去泊镇路上，我们就受到一次国统区与解放区鲜明对比的教育。接头暗号是：陈池；地点：泊镇建设公司。

在泊镇的学习内容分三阶段：一、汇报学运情况、社团情况。根据解放前夕敌人会加紧迫害的形势，要提高斗争的合法性，提出重视班、级、系的工作。二、学习《目前形势和我们的任务》，学习荣高棠和刘仁同志关于北平形势和地下党的任务的报告。三、学整风文献、烈士传，三查：查阶级、查斗志、查纪律性。学习的收获主要有：了解全国形势，解放军已转入大反攻，全国解放在望。毛主席说学运是解放战争的第二条战线，我们感到非常光荣又责任重大。临近解放，敌人会疯狂镇压。要减少公开大活动，深入做群众工作，保存和壮大革命力量，迎接解放。

学习结束，我们在沧县看了三天华北大学文工团的演出，很震惊也很受教育。

从泊镇回来后，我才知道 8 月 19 日，国民党包围各大学，按黑名单抓人。上黑名单的许多地下党员都撤到了解放区，党组织只能进行大调整，派我担任地下党北系总支委员。总支书记是胡聚长，委员是于志祥、赵斌和我。

这时，解放军已在全国进行反攻，平津解放在即，我们按照在泊镇学习的方针，减少大的公开活动，深入做群众工作，发展党和盟的力量，并发动教职工、学生抵制国民党组织学校南迁的阴谋。还组织党员、盟员秘密绘制北京市地图，详细到主干街道每个商户和机关单位的名称。

清华大学和燕京大学是 1948 年 12 月 15 日解放的，地下党派庞文弟同志去青龙桥和荣高棠工作组取得联系，后来开展了和解放军的多次联欢活动。

元旦过后，我又被安排组织代表团去石家庄参加华北学代会，清华有我和邵敏、黄祖民，燕京有谢道渊等 2 人，北大农学院 1 人。我们是坐马车去的，在涿县受到彭真、叶剑英同志接见，在正定受到华北大学接待。在石家庄开了半个多月的会，由华北团委书记陆平领导。直到 1949 年 1 月底，解放军入城那天，我们才随董必武、薄一波同志的车队回到北平。

北平解放后，清华进行了盟公开、党公开。南北系党组织合并，成立了校中共总支委员会，彭珮云任书记，我任青年委员。1949 年 3 月 20 日，建立新民主主义青年团，我任书记，盟员 500 多人全转为团员。

解放后的工作

解放后，1949 年 9 月至 1962 年，我在北京团市委工作了 13 年，担任过大学工作委员会第二副书记、宣传部副部长，市团校教育长、青工部长。这是我的青年时期，青年团是党的助手和后备军，我在党的直接领导下，得到培养、锻炼，终身受益。

1962 年，团市委书记杨伯箴调北京师院（现首都师范大学）任校长，把我也调师院附中（现名首师大附中）任副校长，我在附中工作了 16 年。这个学校是百年名校，但我去的这段时间，政治运动不断，到校两年就随书记到香山慈幼园搞社会主义教育运动，当工作组组员。很快，"文革"开始，我们被揪回学校，批斗靠边站。师院附中的学生大多是公主坟几个军事大院干部的子弟，他们是海淀红卫兵的核心，热衷于上天安门当警卫和去社会上造反，没在学校里大闹。我们几个"走资派"在学校工友监督下劳动，实际上受到保护，没有受大罪，我还学会了烧锅炉、摇煤球、蹬三轮，锻炼了身体。当然思想上的压力就不必说了。

"文革"结束，1978 年我调到北京工业大学，做过科研处副处长、处长、副校长，1986年起任校长6年，1992年退休。

在北工大，我主要干过三件事：

一是恢复、整顿被"文革"破坏的实验室，开足教学大纲要求的全部实验。引进了IBM4381大型计算机（当时水平较高），建设微型计算机实验室。还接受世界银行贷款，购置了许多进口仪器设备。

二是在老校长樊恭烋领导下，开展学校管理体制改革。运用思想工作和物质激励两种手段，实行岗位责任、岗位考核、浮动岗位津贴"三位一体"的责任制，大大调动了教职工积极性，推动全校工作大步前进。这个改革，受到教育部支持，曾开会向全国推广，并有数百所兄弟高校前来观摩。

三是开创了产学研、技工贸相结合的单板计算机研发、制造、推销的校办企业。我们在国外单板机基础上开发了有自主产权、中国特色的TP系列单板机。当时全国计算机刚起步，进口计算机很贵，单板计算机价廉实用，用来教学很直观，用来控制生产很方便。我们还在销售的同时办学习班，讲计算机原理和常识。有1000多个高校和企业买我们的单板机，有3000多人受到培训。这项工作受到电子部重视和支持，和我校联合成立了微型计算机研究应用中心，并联合举办单板机夏令营，请当时任职电子部的李鹏、江泽民主持开幕式。我们的单板机还参加了历年香港国际电脑展览。在香港注册设立广元公司，负责采购元器件，搞外销；在蛇口设广华公司搞研发；在校内设电子厂作生产、推销基地。这个项目不仅推动了北工大和全国高校、企业普及计算机的教学和应用，还为北工大创收，支持学校改革中发放的岗位津贴，支持添置重要实验设备。

在全国政协当委员

1993年我已65岁，被选为全国政协委员、政协科教文卫体委员会委员，连续当了第八、九两届，2003年退下。这十年中，我和教育界委员一起，主要干了两件事。

（1）**教育投入问题**。1993年我写了《贫困的教育出路何在？》，在《中国教育报》《北京日报》发表，教育报刊纷纷转载，最后收入《新华月报》。我在文中引用联合国教科文组织统计，阐述了我国是用占世界1.18%的教育经费培养了占世界18.45%的学生，是用占世界0.78%的教育经费培养着占世界19.81%的中、小学生。真是"穷国办大教育"，教育经费怎么能不紧张呢？

那时，政协委员们年年都呼吁解决拖欠教师工资，解决中小学危房，为中小学配置教学设备，尤其是农村和边远地区。我们做了许多调查，向政府反映。

1993年，中共中央和国务院联合发布《中国教育和发展纲要》，提出在20世纪末，即 2000 年，国家财政性教育经费支出占 GDP 的比例要达到4%。而这一时期在国家 GDP 飞速增长过程中，这个比例反而年年下降。1991 年是 3.05%，1992年是 2.99%，1993 年是 2.76%，1994 年是 2.68%，我们真是心急如焚。在 1996年八届四次会议上，李鹏总理、李岚清副总理参加教育界联组会，1997 年八届五次会上，李瑞环主席参加文化教育界联组会，我都代表小组发言，呼吁提高教育投入。这些发言都反映在会议简报中。由于我总是呼吁增加教育投入，委员们给我起了个绰号叫"王投入"。

很欣慰的是，经过历届委员的呼吁，终于在上届政府的最后一年——2012 年实现了 4%的指标，我们也不再听到拖欠教师工资和校舍倒塌的消息了。

（2）地方办高校和发展职业教育问题。20 世纪八九十年代，由于经济困难，高等学校规模被严格控制。由于企业改制，企业和行业办的高等专科学校，和教育脱钩，萎缩减少。但乡镇企业的崛起和沿海经济的发展又急需技术人才，因此，沿海地区办地方高校的积极性很高。而且普通高校重理论轻实践，培养出的学术性人才对地方又不适用。

我们在政协教育界组组长王明达同志（原来主管职业教育和成人教育的国家教委副主任）带领下，做了深入调研，提了许多建议，我曾写了《大力发展高等职业技术教育》《高等教育要重视"乡土人才"的培养》等发言材料，得到李岚清副总理的批示，他还亲自带队去南方城市调查，让我一起参加，并指示国家教委组团，让我带队去美国考察"社区学院"。

清华大学有位优秀教授傅正泰，他深感许多优秀青年上大学无门，下决心创办了一所民办大学——海淀走读大学，得到周围老大学的支持，许多教授去兼课，许多大学提供实验室和体育设施。他改变传统大学的思路，调查社会需求，创办了许多职业性专业，如秘书、实验员、餐饮管理、导游等专业，学生就业情况比普通高校还好。海淀区政府也很支持，批复了用地，利用银行贷款盖了教学楼。但就是这样一所社会很受欢迎的学校，因为生均校舍面积不达标，没有 400米跑道的操场，被上级教育部门亮了黄牌，限制招生。而生源就是民办学校的财源，学校有被亮红牌、被停办的危险。我们政协委员都感到不公。我写信给李岚清副总理，汇报了学校情况，请他去视察。他带着国家教委和北京市领导去了学校，听傅校长汇报，认为这是充分利用社会资源的好路子，要求继续办好。这个学校已走过二十余年办学历程，已成为有两万多学生的民办高校，现名北京城市学院。该校现任校长刘林当选为十八大代表，是民办高校中的唯一代表。

在当政协委员时期，我还和国家教委以及北京市、江苏省、陕西省、上海市等省市教委的一些老同志们，承担了国家教委"九五"规划重点研究课题"高等教育与社会主义市场经济基本问题研究"。1997 年 5 月开题，经过三年多调研，召开多次研讨会，于 2001 年结题，出版了《社会主义市场经济条件下高等教育改革和发展》一书。我作为课题组长撰写了结题报告。书中登载了我在全国主要教育报刊上发表的 9 篇论文。我还和北京市教委及市属院校老同志们承担了北京市哲学社会科学"九五"规划研究课题"面向 21 世纪北京高等职业教育发展战略研究"。我担任课题组组长，1996 年 10 月开题，2000 年年底结束，最后出了论文专集。

回顾一生，在党的培养教育下，总算为人民做了些好事。一生中当然有坎坷，但我始终相信党、相信国家总会纠正自己的失误，走上正确的道路，因此绝不气馁。应该说，改革开放以后，是我最幸福的时期，尤其参加两届政协，通过例行视察和专题调研，跑遍了全国除西藏以外的各省、市、自治区，既听到工地隆隆的机器声，也听了坐在土坯上学习的农村儿童朗朗的读书声。我深深感到我国改革、发展的艰巨性、复杂性，大大开阔了眼界。在政协，还交了许多好朋友，收获很大。蒋南翔校长号召清华人要健康地为祖国工作五十年，我是超额完成任务的。

现在，我垂垂老矣，但过着幸福的晚年生活。我坚持上网、上微信，和老校友、亲友们交往，关心国家大事，为祖国每项成就欢欣鼓舞。最近，在子孙精心照顾下，我们去粤港澳大湾区一游。20 世纪 80 年代在北工大，90 年代在全国政协，我多次到过广东沿海，这次是二十多年后旧地重游，看到翻天覆地的发展变化，真是感慨万千。我现在坚持游泳锻炼，争取健康地多活些日子。

最后，祝愿母校为国家培养更多的世界级英才，创造更多领先世界的科技成果。祝愿祖国繁荣昌盛，帮助全国人民实现自己的梦想，引领世界走向和平、幸福。

来源：《校友文稿资料选编》第 24 辑

王浒图片集 全国政协篇

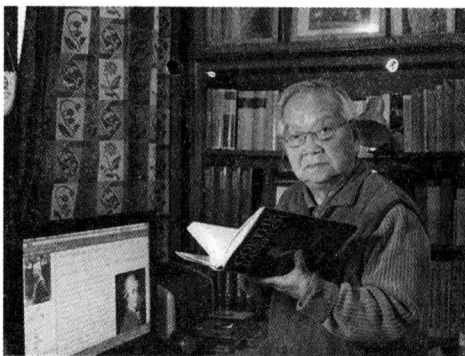

严宝瑜学长

我的音乐人生

■ 严宝瑜

如今我已是 96 岁的耄耋老翁了。在两位女儿的支持下，编印了六卷《严宝瑜文集》，分别赠送给我的老友们、老同事、忘年交的朋友们，总算了却了一桩心事。

晚年回顾一生，最令我欣慰的是我与音乐结下了不解之缘，音乐浸润着我的心灵，给我的生命以及人生注入了力量的源泉。

走进音乐殿堂

我的家乡在江苏省江阴市，堪称江南水乡。我生在一个小康家庭，祖父在江阴开个油盐杂货铺，父亲也在店里干活。我从小就爱音乐，常常取下父亲挂在墙上的箫和笛子，学着吹奏"梅花三弄""苏武牧羊""旱天雷"……如有民间的婚丧嫁娶，我便跟随着乐队，聆听着吹打乐器传出的音乐，也喜欢和小伙伴钻到茶馆里听评弹。

1938 年，我 15 岁。日本鬼子侵占了我的家乡，我目睹了鬼子对家乡的父老乡亲们进行烧杀抢掠、丧尽天良的罪恶行径。对侵略者的仇恨的种子，已深埋在我那小小年纪的心灵里。我不愿当亡国奴，就和几个同龄人结伴，绕道香港，经广东、广西、贵州到重庆。我的姑母在合川国立二中教书，我就在二中上了一年初中，三年高中。这时我一改过去顽皮不爱读书的习性，下决心读好书，将来造飞机打日本鬼子。我年年学习优秀，号称"分数大王"。

我最喜欢的仍然是音乐课。音乐课老师罗松柏教我们唱《嘉陵江上》《八百壮士》《旗正飘飘》，唱得我们热血沸腾。他用他私藏的各种口琴，还自制低音大口琴，组织我们成立了口琴队，演奏多声部的乐曲。我和一个同学还演出了贺绿汀的《牧童短笛》二重奏。他还约我们几个爱好音乐的同学到他家听留声机，放贝

584

多芬的《田园交响曲》。这是我第一次接触贝多芬的作品，真让我耳目一新，没想到天底下竟然有这么震撼人心灵的声音，这使我大开眼界，对音乐更加热爱了。

对音乐的着迷，使我在临毕业前做了一个重大决定，我不考理工科大学了，我决定去战时音乐教育的最高殿堂——国立音乐学院学习音乐。老师和同学们都不理解，认为我这个高分生不考名牌大学太可惜了，学音乐有什么出路？我却认为音乐能把人类伟大、崇高的情感抒发出来，能用不可抗拒的力量使人善良、勇敢。我当时认为，一个作曲家创作出一个好的歌曲，比一个航空工程师设计一架飞机作用更大。在同学们都在日夜准备高考时，我却借住在青木关一位同学姨母家恶补乐理、弹琴，没有钢琴，就用风琴代替。发榜时我都不敢挤进人群去看榜，但终于发现榜上有名，我做梦似地跨进了全国最高音乐学府的大门。

音乐学院坐落在重庆郊区青木关的山坡上，练琴房在山坡上的茅草房里，房间里放的都是又破又旧的钢琴。山脚下一排茅草房是我们的宿舍，每间只有六张双人床，六个方凳。全校学生有一百二十几人。第一任院长杨仲子是蔡元培的挚友，曾留学德国，他鼓励学生参加抗日救亡组织，被国民党撤换。后来的吴伯超院长，虽然也是音乐家，但他管治极严，由于嗓子沙哑，经常对学生大声训斥，被称为"豆沙"院长。当时学院里有进步组织，甚至还传抄、传看毛主席《在延安文艺座谈会上的讲话》。但学校里也有三青团、中统军统特务监视着进步同学。

我当时虽然不满国民党，不满学校的管制，但还没有参加组织，比较任性。由于下大雨宿舍房顶漏了，我便带头搬到新建瓦房自修室去住，被记大过一次；又由于深夜偷弹香港买来的新钢琴，记大过一次；再由于清晨偷弹钢琴记两小过，差点被开除。最不能容忍的是因此取消了我的练钢琴权，让我去跟章彦先生学小提琴，我没有小提琴，幸好女同学黄佩贞把她珍贵的小提琴借给我用。祸不单行，在调琴弦时我用力过度，把一根弦弄断了。在当时烽火连绵的中国，根本买不到提琴弦。在走投无路的情况下，恰好学校贴出布告，昆明美军战地服务团译员训练班招生，我和同学好友商量，先去当一段译员，再回校复学是摆脱当前困境的好办法。

1943 年 11 月，我依依不舍地离开了青木关。经过一个多月培训，我被分到云南祥云国民党 52 军 14 师当美军翻译，干了大半年。"二战"时期，虽然美国军队是中国的盟军，但是美军官兵一向以高人一等自居，歧视中国人的事情比比皆是。我亲眼所见美军士兵傲慢无理，开着吉普车横行霸道，欺辱中国人。特别不能容忍的是他们用下流语言侮辱《义勇军进行曲》。我一气之下，在一位译训班同学的帮助下，偷乘小飞机离开军营，回到昆明，到西南联大找我的同学去了。

响亮学运歌声

　　1944 年夏天，西南联大招生，我考进了外国文学系。当时外国文学系除英文为主科外，还要求每个同学再选一门第二外语课程，我选了杨业治先生的德语，因为德国是贝多芬为首的知名音乐家们的故乡，是古典音乐的发祥地。

　　当时联大民主气氛很浓，各种社团很活跃。黎章民和周锦荪同志创建了"高声唱歌咏队"，他们听说我是国立音乐学院来的就找我参加，我当然很高兴。那时唱的大多是抗战歌曲：《光明赞》《喀秋莎》《我所爱的大中华》等，也唱云南民歌和讥讽国民党黑暗统治的《茶馆小调》《古怪歌》《五块钱》《插秧谣》等。

　　1945 年抗战胜利后，国民党反共反人民的面目日益暴露。11 月 25 日晚在联大广场上开反内战时事报告会，五六千人参加。钱端升先生刚一发言，校外就响起了枪声，电灯也熄灭了。在这危急关头，我们"高声唱歌咏队"在黎章民总干事领导下，全体齐声高唱孙慎同志作的《我们反对这个》，歌声压倒了枪声，会场立即安静下来，主持人叫点上汽灯，会议照常进行。大家声讨反动派，反对内战的声势更大了。

　　第二天，全校罢课。"高声唱歌咏队"和其他进步社团组织了多支宣传队上街宣传反内战。黎章民同志还写了《告同胞》新歌。外文系林方其同学写了《告士兵》，歌词是：

　　兵士们，兵士们！八年抗战的兵士们呀！人民的血汗快流干哪！人民在希望，人民在呼号，您们的枪口不能再对内哪，屠杀你的父老兄弟和姐妹啊！人民在希望，人民在呼号，放下你进行内战的冲锋枪呀！英勇地站过来啊！让我们高声喊哪，反对内战！反对内战！

　　我马上把它谱成歌，《新华日报》全文刊载。我和黎章民在一个教室里反复教上街的宣传队唱这两支歌。

　　11 月 18 日以后，特务们开始在街上殴打宣传队员，市民们纷纷出来保护。12 月 1 日中午，国民党军警包围了西南联大，并冲入校园大打出手，还扔了手榴弹，炸死了潘琰、李鲁连、于再、张华昌。四位烈士的遗体就放在图书馆阅览室，我参加了有二三十人组成的护卫队，守在他们身边，防止反动派劫尸灭迹。这个事件引起了全市人民的公愤，罢课、罢工、罢市，抗议反动派。这件事还震动了全国，史称"一二·一"运动。

　　经过和反动派反复谈判、斗争，决定于 1946 年 3 月 17 日为四烈士送葬。反动派百般阻挠，虽然不得不答应送葬可以抬棺游行，但不许贴标语、不许喊口号。我们有理有节，同意了这条件。因为可以唱歌替代喊口号，可以沿途设灵堂挂挽联，读祭文代替贴标语、喊口号。

黎章民找我，当时虽然已有一首《一二·一烈士挽歌》，但不适合走着唱，他要我作一首可以由游行队伍边走边唱的《送葬进行曲》。那是一个初春的上午，我和好友陈庆华在文林街茶馆看书。我脑海中响着我知道的中外葬礼进行曲，突然脑中出现了贝多芬第七交响曲第二乐章起始的庄严沉重的节奏，又想到四烈士血迹斑斑的形象，

天在哭、地在号、风唱着摧心的悲歌。

歌词马上来到口边，我一气呵成写了出来：

英勇的烈士啊！你们被谁陷害了？你们被谁杀害了？那是中国的法西斯、那是中国的反动者，是中国人民的仇敌。今天，送你们到那永久的安息地；明天，让我们踏着你们的血迹，誓把那反动势力消灭。

我唱了一遍给陈庆华听，又走着唱了一遍。当时，一时兴起，又作了一首，但不能走着唱。我立刻把两首都送给著名的新音乐运动推动者赵沨同志（解放后他任中央音乐学院院长）。他没做任何修改，说"就它吧"。于是第一首《送葬歌》成了 17 日三万人送葬队伍的主歌。第二首歌没传开，但赵沨同志在群众场合独唱过。《送葬歌》解放前后一直在传唱，并被刊入各种歌集，署名一直是"高声唱词曲"。解放前是为了保护作者；解放后我也没有要求改署我的姓名。

1946 年 6 月，西南联大复员回北平，"高声唱歌咏队"相约一起乘联合国救济总署提供的四辆大卡车，一路风吹雨淋，经贵州到长沙，再乘美军登陆艇到上海，由上海乘运煤轮船到塘沽，再乘火车到北平。一路我们歌声不断，宣传"一二·一运动"，宣传"反内战"，吸引了行人和乘客。

到北平前，黎章民（解放后曾任人民音乐出版社社长）给我一份"高声唱"队员名单，要求清华、北大、南开复员后要组织歌咏队。一到北平，我就联系上北平临大"星海合唱团"的史哆春、张潜生，组织"高声唱"队员和他们在西山联欢，共商在复员后的三校建歌咏队的事。九月各校开学后，北大成立了"沙滩合唱团"，后又在新生中建"大地合唱团"。南开建了"南星合唱团"，清华建了"大家唱歌咏队"，后来又建了"新生歌咏队"，我当助教后，还建了教工合唱团。这些组织在历次学运中都发挥了骨干作用，队员成了各社团、各系级的骨干分子。华北学联成立后，北平各校歌咏团体和天津、唐山等城市歌咏团体还联合成立了华北歌联，1948 年在北大民主广场举行了《黄河大合唱》千人大演唱。

中华人民共和国成立后，大家忙于工作，到 1980 年左右，许多人退休或退居二线，有时间来往了。趁纪念"一二·九"45 周年，"一二·一"35 周年，当年平津各大学老同学又聚在一起在人民大会堂做了一次专场演出，主要演唱当年的革命歌曲。会后正式成立"老同学合唱团"，得到了北京市委宣传部的支持，每周集合排练，经常到各大中小学和有些会议上演出。现在合唱团还吸收各大学退下

来的较年轻的教师，还在继续排练演出。

歌声引导我们走上革命，引导我们度过无愧于党和人民的一生，陪伴我们享受幸福的晚年。

唱着歌闹洞房

我和我的老伴吴琼瑁都是 1944 年考入西南联大外国文学系的。我们两人都是家乡沦陷后逃出来，都亲身经历了日本罪恶行径，决心为国为民奋斗，在联大积极参加学运中熟识起来。我们都是在西南联大参加了地下党的外围组织"民青"，1948 年在清华参加了地下党。1948 年我们毕业后都留校任助教。

1949 年 8 月 27 日，北平和全国大部分地区解放，但还没成立中华人民共和国，组织上批准我们结婚。这是一个令人难忘的婚礼。

在清华工字厅挤满了人。李广田、杨业治、李赋宁等老教授来了，总支书记何东昌来了，我在重庆音院的好同学、我终身的挚友严良堃夫妇来了。"大家唱"歌咏队、新生歌咏队、教工合唱团的好友们都来了，有些人还是刚从老解放区回来的。婚礼很简单，只有些花生、糖果。要我报告恋爱经过，何东昌帮我解了围，说："这是结婚，不是开生活检讨会。"一句话，哄堂大笑。于是，歌声成了

闹新房唱歌唱到第二天黎明的歌咏队部分同学。前排右起第三、第四是严宝瑜和吴琼瑁；前排左起第一位是严宝瑜国立音乐学院的同学严良堃，后排右起第三位是严良堃的爱人张世敏。其他凭记忆：前右 1 李振华，前右 2 周全（原名周汝汉），前右 5 严若昭，前右 6 刘晶雯；后右 1 陈水莲，后右 4 冯碧蕉；后左 1 李建武，后左 2 郭其佺，后左 3 方堃，后左 4 梅克，后左 5 杨荣，后左 6 商令杰

主题。新房是借一位出差老师的，没有什么新婚装饰。但大家还是要闹洞房，用唱歌大闹洞房，一直唱到凌晨两三点钟。

我和琼瑁先在清华教书，院系调整，同时调到北大。无论顺境逆境，两人互相关爱、互相扶持，辛勤培育年轻一代。不幸 2006 年，她 81 岁，因不治之症先我走了。在她离开我们的十几年中，我常常怀念与她相伴一生的情景。

在乐圣的故乡留学、讲学

1952 年院系调整，我从清华调到北大西方语言文学系，简称西语系，系主任是冯至同志。德语成立专业，我是唯一的 29 岁年轻助教。冯至同志是我国德语界泰斗，他在北大任教期间，我一直兼任他的秘书。

1954 年秋的一天，马寅初校长找冯至主任，说胡乔木要北大出个德语教师，替新闻出版总署作为编辑到德国出版社实习一年，这是中德文化协定中的一项。冯至主任本来认为学编辑嘛，不想让我去，但马校长坚持，他只好同意。

1954 年 11 月 23 日，我乘国际列车经莫斯科到了柏林。没想到刚下车，使馆人员就把我交给了德方人员，让我马上去莱比锡参加全德出版大会。我说我讲不了德语，但德方人员说，你会英语，给你派了位英文译员陪你。到了莱比锡，我才知道这是一个有苏联和捷克斯洛伐克、波兰等东欧国家参加的国际会议，会上还要我代表中国出版界发言。我马上打电话向使馆求援，使馆宋钟璜同志说，你不讲话可不行。我说我不是出版界的，他说你可以讲德国文学在中国翻译出版的情况。这可是个好主意，我很熟悉这方面的情况。我用英文写了稿，德国翻译译成德文，本想用中文发言，后来想我读德文还是没问题的，就在会上直接念德文稿子。没想到我的讲话得到热烈反响，当我提到安娜·西格斯的《第七个十字架》已在中国翻译出版，全场掌声雷动。我讲完后获得的掌声超过了苏联文化部部长。没想到热爱音乐的德国人竟然是用演奏名曲来作闭幕式，演奏乐队是从大音乐家亨德尔家乡请来的"哈勒交响乐团"。从此我就在这乐圣之乡度过了四年。

民主德国出版局改变了让我实习的计划，同意我补习德语，治疗"德语聋哑病"。先到莱比锡大学附设的"赫尔德学院"学了两周，他们说我这水平应直接入大学，让我找副校长办公室。办公室看了我的学历，说我应直接读研究生。主管副校长还直接接见了我，让我搬进一个小楼里，里面住着 5 位中国留学生，其中安书祉就是我选派的北大德语专业一年级生。

莱比锡大学（1409 年建立）是和海德堡大学（1386 年建立）齐名的德国最古老的大学，它在 17、18 世纪是德国启蒙运动的中心。民主德国建立后，曾把

1956年董必武访问民主德国时的合影（左2为严宝瑜）

它改名为"卡尔·马克思大学"。我在这里师从汉斯·迈耶教授读了四年研究生。我改变了初期闭门死读书的办法，利用我已有的文学基础，打破德语不流利的顾虑，尽量接触德国民间，广交朋友，熟悉德国文化。更利用各种机会接触德国闻名世界的音乐圣堂，收益甚大。

1959年秋，接到冯至系主任催我回国的信，当时我已订好博士论文题《中国革命在二三十年代德国文学中的反映》，再有几个月就可完成，虽然导师也很难理解，我还是服从组织命令，立即回到北大。冯至主任要我担任西语系系副主任，主管教学、科研。"文革"后，教育部成立了外语教材委员会，冯至任主任，我是副主任之一，主管德语组。奋斗十年，我们把四个年级的德语教材、选读教材、德国文学史、德国国情课等教材全部编好出版。教育部开大会表扬了德语组，并给我和副组长祝彦发了荣誉证书。《大百科全书》外国文学卷主编是冯至，他让我在德国文学卷里编写了六个词条：分别是"莱辛""托马斯·曼""瓦格纳·R""克洛卜施托克·F.G.""舒巴特，C.F.D.""卡内蒂·E."。

"文革"后，1983年至1984年，我获歌德奖学金，赴民主德国魏玛参加德国古典文学研究所科研项目研究工作8个月。

1988年，我受联邦德国拜罗伊特大学之聘，任该校客座教授讲比较文学。这次是老伴吴琼瑶陪我一起去的，我带了一木箱中文古典书籍，在那里边备课边讲学，还是很紧张的。有老伴帮忙好多了。讲学两年回国，民主德国、联邦德国我都去了。

1988年我获得了民主德国的"格林兄弟奖"，奖励我在德国文学研究和两国文化交流中的贡献。我把奖金5000马克都捐给学校推动美育教育了。

用高雅音乐陶冶年轻人的心灵

1983年，我60岁，不再担任行政工作，但我还教研究生，还为外事部门办翻译班，培养高级翻译。

1986年，北大开党代会，我在会上发言，提出应该恢复蔡元培校长重视美育的传统，开设美育方面的课程，受到代表们和校领导的重视。丁石孙校长让我和团委副书记范强筹划创办艺术教研室。一开设音乐课就有600人报名，不得不分两个班，找不到音乐教师，我只好"赶鸭子上架"担任一个班的音乐课。开始没有现成教材，经过摸索，发现自己的强项是德国文学，对德国文化的了解比专业音乐老师要更深一些。德国文学里渗透着德国的哲学、历史、文学、诗歌……各领域的知识、理论都与德国音乐有着密不可分的渊源。我开设过的课依次有《音乐简史及中外名曲赏析》《维也纳古典乐派》《莫扎特》《贝多芬》和《19世纪欧洲浪漫主义音乐》五门，其中最后两门开设的次数最多，都是学期课，周学时为3小时，后成为学校的通选课。它们是带有一点音乐史性质的欣赏课。从1986年到2004年18年间，除去我在德国讲学两年，共教了16年音乐课，直到81岁。

除了上音乐课，我还在校领导支持下办了三次大活动。1991年为纪念莫扎特逝世200周年举行了"莫扎特月"纪念活动；1992年为纪念刘天华逝世60周年，组织了"刘氏三兄弟（刘天华、刘半农、刘北茂）纪念活动"；1993年举行纪念柴可夫斯基逝世100周年活动。这些活动都请了校外知名音乐团体、音乐家来校演出。艺术教研室组织了有关专题唱片欣赏会，请知名音乐专家举行讲座。校广播台不断广播有关乐曲，北大校刊为活动出了专刊。全校师生浸润在浓厚的高雅音乐气氛中。

1997年秋，我有幸参加了李岚清副总理召开的"关于如何在全国500万大学生中普及交响乐"的座谈会，他听了我的发言，要我提供教学情况的材料。他在看了这些材料后给我写了一封信：

严宝瑜教授：

您二月三日的信及所附材料均收阅。

看到您在工作中所取得的成果感到高兴。在大学生中开展包括提倡交响乐的音乐、美术、舞蹈、工艺劳作等美育教育，不仅对提高大学生美育素养、陶冶他们的情操具有重要的作用，而且对更好地开发学生的智力，培养适应21世纪需要的、有创造能力的、全面发展的高素质人才也是很重要的。

希望你及同事们继续努力，争取在工作中取得新的成绩。

李岚清

一九九八年三月十三日

为了实现在全国 500 万大学生中普及交响乐的目标，音乐老师是最根本的因素。当时，全国高校中音乐老师都很缺乏，即使有，水平也不够高。因此全国高校音乐教育学会向教育部提出要建立一支音乐老师队伍，并对这支队伍定期进行培训。

2000 年 1 月，在全国高校音乐教育学会的倡导下，我在北大主持了全国高校交响音乐课老师培训班，组织了各校优秀音乐老师、美育老师、历史老师、美术老师、中国文学老师，为前来参加培训各高校音乐老师讲课。

一个好的音乐老师不但要有扎实的音乐专业基础，而且还要有与音乐有密切关系的哲学、历史、文学等知识，这样才能真正发掘出音乐家的灵魂及其作品深刻的内涵，才能真正起到提升受教育者音乐修养的作用。

这次培训使学员们受益匪浅。培训结束后，还为学员们颁发了结业证书。从此，"全国高校交响音乐课老师培训班"成为制度，在上海、广州陆续举办了高校音乐老师的课程培训。

为培养出更多更优秀的音乐老师，全国音乐教育学会还审阅老师们的资格论文，我也参加其中。

音符化作音乐的内在精神力量，支撑着我度过人生道路上的困难和挫折。我对音乐欣赏的体验，使我深知好的音乐能以其巨大的正能量，通过人的听觉器官，对人起着潜移默化的感染力，直指人的内心世界。它的魅力与其他姊妹艺术相比固然不分轩轾，但它是时间的艺术，它的能量可以达到其他艺术所达不到的领域。所以贝多芬说："我的领域却可更远地向另外的一些境界延伸，人们想要达到我们的王国，并不是那么容易的。"

具体地讲，我的工作内容是以德国古典文学及其衍生品——19 世纪西方浪漫主义音乐——相结合为主体的。早在贝多芬、莫扎特时期，音乐家开始挣脱了对封建贵族、宫廷依赖的桎梏，把音乐艺术从纯粹为贵族阶级娱乐服务的工具中剥离出来，使音乐反映音乐家本人对当时世界的感觉和看法。他们的音乐有的（如贝多芬和莫扎特）显示了资产阶级上升时期人们的英雄气概和乐观精神，反映了那个时代人们的理想和向往；有的（如舒伯特、贝辽兹、马勒、里夏特·施特劳斯等）反映了那个时代中音乐家个人生活和情感的喜、怒、哀、乐，以及对乌托邦式的可望而不可及的梦想的追求，还有对现实失落感的悲情抒发。

通常来说，德意志民族对人类文化的贡献，主要在三个方面：第一个是以康德、黑格尔为代表的德国古典哲学；第二个便是以歌德、海涅等为代表的抒情诗；第三个便是以贝多芬为代表的德国古典音乐了。马克思主义学说的创建是对人类作出的最伟大贡献，它的创建人马克思、恩格斯也是德国人，但我们不可以笼统说马克思主义是德国人创造的，因为马克思主义的必然出现是以当时的欧洲各国资本主义快速发展以及工人运动开始登上历史舞台为其背景的。根据我教育实践中的体会和思考，可以说，德国的古典音乐与德国的抒情诗和德国的古典哲学三者是互相结合，互为表里的。它们是在同一个根子——18世纪欧洲的启蒙运动——上生长出来的奇花异葩，而启蒙运动是法国大革命的舆论准备。所以我们对此时期的音乐和文学创作的意义决不能低估，乃至小觑作为上层建筑的意识形态——其中包括音乐和文学——对经济基础的反作用力。因此，我们应该结合现实，认真地对待历史宣示的规律，坚决抵制、清除当前社会上长期泛滥着的小市民和暴发户的低级趣味，用好的健康的音乐、好的催人向上的文学来培育人的高尚精神境界，使人的素质不断地提高。

回顾我的一生，我生来喜好音乐，已经走进音乐殿堂，却阴差阳错地又走进德国文学的殿堂，似乎走错了门。新中国成立初，我在重庆国立音乐学院的老师和伙伴们许多都来到北京，从事中华人民共和国的音乐事业，他们也召唤过我归队。但那时我已是共产党员，要服从党的安排。现在回想，文学和音乐也是不可分的，尤其我从事的德国文学，更是紧紧地和音乐融合在一起。说"我的音乐人生"决不为过。

2019 年

六　孜孜不倦　培育英才

卢谦学长

我的清华情结

■ 卢谦口述　郑小惠等整理

　　卢谦（1926.6—2013.8），山东德州人。教授。九三学社社员。1950年清华大学土木工程系毕业。1950—1952年在清华大学机械系任助教、讲师。后调土木系施工教研组任教并作俄语翻译。1955—1957年任施工实验室主任。1984—1990年任建筑工程管理与施工技术教研组主任。1985年任教授。曾兼任清华大学外语教学委员会副主任、中国建筑统筹与管理研究会副理事长兼学术委员会主任、中国基建优化研究会副理事长。我国传播苏联在建筑施工技术与建筑机械方面先进经验的先行者之一，完成索马里国家剧院舞台整套机械设计、自升式塔式起重机设计与试制等工程任务。通晓英、俄、德、日、法语，对俄语和英语速成教学有一定的研究与创新。

初 到 清 华

　　我是1946年清华由昆明搬回北京后第一批招考的学生。因为家里比较穷，我高中没有上普通高中，而是上的北京高级工业职业学校。这是一个专科学校，我那儿就学的土木科。1946年毕业后，在北京市自来水管理处东直门水厂当技术员。同班同学觉得我好像当技术员不太合适，还希望我上大学。他们替我报的名，我也没有准备，到时候他们告诉我，我就去考，就考上了。

　　1946年10月入学。当时我记得，跟我同班的还有一个考上清华的，就是关振铎。我们骑自行车驮着行李卷，从西校门进来，到了二校门一看，觉得清华真好真大，风景非常好。后来我们住到善斋，开始紧张的学习。我们那个班，一开始大概有50个人，有从上海、北京来的，广东来的也有，所以开始语言交流有些困难，不过慢慢大家就很熟了。

　　我觉得清华对学生的要求是很严格的，而且你不能光是念教科书，还要看很多参考书，你才能通过考试。当时的清华老师都是国内很有名的，他们讲课的方法和他们的为人，我的确感觉到跟现在的教师不一样。那个时候的教学计划就有经济学、社会学，工科学生都要学，而且选课可以自由选，没有任何限制。我因为对语言比较爱好，所以我就选了一些语言学方面的课。还有就是民主风气比较好，大家经常关心国家大事。我当时就是埋头读书，不太关心这些问题，因为我感觉到将来国家革命成功还需要有人来建设，愿意搞政治的搞政治，愿意搞建设的搞建设。

俄语教学与翻译

1952 年 6 月，何东昌同志找我，他说中央决定从 1952 年 10 月初全部改用苏联的教材。当时是 6 月初，到 10 月初只有 4 个月，要把全国的各专业，除了中文专业以外，其他全改用中文翻译的俄语教材。所以下一步就是让高等学校的教师要用最短的期限学好俄语，然后能查字典，来翻译他自己教的教科书，要求在 10 月 1 号以前，刻蜡版油印发给学生。

我没有怎么考虑，就说试一下。那时候我才 26 岁，我说先办一个试验班看看成不成。当时何东昌同志就找了 16 个人，其中年岁最大的就是我们副校长刘仙洲先生，当时他 62 岁，我 26 岁。研究生、教授、副校长、副教授、讲师、助教，我们组成一个教学小组，我负责整个教学，下午和晚上就在蜡纸上刻写教材，都没工夫起草稿，我刻好之后他们就印。

俄语的语法比较难，但是我想出很多办法，让他们一下子就能会。因为他们都会英文，所有的讲课通过英文、俄文的对比，另外我还搞出很多的顺口溜来帮助学习。这些办法，一方面增加了他们学习的兴趣；另一方面也真解决了问题。19 天以后进行考试，是数学和几何的题目，考试就是两段文章，在两小时内抱着字典把它翻译出来，结果他们都通过了，而且翻译得很好。

试验成功了，就立刻上报中央，中央就说这必须赶快抓紧推广。这样，我下一个任务就是要请全国的高等学校的教师分批到清华轮训，等苏联的书运来了，就发给大家翻译。

接着是改编教材。我总觉得 19 天还是太短，改成一个月，然后把教材的内容充实。我培训一些教师，然后教师分头去讲课，我也讲课，我还跟着大家编教材。这样总算完成党交给的任务，到 10 月 1 号，全国高校的学生都拿到散发着油墨香味的中文翻译的苏联教材。

搞完速成俄语之后，开学之后我编出四本教材，都由商务印书馆出版，当时发行量也很大。

与苏联专家共事

到了 1952 年年底，中苏协定约定，我们派留学生，他们派专家。派到清华一开始是五位，组长是萨多维奇，党组织就叫我去当专家的翻译。其实我的俄语完全是自学的，没有正式跟苏联人说过话。

当时蒋南翔同志任校长，也是新来的，在体育馆的二楼会议室接见苏联专家，让我当翻译。那一天来了五个专家，为首的就是萨多维奇。因为我对专业名词比较熟悉，所以翻译没有什么问题。下楼的时候，专家问我学俄文是在苏联哪个学院学的。我说我是自学的，他不相信，他说我的发音完全是正规的，甚至于是近似老式的发音。这是因为我住在北新桥，是原来清朝划给俄罗斯人住的地方。俄罗斯老太太们早上到北新桥买菜，我每天早晨起得早，就跟着他们来回听，偷学俄语。

我跟的专家是白俄罗斯人，他是列宁格勒土建学院土木系的主任，是建筑施工管理方面的专家。在他的建议下，学校批准成立了施工教研组。这是全中国第一个施工教研组，当时的主任是杨曾艺教授。

萨多维奇在阶梯教室讲课，我给他翻译。当时把全国有土木系的工科院校比较优秀的教师都集中到清华来听他的课，他们叫"进修教师"。专家的讲稿都是自己写的，上课才带来，我来不及预先看，只能临时翻。这对我的翻译能力提高有很大的帮助。

专家的任务就是把苏联的施工技术和建筑机械这门课，还有施工组织与计划、结构吊装、保安防火、实习指导、毕业设计指导，一共五六门课，在三年里面都教给中国的教师们。我们就跟着他学习，同时逐渐整理出教材，有的铅印，有的油印。教育部还让我陪着这位专家到天津大学等学校，帮助他们组织施工教研组，以及进行有关的教学改革。

苏联专家在清华的工作是有成绩的，像在水利系的专家高尔金科，他的翻译是我同班同学，后来的水利系主任张宪宏。高尔金科帮助他们建立水力学实验室，一直到现在还是我们清华很好的实验室。这个专家也帮助我们建立了土建基地，就是现在土木水利学院新楼那个地方，包括结构实验室、施工实验室，外面还有很大的一个空场，让学生开汽车、开拖拉机。我们那时候都得先学会了，然后教学生。每逢想起有幸和专家一道工作和学习的情景，我都感到非常欣慰。

这些专家都很热心，对中国真是很好，但是当时有些领导提出要检查执行专家建议的情况。蒋南翔就找我们晚上到他家里，当时还有何东昌、周寿昌。他说话很简单，他说专家是真心帮助我们，但是他不了解中国的国情，他的建议不见得完全合适，所以他们有什么建议，你们应该赶快反映，由我们研究以后再决定是照办还是怎么办。他对专家建议这个说法，在当时就很少有人敢这么提。

改 教 英 语

"文化大革命"结束以后，大家又被要求学英文了。那时清华有一位叫张健，是政治部主任，他到了我的家里，跟我说："现在有很多世界银行贷款项目，可派人到美国访问和学习，大家不会英文，怎么去呀？你能不能想办法就在短期教会他们？"英文是不变格的，更好教，所以我就答应了。

这回，大家是要到美国去讲学，去做访问学者，所以我这次很重视发音。那时，已经有块头很大的录音机了，可以用它教发音。我还经常给他们放《逃亡的人》，念一些《爱迪生传》的录音，注意会话、发音。这样大概学习 300 个小时，第一批学完了，他们觉得很好，因为我的教学方法让他们学起来不枯燥。我以后还担任过清华大学外语教学委员会的副主任，各个系的外语教学都调研过，一起研究工科院校的英语要怎么教。

头一班成功以后，《高等教育通讯》还发表了总结，后来又办了几期。建筑系有位教授，总结时她还在大礼堂发言，说学了这个去美国，说话没问题，访问也没问题。

针对工科院校如何开展教学，我当时在外语教学委员会就提出来，清华每个专业、每个班级、每个学期要有一门课用英语教材，教师要用英语讲课，最起码要用英语写黑板。这样一搞，大家就感觉到有所提高了。

技 术 革 新

"文化大革命"期间，领导让我到北京六建二工区第四施工队帮助他们搞技术革新。他们要搞一对齿轮，当时又花不起钱去外头加工，有个王师傅，是很有经验的机械工人，他跟我商量该怎么做。刚好我还自学了机械，就根据渐开线原理、齿轮的模数等，把这个齿轮整个形状都画出来，把大轮、小轮都画好。他教我怎么做钳工，结果我就跟他学了点钳工。"文革"的时候我下放到江西，后来到德安化肥厂，锯钢材，还有钳工活，对安装那些化肥厂的高压管道都很有好处。

有一次下班忘了清理混凝土搅拌机，结果第二天混凝土弄不出来了，王师傅就准备打錾子，来清除凝固了的混凝土。我就注意他打錾子，他怎么蘸火，火烧到什么红度。1975 年到石家庄，我在一个预制厂带工农兵同学实习。有一个学生叫李德禄，他看到厂里有一台"红旗"牌塔吊坏了，工人挑着运预制板，很辛苦。

他就问我能不能把这个塔吊修好。"红旗"塔吊转动靠的是上下三排钢丝,两排钢球,钢丝断了,但是那个圈很大,两米多直径,需要解决这个大的圆圈钢丝的蘸火(又称淬火)问题,使它有一定的硬度。当时整个石家庄的机械加工厂包括军工厂都说不行,他们没有那么大的设备来搞两米多的一个细钢丝圆圈的淬火。我知道淬火应该是看钢红到什么程度,而且这种弹簧钢要用油来蘸火。所以我就根据从王师傅那里学的操作方法,让厂里用白铁皮做一个大盘子,里面搁上机油。然后买65锰钢丝,我因为会钳工,就给它弯成一个圈,先不焊接,然后把直流电焊机两个头夹在钢丝两端上面,让两个工人抬着两个竹竿,用石棉绳拴住这个圈,悬空,然后一通电,很快就红了。红到那个程度,我说我让你们放,你们就赶快放里面,我说提,你们就赶快提。结果红到一定程度,我一说"放",他们就放下去了,"滋啦"一下;我说"赶快提",提完了之后就回火,然后再放下去。这样经过淬火的钢丝外面硬,里面有韧性,不会断,我再用钎焊给它焊上。大家把这个东西安上之后,再把塔吊竖起来,螺丝一紧就完了。我们从上午8点钟一直干到第二天上午8点钟,除了吃饭,24小时没有休息,等到上班的时候,塔吊已经转了,可以吊运预制板了。

再比如说西大饭厅(现已拆除)。1952年4月,那时候已经知道中央要学苏并扩大招生,所以就要搞一个大饭厅,北大一个,我们这里一个,跨度33米多,是当时远东最大跨度的木结构,由我和同班关振铎来设计。我们最初是用钢的,因为那么大跨度,钢的最便宜,材料又省。可是上面说不行。因为那时候抗美援朝,钢铁都得供给前线,所以又改木头了。木头的连接用螺栓,但是这个木结构吃力很大,一个24毫米直径的螺栓也会把木材顶裂了。所以我们就在螺栓孔外面专门搞一个圆圈形的槽,然后就把带竖向裂缝的一段短的无缝钢管两端做成锯齿,然后把它砸进槽去。上下这样一砸,中间穿上螺栓拧紧,将来受力的是圆管,力量足够,木材不会破裂,这样就解决了33米大跨度木结构的问题。这当然不是我一个人做的,除了关振铎还有我们的指导老师,刚从美国回来的刘恢先教授。这个结构经受住了50年的考验。

我的导师张维先生是研究壳体的,张先生让我做一个壳体屋顶,就是现在机械馆东边的波浪形状屋顶的燃气轮机实验室。这种结构计算起来很复杂,那时候没有计算机,都是手摇计算器,要算三个月才成。我就一想,它不就是这么一个壳吗,就像罐头筒,切一半,只要两边很硬,它的筒就很结实。我就把它看成一个梁,只不过断面是弯曲的,研究了一个简单的方法,半个小时就把它算出来了。算出来以后,我做了一个1:10的模型,就在机械馆东面的锅炉房院里,我跟工人搬砖,加荷载,下头用千分表量测,如果最后发现成,就做大的。大的顶上4公分厚,但这个东西到下面就必须加厚,还得有边梁,前面有隔板,保持它的刚度。等要施工了，我愣了，这个模板怎么制作？要完全用好木头模板，就很麻烦，要用一个一个的券（圆拱形的）胎，每米一个、一片一片地支好，然后上面再用长条平板子铺成壳面，那就要用好多好木头了。后来我一看，我们"三校建委会"那时候由东北买粗大的原木，然后用跑车锯，把原木开成板子，开成方子。板皮——就是带树皮的薄片，都尽量开得很薄，拉到食堂烧火做饭去。我就跟我们木工朱师傅商量，我说咱们先用板皮做券胎怎么样？他说太好了，他立刻拿着墨线，就在我们机械馆前面马路上抡开了，画了一个 1∶1 的券胎大样，然后就把板皮拿过来，找好中心，把线一画，拿斧头一砍，就砍成圆弧形的了；然后叫小工们钉，很快就解决了券胎的问题，上层的模板将来拆了还可以用。然后打混凝土，为了保证质量，我就亲自跟他们一块干。

我住照澜院，离壳体施工现场很近，有时晚上我突然惊醒，穿上鞋就跑到那儿去看看，看它好好的没事，再回来接着睡。等到浇完混凝土，一个月 28 天养护，一拆模，质量很好，到现在也没坏。

施工教研组的兴衰

我们施工教研组经历了几回兴衰。专家在的时候是高峰，等专家一走就不行了，因为当时领导无力，而且另外的一个专业特别强。等到"文化大革命"，教研组干脆解散了，我们那些机器、模型，能拆的都拆了，有人把里面的小电动机拿走自己用都没人管。后来我到兄弟学校一看，人家（比如同济大学等）都还保存着，我当时心里很有感慨。

等到"四人帮"覆灭以后，有人提出来，还是得有一个施工教研组，于是在1977 年又恢复。但是那时候实验室都没有了，就给我们一个房间，我们几个原来的老人，后来又招了点新人。

当时建设部中国建筑工程总公司的第一任总经理张恩澍同志，是我 1954 年在长春汽车厂工地工作时认识的。他后来成立一个教育中心，我们施工教研组跟他们合作，我们的老师去给他们讲课。第一批学员是二十几个人，都是各大学分到中建的本科生，包括暖通的、结构的、土木的，还有建筑学的。我给他们拟了一个教学大纲，第一批学生就在颐和园谐趣园西门对面山坡上一个平房上课，住在中央党校的一个楼里面。这样

与弟子王守清在工程现场。2008 年，鄂尔多斯

我们搞一年，我就教国际上很有名的一个菲迪克（FIDIC，国际咨询工程师联合会）施工合同。没有中文，我就影印英文的，用英文给他们讲这个合同，其他的课我也尽量地让教师们说点英文。然后我请国际关系学院一个很有名的口语老师教他们口语。这批学生学了一年，最后通过考试，搞一个投标报价的模拟演习，都挺好。

他们7月1号毕业。过了两天，我打电话问张恩澍怎么样，他说挺好，全都放单飞了。他说过去一个工程师出去，要配上翻译，现在他们用不着翻译。又过了一个月，他又给我打电话，说简直好极了，他们到那儿，就跟外国的监理工程师直接对话，直接讨论问题。过去虽然有翻译，但他不懂专业，比如说"moment"，本来是弯矩、力矩，翻译成"片刻"，你说"片刻"怎么配钢筋？本来是根据弯矩的大小去配钢筋的。

所以这个办法很好，他们都是小青年，到那儿很快就学会了开汽车，出去也用不着司机，一下子我们的司机大大减少。而且他们还经常跟外国人一块打排球、打篮球，搞得都很熟，工程有点纠纷就大事化小、小事化了。所以这样工程顺利，中建公司就开始赚钱了。

公司说还要办。后来就在丰台一局，就跟我们当初速成俄文似的，对各地要派出国的工程师进行培训。这回就比那回复杂了，因为他们有的学过英文，有的根本没学过。我专门给他们编一套教材，从ABC开始学，另外还讲合同等。还从英国请了两个专家，英国很有名的大律师，专门讲项目管理，讲合同纠纷如何处理。我就给他们当讲课翻译。

后来，水利系派教师、学生到伊拉克的水利工地去，又挣钱又学了本事。搞承包以后我也写了些东西，跟他们其他同志写了书，还得了建设部一等奖。后来我就看到房地产这个新玩意。因为我常到香港去讲课，我跟香港理工大学房地产系的主任（英国人）很熟悉。我就派人如刘洪玉等去跟他学习。现在，刘洪玉当副院长了，还有一个学生在香港理工大学当房地产管理系主任兼建造与土地利用学院的副院长。因此我们又开辟了一个房地产管理专业，后来发展成为建设管理系。它的发展，我觉得符合了我们国家改革开放的形势，满足了改革开放对专业的要求。以后许多学校都有了这个专业。

体 悟 清 华

我在清华最大的收获就是我们的校训"自强不息，厚德载物"。我觉得现在应该很好地对进清华的学生讲清楚这八个字的意义。

通过我一生的工作、经历，我很肤浅地认识到，每个人都要自强不息，包括一个国家、一个民族、一个人；但是，你还必须厚德载物。如果你就想突出你自己，没有照顾到周围的人，没有照顾到周围的自然和社会环境，你就会犯很大的错误。

我来到清华最大的收获除了校训以外，就是遇到了很多很好的老师，像张维、施嘉炀、陶葆楷，还有很多，他们真是忘我地工作，都是很好的老师。我上过好多人的课，像刘仙洲先生、陶葆楷先生、张维先生、钱伟长先生。我觉得他们的特点首先是爱国，爱我们这个中华民族，因此他们即使受到了不平等的待遇也不埋怨，还是努力工作。

最后，我还要衷心感谢前面没有提到的老师，特别是陆士嘉老师、赵林克悌教授、王佐良教授、萨多维奇教授、葛邦福教授、陈振源老师、倪继昌老师、刘佐姚老师、潘切雷耶夫老师。能和他们相识，得到他们的教诲和指引，使我欣慰地感到，这坎坷的一生实在是不虚此行。我深深地感谢老师们，怀念老师们。

来源：《清华记忆》，清华大学出版社 2011 年版

六　孜孜不倦　培育英才

张宪宏学长

鸿声厚学为人师　俊誉明德作世范
——沉痛悼念张宪宏先生

■ 清华大学水利系

中国共产党的优秀党员，著名水利工程专家、水利工程教育家，清华大学水利水电工程系原系主任张宪宏教授，因病于 2019 年 12 月 27 日在北京逝世，享年 92 岁。

张宪宏先生 1927 年 12 月 25 日出生于辽宁；1950 年清华大学土木系毕业；1959 年莫斯科建筑工程学院研究生院毕业，获副博士学位。

张宪宏历任清华大学水利系讲师、副教授（当时最年轻的副教授），教授（1978）。1961—1966 年任水利系副主任，1978—1984 年任水利系主任。1984—1987 年任水利系学术委员会主任、清华大学学术委员会委员。曾获北京市劳动模范、国庆 70 周年荣誉勋章等荣誉，享受国务院特殊津贴。

张宪宏先生长期专注于水利水电领域的高等教育，坚持一线教学，为国家培养了大批优秀的水利水电工作者。1952—1953 年为苏联专家翻译"水能利用"和"水工建筑物"课程。1959 年后参加毕业设计的指导，曾讲授"水工建筑物""弹性力学""变分原理及其在水工建筑物中的应用"等本科和研究生课程，编写《水电站重力坝的引水道模板放样》和《混凝土重力坝施工钢桁架受力分析》等培训教材；结合腹拱坝坝体应力和稳定性的研究等，领导和参加建立光弹性、拱坝、结构振动实验室，新丰江大头坝地震裂缝理论分析和模型试验，指导研究生进行有关抗

张宪宏在莫斯科

602

震、混凝土重力坝坝基稳定性等研究；领导并参加王家园水库过水土坝加固工程的设计和研究，张坊水库设计和潘家口水库工程坝址规划勘设比较，密云水库白河大坝地震破坏紧急处理及震害原因调查等。

张宪宏先生在严谨治学、辛勤耕耘大半个世纪的同时，作为水利电力部教学委员会副主任，水利部科技委员会委员、能源部高级咨询委员，评审并参与了我国多项重大水利水电工程的建设工作，为祖国的水利水电建设事业发挥了重要作用。1986—1995年期间多次作为水利项目专家，参与万家寨、小浪底等多项大中型工程的评估，还参加了大渡河及西藏一江两河等的开发规划。先生1978年起担任中国水利学会理事，中国水力发电工程学会理事、常务理事，《水力发电学报》主编，曾任美国《工业与高等教育学报》及美国《国家地理》杂志的国际编委，电力部、水利部水电基金评审委员会委员等职。

张宪宏先生拥有丰富的教育经验和行政管理能力。在担任水利系领导工作期间，他在水利系的学科建设、科研教学和队伍建设方面做出了重要贡献。特别是"文革"结束后，先生担任水利系主任，他主持恢复与调整了水利系教学研究秩序，负责了三门峡基地回迁及泥沙实验室大厅建设等重要工作。他为水利系的建设发展做出了非常突出的贡献。

20世纪90年代初，张宪宏先生受聘为国家人事部继续教育高级顾问，并亲手开创了中国的继续教育事业。他多年受聘于联合国教科文组织，担任继续教育专家组成员，并代表中国出任专家组主席、副主席。1979年参加世界继续工程教育专家组会议及首次世界继续工程教育大会，后历任第4—6届继续工程教育专家组会议副主席、主席，第4届世界继续工程教育大会（1989，北京）副总主席和学术委员会主席，国家人事部继续教育顾问。促成组建"中国继续工程教育协会"，发表了"国际继续工程教育的现状和发展"等中英文文章各十余篇。

张宪宏先生一生追求真理、正派正直、为人磊落、知行合一、学养深厚、治学严谨、为人师表、桃李芬芳，是水利系优秀的教师、严谨的学者，同时作为一名拥有60多年党龄的优秀共产党员，是清华精神——"自强不息，厚德载物"的担当表率和践行者。

来源：清华大学水利水电工程系公众号，2019年12月31日

阎隆飞学长

植物生理学家阎隆飞：谦逊为人严谨做事

他热爱科学和教育事业，五十余年如一日，始终奋战在教学、科研第一线，在生物化学方面的研究取得了重要成果，将自己的一生奉献给了我国高等教育事业。

他一生不断学习创新。在科研上，发现高等植物存在碳酸酐酶和肌动球蛋白，为植物科学的发展做出了卓越贡献；教学上，在农业院校中最早开设"分子生物学"课程，编写教材，为国家培养了一大批优秀人才；在工作事务上，建设学科、开设重点实验室，为国家专业的发展奠定了坚实的基础。

他就是阎隆飞，中国科学院院士、中国植物生理学家、生物化学家、教育家。

探索进取，开拓创新

1921 年 11 月 23 日，阎隆飞出生于一个满族职员家庭。私立学堂的国文教育奠定了他的文学功底，良好的家庭教育培养了他专注的好习惯。

1940 年，阎隆飞考取燕京大学奖学金，进入生物系学习，1945 年毕业于西北大学生物系。老师们鞭辟入里的讲解、逻辑严密的思维使他对生物学产生了浓厚的兴趣，激励他以生命科学作为自己未来的方向。

1945 年，他考入清华大学，在汤佩松教授的指导下攻读研究生。在这里，他发现菠菜叶绿体中存在与动物血液碳酸酐酶相同的酶，推测此酶在光合作用的第一步反应中起着吸收 CO_2 的重要作用。此项结果说明，植物碳酸酐酶在维持太空舱内气体平衡方面具备潜力。此项结论被美国宇航局刊物 NASASP-188 引用。1949 年阎隆飞毕业于清华大学研究院，获硕士学位。

阎隆飞在他青年时代的研究工作中就深刻体会到达尔文"一切生物具有许多共同之点，有如化学成分、细胞构造、生长规律、对有害影响的感应性"论断的正确性，这成为他日后进行生物科学研究的指导思想。

1962 年，他发现高等植物的收缩蛋白即肌动球蛋白的存在，并证明植物收缩蛋白与肌肉的收缩具有相同性质，使我国植物收缩蛋白研究从空白跨入世界先进行列。

阎隆飞与中国农大的同事们

"十年动乱"期间，他被迫搬出北京到达陕西及河北。即使条件艰苦，他仍顽强地坚持科研工作，积极投入到植物生长调节剂及棉花过氧化物酶同工酶的研究中，并首先证明了矮壮素应用于小麦能起到抗倒伏、丰产的作用。这一成果，现已在青海等小麦高产区广泛推广。

1982 年，他在植物线粒体中证明肌动蛋白的存在；1986—1990 年，他在蚕豆叶细胞质膜中发现红膜肽，表明植物细胞膜上亦存在膜骨架系统，对深刻揭示植物细胞运动的分子机理和认识生命活动的共性具有重要的理论意义，是高等植物细胞骨架研究的里程碑。

多年来，他在生物化学、植物生理学、分子生物学方面均有很高造诣，所取得的科研成果多数尚属首次发现。他曾获得国家自然科学二等奖、国家教委科技进步甲类二等奖、国家教委科技进步二等奖、中华农业科技奖以及"何梁何利"奖等，在国内外期刊发表学术论文 100 余篇。

学科建设上，他参与组建了中国农大植物生物化学教研室和实验室，建立起一支实力雄厚、高水平、高素质的教学科研队伍，为学科发展做出了较大贡献。

之后，他又参与建立了北京农大（现中国农业大学）植物生理生化开放实验室，并使之成为农业部重点开放实验室、国家重点实验室。除此之外，他还主持了承担国家自然科学基金的重点课题，进一步推动了学科发展。

高瞻远瞩，教书治学

科研与教学并重，阎隆飞教授辛勤耕耘，培养出一批又一批国之栋梁。在教学上，他素以"创新"和"高瞻远瞩"著称。20 世纪 80 年代初，他自编教材开设"高级生物化学大实验"，如今此项课程已发展为中国农业大学生物学院研究生必修课"高级生物化学与分子生物学研究技术"。1991 年，他为研究生开设"分子生物学"选修课，这是我国农业院校最早的分子生物学课程。20世纪90年代，年过七旬的他再开新课："博士生选修课结构生物学。"他所主编的《蛋白质结构与功能》《分子生物学》以及《农业生物化学》等10余部教材专著科学严谨，广受好评。

除了亲自开设的课程，他还向中国农业大学生物学院提议，为全校博士生创设"生命科学研究进展"课程，这一课程汇聚生命科学前沿讲座，极大地扩大了学生的知识领域，为其未来发展奠定了坚实的基础。目前，"生命科学研究进展"已成为中国农业大学研究生名牌课程之一。

为了更好做好教学，他紧紧把握教学"三关"。一是教材关，他花尽心思找到世界先进国家的专业教材，再结合大量文献资料，自编自扩教材内容，紧跟行业动态，鼓励学生勇于创新。他所主编的《基础生物化学》，以先进、新颖、简练的特点荣获1989年北京农业大学优秀教学成果奖。二是备课关，他对待知识严谨，即使熟悉授课内容也会一遍遍备课、认真斟酌。虽已年过花甲，在讲台上仍口若悬河、滔滔不绝。三是教学关，他的课堂氛围生动活泼，所授知识推陈出新、深入浅出、引人深思，学校研究生都争先选择他的选修课。

以身为范，掌灯育人

阎隆飞视弟子如亲人，以师德教会学生做人。在专业上要求"从严""从难"，强调基础理论和基本功的训练，也给学生创造广阔的创新空间。他认为学生如同晶莹剔透的玉，优点很多，能够教学相长，而那些若有似无的"污点"来自于后天的养成，"去污"切忌大刀阔斧，而需精细雕琢。

他的学生施定基研究员曾回忆说："我初进实验室时，阎先生引导我加强基本功训练；在科学实验中，阎先生引导我既要创新更要求实；在科学思维上，阎先生引导我勇于探索、敢于攀登；在建设团队中，阎先生引导我既高瞻远瞩又精雕细刻。"

而如今已身为中国科学院遗传与发育生物学研究所院士的他的学生曹晓风也感触颇深："作为学生，我从阎先生身上学到严谨、创新的好学风，并能够继承下来，为日后的研究打下了很好的基础，阎先生是我事业上的第一个领路人，把我带到了科学的殿堂里。"

炎热的夏季，课堂上的他讲课讲到

中国农业大学为阎隆飞院士树立塑像

口干舌燥；计算机逐步普及时，70 高龄的他奋起直追，用一年时间将微型计算机应用到蛋白质三级结构图形研究之中；学校房舍紧张，他毫无怨言地与两位教师挤在小办公室里工作、实验、答疑；年龄和病痛让他对很多事开始力不从心，但无论刮风下雨、酷热严寒，他都亲临科研实验指导。

阎隆飞一生平易近人，谦逊和蔼，严以律己，宽以待人，把自己的毕生精力奉献给了科学和教育事业。2001 年 1 月 16 日，他因病逝世，终年 81 岁。

生命消逝，精神永存。为纪念发扬阎隆飞先生的学养高德，2015 年中国农业大学生物学院设立"阎隆飞奖学金"，并为他树立塑像，激励着学生们勇敢开启科学的殿堂之门。

来源："中国科学家"公众号 2020 年 4 月

六　孜孜不倦　培育英才

王传纶学长

财金泰斗王传纶

■ 李 扬 瞿 强

王传纶（1922—2012），江苏苏州人。中国当代著名经济学家、教育家、新中国金融与财政学科奠基人之一。中国人民大学荣誉一级教授，中共党员，中国民主同盟中央经济委员会副主任。全国政协第六、七、八届委员和经济委员会委员。中国财政学会、中国金融学会、中国国际金融学会常务理事。中国税务学会、外国经济学说研究会理事，中国国际税收研究会顾问，"中国金融学科终身成就奖"获得者。美国普林斯顿大学威尔逊学院客座研究员。

成 长 经 历

少年时代

王传纶先生 1922 年 4 月出生在江苏省苏州市曹家巷一个殷实的商人家庭，父亲为家族经营老式钱庄与银行。少年时代，王传纶家庭条件优裕，他幼承庭训，垂髫便入家塾，同兄弟姊妹们接受中国传统式启蒙教育。到了正式入学年龄，他进入新式的苏州树德小学，而后考入省立苏州中学高中部。

高中二年级时，淞沪战起。受战事影响，学业时续时断。1937 年，日军占领苏州，宁静安逸的生活一夕荡然无存。王传纶全家被迫从苏州逃往上海以避战祸。少年时代的这段记忆，塑造了王传纶浓烈的爱国情怀。

1938 年王传纶在租界的中学继续高三的课程。当时正值北方的清华大学、北京大学和南开大学南迁合并为西南联合大学。这几所大学一直是青年学子向往的目标。恰好，当年新成立的联大委托在上海租界的暨南大学代为招生，王传纶当时高中尚未正式毕业，只能以同等学力投考，因诸科成绩优秀，遂以高分录取。该年秋，自上海出发，他乘英国太古公司轮船，经香港，借道越南海防，再经滇越铁路，由云南蒙自最终到达昆明，颠簸数千里，终于成为联大第一届学生，时年16岁。

西南联大

战争期间的西南联大宛如严寒中的梅花，是中外学术史上的一朵奇葩。偏居边陲，存亡未定，物质生活是艰苦的。据王传纶回忆，很多教师甚至要靠卖旧家当维系生活，很多学生则是靠课余打零工来完成学业。困难时期，连校长梅贻琦夫人都需要时常烤卖小点心补贴家用。但是，联大的精神生活是丰富而充实的。在为国家和民族"保留文脉"的使命感召下，学校的系科设计既承续了三校注重通识教育的传统，又体现了为现实服务的宗旨。因此，王传纶在那里受到了当时最好的人文社会科学教育。

王传纶初入联大时，读的是文学院的哲学心理学系，学号"A-717"。一年级结束时，他兴趣转移，遂申请转入经济系。哲学系主任冯友兰同意放行，经济系主任陈岱孙欣然接受。拜联大自由传统所赐，转系这种在任何学校都会大费周章的麻烦事，竟轻易办成。经济系归属法商学院，教师以陈岱孙为首，大部分留学美英。课程有经济学概论、公共财政、货币银行、国际贸易、经济史和统计学等。经济系的培养理念虽然也强调学生"于我国实际状况，有相当之了解"，但课程设置却几乎全部复制英美，很多课程更直接使用英文教材，教师授课也是中英文杂糅。

在西南联大的四年中，尽管物质条件菲薄，日寇的敌机还时常骚扰，王传纶的生活却是充实的。他不太关心政治，只是徜徉于书海，潜心于学问，学习成绩优异。

1939年，王传纶选修陈岱孙先生的"经济学概论"，这在联大是招牌课。陈先生讲授的是当时先进的"现代西方"经济理论，如商品市场上市场供求关系决定的均衡价格和交易量的"局部均衡原理"，再从市场均衡原理推导出神奇的"无形之手"，进而引申出"自由放任"的经济政策。这些理论源自英美的经济历史与现实，本身逻辑严谨自不待言，教授的讲解也清晰易懂。然而，置身于当时的经济环境，王传纶朦胧地觉得这只是一种纯粹的学问，与中国的实际情况有很大的隔阂。一方面是书本上美妙的"均衡"；另一方面则是政府贪污腐化、挥霍浪费，市场上投机倒把、囤积居奇、物价飞涨的"不均衡"。王传纶与当时多数青年学子一样，对自由市场经济感到困

2002年，应杨振宁邀请，朱光亚、许渊冲、王传纶、王希季相聚北大

惑。其实，有这种困惑的岂止青年学子，20 世纪 40 年代昆明和北京的报刊上，经济学教授的文章中，普遍表达了对当时国内经济状况的不满，要求国民党政府实行经济改革，加强对市场、商业的管制。这种主流的社会经济思潮，与主流的经济理论完全背道而驰。

20 世纪 30 年代中后期，受"大萧条"影响，由亚当·斯密发端，中间经过穆勒发展，到马歇尔集大成的"市场自动均衡"的古典经济理论正面临巨大挑战，其自身也开始不断修正。那时的西南联大，除了有号称"中国的马歇尔"的赵迺抟教授，还有堪称国际一流的凯恩斯主义经济学家徐毓枬教授。新、旧思想同堂辩诘，受益最大的当然是青年学子。值得一提的是徐毓枬教授，他曾是陈岱孙在清华的高足，后被举荐赴英国剑桥大学深造。在剑桥的那些年里，徐毓枬不仅亲历"凯恩斯革命"，而且参与了这一新理论框架的某些细节的完善工作。由他主讲宏观经济学，当然是一时之选。陈岱孙教授对王传纶青眼有加，三年级结束时，他就亲自指点王传纶要多向年青教师徐毓枬学习现代经济理论，使得王传纶学业大进。课堂之外，年青的徐毓枬教授更与王传纶结下深厚的师生情，乃至将自己珍藏的凯恩斯《通论》第一版原著慷慨赠与。惜乎该书在"文革"中遗失，每念及此，王传纶都唏嘘不已。

也就是在这个时期，国际经济学界掀起了著名的"社会主义经济理论论战"，西南联大自然得风气之先。根据兰格（O.Langer）与勒纳（A.Lerner）的观点，在社会主义制度下，只要有关当局遵照市场原理来定价，资源配置是可以优化的；计划经济、统制经济不仅是可行的，而且可能是更有效率的。

对于处在迷茫中的中国经济学人，所有这些新思想都有极大的吸引力。多年后，回顾这段往事，王传纶热心地向他的学生们指出：20 世纪 30 年代，中国老一代经济学家固然普遍服膺凯恩斯的新经济学，却也曾普遍被计划经济的想法打动过；自由放任主义，其实并非那一代人的主导思想。因此，新中国成立以后，对于苏联的计划经济模式，广大知识分子在思想上是不反感的。

1941 年，王传纶从西南联大毕业，年方 20 岁。他很快就与当时的"校花"、数学系高才生张景昭女士喜结连理。才子佳人，一时为联大美谈。然而，当时抗日战争正处在最艰苦的持久战阶段，找工作十分困难。王传纶不满当时的政治黑暗，无心入仕；同时，也无意继承家族传统从事商业活动。恰好张景昭女士出身于贵州的国民党军事技术官员家庭，有家庭背景可援，于是夫妇二人寻得贵阳的清华中学教职。这所中学的创办人周诒春先生曾任清华学校校长，对于这对西南联大的高才生自然欢迎。在那里，王传纶夫妇度过了一生最安定的几年。

负笈英伦

1945 年 8 月，艰苦卓绝的抗日战争终于结束。正如杜甫所谓"漫卷诗书喜欲狂"，王传纶由贵州经重庆，回到阔别多年的上海，同家人团聚。两年后，他于 1947 年秋考入清华大学经济系攻读研究生。在清华期间，王传纶各项成绩依然名列前茅。两年后，面对由陈岱孙主持，清华北大的名教授如赵廼抟、蒋硕杰、戴世光、徐毓枬等组成的考官委员会，王传纶应对裕如，以高分通过。优异的成绩，加上陈岱孙教授与徐毓枬教授力荐，王传纶于 1948 年底取得了英国半政府组织的文化委员会奖学金，准备赴英国留学。

1949 年，王传纶的清华大学研究生毕业照

这个时候，国共内战已逾三年，共产党将最终取得政权的大局已定。知识阶层大多对国民党政府深感失望，对未来的中国怀有美好的憧憬。据徐毓枬教授分析，中国未来的政治经济模式会步苏联的后尘，因之，学校的选择以及研究方向之侧重，应该根据这一形势变化调整。英国传统经济学的"重镇"在剑桥，自然以保守为特色；伦敦经济学院则是欧陆思想登陆英伦的"桥头堡"，激进与保守杂陈；而格拉斯哥作为苏格兰的主要工业城市，工党势大，社会主义思想有颇大影响，而且，格拉斯哥大学在苏联经济研究领域独有特长，并拥有当时研究苏联经济的独一无二的学刊，堪称社会主义研究之重镇。几位前辈的看法，对于本就无意淹留国外、有心学成服务国家的青年王传纶的影响是显然的。他欣然选择了格拉斯哥大学的社会经济研究系继续深造。

1948 年年底，王传纶从北京出发，经天津、香港，负笈英伦，进入格拉斯哥大学攻读博士学位。格拉斯哥大学因经济学鼻祖亚当·斯密曾经任教而享有盛名，但在"二战"后不久的困难时期，该校政治经济学系教师数量有限，主要应付本科教学，在政府和社会的支持下，新建了一个以现实经济研究为重点的"社会经济研究系"。鉴于当时苏联的国际影响，该系创办了一本学术性刊物《苏联研究》，并逐渐获得国际声誉。在格拉斯哥这个相对自由的学术环境中，王传纶不仅系统研究了计划经济模式和苏联社会主义建设的经验，也接触到当时苏联的一些负面信息，如政治高压、肃反、个人崇拜浮夸风等。对这些事情的体悟，对于王传纶几年后回国，并在国内度过政治运动，提前给了警示。

回到祖国

大约 1951 年年初，有一个新中国文化知识界的高级代表团访问英国。王传纶当时担任留英中国学生联谊会会长，直接参与了接待工作。代表团中有些人，例如副团长物理学家周培源教授，以前就是王传纶在联大时的老师，与陈岱孙先生也是多年挚友，异国相见，自然格外亲切。王传纶向他们表达了早日回国工作的意愿，并委托周培源教授带了一本斯威齐的新书转交陈岱孙先生，同时也向陈先生表达了归国工作的意愿。不久，陈先生来信，邀请王传纶直接回清华任教，并嘱咐不要经过教育部分配。这种安排，在当时是承担了不小的政治风险的。

1951 年秋，王传纶回到清华。长途劳顿未消，几周之后他便被派往武汉、广西等地，与先期前往的清华教师汇合，参加土地改革工作。第一期土改历时约五个月，接着再去桂县参加第二期土改。等 1952 年回到北京时，清华大学的经济系已经不复存在。此时正值中央政府进行第一次院系大调整，根据安排，清华大学经济系被撤销合并到新成立的中央财政经济学院，陈岱孙任院长。一年后，学院再次调整，部分教师并入北大，部分打散并入其他院校，王传纶则进入了中国人民大学财政系。

这时期世事纷繁，如过眼烟云，但有一件事值得记载：陈岱孙先生主事北大后不久，曾写信给王传纶，说自己以后不拟讲授财政学了，希望王传纶做好接班准备。就这样，从 1953 年开始，王传纶教授在中国人民大学开始了其长达 60 年的财政与金融的教学研究工作。

蹉跎廿年

从 20 世纪 50 年代初回国，到 1978 年改革开放，20 多年的时间中，中国的政治与社会充满了动荡。王传纶教授与绝大多数知识分子一样，在不得不随风起舞之时，守住一份赤子之心，尽力做好自己分内的教学与研究工作。他在系统讲授财政学课程的同时，与人大财金系的同仁一道，探索符合中国国情的财政、金融学科体系的建设问题。在教学科研的同时，王传纶教授不断调适自己与社会的关系，不断调适自己的知识体系，以与新的社会经济和意识形态相符。同时尽己

1993 年 3 月全国政协会议期间，王传纶教授（左 3）与恩师陈岱孙教授（左 4）等合影

所能，译介了大量的国外研究成果，为我国的财政学和金融学建设贡献力量。由于刻意与政治保持适当的距离，加之天性淡泊名利，与世无争，王传纶教授有惊无险地经历了历次政治运动，经历了下放江西"五七"干校，经历了人民大学停办与复校，本人却基本上未受重大冲击。

但是，就在那史无前例的年代里，王传纶教授的家庭生活经历了一次重大波折。1968 年 11 月，他在北京大学数学系任教的夫人因不堪"造反派"的人格侮辱，于系办公楼自杀身亡。1970 年，王传纶教授与路奇女士组建了新的家庭。路奇女士出身书香门第，其父是我国著名的矿冶工程师。她曾就读于辅仁大学西语系，1947 年赴解放区参加革命文艺工作，曾任华北人民文工团乐队的大提琴手，解放后长期在文艺部门担任领导工作，文章操行俱佳。从那之后，她伴王传纶教授左右 40 年，为王传纶教授安心从事教学科研，提供了不可多得的温馨环境。

改革开放以后

1976 年秋季以后，劫后余生的学者们陆续返回校园。当时人民大学正准备复校，百废待兴。中共十一届三中全会之前，政治上虽然乍暖还寒，经济上倒是已逐步放开，一些急迫的经济和金融问题，已经可以开始讨论。在最初的几年，王传纶教授应邀到中国银行从事研究工作，这是中国对外经济与金融交往的最前沿。当时中国银行设有调查研究处，又称"四处"，是现在的国际金融研究所的前身。那时，"四处"的年轻人大多都不熟悉国外情况，金融业务也比较生疏。王传纶在那里协助工作了数年，尽显其经济与金融理论扎实、专业基础雄厚、外语熟练的优势。那几年里，他整理了大量有关国际经济金融的最新研究成果与业务资料，不仅为自己开辟了一个新的研究领域，更为中国银行培养了一支年轻的研究队伍，为此后著名的国际金融研究所的成立和发展起到了奠基性作用。

大约在同一时期，在中央党校，一些党政领导人在为全面的改革开放做系统的理论与知识准备，王传纶教授参加了其中的"外国外资问题"专题研究小组。他译介了大量外文资料，并进行系统梳理、分析，为该项研究提供了坚实的专业支撑。

1978 年，中国改革开放正式启动，引进外资是重中之重。一方面，中国需要外部的资金与技术，另一方面，外国投资者对中国的制度变革与投资环境心存疑虑；一些具体的技术性问题，例如如何避免重复征税，更是亟待解决。针对这种状况，负责双方联络的福特基金会提议，举办一次有关国际税收的研讨会，并慨允提供资金与技术支持。中方由财政部财政研究所牵头，时任财政部长王丙乾也很支持。于是，1979 年冬，在大连的辽宁财经学院（现在的东北财经大学），举办了中国首届涉外税收培训班。来自哈佛大学、哥伦比亚大学等大学以及一些著名律师事务所的税务律师共十几位美籍专家，面向从全国选拔的中青年学者和各地涉外税务部门官员系统介绍了国际税收体系、欧美的税制特别是所得税制度、出口退税、如何避免双重征税等领域的知识。然而，开课不久，就遇到棘手的问题：面对一整套陌生的专业概念和理论，不仅经验丰富的英文翻译棘手，听众更是茫然，一时间，整个课程陷入困境。

财政部的许毅教授马上想到了王传纶教授。王教授应邀到会，局面立刻改观。王传纶教授积极参与了教材翻译、课堂讲解、课下讨论、观点总结等各个环节，他简要概括了外国专家的授课内容，并阐发了自己对涉外税收的理解，同时，他也向外国专家和投资者解释了中国税制的基本特点和内容，以及投资中国的风险与收益，为中外双方都解决了诸多困惑。王传纶教授以其准确的翻译和深入浅出的讲解，勾勒了涉外税收体系的基本框架，协助完成了中国国际税收界的一次启蒙教育。此次培训活动之后，全国涉外税收体系逐渐形成，增值税开始推行，外资企业所得税法开始酝酿，全国高校纷纷设立国际税收专业，北京、上海等地税务局陆续建立了涉外处，地处改革开放前沿的深圳则成立了国际税收研究会，并创办了国内第一本国际税收期刊《涉外税务》。对于中国涉外税收体系的建设，王传纶教授功不可没。

1980年年初，中国人民大学复校工作基本完毕，中国银行虽极力挽留，王传纶教授仍决意回到学校的三尺讲台。他如恩师陈岱孙一样，视大学为自己安身立命的一方净土，决意在大学校园里潜心研究，教书育人。

学 术 成 就

由于特殊的历史原因，20世纪80年代之前的中国，在经济学、财政、金融等社会科学领域，基本上开展不了像样的学术研究。20世纪80年代之后，由于经济体制始终处于变革过程之中，为"开放"和"改革"建言，成为这一时期中国知识分子的主要任务。所以，四十余年来，中国的人文社会科学领域的学术研究，基本上都是围绕着如何在物质上极度匮乏，制度上既受到苏联的强烈影响，又处处存留传统社会遗迹的中国，建设一个现代社会主义市场经济制度而展开。由此决定，系统介绍和分析当代发达经济体的经济制度，仔细同中国的制度进行比较分析，进而得出符合中国国情的改革方案和建议，是这个时期中国学者的历史使命。王传纶教授用他在金融、财政和宏观经济领域的卓越贡献，践行了中国学者的历史使命，成为一代宗师。

中国金融学的开创者之一

20世纪80年代初期，王传纶教授的研究方向之一，是外汇、汇率和外资等紧迫的国际金融问题，兼及商业银行、资本市场以及宏观调控等有关金融体系的建设和发展问题。

1982 年，他撰写了著名的《汇价理论的探讨》一文，首次系统整理了马克思、恩格斯著作中的汇率理论，全面评述了西方主流汇率理论。在此基础上，他深入分析了美联储当时采用的理论模型的缺陷，指出该模型以既有的外贸格局为依据，并假定进出口贸易是平衡的，不符合发展中国家的现实。据此，他主张人民币汇率的确定应当着眼于中国经济的长远发展。"在宏观上，调整人民币汇率时应当优先考虑的，并不是外贸的盈亏，甚至也不是贸易收支是否平衡，而是国际收支加总是否平衡""在微观上，目前最迫切的是如何在汇率政策上创造条件，使进出口企业能够合理经营和独立核算"。此后，王传纶教授又相继发表了《人民币汇率制度系统工程探索》《关于我国"七五"期间的汇率方针》《有关人民币汇率制度改革的几个问题》等一系列文章，对上述观点进行了更深入的阐述，并进一步把汇率调整问题同国内价格政策、国民经济的总体运行密切结合在一起考察。王传纶教授研究外汇、汇率问题的理论方法、改革思路和政策建议，首次在中国学术界勾画了比较系统的关于人民币汇率的理论体系，他的成果不仅被国内外学术界高度认可，而且受到国内外汇管理部门和决策当局的重视。

关于引进外资，王传纶教授一贯主张大力引进，同时也强调必须与国内经济改革、发展相协调，必须以追求国际收支长期动态平衡为原则。这些在改革开放初期即已提出的观点与分析，如今依然具有较强的现实意义。

长期以来，王传纶教授跟踪研究中国金融体系的全面改革问题，针对银行业改革、资本市场发展、金融宏观调控制度建立等涉及面极广的领域发表了一系列论文，形成了一个关于金融体系整体改革的分析框架。这些论著，不仅具有重要的理论意义，而且还有很强的实践价值，在学术界和决策层均产生了重要影响。他于 1984 年加入中国共产党，之后以数十年学术实践之贡献成为一名优秀的共产党员。

20 世纪 80 年代后期，王传纶教授敏锐地注意到资金流量分析在美英等发达国家的兴起及其对于宏观金融理论发展和金融宏观调控的重大意义。他在国内率先倡议开展资金流量分析。1990 年，他集多年研究之大成，撰写了长篇报告《"资金流量分析"的方法及其在我国宏观经济调控中的应用》，详尽分析了这种方法产生的背景、理论体系和在央行调控实践中的应用。这项研究不仅在中国开了该领域理论研究之先河，阐发了英美文献忽略的一些制度背景和技术细节，更重要的

清华百年校庆时，王传纶回到母校

615

是，通过王传纶教授亲自在中国人民银行培训授课等方式，直接推动了1992年我国资金流量表的编制工作。这对于我国金融改革和发展，是一项具有重大意义的贡献。

王传纶教授一生致力于译介国外学术名著，以为国内研究界提供系统、丰富的学术资料。他先后主持译校论著十余种，代表性的包括《金融理论中的货币》（1994）、《货币金融学》（1998）、《货币经济学手册》（2003）等。1999年，已是耄耋之年的王传纶教授还指导青年学者翻译了美国的《金融服务现代化法案》。他不仅精心校阅，还撰写长篇导论，精辟阐释了该法案的背景、内容、意义以及对中国的指导意义。该导论作为独立的成果，在中央高层决策部门广为流传，为确定中国跨世纪的金融改革思路产生了方向性的影响。

中国现代财政学创始人之一

在财税研究领域，无论是理论研究还是政策研究，王传纶教授均建树颇多。

20世纪50年代初期，他便翻译出版了《资本主义总危机时期的英美财政》一书，并开始系统收集资料，总结各国财政金融理论、制度与政策，希望为新中国经济建设提供借鉴。

1981年，他出版了《资本主义财政》（中国人民大学出版社，1981）一书。这是中华人民共和国第一部全面介绍发达资本主义国家财政制度、理论、政策的专著，其中对社会主义经济改革和财政体制改革，也颇多精辟论述。此后，王传纶教授又相继发表了《外国财政问题》《财政支出系统的控制和核算问题》《政府预算制度中的制衡机制和效益核算问题》《中国的税收政策》（英文）等大量论文，继续借鉴国外经验，探讨中国财政改革问题。1995年出版的《当代西方财政经济理论》（商务印书馆，1995，合著）一书，更是将关于不同经济形态国家财政问题的分析和研究向前推进了一大步。

作为我国财金领域的大师，王传纶教授非常重视对财政金融思想史的研究。由他编著的《西方财政金融思想发展》（西南财经大学出版社，1991）一书，资料翔实，条理清晰，论述精辟，将财政与金融同炉熔炼，并相互印证，填补了我国经济思想史的一项空白。另外，他于20世纪90年代末期用轻松的笔调撰写长文《漫谈市场与政府的关系》（《财贸经济》，1998），首次从经济思想史的角度，系统论述了西方国家以及社会主义思想体系中市场与政府的关系，同样具有较高的理论价值和实践意义。

学为人师 行为世范

60年来，王传纶教授不离"三尺讲台"，始终坚守在我国财政金融教育事业的第一线。由他主编的教材曾多次获得全国优秀教材省部级奖、国家级教学成果二等奖，北京市教学成果一等奖等奖项，个人也先后获得"吴玉章基金教学奖""宝钢教育基金奖""中国金融学科终身成就奖"等重要奖励。

在中国人民大学，王传纶教授是公认最负责、最认真、最严谨、最博学的教授之一。他学贯中西，知识渊博，毕

2011 年，王传纶荣获"中国金融学科终身成就奖"

生从事财政金融研究，对其理论体系、政策过程、发展脉络了然于胸。即便如此，在每一堂课之前，他都一丝不苟地准备教案，在教学过程中，以严谨务实、自由平等的学风，实践"传道、授业、解惑"的古训。对于学生，他像"慈父"，弟子们的学位论文草稿上，无不留下他动辄千言、密密麻麻的铅笔批注。这些墨宝所记载的，不仅是学术的指导，学风的熏陶，更是人生态度的传承。

王传纶教授桃李满天下，他的弟子们都走上了我国财政金融管理、实务、研究和教学的岗位，成为中坚和骨干。他的弟子中，先后有两人出任中国社会科学院副院长，这在中国学界和教育界，恐怕算是绝无仅有了。

"长于精思又重于实践"是王传纶教授时常挂在嘴边的一句话，也是他长期致力于将经济理论应用于金融改革与发展实践，不遗余力为新中国金融规划与决策提供智力支持的真实写照。他用自己的一生，践行了自己的座右铭。

在"中国金融学科终生成就奖"颁奖仪式上，年届 90 的王传纶教授思路清晰地回顾了自己 70 年来研究经济学的心得，条分缕析近百年世界经济潮起潮落的风云变幻，着重强调了政府与市场良性互动的重要性。他寄语青年学子以国家民族复兴和人类文明进步为宗旨，以现实问题为导向，踏实研究。言辞恳切，听者动容。颁奖仪式上，与王传纶教授共事近 60 年的黄达教授将"真有学问，有真学问"八个字赠与王传纶教授。这八个字凝聚了跨世纪老友间的深情，更准确表达了无数朋友、同仁和弟子的共同感受。

＊作者李扬为中国社会科学院学部委员、原副院长，瞿强为中国人民大学金融与证券研究所副所长，中国财政金融政策研究中心副主任。

六　孜孜不倦　培育英才

七　历尽坎坷
　　　不忘初心

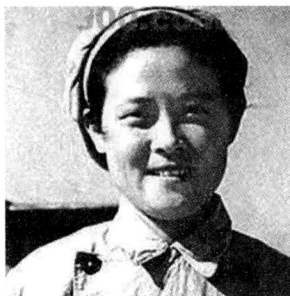
王金凤学长

我在《人民日报》写"内参"

■ 金　凤

王金凤，又名金凤。原名蒋励君，1928年6月1日生于江苏省宜兴县。解放前就读于上海交通大学和北平清华大学，在解放战争时期多次参加爱国学生运动，是颇有传奇色彩的中共地下党员。1947年入党，1948年去解放区，分配到《人民日报》当记者。她是新中国培养的第一代记者，是新中国新闻界第一批授予高级记者职称和第一批享受政府津贴有突出贡献的专家，写了几百万字的新闻作品。已版《友谊的花朵》《时代的眼睛》《在中国大地上》《历史的瞬间》《风起青萍末》《邓颖超传》《伟人之初》等作品集，《邓颖超传》曾获国家图书奖。

记者除写公开报道，还有写"内参"（或"内部情况"）的任务。"内参"有时能起到比公开报道更好的效果。但写"内参"有一定风险，"内参"往往反映工作中的缺点和问题，容易得罪领导。以往年代，政治运动频繁。"运动"一来，记者写的"内参"常常成为"反党反社会主义"的"罪证"。不少记者因此被打成"右派"或"右倾机会主义分子"。如新华社有七位分社社长因写"内参"被打成"右倾机会主义分子"。

我在人民日报社当记者多年，也写了一些"内参"，付出了惨重代价。

写"内参"反映"大跃进"中的浮夸风

1958年年初，中央在南宁召开会议，毛泽东讲了"破除迷信、敢想敢干"的重要讲话，批评了周恩来、陈云同志1957年"反冒进"是犯了"右倾"错误，"离右派只有50米了！"各地闻风而动，吹起"大跃进"的号角，在全国刮起浮夸风。

1958年《人民日报》撤销各省记者站，我到农村部当评论员，有时也下乡做点调查研究。全国第一颗"高产卫星"是河南省辉县峪山乡上万亩小麦"亩产小麦3000多斤"，《人民日报》发在一版头条。我多年跑农村，知道全国小麦最高产

619

量是青海一块几亩大的"试验田"，亩产不到 3000 斤。怎么可能上万亩土地平均亩产 3000 斤呢？我表示怀疑，立刻有人劝我："小心，别当观潮派！"

我不服气，自告奋勇下乡调查。这年七八月间，冒着酷暑来到河北省定县。定县有位全国农业劳模马宝山，我认识。他见到我，神秘地对我说，要让我看看他将要放的"白薯卫星"。

只见一亩地面积，往下深挖 15 丈，堆满小白薯。往上堆起 15 丈的小土山，里面也统统是小白薯，这就是他要放的"亩产白薯 100 万斤"的"高产卫星"。估计他实际上也填充了十几万斤小白薯！

我吃惊地说："这就是你所说的特大卫星？这不是明明白白的弄虚作假吗？"马宝山不高兴了，拉长了脸："人家能将十几亩的水稻并在一起，我为啥不能将白薯堆成小山？！"

我说："老马呀，你昏了头了，这样做有啥好处？你是让人家参观，让记者来拍照，替你宣传吧。我告诉你，我决不写一个字。"两人不欢而散，我马上坐车回北京，写了一个"内部情况"，被领导扣下了。他说："你这是给群众运动泼冷水。到时候要倒霉的。"他这是好心保护我，他有充分的经验。我说："明明是弄虚作假，这叫什么'放卫星'啊？"他苦笑着说："这是'大跃进'的浪潮，势不可挡。我们不报道也就算了，说他弄虚作假，有人会不高兴的。"

过些日子，报上又登出河南鲁山县大炼钢铁、大放钢铁"卫星"的消息，农村部让我去采访。

记得是 9 月下旬到了鲁山，县委书记热情地接待我，说全县正做准备，准备10 月 1 日放一颗"日产一万吨钢铁"的"卫星"，向党中央、国务院报喜。我去过鞍山钢铁公司，这是中国最大的钢铁基地，有 20 万职工（鲁山县只有 15 万人，绝大部分是农民），全年钢铁产量 300 万吨，还不到一天一万吨。小小的农业县鲁山，要放"日产一万吨钢铁"的"卫星"，岂非天方夜谭？

我到了鲁山县的一个公社，只见公社书记头上扎了块白毛巾，正头疼。他愁眉苦脸地对我说："老王同志，县里布置要我 10 月 1 日放'2000 吨钢铁卫星'，我愁得生病了。别说 2000 吨，我 200 吨也放不出来呀！"他陪我到了炼铁工地，只见用泥土垒成的小土炉，炉火熊熊，烧的是山上砍来的木材，炉中原料是各家各户收来的废铁器加焦炭，炼出来的是"烧结铁"，还不如原来的废铁。有的炉直接炼矿石，炼出的是比烧结铁还差的"铁疙瘩"。许多农民背着矿石疲倦地走来，有的走着、走着在山路上睡着了。我看了堆在一起的矿石，估计也不过几十吨。我问农民："你们知道一吨是多少斤？"他们回答："估摸是一斤吧。"真是可笑，连一吨是多少也不知道，怎能大炼钢铁？国务院工业部有一位女干部也来到鲁山，我们一起数了数土高炉，有二三十个吧。估计连 200 吨也炼不出来，何况炼出的是废品"烧结铁"！她说，她回北京要向工业部部长高扬同志汇报，她希望我也写个"内参"，证实她的汇报。

我回县委招待所马上写了个"内参"，寄给《人民日报》工商部主任张沛同志，请他转给国务院工业部部长高扬同志。后来听说，毛主席认为高扬同志"右倾"，一气之下撤销了工业部。在此以前，他已撤销了中央农村部的邓子恢部长。我这"内参"估计命运不佳，说不定当了高扬同志"右倾"的"罪证"！

写"内参"揭露河北省假劳模

1964 年夏天，我到了河北省当时的省会天津。省委宣传部长翟向东同志向我推荐了一个"河北遵化县西下营大队 3000 亩亩产粮食 600 斤"的高产典型。当时河北农田一般亩产二三百斤，亩产 600 斤算得高产了。他又介绍西下营党支部书记王佐民是全国农业劳模和复员军人模范，希望我能报道王佐民。

冒着 7 月酷暑，我赶到遵化县西下营大队，见到王佐民。他三十多岁，看上去很干练，也善谈。当时，林彪正推动全军和全国人民学习毛主席著作和《毛主席语录》，《语录》已印了上亿册。王佐民告诉我，他正是通过组织村民和民兵学习主席著作，用"愚公移山"的精神改造低产田而获得亩产粮食 600 斤的成绩。他安排我住在一名军属家里，又派来一名背着照相机的宣传员陪我采访。照相机在今天中国已很普遍，在 20 世纪 60 年代农村，可是个稀罕物。小伙子带我看了展览室。墙上几百幅照片都是王佐民的工作照：他正在学《毛选》，他带领支部学《毛选》，他带领全村农民学《毛选》，他带领社员深翻土地、密植，他上天津、北京开会，戴大红花当劳模等，全是小伙子的"杰作"。他又抱来两大本剪报，全是宣传王佐民的。这么突出地宣传自己的劳模，我还是第一次看到，不免对他心生疑虑。

王佐民陪我看庄稼。我们沿着公路，看了几块玉米地，确实长得不错。他说，至少可打 600 斤。我请他回大队，让我自己随便看看，他不高兴地走了。我离开公路，转入田间小道，面前大片玉米长得稀稀拉拉，每亩大约只能打二三百斤。这样看来，全大队 3000 亩地怎能亩产 600 斤呢？

我在社员家吃派饭，一天换一家，问了好几家社员，去年庄稼收多少？亩产多少？他们齐声回答："不清楚，问王书记去！"

社员吃得并不好，每天两稀一干，喝玉米糊糊和吃玉米饼。孩子都长得瘦瘦的，三顿菜都是咸菜加大葱，这不像亩产 600 斤的生活水平。

我问六十多岁的房东大娘，更问不出什么。我只好用老办法了。我让老会计把 1957 年建社到 1963 年的账本统统给我找来。老会计抱来二十几本。1957 年西下营大队由十几个高级社合并而成，要从高级社查起，相当费事。我不会打算盘，当时又无计算器，只好用笔算，一连算了两天，算得我头昏脑涨。

两天后，发现问题了。原来 1957 年西下营大队的粮食总产量竟超过 1963 年好几万斤！可是，1957 年亩产只有 300 斤，1963 年怎么变成 600 斤呢？真是怪事，除非耕地面积缩小了。

我算了兴修水利和社员建房面积，只少了一二百亩。总耕地面积和 1957 年差不多，为何总产量少了，亩产却增加了一倍？这是不可能的！

我明白了，王佐民用的是少报耕地面积，增加单位面积产量的办法。那么，他少报多少呢？总耕地 4000 多亩，他竟敢少报 2000 亩！这样，2000 亩耕地亩产从 300 斤跃升到 600 斤！反正，上级谁也不会核查大队总耕地面积，也不会核查 1957 年和 1963 年的总产量，要的就是亩产，比的也是亩产。

我到王佐民家中去了。他不住在村里，单独一家住在村外。这是一座灰色围墙围起的院落，孤单单矗立在田野间，引人注目。进了围墙，是一亩大面积的院子，种了豆角、西红柿、洋白菜等等，还种了半亩玉米，当中还打了口洋井。整整齐齐五间双砖落地大瓦房。王佐民不在家，他媳妇出来招待。只见她上身穿了件格子纺绸衬衫，下身穿一条黑纺绸裤。这种打扮，农村少见，倒像解放前的"少奶奶"。她又是让座，又是敬茶，很会应酬。我见她手上和王佐民一样，戴着块梅花牌手表，这在农村妇女中也少见。屋中还有位十八九岁青年姑娘，抱着个两三岁的孩子，另一个六七岁孩子在地上玩。

我对她说："你有两个孩子，又要做饭、种自留地，怕是不能出工啦。"她笑容满面，得意地说："从打嫁过来，我没下过地。自留地也是社员帮着种的。佐民不让我下地。生了两个孩子，家务更忙。这不，小的孩子还靠这姑娘帮忙。"她用手一指："这是大队出纳，每天过来帮我照看孩子。快过来见见记者，可是从北京来的大记者哟。"

姑娘脸红了，朝我点点头，慌慌张张抱着孩子出去了。我打量一下房子，很新，问她："这房子啥时盖的呀？"

"盖了不到三年，不怕你见笑，土里土气，离村又远，不大方便。"

我算了一下，大约是 1961 年盖的，那可是三年困难时期。

我回到住地，上房东大娘屋去了，我说："我到王书记家去了，五间大瓦房，加上自留地，一亩多吧，比一般社员自留地大多了。房子好气派呀。"

房东大娘重重叹了口气说："可不是好气派，原来还要气派。房子和围墙，全抹上红色，远远望去，就像座庙。听说上级来了，说太显眼，这才改成灰色。"

"盖这房，花费不小吧，又是三年困难时期。"

大娘又重重叹了口气："那阵子还吃食堂，都吃不饱。大伙儿还得去帮着盖房，老婆子我还去搬过砖。听说，这盖房的钱"，她猛地停住："哎呀，可不敢瞎说。"

我看她有顾虑，耐心开导她："大娘，我在这屋也住了好几天了，你还信不过我？"

"是呀，是呀"，大娘忙说："老王同志，大娘我自然信得过你。看你大热天老远从京城来到这里，住到我家，只喝我老婆子一口水。可你早上帮我扫院子，又帮我挑满一缸水。白天忙一天，晚上熬夜帮我们查账。你为啥呀，不就为我们社员好吗！大娘我信得过你。"

我趁热打铁问："大娘，您说说，王书记这盖房的钱，从哪里来的？那时一天挣 10 工分，也不过几毛钱吧。"

大娘又叹气，低声说："听说，听说，他是挪用了上级给我们修水利时让社员搬家时的补助款。还有，发给困难户的救济款。我是听老会计说的，他是我家表叔。"

我听得生气，不由大声说："那社员为啥不上公社、上县里告他？"

大娘见我声音大了，她急了，忙摆手，低声说："小声些，小声说。王书记成天上县里，上省里，还上北京开会哩，受表扬哩，是劳模哩，谁敢告他？不要命啦？"

我也重重地叹了口气。

第二天，我对王佐民摊了牌。我要求他召开大队支委会。在支委会上，我说："我查了你们大队从高级社到去年的账，发现你们大队 1963 年的粮食总产量比 1957 年还少几万斤。"

支委会惊呆了，王佐民也很吃惊，连忙说："耕地少了嘛。"

"少多少亩？"我紧着问。王佐民慌了，吞吞吐吐地说："可能少了几百亩吧。"

我笑笑说："我查了账，1957 年十几个高级社耕地总面积约 4000 亩，亩产 300 斤，总产量 120 万斤。1963 年你们大队报粮食亩产 600 斤，但总产量只有 110 多万斤。除非，你们耕地少 2000 亩，只剩 2000 亩。亩产 600 斤，这总产才合得上 110 多万斤。这六七年，你们大队耕地竟少了一半吗？"

王佐民脸红了，口齿不清了："这不可能，不可能！"

"账在那里呢，到底怎么回事，你自己清楚。"

王佐民站起来，急着说："我找老会计查查，这些账，都是他做的。"

当天晚上，我写了"内参"，揭露王佐民采取少报耕地面积，提高单位面积产量的虚假手法，骗取亩产 600 斤（实际仍为亩产 300 斤）的劳模荣誉。他还

金凤学长在书房留影

侵吞了水利款、困难补助款盖房，又让出纳当他家保姆，让会计、出纳一人当，账目自然混乱不堪，随便捏造了。

报社登了我写的"内参"，将"内参"寄给中共河北省委。省委很重视，派出工作组，进驻西下营大队。情况比我反映的还严重，他还打击报复反映真实情况的社员，不让人家出工，一家人几乎饿死。王佐民被撤职，同时撤销"劳模"称号，把房屋退赔出来做了大队部。他和老婆都下地劳动了。不然，他家吃什么呢？

"文革"中写了三份"内参"，惨遭坐牢五年之灾

写"内参"如只涉及基层，问题不大。如果涉及省以上，便有很大麻烦。

"文革"中我写了三份涉及"中央文革"和空军的"内参"，竟坐牢五年之久。

1967年1月，上海《解放日报》开始被"造反派"夺权。接着，在"中央文革"支持下，上海市委也被夺权。"中央文革"推波助澜，全国各省委、省政府及中央部委，除国防部和外交部外，统统被"造反派"夺权。从中央到各地党政部门都被夺权，工农业生产没人管了，全国经济几近瘫痪，形势十分严峻。

正是春耕时分，我到了京郊怀柔县。一位已靠边站主管农业的副县长来看我，自我介绍他爱人在《人民日报》群工部工作，他算《人民日报》家属，向我反映："春耕季节快到了，从县委、公社到大队都被夺权。生产没人管，地种不了，今年老百姓吃什么？全国人民吃什么？"他忧心忡忡地说。

我问他："有什么办法可以扭转这危险局势？"

他低声说："我们几个副职，包括副县长、农业局、林业局、粮食局、水利局的副局长和供销社副主任，在一起商量，准备成立一个'抓革命、促生产火线指挥部'，抓全县的农业生产。同时，公社、大队也成立'抓革命、促生产火线指挥组'，生产便可以一抓到底。可是，我们怕造反派说我们反夺权。老王同志，你看怎么办？"

我连忙说："这主意太好了，造反派那里，我去说。"

我和刚成立的县革委会主任一说，他们同意了。马上解放一批副职干部，成立了全县"抓革命、促生产火线指挥部"和公社、大队一级的"抓革命、促生产小组"。怀柔的春耕生产自上而下有人抓了，春耕生产有序地开展起来。全县老百姓都很高兴。

我回到报社，写了"内参"，直报中央。周总理看到了，十分高兴，马上送毛主席。毛主席批示："《人民日报》立即见报。"

第二天，《人民日报》一版头条发表了"怀柔县解放一批干部，成立'抓革命、促生产火线指挥部'，春耕生产顺利进行"的消息。用的是我写的"内参"原文，一字未改，连新闻导语也没有改。各地闻风而动，解放了一批干部，纷纷成

立工、农、商业的"抓革命、促生产火线指挥部"，工农商业生产能正常进行，避免了经济崩溃的局面。

全国干部、群众都高兴，主持经济工作的周总理更高兴。一心搞乱天下、妄图乱中夺权的江青大不高兴了，指责总理"用生产压革命"。她追查这个鬼主意哪里来的，《人民日报》的消息是谁写的？姚文元说是报社记者王金凤写的"内参"，主席看了让《人民日报》发。江青大怒，记下了这笔账。

1967年2月，我到武汉采访。正赶上当地造反派驱赶大批工人、劳模、工会干部戴高帽子游街。我数了数，竟有6000多顶高帽子。最惨的是武汉重型机器厂的劳模马学礼，头上竟压了顶铁帽子。还有不少女工被剃了阴阳头，手里拿着稻草。"造反派"说她们上北京告状是"保皇派"想"捞根稻草"。一下火车便被揪来游街。6000顶高帽子游街真是浩浩荡荡、"蔚为壮观"，两旁有外国人在照相。

我看了气愤不过，提笔写了第二个"内参"，大意是："'文化大革命'是工人阶级领导的，广大工人包括劳模竟遭高帽子游街，敌我不分！"

这一"内参"周总理也看到了，由"中央文革"下令，不准让工人、劳模再戴高帽子游街，还解放了大批工人和工会干部。

第二个"内参"也起了作用，我自问尽了中央党报记者的职责。

写第三份"内参"，大祸临头了！

1967年秋天，我到上海采访。上海"解放"了一批干部，我召开座谈会，编发了一个版。又专访了原杨浦区区委书记、产业工人出身的张金标，写了长篇通讯，后来发表在《人民日报》一版。这时，驻上海的空四军宣传处长来看我，请我参加空四军召开的学习"毛选积极分子"会。当时，这样的会很多，很难见报，我不想去。不料，那位处长出语惊人，说他们学习主席著作有新发展："要用毛泽东思想占领天空。"

我问："什么意思？"

回答是："我们要用主席语录指挥飞行（即指挥飞行和飞行员回答时，必须先讲一句语录）。"

我听了大吃一惊。当时打电话，有人先念一句语录，如"为人民服务""斗私批修"等，然后再讲电话内容。这已经耽误时间，如果指挥飞行，指挥员和飞行员都先念语录，再说飞行术语，飞机飞行速度极高，指挥术语一句很短，如加上语录，飞行员反应不过来，非出飞行事故不可，弄不好机毁人亡。我内心非常反感这种极"左"的做法，可又不能公开反对，只派了一名年轻记者去参加会议，也没写什么报道。

1968年1月，军委空军召开空军学习毛著积极分子会议，请《人民日报》记者参加。说参加者每人将发一套精装毛选和100个毛主席纪念章。我听了很生气。

我知道当时有句话："全国人民学解放军，解放军学空军。"其实，空军一直"很左"。他们动用大批国防器材铝甚至黄金、白银制作纪念章，有的纪念章比银元还大，有的人甚至把纪念章别在胸前的肉里……江青送几个芒果给空军，说是毛主席送的，有的政委头顶芒果，站在火车里几小时送到基层供起来，如此等等，不一而足。

我忍不住，提笔写了第三个"内参"，向中央反映空军学习主席著作庸俗化，竟要用语录指挥飞行，弄不好将发生重大事故；空军动用大量国防器材制作纪念章，不合勤俭建军原则；空军有骄、娇二气。

这个"内参"转到当时空军司令吴法宪手里。他向江青报告。江青在"中央文革"碰头会上大放厥词，胡说王金凤是上海、北平的地下党员，受到刘晓、刘仁领导。刘晓、刘仁是"叛徒""特务"，王金凤也是"中统"特务。她提出，要把金凤押送秦城监狱。敬爱的周总理保护了我，说："先审查审查吧。"于是，由陈伯达下令："立即对王金凤监护审查。"1968 年，把我押到北京卫戍区，和一些部长，如吴冷西、陶鲁茄、刘白羽等关在一起五年一个月。直到 1973 年 6 月，还是在周总理亲切关怀下，把我放回人民日报社恢复工作。

坐牢五年，关在单身牢房，与世隔绝，我的身心受到严重摧残。更残酷的是，吴法宪下令，强迫我的丈夫赵宝桐（全国空军英雄）和我立即离婚，又逼赵宝桐重新结婚。赵宝桐顶了三年半，空军说他不重新结婚，便是"对王金凤有幻想，是立场问题"。赵宝桐生怕再顶下去，自己也可能被抓，则三个五岁、十

王金凤与丈夫赵宝桐

岁、十一岁的孩子必然流离失所。无奈，他被迫于 1971 年 12 月和一名工厂技术员结婚。一年半后，我出狱了。

出狱后我面临家破人散的悲惨局面。我不甘心屈服，赵宝桐也不愿屈服。我们齐心协力，经过三年半艰苦复杂的斗争。1976 年 10 月，"四人帮"垮台。12 月 26 日，锦州法院判赵宝桐和那名技术员离婚。同日，北京法院判赵宝桐和我复婚。

在抗美援朝空战中，赵宝桐英勇顽强，沉着机智，坚决果断，个人击落敌机 7 架、击伤 2 架，创造了志愿军飞行员击落敌机的最高纪录。

"文革"十年，国家和人民付出惨重代价，知识分子、干部受迫害的数以百万计，我不过是其中的一个不幸者。

来源：《命运：金凤自述》，人民日报出版社 2000 年版

白祖诚学长

白祖诚：生命前行的三轮

■ 藏 柏

一

白祖诚祖籍山西介休，1929 年 8 月 26 日生于北京（当时称北平）；1932 年全家迁居云南昆明。1935—1939 年在昆明恩光小学和女师附小上小学；1939 年秋因躲避日寇空袭随家迁居云南玉溪。1940 年回到昆明，秋入西南联大附中初一。1946 年夏五年级时，以同等学力考入已复员北平的清华大学生物系；1947 年秋转农艺系。

在清华的两年多中，他积极参加了学生运动和中共地下党外围组织"中联"，1948 年 5 月 22 日加入中国共产党，在党的领导下进行革命工作。1948 年秋，担任学生地下党员第五支部副书记，全力投入迎接解放北平的斗争。

北京解放后，1949 年 5 月被调到中共北京市委组织部，在学校支部工作科工作。1950 年市委建立纪律检查委员会，被调去担任秘书组长兼机关检查组长。1954 年担任市纪委办公室负责人；1955 年市纪委改为市监察委员会，被任命为办公室副主任。

二

在中共北京市委工作的 11 年中，白祖诚一贯工作努力，表现突出，在查办案件、起草重要文件等方面都表现得力，得到了市委和市纪委、市监委主要领导人的信任和重用。他曾无私无畏严肃正确地查处了一些高级干部的违纪案件和重大疑难案件。他破除阻力，查清谜团，平反了受人陷害的重大冤案，纠正了"三反""肃反"等运动中的一些偏差，被领导和同事评价为"少有的优秀青年干部"、"大有发展前途的干部"。

但由于坚持真理、仗义执言，又过于简单幼稚地对待党内生活，他得罪了一位市监委主持工作的领导人。这个领导人利用正进行的"反右"运动，找出白祖诚在1956年曾说过赞扬苏共二十大和赫鲁晓夫的话，特别是在党的八大前曾上书市委请转中央之事。在这封约万言的信中，白祖诚对党内生活不健全进行了批评。这位领导组织力量，在一个多月时间里对白祖诚进行了批斗。

这些批斗虽未能立即获得市委批准把白祖诚定为"右派"，但给白祖诚的亲人造成极大的伤害。特别是在云南重病卧床中的父亲白小松（云南反袁护国元勋，解放后衷心拥护共产党的民主人士，时任云南省政协第一副主席、全国人大代表）受到沉重打击，以至这位老人在悲苦中逝去。还使在云南大学任学生党员总支书记、被评为"又红又专标兵"的弟弟白祖诗被划为"右派"。白祖诚在北京的家人、亲人也受到不同程度的株连。妻子臧令薇受到处分，调离了市委，她的父母精神上受到很大打击，弟妹们在上学、参加工作等方面都受到不良影响。

批斗结束后，白祖诚被下放到北京远郊山区劳动。一年后的1959年9月，在庐山会议批彭和反"右倾"机会主义的形势下，北京市委再也无力以拖延不理来保护白祖诚，违心地批准了划白为"右派"，但没有同意监委所报定的"极右分子"。这是白祖诚一生中遭遇的最沉重打击，从庙堂跌入了深渊。他在一首回忆当时情景和心态的长诗中写道：

孰知忽坠昏暗处，觉时已在万丈渊。

身若飘飘入云雾，神已昏昏陷混沌。

同志亲人都不见，左顾右盼黑沉沉。

难道果竟成永别？难道从此便沉沦？

铅沣灌心蛇噬肠，夜泪泣血悄自吞。

……

诗中吐露了那种常人难以忍受的极端痛苦和折磨。

那20年中，他在农村公社工作、搞"四清"三年；做各种农业劳动六年；在石灰窑烧石灰，在小煤窑干各种艰苦沉重的苦力活四年；1972年后被调到中学任英语教员三年；又到大学研究所作英语翻译近五年。白祖诚尝尽了人生几乎一切身心悲苦，同时也获得了人生的种种体验与磨炼，增长了各方面的历练和知识才干。他在这个历程中不断思考，探索历史的真伪和人生的奥秘，逐步走上了接近真理之路。

三

粉碎"四人帮"后，白祖诚继续在北京经济学院工作了两年，担任编译室负责人，学术职级为外语讲师，并被评定为院先进工作者。

1979 年 1 月，白祖诚获得彻底平反。经中共北京市委批准的审查结论中，否定了原来被强加的所有"罪名"，肯定他八大时上书中央的"万言书"是正确的。他很快被调回市委，做筹备重建市委纪律检查委员会的工作，担任筹备组办公室主任，并兼任市委审理"两案"（"林彪集团"与"四人帮集团"两个案件）的两案审理办公室主任。他怀着一颗坚决无畏的心，为北京市恢复党的优良传统与作风，严肃处理"四人帮"的罪行，肃清"文革"流毒，做了大量工作。他在一首小词《卜算子》中写道：

金剑早沉埋，破地重出鞘。

闪闪锋芒未损伤，直指群妖啸。

岂为乘青云，但把轩辕报。

宁折不弯寒刃光，总在沙场耀。

1983 年 5 月，白祖诚出任北京市旅游事业管理局党委副书记，不久后又兼任北京旅游学院院长。1991 年担任北京市政协委员；1995 年初离休。离休后若干年中，他还担任了中国旅游协会常务理事、中国徐霞客研究会常务理事、北京诗词学会顾问等社会团体的职务。

从 1983—1995 年 12 年中，白祖诚从实践到理论两方面，为北京市旅游业和旅游事业的发展，中国旅游事业建设和发展的方向、道路、政策，行业管理，现代饭店与其他旅游企业的管理与改革，高级、中级旅游教育事业的建设发展，旅游理论学术的建设发展，中国旅游文化的开发等方面，做出了巨大努力，进行了有益的探索，取得了开创性的贡献。

四

白祖诚从小就爱读书，从儿童时代阅读《天空的神秘》之类儿童书画，非常痴迷，到青年时代投身革命前后，他研读中外历史，特别是中国现代史和马列主义书籍，如饥似渴。他经历了从顺境到逆境，从庙堂到深渊，这种极为丰富的人生，使他大大提高了思维能力，深化了对历史与人生的认识与体验。除了读书外，他的另一项爱好也是中晚年生活的重要内容是旅游。从 20 世纪 70 年代后期到 21 世纪头十年，这 30 多年中，他走遍了除台湾外的全国各省、市、自治区，以及亚、美、欧的 20 多个国家。在旅游中，他从历史、文化和地理角度，了解、

白祖诚夫妇（右2、右1）与任继愈夫妇

学习了很多知识，得到了书本上难以获得的亲身体验。

"读万卷书，行万里路，交各路友。"读书思考、旅游实践和交各路友，是白祖诚生命之车运转不息和生命力始终充沛顽强的"三个车轮"。正是由于这三个车轮的永不停息的运转，使他的思维方法逐渐变化，对马列主义理论也以历史和辩证的眼光去观察辨析，走上了独立思考之路。因此，他在晚年达到了高瞻远瞩、心明眼亮的境界，能写出一些较深刻和有价值的著述。

白祖诚一生曲折，历尽艰辛，但他晚年生活平顺，可称幸福。他自己认为：最大的幸福是有一个温馨美满的家庭。他的妻子臧令薇在60年风雨飘摇、惊涛骇浪和起伏变幻中，始终伴他生死与共，相濡以沫，并且真诚支持他的独立思考和写作。他们的爱情与婚姻，堪称难得的范例，他自己说"是天下最好的夫妻之列中的一对"。他们的一双儿女，从小受到他们良好的教育培养，胸怀大志，艰苦奋斗。女儿白薇，1980年大学毕业后，只身赴美留学，成为富有创意的服装设计师。回国后艰辛创办了北京第一家中德合资的现代服装公司，20世纪90年代名噪一时，获得全国纺织工业协会主管服装业的前十名。比白薇小12岁的白刚，留美大学毕业后，先后在北京和美国担任高管，做出优秀业绩。姐弟二人的出国留学和谋职、成长，全都是靠自己的艰苦奋斗。他们学成后都工作出色，堂堂正正做人，尽孝父母，帮助亲友，使年迈的父母十分欣慰。这算是对他们一生曲折的最好补偿吧。

五

白祖诚在知天命之年就立志，要把自己的经历、体验和思考写下来。1981年春，他因病住在友谊医院，在病床上他写下自己的心愿："天公再假卅年寿，一曲悲欢献世人！"

从 20 世纪 80 年代起，他开始查找、整理材料，为撰写回忆录做准备。20 世纪 90 年代尝试着写出了《激波曲》《世纪风云》《河魂》《沧海月明》《欲将霓裳化彩虹》五部中篇小说文稿，但未投稿和出版，只打印出请几位好友亲人审看指点。他们都认为有一定价值，真实地反映了某些历史，但总的来看不成功，太写实，没有吸引人的情节。一位知名的作家朋友干脆直言：“不行，你没有写小说的本领。你的写法倒像是在写非正规的自传或纪实文学，你干脆就写这类东西吧。你经历曲折，有价值的史料丰富，吸引人的情节很多，你的笔法又很实很直，如实写出来，倒有可能成为有吸引力、有价值的纪实文学或史料。”另一位史学研究员干脆说：“你就写回忆录，通过如实记述一代知识分子的曲折经历和思想感情，反映 20 世纪的时代风云和历史沧桑，一定会成为有很高价值和受欢迎的著作。”

两位友人的指点，使白祖诚豁然开朗。这时是 1997 年秋，他看病时意外地被医生发现心脏主动脉瓣膜几乎完全失灵，有猝死危险，必须立即做手术。于是，迅即在安贞医院开胸四次，成功地做了瓣膜置换手术。不料几天后又患了肺炎，病情严重，多方抢救无效，医生宣布无望，叫家人准备后事。但出乎大家的意料，更出乎医护人员的预计，在昏迷三天三夜和输血近两万毫升后，白祖诚竟奇迹般地苏醒了。主治医生事后开玩笑说：“你已经上了阎王殿了，闹着要回人间，阎王爷看你太厉害，不敢强留，又把你送回来了！”他自己渐次有一定康复后，在病榻写了《闯鬼门夺命还阳记》和一些病榻诗，记述了这个夺命还阳的历程和顽强与死神搏战的历程。

住院半年基本康复后，白祖诚回到家中。这时他最担心是自己头脑是否仍清楚，能否继续写作。他试着翻阅整理过去写作和在报刊上登载过的文稿，想先检验一下自己的思维和审稿、校对与编辑能力。经过一年努力，他完成这些烦琐的工作，在 2001 年年初出版了《回忆与思考》《探索有中国特色的旅游发展之路》两本书，他恢复了写作回忆录的信心。经过再准备，年中开始动笔，历时七年，他完成了《路漫漫》三部曲回忆录的写作，许多亲朋好友、老同学、老同事都给予很高的评价，说这是“一部中国 20 世纪的风云录”。后来，白祖诚又继续呕心沥血地写作《路漫漫》第三部《思》，内容是从粉碎“四人帮”以后的三十多年的经历。该计划已在 2015 年前完成并出版。

白祖诚于 2016 年 2 月 14 日在北京逝世，享年 86 岁。

张泽石学长

张泽石：母校对我一生的重大影响

2016 年，为纪念清华大学物理系成立 90 周年，物理系对张泽石老学长进行了采访。

您对清华物理系以及清华生活有什么回忆？

我是 1946 年夏天抗日战争结束不久报考清华物理系的。日本侵华战争带给我深重的国难家仇：我的叔父是八路军的一个团政治部主任，在反扫荡的时候牺牲了；我的大哥参加抗日远征军，差点战死在缅甸的野人山里。国难家仇让我产生了非常强烈的科学救国愿望。正好在我高中毕业前，我们班上的物理老师动员大家去学物理，说美国的两颗原子弹就迫使日本投降了，如果我们中国有自己的原子弹，那么谁也不敢欺负我们。他希望在我们班的男同学里出一个中国的爱因斯坦，女同学里出一个中国的居里夫人。这对大家是非常大的激励，促使我尽最大的努力去考清华、学物理，好为我们中国有自己的原子弹做贡献。当时就是在这样一种天真的想法指导下报考的清华物理系。

那时清华对学生的培养是很全面的。虽然我选择的是物理系，但是我可以亲近文学，上朱自清老师的课；我可以去亲近社会学，听费孝通先生的课；我也可以学哲学和史学。学校还开了不少讲座，甚至每个星期六都会有音乐欣赏会，请一些大师来讲交响乐。贝多芬的，莫扎特的，这些音乐我都非常喜欢。同学们也很注意锻炼身体，很多人早上起来跑步，下午球场上和操场上都是满满的。那时，我们学生食堂门口开了一个壁报栏，各个班系都可以在上面报道自己的学习生活，或者辩论时事，那种民主风气是非常浓厚的。那时，梅贻琦校长对我们非常关怀，记得 1947 年"五二〇"反饥饿、反内战运动时，我们列队从清华园走到

632

天安门，那是各大学参加游行走的最长一条路了。上一次我们参加"反美抗暴运动"游行回来不少人病了，这次梅校长就租了很多卡车，把我们这些"有革命倾向"的学生接回来。这在当时是很不容易的。

叶企孙老师、周培源老师、钱伟长老师都是我们尊敬的物理系老师，还有一些不是物理系的老师对我们的影响也非常大。我出于对文学的爱好，选修了朱自清先生的课，他的"中国文学史"讲得很好，我在文学上有些基础也就得益于此。还有我的历史老师吴晗，他教授的"中国通史"是我们的必修科目，讲得也很好。我们"戈壁草读书会"经常在吴晗老师家里秘密开会，交流思想。我是读书会里年纪最小的，师母特别喜欢我，曾让我把水果罐头打开给大家吃。当时清华老师对我们的教育和关怀真是终生难忘。还有费孝通老师，我听过他的一些讲座，确实不愧为社会学大师。

您是如何走上革命道路的？

我到清华之后，学习很努力，第一学期成绩很好。但是，很快时局发生了很大变化。1946 年 12 月 24 日，北大的一个女同学被美国兵强奸，因此引发了一次反美抗暴学潮。我们清华的许多同学也到天安门去游行，去抗议，要求政府把美国的罪犯抓起来审判。但是政府说，我们没有这个权力，这个美国的罪犯要他们自己去审判，结果那个强奸犯被无罪释放。我们都很生气，大家就觉得中国不能就这么贫弱，这么受欺负。更重要的是，从 1946 年冬天开始，内战打起来了，社会动荡，物价飞涨，国民党的腐败问题也暴露得非常严重。我家里比较困难，要靠学校的助学金度日，政府又宣布取消公费留学奖学金。这些更让我们感到必须先革命，把国民党专制腐败政权打倒，建立起新的民主廉洁的政权，才能实现科学救国。这种想法使得我积极投身到学生运动中。

1947 年 5 月 20 日，在老教授们支持下，我们打出"反饥饿、反内战"的旗帜，到天安门广场去游行。北京的大中学生都去了，阵容很大。"五二〇"运动之后，大家上课学习的情绪受到很大影响，但我那时每天上完课，晚上还去图书馆。我们班就有同学拉着我说，不要再一天到晚埋头死读书了，我们要成立一个"读书会"，好好研究今后该怎么办，你也来参加吧！我答应了，我们班上就成立了一个"戈壁草读书会"。

其实，"戈壁草读书会"中一些比较年长的同学已经加入中共地下党或者是"民主青年联盟"了，他们要把班里的同学组织起来，寻求正确的人生道路。我们开始的时候读通俗的革命理论，如《大众哲学》；看一些苏联的文艺小说，有高尔基的、奥斯托洛夫斯基的，这使我们获得一些共产主义的思想。后来，我们开始看《共产党宣言》，大家一起读，一起讨论。那时觉得《共产党宣言》写得实在是好："革命让无产阶级失掉的只是脖子上的锁链，而得到的将是整个世界。"多么深刻动人！我们很快接受了马克思主义学说，坚定了参加革命的决心。

后来暑假的时候，又组织了"农民识字班"。通过到附近乡村去教农民识字，加深了对贫苦农民实际生活状况的了解，使我更深刻地认识到必须要进行社会革命。1947年8月，我加入共产党了，刚满18岁。对于自己能够成为一名共产党员，去为国家和民族的命运而奋斗献身，我充满了热情和牺牲精神。特别是读了《钢铁是怎样炼成的》之后，就想当保尔·柯察金那样的革命者。

我们这一代清华学子正是满怀着忧国忧民的激情，较快地接受了革命理想，投身到革命洪流之中的。我们"戈壁草读书会"的大部分成员都中途离开学校，被组织上调去从事地下斗争。1948年夏天，我先被送到解放区接受一些敌后工作培训，再调往我的家乡四川，去搞地下武装斗争，迎接解放。

我那时想的是，革命胜利后就回清华园完成我的学业。我回到四川，先去游击队当宣传队长。1950年年初成都解放后，我们游击队宣传队全部调到解放军180师，成为"温江军分区文工队"。当时，我曾提出来要回清华继续求学，军分区政委说："现在正是建立新政权的时候，你看你们宣传队演的《白毛女》多么好，启发了贫雇农的阶级觉悟，土改就可以顺利完成。等土改结束后我们一定送你回清华大学去。"我就又等了一段时间，但是当年6月，朝鲜战争爆发了，我们这个解放军180师就准备入朝作战。10月份，部队开往河北沧县进行备战。1951年3月，投入到朝鲜战争的激烈烽火中。我几次差点被打死，都侥幸活了过来，但是两个月后，我们整个部队陷入美军重重包围，我不幸被俘。

2010年校庆日，张泽石学长（前排左2）返校参加毕业60周年活动

您在战俘营有怎样的经历？

朝鲜战争最终有 22 000 多名志愿军被俘，都关押在韩国的釜山、巨济岛、济州岛的战俘营里。我是中国战俘营里唯一的清华大学学生。被俘当天，在押往前方战俘收容站途中，我附近一个难友因为拉肚子往山边树林里跑，押送的美国兵就叫骂："Stop, or you will be killed！"（站住！你要找死啦！）那位难友根本听不懂美国兵在喊什么，继续往前跑。我见美国兵真要开枪了，就赶紧站出来喊："Don't shoot！ He is getting dysentery！"（别开枪，他正在拉痢疾！）美国兵很惊讶，当时美军太缺少英语翻译了，他们都接受了任务去发现会说英语的战俘。那个美国兵便带我去见一个坐在吉普车上的军官，报告说他发现了一个会说英语的战俘。军官就问我从哪里学的英语，我说我是清华大学的学生。他说："清华大学？那可是个著名的学校啦！真可惜，你受了共产党的骗，跑来朝鲜参战，当了俘虏。"我听了非常生气转身不理他。他又说："你别害怕，很快就要开始停战谈判了，停战后你还可以回去复学呢！"就这样我知道了有可能停战，有可能交换回国，心里踏实多了。

可是在战俘营里出现了很大的问题：志愿军战俘里有一些原来就是国民党部队的军官，这些人不愿在停战后回大陆。他们写请愿书，按血手印，要求把他们送去台湾，否则就自杀。他们这种呼吁使美国人觉得这个问题是停战谈判讨价还价一个很有利的政治筹码，还可以借此宣传中国军人不愿回大陆，于是提出了"按照战俘本人志愿进行遣返"的提案。

与此同时，美国人把这些坚决要去台湾的中国俘虏先送到东京，去接受台湾特工人员的培训，再让他们回到营场担任各级俘虏官来控制战俘营，并且以维持战俘营秩序为名给他们成立了"战俘警备队"，用暴力来对敢于不顺从的战俘实施惩罚。这样一来，战俘营里的形势就大变了。在"警备队"的胁迫下，对"亲共战俘"有过三次比较大的政治陷害行动。一个叫"清党"，让俘虏检举身边的共产党员和共产党干部；二是在要求去台湾的"请愿书"上签名按血手印；更严重的是第三个，用刺青的办法在难友身上刻下终生去不掉的"反共抗俄"之类的标语，或国民党党徽，有的甚至刻在额头上。那些敢于明确表示自己要回大陆的难友，不但遭到毒打，甚至被剖腹挖心、公示于众。

1952 年 4 月，美军对当时两万多名志愿军战俘进行了"遣返志愿甄别"。很多人晚上流着眼泪，而在甄别时不得不违心地说"我愿去台湾"。巨济岛第 72 号战俘营是被"反共战俘"控制得最严密的，8000 名难友里只有少部分人坚决要求回大陆。

面对如此严酷的战俘营爱国斗争形势，我这个 22 岁的清华学子，怀着对国家的忠诚和对难友生死相依的深情，充分利用我的英语才能和地下斗争经验，竭尽全力去为自己也为两万多难友争取回归祖国跟亲人团聚的权利。在那场异常艰险的爱国斗争中，作为坚持回国志愿军战俘的总代表、总翻译，我起到了别人难以替代的作用。在南朝鲜战俘营度过的那28个月，应该是我青春年华中最难忘的岁月。

回国后您又做了什么工作？

1953年9月，我们被遣返回国。很不幸的是，按照我们国家的传统意识，投降敌人就是变节和背叛。我们这些"志愿军被俘归来人员"的党籍、军籍基本上都被开除，全部给予"终生控制使用"的处分。我这个"归国战俘总代表"也未能逃脱党籍被开除的厄运，幸好保留了军籍，但是找工作没有单位敢要我。直到1955年春，北京第九中学特别需要高中物理老师，人事干部在负责给复员军人安排工作的"转业建设委员会"看到我的情况介绍。他回去向校长汇报，校长说，不就是"控制使用"嘛，那就先使用起来，发挥他清华大学物理系的特长。这样我才去了北京九中当上物理老师。不料1957年"反右"时，我又成了学校第一个"右派分子"，而且是要去劳动改造的二类右派。我先后在密云水库和农村劳改了5年。我觉得自己能够从战俘营活着回到祖国太值得珍惜，便加倍努力劳动，1962年底摘了"右派"帽子，1963年让我去五里坨中学教书。哪知三年之后，"文化大革命"来了，我又被打成"叛徒"关押起来遭受严酷批斗。幸好那时我已经结婚有了孩子，是他们让我打消了自杀的念头。

"文化大革命"结束后，我带头为志愿军战俘的集团性历史冤案进行奔走、上访，向中央申诉我们在战俘营里的爱国斗争经历，最后争取到了中央为志愿军战俘平反的《1980第74号文件》。我恢复了党籍，30年的苦难终于结束。我虽然不可能再去科学救国了，但可以用我的亲身经历去为转变那些非人道的战争观、战俘观做出努力。我的大部分难友过得都比我悲惨得多，我应该去追寻、去记录两万多难友的苦难命运，这是一个非常重要的保留史料的工作。我以20年的努力撰写了《我的朝鲜战争——一位志愿军战士的自述》和《孤岛——一位志愿军战士的自述》这两部反映志愿军战俘命运的书，前者是写回国难友的遭遇；后者是写去台湾的难友的命运。我认为它们是一笔很重要的历史遗产，可以让后人知道如何去尊重人的生命，重视人的尊严。我觉得它是从另外一个角度去实现我的科学救国愿望，不过这不是自然科学，而是社会科学了。

您对现在的物理系学生有什么想说的话？

我觉得清华人应该是追求真理的，这是第一个；第二个应当是全面发展的。自然科学、文学、史学都应该涉及。参加各种社会活动是非常有益的，但是前提是一定要把自己的课内的学习学好，把物理系的功课拿下来是很不容易的。应该先把课内的功课学好，再去追求全面发展。你们还要认真看看当年的老学长们是如何在人生的惊涛骇浪中经受磨炼变得坚强、变得开朗；如何对国家和民族的发展，对人类的前途给予关怀和期望。

我一直能够保持旺盛的生命力，这和我的乐观的思想情绪分不开，我对自己的国家、民族和人类的未来有着乐观的看法，这些都是清华园生活给我在思想和感情上打下的基础。我们这代清华人有我们自己的道路，我们为国家、为民族做出了一些贡献。现在你们的学习条件实在好得太多了，我们那时已经乱到"华北之大已经安放不下一张平静的书桌"，曾经清华园墙外就是战争的烽火和炮声。希望你们这一代能够特别珍惜你们的学习条件，真正地、全力地去投入，认真把知识学到手，继承我们当年没有实现的科学强国的愿望，争取为实现伟大的"中国梦"做出自己的贡献。

来源：清华大学物理系

七　历尽坎坷　不忘初心

杨坤泉学长

地覆天翻日　风华正茂时
——中共武汉市委青年工作组的战斗历程

■ 杨坤泉

　　这里要叙述的一段历史为时不长，从 1948 年盛夏到 1949 年初夏，不到一年。

　　这里说到的一些人，绝大多数是刚出校门的大学生以及在校的大、中学生和教员、职员，谈不上什么"知名度"。

　　以他们为主体所进行的工作，基本上是群众工作，没有多少传奇色彩。他们的工作，在第三次国内革命战争后期中共武汉市委（地下）所领导的各条战线的工作中只是很小的一部分，至于在中国共产党所领导的全国革命斗争的伟大历史上，更不过是大海中的一滴水。

南 下 缘 由

　　1948 年春夏之间，中共中央上海局要求其所属的平津学委抽调一批学生运动骨干到南方大中城市工作。这是因为考虑到，整个华北将比较快地解放，平津一些主要大学地下党的力量强大，而长江沿岸及其以南地区的全部解放，预计还需要几年的时间，那里除上海等个别城市以外，地下党的力量比较薄弱，需要输送干部，加强工作，迎接解放。上海局委员钱瑛还提出：过去暴露了的骨干一般是送往解放区，今后只要条件合适，可转移到南方地下党力量薄弱的地方。

　　根据上述意图，清华、北京、燕京等大学的上海局系统党组织共挑选了约 30 名南下对象，其中大多数是党员，少数是党的秘密外围组织中国民主青年同盟（简称"民青"）的成员，个别的是尚未参加组织的进步分子。从清华抽调的最多，该校党总支委员尚嘉齐亦在其中，他负责全部南下人员的具体组织工作。经过个别动员，这些同志无不欢欣鼓舞地接受党的派遣，暑假到后，就满怀革命豪情分别奔赴各自的目的地。到贵阳、昆明、重庆、成都、广州、厦门等地的各有一二名到三四名；到武汉的最多，7、8 月间到达的有清华的尚嘉齐、杨坤泉、尹宏、马履康（马一）、朱本仁（朱定和）、刘佩云、史维灿、王务新、姚志学、李太平、曾玉基和北大的伍骅。

在这些同志中，除朱定和及史维灿尚系"民青"成员以外，其余均是党员。后朱定和于1949年1月入党，史维灿于1949年2月入党。家在武汉的清华经济系毕业生、进步分子南纪德（1949年1月参加新民主主义青年联盟）也回家了。另外，武汉华中大学毕业生罗际荣和肄业生徐德美打算去华北解放区，路经北平时吸收他们参加"民青"后，又动员他们回来了。还有王康（清华社会系研究生、助教），王子光（北大法律系毕业生，王康之弟）和禄厚坤（北大学生，王康的爱人），因家在武汉，父王觉民在湖北有一定的声望，也比较开明，与王家素有交往的平津学委书记黎智也动员他们南下了，以利用其有利的社会关系掩护立足和开展工作。

站稳脚跟，独立作战

第一批到达武汉的同志，由于下面将要说明的原因，经过将近半年的时间，到1948年底才和武汉市委接上关系。这段时间内，在尚嘉齐的带领和安排下，通过各种关系，大家先后找到了掩护职业并抓住一切机会主动积极地开展工作，为以后一跟市委接上关系就能比较快地打开局面准备了基础。

尹宏家住汉口延庆里1号。其父是既济水电公司总务处长，算是比较高级的职员，为人正直；其母是中学教员，思想进步；其姐尹慧珉刚从中央大学毕业，是学生运动中的积极分子。他家就自然成了一个合适的联络站。在武汉无亲友可以投靠的马一、杨坤泉等都在他家里住过。尚嘉齐在他家里住了一个多月，后经尹慧珉的一位中央大学同学的介绍认识了联营书店经理马仲扬（地下党员）；马又把他介绍到一个进步家庭的几个青年成员刘虹及其嫂、妹办的"彭年补习学校"当教员。但这里正是市委收听解放区广播的一个点，市委不了解尚的来历，一个月后叫刘把尚解聘了。随后由吴传启介绍到《大刚报》当资料员。吴当时是民盟盟员、汉口工业协会主任干事，也是西南联大早期的校友。尚嘉齐到达武汉后不久，就拿着离开清华时吴晗教授给他的介绍信找到了吴传启，建立了交往。

吴传启在介绍尚去《大刚报》以前，还给他介绍了刘慕向。刘1943年毕业于西南联大经济系，老进步分子，多年来就在寻找党组织（1949年初入党），当时任汉口商业专科学校注册主任。通过他，不但在商专进行了物色和培养积极分子、组织社团、办壁报等活动，而且与其他不少中学和大专学校的一些进步教师以及一些工厂、银行的中高级职员取得了联系，为以后发展力量、开展工作准备了多条渠道。他还为几位同志介绍了职业。

罗际荣回武汉后，先在育德女中做教员。他是学经济的，到 9 月份，通过刘慕向关系应聘到商专任教，在育德留下来的空缺则由他推荐的伍骅顶替。伍骅到校后，比较快地就与许多学生和教员建立了友谊，培养和团结了一批积极分子，到 12 月份发展了五名"民青"成员。

史维灿通过亲戚关系在市一中找到了职业，积极地在师生中进行了思想工作，为以后发展组织准备了条件。

徐德美回武汉后，到华中大学复学。罗际荣曾参加过该校进步社团"沧海"和"野火"，与之恢复了联系，并发展了其中的骨干张兆灿、刘家穆参加"民青"，在这里建立了武汉最早的一个"民青"小组。尚嘉齐参加和领导了这个小组。

尹宏、马一、朱定和通过王康、王子光兄弟的关系到其父王觉民在黄冈县团风镇办的龙山中学工作。他们 3 人分别担任了训导、总务和教务 3 个主任的职位，同时担负数、理、化、英语、音乐等课程的教学工作。不久，经尚嘉齐推荐，原中央大学学生李纯及其同班同学李方陆也到龙山中学任教了。尹、马、朱到达这里后，在注意隐蔽、教好书的同时，在老师和学生中进行了深入细致的工作，帮助他们打开思想眼界，选择正确的政治道路，并先后吸收了李纯、李方陆和另一位教师黄中峰加入"民青"（二李于 1949 年初回武汉后入党）。

杨坤泉到达武汉时，尹宏、马一等已去黄冈。由刘慕向介绍，他和刘佩云到汉川县马口镇马口中学（校长与刘慕向是西南联大同时期的同学）做教员。这里情况比较复杂，他们在这里也只蹲了三个月左右的时间，采取了更加慎重的态度，没有发展组织，只在一些学生和教师中进行了交朋友和启发教育工作。

王务新、姚志学、李太平、曾玉基等 4 人 1948 年 7 月下旬到达武汉，因一时找不到安身立足之地，先回湖南老家了：王回湘潭，姚回湘乡，李、曾回衡阳。4 人组成一个党小组，由王务新任小组长，尹宏与他联系。李太平、曾玉基回到衡阳县西乡老家后，经过多方努力，取得了当地某些有影响的人士的支持，并靠变卖家产、借债等办法筹集了必要的经费，于 9 月间办起了一所"光明补习学校"，吸收了 40 多名失学青年就读。姚志学亦随之到那里任教。王务新于 1948 年 9 月底到黄冈团风向尹宏汇报情况后，因他在武汉有可以开展工作的关系，尚嘉齐决定要他回武汉，由李太平接任湖南的党小组组长。1949 年 4 月姚志学也调来武汉后，就只剩下李太平和曾玉基留在衡阳了，他们的战斗事迹，下面还将叙述。

王务新于 1948 年 10 月上旬带着一名中学生谭焕民到达武汉，通过王康父亲的关系在武昌私立精一中学当上了教员。他在湖南高工的同学胡铭心在武昌启黄中学任教，通过胡联系了一批进步师生和职业青年，并在 11—12 月先后发展了胡铭心、皇甫文（国民党政府一个单位的小职员）、吴显英、田重臣（湖北省水利处技术人员）等为"民青"成员。

以上就是第一批从北平南下的同志从抵达武汉到与武汉市委接上关系为止将近半年的时间内找到安身立足之地和开展工作的大致情况。这期间，除尚嘉齐与平津学委成员王汉斌有书信联系外，基本上是独立作战。

"青工组"的建立

1948 年底，尚嘉齐同武汉市委接上了关系。

本来早在当年 7 月，平津学委就把这批南下同志的关系转给了钱瑛（她已转移到上海局香港办事处）。她根据长期地下工作的经验，为了有利于保护组织，有利于在工作中发扬各自的特长和互相促进，打算以这批同志为基础，建立一个与武汉市委原来所属组织系统平行的组织，另外选派干部进行领导，同时参加市委，如情况发生意外变化，也可以独立领导这个平行组织开展工作。由于领导干部的人选迟迟没有定下来，所以也就没有把这批同志的关系及时转给市委。直到 11 月下旬才确定由张文澄担当此任，他于 12 月初到达武汉。此时全国军事形势已发生重大变化：辽沈战役已胜利结束，淮海战役的胜利已成定局，平津指日可下。尚嘉齐心急如焚，怕与平津学委的联系隔断而与本地党委又没有接上关系。平津学委也有同样担心，因此就在清华园解放前 5 天特派家在武汉的徐家晟来汉，和尚嘉齐一道直接去找上海局香港办事处钱瑛解决转关系问题。尚、徐于 12 月 5 日从汉启程赴港，而这时张文澄已从港抵汉，错过了见面的机会。他们留港期间，参加了上海局办事处组织的学习，内容是：形势、城市工作的方针政策以及陈云关于接管沈阳的经验总结等。钱瑛还亲自找尚嘉齐谈了话。尚又向上海局青委负责人朱语今作了汇报，并请增调力量。于是，在全国学联（设在香港）工作的来自清华大学的吕乃强，来自中央大学的樊绩安，以及 1948 年夏从清华大学南下到香港、拟留在那里工作的柳小芬，均于 1949 年 1 月份调到武汉。

1948 年年底，尚嘉齐、徐家晟从香港回到武汉不久，张文澄就与尚嘉齐接上了头。在这前后几天，杨坤泉、刘佩云和尹宏、马一、朱定和、李纯、李方陆都已分别从汉川马口和黄冈团风回到武汉。经过了解情况和研究，市委决定成立青年工作领导小组（简称"青工组"）。由尚嘉齐任书记，成员有吕乃强、杨坤泉、徐家晟；市委由常委、宣传部长张文澄领导。

1949 年 1 月中旬，在育德女中伍骅的住房里举行了"青工组"首次会议。张文澄在会上讲了当时的形势和方针任务。基本精神是：国民党反动政府已陷于土崩瓦解、众叛亲离的局面，我们的任务是积极发展力量，迎接解放；但是，必须提高警惕，严防敌人垂死挣扎，疯狂镇压。

为了叙述的方便起见，有几件事先说明一下：（一）"青工组"成立后几天，被国民党政府 1948 年"八一九"登报通缉的清华大学华北局系统的党员张昕若，拟去华北解放区，从杭州路经武汉时凑巧在街上碰上了刘佩云、柳小芬，她们和他约定了再次见面的时间和地点，并立即把这一巧遇报告了尚嘉齐、杨坤泉，尚、杨决定把他留下来。第二天就在约定的时间和地点由杨坤泉与他接上了头。1948 年夏从燕京大学南下到福川的党员杨宗禹，从清华大学转学到厦门大学的党员徐玎，因处境危险，于 1949 年 2 月奉命转移到香港，3 月中被派至武汉。在这前后，在香港《大公报》工作的党员吴励理调来武汉；抗战初期与尚嘉齐一起在党领导下的"孩子剧团"工作过的叶伟才，以及在重庆上中学、有可能遭受迫害的张昕若的弟弟张皓若也来武汉了。他们都在"青工组"领导下工作。(二)有些同志在武汉食宿无着，过的是东一宿西一宿，饱一餐饿一餐的流浪生活，开展工作所必需的经费更告阙如。除了家在武汉（特别是徐家晟）或在武汉有职业的同志尽可能给予了帮助以外，远在重庆的戴宜生给予了最大的帮助。他 1948 年在清华大学经济系毕业后，拒绝了亲友代为办好了全部手续要他出国留学的安排，坚决按党组织的要求，南下到重庆（家在那里）。他家庭富裕，父亲是金城银行副总经理。他说服母亲拿出私房钱 600 多美元和几十个英镑，汇给在汉口金城银行任会计的南纪德转交尚嘉齐，作为"青工组"的活动经费。有了这笔钱，加之吕乃强、杨坤泉等又陆续找到了职业，有一定的收入，经济上的困难就大大地缓和了。(三)"青工组"成立后在育德女中伍骅的住房里开过两三次会，考虑到在那里来来往往容易暴露，就在合作路德林公寓三楼租了房间，尚嘉齐和伍骅辞去了掩护职业，搬到那里，算是建立了机关，以后，"青工组"的会议就在那里召开。不久尚、伍这一对从昆明到北平就挚爱着的恋人结婚了，参加婚礼的只有张文澄以及吕乃强、杨坤泉、徐家晟几位同呼吸共命运的战友。

调整组织，发展力量

"青工组"的成立，标志着市委直属的一支新的生力军建起来了。这支队伍的主要骨干都是抗日战争后期或战争时期在昆明的爱国民主运动、特别是 1945 年的"一二·一"运动以及在平津的"第二条战线"的斗争中涌现出来，经过考验和锻炼的。进步力量比较强大的环境和高潮迭起的斗争培养了他们大胆泼辣、勇于开拓的作风，使他们取得了秘密工作和公开工作相结合，合法斗争和非法斗争相结合，深入细致的思想组织工作和大规模的群众运动相结合等方面的经验。这种作风和这些经验也正适应了当时武汉形势的要求。当然，他们的经验毕竟有限，在很多方面不够成熟，可谓兼有"初生之犊"的长处和短处。市委长期从事地下工作的领导同志一方面热情鼓励，充分发挥他们的长处；同时，循循善诱，帮助他们克服短处。这就保证他们在工作中取得应有的成绩，避免了大的错误。

"青工组"从建立到武汉解放将近半年的时间内，按照市委的部署，就工作的侧重点来讲，可以3月上中旬为界分为两段：前一段的重点是发展力量，团结群众；后一段的重点是反迁移，反破坏，保卫城市，迎接解放。与工作重点的转移和形势发展相应的是，在组织领导系统上也有一次大的调整。到3月上中旬，武汉的解放已举首可望。市委考虑到敌军可能放弃汉口，据守武昌，武昌、汉口有可能在短期内被隔断，因此，决定在市委的统一领导下，成立由市委组织部长江浩然牵头的武昌分（工）委，以便在出现隔离状态时能领导武昌的党组织独立作战。青工组亦因此而一分为二，分别成立汉口青工组和武昌青工组：前者的成员有尚嘉齐、徐家晟和马一，尚为书记，市委继续由张文澄领导；后者的成员有吕乃强、杨坤泉和王务新，吕为书记，市委由江浩然领导。

"青工组"的主要工作阵地是大、中学校，同时，利用一切社会关系，伸进一切可以伸进的地方，包括工业、商业、交通、邮电、金融等行业的许多单位以及国民党党、政、军的一些单位，广泛地开展了工作。就工作的性质而言，除了作为基础的群众工作以外，还有统战工作、策反工作，以及市委交下的秘密印刷宣传品的任务。

在发展组织方面，从1948年年底到1949年4月，按照积极而又慎重的方针，发展了一批党员。此后，根据市委的指示，停止了发展党员，以防革命胜利在望之际投机分子混入党内。至于发展党的外围组织成员，相对而言，比发展党员要大胆放手，其数量也比党员多得多。

在各种不同名称的外围组织当中，首先，一是以进步学生为主要对象，由中国民主青年同盟（"民青"）演变而来的新民主主义青年联盟（当时简称"新联"或"新青联"，以下均简称"新青联"）。"民青"是1944、1945年之交在昆明创建的，它是党领导的有严密组织纪律的先进青年组织，在"一二·一"运动和以后平、津等地的学生运动中起了很大的作用。

随着革命形势的发展，这个带有一般民主主义色彩的组织名称已不能满足先进青年的要求了。事实上，早在1948年春，平津学委领导下的清华大学的党组织就建立了与"民青"平行的新民主主义青年联盟。所以，"青工组"一成立，就制定了《新民主主义青年联盟武汉总支部章程》，在《章程》的"总则"中开宗明义地提出："本联盟为一切新民主主义先进青年的骨干性组织……在现今人民民主革命中，它愿坚决支持中国共产党的政治纲领和政治主张，并要求盟员必须具备：服务人民的观点，集体主义的精神，实事求是的作风，虚心学习的态度。"这个章程经市委批准后，就据此发展成员。原来发展的"民青"成员均转为"新青联"盟员。

在机关和企事业单位的职业青年中，"青工组"建立了新民主主义建设者联盟（"新建联"），主要是用这个名称发展秘密外围组织。也沿用市委工人运动委员会（工委）创建的新民主主义建设者协会（"新建协"），发展过少数年龄较大的成员。在教师中建立了新民主主义教育研究会（"新教研"），主要通过刘慕向在一些中学和个别大学发展了30多名会员。

截至武汉解放，"青工组"系统（不含外地）共有党员63人，"新青联"和其他外围组织成员500人左右。在市委的领导下，这支分布在60多个单位的队伍，与市委其他下属组织以及中原局、江汉区党委城工部系统的力量默契配合，为保卫城市，迎接解放进行了英勇机智的斗争。

来源：《校友文稿资料选编》第23辑

尚嘉齐学长

党啊，我把生命交给你
——我们的父亲尚嘉齐

■ 伍　曙　尚　钢　尚　涛

我们的父亲尚嘉齐，1924 年 5 月 6 日生于河南省罗山县。

我们的爷爷名尚钺，河南罗山县人，中学生时积极投身 1919 年的"五四"运动，1921 年入北京大学预科，后入本科英国文学系肄业，并随鲁迅学习文学创作，积极宣传新思想、新文化。他接受李大钊的思想影响和具体指导，于 1927 年南下投身国民革命。同年 9 月在开封加入中国共产党，被派赴豫南发动罗山、光山等县农民群众举行武装暴动。大革命失败后，他就到上海、东北等地为中共做地下工作。1932 年他在中共满洲省委任秘书长。抗日战争时期，在周恩来、郭沫若领导下的国民政府军事委员会政治部三厅工作，后按党的指示去云南大学从事历史教学工作。中华人民共和国成立后，曾任中国人民大学教授，并担任中国历史教研室主任，主研中国古代史，是中国历史学家。

我们的奶奶名陈幼清，读过私塾和夜校，结婚后受爷爷的进步思想影响，连同陈子和、陈镜吾两个弟弟都加入了中国共产党，参加了由爷爷等创建的以"唤醒民众，改造社会"为宗旨的革命团体"青年学社"。大革命时期她曾经积极参加县妇女会的工作，被选为罗山县苏维埃妇救会主任、中共罗山县委委员兼苏区被服厂负责人。1930 年鄂豫皖苏区红军解放罗山县城时，她公开出面参与组织欢迎红军入城。由于暴露了身份，就随红军撤退到苏区工作去了。

根据资料记载，她于 1932 年在苏区牺牲。当时张国焘在鄂豫皖苏区进行"肃反"，罗山县的县、区、乡苏维埃干部都被召集到宣化"整训"，严刑逼供，把包括工委书记郑新民、副团长仝范文、区委书记陈子和在内的参加"整训"的 80%以上的人以"改组派"的罪名秘密处死。奶奶被处决时，在场群众苦苦哀求，结果他们无动于衷。倒是同被关押的两个孩子被抱了出来，一个是 4 岁的叔叔尚海伦，后来不知下落；另一个是 11 岁，后来对父亲颇具影响的伯父尚嘉芝。

645

在苏区大革命期间，父亲虽然年龄小，仍然受到很多革命思想的影响，在头脑中留下极深刻的印象，知道了在我们国家里还有另一种社会，在那里有共产党和红军，他们过着非常艰苦的战斗生活，干的是打倒地主、土豪、劣绅和造福广大人民的事情。父亲从苏区回来时，虽然还只是个儿童，但也曾受到过白色恐怖的压力。刚回来时的一两个月，家里不许外出，怕被人知道了要"提去杀头"，后来外出了也总被别人歧视，以"小共产党"为由加以辱骂和嘲笑。而且精神上是受压抑的，连跟街上邻居的孩子游戏的时候也不敢得罪别人，受了欺侮只能忍受。

1933 年 8 月，伯父尚嘉芝由苏区回来了，他因为比父亲大四岁，在苏区已经当"红小鬼"了。这次回来是被国民党军队俘虏后，家里用钱赎回来的。由于伯父的坚决要求，1934 年春他们一同又重新返回小学学习，这些给父亲的生活带来很大的变化。伯父年纪虽也不大，但已初步接受了革命思想的影响，经常阅读许多进步的书刊，在小学校他每逢革命纪念节日就偷偷地写些标语贴在学校的墙壁上。伯父还经常给父亲讲他从新的杂志和书籍看到的道理，使年幼的父亲开始知道什么是剥削、压迫，共产党是怎么回事，和抗日救国的道理，百姓这样才能改变受苦受难的命运。

在小学五六年级时，父亲遇到两个思想进步的好教师，一个叫李寿民，是伯父的老师，他经常在学生集会上宣传抗日的道理；另一个叫雷敬宗，是父亲的级任教师，对父亲非常爱护，伯父在校时他是学校图书馆的馆长，他走后就由父亲继任了。在这时期父亲读了不少书。由于伯父在通信中的帮助、教师的引导和图书馆的便利条件，父亲在小学五年级下学期和六年级上学期就开始读宣传革命的《大众生活》《读书生活》等杂志和通俗的社会科学读物了，最先读的社会科学读本是世界知识出版社出版的《世界知识读本》和曹伯韩著的《通俗社会科学廿讲》。当时虽然年龄还小看不太懂，但许多基本概念如：在社会上有两种社会——资本主义社会与社会主义社会，社会主义社会是历史发展的必然趋势等却在他头脑中留下了深深的印象。

原西南联大读书会成员新中国成立后留影。左 2 起：王汉斌、田振邦、周幼真、潘梁、尚嘉齐、周桂棠（沙叶）、程法毅（陈英）

1938 年春，在抗战国共合作时期，爷爷回到罗山。同年夏天，爷爷把父亲由罗山接出，到了四川万县。后来父亲在万县生活书店做了两个半月的店员。当时到生活书店工作主要是因为生活书店是个进步书店，书店负责人也是进步分子，在这里

无悔年华
解放战争时期清华校友足迹

可以学习，其次因为当时家庭经济有困难，念不起中学。在生活书店，父亲看了不少进步书籍。

1938 年，爷爷在国民政府军事委员会政治部第三厅工作。当时是国共合作时期，周恩来同志在该部担任副部长，郭沫若任第三厅厅长，工作内容是抗日宣传工作。

1939 年年初，爷爷已随国民政府军事委员会政治部撤退到重庆了。爷爷把父亲送进了孩子剧团。孩子剧团是 1937 年 9 月 3 日在中共地下党领导下成立，在上海进行抗日救亡宣传的少年儿童的组织。由于战争形势变化，由党组织带到武汉，改属国民政府军事委员会政治部第三厅领导。后又到桂林，转至重庆。

1939 年孩子剧团在重庆抗日宣传，左 1 严良堃、右 2 尚嘉齐

父亲在这个团体生活了整整三年，这三年对父亲的影响很大。开始爷爷让父亲去的意思是让他受革命实践的教育，但是父亲除了抗日宣传的实践工作外，将自己空余的时间主要花在学习上，因此父亲是大家公认的书呆子，被大家称作"老夫子"。大家推他担任了孩子剧团图书馆的馆长，他把图书管理得井井有条，书也越来越多。什么文学艺术、历史、政治、哲学、自然科学，以及陕甘宁边区来的小册子，这些书成了团员们的好老师，打开了大家的眼界，让大家丰富了知识，懂得了许多道理。它像一把火炬，照亮了孩子们的幼小心灵，照亮了他们漫长而艰苦的人生路程。

参加孩子剧团的第二年，父亲就开始认识到在孩子剧团搞的革命工作有重要意义，对于剧团分配的工作总是积极认真地完成。1941 年 1 月 4 日，国民党制造了震惊世界的"皖南事变"，企图一举消灭抗日救亡的新四军。郭沫若被迫退出三厅，孩子剧团由冯乃超领导。虽然国民党千方百计地阻挠，抗日宣传工作陷于困境，孩子剧团在党的领导下，还是进行了多方斗争，开展了许多抗日救亡的宣传工作。父亲将年纪较小的同志组织起来学习社会科学的基本知识。后来，孩子剧团加强了内部学习的工作，父亲被任命为剧团的学习部长，就更积极地投入了这一工作。1942 年秋，由于形式所迫，孩子剧团解散。1944 年秋，父亲带着妹妹丁莉莉去昆明，找先期到达的父母，考入西南联大先修班学习。

西南联大地处云南昆明，当时是我国西南地区有名的民主"堡垒"。在中共领导下，1944 年校园内社团活动纷起。父亲上了西南联大先修班不久，就在同学中开展读革命书的活动。组织了读书会，读进步书籍，讨论时事问题，带动先修班100多名同学积极参加学生运动，成为一支重要的进步力量。由于父亲在孩子剧团就喜欢读书，政治理论水平较高，在读书会中起着思想指导的作用。读书会成员孙霭芬对社会上贫富悬殊、乞丐遍地很同情，常给乞丐一点钱。父亲注意到后，就告诉她，这是整个社会的问题，给点零钱不能解决问题，应当考虑整个社会的改造，对她思想的提高产生了较大的影响。

1944年冬到1945年春，在西南联大的中共外围组织"民主青年同盟"（"民青"）一、二支部相继成立。由地下党联大二支部负责人李凌发展，父亲成为第二支部最早的成员之一。他又发展了读书会的潘梁、田振邦、程法毅参加"民青"，组成了小组。"民青"二支部在中共云南省工委书记郑伯克直接领导下，遵照党的指示、方针、政策，积极进行"勤业、勤学习、勤交友"活动，团结群众，服务群众，提高群众觉悟，出色地完成了任务。1945年4月，联大学生会发表了拥护共产党的政治主张、反映全国人民愿望的"国是宣言"，提出停止一党专政，召开各党派参加的国是会议，成立联合政府等要求。父亲就和先修班几个同学联合发起了一个先修班学生拥护该宣言的签名书。此后他们还积极参加了1945年昆明纪念"五四"的多项活动、游行等，这些活动对参加者都是极好的锻炼和教育。加入"民青"是父亲学校生活的一个重大转折点，因为此后，父亲感到是有组织的一员了，就放心大胆地在组织领导下工作，把自己的全部精力都投入到组织要求的工作中去了。

先修班结业后的暑期里，父亲按组织安排去参加一个学生暑期夷区工作队，这个队是打着基督教青年会的招牌，开创发展革命势力的组织，成员大部分都是"民青"的盟员。这个暑期40天的工作使父亲更多地了解农民和少数民族的生活与疾苦，给了父亲不小的教育。

1945年秋，因为学习成绩优秀，父亲从西南联大先修班被保送入联大物理系。在"民青"第二支部里，父亲负责大学一年级及先修班"民青"组织的领导工作。年底爆发了有名的"一二·一"运动，父亲和其他联大同学一样，热情参与，并在运动里受了许多教育与锻炼，开始懂得了斗争中应有正确的战略与策略。同时，在这一斗争中，也使党更清楚地考察了父亲。因此，在运动结束后，父亲就被列入党的发展对象。

1946年3月21日，父亲光荣地入党了，他多年的理想终于实现了。父亲把入党申请书交给入党介绍人李凌同志时，激动地说："党啊，我把我的生命交给你了！"此后，父亲就更积极地投入到当时的反内战斗争中。预备期原定为一年，由于父亲忠诚积极地工作，缩短为半年。到1946年9月21日转正。

1946年夏，联大复校回到北京，父亲被分入清华的物理学系二年级。这时由于联大党内有的较老的骨干毕业了，过分暴露的疏散了，父亲在学校也担负了更加重要的工作。在离开昆明前，父亲已被吸收为"民青"联大第二支部的支委之一。到了清华后，父亲仍然是"民青"的领导骨干。1947年秋，从联大回到清华的党组织按上级指示成立了党总支，父亲担任总支委员，在工作中受到了更大的锻炼。

父亲在清华任党支部书记的时期，正是国民党反动派全面内战，党领导国民党统治区的学生开展轰轰烈烈的、被称为"第二条战线"的学生运动的时期。从1947年开始国民党对共产党地区开展全面进攻，到共产党进行全面反攻，是从乌云压城到曙光重现的大转换时期，在此期间清华学运波澜壮阔地开展，父亲努力做出了自己的贡献。每当学生运动到来时，父亲总是奔波于学生们的寝室、课堂和食堂，向他们进行宣传、动员工作，并广泛地征求意见，做出党支部的决定。在1947年年初"抗暴"运动时，最初消息传来，群众情绪高涨，纷纷要求上级组织游行示威。他积极将群众要求反映给党支部，向上级请示后，不失时机地做出了游行的决定。在每次重大的游行和集会中，同学总能看见他穿梭于队伍的前前后后，听取群众的意见，将意见传达给组织，并将组织的决定传达给同学来贯彻，使同学的庞大队伍能有严密的组织和统一的行动。"抗暴"游行时，国民党特务也纠集了不明真相的学生组织了所谓大学的游行队伍，提出另样口号企图破坏。在父亲的指挥下，同学们一会儿慢步前进，一会儿快步前进，一会儿又跑步前进，一个队伍像条活龙一样，使敌人不知所措。学生的队伍拉成锁链，插不进来，弄得特务组织的学生前跑后奔，疲惫不堪，终于把他们甩掉了。这种指挥，出面的是父亲，而决策的是黎智、王汉斌等地下学委领导同志，父亲仅是其中一个传令兵。这次运动是清华、北大复员后北平的第一次学生运动，它配合时局冲破了笼罩在国民党统治区的白色恐怖，教育和争取了各个阶层的人民，带动了全国学运的复苏，也为北平学生运动打开了一个新的局面。

在"反饥饿、反内战"运动中，他是"五二〇"游行和宣传队的积极组织者。清华大学宣传队可说是当时游行队伍中最大的宣传队，人数曾达三百多人，在西单宣传时，曾受到敌特鞭打，再到中学宣传时，也曾有同学被捕，但同学情绪反而激昂，毫不畏惧。

父亲善于联系群众，常与群众交流思想，他平易近人，许多同学愿和他做知心朋友。他又是一个坚持原则、善于贯彻党的原则的干部。在学生运动中，在进步群众中出现不同的看法，是很自然的事，他总尽力用事实去说服人。如定"六二"为全国反内战日，要全国一致行动，实行罢课、罢工、罢市、罢教，举行示威游行。这活动原不是党组织提出的，而是一些人在"五二〇"运动高潮中提出，由学生会通过的。党认识到这是少数激进分子在学运高潮中提出的不合实际、脱离群众、急躁冒进的口号，但要改变这决定，要做很艰巨的说服教育工作。但他坚决地执行党的决定，从"民青"到"进步群众"，一个个地进行工作，并且推动党员、盟员，组织大多数同学分组讨论，把党的正确决定贯彻到群众中去。对少数当时不能接受意见，甚至骂他"右倾"的同学，他仍然坚持党的原则，热情地、耐心地向他们做解释。父亲认为运动中有不同的意见是正常的，从不因别人的过激语言发过火。直到解放后，讨论当时学运路线争论问题时，他一面坚持正确的原则观点，即学运中必须坚持正确的策略与方法，防止急躁冒进，才能避免和防止受到损失；另一面又坚决认为这些提出急躁冒进口号的同学、同志是革命同志，只是思想一时有些片面偏激而已，表现了一个共产党员的高贵品质。

父亲一贯重视宣传马列主义，他明确认识到青年知识分子的思想改造和探索革命道路，是要通过马列主义的理论学习和参加革命实践的。到清华后，他一方面推动大家积极参加学生运动，同时积极创造学习理论的条件，创办了"一二·一"图书馆。图书馆可听新华社广播，可看《新华日报》《群众》杂志，有一般社会科学书籍、马列和毛泽东的著作，进步文艺作品等。当北平军事调动执行部中共代表团撤退时，他冒着生命危险将军调部留下一部分书籍运到清华，将其中能公开的部分充实了"一二·一"图书馆。还有一部分党内秘密刊物，不宜在公开场合出现的书籍，存在许京骐同志当时所在的土木实验室的仓库内，供党员使用。父亲深切了解青年人、知识分子对学习理论的热切要求，因此他对此工作一直抓得很紧。1947年上半年，他还和潘梁筹钱办了西山书店，他请姚国安同志负责书店工作。这是清华园内第一家出售进步书籍的书店。书店成了团结和联系读者的阵地。他还秘密组织印发党的文件，帮助同志们提高政治政策水平。在这样的情况下，在理论学习方面，清华被认为是小解放区，可得的材料如《整风文献》《联共党史》中共七大文件等，清华校园中大多同学均有机会研读，这就以革命思想教育了大批青年学生。

1947年冬，父亲被调到解放区一个短期训练班学习了6个星期。这个训练班是设在河北沧县，由荣高棠主持，专门训练来自蒋管区的党员干部的。在这个训练班中，父亲学习了党的群众观点、群众路线的理论和阶级观点。

父亲自从参加"民青"，尤其是入党后，由于领导上很信任，成长很快，工作情绪始终是非常饱满的，没有任何思想问题，从不知道"闹情绪"是怎么回事，领导和同志们也常常称赞父亲纯朴、忠诚、老实、坦诚。

在清华这段时间，开始时，父亲是在物理系二年级学习，因为革命工作占去了大量时间，只好休学，到1947年秋，转入社会系一年级学习。总之，在西南联大和清华大学，父亲正式开始了他的以革命工作为职业的人生阶段。

1948年7月，即在黎明的前夕，父亲奉组织命令到武汉做地下工作，到武汉四个月后接上了关系，由地下市委张文澄同志领导。他把清华、北大来的党员编在了一起，成立了一个青年工作组，清华的有父亲、杨坤泉、吕乃强、张昕若、尹宏、马履康、朱本仁、徐琤、刘佩云、史维灿、徐家晟、姚志学、李太平、王务新、曾玉基，燕京大学的有杨宗禹和北大的我们的母亲伍骅，由父亲担任书记。这对父亲来说也是个新的挑战。

"青工组"的成立，是市委直属的一支新生力量。他们中的骨干都是抗日战争后期或解放战争时期在昆明的爱国民主运动，特别是1945年的"一二·一"运动以及在平津的第二条战线的斗争中涌现出来的。他们初生牛犊不怕虎、大胆泼辣，勇于开拓，在学生运动中取得了秘密工作和公开工作相结合、合法斗争和非法斗争相结合的经验。这些经验正适合了武汉市形势的要求，加上市委的领导，发扬了他们的长处，克服了短处，在工作中取得了显著的成绩。

1949年1月中旬，张文澄同志按地下市委的意见，召开了青工组第一次会议，领导大家认清了形势，部署了发展力量、迎接解放的任务。在这里开过了两三次会议后，张文澄同志特别提出：开会的地点不适合地下工作的要求（当时是母亲工作的育德女中宿舍），容易暴露。事实上当时已有特务在盯梢，为此，以后开会迁至合作路一号新租房内。躲过敌人的注意，保证了同志们的安全。

在清华南下党员初到武汉尚未与武汉地下党接上关系之前，大家的职业一时也无法落实。在生活极其困难的情况下，父亲联系了在清华时发展的共产党员、清华同学戴宜生，动员他从资本家家庭中拿出其母亲的金条、银元、英镑等，无私地捐献给地下党作为活动经费，这样维持了一段时间，直到大家分别找到生活来源，同时他们也接上了党的关系。

还值得一提的是，"青工组"有力的战斗单位——两个秘密的印刷小组，分别设在汉口和武昌，这是我们的父亲和杨坤泉分工联系的工作。汉口印刷组张昕若、朱本仁、张皓若、叶伟才，及时地将毛泽东为新华社写的1949年新年贺词《将革命进行到底》和党中央向人民解放军发出的《向全国总进军》命令等学习、宣传文件共40多种两万多份，通过基层组织的同志发往各处，帮助大家了解形势，了解政策，极大地鼓舞了同志们的革命热情，同时给敌对分子指明出路。

父亲和"青工组"的同志们都努力迅速开展工作，群众的觉悟和革命热情空前提高。就在这七八个月的时间内，他们不仅发展了共产党员63人，而且在零起点上建起了新民主主义青年联盟武汉总支部，而且把它发展到五六百人，普及到几乎各大、中学。此外，还用新民主主义建设者联盟这个组织的名义发展了机关、企事业单位的职业青年，又在教师中建立了新民主主义教育研究会（"新教协"）。这支力量无论在解放前夕和解放初期都起着重要作用。在解放前夕，他们保护了学校、工厂和单位，做了登记、造册，护厂、护校等工作，使接管工作顺利进行。他们团结了群众，形成了一支庞大的队伍，迎来了亲人解放军。总之，父亲不辱使命，与武汉地下党领导和各条战线的同志共同配合，在迎接武汉解放的光荣任务中尽了力。其中最重要的是在市委指挥下，完成了大量的、严密的联防工作。因此在国民党军队退出、解放军尚未进驻的真空阶段，武汉市社会秩序稳定，未发生任何重大意外事件。

1949年5月武汉解放，地下市委为了交接工作的便利，就把青年工作组与另一学生工作组（也属地下市委领导的）合并成立学委会。合并后父亲担任了副书记。接着父亲就被调到团市委工作，担任党的市青委委员，任团市委常委、学生部副部长，同年9月，又提升为学生部部长。1950年年初，成立学校团委，父亲担任第二书记。该年秋学校团委取消，父亲又做学生部部长，一直到1952年"三反"以后，父亲才离开学生部的工作，担任团市委宣传部长。1953年10月，父亲被调至团中南工委任学校工作部副部长。

1954年10月大区撤销。父亲由中南工委调到团中央工作，担任学校部中学科科长。当时，胡耀邦同志任团中央书记，工作都还顺利，父亲进入个人成长发展的最佳时机。

1958年"反右"后正临全国高校急缺"政治坚定"的干部，父亲毅然决然地服从组织安排调入吉林汽车拖拉机学院（后来改名为吉林工业大学，后又与吉林大学合并）工作，先后担任团委书记、拖拉机系主任、无线电系总支书记，科研生产处长，校党委委员。

父亲到吉林工业大学以后，为学校建设、搞好教学科研工作呕心沥血。当时学校师资力量十分薄弱，父亲爱才如宝。无线电系只有一位教授，就是系主任吴存亚。吴教授刚好也是父亲的西南联大同学，他毕业后曾到英国留学，好学勤奋，精通英语和业务。父亲与吴教授二人同心同德，要把无线电系办好。他们共同研究教学的组织安排，凡是艰难的课程都由吴存亚去教授，同时也注意培养青年教师。有些教师业务能力很强，但过去因为所谓家庭出身、历史问题挨过整，思想有包袱，不敢放手干，父亲就和他们个别交谈，宣传党的"重在表现"的政策，帮助他们解除顾虑，全心全意投入教学和科研中。父亲从不论资排辈，对有真才实学的青年教师大胆破格使用。系里很快打开局面，蒸蒸日上。但是，一些"极左"分子却说他"右倾"，"是牛鬼蛇神保护伞"。父亲和吴教授都知道，要保证教学质量，必须严格要求。一些学生考试不及格，"极左"分子就说父亲和吴教授是"迫害贫下中农子女"。

父亲一向与人为善，经常帮助生活困难的工人和同志，他知道实习工厂王鲁其爱人没工作，长期生病在家里，就把自己看病的钱和子女的衣服送给他们家。当父亲知道范雅操老师住房困难时，连忙把家里最大的一个房间腾出给他们住，我们全家五口只好挤在二十几平方米的小套间里。父亲生活一向简朴，能够吃苦，热爱劳动，教育子女甚严，在困难时期带领我们吃榆钱儿、吃野菜树皮，后来生活好了，剩饭剩菜也要平均分着要我们吃掉。记得"文革"开始，我们被造反派赶到工人新村住的时候，住房很简陋，没有上下水道和厕所，也没有煤气、暖气。我们全家都觉得很不习惯，可父亲说这是给我们劳动锻炼的好机会，他与我们一起从砌煤炉、掏烟道学起，然后是挑水、劈柴、生炉子、借板车买煤。他说这样才能培养劳动人民的思想感情。父亲在困难时期，连续几个月把整月的工资交党费，一次在自由市场买了猪肉，在党组织生活会上反复检讨。这些都可见父亲对党始终忠贞不渝。

1964 年 6 月，父亲调到吉林工大科研生产处任处长。学校的科学研究工作是探讨未知的事业，必须具有创新精神，父亲对创新的科学研究工作非常支持，也很有兴趣，所以吉林工大在科研方面也取得了较好的成果。以"连杆辊锻"工艺课题为例：内燃机的连杆一般用模锻的方法生产，需要大的压机，一般厂家没有大型设备，生产不了。吉林工大机械系的教师提出用辊锻的工艺方法来加工连杆，而提出和负责这个课题的，是一些青年教师。父亲积极支持，在学校力所能及的范围内给以经费保证，使项目进展很快，急国家之所急，研究以新的工艺方法制造 195 型柴油机连杆，受到第一机械工业部农机局的高度重视和好评。

为了支持机械系的"连杆辊锻"攻关项目，父亲联系地下党时期的老领导，武汉市主管科技的市长黎智同志。黎智市长亲自将试验项目安排在武汉市柴油机厂。该厂高度重视，组织工程技术人员、工人与教师学生共同进行实验，研发成功，解决了生产一大难题。通过这个项目，学校建立了辊锻研究所，还培养了一批学有所长的教师。

1965 年，父亲根据自己长期学习马列主义的体会，给校党委写信，对当时"学毛著"流行的形式主义和教条主义倾向提出意见，并认为林彪的所谓"突出政治"的提法不符合马克思主义。这在随后到来的"文化大革命"中，都被扣上"恶毒攻击毛泽东和毛泽东思想"的大帽子，一再受到批判斗争。父亲始终认为自己没有错，坚持自己的看法。

1966 年，"文革"浩劫开始了，在那个黑白颠倒的年代里，父亲被以莫须有的罪名迫害致死。

在"文革"浩劫中的 1968 年 8 月，由当时的"革命委员会"

1962 年尚嘉齐学长全家福，前排左起：夫人伍骅、王瑞华（伯母）、尚涛、尚嘉齐；后排左起：尚钢、伍曙

派出工、军宣队进驻吉林工大。不久，即宣称工大是"特务的大本营"，揪出"特务"200多人。工、军宣队将教学设备无线电台诬为父亲与敌特组织联系的工具，对父亲进行毒刑拷打；要他跪在桌子上，两手举着沉重的大牌子，后面有人用大木棍打他的脚踝骨，使他疼痛难忍；晚上还有工、军宣队的人逼他"交待罪行"，继续拷打，使他在精神上和肉体上备受折磨。后来，工、军宣队宣布他于1968年10月5日上午死去，说是"畏罪自杀"。

在这期间父亲用写交代材料的机会，以他真挚而单纯的想法，向党组织写了份长篇的思想汇报材料，工、军宣队的负责人反而借此材料变本加厉向他施压，并拼凑了一份所谓遗书的抄件，最后为了掩盖他们的罪责，将原件秘密销毁，声称丢失了。因此，父亲的死因至今不明。

父亲死后，工、军宣队不但没有反思自己的罪行，反而说父亲的死是特务组织"杀人灭口"，并进一步把逼死他的罪责嫁祸到母亲和在家帮助照顾家务的伯母王瑞华身上，把母亲关押起来，并抄了我们的家。不久，他们又以校"革委会"名义做出决议，正式给已去世的父亲戴上"现行反革命"的帽子，诬蔑他"一贯反对战无不胜的毛泽东思想""反对解放军，破坏大联合""挑动群众斗群众，罪行累累，以畏罪自杀抗拒群众的审查"，将他开除出党。并演出了在校园用父亲衣服扎成草人进行批斗的一场闹剧。

当天夜晚，工、军宣队在我家周围布上了岗哨，大门被贴上侮辱人格的标语对联，对我们进行划清界线的政治攻势。有时半夜冲入家门随时进行询问。很快父母工资被冻结，姐姐下放，我们两个小的守着空房，因为没钱买煤，不能生火取暖，我们就得了肺炎，手脚生了冻疮流了脓。

之后，母亲和我们仍继续受牵连迫害，全家被赶到怀德县插队。但我们不屈不挠，抓紧一切机会，向党中央、向各级党组织申诉，要求把父亲的问题调查清楚，为他平反昭雪，并追查杀害父亲的幕后主使人，将其绳之以法。

一直等了十年，到1978年10月，"四人帮"被打倒后，才等到一个以"尚嘉齐专案组"名义写的《关于尚嘉齐同志冤案的调查报告》，承认这是一个冤案，为他平反昭雪，恢复名誉。

我们的父亲在死后没多久，几乎衣不遮体地被他们扔上敞篷卡车拖向了火葬场，没让我们见最后一面，骨灰也没有留下。这不由得使我们想起他在申请入党时的誓言："党啊，我把我的生命交给你了！"父亲用自己的一生实现了他的夙愿，并以自己的献身引起了我们后代无限的深思。

来源：《校友文稿资料选编》第23辑

青年时期的徐玮、姚重华

我和丈夫姚重华

■ 徐　玮

相识、相知，携手走向革命

我 1928 年 2 月出生于上海，父亲是一个稍有名望的律师，家境较富裕，衣食无忧。但我妈妈生育我时已年近半百，我出胎时不会哭泣，也不会吸奶，百方求医，才留下了这条小命。以后一直体弱多病，念小学初中时经常缺课，甚至辍学。1946 年我侥幸考上清华大学，亲友们都为我庆贺。

这年西南联大复员，清华回到北平。我同几个高中同学一起搭船到天津而后转北平。在轮船甲板上看到海鸥在海面上翱翔，我们的心也随之飞了起来。这是我首次离家出远门。

来到清华，我如雏鸟离巢，到了一个陌生的天地，十分兴奋，但很快我感到自己不论在学业上、思想上、活动能力上都赶不上周围的同学。他们大都从西南联大转过来，知识面广，参加过"一二·一"学运等活动，经过风雨见过世面。在很多集体场合，我都不知说什么好，成了个"哑巴"。有几个同学主动关心、接近我，拉我参加了"大家唱歌咏队""松明团契"，我也就逐渐活跃起来了。以后知道很多类似组织都是共产党地下支部领导的，似网络一样，分派骨干把中间和后进的同学通过各种形式组织起来，学运来了就可一呼百应，并可以从中培养干部。

我初次见到重华（当时叫姚国安）是在一次读书会上。这次读书会是一位同学邀我去参加的。会上有十多个人，我不知他们读什么书，讨论什么问题，我只是旁听。不久在座的一个人开始讲话，他分析当前国内形势：国共矛盾、美国的态度、和谈的前途以及广大群众的思想倾向等，大约讲了个把小时。他算不上有什么演讲才能，没有机智的俏皮话，没有激情的语言，但思路清晰，有条有理，没有废话。我注目看他，五官端正，眉毛很浓，嘴巴宽阔，紧闭时显出几分坚毅，他的老成超过他的年龄。他个子不高，穿一件陈旧的暗黄色的外套，好像是美军留下的救济物资，脚穿一双球鞋。他讲完后，会也就散了。我没有打听他的姓名和身份。

过了段日子，又有人介绍我参加民主青年同盟。我虽然没有真正弄清楚这个同盟的宗旨，但因为介绍人是我平时信得过的同学，只知道是个进步组织，就同意参加了。不同于公开的群众团体，我们开三个人的小组会，定期秘密碰头，组长是联大先修班来的尹淑慧。一天，尹要我一同去见她的上级联系人，说是有任务。一见面，原来上级就是那次读书会上做报告的人。他叫姚国安，是西南联大物理系的，比我高一届。

我到他的宿舍去找他，三人一间。他当时在生病，说是胸部神经痛，经常卧床。在他的床上有一张小木桌子，是他自己设计请木匠做的，他坐起来正好可在这桌上读书、吃饭。我的任务是在他室内复抄收听来的新华社的广播记录。有空就去，一星期好几次，他同室的同学进进出出，看到我也无所谓，知道我在干什么。他的病似乎不轻，有时我要帮他在煤油炉上煮点面条。复抄这些稿子，我并无兴趣，但因为是任务，只好老老实实去做。对他的照顾我是乐意的，因为我同情他年纪轻轻就得了这样的病。他每天吃很多柑橘，说这对治疗神经痛有好处。过了些日子，他的病就好了。由于经常接触，相互熟悉了，有时会一起散步，彼此谈谈自己的情况。

他生于 1927 年 2 月 22 日，比我大一岁，出生于杭州一个铁路职工之家。祖父是杭州城站的售票员，父亲姚其源毕业于北方交通大学，是杭州城站站长。抗战爆发之后，他父亲带领全家逃难，颠沛流离，生活没有保障，从此陷于困境。重华的慈母病死在江西宜春，他的可爱的小妹妹饿死于福建邵武一带。重华五岁在杭州进小学，学习成绩甚优，抗战时随全家逃难，断断续续读完了初中。1941年他 14 岁，独自到浙江丽水进浙江省联商科学校读高中，从此走上了独自漂泊的人生道路。读完高二，由于他不喜欢商科，同时对大后方比较向往，就毅然决定到重庆去找他的大姐。这时他与家庭早已失去联系，没有经济接济，他怎么去呢？他挑着一副行李，一路靠变卖衣服弄点吃的，徒步三个月，经过福建到了江西赣州。到江西瑞金那天正逢端午节，很多人家包粽子吃，他却没有钱吃饭。他身边还有一点米，求一个店老板给煮一下，老板给他白眼，不肯。他只好把生米吃了下去。因为没有钱继续赶路，就暂时进了赣州战区学生招待所，那里可以免费供应吃住。不久，他考上了正气中学高三年级，校长是蒋经国。每天早晨，学校的电灯还没亮，他就到厨房，就着灶头的火光读书。1944 年，正气中学高三毕业考试，他得了第三名。同年参加江西全省高三会考，他名列第一。

他的下一个目标是奔向昆明考西南联大。他与赵梦宾、李明芳、王志坚等几个同学结伴同行。他们是患难之交，情谊很深。这时衡阳已发生战争，铁路不通，他们从郴州步行到零陵，一共走了12天。到了零陵后才搭车经贵阳到达昆明，可这时大学招考期已经过去了。他只得去重庆找他的大姐。在重庆，他姐夫介绍他到农业部陪都专员办公处当文书，以维持生活。1945年大学招考，大姐要他报考中央大学工科，理由是毕业后容易找工作，有饭吃。他自己坚持要考西南联大物理系。大姐勃然大怒，说如果这样她就不再负担他的生活费了。当时，重庆报考西南联大物理系的有250多人，只录取了他一人。大姐不肯给他去昆明的路费，他靠自己微薄的工资，加上同学赵梦宾帮助的钱到了昆明。

上述情况，他是陆陆续续讲的，他讲话比较平实，不会绘声绘色。我当时很幼稚，听就听了，不会插话提问再深挖一点。现在感到有很多细节都不清楚。

他的病好了之后，我看他已不把学习放在心上，有不少事要他去做，如民主青年同盟的事、读书会的事、办西山书店的事。这个小小的文具书店暗底下出售违禁的书，如《共产党宣言》《论联合政府》《新民主主义论》等。他定期进城去进货，一个人大包小包地拎回来。资金不够还得自己设法筹措。记得有一次他向我拿钱，说书店资金不够了。

党内和"民青"同盟内的文件，以及"大家唱"的歌片，很多是他刻钢板印出来的。他刻的歌片字体整齐劲秀，十分漂亮。清华同学中书法好的不少，但刻钢板每一笔用力都必须一致，否则浓淡不一，不清楚，不好看。大家知道这样的歌片唯有姚国安才能刻得出来。

1947年寒假，他曾去沧州解放区轮训班学习。凡去那里学习的往往是男女搭配，不易被引起怀疑。与他一起去的是陈金秀（即陈明），化装为兄妹去走亲戚。在过封锁线的地方得住宿一晚，他俩开的房间只有一张床，就"兄妹"同床。此事在熟人中传为佳话。以后几十年来，我们与陈明两家始终是情同手足。

我和他的关系还是亲密的。我经常请他到海淀燕京大学后门一家小饭店改善生活，点他爱吃的糖醋里脊。他从城里买书回来，常送我两串冰糖葫芦。1948年年初我20岁生日那天，一个同学送我一张贺卡，上面写着："人的一生最重要的是走自己的路，从各方面完成自己。"清华有王国维的纪念碑，陈寅恪在上面写"独立之精神，自由之思想"，我觉得这十个字是这一观点的注释和源头。重华有不同看法，他在这张贺卡上写下："应甘愿默默无闻地为人民做铺路石子，让别人在自己身上踩着前进。"对这两种不同的人生观应怎么认识，我很茫然。

一天，重华对我说，他早已参加共产党，在他入党宣誓的前几天，他思想斗争激烈，两个通宵没合眼，最后才下了决心。他又说，他经常旷课，光学老师余瑞璜教授找他谈话，问他为什么不好好听课，连考试也不参加，为他表示惋惜。我问重华："你以后不能毕业，找不到工作，生活怎么办？"他就说："党要我干啥就干啥。"在他人生的轨迹上，如铁路扳道岔一样，已从追求科学这条道岔扳到献身共产党的道岔。

当时京津一带的学生运动都是地下党领导的，清华园的政治氛围同解放区差不离，大部分学生和部分老师都跟随这个潮流走，埋头读书不问政治的是少数。重华是实实在在的人，认定了，就以血荐轩辕，无限忠诚。一天他对我说："我们俩今后能不能在一起，决定于你是否同我走一条路，这一点是毫不含糊的。"

1948年初夏，形势已很清楚，北京已临近解放。党组织号召党员南下到待解放区开展工作，清华同学中的大批党员响应南下。一天重华对我说，一放暑假他就要走了，问我怎么样。我知道那些与我最要好的同学差不多都要走了，留下的将是难熬的寂寞和空虚。我向重华表示也愿跟随南下。过了一天，他对我说："你下这个决心，组织上认为是一大进步，同意吸收你入党。"我说："这，我还没有充分的思想准备。"他马上说："那等以后再说。"

到上海的这批人，据我知道不久就分道扬镳了，有的去武汉，有的去广州、香港，重华去了贵阳，从此改名姚重华，梁燕已在那里等他。我和盛薇卿打算去考厦门大学，结果盛未考取，我一人去了厦门，清华同学黄培正已在鼓浪屿等我。我是进了厦门大学后，才参加了城工部厦门地下党的。

重华进入虎穴，到贵阳搞地下工作

关于重华在贵阳的情况，1981年11月，他在华东医院住院时曾录过一盘磁带寄给贵阳的同志。我复录了一盘，至今还可从中听到他的声音。当时他虽已病重，但头脑很好，对30多年前的往事做了较详细的叙述，最后一段，他用散文式的语言描绘了他居住、工作过的花溪，寄予无限的思恋。

原来，1948年6月中共上海局已决定派重华和梁燕到贵阳去，并交代贵阳的党组织已被破坏，到那里一切从头做起。贵阳是国民党的一个反动统治中心，有人说贵阳是特务如麻。

同年八、九月份，中共上海局指令由重华牵头，加上安毅夫（浙江大学的，家在贵阳），梁燕组成贵阳特支（其后增加黄培正和朱厚泽二人）。梁燕和重华都在清华中学找到教员的职务，以此为据点开展工作。他们迅速、稳妥地建立了新民主主义青年联盟，并在联盟中间物色发展党员，朱厚泽是最先发展入党的。还准备从学校扩大到社会，做上层人物的工作。这期间，重华奉上海局之命，去了一次香港，同上海局直接联系。上海局的领导钱瑛和朱语今几次提出，他不要再回贵阳了，要他到北京去参加全国青年代表大会。但重华不愿意，他觉得在贵阳已初步做了一些工作，有很多同志在等着他；北京已经换了天地，而贵阳仍是险恶之地，黎明前更黑暗，他应该回去。

1949年6月，贵阳的国民党特务果然下毒手了。一天，同学李惠华偶然发现特务在寻找重华的住处，厚泽得知这信息立即告诉重华。重华认为已经暴露，决定与梁燕、培正一起迅速撤退。在撤退前，他同厚泽两人小心翼翼地把油印机和机密文件埋在校园的一个角落里，并对估计尚未暴露、留下的同志交代任务，要他们继续坚持作战。在他们离开的第二天，敌人果真来到他们住处，扑了个空，并在全市进行了大搜捕。有些同志被敌人逮捕后英勇牺牲了。他离开贵阳后，工作由安毅夫负责，以后迫于形势，安也撤离了，工作交给厚泽负责。在厚泽领导下，"新青盟"的同志做了大量工作，以后大多数成为贵阳的领导骨干。

重华录下这盘磁带之后约三个月，就离开了人世。贵阳姚礼乾同志把这盘带子整理成遗稿《回忆与希望》，登载在《贵阳文史资料选辑》第四辑。同辑还登有安毅夫悼念重华的《坚强的共产主义战士》、梁燕的《严肃的爱》。

1982年2月，我收到了重华的老战友黄培正的来信，他得知重华病危，信中说："我忘不了在上海交通大学的校园里我做入党宣誓的情景，他念一句誓词，我跟着念一句。我忘不了在贵阳时应付那样复杂、恶劣的环境，他是那样从容不迫；发现暴露后在组织受到破坏威胁的关头，他是那样沉着果断；在过封锁线去武汉的那段危险的路程上，他是那样机警冷静；得了癌症之后还是那样谈笑风生，无所畏惧。可惜他离开我们太早太快了。"

在重华病重时，有很多同志特地从外地到上海来探望。戴宜生、黄培正、朱厚泽、赵西林、姚礼乾代表中共贵阳市委来了，安毅夫也来了。厚泽在上海住了五六天，每天下午三点医院准许探望病人，他必准时到，一直陪到傍晚。重华在生命将结束的日子，最最想念的地方不是他的家乡杭州，也不是读书、工作过的北京，而是为理想战斗过的贵阳，那里有战斗中生死与共的同志，那里的地下埋着英勇牺牲的烈士。

解放初在武汉工作、结婚

1949年6月，重华、黄培正、梁燕和在重庆工作的戴宜生一起从西南撤退，几经辗转又历艰险，终于在武汉中共华中局组织部找到了钱瑛。重华就留在了华中局（即以后的中南局）组织部工作。当时我早已从厦门到了武汉，在青年团市委工作。我和重华重新会面了，不久就决定结婚。中南局机关原是四川军阀杨森的公馆，一栋栋的洋楼，离市区很远，我也调到中南局宣传部。组织上给了我们一间六七平方的房间，里面有一张大床，一个书桌，两把椅子。结婚那天，来了几个同志，送来一些糖果、花生、枣子，说说笑笑，半个多小时就结束了。

这个雀巢虽小，但整洁明亮，我们很满意。星期天我们双双骑自行车进城，看场苏联电影，吃点小吃，或到同学杨坤泉家聊天。换洗被子，当时没有被套，而要把被里、被面用针线同棉胎缝起来，我不会，就由他来做。我去参加土改，要带条被子，他用一块布剪缝成一条长且宽的带子，把被子叠成不大不小的方形，捆扎成背包恰好可以妥帖地背在我的背上，十分利索。

第二年我得了伤寒症，住汉口协和医院，他正好在汉阳一个纺织厂蹲点，每天下午他一定渡江来看我。我高烧退下去了，精神稍好一点，要他讲故事给我听，他说他不会讲。其实他书看得很多，就是不会讲，那就每天读一段托尔斯泰的《安娜·卡列尼娜》给我听。每次我总听不够，求他再多念一点点。等我出院了，汽车开到宿舍门口，我走不了楼梯，是他背我上楼的。回忆往事，此景此情如在眼前。

经历多次政治运动

1952年钱瑛调中央纪律检查委员会任副书记，把重华和我一起带走，当她的秘书。不久我调中央组织部办公厅。第一个"五年计划"开始，重华再三请求归队做技术工作。1954年他调第二机械工业部第五设计院，搞的是苏联支援的军事工程。从此他投入了新的战线，有很多新东西需要他专心致志地去学习。开始一段时期，中组部和二机部都没有分住房给我们，我们都各自住在集体宿舍，只到周末才"鹊桥相会"。他的工作压力很重，我也经常跟随领导出差，相聚的时间很少。由于他工作努力，不久就评上了工程师，任工艺科科长，他负责的项目还得了奖。

1956年中组部送我到中央党校学习，学期两年。1957年"反右"斗争开始，我所在的支部共二十来个人，其中两人被打成"右派"。我内心十分同情他们，甚至特地跑回中组部问安子文："他们在小组学习会上说了这些话，算不算'右派'言论？"安说："不算。"幸亏我回去之后没有讲出来。每天报上批判资产阶级向党进攻的文章，篇篇触及我的灵魂，联想到我忠厚老实的大哥（资方代理人）心里十分不安。党校学员"反右"结束时，每人要写一篇思想小结，我深挖思想根源，认为家庭出身不好，又接受了资产阶级的教育是根源所在，在我身上有所谓与生俱来的"原罪"，一定得脱胎换骨。

从党校回到中组部，正好在动员知识分子中的年轻干部到农村劳动锻炼，我积极报名参加。领导做动员报告时还举了我这篇思想小结，说明知识分子应有自我改造的自觉性。到了安徽农村，我亲眼看到在"大跃进"的形势下，各级干部都在放"高产卫星"而农民没有饭吃的惨状。从安徽回中组部后，我又坚决要求下放到工厂锻炼。1959年9月，我离开北京，到了上海机床厂担任一个车间的党支部书记。

1961年中共华东局成立，重华和我先后调华东局组织部工作。从此，我们又有了一个温暖的窝，有我的老母、两个孩子小林和小春，雇了一个保姆。我们经常下乡蹲点调查，不少同志反映重华在农村不怕苦，调查能抓重点，落笔如神。前两年杨东林还对我说："我们下去调查回来，一起扯一扯，由老姚提笔写报告，还说好大约多少字。不一会儿，老姚就写好了，一气呵成，不做涂改，连字数也差不多。"那几年农村生活贫困，他得了肝炎。在杭州望江山肝炎疗养院疗养时，医生不准他看报读书，他为了解闷，用彩色尼龙丝编织小花篮，一只花篮里有很多花，每朵花有不同颜色的叶子、花瓣和花蕊，十分精致。他还用尼龙丝编了一个镜框，恰好可装三张照片，中间一张是我，左右两边是小林和小春稚气的笑脸。当时这镜框一直放在床头的柜子上，这就是他心爱的家。

1962年，中央召开"七千人大会"，总结"大跃进"的经验教训。为了贯彻这个会议精神，华东局组织部和宣传部各抽了一些人，混合编组学习会议文件，我是其中一员。开头总是反复动员，要大家解除顾虑，放开言路。我在讨论中的主要发言内容，一是认为党内缺乏民主，下情不能上达，第一书记说了算；二是对"大跃进""七分成绩、三分错误"的评价有意见。不久风向又转了，中央提出"阶级斗争要天天讲，月月讲"。华东局组织部部长罗毅找我个别谈话，对我在学习班上的发言做了批评。有一天，重华评论我说："你这人思想很尖，人是透明的。"其实他心里是同意我的想法的，只是他不会随便讲。

在"文革"中双双入狱

树欲静而风不止，"文化大革命"来了。开头是革党内走资本主义道路当权派的命，重华和我是一般干部，还能平安过日子。1968年清理造反队的中内层，矛头就对向我们了。我们自以为没有任何问题，其实早已成为全华东局各部门共同的大目标。重华在正气中学是高才生，江西省会考又名列第一，这样的人才，校长蒋经国还会不笼络发展为自己的党羽，暗中派进共产党作内线？徐琤在中央组织部工作多年，为部领导起草文件；安子文是刘少奇黑帮的成员，徐琤就是安子文安插在上海的黑爪牙。

一天晚上，电话通知我们去开紧急会议，一到那里就宣布隔离审查。第二天带我们回家抄家，把卧室壁橱的顶板捅破，搜查有没有发报机。问我们要高级照相机，可重华是个穷学生，从来没有摸过照相机。他们说，学物理的哪能不玩照相机？把书橱里的书一页页地乱翻，看看有没有密码之类。当时，两个孩子都在学校上学，他们回家看到如此狼藉的场面会怎么想？小林 14 岁，小春才 7 岁。幸亏我妈妈早被大哥接回他家，否则她老人家能受得了这惊吓吗？

过了几天，他们向王洪文等办好了手续，就由拘留所把我们分别拷走了。在拷走前，要我在拘留证上签名，但上面未填拘留的法律根据——我有什么罪行。

想不到在自己为之奋斗的专政机关里当了专政对象，尝尽铁窗风味。我开始感到想不通，以后也就坦然处之了，因为自己知道自己没问题。我们被关在同一个拘留所，但不可能在同一个监房，男女监房是分开的。这里的生活还不如提篮桥监狱，那里关的都是判了刑的，可以同家里人见面，接受家庭接济，可以参加劳动，活络筋骨。看守所的犯人则整天关在铁窗铁门之内，天没亮就吹哨起来，一直坐到吹哨睡觉，中间只让站起来活动十几分钟。放风的机会很少，个把星期一次，甚至一个月一次。这里是名副其实的"坐牢"，坐得你屁股都起老茧。自己看不到自己的屁股，等洗澡时，同监房的人一起洗，这下看到了，个个都像猴子屁股。以后知道男监房的条件比女监房更差。女监房铺地板，男监房是水泥地。女犯人坐在地板上都吃不消，男的长年累月坐在水泥地上，风寒潮湿怎会不侵入骨髓？

规定同监房的人不准说话，带来的《毛泽东选集》已读了好多遍了，提出要几本马列原著，不同意，说毛泽东已发展了马列主义，为什么还要学习原著？难道不相信毛泽东思想吗？伙食的营养当然是不足的，半夜醒来经常饥肠辘辘。早上是一漱口杯粥加两个咸萝卜头。中午和晚上是一盒烂饭，上面加一些蔬菜。每周配给一片薄薄的咸肉。更糟的是每年有四分之一的日子吃发霉的山芋片，代替米饭。我从看守所出来到华东局南汇"五七"干校时，脸色苍白，全身浮肿。在看守所两年半我没有来过一次月经，一到干校血崩了，我就买点红糖冲水喝。

在看守所，我因被同房的女流氓诬告，被反铐了 49 个日日夜夜，真是生不如死。

在监房里，最想念的是两个未成年的孩子，我不知道保姆还留着没有，对他们好不好？1970 年我出狱后，才得知保姆还在，由组织部发她工资和三人的生活费。我见到了小春，小林已去黑龙江插队。那几年幸亏有外婆，他们每星期天到大舅舅家过一天，得到慈祥的外婆和大舅全家的照顾。

我出狱后没有被马上放回家，先关在建国西路华东局机关的一个三四平方的黑间里，昼夜点一盏在天花板上的五瓦灯泡，发着微弱的鬼火似的幽光。以后被送到南汇县芦漕港华东局干校监督劳动。在那里，与我睡上下铺位的王平（她是老革命，被打成"右派"分子）偷偷地告诉我："前几天才批斗过姚重华，会后又被铐回监狱去了。他的脸色真苍白，看了叫人难受。"若干年后，专案组的徐承武（罗毅的秘书），他是负责具体调查重华问题的，对我说：其实老姚的问题早调查清楚没什么问题，是专案组的头头不肯及时结案。所以我认为那场在干校批斗姚的会议是虚张声势，捞自己的政治资本，把人当猴耍。

最后对我的结论是：敌我矛盾按人民内部矛盾处理。1970 年下半年我离开干校，分配到南汇县农业机械厂监督劳动。

1971 年 9 月的一天，我接到通知，重华今天可以回家，要我在家等他。我又高兴，又感慨，买了一束鲜花放在花瓶里；我反对他抽烟，但这天我买了包好香烟等他。因我的结论是"敌性内处"，曾有人好心地对我说："如果重华出来没有任何问题，你要做好思想准备，他会不会同你划清界限办离婚。"重华回来了，我们是劫后余生，相逢如在隔世。他已知道我的处理结果，也知道我在南汇县农机厂监督劳动，身体不好。他开朗地对我说："好在我们还年轻，今后还有时间。"又说："你如劳动吃不消，没关系，我养你。"

他在监房里得了老寒腿的病，下肢血脉不和，夏天上身大汗淋漓，下身没有汗；冬天穿上毛裤、驼毛棉裤还暖不了，有人说此病严重了会截瘫。我陪他去皮货店做了条羊皮裤过冬。在分配工作之前，要他先在南汇"五七"干校劳动学习。他又发愤了，每天四五点起床，喝杯克宁奶粉冲冲海边的寒气，就开始阅读《反杜林论》。我们怎会料到几年的监狱生活在他身上已留下了可怕的病根。

全 家 团 聚

重华回来之后，让小林向生产队请假回家团聚，这是小林第一次回上海。到上海时，重华和我到码头去接他。重华看到他穿得很破烂，对我说："我看了心里很酸。"小林与外婆感情很深，一放下行李就说："我想去看外婆。"重华对我说："小林很懂事了。"我已给小林做好驼毛棉袄，那时驼毛和好的布料都不好买，是请我大嫂帮忙的。小林对尺寸和款式不太满意。以后小林又告诉我："爸爸提醒过我，妈妈是费了好多心思给你做的，你不要多提意见。"我们全家到照相馆拍了一张全家照留念。

姚重华学长出狱后的全家照。左起：次子姚晓春、姚重华、徐玲、长子徐晓林

放逐在南汇

1972 年 7 月，重华被安置到南汇县农业局，仍被控制使用。农业局办公室前边院子里有一排平房是免费给家不在本地的干部住宿的，也给了我们一间。房子

很简陋，碎砖铺的地，光线也暗。我们刚到，就因陋就简，用木板搭床，桌腿有短缺的就用砖块垫。我们营造这个新窝时，心里洋溢着喜悦和幸福感，因为我们可以天天在一起了。

小林在黑龙江插队，小春在上海市区读书，但寒暑假也可在这里一起过。家不仅是物质的，最主要的是亲人在一起，再苦也是甜。我和重华经过这次生死劫，心贴得更近，胜过新婚燕尔的夫妻。他的腿有病，但每天早晨总是跑去食堂打饭，让我多睡一会儿。星期天他洗全家人的衣服、被子，包括我在工厂劳动时穿的那件沾满油渍的工作服。周围农业局的干部都对我们很友善，还投来羡慕的眼光。

重华一到南汇，我就向他介绍了与我同车间一个生产小组的年轻姑娘小唐，比我小 19 岁，是车工。在厂里，我是昭而不宣的"敌对分子"，大家都对我避犹不及。奇怪的是唯独小唐同情我，主动帮我磨刀具，看到我实在累了，就让我坐在她车床旁边的角落里打瞌睡，看我心情压抑，就陪我散步谈心。我问她为什么这样对我，她竟回答说："现在的世道是人妖颠倒。"我听后大吃一惊。她见我气色不好，在家烧好的菜带到食堂同我共吃；若天气骤冷，她就从家拿新棉胎送到我工厂宿舍，垫在我的床上。党团组织警告她不要太接近我，她说："不接近，我怎能知道她有什么反动思想，怎么向你们汇报？"她对我说："我爸妈都是小学教师，我 17 岁就当工人，怕什么？"她能上车间屋顶修理行车，能与男的一样挑近百斤黄沙上肩，但又善解人意，体贴入微。我有了她就有了靠山，有了保护。

我们从农业局宿舍搬到附近的居民区，全靠小唐帮了大忙。新居的水泥地是她油漆的，墙是她粉刷的，新买的床、桌、五斗柜等是她借黄鱼车拖来的。凡有困难都找她，而她总有办法解决。新居是两室一厨房，比过去宽敞多了。重华一下买了六个书橱，里面摆满了古今中外各种书籍，特有气派。这些书对小唐很有吸引力，她喜欢书，也喜欢我和重华这样的人。重华生病住院，小唐马上来医院伺候，送菜送饭，其情义胜似父女。感谢小唐有一颗金子般的心；感谢她给我们无穷无尽的关怀和帮助。有了她，这里没有凌厉的冬天，经常是阳光明媚的春天。

重华经常下乡调查，做了细致的统计报表。在家里认真阅读司马迁的《报任安书》，他要学司马迁忍辱负重仍胸怀大志的精神。他还读完了《资治通鉴》。他给一个同学写信说："应该好好读点书，准备将来批逆鳞。"现在回想起来，这时他已悟到默默地做铺路石子是不够的，还必须独立思考。历史是最好的老师，教育了我们。

在同病魔搏斗中拼命工作

1974 年夏天，重华请假去泰州治疗老寒腿，他妹夫是泰州市医院的院长。经过一个大伏天的针灸、推拿、服药，疗效十分好。可是好景不长，他嘴唇上的一块黑斑硬化了，作切片化验，确诊是黑色素瘤，医生说它是癌中之王。它是随血液转移的，存活率三个月至三年左右。这真是个晴天霹雳！他宽慰我说："你放心，我的精神不会倒，一定尽最大的努力同疾病作斗争。"当天晚上，他鼾声如雷，这鼾声表明了他有极坚强的意志，而我那天晚上辗转反侧彻夜未眠。

"四人帮"被粉碎后两年，我们落实政策调回市区工作。重华到市农委工作，我到市农机局。

从 1974 年夏到 1982 年 3 月 6 日病逝，这八年是他与病魔顽强搏斗的历程。1974 年夏在泰州第一次做手术，切片检查确定了病灶的性质。接着马上到上海第九人民医院做第二次冰冻手术。手术后脸部肿得像河马那么大，创口日夜流黄色脓液。嘴巴张不开，他用小勺子一口一口地喝水吃饭，从此嘴唇烂掉了一角。中草药每天两碗，坚持吃了八年。1976 年癌转移到左侧颈部淋巴，再次到九院做手术，切除了 41 个淋巴结和附近的淋巴管和静脉，颈部的粗细减小了四分之一。1981 年初右臂肱骨断裂，X 光显示是癌细胞转移所致，他住进了华东医院。重华准备截肢，要我买一块小黑板给他，想在病床上用左手练写字。但是同位素全身骨头扫描，发现胸肋骨、腰椎等处也有转移病灶，不宜再做手术，只能用化疗。一年后他走了。

在他入华东医院之前，除手术时请病假外，一直坚持在南汇农业局、市农委、复旦大学、市教卫办上班。调复旦大学任党委组织部部长时（不久任党委副书记），他已做了颈部淋巴切除。复旦离家很远，路上单趟要两个小时，为了避开交通高峰时间，他每天早晨五点左右就出门去学校，复旦办公大楼点亮的第一盏灯就是他的办公室。

颈部淋巴切除是个大手术，早晨八点进手术室，到下午四五点才出来。出院回家时，头部因血液、淋巴液循环受影响，非常难受。这时大学将恢复考试了，小林已当了六七年农民，小春在工厂做工，新华书店只有毛泽东著作，没有考大学的复习读物。重华在家病休，凭他的数理化功底，做了上百道题，每题有几道不同的解答途径，并列出应熟记的基本公式。他用手抄了三份，一份给在黑龙江的小林，一份给小春，一份给他西南联大老同学严庆龙的儿子严搏非。他们靠这份东西都先后考进了大学。还记得小林那年从黑龙江背着一个旧铺盖回家，好高兴啊！我们笑他背这个破烂回来干吗呀？他说稍好一点的衣服卖掉了，这个卖不掉，只好背回来。真是穷怕了！

我认为他在南汇读《资治通鉴》时就想思考研究一些问题，但是连续不断的疾病使他无暇顾及。严博非来医院探望，重华对他说："青年人一定要好好思考问题，否则中国就完了。"可惜他55岁就走了，其中，三年多在监牢，八年在病中，他来不及留下自己的遗篇。

永　　别

重华住入华东医院之后病情不断加重。医生说："骨头的剧痛非一般人能够忍受，老姚从不喊叫一声，这样的病人我过去没碰到过。"我每天下午三时到病房，伺候到晚上九点，等他合眼睡觉了，我在他的额头上轻轻吻一下，而后悄悄地离开回家。最后一个月，他要求我再也不要离开他。我就向华师大党委正式请假，晚上躺在他床边的地铺上，并要小林、小春也轮流陪夜。

他弟弟姚国祥从抚顺来看他了，他妹妹秀娟和她的女儿从泰州来看他了。一天，他对我说："我想妈妈了。"他多次告诉我，他妈非常善良，亲友、邻居有困难，她都乐于助人，所以人人都说她好。又说他妈妈最喜欢他这个不多说话、老实的儿子。

感谢亲朋好友得知重华住进医院，都来探望关心。他病危时，小唐从南汇来陪了他五天五夜。他高烧不退，每天晚上要帮他换四五次被汗水浸透的衣服。他还托付严庆龙和小唐要代他多多关照我。这时小林、小春都快大学毕业了，他很希望小春能考上研究生。1982年12月，小春由国家保送去了美国念研究生。他说："他们年轻，自己会闯，我就放心不下徐琤。"

他对医生、护士、理发师、食堂工作人员都表示了衷心的感谢。他对市教卫办领导马万杰提出必须加强党的建设，防止干部队伍腐败变质。关于自己的后事，他要求不开追悼会，不举行遗体告别，不留骨灰。我说："不留骨灰我留什么纪念？"他说："留一小撮我的头发。"以后我把这撮头发装在一只精致的小盒子里，头发是乌黑的，他才55岁呀！

1982年3月5日夜，他已昏迷。他不断地掀掉自己的被子，我怕他受凉，跳到他床上抱了他一夜。6日晨，他突然醒来，看到我，向我微笑——这是一个幸福安详的微笑，还叫了我一声"亲爱的"。到中午11点，他躺在我怀里走了。

重华天资聪颖，苦难经历磨炼了他坚忍不拔的意志，如果沿着原来追求科学的轨迹走下去，他很可能做出突出的成就。但历史开了大玩笑，他竟被认作敌人，关入监狱多年。大凡意志坚强性格内向，越能承受屈辱痛苦而不外露的人，在他心灵上、生理上受的伤害也越大。

　　　　　　　　　2007年1月6日完成初稿，3月20日修正

戴宜生学长（2008年）

戴宜生：一个顶天立地的大写的人

■ 徐 琤

真诚的友情

戴宜生（戴宝）是我的清华同学，我们在学校时互不相识。关于他的情况我是听老伴姚重华（国安）讲的，他是戴宜生的入党介绍人。戴宜生的父亲是金城银行的副总裁，家里很有钱，他把父亲为他留学美国准备的钱和他母亲的私房钱都拿来作了地下党组织的活动经费。1948年他跟姚一起受地下党派遣，离开学校，到南方做党的地下工作，戴去了重庆大学当助教并做学运工作，姚去了贵州。

戴到重庆时，正赶上地下党被破坏，一时接不上关系，很苦闷，和重华暗语书信联系，重华鼓励他坚持，后终于打开局面。但由于暴露，1949年上了国民党的黑名单，戴紧急随父亲去了香港。正巧姚国安、梁燕、黄培正几位清华校友也因在贵州做学运工作，国民党要逮捕他们，紧急撤到香港。当时，国内长江以北全部解放，南方局领导已去武汉，在香港接不上关系。于是四人化装成商人，由姚国安精心组织，戴宜生提供经费，历经艰难险阻，辗转到达已解放的汉口。姚国安找到时任中南局组织部部长钱瑛，他们都接上了组织关系。姚国安留在钱瑛身边当秘书，戴宜生等三人参加一段学习班后随解放军南下，梁燕去贵州，黄培正去广州。戴宜生去重庆，做公安局外事工作。1951年他和新婚妻子李淑琼（北大毕业生）积极申请，参加了入藏先遣队，这时，他22岁。

戴与姚再见面是30年后的1981年。戴在西藏待了28年，刚调回北京不久，打听到姚在上海复旦大学当党委副书记，身患癌症病危，就请假到上海华东医院看望。这时，我初次见到戴，记得他激动地对姚说，他在西藏参加了第二次革命，受到了很深刻的教育。临别时，重华对他说："你回去工作吧，我知道自己活不长了，我不怕死，我担心的是徐琤，我死了她一个人孤独得很呢。"

戴宜生与我的关系就是这样开始的。他与姚的关系很深，姚走了，他就给了我真诚的关心。他不断给我寄各种书籍，中英文都有，有的是香港出版，内地买不到的，还寄奥斯卡经典影碟。我非常感激他，在给他的信中谈谈自己的读书心得。他也寄我他写的文章。

我一般每年都去北京一次，参加清华老同学聚会。朱厚泽是姚在清华中学发展的党员，当时他在北京当中央宣传部部长。我到北京，总在他家住上四五天。戴由此认识了厚泽，他来看我，厚泽热情接待，与他谈天说地。戴认为厚泽是位高人，有幸与他交往，受益匪浅。厚泽不幸去世，他与我同样悲痛欲绝。

雪 域 长 歌

戴的父亲是留美的，思想开明，给了他民主自由的教育，使他的性格诚恳、慷慨，又风趣幽默。他戏编《戴氏英语》，说英语相声，他到哪里，哪里就有笑声。他晚年出了一本书叫《戴宝自选集》，详述他的一生。因为他南开中学的那伙同学说他常要活宝，有宝气，故自称"戴宝"。

1952 年戴宜生与拉萨出生的女儿西维梅朵

1953 年初戴宜生一家在拉萨市公安局，藏族人为保姆

1951 年 5 月，戴宝夫妇从成都出发到甘孜，翻山越岭，一星期内完成了这一步行的旅程，随后编入十八军先遣支队。当时西藏和平解放的协议刚签，为尽快稳定局势，先遣支队护送阿沛·阿旺晋美一行，选择最短也是最艰难的险途赶赴拉萨。几乎每天都要翻越 4500 米以上的雪山，还要渡过金沙江、澜沧江等急流。山上厚厚的积雪终年不化，往往快到山顶时，还会遇上突如其来的鹅毛大雪，身上霎时全白了。海拔如此之高的地方，气压很低，空气中含氧量一般只有内地的 50%，被称为"生命的禁区"，基本上都是冰天雪地的无人区。

戴宜生回忆道：一次在进军途中，意外地碰见了清华"一二·九"时期的老校友林亮同志（十八军政治部主任，入藏后任西藏拉萨市委书记。1953 年因病调回云南，曾任个旧市委书记、云南大学党委书记，1994 年病逝）。"和林亮校友零距离接触，是发生在翻过 6400 公尺的丹达雪山后，跋涉于'穷八站'的漫长崎岖的山沟中的事。我在行军中，老是一个人掉队。所以总是要大家安营扎寨、炊烟袅袅、千帐灯火时，我才拖着疲惫的身体来到营地。这一天我正一个人艰苦独行，忽听后面马蹄声，原来林亮同志和他的警卫员策马奔来。见到我，林亮下马：'听说你是清华的，这样的行军，你习惯吗？''没有问题，给我时间，我正努力克服困难，尽快实现这个脱胎换骨的转换。'"我们从 1951 年 7 月 25 日出发，9 月初才到拉萨。我爱人淑琼在后队，走了 5 个月才到拉萨，而且她还身怀六甲。1952 年我们有了一个女儿，我们给她起名'西维梅朵'，汉文就是和平之花。但当时部队不许在当地征粮，全靠内地用牦牛驮来，粮食奇缺，女儿营养不足，一岁多还不会走路，只好把她送回四川由姥姥抚养。现在想起在西藏的经历，好像是昨天的事，那真是一种脱胎换骨的体验，是一辈子也忘不了的。"

1951 年，人民解放军和平解放西藏，此后中共西藏工委和噶夏政府两种不同的政权共存了八年，这段时间西藏的社会情况是很不平静的，常有匪徒出现。戴宜生在公安部门虽然主要负责外事工作，但也参加了惊心动魄的平叛斗争。审讯员王克洛就告诉戴宜生，有两名匪徒被判处死刑，其中一个曾交待：他曾准备暗杀一个公安人员，他每周六要骑自行车到西藏干部学校的爱人处，他们埋伏在路旁的树木中伏击。不料来了一批西藏贵族的反动武装，双方有了误会，相互争吵，剑拔弩张之际，那个公安干部已骑车过去了。此人即是戴宝。

1957 年，戴宜生调到西藏工委社会部政保处任副处长，和他一起进藏的侦察科科长李凯，就在和他一起抓捕叛匪时，倒在了他的身边。李凯和戴有深厚友谊，而且屡立战功。1958 年 4 月 24 日在拉萨举行了隆重的李凯烈士追悼会，张经武、谭冠三等领导都参加了。

1959 年 3 月 10 日，西藏反动上层公开全面叛乱，叛乱分子以"西藏僧俗人民"的名义，在拉萨街上到处贴布告。西藏工委副书记周仁山责成工委社会部揭取一张布告作为罪证。那时拉萨街头叛军岗哨林立，戴宜生和社会部张云卿、藏族干部练冬生乘一辆三轮摩托车冲到八角街反动布告张贴处，两边守卫的藏兵端着刺刀冲了过来。戴宜生平端冲锋枪与他们对峙，双方剑拔弩张。在此千钧一发之际，社会部的王克洛和洛布多吉冲过来，洛布多吉手持一个拉出了弦环的手榴弹冲到藏兵前，怒吼道："我今天跟你们拼了！"藏军见状纷纷逃离，社会部成功揭取布告。洛布多吉是达赖二哥嘉乐顿珠庄园的奴隶，1956 年从庄园逃出参加革命。这位农奴救了戴宝。

1959 年西藏整风，戴宜生差点被打成"右派"、反革命。幸当时西藏一把手张经武说：此人出身富豪而能背背包千辛万苦步行来藏，恐非反、坏、右之属，才没划反革命。但仍给留党察看、行政撤职处分。

戴宜生 1979 年回京全家照

"文化大革命"时，戴宜生因位列公安厅副处长，被划为"走资派"，被进藏造反的清华井冈山红卫兵和当地造反派押在卡车上游街，后来发配在炊事班养猪、种菜。他不但乐观地生活，还抓紧时间钻研英语、藏语。到了改革开放，公安部急需懂英语、藏语的干部，就想起了戴宜生，1978 年年底把他调北京公共安全研究所任所长，他正好发挥所长，引进、翻译了不少外国资料，参加了各种学术研讨会，并结合国情写了许多有关犯罪学等方面文章。1994 年还被派往美国宾大讲学半年，结识不少美国这方面的专家教授，打开了新的天地。每逢圣诞节、元旦，他寄出的贺卡信件达 100 多件。这时他也总不忘给西藏有困难的战友寄东西寄钱。

戴宜生说："我热爱西藏。西藏民风彪悍，地形险阻。对敌斗争中的不少可歌可泣的故事就发生在这里。我的战斗洗礼、传奇故事也出自这块地方。西藏教育了我，锻炼了我。西藏给我的比我给西藏的多得多。我热爱这片土地和那里的人民，永远怀念那里的战友。"

2008 年戴宜生 80 岁，他的腿关节已有毛病，不顾亲友的劝阻，再次进藏，重返故地。在小儿子和孙女陪同下坐火车进藏，用了半个多月遍访故地，受到了藏族干部的热烈欢迎，他们就是当年翻身的奴隶，他的老相识。当年在荒滩上耕植出来的苹果园，现在成了烈士陵园，谭冠三政委就埋于此。不远处是他当年警卫工作人员夫妻的坟墓，他亲自去墓地吊唁。在来回的途中，再次瞻仰了世界有名的喜马拉雅山山脉。

仍有晚霞在天边

戴宜生小时候长得白白胖胖，小学老师叫他"糯米团"。后来老了，一身是病，拄拐而走，步履蹒跚。2014 年年底，有一天他摔倒在家门口，躺在冰冷的地上起不来，过路人叫 120 送医院抢救。在医院吊了好几天针，回家后走路还是不稳，几次摔倒在地上。之前肺部有气泡，用长长的钢针，从外边穿入肺部，把肺泡刺破，气泡中流出液体，又用吸管吸出体外。至今仍有残余的积液，需每天吸氧一两个小时。腿关节做了人工置换。肠胃不好，经常便秘。其实这些病与他在西藏时的许多不利因素有关，但他始终无怨无悔。他只有亲兄弟俩，他哥哥病逝，对他打击很大，很多老同学老朋友又一个个走了，故旧半零落。他听美国民

无悔年华
解放战争时期清华校友足迹

歌《老黑奴》，似也听到老天在声声召唤他。他的爱妻李淑琼 1973 年就因病调回内地，"文革"后才和他在京团聚，但晚年患老年痴呆，近几年病情加重，有时沉睡几十小时，有时胡言乱语，大吵大闹。他对她十分体贴照顾，在心灵上却难免遗憾和苦恼。

但是他还是尽量努力学习，尽量找事干，充实自己的生活，以抑制以上所说的无奈和烦恼。

后来我在信上问他在读些什么书。他回答说："最近在看美国友人寄来的 *Justice—What's the Right Thing to Do*，作者是哈佛大学教授。还有小三（三儿子）从香港捎来的刊物，美国的《时代》《国家地理》杂志。床头放着唐诗、宋词、诗经，天天翻翻，还有《北京青年报》《参考消息》《南方周末》《南风》等，还看影视剧。可见他学习上吞吐量是很大的。他还每天练毛笔字。

我很支持他的学习，给他寄去文房四宝，以及清华同学、书法家张昕若的字帖。我二哥擅书法，他写的顾贞观的《金缕曲》，我也复印了给他。他很喜欢，说："你哥哥的字写得真美，顾贞观的词也实在好，我常拿出来欣赏。"他喜欢苏东坡、辛弃疾的词。我把张大千画的苏东坡像（复制品）复印了放在卷筒里也寄了。

2014 年 9 月底，我在北京贺文贞同学家住了几天。戴宜生家离贺文贞家很近，请我们去附近酒家吃饭，饭后坐轮椅到贺文贞家，与我促膝谈心，一直谈了 6 小时。他病困交加，心里太苦了，从我的谈话中他也许可以得到一些安慰吧。

　＊本文参考《戴宝自选集》做了修改补充，2015 年 1 月 21 日

来源：《清华校友通讯》复 77 辑

七　历尽坎坷　不忘初心

梁燕学长

红心向党　红心可鉴
——缅怀老伴梁燕

■ 黄竹琴

梁燕走了，2008年6月7日上午，凶恶的肺癌夺走了他宝贵的生命，这之前不久，他刚满80周岁。亲人的哀泣，好友们的叹惋回天无力，他还是远去了。

然而，他慈祥俊朗的面容，幽默睿智的谈吐，却定格在关爱他的人们的心上——音容常在；他具有传奇色彩、曲折、跌宕、革命一生的经历，始终铭刻在人们的记忆中——永志难忘。作为他的终身伴侣，又是"战友"加"同行"，知心知情，特于此记下这位革命人的简要生平，以资作一个文字上的"留痕""纪念""传承"。

清华学子　献身革命

梁燕原籍贵州荔波县，1928年5月5日出生于澳门，抗战时随父母来黔。少时即好学敏行，初中、高中六年就读于大后方名校——由一批清华大学校友创办、地处贵阳郊区花溪的"私立清华中学"。学校良好的素质教育，"自强不息，厚德载物"清华精神的涵养，为他日后德、智、体、群的发展打下坚实基础。他中学时候积极活跃，负责清华中学文学会的活动，黔南事变时，即与几位同学少年一道，勇挑重担，在崎岖的公路上，驾驭马车为学校运送疏散物资。

1946年夏天，他以优秀的学习成绩，被保送到北平清华大学物理系学习（1950级）。同学们来自各地，正如梁燕形容过的"各路诸侯，人才济济"。这时民主爱国运动的革命大潮席卷北平，席卷清华园。梁燕和二十多位同学一道，建立起"戈壁草"读书会，他们自称"草民"，课余读革命书籍——《共产党宣言》《中国革命与中国共产党》《新民主主义论》《大众哲学》《母亲》，树立共产主义远大理想。"戈壁草"的启蒙学习给了梁燕深刻的影响，他在后来写的《戈壁吟》

672

中道:"清华园中,曾有过青春岁月,一心学牛顿大师、居里女杰。神州大地烽烟炽,华夏黎庶生路绝,高举起民主爱国旗,信崇马列。"以后"戈壁草"草民们数十年联系、切磋鼓励,他又写道:"夜夜梦回清华,绵绵'戈壁'情,永不绝。"

1947年5月,梁燕和"戈壁草"多人在清华加入党的外围组织"民青",1948年6月加入中国共产党,他被同学们称为活跃分子:或是参与经营作为活动经费来源的"西山文化服务社";或是到工厂夜校给工人上课;或是随同杨坤泉同志到静海县营救赴解放区过静海时被反动当局扣押的"戈壁草"成员张永备、胡随善同学;或是参与一些游行示威活动。为了宣传工作的需要,他常常一个人编排几份墙报——《莽原》《清华评论》《大学评论》,多在夜间编排,靠抽香烟解困,从此成了"烟民"。

1948年夏天,根据"解放全中国"革命大形势的需要,学校党组织接受中共上海局(前南方局)城工部部长钱瑛的指示,派一部分家在南方(特别是"两湖""西南")的党员学生回乡从事地下工作,以"发动群众,积蓄力量,迎接解放"。作为黔籍学生,梁燕积极响应,主动请缨,一向以数理见长的他,辍学告别了"科学家摇篮"的清华大学。他不顾西南国民党反动势力严密统治的险境,勇挑重担,只身来到贵阳母校清华中学求职,以教书为掩护,"摸情况、打前站",开展工作。不久,上级派来也是清华大学学生的领导人姚国安和党员黄培正来清中任教,又派来从香港接受任务过来的党员安粤,根据梁燕的举荐发展清华中学11级的学生朱厚泽(朱解放后曾任贵州省委书记,中宣部部长等职)入党,他们以清中为据点,建起了"中共贵阳特别支部"(简称"特支")。1949年2、3月还建起党的外围组织"新民主主义青年联盟"(简称"新联")。几位党员分工,梁燕分管领导贵州大学的"新联"工作,起初还以"苏兆敏"的化名到城里与从香港来的安粤接头,为领导姚国安当联络员,还担任"特支"学习文件、指示文件的秘密刻印工作,专学仿宋体,手指头上因刻印钢板积起厚厚的老茧。

梁燕在贵大积极发展"新联"盟员,与盟员中的甘凌杰共同领导"新联"工作,配合校内其他革命力量,推动该校学运。他们又是建"歌咏队",又是办"读书会"作为阵地以联络人、发动群众。我是在他的清中校友张志达家初识他的,一听说我是刚从南京中央大学回乡转学来读贵大的,他便热情地加以联络团结,我也就参与到他们读革命书、唱进步歌及民歌、学扭秧歌的活动中去了。当时梁燕白天要在清中给学生上课,晚上还要不时深入到贵大活动,有时忙到深夜,才独自步行回到地处山边的清中教师宿舍。一次听到他说:"这山边,说不定有时还会遇到狗呀!"我只认为指的是豺狗(狼),后来才悟出也指国民党的特务。在贵大,梁燕还化名写出《转折点》等壁报文章指导运动。我们渐渐相好了,一次,梁燕给我谈苏联革命小说时,同时将"二战"时期苏联著名作家法捷耶夫的名诗《等着我》念给我听："等待着我吧，我会回来的，但你要长久地等待……"还说："多读些书，将来我们要 $1 + 1 > 2$。"我当年认为他充其量是个进步爱国的热血青年，怎么也没有想到会是一个地下党员，更不明白这些谈话中会含有什么暗示。

在"特支"和"新联"的工作中，贵阳先后在大学、中学、工厂中发展了 40 多名"新联"成员，后来成为各时期的革命中坚。贵阳大、中学校的"反饥饿、反内战"爱国民主学生运动蓬勃开展起来，在极为艰苦的环境下，作为贵阳"特支""新联"组织开创人之一的梁燕，做出了突出贡献。这当是他革命里程中任务最艰巨，斗争最坚决，表现最杰出的一段经历吧！

为了纪念地下斗争的岁月，他后来给子女起名，都用上当时的"化名"，足以见其深情。

情系故里 再战贵州

当时的贵州，由国民党反动头子谷正伦主政，国民党反动派镇压革命势力十分猖獗。1949 年 6 月，传出特务在打听姚国安这个人的信息，"特支"部分成员被"盯"上了。领导人姚国安同志决定，他本人、梁燕、黄培正三位南下外来的同志迅速转移，"特支""新联"工作交给安粤、朱厚泽同志去领导了。他们三人机警多谋，假装买飞机票到重庆，实际上坐车到柳州，转飞香港。特务冲到清华中学搜捕他们落了空，真是险落虎口啊！当时梁燕的大姐梁昭莹住在柳州，他们三人买机票赴港钱不够，适逢柳江涨水封渡，梁燕冒着大水买船票过江到大姐家才弄到银元。解放后，听梁燕的大姐说："好险呀，他们才飞去香港不久，通缉追踪的特务就进我家，盘问梁燕哪里去了。"

姚国安、梁燕他们在香港未接上组织关系，却遇到一道从清华大学南下到重庆，此时撤退到香港的同学戴宜生，四个人决定结伴转去解放了的武汉接组织关系，但必须穿越国民党的封锁线。他们经广州到岳阳后，化装成跑单帮的卖药小贩，冒险花钱买通搜查人员，坐小木船越洞庭湖封锁线才平安到达武汉，被编在武汉市党训班学习。梁燕即将分配到武汉市政协工作了，但他听说有"西南服务团贵州干部队"即将随大军西进贵州，对家乡的热爱，对家乡解放事业、对自己战斗过的地方的深情驱使着他。尽管贵州曾被人称为"至贫至弱，天无三日晴，地无三尺平，人无三分银"的"三无"省份，他还是毅然主动找到贵州干部队，决定再回贵州。据也是干部队成员的李增贤同志讲，当时搞组织工作的同志曾说："人家梁燕堂堂的大学生都要求去贵州，我们欢迎呀！"李说，他自己也深受鼓舞。

请写上"党外布尔什维克"

梁燕随大军进入贵阳后，两年多时间内先后任贵阳团市委学校部长、青工部长、宣传部长、工训班教育科长、市委宣传部秘书等职，哪里需要就奔向哪里，做开拓性工作。1952 年 5 月调团西南工委《红领巾》杂志任总编辑（1954 年该杂志交由四川省团委主办）。整党时被停止党籍，审查家庭和历史，因梁燕父母兄姐于 1949 年迁去香港，审查他是否是潜伏在党内的异己分子，整党毕得以澄清恢复。1958 年 2 月却又被错划为"右派"。他其实并没有"鸣放"什么，起初还是"红领巾社""反右"领导小组组长，一位上级提出要划"红领巾社" 7 人为右派，梁燕讲求实事求是，指出其中 5 人虽过去有这样那样问题，均已结论并无新问题不应划"右派"，就被定上"包庇右派阻挠反右斗争"的罪名。加上他不久之前订出《红领巾》杂志的办刊方针："不但要有指导性，还要有知识性，趣味性"，被批为资产阶级办刊方向，而他又调进几位儿童文学有成但出身不好的人进社，就被划为"极右"分子，开除党籍，行政降九级，下放四川省冕宁县农村劳动锻炼六年（其中动员退职当农民一年）。1964 年安排到宜宾县双龙区供销社采购站工作，这次全家从省城随着迁去基层。

在受到不公正待遇期间，梁燕始终坚信党、坚定共产主义信念，几十年来从未听到他有什么怨言。尽管他从不认为自己"反党"，但认为自己是剥削阶级家庭出身的知识分子，社会关系复杂，弱点多，缺点也不少，自己就老老实实地劳动和改造。他身条瘦弱，80 多斤躯体常努力背负一百多斤的重物，还积极为农民做些事，如算账、研制小化肥等。在基层做收购站工作，他从早干到快天黑，中午不关门不午休，说"农民翻山越岭背东西来卖不容易，早收购他们早回家休息"。他坚持上级规定的收购政策，从不让人（包括家属）将应收购上交的名贵药材、山货、稀缺农副产品私自套买。他常说："毛主席教导'发展经济，保障供给'，我们还应该重视发展生产，才有东西可收。"因此搞一些推动农家养良种羊、种优质茶的工作。有一段时间，上级供销社要求收购蛇以取蛇胆供药厂制药，工作人员害怕碰蛇，他就把收蛇的任务承担起来，他说："可以学嘛！"细心体会，来个胆大心细，亲自用双手捉蛇、验蛇。他重视劳动锻炼，在给大女儿的一封信中写道："你来读'农中'我很高兴，半耕半读是方向，是改变几千年来读书人只会读书，脱离劳动生产恶习的根本措施，这是党中央和毛主席历来提倡的。"他总以多工作为乐，当平反落实政策时，对于工作安排，他在给家人的信上说："哪里不是工作，哪里不能'安家'？于公来说，只要能够多做些工作，于私来说只要有一个安定的晚年……"他移位不移志，他曾告诉我，他当"右派"下放农村劳动时，一次患水肿病几乎死去，他曾托付别人："我死后，请在我的墓上写上'党外布尔

七　历尽坎坷　不忘初心

什维克'几个字。"他曾在一篇文中写着："要像长在恶劣荒漠环境中的'戈壁草'，始终顽强地挺立、生长。"

出版战线上的尖兵

1978 年，改革开放的春风吹遍中华大地，举国新生，梁燕的"右派"问题得到彻底平反。1979 年他被调回《红领巾》杂志社任总编辑，以后半生献身人民的出版事业。1980 年 10 月，上级派他组建四川少年儿童出版社任社长，1983 年调任四川人民出版社社长，其后兼党委书记、出版总社委员。喜欢多干事的他，在出版战线上干出业绩，显出亮色，成为尖兵。他为组建四川少儿出版社做出贡献，醉心于高起点，针对当时"书荒"的情况，亲自策划主持推出丰富儿童课外阅读的近百种的"小图书馆丛书"，主持推出市场缺项的《儿童文学概论》《儿童文学辞典》等书。在四川人民出版社支持推出具有开拓性、前瞻性的《走向未来》大型丛书出版……他勤学多思，长于思辨，虑事超前，多角度思考问题，又能沉着应对，被同志们称为点子多，办法多，抓得住要害。他在较早的年月，就注意要开拓创新，科学办事。在四川搞出版时，既坚守出版物的党性原则，又强调"出书、管理双肩挑"，"社会效益、经济效益都讲求"，指出"图书不仅是教育工具，它同时也具有商品属性……"他重视抓根本，抓职工队伍、作者队伍的建设，如：在川少社举办过两期全国儿童文学讲习班，在川人社内安排举办编辑、出版宣传、装帧设计、经营管理等多种学习班和讲座。

1985 年年底，由于家乡老领导的建议，他怀着深厚的乡情，主动申请到家乡贵州工作，三度回乡献力。这时，他婉谢了重庆、海南有关人士约他前去搞出版的提议。他去贵州人民出版社任总编辑，评为"编审"职称，其后任了几年顾问。这时贵州人民出版社正由过去的"县处级"单位升格，他和也是新调来的社长联手大干起来。改革开放不算久，刚批过资产阶级自由化，总编辑的工作是敏感的，被称为"走钢丝"。作为一名老党员、革命干部、高级知识分子的梁燕，并不甘于碌碌无为，而是渴望有机会为党的事业、为社会有所作为的。尽管当时路上存在着风险，只有以自己的革命良知和胆识去对待了。他又是整合原选题，又是开拓新选题。不久，便亲自审定拍板推出由责编许医农同志精心组织的具有配合解放思想意义新潮流的《山坳上的中国》一书。当时承担着巨大的思想压力，不料书出后却在国内引起强烈反响，贵州人民出版社也声名鹊起。梁燕经常会遇到疑难稿件，他并不莽撞从事，而是在创新与风险如何平衡上很好地掂量，决不能出坏书，又不能放脱确有价值的书。他在一篇论文中写道："只要我们准确把握党的路线方针政策，敏锐体察社会发展的进程，善于捕捉读者的需求和关注点，及时抓住有利的条件和机遇，便可成功适时地推出好书。"又如他还支持、拍板国民党将领何应钦的传记《何应钦传》的写作和出版，对作者说："《何应钦传》不是不能写，而是看你怎么写。"细心指导严格把关。梁燕重视文化积累，亲自策划、主持邀请名家编译、推出的《中国历代名著全译》大型丛书及《中外古今文学名著故事大全》丛书，深受读者好评。又策划《贵州先贤》丛书，发掘、编选、出版了极具近代贵州史料价值的爱国民主人士周素园的作品《周素园文集》。在管理上，他较早地在贵州人民出版社内实行"二级核算"，写出各种有关管理的杂谈指导工作，促成贵州人民出版社大楼的早期建成，为今后的发展奠定了基础。梁燕手不释卷，博览群书（尤其是史书），文理兼备，知识面广，工作效率高，终审稿件在千万字以上，还写出许多精辟的审读意见稿。该社副总编毛希谦同志后来赠句留言称他："三年执掌黔版事，有勇有谋困厄消。挚爱书卷情不已，为人作嫁岂辞劳。"诚如是也。

梁燕还担负不少社会工作，1988 年任贵州省政协委员，政协文史工作委员会副主任，贵州省史学会顾问。他历时近十年，阅读几百万字史料，参与《贵州通史》二卷（贵州军阀史卷）的主编及编写工作，还为母校贵阳清华中学校友会做些事，病逝前几个月还在为学校编书。多年来，我总见他忙于公事的时间居多。家里的事他说应担当一点，亲手做饭做菜，他也长于此道；我承担其余全部杂事，但大事仍由他定。他风趣地说："在家里我是国家元首兼炊事员"，或诙谐地说："各种家务嘛，我还有个私人秘书呵！"大家相互支持，一个家各得其所，和谐有序。

恭 俭 一 生

梁燕为人虽然内心也自视才高，但实际上并不张扬，他厚道和蔼，和颜悦色，低调为人，从不说人短长，他团结爱护同志，不嫉恨任何人。不论居家或处外，从不与人红脸或大声训斥。他正直不阿，光明磊落，不搞"小圈子"，一视同仁，拥有老一代文人的道德素养。

他不谋私利，注意律己，表现出一个共产党员的好品性。他不因私事用公车，出公差不顺道游山玩水——到上海出差，未到苏杭；去济南办事未登泰山。他不赞成教育部规定的"解放前因革命工作需要在大学辍学的学生可补办大学毕业文凭"，说："肄业就是肄业，没毕业怎能说毕业"，始终未去补办清华大学的毕业证书。他不愿享特殊，不去做侨眷登记。一位当年与我一起在贵大参加一般学运活动的熟人，要他出证明说明我们二人曾参加地下党"外围"组织以便办成离休干部，我不同意，他也拒绝说："组织上没有履行参加就是没有参加嘛！"他落实政策调回《红领巾》杂志社任总编，领导层中有一个提薪指标，他20多年未提过工资，却让给另一位工资较低的副总编。多年后，红领巾社的老同志廖德嘉还在称赞他："百川归海胸能容，五车学养脑特灵；平民意识无官气，人气飙升有盛名。"直到他已是耄耋老人，重病亡故之前，还对儿女们说："给你们添麻烦了！"

梁燕思想活跃，遇事有独立见解，实际上作风朴实正统，恭俭一生。他党性强，组织纪律性也强，总注意维护党的团结和威信，不赞成片面偏激，我们有时对上级工作中的人和事说点牢骚话，他从不附和，还会说："你们别站着说话不腰疼，事物总有复杂困难的一面。"他严于自律，1986年回贵州工作，还写短文说："人谓吾有三气过人——志气过人，才气过人，傲气过人；前二者犹可，后者误我，谨之慎之。"晚年常写些警句自勉："神定体乃健，欲寡心自宽""不怨不尤清平乐，无愧无怍逍遥游"。他曾戏称"自己属于1.5代"，即既没有第一代老人的墨守成规，也没有第二代新人的新潮离谱。他常因为看问题敏锐、超前，一时被认为有点"另类"，但事后发现他往往是正确的，正如党组织在他"右派"平反结论上定的："梁燕同志当时的一些言论和主张，本来就是正确的。"他就是这样一个常怀赤子之心无愧无怍的人吧！

人们怀念他，敬重他，这里，我转录几份友人们写给他的唁电悼词作结吧。老战友安粤、朱厚泽、赵希林、姚礼乾等人写道："梁燕同志在'中共贵阳特支'和'新联'的工作及为贵州出版事业所做的贡献永远载入贵州史册。"著名的太平天国史学专家罗尔纲写道："梁燕同志的道德学问是我们的榜样，他对罗尔纲著作在贵州人民出版社出版做出了有益的贡献。"贵州人民出版社著名资深编辑许医农在电话中哀悼泣诉说："梁燕同志功不可没，没有他，《山坳上的中国》一书出不来……"贵州人民出版社的悼词说："梁燕同志是我们党的好干部，他的一生是为党的事业奋斗的一生，是全心全意为人民服务的一生……他崇高的人格魅力和光明磊落，得到了同志们的肯定和赞扬……"作为家属自是充满敬爱之情，我的结语是：梁燕，红心向党，红心可鉴……不过，一向低调不多谈自己、总称自己是"时代大潮中的一朵小浪花"以及一株"戈壁小草"的他，对我们的赞誉会赞同吗？我们大家自然是出于"爱之深，赞之切"，然而，我们是真诚的。

梁燕，安息！

来源：《清华校友通讯》复77辑

西南联大时期的张治公

张治公：一位堂堂正正的清华人

■ 杨联馥

童年与求学

张治公同志是西南联大 1944 级校友，当年随清华复员返回北平；1947 年在清华入党。今年，他已经 95 岁了。

张治公祖籍辽阳，他家是满洲正黄旗人，本姓沙诃达，后改汉姓为张。祖父时迁居奉天（今沈阳），兴办肃慎学堂，让自家姑娘、媳妇带头上学，他母亲也就有了文化。他的父亲在清末东渡日本，入日本陆军士官学校。回国后，在张作霖当师长时，做过其参谋长。后来看到张贪婪得连棺材铺也开，遂愤而离去，转入中东铁路，先后任监事、监事长、理事，最后在沈阳铁道学院院长任上退下，1954 年 70 岁时在京病逝。

张治公生在有文化、有教养、生活优裕的家庭，他非常有同情心，爱独立思考，有个性。他从小的玩伴就是家里的佣人，等他们干完了一天的活，一起谈天说地。他们给他讲《七侠五义》《水浒》《三国》，他听得入迷。

他 11 岁随父亲到吉林，上高小。为躲日本人，他到远郊上一个教会学校读书。16 岁时，他和堂弟铁梁走了 1500 里路，到北京上了教会学校育英高中。在北京，他们住在父亲的好友遗孀陈大娘家。大娘是蒙族，大儿陈中在昆明西南联大上学，二儿陈成上育英高三，一家人待他们都非常好。在育英他上了高一，学校各方面都很出色，师资很强，教学水平高。日美开战后的一天，他们正在上课，两个日本宪兵进来接管了学校，育英改为市立八中，学生穿上了灰制服。他在育英发奋学习，这为他后来上西南联大和清华打下了扎实的基础。

在西南联大参加革命

1943 年，眼看就要高中毕业了，北平的大学却几乎被日本鬼子完全占领了，何去何从？陈家二哥陈成说，走吧，去昆明，那里有中国最好的大学西南联大。经过一段犹豫之后，张治公还是下决心走了，那年他 19 岁。

西南联大好，去联大却难上难，他们走了 40 天。从北京出发，先奔安徽亳州过封锁线。一路不通火车，只有木炭车，就是那种普通的大汽车，后面装一个高高的木炭炉，靠烧木炭发动车子。这种车很容易抛锚，走走停停，有时还得大家下来推才能重新发动。

离京前，堂姐夫介绍了一个过封锁线的关系。到了亳州，找到一个小铺，掌柜姓王，张说买几毛几分咸菜，对上暗号。王掌柜派了一个穿浅蓝大褂的人领他们过封锁线，并让他们到西安战干团找王喜。后来得知王掌柜已被日本人收买，但他没出卖他们，还算有良心。过了封锁线不远，呼啦啦站起一圈人把他们包围起来。领路人拿出一块有字的小白绸子，他们看后才放一行人过去。

前行路上，遇见协和大教授张光璧和弟弟光汉，还有一个卖药的老郑。到了西安，他找到了王喜。王把他扣起来了，要把他们留在战地干部训练团。但他们要去上学，张光璧帮着说了话，王只好同意放行。西行往成都，崎岖小路难走，但可骑驴。就这样，在不断折腾中到了成都。稍停，又到重庆，住到嘉陵江南岸教育部战区来渝学生临时寄宿舍，吃住都不太好，但总算有了着落，可以准备考大学。几月后考试，考取的寥寥无几，他们也都没考上。听说西南联大有先修班，他们就去联大上了先修班。

张治公入联大是 1943 年，正是战火纷飞的年月。相比之下联大是最穷的大学，晚自习时，图书馆座位少，他们就到附近茶馆去看书。要杯玻璃（白开水），坐一晚上。和老板熟了，上门板后，把桌子拼起来贴板报，编好后再把板报拿下，在桌上睡一夜。第二天早晨，抬着板报回学校，往一进校门的墙上一挂，那里是壁报栏，有好多壁报。有时还要跑警报，就往学校后门外一个小树林的坟地一躺。总之，他们的衣食住行都只能维持最低标准，战争的苦难也使他们得到了锻炼。

西南联大是三校合为一校，大师辈出，在这一点上联大又是最富有的。在抗日战争最艰苦的年代，联大不但是学习的地方，还是抗日救国的“民主堡垒”。在那个革命大熔炉里，师生们经受锻炼和考验。入联大后，他看到的第一本启蒙读物是斯诺的《红星照耀下的中国》。后来，他自己办了一张壁报，叫《国风》，贴在校门西边壁报栏里。那时，学生中地下党很活跃，政治生活生动活泼。随着民主运动的深入，特别是参加“一二·一”运动，对他触动极大。他参加了党的外

无悔年华

解放战争时期清华校友足迹

围组织"民青"，从此成了抗日的一员，迈出了他一生中最关键的一步。

后来形势发展日益严峻，通货膨胀，物价飞涨。他们想下乡挣点钱，补贴生活，就和几个同学一起商量好去滇西蒙化（现为巍山彝族回族自治县）教书，他做校长，佘世光是教务主任，杨坤泉是训育主任。行前的8月15日晚上，他正在拍卖行挑一支红色钢笔，忽然听到人声鼎沸，鞭炮齐鸣，原来日本投降了！

这真是一个特大的好消息！下乡还去不去？他们坐在草地上讨论，结论是还可以去，学校复员不会那么快。于是，便按原计划出发了。他们先到古城大理，山边小路很窄，坐的是驴驮子。南下到蒙化，他们接管了县立中学。县城不大，孔庙在一个公园里，那就是校舍。学校不通电，学生每人有一盏铁皮做的小油灯。晚自习时，远远看到一盏盏小油灯连成一条闪亮的长龙，煞是好看。他们住的是一座木结构的二层小楼，每层四个房间。做饭的是一位大师傅，人很矮，头很大，戴一顶小孩戴的上头有个绒球的毛线帽，每顿饭四个菜。

他们每人都担任班主任，教一门课。张治公教英语；佘世光善搞文艺，晚上让学生吹灭灯，他点一盏红灯，高声朗诵，张家炽也扬着脖喊。后来，高年级的何东昌，还有陈定候，也跑来了。于是，何做教务主任，陈做训育主任，让当地士绅张暄做校长。何做过一把木剑，用它打学生手板。干了一段，他们就返校了，准备回北京。

建校八年的西南联大结束，张治公摘下号码为33519的校徽，永久珍藏着。又扛起入学时的小行李卷回北平，里面有一条绿色花纹的俄国毛毯，从少年时代就用，一直跟他到了昆明。如今，90多年过去了，那条毛毯有些脱毛但色彩依旧。

当年，千里迢迢、艰苦跋涉去求学，真是难。如今，北上复校又谈何容易！没有铁路，他们只能坐大卡车，高山峻岭，贵州七十二拐，晓行夜宿，好不容易走出贵州。进入湖南后，改乘船走水路，他乘一艘1500吨的货船，躺在中间过道上，又稳又凉爽。其他人坐了一艘900吨的小客船，受了大罪。船到塘沽换乘火车到达天津，最后回到北京。

回到清华后

回到清华，他们的学习和生活又掀开新的一页，学习条件好多了，但却不能全身心地投入学习。在党领导下，他们在国统区开展了轰轰烈烈的被称为"第二条战线"的学生运动。口号是"打倒蒋介石，解放全中国""建立和平民主独立富强的新中国"。

1947年5月25日，他以一种特殊的方式宣誓入党了。那是在生物馆前的一片荒地上，看看前后没人，入党介绍人徐裕荣念一句誓词，他跟着念一句，念完赶紧分手。前几年在清华大学工作的近百岁的四姐，还带我们到那个地方凭吊。那里早已旧貌换新颜，成了美丽的牡丹园。

入党转正以后，他当了支部委员，书记是尚嘉齐。尚在水利系实验室工作，他们也就有了活动的地方。不久，组织上通知他立即离开北京，由于上级袁永熙被捕，身上的名单里有他。他就坐飞机回到沈阳家中。那时，形势严峻，家道中落，生活十分困难。这时，一位上海地下党员钟德秋也来了，他们吃高粱米，同睡一铺炕。钟的公开职业是记者，挣点钱两人花。张治公的工作是在东北大学、中正大学等处搞学运，当时他发展了一位很好的党员，年龄与他相仿。这个老战友，后来对东北的工业建设做出了重要贡献。

辽沈战役一结束，平津战役开始，他又回到了北京。地冻天寒，隆隆的炮声，伴着呼呼的西北风，国民党的军车呼啸而过，到处抓人。他们在敌人鼻子底下，做迎接解放的地下工作，既紧张又兴奋。就像《青年进行曲》中唱的那样："我们的青春像烈火一样鲜红，燃烧在战斗的原野。我们的青春像海燕一样英勇，飞跃在暴风雨的天空。"

终于解放了，他们从地下转到了地上，可以甩开膀子为新中国建设工作了。他先在北京团市委大学委员会工作，两年后成立五大区，又调到华北团委学校部。三年后，大区撤销，又调到团中央研究室。这八年没离开过青年团，从新民主主义青年团干到共产主义青年团。

成了革命对象

1955年，"肃反"开始，机关学习批判胡风反革命材料，我还天真地认为反革命与我们不可能沾边。哪想，一天下班前，领导说你们不要回家了，晚上开会。张治公毫无思想准备，领导让他交代两个问题：

一，清华进城问题。解放前夕，他病了想进城看病，领导不在，他便留个假条，说看完病就回来。哪知刚进城城门就关了，回不去了。这就成了问题，要他交代。

二，出身不好，社会关系复杂。一个同父异母姐姐的丈夫是邮局职员，入了中统，有一支手枪。他知道后让姐夫交给政府，姐夫就交了，这枪倒又成了他的大问题。他有两个堂姐夫是国民党员，在台湾，平时无来往，这便成了社会关系复杂。

经过一段批斗之后，放在一边等候下结论。他就温习俄语，看名著《远离莫斯科的地方》原文。当时是供给制，每月五百斤小米，合五块多钱。"肃反"那年没上过街，他一下攒下一百多块钱，便买了块进口手表，那时还没有国产的。

"肃反"结束时，全机关开了大会，胡耀邦同志慷慨激昂、语重心长地向被错误审查的同志赔礼道歉。他说，放下包袱，轻装上阵，咱们肩上的任务还很重，世界上还有三分之二的人没解放。随后，办公厅也开会赔礼道歉（实际早已定他为特嫌，控制使用），并征求意见。他心平气和地说，先批斗后调查，这样太伤感情。哪想到，后来这竟成了他"恶毒攻击'肃反'"的言论。

下 放 河 南

1957 年他被下放河南，分到河南医学院。入校一周后"反右"运动开始，他躲过一劫。好好工作了一年，1959 年"反右倾"开始，他被定为严重"右倾"，给了严重警告处分，又下放到许昌医专。那时正值三年困难时期，生活艰难。校长罗圣宇比他低两级，在罗的领导下，他做教导主任，两人合作很好。没想到，他的问题又一次平反，一风吹了，上级派人把全家接回郑州。

他官复原职，当时正研究处理一个整过他的同志，这人很"左"又简单粗暴，对他是残酷斗争无情打击。总支和党委一致意见是开除党籍，有人还提出要行政降级。他非但不同意，还提出要再认真调查，十分错不能写十分半。他不同意那个人降级，因他家生活很困难。他还不同意开除党籍，建议留党察看。处理意见上报省委时，他个人签字保留意见。事实也证明，那人有缺点，但还是个好同志。

"文革"中，这个"保留意见"又成了他的罪行之一，还开了长长的清单，说他保护了多少"牛鬼蛇神"。"文革"中，他的问题又升级了，1959 年儿子出生，取名光磊，也被诬为与党对抗。团中央有个人与他原本相处还不错，写了一份材料说他有反党言论，其中有他说的："学点历史，以史为镜"，这便成了影射恶毒攻击毛主席。团中央不分青红皂白，材料照转。于是，他的党委委员职务也被撤了。十七级以上干部党员听报告，也不准他去。

"文革"后期搞"斗批改"，提出三种教改方案。前两种是先学临床后学基础课，他领导下的是第三方案，先学基础课再学临床课，这本符合医学教育规律，但却批判他搞改良主义。这时，中央要修订《辞源》，把他调去了，终于在五十多岁派上了用场。他在河南前后是 16 年。

峰回路转到了天津

1982 年，我去北京处理弟弟冤案。经过"文革"浩劫，团中央老同志在一起相聚，一块去看望老领导梁步庭同志（后任山东省委书记）。他作风稳重，话不多但很有思想水平。那天他说："该让治公同志动一动了。"步庭同志推荐治公到大百科全书出版社和教育部，两个单位都同意要，但户口迟迟批不下来，他已经58岁了。这时，步庭同志又向天津市委书记陈伟达和市长李瑞环推荐，说："这个同志为人正派，不爱出风头，知识面很宽，解放前后一直做大学工作。"治公很快被安排到了南开大学，做研究生院院长。但到天津之后，正赶上医学院建新班子缺人。市委领导找他征求意见，他说去哪儿都行，愿做二把手，只要求老婆孩子在一起。就这样峰回路转，我们终于走出了逆境。写到这儿，我真不知该如何表达对步庭同志的感激！

治公是1983年到天津，如果说他过去的工作是投入和产出不成正比，后来这些年环境比较宽松了，才得以扎扎实实地做了点工作。他曾被派去筹建第二医学院，期间他发现一个科研项目很有发展前景，上报市里，同意上马。党委一致意见派他去美国，他自己却不同意，说我很快就要退了，这个项目需要较长时间才能发展起来，还是要让年轻同志去。就这样，他一辈子没出过国。筹建工作结束，大伙说你再留两天，市里要批你正局级了，他没听，按时返了校。就这样，他一辈子都是副局级。教育部有规定，他们这批学生可以补发清华大学毕业证书，他也没领。他一生从不把名誉地位放在心上。

1998年，遭遇百年不遇大洪水，他心急如焚，让孩子们多捐钱。女儿下班回来，他问捐了没有，女儿说捐了500元。第二天又问，女儿说大伙都捐500元，他就火了，女儿这才说，自己早在外面捐了一万，他这才算拉倒。"文革"中他被专政后，每月只有12元生活费，但当得知上海那位地下党的同志生活陷入绝境时，他心急如焚，不怕被牵连，让我偷着寄去10元救命钱。"文革"结束补发了1400元工资，正好一个老同志急用钱，他就一股脑全借出去了，解决了别人的燃眉之急。这就是他的金钱观。

前些天，医大原司机班班长来接他开会，见面就问他："您还记得给我出的难题吗？"那是二十多年前，我们带小孙子去财院串门，坐末班车回家。半路狂风大作，车又抛锚，路上行人稀少，那时又无出租车，学校派车把我们送回了家。转天他就去司机班交钱，班长不收，说没处下账。这种事一多，群众就有反映了，说新来的书记太"左"。但反腐倡廉以后，听不到这种声音了，都说他堂堂正正。

晚　　年

他三生有幸，晚年赶上了好时候，最关键的是他还有一个豁达乐观的好心态，这使他获得了最珍贵的东西——健康。退下之后，他自己学会了用计算机，

无悔年华
解放战争时期清华校友足迹

2013 年 10 月，张治公学长
携夫人杨联馥（左 2、左 3）
访问清华校友总会

又打开一扇窗户，视通万里，思接千载。每天早晨，他的第一件工作就是收看邮件，好的转发国内外，每天有记录。他奋斗了一生，没有多少物质财富，只有点精神财富可以留给后人。于是，每天我撰写、他打字，日积月累已有三十多万字了。如果身体允许，准备今年出本《晚耕集》。

因为有许许多多好朋友，我们的晚年就不孤独不寂寞。和他交往最深的，是西南联大和清华的老同学、老战友。头些年，他腿脚还利索，多次去北京的医院去看望老朋友。可惜现在我们走不动了，只要接老朋友一个电话，就够我们高兴好多天。

他爱党爱国，爱家人爱朋友，爱使他延续了生命。

2019 年 3 月 20 日

七　历尽坎坷　不忘初心

685

吴佑福学长

天涯赤子情
——记吴佑福校友的一生

■ 吴一楠等

哥俩回国求学

　　吴佑福，1929 年生于泰国曼谷。他的父亲吴炽堂是泰国知名爱国华侨，曾支持过孙中山先生的革命。1940 年，泰国屈服日军，全面反华，关闭所有华语学校。吴炽堂不愿他的孩子受奴化教育，就叫老三、15 岁的吴佑寿（曾任清华研究生院院长、院士）带着 11 岁的吴佑福回国学习。他们先到香港，就读于教会学校岭英中学，不料 1941 年太平洋战争爆发，日军占领香港。他们冒险乘船偷渡到潮州老家，当时老家已沦陷，日军横行霸道，他们又逃往山区梅县，考入梅州中学。不久日军又打过来，兄弟俩千辛万苦逃往桂林进汉民中学，桂林快要沦陷，他们又逃往贵阳。吴佑寿去重庆读大学，吴佑福孤身一人在贵阳流浪，幸好家里托水客给他们带来钱，才救了急。

　　1944 年，吴佑寿考入西南联大电机系，吴佑福只身随着难民也逃往昆明找哥哥。吴佑福也想进西南联大，招考老师看他又瘦又小，问他有没有高中毕业证书，他嚎啕大哭说逃难丢了。老师很同情，说："难民不易，不要哭，考考看。"没想到，聪明的他临时抱佛脚，复习复习竟考上先修班了。这一路求学，目睹日军暴行，颠沛流离，亲感祖国贫弱之苦，对年少的兄弟俩是一次难得的爱国主义教育，是一次很好的磨炼。

　　进了西南联大，兄弟俩总算有了温暖的归宿。抗战胜利，西南联大解散，1946 年，兄弟俩随校北上，进了复校后的清华大学。

　　到清华后，吴佑福进了机械系。他很聪明，中学到处流浪，基础很差，但他刻苦学习，成绩优秀。20 世纪 80 年代，人大副委员长、上海工业大学校长钱伟长（曾在清华教过吴佑福）到海南视察，见到吴佑福，竟然还认出了他，夸他学习能"举一反三"。在清华，兄弟俩都积极参加学生运动，吴佑寿参加了地下党，吴佑福参加了地下党的外围组织"民青"。

投身解放广州、海南岛

1949 年年初，北平刚和平解放，东北军工部派孔希（潘梁的妹夫）找潘梁（清华地下党领导人之一，当时已调市团筹委），希望清华派同学去东北支援军工生产，潘梁找张炳煊（清华地下党员）串连了 18 位同学，其中有吴佑福。

1949 年 2 月 28 日，他们随孔希同志乘火车赴沈阳报到，校友们戏称"十八罗汉闯关东"。军工部部长何长工很重视他们，亲自拄着拐杖带他们参观军工厂，并请"中国的保尔·柯察金"吴运铎给他们做报告。但很快由于四野要解放广东，急需会广东话的同志去支援，吴佑福被选拔随四野南下。

吴佑福到部队的第一个任务是押送人民币去广州。1949 年 10 月初接到任务，四辆缴获的最新美军大卡车装着人民币，24 名精兵带着冲锋枪和机关枪护送，由他率领，日夜兼程走了七天七夜，15 日夜安全运达广州军管会。《南方日报》在1994 年用"解放次日人民币连夜进广州"为标题报道过此事。

在广州，他担任了军管会企业接管委员会调查统计科科长，接管了广州纸厂、火柴厂等企业。不久要解放海南岛，急需机帆船，就是在民用帆船上装上汽车发动机改装为机帆船。他是学机械的，就调他主持此事。

当机帆船改装完成后，本来他应回广州军管会，但他坚决要求参加渡海战役，还以保证机帆船为借口。到海南后，那里正缺懂技术的骨干，就派他当军代表接管海南铁矿，那年他才 21 岁。

吴佑福（右 2）随解放军南下占领海南岛三亚榆林要塞

海南铁矿露峥嵘

海南铁矿是我国稀有的露天开采的富铁矿，由于帝国主义封锁我们，像北京石景山钢铁厂就急需海南铁矿石。但当时由于日本过度开采和国民党的破坏，生产非常困难。1953 年 1 月朱德元帅亲自视察，吴佑福作了汇报，朱德元帅要求各部门支持，要尽快恢复发展生产，并和他们合影，题词"全心全意为人民服务"。吴佑福大受鼓舞，日夜操劳，不遗余力地解决矿山生产的各种问题。他还很关心矿山职工的生活，到处奔走筹款筹粮，改善工人的生活。由于全矿职工的团结奋斗，很快一批批矿石就运出矿山，送往内地钢铁厂。

吴佑福还注意加强企业管理，他写的总结经验的文章登上重工业部的刊物。1954年他郑重地向党组织递交了第一份入党申请书。1957年元旦，他还和广州姑娘陈宪梅组成了幸福的家庭。

吴佑寿的儿子吴一楠回忆说："父母讲那时四叔经常来北京出差，军装的皮带上别着手枪，真是威风凛凛。"

横遭灾祸不灰心

正在吴佑福意气风发、甩开膀子大干的时候，忽来横祸。由于心直口快，口无遮拦，他被划成"右派"，剥夺一切职务，下放车间当工人。新婚半年多的陈宪梅由于不肯和他划清界限，也从厂办机要岗位下放当工人。

吴佑福虽然很苦闷，但没有灰心。陈宪梅坚信吴佑福不是"右派"，是好干部，一心一意站在他旁边支持他。

工人看他穿着短裤、旧工作服，在工地上没日没夜和他们一起苦干，不把他当"右派"，反而和他更亲密了。当时矿山缺少机械，基本靠体力劳动，吴佑福发挥技术特长，自制汽锤和机械切、拉、弯。钢筋机诞生了，操作简便的吊车运转了。他千方百计减轻工人的劳动强度，工人更把他当军代表看待了，什么事都和他商量，有困难就找他。

"文化大革命"，由于"右派"身份和海外关系，造反派更拿他当重点，但工人们处处保护他。他的老战友在县武装部当部长，专门来矿上大声嚷："谁欺负这家人老子就不客气。"造反派去清华找何东昌同志调查吴佑福，何说："吴佑福，我看着长大的，他能有什么问题，你们不要为难他。"

1971年，12万吨的储矿场因基础不牢倒塌了。施工单位束手无策。吴佑福忘了他的"右派"、海外关系的身份，在工人们支持下，挺身而出，和技术人员、工人一起制订了方案，只用了三个月就修整好储矿场，节约了十多万投资，还把储量增加到20万吨。这时正在"文化大革命"中，是冒着生命危险干的。

这个时期，他不仅政治上承受很大压力，生活上也面临极大困难。他有一儿两女，但住在一个只有一人多高的工棚改建的宿舍里，用腰墙分开，陈宪梅带两女儿住里间，吴佑福住外间，外间太小住不下儿子，只好在屋外搭个小棚子给儿子住。烧火没煤，每个星期天都要上山打柴，他的儿女们从小就学会了打柴。但生活再困难也没有压倒他们夫妻俩。他们还很关心身边的困难工人，吴佑福把他母亲在他离开泰国时送给他的"平安如意"的金项链变卖，救济困难工人。工人刘清和妻子有病，孩子又多，生活非常困难，吴佑福夫妇就经常送钱送粮给他家。

在这样艰苦的日子里，吴佑福还自豪地对他哥哥说："您有工人朋友吗？我有许多工人兄弟！"

迎来第二次青春

"文革"结束，吴佑福迎来第二次青春。开始他的问题还没有彻底解决，但军宣队已把矿上的外事和基建工作交给他负责。1979年年初，冶金部委托海南铁矿和西德、加拿大谈判联合开采问题。他既是谈判代表，又是翻译，经常加班。

但是，他经常腰疼，越来越严重，老伴劝他去医院，他还满不在乎。矿领导发现后非常重视，立即送他去北京检查。在兄嫂帮助下，请吴阶平教授亲自检查，诊断是肾癌，立即为他制订手术方案，由中苏友谊医院泌尿专家于惠元顺利地切除了癌变的右肾。大夫警告他说：一定要好好休养，否则会复发或扩散。

就在他躺在病床上和病痛搏斗的时候，喜讯从天而降，彻底平反"右派"的决定发到他手里。这时他已年过半百，他深深感到党的十一届三中全会决策的英明，按捺不住要为祖国做更大贡献的强烈愿望。

手术后4天他就下床锻炼，很快回到矿山，领导先后任命他为基建办公室主任、副总工程师、总工程师。他为扩大采矿能力和改善职工住宿条件日夜奔忙，恨不得变成三头六臂去迎战这些艰巨的任务。有时伤口处疼痛，他一手按摩，一手工作。老伴劝他休息也不听，还说"不干工作，身体垮得更快"。

1982年3月16日，党组织批准他加入中国共产党。他还被选为第六届广东省人大代表，曾当选广东高级职称评选委员会委员。《南方日报》等媒体多次报道他的事迹。

吴佑福兄弟姐妹八位，除了他和吴佑寿回国，其他六人均在泰国。他的兄弟姐妹在泰国经商、办企业，发展得都很好，家里很富裕。随着改革开放，国外华侨纷纷回国探亲。20世纪80年代他的大哥吴佑龄参加旅游团到广州看望他，那时国内还比较穷困，在宾馆里大家议论纷纷，有的夸耀自己带的财物被亲友们一抢而光。吴佑龄把他的四弟吴佑福推到大家面前说："这是我弟弟，钞票、物品、穿戴……他什么都不要，这次我

右起：吴佑福、吴佑龄、吴佑寿三兄弟在泰国曼谷相聚

反而花了他许多钞票。"大哥的语调和神情中充满了自豪感和对弟弟的歉意。原来这次大哥本来带了许多美元要送给佑福，但他不但不要，还准备了 600 元人民币送给大哥零用。侨胞们听了，纷纷伸出大拇指。

吴佑福生病后，他的亲友和许多好心人都劝他举家去泰国休养享福，他大哥还给他放录音，里面有他母亲盼望与他见面的声音。但他舍不下祖国，舍不下矿山，舍不下工人兄弟，他说："父亲临终时还一再嘱咐家人，墓门一定要朝向祖国。我怎么能违背他的嘱托半途而废？"

幸 福 晚 年

吴佑福离休时，他的儿女都在广州工作，但他和老伴的户口进不了广州（改革开放后，2004 年才随子女办好广州户口）。铁矿领导还是很重视，为他们几位离休干部在佛山建了几个独门独院，把他们安置在那里。我在北工大当校长时出差广州，顺便去看他，他的生活条件在当时情况下还是较好的。

20 世纪 80 年代，有一次为了发展校办企业和校外办学，我和北工大的同志去海南考察，他热情地陪我们环岛转了一圈。20 世纪 90 年代，他和老伴来北京参加清华校庆活动，铁矿还派专人陪同。

20 世纪 90 年代，他和吴佑寿院士去泰国探亲，泰国政府还专门接见，亲友们都为他们的对祖国的贡献和人品点赞。

2016 年他平静地离世，享年 87 岁。他的老伴陈宪梅同志，1933 年生，健康长寿，现在仍和一子二女（都退休了）幸福地生活在一起。

回顾吴佑福老校友的一生，真是爱国的一生，战斗的一生，坎坷的一生，光荣的一生。但他的儿子却谦虚地说："是命运坎坷多舛且不痴迷的一生。"

＊本文依据吴一楠著《四叔的故事》和南方日报《天涯赤子情》等专题报道，由王泞校友编写而成，并经吴佑福子女补充修改，完成于 2020 年元旦。

刘雅贞学长

忆我的爱妻刘雅贞

■ 朱定和

刘雅贞去世 17 年了。17 年来，她经常出现在我的回忆之中。今年是她入党 60 周年，我把零星的记忆整理成文，来纪念这位朴实、平凡、为党和人民的事业奉献毕生精力的共产党员。

刘雅贞生于 1928 年 4 月 5 日，高中时就读于上海南屏女子中学。1945 年 8 月抗日战争胜利前夕，经比她高两班的同学周少春介绍，加入了中国共产党，时年 17 岁。入党后，担任南屏女中党支部书记。据她的同班同学，经她介绍入党的汪家镠、王珉两位同志回忆：她性格内向，不多言语，举止文静，用功读书，不露锋芒。讨论问题时，不时能听到她很有见地的发言，显示出比同龄人成熟。毕业以后，她响应党组织要求报考北方大学的号召，考入清华大学化工系。党的关系转到了北京清华大学南系党总支。到清华后，任女生支部、文艺支部委员，在清华剧艺社做群众工作。

我认识刘雅贞是在我加入清华剧艺社以后。我在剧艺社的第一项工作是担任《清明前后》演出的舞台监督。刘雅贞在剧中扮演了一个重要角色——交际花。我忙于舞台工作，对戏没有好好地看，据徐应潮评价，她演得很好。此后，她积极参加剧艺社的活动，默默无闻地做各种工作，清理排演场、提词、管道具等，缺什么干什么。新编的短剧需要角色，她就上，扮演过进步女同学，还扮演过一个村姑。

每次游行，她一步一步走在队伍中，从不落后。我和她一起谈剧艺社的工作，一起参加游行，到北大民主广场参加大会，看演出。在"抗暴""五二〇""反内战、反饥饿"声援武汉"六一""于子三事件"等一次又一次强大的洪流中，在她的影响下，我有所进步。1947 年 8 月，她发展我参加了党的外围组织"民青"（中国民主青年同盟）。我意识到，我们的学生运动是有领导的，有共产党的领导，从而更加自觉地按组织的要求，投身于运动之中。入"民青"，刘雅贞是我的

《清明前后》演出后演职员合影　张祖道摄于 1947 年 4 月

引路人。

她长得很美。她是端庄的、沉静的、不张扬的、不着意修饰的美。她工作一丝不苟，认真细致，真诚待人，看重友谊，从一些细小之处，我更感受她内在的美，心灵的美。在日益密切的交往中，我对她的感情升华为爱。当时，追求她的人很多，她没有接受别人，而接受了我的爱。我们相爱了，这是我最大的幸福。

1947 年"五二〇"运动中，剧艺社演出了孙同丰编剧的《金銮宝殿》，过后，训导长褚士荃把我和徐应潮叫去，盘问训斥了一顿，我知道会有风险了。我在剧艺社任社长和以后在清华学生自治会任康乐部部长，使我成为"红"在外面的人。1948 年上半年，白色恐怖的威胁，是"山雨欲来风满楼"，形势日益紧张。

1948 年刚放暑假，刘雅贞一连三天，找我进行了严肃的谈话。第一天她问："你愿不愿意参加中国共产党？"我说："我要求加入中国共产党。"第二天她问："组织上决定调一部分人到南方去支援南方的学生运动，你愿不愿意参加？"我说："我的家在武汉，我愿意去南方。"第三天她说："你马上走，到天津坐船到上海，为清华同学假期南下北上服务。"我二话没说，收拾行装到天津，拿了联大老学长方复准备好的船票南下上海。到上海不久，"八一九"黑名单公布，我在其中。可见，组织上急速调我南下，既是工作需要，也是保护措施。临行前，雅贞给了我一张近照，扎着两个小辫，特别可爱。我揣在怀里，一直带着。

我从上海回到武汉，与尹宏接上关系。地下工作先得找个落脚之处，我和尹宏、马履康在黄冈龙山中学教了半年书。我和马履康都是"榜上有名"的人，不能用真名教书，因此，马履康改名为马一，我改名为朱定和（原名朱本仁）。三个人，我任教务主任，马任训育主任，尹任事务主任。我估量，尹宏、马一都是党员，只有我是"民青"。当时，一是想早日解决入党问题；二是思念雅贞。龙山中学靠近大别山脚，新四军五师张体学的部队有时游击而过，半夜可以听到枪声。夜深人静，我看着雅贞的照片，默默地念叨，快点吧，快点吧！

寒假回家，春节中，清华到武汉工作的带队人尚嘉齐组织了一次聚会。在刘佩云家，八九个清华人聚在一起，十分高兴。原来这是一支有十几个人的强大队伍，领头人尚嘉齐是清华南系党总支的委员。学运中的公开领导人，清华学生自治会的三位常务理事（相当于主席、副主席）都在其中。尚讲了形势，明确我们再不去黄冈教书了，在武汉市内开展工作。会后，马履康通知我，党组织批准了我的入党要求。我交了自传，完成了入党手续。我的入党，从雅贞在清华与我谈话开始，因为调动，拖了半年才完成。入党，我的引路人还是刘雅贞。

1949年5月16日，武汉解放。我拿着"甲种登记表"（地下党员的登记表）到市委组织部报到。市委组织部副部长、原武汉地下党市委书记曾惇与我谈话。我向他提出，我的爱人刘雅贞在北京，希望把她调到武汉来，曾惇一口答应办理。

1950年1月，北京市委同意武汉市委的要求，刘雅贞调到了武汉。阔别一年半，我们又重逢，这是我天大的喜事。

到武汉后，她先在武汉市委政策研究室企业部工作，那里，有清华南下的吕乃强、杨坤泉、张昕若三位老同学，不觉得孤单。当时，市委的首要任务，是发动工人群众，恢复和发展生产。企业部的干部经常到工厂蹲点。刘雅贞到武昌第一纱厂，一住几个月，到车间参加劳动，和工人一起值夜班，发动群众，掌握民主改革运动的情况，与工人姐妹建立了深厚的友谊，有了深厚的阶级感情。当时，我在武汉市青年文工团工作，也住在武昌，经常骑车到第一纱厂去看她。有一次晚上我骑车从江边走，有一段路没有路灯，我连人带车摔到了江坎上，外伤加休克。醒来时已在医院病床上，雅贞守在床边陪护直到出院。我们感情日深，1951年5月1日，我们结婚，文工团为我们举行了盛大的舞会。

1953年，市委发出了技术归队的号召，号召学习理工的知识分子干部到工业战线，从事生产技术工作。雅贞响应了这一号召，由市委调到武汉钢铁公司，在工程管理处、生产筹备处工作。武钢是新中国筹建的大型钢铁联合企业，是苏联援建的重点项目，是武汉工业建设的重中之重。筹建伊始，苏联专家带队到大冶考察铁矿，雅贞陪同前往，当时她怀有身孕，挺着大肚子，和专家一起爬矿山，专家十分钦佩。嗣后，武钢在青山破土施工，工程管理处设在简陋的平房里，她带着孩子和保姆，几次搬迁住处，往返奔波于工地、办公室、宿舍之间，了解工程进展情况，工作生活负担很重。她坚持下来，完成了分担的任务。她在武钢工作了五年，直到一号高炉投产，流出第一炉铁水。她为武钢的建设贡献了一分力量。

1957年，她被调到武汉化肥厂任生产技术科科长。她在清华先在化工系，后转物理系，共三年，没等毕业就调离了学校。为适应工作需要，她买了新版的大学教材，重点攻读化学、化工，以补不足。

1959年，雅贞被调到武汉市科学技术委员会工作，一直到"文化大革命"。"文革"期间，机关"斗、批、改"告一段落，她被派到洪山区整党宣传队（贫宣队）当队员，在洪山郊区工作。当时，我从"五七"干校分到埠圻农村插队落户，如果我和雅贞都下乡插队，那就要扫地出门，合家下乡，孩子们的学习就成了问题，雅贞留在贫宣队，我们才得以保留住房，孩子们才得以继续上学。

1971年，雅贞被分到江岸区政府，任科技科科长，1973年调武汉有机合成材料研究所任所长，1974年调武汉化工设计室任主任，1979年调回市科委，在科技情报处任室主任、副处长。改革开放，国外先进科技信息扑面而来，整理、介绍、交流科技资料十分重要，为此，雅贞下大力学习提高英语水平。她买了《新概念英语》等教材，在夜间攻读。计算机普及工作开始，她参加了微型计算机学习班，学习一年，考试成绩合格，获得结业证书。

刘雅贞的父亲是海关职员，1952年因病经批准到香港求治，投靠他的一位弟弟，直到"文革"期间在香港病逝。近日，我走访市科委当年管干部的老领导，经她证实，正是因为这样一个"海外关系"，影响了对刘雅贞的使用安排。1982年以前，她一直是科级干部。雅贞从不因此而消极，无论在什么岗位，她都兢兢业业，全心全意做好工作，而且努力学习，充实基础，不断吸取新知识，充分发挥了自己的积极作用。她从不抱怨，恬淡自处，不计个人得失，在她的身上，体现了高尚的品质，坚强的党性。

1985年4月，雅贞离职休养。她离而不休，很快"自谋职业"，就近在市委党史研究办公室找到了工作，义务协助整理党史资料，每天早出晚归，中午在市委食堂吃饭，与上班无异，直到她病重住院。她为党的事业耗尽了毕生精力。

在生活上，雅贞是简朴而勤劳的。我们两个人工资在当时属于中等水平，雅贞到武汉后定级比较高。当年的八级工资制，钢铁企业是重工业中最高的。她在武钢的工资，比地方十三级干部还高，而且还一直保留下来。我的家庭负担较重，她也要赡养老母，加上四个孩子，开销比较大。雅贞管钱，精打细算，她唯一的一套毛料套装，还是1956年工资改革补发加薪工资时做的。三年困难时期，布票少，孩子多，她精心安排，孩子的棉袄是"新老大，旧老二，破老三"，她自己改、补、接。大女儿一青在郊区农村下放，无偿献血，雅贞带她上街到有名的小桃园煨汤馆，花高价买了一碗排骨汤，给女儿补充营养，自己不吃，看着女儿吃。她还曾两次带三女儿兰兰到北京，看病求医，治疗哮喘。她是好妻子，好母亲。

我二女儿一红给我讲了一件事。1975年，雅贞带着一红上北京。办完了公事，她向人打听王汉斌、彭珮云夫妇的情况。人家说，还没"解放"咧，可不要去招惹是非。雅贞说："我一个地方来的小干部，去看老学长、老同学，我怕什么。"她带着一红找到地坛附近一幢楼的八楼，彭珮云还关在牛棚，没见着，见到了王汉斌和他的小女儿，尽到了心意。十一届三中全会以后，王、彭都没事了，得到了安排。雅贞又是带着一红去北京，一红问她，去看王汉斌、彭珮云吗？雅贞说，现在看他们的人多，不去凑热闹了。这件事，反映了雅贞的为人。

1987年7月，她感到腹痛，到几个医院检查，市二医院诊断为腹腔炎症，服中药治疗。我们以为搞清楚了。之后雅贞参加老干局组织的西安旅游，还用塑料瓶把煎好的中药带上，一路服用。回武汉以后，仍然腹痛，不见好转。我警觉了，陪她到市二医院干部门诊，请了外科医生来会诊，普外的郑主任在腹部一摸，明显的肿瘤，当即住院检查确诊为结肠癌。从初诊、误诊到确诊，耽误了两个多月，发展到了晚期。原来准备转到省肿瘤医院手术，雅贞疼痛加剧，来不及转院，决定由市二医院郑主任主刀。郑是市政协委员，我和他熟，我两次上他家，请他无论如何拿下来。9月27日，进手术室，不到12点就做完了，我想糟了。郑主任说，肿瘤在腹腔内已广泛扩散转移，不能切除，只能把结肠重新接通。天哪，真是晴天霹雳。术后，转到肿瘤医院，通过动脉插管到肿瘤附近，高压化疗。这是有危险的方法。化疗六个疗程，历时半年，十分痛苦，她坚强地忍受了。她的头发落尽，我请话剧院管化妆的同志给她做了一个发套。我在病房陪伴照顾，周末三个女儿轮流来替我，我回去处理必要的事务。1988年4月5日，是她60岁的生日，我们全家在医院给她祝寿。她交待后事，与我商量："妈妈给我的金戒指给哪一个女儿？"她对我二女儿说："让你爸找个伴。"听了叫人心碎。4月6日晚饭时，她还问我："我一个月工资是多少？"我说："186元。"此后她陷入昏迷，呼吸困难，心力衰竭，抢救无效，4月7日2时溘然长逝。龙年生，龙年卒，享年整整一个甲子。为纪念她，我给孙子起的乳名叫龙龙。

7日晨，市科委领导赶到医院，问我丧事如何办，我说了八个字："生不扬眉，死要吐气。"我为她安排一个隆重的告别仪式。时任全国人大副委员长的王汉斌、彭珮云，时任江西省省委书记的吴官正，国家广电部部长艾知生等送了花圈；武汉老领导、原河北省省长李尔重，市人大主任黎智，市政协主席王哲南和众位副主席等参加了告别。吊唁大厅站不下，都排到大厅前面广场。一个副处级干部的悼念活动，赶上了市级领导的悼念规模，实属罕见。

雅贞走在改革开放的初期，我的女儿们常感叹："妈妈如果现在还在该有多好，她没有享受到小康的福啊！"从17岁入党起，她43年为党和人民的事业默默奉献。她受到压抑，却无怨无悔，忠心不二。她是一个高尚的人，一个优秀的、名副其实的共产党员。她活在我心中。我已安排好，我的墓穴和她在一起，我将与她长相厮守，从秀美的九峰山上，眺望日新月异的神州大地。

2005年10月1日

七 历尽坎坷 不忘初心

杨训仁学长

毕业一甲子

■ 杨训仁

去年刚度过母校百年校庆，今年又迎来我班毕业 60 周年。对于我个人来说，后者的意义似乎更大于前者。由于历史原因，使我们班至少具有两大特点：是清华解放前最后一批入学的学生，同时又是清华"老物理系"最后一班毕业的学生。

那时的毕业分配完全不看学习成绩，更不存在个人志愿，"志愿"就是"服从组织分配"。可"组织"只是个抽象概念，还是得通过具体的人来执行。在几十年以后一次返校同学聚会上，通过一位知情者不经意的透露，我才得知那位决定我一生命运的具体的人是谁。当年我被分配到天津一所水产专科学校任物理助教，那所学校历史悠久，却一直未开设物理课程，我去了完全是"白手起家"。仅有的一位副教授只管讲课，其余所有的事，从创建实验室、置办仪器、编印实验讲义，直到辅导答疑、上习题课、批改作业，以及不久后又给"中专班"讲课等，全都压在我这小助教身上。毫不夸张地说，我一个人至少干了两三个人的活，但凭着当时年轻人的一股热情，更凭着母校所赋予的坚实业务能力，我出色完成了各项任务。

一年后由于院系调整，该校并入上海水产学院，我则被调入北京农业机械化学院。又一年，院方为了照顾一位兼职教授，硬将我调到河北北京师范专科学校，以"交换"其副教授夫人。短短三年换了三个单位，我完完全全服从安排。1955 年，中国科学院公开招收"副博士"研究生，师院以工作离不开为由没有同意我报考，第二年我才得以报考。

我第一志愿选的是应用物理研究所以马大猷学部委员为导师的"理论声学"专业。说实话，之所以选这一"冷门"，主要出于如下两点考虑：一是旧制大学中未曾系统地设置"四大力学"，我在清华只正规学习过理论力学和电磁学（并非电动力学）；量子力学仅在大四下学期由主要在近代物理所任职的彭桓武老师于每周四下午来"填鸭式"地连讲三四小时，好在我当时是课代表，学习上未敢有所懈怠。二是我毕业后一直忙于普通物理教学，难以同刚毕业的和毕业后专门从事科研的精英们竞争"热门"。招生简章中列出该专业考试科目之一"理论物理"的参考书目只包括周培源《理论力学》、王竹溪《统计力学》和塔姆《电学原理》，而没有量子力学。考前一个月的准备时间我几乎全部用来啃《统计力学》，可到了考场一看试卷，发现"四大力学"每门一题，我以为发错试卷，便立即向监考人员提出疑议。他走出考场去问，足足 20 分钟后才回来，告知说"应用物理研究所所有各专业的试卷都是统一的"，白白耽误了极其宝贵的 20 分钟！我也没工夫抱怨，抓紧时间答题吧。好在理论力学驾轻就熟，量子力学题"碰巧"也没难倒我，但统计力学题答得很不理想，最糟的是电动力学题，完全摸不着头脑。结果我的"理论物理"只是勉强及格，但由于其余两门"普通物理"和"英文"成绩非常突出，最后还是"高中"了。具有讽刺意味的是，各科考试成绩与所花准备时间恰成反比。后来还得知，不但考题，而且录取标准也是全所统一的，根本不存在"冷门"一说。虽难免有"早知今日，何必当初"之慨，但我对当初的选择并不后悔。

1957 年 5 月入学时，声学方面已归属于新成立的电子所筹备委员会，大楼尚未盖成，暂时租用西苑大旅社一幢楼办公。不久就开始"反右""大跃进"，研究生学习被迫中断，有的所，如高能物理所，干脆取消了研究生。我们同一般科研人员一样参加科研工作，只是工资仍打八折。这样一直到 1962 年才又奉命恢复学习，通过两门外语和两门专业基础课考试后，便着手准备题为《运动分层介质中脉冲点声源的衍射场》的毕业论文。本来我的专业和本选题都是纯理论性的，但有位"关键人物"提出一定要有实验，只得又花了大半年时间，克服重重困难取得足够实验数据，最后于 1964 年 9 月通过答辩，以全优成绩毕业。整个研究生学习前后历时 7 年零 4 个月，足可以列入吉尼斯世界纪录了。当初承诺的"副博士"学位也不再提起，尽管后来有一帮权威人士宣称"实际上相当于博士水平"，却无任何书面凭证。

关于上文提到考两门外语，可以再啰唆几句。我在高三时就学过修辞学（Rhetoric），清华大一时，英文课共分 11 个组，除 01 组为外文系学生外，其余各组均为混合编组，我被编在 02 组，只有这两组是由美国教师用"直接法"授

物理系 1952 级（4 年制）毕业 60 周年聚会合影，前排右起第一人为杨训仁学长

课。三十几年后我多次出国讲学，基本上还是靠的这点"老底"；改革开放之初，物理所还让我为全所青年科研人员讲授科技英文的阅读、翻译技巧。大二时，理学院的学生必须选修第二外语，我们班几乎所有同学都选俄语，唯独我选了德语，我认为俄语以后有得是机会学，而德语对学习物理又显得特别重要。到后来研究生要考第二外语时，因长期不用，德语几乎已全还给老师了，情急之下便独自一人全身心突击学习俄语一个月。为了巩固成果，我立即着手翻译苏联科学院布列霍夫斯基林院士的传世巨著《分层介质中的波》，并于1960年由科学出版社出版。

我毕业后留所（已由电子所分出，另成立了声学所）工作，任助理研究员，即职称仍只相当于入学前的讲师，只是工资提了一级。论文答辩后不足一周，即被派往福建前线去完成一项国防科研任务，后来此项工作以及另一项与其相关的工作均获国家级奖励。尽管我绝对是"主力"，但由于"政治"原因（详见下文）而被排名在第五位以后，所以该奖项对我个人实际上未起任何"作用"。

在我正拟大展宏图大干一场时，"文革"的骤然而至，我仅仅由于"海外关系"和若干欲加之罪而被打成"里通外国的现行反革命分子"，横遭一系列极其野蛮的迫害：抄家、扫地出门、批斗、关牛棚，以至家破人亡。善良而慈爱的老母含冤弃养，是我毕生最大的伤痛，永难平复。从牛棚里放出来后，也不许"乱说乱动"，更不用说搞科研了，只是后来又下达了国防科研任务，那帮不学无术的"造反派"实在干不出名堂来，才不得不勉强恢复了我的科研权利。最后虽然"彻底平反"，但各方面的惨重损失又岂能挽回于万一？

改革开放以后，我以"劫后余生"之躯，决心奋力工作，希望尽可能抢回一些被耽误的宝贵时光。十多年内，我平均每年发表论文2~3篇，其中不少理论性论文填补了学科空白，引起国外同行的高度重视。1985年9月，第三届国际低频噪声和振动会议在伦敦召开，本应由老所长汪德昭院士出席的，可他患了眼疾，临时决定让我代替；幸而当时我正好有一篇尚未发表的高质量切题论文，乃以最快速度译成英文发往会务组并得到认可。在大会上我的学术报告获得好评，会后还应邀访问了剑桥大学等高校。这次难得的机遇首次向我敞开国际学术交流的大门，其后1988年11月，国际知名的电离层专家、澳大利亚昆士兰大学物理系主任Whitehead教授联合墨尔本大学和拉筹伯两所大学的物理系主任共同邀请我前往讲学。再后来，1990年春，在日本学术振兴会（JSPS）最高等级的资助下，我应邀先后在分布于本州岛七八个城市的11所高等院校和科研单位进行学术交流，为时两个月整。在此之前的1989年我刚满60岁，尽管还有科研任务在身、所带研究生尚未毕业，所里还是让我退休，据告那年全部"一刀切"。真是什么都让我赶上了。

但我实际上是退而未休，除了义无反顾地按时完成上述各项未了事宜外，还陆续发表综述性论文多篇，出版科普读物《声学漫谈》（其中第八章为马大猷所写，1994 年 8 月由湖南教育出版社、1996 年 1 月由台湾牛顿出版公司出版）和专著《大气声学》（科学出版社 1997 年初版、2007 年再版）。前者属于《科学家谈物理丛书》系列，曾获得"五个一工程奖"等多个奖项，并被资深科学家们推荐列为 100 本最佳科普读物，最近湖南教育出版社又决定再版重印。后者为该领域全球迄今唯一专著，第一版属于《现代物理学丛书》、第二版属于《现代物理基础丛书》。先后有多家国际著名出版社考虑出版英文版，学术价值得到肯定，但均因对市场价值的顾虑半途而废，现所里决定出版，科学出版社等都表现出强烈兴趣。此外，1991 年我赴美探亲时，应邀在美国国家海洋大气局、"物理声学"方面全美排名第一的密西西比大学物理系讲学。其中关于 1986 年 1 月美国"挑战者号"航天飞机悲剧性爆炸所产生次声波的检测结果（为全球仅有的珍贵资料）特别引起听众兴趣。另一次是 2000 年，《声学漫谈》台湾版的策划人、台湾大学理论物理中心陈义裕教授邀请我赴台讲学，除台大外，新竹"清华"、东吴大学、"中央研究院"物理研究所和"中央大学"等单位见到海报后都纷纷提出邀请，我也依次在各处做了讲演。这也充分体现出台湾学界对大陆学界的关注，令我为能在退休 10 年后对两岸学术交流略尽绵薄之力而深感欣慰。

2006 年，经过缜密考虑，素以要求严格著称的导师马大猷院士正式提名我为"何梁何利奖"候选人，虽后来以提出太晚、政策有变而未能入选，但也至少在一定程度上肯定了我的成绩。就在本文脱稿之际，马大猷院士在长期卧病后于 2012 年 7 月 17 日晨以 97 岁高龄去世，从而本文可视为对这位大师的一种纪念。

我班在今年 4 月 29 日校庆日时举行毕业 60 周年聚会，那天实际到会同学 17 人，其中 3 位是从外地赶来的。开会前依照我的动议为去世同学默哀三分钟。据回忆，我班于 1948 年入学时大约是 50 位同学，主要是当年考入的，另外有少数是从先修班上来的或者上一班留下来的，以及后来插班进来的。1950 年，有相当数量同学转到工学院各系，毕业时共 38 位同学，迄今已有 8 位作古。同学们相聚在一起，好像有说不完的话，无所不谈；但比谈话内容更重要的是相聚本身！

在此耄耋之年回顾自己的一生，真是感慨万分，太多的往事实在不堪回首！60 年来的变迁让我懂得：世道远非我毕业之初所设想的那么单纯、公正，人生道路也绝不是那么平坦、顺畅；重要的是在任何情况下都不能丧失信心，对任何困难都不能低头；在逆境中更要竭尽全力，只有这样才有可能做些贡献，而不致完全虚度此生。

来源：《清华校友通讯》复 66 辑

吴达志学长

忆父亲吴达志

■ 吴　鹰

爸爸，您不声不响地离开了我们，但您给我们留下了宝贵的精神财富。当我们与您作最后告别的时候，我们对您的思念是无限和永恒的。

作为您的儿子，我从小就感受到有您做父亲的家庭很温暖。小时候我总是期盼着您从城里下班回家，因为您经常一回家就带回为我买的书或是好吃的食品。"文革"开始后不久，像许多家庭一样，您不得不与妈妈分居两地。记得那天在送妈妈赴江西鲤鱼洲后，您带我回了家，没有多说话，只是忙着为我做饭，我们俩闷闷地围着蜂窝煤炉子坐在一起，吃的自制火锅……不久，您亦被中央工艺美院派送到河北石家庄获鹿县部队农场劳动，留下我孤单一人在北京的家中。后来，由于许多北大教师都被下放劳动，他们的未成年子女无论几岁还是十几岁，都由当时的北大幼儿园统一照管。虽然我当时只有 13 岁，我仍能感受到您心中的郁闷和不安。

"文革"中，您饱受不公正待遇，被打成"反动学术权威"，不仅经历过被批判抄家，而且被下放农场。您忍受了这一切，以顽强的生活毅力和对家庭的爱支撑着自己挺了过来。您乐观地看待人生，在农场劳动期间，您下过田，养过猪，也做过炊事员。也许是自那时起，您成了做饭的一把好手。

出身于权势大户人家的您，自小时对待同学就没有任何架子与优越感，总是把从家中带来的好吃好用的与他人分享，这是每次您和老同学聚会时叔叔阿姨们回忆往事时对您的评价。在我的记忆中，您热情好客，亲自下厨，总是做出一桌美味饭菜款待同学、同事和学长，其中大家最喜欢吃的有您拿手的干煸牛肉丝、番茄土豆沙拉、西式炸肉松面包片，等等。作为艺术家，您还将艺术欣赏的格调用在了烹饪上：做完饭后，您总喜欢用色香味的综合感觉告诉我们每个菜应当如何烹饪。也许由于您的好客和厨艺，每年近二十人的亲戚聚会总在我们家，即便是在与我们住在一起的外婆过世后,这一传统也没有变过。我和姚红结婚时,也是您在家中为我们做出了整整两桌酒席,事隔多少年后回想起来,我们一直对此深怀感激之情。

您是一位给了儿子真诚父爱的好父亲。您为"文革"中连累我不能升高中而深感内疚,总是想给予我更多爱来补偿。我在工厂当工人时,您数次到我干活的车间去看望。您来时就坐在车间机床旁的长条凳上与我师傅攀谈,我师傅说您没有大学教授的架子。您的到来使我感受到父爱的温暖,同时我也为我师傅对您的尊重而骄傲。在恢复高考后,您是如此钟情地希望我能考上大学,为了帮我节省从西郊到东郊赶考路上的时间,您在我参加高考的前一天特意安排我去您单位的办公室住,为我拿来被褥,安排我睡在一张桌子上。条件虽简陋,但十分舒服,我心中感到暖暖的……我以优异的成绩成为北京市朝阳区高考状元,考入北京大学经济系学习。您还专门从城里为我买了一个从日本原装进口的电子计算器,作为我上大学的礼物。自上大学起,一直到后来出国留学和参加工作,我三十年来一直使用这个计算器,直到它最后停止工作,但我至今仍将其保存在身边。

在20世纪80年代中期,您原本可以从单位享受到三室一厅的分房待遇,但您为了母亲和我就近工作与学习,就将分房待遇让给同事,而自己则一直住在原有的狭小拥挤的北大公寓,并且常常要花上三到四小时奔波往返于西郊与东郊之间上下班。为了辟出一块光线较好可用于读书的空间,您将客厅外的凉台改造成了一个十分简易的只能容纳一个小书桌和一把小椅子的地方,并爽朗幽默地称其为"容膝斋"。

就是在这样简陋的生活环境下,您无比地珍惜着80年代的大好时光,因为您终于可以自由地从事您热爱的教学与科研了。记得您时常不是挑灯夜战就是早起晨战,在台灯下著书写作,希望把"文革"中失去的时间夺回来。在您离休前,您出版了大量学术著作,给许多高校开西方艺术史课程。特别地,您还不为名利地为北大艺术系的创立和早期发展做出了贡献。

"文革"无情剥夺了您的学术创作自由和出国考察的良机,这对于以研究西方美术史为己任的您,实在是太不公允了。当您后来三次赴美看望我们时,我们特意安排您参观各地的艺术博物馆,您兴趣盎然,流连忘返,仔

吴达志(坐者右)、毛承颖(坐者左)夫妇与儿子吴鹰一家

细专注地审视着一幅幅作品，不时地向我们介绍作品的特征和涵意。您对于世界艺术史的精通与热爱溢于言表。

作为西方美术史专家，您从未只对美术进行孤立的研究，相反，您将美术与音乐和戏剧等领域有机地结合在一起，考察他们之间的互动和协同影响，以及艺术作为有机整体与社会变迁的相互作用。您发表在《北京大学学报·哲学社会科学版》的《艺术和时代——艺术高峰规律初探》一文就是这一方面的代表作。音乐既是您研究西方美术史的一把钥匙，更是您对人生的领悟与理想的追求。您热爱生活，多才多艺，不仅是古典音乐的爱好者和鉴赏家，而且还能自己拉手风琴，吹口琴，弹钢琴。就在您与世长辞的前一周，在身体虚弱的情况下，您仍高兴地让我带您参观了国家大剧院，在那里您饶有兴致地观赏着一件件音乐艺术展品。您在罹患帕金森病和癌症的晚年，正是从贝多芬和柴可夫斯基等古典音乐大师的作品中汲取了巨大的精神力量，在母亲的照料和陪伴下，同疾病进行了长期的顽强斗争。

在您过世后，我们发现了您在生命的最后时光仍在翻阅的罗曼·罗兰所著的《名人传》一书。您在书中的如下段落用笔新近画下了着重线："……磨难只能使他变得更坚强……始终保持独立的人格；他孤独，却能以热诚的赤子之心爱人类；他从未享受欢乐，却创造了欢乐奉献给全世界。他终于战胜了！战胜了疾病，战胜了痛苦，战胜了听众的平庸，战胜了磨难和障碍，登上了生命的巅峰。"从这里，我们读到了您的心声——您对人生的态度和对我们的告诫！我的夫人姚红在与您诀别时这样说："爱让您战胜了一切。您的爱已融入我们的血液中，我们会像您一样做人！"

您的孙子吴丹珂（豆豆）这样写道："爷爷：您在我心目中是一位伟大的人。我有着许许多多的理由为有您这样的爷爷而骄傲……"您的孙女吴丹蕾（蕾蕾）这样悼念您："您是世上最懂得爱，最有耐心，最富有同情心的爷爷……"正是您培养了他们从小对音乐的热爱，孩子们会永远怀念与您共度的美好时光。

安息吧，亲爱的爸爸！

＊作者的父亲吴达志学长（1948 外文）2012 年 7 月 7 日凌晨在北京去世，享年 86 岁。

来源：《清华校友通讯》复 66 辑

方复学长

悼念方复学长

■ 许四复　金德濂　齐锡玉

2006 年 8 月 25 日，方复同志经长期卧病后，与世长辞。虽然我们明知这是意料中的事，但噩耗传来，我们无不为突然失去一位亲密的同窗学长和同志战友而深感悲痛，他的音容笑貌和品德永远活在我们心中。

方复同志政治上成熟较早，1938 年即参加共产党，长期从事党的地下工作。1941 年在南开中学读书期间，发生了皖南事变。为了揭露反动当局的恶意歪曲，他领导学校秘密党员将周恩来同志就皖南事变的著名题词"千古奇冤，江南一叶，同室操戈，相煎何急？"和真相材料油印散发，并粘贴在教室课程表的背后，以揭露真相并宣传党的主张。虽然，当时学校被严格控制，但不少同学还是通过此次事件开始认识了中国共产党。学校当局找不到方复同志从事党的活动的证据，便借口其他理由，勒令他退学离开南开，使他的党组织关系中断。

为寻找党的关系，他于 1943 年早我们一年，考入当时号称"民主堡垒"的西南联大，并很快与中共云南省工委委员接上关系，以后成为联大工学院地下党负责人之一。1945 年秋，我们中读土木系的两位同志搬入工学院宿舍，和方复同志成为同班学友。由于他朴实、稳重、和善、正派，而且亲切近人，所以接触较多。虽然，我们当时不知道他的确切政治身份，但他的言谈作为始终给人以一种信任感，他成为我们政治上的领路人。不久，由于政治上的互信，在他的鼓励和指导下，我们参与编辑原由他主编的当时工学院少有的墙报——"燎原"，积极宣传进步思想。1945 年冬"一二·一"学生运动爆发后，方复同志以他出色的组织才能和群众威信，参加工学院罢课委员会的领导工作，我们在他的影响下，不论是居住在校本部的或工学院的，也都积极参加罢委会分工的宣传工作，全身心投入到学生运动中去。

1946 年夏，清华复员北京复校，他按照党的团结进步力量、在党的领导下组建学生自治会以形成学生运动司令部的指示，组织复员同学会，从平凡工作入手，帮助解决同学们的困难，安置新来同学，全心全意为同学们服务，赢得广大同学们的信任。因此，在清华复校后第一届学生自治会理事竞选中，他就以高票当选学生会理事会常务理事，成为学生会的领导人之一，这为以后清华学生运动在党的领导下沿着正确轨道开展打下了良好的基础，同时也团结了一大批进步同学。方复同志的作为，为我们树立了榜样。清华复校后不到三个月，1946年12月24日在北京发生了"沈崇事件"，美军的暴行和当局的软弱无能，激起了社会各界的愤怒。方复同志作为清华学生会理事会的领导人，和杨立等同学一起立即动员、组织并带领清华全校同学和燕京大学学生进城，会同北大、中法等院校学生举行大规模"抗议美军暴行大游行"。至今我们还清楚地记得，1946年12月30日清晨在学校体育馆前操场上，同学们冒着寒风在方复和其他同学的组织领导下，出发前誓师进城的激昂场面。我们当然也满怀激情地立即参加游行队伍，进城示威、抗议和宣传。在抗暴大游行过程中，方复同志一直走在游行队伍的最前列。抗暴游行是北京城自"一二·九"学生运动事隔十年抗战胜利后发生的第一次大规模爱国群众运动，对以后全国第二条战线上的群众运动起了带头动员作用。这一次大游行正是方复同志亲自参与组织领导的。

抗暴游行后，1947年年初，为扩大进步力量，方复亲自筹划组建党的外围组织进步社团"炼社"并出刊"炼"墙报，由于他广泛的群众基础，吸收参加"炼社"的既有地下党员也有民青成员，还有思想进步的同学，文、法、理、工学院同学都有，其中工学院同学较多。团结了一大批作风正派、志同道合、积极向上、热心公益的同学，热情地为全校同学服务，积极地发表对时事的看法，特别是组织并鼓励炼社成员参加复校后第二届、第三届学生自治会理事的竞选和学生会工作，每一届学生自治会都有"炼社"成员当选为理事、常务理事或常驻会副主席等，参与学生会的领导工作。"炼社"成员中不少人参加了党的组织。1948年8月，列入北平反动当局特刑庭拟拘传的56名清华进步学生黑名单中，有8位是"炼社"成员。

从1944年到1948年，祖国正处在从抗日战争到解放战争再到新中国建立前的伟大历史转折时期，时局十分动荡不安。在这个时段，我们和方复同志同窗几年，他不论在正常的学校活动中或学生运动期间，都真正成为我们政治上的领路人。他对动荡时局有着明确的看法，在日常学习生活中又能从平凡的事做起，以忘我工作亲切待人的实际行动和卓越的组织才能，向我们展现进步同学的正派无私形象，影响并引导我们坚定地走上革命的人生道路。我们从他那里学习如何从政治角度明辨是非，如何去做人，他成为我们终生的挚友。

方复同志不仅组织工作能力突出，而且多才多艺。他不仅喜爱体育，是铁马体育会的活动积极分子、桥牌好手，而且爱好音乐，他经常在自己的宿舍举行音乐唱片欣赏会，一些同学都愿到他那里听中外名曲。他既能写，又善画，而且具有编辑出版的才能。1948 年在我们即将毕业的最后一期，在他的倡议、组织和领导下，决定编辑出版一本《清华大学 1948 年年刊》（1948 届毕业生的纪念册），以便全面真实地反映清华大学复员后两年来的校内情况、学运情况、院系情况和各方面的活动情况，突出记录和宣传清华的爱国、民主、自由、进步、实干的精神，也为 1948 届毕业校友留下一个永久纪念。他积极领导此项工作，从年刊的组稿、撰稿、稿件内容的审定，年刊的美术编辑，甚至广告的征集、资金的募集等全部工作，都落在以他为首的以"炼社"社友为主体的一些校友身上，我们也自然参与了此项工作。方复除担任总编外，还亲自绘制年刊中的漫画插图。那幅马约翰教授的漫画插图，给大家留下了深刻的印象；而清华女子排球队照片下的说明词"屡败屡战的清华女子排球队"又给人留下多少欢笑回忆。方复的多才多艺还不仅在这些方面，据说 1946 年年初，在"一二•一"学运时死难的四烈士在联大校本部的墓地，方复也参加了设计。新中国成立后，他从事过行政技术管理以及科技研究工作，后期甚至在冷门的木结构建筑加固维修方面也同样做出特殊贡献。

方复同志淡泊名利，不计个人得失和荣辱。他虽是抗日战争初期入党的老党员，却在 20 世纪 50 年代被打成了"右派"，长期受到不公正的对待。但他都淡然处之，仍然埋头工作。"炼社"成员中还有另外一个学友受到同样遭遇，但即使在史无前例的年代，大家相遇，也从不谈这些令人心碎的事，仍然一如既往、亲密无间，相互信任，相信历史自会有公断，对未来充满希望和信心。即便谈到过去，也对个人得失淡然处之，认为那是时代的悲剧。对于工作，不论他在什么岗位，不论职位高低，他一直任劳任怨。反之，对于那些落后、腐败的、曾经革命过，以后却当官作老爷的官僚主义者，却嫉恶如仇，嗤之以鼻，一如他青年时代的作风和性格。他的工作也几经变动，无论是做技术工作或管理工作，他都全身心投入，体现一个清华人实干、坚毅、执着的精神。后期他在古老木结构建筑设计和古木建筑维修加固研究领域颇有建树，他曾到古建筑集中的地区进行调研，并参与全国"木结构加固与维修规范"的编制工作，不计报酬、不计职务、默默无闻，在我国特殊领域做出贡献。

方复同志组建"炼社"，他解释"炼"的含义就是像钢铁链条一样，环环相扣、紧密团结。不少社友在各自所从事的科技、教育、工程技术、行政、外事等各种工作领域里，担负管理的工作，在各自不同岗位上为国家建设奉献一个清华人的毕生精力。每当我们相互联系回首往事时，都会情不自禁地想到我们青年学生时代的好战友、好同窗、好学长方复同志。

老大哥、钱玉英学长结婚照

老大哥引导我走上革命道路

——怀念陈英学长

■ 钮友杰

老大哥陈英去世已经快 10 年了。还记得我和同班同学张希伦去他家里探望，那时他已经不能说话了，憔悴的面容令人心痛。钱玉英大姐告诉病床上的陈英，你看钮友杰他来看你了。我强忍着泪水问他感觉怎么样？他眼睛盯着我看，像是点了点头。出门后，我的热泪止不住流下来，他坎坷的一生让我无限感慨。他是 2010 年 11 月 29 日去世的，之后在清华校医院举行告别仪式时，我们同时代的老同学、老同志几乎都来了，大家来送敬爱的老大哥最后一程。

陈英为人热情，乐于助人，处事低调，在西南联大和清华大学读书时被周围的同志和同学们尊称为"老大哥"。他充满革命激情，对年轻人循循善诱，帮助了许多年龄比他小的同学进步，在很多人的回忆中都视他为人生的引路人。

在陈英逝世的《讣告》中，关于他进清华之前的经历是这样写的：

陈英，原名程法教。1921 年 10 月 9 日生于福州马尾，早年随家人迁居上海，1941 年毕业于江苏省立苏州工业专科学校土木科。毕业后，他怀抱抗日救国的热忱，毅然离开了已沦陷的上海，辗转数月，经厦门、香港等地到达滇缅边境，先后参加了滇缅铁路、羊街飞机场的建设及滇黔铁路的勘测工作。1942 年受命赴缅北修建中印公路途中遇日寇突袭，亲历滇缅大溃逃，幸在中国守军为拒敌炸毁天堑怒江的惠通桥之前撤回国内，方幸免于难。

1944 年他考入西南联合大学先修班，不久加入中共领导的外围组织"民主青年同盟"，与志同道合的同学共同创建了读书会，组织进步同学学习革命理论，研讨时政，联络感情，积极参加争取民主、反对独裁、内战的活动，该读书会成为 1945 年反内战、反独裁的昆明"一二·一"学生运动中的一支骨干力量。1945年他先修班毕业，被保送入西南联大土木系；联大复员后于 1946 年 10 月进入清华大学土木系继续学业。同年 11 月他加入中国共产党，开始从事党的地下工作，任清华北系支部组织委员，参与建立和发展了北平地下党的外围组织"中华民主青年联盟"，并参与发动、组织了一系列的学生运动，如 1946 年年底抗议美军暴行运动（沈崇事件），1947 年 5 月"反饥饿、反内战、反迫害"运动等。1948 年 10 月他被派往河北平山解放区华北局党校直属班学习，从此使用党内化名陈英并沿用至今。1949—1952 年他先后任华北革命大学教员、华北局党校马列主义教研室教员。

我是 1946 年从上海考入清华土木系的。第一次认识老大哥是在 1946 年年底的抗议美军暴行的游行活动中。我们的游行队伍沿京张铁路南行，一直到西直门，进西直门后，我们跟燕京大学的队伍一前一后行进，之间保持了一段距离，我走在清华队伍的最后边。这时，一队二三十人穿学生装的国民党特务突然冲进两队中间，他们打着"中国大学"的旗帜，喊着反苏反共的口号，试图冲击我们的队伍。

这时，我看到一位年纪稍大，穿美军夹克服的清华学生从我们队伍里走出来，跟国民党特务进行了面对面的斗争。我这才知道他叫程法毅，是从西南联大回来的，比我们高一级，土木系的各项活动都是他来组织的，在学生中有很高的威信。他比我们大七八岁，大家都叫他"老大哥"。

老大哥给我留下印象最深的一次，是 1947 年 11 月 6 日举行的抗议国民党政府杀害浙江大学学生自治会主席于子三的活动中。那天，我们清华的学生队伍参加了游行宣传，之后各大学集中到北大民主广场。正当清华的队伍要离开返回学校时，却遭到国民党宪兵队的包围。我们大多数学生都义愤填膺，情绪激动，说应该发扬"一二·九"精神，坚持要冲出去。这时，负责游行活动的地下党同学说再研究一下，要求大家安静下来。接下来，我看到陈英在我们学生中，在耐心细致地做工作。他找到我们几个学生代表谈话，说斗争要有理、有利、有节，冲出去我们都不怕，但这样不值得，要相信组织。我后来才知道，他们组织者先是找了梅校长请北京行辕主席李宗仁出面，李又找到华北"剿总"司令傅作义，最

1946 年 12 月，清华剧艺社在同方部成立时合影。后排左起：张家炽，□□□，程法毅（陈英），□□□，吴征镒，张潜生，刘海梁，李忠立，张魁堂，李咏；中排左起：柏春曜，王念梅，李莉，靳录民，史会；前排左起：孙同丰，□□□，郭良夫，王宏钧（2006年8月史会提供说明）

后撤走了宪兵。之后，我们乘坐梅校长派来的四五辆大卡车返回了学校。在这次事件中，我看到了陈英的老练和工作能力。

在陈英的引导和介绍之下，我参加了一些进步学生组织，比如在"松明团契"，我知道其中有地下党员，也有民青团员，我们一起学习过艾思奇的《大众哲学》等进步书籍，使我的思想觉悟得到了很大提高。在1948年5月的一天，"松明团契"的同学们召开庆祝成立一周年的活动。活动结束，我和黄庆华从荒岛走到气象台附近，他跟我提出要介绍我加入中国共产党，要我写一份自传。只过了6天，李叔平同学也来找我，要介绍我入党。我说，我已经加入了，但不能告诉你是谁介绍的。原来，黄庆华、李叔平分属中共北系、南系，互相之间是不相通的。我入党之后，我（北系）跟吕应中（南系）成为南系、北系联系的代表。

新中国成立后，我被组织派遣在上海工作了几年，1952年回到清华复学。党委书记何东昌建议，说我之前参加学生运动没有好好念书，插入土木系二年级读书。那时，学生中调干生比较多，党员就比较多，因此成立了调干学生党总支。这时，"老大哥"也回到了清华，我们又成为共同学习、生活的同学。他担任了调干学生党总支记，其他三人是高原、冯诚和我，我们又能在一起工作了，我非常高兴。后来，陈英因有结核病住进静斋休养，担任了休养学生支部的书记，但我们还是一起上课、学习。我们支部的活动包括发展党员等，都要请陈英来参会发表意见。

在工作中，陈英要比我们更加成熟、老练，在一次处理两学生外出看电影事件时也教育了我。那时，学生的学习抓得非常紧，却发现有两位同学没上晚自习；进一步了解知道，他们是进城看美国电影去了。同学们对此反响很大，支部委员提出应该开他们的批判会。我作为支部书记觉得这样不妥，但也不知道怎么办才好。陈英知道这件事后来找我，说不能开批判会，你去找找这两个同学，跟他们谈谈话，个别批评一下就可以了。他明确说，这是两个同学的个人私事，既然电影上映了，看电影就是他们的自由。我才豁然开朗，按照他说的处理了这件事。

到1955年我们同时毕业，我们俩说好一个留校、一个出去工作，他觉得自己的业务不如我，希望我留校工作，他到外面去工作。其实，当时我自己也一直希望能去社会的实际工作中发展。因为我的学习成绩和毕业设计都非常优秀，学校要求我留校。最后，我们两人还是服从了学校安排，全都留校工作。当时，袁永熙同志在清华担任党委第一书记，西南联大出身的他对同样来自西南联大的陈英非常欣赏，就把他留校担任了党委办公室主任。

我留校之后，土木系的教师党支部、学生党支部合并，成立了土木系党总支。陈英后来又回到土木系，担任党总支书记，我曾经担任副书记，我们一起度过了"反右"斗争那段难忘的时期。

1957年,"反右"斗争开始,学校里很多系都行动起来,"鸣放"得非常厉害。陈英跟我说,咱们先不要轻举妄动,先要稳住;土木系是老系、大系,从美国回来的教授比较多,弄不好会出问题。因此,我们土木系是比较晚的时候才召开的"鸣放会"。而且,在"鸣放会"召开之前,我们两人悄悄地登门拜访了系主任陶葆楷教授。我们两个年轻人跟陶先生商量该如何应对当前的局面,最后的办法是,请陶先生去跟留美回来的那些教授们分别打招呼,告诫他们不要轻易乱讲话。等到别的系差不多"鸣放"完了,在一些学生团员的要求下我们才召开了会议。会上没有出现什么尖锐的意见,比较平稳地完成了这个任务,教授们也没有一个被打成"右派"。

可是,在接下来的运动中,我却因为将党员的意见向学校党委如实反映,而被受到错误批判,1958年被补划"右派"。我情绪非常低落,但我还是请陈英放心,一起找陶先生的事情我不会讲出去的。

在以后几十年的政治运动中,陈英遭受了很多不公正的对待,我们都为他感到不平。1959年10月,在"反右倾"运动中他遭受错误的批判,被免职下放劳动,后在土木系施工教研室任教员。1969—1971年,被下放到江西鲤鱼洲农场劳动。直到1979年,清华大学党委为他平反,恢复了名誉。1980年起,他任建工系党委副书记等职务,1986年离休。陈英的一生,虽遭遇坎坷,但他矢志不渝,坚持自己做人的原则。在"文革"中他多次拒绝了造反派要他揭发过去校领导的要求,他认为利用政治运动打击迫害过自己的人,不是光明磊落的人应有的举动。

我今年91岁了,风风雨雨一辈子,我忘不了"老大哥"对我的教育和影响。

八 淡泊名利
奉献一生

何守智学长

诗词伴他终身

——忆老伴何守智

■ 刘常新

淡泊名利 为民献身

何守智，字季方，1925年生于四川宜宾高县。2016年3月由于游泳事故，不幸仙逝于海南，享年90岁。

他生于一个革命家庭，父亲何士材，糕点铺工人，1911年参加过"保路同志会"的起义。兄弟姐妹5人，他老四。二哥守义，1938年参军抗日，至今下落不明。堂兄何友松，参加中共，惨死于渣滓洞。

他6岁上高县文昌宫小学，13岁上农业职业学校，16岁去成都上甫澄高中。19岁的他于1944年考入迁到成都的燕京大学，1945年又慕名考进西南联大哲学系。1946年随校复员北平，分在清华大学；1948年7月参加"民青"，11月加入中共地下党。

1948年从清华毕业，参加北平接管工作，任内三区第十二工作组组长。此后直至离休，一直在东城区做基层工作。先后担任东四区宣传部副部长、区属金笔厂厂长、区工业局局长。"文革"中下放延庆"五七"干校。"文革"后，任东城区党校常务副校长。1984年，任区委党史办公室主任，北京市特约党史研究室委员。1988年离休。他虽然从事的都是基层平凡的工作，但不论在哪个岗位，都勤勤恳恳，踏踏实实，不计名利，只求圆满完成任务。

他从小热爱诗词，诗言志，词述情，诗词伴随他终身，抒发了他的感情，记述了他的一生。离休以后，他加入中国社科院文学研究所"南风诗社"，历任北京青年诗社社长、顾问，东城老年大学诗词研修班教师，北京老干部大学诗词研修组组长。2011年和2015年出了两本《求索集》诗稿。

下面就摘取他的诗作，叙述他的人生。

少年读书 不忘抗日

1938 年，他 13 岁，在农校读书，听宜宾一中抗日宣传队来校演唱《松花江上》，有感而发，写诗一首：

一句"爹娘"唤，唯闻嘤泣声。

全场挥臂起，"赶走鬼子兵！"

他还积极参加抗日宣传队，下乡巡回演出：

抗日传单雪片飞，救亡歌曲震山颓。

同胞唤起百千万，冒雨归来尽展眉。

1941 年，他和三姐何守礼、表弟吴开塽随大哥何守仁离开家乡。行千里，去成都甫澄高中上学，途中写：

行年十六出乡关，岷水泱泱客满船；

借问后生何所羡，平胡复国勒燕然。

考入名校 投身学运

1945 年高中毕业，考入在成都的燕京大学：

欧风美雨在燕园，抗日南来且入川。

华美女中权借住，大师讲论火薪传。

遗传染色基因学，团契甘霖牌战酣。（注）

谁曰杏坛困陈蔡，弦歌不辍育人材。

团契是基督教学校的社团，本为传教，学运时被用来团结同学。

因慕名西南联大是"民主堡垒"，又考入西南联大哲学系，刚入学就赶上"一二·一"学生运动。写《千秋岁·"一二·一"学运感怀》

锦官花媚，况有名师海。弓弦响处天狼坠。提灯鸣爆竹，花市人声沸。

八年泪，一朝飞向云天外。（注：指抗战胜利的西南联大）

谁晓独夫肺，四出刀兵队。春城鼓，闻公掴。（注：指闻一多）

书生投笔砚，誓与暴君对。拼热血，救民报国丈夫会。

1946 年，西南联大解散，清华复员回北平。参加读书会，阅读讨论艾思奇著《大众哲学》和胡绳著《辩证唯物论入门》，写《读书会》：

何为唯物，孰为辩证。物质精神，基础上层。

古老话题，新鲜理论。费人思考，发人深省。

同方部里，激烈辩论。结合实际，探求真理。

迎接解放 参加接管

1949 年 2 月 4 日，在北平国会街北大四院礼堂召开全市地下党员大会，守智参加后赋词《鹧鸪天·地下党会师会》：

执手相看喜泪横，同壕对敌共骑鲸。频频细语当年事，娓娓道来昔日情。
从此后，更相亲。三千子弟轻骑兵。长征接力遥遥路，斩棘披荆作干城。

1949 年 10 月 1 日参加开国大典，赋词《念奴娇·开国大典》：

百年魔影，尽消失，巨浪腾空天幕。辛丑年间，民四忆，割地赔款枉顾。
积弱积贫，骨敲髓吸，累受列强侮。雄狮落魄，何时醒了，山林迈步声吼？
今则百姓扬眉，有冲天炮响，开心锣鼓。赤帜飘扬，星闪耀，华彩迎风夺目。
义勇军歌，亿万同声唱，响彻云树。中华禹甸，谁敢前来逐鹿？

参加军管，战友老白同志遭特务暗杀，赋词《霜天晓角·军管》：

夜枪声，战友又牺牲。执行军管重任，一腔血，为国倾。
悲愤，正年轻，华年若苍鹰。正欲高飞折翅，后继者，作金縢。

身处逆境 不忘初心

1966 年，戴帽"走资派"被揪斗。1967 年，被游街批斗。1968 年 10 月下放干校劳动。1970 年下放延庆高庙屯公社劳动。赋诗：

不亦乐乎
春来挨斗谱新篇，夏季游街不让眠。
秋日抄家冬下放，"五七"干校垦荒田。

柳梢青·干校
温榆河边，林场旧址，一片荒滩。
"牛鬼蛇神"，重新学习，打井浇园。
勿嗟汗流浃肩，防修正，枣打三竿。
同挤炕前，围炉烤火，心地坦然。

痛挽朱总司令

1976 年 7 月 30 日

元戎策马遍神州，破碎山河次第收。

贯日长空新世界，蜚声中外湔前仇。

无端奸倭翻风浪，不屑将军动指头。

今日西归功业在，丰碑永驻在《春秋》。

忆蓁娥·擒妖

1976 年 10 月

先鞭着，群雄下海将妖捉。将妖捉，纵横喜泪，桃红柳绿。

长安故道仍辽阔，十年生死凭谁说。凭谁说，征途修远，尚须求索。

重上杏坛 秉笔党史

1979 年"文革"结束获得平反，任东城区党校副校长。1984 年任东城区党史研究室主任。

日出人行·授业
——在东城党校重登讲坛有感

暾出于东方，照槛于扶桑。

昼出晚归于西海，六龙并辔竞翱翔。

薪火承传古不息，浑同元气文物泱。

草不灭于野火，木更欣于秋光。

四运随策从心欲，不逾矩兮神扬。

不伐功于操弧，进有德以桂浆。

伊人、伊人，正在水中央。

偕将囊括大块，拭目与日月同光。

言 志
——1985 年主编东城史志遂赋

离休之岁未离休，史志重担在肩头。

盛世兴文难际遇，宜将余热写春秋。

幸福晚年　诗词作伴

1988 年离休后，他仍积极参加东城区的史志工作。1990 年创办东城区老干部读书会，不但定时学习，还出外参观考察。他还为东城区中小学校、街道讲党史，被聘为"百姓讲解员"。2009 年被北京市委宣传部评为"2009 年度优秀志愿者"。2010 年被东城区推选为"模范感动人物"。

20 世纪 90 年代以后，他的兄弟姐妹及其子女，我在台湾的亲属都常来北京聚会。老校友、老伙伴们更是年年月月经常聚会。我们俩也常到国内外旅游，每年冬天几乎都要去海南避寒。

这些场合，他都会诗兴大发。仅我们收集到《求索集》里的就有四百多首。真是时时、处处、事事都不忘赋诗。

结　束　诗

最后用我写的《怀念守智》作结束：
守智一生善而真，为国为民勤耕耘。
亲朋好友遍南北，一心一德献爱心。
十六离乡征途运，奋发图强真理寻。
老来书画抒胸臆，旭芳斋里听歌吟。
今日驾鹤飞天际，音容笑貌永世存。

八　淡泊名利　奉献一生

王裕昆学长

一颗螺丝钉的自述

■ 王裕昆

难忘的人生转折

昆明解放前后，我有过一段难忘而略带传奇色彩的战斗经历，也是我人生旅程的重大转折点。

1945年，我在联大附中读书时，厄运降临到了我的头上。父亲失业，我被迫辍学回到我初中时的母校天祥中学当职员。工余时间我奋发自学，1947年秋，居然以优异的成绩顺利通过了高中毕业考试，考取了清华大学。赴清华后的第二年，我加入了中国共产党，并被派遣回云南从事秘密地下工作。从此我的人生发生了重大转折，走上了终身为党工作的道路。

当时的师长和同学们对我离开闻名遐迩的清华大学都深为惋惜，有的甚至暗中嘲笑我是"落后分子""害怕北平解放""逃跑回云南"等。回到昆明后，我很快接上了党的组织关系，先后参与或负责过学运和兵运工作。曾经上过国民党反动派的黑名单，被特务跟踪过。等到昆明解放，党组织逐步公开，大家又是一次惊讶，疑团终于解开了。一位当年天祥中学的老同学，后来曾经担任过贵州省委副书记的老干部，回忆这一段历史时曾经这样写道："说真的，当时我曾经暗自纳闷，对他的'逃亡'不可理解。转眼到了1949年年底，云南宣布起义期间，我在云南大学学生自治会工作，一天晚上，我被通知去参加市委学委召开的一次会议，在会上作指示的竟然是他——一切全明白了！"当时我是昆明市委委员，接着出任解放后的第一任团市工委主持日常工作的副书记，为昆明市建团和青年运动进行了开创性的工作。

青春献给祖国的矿业开发事业

我常说，我的青春是献给了个旧矿山的。那是从 1953 年开始到 1965 年底长达 12 年时间，正值青春年华，我一直在全国闻名的锡都个旧市工作。当时大锡是国家的主要战略物资，主要是保证出口苏联的需要，因此国家非常重视大锡的生产发展，不断向个旧大批输送干部。我调到个旧后，当时个旧是省辖地级市，个旧市委也就是云南锡业公司党委。我先后任市委宣传部长、工业部长、秘书长、市委常委，后来任市委书记处书记，分管工业交通工作，经常深入工厂矿山，下矿洞，为大锡生产竭尽全力，得到个旧干部职工的一致好评。

新时期再展宏图

在那场史无前例的"文化大革命"中，几乎所有的所谓"当权派"都受到冲击，我也未能幸免，那时我在成都中共中央西南局工交政治部工作，被当作"特嫌"审查，也曾经蹲过"牛棚"，但最终还是挺过来了。

"文革"后，我回到云南工作，先在省计委、省工交办公室工作。1977 年省委撤销了原来被"造反派"头目把持的工交政治部，组建新的省委工交政治部，任命我为副主任。后来工交政治部撤销，成立省委工业工作部，由省委常委、副省长张云兼部长，我是主持日常工作的副部长。

党的十一届三中全会后，历史的车轮迈入了一个伟大的转折时期，开创了我国改革开放的新时代。这段时间，省委工交政治部和工业工作部在省委领导下，认真贯彻执行十一届三中全会精神，首先是开展工交战线上的拨乱反正工作，平反冤假错案，妥善处理历史遗留问题，落实党的知识分子政策。省级工交系统共平反冤假错案涉案人员 31500 多人。"文革"中知识分子被打成"臭老九"，拨乱反正也必须拨这个乱，反这个正。工交政治部按照省委要求，抓落实知识分子政策，全省有 18000 多人恢复了技术职称，2390 多人晋升高中级技术职称。这些工作，大大调动了广大干部、知识分子的积极性，保证党的工作重心转移到以经济建设为中心的轨道上来，促进生产建设得以迅速恢复和发展。

1983 年下半年，省委工交政治部、省委工业工作部先后撤销，我被调往云南经济管理干部学院任党委书记，为培训企业厂长、经理等经济管理干部再立新功，直至 1990 年离休。离休后仍继续发挥余热，担任省企业思想政治工作研究会副会长。

工作期间，我担任一定领导岗位，不便参加评选先进，离休后，转为"普通一兵"，曾先后三次被评为优秀共产党员。

八 淡泊名利 奉献一生

717

来源：《清华校友通讯》复 67 辑

张信传学长

信传，我的良师益友

■ 董贻正

今年是张信传学长（1951届电机）逝世10周年。2007年的1月份，我在贵州出差期间，同家里通电话时，我夫人告诉我，刘景白（也是清华学长，与张信传同班，原冶金部机动司副司长，后任中国有色金属总公司设备部部长）来过电话，说是信传在郊区参加一次会议期间，突发脑溢血，现在医院治疗。我急忙给信传夫人刘紫兰通了话，了解病情，告诉她我现在外地，回来后再去探望。她说，目前情况还算稳定。我以为休养一段时间，能有好转。1月13日，我出差回来的第二天，那天是星期六，我就去安贞医院探视，没想到护士刚听我说出名字，就说今天凌晨已经走了。我还以为病愈出院了呢，于是又问了一句："是出院了？"她这才明确地说，已经去世了。他女儿来办的手续。我一下子有点反应不过来。尽管我已听说，他已经不能用语言来表达，但见了熟人还是有反应的。怎么这样快就遽尔西归了呢！我赶紧打电话通知景白等老同学，报告了这一噩耗。

回家后，独自静坐斗室，过去都已淡忘了的往事一幕幕重新跳入了自己的脑海。如今，十多年过去了，这些往事非但没有淡薄，反而随着时间的流逝而积淀下来，我打开计算机，敲打着键盘，似乎又在同信传促膝交谈。

我同信传相识近60载。1948年，我考取清华电机系，信传比我高一班，当时接触并不多，但相互也还认识。由于信传在解放前从事地下学运工作，有意少选一些学分，因此虽然比我高一班，高年级的一些课程还是在一起上的，因此在校后期，就稍微熟悉了些。但是，真正从相识到相知，还是在毕业后。我们都先后分配在同一单位，开始是东北工业部，以后大区撤销，东北工业部成建制并入中央重工业部，1956年，重工业部一分为三，我们又都留在冶金工业部。尽管后来冶金工业部改为国家冶金局，国家冶金局撤销后，又成立中国钢铁工业协会，但我们还是一直在这一系统里的，因此从1952年到2007年，我俩共事了55年。

特别是从 1953 年到 1958 年，我们都还是单身，住在安定门冶金部的宿舍大院。我住在单身宿舍楼，他同刘景白、凌华倬住在家属楼 4 栋的一个套间。景白也是比我高一班的电机系学长，因此我们走动得比较勤。在周末，我常去 4 栋聊天，或者相约外出游览。甚至各人谈恋爱时，也相互参谋。这也是为什么我们这几家都很熟悉的原因。以后虽然各自成家，8 小时外的时间接触少了些，但工作上的联系还是不少的，特别是粉碎"四人帮"后，我调入政策研究室，接触更多。

对我来说，信传既是同窗学长，更是良师益友。虽然我不懂平仄，但是，我还是写下了自己有生以来撰写的第一幅挽联：

勤奋终生诗文数百万字立言立功还立德；

同窗三载共事五十五年知人知面更知心。

才思敏锐、才华出众

我第一次领会到信传那种充满激情的才华，是在清华园内我们刚毕业时。信传比我毕业早半年，他是 1952 年年初的寒假修足学分后毕业的，分配到东北工业部。我们毕业时，信传从沈阳回到清华。我不知道是当时组织上有意请他回来对我们介绍东北情况的，还是他有事来北京的，但我清楚地记得，他在同学聚会时，讲到东北大规模建设那种热火朝天的情景，那种意气风发、满怀激情的神情，也深深感染了我们。他当时还热情洋溢地表示，自己这几年要很好地结合工作体验生活，争取在若干年后，也要写出像当时在青年学子中有很大影响的、描写苏联建设输油管的长篇小说《远离莫斯科的地方》那样的作品。虽然以后他主要精力放在对冶金工业发展的一些重大问题的调查研究上，没有圆他文学创作的梦，但不时看到他出差期间写的一些充满激情的诗词，也可以感到他并没有放弃这个"梦想"。在这些诗词中，热情中不乏冷静。记得在"大跃进"时期，他曾跟随部领导到广西。当时各地都在放"钢铁卫星"，广西的鹿寨也是其中之一。回来后他曾在宿舍谈起鹿寨群众大炼钢铁的热情，现在我记得的只有当时他写的诗中一句："鹿寨人人爱唱歌"，这也体现了他对人民群众乐观主义的赞颂。同时他又讲了小平同志视察广西时的一段话：你们炼铁很好。

1980 年中国冶金经济考察团考察美国和奥地利钢铁业时的合影。左 1 董贻正；左 2 张信传

但这个铁是要送到上海去的，上海的炼钢炉是要吃好铁的，你们得想办法提高质量啊（大意）。这既保护了群众的积极性，又提出了新的要求，引导群众走向更高的目标。信传向我们转述的这番话，其实也是含蓄地表达了他自己对大炼钢铁的看法。

在冶金部，信传是著名的"大秀才""大笔杆"。当时冶金部很多重要文章以及冶金报的社论都是他执笔的。但是，使我对他的才情有进一步认识的，还是在1980年年初的美、奥之行。应美钢联和奥钢联的邀请，冶金部派出由计划司副司长陈雷带队的考察组，先后考察美国及奥地利的钢铁工业，我同信传都参加了，历时一个半月。回来后由信传执笔写成的《赴美、奥考察冶金经济的报告》，受到高层领导的高度重视。其第一部分"关于美国的经济情况和经济研究"在中央书记处研究室的《经济问题研究资料》上刊登，并加了编者按，评价颇高；第二部分"美、奥改造老厂的情况"，当时的国务院副总理兼国家经委主任康世恩做了批示：请宝华、马仪同志阅，并与冶金部认真搞老厂挖、革、改方案；第三部分"今后20年中国钢铁工业需要考虑的几个战略问题"，全文刊登在中国社科院主办的《经济研究参考资料》上。一份业务部门组织的考察报告，受到这样的重视，也是不多见的。这也充分说明了信传观察问题的深度和视野的开阔。这份报告，对全程参加活动的我个人来说，也是一个极好的教材。

信传有学者的严谨作风，有很强的逻辑思维能力，对事物在经过深思熟虑后，能做出高度概括。记得在"大跃进"时，他曾说起，在基层调查时，对当时大炼钢铁的现状，他用"小、土、群"作了概括，以后在全国流传很广。同时，他又有诗人的浪漫气质，这在美、奥期间，也感受很深。在那一个多月中，几乎是每到一地，他都会即兴赋诗，潇洒挥毫，不仅受到华裔友人的欢迎，即使外国朋友，也为信传龙飞凤舞的字迹而陶醉。近几年，他把自己的一生经历都用旧体诗的形式记录下来。我真诚地希望能将他的这些诗作整理出版，这不仅是对信传最好的纪念，也是我国冶金工业发展史的一份宝贵资料。

执着追求，为软科学研究殚精竭虑

粉碎"四人帮"后，我被调到政策研究室；不久，部党组决定成立冶金经济研究所。当时，研究室就是我一个副主任；信传则是研究所负责实际工作的副所长（所长由陈雷同志兼任）。一天，唐克部长把我们两人找到一起，谈到今后这两个单位的职责任务，并说："董贻正你该是遵命文学，张信传可以是自由论坛。"话说得很明确、很形象。政策研究室是直接为部党组服务的，要听命于部党组，不能自行其是；而所谓"自由论坛"也不是随心所欲，而是要围绕冶金工业发展的重大问题，组织有关人员各抒己见，畅所欲言，提出真知灼见。信传确实是不负众望，上述美、奥考察报告，只是他在经济研究方面的初露锋芒。此后，他接连主持了一批冶金经济的研究课题，在冶金界甚至经济界都颇有影响。以后更是发展到与国家综合部门、有关高校、研究部门和企业共同承担国家级的大型研究课题，诸如"我国工业生产率诸因素研究""钢铁产业技术创新战略""新时期大型工程管理理论和实践"等，其中有的还获得国家科技进步二等奖。特别要提到的是，这些课题中，有相当一部分是在他离休后的十几年中完成的。

在实际工作中，我们并没有因为唐部长对我们的"分工"而各干各的，相反，倒常是相互配合，相互切磋的。尤其是在1987年起，我连续6年先后两届被聘为国家软科学评审委员会成员，与此同时，信传被聘为国家自然科学基金会管理学科的评审组成员，因此，在软科学领域同信传接触就更多了一些。有时在评审冶金方面的软科学项目时，也会邀请行业里的专家共同参与，信传是冶金行业的首选人士。他发言时所体现的在理论方面的深厚功底，以及对事物的透彻理解，常常使我自愧不如。在此期间，信传对在冶金战线上推广软科学研究做了大量卓有成效的工作。我也因此深深体会到信传对软科学研究的执着追求，他不仅大力倡导、组织软科学研究，而且自己身体力行。由于他是工科出身，对经济理论没有系统的钻研，这一时期，他结合课题实际，恶补理论，还复习高等数学，再加上他长期深入实际，对行业以及企业都有较透彻的了解，因此他当之无愧地成为冶金战线软科学研究的带头人之一。

1998年，我应冶金工业出版社领导多次约请，选编了改革开放以来所写的部分文章，包括对基层的调查报告、出国考察报告、专题论文以及一些评论性文章等结集出版，名《管理——工业发展的永恒主题》，分上下册，共约70万字。我特地请信传为该书写序言，因为他不仅是我的老学长、我的良师益友，而且还是我这些年来工作上的见证人，由他来作序是最合适不过的了。在序言中，他表示感谢我"以知己相许的盛情"，洋洋洒洒地写了近五千字，结合他平时对我的了解，从为学、为文、为政与为人的关系谈起，涉及调查与研究、实践与认识、情况与政策、材料与观点的方法论问题，以及改革、发展与管理的宏观和微观结合的问题，不仅对本书的主题做出了很好的概括，还对本书做出了恰当的评价，也使我受到很好的教益。对我既是鼓励，更是鞭策，使我深感：知我者信传也！

惜才爱才、助人育人

信传同志自己是位"大秀才"，但他绝无"文人相轻"的恶习，相反，却是惜才、爱才、唯才是举。20世纪80年代初的一天，他找到我，谈起清华校友薛传钊的情况。她是清华经济系的高才生，但在"文革"中被下放到安定门宿舍的家属"五七"工厂，至今仍然没有落实政策。陈岱孙老师听说后，很有意见。信传希望将她调到经济研究所，发挥她的长处。他让我向上反映一下这个情况。后来，我向唐克部长谈了，唐部长也很生气，要求该单位迅速落实政策。但是那个单位的领导却顶着不办，还强词夺理地说：现在薛传钊是厂里的骨干，已经落实了政策。信传和人事部门的有关领导一次又一次地去交涉、说服，希望该厂领导能够放人，但是毫无结果。最后还是拿了 7 个大学生的指标，并且要求传钊同志在一年内写出一篇有分量的学术著作以证明她的才能（这就是《冶金工业管理体制改革》一文的由来），才把传钊同志给换了出来。以后，传钊作为信传的得力助手，一起为冶金经济研究做出了很大的贡献。上面提到的一些重大课题她几乎是全部参与了的，还曾独立完成了一些专题研究，其中有几项还获得了冶金部的一等奖。

还有一位清华的学长，曾被错误地打成"右派"，虽然早已"平反"，但党籍却没有恢复。当时这位校友是一家企业的生产调度，由于他的这种身份，开展工作有很大难度，因此想调出来专门搞些情报资料以及书面翻译这类工作，可以减少人事关系的摩擦。信传同我谈后，我就找了部里有关司局和政治部主管人事的领导，结果却是碰壁而回。尽管这事没有办成，但信传这种热心助人的行动却深深打动了我。至于那位学长，亏得当时没有办成，后来为一位"伯乐"所荐举，最后挑起了国家领导的重任。

1998 年，我的一个在基层工作、已经退休的亲戚针对上海房地产的暴利现象写了一份调查报告，文中引证了大量公开的统计数据，很有说服力。在当时的环境下，这篇文章很难公开发表。我推荐信传看后，信传同志立刻建议将此文转报朱镕基总理。当时朱镕基同志就任总理不久，提出了 5 个方面的改革任务，房地产改革就是其中之一。我将此文压缩为 2000 字，与信传联名给朱镕基同志附了一封信。朱镕基同志很快就批给温家宝同志及主管房地产的建设部领导。通过这篇文章，信传感到我的这位亲戚虽然学历不高，但研究思路对头，就鼓励她继续选准题目，继续进行专题研究。她也尊信传为老师。在信传的不断鼓励下，我这位亲戚以房地产为切入点，继而研究了中国的收入问题、第三产业发展问题，对中国的经济发展有着不少精辟的见解，现在已经是某著名政治暨经济研究机构的研究员。2007 年，某著名经济大报将她作为年度人物报道。

对我个人来说，信传更是一位良师益友。特别是我转入政策研究部门后，由于自己过去的经历，深感难以胜任，信传也给了我很大帮助，使我逐渐适应新的工作。以后，我还在他的领导下，参加了《当代中国钢铁工业》一书部分章节的撰写。从提纲开始，他都认真参与讨论，提出建议，对最终的文稿更是逐章逐节审阅、修改、把关。经过他修改的文章，果然增色不少！

由于工作关系，我和冶金经济研究所（后改名为冶金经济研究中心）的同志们接触较多，我也亲眼看到一些年轻人在信传以及其他老同志的带领和培育下，较快地得到成长，有的进所时还只有高中学历的年轻人，现在都已成为研究队伍的中坚力量。

历尽坎坷，终上坦途

信传出生于地主家庭，父亲是一位小学校长，后来自杀身亡，姐夫又被错误地打成"右派"。在那种历史年代中，不可能不对信传产生消极的影响。在上大学时，他曾经有一位相知颇深的女友，参加工作后，一直有比较密切的交往，但在那不幸的年代里，却被打成"极右分子"，发配到北大荒。尽管信传从心底深处不相信她会"反党"，但在当时巨大的压力下，最终只能选择"一刀两断"。这些事，以后都成为他历史上的大问题。好在他平时为人处世以及工作态度等都深为部领导了解，因此在每次运动中都能有惊无险地度过。

但是，在史无前例的"文化大革命"中，由于他的工作的性质，同部领导接触多，了解的情况多，就自然成为"造反派"关注的对象，都企图从他的嘴中挖掘出他们所需要的部领导的"反党"罪证。在这种情况下，信传所承受的压力可想而知。他也不可能不犯常人所犯的一些错误，这又给他带来新的压力。1975年年底，我调回冶金部，在政治部直属工作部，同信传在一个小单位里。当时我看到信传写的一篇文章，几乎是言必称"人民（日报）"言必称"红旗（杂志）"。一篇文章，没隔多句，就有一个括号，注明这句话的出处是在《人民日报》或《红旗》杂志的哪篇文章。当时给我触动很大，我觉得不像过去我所熟悉的信传的风格。我曾问过他，为什么要这样？他没有直接回答。这使我感受到信传当时心灵所受创伤的严重；或许这也是为时势所迫，用以对付那时政治环境的一种策略吧。

好在很快粉碎了"四人帮"，信传又焕发了政治上的青春。此后他勇往直前、义无反顾地为冶金经济研究事业献出了自己宝贵的一生，直至倒在发言的讲台上！

信传同志，安息吧！

2017 年 4 月 22 日

来源：《校友文稿资料选编》第 22 辑

王笠耘、袁榴庄夫妇

王笠耘、袁榴庄夫妇的清华情怀

■ 袁榴庄、袁叶口述　杨　帆整理

　　王笠耘（1927—2008），1945 年考入西南联大电机工程系。同年冬天，国民党在昆明制造了"一二·一"惨案。为纪念惨案中牺牲的四位烈士，于 1946 年转入外国语言文学系，仅用三个月的时间就写出了反映那个时代的小说《同命人》。1951 年到人民文学出版社工作，是该出版社的元老之一。1955 年担任现代文学部北方组组长，在工作中始终致力于帮扶边远贫困地区及少数民族地区发展文学事业，仅内蒙古一地就采风 20 余次，被誉为内蒙古文学的"奠基人"。一生编辑出版著作 200 多部，著有中篇小说《春儿姑娘》，长篇小说《她爬上河岸》，理论专著《小说创作十戒》，诗集《心花飘香远方》等。

　　袁榴庄，1946 年考入清华大学经济系，曾是学校排球队队长。1951 年到人民文学出版社从事编辑工作，是该出版社的元老之一，也是现代文学部唯一健在的元老。工作期间共编辑出版了 60 多部有影响力的作品，其中代表性的有长篇小说《海岛女民兵》。1973 年，这部小说被拍成电影搬上银屏，剧中小海霞的扮演者是著名演员蔡明。

　　袁叶讲述：

　　我父亲从小就酷爱文学，14 岁时就在报刊上发表文章。但是他报考大学的时候，就想将来当一名技师，报效祖国，所以他就报考了西南联大工学院的电机系。

　　考上电机系以后，他本想能安心学习，但是没想到 1945 年抗战胜利以后，国民党又发起了内战。那时候昆明西南联大，还有云南各大院校的师生召开了集会，还成立了罢课委员会，组织了纠察队。当时一个纠察队的队长叫张祖道，他后来成为中国摄影金像奖终身成就奖的获得者。他跟我父亲不是一个系的，但是因为都爱好文学，所以互相认识了。张祖道那个时候当了一个纠察队的队长，他召集了一帮湖南老乡，还有学校里的块头很壮的学生当了纠察队员。但是他没想到文弱书生的我父亲也来报名参加。我父亲在清华毕业的时候，还欠着体育课的学分呢！没拿满，你就知道他是什么样的体育水平。他们那时候拿着棒球棍，日夜巡逻。我爸爸回忆起当时的事情，常说的一句话就是"差点就没有你们了"，就是我和我弟弟。为什么呢？

就是 12 月 1 日那天，他们纠察队的队员，还有别的同学一起用桌椅板凳把学校大门后面都给堵起来了，而军警特务就往里面扔石头。后来有个军警特务就丧心病狂地拉开了一个手榴弹，手榴弹就在门外爆炸了，他们在里面只听见了一声爆炸声响。正巧那时候云南南菁中学的年轻教师于再从那儿路过，说："你不能往里面扔手榴弹！"这时候军警特务就把手榴弹投向了他，这就是"一二·一"惨案牺牲的第一个年轻人。这是 1945 年的事情。后来到了第二年，1946 年的时候，联大复员，清华、北大、南开恢复。我父亲回到清华以后，1946 年的 12 月 1 号，在清华举行纪念"一二·一"惨案的祭奠会。我父亲参加这个祭奠会以后心潮澎湃，又悲伤又激动，他那时就想，将来要写一部反映"一二·一"的长篇小说。他原来是工学院的，他为了要写小说，就转到了外国语言文学系。转系之后，我父亲曾经旷过三个月的课。他每天晚上自己一个人跑到一个特别大的木制结构的教室里头，教室里就亮着一盏电灯，我妈妈说连灯罩都没有，就是忽悠忽悠的一个灯泡。我父亲一个人就在那里写小说，晚上通宵达旦地写，写完以后，早上大家都去上课了，他一个人回宿舍睡觉。这样三个月下来以后，他写成了一部长篇小说，叫作《同命人》，讲述了一个青年华侨回国后，先到了沦陷区，然后又转到后方国统区，本以为到了后方就可以安全了，但是后来看到了国民党的很多黑暗面，最终他投奔了解放区。我父亲就是通过这个青年华侨的工作、爱情和生活，刻画出了一群同命人在那个动荡年代里的不同遭遇。这部小说一共写了 15 万字，当时我父亲年仅 19 岁。那时候他选修的课有当时很有名的教授李广田的写作课。旷课三个月以后，他把这部小说给了李广田老师。李老师看了以后不但没有批评他旷课，还表扬了他，同时还在班上对同学说明了他旷课的理由是创作长篇小说。他对这部小说很赞赏，就推荐我父亲把这部长篇小说在当时上海的《文艺复兴》杂志上发表。那个时候我父亲还选修了钱钟书老师的英文散文课，他把这个作品也给钱钟书老师看了，也得到了钱老师的肯定。

1951 年，我父亲到了人民文学出版社工作，1955 年他就担任人民文学出版社现代文学编辑部北方组的组长。他当组长以后，对组里的同事，比如家里孩子很多的人，我父亲就把他们分配在离家近的地区，比如北京片儿。而他自己选的都是些边远地区，内蒙古、新疆、青海等。我父亲仅内蒙古就出差了有二十多次，扶持当地的文学创作。他非常喜欢蒙古族人的粗犷、豪爽、朴实的性格，我

王笠耘 20 世纪 70 年代后期在采访内蒙古鄂伦春族时留影

出生以后，我父亲还给我起了一个"乌兰"的小名，蒙古语是"红色"的意思。在我父亲任职期间，在他的辅导和帮助下，这几个少数民族地区出版了很多长篇处女作，有不少获得了全国少数民族文学奖，还有一些获得了当地少数民族文学奖。内蒙古作协主席在大会上称我父亲为内蒙古文学的"保姆"，还有的作家称我父亲为"内蒙古作家之父"。他这一生编辑出版著作 200 多部，还创作了中篇小说《春儿姑娘》，长篇小说《她爬上河岸》，理论专著《小说创作十戒》，诗集《心花飘香远方》等。1980 年 12 月 1 号，纪念"一二·九"运动 45 周年和纪念"一二·一"运动 35 周年大会在人民大会堂举行，我父亲也去参加了。会场上，很多当年联大的学生们唱起当时联大的歌曲，我父亲听了以后非常激动。回来以后，他就向人民文学出版社提议出一本《一二·一诗选》，得到出版社同意后，我父亲就和他的同事到云南去收集资料。那是很难收集的，因为当时很多都是贴在墙上的，风吹日晒之后很快就没有了。所以他们走了很多地方，收集了不少当时非常珍贵的资料。我父亲编的这个叫作《诗的花环》，同时也是《一二·一诗选》的代跋。

后来我父亲退休以后，他打算创作三部长篇。第一部就是原来的《同命人》，他想改编以后再出版；第二部就是以"一二·一"为题材的小说，他从上大学的时候就想写这个小说；还有一个就是他想写一部反映"文化大革命"题材的作品，这个就是通过五个女劳教人员身边发生的事情，反映"文革"及"文革"结束以后的中国社会。从时代角度来讲，还是先写"文革"题材的比较好。然后我父亲就写了这部名字叫作《她爬上河岸》的长篇小说，一共写了 80 万字，后来又反复推敲，最后改成了近 60 万字。我父亲对自己的作品精益求精，改了又改，结果整整花了 16 年的时间。由于这部小说花的时间太长了，等他准备下一部，梦寐以求地想写的"一二·一"这部作品的时候，突然发了心脏病，就永远离开了我们。

袁榴庄讲述：

我们家出了五位清华人，除了我和我先生王笠耘之外，还有我的侄子袁随善（1938 土木）和侄媳妇成莹犀（1939 土木），还有一个侄女婿陈耕陶（1934 化学）。每次家里聚会，我们五个人总是凑在一起，其他人就说我们开"清华校友会"。其实我和清华的缘分是在更小的时候，大概在七八岁吧，那时候就是我侄子袁随善，他是清华大学土木工程系的学生，带着我们全家女眷来逛清华。当时给我

20世纪80年代初,袁榴庄（左1）与人民文学出版社社长韦君宜（左2）去南方组稿,与基层干部座谈

印象最深的,一个是大礼堂,还有一个是气象台。我们全家在大礼堂前集体照了一张合影,后来到气象台,上去以后,哎哟,这气象台怎么这么高啊! 当时的北京没那么多树,也没楼房,一眼望去就能看到北京城,灰蒙蒙的一片矮房子,这给我的印象特深。我逛了清华回去之后就想,将来我一定要上清华。说到气象台,1948年解放前夕的时候,那时候国民党反动派已经到了崩溃的边缘了,垂死挣扎。那时候他们对清华非常仇恨,派了好些特务,据说是要来打清华,当时我们都不敢进城,因为城里的军警一碰见清华校车就砸,就不让我们回学校了。后来我们女生宿舍,就是静斋,楼道两旁设了好多用树枝做的路障,两边都摆了很多。那时期我们女生就在静斋食堂吃饭,男同学晚上值班,在清华各地点守卫,保卫清华。女同学晚上去慰问、送粥,所以晚上我们就熬粥,大锅大锅地熬粥,热气腾腾,然后就派人去送。清华校园很大,派的又都是女同学,就两个人一块儿去,就派我和同学何淑贞一块儿去。可偏偏派给我们的那个地方是气象台,气象台我不是对它印象最深吗? 但是到清华上学以后,我没到气象台去过,因为我觉得气象台离静斋很远很远。而且当时的清华不像现在灯火通明的,那时候晚上灯光很少,所以路上很暗。我们俩提着饭盒,拿着碗筷,两个人拉着手走在路上,没有人,阴森森的,而且就见那个路灯照见两个黑影,更害怕! 路上也没见着一个人,因为好像是一点来钟了才去送。结果到了气象台,还没到那儿呢,就一声吼,把我们俩吓坏了。就是那男同学喊的,他也害怕,怎么来人了?

我毕业以后,正好1951年人民文学出版社成立,结果我就到人民文学出版社工作去了。在人民文学出版社现代部,我一共待了三十多年,一直到退休。我在里面做编辑工作,在小说组、散文组、理论组都待过,都是做编辑。现在,过了快七十年了,现代文学编辑部创始人只有我一个了。当时我编辑审稿一共发了大约有六十多部,我就说一个:《海岛女民兵》。那时候是20世纪50年代末,我们都要到各地去组稿，部里派我一个人到南京去组稿。那时候组稿就是到当地有创作地的组织，比如作家协会，等等。那次我就到了部队，南京军区的创作组，因为那里有创作人员。创作组里有胡石言，就是《柳堡的故事》的作者。我到那里跟他们了解，他们说创作组还有一个人，没怎么出书，而且现在生病，得肝炎住院了，见不到他。我一听，不行，我得去，我也不管什么传染不传染，就到医院去看他。到那儿以后，看见黎汝清正躺在病床上。后来我就说明来意，他挺兴奋，跟我到休息室谈了很久，给我讲他要想写这个《海岛女民兵》的故事，我越听越有兴趣。我跟他说，你病好以后，一定要写出这本书，交给我，交我们人民文学出版社。人民文学出版社当时也挺神气的，是国家一级出版社，而且黎汝清那时候也没有什么长篇。后来，他病好了，就给了我这部书稿。那时候长篇著作很少，有影响的更少，所以那时候也很缺剧本。这本书出版之后，各地的剧团纷纷拍成各种地方戏，演出的有十几个；外文出版社也把我们这本书要去了，翻译成外文，销售国外。到 20 世纪 70 年代时，这部作品被改编成电影《海霞》，当时演小海霞的就是那个蔡明。

我和王笠耘是在清华认识的，后来又一起到人民文学出版社工作。钱钟书教授曾经是王笠耘的老师，他写的《围城》解放前是在上海出版的。解放后，人民文学出版社想出版了。那个时候王笠耘已经是现代编辑组的副主任，因为他跟钱钟书的师生关系，就让他陪着一个编辑到钱钟书家组这个《围城》的稿。一见面之后，师生非常亲近，那个编辑就觉得他们怎么那么熟悉啊？这么多年了他们谈得这么热乎，而且还谈从前在学校的事：王笠耘想起当年钱钟书上课的时候跟他们讲的话，王笠耘就用英文说给老师听。钱钟书说，嗬，这么多年你还记得。那句英文的话如果翻译成中文，意思是说，钱钟书当年对同学们说，你们女同学，将来要搞对象，别找大作家，大作家有才，但是生活无情趣；小作家呢，生活有情趣，还有点才。说完他们一起大笑。钱钟书后来还给夫人杨绛说，嗬，几十年了他还记得，我都忘了。

*如今，已是耄耋之年的袁学长一直记挂着母校，她在采访结束之后又重游清华园，在初秋午后温暖的阳光中回忆起当年读书时的情景。在她娓娓的话语中，我们仿佛穿越时空，回到那个年代的校园，看到她，看到王笠耘，看到他们那一代清华人的执着与奋斗，感受着他们对母校的情怀！

来源：《校友文稿资料选编》第 21 辑

张其锟学长

张其锟：行胜于言　自强不息

■ 文爱平

莎士比亚曾说过："生活里没有书籍，就好像天空中没有阳光；智慧里没有书籍，就好像鸟儿没有翅膀。"规划专家张其锟走过的每一步，每一程，无不与书籍结"伴"而行。高中时，熟读曹禺的剧作，读英文原版的数理化教材；大学时，参加清华"秘密读书会"；工作中，广泛学习城市规划领域的新知识；"文革"下放农村期间，甚至买了一套农业书籍，钻研农业新科技；改革开放后，又一头扎进遥感、计算机等新技术的知识海洋中。

与书为伴，甘之如饴。正因有了书籍的滋养，他就像一根不老的常春藤，永远焕发着蓬勃的生机。已88岁高龄的他精神矍铄，声音洪亮，时刻关注城市规划新动态，熟稔遥感、GIS等新技术，紧跟时代节拍，日常生活中不断涌现的诸多IT新产品，都会玩、会用，难怪周边的人都亲切地称他为"现代化老头"。

苦难童年　师恩难忘

张其锟，祖籍江西新喻县（今新余县），清初移居四川，后定居重庆。1928年9月30日他生于四川遂宁，祖辈以经营药材为生。在战乱频仍的年代，偌大的中国几乎找不到一张安静的书桌。"我很幸运，求学路上遇到了很多好老师。"特别在1941年，张其锟考入重庆树人中学初中二年级。"它是中共地下党沙坪坝区的据点"，学校一共有三位来自清华大学的老师，其中两位是中共地下党员，甚至连学校的董事长夫人也是地下党员。他的班主任黄绍湘，是"一二·九"抗日救亡运动中的骨干，清华大学的才女，后来是美国史专家。"她既是我的班主任、英语老师，又是我的革命启蒙老师。"在张其锟的毕业纪念册中，她写下"不要做温室的花朵"的警句，让他牢记一生。也是从黄老师这儿，张其锟第一次知道了清华大学，并开始追逐清华梦。

1943 年，张其锟入读重庆清华中学。该校由清华老校友创办于抗战初期，曾任清华大学梅贻琦校长秘书的傅任敢出任校长，是他把清华的教育思想移植到中等教育，使其成为重庆的一所名校。"重庆清华中学所聘教员大多出身清华、西南联大或其他名校，有真才实学，且为人师表。"提起恩师，张其锟赞不绝口，他还为纪念傅任敢校长发起清华大学"傅任敢励学金"，以资助家境困难的大学生。

1945 年抗战胜利，张其锟正要上高三。这时，物价狂涨，不少商号、公司纷纷倒闭，父亲因此失业，无力支付孩子的学费。父亲到处借钱都无着落，张其锟陷入失望的深渊，一气之下得了急性胃炎，未及时返校。没想到傅校长托人带口信，问他为什么不到校报到。万般无奈之际，他找到傅校长说明情况，要求缓交学费。令他意外的是，傅校长立即同意，并在他的报告上签了字，这才办理了注册手续。

"重庆清华中学民主空气十分浓厚，是真正的素质教育。"他说，各党派的报纸学生都可以订阅，800 多位同学中订阅《新华日报》的就有二三百人。学校要求学生德、智、体、美、劳全面发展，在这种环境熏陶下，学生思想活跃，眼界开阔，逐步养成独立思考、实事求是、勇于创新的精神。

清华逐梦 革命救国

1946 年高考填报志愿时，出于对化学老师曾实的崇拜，张其锟同时填报了重庆大学、浙江大学和清华大学三校的化学专业，皆被录取。"我是这么想的，万一没有路费，就上重庆大学；如果能筹措到路费，就到外地念。"清华大学第二个发

张其锟学长（右）返校时与潘际銮（左）、滕藤（中）在一起

榜，正当他为学费发愁时，一位曾受过他家帮助的初中同学伸出了援手，助他踏上北上求学之路。

9月中，张其锟睡甲板、住难民收容所、遇台风、搭煤船，整整走了45天，终于抵达梦寐以求的清华园，但开学典礼早已过。经校医室检查，他患有"色弱"，不能念化学系，于是他转到物理系。当时清华有规定，理学院的学生必须选学一门社会科学课程，张其锟选了吴晗的"中国通史"，清华教务长吴泽霖的"社会学原理"，正是这两门课对他产生了深远影响。

美丽的清华园不是世外桃源，从1946年底的"反美抗暴"学潮到1947年5月20日的"反饥饿、反内战"运动，给不少同学带来深深的困惑。1947年5月23日，物理系1946级部分同学成立了"读书会"。"读书会取名为'戈壁草'，我们认为应当像戈壁草那样经得起酷暑严寒的考验，'戈壁草'的成员们也因而自称为'草民'。读书会首选读物为《大众哲学》。"张其锟是第一批成员。读书会曾多次在吴晗家召开学习讨论会。读书会开展了形式多样的活动，前期主要是切磋革命理论和联谊交流；中期则以发动"草民"们积极投入清华园内的学运实践为主；到了后期，他们全身心地投入到迎接新中国诞生的斗争中。

大二时，张其锟转入土木系。在读书会活动结束时，他被介绍到清华剧艺社，同读书会一样，这也是地下党领导下的一支特别能战斗的队伍。1948年8月19日，国民党强行进入清华园搜捕进步同学，部分剧艺社同学在去解放区途中被捕。他代表剧艺社和校方一起交涉、营救同学，还多次和社友一起到特刑庭草岚子胡同探监，送衣服、书籍等。清华成立迎接解放的文艺大队时，他是戏剧组的负责人。

1949年北平解放，需要紧急调一批在大学里从事文艺的骨干，组成北平市青年文工团，向广大青年宣传党的政策。3月5日，正上大三的张其锟被调出清华大学，到团市委筹委会报到，并成为文工团团部领导成员。6月，文工团受邀到中南海怀仁堂为新政协筹备大会召开做了精彩的演出，获得毛主席等中央领导同志的热烈欢迎。不久，他们被重新分配，张其锟从事工厂和建筑单位的青年工作。

规划释疑 还原历史

1949年北平解放，随即开始编制城市总体规划。1953年夏，张其锟调到北京市委，在北京市委副书记郑天翔同志手下当秘书。13年间，他亲历了许多重大的规划历史事件。作为见证者，他希望借此澄清一些世人误解，还原历史真相。

关于中华人民共和国成立后北京城市规划有不少争论，张其锟说："很多人认为是彭真同志与梁思成先生的争论，实际上党内高层的争论是最主要的。"1953

年第一个"五年计划"开始,不少工程纷纷上马,而北京的规划一直定不下来。当时北京市都市计划委员会既要应付当前建设用地和建筑设计方案的审批,又要制订总体规划。在这繁忙的情况下,市政府秘书长薛子正、都委会副主任梁思成先生组织了甲、乙两个规划方案。甲方案是华揽洪、陈干提出的,乙方案是陈占祥、黄世华提出的。严格说,这也只是一个土地使用草图,没有市政、铁路等专项规划。

为了加紧制订规划,不影响当前建设,市委不得不亲自成立一个研究甲、乙方案的规划小组。组长是郑天翔,工作人员从各有关局抽调,储传亨、张其锟都长期参与规划小组。市委邀请苏联城市规划专家巴拉金参加了指导。关于规划小组的工作,张其锟介绍,主要是在调查研究的基础上,邀请各有关部门一起制订规划,包括邀请中央部门如交通部航运局、铁道部设计局、卫生部等很多单位参与规划。规划方案始终贯彻彭真同志"城市规划要有长远考虑,要看到社会主义远景,要给后人留下发展余地"的规划思想。规划也把经济、社会、文物保护等问题都考虑了进来,是一个综合的城市规划。

规划领导小组在甲、乙两个初步方案的基础上,提出了《改建与扩建北京市规划草案的要点》。中共北京市委于 1953 年 11 月将方案报送中央,中央批转国家计委审议。国家计委党组于 1954 年 10 月 16 日对北京城市性质和规模提出不同意见:不赞成"强大的工业基地"的提法,认为人口规模大、道路过宽、绿地太多、人居居住面积指标 9 平方米过高、建筑层数应以低层为主,不赞成发展文教区等。由于争论激烈,中央决定邀请苏联城市规划专家来北京帮助规划。

1955 年 4 月,以勃得列夫为组长,由城市规划、城市经济、给排水、供热、煤气和公共交通专家组成的苏联专家工作组到达北京,协助进行规划工作。为此,北京改组都市计划委员会,成立都市规划委员会。市委组织工作班子,组建专业齐全的规划队伍。头一年大家基本处于学习阶段,听专家报告,在苏联专家指导下对过去的现状资料加以调查补充,动员全市力量详细调查了北京市的土地使用、工业、道路交通、园林绿化、市政基础设施等方面的现状。回想当时热火朝天的调查场景,张其锟难抑兴奋:"交通的 OD 调查(起点到终点调查),动员了将近 2 万人,对每个十字路口八个方向的行人、机动车、自行车进行调查。"这是北京史上最详细最全面的一次现状调查。第二年才在详细调查和原有的方案基础上,制定了新的方案。在此期间举行过两次大型展览会,广泛地听取了意见。

"苏联专家不仅关注长远的规划,一些重大的建设问题,我们也及时向他们请教。"张其锟以北海大桥的改建为例。第一个五年计划时期,北京市政府决定开辟第一条无轨电车线路。北海桥及两端道路由于现况复杂难于处理,成为改建的重点。苏联专家指导总体组制定新方案,也指导设计部门做出了保持原有风貌、改造旧桥的方案。苏联专家组还特意到现场踏勘、试验指导施工。针对市政工程计划无法统一安排，经常出现马路"开拉锁"的现象，雷伯尼科夫专家就提出联合埋设的施工方法，把污水管、雨水管等分层合理埋设，节约了大量的材料和施工成本。张其锟认为，在北京城市建设历史中，"有不少国际友人做过很多好事，他们是真诚无私的，我们千万不要忘记他们的功绩！"

现在有一种论点，好像一说起当年的苏联城市规划，就是落后的，只有欧美才是先进的。张其锟认为："这个观点是不妥的。有人说北京的规划是抄莫斯科的经验，其实并不是这样。"首先，欧美的城市规划专家对20世纪五六十年代的苏联城市规划经验也是肯定的。另外，在学习苏联城市规划经验时，我们并不是照搬照抄，而是结合了中国的国情。如苏联专家开始也认为东西长安街定的宽度太宽，天安门广场过大。市委领导多次和他们交换意见，并请他们参加劳动节、国庆庆典，他们也认识到中国人太多，最终同意了市委的意见。

关于中心城区"分散集团式"的发展模式未能实现，究其原因，张其锟认为，有规划部门控制不严的问题，但最根本的，还是我国城乡土地二元管理的土地管理制度所造成的。从1983年北京的遥感图像看，中心城区基本上还保持了分散集团式的格局。改革开放后，因鼓励乡镇发展企业，这些用地由农口批准即可实施，于是大量隔离空间被蚕食。当市政府发现时，为时已晚。

工业调整　质量第一

1958年，万里同志调到北京任常务副市长，并分管城市建设与城市规划。郑天翔同志改为分管工业生产与工业建设。张其锟又随之转移到工业战线的研究上。"北京的工业建设与城市规划关系很密切。有两个重大事件需要提及，一是在工业大发展时，如何坚守城市规划？二是北京工业发展方针的转型问题。"

"一五"期间，中央考虑到国防问题，决定京汉铁路以东不发展重大工业项目，因此在京建设项目较少。1958年中央成都会议上，毛主席才同意北京大发展工业。于是很多项目要到北京选址，都愿意离城中心近点。不少项目的筹备处负责人都是各部司局级干部，市规划局的干部应付不了。张其锟也给选址单位做工作。经反复动员，并带他们到新址查看条件，讲明优势，总算同意选新址。

与此同时，国庆10周年十大工程上马，施工力量、材料严重不足。到1958年7月份，开工面积达到300万平方米，其中1/3陷入停工、半停工状态。天翔同志提出"集中力量打歼灭战"的口号，对100多个工业项目进行分析排队。只把12个项目列为重点突击项目；48个中小型项目开工早，抓紧收尾，及早投入生产；剩下的40%的任务列入第二批；把污染严重的项目，如大化肥厂、大电解铝厂都停建了。建设局面较快地变被动为主动。

1961 年 5 月,毛主席在上海考察,肯定了上海提出的"高、大、精、尖"工业发展方向。天翔同志知道后,结合北京实际情况,提出北京工业应该把"大"字去掉,并提出"高、精、尖"以及精兵主义、精品主义的思路。为什么后来工业方针又演变为"高精尖、吃穿用、质量第一"?张其锟解释,天翔同志抓工业,除了抓冶金研究所,搞高温合金、导弹材料、电子工业等外,他认为在北京发展轻工业也很重要。北京的轻工业产品在当时也有一定的基础和名声,比如牡丹牌收音机、北京牌手表等。从"高、大、精、尖"到"高精尖、吃穿用、质量第一",张其锟认为,实际上就是要提高北京工业发展水平,把产品的质量放在第一位,这是北京工业发展方针的一个重要转变。

航空遥感 技术革命

城市规划研究内容涉及经济、社会、环境诸多方面,不仅要了解它的过去、分析现在,还要预测未来。改革开放后,张其锟潜心研究航空遥感与计算机技术,探索如何运用于城市规划领域,并取得突出的成果。

1979 年,张其锟调到北京市计算中心。这是一个崭新的领域,好在他的外文和理工科的底子还在,于是迎难而上,接受新的挑战。当时,中心已决定承担建设联合国援助中国的项目,筹建"北京国际经济信息处理与培训中心",张其锟被任命为国家项目主任。

1979 年 5 月,张其锟率团到美国,参加联合国开发署对该项目购买大型计算机的招标活动,并考察美国用户的计算机应用。他们访问了哈佛大学计算机中心,中心主任透露:"学校有一个战略性的决定,即今后所有学生都必须学习计算机,计算机要渗透到各个学科。"在参观哈佛大学图形工作室时,他看到把各种社会经济统计分析数据都标示在地图上,并打印出来,也见到了遥感图像。他马上意识到计算机技术可以应用到城市规划,也可以渗透到多个学科和各个领域。因此,项目采购中也订了数字化仪和绘图仪等设备。1980 年年底,大型计算机安装后开始运行。1981 年,北京市委领导参观培训中心,张其锟负责接待介绍。焦若愚市长认识他,知道他曾从事城市规划,就当面跟他说:"市政府要恢复城市规划委员会,你回来吧!"1982 年年初,他被调到北京市城市规划委员会任副主任,重新回到规划队伍。

回规委后,张其锟开始调查研究,在规划局管理处,他看到只有一些用得很破旧的地图,用铅笔标上拨地块。张其锟深深感到,改革开放后,北京建设规模逐年增大,用常规的办法根本无法完成这么大量的基础数据的收集和地图的更新，必须另辟蹊径。当时卫星遥感图像的分辨率还比较低，难于满足城市规划的要求。于是他到国家图书馆查阅国外文献，终于找到答案。美国南加州大学城市与区域规划研究院副院长布蓝奇教授，一位将遥感应用于城市规划的著名学者，明确指出城市规划主要还是要用航空遥感技术。方向明确了，但张其锟也深知要在北京开展这项工作难度很大。首先，北京是禁飞地区，必须经过中央批准才能飞行。其次，这完全是一门新技术，市领导不了解，城市规划部门也不熟悉。

正巧，地矿部领导之前专门出国考察了航空遥感的利用，并进口了大量设备，除了将遥感技术应用于地质方面以外，正考虑拓宽应用领域。经双方协调，邀请北京市和城乡建设部的领导参观了地矿部遥感中心，很快达成共识。两部一市联合开展"北京航空遥感综合调查"，代号"8301工程"，张其锟是负责人之一。尽管困难重重，但经过通力合作，历时四年，圆满地完成了任务。

项目调查课题多达41个，其中23项填补了北京资料的空白。由于课题众多，采取分课题分别鉴定的办法，完成一个鉴定一个，并向领导及时汇报，起到辅助领导决策的作用。如垃圾分布调查中，发现在750平方千米市区内，64平方米以上的垃圾达到5190堆，四环以外占到75%，揭露了垃圾包围城市的真相。市政府连夜召开会议研究解决。很多成果都引起了领导的高度重视，产生了积极的社会效果与经济效果。

最后，总成果在国家科委、国家计委联合主持下，进行了国家级技术鉴定，鉴定委员会的评价是："在遥感信息应用的深度和广度方面达到了国际先进水平。其成果对城乡规划、建设、决策、管理和立法等方面具有重大意义，值得大力推广。"1987年，该项目获得了国家科技进步一等奖、北京市科技进步特等奖。

从1987年起，张其锟担任城市规划学会新技术应用学术委员会主任，主持在城市规划界推广遥感与计算机技术应用的任务，前后达14年之久。2001年，他系统地总结了全国开展的情况与经验，撰写了《城市规划新技术的应用》一文，收录在中国工程院院士邹德慈主编的《城市规划导论》中。

立德立行 水木情浓

张其锟常怀感恩："我今天的一切，离不开党组织的培养与老领导的支持和帮助。"郑天翔同志认真严谨的工作作风深刻地影响着他；彭真同志的勉励，希望他能成为党内的城市规划专家；汪道涵同志的信任，当年赴美国考察前，送给他八个字："相机行事，授权于你。"张其锟以诸多老领导的期望为动力，经过刻苦学习与努力钻研，开拓出一条新技术革命的道路。

当然，真正深入张其锟思想和灵魂深处的，非清华精神莫属。他认为自己受

张其锟（右）与张维老师在国庆五十周年大庆观礼台上合影

益于清华通才教育的思想。当年，清华要求理科学生必修一门社会学课程，这对张其锟影响极大，后来做城市规划时，他不仅仅从实体规划研究，也会考虑到经济、社会等人文方面的因素。

不管身处顺境逆境，张其锟始终坚持学习。"文革"中，他被下放到顺义农村，先后阅读了作物栽培、农业气象、土壤、肥料、种子、农药等书籍。所以"别人下放是劳动，我是一边劳动一边搞科技"。他带领农民建立自己的接种室，培养出抗生素肥；他还引进杂交玉米、杂交高粱试种，均获得丰产。清华给予张其锟的不仅是一纸文凭，更是一种创新精神。正因此，已耄耋之年的他依然能紧随时代潮流，年轻人会玩的新玩意，他照样能玩，不少人都称他为"现代化老头"。

拳拳学子心，殷殷母校情。为回馈母校，自1996年起，张其锟发起、组织在重庆清华中学开展"清华情"助学活动，资助家境困难的高中同学。20年来，募集资金近20万元，共资助学生75位。为迎接清华大学校庆百年，他又参与和组织"解放战争时期老校友励学金"，资助贫困大学生。水木情浓，张其锟怀着一片赤诚的心，坚持用行动回报母校，回报社会。

来源：《北京规划建设》2016年第6期

王余初学长

一个清华人的一生

——怀念爱妻王余初

■ 许四复

我的妻子王余初于 2009 年 6 月 8 日突然去世。我们相依相伴六十余载，不免老泪纵横，悲痛难舍。特作此文以为纪念，并告诸学友。

我和余初相遇在西南联大的学生公社，我们在那里一起勤工俭学。余初来自北京。她于 1943 年中学毕业后考入北京大学物理系。她具有强烈的爱国热情，因不满日伪统治，于 1944 年毅然只身离开北京，以一个身无分文的弱女子独自跋涉数千里，经过战区，经年辗转，来到昆明，于 1945 年考入联大物理系。在联大以及后来在清华的日子里，她一边认真读书，也一边积极参加"反饥饿，反内战"的学生运动。她还是个多才多艺的学生：学生时代兴趣广泛，爱好滑冰、打球、唱歌，曾担任过被誉为"屡败屡战"的清华大学女子排球队队长。在 1946 年复校从昆明返回清华园的庆祝活动中，她在荷花池为师生表演花样滑冰，使我们这些南蛮子大开眼界。

清华于 1946 年复校后正式成立气象系，余初成为该系最初的学生之一。1949年毕业后，她到刚刚解放、百废待兴的东北，投入到祖国建设事业中去，先后任职于沈阳中心气象台、中央气象局气象科学研究所、山西气象科学研究所，历任预报组组长、研究组组长、技术指导组组长、研究室主任，中国气象学会理事、山西气象学会理事长、山西省政协委员。余初从事气象科学研究 40 多年，为祖国的气象预报工作奠定基础，培养了大批中青年科技人才，先后发表过大量论文。20 世纪 50 年代主持编写了我国第一版《天气预报工作规范》；80 年代主编《山西气象预报手册》，并主持国家重点科研项目《可能最大暴雨的研究》。她还创办了《山西气象科技》杂志并多年担任主编。她治学严谨，曾多次获科技研究成果奖。

余初以"自强不息，厚德载物"的清华校训为座右铭，一生勤勤恳恳，任劳任怨，不计报酬，埋头苦干，并以此教育子女。我们一家以清华为荣，以清华精神为荣。三个子女中有两个曾在清华就读，也与清华结下不解之缘。

顾廉楚学长

我们的电力电子追梦记

■ 顾廉楚

新技术的时代潮流

1958 年国家拟建大剧院，开展招投标工作，我校以我们擅长的磁放大器方案去竞争剧院的灯光控制，此方案被国务院主管单位否定。虽然磁放大器有可靠性高、无触点等优点，但体积庞大，需要为灯光控制另盖一座小楼。主管方了解到国际上正在研制大功率半导体器件，有望代替磁性元件实现灯光控制，准备等待将来采用更轻便、体积更小的方案。这件事给我们留下了深刻的印象。

20 世纪 60 年代初，我系钟士模教授赴欧洲参加国际电工技术学会。回国后在向我们传达会议情况时特别提到，他在学会举办的科技成果博览会上，看到一种会有划时代发展远景的研究成果可控硅元件（现正名为晶体闸流管，简称晶闸管）。在此之前，国际上的半导体器件技术只在通讯等微小功率领域发展。尽管展出的可控硅元件只有几十伏、几安的量级，但与会学者估计它在功率上的发展是极有希望的。这个时期在电力工业中被广泛应用于功率控制的还只有离子类型的电子元件，如闸流管、汞弧整流器等器件。这类器件用于构成交通、电镀、舞台照明等大功率设备时，往往体积庞大，维护工作量大。器件中的水银等物质对环境污染也很严重。因此国际上对可控硅这种固体器件普遍寄予厚望。此后技术发展的历史表明：可控硅的出现标志着电力工业中半导体代替真空和离子器件的开始。

半个世纪过去了，可控硅元件已不负众望，发展成一个完整的、多品种的半导休器件系列，统称电力电子器件。它们的功能是变换电能的电压、电流、频率等参数以适合应用的需要，并同时满足产品高效节能、体积小、环保等要求。以电力电子器件为主体，配上相应的微电子集成电路提供控制信号，就能组装成名目繁多的电气设备。小的如超市中的电饭锅、微波炉，大的如在全国地面上奔驰的高铁动车。我国领先于全世界的 500 千伏超高压直流输电技术能将巨大的三峡水电站发出的电能用超高压直流输电设备送到 1000 多公里外的上海。电力电子这个行业已成为我国的重要能源产业。

紧 紧 跟 上

下面回到 20 世纪 60 年代，回顾我国和我校的电力电子这条路是如何走过来的。

这种可控硅器件首先在发明国美国的 GE 公司出现，随后欧洲的许多公司紧随其后。在中国国内也迅速组织人力物力跟上。1958 年国家在北京大学组织黄昆、谢希德等一批海归半导体专家开办半导体学习班。学员由各大学物理系学生中抽调，毕业后分配到科学院和各工业部的研究机构中去开创半导体事业。第一机械工业部聘用的这批学员在北京的电器研究所组成了面向工业应用的大功率半导体研究室。这是国内这方面创业的先锋单位。到 20 世纪 60 年代初，已有电流量级在数十安、电压数百伏的可控硅元件出现。国内的工业部门、高等院校和研究单位都为之震惊和欣喜。于是冶金建筑设计研究院、铁道科学研究院等单位纷纷跟上，成立了大功率半导体器件的研究室。清华大学电机系的电磁自动装置教研组也闻讯关注这方面的发展。北京市工业局敏感地注意到这个重要的发展方向，并于 1964 年左右先后成立北京变压器厂可控硅元件车间、椿树整流器厂、北京整流器厂等生产单位，并且都得到各研究单位的支持，发展很快。全国各地如雨后春笋般开办可控硅厂，一时形成一股"可控硅热"。

20 世纪 70 年代初期，机械部将电器研究所中的可控硅研究室迁往西安，扩大成西安整流器研究所，并将与之相邻的西安整流器厂的产品方向由汞弧整流器这类离子器件转换为可控硅及二极管等半导体器件。

我教研组在 1966 年开始因"文化大革命"停止一切教学科研活动，直到 1972 年在工人宣传队进驻学校后成立的革命委员会领导下，才开始恢复。我们选择了建立一个可控硅校办厂作为开门办学的结合点。在校方少量资金的支持和北京变压器厂等厂家的帮助下，我教研组全体老师和工人师傅全力以赴，在几个月的时间中自己动手建立了全部工艺装备和测试设备。投入生产后当年即制成数十安、数百伏的普通工频用的可控硅样品。为了发挥高校的科研能力及填补社会上产品的空白，我们选择了高频及快速可控硅作为我厂的发展方向。1973 年年初研制出这类产品的样品，通过测试并向高频炉的生产厂及军工制造通信设备的工厂提供元件。

面对提高耐压的挑战

1973 年 9 月，冶金部引进国外 300 小型轧机，其电力传动装备的核心部件为 2500 伏电压的可控硅元件。为了以后能用国产的元件替换这种消耗性的产品，冶金部要求机械部能生产并大量供应这种规格的元件。但当时机械部所属全国所有这个行业的工厂及研究所只能供应最高电压达到 1000 伏的这类器件。于是机械部把全国在这个行业已显示成效的制造厂和高校的技术骨干抽调到西安整流器研究所进行 2500 伏高压可控硅的攻关会战。

1973 年 9 月初，我在自动化系的可控硅生产线上工作。尽管"文革"前我曾是电器教研组的主任，但这时是"文革"中成立的"革委会"当家，我只是一个无官一身轻的教师，职称是副教授。一天，"革委会"主任找我谈话，要派我代表清华大学去参加一机部组织的"可控硅攻关会战"，时间一年。尽管那时我爱人已随分校去四川绵阳，我仍把八岁的女儿托付给岳父母照顾，准备上路。我只提了一个要求：让我延后一个月报到，以便在北京收集有关可控硅的资料，因为我估计西安的科技情报条件没有北京好。

整个九月份，我逗留在清华、北大的图书馆和北京图书馆中。一个月的准备工作是很有成效的。所收集的材料对于了解当时可控硅发展状况、以后的分析计算和在攻关组的讲课都是很有用的。

十月初我如约赴西安。先住在西安火车站对面的一家旅馆，灯光昏暗，没有写字台；同室人员更换频繁；环境嘈杂，无法工作。后来安排到西整所职工宿舍，从此，安居乐业，全力以赴投入攻关。

攻 关 伊 始

进入攻关实验室的第一天，见到了早我一个月报到的各单位同志和西整所的同志。主办单位西整所安排一室承担主要攻关任务。其他室与之密切配合。一室的室主任为蒋荣舟（系我校校友），攻关组成员见附表。

单　　位	攻关组成员
西安整流器研究所	孙成泰（组长）、周希彦、瞿世秀（女）、郭宝珠（女）等六七人
北京变压器厂	土崇喜
上海整流器厂	张美华（女，组长）、小王师傅
北京整流器厂	高大江、陈宗人
清华大学	顾廉楚
华中工学院	余岳辉、陈涛

攻关用的实验室是用木板搭成的一排临时房。实验室外是一片基建工地，有风时尘土飞扬。这和现在正规的超净半导体生产线有着天壤之别。所里的资料室几乎不能提供什么可资参考的图书资料。只有一套作为技术引进，从日本购买的可控硅研制报告还给攻关组帮了点忙。所幸攻关组的人员有着强烈的爱国心，大家团结合作，克服困难、勇攀高峰。没有超净厂房，就进行局部超净改造；资料文献匮乏，就去西安交大图书馆、陕西省和西安市的图书馆和科技情报所查阅。

初 战 受 阻

攻关组人员在 1973 年 9 月集中，随即开始研制。参加攻关的各单位都进行过可控硅的研制和生产，其中最早开始研制并且经验最丰富的是西整所。于是一开始就在西整所原有 1000 伏左右可控硅数据的基础上，根据 2500 伏耐压的目标调整这些数据，然后小批投片、试制及测试。如果不成，再调整某个参数，投片、测试。总之一句话，完全靠经验指导试制工作。但是这种研制方法在大约三个月的期间没有带来明显进展，倒是有时还给攻关人员"泼冷水"。

例如，从理论上讲，要提高电力半导体器件的耐压，必须提高硅片的电阻率，因为用硅片制成的 PN 结的击穿电压是随电阻率的增大而上升的。于是攻关组千方百计去四川峨眉山半导体材料研究所购得电阻率在 $100\Omega cm$ 以上的区熔单晶，这是该所的最新研制的成果，也是当时全国的最高水平。得到这样的材料真是如获至宝。于是攻关组按以往成功的参数（片厚、扩散数据等）及工艺流程将这批高电阻率的硅片投入试制，满心以为耐压会显著提高。谁知事与愿违，测试结果显示：用高电阻率硅片试制出来的可控硅，其耐压反而显著低于用原来电阻率硅片试制的耐压。原来采用 $30\sim40\Omega cm$ 电阻率的硅片试制出的可控硅耐压水平可达 1000 伏左右，而用高电阻率硅片试制的只能达到 600 伏左右。

在这种情况下，攻关组的人员都在探索下一步该怎么办。当我和室主任蒋荣舟讨论这个问题时，我说单纯靠实验去获得提高耐压的途径，实在太漫长了，代价也太高了。因为可控硅毕竟不是硅片制成的单 PN 结器件，它是由三个 PN 结组成的相互关联的一个多参数小系统。用单纯经验的办法去获得耐压指标，简直是缘木求鱼。我建议必须对取得的大量投片数据（不管是成功的还是失败的）进行分析计算，提高到理论高度，然后对下一批试验片进行综合设计，再投片。如此在理论指导下的实践，经过几个循环，才有可能达到预期的目标。

蒋说，我同意你的观点，但你不了解所里的情况。1973 年正值"文化大革命"

中期，各单位都经历了群众运动的冲击，西整所也不例外。原来的许多科研和行政机构的骨干，如组内的周希彦同志（北大半导体学习班毕业），此时都因受到批判"靠边站"，低调地工作着。他们宁可整天搬药瓶、清洗硅片、看炉子，而忌讳查资料、分析、设计。

蒋的结论是：这些同志不是不能干，而是所内的政治空气不让干。但是谁来干攻关中的理论工作呢？谁去对着"文革"的群众批判开"顶风船"呢？这件事只能由清华、华工等高校来的人承担。远来的和尚好念经嘛！所里群众及领导对外来人员毕竟要客气些。

就这样，决定由我来承担可控硅耐压攻关的理论工作。

有趣的是，迫于当时的政治气氛，我这位"远来和尚"也不能堂而皇之地全时去进行理论分析工作，只能在业余时间进行。上班时间仍和大家一样从事试验片的工艺工作。我只能在平时下班后，或是在西整所轮休日去西安交大、省市情报所查资料或分析计算。这件"业余"工作比上班还累。因为当时还没有复印机，收集资料不得不靠手摘抄。也没有计算机，大量数据计算只能靠室主任蒋荣舟提供的一把 KE 矢量计算尺。

渐 入 佳 境

整个攻关组也认识到在投片、测试的同时，必须加强有目标的分析研究。此后攻关组内除由我承理理论分析之外，余岳辉和陈涛负责研究寿命控制，孙成泰、高大江、陈宗仁、王崇喜、瞿世秀、周希彦等负责研究制片工艺。全组分工合作，集中参战单位长处，从多方面入手，攻关工作进入一个新的阶段。

我对过去几个月所积累的实验数据进行了分析计算，找出了许多怪事的原因。例如，前面讲到的用高电阻率硅片研制可控硅反而得到低耐压这样的怪事的底细就被查出来了。原来我们保留原有参数（包括片厚、扩散深度等等）不变，只把硅片电阻率由 30 ~ 40Ωcm 增加到 100Ωcm 以上，由于在同样电压下可控硅长基区中空间电荷区的展宽变大了，因此在加正反向电压时都在较低电压下穿通而表现出电压转折。如要实现可控硅应有的非穿通导通或转折，就该相应加大长基区的宽度，也即加厚硅片。

经过大量的分析计算，我拟定了一套可控硅的设计方法，综合满足普通可控硅在耐压、正向压降、触发特性等方面的技术要求。经过几次修正，攻关组已经可以在投片前先设计。投片、测试后的数据又可以和预先设计的核对。然后再进行下一轮的设计、试制、测试循环。这样又经过两个月的工作后，攻关组基本上研制出一机部规定的 2500V/500A 的可控硅，同时还形成了一套成功的工艺和设计方法。更重要的是培养了参加攻关任务的技术干部。这些丰硕的成果不但对主办单位西整所有促进，对于参加攻关的各单位也有明显的提高。

攻关组在 1974 年春节基本完成攻关任务，剩下的事是在该年 9 月前通过小批量生产巩固完善攻关成果。1974 年春节前，主办单位西整所向一机部科技司汇报了初步成果，并组织攻关组到广州、上海等地参观、调查、与同行交流经验。临行前，当时西整所革委会主任贾云飞同志（原上海华通开关厂的工人师傅）找我谈话，希望我能调到西整所加强研究力量。我感谢他的情义，并表示西整所的人才很多，像组内周希彦同志就是一个杰出的人才，完全有能力完成攻关任务，所里应该好好地依靠他们。我没讲出口的潜台词是：所里应该解除他们精神上的包袱。

1974 年春节后，我因清华自动化系教学上的需要没再去西安继续攻关，但仍关心攻关组的进展。

成 果 共 享

1974 年 4 月，一机部科技司准备在广州召开攻关成果全国推广会。会上拟由西整所的孙成泰同志报告制造工艺，由我报告可控硅参数设计，并由一机部情报所编辑成专著分发给与会单位，随后在全国发行。

当清华大学自动化系接到一机部的会议通知后，随即让我准备与会论文《可控硅参数设计》。我根据半年中的攻关积累的材料和春节前广州、上海之行的报告提纲详尽地完成了论文写作。论文交付革委会后，遇到论文作者具名的问题。按当时的政治气氛，个人具名不是负责任的意思，而是资产阶级名利思想的表现，为了避免遭遇麻烦，我把作者栏空着，留给革委会去填。革委会填上了"清华大学自动化系"，但后来被一机部情报所的责任编辑路继广同志改成我的名字出版。自动化系革委会提出的另一个问题是由谁到广州出席这个推广会。一机部科技司来函上指名道姓要我去参加并做报告，但革委会告诉我派另外的人去。我说无所谓，你们决定好了。随后革委会把决定通知一机部科技司，接电话的熊副司长斩钉截铁地以嘲讽的口气说："不行！你们有困难的话，我们派飞机到学校门口把他送去广州。"革委会只好同意派我去。

我是一个党员，但我又是一个副教授，革委会眼中的"反动学术权威"。他们要用你，但又不放心，莫名其妙地时时处处防范着你。

1974 年 4 月，攻关成果全国推广会在广州如期召开了。会议由司长贺天枢主持。会上由西整所的孙成泰同志报告制造工艺，由我报告参数设计，并分发了由一机部情报所出版的包括以上两部分内容的专著。出席这次推广会的有200人左右。当我和孙成泰相继报告时，听众非常专注，会场寂静无声。这是自"文革"以来久违了的场面。我站在讲台上感慨良多，心想，"文革"中喧嚣一时的对文化、科技的批判哪儿去了？群众对于国计民生有用的文化、科技这种渴求的态度就是对"文革"的有力反驳。现在我站在全国电力电子行业200多听众面前，觉得多少排解了心中郁积的闷气。我的报告说明"臭老九"不但无罪，还是有能力为国为民造福的，是受尊重的。报告结束之后，不断有听众来答疑、讨论。接连两天我的房间来人不断，直到接近夜半零点。我体力上虽累，但精神上极受鼓舞，似乎又见到了"文革"前勤奋好学的学生。

"提高可控硅耐压"攻关成果全国推广会后，攻关组在随后的半年中继续改进工艺及设计，提高批量生产的成品率，许多与会单位都可自己设计不同耐压档次的可控硅元件，并改进了生产工艺。广州电器所甚至设计和试制了高达万伏的可控硅，但当时因某些动态参数不合要求而不能形成产品。

这样，经过一年的奋战，攻关组圆满完成了机械部交给攻关组的任务，研制并批量生产出2500伏的器件，形成了一套有效的工艺流程，并且创立了国内首次从给定元件参数到结构参数的一套完整的设计程序。我国的可控硅元件制造业摆脱了盲目仿制阶段，进入到能自主设计的阶段。

迎接行业的春天

攻关会战结束后，北京首先在技术交流站由北京变压器厂、椿树整流器厂、北京整流器厂、冶金部自动化院、铁道部的铁科院和清华大学等单位组织了可控硅培训班，提高技术人员的专业水平，并由人民教育出版社出版了以培训班专题系列讲座为基础写作的专著《可控硅整流器的原理与设计》。两年后，"四人帮"垮台，"文革"的噩梦结束。培训班又连续办了好几年。此时，东北、华中、华南、西南、西北也相继开展了行业中的培训活动。我们的工作大大提高了全国各厂的产品水平并增加了品种。1980年成立了中国电力电子学会。这些活动为电力电子行业的蓬勃发展带来了鲜花烂漫的春天。

1982年4月，第一届国际电力电子学会（IPEC）在日本东京召开。我国派由贺天枢、张为佐、周胜宗、顾廉楚四人组成的中国代表团前去参加，并与国际学会建立了学术交流的关系。

电力电子厂在清华

让我们回来继续讲电力电子在清华的命运。

我们在 1973 年办起来的可控硅元件车间作为清华自动化系（"文革"中电机系部分专业分离出去后成立的系）的校办厂，每年的销售额达到三四百万元。除了可作为学生的教学基地之外，其利润也作为学校的一笔收入。

1976 年 10 月"四人帮"垮台后，"文化大革命"结束，到 1978 年清华面临又一次大调整。自动化系拟以信息技术和控制理论作为主攻方向，并撤掉所有校办厂，把人力集中到这两个主攻方向上去。显然，可控硅元件车间在被撤之列，于是办了五年的校办厂至此结束，人员也都进行了重新安排。

幸运的是，清华的核能技术研究院（即 200 号）在同时大调整的过程中为我们创立的成果找到了出路。事情是这样的：核研院在大调整中被撤去原来集中人力在进行的核电站项目。此时不但遣散了大量人员，并且研究院的经费也发生危机。院长吕应中在寻找新项目的过程中，在美国的密苏里大学参观核反应堆时看到他们正用核辐射为硅单晶掺杂。询问之下，了解到这种新单晶材料是用来制造高电压大功率半导体器件的。吕院长敏感地觉得这是核技术应用的一个很有发展前景的方向。回国后他派人广泛调查国内大功率半导体器件的研制和生产状况。在西安整流器研究所调研时，他们惊讶地听说清华大学自动化系就是研究和生产这种器件的单位，而且搞得很有成绩。于是吕应中即来和自动化系联系。经双方协商，自动化系同意将可控硅全部技术无偿转移到核研院，有关技术人员也在核研院兼职协助院方培训人员及新建车间。校领导支持核研院 20 万元作为开办费。核研院在昌平 200 号基地成立了电力电子厂，由陈永祺担任厂长。并组建了功率电子研究室，聘请我为室主任。电子厂和研究室在 1980 年夏成立，并经营至 21 世纪，现已改制，成立公司继续发展。

在二十余年中，电力电子厂建厂初期，每年即为核研院贡献数百万到一千万元的经济收入。后来在高频、快速可控硅元件的基础上开展了冶金工业用的高频炉及整套的生产线制造并供应市场。中间有段时间曾为学校每年创收数千万元。这笔收入成为核研院支付班车运行、职工奖金等日常开支的重要来源，保证核研院渡过了调整时期最困难的时光。

与此同时，功率电子研究室也培养了陶峯峯、王晓彬、张清纯、肖丽瑛等五位硕士研究生，开创了电力电子模块新产品，研制出了获得国家科技成果一等奖的高频晶间管等新品种器件，创立了利用核反应堆为硅单晶掺杂和控制元件少子寿命的新工艺等成果。王晓彬在已有设计理论的基础上，编制了一整套计算机设计晶闸管的应用程序，并用它设计和试制出多种晶闸管。后来她去美国南加州大学碳化硅材料研究室攻读博士学位时导师请她作为讲师为研究班讲授电力电子器件课，并给予高于一般研究生的待遇。

由于清华在电力电子技术方面的贡献，中国电工技术学会电力电子学会自1980年成立之日开始即选我为副理事长（理事长由挂靠单位西安整流器研究所所长担任）。离休后，又授予荣誉理事称号。同时，在北京成立电力电子学会北京分会时我又被选为分会理事长。这些表彰都是电力电子学术界给予清华的荣誉。

许汉祥 刚从清华毕业，分配到轻工业部。当时新中国刚成立，为统一国家计量标准，派他去接收原日本人留下的生产计量器具工厂

扎实基础　不断学习　努力创新

——接待清华机械系同学们访问记

■ 许汉祥

2009 年 9 月，接到清华校友总会通知，为筹备清华大学百年华诞，特地组织了"清华大学百年校庆校友访谈"活动，拟组织机械系团支部同学前来天津访问我，并发来了访问提纲。我感到有点意外，因为我这一生也没有做出什么值得访问的突出成绩来，同时又感到非常高兴，因为我平时就喜欢和年轻人交流，而且我恰是清华 1949 年建团时机械系 50 级团支部第一任书记。因此，同意并欢迎这次访问。

10 月 2 日上午，清华机械系 73 班青年团支部张宏威等十位同学按时到了我家，同时还带来清华百年校庆准备的几样纪念品。

依照要求，首先我扼要陈述了遵照国家统一分配离开清华以来的主要历程和自己的几点体会。似水年华，转瞬已是耄耋之年，回顾自己工作将近六十年的过程，可以说没有辜负党和清华的培育与期望，真正做到了"革命的螺丝钉"，无条件服从党、服从革命，只要工作需要，组织要我到哪里，要我干什么，我都愉快接受和上任，从无二话，并且努力钻研下去，干出一定的成绩来。

从我近六十年工作单位性质来讲，先后有中央国家机关、生产工厂、基建单位、科研和设计院所。从地区来讲，我先后被调到北京、天津、郑州、北京、固安、太原，最后又回到天津。从专业来讲，由机械到化工，再回到机械。从行业讲，先后涉及度量衡、油脂制备、日用化工、轻工机械、发酵、香精香料，以及相关的环境保护（曾任轻工业环境保护学会常务理事，兼轻工环保学会机械设备专业委员会高级顾问）。从业务性质讲，不仅从事技术性较强的生产技术、设计、

747

科研、基本建设，还分管过计划、财务、销售，以及领导单位的政治运动（"三反"运动）及政治理论学习。在轻工业部里还搞了好几年的长远规划，编写了我国《油脂化工行业历史资料汇编》，执笔起草了全国《洗涤用品 1963—1970 年技术政策》和《洗涤用品 1963—1970 发展规划》等。

几十年来，不论到哪里，不论承担什么工作，由于年轻时在清华"自强不息，厚德载物"校训的熏陶下，打下了较好的心理素质和业务基础，都能做到干一行，爱一行，钻一行，干好一行。

当然，像我这样"折腾"的经历，从现今科学用人的观点来看，也不大合理。但是，由于当时历史和现实的原因，也不足为奇，今后社会也不允许这样。当然，人的一生中，从事的专业、地区、业务性质的一些变化，也是难免的。所以，20 世纪 60 年代，有一次我回清华，当时正在讨论教学改革，争论焦点之一是走苏联教育路子（专业分得很细），还是走美国教育路子（重点抓基础教育，又称"通才教育"）。应校党委副书记何东昌之邀，我去他家里，讨论了这个问题。我根据自己工作十几年的经历和体会，明确支持通才教育。事实上大学四年如果专业过细，不可能适应毕业后在社会上工作几十年的各种需要，何况事物还在不断地发展。我们班毕业的八十多个人也是如此。当时中华人民共和国成立初期，百废待兴，各行各业都亟需建设人才，尤其是高等院校。我班将近二十人分配去了各大学院校，后来大都成为机械行业的著名教授、专家。如周尧和，铸造专家，全国铸造学会理事长，国际铸造学会主席，中科院院士。章燕申、严普强则是我国最早从事陀螺仪研究的专家。国家要创建第一汽车厂（之后含拖拉机、坦

2011 年清华校庆，1950 级机械系返校学长与学生志愿者合影。站立 1 排左 5 为作者许汉祥

克等行业），国家抽调我们机械系老师孟少农（庆基）负责筹建，我们班就调去了十几个人，之后还有好几个同学也转到这个行业，像竺培耀、谢渊、张日骞、冯献堂、李龙天、徐培孝等，后来都成为一汽、二汽、北汽、南汽、轴承所等的副总、总工、总设计师、厂长、董事长。范国宝分配到修造坦克的 618 厂，还帮助倪志福发明了闻名世界的"倪志福钻头"。华国柱则是中国农机研究院院长、国际农业工程学会理事。其余的同学又占全班将近一半，则遍布各个行业，从钢铁、有色金属、轻工、纺织、石油、化工、气象、林业到航空、航天、海军、磁盘驱动、雷达、枪炮、原子能、公安，以及军委总参等，各行各业干什么的都有。几十年来，很多人工作行业也有不少变化，例如吕应中在 20 世纪 60 年代初负责筹建清华 200 号工程，从而成为我国原子能专家；周文盛一辈子从事雷达研制，担任了雷达所所长，雷达局局长；孙庆增，1951 年就去 26 所（我国研制出国内第一台大型高速电子计算机的研究所），后来任副所长；刘祖忻、王尔康到我国驻捷克、英国使馆从事外事工作；刘培年、黄广泰分到国家保密局工作；史光筠毕业多年后回清华，却任外语系教授；韩惠康、程贯一、顾士芬、季鑫泉、施引等则毕业前就直接参加了海军等。由于在清华学习期间打下了扎实的业务基础，锻炼了社会活动能力，所以在各自从事的领域里都有所建树。

在介绍了我班同学和我自己的简要情况后，同学们先后提出了一些问题。大家最关心的是两个问题：一个是在当前激烈竞争的就业形势下，认为机械行业是个老行业，担心毕业后工作的出路和前途问题；另一个是当前在校期间如何努力的问题。我根据总的国民经济和技术发展形势以及自己的经验和体会谈了一些看法。

首先，我认为不论国民经济和技术发展到什么阶段，各行各业都始终离不开机械制备行业，关键是我们自己是否跟得上经济和技术发展的形势，及时根据需要，不断学习，不断努力创新。我以我们天津轻机公司所属天津包装机械厂生产的 30 型包装机为例，我国包装机技术原来非常落后，基本上都是手工操作，该厂最早是引进了国外样机，经过仿制，消化吸收，不断创新，形成多种适于粉剂、颗粒产品的包装机械，提高效率几百倍，行销全国，1987 年荣获了国家金奖和莱比锡国际博览会金奖。即使不说创新产品，有些高精尖的机械制品，例如新式飞机发动机等，至今我国机械制造行业仍较先进国家落后。

至于个人，在学期间要充分利用在清华优越的学习条件，打好人生基础。不仅是学术方面，应该包括德、智、体全面发展。我的性格原来很内向，也从未参加过社会活动，进清华后，经历了历次学生运动，先后参加了寒补班、读书会、识字班、职工夜校和国乐社等社团活动，后来参加了地下组织"民青"和党组织，而且有幸担任了经历北京解放前后的第五届学生会康乐部部长和 1949 年我国建立

749

青年团时清华机 50 级团支部第一任书记，不仅奠定了我的人生观和政治方向，而且大大改变了我的性格，锻炼了我的工作能力。从清华毕业，分配到国家机关轻工业部后，不到两个月就参加接管和承担一个国营工厂的实际领导工作，而且做出了一定的成绩。机 51 级毕业时，机械系李辑祥主任还特邀我回学校向同学们做过经验介绍。

我的体质原来较弱，中学毕业时校长给我的临别题词中还专门关照我："学习固然重要，身体尤为重要，必须有强健之体魄，辅以渊博之学问与高尚之品格，方可以造福于人类。"进清华后，在以马约翰教授为首的重视体育的氛围环境中，尤其是我任康乐部部长期间，更多地受到马老师的直接教诲，因此始终坚持体育锻炼，身体明显强健。几十年来，不论工作多忙，始终坚持锻炼，至今未改。

另外，关于在校几年的业务学习，正如前述介绍我班同学几十年的经历来看，当然仍应着重于本专业的基础知识。至于个人如有充沛的精力，同时学些自己感兴趣或专长的其他知识也未尝不可。这里，我再谈谈自己。

说来有趣，在中学时，我特别喜欢化学。报考清华、浙大、北洋、同济，全部是录取的化工系。择校报到时，因中学同窗好友黄广泰、周文盛均去了清华机械系，在他们的鼓动下，我入学清华报到时随即转到机械系。1950 年大学毕业参加工作后，只干了几年机械制造工业，组织上却让我转向化工，并且一干就是四十多年。我的科研成果，如获轻工业部重大科技成果奖的"氧化蜡水洗设备的改进"（即转盘塔）和获国家科委、计委、经委共同颁发的国家科技进步集体一等奖的"轻工业环境保护技术政策"等都是化工方面的。1982—1983 年，我负责组织和指导编订的轻工业部重要科研项目"合成脂肪酸，合成洗涤剂污染物排放国家标准"（GB3547—83，GB3548—83）获部科研成果二等奖。发表的 60 多篇学术论文，也大都是化工方面的。1984 年后我虽然又调回机械制造行业，主要从事机械制造工作，但是仍有不少化工行业的工作，仍兼任中国轻工环境保护学会常务理事、轻工环保学会机械专业委员会高级顾问、天津轻工业化学所顾问等职务。好些化学方面的学术论文也是在归队（机械）后写的，所以我认为，在学校里的学习主要是打好基础，不一定也往往不可能囿于一个专业。

在无拘无束的交谈中，时光飞逝，大家只得依依惜别，相约再见。2010 年 4 月 25 日，我回清华参加"1950 年级毕业 60 周年欢聚会"，有机会又一次见到来访的几位同学，并一起照了相。我衷心盼望他们这一代清华学友们茁壮成长！

来源：《清华校友通讯》复 64 辑

周际参、周全学长夫妇

终身献给党

——怀念周际参

■ 周　全

　　每年，清华外文系 1951 届在京校友都要聚会一次。去年的聚会，少了一位年纪最大的同伴。金凤向大家说："萝卜走了！"周际参在校时绰号"萝卜"，因为冬天一冷，她的脸颊冻得通红，像一个红萝卜。

　　际参是我的老伴，我和她有"五同"深情：一是清华解放前的老同学；二是同在清华入党的老战友；三是解放后同在北京市委系统工作的老同事；四是在"文革"中同住牛棚；五是离休后同愿将遗体捐献给中国协和医学院供解剖教学。2010 年 8 月 3 日，她因大面积脑梗抢救无效离开了我们。今年是她的八十八岁米寿，为怀念这位离开清华后"一生勤勤恳恳，兢兢业业，勤俭一辈子，终身献给党"（她的原工作单位北京市园林绿化局网站评语）的老学长，特撰此文，以告关心她的各位校友。

　　际参是江苏泰兴人，生于医生家庭。父亲早年在北方辗转行医，抗日烽火起，在徐州陆军医院任职。日寇攻进徐州后，被日军残杀，后被授烈士称号。母亲在老家一次日机轰炸中不幸身亡。

　　际参生于 1923 年，兄妹二人早年随父在各地求学，曾在北京温泉女中（鼓楼）、江苏掘港、南通中学等学校就读，高中毕业后留南通中学任教。1947 年考入清华大学外文系，与金凤（蒋励君）、邵敏同住静斋，结束了颠沛流离的生活。

　　在清华大学这个小解放区的进步环境中，际参迅速融入学生运动的斗争中，先后参加了"松明团契"和西山服务社等党的外围组织，结识了许多进步同学和服务社、牛奶场的工人。奶场工人赵海泉与她结为好友，友情延续到新中国成立后多年。不久，由黄庆华学长（现长辛店某军工厂离休少将）介绍入党，成为一名先锋队战士。由于她具有一个淳朴的中学教师形象，齐耳短发，深度近视，一件长及脚面的阴丹士林旗袍，稳重内敛，平易近人，不易暴露，在查汝强接任地

2007 年清华校庆，外文系 1951
届合影，前排右 2 为周际参

下党清华、燕京学区书记后，派她作清华、燕京两校地下党组织的联络员，她一直默默地完成着党交给的任务。

1949 年 1 月 15 日，清华园解放整一个月，城内和平谈判尚未结束，党组织通知她参加已解放的石景山地区工作组，借调两周。次日由已参加工作的原清华地下党党员周全（周汝汉）和教师王先冲驱车接往石景山区委驻地北辛安镇（由何东昌同志带队）。此行详见《清华校友通讯》复 59 期吴宏宛校友撰写的《忆六十年前的一段往事》一文。际参在三年解放战争第二条战线的斗争中，没有出头露面，默默地出色完成着党的任务，做出了不可或缺的贡献，谱写了自己的青春之歌。

1949 年 1 月 16 日，由何东昌同志带领的 13 名师生，在中共石景山区委领导下，进入石景山钢铁厂协助工作。开头，周际参和苟澄中分派到石钢动力部（发电厂）宣传党的政策，和老工人交朋友，发动群众。当时，碰见老工人曹宪波两口子闹别扭，大吵大闹，其妻寻死觅活，际参多次到曹家中，从体贴、劝导曹妻入手，又照顾到曹的尊严，经多次谈心、调解，缓和了快要闹崩的夫妻关系，两口子和好了，并和际参成为好友。此时，石钢正发动工人揭发国民党原区分部通过黄色工会挑动临时工闹事的阴谋。曹过去参加过黄色工会和镇上黑帮"七十二友"。经际参的教育和启发，曹与"七十二友"划清界限，挺身而出，反戈一击。在曹宪波的带动下，老工人被广泛发动起来。在公诉大会上，曹手持话筒，面对面控诉原国民党区分部书记兼黄色工会主席胡殿臣及"七十二友"的罪行。胡等当场被批捕。石钢解放初期的一场关键斗争取得了胜利。在此基础上，石钢开始筹组工会，曹当选为副主席，并被吸收入党，后任北京市总工会副主席。由于百废待兴，急需干部，区委动员部分清华同学留下参加工作。经市委批准，三位教师和学理工的同学回校，际参和五位学文法的同学留下正式参加工作。她被分配到区委宣传部，并随老干部下乡参加土地改革。

土改中，际参先后在田村和衙门口工作。在一次干部会上，当时的区委书记常浦表扬了她，号召学生干部坚定走与工农结合的道路。起因是这样的：在田村，一位农妇的幼子缺奶，整天哭闹。当时我和际参的大女儿尚未断奶，际参毫不犹豫地抱起幼婴哺乳，一时传为美谈，说"共产党的干部真和咱们农民心贴心"。在衙门口南街，妇女小组组长张桂兰家缺乏男劳力，她上街推碾子，际参急忙赶上去和她一起推，又经常到家访问，二人成了好朋友，友情多年不断。我多次和际参切磋如何与工农交知心朋友，她说，拿北京话说，对人要实诚，讲信用；遇事不要先想自己，见人有难处，要伸手帮一把。这"诚、信、帮"使我终生受益。她这样说，也是这样做。在帮助困难亲友和同志中，在希望工程中，在向灾区捐献中，她总是带动我尽其所能做出奉献。在工厂、在土改和农业合作化中，我们交了许多工农朋友，至今难忘！

在"文革"中，我们先后被打倒，关入"牛棚"，下放农村。她始终坚持说实话，不乱"咬人"，不做违心事，保持了一个共产党员的气节，难能可贵。打倒"四人帮"后，我们先后调回市里工作。调到原北京市农林局，是际参最后一班岗，职务是办公室副主任。当时，有人对局长常浦说：农林局庙小，容不下这么大的"菩萨"。常浦同志说：据我多年了解，周际参没有当官思想，只懂埋头干。《北京日报》1975年末曾刊登了一幅照片新闻，标题是《站好最后一班岗》。照片中，周际参鼻尖贴着稿纸，用几乎失明的眼睛，在撰写北京郊区推广沼气的报告。这正是她真实的写照。

"勤俭一辈子"，际参用她一生的实践，证明了她的工作单位在讣告中的这句评语。她有一件淡黄色的针织套头衫，是结婚不久我在石景山区给她买的，她一直穿到第三个孩子出生还舍不得扔，孩子们说："妈妈的衣服可以送博物馆了！"平时家里用水不准浪费，我洗完脸她立马接着洗。如厕后用纸，小到不可想象；洗碗只用一丁点水……和她商量遗嘱时，她倡议捐赠遗体给医学院供教学解剖用，说："这是对党的最后贡献！"如今，她的遗愿已经实现，她的名字镌刻在朝阳区的长青园陵园中。

今年是我们的"钻石婚"纪念！我们六十多年相濡以沫的往事，使我可以说一句：际参没有辜负党的教育，像一株"清芬挺秀"的小松，在清华的园林中郁郁葱葱。

来源：《清华校友通讯》复64辑

八　淡泊名利　奉献一生

杨勤明学长

我的人生之旅

■ 杨勤明

杨勤明（1928—2015），1952年在清华大学电机系毕业，一直在电力部门从事火电基本建设。先后在东北的阜新、吉林、沈阳等地工程公司及东北电力建设局、电力建设总局、水利电力部等单位工作，历任技术科长、火电处长、基建部副主任、技术顾问、教授级高级工程师。改革开放初，被派往美国，参与引进大型火电机组，组织建设引进技术的山东石横电厂及安徽平坪电厂和设备国产化。曾荣获"全国工程建设标准与定额先进工作者""中国电机工程学会先进工作者"等荣誉，享受国务院政府津贴。曾任中国电力企业联合会技术顾问，中国电机工程学会火电建设专委会常务副主任委员，中电联老科技工作者协会理事长。

堂堂正正，清清白白，做人；勤勤恳恳，认认真真，做事。
坦坦荡荡，真真诚诚，待人；潇潇洒洒，高高兴兴，生活。
南开清华，公能自强，受益；长城内外，大江南北，建设。
"反右""文革"，政治运动，磨炼；悲欢离合，酸甜苦辣，难免。
改革开放，周游历国，博闻；突出贡献，政府津贴，鼓励。
花甲之年，功成身退，离休；古稀之年，古今中外，读书。
耄耋之年，笔耕不辍，随想；真言真情，实话实说，抒志。
广交朋友，同窗欢聚，健心；无拘无束，高歌曼咏，歌唱。
点击鼠标，放眼世界，上网；逍遥自在，天南海北，旅游。
养生之道，心理平衡，关键；乐观开朗，笑傲春秋，豁达。
健健康康，轻轻松松，百岁；尽心尽力，无愧无悔，一生。

来源：《清华校友通讯》复64辑

胡世德学长

一生磊落天地宽
——怀念胡世德

■ 闫淑珊

　　我的爱人胡世德于 2012 年 3 月 6 日因病在北京去世，享年 83 岁。世德 2008 年患胃癌，手术后恢复得很好，几年中还到外地参观、旅游；每年都要回清华母校参加校庆，与老同学们相聚。2011 年 4 月 23 日、24 日参加了两天清华百年校庆活动，同时又是他们毕业 60 周年，他见到各地来京的老同学，心情非常兴奋，与大家有说有笑，各叙别后情况，拍了很多照片，还参加了晚上的聚餐。我怕他身体太劳累，几次劝他早些回家，他说："这次的相聚终生难遇，我一定要参加到最后！"我们当天晚上 9 点多才回家。25 日早上，突然发现他不能自理了！我们立即将他送到急救中心，CT 检查，是脑出血。尽管抢救后病情有所好转，但脑内总是有积水，一年内数次住院，终于没能留住他。他在弥留之际还深深怀念着清华母校对他的培养和教育，使他专业上学有所长，思想上有理想有信念！

　　世德是江苏镇江人，1947 年考入清华大学土木系，1948 年参加革命（在清华大学加入地下"民青"组织，单线领导，解放后由"民青"转为青年团），1951 年毕业，1953 年加入中国共产党。世德在建工集团（原建工局）从事技术工作终身，是教授级高级工程师，享受国家级特殊津贴。1989 年离休，同年在建工集团咨询公司担任技术顾问至 2007 年。

　　世德幼年因日本侵略中国随家逃难至上海，在上海中学读高中时曾被国民党当局视为"共匪嫌疑分子"，校方要开除他，班主任说情（因他是班长）才免于开除。"文革"对干部审查，在上海敌档中才发现上述情况。其兄在美国，过去被认为有海外关系，曾有一度在干部使用上受到限制，但他始终光明磊落，从未发过牢骚和有不满情绪，即使在对他"可用不可信"的状况下，也都能圆满完成各项任务。对社会上存在的一些现象，他也总是一分为二地分析问题，并且会用正面的、光明的一面去引导和教育家人及周围的人。

　　世德一辈子以党的利益为重，终生不谋私利，严以律己，克己奉公。1956 年我们的第一个孩子出生，单位分了一套两居室，1957 年组织上提出谁家有余房退出来分给没房的同志，世德主动把保姆辞掉，把孩子提前送进幼儿园，交出一间房子以解决无房同志的困难。到 1961 年第二个孩子出生时，因无房请保姆，只好送私人家看护，每天上班前下班后都需要接送。我向他诉苦，他说："有同志还没房住呢，我们总算还有住的地方。"大孩子上中学了，四口之家住在十几平方米房子内，两个孩子挤在一张单人床上，我向军宣队反映，1974 年才把房子收回。世德以乐观向上的心态处理问题，从不闹情绪，从不讲怪话，从不与别人比较利益得失。女儿曾提出："爸爸你能否把我调到离家近一点的地方上班？"世德回答："我是党员，我没有权力解决你的工作问题，如果有技术上的问题，我可以帮助你。"世德在我们家人心里是个好党员、好干部、好丈夫、好父亲。

世德善于学习，乐于接受新鲜事物，热爱自己的专业技术，经常深入基层工地与工程技术人员交流，积累了大量的基础数据和技术资料。他撰写了数百篇专业技术论文和文章，发表在各种刊物上，对建筑施工行业具有重大的指导作用。他主编的高层建筑专业技术书籍多次再版印刷，被建设部培训中心采用，作为对全国相关科技人员培训的教材，世德曾亲自讲课达六十余次。他在北京前三门工程改造指挥部工作时，配合甲方，团结技术骨干力量，发挥了科学技术知识在实践中的运用，改进脚手架为钢模升降的滑模施工，提高了工程质量和工程进度，圆满地完成任务。

1991 年后他开始参加北京市史志编写工作，先后与人合作完成了《北京建筑工程总公司志》《北京科学技术志》《北京建筑志》，这对世德来说也是一个全新

2011 年 4 月 24 日，胡世德学长携夫人回母校参加清华百年校庆

的工作，很多东西需要重新学习。在编制史志过程中，需要深入寻找原始材料，他不怕年龄大，骑着自行车全城区调查。远至古崖居的藏书库到航空博物馆，他用自己的照相机拍下了一千多张建筑照片，积累了大量素材。他在工作中认真负责、一丝不苟，做到了资料的准确性、真实性，就连周六、周日都不休息。有一次在前门查询资料，骑自行车摔倒在地上，小腿被剐了个很深的口子，回家也不说，洗脚时我才发现。可以称之为"工作狂"。辛勤的劳动获得丰硕的果实，他主编的《北京市科学技术志》得到市史志办的好评。

世德顽强的学习精神和态度令人敬佩，七十多岁时，还不断克服困难自学计算机，他不会汉语拼音，就用拼音字母对照英语字母拼找汉字，再用汉王笔撰写自传《历史回顾》，四十多万字的书全部是自己用计算机打印出来的，还编排了四十多张历史照片。

世德虽然离休多年，但始终保持一个普通的共产党员本色，每次单位或街道号召捐款救灾都积极响应，如20世纪90年代《北京日报》发起"改善内蒙古沙漠环境，捐一亩地树苗"的号召，他捐了三亩地树苗款，让我送到北京日报社。清华老校友捐助贫困大学生，他也捐了3000元，还向希望小学捐了1000元，灾区地震等都能积极行动。2008年四川汶川大地震时，他正在医院做胃癌切除手术，立即让我代他捐了500元。

世德病重期间，建工集团老干部处、老同事、老同学、朋友及亲戚前来看望，外地校友来信来电问候，在这里我们全家表示衷心感谢！

来源：《清华校友通讯》复67辑

八　淡泊名利　奉献一生

林光学长

父亲与清华
——深切缅怀我的父亲林光

■ 殷晓春

　　我的父亲林光，原名殷桂林。1922 年 4 月 16 日生于河北省昌黎县（现为卢龙县）殷庄，1948 年清华大学经济系毕业。工作之后，长期在北京从事财政、经济、科研和教学工作。曾任中日合资公司（在东京）中方经理，中国人民大学教授、研究生导师，为离休干部。2014 年 1 月 22 日在家中离世，享年 91 岁。

　　父亲的求学之路十分坎坷。他从小学习成绩优异，高小毕业其父却不允许他继续读书而送他去作学徒，直至五年后父亲病逝母亲才允许他继续求学。上中学时因年龄偏大，他连跳两级，四年读完六年课程，最终于 1946 年考取了他心中的神圣学府：清华大学。他曾感慨："求学数载修正果，历尽坎坷终圆梦！"

　　在清华求学时期，是父亲一生中最美好的时光。他爱清华，对诸多恩师、同窗好友乃至清华的一草一木都饱含深情，这些在他的自传《树林里的阳光》中都有详细描述。

　　清华对父亲的影响是巨大的，诸多恩师教会了他如何做人、如何治学，这些教诲潜移默化地影响了他的心灵，为他一生事业的发展奠定了基础。

　　在他的自传中，他描述了这样一桩小事：他上学期间，陈岱孙教授任经济系主任，陈老师在考试上既严格又公平，绝不允许作弊。一次财政学期考，陈老师出了四道题，平均每题 25 分。有道题很难，有些同学不会做，但他们蒙着做了，陈老师也看出来了。结果对了三道、蒙错一道的同学勉强得了 50 分。有的同学不服气跑去找陈老师，说明自己对了三道应得 75 分。陈老师回答，不错，但我给你再扣 25 分，知之为知之，不知为不知，是知也。说得学生哑口无言，从此实事求是的学风在全体同学心中生了根，也影响了父亲一生的行为。

　　新中国成立后，父亲在北京的财税部门工作了 30 年，这期间多次下乡下厂搞调研。1965 年，他到怀柔深山区喇叭沟门做蹲点调研，喇叭沟门有 15 个大队 65

个小队，他们跑了 45 个小队，解决了当时农民呼声最高的十大问题。比如屠宰税，原规定是只要宰一刀就要收税，但老百姓反映，快死的病猪病羊已让他们蒙受了损失，宰一刀还要收税不尽合理；再如有的农户盖房用的木材本来是大队范围内生产小队之间的互相调剂，但两个队都征了税；再比如烧炭很辛苦，炭价也很低，但担炭的炭篓也要收税；等等。本着实事求是的精神，他们对当时的税收规定进行了修订，受到了老百姓的热烈欢迎。

　　"文化大革命"后父亲调到中国人民大学外国经济管理研究所从事科研、教学工作。他经常下企业调研，发现不少企业特别是国企因没有资金陷入了难以引进设备的困境，再仔细研究，他发现我国财税部门的折旧制度已不能适应改革开放的需要，他建议推行国际上通用的快速折旧法，以保证企业的技术改造和设备更新的资金来源。他因此而发表了一篇学术论文，阐述了他的观点。不料这篇普通的学术论文发表后，一石激起千层浪，竟引起了该领域内全国性的大论战。学术之争往往会影响到学科的发展方向和国家某些制度的变革，因此，论战双方十分较真。尽管遭到了不少的指责和攻击，父亲始终无怨无悔，坚持并维护自己的观点。后来父亲成了我国快速折旧领域里当之无愧的积极倡导者和学术带头人。但他没料到，这场由他引发的论战旷日持久，长达 27 年，直到 2007 年才有了定论。2007 年，第十届全国人民代表大会通过的《中华人民共和国企业所得税法》中的第四章第三十二条规定："企业的固定资产由于技术进步等原因，确需加速折旧的，可以缩短折旧年限或者采取加速折旧的方法。"同年 12 月 6 日，国务院第512 号令发布了《中华人民共和国企业所得税法实施条例》，又做了进一步规定："由于技术进步，产品更新换代较快的固定资产可以采取缩短折旧年限或者采取加速折旧的方法；采取加速折旧方法的，可以采取双倍余额递减法或者年数总和法。"父亲感到非常欣慰，27 年后，政府终于采纳了他的观点，并通过立法的方式得以实现，这将使千千万万的企业受益！

　　在改革开放、技术引进的高潮中，父亲为给国家、地方政府部门及企业提供

2009 年清华校庆，林光学长（左 2）返校参加活动时签到

切实有力的帮助，在大量调研的基础上，在国内首次提出了技术引进贷款规模的计量模型，在确定外债偿还额和还债率的基础上，能按照不同的贷款年利率和不同的贷款期限，分别计算出国家、地区和企业应掌控的贷款规模。为便于政府部门和企业应用，他在列出数学模型后，全附有实例求解。这两个数学模型，当时曾被一些政府部门和企业在决定贷款规模时采用。

此外，在国家推进经济体制改革时，他也多次深入企业，为国企实施股份制改革做了大量的探索与实践，有些国企在改制后起死回生。

1988 年，父亲被载入高等教育出版社出版的《中国普通高等学校教授名人录》。因其在经管领域的杰出贡献，他曾当选 1995 年、1996 年国际知识分子名人，并被载入英国剑桥国际传记中心出版的《国际知识分子名人录》及《世界名人录》。1999 年，又被载入中国国际交流出版社、世界人物出版社出版，在香港发行的《世界名人录（中国卷）》。

他曾发表专著 19 部，论文 238 篇，共计 500 多万字。发表的主要著作有《经济效益的优化技术》《外向型企业经营战略》等。主要的论文有《论现代化建设与技术开发战略》、*Studies Concerning Amount of Foreign Debt sand Policies for Technical Import* 等。

我一向认为，父亲很聪明，这从他从小自学成才、连连跳级就可以看得出来，但是如果没有清华"严谨、勤奋、求实、创新"学风的熏陶，没有陈岱老这样许多顶尖级教授的教诲，没有"自强不息，厚德载物"校训的要求，父亲是难以成为这么优秀的、在经管领域里有所建树的教授、研究生导师的。是清华培养了父亲。没有清华，就没有父亲。

父亲走了，他的外衣别着那枚他最喜爱的清华校庆的校徽，我们在他的骨灰格里摆上了那印有"自强不息，厚德载物"图案的茶杯。他无论生活在哪里，清华都会和他在一起！

来源：《清华校友通讯》复 69 辑

2014 年蔡益鹏（左）、蔡
益燕兄弟回家乡

蔡益鹏学长的传奇经历

■ 蔡 平

今年校庆正好是我的四伯蔡益鹏学长（1950届生物）90周岁大寿，我想与大家分享一下他极富色彩和个性的人生故事。

他在上中学时，目睹家乡被日寇的铁蹄践踏，心中怒火中烧。17岁那年，他就投奔离家乡不远的新四军罗炳辉部，在二师当战士兼文化教员。国难当头，爷爷蔡巨川送他从军时百感交集，赋诗一首《四儿投新四军志感》：

流水光阴炉酒杯，百年世事亦堪哀。

生儿未必皆能肖，有子何妨试霸才。

岂谓鱼龙俱曼衍，非关燕雀费疑猜。

黄湾一水真惆怅，望断天涯寸膈悝。

抗战胜利后，四伯和家父（蔡益燕，1950届土木）于1946年双双考取清华，来到北平。在清华这么多年的历史上，入学前当过新四军的学生，可能是绝无仅有。

在来清华的路上，他们是搭乘运煤的船从上海到秦皇岛，再转乘火车到北平的。旅途上遭遇了风暴，二人算是历了点险。下船后受到开滦煤矿的接待。

入学后，二人先后合住平斋575号和明斋269号。四伯酷爱生物，学习如鱼得水。家父立志航空报国，但航空系人太多，一年后转到土木系。一开始童心未泯，曾在宿舍设过斗蟋蟀的擂台；后来在紧张的学习之余，他们就和地下党走到一起了。四伯成了学生运动的积极参加者和组织者，家父也入了"民青"联盟。

四伯干地下工作后，曾多次历险。1948年8月19日，军警闯入清华园逮捕进步学生，并将黑名单贴在食堂外。但四伯带一批同学进城搞宣传工作不知此事。下午从城里回校，南门被护校队封了，家父在门内也无法通知他特务在抓他，眼睁睁看着他走到西门，就被拿着黑名单等个正着的特务抓走了。四伯被捕后，先关在海淀警察局木头笼子里，然后转了三次到西什库特刑庭单间重犯牢房，一直只靠一件雨衣睡在冰冷的水泥地上。但每天放风时能见到其他被捕的清华同学，大家互相鼓励。一周后，清华训导长李继侗教授和四伯的姨父余冠英教授（当时任教清华中文系）一起出面将四伯保了出来，并保证如果再被抓，要交伍佰金圆券。后来风声越来越紧，地下党决定将四伯转移到解放区。他到天津后化装成老乡，乘马车就奔泊镇解放区了。路上他带了一条清华入学时每个新生领到的日本军毯。过封锁线时差点儿被一国军士兵夺去，但被他奋力抢回。这条毯子今天还在我四伯的褥子下面珍藏，颜色都发白了。

北平和平解放，大家欢欣鼓舞。四伯以军管会干部身份身着军装回到北平，担任首都钢铁公司的军代表，负责接收和管理首钢。他带领工人们日夜抢修 1 号高炉，待高炉出铁后，立即率首钢工人队伍奔赴天安门广场，作为钢铁工人的代表参加开国大典。在金水桥边长达数小时的等待期间，巧遇清华参加开国大典的队伍，并邂逅刚刚到清华才几个礼拜的广东新生陈俨梅同学（1953 生物）。陈俨梅就是我今天的四伯母。她现在提起金水桥边与我四伯的第一次相遇，还是一脸的幸福。

不久，由于四伯在首钢的出色工作，上级要将他调往太原钢铁公司任领导。正当工作热火朝天，大家都认为组织能力超强的四伯会在领导岗位上大展宏图时，他做出了一个让人大跌眼镜的决定：回到清华园，继续完成他心爱的生物学专业，于 1951 年延期毕业。

毕业后，四伯选择生物教学和科研为他的终身职业。开始是在母校任教，1952 年院系调整后转往北京大学生物系任教直至退休。几十年成果颇丰，桃李满天下。特别是在冬眠及低体温生理学方面的研究很有声望。曾任中国生理学会副理事长，获国家科技进步二等奖和生理学会终身贡献奖。他非常热心社会活动，特别是科普和知识扶贫工作。

私下里，四伯给我的印象除了是一位知识渊博、经历丰富的慈祥长者外，还是清华"为祖国健康工作 50 年"的典范。他曾是北京大学教工运动会竞走冠军。我小时候到他家过暑假，曾亲眼见他飞奔拿获两个向不同方向逃窜的小毛贼。其中抓第一个是靠短跑的绝对速度，抓第二个是靠耐力，把那个年轻的小贼追得上气不接下气。几年前他八十多岁时独自一人上西藏旅游，骑着白马，把照片发给对他身体有疑问的亲友。

在我的眼里，我的伯父蔡益鹏是我们家的英雄。

2015 年 4 月

来源：《清华校友通讯》复 74 辑

夏志武学长

夏志武：一个平凡又不平凡的人

■ 胡静萍

1927 年 8 月 20 日，夏志武出生于黑龙江省哈尔滨市。他的祖父曾在俄罗斯海参崴经商，父亲 19 岁赴海参崴读书，毕业后回国在哈尔滨中东铁路局、天津等地任职。太平洋战争后失业赋闲。北平解放后，由于俄语娴熟，在中国人民大学任教授。他的哥哥姐姐均为北京师范大学俄语系教授。教学、科研、著书立说，成绩斐然。夏志武虽然成长在一个殷实的俄语世家，却未从事与俄语有关的专业。从西南联大回到清华以后，他 1947 年加入中国共产党，边学习边做地下工作，走上了党务工作和行政工作之路。

他 16 岁考取位于四川白沙的国民政府设立的大学先修班，后考入昆明西南联大。1946 年联大迁回北平，夏志武在清华大学读书，时年 19 岁。1947 年，他加入中国共产党，任清华大学地下党支部书记。他从青年学生时期就阅读进步书刊，追求进步，积极参加昆明"一二·一"学生运动，抗议美军暴行，"反饥饿、反内战、反迫害"以及"助学"等学生运动。1948 年还指挥了在北平发动的"反剿民、要活命"的"七九"抗议国民党反动派屠杀进关内的东北学生的万人大游行请愿活动。

1947 年六七月份，他和清华同学地下党员严令武、胡思益一起，配合冀东解放区党委城工部共同开辟了"冀东输干线"，输送进步学生 200 多人到解放区参加革命工作，夏志武是主要负责人。北平解放前夕，他领导党员调查了解清华周边以及西部的地形、道路，蒋军的碉堡、岗哨位置等，绘制成图上报党组织。在学生自治会的基础上成立清华迎接解放服务人民委员会（迎委会），此会设主席团，选出夏志武、李开鼎、张莹祥、陈永盛为常务理事，夏志武任主席。1949 年 2 月 3 日，夏志武等同志率清华、燕京同学乘火车进城参加欢迎解放军入城式，刚到北京站就被学委的同志调到前门总指挥部，去指挥大中学校参加欢迎仪式的学生

763

队伍，使其井然有序地参加了活动。此后，他又参与筹备了 2 月 12 日北平市在天安门广场召开的庆祝北平解放大会，2 月下旬参与并主持召开北平学生代表会，成立北平市学联，任副主席。3 月调华北局青委，同时任华北学联主席。

1949 年 6 月起，夏志武任青年团全国铁道工委、秘书主任、科长，铁道部政治部、机关党委宣传组副组长。1955 年 7 月至 1961 年 2 月任中央国家机关党委宣传室副主任。

夏志武勤奋好学，记忆力强，对马列主义理论有相当好的基础。他大学时期及工作以后，特别是在铁道部机关党委宣传组工作，并兼任理论教员的五六年期间，系统读了不少马、恩、列、斯、毛的著作。他喜读人物传记，历史知识极为丰富；在经委工作时，对经济问题潜心研究，颇有见解。在工作中不论是讲课、做学习辅导报告，还是讨论会发言，经常被称赞有水平、有见解、有深度。

1961 年，夏志武被调到国务院机关事务管理局，一干就是 21 年。起初，任劳动生产办公室副主任、政治处副处长。这可不是一件轻松的工作，除日常工作外，主要是按照需要组织中央机关、部队的领导同志参加诸如修建水库、挖河渠等一些大型的义务劳动。此事必须安排好，照顾周到，不能出半点差错。以后，在招待所管理处工作，先后任副处长、处长。在这里，他除去管好局直属的几个招待所外，还要指导、检查全国各地设在北京的办事处（招待所）的工作。他很重视对招待所服务人员的培训，定期举办培训班提高他们的思想、政治、业务素质，不少人成为工作中的骨干。

夏志武全身心地投入工作，同志们评价他敢说、敢干。正因为如此，才惹了祸。1957 年整风运动中因说了些对形势的看法，对工作提了些意见，就被定为"反党分子"，并被开除党籍，撤销学习室副主任职务，工资由行政十三级降为十五级。1962 年 6 月经甄别，虽然否定了原处理结论与处分，恢复了党籍，工资恢复了十三级，但仍然被认为"在整风运动大鸣大放时期有缺点与错误"。这个小尾巴又被保留了 17 年。他不服，多次进行申诉。

1979 年 2 月 12 日，他向国务院提出申诉，要求彻底平反。经国务院党组复查，1979 年 5 月 14 日发文认为：一、夏志武在 1957 年整风运动中对中央国家机关党委个别领导同志和中央机关内部的干部使用、提拔及整风运动的具体做法提了些意见，这在党内民主生活中是正常的。二、夏志武对苏共中央关于马、卡、莫反党集团的决议和反革命事件的看法是正确的，原来对夏志武的结论和处分决定是一个错误，决定撤销，予以平反，恢复政治名誉。蒙冤多年的错案终于得到了彻底平反，但是，影响了他的一生。

在国管局，他还有一项重头的工作就是筹备全国人大和政协两会的召开。"文化大革命"后，大约是 1977 年、1978 年，国家恢复召开全国两会，一切都要从

无悔年华 解放战争时期清华校友足迹

头做起。于是，中央从各单位和北京市调来一些同志成立了筹备处，设办公室和若干组，他在办公室任领导，工作是最忙的。他要联系航空公司和铁路局接送代表，找北京市租用招待所安排代表的食宿，在大会堂安排中小型会议地点等。他当时和大家一起做这些工作，晚上经常睡在大会堂的地毯上。他能把这些烦琐的事务都安排得井井有条。他一连干了七八次两会的筹备工作。党组织对他的评价是："有事业心，组织领导能力强，积极钻研业务，敢抓敢管。在职工队伍建设、技术培训、业务建设、思想政治工作等方面做出了成绩。能够发挥集体领导的作用，善于发挥干部的长处，关心干部，积极设法解决群众的实际困难。"

1982—1988年，夏志武任国家经委行政事务局副局长、局长，国家经委副秘书长。1988年5月，参与创建了中国工业经济协会，任协会秘书长，副会长。同志们评价他：很有能力，善于开创性的工作；对工作要求严格，布置的事情一抓到底，是一个勤勉实干的人。他就是这样勤勤恳恳地在不同的工作岗位上默默奉献了一生。

1995年，夏志武离职休养，2016年12月11日在北京逝世。

牛竞存学长

离开清华几十年的工作经历

■ 牛竞存

　　1949 年 5 月初北平和平解放，我很快被党组织调到北平市新民主主义青年团筹备委员会少年儿童部工作。我当时是清华大学外文系二年级学生，中共地下党员，青年团总支部委员，学生自治会第四届理事会的福利委员。和我前后同时从清华大学调到青年团市委任大学委员会副书记的还有王浒同志。我到少年儿童部工作不久，部长华顺被调离团市委，团市委任命我接任少年儿童部部长。当时团市委在王府井南口，一个带地下室和小礼堂的二层小楼里办公，工作人员大约有一百人左右。除了杨伯箴、张大中几位领导人外，大部分是刚从北平各大中学里调出来的地下党团员学生，年龄都是二十岁上下，还有少数老区来的工农干部。当时实行供给制，都没有工资，除免费食宿外，每年发给每人两套灰色单制服，两年发给一套灰色棉制服；外出工作可以骑公用自行车；没有节假日，工作不分昼夜，当天的事办完才去集体宿舍休息。

　　1949 年 10 月 1 日下午，举行中华人民共和国成立大会，北平改名北京，是首都。大会场设在天安门城楼和天安门广场。东长安街上的游行队伍，最前面是军队，紧接着是小学生、中学生、大学生、各界职工和市民群众代表。国家领导人毛主席、刘少奇、周总理、朱总司令等登上天安门城楼，礼炮齐鸣，歌声飘扬，游行开始。游行前，毛主席向全国、全世界宣布"中华人民共和国中央人民政府成立了！"，台上台下欢呼"毛主席万岁"，欢呼声和掌声经久不息。中国人民多年来深受帝国主义欺压、日本鬼子入侵十多年的苦日子结束了，蒋介石反动政权被推翻了，中国人民心中无比的高兴。这一天中国人民永远铭记、年年庆祝。

　　1949 年 5 月，我从清华调到北京团市委工作四年，每年都参加国庆节庆祝大会，同时我还带两名优秀少年儿童队员（以后改名少年先锋队）登上天安门城楼向毛主席献花。

1999 年 1 月，北京电视台邀请我和当年少年儿童部的江敬文、姬君式同志和几次国庆节给毛主席献花的儿童重上天安门进行采访。那时的少年儿童队员此时都已 60 岁左右了。他们在各自工作岗位上对国家贡献不小，有的从事航天事业，有的是优秀教师、科学家、劳动模范。这段采访被收集在建国五十周年大庆期间播放的纪录片《国典春秋》第一集中。

牛竞存与民舞社同志们，摄于 1947 年清华园。前排左 2 起陈庸勋（地学系）、牛竞存（外文系）、吴宏宛（社会系）、蒋励君（金凤，外文系）；后排左 2 起：卢鹤维（刘华，经济学），王士林（外文系）

在少年儿童部工作一段时间后，我深感责任重大，自己刚参加工作，缺乏工作经验。我找到团市委书记杨伯箴、张大中同志，要求他们另派一位经验丰富的同志来主持少年儿童部的工作。后来领导将中学部部长周世贤同志调来任部长，改任我为副部长。周世贤同志经验丰富，口才很好，我跟着他工作一年，受益匪浅。1951 年年初周世贤同志另有重任调出少年部，我继任部长。少年儿童部的同志都把少年儿童看作祖国的花朵、祖国的未来，十分热爱这项工作。我们到中小学校试建少先队，创办《北京儿童报》，建立起第一个少年之家（在北海公园内），还在景山公园建了少年宫；夏天又在中山公园举办了夏令营。

1951 年，我受青年团中央委派，带一个少先队小队去保加利亚参加国际少先队夏令营，和保加利亚、罗马尼亚、阿尔巴尼亚、匈牙利、捷克斯洛伐克、波兰、民主德国等国家的少先队一起，在斯大林城黑海滨度过了一个愉快的夏天。后来成为影视剧双栖明星的郑振瑶就是这个队的副队长。回国途中，我们顺路参观了罗马尼亚首都布加勒斯特和苏联首都莫斯科。1951 年至 1952 年期间，江敬文、李学信、王静庄等同志也曾分别带领几个少先队代表队去苏联、匈牙利参加夏令营，到民主德国参加世界青年联欢节。北京团市委于 1989 年为纪念少先队建队 40 周年，出版了《阳光下美丽的事业》一书，其中有我一篇文章《崇高的事业幸福的回忆》就记述了这段工作。

牛竞存（左 6）与曾向毛主席献花的儿童们欢聚，摄于 1999 年 1 月

在北京团市委工作的四年中，我感受最深的是领导们的工作作风非常好。

1951 年，牛竞存（站立排左 6）率中国少年先锋队赴保加利亚参加国际夏令营

元悔年华
解放战争时期清华校友足迹

他们没有官架子，密切联系群众，能听取群众的意见。例如团市委领导杨伯箴、张大中同志年底总结工作，听取群众的批评、意见后竟感动得流下眼泪。一些高级领导干部没有官气，群众都可以直呼其名，再加上最亲切的称呼"同志"。比如彭真同志当时是北京市委书记兼市长，我们见面都叫他彭真同志。在北京下令取缔妓院时，他亲临现场查看、指挥，次日市政府一声令下，全市妓院一律封闭。在大搞卫生运动时，他亲自跑到老百姓住的四合院去检查是否彻底干净。连我这个年轻的小干部也常被他叫去询问学校的情况。

记得 1952 年夏天的一个星期天，我正陪同一个小学少先队的中队参观崇文区某印刷厂，突然接到彭真秘书打到工厂找我的电话，叫我立即赶到市委去见彭真同志。去后才知道彭真同志叫我汇报当时暑假中小学校老师是否真正得到了休息。因为解放后每年寒暑假教师都要参加政治学习和许多学生活动，市政府通知今年暑假一定要让老师休息好。当听我汇报今年暑假停办政治课并停止部分学生活动后，彭真同志才放心。每年国庆节前，彭真同志叫我带上预选出的几个优秀献花儿童到他家与他一起吃顿午饭，在谈笑聊天中进一步了解孩子们的家庭、性格、学习、身高、相貌等情况，最后挑选两名最优秀的儿童上天安门献花。他有时因劳累不舒服星期日到公园去休息，还叫我带几个小学生和他一起到北海公园去划船、走走。北海公园北岸上的第一个少年之家就是在我的提议后，他视察并和有关部门批准，选择一个宫殿遗址建起来的。

又如青年团中央书记冯文彬同志也常叫我汇报少年儿童工作，当他听我说团市委领导重视青年团工作忽视少先队工作后，他指示北京团市委领导要"十个指头弹钢琴"，不仅要抓青年工作，也不可忽视少年儿童工作。他对当时学校对少年儿童进行政治思想教育光讲大道理并搞形式主义的做法提出批评。为此他给少先队辅导员做报告，要求一定要按照儿童的特点开展儿童喜闻乐见的活动，寓教于乐。

1952 年胡耀邦同志到团中央任总书记，他平易近人，经常到团市委和学校了解少年儿童工作情况，并亲自给少先队辅导员做报告。团中央少年儿童部部长陈琏同志（蒋介石的大秘书陈布雷的女儿）还经常下来参加少先队的活动，与我们一起探讨工作。在这些领导干部的言行中，我们感受到了全心全意为人民服务、密切联系群众、开展批评与自我批评这些共产党的优良作风。从而以他们为榜样，把这些作风贯彻到自己的工作中。

1953 年组织上把我从团市委调到华北团委少年儿童部任少年儿童科长，但 1954 年 8 月华北局、华北团委撤销了，组织上调华北团市委书记蒋毅同志到内蒙古工会任副主席。我是他的秘书，就带着刚满半岁的大儿子到内蒙古工会工作了。在内蒙古工会当了三年秘书，过去做少年儿童工作，我熟悉中小学生，我现在必须了解工人，因此再三要求到工厂第一线去工作，以便熟悉工人。

1957 年 5 月，组织上调我到新建的第一毛纺厂当工会主席，以后又当了副厂长。我经常到车间和工人们一起劳动，参加他们的班前班后会，关心他们的工作、学习和生活，基本上能做到每天与三班工人都能见上。工人们爱厂如家，努力工作，不计报酬，深深打动了我。如老工人房玉山经常加班，不声不响到处检查维修下水道，我发现后给他报了加班时间费，他却推辞再三后才去领。机修工张师傅经常到垃圾堆里捡废铜烂铁，也会在坏灯泡里收集铜丝用于维修工作。又如修补工党淑珍每天低头修补呢子，珍惜每一分钟，连头都舍不得抬。她的名言是"抬头误三针"。类似事情很多，只要工作需要，厂领导一声令下，全厂职工都会齐心协力，想方设法完成任务。厂领导也是忘我工作，白天深入车间，晚上开党委会到深夜，平时每天只睡四五个小时，有时工作需要就通宵不睡。1958 年"大跃进"，全厂完成全年生产任务 200%。厂党委决定除书记、厂长、工会主席外，给全厂职工年终发双薪。领导干部吃苦在先，享福在后，也激励着工人。1958 年"大跃进"，我的小儿子出生，产假 56 天，我只休息了一个月就提前上班了。

我在"一毛"工作三年，1960 年被调到呼市市委政策研究室当副主任，我依依不舍地离开工人朋友。这时我常下农村了解农民和农业生产的情况。1964 年春我又调到呼市科委任副主任，我感到在机关工作开会多，想进一步下乡了解农民，因此报名参加农村"四清"工作队任队长。我骑自行车驮上行李，到桃花公社茂林太大队工作近三年。在农村我早起拾粪，白天下地和农民同吃同住同劳动。入冬我患了气管炎，巡回医疗的大夫给我打针吃药不见好转，劝我回市里休息治疗，但我不肯扔下工作回去，大夫开玩笑地说："真是个铁人！"由于劳累，气管炎几个月不好，发展成了慢性支气管炎和肺气肿，从此一到冬天就犯病，折磨得我很痛苦。一直到 60 岁离休后，我经过多年坚持锻炼，才逐渐好转。

在清账目、清仓库、清财务、清工分的同时，我也发动群众提意见，结果发现村里大小队干部基本上都很好，因此战果平平。但我收获最大的是广大农民吃苦耐劳、淳朴善良，使我受到深刻的教育并和农民结下了深厚的友谊。

大队的妇女队长芦银银是贫下中农，热情能干，我住她家，和她婆婆、女儿们睡在一个大炕上。不久她的大姐从南营子村来了，她大姐的头上有一处伤痕，平日沉默寡言。经过了解才知道，她大姐是南营子村的妇女队长，丈夫早年去世，她带着四个尚未成年的子女生活，全家靠种田、放马、在马路上拾拉煤车掉下的煤渣生活，十分艰难。"四清"运动中她被诬陷、受检查，一时想不开想自杀，用剪刀划伤头部，经过救治被送到芦银银家调养。四个子女中除老大已出嫁，其他三个孩子无依无靠。我经过调查了解情况属实，我很同情她的遭遇，在生活上关心她，慢慢地她很信任我，并向我吐露了心结。为了治愈她的伤痛，我带她回呼市我家居住，一方面带她到市立医院去治疗头上的伤；另一方面找我的邻居公安局长来安慰她，说她没有违法，保证不会再有人找她的麻烦。她因此放心、平静了下来。此外，我还经常给她点钱、粮食，帮助她的家人。后来又到她住家所在的社区为她办了笔困难补助金手续，她十分高兴。不久我和她妹妹把她送回南营子村，孩子们无比兴奋激动地迎接妈妈回家。从此我家和芦银银姐妹两家来往不断，结下了无比深厚的姐妹情。

为了让儿女们体验农村的艰苦生活，我让两个较大的儿女在寒暑假也带上点钱和粮票轮流到她两姐妹家住段日子，让他们从小就体验到农民的艰苦生活，同情他们，帮助他们。我老伴是我的同学、同乡，也是一名共产党员，在内蒙古日报社时事部任主编，一度也当"走资派"失去了自由。三个未成年的儿女学校停课，在家独立生活。14岁的大儿子韩大欣买菜做饭；12岁的小女儿晓荣打扫家、洗衣服；10岁的小儿子大明拉风箱帮哥哥做饭。有空时，哥哥带妹妹、弟弟温习点功课。这时在农村的大姐常来看望三个孩子，当大欣参加锡盟建设兵团时，大姐流泪送别。在农村的两家子女长大后多数在呼市找到了工作，成家立业，过上了幸福的生活，并且都很孝敬老人。大姐的儿子刘文寿很懂事，21岁就参军了，在部队抓紧机会学习文化，复员后到呼市工会工作，之后他又上了工农兵大学。由于他工作敬业、能力强、有文化，很快就当了市工会副主席。文寿为人忠厚、坦诚、热情，我只做了点微不足道的事，他却总记在心中，每逢过年过节全家聚餐总请我们夫妻一起去吃饭。

1966年春"四清"运动结束，我又回到市政府，被调到文化局工作。不久"文化大革命"开始，市委决定三个剧团（歌剧团、晋剧团、杂技团）集中在一起开展运动，让我负责组织工作组领导运动。晋剧团马德才反对工作组，当时中央认为谁反对工作组，谁就是反对革命。因此马德才同志首先被打成"反革命"。群众起来批判"三名三高""文艺黑线"，康翠玲、任翠凤等晋剧团名演员都被批判。不久又反过来批判"资产阶级反动路线"，我因批判马德才、"镇压"了群众，执行资反路线，而被揪斗批判。我被戴上三顶帽子"走资本主义道路的当权派""假党员"（地下党）"地主狗仔子"（父母是地主），戴上高帽子游街示众。我曾主动诚恳地向马德才同志赔礼道歉，马德才也是个老实厚道的同志，以后我们成了好朋友。与此同时，我爱人韩蕴清也被当"走资派"扣押，我婆婆被当地主赶回河南老家。不久又开始打"内人党"，说内蒙古的共产党就是"内人党"，被扣压的"内人党"被武力暴打，在火炉子跟前拷打后，夜里被扔到冰天雪地里，很多人被打伤致残。因此我趁还没被当"内人党"挨打，偷偷跑到北京、天津老同学、亲友家躲避一年。直到党中央不让打"内人党"了我才回呼市，这期间我老伴也失去了自由。

"文革"期间，我去石家庄学习一年多，这段时间家里只留下三个儿女独立生活在市政府家属院两间平房里。当时中小学都停课了，他们只好生活自理，大儿子常去左邻右舍看人家怎样炒菜做饭，有时遇到困难，邻居们都帮忙。1969年呼市各单位的"走资派"都参加学习班到石家庄学习一年多，我1971年4月从石家庄回到呼市时，只见到我老伴领着两个小儿女接我，原来我大儿子大欣参加锡盟建设兵团，去锡盟草场了。

1978年恢复高考后，大儿子考上天津大学，女儿考上南京邮电学院，大儿子大学毕业后工作几年，又考进清华大学经济管理学院，小儿子参军回来考上电大，他们工作都很好，让我很放心。我们夫妻二人都于1984年离休，这时都已超过60岁了。我和老伴分别在报社和附近的小学校义务帮了几年忙才彻底休息。

20世纪八九十年代，清华的老同学们和北京团市委的老伙伴都已退休，每年都有聚会。我身在呼和浩特，但他们聚会总叫着我，我也争取每次都去参加。大家非常亲热，争着要我住他们家，互相叫着当年的绰号。我虽然八九十岁了，他们仍叫我"小牛"，我们都有共同语言，共同关心党和国家的大事，在一起总有说不完的话。清华百年校庆时，我和大儿子都是校友，参加了各种活动。现在我还和老校友、老伙伴们电话来往。

杨艮源学长（1956年）

一介书生投笔行

■ 杨艮源

1946年，我从上海的江苏省立上海中学考入清华大学土木系。在土木系学习期间，我参加过进步学生社团"炼社""星火壁报"的活动。1947年12月，经土木系教师胡东明（解放后曾任北京市公路局总工）、杨鸣岗（解放后任北京建工局领导）介绍加入了地下团组织。1948年3月，在他们引导下又加入了中国共产党。1948年10月，我接到党内联系人储传亨的通知，离开北京到了位于河北泊镇的城工部，在那里工作了半年。记得我与另外三位同志一起花了很长时间整理天津市地下党关于工会组织的资料。其中一位是清华的同学吴勤娟，她后来改名叫陈莹。

1948年春，部分土木系同学在气象台附近合影。左起：李斌、张仁、温益友、杨艮源、艾知生、沈恒泽、钮友杰、张有实

1949年4月，我回到已经解放的北京，工作单位是长辛店工会工作组；不长时间后又调到北京市总工会筹备委员会。为了经济建设需要，国家要求学理工的回校学习，于是在1949年9月，我再次回到清华土木系继续学习，与1947级同学一起在1951年完成学业。

参 军 入 伍

1951年6月，我们应届毕业生参加全国统一分配工作，在填写志愿登记时，多数填写的是服从分配，到祖国最需要的地方去。清华党总支部委员决定建立一个毕业生临时党支部，指定支部书记是黄庆华，我是宣传委员。6月下旬公布了工作分配名单，分配我到华北行政委员会。实际上，党总支组织委员周维垣同志通知我和黄庆华、王尔康三个人，拿了总支开出的介绍信（包含党组织关系的介绍信）直接到中共中央组织部报到。中央组织部直接介绍我们到军委联络部工作。这次调动没有联系北京市委组织部和中央军委总干部部，而是直接调到基层工作。

军委联络部政治部干部处唐处长接待我们，叫我们住到他们的招待所。干部处的干事给我们每人一份提纲，要求非常详实地写自传。自传收走三天后，由领导当面谈话询问审查。在"八一"建军节前两天，让每人填一份参军入伍申请表，上报经批准后，7月27日给我们发了整套军人的被服。7月29日将我们接到了机关里各自的办公室和宿舍，并在当晚参加了庆祝"八一"的纪念大会。

我被分配在一局二处，黄庆华和王尔康被分配在一局一处。我们每天按照作息时间工作生活。早晨出操时，为了让我们三个大学毕业生的动作合乎标准，我们经常被叫出列进行单独训练，做到立正、稍息、向后转整齐划一。我们不能丢失清华精神，做得特别认真。同时，我们也养成了严格准确要求自己的习惯，终身受用。

单位里的工作是由领导安排，我们之间互相不联系，不交流，只向组织负责。这种严格的保密要求，让我养成了不乱说乱动的习惯。

工作需要我去了解一些情况，去向一些部级领导、科学家咨询。我曾经访问过李四光、范长江、钱三强、吴新谋、王淦昌，他们都非常平易近人，没有领导的架子。尤其是我找王淦昌时，把一篇有关检测核能仪器说明书的译文给他看，他没有说什么批评责备的话，而是拿起笔来从头至尾认真改了一遍。因为我学的是土木工程，把一些物理学方面的名词和连带的副词都翻译错了，等于他重新翻译了一遍。他的做法和精神，使我终生难忘。

1952年社会上刮起科技人员归队的"风"，就是科技人员应该做技术研究工作，不做行政管理等不需要专业技术的工作。我考虑想去做技术工作，得了薪金供养母亲。领导批准了我转行归队，介绍我到总干部部下属的管理处。处里干事介绍我去通信兵部，他们正需要人员修建兵部机关大楼、宿舍等。我提出要去铁道部，处长与我谈话，我还坚持己见。接着干事说将由部长直接和我谈话。

我对军队和军委机关知之甚少，所以部长姓名都不知道，干事也没有跟我讲明白。部长见我后就指着桌上我的自传说："我看了你的材料，你是挺好的同志。我们部队建设也是非常需要科学技术的，希望你还是留在军队中发挥作用。"我听了以后，觉得他没有用共产党员必须按党的要求绝对服从的观念来向我施压。我想，顾不了养我老娘了，那就去铁道兵部队吧。后来我从军委的机关和领导那里了解到，与我谈话的是赖传珠部长，可见我这人当时有多狂。

黄庆华刚好赶上中央军委组建哈尔滨军事工程学院，他在陈赓大将当院长兼政委的哈军工里参加教学工作，后担任机械教研室主任。后来，他调到在西安成立的装甲兵工程学院，后又调任北京装甲兵科学技术研究所科技处。他在装甲兵工程学院院长任上离休，对装甲兵的发展做出了重大贡献。王尔康同志离开了军队系统，在国家旅游总局常务副局长任上去世。

加入铁道兵团，赴朝参战

1952年11月，我在北京铁道兵团留守处那里领到一张铁路免票，带一个手提包，背一床棉被，将许多书籍用品存放在清华战友那里，带了军委总干部部的行政介绍信和组织关系介绍信，独自一人踏上了路途。经一路签证，经沈阳到丹东铁道兵团留守处转运处，叫我等有车即去前方兵团总部。每天两顿饭，过了一天通知我，第二天晚饭后出发去前线。

那天下午四五点钟的时候，说有一个车队去前方，叫我坐上一个装满木箱的解放大卡车，车上司机和助手在驾驶舱里，我坐在驾驶室后车厢第一排箱子的中间空当里。

前面一辆车是帐篷车，车上都是女同志。车过了鸭绿江后不久停下来休息，前面车上一个战士拿了一件棉大衣给我，说前面车上的一位领导叫我穿上，看我一身解放军的棉衣太薄，挡不住朝鲜的寒夜。汽车走走停停，遇见敌机投照明弹时立即熄火停下。天快亮时到达了部队驻地，给我送棉大衣的战士来把大衣收回去，我才知道那是铁道兵团第二师机关的女同志。给我大衣的女同志是该师一位领导的夫人，是个机关干部，至今我也不知道是哪一位，但我深深地感受到，这就是纯真的阶级友爱。我问了司机，那车上装的箱子里是什么物品，他说那是硝酸铵。我想难怪我上车时，他们说若遇敌机扫射或轰炸，必须赶快跳车。

我到志愿军铁道兵团政治部报到后，被分配到第三师，师政治部干部科确定我去施工技术处技术科工作。

美帝国主义日夜破坏朝鲜的铁路，阻断对前线作战部队的弹药和生活物资供应，几乎炸断了所有的铁路桥梁。铁道兵采取了两种方法来保持铁路的畅通，一是在破坏的桥梁处围起石块筑成基础，在上面立起木排架，在排架上

杨艮源在朝鲜

架起工字钢，就可以恢复通车了。二是在正桥的上游用同样的材料和方法修起一座便桥，然后与正线连接起来。

为了准备应对美帝国主义的扩大战争，铁道兵团第三师调到京义线和平北线，承担两线的铁路保障任务。平北线北端就是鸭绿江水电站，一条九曲川蜿蜒当地，由此修建了不少桥梁。从一个隧道出来跨过九曲川修一座桥梁，再经过一个桥梁，进入下一个隧道。为了防止桥梁被炸切断交通，决定修建两条跨越第一、二、三、四九曲川桥梁的便线。我参加了整个工程的勘测设计工作，并负责一条便线的施工技术工作。为争取时间我们昼夜施工，因为技术人员只有我一人，每当完成一部分工程，我都要在小战士配合下去测量验收，才能再继续施工。我有四天是昼夜值班在工地上。衣鞋单薄，我脚后跟都起了很多冻疮，还要时刻小心敌机的轰炸。由于任务完成得出色，师里给我记了三等功一次。

1953年二三月份在龟城那次最为惊险。一座桥被炸坏正在修复，我们两人被派去测便线，正在工作时便听到美军的飞机呼啸而来，俯冲向我们的工地，还扔下两枚炸弹。因为距离太近了，我清楚地看到了飞行员的脸。接着他们又用机枪进行了扫射。好在我们两人及时躲到一条沟里，人安全无恙，我手里的经纬仪也完好无损，助手的花杆周围被机枪扫过但也没损坏，好不惊险！

从鹰厦铁路转战襄渝铁路

1954年，部队回国到陕西华县休整，党中央决定将铁道兵团改为中央军委下属的一个兵种——铁道兵，并由王震同志任司令兼政委。原定要去参加修建宝成线，后因国内外形势需要，确定进军东南，抢建鹰厦铁路。

铁三师进驻鹰潭，后驻福建漳平，参加修建鹰厦线第一工程段和第九工程段的施工，完成了第九、第十、第十一工程段的收尾工作。1960年11月，部队进驻湖南芷江，负责湘黔线第二工程段的施工。1961年10月，部队调到江西抚州市，修建向塘到乐平的铁路专用线（开采铀矿的铁路）。1962年5月，部队调驻吉林白城子去修建东北林区的铁路和公路，师部迁至黑龙江省牡丹江市。

1959年，在修建鹰厦线时，因工作成绩突出，我荣立一次三等功。我在清华学的是土木工程设计，在修建鹰厦线时承担的是施工计划工作。每当去完成一项工程任务时，部队都是按照当时的建制派一个连、一个排去施工，常常出现工程量大小与人员不匹配的状况，劳动效率不高。为此，我建议采取定额制，即在制订施工计划时比较精确地确定工程量需要的人力，然后再安排相应的人去。这样一来，劳动效率大大提高，领导表扬我计划做得好，给我记功嘉奖。

鹰厦铁路修建部队机械化程度低，线路的路基土石方都是由大量当地的民工在部队同志指导下肩挑手抬，把一筐筐方土方填起来，用人工打夯的办法，修成坚实的铁路路基。对隧道施工与石方工程，都是人工打钢钎，把坚硬的石头砸出窟窿，在里面放入炸药引线，然后点燃导火索，把石头炸出路堑，变成一个隧道或形成路基。由于高强度的劳动，管理又不够审慎，或遇天灾，许多民工兄弟和指战员献出了宝贵的生命。成昆铁路沿线的烈士陵园里，铁道兵指战员的人数相当于铁道兵一个团。在祖国社会主义基础建设中，军人和老百姓都做出了巨大的牺牲和贡献。

1963 年 8 月，我被调到铁道兵团司令部技术处；1965 年 8 月，被调到司令部作战处作战科。铁道兵设立科研处，接着建立科研所，开展掘进隧道的掘进机的研究和舟桥的研究和使用。我参加了组织派遣铁道兵部队去抗美援越的工作，同时还组织铁道兵各师和各大军区合作，编制全国铁路的备战计划。

"文化大革命"中的 1969 年 7 月，我因解放前参加过北京市党的地下组织而被停职，调至湖北襄北铁道兵"五七"干校当学员。在劳动中，我学会了对桃、梨、葡萄等果树的修剪嫁接等管理技术。1971 年 9 月 14 日，我离开"五七"干校，被调到陕西紫阳县铁道兵第二师司令部作战科，参加襄渝铁路的修建施工。

1976 年 6 月，组织考虑到我右眼患了严重的疾患——视网膜脱落，当地无法医治，把我调到河北省新城县（高碑店）铁道兵科学技术研究所科技处工作。1981 年，铁道兵科研所迁入北京市大兴区，之后我又调任情报研究室副主任。

离退休养　服务地方

1983 年，铁道兵兵种撤销，集体转业成为中国铁路工程总公司，原来的十一个师改编成第十一到第二十一工程局。当时规定，50 岁以上的同志大多数都不再转业去工程公司，就地离退休。我已经 55 岁了，经过上级批准，我们建立起新建铁路工程技术咨询公司设计室，挂靠在国防科工委健康工程设计所和化学工程公司北京重机公司设计研究所下面，为此我还自学了上下水、水暖等设计知识。设计室为大兴区前后设计了 30 个工程项目。1983 年 9 月至 1988 年 8 月，清华老同学张其锟邀请我参加了他主持的北京航空遥感工作。

1986 年起，我参加了北京市离退休科技工作者协会的工作。这是北京市科协下面一个组织离退休科技人员为经济建设服务的组织，分机械、土建、教育等 10 个委员会，协会人员多达千余人，做了大量科技服务、咨询工作。我在 1988 年被选为协会理事、组宣委员会主任，1992 年被选为常务理事，聘为副秘书长，这项工作一直干到 1995 年。

我离休后的生活也是多姿多彩的，我参加过总政治部玉泉路老干部管理局

2004 年 10 月，土木系老同学聚会。前排左起：钮友杰、沈恒泽、张继先、王庸勤、储传亨、杨艮源，后排左起：庞文弟、张有实、刘惠群、丁培良、郑宝理、黄宗煊、魏耀荣

组织的老干部大学，学习书画、社科、文史等内容，担任大兴干休所的学习班长。我还参加了大兴区老干部大学的电脑班、诗词班、剪纸班。后因高龄被学校劝退，回家自学。在干休所里，我被选为管理委员会的成员和干休所党组织的委员，为大家继续服务。在我八十岁时，写过一首诗，抄录在此：

八 十 自 述

一介书生投笔行，两袖清风为人民。

三生有幸逢盛世，四体勤劳健身心。

五官端正无斜视，六根清净不爱金。

七窍开通辨真伪，八旬年少网上巡。

九州风云皆知晓，十足狂傻觅佳吟。

生命不息，学习不止，服务不停，我愿意永远实践"厚德载物，自强不息"的清华精神。

2020 年 8 月

八 淡泊名利 奉献一生

九 水木清华
母校情怀

别开生面的老校友串讲。左起：吴宏宛、庞文弟、王浒、
许京骐、蔡公期、夏志武

浓浓校友情
——记解放战争时期老校友晚年的聚会

■ 王　浒

一个特殊的群体

1945 年日本投降；1946 年，西南联大完成历史使命，清华、北大、南开迁回平津，在原校址复校。

1946 年 10 月，清华母校在清华园复课。当时由西南联大转来四个年级学生九百多名，由原在北平的各大学转来 412 名，当年从全国招本科新生 903 名，先修班近百名，共计 2300 余名。此后，1947 年招本科生 775 名，转学生 41 名；1948 年招本科生 409 名，转学生 61 名；三年还招研究生 62 名（以上数据来自《清华大学史料选编》第四卷）。

从 1946 年清华复员到 1948 年年底清华解放，也就是解放战争时期，有 3600 多位老校友在母校学习过。他们在解放战争第二条战线的大熔炉中经受过锻炼，在革命学生运动中结成深厚的情谊，形成清华人中一个特殊的群体。

忆往昔峥嵘岁月稠

到 20 世纪末，老校友们都已 70 岁左右，为祖国鞠躬尽瘁，服务了五六十年。大部分人虽然超期服役，这时也都离退休或退居二线，有了空闲时间聚一聚，叙叙友情，真是人老情更深。开始是轮流在各家聚，滚雪球，人越来越多，只好找地方大聚会，从 1998 年、1999 年两次在北工大聚会后，形成制度，每年春节或国庆前后大聚会一次，人数增加到二三百人，主要是京津两地的老校友，少数外地校友也闻声来参加，如广东的吴佑福、内蒙古的牛竞存就专程来参加过。从 1998 年到 2010 年，坚持了 13 年。2011 年百年校庆后，大家都已八九十岁，行动不便，为了安全，停止了大聚会，但分散的小聚会还在进行。

聚会的首要内容是叙旧谈新。离校后五十多年，大家忙于工作，也由于政治运动的影响，很少来往，互不了解。但每人都有着不同的坎坷经历，对当前国际国内形势也有许多想法，很愿意和有共同语言的老校友倾诉、交流。一见面，叫着当年上学时的外号，互相拥抱，有着说不完的话。在北工大聚会时，每人谈谈毕业后的经历，半天都没说完。所以每次聚会都要留出一半时间自由交流。

当年在清华上学时的老领导、老教师，如何东昌、王汉斌、张大中、李晨、解沛基、许京骐等老同志也常参加，尤其是何东昌同志，每次必到，后来行动困难，坐着轮椅也要参加。

唱学生运动的革命歌曲是会议必有的节目，每当方堃——当年"大家唱"合唱团的团长指挥唱歌时，大家都无比激动，仿佛回到了青春时代。前几年大家还自己表演些独唱、小合唱、朗诵等节目，后来年岁大了，就请来年轻校友和方堃办的音乐学校的学生演出助兴。总之，会议开得生动活泼。

古进、张祖道老校友负责聚会的摄影，他们都是专业摄影师，为大家留下了许多难忘的镜头，上百人的合影是很难照的，但每次都照得很清晰。陈宜焜老校友虽然不是专业摄影师，但对录像、编辑光盘却很在行，他每次聚会都录像，并编了多张《校友情》光盘。

聚会后，有自助餐，坚持 AA 制，坚持自费。我们要感谢市委党校、高等法

1999 年在北工大聚会时合影，共 67 人

院、方堃办的音乐学校、北海中学、北工大等单位为我们提供聚会场所和饭食。

组织这些大活动，尤其是老年人的活动，是个很复杂的事。我们建立了一个联络组，有王浒、张其锟、方堃、吴宏宛、黄庆华、陈尚荣、张一华、陈伯时、杨荣、钮友杰、傅珵、吴勤娟、夏瑜、顾廉楚和已去世的赵葆元、张一华等，各系、各年级还有联络员，大家不顾年老体弱，兢兢业业、认真细致地组织好每次聚会，保证安全并让大家满意。

为了便于老校友们互相联系，由张其锟负责编通讯录。2004年，收集到389位的通讯地址，由北工大帮助印制通讯录发给大家。2008年，张其锟和校友总会郭春玲同志共同努力搜集和认真校核后，又编了一本有908位老校友的新通讯录。在母校校办支持下，印发给老校友一本精美的通讯录。现在，网络普及化，张其锟同志已有许多位老校友的电子邮箱，后来还组建了微信群。

三次在母校的重要聚会

2006年、2008年、2010年，我们和校友总会联合举办了三次重要的聚会。

一、2006年是清华复员60周年，校友总会和我们联合在母校蒙民伟楼举行了纪念大会。老校友来得非常踊跃，大家年事已高，不少人是在子女、保姆搀扶下来的。老领导王汉斌、何东昌、李晨、张大中、许京骐，老教师解沛基、钟国生、施熙灿、李国鼎都来参加了。

校友总会常务副会长贺美英主持大会，校党委书记陈希深情回忆了解放战争时期，清华在人民解放战争第二条战线发挥的重大作用，被人们喻为"蒋管区里的解放区"。在那个特殊的年代，学校仍坚持严谨治学，德、智、体全面培养学

2006年10月，清华复员60周年老校友聚会，物理系老校友和校领导合影

2006年，纪念清华复员60周年大会合影

2008年12月13日，清华园解放60周年纪念大会在主楼报告厅举行

生。因而这个年代的清华学子，在中华人民共和国成立后有5位担任国家领导人，有近50位两院院士，出了10位将军、40多位省部级干部，在各条战线成为领导或骨干的更不计其数。

王浒作为老校友代表，发言感谢母校各部门对老校友活动的关怀和支持，发动大家为纪念母校建校100周年写回忆，提供史料，还祝福母校蓬勃发展，跻身世界一流大学行列。

老同学合唱团和母校学生文艺社团为大家表演了精彩节目。老校友们还按系、按社团在台上合影。这次丰富多彩的纪念活动给大家留下了深刻的印象。

二、2008年是清华园解放60周年，校友总会又和我们联合在母校主楼报告厅举行了纪念大会。校友总会为这次大会做了精心准备，在主楼大厅里布置了清华学生运动历史照片的展板，老校友们在展板前流连忘返，回忆起激情的往事。当年地下党老领导、母校现任党政领导和三百多位老校友参加大会。

清华大学党委常务副书记胡和平主持大会，大会在《毕业歌》的歌声中开幕，党委书记陈希同志讲了话。

别开生面的六位老校友的串讲，回忆了清华1948年解放前后的情景：王浒回忆了1948年暑假在解放区泊镇参加平津地区地下党员培训班，学习形势和迎接解放任务的情景。地下党南系教职员支部书记许京骐老学长回顾了解放前夕，老教授和教职工思想状况和地下党动员老教授留下来的细致工作。接着王浒回忆：

时局发展出乎预料得快，11 月 2 日辽沈战役刚结束，12 月 13 日清华已听到枪炮声，当时清华外语系校友李乐之担任政治处主任的四野某团已攻到清华附近，他已看到清华的红砖楼房，国民党军从圆明园向他们开炮。他立即报告团长并请示上级，为了保护清华，绕道万寿山以西攻击敌人。同时，13 日下午国民党军一队炮兵开到气象台下布防，经学生会和校方交涉，当晚就撤走了。15 日上午，农学院来电话说已见到解放军，地下党立即派庞文弟同志和解放军联系。接着庞文弟老校友叙述了他联系的经过。为了安排学校安全和生活，临时组建校务管理委员会，蔡公期以研究生会主席身份参加管委会并被选为主席，接着他讲了 18 日十三兵团政治部主任刘道生在校门口贴布告保护清华和后来接待刘主任，以及如何和荣高棠工作组联系取得粮、煤供应，安排师生生活的经过。清华刚解放，党就抽调许多校友参加接管北平的工作，吴宏宛老校友讲述了他们参加接管石景山发电厂工作的情景。12 月底北平和平解放，清华组织了迎接解放委员会，夏志武老校友是主席，由他介绍了清华师生如何参加迎接解放的游行和宣传活动。六位老校友的串讲，生动、全面地再现了母校解放前后的历史镜头。

大会会场进门处，贴了祝寿的大条幅：何守智老校友在一张有金点的大红纸上书写了"仁者寿"三个大字，两边是对联"荷塘映月色，水木出清华"。再旁边的大红纸上列出通讯录收集到的 122 位今年八十寿辰的校友名单。大会结束后，41 位到会的 80 岁以上寿星在台上合影。

三、2010 年是百年校庆的前夕，也是 1950 级毕业 60 周年。在 10 月 16 日，我们又和校友总会联合在母校蒙民伟楼举行聚会，会议的主题是"为母校百年华诞献礼"。

早在当年 2 月 25 日，联络组就发出为母校百年华诞献礼的倡议。截至 8 月 31 日，有 385 位老校友捐款 70 多万元，建立"解放战争时期老校友励学基金"。校友总会在 2006 年就启动了"清华校友励学金工程"，倡导"助困励学，爱校育人"。困难受助学生在获得经济资助的同时，直接感受到校友给予的精神激励。同时这也是清华精神的传承。我们这些老校友虽然经济不富裕，但参加的热情不减。

会上举行了签字仪式，由捐赠方代表王浒、徐裕荣（1947 级）、吴佑寿（1948 级）、尹宏（1949 级）、顾廉楚（1950 级）、周维垣（1951 级）、张思敬（1952 级）和校友总会郭樑秘书长在协议上签字。还由贺美英常务副会长、白永毅副会长向代表们颁发捐赠荣誉证书，并合影留念。

截至 2017 年年底，基金累计捐赠 300.6 万元，共有 526 位老校友参与。累计资助了 124 位主要是农村来的困难家庭的同学，发放金额累计 74.75 万元。

在校友总会贺美英常务副会长领导下，《清华校友通讯》编辑部钱锡康、黄文辉和我们一起，在 2008 年年底编辑出版了《峥嵘岁月——解放战争时期清华校友足迹》一书。全书 113 篇，60.8 万字，记述了从 1946 年复员到 1948 年解放清华发生的学运重要活动，学习生活，师生友情。书中还有张祖道等老校友提供的 50 多幅珍贵照片。这本书除了发给老校友，也成为百年校庆的献礼。

2006 年，我们在北工大帮助下，编了《解放战争时期清华老校友的足迹》光盘，发给了老校友。张祖道老校友在清华上学时，用实习得到的津贴买了一个德国二手相机，当时在清华是稀有的。每次学校有活动他都照相，洗好了公布出来让同学们选购。他解放后仍然细心保留着这些底片（逝世前捐赠给母校校史馆）。我们就从这些底片中选了一部分，加上其他校友提供的照片，编了光盘。包括七大部分：1. 西南联大和清华大学校庆；2. 革命的学生运动；3. 学生自治会选举；4. 朝气蓬勃、丰富多彩的学校生活；5. 师生情；6. 校园风光；7. 清华新生、迎接解放。这个光盘形象地、全面地反映了解放战争时期母校的情况，非常珍贵。

祝寿活动暖了老校友的心

进入 21 世纪，老校友们逐渐步入八十高龄，每次聚会时，祝寿成为一个节目。

2002 年，有 8 位八十寿星，聚会时每人送上一束鲜花。吴时生老校友送上寿联："曾经沧海，欣逢盛世；云霞满天，壮心不已；浩然正气，赤子之心。"很贴切地反映了我们这一代清华人的心境。

2003 年，有 17 位寿星。何守智老校友别开生面，针对每个人的具体情况写了 17 个贺寿条幅，挂在会场上。如送给何东昌老学长的是："壮志凌云，纵横上下数十万里；一心从教，培育五洲多少英才。"东昌同志终生办教育，在清华主持教学科研，创建工程物理系，后去国家教委，最终任职教委主任。对联确很贴切。送给徐芳伟（现名古进）老校友的是："几点梅花归笛孔，一支芳伟喜人心；淑勤长伴暖香阁，画报飞传四海滨。"淑勤是古进的老伴，古进离休前是人民画报社高级记者。其他贺寿条幅都和寿星特点很贴切，就不一一叙述。

此后寿星人数激增，因为大部分老校友是 1926—1930 年生。如 2007 年，从通讯录统计，有 98 位寿星，参加会有 36 位。何守智写了一幅大"寿"字，两边是："清辉月色出荷塘，水木清华育栋梁；今逢吾君八十寿，松鹤同庆日同光"，挂在主席台上，寿星们在这个背景下照相，每位寿星都佩戴红花。联络组给参加会和未参加会的寿星都送一个精美贺卡，由何守智亲笔书写上面的四句话。

2010 年以后，已有老校友达到 90 高龄，如 2010 年就有 6 位。此后就对 80 岁和 90 岁的寿星都发贺卡。大聚会停止后，发贺卡的活动一直坚持到现在。

购买和寄贺卡的任务由陈尚容老校友负责。她非常认真细致，每年从通讯录

2017 年 10 月 27 日，解放战争时期老校友在王浒学长家中聚会

上查出寿星名单，核实后，购买寿卡，送何守智处书写。参加会的在会上发；没参加会的，写好地址邮编送邮局寄。何守智同志仙逝后，由她一人承担此任务。到现在已发送 700 多份贺卡。

贺卡虽小，但温暖着校友的心。不少人写信或打电话给陈尚容，说："没想到校友们还记得我的生日""从老伴去世后，我就没过过生日，想不到校友还这么关心我""校友比单位还关心我"等。

人老重晚情，我们的聚会温暖着老校友的心，也鼓舞大家过好幸福的晚年。

来源：《清华校友通讯》复 77 辑

王浒图片集 清华篇

致敬朱镕基：
他留给我们不悲观、涉险滩、敢担当的精气神

■ 李璐璐

90 岁的朱镕基又刷屏了！在多少人眼中，他就是一个时代的背影……

昨天，环环的朋友圈被许久不露面的朱镕基刷了屏。

据清华经管学院院长办公室披露，朱镕基与夫人劳安在 10 月 12 日出现在了清华大学经济管理学院的活动上。

照片中的他，满头银发，看起来精神矍铄。

而再过几天，就是朱镕基 90 岁寿辰。

时光如梭，曾经威严的"铁面总理"已到了鲐背之年。2003 年 3 月十届全国人大一次会议后，朱镕基任期届满，卸任国务院总理，此后深居简出，人们只能在他偶尔几次公开亮相时看到他的身影，或是在为数不多的新闻报道中了解他的近况。

相见时少，惦记却深。虽然退出了公众视线，但公众能清晰地感受到，朱镕基仍力所能及地以一个普通公民的身份关切着现实——他出版了系列著作，成为畅销书作家，并成立助学基金会，捐出全部稿费用以发展教育事业；他至今都是清华大学经济管理学院顾问委员会的名誉主席，兢兢业业地推动学院建设……在退休的 15 年里，朱镕基依然为他深爱的党、国家和人民贡献着力量。

几次露面引起轰动

退休后的朱镕基非常低调。大部分时间，他都闭门谢客，埋头在家读书，并以"一介草民"自称，但他的几次露面都引起了轰动。

2017 年 10 月，党的十九大在北京召开，当电视镜头拍向主席团，朱镕基那严肃、清癯的面孔在大屏幕上闪过时，《环球人物》记者心头一震，同时听到在场

的中外记者有低呼、有轻叹："看！朱镕基！"会场外，这短短几秒钟的视频片段也引起了万众瞩目。看着他满头的白发、眼角的沧桑，很多网友感慨：朱总理老了。

如今，除了这样的重大场合，人们轻易不能见到朱镕基。于是媒体千方百计从他的子女那儿打听消息。2016年3月，朱镕基女儿朱燕来作为全国政协委员参加两会时，向媒体谈及了父亲的近况："他身体还可以，生活就像他这个年纪的人一样，每天锻炼身体，读书看报。"

2015年9月3日上午，在纪念中国人民抗日战争胜利70周年阅兵观礼台上，历任党和国家领导人一齐现身。那一天，大家惊喜地看到了朱镕基的身影——他双手扶着栏杆，腰背笔直，精神矍铄。这幅画面的截图"点燃"了网络，网友纷纷留言表达思念之情："朱总理，祖国如您所愿，日益强大，请您放心。""清廉为官，为国为民，不论时间过去多久，人民都会记得您。""有做事之心，而不留恋权力，真性情！""他比电视剧里的宰相刘罗锅还正直！""衷心祝福朱总理健康长寿。"……满屏皆是祝福之语。

2015年4月，朱镕基还出现在了"袁宝华系列著作"出版座谈会的现场。他亲自推着百岁高龄袁宝华的轮椅，徐徐入场，并向在场的来宾挥手致意。朱镕基对《袁宝华文集》的出版表示祝贺，他深情回忆了60多年前与袁宝华共事的经历，称宝华同志是自己最好的"启蒙老师"。这段特殊的师生情也让网友动容。

更早一些，2012年，一段朱镕基现身上海大剧院的视频风靡网络。他和上海干部群众共同观看春节京剧晚会，并亲自为晚会编排剧目。短片的镜头显示，当朱镕基出现在上海大剧院时，在场的人群一片沸腾，掌声经久不息。

2011年4月11日，《朱镕基答记者问》一书的英文版在伦敦举行首发式。现场播放了一段朱镕基用英文录制的视频讲话，向中外来宾以及参与编辑、翻译、出版工作的朋友表示感谢。他还说："我的好朋友基辛格博士写了精彩的序言，为这本书增色，我要向他表示衷心的感谢和敬意。"对大多数中国网民来说，这是第一次见到朱镕基用英语讲话的风采，留言中有惊叹、有好奇、有赞赏、有骄傲。

"政声人去后，民意闲谈中。"退休15年，这位叱咤半生的老人依然被人们牵挂着，他也以另一种方式服务着大众，继续担当着人民公仆的角色。

著者朱镕基

其中一个方式，就是亲自选文编辑。从2009年到2013年，《朱镕基答记者问》《朱镕基讲话实录》《朱镕基上海讲话实录》先后问世，举国轰动。退休10年出了3套共6本书，每套都销量过百万，朱镕基一举成了畅销书作家。2016年，问世 7 年的《朱镕基答记者问》推出附带光盘的精装版。谈及再次出版此书的原因，人民出版社社长黄书元说："主要是应广大读者的要求。当年朱镕基总理召开记者招待会时，每次都是各界期待、万人空巷。如今，读者还希望能一睹大国总理的风范。"

"他写的都是大实话，不来虚的，看起来特过瘾。"一位普通市民在看了朱镕基著作后如此说道。时任清华大学经济管理学院院长钱颖一说："我读《朱镕基讲话实录》后印象最深的，是这每一篇讲话和文章都体现了一个'实'字和一个'真'字。"

今日重读朱镕基这数百万字的著作，《环球人物》记者最强烈、最直观的印象也是一个"真"字。他是一个真性情的作者。书中记录，朱镕基当选总理后，在国务院第一次全体会议上说道："我一到上海工作，就信奉两句话：'民不服我能，而服我公。'就是说，老百姓并不是服我有多大的本事，有再大的本事也不见得比人家强啊，而是服我办事公正。'吏不畏我严，而畏我廉。'下面的官并不是怕我的严厉，怕的是我廉洁，屁股上没有屎。我行得正，坐得稳，我就敢于揭发你的歪风邪气。'公生明，廉生威。'公正才能明白，廉洁才能有威信，我在上海工作时一直就信服这个道理。"

句句诚恳，振聋发聩。

尖锐是著者朱镕基的另一鲜明特色。1993 年，在全国金融工作会议上，面对在场所有领导干部，朱镕基直言不讳地指出："自己不勤政，又不廉政，吃吃喝喝，乱批条子，任人唯亲，到处搞关系，把国家财产不当一回事，你坐在主席台上面作报告，下面能不骂你？"

在上海工作期间，对一些干部和党员脱离群众，互相"扯皮"的问题，朱镕基做了非常尖锐的批评："昨天《新民晚报》有一条消息，说今年街道上没有洒过水。为什么？就是扯皮。市环卫局把洒水车下放到各个区了，但原来开车的司机各个区不要，就这么扯皮，扯了半年多，车子开不出来……我不管你怎么弄，反正三天以内你把洒水车开出来，开不出来，你这个局长不要当了。"

这样直接点名的批评很多，对这些，朱镕基完全没有避讳。样书送到当年曾挨批挨骂的部委、省市或企业那儿，结果没有一个提出要修饰、要抹去的，甚至主动提出要帮忙补充资料。

尖锐之外，朱镕基有着一颗朴实柔软的爱民之心。《朱镕基讲话实录》最后一篇文章《大力发展公共交通》写道："今天是农历大年初一，我代表党中央、国务院向大家拜年，祝大家春节好……要让群众出门到处都可以上公交车，到处都有'的哥''的姐'，感到出行很方便，没有必要自己去买个小汽车，还要一天到晚伺候它。"

原中央文献研究室主任逄先知说："读他的书，常常被他发自肺腑的语言打动，有时候都会流泪。"

正因如此，书虽有数百万字，却很好读。这次重温，《环球人物》记者用几天时间便看完了。掩卷之后，心生一念：这些书的好评度有多少？于是打开某大型电子购物平台搜索，发现朱镕基的书至今仍在热销榜上，好评度达到100%。一位读者今年10月1日留言称："值得每个人阅读，深刻理解国家治理发展方向。"

黄书元告诉记者，书出版后，朱镕基陆续捐出了全部版税4000多万元。2014年，胡润研究院发布了《2014胡润慈善榜》，朱镕基榜上有名。朱镕基早在出书前就对版税做好了安排——他本人不经手，全部由出版社转交给他创办的实事助学基金会，用于资助贫困地区师生以及开展其他公益活动。2018年4月，基金会理事长朱蕤、副理事长朱燕来等曾到福建省长汀县的中小学调研，并捐赠书籍。

这份善心，让人动容。

学者朱镕基

清华大学经济管理学院的官方网站上，每年都会有一条朱镕基参加顾问委员会活动的消息。他是清华大学经济管理学院首任院长、学院顾问委员会名誉主席。

20世纪80年代，清华大学开始筹办建立经济管理学院，师生一致希望"邀请一名有才能、有身份、有名气的人"来当院长。当时担任国家经济委员会副主任的朱镕基，受到了时任清华大学党委副书记的同班同学李传信和校秘书长吕森的邀请。朱镕基本就有心为母校尽一份力，再则考虑到："中国最缺的不是技术、资金和人才，而是管理。"便欣然同意。

于是，从1984年到2001年，朱镕基这个院长一当就是17年。2000年，他推动成立了经管学院顾问委员会，并一直担任委员会名誉主席。

在朱镕基等人的推动下，顾问委员会的队伍日益扩大，世界知名商学院院长、企业家等纷纷受邀前来。去年10月，朱镕基和夫人劳安在钓鱼台国宾馆参加了经管学院顾问委员会2017年度会议，会见了美国财政部原部长保尔森、苹果公司首席执行官蒂姆·库克等24位顾问委员会海外委员。他和他们一一握手，并说，前几天，中国共产党在北京召开了第十九次全国代表大会，我作为特邀代表出席了大会。这次大会是在中国全面建成小康社会决胜阶段、中国特色社会主义发展关键时期召开的一次重要会议；对我国社会主义经济建设、政治建设、文化建设、社会建设、生态文明建设作出了全面的部署；习近平新时代中国特色社会主义思想是马克思主义中国化的最新成果，是我们党团结带领全国各族人民在新

水木清华，
春风化雨，
教我育我，
终生难忘。

朱镕基

1991 年，朱镕基学长为母校 80 周年校庆题词

时代坚持和发展中国特色社会主义的政治宣言和行动纲领，必须长期坚持和不断发展。

各位顾问委员围绕这个话题畅快地聊了起来。黑石集团董事长苏世民说，清华经管学院顾问委员会使委员们得以深入了解中国，刚刚闭幕的中国共产党第十九次全国代表大会为中国注入了新能量。

其中 16 位顾问委员还走进了清华经管课堂——2007 年诺贝尔经济学奖获得者埃里克·马斯金与学院的青年教师和博士生分享了他的学术历程以及人生经历；雷诺日产三菱汽车董事长兼 CEO 卡洛斯·戈恩提出，新能源与人工智能将是其企业高度关注的两大方面；宾夕法尼亚大学沃顿商学院院长吉尔菲·盖瑞特以"中美关系：双赢的经济互动"为题与学生分享了他的见解；微软公司首席执行官萨提亚·纳德拉与同学们分享了人工智能的发展和科技的未来等问题。

宝马集团董事长科鲁格说："作为企业家，作为企业的领导人，我们最关心的就是如何培养未来的领导者。作为顾问委员，我们应该和中国一起努力来培养未来的领导者，这不仅会有益于中国，而且对世界也会大有益处。"

对此，朱镕基有同感。2005 年 10 月，他亲自推荐清华校友、著名经济学家钱颖一出任清华经管学院副院长。2006 年 9 月，钱颖一担任经管学院院长，直到

2018 年 8 月卸任。在今年西湖大学成立的新闻中，钱颖一的名字刷了屏，成了热搜词——他出任西湖大学校董会主席，与曾经同为清华大学同事的施一公等人投身于创办一所新型一流民办研究型大学的尝试中。

朱镕基还亲自带过 4 名博士生，他注重培养学生的实际工作能力，鼓励学生自己下去，研究上海市的工业状况。他的一名学生后来当了清华经管学院企业管理系主任。

学者朱镕基不仅重学，更强调为人。2011 年 4 月 22 日，清华大学百年校庆期间，朱镕基重回清华经管学院。当天，千余名学生在学院外、庭院中、大厅内热烈地欢迎朱院长回到学院。300 多个座位的报告厅挤进了五六百人，不少人站了两三个小时。作为学长和院长，朱镕基再次教导同学们不仅要学习知识，更要学习做人，做人比做官、做企业家更重要。

桃李不言，下自成蹊。朱镕基用自己的信念和行动，影响了一代又一代清华学子，也打动了一代又一代国人。他是一个时代的背影，无论在任还是卸任，他所做的事情，注定会在历史的厚壁上留下深刻的掌印，让人无法忘记。

来源：《环球人物》杂志 2018 年 10 月 16 日

九　水木清华　母校情怀

李传信学长

我的父亲李传信

■ 李子实

我父亲李传信 1926 年 11 月出生在醴陵富里镇（为纪念花炮发明人李畋，现改称李畋镇），5 岁开始在村里读初小，10 岁外出去县里读寄宿高小。1937 年高小毕业后，因家贫失学，只好回家干一些力所能及的农活，并在镇里开设的私塾里读一些汉学书籍。李姓在富里镇及周边一带是一个大族，一直以耕读传家，父亲自幼聪明好学，在家族中颇受长辈关照。1939 年，父亲在他远房叔叔的帮助下，考入免费的醴陵县立简易师范学校，后转学到湘东中学读初中。他的这位远房叔叔，以及初中的几位老师都是中共地下党员，他们对我父亲关心和帮助很多，也使他很早就接触到了进步思想。

1942 年初中毕业后，父亲又进入长沙明德中学就读高中。当时正值抗日战争时期，日寇已经进逼到中国腹地，明德中学也从长沙迁到了湖南湘乡的霞岭。明德中学接纳了一批流亡或滞留至此的优秀知识精英，师资队伍较强，父亲得到了很多知名人士的教导和点拨。他印象最深的是从西南联大回乡办事，临时留下的数学老师廖山涛（后为中科院院士，北大教授），廖老师的授课让他着迷，做完作业还去找老师要几何题来做。他们之间亦师亦友，在日常的交流中，父亲懂得了什么是做学问的人，开始明白什么是学术。他在后来的回忆中说，廖老师使他"对学术有成的师长和同辈总有发自内心的敬重，自然地喜爱那些颇有才华而又坚持刻苦钻研的青年同学"。

1944 年夏，日寇攻入湖南，国民党部队急速溃散，正在读高二的父亲被迫弃家和几位同学向大西南流亡。他们一路上颠沛流离，无家可归，真切地体验到了亡国之苦。父亲得知大哥在昆明的一家银行作实习生，便只身南下昆明投奔了大哥。当年秋天，父亲以高中二年级的学历考入西南联大先修班，不久进入西南联大电机工程系读书，除了有学校的贷金，还可以在当地兼做家教挣一点钱，又有周围同学的热心帮助，这样他就在昆明安定了下来。

从一路逃亡到进入西南联大，这是父亲的人生转折点。当时西南联大的条件非常简陋，师生们只能在土坯墙、茅草顶的宿舍和铁皮顶的木板房教室里生活和学习，时而还要躲避日寇的轰炸，但学校却在爱国、民主、科学的旗帜下，同求科学真理，共志光明进步，培养着大批的国家栋梁之才，创造了中国教育史上的奇迹。大师学长的熏陶和教诲，同学之间的切磋和互勉，使父亲逐步明确了自己生活的目标和道路，同时，也开始了他长达60年的"清华缘"。

当年在西南联大的青年学生，内心大都有两个强烈的渴望，一是求学；二是救国。在这种氛围里，父亲开始关注时事，思考国家和民族的出路，懂得了要把自己的前途和国家的命运联系在一起，才是正确的人生之路。在抗日战争胜利之后，大家关注的热点转到反内战、反独裁、争取民主和平的主题上来，父亲积极参加了在昆明的"一二·一"学生运动，目睹了军警特务的暴行和周围同学的伤亡，认识到国民党独裁统治的腐败和黑暗。1946年，西南联大师生北上复员，在途中听到李公朴、闻一多先生被特务暗杀的消息，父亲彻底认清了国民党统治者的本质，确定只有跟共产党走，才能使中华民族真正独立，才能使劳苦大众真正从社会苦难中解放出来。

1946年秋，父亲与同学们一起北上到达北平的清华园，在电机系继续自己的学业。在解放战争期间，清华延续着西南联大的爱国进步传统，被称为"国统区中的解放区"。父亲开始成为学生运动的骨干，积极传播进步书刊，配合宣传共产党的主张、方针和政策，在组织和开展学生运动的过程中崭露头角。1948年冬天，为躲避国民党当局在北京高校中进行的大搜捕，在地下党组织的安排下，他和党员学生一起，冒着生命危险通过了敌人的封锁线，到达解放区——河北沧州的泊头镇。自此他开始参加革命工作和党的组织生活，确定了终生为之奋斗的政治目标和人生道路。

1949年年初，北平和平解放。父亲随中共北平市委回城，参加接管工作。当年秋天又回到清华大学，继续念完大学最后的课程，并担任电机系毕业班的党支部书记。1950年夏毕业后，父亲被北京市委调到北京师范大学，担任党总支副书记。1953年年初，他又被调到北京市委高校党委，参加北京高校的党建工作。但父亲一直希望参加工业建设或从事专业工作，就向上级领导表达了他的意愿。1953年冬，父亲终于如愿被调回清华大学。当时清华刚经历了院系调整，被定位为多科性工业大学，调整后的清华只剩下8个系22个专业，元气大伤。回校后，父亲担任了无线电系的党支部书记和助理系主任，负责无线电系的筹建，此后他就再也没有离开清华大学。

无线电系是1952年9月成立的，当时尚在筹备阶段。全系仅11名教师，5名职工，并有百余名学生，系主任是孟昭英教授，常迥教授是专业教研室主任。

这个新成立的系师资不足，起步较为艰难。父亲主要从队伍建设和发展方向上入手，与全系同事一起努力，逐步打开了局面。他经过与清华高层的沟通，陆续把几位精通电子业务的教师从校内调来，又积极争取校外专家、学者来校任教，加强系里的师资力量。听说在苏联学习半导体技术的李志坚老师学成回国即将分配，他立即前往火车站迎接，并报请教育部把他请到无线电系来工作。父亲自己担任了"高频电子管"和"无线电基础"两门课的讲授工作，还与同事一起合译了一些无线电专业的俄文教材。此后，无线电系的发展方向逐步明确，局面终于打开。

父亲心中只有工作，几乎没有星期天和节假日。他在课余时间常常在家里与同事们讨论工作，久而久之，系里的老师都成了我们家里的常客。父亲有一种强烈的使命感，他对工作发自内心地热爱和投入，对每位同事信任和关心，强化了无线电系工作团队的凝聚力。在大家共同努力下，从1953年到1956年这三年期间，无线电系拥有了由苏联专家、留美教授和年轻骨干教师组成的师资队伍，成系列的教学实验室和系统教材，为国家培养急需的无线电方面的人才奠定了良好的基础。1956年6月，父亲当选为校党委委员、常委，任无线电系党总支书记，1958年又被任命为无线电系副主任，1960年升任无线电系主任。

我是1957年出生的，从我记事开始，家里总有客人到来，有时来的叔叔伯伯很多，单独在一个屋子里开会，烟雾弥漫，直到很晚。听父亲的同事说，这是系里的"神仙会"，大家可以畅所欲言，集思广益，主要议题集中在面向学科发展的前沿，系里如何确定未来的发展方向；各教研组的学科目标和队伍建设等，并依据讨论的结果制订工作计划。这个"神仙会"多年一直沿袭下来，成为全系群策群力，高效工作的"核心制度"。还听说无线电系青年教师的集体宿舍是学校里熄灯最晚的，节假日无线电系门前的自行车数量也与往日相差无几。父亲曾经说，看一个人有没有事业心，要看他八小时以外在干什么。因此，父亲较少有闲暇顾及我们，即便抽出时间与我们交流，也感觉他偏于严厉，要求过高。

辛勤又卓有成效的努力，使无线电系进入了发展的快车道。如在国内率先提炼出纯度达8个9的超纯硅棒，首次研制出硅单晶材料和硅晶体管、气象雷达、电视发射接收系统、参量放大器、P2V行波管等，并很快转向了生产应用。这些技术成果在当年都是很超前的，尔后又有数字通讯技术等一批课题进入世界前沿领域。到1964年夏天，无线电系已经从单一的传统学科发展到包含电视、数字通讯、雷达、微波、半导体、电真空、激光等多个学科，成为全校学生最多、年轻教师比重最大、专业发展最快的系。这些成果为"文革"后清华在信息科学技术和微电子技术方面的蓬勃发展打下了重要基础。

不幸的是，正当大家意气风发拓展局面的时候，十年浩劫开始了。清华大学是受冲击最早的地方，校长蒋南翔很快被"打倒"，父亲也被扣上了"反党反社会主义""反革命修正主义分子""走资派"等大帽子。运动突如其来，家门口贴满了大字报，父亲只是告诉我们"爸爸犯错误了"，我们却不知道此时该怎样面对这位"走资派"父亲。接着批斗、游街、抄家，厄运接踵而至。

运动初期的造反派打人凶狠，父亲被校外的红卫兵打得头破血流，幸而有一位素不相识的好心学生相救，才免遭一劫。清华的标志性建筑二校门被拆除时，红卫兵押着清华被打倒的干部去现场清理砖石，据说他也是被打得最惨的一个。不久，清华大学的红卫兵分成了两派，父亲成了他们开批斗会的道具，在两派之间转来转去，丧失了人身自由。后来放出来时，我正好在家，记得他几乎连家门都找不到了。那段时间，清华有一些知识分子不堪凌辱自杀，母亲很担心父亲想不开走这条路。但他表示"文革"究竟是怎么回事他还没看清楚，他不会走这条路，他从内心里还是相信党的。

两派武斗结束后，家庭随之发生了很大的变化。哥哥到陕北去插队，母亲去了宁夏贺兰山的"五七"干校，不久父亲也去了清华江西鲤鱼洲的干校劳动改造。我和弟弟跟着太外婆留守在北京，一家人一年团聚一次都不容易。刚下放时，父亲还和年轻教工们一起下田劳动，后来在一次献血查体时，发现他的血压已经到了220/110的危险境地，就被分配去放几头老牛，于是他自嘲自己是"一个没有用的人放几头没有用的牛"。这句话既表现出他在逆境中平和达观的态度，也反映了他对不能工作心有不甘。

1971年年底，国家开始招收工农兵学员，父亲被转到清华的四川绵阳分校。他政治上的问题还"挂"着，但可以开始做一些教学工作了。分校的党委书记胡健让他担任分校基础课主任，负责数学、物理、化学、外语、电工五门课程的教学管理。还能够成为"有用"的人去做一些工作，这对他来讲是一个莫大的安慰，于是他立刻全身心投入到了新的工作中。谁知好景不长，他在"反对封资修教育路线复辟回潮"的运动中又一次被拉下了台，被打成了分校的"头号走资派""假党员"。在批斗中，他心力交瘁，患上了疟疾，几次高烧不退，体力极为虚弱。此间他给母亲寄去了一首小诗："我去如云过，亲人堪抖擞，孩儿为祖国，工农同奋斗。"母亲虽然对他的状况极度担心，但远在宁夏干校却难以顾及。幸而，父亲还是靠着坚强的毅力熬过了这一关。

1976年夏，父亲从绵阳回到北京养病。不久就有了"四人帮"垮台的大好消息。1977年4月，中央委派刘达同志到清华主持工作，他上任后领导新党委陆续复查并平反了1000余件冤假错案，"文革"中对父亲所做的那些错误结论也得到了纠正。新党委撤销了1971年6月前党委的错误决定，并报教育部党组批准：承认李传信同志为中共正式党员，入党时间从1948年11月正式过党组织生活算起。

这个时候已经是 1978 年 2 月，离父亲"文革"初期被打倒的时间过去了 11 年零 8 个月。因此，他不顾身体，立刻全身心投入到了繁忙的工作中。

父亲重新工作时，恢复高考后的第一届考生的录取工作已经开始。那时"文革"中对教育领域的"两个估计"的阴影仍在，影响着学校工作的开展。父亲着手拨乱反正，调整"文革"中在学校设置的那些不合理的教学机构，组建教务处，恢复教学秩序，以使新生入学后全校的教学工作能够顺利开展。作为新任的教务处处长，他还与同事们一起考虑学生的培养目标、专业调整、教学计划、课程设置、教材的内容更新、实验室改造和教师队伍的充实提高等诸多问题。他觉得"文革"十年，我们失去的时间太多了，需要有紧迫感。当年我有幸成为清华化工系的新生，记得上学时所用教材很多是临时油印的，感觉不那么正规，但也知道能有这样的教材，在当时已经殊为不易了。

父亲恢复工作的前后，另一件事情在困扰着他，就是清华无线电系从绵阳回迁遇到了较大的麻烦。当时，某军工系统想把清华无线电系的主要人员转入他们新建的电子学院，并已上报到中央高层得到批准，这使在绵阳分校的无线电系教职员工人心浮动。父亲多次向校领导建议将无线电系撤回清华，学校经研究认为，失去无线电系确实对清华大学的发展非常不利，影响到了清华的整体学科布局。在时任国家科委常务副主任、清华老校长蒋南翔和新任校长刘达的坚决支持下，父亲以清华大学的名义草拟了直接呈交邓小平同志的报告。很快就得到了小平同志"同意"的批示，最终为学校保留住了这支重要的业务力量。此时已身为学校教务处处长的父亲，又兼任了无线电系主任，他与昔日的同事们一起，经过恢复和调整，迅速使无线电系走入正轨，重振雄风。

1980 年 5 月，父亲被教育部任命为清华大学教务长，6 月被中共北京市委增补为清华大学党委常委。他开始从学校层面整体考虑拨乱反正，整顿学风，调整学科结构，注重高层次人才培养等多方面的问题。在工作中，他强调了教学工作的三个原则：一是立足于打好基础，着重在培养能力，理论联系实际；二是课程内容少而精，严要求，承认差异，因材施教；三是充实教学第一线的力量，有计划地进行课程建设。在学校各级领导和教师的共同努力下，清华逐步摆脱了十年浩劫带来的混乱，进入了快速发展的轨道。1982 年年初，父亲被任命为清华党委副书记，同年 8 月，又改任主管教学工作的副校长。以他为第一完成人的"本科教学管理改革"获得了全国高校优秀教学成果国家级优秀奖。

1984 年 2 月，父亲正式出任清华大学党委书记，与高景德校长共同主持学校的工作。他认真执行中央关于"彻底否定'文化大革命'"的决定，致力于消除"左"的思想在清华的影响。他领导党委在全校党员中开展了彻底否定"文革"的思想教育，向大家说明"文革"不是局部错了，而是根本错了。要求大家回顾"文革"给国家和清华带来的灾难，分清是非，吸取教训，尽快从"左"的思想中解放出来，与"文革"的错误观念彻底告别。通过整党学习，统一了大家的认识，为学校后面的改革开放和发展建设奠定了思想基础。

在父亲就任党委书记之前，他就对学校未来的发展做过比较深入的思考。多科性工业大学的

1984 年，清华大学经管学院成立，李传信受刘达校长委托代表学校邀请朱镕基担任院长。图为李传信（中）与朱镕基夫妇（左 2、右 2）等合影

定位已经不能满足清华未来发展的需要，应该向以工科为主的综合大学转变。在他就任党委书记前后，清华陆续成立了经管学院、理学院，还增建了一些工科院系，成立了继续教育学院，他是参与这些新学科设置决策的核心人物之一。准备成立经管学院的过程中，父亲认为要请有才能又有实践经验、了解国情的清华校友来作院长，并受学校委托，与吕森教务长一起邀请时任国家经济委员会副主任的朱镕基同志来担任清华经管学院的院长。父亲在电机系读书时比朱镕基高一届，又是湖南老乡，两人素来脾性相投，都对清华大学有着深厚的感情，因此朱镕基稍作考虑就答应了。他在清华经管学院做了 17 年院长，做出了很大贡献。

在制定"七五"规划的过程中父亲说到，清华现在是国内一流，世界知名，我们要提一个今后的奋斗目标，是不是可以提建设世界一流大学的目标？经过搜集资料、调查研究和认真讨论，大家认为在人才培养规模和质量、教师队伍及学科带头人、科研成果、学校的管理运作及支撑条件等多方面都还存在不小差距，需要经过长时期努力才能达到这个目标。于是提出现在就要将清华大学建设成"世界一流、具有中国特色的社会主义大学"作为长期建设目标，"七五"期间的工作要为实现这个目标打下基础，上一个大台阶。在 1985 年清华大学第七次党代会上，父亲在工作报告中明确提出了这个目标，得到了大家的热烈响应。在办学方针方面，新班子提出了"一个根本（培养德才兼备的高层次人才），两个中心（教育中心和科学研究中心），三方面结合（教学、科研和社会实践）"及"着重提高，在提高中发展"的指导思想。在控制本科生招生规模的基础上，加大了硕士生和博士生的招生规模。

为了学校未来的发展，父亲决定在当时的学校东门外购置 649 亩发展用地，

形成与主楼连成一片的东部校区，需要动用3000多万元。清华当时大约是2亿量级的财政能力，学校的住房也比较紧张，动用这么一大笔钱去置地，反对的声音自然不少。但父亲认为事情本身有利有弊，相比之下利大于弊，所以顶住压力坚持置地。因为置地，清华那段时间连工资的发放都出现了一定困难，他不得不多方协调，请求教委支持。现在看来，这次置地的决策是正确的，为清华的长远发展准备了非常宝贵的条件。

父亲非常重视传承清华的传统，认为这是学校健康发展的精神支柱。他很重视在校园建设中体现和反映清华的历史积淀和光荣传统，以"润物细无声"的方式影响和教育后辈的学子们。然而"文革"期间，清华标志性的历史建筑"二校门"已被拆除，老校友们都有恢复它的愿望。谁都知道应该怎么做，却没人敢做，因为当年红卫兵在那里矗立了毛主席的塑像。父亲经过深思熟虑，与高景德校长议定"先立后拆"，先在校园合适的地方另立毛主席塑像，再拆除旧的，然后签下"如无不妥，即照此办理"几个字，一天内就腾出了重建的场地。在得到了众多校友的捐助后，二校门重建工程在1991年80年校庆前顺利完工。现在这里成为了清华的师生、校友和外来参观者留影纪念的首选地。

在母校70周年校庆时，父亲曾与另外几位校友策划了"清芬挺秀，华夏增辉"的纪念巨石，立于清华工字厅东南侧的草坪上。他在任期间，在清华甲所和丙所之间的空地上建立了西南联大纪念碑，并拟写了碑文说明；在水木清华附近建立了闻一多和朱自清先生的雕像，并挑选了闻一多先生"诗人的主要天赋是爱，爱他的祖国，爱他的人民"这句话刻在闻一多的雕像旁；为纪念在抗日战争和解放战争中牺牲的清华校友，在清华大礼堂西侧建立了"祖国儿女，清华英烈"的纪念碑。在他的指导下，清华还编印了记述这些英烈和清华校友精英的《清华人物志》等书籍。父亲对清华的历史和传统有深入的了解和认识，他提出清华学子要继承和发扬清华长期以来形成的校风学风，并提炼出"严谨、勤奋、求实、创新"

2000年，李传信所在的1950届毕业50周年，他亲自提出"强国富民清华之志"八个字，并操办制成木屏赠送给学校

八个字为清华学风。

1987年10月，父亲出席了党的第十三次代表大会。1988年，父亲在任期届满，当时北京市委和教育部都希望他再任一届，但他为了让更多年富力强的人上来，坚持要求退下来，用他的话来说就是为清华的未来让路。退居二线后，他被借调到中组部进行干部考察工作，完成任务后又有机会调到有关部委担任负责工作，还有高层领导几次要调他到中央行政学院当党委书记。晚年升迁，享受部级待遇是很多人求之不得的事情，但父亲都婉言谢绝了。他还是愿意留在清华，做清华校友总会副会长，西南联大北京校友会副会长，为联络校友，增强清华的凝聚力，继承和发扬清华的优良传统发挥自己的作用。

退居二线以后，父亲长期把个人的报纸订在工字厅，把牛奶订在后勤部，每天下午别着计步器在校园里散步，戏称是在校内游荡的"游方和尚"。他的朋友熟人极多，又很随和，一路上会和很多人聊天。了解父亲的人都知道，对他是可以知无不言的，也都愿意和他交流。每当他听到或想到对学校工作有价值的建议，都会与学校的相关负责人交流探讨。1995年2月，父亲办了离休手续后不久，学校颁发给他教授任职资格证书，因为他1961年评了副教授以后，长期担任党政领导，就再也没评职称。他总是说，不教书怎么能评教授？尽量把名额留给年轻有为的专业骨干。离休后不占名额了，父亲笑着在证书上写了"离休后的安慰"几个字。

父亲于2001年年底确诊肺癌，他开始由母亲陪伴往返于医院和家之间。他对生死问题看得非常透彻，乐观通达，并不会因此而沉沦。同时，他积极配合治疗，做了两次全麻手术，后续又多次做化疗放疗，忍受了很大的痛苦。在这段最后的时光，他还主动帮助清华审阅书稿，抓紧时间编纂《清华往事纪实》一书，回忆自己在清华60年的经历。当得知癌细胞已然转移，病情难以控制之后，父亲特别嘱咐病危时不要抢救，把遗体捐献给协和医院。

2005年10月11日，父亲告别了这个世界。在他去世后十几年的时间里，我们还经常能听到人们说起他当年那些出色的作为和点滴往事，甚至有时候真的觉得他还活在我们中间。

在清华建校110年之际，特写此文回顾他的一生。在写作的过程中，竟发现自己对父亲实际上知之甚少，很多事情都是我从他生前同事好友的一些回忆文章里看到的，谨此对他们表示深深的谢意，也希望读者予以批评指正。

李卓宝学长

信仰坚定　历经磨难　不忘初衷
——母亲李卓宝的足迹

■ 何晓红（执笔）何晓杲　何晓涛

2019 年是新中国成立 70 周年。曾有一代革命知识分子为中华民族的解放和复兴，为新中国建设和今天的现代化和工业化打下了坚实的基础，付出了不可磨灭的功绩。我们的母亲李卓宝就是他们中的一员。如今她年事已高，已不能长时间伏案写作。我们姐弟为了挽救历史，最近通过查找参阅历史资料和与她对话，写下此文。希望历史能够记住他们。

造福桑梓　强我中华

母亲出生在一个华侨企业家家庭，外公早年在马来西亚，后追随孙中山先生革命回到广州老家，因国民党腐败脱离政界，致力于工业救国和教育兴国。他养育了 11 个孩子，五男六女，母亲排行最小。这些孩子中除一女早婚外，十人全部接受了高等教育。他把五位年长的子女都送到国外留学，我们的大姨妈先毕业于南京金陵女子学院，于 1936 年毕业于加州伯克利大学心理系。随后四个年长的舅舅先后出国留学，李氏四兄弟在国际教育界和科学界都做出了非凡的贡献。大舅舅李卓敏是美国加州伯克利大学经济学教授，曾创办了香港中文大学。二舅舅李卓皓是美国加州伯克利大学生物学教授，他是世界生物化学权威，在世界上首次发现并合成了人体生长激素、首次发现 β- 内啡肽、首次发现并提取类胰岛素生长因子，是美国国家科学院院士。三舅舅李卓荦是脑外科医学博士和哲学双博士，在美国国家卫生总署工作 29 年，中美建交后随团来华访问，曾受到毛主席接见。四舅舅李卓显是美国加州伯克利大学的冶金物理学博士，曾任 Honeywell 公司研究发展中心主任和公司科学家行政主管，1980 年退休后被聘去台湾清华大学任工学院院长。母亲在大陆的哥哥，1949 年的秋天放弃了英国伦敦经济学院的奖学金和留学深造的机会，投入新中国的建设。但在 1957 年被错划为"右派"，直到 1979 年平反，身体上和精神上受到严重摧残。他后来移居香港和美国，但并未放弃对祖国和事业的追求，撰写了数本关于计量经济学、经济决策、经济计量模型和预测的书籍，是第一批把西方计量经济学介绍到中国的先行者。

青年时期的李卓宝

母亲在家中排行最小，所走的路径与兄姐们十分不同。抗战开始后，由于外公的三家企业中有一家是铜厂，日本人多次要求他开工，甚至追到澳门多次。而外公认为铜是子弹的原料，为此关闭了也可以说是放弃了他的所有产业，带着全家老小逃到澳门。母亲当时只有九岁，她十岁时第一次进入正式学堂协和女中初中一年级读书（以前是家教）。1941 年，哥哥姐姐都已离家求学，家中只剩下母亲与年迈的父母和祖母。母亲经常为家里去领救济粮，多次受到葡萄牙警察的鞭打。当时住在澳门的贫民窟，家境十分贫苦，母亲几乎中断学业。但由于母亲优异的成绩，协和女中的廖奉灵校长给她找了做家庭教师的机会；学校还筹集了一笔奖学金给母亲继续学业。在澳门七年，母亲高中毕业，并在协和女中读完了一年师范。母亲对心理学的爱好就起源于那一年的师范教育。

澳门协和女中是教会学校，母亲在那里成了一名基督徒，高一以后一直是学校的学生会会长。师范毕业以后又做了小学六年级的班主任和教师。这七年为母亲人生观的形成打下了重要基础，她饱尝没有国就没有家的苦难。1946 年母亲被清华大学和南京中央大学录取，母亲选择了清华。

她非常喜欢心理学，在上清华以前就自学了大量的心理学著作。在报考清华的时候，表现出对心理学方面超常的知识准备。上清华后，当时清华的生物系和心理系在一个楼里。清华心理系教授十分重视心理学的生物基础，常常告诫母亲要了解一个人的心理问题要对他（她）的成长环境、成长过程以及他（她）的生理状况做深入细致的调查研究。还鼓励学生多选学生物课，特别是脑神经学和内分泌学，为此母亲选修了大量的生物学课程。

忠实理想 始终如一

母亲 1946 年进清华时，清华刚从西南联大迁回北京。值得一提的是舅舅李卓荦曾在重庆工作过，并给解放区的干部治过病，为此母亲在来北平之前就通过舅舅阅读了一些解放区的出版物，母亲对共产党好奇、钦佩。在清华，母亲开始重新审视她自己的信仰，开始了解马克思主义理论。她并未急于加入地下党及其外围组织，一是她要搞清楚马克思主义是什么；二是她对心理学专业执着探索。

母亲在进清华初期就参加了一系列地下党组织的如"反饥饿反内战""沈崇事件"的游行等学生运动，并在地下党组织的"一二·一"图书馆学习进步书籍，精读和研究马克思主义的思想和著作。母亲为马克思主义的思想、立场、方法所折服，她认识到马克思主义不是教条而是一个科学的理论，不同于任何宗教和神学。在经过深刻的思考之后，母亲放弃了基督教的信仰，从此信奉和实践马克思主义直至今天。1949年2月，母亲加入中国共产党。

解放初期母亲是清华妇女工作小组的组长，妇女工作对象包括女教师、女职员、女学生和校外的妇女工作。记得妈妈给我们讲解放初期做了妓女从良的工作，还为静斋女生宿舍管理员找了一个妓女老婆。1949年12月10日至16日，母亲参加了第一个在新中国举行的国际会议——第一届亚洲妇女代表大会。会议通过了《关于争取妇女权力的决议》等文件。母亲作为中国女学生的唯一代表参加了会议，而后北京市第一届妇联成立，母亲被选为常委委员。1951年，母亲任清华团委副书记兼团委组织部部长。

母亲选择清华是出于对心理学专业的执着探索。清华大学心理系是我国20世纪前半叶最有名的心理系，该系放在理学院，强调脑、神经、内分泌等人体科学是心理学的重要生理基础，要用物理学、化学和生物学的理论基础和分析方法来研究心理学。院系调整以后，清华心理系调到北京大学，是哲学系的一个专业，而不是一个独立的系。这使当时的清华心理系师生很怀念清华。解放前夕，母亲只是大四学生，当时的心理系主任孙国华和周先庚教授就给母亲在生物馆专设了办公室，让她能够单独地与不同专业的同学进行研讨并进行科学实验，希望她毕业后留校，将来接他们的班。然而新中国成立，百废待兴，国家有更大的需要。母亲一生都没有能够从事她钟爱的心理学研究。

1950年，国家要求高等学校增加工农学生的成分，根据苏联的经验，在1951年9月清华成立了清华工农速成中学。国家希望经过三年补课，大部分学员能够进入大学。1951年的第一批学生，288人中90%以上是党员、团员，其中包括老红军，抗美援朝和解放战争中的英模，各地的劳动模范。这批人政治素质好，学习十分努力，但年龄大，文化基础弱，家庭负担重。繁重的学习压力使一些同学得了神经衰弱，中途退学，问题很多。

1952年10月，蒋南翔伯伯回到清华担任清华大学校长。他针对工农速成中学的重要性和问题，劝说母亲留在清华，担负起培养这批特殊学生的责任。对母亲来说，她喜欢挑战新工作，就像面对一个新的研究课题。母亲常说她一生中做了两个最重要的决定，一个是从一个基督徒成为一名中国共产党党员；另一个是选择了清华大学这个人生舞台。而在清华她又遇到了两个有前瞻眼光和坚实理论基础的人，他们在解放后党的多次转折时期中都能够保持头脑清醒。一个是我们的父亲何东昌，一个是学长蒋南翔。

不唯上 只唯实

母亲一生都是用实事求是的心态来对待和解决工作中所遇到的问题。她对权力和名利很淡漠，工作中事必躬亲，始终如一。不唯上，只唯实。以下是三个例子。

1952 年到 1954 年，母亲任清华工农速成中学副校长兼党委书记。她到岗位后就开始做调查研究，发现大部分学生只有小学二三年级的水平，用三年的时间补高中课程十分困难，不能照搬苏联的经验。大部分学生虽然学习非常刻苦，但繁重的学习任务和前所未有的脑力劳动使很多同学都患上神经衰弱。母亲又做了教师的调查，老师们普遍认为用三年完成六年的教学任务太困难了！母亲发现如果要改，就必须延长学制，还要改教学计划，改教材和课程设置。但这些都是由教育部定的，不能改。

母亲找了蒋伯伯，蒋伯伯十分同意并支持母亲，同意将学制改为四年，教学计划、教材、课程统一改，并说"干好了是你的功劳，干不好是我蒋南翔的责任"。在蒋伯伯的支持下，清华大学率先进行了工农速成中学的改革。后来教育部的工农教育司长来视察，并把清华的经验推广全国。最后速成中学近半数以上的学生考上了大学，其中 34% 的人考入了清华大学（参加统考）。而没有上大学的，也提高了文化水平，回到工作岗位发挥了更好的作用。

1957 年速成中学最后一届毕业生毕业，以后就停办了，很多师资都并入了清华附中，母亲准备回北大心理系搞业务。而当时正值"反右"时期，基础部的领导班子和教师中很多人都被划成"右派"。在这个十分困难的时期，母亲再次放弃了搞心理学专业，担任了清华大学基础部副主任、党总支书记。

母亲的工作作风都是从研究实际问题入手，她发现了四个问题。1. 基础课要适应专业的问题，就是基础课与专业课的关系。2. 基础课和应用学科的问题，也就是理论与实践的关系。3. 基础课如何反应现代科学技术发展的问题，就是古典理论与现代科学发展的关系。4. 基础课怎样用辩证唯物主义来指导改革的问题。就是哲学与自然科学理论的关系。这四个问题的提出、讨论、和解决实施方案，在当时是很有前瞻性的。1961 年为此撰文《关于基础理论课教学工作》，刊登在《红旗》杂志上，对全国高等学校教育质量的提高起到了很大的作用。

当时，清华大多数工科专业与国防有关，因此一些社会关系比较复杂的教师和教授就都放在基础部，如何执行党的知识分子政策，为国家建设培养出高质量的工科人才事关重大。听母亲讲过，当时基础课教研组有一位教师俄文水平非常高，但在日本特务机关工作过，让他教俄文很多人不同意。母亲认为这是当时"宁左勿右"思潮的影响。基础课老师这么缺，这位老师尽管历史复杂，但已经坦白交代了。他的俄文这么好，我们应该团结、教育、改造他们，使他们成为社会主义的知识分子。后来清华基础部反对"宁左勿右"的经验被毛主席批示全国，为全国高校的部分知识分子得以重用起到了关键的作用。

1961 年，国家面临经济困难，粮食短缺，学校发现女生的身体健康状况十分糟糕。当时母亲是清华党委委员，蒋伯伯对她说，女同学不仅是中国未来的工程师，她们还将是共和国的母亲，她们的健康状况，直接影响到我们的子孙后代。接受任务后，母亲从调查研究入手。她发现 70% 的女生有闭经现象，60% ~ 70% 的女生有浮肿。母亲跟妇科主任商量诊疗方案，妇科主任说，这么大面积怎么治啊？太难了！从来没有这方面的经验。

母亲通过调查研究，发现了形成这种局面的原因：一是当时的政治气氛很"左"，宣传男女都一样，女同学在月经期间也不愿意说，跟男生干一样重的体力活。二是男女生宿舍的厕所厕位一样多，男生是够用，可女同学每天早上上厕所要排队，有些女生排不上就憋尿，结果就憋出病来了。三是因为经济困难，主食不够，副食也不够，营养跟不上。

母亲先去查文献。查到俄文文献上有记载，在苏联卫国战争时期，苏联有大量的妇女得了妇女病，原因是营养不良。但文献中没有治疗和解决方法。母亲带着校医院妇科主任和学生干部到了协和医院找到林巧稚大夫。林大夫说："这是大面积营养不良引起的病，这么多女同学患病这么长时间可不是小事，得赶紧治疗。从营养学上说，女生跟男生吃的东西应该不一样。女生应该多吃种子类的，如豆子、花生、芝麻。你们回去想办法给女同学增加这类营养。我建议不要再让女生参加重体力劳动。另外女生不能长时间憋尿，时间长了就会憋出妇女病。"

为此母亲建议办女生食堂，增加女生宿舍厕所，在学习上和工作上照顾女生特点。这些建议得到蒋伯伯的大力支持。当时这样做阻力很大，引起的争议也不小。有些干部说不能搞特殊化，说这会助长女同学的娇气。女生也反对，说男女都一样。最后，决定先开办一个女生试点食堂。在试办过程中，母亲要求后勤给女生少供肥肉，多供豆类食品，有豆腐先供女生吃，基本上能根据女同学的特点做菜，并在主食方面增加了许多花样。过了一段时间，效果非常好，不少女同学的月经马上就来了。基于这段女生工作经验，1965 年学校正式通过了女生工作条例。

淡泊名利 学者风范

父母认为，新中国成立之后的 17 年，我国的高等教育为新中国的工业体系建设和发展输送了大量的人才，特别是中国强大的工业基础，是与当时工科的高等教育分不开的。改革开放之后，要全面实行现代化和赶超西方资本主义国家，中国要在全球化的开放条件下办教育，这面临着两个教育制度即社会主义教育制度和西方教育制度的共性和区别问题。对资本主义教育的长处，应结合我国的国情有所选择，有所吸收。在这个大背景下，母亲感觉到有两件事她有能力做：一是建立清华教育研究机构；二是筹建清华的理学院。

1980 年年初，清华不少同志提议母亲进常委。父亲对母亲说："夫妇两人都在常委不合适，周总理和邓大姐就是先例。"后来父亲离开清华，林克（1977—1984 年任清华党委书记）请母亲出山担任清华纪委书记，母亲拒绝了。同时其他高校也来清华调母亲去担任高校的领导职务，但她都拒绝了。母亲不愿意离开清华，其中最大的原因是，她想总结清华的教育经验。

为什么要在清华搞教育研究？从 1957 年到 1966 年，母亲一直主持基础部的工作，几乎在每次运动中，基础部都受到很大冲击，常常被批判为理论脱离实际。当时教师们面对的问题是基础理论课与专业课的衔接。这是一个如何按照认识论的规律，理工结合，培养高级工科人才的问题。只有理论基础雄厚，才有能力研究新问题，才可能创新。

蒋伯伯去世前几天找母亲去谈话。蒋伯伯说："在五六十年代，我们在很短的时间内培养了大量的工科技术人才，为国家的工业发展做出了重要贡献。但这工作还没有完成，最好能总结并上升到理论，你一定要把这件事做好，你创建教育研究机构我很支持赞同！"

中国历史上的教育机构大多都在师范大学，研究的对象主要是基础教育。清华是第一个在工科大学设立教育研究机构的。这个教育研究院与师范大学的有所不同，是研究高等教育的规律性，研究社会主义大学的特点，研究中国理工科大学的特点，研究中小学与大学衔接的问题。母亲坚持在清华办教育研究机构，因为有蒋伯伯的委托，她觉得这是自己的使命。当时没人能理解她，也没人愿意干。只有江丕权叔叔——母亲在基础部多年的同事和朋友——认同这个任务的重要。江叔叔辞掉了力学系副书记的职务，与母亲一起开始搞教育研究。

1979 年 10 月，清华建立教育研究室。1985 年 11 月，扩建为教育研究所，母亲出任第一任所长并任教授研究员。连续十年，她亲自承担国家哲学社会科学"七五""八五"有关高层次科技人才培养试验与研究的重点研究项目，是项目总负责人。1993 年，她主编的"七五"研究成果《继承与发展：新时期清华大学教育改革试验与研究》获中国高等教育学会优秀科研成果一等奖。她主编的"八五"研究成果《坚持与超越：理工科大学培养人才的基本特征及其途径的研究与实验》，于 1999 年获全国教育科学优秀成果一等奖。

20 世纪 80 年代，清华筹建理学院，李传信叔叔（当时清华党委书记）请母亲担任清华理学院的筹备小组组长，当时数理化等理科课程都在基础部，希望她以后可以担任理学院副院长。母亲首先复建了物理系。而复建清华心理学系则凝聚了几代清华人的努力，作为清华大学唯一一位留校的心理学系毕业生，她肩负着恩师孙国华先生、周先庚先生的嘱托。她认为，要恢复心理系，首先要建生物系，为此她一直致力于恢复生物系和心理学系的工作。

1987 年，在她的努力下，清华大学成立了中国高校最早的学生心理咨询中心，为青年学生的心理健康提供了帮助。在建立心理系时，母亲为他们提供了许多宝贵的经验和建设性的意见，发挥了重要的作用。

母亲一生淡泊名利，直到退休仍未进入学校党委常委会，是清华一名普通的基层干部。与她相同资历的人职位大多都比她高，退休后的待遇都比她好，但她一直追求的不是"官位"，而是搞业务，作为学者的态度和科学的方法贯穿始终。

一生同行 相濡以沫

写母亲不能与父亲分开，写父母不能与他们共同追求的事业和时代分开。爸爸妈妈是在清华认识的，当时妈妈是清华团委副书记，爸爸是清华党委书记。父亲的家庭与母亲的家庭有相似之处，爷爷早年公派留学日本，渴望寻求一条中国复兴的道路。父母继承了父辈对中华民族复兴的理想，为民族和自身的历史使命走到了一起，共同的强国思想成了他们婚姻的纽带，他们荣辱与共。

1971 年"文革"期间，何东昌、李卓宝夫妇在五区家门前合影

我们三姐弟全都出生并成长在清华园。父母早出晚归，饭桌上吃饭是一家人最难得的相聚时光。我们家的客厅是爸妈开会的场所，妈妈是基础部的总支书记，总支会常在家里开。他们谈的话题有时候很有趣，从化学、物理的新发现，到数学和外语的教学问题。作为孩子也常被那些似懂非懂的话题所吸引。在饭桌上，80% 的话题是父母谈学校的工作，在这种氛围熏陶下，和父母平等地讨论问题、交流思想成为我们家庭的

一种文化。

我们真正开始了解父母是从"文化大革命"开始的。"文革"中父母被打，关牛棚，剃阴阳头，挂黑牌，坐"喷气式"批斗，戴高帽子，游街。当时我们家的经济相当困难，父母的存款被冻结，工资停发。家里的现金和值钱的东西全部抄光，每个月要到生物馆红卫兵司令部去领全家的生活费，每人15元，每次去领都要遭到一番盘问。相当长的一段时间里，父亲被关押着，每次隔很长时间会有人来取东西，我们才庆幸父亲还活着。母亲放出来之后也都是早出晚归，在建筑工地当架子工劳动改造。冬天，北京风沙大天又冷，妈妈晚上回来满手血迹，裹满了胶布。那时晓红只有13岁，晓杲、晓涛都小。清华许多教授自杀身亡。面对这些压力，母亲仍然相信事情早晚会解决。当时我们被迁居到工人宿舍，搬进了两间15平方米的房子，室内只有一只水龙头。公共厕所在室外很远的地方，与几十家人合用。生活上的艰苦还可以忍受，最可怜的是晓涛，当时长得又瘦又小，一出门就被一些不明真相的孩子围观、打骂和侮辱。晚上常有一群孩子围着我家唯一的两个很小的后窗子，用石头砸。妈妈总是跟我们说，要相信党，相信群众。妈妈一生乐观坚定，在那种困难的时候，我们晚上最高兴的娱乐方式就是听妈妈讲《水浒传》。

1972年，父母"解放"，恢复了工作，没想到更大的打击还在后面。1972年，全国高等学校开始恢复招收工农兵大学生，父母面对遭受"文革"破坏的中国高等教育忧心忡忡。为了尽快扭转这种局面，他们夜以继日地工作。爸爸妈妈坚决恢复了基础课，加强大学生的基础训练。他们认为，教育必须循序渐进保证质量，不能违反学习的规律。1973年，由于父亲坚持教育的科学认识规律和保证教育质量的直言和执着，被作为"右倾复辟"思潮的代表人物第二次打倒。这一次打击比1966年要厉害得多，那时大部分干部都被打倒了，这次我们家变得很孤立。从吉林回家，晓红被父亲叫去认真谈话。当时，父亲思想相当沉重，他告诉晓红这一次他可能会长期做阶下囚，有生之年都不太可能翻案了。他还说，从历史上看，坚持真理的人都是少数派。母亲十分坚定，对我们说爸爸没有错。我们还记得这期间母亲得了腹膜结核，身体非常不好，但医院被命令不给治疗！最后是靠着朋友和亲戚找来了药，父亲每天给她打针。就是在如此艰难的情况下，母亲也没有放弃自己的理想和信念。

晓红15岁下乡，在家生活的时间最短，和父母的联系都是通过信件。无论在什么情况下，从下乡到出国留学，母亲总是坚持每个月至少给她写一封长信。那秀丽的小字，字里行间充满了爱和人生哲理，都是鼓励的语言。母亲深知教育心理学，因此在她脸上，在字里行间，看不到一点负面的东西。妈妈爸爸是我们一生中最敬佩的、坚持真理的中国知识分子干部。通过"文革"，我们看到爸爸妈妈是一对思想上、事业上共同支持、互相理解的患难夫妇。

父母退休以后，父亲患上了帕金森病，同时因腰部在"文革"时受伤又做了手术，行动十分不方便。母亲坚持亲自照料父亲，晚上父亲有时起夜七八次，都是母亲坚持陪父亲上厕所，每周为父亲洗澡。母亲仍然保持着她的科学态度，为父亲的病情做详细的记录和调药。父亲在病中还著书，母亲就是父亲的全职秘书、保姆、心理和身体的医护。如果不是母亲的细心照料，父亲也不会那样长寿。母亲为父亲的晚年付出了很多很多，父亲悄悄地告诉晓红，他一生有幸认识母亲，相濡以沫。

在今天，也许不会有多少年轻人对这篇文章感兴趣，但我们想，总有一天人们会回过头来，发现共和国曾有过这样一代人，为了国家的复兴和富强，曾无私地奉献过。

吴佑寿学长

永远的大师——悼念吴佑寿院士

■ 宋　健

2015 年 1 月 14 日，在外边开会的我接到同事电话：吴佑寿先生去世了！我脑子里顿时一片空白。怎么可能？ 1 月 7 日上午还跟先生通过电话，当时是因自己感冒没好怕传染别人，不敢去探望先生，只能打电话去问候。电话那边是先生苍老而乐观的声音："宋健，我跟你说啊（这是吴先生的口头禅），看起来马克思这次是不准备接我去了。"听到先生如此风趣的开场白，我也很为已经受病魔折磨了近两年的先生高兴，我马上接话说："当然不可能这么着急接您去的，别忘了您还答应参加我女儿的婚礼呢？"这是几年前出席杨知行老师女儿婚礼时，吴先生对当时不满十岁的孩子的"承诺"。听了这话，先生笑了，笑得很开心……

麻木地回到会议室，用手机登录邮件系统，看到的是刺眼的讣告："中国共产党优秀党员、杰出的电子工程专家和教育家、中国工程院院士、教育部科技委原常务副主任、清华大学研究生院原院长、电子工程系原系主任吴佑寿教授，因病医治无效，于 2015 年 1 月 14 日凌晨 5 时 20 分在北京逝世，享年 90 岁。"

"吴佑寿院士祖籍广东潮州，1925 年 7 月出生于泰国，1944 年考入西南联大电机系，1946 年随清华大学复员回京，1948 年毕业后放弃出国留学的机会，在清华大学留校任教。"

"吴佑寿先生以拳拳赤子之心，在民族危亡之际，毅然由泰国回国，一生追求国家富强、民族复兴。吴先生是清华大学无线电工程系的创建者之一，培养了大批人才。他是我国数字通信技术的开创者和奠基人之一，毕生致力于振兴我国通信和信息化建设事业及研究生培养事业，做出了卓越的贡献。我们为失去吴佑寿先生而深感悲痛……"

吴先生走的那天，北京下了 2015 年的第一场小雪。虽说不大，但也短时间内雪花漫天，上天也在用自己的方式为吴先生送行。我在大学本科年级的群中发了一个微信，向同学们通报这个不幸的消息，很快就有多位同学回应，大家都在自发地悼念吴先生的离去。

　　我 1985 年进入清华无线电电子学系（电子工程系的前身），本科期间没有多少与先生接触的机会。我跟吴先生第一次长时间地接触与交谈是在 1995 年的 1 月份，事由是我的博士论文评审。当时的我，作为电子系跨两个一级学科（信息与通信工程和电子科学与技术）联合培养的博士生，师从冯重熙教授、范崇澄教授和姚彦教授，有幸参加了国家"863 计划"中第一个波分复用光纤通信项目，从事光纤通信系统特性方面的理论研究。论文送给吴先生审阅时，先生刚好不在校内，是委托他人转交的。没过多久，先生便亲自打电话来，说论文他已经看过了。因为这个领域他不太熟悉，希望跟我讨论一下。由于他白天的工作非常忙、办公室人来人往，恐怕拿不出整块的时间进行讨论，想看看我晚上是否有时间到他家里去？这样就可以不受干扰地进行讨论了。"时间定在 8 点。那时候，我差不多可以回到家里，吃完晚饭了。"先生在电话里如是说。放下电话，我心里既兴奋，又有些忐忑。有机会向吴先生当面请教让我感到非常兴奋，而先生说他对光纤通信不太熟悉，这是否意味着会有很多问题问我？我又该如何准备呢？

　　跟在吴先生身后走进他在 44 公寓家中那个摆满了图书资料的书房，我一眼就看见了办公桌上我的那本博士论文。先生要我先看看他所做的批注，然后再进行讨论。先生把论文递给我后，就在我对面坐下来看自己的东西了。打开论文，我发现在很多页上，先生都认真地做了批注，写得很具体、很明白。记得我博士论文是使用实验室刚买的 OKI 激光打印机打印的，由于其内存有限，而论文里公式比较多，所以打印时出现了公式中一些符号上、下标丢失和乱码的问题。我发现后，曾对照论文进行过一次认真的修订，再重新打印了有问题的内容后装订送评审。但在先生的批注中，我尴尬地发现，公式打印中的问题并没有彻底解决，我检查后的论文还存在错误！从先生的批注中，可以看得出先生对这些公式不是走马观花地浏览一下，而是一步一步地仔细地看下来的。时隔整整 20 年，当时谈话的一些具体内容已经记不太清楚了，但我感觉先生对这个领域还是蛮熟悉的。

　　先生逝世后，我才听范崇澄老师说起波分复用光纤通信的研究，当年是在吴先生的极力推荐下才由国家正式立项的。知道了这个背景信息，我对吴先生谦逊的人品和敏锐的战略眼光有了更深入的了解。工作繁忙的吴先生，以 70 岁的高龄，为了评阅我的博士生论文，花了两个多小时的时间与我讨论并提出了中肯的修改意见，此事令我终生难忘。我至今还记得先生问我的一个问题：在这个理论推导中你为什么要做这个假设？能证明这个假设一定合理吗？当听我回答说文章中大家都是这样假设的，我估计是做了这个假设后比较容易推导，进而可以得到解析解的时候，先生提醒我不可人云亦云，应该深入思考并设法弄懂其中的物理意义，不要仅仅为了得到一个好看的数学公式去进行假设，一定要从实际出发，这样的理论研究才有价值，也才能够对实际工作有指导意义。这番话对我的影响是终生的：我在研究工作中也总是这样要求自己并提醒学生们的。写到这里，不禁感到遗憾，当时没想到请求先生将那本带批注的博士论文给我保存起来作为永久的纪念。

2005年年初，我回国加入清华大学数字电视技术研究中心团队，在中国地面数字电视传输标准（英文缩写DTMB）的研发、产业化、应用推广等工作上，有了更多的向吴先生请教的机会。在吴先生的生平介绍中有这样一段文字："1999年以后，他（吴先生）组建团队开展地面数字电视传输标准研究，自主原创的时域同步正交频分复用传输体制（TDS-OFDM）现已成为学术界公认的OFDM三大填充方式之一，是我国数字电视强制性国家标准的技术理论和知识产权的基础。耄耋之年的吴佑寿院士力举中国标准国际化工作，推动我国数字电视国标成为国际标准，并已有14个国家或地区采用，被国际电联列为全球数字电视广播40年（1972—2012）的重大里程碑事件。"短短的几行字，准确精炼地概括了吴先生的贡献。清华大学也因此奠定了在数字电视地面传输领域的学术地位：清华大学成为了DTMB标准的第一起草单位。

先生对此的付出，不身临其境是无法体会到的。永远忘不了在DTMB标准刚刚出台，产业和行业中存在着不理解和个别质疑声音时，先生以80多岁的高龄，亲自出席DTMB标准宣传会，通过向在座人员的说明解释并借助参会媒体的力量，力挺具有自主知识产权的DTMB标准，坚定了大家对DTMB的信心。还记得先生不顾高龄体弱，于2007年年底亲赴香港，出席DTMB在香港的首播仪式并见证了清华大学与香港应用科学技术研究院（ASTRI）数字电视领域联合研究所的签约。之后又不顾舟车劳顿赶赴澳门，推动了澳门使用DTMB系统进行数字电视播出。DTMB在香港的成功实施，让后来很多计划采用DTMB的国家都会先去香港"取经"；当DTMB在国内推广需要政府层面进一步的推动支持时，又是先生高瞻远瞩，联合多位在本行业具有影响力的院士联名给国家领导人写信，建议从政策导向、资金筹措、组织实施等多个层面，支持DTMB

2013年7月13日，为吴先生祝寿，左起：杨知行、吴佑寿、宋健

的信号的覆盖并积极实施走出去的战略，推动 DTMB 成为国际标准并积极开拓海外市场，在国际舞台上充分展示了中国标准、技术和产品的竞争力。

吴先生在信息技术领域从事过非常多开创性的工作，被誉为我国数字通信第一人，在他的带领下，无线电系创造过属于我国数字通信的标志性成果的诸多国内第一：第一台 8 路脉码调制电话终端（1958 年）；第一台 600 比特／秒的晶体管化数传终端机（1962 年）；第一台 QPSK-1200、2400 比特／秒数传终端机（1964 年）——充分奠定了清华大学在本领域中的学术地位。20 世纪 60 年代，他还组织开发出了用于雷达接收前端的参量放大器，最终发展成系列雷达的微波放大器。20 世纪 70 年代，先生主持研发成功川沪输气工程急需的微波通信系统"无人值守的全固态数字微波中继通信系统"；80 年代带领团队率先开展了汉字信息处理研究，创造性地解决了汉字及少数民族文字计算机识别这一难题，使我国字符识别研究跃居国际领先地位，其中 TH-OCR 高性能实用汉英混排印刷文本识别系统被评为 1994 年我国十大电子科技成果之一，并在国内外推广应用。90 年代，他组织研发遥感卫星高速数据通用接收机，首次实现单机对多颗卫星信号接收，在满足国家急需的基础上出口国外。再后面就是大家耳熟能详的地面数字电视标准工作。

作为晚辈，我惊叹于先生对于宏观战略方向的把握，也曾就探索新的学术方向这个问题请教过吴先生。先生回答："我们过去的经验是大项目带大学科，大项目是指有国家明确产业需求的重要方向。数字电视传输方向的成果就是当年广播电视数字化这个重大需求催生出来的，电子系过去的成功也得益于此。在电视数字化这个问题基本解决后，我们需要在继续占领本领域学术制高点的同时，积极关注、寻找新的国家重大需求。"先生是这样说的，也是这样做的。吴先生总是会结合电子系的学科特点和发展实际，对所了解到的国家重大需求信息进行思考并尽可能在第一时间告知系里的相关老师。电子系的很多老师都知道，吴先生有通过剪报把重要信息保留下来的习惯。记得 2012 年春天的一个上午，吴先生突然打电话给我问是否马上有课。我回答没有后他要我马上去他家里一趟，说有东西要给我看。我匆匆赶到吴先生在荷清苑的家，心里很纳闷。在他的书房里，吴先生打开他剪报的大本子，指着一篇文章问我看过没有。我探头一看，原来是篇介绍杰里米·里夫金的畅销新书《第三次工业革命》的文章。我如实回答先生，书看过了。"书里都介绍了些什么观点？对我们在电力线通信这个方向上的研究工作有什么帮助吗？能否买几本书让中心其他老师也能够了解这些动态？"先生继续问。见我有些不解，先生又补充道："我认为国家在能源和海洋两个方向上有重大需求，我们现在正在做的电力线通信能否满足这个方向上的信息通信需求？水声通信这个方向很重要，我们能否开始考虑并开展这方面的工作？"说到这里，我终于清楚了先生叫我来的用意了。先生是在用这种方法，指点我去关注国家重大需求并结合中心的基础和实际情况来主动出击，寻找新的、适合我们的学术方向。先生对我们的关心不光停留在偶尔的点拨上，还会经常性地抽时间询问我们的工作进展。我记得有次晚饭后突然接到吴先生的电话，问我电力线与可见光通信融合的技术方案有进展了没有。我听后不禁一愣，几秒钟后才反应过来。几个月前先生电话询问电力线通信研究进展时，我曾提过这个设想并说准备动手把它实现出来，计划将室内的数字电视信号覆盖作为该系统的一个应用场景。后来我们顺利实现了这个设想，但考虑到吴先生工作忙，身体那时也已经不是太好，想把工作完善些并拍好照片后再向吴先生汇报，真没想到先生百忙当中还惦记着此事！当我简要介绍情况后，我能感到电话那端的吴先生非常高兴。他嘱咐尽快完善系统性能并做好测试工作，还开玩笑说身体好点后要给我们站台做推销员。先生总是这样，心里永远装着工作，随时关注着年轻人和团队的进步。

曾任电子工程系主任、清华大学副校长，现任南开大学校长的龚克教授给吴先生所写的挽联是：

不以物喜己悲　安危荣辱置之度外　敢着先鞭　领军电子科教

常忧生民社稷　谦朴刚毅集于一身　善察大势　推弄数码浪潮

这是对先生一生为人和贡献最好的总结概括。先生一生辛勤耕耘，硕果累累。教书育人，桃李满天下，很多人都曾得到过他的关心和指导。吴先生走了，从今以后再不会一大早就接到他的电话，再也无法聆听他的谆谆教诲了。吴先生虽然走了，但他给我们留下了一大笔精神财富。作为有幸与先生一起工作过的晚辈，耳濡目染，我从先生身上学到了许多令我受益终生的东西。请吴先生放心，我将努力把从您和其他老一辈老师们身上学到的这些宝贵的东西传承下来并传递下去。

愿先生走好，从此天堂里又多了一位仁厚长者、一位学术大师！

来源：《清华校友通讯》复71辑

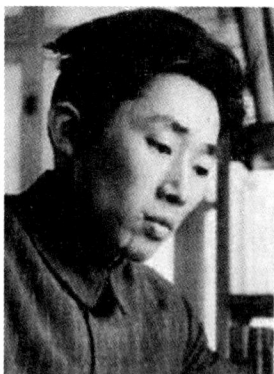

黄克智学长

72 年投身力学教学科研的
黄克智院士

■ 韩晓萌

黄克智，1927 年 7 月生于江西南昌。1947 年毕业于中正大学，1948 年，考取清华大学研究生，师从于著名力学家张维，同时兼做工程力学的助教。1952 年研究生毕业，被分配在清华大学基础课部力学教研组任讲师。1955 年，被国家派遣至莫斯科大学数学力学系塑性力学教研室进修。1958 年回国。

著名力学家与力学教育家，长期从事弹塑性力学、薄壳理论和塑性理论的研究和教育工作。他在压力容器、智能材料本构关系、应变梯度塑性理论、可伸展柔性电子元件力学等研究中做出了重要成就，也是清华大学工程力学系创建人之一，培养了一批固体力学研究人才。

"健康加勤奋，一生不虚度。"在送给记者的书上，黄克智院士工工整整地写下了这样一句话。

话语如是，践行亦如是。年逾九旬的黄克智一直坚持清晨 4 点半起床，每天长时间工作，"从不浪费点滴时间"。在与记者约定 9 点见面之前，黄克智已完成打网球、阅读等"固定动作"。

71 岁开始练习网球，黄克智已坚持 20 多年。说起这项运动，他热情高涨，"其实我和老伴的球艺并不高，但我们乐在兴趣，享受坚持。"

"把我的一生奉献给科学和祖国"

70 余年科研工作中，黄克智始终很忙：发表学术论文 400 余篇，出版专著 7 部；发展求解壳体问题的合成分解法，把极复杂的壳体问题改变为几个更简单的问题；带领团队推动压力容器设计方法的进步，解决了两个国际压力容器界曾经公认的难题；坚持从交叉学科的角度研究页岩气高效开采问题，瞄准技术发展前沿……

说起学术生涯，黄克智向记者展示了一张泛黄的老照片：照片中是一位28岁的英俊小伙，背景是苏联时期的莫斯科大学。

1955年，教育部首次派出高校教师进修代表团赴苏联进修，刚被提拔成讲师的黄克智在清华大学的五人名单之中。

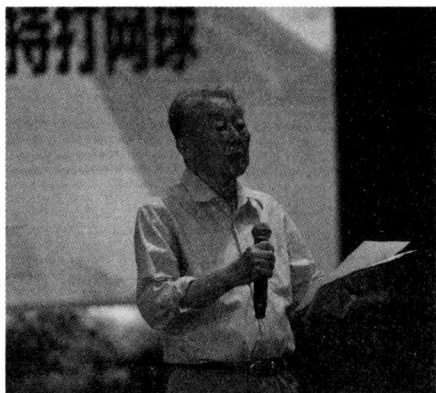

黄克智在给研究生上课

在苏联学习期间，黄克智夜以继日发奋学习，三年没能同家里通上电话。最终，他的努力得到了导师——著名力学家拉包特诺夫的肯定。

在一次小组会议上，黄克智的导师发出赞叹："从来没有见过这么努力的学生"，并且建议黄克智争取莫斯科大学博士学位。

1958年年底，正当黄克智初步拟就博士论文、准备答辩之际，一封召其回国、组建我国第一个工程力学系的电报被送到他手中。"我想这是国家最需要我的时候。"经过一番思想斗争之后，黄克智放弃了即将获得的博士学位，坐了六天六夜的火车回到清华大学。

回国后，他在六七年时间里开设了"弹性力学""塑性力学"等八门课程，为我国第一个工程力学系的创建与发展打下了基础。

教书育人，躬耕不辍。大学毕业后的72年，黄克智有71年都是在清华大学的讲台或办公室里度过的。"这一辈子我做了一件值得骄傲的事——把我的一生奉献给科学和祖国！"黄克智先生说。

"我把这里的年轻人当作自己的孩子"

改革开放后，国家百废待兴，固体力学领域急需人才。为了能够"把失去的十几年时间赶回来"，黄克智确定了后半生的"小目标"：为清华大学的固体力学建立一个年轻而强大的团队。

40年中，黄克智始终不敢有一丝懈怠：培养了上百名研究生、近70名博士生、5名院士……"清华是我的根，力学系是我的家。我把这里的年轻人当做自己的孩子。团队的茁壮，年轻人的成长，是我一生的期望。"秉持如此理念，黄克智注重从学生中物色苗子培养成才，动员留学的年轻人学成归来报效祖国。

提起黄克智，清华大学航天航空学院的同学都亲切地称他为固体力学专业的

"祖师爷"。学生眼里的黄院士，以"严"出名，对课题基础理论部分要一字一句地推演检查，"任何模糊的概念和不严谨的推导都休想蒙混过他的眼睛。"他的一位学生说。

回忆和黄克智一起学习工作的日子，清华大学教授薛明德眼中流露着感恩："黄老师把参加国内外学术活动的机会，一次又一次推荐给年轻人，让我们得以在学术界展露才华。"

"每当我开一门新课，我就把自己读过、亲自推导过的文献连同我的笔记、讲稿毫无保留地交给其他年轻老师。"在与年轻学者的合作方面，黄克智总竭力为他们的研究创造条件。

被记者问及最骄傲的成绩时，黄克智笑着说："当年的'小目标'已经基本实现，目前清华固体力学专业已经形成一个老中青相结合、团结向上的力学团队。在我们的集体中崇尚：科学的道德、严谨的学风和团结合作良性竞争的氛围。"

"固体力学的每一个领域都足够奋斗一生"

"每隔 5 ~ 10 年我就要换一个新领域：20 世纪 60 年代研究壳体理论、塑性理论、蠕变理论；70 年代研究压力容器；80 年代研究智能材料相变力学；90 年代研究微纳米尺度的力学……"

黄克智选择的研究方向，与当时的国家需要密不可分。"研究的课题为民族和国家做贡献，也是为自己做贡献，这是完全统一的。"黄克智说，"只要以国家需要为导向，力学可以做的事情很多很多。"

2012 年，85 岁的黄克智在参加中科院院士大会时了解到，我国石油页岩气开采产业与世界领先技术仍有差距。他立刻把研究方向投入到石油页岩气领域……

进入新的领域，困难重重，一切都得从头开始，但黄克智坚持了下来……回忆起和学生们一起研究的经历，黄克智说："有一段时间几乎整天茶不思饭不想，就想着问题怎么解决，坚持一段时间以后，才慢慢地找出一条路子来。"

投身固体力学研究领域 70 余年，黄克智不曾觉得寂寞，"总觉得时间不够用，怕赶不上发展"。黄克智说："固体力学的每一个领域都足够奋斗一生。"

如今，92 岁的黄克智与儿子黄永刚已合作 30 余年，共同发表 SCI 科学论文 200 余篇、专著两部；10 年前已出版《高等固体力学》上册，现正赶着完成下册。提到 92 岁高龄每天还能坚持工作六七个小时，他说："成就出于勤奋，这是我一辈子遵循的法则。"

来源：《人民日报》2019 年 4 月 15 日

关肇邺学长

建筑大师关肇邺

■ 程晓喜

关肇邺，1929 年 10 月 4 日生于北京，广东南海人。建筑教育家，建筑设计大师。1952 年毕业于清华大学建筑系，并留校任教至今。1981 年至 1982 年在美国麻省理工学院做访问学者。现为清华大学建筑学院教授，博士生导师。曾任中国建筑师学会建筑创作与理论委员会主任。1995 年当选为中国工程院院士。2000年被授予设计大师称号，并获得首届"梁思成建筑奖"。著有《关肇邺选集（1956—2001）》《关肇邺选集（2002—2010）》等。

关肇邺长期致力于文化、教育建筑的设计和研究，重视建筑对人的情绪、观念、品位等的影响，以至人格的塑造；提倡建筑与自然及人文环境的和谐，强调建筑设计应尊重历史、尊重环境，并体现一定的"时代精神"；提倡建筑应与其功能、性质相适合，反对盲目追求豪华与新奇。由他主持设计的清华大学教学主楼、清华大学新图书馆、北京大学新图书馆、清华大学理学院建筑群、桂林桂湖饭店、西安欧亚学院图书馆入选建国 60 年建筑创作大奖；清华大学新图书馆、清华大学医学院获得国家优秀工程设计金奖。其代表性设计作品还有徐州博物馆、徐州汉画像石博物馆、中国工程院综合楼、海南大学教学建筑群等。

家 学 渊 源

关肇邺，1929 年 10 月 4 日生于北京。其父关赓麟不仅是我国铁路运输业的奠基人之一，也是我国近现代颇有影响的词学家和诗人。关肇邺是家里十个孩子中最小的一个，和父亲年龄相差近 50 岁，自觉与父亲距离太远，思想交流不多。然而，在这样一个父亲主导的家庭中，中西合璧的文化氛围不能不对他的成长产

2011年吴良镛、关肇邺获建设部首届"梁思成建筑奖"

生潜移默化的影响。

影响的来源一方面是他所生活的物质环境。幼时他家是一所有着几进四合院的大宅子，位置就在南池子南口的一条胡同内，与天安门的直线距离不过几百米。四合院灰色的墙、灰色的瓦与庭院里的绿树花香形成对比，幽深曲折的胡同与不远处金碧辉煌的紫禁城形成尊卑有序的和谐映衬；城市的边界是高起的城墙和巍峨的城楼，街道的节点点缀着秀丽的牌坊——老北京城这种美妙的建筑秩序深深地印在关肇邺童年的记忆里。多年之后，北京城已经发生了翻天覆地的变化，关肇邺仍对当年的"北京印象"记忆犹新，其中的"和谐"之美被他总结为中国建筑艺术的精髓所在，不仅常在课堂上娓娓道来，也充分融汇在他众多的建筑设计作品中。

关家的四合院其实并不是一座普通的四合院，而是在传统院落基础上由当时著名的工程师、留法归来的华南圭先生按欧洲式的"实用"标准改造过的：把前院的一处九间"勾连搭"房中的两排柱子取消，换了大跨结构，成为一个无阻碍的大厅；生活常用的后院的一圈抄手游廊安上了玻璃隔断，使冬天不必出户而来往于正房厢房之间，并且安装了两套新式的卫生间。这些在20世纪20年代的北京是很少见的，让年幼的关肇邺切身体会到了建筑与生活的密切关系。

抗战期间，关肇邺全家留在敌占区，因为父亲坚持不做"敌伪"的事而没了经济来源，就靠出租住房来维持一家生计。这就需要把住宅隔成几个区，每区自成格局，有大门、院子、前厅、住房和厨房、卫生间等。关肇邺在内的孩子们都参与到丈量画图等工作中，关肇邺曾在自传中称"以最少的工程量而达到这样的目的，实际是个非常有趣的联系实际的建筑设计课题"，而他也"乐在其中，对建筑与生活的关系，开始有了初步体会"。这一工作可视为关肇邺最早接触的建筑实践。

另一种来自家庭的财富是书籍。至今，关肇邺家中仍珍藏着一只古老的欧式大皮箱。当年还是小学生的关肇邺正是从这只阁楼上尘封多年的古怪皮箱中，发现了近百本装帧精美的欧美城市建筑图册，其中壮观精美的都市风光、宫室建筑令人叹为观止，从而大大引发了他对城市建筑的兴趣。这些书籍是其父1905年随戴鸿慈出使欧美九国考察带回的"宝物"。由此，关肇邺养成了对照地图与照片神游建筑、城市的习惯和兴趣。在关肇邺真正从事建筑设计之后的二十多年里，由于国家正处在封闭、隔绝的年代，中国建筑师没有机会出国考察。然而通过读图，关肇邺对于众多外国城市竟如"身临其境"般熟悉。改革开放之后，他多次出访欧美诸国，初到一个城市时，他凭着对那些街道、广场、建筑的了解，常做同行者的导游，令人误以为他早已来过。虽然二维的读图不能完全取代对建筑的实地体验，然而读图在先、体验在后的认识方式，往往能令人更宏观、更理性地认识事物的本质和意义，这也是关肇邺对城市、建筑的看法总能高人一筹的诀窍之一。

求 学 经 历

1947 年，关肇邺从美国教会办的北京育英中学毕业，考入燕京大学理学院学习。育英中学与燕大的英语授课，为关肇邺打下了良好的外语基础。

燕大校园的湖光塔影令人心旷神怡。然而更令他着迷的是 1948 年梁思成到燕大做的一次讲座，讲座的题目是《中国建筑的特征》。关肇邺被讲坛上梁思成先生渊博的学识和学者风度所折服，又专程到清华看了建筑系（当时清华建筑系建系仅两年）的校庆展览。1948 年 9 月关肇邺放弃了燕京大学一年的学历，正式转入清华大学建筑系一年级学习。

那时建筑系学生总数不过几十人，教学方式使学生和大师们有着众多亲密接触的机会。特别是梁思成、林徽因两位先生博古通今、学贯中西、爱憎分明，对关肇邺以及当时的建筑系学生都产生了极大的影响。求学期间，关肇邺就以设计中的睿智得到了梁思成先生的重视。记得一次设计作业命题是在劳动人民文化宫（原太庙）内建设一座小型剧场。当时受现代主义思潮的强大影响，几乎所有同学的设计方案都采用了现代主义方盒子的造型。而关肇邺从小在太庙附近长大，出于对环境的敏感，他的设计方案在现代功能之外，穿上了古典建筑的外衣。曲翘的坡屋顶、金色的琉璃瓦与基地上原有的苍松翠柏、宫墙古刹和谐地融为一体。这份与众不同的设计作业得到了梁思成先生的高度肯定。1950 年，关肇邺还是二年级的学生，就被梁思成选中作为设计助手，参与了任弼时墓的设计。梁思成先生还带关肇邺一起向任弼时夫人汇报方案。梁先生能如此平等地对待一个初学建筑的学生，也令关肇邺记忆深刻，为他后来作为师长的平易近人埋下了种子。

1952 年毕业后，关肇邺本被分配到沈阳东北工学院建筑系，但通过教育部被临时借调，协助已经病重不能起身的林徽因先生完成人民英雄纪念碑上装饰浮雕的设计。他的主要工作是按林徽因先生的吩咐去图书馆找资料，在她的指导下画图、改图、放大做细节等，而工作地点就在梁林二师家里。由此关肇邺有了更多的机会接受梁林二师当面指导，也经常能见到前来探望并坐下来茶叙的众多文化大师们——金岳霖、周培源、张奚若、陈家康等先生都是常客。他坐在角落里听他们谈话，作为一个刚毕业的学生，虽然不能完全领会他们的意思，也可说是难得的经历。后来，东北工学院放弃了这个迟迟不来报到的新助教，关肇邺便留在清华做了青年教师，两年后又兼任了清华基建会设计科的工作。

设计思想的发展

20 世纪 50 年代，国家的建筑方针是"实用、经济，在可能的条件下注意美观"，特别强调经济上的节俭，而美观被放在了可有可无的位置上。对于建筑师来说，艺术发挥的余地不大。但国家百废待兴，年轻的建筑师有机会参与重大项目的实践。1956 年，关肇邺 27 岁，就主持了清华大学主楼的规划设计工作。

清华大学主楼总体上分为西部、中部、东部三段，总建筑面积 83000 平方米，东西两端总长近 400 米，在当时是国内最大的教育建筑之一。按照当时清华校长蒋南翔的指示，建筑风格学习苏联的莫斯科大学主楼，形式庄严宏大，但应尽量俭省。为了花最少的钱实现最好的效果，关肇邺在设计中动了不少脑筋。由于社会变动等因素，工程进度时断时续。1966 年受"文革"影响，中部建筑削减了二层，临时封顶，开始使用。直到 20 世纪末，顶楼部分才经重新设计、完全建成。这一作品从形式到风格影响了其后国内众多大学的主楼设计。尽管诞生于困难时期，经济上十分节省，但清华大学主教学楼总体格局却有着很强的前瞻性。直至今天，其内部连续的公共空间等仍能完全胜任清华大学接待国外元首、国际学术大师的需求。2009 年这一作品入选中国建筑学会评出的"建国 60 周年优秀建筑创作 300 项"。

1966 年到 1976 年的"文革"期间，全国建筑量锐减，中国建筑师几乎没有实践的机会，学校也停止了正常教学，改招工农兵学员。当时学校不让讲"封资修"的东西，"美观"问题很敏感，一般不能讲，但关肇邺没有放弃对建筑"美"的追求和传播。教学中他曾形象地将建筑的线脚装饰比喻为"双眼皮"，虽然在当时受到了严厉的批判，却令学生们至今记忆犹新。即便是单纯出于教学目的的"假题假作"，关肇邺也都认真对待，借以训练自己的设计思维和手头功夫。

1974 年，关肇邺带领十余位解放军战士学员接受了北京地铁"东四十条"站（当时名为"工人体育馆"站）站台设计的任务。这是北京环线地铁十多个站台中的最后一项设计，要求不能与已设计的站台雷同，但结构、空间却完全

关肇邺于 1957 年主楼西区建成之际留影

一样。关肇邺在反复思考后提出一个以奥林匹克五环旗的变形为主题的设计。当时正值"文革"期间，很多人尚不知何为奥林匹克，更不要说"五环旗"了。个别领导也怕涉外惹来麻烦而表示犹豫。经关肇邺的努力说服，"东四十条"终于建成，后被评选为"北京市八十年代十大建筑"之一。

改革开放之初的 1981 年，关肇邺赴美国麻省理工学院做访问学者。其间他利用工作之余考察各地建筑，并在经济条件十分拮据的情况下省出经费购买了大量图书，拍摄了数千张彩色幻灯片。美国社会对个性的尊重给他带来启迪，美国校园迥异于苏联模式的空间情趣也深深打动了他。回国之后，关肇邺在清华大学建筑系开设了"建筑评论"课，把他在美国考察的优秀建筑实例剖析归纳，结合世界的建筑理论动向讲授给学生们。"建筑评论"课如今已经成为清华大学建筑学院研究生的经典课程。

1983 年，关肇邺开始了他最重要的建筑作品——清华大学图书馆新馆的设计。清华大学图书馆老馆位于清华大学核心区，大礼堂之东北，分两期建成。1919 年首期由美国建筑师亨利·墨菲设计，1931 年由杨廷宝先生设计了第二期。二期扩建与第一期风格一致，浑然一体，对校园的核心建筑大礼堂形成衬托之势，是中国近代建筑史中的一项杰作。新馆即第三期，面积 22000 平方米，约为前两期建筑面积之和的三倍，在当时的清华校园中必是第一庞然大物，如何处理新老建筑的关系是突出的难题。关肇邺的设计是将新馆五层的高大体量退到后面，而把与老馆相同的二层部分放在前面，继续加强了对礼堂的衬托作用；主要入口没有按一般做法置于明显突出的位置，而是隐退到庭院之内，以避免对老馆入口形成抢夺或压倒的态势；外观采用与清华园老区统一协调的红砖灰瓦，门窗形式根据结构经济和阅览室家具模数做了必要的调整和创新，取消了挑檐下复杂的牛腿等装饰；几个主要入口处采用了大面积玻璃和砖拱形符号。这样，新馆就在空间、尺度、色彩和风格上保持了清华园原有的建筑特色，富于历史的连续性，但又不拘泥于原有的建筑形式，透出一派时代气息。正是这样一个"争当配角"的设计为关肇邺赢得了诸多好评。清华大学图书馆三期获得了"国家工程设计金奖""北京市八十年代十大建筑""建设部优秀设计一等奖""教育部优秀设计一等奖"等荣誉。当然也有反对的声音。有人批评图书馆扩建缺少新意。关肇邺在《建筑学报》上撰文《重要的是得体，不是豪华与新奇》，再次阐明了他的设计理念。从此，"得体"成为关肇邺设计的一个核心原则——没有不变的个人风格，只有"得体"的适合建筑自身地位及周边环境要求的设计才是最好的。

同样的设计理念在北京大学图书馆的扩建设计中就以截然不同的形式表现出来。北大图书馆位于燕园中心区，周围都是大屋顶的传统式建筑。原有图书馆建于 20 世纪 70 年代，是实用主义的方盒子、平屋顶，在燕园的整体环境中突兀蠹

关肇邺 1997 年在北大图书馆屋顶上指导工人

立。图书馆扩建的地段是整个区域的核心位置、轴线对景处，在关肇邺看来，新建筑应对整体环境起到统领作用，采用大屋顶形式是理所当然的。然而，设计竞赛进行的 1995 年，北京刚刚取消了"夺回古都风貌"的长官指令，那之前的若干年间北京的每栋新建筑都被带上古典屋顶，否则不予批准建设。建筑界对此怨声载道。此时建筑界算是出了一口长气，因此在北大图书馆扩建的竞标中，竟只有关肇邺一人的方案做了古典大屋顶的处理。关肇邺敢于"顶风"设计大屋顶，不为别的，只因为这个地点需要这样一座统领全局的建筑。

关肇邺的建筑观是"总体环境重于个体建筑，个体建筑重于建筑师"。可以说环境是他设计的决定要素。古人云"穷而后工"。在设计中，关肇邺喜欢严格的限制条件。他说，"只有当条件具体而苛刻了，包括要和特定环境紧密联系这一条件，才容易出来有特色的设计。人们很重视'创新'，我想这是很重要的，不应总是千篇一律，没有发展变化，但'创新'不是简单地求新求奇、异想天开，以自己独特的方式恰当地解决了建筑与环境的关系是创造性最好的表现之一。"越是看似苛刻的环境要求，越能激发出他的灵感。除了被福布斯评为全球最美校园的清华园中的图书馆、理学院、医学院等建筑外，关肇邺的重要设计作品还包括海南大学教学办公建筑群，西安欧亚学院图书馆、教学楼、办公楼，徐州博物馆、汉画像石馆，北京德胜门外的中国工程院办公楼等。出于对不同环境条件的应对，这些建筑虽然大多内容相近，都属于文化教育类，但各自形象均有较大距离，初看上去很难判断是出自一人之手。当然，如果细读关肇邺的每件作品，建筑师的精神气质还是不自觉地流露其中——那是一种讲究文雅却并不奢华的气质。"文如其人"，建筑也如其建筑师，是建筑师思想、意识、价值观的写照。

为人与教学

如果仅用建筑作品来体现关肇邺大师的成就是远远不够的。在关肇邺自己看来，他首先是一名教师，之后才是一名建筑师。作为清华大学建筑学院的资深教授，教学工作实际占用了他大量的创作时间，也使其建筑创作的类型、规模、深度等受到极大的限制。然而，关肇邺对此却很坦然。

1984 年关肇邺晋升教授，开始培养研究生。为了对每个学生都能全面充分地指导，他三十多年来作为研究生导师招收的研究生总数不过三十几人。每年最多只收一名硕士生、一名博士生，同时在读的不超过五人。就在这为数不多的弟子当中，若干人已经成为中国建筑界新一代的领军人物，蜚声国际。

在清华建筑学院，有一个不成文的规矩，学生们称呼成就高、修养高的老师为"先生"。从前有"梁先生""林先生"，而今大家念得最多的是"关先生"。关先生出现在公共场合，总是腰杆笔直，衣着得体，连头发也一丝不苟；关先生站在讲台上总是神采奕奕，语言生动幽默，内容深入浅出，旁征博引，妙趣横生。这是清华建筑学院的学生们所神往、所骄傲的一道风景。

其实，关先生并不像外表看来那么严肃。他为人谦虚、低调，对待工作兢兢业业、一丝不苟，但与他亲近的学生都知道，先生是个开朗、随和的人，喜欢讲笑话、开玩笑，说话直截了当，有时候调侃人也不留情面。这源于他一贯乐观豁达的性格。如同当初梁思成和林徽因先生给他的深厚影响，关肇邺的思想、品行也潜移默化地影响着他的学生们，"随风潜入夜，润物细无声"。

当然，仅有这些还不够。关肇邺要求自己以及学生们能够跳出建筑学的小圈子，站在文化和社会高度看待建筑。关肇邺曾借用《画论》的分级法来谈建筑，将建筑分为四等：产品、作品、精品、神品。"产品"是简单为了完成任务，敷衍塞责之作，应该杜绝以这种态度来做设计，它对人对己都没有好处。"作品"是真正当作一回事，有兴趣、有追求而做的。"精品"是背负着责任感、尽最大努力的创作，从全局至细部都反复推敲、精益求精。每位建筑学生、建筑师都应树立精品意识，只要认真去做，是完全可以做到的。至于"神品"，那是一种可遇而不可求的境界。欲达到这样的水平，只是努力学习建筑还不够，还有赖于多种外围文化的熏陶滋养，以及思想、品格、情感、胸襟等的全面提高。正如"神品"之画，不止在于画家的眼和手，还有赖于其思想境界，诗中的"神品"亦不止在作者吟诗之技能本身，而"功夫在诗外"一样。

*作者系清华大学建筑学院副教授

来源：《中国科学报》2017 年 2 月 27 日

刘自强学长（左1）与梅贻琦
夫人韩咏华

个人与家国：从西南联大到
北大燕园

——刘自强教授访谈

■ 刘娟娟等

刘自强，1924年出生于云南昆明，求学于金陵女大、西南联大、清华大学、美国罗彻斯特大学、法国巴黎大学，后任教于北京大学西方语言文学系法语专业，在法国象征派诗歌、现当代文学研究领域贡献卓著。作为清华大学原校长梅贻琦的儿媳，她不仅将重要文物慷慨捐赠给清华大学，还为《国立西南联合大学图史》提供珍贵文献。刘自强教授于2019年1月8日在北京逝世，享年95岁。本文为2007年1月17日，杨明丽、王东亮、刘娟娟在刘自强先生寓所的采访稿，有删节。北京大学法语系供稿。

西南联大岁月

采访人：刘老师您好，请您先谈谈当时是怎么考进西南联大，怎么进的外文系，以及当时西南联大的一些情况。

刘自强：抗日战争时期，西南联大在昆明，它由北大、清华及天津的南开大学联合组成，有很多大师级的教授。当时考大学可以同时报考几个学校。但我在考了西南联大以后就不考了，没等发榜就跑到成都去了。到成都以后，成都的高考已结束，但还有一次补考的机会，我就利用这个机会考上了金陵女大，然后就在成都上学了。在成都念了半年，我妈妈跑去叫我回家，说："你考上西南联大了，为什么不回去？我已向学校申请保留你的学籍。"我说算了吧，就让我念完这一年。那是1943年。从1944年起，我就回到西南联大了。因为我在成都念了一年，西南联大承认那些学分，所以不用再念一年级，拿我从前一年级的分数请各个系的老师签字认可就行了。所以我基本上是从二年级上起的。当时考进的是外文系，因为那时候大家都觉得女孩子就适合学文科。

824

西南联大英语系当时名教授挺多的，吴宓、潘家洵……不过这些老师，我去的时候都没碰上。我碰上的是老温德先生，Mr. Robert Winter。不过当时法语也很重要，是必修的，而且要学三年。当时有四个法语老师：吴达元、陈定民、林文铮和闻家驷。

我进联大后，有同学介绍说四位老师都从一年级教起，那么选哪一位呢？大家都推荐吴达元先生，因为他最严肃认真，所以我选了吴先生。这个吴先生，差不多每一堂课，每个人的名字都点到，叫你一个一个地回答问题，回答不出来要受批评，而且批评得还不留情面，所以大家都有点害怕他。每次都有个小的测验，背动词变位等，测验卷子他第二天一定改完拿来。看着吴先生穿得整整齐齐拿着卷子，一丝不苟地很严肃地进来，然后坐那儿一个一个提问，大家都有点紧张。

另外，印象很深的就是金岳霖老师，他的逻辑学也是不好学，我们学起来很难。不过他人很滑稽，上课时在课堂上走来走去。有一次穿了一件美式风衣来上课，那时联大的老师和学生都穿得很朴素，都是一件蓝布大褂或别的布大褂。有的人据说只有一件大褂，到晚上洗一洗，第二天再穿。看见金岳霖先生穿了一件美式风衣来，大家都知道是哪儿来的。Robert Winter 先生刚从美国休假回来，带来一些新"装备"，他常穿这件风衣。这衣服金岳霖先生穿着很新奇，但这事让我们觉得这两位老师友谊很深，可以"共产"了。

另一个印象很深的是 Winter 先生。他不像中国老师坐那儿或是站那儿讲课，而是用表情及姿势来讲一课书。比如他给我们讲 "English Poetry"，是依照诗的内容边讲边表演。我记得那时候他最喜欢讲的就是诗里面的节奏问题。英诗里多用抑扬格，一轻一重、一轻一重，他给我们一再强调，诗没节奏就不成其为诗歌，诗是配了音乐的舞蹈。比如莎士比亚的 Sonnet，十四行诗，他讲得有声有色，所以我印象很深。他让我们作诗，每个人都写十四行诗。有一次，我得了 90 分，所以高兴极了，我后来对诗歌感兴趣，可能是受他的启发。

我们当时学法语的一本教材叫 Fraserand Square，是美国人编的。里面很多解释都是英语的。别的班没用这个教材，闻先生用的好像是燕京大学教授邵可侣编的。一年级学基本课，二年级就读一些短文，各式各样的法语短文和；三年级涉及一些作家，如吴先生给我们讲莫里哀的戏剧，L'avare（《悭吝人》）。

当时，Winter 先生还开一门课叫"欧洲作家"，他不仅讲英语作家，还讲蒙田、莫里哀、薄伽丘、但丁等，所以我们那个时候的课程，面比较广。法语的基础训练不像我们现在那么着重，但吴先生对语法是很重视的，因为结合阅读，结合文学作品，所以文学面接触很广。我感觉现在的学生知识面比较窄，在强调语言基础的同时容易疏忽了这个"面"。

当时我们除了外语课还有别的课，比如"世界史""英国文学史""中国史"。我觉得我们那时候缺一点中文的课程。学文学的，中文很重要，不管以后做什么工作，翻译也好，搞文学研究也好。但我们当时对外国的文化信息知道得不多，学"世界史"知道一些，但还是很少。那时候打仗，对外交流根本不可能，所以全靠课程了。这就是当时西南联大的情况。我在西南联大上了二、三年级，1946年回北京后就到清华了。

周珏良先生当时在清华给我们讲浪漫派诗人。那时比在西南联大时正规，有教室了，可是我们还是从前那种比较散漫的习惯，喜欢在教室乱议论。有一天上课，来了一位西装革履的人，我们一开始根本没有注意他，后来才知道是周珏良老师。同学都习惯看老师穿蓝布大褂，突然看见老师穿西装，想这是教"货币银行学"的吧，不像教浪漫派诗人的。于是大家背后都叫他"货币银行"。

采访人：西南联大在昆明时，条件和整体气氛怎么样？

刘自强：当时联大大部分学生住城西北，靠近昆明城墙。除了一两间教室在城里，其他教室在城外，上课、学习就从城里面出城，穿过环城马路，到环城马路的北面，有一大片地方，那是划给西南联大的。盖了许多房子，有的是洋铁皮，下雨时声音挺响。有一个大的图书馆可以去看书，还有一些小教室，有茅草顶的，窗子上没有玻璃，透风，不过不冷。教室里是长条板凳，上课时大家从四面八方过来。虽然是战乱时期，学习气氛还是不错。有好多同学，汪曾祺、杨振宁等，还有老师，都泡茶馆。就是在茶馆里看书，讨论或写东西。这个环城马路也有汽车，开始车不多，滇缅公路通了之后车就多了。那时气氛比较自由，可老师学生都比较认真。而且大家好像也没觉得特别苦，还是挺愉快的。我上大学的时候基本上不跑警报了，不像前些年。1940年过后，美国的飞虎队来了，就把日本人给卡住了，日本飞机轰炸就不像以前那么厉害了。

采访人：您说起飞虎队，西南联大是不是有些毕业生去给他们当翻译？去当兵了？

刘自强：飞虎队最初只是陈纳德带领的自愿来打击日军的飞行员。珍珠港事件后美国参战，把史迪威将军派到远东战场，他成为了中国、缅甸和印度军队的总司令，大批的美军物资和人员也被运到远东参战。那时急切需要翻译，就把大学三、四年级的学生征调去了。我爱人那时候刚上二年级，学机械。政府并未征调一、二年级的同学，但是他同冯宗璞的哥哥冯钟辽一直是一对搭档，两个人都要去。他父亲劝他，说好不容易有个读书的机会，你们要报国以后再去。他非要去，结果就去了。那时候学生的热情同现在完全不一样。因为国难当头啊，所以大家都是命都不要了，我能够帮助一点就帮助一点。当然，也有人重视学业，这是个人的志向不同。

采访人：说起西南联大，得提提您公公梅贻琦。他当时是西南联大的校长是吧？

刘自强：西南联大是三个学校合并的，所以校领导也是三个：蒋梦麟、张伯苓还有梅贻琦三位校长，但是蒋、张两位经常在重庆。张伯苓先生是梅先生在南开上学时的老师，蒋梦麟先生当时在政府里有职务，他原先在北京做过教育部部长，后来在国民党政府里面也有职务。所以三个人当中主要是梅先生主持校务。在办学的同时，每个学校还有自己的研究院，北大研究院、清华研究院、南开研究院，都是分开的。所以这几个学校还是挺了不起的，科研没放弃。

梅先生主持西南联大的日常工作期间干了不少事，包括找校址、盖校舍等。但他一边要应付国民党，国民政府当时在重庆，他常常得去那儿汇报，一边还要与当地政府（云南省政府）应酬。西南联大因为不在重庆，所以受国民党控制要弱一些。同时因为云南不听蒋介石的话，学术也比较自由。

采访人：西南联大培养了很多有成就的学生，像您刚才提到的杨振宁、汪曾祺。那么法语界当时和您一起的，除了吴达元他们这些老师之外，还有哪些人呢？

刘自强：好像没有。法语那时候不是一个专业，是从属于英语的，是英语学生的必修课，当然也有人研究法国文学，比如李赋宁先生，他就跟吴达元写了个硕士论文《莫里哀喜剧里的悲剧因素》。所以吴先生老拿李先生来给我们做榜样，说他法语学得很好。我们当然不如李先生了，李先生给我们上过课，是替吴宓先生教"英国文学史"。

后来西南联大解散，回到北京，我们都进了清华，闻家驷先生到了北大，吴先生也到了清华。西南联大大致就是这样的情况，那个气氛恐怕是前无古人后无来者：自由，又很用心地读书，后来成就还不小。当时教师对学生的影响很重要，师生关系比较近。也可以随便听课，我记得上 Winter 先生的"英诗"时，杨振宁等也跑来听课，因为他的确讲得有声有色。

漂洋过海求学

采访人：之后您还有一段海外求学的经历吧？

刘自强：是的，我 1946 年回清华，1947 年毕业，就去美国了。我在美国念了一年英国文学、一年教育，拿了一个教育硕士，就想回来了。但因为我母亲在香港病倒了，我们想办法给母亲办了来美国的签证。我母亲到了美国后我就不能走了，于是我就在那儿工作。工作了一年多，教一个意大利移民区小孩的英文。我母亲在美国待不住，想回到香港看看情况再回国，我们也想一同回国。可是出问题了，我母亲的护照是从香港签证到美国的，她可以回到香港；我们呢，持有国民政府签发的护照。那时中华人民共和国成立了，我们的护照就失效了。我母亲就说："我们绕道欧洲好了，乘船到英国玩玩，然后再到法国。说不定在走的这几个月里面情况就变了，可以回国了。"

1951 年我们来到了法国，但香港签证仍无希望。这样我因祸得福，得到一个在法国学习的机会，确实很偶然也很曲折的。

我在法国四年多，在巴黎大学学习，到 1956 年年初回来的。开始的时候上了一个给外国人开的课，叫"法兰西文明"。这个课我觉得开得很好，因为（时间跨度）从中世纪一直到现在，有地理、历史、美学，还有语言课。语言课我没在那儿上，我跑到 Alliance Française（法语联盟）去上了。我在美国几年，把以前学的法语都忘得一干二净，等于从头学。在法国呢，经济就成问题了，不过法国政府有一个给中国学生的助学金。当时在法国的中国学生都面临相同的困境。法国教育部给在国立学校学习的中国学生设立了助学金。当时我在巴黎大学注册，我妹妹是学画画的，她开始是在一个私立的画院学习，后来考进了 école des Beaux-Arts（法国国立美院），所以我们两人都有助学金。国立大学不收学费，只有一些杂费，还有一个学生的工会，可以给你办好多事，比如食宿等。所以我们住学生宿舍，吃学生食堂，费用较少。那时候给我们 3000 旧法郎，基本就够了，但是也不宽裕。可是我妹妹要买颜料、画布，就比较紧张。所以我的钱常常是贴到她那儿去了。我呢，也不用买书，到图书馆去看书就可以了。听音乐会呢，有学生票便宜极了。然后还可以参加好多假期旅行，也都很便宜。那时候"二战"刚结束，学生都很穷，享受很多法国人给的优惠待遇。记得好多女孩子都是天主教徒，给我们很多帮助，经常主动来帮助我们。我们常参加天主教徒的旅行，老嬷嬷带着去意大利旅行，住在修道院里头，去拜谒教皇，根本就不需要多少钱。所以对法国人，我始终很感激他们。

当时在法国，我们还接触了一些中国人，都是比较有名的，有程抱一、熊秉明、潘玉良，还有苏雪林、方君璧等。

在法国的学习也挺有收获的，觉得打开眼界了。音乐懂了不少，绘画也懂了不少，文学呢，从中世纪一直到现在，都是连着讲的。

北大时期的法语研究

采访人：1956 年您回国以后就进了北大吗？

刘自强：是的，我在招待所待了一阵子后就进北大了，我也愿意进北大，因为好多北大的老师都是我从前的老师。法语系的老师，有来自中法大学的郭麟阁、李熙祖，来自清华的徐继曾，陈占元是北大的，还有吴达元以及沈宝基、齐香、杨维仪等。这些老师的业务还是不错的，大家"八仙过海，各显神通"。我觉得那个时候最好的是北大学生，不管老师给什么样的训练，都可以做出很好的成绩来。

采访人：1977 年恢复高考招生以后，您都开了些什么课程呢？

刘自强：那个时候恢复招生，我们很高兴，因为可以教点书了。可

与家人登长城。后排右 1 为刘自强，右 3 为梅贻琦夫人韩咏华，前排左 1 为刘自强丈夫梅祖彦

是，荒废了十几年二十几年，根本就没东西教，必须经过一番学习。后来我得到系里的同意，争取到和王文融老师一起到北外去听 Monsieur Gautier 的课，这对我很有帮助。后来 Monsieur Gautier 也到北大来了，所以就更方便了，可以跟他借一些书。1983 年，我去美国看望我妹妹，利用这个机会就到法国去了。去听了几个月的课，到 1984 年 5 月就回来了。

在法国我买了好多书，这大大地充实了我们的教学内容。蔡鸿宾老师当时在联合国教科文组织工作，还是他帮我们捆的硬纸箱。那时，每人可以带八大件（免税电器）回国，我和我妹妹两个人，根本就没有钱买八大件，因为都买了书。书对我们来说真是太宝贵了，它大大充实和更新了我的教课内容。所以后来好多年开的"法国 19 世纪文学""20 世纪文学""文学批评"等都靠这些书。

来源：《中华读书报》2019 年 2 月 20 日，有删节

蒙民伟学长

香港著名企业家、慈善家
蒙民伟学长

蒙民伟先生 1927 年出生于香港，祖籍广东省番禺县，是香港信兴集团主席。1946 年至 1948 年，蒙先生就读于北京清华大学航空系，1949 年赴日本研修日语。蒙民伟先生是清华大学名誉校董、名誉博士、顾问教授和战略发展顾问。

1953 年，蒙民伟放弃了航空公司机械师的优厚待遇，赤手空拳在香港创立信兴集团，并获日本松下电器产业株式会社港澳区总代理。历经五十余年的不断拓展，信兴集团业务涵盖影音及家庭电器产品、通信器材、办公家具及房地产投资等众多领域。蒙民伟先生以他半个多世纪经营企业的历程，诠释了企业的成功秘诀——"诚"与"信"。

蒙民伟先生热心公益，他本着"取之于社会、用之于社会"的精神，于 1984 年成立了"信兴教育及慈善基金"，支持香港和内地的教育、医疗、康乐、体育及环保等公益事业，至 2006 年，捐款已近 5 亿港元。

蒙民伟先生一直关心和支持母校的建设和发展，积极为学校的发展出谋划策。十余年来，蒙民伟学长先后捐建了蒙民伟楼（清华大学学生文化活动中心）、蒙民伟理科馆、蒙民伟医学系统生物学研究所以及清华大学——香港中文大学蒙民伟眼科中心，并捐款支持清华大学第二附属医院（玉泉医院）神经中心开展对贫困地区脑瘫患儿的救治。同时，蒙民伟先生还支持内地包括清华在内的数所高校与香港各大学的交换学生等项目，为学校的建设和发展做出了重要的贡献。2009 年，为支持清华医学学科的建设，并为公众提供高水平的医疗服务，蒙民伟先生与清华大学签订协议，捐资支持建设清华大学脑疾病研究中心。同时，为迎

2008 年校庆时，蒙民伟学长（左 1）回清华参加活动

接清华百年华诞，支持清华新百年的发展，他还与清华大学签署协议，捐款资助建设清华大学音乐厅和清华大学蒙民伟科技大楼。

　　＊蒙民伟学长于 2010 年 7 月 21 日在香港去世。

（教育基金会）

来源：《清华校友通讯》复 62 辑

裴毓荪学长

小裴的清华情缘

■ 张其锟

小裴的一生，是紧紧地和"清华"联系在一起的，也可以说清华情永远相依相伴着她。清华培育她成长，教会了她战胜困难与曲折，她也为传承、弘扬清华情做出了贡献。

从昵称"小裴"说起

在清华剧艺社里，裴毓荪，论年龄，她比我们大，论年级，也比我们高，我们应该称她为大姐才对，可是大家都叫她"小裴"。小裴对人热情、坦诚，大家都愿意和她交往。有的学弟就是在她的引导下，加入了党的外围组织"民主青年同盟"，有的同学也被称为她的"弟弟"。大家情同手足，宛如一个大家庭。几十年后，不论年长或年幼的，大家仍然称呼她小裴。而她也非常乐于接受这个昵称，因为她始终保持着一颗童心，同时也包含着太多太深的战斗情谊和真情。

2008年4月，重庆清华中学70周年校庆前夕，我问过小裴："从什么时候开始，大家叫你'小裴'的？"她告诉我："在清华中学读高一时，我性格比较外向，经常和男同学打球，一起玩。我年龄也比他们小，同班同学杨稼（原名杨淑嘉）就叫我'小裴'。1942年，我和杨稼等几位同学都考入西南联大，于是又在联大叫开了。""小裴"这个昵称整整伴随了裴毓荪老大姐70年，她从一个激进的爱国青年，经历了多少的锻炼与磨难，才成为一个成熟的共产主义战士。当我们想念"小裴"时，我们是怀着无比崇敬与眷念的心情在呼唤我们的老大姐！我们的战友！

师生情谊重如泰山

1939 年裴毓荪逃难到重庆，经她哥哥的朋友推荐，考入了重庆清华中学，这是她人生的重要一步。清华中学是清华大学校友们创办的，并得到梅贻琦校长主持的校友会会议通过（会上还决定以清华命名的中学校，一定要得到清华大学的允许）。实际上这所学校也是地下党员、老校友郝威（又名郝文彪、罗清）得到董必武同志的指示后，和一些校友创办的。首任校长就是梅贻琦校长的秘书傅任敢（清华教育心理系）。他坚持全面育人，德、智、体、美、劳全面发展，坚持科学与民主的校风，支持学生独立思考，提倡学生自己管理自己，还提出"学校家庭化"的理念。梅校长不仅经常为清华中学操劳，还多次给同学们做报告，勉励大家。傅校长也经常邀请清华大学的著名教授到校演讲，使大家非常自然地就接受了清华大学的优良校风、学风。他把清华大学的办学理念创造性地移植到了清华中学。

当时裴毓荪经济上很困难。她的干姐姐胡兆珍带着小妹妹胡兆英和她，三个女孩逆长江而上，从长沙流浪到万县，最后落脚到重庆。仅仅靠胡兆珍当护士的微薄薪水，来养活三口人。裴毓荪自称"我当时就是流浪儿"。傅校长得知她情况后，给她安排了勤工俭学，让她在教务处做些抄抄写写工作。每逢假日，傅校长夫妇就把她找到家里吃饭，改善生活。教务处主任魏泽馨是位进步老师，晚上就让她剪贴《新华日报》，使她了解了很多抗日战争的真实情况，眼界大开。当时老师中还有清华大学校友、地下党员蒋宪端（原名蒋金涛，清华地学系），黄绍湘（清华历史系）。

裴毓荪和同班的一些同学参加了地下党所领导的秘密读书会，看到很多进步书籍，如印度尼西亚华侨游继善带回国的《西行漫记》，毛泽东的《论持久战》等。她也经常和同学相伴去看进步的话剧《大雷雨》《雷雨》《家》等，思想发生了很大的变化。开始她的抱负就是要争取男女平等，她自称："就是女权运动的思想"，后来发现旧社会不平等的现象太多。她在一篇作文中就阐述了她的人生理想，要立志报国，要报考社会学系，将来改造中国社会。国文老师尚爱松在讲堂上朗读了这篇作文，并给了很高的评语："气刚骨劲，未易才也"（意思是文章很有志气、有骨气，是难得的人才）。事过 61 年后，小裴和我去看望尚老师，她提到尚老师当时很赞赏她那篇作文，但评语记不清了。尚老师立即提笔，书写下原评语，并题上"一九四一年秋为毓荪棣文章题识，尚爱松重书二〇〇二年二月二十八日"。当时把我们都惊呆了。裴毓荪从中也深深感到清华中学老师们对她的关爱有多深！她在清华中学得到最良好的教育，也受到深刻的革命启蒙教育。

1942 年小裴考入"民主堡垒"——西南联大,如愿以偿地就读社会学系。这时期,她的学业、思想都得到迅速的提高,先后加入了民主青年同盟和中国共产党。她积极投入进步的学生运动,参加了联大剧艺社。在"一二·一"运动中,赶排了郭良夫创作的《潘琰传》(原名《民主使徒》),该剧描写被国民党杀害的四烈士之一的潘琰的英勇事迹。她扮演了潘琰,演出极为成功,鼓舞了群众的斗志。同时也引起反动派的注意,不久,就要秘密逮捕她,由于友人的帮助,她机智地逃脱了这一场劫难。

复员后,她暂时隐蔽了一段。1947 年复学,回到了清华园,她继续就读社会学系,又投身于学生运动,回到了清华剧艺社,还担任清华学生自治会的领导职务。国民党在 1948 年 8 月 19 日,公布了逮捕进步同学的黑名单,小裴首当其中,成为要犯。当时小裴被国民党军警包围在清华园内,由于费孝通、冯友兰、吴泽霖教授,以及地下党、剧艺社战友的机智的掩护,终于逃出虎口,平安地回到解放区。这段惊险的往事已广为人知,但小裴却对那深深的师生情、战友情终生难忘。她几次和我谈起那时的细节。当军警包围清华园时,费老师还冒险翻围墙,到燕京大学,设法找司徒雷登的小汽车,想把她偷偷送出清华园。当有人已经得知她躲藏在冯老师家,她不得不离开时,冯师母含泪给她包上几个馒头、咸菜和几件衣服,还给了她 20 万金圆券,冯师母一再叮咛她:"路上要小心,遇上坏人,就把金圆券给他,要保住自己性命。"当她躲在吴老师家,突然听到急促的敲门声,师生都不顾个人安危,互相争着要去开门的情景。当彭珮云把她接出吴老师家,护送到王松声学长家时,松声为她化了妆,由一位"民青"盟员护送她翻墙出走。几十年后,松声夫人王校岚又把小裴化妆时换下的裙子送还给了小裴。小裴又把这条特殊的裙子送给了清华校史馆,作为历史的见证和纪念。桩桩动人心弦的情节,都深深地藏在小裴的记忆里了,她细说起来,还是那样动情。这些师生情、战友情都成为她挑战曲折,战胜困难的动力。

清华情缘源远流长

"文革"后,小裴与我又恢复了联系,彼此的了解又逐步加深。虽然我们相识了三十二年,但彼此并不知道在中学我们也是同学。一直到 1979 年 10 月 1 日,清华中学在京校友聚会时,彼此才发现原来是先后同学,小裴比我高了四个年级,是我的学姐。我们还遇见了几十年都未见面的老师和同学们,心情非常激动。这个惊喜,又把小裴与我拉近了一大步,我们都是双重"清华校友"的身份。

她几次和我谈起,"我对三所母校:重庆清华中学、西南联大、清华大学,怀着一份特殊的感情。母校培育了我,我要回报母校,也要把这种特殊的清华

2000 年 12 月，裴毓荪（右 3）与"清华情助学金"管委会同志看望傅任敢校长夫人杨仁老师。左 2 为作者张其锟

情传递下去"。当她从繁忙的第一线退下来后，积极投入清华校友总会的工作，在加强海内外校友的联络、交流方面，尽了不少力。同时也热心清华中学校友活动。

清华剧艺社继承了西南联大剧艺社的革命传统，北大剧艺社又是我们并肩战斗的兄弟。彼此有着深厚的战斗情谊。改革开放后，大家又重新联系在一起，并用《剧艺社社友通讯》（内部刊物）进行交流。1991 年开始，这项工作是由剧艺社元老王松声同志主持，他临终前还嘱咐要把刊物办下去。2002 年松声走了，裴毓荪（清华）、汪兆悌（北大）又接手操持，组成了新的编辑小组。到目前为止，编印了 41 期（包括简报）。这个小小的刊物能坚持 19 年，是多么难能可贵！它把友谊与慰藉来传递，也把战友们紧紧地团结在一起。《剧艺社社友通讯》也是我们永恒友谊的铁证。小裴也付出了心血。

小裴还积极参加助学活动，帮助母校家境困难的高中同学。她首先提出建议，把此项公益活动命名为"清华情助学金"，既体现了她的初衷，也代表了校友们心意，获得大家一致赞同。从 1996 年开始，她一直参加管理委员会的领导工作，自己不仅捐钱捐物，还积极出主意、想办法；并亲自向清华大学解放战争时期的老校友宣传，希望他们伸出援助之手，也取得了一定的效果。在她去世前两个月，当时甲型流感正流行，她还提醒我要开会，研究改进助学金的管理工作。她始终是把清华情助学活动挂在心上的！

可以告慰小裴的是，14 年来，先后接受资助的同学已达 40 余人。他们已取得了可喜的成绩，他们没有辜负您和老校友的关怀与支持，用实际行动做了一个精彩的汇报。有两位同学已取得硕士学位，并已经工作。一位正在攻读博士学位，在哈佛大学学习。两位正在攻读硕士学位。五位大学本科已毕业，也参加了工作。有十位正在读大学本科，其中有一位已经获得保送读硕士的资格。还有十位同学仍在母校学习。有的同学已经加入到助学活动中来了，把自己的奖金捐给了困难的同学。有的还互相帮助，解决了就业问题。总之他们已经团结起来，拿起了清华情的接力棒，清华情缘的延续、传承、发扬，已经后继有人。小裴，您安息吧！

　　*裴毓荪学长于2009年6月15日在北京去世。

2010年5月18日

郑用熙老师和夫人关英

大爱无疆　无悔此生
——记"身边榜样"、化学系教授郑用熙

郑用熙，1927 年 7 月出生于浙江黄岩，1950 年毕业于清华大学化学系并留校任教。曾任北京大学教授、清华大学教授、清华大学分析中心主任和化学系离退休党支部书记。他忠诚党的教育事业，爱岗敬业，乐于奉献；他教书育人，桃李满天下；他治学严谨，学术成果丰硕，曾多次获得 CAIA 奖并获国家教委科技进步奖，1992 年成为获国务院特殊津贴的专家。1992 年离休后，他与夫人关英发起并联络西南联大校友，先后募集捐款 800 余万元，在全国 18 个省市捐建了 33 所希望小学。曾荣获"全国教育系统关心下一代工作先进个人""全国老干部先进个人"等称号。

2018 年 11 月 2 日，郑用熙在北京西苑医院逝世，享年 91 岁。消息传来，很多清华化学系师生悲不自胜。遵照郑用熙生前遗嘱，不举行遗体告别仪式和追悼会，并将遗体捐献北京协和医学院用于教学科研。很多师生听闻后事这样朴素的安排，都发自肺腑地感慨："这很'郑先生'！"

回顾郑用熙的一生，他 1948 年 6 月加入中国共产党，在他身上体现了老党员朴素的情怀和严于律己的作风。他治学严谨，做事认真，在几十年的教学生涯中，对学生如春风化雨，在政治上关心他们成长，在业务上要求严格，在生活上体贴入微。在学术科研上，他学识渊博，水平精湛，但从不自傲，耐心提携年轻后辈，为人诚恳，是深得师生喜爱的良师益友。更为人津津乐道的是他二十余年捐资助教的感人故事。

情系下一代

1989 年 10 月，中国青少年发展基金会（简称"青基会"）成立，"希望工程"正式启动。此前不久，他刚刚把 40 年积攒下来的 1 万元捐献给了母校浙江台州中学。得知"希望工程"启动，他颇感"遗憾"，他后来解释说："我是心有余而力不足。很想立刻为希望工程做点什么，但是确实已经拿不出任何钱了。于是我和老伴关英商量，用每年工资的结余资助一名小学生 5 年的书本费。到 1995 年我们先后资助了 6 名儿童。"

大约 1995 年前后，近 20 位西南联大校友聚集在郑用熙、关英夫妇家里，商讨以母校的名义捐建希望小学。按照"青基会"当时的标准，20 万元可以捐建一所希望小学，这对于那时的他们无异于天文数字。最后夫妇俩心一横，决定"就是拼着老脸到企业里去化缘"，也要把希望小学建起来。他们就这样走上了捐助贫困地区教育的长路。第一轮发动校友捐建希望小学时，在不到 100 天的时间里，他们收到 70 多万元捐款。"可以捐建 3 所希望小学了！"郑用熙高兴地说。同时，这位原清华大学化学分析中心主任、1950 届清华化学系校友开始发动清华 1950 — 1952 年三届校友参与进来。

从 1995 年到 2010 年，他们共募集到 777 万余元，捐建了 32 所希望小学（包括新疆和汶川地震震区建校，1998 年洪灾时捐建了 9 个帐篷希望小学，向云南省妇联捐春蕾女童计划 11 万元，向各地希望小学捐希望书库 40 余套等）。郑用熙夫妇还亲自走访了 32 所希望小学中的 25 所，了解捐款使用情况和学校的教学情况，还从退休工资里节省出钱来，给学生们送去文具、图书和生活补助。他们还在这些小学设置了奖教金、奖学金，每年为各希望小学的优秀师生颁发奖励，激励他们认真教学、努力学习。

郑用熙老师与学生们

让"麻后生"获得平等入学机会

在 32 所希望小学的捐助和后续支持工作中，郑用熙夫妇投入最多，也最感欣慰的是云南凤庆县马海德希望小学及其配套的"麻后助"（麻风病人后代专项助学基金）。

云南凤庆有一个叫藤蓓河小组的"麻风村"，村里小孩上学很成问题。郑用熙了解到，该村 200 多人口中有 70 余人是已痊愈、但有后遗症的麻风病患者，其余 100 多人都是麻风病患者的后代，是健康人群。由于人们长久以来的偏见，虽然村里已经没有麻风病，但周围的人们还是对该村惧而远之。村里有一个教学点，但水平很差，孩子们通常上了 3 年学，却连自己的名字都不会写。到 1998 年，教学点几乎停办。郑用熙得知这些情况后十分痛心，决心要让"麻后生"们受到更好的教育。

郑用熙同当地县、乡、村、学校各方面协商，请求把马海德希望小学的地址定在云南临沧凤庆县松林村中心小学，这里距"麻风村"最近。松林小学校长同意接收"麻后生"入学，但"麻后生"的家庭条件无法支撑其读完小学。郑用熙又张罗着对"麻后生"进行一对一资助，以使他们完成学业。

回到北京后，夫妇俩发动自己的晚辈、兄弟姐妹一对一地资助"麻后生"。"我们对晚辈说，你们一帮一，一定帮一个孩子，这就算是你们孝敬我们俩，以后来看我们，什么东西都不要带了。"郑用熙夫妇笑着回忆当时的情形。

夫妇俩的外孙女小爽幼儿园毕业时，父母为她举行了聚会，小爽把收到的红包全部捐助给一位"麻后生"。"从 6 岁到现在 11 岁，几年来，她都把压岁钱攒下来捐给那个学生。"郑用熙夫妇说，"她还觉得不够，又开始收集汽水瓶、奶袋等去废品站卖。"

郑用熙帮助"麻后生"的事很快传开，很多校友、海外华侨纷纷表示愿意资助"麻后生"完成学业。

2000 年，马海德希望小学建成，首届 6 名"麻后生"入读，到 2010 年已有 10 届共 74 个"麻后生"入读。其中一位学生去年以 555 分的成绩考入云南大学。郑用熙对这位学生的分数、考取的专业都记得非常清楚，"至少在临沧地区，这是第一个从麻风病人后代中走出来的大学生。"

郑用熙夫妇不仅把这所希望小学建起来了，还一直关注着孩子们的升学和成长。2003 年开始，希望小学的"麻后生"陆续毕业了，夫妇俩非常着急孩子们的升学问题。"我们俩不断地写信，上至教育部，再到媒体，写了几十封信。最后，云南省教育厅让一个中学接收他们，这样我们就打开了'麻后生'升初中的道路。"

一位从马海德希望小学毕业后升入中学的学生在给郑用熙的信中这样写道：

"郑爷爷，我们大家都不会让您失望的，是您为我们搭起这座能与众人平等、能有机会学习的桥梁，我们每个人都应该感激您，感激您对我们所做的一切。"

大 爱 无 疆

"其实我们自己并没有做什么"，郑用熙生前一再强调，"很多校友、热心人才真的让我们感动。"郑用熙曾回忆说，1995年刚刚发起募捐时，有一位生活坎坷、本身过得非常艰难的校友专门写信来说："我实在一下拿不出多少钱，能不能每个月捐10块？"清华水利系一位教授除了自己资助外，还发动水利系师生为清华希望小学的老师们教授计算机知识。后来清华希望小学成功开设计算机课程，这在河北省的小学中还是第一个。有一位美籍华人，从小生活艰苦，他深感知识的重要，也时刻惦念着祖国的贫苦儿童。在这十几年中他捐建了12所希望小学。他去世后，他的女儿把遗产捐献出来，又建了一所希望小学。

"这些我们遇到的人和事都感动和激励着我们。在这十几年中，我们受到的教育比付出的要多。"郑用熙说。在郑用熙的家中，一盏常用的旧台灯缠绕着一圈白色胶布使用了好多年，而他和他的夫人关英经手的汇款有上千笔。上千笔的汇款要从邮局取出，上百张支票要从银行取兑、校对、记账、开收据。当数百万元捐款从他们手上经过时，他们明白这每一分钱都特别的重，都代表着一颗心，一份希望。

2010年，郑用熙和夫人将当时家中积蓄悉数捐出，在清华大学化学系和北京大学化学与分子工程学院设立奖学基金。在化学系设立的郑用熙奖学金，至今已奖励8届学子。2018年11月2日，郑用熙因病去世，永远地离开了。他留下遗愿，不仅无偿捐献了遗体，而且一家人又捐资10万元支持清华大学化学系"郑用熙奖学金"，捐资60万元用于支持"麻风病后代助学金"。

郑用熙用自己的一生，为培养下一代，为国家"希望工程"，忘我工作、无私奉献，以自己的实际行动表现出一个老共产党员的崇高品质，而他也将永远留在我们的心间。

（化学系）

来源：《清华校友通讯》复79辑

2007 年 10 月，宗璞学长回清华参加西南联大建校 70 周年活动

宗璞：什么是小说家的责任

■ 费 祎

宗璞，原名冯钟璞，1928 年出生，当代作家。哲学家冯友兰之女。毕业于清华大学外文系，退休于中国社会科学院外国文学研究所。既承中国文化的深厚渊源，又得外国文化耳濡目染，宗璞的作品蕴含着东方和西方人文思想的精神内涵，具有独特的艺术气质和高雅格调。主要作品有小说《红豆》《鲁鲁》《三生石》，童话《寻月记》《花的话》《总鳍鱼的故事》，散文《西湖漫笔》《紫藤萝瀑布》等。出版了多种小说集。由《南渡记》《东藏记》《西征记》《北归记》《接野葫芦》组成的多卷本长篇小说《野葫芦引》，是宗璞创作生涯中最重要的作品。

91 岁的她是著名哲学家冯友兰之女。其作品《东藏记》2005 年获得第六届茅盾文学奖。已过鲐背之年的她，因视力衰弱，读书只能"耳读"，先选好篇目，再请人读给她听。而写作更为艰难，先口授，请助手记录下来，再反复修改打磨，直到满意为止。今年年初出版的《北归记》就是这样完成的。

今年国庆假期，怀揣敬意，我来到宗璞先生的家。宗璞的新家位于北京远郊的一个安静小区，没有我想象中大。进门右侧是一个隔断书架，书架上摆放着已经泛黄的《鲁迅全集》《莎士比亚全集》等文学经典，书前有一幅宗璞低头沉思的手绘小像。往里是会客厅，茶几上摆放着她的童话集和译著。引人注目的是墙上的对联："高山流水诗千首，明月清风酒一船。"那是冯友兰先生 84 岁时为爱女手书，字有点歪，难怪宗璞在文章中戏称它为"斜联"。

就在我观赏对联之际，在保姆的搀扶下，91 岁高龄的宗璞笑吟吟地从卧室出来了，棕色衬衣外罩米色背心，清雅洁净，只是没想到她那么高。读《野葫芦引》

时，我曾想当然地认为作者也和她笔下的嵋一样，是个身形娇小的人。见我如此惊叹，宗璞乐了："我有一米六六，到老都没有变矮！"落座时，我想坐在宾位的沙发上，她却招呼我坐到她身旁，指指自己的耳朵说："这样说话，听得清楚。"

我带给她一本学术刊物，上面有研究其作品《西征记》的论文。她拿起来，眯着眼睛看了看，点头道："这个题目不错！回头我听听。"很早就得知，因视力衰弱，宗璞读书都是"耳读"，先选好篇目，再请人读给她听，因听力也欠佳，听的时候，还要戴上助听器。而写作更为艰难，先口授，请助手记录下来，再一遍遍读给她听，反复修改打磨，直到满意为止。今年年初出版的《北归记》就是这样完成的。《北归记》是宗璞系列长篇小说《野葫芦引》的第四部，在此之前，前三部《南渡记》《东藏记》《西征记》广获好评。其中，《东藏记》2005年获得第六届茅盾文学奖。

1957年，宗璞在《人民文学》发表短篇小说《红豆》，在文坛崭露头角。当时甚至有大学生到小说主人公江玫和齐虹的定情处颐和园寻访。新时期重返文坛后，宗璞更是频出佳作，短篇小说《弦上的梦》获1978年"全国优秀短篇小说奖"。近三十多年来，宗璞的主要精力都花在了《野葫芦引》的写作上，完成它成了她的责任，"不然对不起沸腾过随即凝聚在身边的历史"。

《北归记》讲述了以孟樾父女为代表的明仑大学师生在抗战胜利后回到北平重建家园的故事，小说既着力摹写知识分子的报国热忱和家国情怀，也叙写了在时代洪流的裹挟下，明仑大学师生们所遭遇的悲欢离合。相对于《西征记》中的"金戈铁马"，《北归记》并没有正面写新中国成立前夕激烈的革命斗争，而是将其作为背景，通过许多看似"无事"的细节，以极其诗意的笔墨，呈现了一代文化人的生活状态和精神面貌，他们的求学、恋爱、别离等人生的欢喜与创痛被一一付诸纸上，汇成了一部有烟火气和人情味的文化史诗。小说有一定的自传色彩，糅合了当年宗璞北归和校园生活的真实体验。"当年我们也是乘飞机回来的。那是一架货机，没有座椅，我们就坐在小板凳上，一路颠簸着飞回北平，心情非常激动。"但当我问小说中塑造的知识分子是否有现实原型时，她又狡黠地说："小说写到的人物肯定有作家生活中人的影子，至于主要角色有没有原型，小说家不会回答这个问题，否则就是小说的杀手了。"

写爱情一向是宗璞所长，从早年的《A.K.C》《红豆》到如今的《北归记》，爱情一直是宗璞书写的重要主题。《北归记》写了好几对青年男女的爱情，嵋和

宗璞与父亲冯友兰

无因，峨和吴家穀，玹子和卫葑，写得或婉约，或深沉，或浪漫。构思之精巧，语言之典雅，让人难以相信其出自八九十岁老人之手。宗璞虽然写了不少青年人的爱情，但笔法十分节制。我笑问她："您写的爱情一直是只牵手的，最多亲一下脸颊，有没有想过突破一下？"宗璞一听也笑了，差一点笑掉了助听器，顿了顿，才认真回答我："我觉得《西厢记》《牡丹亭》写得很美，但是主人公的大胆举止我是不赞成的，发乎情止乎礼是我们的传统。我喜欢这样的爱情。"

《北归记》出版前，曾在《人民文学》刊发，获得了2017年度"中国作家出版集团奖·优秀作家贡献奖"和第三届"施耐庵文学奖"。不过，质疑声亦有。谈到有人批评《北归记》里宗璞借小说人物之口予冯友兰以高评，宗璞正色道："我的父亲是个历史人物，是一个学者，我要写那段历史，就必须要评价我父亲，这是避不开的。我只希望我写的历史向真实靠近。这是我作为小说家的责任。"某种意义上，历经十年之久，于艰难境遇中创作完成《北归记》的宗璞，其顽强、不弃不馁之精神和其父可谓一脉相承。"智山慧海传真火，愿随前薪做后薪"，她以自己的行动证明了薪火相传的意义。而这份坚持和对历史的责任感，也让我们看到了宗璞作为一位作家的情怀。

"卷定了一甲子间长画轴"，宗璞说，她要和书中的人物和时代告别了。但不要相信她是真的要告别文坛，因为接下来，她决定集中精力写童话。"我推荐你读一读我的童话。"宗璞指了指茶几上的童话集《总鳍鱼的故事》，笑着说。

来源：新华社客户端官方账号 2019 年 10 月 23 日

九　水木清华　母校情怀

欧阳鹤学长

清华百年赋

■ 欧阳鹤

　　欧阳鹤，汉族，湖南长沙人，1927 年出生。清华大学电机系 1951 年毕业。教授级高级工程师，享受国务院政府特殊津贴，电力部局级离休干部。中华诗词学会顾问，中国楹联学会顾问，《中华诗词》顾问、编委。曾获首届"华夏诗词奖"一等奖首名、"轩辕杯"全国诗词联大赛一等奖、国际炎黄文化研究会龙文化金奖及"金城杯""野草杯"等多种奖项。著作有《鸣皋集》《欧阳鹤诗词选》《欧阳鹤诗文选》。

　　京城之北，霞蔚云蒸，钟灵毓秀，有驰名学府存焉。是处名清华园，雕梁画栋，本清室之别居；曲水荷池，诚人间之仙阙。庚子赔款，初设留美学堂；戊辰更名，始称清华大学。弦歌满座，泗水传薪；桃李成蹊，程门立雪。梅公掌校，众彦归心；梁氏登台，群星拱北。藏龙卧虎，高士盈堂；起凤腾蛟，英才振国。四大导师，人文继世，名重千秋；诸多俊杰，科技兴邦，功垂九域。"中西兼容，文理渗透，古今贯通"乃清华之学风；"自强不息，厚德载物"，"行胜于言"乃清华之训则。

　　东瀛入寇，铁蹄踏破千村；北地沦城，黉宇难安一席。群贤赴难，共克时艰；三校图南，同延国脉。大师鹤引，何愁地处边陲；高足鹰扬，自可名传寰宇。抗倭胜利，举校回迁。八方辐辏，五院骈阗。然甫平外寇，又起阋墙。大学之规模虽复，神州之战火何狂。夫清华大学，岂独求学术之精深，亦敢为民主之先觉。学潮卷狼，源于救国危亡；志士投枪，旨在纾民疾苦。钟亭肃穆，犹嗅闻公之血腥；背影依稀，似睹朱公之傲骨。天下兴亡，匹夫有责，非此之谓乎？

　　共和国成立后，九州破晓，百废待兴。工农猛进，教育先行。院校调整，系科变更。清华重构，科技驰名。壮哉蒋公（指蒋南翔），竭诚以奉。培英育贤，红

844

专并重。抡德抡才，国之大用。

十年内乱中，斯文扫地，何谈教育乎！幸拨乱反正，否极泰来。兴科重教，国运重开。清华大学亦随之获得大发展，频见楼增园扩，校貌翻新。名师济济，学子莘莘。教育新裁，体制改革。文理兼容，各科综合。

清华大学建校已百年矣，百年来，教育先驱，筚路蓝缕。众志成城，栉风沐雨。穷研极索，得学术之精微；细育勤培，输国家之梁柱。今喜见专家雾集，院士星呈。寰中夺冠，海外蜚声。宏图大展，锦绣前程。诚众望之所归，人心之所向也。

夫清华大学，乃吾之母校。春风化雨，哺我情深。育才育德，惠我终生。今逢母校百年华诞之际，饮水思源，百感交集。献我微忱，欣然命笔。是为此赋，并吟成一律。诗曰：

> 水木清华澹晓昏，飞红舞白四时新。
> 名园曾是皇家苑，绛帐长萦学子魂。
> 树蕙滋兰强国脉，抡才擢德耀儒林。
> 声蜚海内心难已，夺锦寰球盼后昆。

来源：《清华校友通讯》复62辑

九　水木清华　母校情怀

张三慧学长

回忆父亲张三慧

■ 张卫平

父亲张三慧（清华大学 1951 届校友，清华大学物理系教授）于 2012 年 1 月 9 日在清华大学校医院逝世，终年 82 岁。追思会后，我们将他的骨灰送回河南老家，让他和妈妈团聚。

一 生 向 学

父亲是河南巩县（今巩义市）人，1929 年 3 月出生在县城以南十几里地的水地河村。1947 年父亲高中毕业，赴上海、南京两地参加高考，上海考区榜列清华头筹，父亲选择就读物理系。祖父曾问他为何做此选择，他答道："爱因斯坦的原子发现，将给物理学带来无限的前景。我要到美国留学学物理，清华的机会最大。"

清华园里物理学大师荟萃，父亲从王竹溪、周培源、孟昭英、王淦昌、彭桓武诸师，如沐新雨。中学打下的扎实的基础，辅之未敢稍懈的自律，使父亲得以充分发掘清华得天独厚的学习环境。他曾经跟我说当时班上学习有"五虎将"，言外之意他是五虎之一。父亲的学号是 36396。每次考完试，教务处按学号公布成绩，第一名最高分常被 36396 领走。

1980 年，父亲的一位学长退给他一本大学期间他修王竹溪先生"热学"时的作业本，上面还有王师的点批。父亲在扉页上写下如下文字："早年从吾师王竹溪先生学热学，先生爱生之真切，教学之负责，治学之严谨，印象殊深，几十年未曾稍忘，常奉为圭臬，奋力相从。今值新长征伊始，忽由学长夏学江同志处复得此习题本，欣喜万分。谨心祝吾师身体健康。自当再激老骥伏枥之志，尽瘁暮年，以期不负吾师之厚望也。"这本作业本原件现存清华校史馆。其中一道题要求计算 108 个答数，每个数字要精确至小数点后六位。当时没有电脑，只能用八位对数表一一计算。已经发黄的作业本上数字与文字（英文）工整清晰，页面无任何草率的痕迹。王师则显然仔细对过每个答数，甚至用铅笔标出一答案的第六位数字有误。作业本中一页上还有父亲当年注释："From exercise of 顾之雨。"他讲这是因为当时清华授业以诚信为要，这道题他是参考了顾同学的解答才做出来的，故向老师注明。

父亲还不无得意地讲过一件与周培源先生有关的小事。周先生是他理论力学课的老师。一定因为是得意门生，有一次考试，周先生监考，路过他身旁停了下来，稍事迟疑，终于小声指点说："你这儿错了。"父亲一身冷汗，心想周先生爱生心切，不免"徇私"，不然不知要扣多少分走。一直到 20 世纪 80 年代后期，父亲才在一个什么会场上又见到周先生。他说他走上前去问候，周先生说："你也来了？"父亲事后说，这是周先生客气，他大概不会记得三十多年前的学生了。

1985 年，清华建应用物理系，礼聘时任科学院院长周光召担纲系主任。成立大会上，周光召应邀讲话。清华校报日后登载讲话全文，其中一段提到父亲。周院长说，"我对清华办好物理系有信心，因为清华有非常优秀的教师资源。比如，我的大学同班同学张三慧，当年功课比我好。"周先生当然是在自谦。同年，父亲被特批晋升正教授。据说是北京市唯一一个因教学贡献突出而晋升教授的。

清华大学物理系 1951 届部分同学，明斋前，1951 春。前排（蹲者）左起：黄源俒、黄毅英、李崇桂、陈遂、胡仁芝；后排左起：毛世琦、甘高才、李赋镐、高伯龙（？）、吴乾初、陈志全、杨士莪、张三慧、龙唐（？）、郑仁圻、刘秉正、李功平（高个者）、陈印椿、宋从武、顾之雨、郭长志（？）、周光召、杨光庆（人名由顾之雨先生根据回忆提供，顾先生请同学们核实）

国家的召唤

值父亲大学毕业的 1951 年夏，清华受命创办工农速成中学。父亲深信党关于"知识分子要改造资产阶级思想，和工农兵打成一片"的训育，在第一时间报名参加。因为是班里学习的尖子，他毕业后的去向也有各种传说。据说周培源师曾推荐他去苏联留学，因他自愿参与工农速成中学创办而作罢。孟昭英师曾招他去科学院电子所工作，被他以工作已定而婉拒。

初入职场，父亲事业春风得意。他的积极改造思想、努力与工农兵相结合的行为被推举为模范，并于 1952 年被发展入党。校党委安排他给全清华毕业生做报告。北大一团支部邀请他座谈经验，团市委授予他"优秀团员"称号。因教学优秀，他二十出头，就担任物理教学组组长，职称中教二级。北京市教育局评他为优秀教师，给中学老师讲示范课。当时政策还鼓励能者多劳，按劳付酬。在巨大的精神支持下，加上年轻不知道累为何滋味，父亲每周上二十多节课，月工资竟达五百多元，等于两个二级教授的收入了！

速成中学校史组 1984 年给校友发问卷，提名印象最深的老师。张三慧得票第一。

风 雨 如 晦

父亲没有料到的是祖父 1956 年一夜间沦为阶下囚。这场祸事连绵逾二十年，殃及我家三代。

1957 年 5 月，从中央到基层，共产党整风全面推开。现在已无法猜测父亲是出于单纯轻信，还是城府不深，抑或兼而有之，"张三慧是唯一在鸣放会上讲话的党员（《1957 年工农速中言论集》）"。父亲先在支部会上建言：对群众的抱怨和意见，不妨从善如流。之后，他又在职工会上以党员的身份发言，批评组织不能虚怀，对党外群众的意见，表面接受实则推诿，乃至直言校长"作风粗暴"。

待全国上下掀起"反右"高潮，父亲醒悟已迟，八个月呕心沥血般的检查忏悔于天无补。1958 年 2 月 8 日，父亲因"同情'右派'、支持反革命祖父反攻倒算、泄露党的机密和歪曲党的政策"等四条罪状，在工农速成中学被划为"右派"。这一年他 29 岁，未及而立。

2011 年 4 月，我回国陪父亲到北京肿瘤医院做化疗。在车上，他讲起一件五十多年前的往事。在"反右"开始前两周，速中的领导正式通知他调离工农速中去研制高技术武器的单位工作，也就是后来的"二炮"。不日即办手续。后来发生的事情自然使该调动流产。回忆这件事时他神情平静，但多了几分惆怅。参加一场大事业的机会与他擦肩而过。

20世纪60年代和70年代

在 1959—1979 这 20 年间,看父亲留下的文字和观察他的举动,能猜到他秉持的信条:努力表现,脱胎换骨,争取早日事业回归和政治重生。1959 年 9 月,划"右"仅 19 个月后,他因"认罪深刻",改造出色而获第一批摘掉"右派"帽子,成为"摘帽右派"。

其时国家正苦斗度过"三年自然灾害"。学生粮食定量锐减。校方提出各种措施"减负"。一次,学校为检验教学改革效果,对他教的电 604 班突然袭击考试,全班竟无一人落马(不及格)。为此他成为全校教学改革、贯彻"少而精"教学原则的标兵,被授"优良教学工作者"称号。学校还把他的教学思想和方法总结成篇,向全校推广。面对全国各地高校来的"取经团",他被遴选上台代表清华介绍经验。

1966 年初夏,"文革"如迅雷骤雨。一夜之间,全国沸腾。清华一如既往,又成风口浪尖。作为已被打倒的另类,父亲不是运动的直接对象,家里虽被抄,人扫过厕所,烧过锅炉,还曾被少不更事的学生辱骂,但用他的话讲,"没受大罪"。

1969 年,他到江西鲤鱼洲"五七"干校劳动。父亲又把这当成磨炼自己、向党表白的机会。鲤鱼州是血吸虫的疫区,水田是血吸虫的领地。父亲分派管水,自称"水官"。他非但没有怨言,还常利用沿水渠来去巡视的机会,编快板书,现编现演,鼓舞"五七"战士的士气,是干校闻名的"快板张"。

1970 年清华、北大贯彻执行毛泽东"七二一指示",试点招收"工农兵"大学生。父亲第一批从干校回到北京,执教工物系,回到了教师的本行。当时不叫学生,叫学员。开门办学,老师、学员打成一片。父亲讲物理,也讲化学,还画工艺流程图。学员们层次不同、背景各异,从父亲的回忆里看出他与这些工农兵大学生相处十分融洽。

多磨的平反 人生再出发

1978 年 9 月 17 日,中共中央发出 [1978 年] 55 号文件,纠错"反右"。得消息后,父亲狂喜。果不久,错划得到改正。党籍的问题却好事多磨。事情缘起他忘记了祖父 30 年前曾是国民党县党部委员。上面一纸通知发下:"对历史反革命之父认识不够,不能恢复党籍。"父亲这次在交检查的同时,要求党委向他公开档案中祖父的身份,使此类冤屈得以永远不再。父亲的党籍在 1980 年 2 月恢复,但比他人晚了半年。

无论如何，这毕竟是最后的噩梦而已。现实中的父亲整装出发了。1981 年，他在一封给我的信里祖露，他对报载清华当年同班同学出国讲学，补选为学部委员，内心"不免引起些许波浪。回想毕业后至少有 15 年未从事大学物理的研究。现在在普物教学上有一些能力和见地，也不过是近四五年用心的结果。这说明，一方面，虚度 15 年，值得惋惜；另一方面，只要用心，四年五年、十年八年，就会有显见的成绩，从而建立了信心。只要还有十年的寿命，我想在学术上还是会有些成绩留给后人的"。上天对他宽容，留给他三十年的时间。

1978 年祖父去世后，父亲不懈，几次去新乡中级法院代为申诉，努力七年终成正果。1985 年，祖父三十年冤案得以平反。

2005 年，值祖父去世近三十年后，父亲捐稿费三十余万元给家乡他当年上的小学，造教室楼一座，购买电化教学设备、复印机、体育器材和几千本图书。教室楼命名为"合志楼"，借以纪念祖父献身乡村教育的一生和表达他对祖父的怀念。

回归物理教学英文的光环

"文革"甫结束，父亲即被委以物理教研组教学大组长。"文革"为害大学教育逾十年，伤筋动骨，当务之急是恢复正规的大学教学秩序。但多数讲师是初次上课，经验不足。父亲根据自己的经验，对课程各部分的课时安排、教学难点、例题选择、习题布置以及要求都详尽地写出资料，供老师们参考。他还经常旁听讲师讲课，中肯地提出意见。他在自己亲身的教学中则坚持认真严谨，同时积极创新。

1978 年，为追赶世界先进水平，他率先在国内采用著名美国加州大学伯克利分校的物理教材 *Berkeley Physics Course Series*，开 1949 年后国内使用英文原著

2009 年，祖孙三代于芝加哥

教材并用英文授课的先河。为使教材更适合中国的教学大纲之用，他继而自编了英文版讲义 *Electromagnetism* 和 *Introduction to Quantum Physics*，也用英文授课。据说有的学生和老师对此举最初并非完全认同，担心同学的接受程度。父亲则认为，在国内，如果清华大学都没有能力这样做，或有能力但不追求高层次的施教，其他高校又当如何？中国的高等教育如何达到国际一流？

父亲的学生、工物 71 班的庞静同学今年发表回忆文章，开篇就提到父亲用英文上课的旧事："大学第一年普通物理是在西区阶梯教室上的。张三慧老师一上来就用英语开讲……当年教我们的英语老师们大部分是英国或俄语口音。纯正的《英语 900 句》的美式英语很少在课堂里听到。当时他把粒子运动和波的传播讲得非常精彩。"

1987 年，父亲致函《电磁学教程》的著者、诺贝尔物理奖获得者、哈佛大学物理学教授 E.M.Purcell。他对 Purcell 教授采用相对论讲解电磁学的新径十分折服。信中交流了父亲在清华讲课中两次尝试这个方法的体会并请教了若干问题。父亲与 Purcell 教授素昧平生，但令他吃惊的是 Purcell 教授很快回信了。Purcell 教授在信中说："接到您的来信时，我无法找到合适的语言表达我的心情。感动我的不仅仅是您于我的过奖，更令我欣慰的是不少我的中国物理教学界的同行认同由相对论导出电磁学是一条既十分启发而又非常有效的途径。"接着，哈佛大学的大师话锋一转，提醒父亲注意他在新版的《电磁学教程》第 170 页上的脚注。脚注里说，LeighPage 在爱因斯坦发现相对论仅仅 7 年之后，就指出了相对论与电磁学之间的关系。而他本人在 1963 年写《教程》时，并没有注意到 Page 的这篇论文。Purcell 教授说，由此可见，他本人远不是这一卓越概念的开山。他特别请父亲在"得便的所有场合，向本书的读者介绍 Page 的工作！" Purcell 教授身为国际物理学界泰斗级大师，为人和治学如此谦逊严谨，父亲为之深深震撼。

著 书 立 说

父亲过世后，清华大学出版社理科室主任石磊和编辑朱红莲来访，与我们洽谈父亲过世后书的版权事宜。他们说，张先生著的《大学物理》教科书是清华的品牌，教材中的精品，迄今印数过两百万册。出版社已与物理系谈妥，由物理系牵头安排今后的修订和再版，确保品牌的传世。石磊老师那次还说，能把物理学的概念讲清楚的人不少，但张先生科学著作的流畅和引人入胜的文笔是他的书的特色，鲜有同行能望其项背。

父亲的著作生涯从 1984 年始，至 2011 年夏病重放手，27 年间未曾间断。计出版八本科普著作（科普著书始自 20 世纪 70 年代），九套物理教材，主译一本美国物理教材名著，在《大学物理》《物理通报》和《物理与工程》等杂志上发表论文四十余篇，另还受邀参与了《物理学词典》等四本英汉技术类词典的翻译。

父亲20世纪80年代任教研组主任，在其位，谋其政，认为以清华大学的地位，物理系应该有自己的教材。另外，我揣测，父亲也是"利用"平生第一次手中的权力和掌控的自由度，真正做一件自己愿意做而且能做好的大事。遂由父亲担纲，教研组的老师们分工合作，开始著书。只记得有一阵，家里物理教研组的老师出出进进，大都拿着大摞大摞的稿子。我回家时最常见到的情景就是父亲在伏案工作。夏天只穿一个背心；冬天上身穿毛衣，腿上盖一层厚厚的毯子。我1987年出国，1995年第一次回国探亲，以至于以后每年两到三次回清华，直至父亲去世前半年，他伏案著书似乎是家里一帧定格的画面，说几十年不变绝不为过。孙儿女们回国探望祖父，印象最深的也是这样一帧图画。

我曾问过父亲，他为什么署名张三慧"编著"而非单一个干净利索的"著"字。他说全书的内容是前辈大师和当代同行们的创作结晶。他隶属世上为数不多（相对而言）的人群之一，能够相当深刻地理解和欣赏如此辉煌的思想和实践，已实属幸运。"著"字实不敢当。

"文革"刚结束时，他曾写过一本《物理学》讲义。他一次诡秘地笑着跟我说，他在讲义里用了"奇妙"和"美丽"等字眼，由衷地赞叹物理学定律对世界精确的描述和预测。但当讲义送同行前辈征求意见时，这些词汇统统被删去了，他当时对此嗟叹不已，说杨振宁和李政道讲物理时，都是这样的风采。三十年后，在他著的2009年版的《量子力学》一章的前言里，赫然写着"量子力学是一门奇妙的理论"。一朝权在手，便把令来行耶？

我又想，比较"两弹一星"和成百万的学子，倘若父亲有选择的机会，也说不定父亲依然选定教书匠的行当。

来源：《清华校友通讯》复67辑

无悔年华
解放战争时期清华校友足迹

萧树铁学长

怀念敬爱的萧树铁教授

■ 郑力刚

清华大学数学科学系萧树铁先生，因病于 2015 年 12 月 5 日在北京逝世，享年 86 岁。

萧树铁先生，1929 年 12 月 5 日出生，汉族，湖北黄陂人，中共党员，教授，博士生导师。1952 年清华大学数学系毕业，1955 年北京大学数学系研究生毕业。1955 年起在北京大学任教，1960—1966 年担任北大数学力学系微分方程教研室主任；1984—1995 年担任清华大学应用数学系主任，曾任第四、第五届中国数学会常务理事，中国工业与应用数学学会（CSIAM）首届理事长。

2015 年 12 月 11 日中午在外面跑步时，纷繁的思绪在脑海里时隐时现。不知为何好几次想起清华大学应用数学系原主任萧树铁教授。回到办公室，这思念又涌上心头，于是信手在谷歌上搜索萧先生。让我不敢相信，看到的竟是关于萧先生仙逝的讣告，而且当天就是其遗体告别仪式。悲哀震惊之余，过去和先生的交往在脑海里活跃起来。先生的容貌仿佛就在眼前，先生的教诲如同昨日。

记得第一次和先生接触是 1983 年的春天，在系里问了先生一个关于格林函数对称的问题。时萧先生已从北大回清华近两年了。清华将刚过五十岁的萧先生从北大调来，用意是非常深的。1927 年创建的清华数学系，到 1952 年院系调整，在这短短的 25 年里，其成就可以说是真正的灿烂辉煌。不用提世界级的数学大师华罗庚和陈省身教授在清华任教，熊庆来、江泽涵、段学复、许宝騄、庄圻泰、闵嗣鹤也是一时之选，更难得的是新秀辈出，如徐利治、程民德、吴新谋、万哲先、冯康、周毓麟。然 1952 年的院系调整，给清华数学系以毁灭性的打击。这之后又是"反右"和"文革"十年。1981 年从北大回清华的萧先生，年富力强，学

853

术上在清华无人可出其右。更重要的是重建数学系这一重任，因当时系主任赵访熊先生已七十多岁了，萧先生无疑是最理想的人选。

第二次和先生交往是 1984 年 3 月 24 日我的硕士论文答辩。时我入校刚一年半，与我同期入校的同学有相当多的人才开始论文的工作。让我非常高兴的是先生亲自任答辩委员会主任，中国科学院研究生院董金柱教授，中国科学院王联研究员，北京大学黄文灶教授，以及我的导师秦公（秦元勋教授）和蒲富全教授为委员。答辩完后，先生宣布我通过答辩，向我祝贺，并代表清华向秦公特别致以谢意。事后黄文灶教授对我说，系主任亲任答辩委员会主任，说明很重视啊！

1984 年的秋季，留校工作的我开始了第一份教学工作——给大学一年级"微积分"课做助教。清华当时教这门课的老师不下十人，自然为此课做助教的同仁也有十人之多。出乎意料的是，系主任萧树铁教授也是助教之一，记得他是给吴洁华老师做助教。系里当时要求助教必须听主讲老师的课。让我们去听别人讲的"微积分"课，特别是讲得毫无新意的课，这不满的情绪有时实在难以控制。我们也只好每堂大课都去，反正总是坐最后一排，看别的书。主讲老师知道自然是不满，有向系里反映的，有向我们语重心长地讲述从事教育事业意义的，还有对我们动之以情讲教课可以挣多少钱的。然而让我们心服口服的是先生自己每堂大课都听，而且一个星期至少四个小时。听一次不难，难的是听一个学期。1985 年的春季，系里安排我给先生做助教，课程是数学专业的常微分方程。一反系里常规，先生告诉我根本不用去听他讲的课。记忆特别深刻的还有，在几乎每人一辆自行车的清华，先生却不骑车。但先生走路却是惊人地快，好几次我推着车小跑才能和先生并行交谈。

当时国门正慢慢打开，残酷的历史和现状使得系里年轻教师都一心奔海外。这对系里来说实在是件头痛的事，大部分领导和老师对此多少是有些看法的。他们认为我们应该像他们年轻的时候一样，一心扑在教学上。至于出国一事，学校有名额而且挑上你时，当然是件光荣的事，而且这样也就可以了。然而在我们看来，时不我待，等学校的名额实在是一个漫长而且痛苦的过程。于是大家"八仙过海，各显神通"。在这过程中，先生对年轻人的理解和支持是非常可贵的，而且以他系主任的身份也是难为的。以先生的声望、地位和为人，当时找先生写推荐信的人很多。更让人感动的是先生为其中一些人的成绩单签名，这在当时是要担些风险的。如果你是学校公派，你尽可以将自己翻译的、自己制成的表格、自己打印出来的"成绩单"请学校盖章，系主任签字。但当你自己办此事时（"自费公派"或"自费自派"），学校的办事人员可以以种种理由不给你办或者拖延很久后再办。先生很是同情大家，我多次听说他为许多人的成绩单签字。古人言，滴水之恩当涌泉相报，时清华和我前后出来的人，在海外也都生活近三十年了，有多少人还记得当时先生为他们的成绩单签字，给他们写推荐信？

1986 年来到海外后，我再一次见到先生是 2001 年。当先生要我谈谈自己的生活和工作时，我告知他在无雪的季节我每周日跑 10 公里，有雪的季节天天滑雪，更有几乎一日不听莫扎特有如一日不见太阳之感。先生说不知你这么喜欢音乐，莫扎特的确很好，然贝多芬的热情奔放有时实在让人受不了。在快要告别时，我问先生能不能让我拍一张照片留念（本文图），先生说当然可以，并很善意地问我的相机有无自拍的功能。更让我极为感动的是，当我向先生告别说"学生今后还会来看望您"时，先生亲切地握着我的手说："你不是我的学生，因为我没教过你。你是我的同事。欢迎你今后再来，更希望你也为学校做些工作。"此言真正让我汗颜，扪心自问，我有何德何能！

记得在清华时，有几次听先生评说时下的"魏晋名士"。1985 年先生在清华组织主持了国际微分方程大会，我和系里几位年轻教师为大会跑腿。时联邦德国、比利时、加拿大、美国许多学者都参加了，在国内先生请了著名学者冯康、秦元勋、吴新谋教授。我向先生提出是不是应该请新秀某大学的 Z 君，先生看着我直摇头说，如果 Z 君也请的话，北京城里有一公共汽车的人可请！同年夏天，我向先生提出想到外地去听 W 君的讲座，先生道此君声名狼藉，有什么可听的！对我们年轻人，先生倒是极为客气，最多只是恨铁不成钢地说，某某真是饭桶！而且语气也是长者的。

2008 年，我的恩师秦公秦元勋教授在美国仙逝。百感交集的我以心香之诚提笔写了《千风万雨都过尽，依旧东南第一山》长文一篇呈在秦公的灵前，也算是了却人世间师生的这场情谊。后来将此文以及怀念董金柱教授一文寄给先生过目。学生原不想打扰先生，但念及先生和秦公与董先生的交往，特别是他和董先生在清华是同学，对他们的为人处世，比学生更为了解；而学生自量在这拙文底下，尚还有学生的一片真情，这才将这些文章寄给先生。先生读完我的文章后，告诉我想起了《诗经·黍离》一诗："知我者谓我心忧，不知我者谓我何求。"学生愚钝，不敢猜想先生的感慨是什么。学生在清华的四年，从师秦公、蒲先生、萧先生和董先生。在相当的意义上，学生是将他们作为理想化的人看待，并作为自己精神的支柱的，这些在文中自然有很多流露。2009 年回清华拜访先生时，先生亲切地提到他和秦公在 1980 年参加由华老（华罗庚教授）领队的中国数学家代表团访美期间和秦公的交流了解。

人们谈得最多的应是先生对重建清华数学系的贡献。从 1984 年到 1995 年这 11 年期间，他以数学系主任的身份，对系的重建和发展有巨大的贡献和影响。我在系里工作的那两年，可以看到先生的思路：一是积极培养系内中青年教师，二是引进优秀人才。1985 年，学校告知系里有 1 ~ 3 个访问学者的名额，先生让苏宁、安连俊和我去体检及联系海外接受单位。此举当时在系里引起不少议论，不少人认为访问学者的机会应该给中老年教师，更有甚者指责先生任人唯亲，因为我们三人和先生全是微分方程教研组的。先生的打算是让我们年轻人出去看看世界，但时间不要太长，然后尽快回来为系里工作。在当时国家、学校及社会对我们一心想到海外求学和深造有许多不同的看法时，先生对我们的大力支持和鼓励是遭受了不少议论或者批评的。学生日后不止一次对先生当时在系里给我们这些年轻人的支持表示过诚挚的感激和谢意。

至于重建清华数学系的成就，此事相当复杂，而且以学生的身份是不应该对此作任何评价的。以先生的学术修养和眼光，以先生的领导才能和人格魅力，先生也许对世事和其结果是有一定的遗憾和无奈的。在 20 世纪 80 年代，北大校长丁石孙教授曾言，若北大十年不出菲尔兹奖获得者就是北大的失败。当时对此很不理解，及涉世稍深，方知丁校长的结论是至理之言。人才的分布是均衡的，世界各地区，各民族都有天才少年。但这些天才少年日后是否能成为栋梁，因素却是很多的。清华作为中国最好的大学，一直是"聚天下英才而育之"的圣地，其结果至少在院系调整以前，是有目共睹的。"文革"结束已近 40 年了，40 年的大学教育结果众说纷纭。不必争论的是，中国今日的成就就是这几十年教育的直接结果。然而大家仿佛还希望更多，"钱学森之问"就是很好的一例。

在那个没有大师的时代，萧先生以自己的良知为清华为青年日夜操劳，真正是"既滋兰之九畹兮，又树蕙之百亩"。对先生的教诲，学生虽不能"投我以木桃，报之以琼瑶"，但至少一直心存感激。在先生仙逝的今日，回想往事，感慨不已。三十多年前先生对学生错爱有加，学生时常铭记在心，不敢有忘。

来源：《清华校友通讯》复 73 辑

谭钰贞学长

追思好友谭钰贞

■ 谭增琳

（一）忆友情

人世沧桑无穷数，知音莫过同窗人。

寒暑交替情难尽，三谭①印月一湖春。

（二）送故人

黄鹤一去不复返，音容德智留人间。

此生无愧光明赞，体弱心强意志坚。

来源：《清华校友通讯》复74辑

---

① 当年地学系有三个姓谭的女生，谭钰贞、谭秀贞、谭增琳，人称"三谭"。谭钰贞学长（1950地学），因病于2015年12月5日在北京逝世，享年91岁。谭学长1950年清华大学地学系毕业后分配于中国人民大学；1952年院系调整，为配合爱人曹添工作调到中国地质学院，后因病退休。

郭淦学长

忆郭淦老学长

■ 马利国

郭淦，1927 年 4 月 25 日出生于天津；1946 年考入清华大学航空系；1952 年毕业分配到哈尔滨航空工业学校，先后任学科副主任、主任、教研室主任，哈尔滨工业大学二部教研室主任，国营风华机器厂（254 厂）基建技术组长、技革组长。1980 年调入华北航天工业学院（前身廊坊精密机械工业学校）；1989 年晋升为教授。曾兼任航天工业部教材编审室主任、中国继续工程教育协会理事、国防科技工业工程教育协会理事、河北省力学学会理事、《河北力学》副主编，美国工程教育协会会员。2017 年 6 月 6 日在廊坊逝世，享年 90 岁。

郭淦老学长走了，走得很安静。最近一次见他是今年春节前，我携了富建学弟去他家中看望。那时郭淦老学长已卧病多时，女儿说他刚刚睡下，我知他气力衰弱，实在不忍打扰。女儿还是坚持把我们领到他床前，轻轻呼唤了几声，他似乎知道我们到了，挣扎着要坐起来，但是已很困难。他喃喃地说道："不太礼貌了，不太礼貌了！"声音很轻，但很清晰，这说明他虽久病但意识很清楚。他的眼里很快闪过一丝不为旁人所察觉的光芒，我想他一定特别想像从前一样与我们这些年轻学弟畅快地交谈，就连忙拉了富建学弟抱拳致意。

初识郭淦老学长在 11 年前。记得有一天，仿佛是刚刚开学的样子，夏日的炎热还没有退去，母校叶宏开老师来访，王尚真会长叫我一起参加接待。在席间，我了解到叶老师此次来访主要是拜访郭淦、王尚真等航院老校友，征集校史资料，为母校刚刚成立不久的航天航空学院接续历史。郭淦老学长那时精神抖擞，思维敏捷，做起事来风风火火，一点儿也不输给年轻人，更不像已届八十高龄的老人。他不仅提供了有价值的资料，还多方联络，多次往返母校，为 50 多位老航院校友返校聚会做了大量的工作。郭淦老学长对母校、对校友那一团火的热情，给我们留下了深刻的印象。

858

后来我参与校友会的工作渐渐多起来，与郭淦老学长也越来越熟识，我们成了忘年交，他总是亲切地称呼我学弟。他是一个闲不住的人。当时廊坊的新奥集团正在拓展高技术板块，他就和王尚真会长上母校为企业延揽人才。为了实现无缝对接，有一次他还带车到母校接了有关部门的老师到新奥洽谈合作事宜。清华校友、著名风能专家夏武祥教授也被他请到新奥商谈技术工作。他格外钟情于校友活动。北京奥运那年冬天，他携夫人到新西兰二女儿家度假，也不忘和当地校友组织密切联系，使新西兰和廊坊两个校友会建立起友好关系。回国后，他不仅帮助新西兰校友会与校友总会取得联络，还带回了新西兰旅游合作项目，并多方寻求合作机会。正是郭淦老学长的热心、无私和细致，促成了校友总会秘书长郭樑老师带队到廊坊校友会调研指导工作，我有幸参加了那次会面。

他是年轻校友的好师长。在他那简朴却温馨、又不失书卷气的客厅里，路万里学长讲述过创业的故事，我看到郭淦老学长掩不住的欣喜。也是在这里，我和春宜校友常听他讲起园子里的老故事，听他点拨人生的道理。他有一台计算机，年纪虽大却学会了打字，能够收发邮件，还时不时上上论坛，发发帖子。他对我说："要敢于在网上发出正面的声音。"他跟我聊大国崛起，讲程不时和大飞机，回忆学生时代在牟作云教练指导下打篮球的往事。甚至有一次，他给我讲了一段他不为人知的隐秘的历史，很平淡很平淡，心态也很平和。大抵人们都希望被社会承认，而郭淦老学长却没有一丝儿怨意。

翻开《廊坊清华校友会大事记》，你会发现，从1991年校友会成立到2013年间，郭淦老学长参加了廊坊校友会所有的大型活动。2011年年会，他被聘为廊坊校友会顾问。2013年年会上，他介绍了老校友的生活情况，鼓励年轻校友为母校的发展、国家的富强、民族的振兴而贡献力量。2015年换届的那次校友代表大会，他因为身体原因没能参加，不过至今我还记得他鼓励我要勇敢地挑起会长的担子，不要有所顾虑。

他身体不好是因为2014年前后大病了一场。起初恢复得不错，在屋中尚能自由行走，只是上下老式板楼的五楼不太容易。每每我们从他家中告别出来，他总是扶窗向楼下招手，即便我们走出老远，他还伫立在那儿，形成一道剪影。有一次我去他家中看他，他笑着对我说："我要努力使自己活得有价值，别给子女添负担，别为社会找麻烦！"当时我颇为感慨，现在回忆起来内心更是复杂。是的，他就这样安静地走了，没有让家人通知我们，我还是从他女儿的朋友圈里看到他离去的消息。愿郭淦老学长在天堂安好！

郭淦老学长这一生，平和但不平常，我想"自强不息，厚德载物"这八个字应该是最好的写照，他也是用一生来诠释"自强不息，厚德载物"的。

2017年7月

罗福午学长

我们是新清华第一批建设者

■ 罗福午

第一次参加建筑施工

66 年前的今天，1951 年，新中国成立后的高等学校进行大规模院系调整，迎接全国掀起的建设高潮。那时，北京大学、燕京大学两校合并，北大、清华两校扩大规模，燕京撤销，北大迁至燕京大学旧址；并成立"清华、北大、燕京三校调整建筑计划委员会（简称'三校建委会'）"筹备建校事宜。其中，清华要新建约 4.5 万平方米校舍，北大要新建约 4.8 万平方米校舍。由于正值全国开展"三反、五反"运动，北京的营造商多数曾经"偷工减料，五毒俱全"，教育部决定三校建委会自己营业，由梁思成担任三校建委会主任，北大副校长张龙翔任副主任，抽调清华、北大、燕京三校土木、建筑、电机和经济系部分师生停课一年，投入"建校"这项重大的工程实践活动。

大四下学期，参加建校工程施工的第一工区干部队伍均为清华、北大的在校学生，前右 2 罗福午

当时，两校新建的校舍工程都由清华土木系和建筑系的教师进行设计，并建立七个工区（第一、二、三工区设在清华校园内；第四、五、六工区设在北大校园内；第七工区为水道工区，兼顾两校新建工程中的给排水工程）进行施工。这七个工区都由停课参加工作的学生进行管理——由高班学生担任工区的行政和技术领导，以及建筑材料的采购任务；中低班学生则成为工区和工会的各种管理干部。例如，第一工区的任务是承建清华大学的西大饭厅、1—17教职工宿舍和第五饭厅，建筑面积约两万平方米；由建筑系教师黄报青、土木系学生罗福午、谢醒悔、孙光祖分别担任工区主任、政治干事和技术工程师（后因黄报青调任建筑系系秘书，改由罗福午、楼庆西接任工区主任和政治干事的工作）；建筑系低班学生叶湘涵、黄均德、张美丽分别担任建筑材料保管发放、工会和总务等方面工作。第二工区的任务是承建清华大学的一公寓和二公寓，以及那里的新建食堂；由建筑系学生高亦兰、陈志华，土木系学生谭家骅等负责。第三工区的任务是承建清华大学第一教室楼和旧水利馆的第三层加建，由土木系学生龚思礼等负责。

开始工作时，由于我们班尚未上过施工课，对现场实际的施工事宜一窍不通；一批还在念书的大学生要承担这么大的工程任务，真是难以想象。为此，三校建委会领导为我们聘请了一位木工晏师傅和一位瓦工景师傅做指导。他们成为我们在工地上真正的启蒙老师。

盖房子第一道工序是放线、挖基坑。晏师傅在西大操场东面的空地上教我们怎样钉龙门板、放基础的尺寸线；把我们教会后，才到新建第一宿舍场地上正式放线。要砌基础墙了，第一块砖怎样摞底，第一个墙角怎样摆正，铺砖时怎样才算好活，什么情况下必须返工……都是在景师傅做示范后，我们才懂得如何去检查施工质量。

在工地上，同学们都有一颗全心全意为工人服务的心。开工前我们访问工人，向他们做技术交底，请他们对现场工地的平面布置和道路系统提出意见和建议。工人们要求活跃工地上的现场气氛，我们就在脚手架上放音乐、送茶水。有的工人情绪低落，闹矛盾，甚至打群架……我们都会深入工棚找他们一一做思想工作。当第一层墙体砌完，第一层楼面的混凝土打完，受到三校建委会领导的表扬时，我们和工人们一起欢呼，共同庆贺……后来，当第一工区被三校建委会评为最活跃、质量和进度最好的工区时，我们从心坎里感受到工人师傅的坚强力量！

颐和园水文测量实习

29.5 米跨木钢架在起吊中

西大饭厅是第一工区最大的工程项目。它是用优质木材以桁架型式做成两铰拱形的钢架承重的，采用最新的"裂环连接技术"，跨度为 29.5 米，可容纳 1000 人同时用餐。它由清华土木系刘恢先教授负责结构部分的设计，是当时全亚洲木结构建筑工程的"第一大跨度"。

但这个庞然大物却是用很落后的起重方式（两根粗大的木把杆和滑轮，当时还没有起重机）安装的。安装前，先在平地上将拱架拼装完毕，并在每榀钢架的上下两面用几十根排木进行加固；然后在架子工班长艾师傅吹哨统一指挥下，由 100 名工人将加固后的拱架同步抬起，同步前进，挂落在两个滑轮的绳索上，用卷扬机起吊就位。这 100 名工人的齐步共同行动十分壮观，就位后十数榀大跨拱架"一"字排开的场面更是光彩夺目。它使我们这些初出茅庐的学生兴奋不已。不料当晚起了大风，令晚上睡在工棚里的我们焦虑不安："万一大风把大把杆吹倒，压垮拱架，岂不前功尽弃！"不得已我们叫醒了艾师傅。艾师傅领着我们在工地上绕着十多榀拱架走了一圈后，爬到两根把杆的顶上，用扎把绳将把杆和一榀拱架连接起来。完成后只说了一句话："没事了，放心睡觉！"第二天，阳光明媚，拱架安然无恙，铺设屋面的工程照常进行。原来，艾师傅是用扎把绳把斜置的把杆和拱架连成一体，增加了它们的整体刚度，大大加强了抵抗强阵风的能力。我们明白后感叹地说："这才是活的结构力学概念！"

西大饭厅快完工了，突然发现北侧三个入口处墙体窗口上出现微细斜裂缝，而南侧却没有。这是为什么？难道大钢架的基础下沉了？还是入口处砖墙基础下沉了？经过一周时间对钢架基础、南北入口处墙基础以及大饭厅周围地表土冻结深度的实测，才确定是北入口处墙基础埋置深度过浅，小于北入口处地表土的冻结深度，致使该处墙基上抬所造成的，而南入口处因白天有太阳晒，地表土冻结深度比较浅，没有这个问题。因此，可以确定主体结构没有问题，只是三个北入口处附属结构的设计出了一些小问题。确定了这个原因，只需把北入口处三片低矮的砖墙拆除重砌，加大一些基础埋置深度就行了！

这是我们第一次在施工过程中发现设计错误，并及时进行科学实测，加以更正，消除了隐患。我们通过自己的测量和实验，学到了知识。

三校建委会的工程整整进行了一年，各工区的工作终于陆续完成了。1952年12月，新校长蒋南翔到校，先到第一工区进行视察。他赞扬了我们敢想敢干的精神和严谨求实的作风，对工程的质量和进度都十分满意，鼓励我们再接再厉为建设新清华进一步贡献力量。

总结第一工区在1952这一年内的工作，可以认为：按时完成了生产任务，工程质量良好，没有发生一起安全事故。完工后，领导、使用、设计、施工四个方面都很满意；工人师傅完工后离校时都依依不舍；工区还向学校工程科输送了几名优秀工人，他们后来都成为清华大学后勤维修处的骨干力量。

1953年3月，三校建委会完成了历史任务；同年5月，清华大学成立本校的基本建设委员会，蒋南翔校长为主任，刘仙洲、梁思成为副主任，下设办公室，负责本校新建工程的建设。1954年1月，校务行政会议和校基本建设委员会联席会议议决：1954年度本校的基本建设任务由学校自营，并成立工程委员会，由土木系系主任张维教授任工程委员会主任；当年要建成3万平方米左右的学生宿舍和第二教室楼。从此，我们一些人，如建筑系的汪国瑜、周维权、汤纪敏、高亦兰、殷一和、叶茂煦、周逸湖、关肇邺等，土木系的滕智明、罗福午、郑金床、黄金琦、支秉琛、汤满贞、陈芹、屠成松、彦启森等，继续为清华的新建学生宿舍、第二教室楼、新水利馆、东西主楼（分别为电机系馆和无线电系馆）和中央主楼、工程物理馆、机械工程馆，以及锻工、铸工、焊接、汽车、土建基地、给排水、高压等一大批实验室，做了设计、施工、质量监督和施工管理等方面的工作，成为"新中国成立后清华大学第一批建校工程的建设者"。

第一次参加建筑结构设计

1954年校领导决定新建3万平方米左右的学生宿舍楼，并且自营。于是正在担任土木系结构课助教和校教师共青团总支副书记工作的我，被调到工程委员会属下新建学生宿舍的设计组，主持该建筑项目的结构设计。这对刚毕业的我说来面临多重困难：一是我从未经历过真实的工程设计，内心忐忑不安；二是教育部基建司为节约投资，要求采用砖砌结构和预制混凝土楼板建造五层楼房，且不宜用厚墙；三是要设计这类高层砖墙，在国内当时没有设计准则，只有苏联即将在

1955 年颁布的《砖石结构设计规范》讨论稿，当时我们是作为参考文献学习的；四是校基建会副主任梁思成要求采用民族形式的大屋顶，我对它完全陌生，不知怎样和建筑师配合；五是学校决定将这个建筑群安置在北部奶牛场旧址，那里经勘探地基的土质很差。这些因素都使我很是困惑。

好在这项工程是在我的老师张维教授领导下，并在建筑系汪国瑜教授作为建筑师和工程主持人全面规划下进行的。学校又调来校工程科科长张静亚负责施工，还调来好几位留校优秀的本专业专修科毕业生参加工作。

在制定本工程结构方案的阶段，我的最大困惑由张维教授带领我访问苏联专家郭赫曼解决了。郭赫曼是当时在北京建造"苏联展览馆"（后来改为"北京展览馆"）的专家。下面我和他经历的一段谈话，使我茅塞顿开，永远铭记。

"你认为世界上最坏的地基是什么？"郭赫曼问。

"是淤泥和淤泥质土壤。"我答。

"不对！是大海。大海上还可以航行万吨巨轮，为什么在差的地基上难以建造五层楼房？"郭又风趣地问我。

"请您告诉我应该怎样处理。"我请求。

"在建筑物的适当部位设置沉降缝，在每一楼层所有承重墙的砂浆缝里铺设 1 至 2 排通长的钢筋网！"郭坚定地回答。

"我懂了！您说的是加强建筑物的整体刚性！"

于是我就遵循这两条原则开展了我们结构设计组的工作：

（1）在设计战略布局上，要求在 100 多米长的建筑物中设置两道"沉降缝"，以减少墙体的长度；并配合建筑使用要求精心地布置纵横承重墙体，而且在基础墙顶部和每一层所有纵横承重墙与预制楼板连接处的砂浆层里铺设通长的钢筋网格，形成一层层"整体平面型配筋砖圈梁"。

（2）在设计战术计算上，按照苏联新砖石结构设计规范，认真计算每一处承重墙体的承载能力，尽量不设厚墙。

（3）为检验苏联规范的准确性，经常做砖块、砂浆和砖砌体的承载力试验；同时还做足尺钢筋混凝土预制板和屋顶人字木屋架的实验；只有经试验和实验符合设计要求后，才能落实在设计施工图上。

（4）结构设计完成后，结构设计组立即改为"质量检查组"，对每一类工种的工序（如基槽开挖、地基土夯实、砌砖、绑钢筋、浇筑混凝土……直至木工做门窗）制定质量要求，向各工种的工人交底；在每一道工序完成后都要进行严格的现场质量检查，不合格的必须立即返工重做。

（5）墙体砌筑的同时，在土力学陈樑生教授指导下，进行在承重纵墙内配置钢筋网后"墙体和地基整体作用"的科学研究，在每一层墙体的钢筋网上安置若干可以量测钢筋受力变形的测点，在施工过程中分期实地量测建筑物的沉降和墙体内钢筋受力后变形的数据。

经过一年的设计和施工，一个由四栋学生宿舍组成的宏伟美观的建筑群矗立在学校的西北部，它们被称为"1—4 号楼"，当时是本科生和研究生的宿舍。它满足使用要求，体型优美，质量完好，施工期间没有发生安全事故，陈樑生教授和我们共同进行的研究也取得良好成果：钢筋砖圈梁对地基的不均匀沉降起到了抑制作用。"1—4 号楼"的设计和施工受到校领导的通报表扬。

张静亚同志和我还荣获校基本建设委员会颁发的特等奖励。但是，校领导却受到中央领导的指责。原因是新建的学生宿舍采用了民族形式的大屋顶，受到毛泽东主席的批评。中央委托北京市委书记彭真把清华大学校长和我们几个设计负责人叫到北京市委，听取中央批评的传达，而且要我们写出检查。分配给我的任务是："采用大屋顶比一般屋顶要浪费多少钱？"我以前没有做过设计预算，这次必须努力学习做决算。通过比较，才知道采用大屋顶比一般屋顶大约多花了 8 亿旧币（相当于新币 8 万元），占当时总造价新币 288 万元的 2.78%。

时间过了 22 年，1976 年唐山大地震的震害波及北京。它对我们在 1954 年建成的四栋学生宿舍（1—4 号楼）进行了历史性的质量检查。这次地震使这些宿舍的 80 厘米高"屋脊漏空花格墙"倒塌，该花格墙两侧的装饰物"吻兽"和其他小装饰物纷纷落地，但所有承重和非承重砖墙、以及其他结构构件没有发现任何受震开裂的现象。震后，只把这些掉落的花墙和屋面装饰物撤除，把屋面结构修补好就能恢复使用，并一直安全地沿用至今。唐山大地震后，校内许多原来未考虑抗震的砖砌建筑物，都进行了"抗震加固"，唯独 1954 年建成的四栋学生宿舍因墙体整体布置合理，又设置了"整体平面型配筋砖圈梁"，校基本建设委员会决定不需要再进行"抗震加固"。

我第一次参加建筑结构设计获得的经验和认识到的不足是深刻的。所取得的经验是：

（1）设计中，结构工程师必须与建筑师相融合，以共同的心愿布置主要的承重结构；在砖砌建筑中，首先要慎重地布置好所有的承重墙，这是战略性的决策。

（2）设计必须与施工紧密结合。设计人在设计完毕后，一定要经常到施工现场，查看设计和施工质量的落实现状，进行严格的监督和检查，遇到问题及时纠正。"下工地"是建筑工程设计人员的必需任务。

（3）对设计中遇到的新问题应该及时进行科学研究。这次设计中"整体平面型配筋砖圈梁"的设置、量测、分析，使我理解和懂得了"圈梁在墙体中的实际受力情况和它所起的砖墙与地基的共同作用；以及它可以起到加强建筑物整体性，并减少建筑物发生过大不均匀沉降的功能"。

感受到的不足则是：

（1）对设计中的经济问题缺乏应该有的意识；但对大屋顶被指责的现实，我却没有发言权。

（2）必须认真对待每一个设计的细节。由于建筑物的使用期很长，结构设计不但要认真对待"安全"，而且要认真对待"美观和耐久"；屋脊和屋面装饰物的倒塌和散落，表明我对大屋顶的无知，我在设计过程中没有认真考虑过它们的"结构存在"，是唐山大地震的特大自然灾害给了我教训。

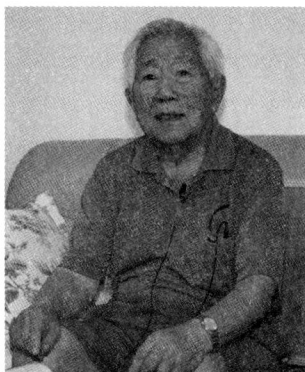

张思敬学长

六十载清华情

■ 张思敬口述　郑小惠整理

张思敬，1930 年 4 月出生，四川江津人。1947 年入清华大学物理学系学习。1948 年 10 月加入中国共产党。1952 年毕业于土木工程系并留校工作，历任水利系党总支书记、电机系党总支代理书记、自动化系党委书记兼革委会主任等职。1978 年后先后任水利系党委书记、校党委组织部部长、校纪委副书记、校党委副书记、副校长。1988 年 9 月任校党委常委兼纪委书记。

中华人民共和国成立前

1947 年中学毕业以后，我报考清华大学，主要是两方面的原因。

一个是清华的科学声誉。当时我姐姐在中央大学物理系读书，那时候中央大学物理系有吴有训、赵忠尧等一些很好的教授。但我还是觉得清华的物理系更好，也算是慕名而来。那时候我的想法还是做一个科学家，实现科学救国。我觉得科学家中爱因斯坦的贡献最为突出，是一个非常伟大的人，最后我决定学物理。

另外一个就是清华的民主氛围。清华大学复校以前，在西南联大的时候就是"民主的堡垒"。1945 年的"一二·一"反内战运动被国民党镇压，这件事虽然被国民党反动势力极力封锁，但当时我有一个同学的哥哥在西南联大读书，他曾经写信回来提过这件事，所以我们都很清楚清华在当时条件下发挥的"战斗堡垒"作用。

到了清华以后，在民主环境的影响下，我在政治上开始慢慢懂事。尤其是以后一连串的学生运动对我的教育很深，这也直接导致我走上了革命的道路。

在学生运动过程中，我担任班上纠察巡逻队的一个小组长。之后班上地下党的同志虞永保来问我愿不愿意参加"民主青年同盟"。当时我并没有立刻答应，只是说还要考虑考虑。但是后来在医院里住的几天时间内，看到外面发生的"七五血案"，我最终下定决心，加入了"民主青年同盟"。再后来到10月份的时候，地下党员、"民主青年同盟"组长罗劲柏同志问我愿不愿意参加共产党组织，为共产主义奋斗。这次我没有犹豫，毅然选择了中国共产党。1948年10月份我正式加入了中国共产党，从此在政治上也渐渐走向了成熟。

1948年12月15日清华正式获得解放。1949年2月3日清华师生入城迎接解放军，并进行宣传工作。所以从进清华到解放这一年半的时间里，我觉得清华在整个北平的学生运动中始终是站在前列的，对全国的学生运动也起了很大作用。

新中国成立初期

1949年年初，在北京市全面解放以后，开始招聘"南下工作团"。虽然我也递交了申请书，但是党组织没有批准。后来组织还专门就此找我谈话，希望我留下来，继续完成学业。所以1949年暑假，在念了两年物理系之后，我转到了土木系。在1951年四年级的时候，每个人都开始选择分组。我并没有按照原来的初衷选路工组，而是选择了水利组，1951年暑假参加了赴淮河、黄河的实习。

因为全国水利和基建急需要人，当时苏联援助的156项工作也需要人，我们几个相关的专业就提前半年毕业了，这是1952年春天。院系调整后清华成为一个多科性工业大学，新建了水利系，我就留在水利系工作。

1949年3月，清华大学物理系学生张思敬（后排中）、李佩璋（中排左）与来清华参观的艺文中学学生合影

1953年年初，学校决定各系分开成立党支部。当时何东昌同志代表党委找我谈话，说水利系也要成立党支部，让我做支部书记兼任系秘书。1956年春，支部改建成党总支，我担任党总支副书记兼教工党支部书记。

在20世纪50年代的一段时间里，学校的中心任务是学习苏联进行教学改革，实行五年制教学计划。蒋南翔同志在1952年12月底来作校长，他独特的教育理念给清华带来了很多独到的变化。南翔同志当时就提出来要结合清华的实际学习苏联，因此1953年一整年里开了好几次教学交流会，每次都是在苏联专家的帮助下进行，先在一个系取得经验，然后在全校范围内介绍经验，并逐步推广。水利系的各个教研组都非常努力，在多次的经验交流会上，都有水利系的教师们去向全校介绍经验。

在 1958 年开始的教育改革中，党中央提出的口号是：教育要为无产阶级政治服务，教育与生产劳动相结合。水利系在这方面为清华其他专业起了一个带头的作用。1957 年冬天，全国掀起兴修水利的高潮。当时北京市委请了清华水利系教师和水 8 毕业班学生到北京郊区农村帮助做一些水利工程，到 1958 年春天，北京市委就要求我们参加密云水库、三家店水库和昌平县 6 个小水库的生产设计任务。当时我们就把这个项目作为水 8 班的毕业设计。因为是结合实际生产的项目，所以取名"真刀真枪进行毕业设计"。当时水利系大概有 180 多位学生投入到这些项目中来，大家先各自做出不同的初步方案，最后把各种方案拿出来进行比较。这被称作"技术经济比较"，就是把每个方案需要的工作量、总体估价都按照规范的标准算出来，从而选出最好、最经济的方案。

初步设计定了大的方案之后，还要做技术设计。每一个小细节都要做具体设计，坝型要设计，闸门也要设计，就需要分工给每一个学生专门负责每一个小项。在这个过程中，我们充分考虑到教学的需要，使学生尽可能受到全面的锻炼，让每位学生既参加总体规划、枢纽布置，又能担任分工程项目的设计。毕业生也是一个一个进行毕业设计答辩的。完成设计工作之后，我们又马上开始准备答辩，向水利部、市委、市水利局的领导来汇报总体工作成果。汇报后，初步设计得到原则通过，我们就开始技术设计和绘制施工详图，准备交付施工。交付施工中，我们当时派出设计代表组驻在工地进行设计工作，教师和学生多达 100 多人，由张光斗教授总负责设计工作。密云水库 1958 年开始动工，1959 年成功实现拦洪，1960 年正式建成。

在政治运动中

接下来，"大跃进""反右"斗争、"唯成分论"等运动，都曾在清华造成过一定冲击。

在"反右"中，标准不清，把许多不属"右派"言论的也划成了"右派"。1961 年的时候南翔同志对还在学校里面的、被划成"右派"的教职工和学生专门做了一次报告，其中讲到希望他们不要灰心，尽管被暂时划成了"右派"，将来还是有前途的，党的最终目标还是"望子成龙"，还是希望这些人能够好好学习，好好工作，将来为国家做出贡献。总而言之，开始并没有"反右"的概念，但到后来，清华闹成那样的局面，我们有一段时间也挺苦闷，不知道作为一名基层干部到底能为国家、能为清华做些什么。"反右"开始前，学校党委刘冰和胡健同志到系里召集我们开座谈会。当时我就说我的心情很矛盾,我觉得有三种心情:一种心情就是大字报上有提到对系里工作的批评,我觉得很难过,我的工作给党造成损失很不应该;另外一种心情就是我觉得这里有些情况并不实事求是,有一些夸大,可是也没有地方解释,觉得有点委屈;再一种心情就是我觉得大字报里有一些观点是政治性的,不是从整风的立场出发的。有些批评和指责就是明摆着不怀好意的。这是我当时的想法,现在也仍然是这样。

"文革"之后,中央明确"反右"扩大化了,决定平反冤假错案,清华党委为了落实这些工作,专门成立了一个"落实政策办公室",督促每个系、每个单位把所有被错判的"右派"分子都纠正过来。因为这批要平反的学生大部分都不在清华了,所以我们都是把能够约回来的教职工尽量约回来谈话,当面向他们道歉并改正错误。学生的话,就发函到他现在所在的单位,给他更正,然后把他原来被定为"右派"的材料要回来,由学校集中销毁。

1963 年秋天,"四清"运动进行试点。清华大学派了一部分教师,大概有二三十人,去参加北京市"四清"工作试点,当时由解沛基同志带队。一起参加的还有我和从各个系调来的一批教师和一些研究生。我们当时是到密云县季庄公社参加"四清"工作,我被分配在一个大队(唐庄),作工作组组长。

1965 年年初,电机系党总支书记王遵华到国外去支援,所以刘冰同志就决定让我去电机系代理总支书记。1965 年夏天,"四清"工作各个区县都全面进行,当时清华四、五、六年级的全体学生都参加了,大部分学生在延庆县、怀柔县,还有一部分到了平谷县。刘冰同志让我带电机系学生参加了平谷县的四清工作。

"四清"工作的具体开展方法和步骤都按照县"四清"工作团的指挥来进行。平谷县"四清"工作团的领导是北京市计委的一个主任,我们带学生去等于是通过参加"四清"运动接受锻炼。我实际上就主要负责生活后勤,每个月把粮票、钱给学生们送过去,然后了解一下我们师生跟工作队中间有没有什么矛盾。

1966 年 6 月份,"文化大革命"开始,这个时候"四清"还没有完全结束。大概是 6 月 15 日左右,我们才带着学生开始陆陆续续地从平谷撤回来。"四清"运动中间,学校的师生也为当地做了一些实际工作。比如说,在延庆和怀柔,学校专门组织了一批水利工作队,为当地兴修了一些小水利设施。

"文革"期间我没有到江西鲤鱼洲去,因为水利系当时让我带了个"教改小分队"到张家口地区,办农田水利培训班,教一些水利方面的基础知识。到了张家口之后,我们就召集当地各个县的基层水利干部来参加培训,每一期七八个月,从算术开始教起,到测量、修渠道,一直教下来。培训班办了两年,1969 年去的第一批。第二批是 1970 年。根据当时周恩来总理的要求,说清华大学水利系应该去治理三门峡和黄河,所以水利系的大部分师生都去了三门峡。当时三门峡淤积问题很严重。到 1970 年年底，我在张家口的第二期培训班结束之后，12 月份又去了三门峡。

"文革"中校内很多干部都受到了冲击。我也多次遭到揪斗，监督劳动。有时候找干部开会，也找我去参加，去了之后我就声明，说我可以谈意见，但我不参加他们其中任何一派。

1968 年 7 月 27 日，工宣队进校制止武斗。1970 年以后，学校又开始招生，进行工农兵学员教育，学校干部慢慢恢复工作。1971 年，学校又把我从三门峡叫回，让我去自动化系做党委书记兼革委会主任。

党员队伍建设工作

"文革"以后，1979 年我就调到了学校党委组织部做副部长，1980 年当部长，1982 年任党委副书记，和何东昌等同志一起共事，所以这一时期接触到党的工作多一些。党的建设也是两部分：一部分是教师党员队伍建设；另一部分是学生党员队伍建设。

清华大学对政治思想教育工作一直抓得很紧，特别重视在教授中发展党员。1956 年后，清华就陆续发展了张子高、张光斗、张维、梁思成等大概 30 多个教授入党。像我当时在水利系，1956 年张光斗同志先入党，1959 年，当时的系主任张任同志也入党了，随后副系主任夏震寰同志也入了党。后来学校又派一批年轻教师到苏联学习，他们在苏联待了三四年，得到副博士学位，回来之后升为副教授。这样"双管齐下"，两种人会师党旗下，使得教师队伍中间党员的力量大大增强。到了 1965 年，教师队伍中党员的比例占 50.8%，其中教授、副教授中党员大约占了 34.7%。

党建工作的另外一方面就是学生中党员队伍的建设。在这方面，蒋南翔同志有很长远的眼光。他说发展先进的学生党员不光对学校的工作有作用，而且这些党员同学走向社会以后也能够发挥更大的作用。在清华的学生党员队伍建设过程中有一个特点，就是非常重视教育在先。要把党的基本纲领、基本理念和基本行动准则都要弄清楚，才可以入党。这些东西不是虚的，都要通过一个同学平时在班上的工作、活动，来了解他究竟有没有全局的思想，是不是只顾个人的私利。

"文革"后，到 1980 年的时候，清华学生中的党员比例是最低的。看到这种情况，1979 年我调到组织部工作以后，我们就与学生部共同决定一定要按照"文化大革命"以前清华的传统，好好抓学生党员队伍建设问题。

当时学生部的副部长李永发同志，后来是赵燕秦同志，他们主管学生中的党员发展工作。1979 年年底，他们请我给全校的学生入党积极分子讲"文革"后的第一次党课，我就讲了积极分子入党要解决的上面所讲的四个问题，然后把这些积极分子组织起来进行学习，每个系都成立了党课学习小组。除了平时业余的学习，每年暑假学生部也都会组织一批比较成熟的积极分子再集中学习一两个礼拜。到 1980 年以后，每年发展的学生党员逐渐增多了，因此每年"七一"都要举行新党员入党宣誓大会。到 1985 年，那一年发展了 671 个学生党员，教职工中间也发展了 200 多个。这一年，教师中的党员比例是 54.1%，其中教授中党员的比例占 50.3%，副教授中的党员比例到了 58.5%；大学生党员比例恢复到 7.2%；研究生中党员比例一直比较高，1985 年的时候党员比例是 31.9%。因为研究生无论是本校毕业留下来的，或者是外校推荐来的，都是品学兼优的同学。

所以我觉得，学校对于党的建设工作，是作为长远目标来做的，考虑到整个国家、各条战线骨干的需要。

干部选拔与培养机制

在党的组织工作中，另外一项就是干部的选拔和配备。清华校一级干部的选拔有相当系统的标准，都要通过民主测验。教育部在清华每一次换届的时候，都要派人事司负责人到学校里面来听取大家的意见，要找校一级的干部和各系主任、各部长单独谈话，询问对新的班子调整有什么看法。

清华的干部配备遵从老中青结合的传统，有安排、有培养的方式进行，这样使得准备接班的人能够熟悉学校主要方面的情况。比如说陈希同志做书记（2002—2008 年），他就是在很多年以前参加了党委的班子，在党委班子里面负责一部分工作，后来又出国进修，回来以后进入到中央党校学习，这样他就水到渠成地开始担任学校重要的领导工作。

从 1979 年开始，我到党委组织部工作以后，各个系班子的配备就已经考虑到老中青结合这个原则。那时候主管组织和干部工作的领导是党委副书记林克同志，当时我们党委讨论了一个原则，就是各系的党组织、党委配备，要考虑到年龄的"梯队建设"。总之就是要着重从年轻人里面选拔优秀的人，尽早地进入领导班子。这样随着时间的推移，不断保持着老中青梯队的结合。所以我们学校每一个阶段的党委换届，都比较平稳和顺利。

清华校史研究与编纂工作

1984 年以后，我开始担任学校的副校长，管人事、保卫和武装部的工作。一直到 1988 年暑假，党委换届改选，我又转到纪委做党委常委兼纪委书记，主管纪律检查工作，进行党风党纪教育，还处理一些违纪的案件。

1991 年，纪委的三年工作期结束以后，我还没有到离休的年龄，所以就到学校档案馆做馆长，同时还作为校史编委会副主任负责主持校史的研究工作，1995 年离休后，仍继续编校史工作。可以说我很大一部分的时间都是在编校史。

我到档案馆之后，首先组织编写了《清华英烈》。因为资料不全，就组织校史研究室的几个同志去广泛地收集资料；还派了专门的组出去调查，他们去过广西、四川、重庆等一些省份收集资料。后来在这个基础上学校又重修了烈士纪念碑，在河边上修了一面烈士纪念墙，上面镌刻着这些英烈的名字。现在每年清明的时候，还有师生去送花。

之后，我们又建议编《清华人物志（四）》（校友中院士专辑），把清华校友中是中国科学院和中国工程学院院士的人物每人写一个简介。这本书确实显示出我们清华在这几十年中间为国家培养了大批的人才，全国的两院院士中清华校友的比例是最高的，这本书对年轻同志也很有激励作用。从这两本书就可以看出，清华校史中确实有很多珍贵的宝藏值得挖掘。

除了这两本书之外，学校党委还交给我们两个任务，其中一个是整理出版《蒋南翔文集》；另外一个就是编写《清华大学志》，这两个任务整整花费了我七八年的工夫。

《蒋南翔文集》既是对蒋南翔同志教育思想的汇总，也是对清华经验的反省和提炼，因此这是一笔宝贵的财富。这项工作由何东昌同志和当时清华党委书记方惠坚同志亲自主抓，专门成立了编写组。我主要负责南翔同志在清华大学，也就是 1952 年到 1966 年这一段的资料整理工作。因为这部分资料都没有公开发表过，所以当时我的整理主要是通过他当年讲话的一些记录稿，因此用了较长时间。最后的稿子都经过何东昌同志和方惠坚同志审阅；另外有些章节，还送给彭珮云同志审阅，提了一些意见。最后为全书作序的是郑天祥同志，他为了写序言，让我给他送去了南翔同志的几十篇文章，后来这个序写了厚厚的好几十页，把蒋南翔的教育思想进行了整体概括。

编写《清华大学志》，是从 1993 年动工，到 2001 年出版，用了 8 年的时间。这本志从内容上来说非常丰富和翔实。我们参加编写的各部、处、系一共几百人查阅了大量的资料，包括解放前的重要资料：当年的学生刊物，《清华周刊》等许多东西，都认真地一篇一篇翻看，从中间记录下来一些重要的事情。另外，为了做到严谨、不出纰漏，这些资料在成书之前都经过反复核对。所以无论是每一个章节，还是大事记，基本上都把清华历史上的一些重要事情全部收录了进去。所以后来校友会和校史研究室都认为这是一个很有用的工具书，可以了解到清华历史和现状的各个方面，包括重要的事件、重要的人物都有分门别类的论述。

清华校友总会唐杰秘书长（左）为张思敬学长送上捐赠纪念证书（2015 年）

这中间校史研究室的同志们还编写出版了几本书，像《清华大学九十年》《水木清华 群星璀璨》《清华革命先驱》等，记录了清华大学一些重要的历史。所以我自己对这一段工作也感觉到非常高兴，也算是从学校行政党委岗位上退下来以后为学校做了一点有意义的工作，还被学校评选为 2000 年度"老有所为先进个人"。

来源：《清华记忆》，清华大学出版社 2011 年版

凌瑞骥学长

凌瑞骥：创建第一个计算机专业的非常岁月

■ 华　南

凌瑞骥，1930 年出生。1948—1951 年就读并毕业于清华大学电机工程系；1956—1958 年负责筹备并创建我国第一个电子计算机专业和清华大学自动控制系；1959—1964 年领导建造我国高等学校的第一台中型通用电子数字计算机（911 机）；1965 年 1 月—1966 年 1 月领导建造我国最早自行研制并小批量投产的全晶体管小型通用数字计算机（112 机）。

筹备清华大学电子计算机系的日子

1948 年 8 月，凌瑞骥以优异的成绩考取清华大学。怀揣国家大义，一心以工科建设中国，他选择了电机系。然而，也许就连他自己也没有想到，他之后的生命会与他的抱负紧密联系在一起，在新中国的计算机史上写下浓墨重彩的一笔。

大学毕业后，凌瑞骥留校任教。1955 年，中央决定独立发展我国的核技术，当年清华大学为此创建了一套相关专业。其中一个为自动控制专业（时名"自动学远动学专业"）。当清华大学拿到了苏联当时两个最好的理工科大学——莫斯科动力学院和列宁格勒多科性工业大学"数学计算装置及仪器专业"的教学计划和课程设置时，一直关注国际科技前沿的凌瑞骥敏锐地觉察到这个专业的重要，意识到这就是计算机专业。

"计算机是发展核工业必不可少的。很多运算需要计算机。"凌瑞骥不断地强调计算机对核工业的重要作用。1956 年，凌瑞骥受命在无线电系紧急筹备，增设电子计算机专业（以下简称"计算机专业"）。

按正常学习时间，第一批计算机专业学生在 1959 年毕业。然而由于国家迫切需要，凌瑞骥紧急抽调其他专业一、二年级学生和上海交通大学电机系三年级学生，采用"拔青苗"的方法组建了中国第一个计算机专业。为了弥补专业知识，清华大学设立了"计算机培训班"。培训班设在西苑，离清华本部较远。凌瑞骥带着学生每天坐着敞篷的解放大卡车赶去上课。到了三九天，每天天不亮就要去赶车上课，常常是车还没开到一半，大家就已经冻得浑身麻木了。等到下车时，脚都不会走路了。这个培训班办了若干期，为我国培养了一批计算机专业人才。

创办计算机专业，吃苦之余，凌瑞骥感到更多的是压力。"当时别说懂计算机，连见也没有见过。只能去图书馆查些外文刊物，从零星的知识中了解计算机到底是什么。"凌瑞骥翻烂了图书馆中《电子和无线电工程师学业期刊》等美国刊物，至今还对其中所讲的知识和主办方记忆犹新；加上新华书店当时有一本叫《比脑子还快》的翻印小册子，就是凌瑞骥计算机知识的全部来源。直到苏联的课程和教案拿过来，情况才有所好转。

"我要让学生们见到真正的电子计算机"

计算机专业创办之初完全是纸上谈兵。

"虽然我们有了全套的教学方案和教材，但是那些都是理论。我们前两届的毕业生直到走上工作岗位也没有见过真正的计算机。"当时国家没有能力配给他们所需的实验室，苏联不帮助解决实验问题，国家又迫切需要具有实践经验的人才充实到国家建设的各条战线。1959 年，百般无奈之下，凌瑞骥决定带领学生自己动手建设实验室。

我国第一台电子计算机，也是在这个初衷之下诞生出来的。1959 年，这个项目被列为清华大学当年 11 项重点工程之一，位列第九，代号"911"。

"我们不知道计算机什么样，甚至不知道计算机部件都是什么样。我们全部的力量是教师、高年级学生和学校工厂的工人。"凌瑞骥是这个项目的总负责人，要照顾到设计建造的各个环节。那时没有休过周日，也没有节假日，几乎每天都工作到后半夜两三点，做梦也想着计算机。

出于实用性等多方面考虑，凌瑞骥负责设计的计算机是磁芯计算机，其中磁芯和导线是最精密的部件之一，磁芯的质量将直接决定计算机的品质。

"做磁芯的时候，每个磁芯的外直径只有几微米，内直径则更小，而这么精细的磁芯中还要横向拉两根导线，纵向穿过一根导线。这也是二进制的工作原理。"凌瑞骥饶有兴趣，当年清华校办工厂条件有限，第一次加工的磁芯不合格，所做的磁芯几乎全部废掉。第二次，凌瑞骥连续泡在工厂里十几天，才帮助工人师傅一起加工完全部磁芯。"磁芯关系到计算机运作的稳定性，必须分毫不差。"

蒋维度是当年参加制造计算机的学生之一。凌瑞骥至今还记得他和另外一名女同学一同寻找磁鼓的材料的事情。"磁鼓需要材质很好的铝合金，两个学生最后在靠近西山的一家军工厂找到了适合的材料。由于体积太大，两个人用手推车把铝合金推了出来，走了大半天。可是学校里又没有能分割铝合金的工具，两个人硬是用手锯给锯开了，整整锯了一周。"凌瑞骥至今想起这些事情仍唏嘘不已，十分感动。凌瑞骥时常谦虚地称自己在这个工程中的贡献很有限，他强调团队的力量。

一边是凌瑞骥带领一个团结的集体如火如荼地制造中国第一台计算机，另一边"三年自然灾害"悄悄临近。"自然灾害"期间，正是计算机制造的关键时刻，测量稳定性等实验均已展开。这些实验，有的做一次就要几天几夜的时间，需要人有足够的耐力和脑力才能完成。而不做实验则无法检测计算机的各项功能能否达到标准，计算机无法得到"准生证"。但是那时根本就吃不饱，为了尽量保证学生健康，清华大学减少了课程量，取消了很多课外活动，1959 年确立的项目大多数也已停工。有人问凌瑞骥，我们的项目还进行么？凌瑞骥斩钉截铁地回答："要进行！这是国家最急需的成果，我们绝不能半途而废。"凌瑞骥带头守在实验室里。

最后，11 个项目中只有两个坚持了下来。1964 年 3 月，中国第一台通用电子计算机调整完毕并投入运行。凌瑞骥和他领导的小组为这个成果而深深自豪，中国也有了自己设计制造的电子计算机。

与参照机苏式 104 浮点三地址式不同，"911"为定点单地址，"这样的设计符合我们的需要，节省了运算空间。"凌瑞骥解释道，"一切都要从国家的需要考虑，用最快的速度把国家建设起来。"

"911"机只用了两年，就在"文化大革命"中被砸毁。这成为凌瑞骥一生中最难过的记忆。

将中国计算机软件推向世界

时间进入 20 世纪 80 年代，凌瑞骥创建了清华大学软件技术中心，将目光投向软件行业。1983 年 11 月，清华大学软件公司承接了日本富士通公司的软件项目。面对日方多达 130 条且不对承包方公开的测试条款，面对软件运行稳定性要保证小于万分之二的误差率等一系列苛刻的条件，凌瑞骥硬是拿下了这块"硬骨头"。"这是中国软件业打开国际化大门的重要一役，只能成功，不能失败。"凌瑞骥带领软件开发中心这个以学生为主的团队小心前行，最后，比合同整整提前一个月完成了全部软件开发工作，当凌瑞骥接到富士通公司打来的测试结果电话，询问误差率时，得到的是令他心醉的单词："Zero（零）。"

这是中国最早承接世界软件项目的公司，从此使中国软件设计在国际上一炮走红，并拉开了富士通公司与清华大学软件中心长达 20 年的合作。

莫道桑榆晚，为霞尚满天。1998 年离休后，凌瑞骥主动担任清华大学计算机系的思想教育辅导员，他时常感慨，"这一辈子就是与计算机连在一起了。"

来源：《中华儿女》2007 年

翁铭庆学长

我的清华三年

■ 翁铭庆

翁铭庆，1930 年出生于天津。1948—1951 年在清华大学生物系学习；1951 年考入协和医学院医科学习，1956 年毕业，分配到解放军军事医学科学院工作；1958 年被错划为"右派"。1979 年后在天津市医学科技信息研究所工作；1985 年晋升研究员，从事信息专业工作，曾多次获天津市科委优秀调研成果奖以及卫生部医学信息先进工作者奖。享受国务院特殊津贴。

1948 年，我在大学入学考试中考取了两所大学，分别是清华大学生物系和燕京大学外语系（医预备取）。考虑到在燕京读三年后如果不能进入协和学医很浪费时间，清华读四年就可以在生物系毕业，燕京医预虽与协和关系更密切，但生物系不如清华，所以决定上清华。

1948 年 9 月，我带了行李和自行车在天津东站乘火车至北京前门火车站，出站后就看到清华大学迎接新生的大布标，并有学长志愿者帮忙送上校车。车到清华二校门，首先看到二校门上清代军机大臣那桐题写的"清华园"三个大字。二校门内左侧是校卫队，右侧有一小卖部。下车之后又有老同学领我们办理宿舍入住和选课。我与耀华中学同班同学王企祥（同入生物系）及机械系翟良科、法律系张静宇共住善斋 524 室。1948 年是民国三十七年，所以我们这一届学号以 37 为首，共五位数。

学校的作息时间由钟声掌握，钟亭（现为闻亭）悬挂着一座大铜钟，有一校工按时敲击。起床、上下课、熄灯均有钟声可据。男生的几栋宿舍楼都在校园最北面，宿舍前大操场边上的体育馆是锻炼身体的好去处，里面有室内游泳池，室内球场的楼上是一圈跑道。学生洗澡有淋浴室，更衣室立着一排排存衣铁橱，每人领一把钥匙。体育馆南为校医室，宿舍西面有化学馆，其旁灰楼是张肖虎先生的音乐室。往南走过一片树林是静斋女生宿舍。大图书馆是每天必去之地，古老的工字厅以及教授住宅等处我们都较少去。校园很大，天然粗放而又静谧，是学习的好环境。

开学伊始，生物系在生物学馆二楼大教室开了一次迎新会，系主任陈桢等教授都出席。新生同学有胡寿文、李文杰、袁尔立、黄永允、卢世璧、周瑛、陈流求、曹宁生、王企祥和我，共10人。我们还在大礼堂聆听了梅贻琦校长的讲话。大礼堂里悬挂着一个大匾，上书四个大字"寿与国同"，因为清华建校于1911年，与民国的建立同年。

生物系大一的课程与化学系、物理系都很相似，都是必修课。我的课有"国文读本和作文"，朱德熙先生讲授；"英文读本及作文"，何士侯先生操粤音讲课。第一堂课点名时，有一同学名宁生，何先生立即说："Born in Nanking。"微积分是赵访熊先生授课，着西装，口衔烟斗，手夹皮包快步走入教室，在黑板前写板书，一边讲一边来回踱步："First order, second order and soon。"普通化学，张子高老先生以四川音一字一句讲解得很清晰。定性分析化学，授课者高崇熙先生是山东人，快人快语，曾说："你们爱来不来（上课），到时候考及格就行了，天天来，考不及格，来也白来。"定性分析实验就怕实验报告批语为 Repeat，又得重做，必然比别的同学进度慢了，如得到 Accept 则可以做下一个实验。体育课马启伟先生（马约翰老先生之子）教我们跳梅花桩。下学期才有本系的课。普通动物学，沈善炯先生讲课语声缓慢低沉。总之，课程排得满满的，相当重，由中学进到大学，教学方法完全不同，讲课进展也很快。上一堂课若是化学课，在最北面的化学馆，下一节微积分课在一院（今清华学堂）大教室上课，没有自行车就必须一路小跑，否则即使不迟到也只能坐到最后面去。这两门课都和物理系、化学系同学一同上课。因此一开始学习很吃力，颇有疲于奔命的感觉。我们用的教科书、参考书都是国外最新出版的，化学为 Pauling（诺贝尔奖获得者）著 *General Chemistry*，微积分是 Courant 的著作，定性分析教科书著者是 Treadwell&Hall，书中有高崇熙先生的高氏法。经过学习，我们体会到高崇熙先生并不是鼓励不上课，而是要求学生加强独立思考，不能鹦鹉学舌，仅局限于学老师课上的内容。

清华重视体育教育也很有特点，马约翰先生经常着一身白色西装，白衬衣黑领结，灯笼裤长裤白鞋，精力充沛，笑容满面。每年男生要在体育馆经过一次裸身考核，测握力、腿和臂的拉力、单杠引体向上等；还要观察有无圆肩、脊柱正直否、脚弓如何。检测结果都记录在"病历簿"里，再针对每个人身体情况开出矫正的"处方"，如跑步多少，单杠、肋木如何练之类的办法。

每天就餐在大饭厅，有营养、小、大三个膳团。小膳团价较贵，营养膳团供体弱者。大多数同学都在大膳团用餐，定桌定人，8人一桌，无椅凳。中晚餐4

无悔年华

解放战争时期清华校友足迹

菜，由先到饭厅的同学将菜平分到 8 个饭碗里，主食米饭或馒头自取不定量，从未有菜多菜少之争。饭厅前部设有小卖部出售大花生、牛肉烧饼等，晚上从图书馆归来曾去买过。

除上课外，我天天晚上必去大图书馆学习。馆的一楼设有很大的阅报室，全国各地报纸放在报架上供阅览。文学院各系及地质系也在图书馆一层。二楼左翼是参考书阅览室，里面极其安静，用学生证可借阅参考书，长的阅览桌和圈椅天天坐得满满的。右翼为普通阅览室，呈开架式，我看过《国闻周报》，载有民国时期地方势力的情况。书库有玻璃地板，校庆时参观过，平时不得入内。

系里的活动不多，有时星期天我会乘校车或骑自行车到东四表姐家。从学校到西直门一路没什么建筑，多是田野树木，空气新鲜，骑车进城心旷神怡。其时，东北国共两军战事逐渐紧张，但校园生活还算平稳。到 10 月、11 月已有同学随家南迁，学校里学生明显减少，校园冷清了很多。一个星期天，我到表姐家看到她正忙于整理行李，当日下午全家就乘飞机南迁。那天永庆五哥也到她家，我俩就在表姐家乱哄哄的地上住了一夜。五哥要我翌日早起赶校车返校，怕迟了关城门。第二天一早便起来去东华门乘校车，过西直门时见设置了军事路障，还有很多军人把守，形势已经紧张起来，但我居然顺利回到了学校。

1948 年 12 月 13 日，在化学馆上张子高先生的普通化学课，隐隐听到北方传来炮声。起先声音不大，仍然继续上课，忽然一声巨响，张先生颇为吃惊，讲课就中断了。我们都跑去顶楼看个究竟。当天下午，国民党军队把大炮拉到了三十六所前（今气象馆东侧）布阵，炮口朝向化学馆北方。为防危险，我们都到学校南侧的建筑内过的夜，我与王企祥在水利馆地上打地铺。王在我旁边一夜辗转反侧未入睡，第二天一早便进城去，之后他就南迁了。经梅校长交涉后，12 月 14 日国民党军撤走大炮，我们又回到宿舍住。嗣后，国民党军退守城内，清华园实际已经解放。12 月 18 日，解放军第十三军团政治部主任刘道生签署的布告张贴在西校门及二校门外，大意是保护学校，凡解放军人员未经许可一律不得入内。12 月 19 日，一架国民党飞机在学校上空盘旋并丢下几颗炸弹，当量不大，幸未伤及人员和建筑，只在地上留了一些坑，但激起了同学们对国民党的更大反感。

12 月下旬，为慰问系里的教授，生物系同学亲自做了一棵圣诞树送到赵以炳先生家门外，并唱起圣诞快乐歌，受到赵先生和夫人欢迎，拉近了师生关系。我们又拜望了陈桢先生，谈起开遗传课问题，陈先生以手拍着沙发扶手，用苏北口音激动地说："你要我死！——苏联的瓦维洛夫、米丘林——那个李森科——"，表达对苏联批判孟德尔遗传学的不解和恐惧。

北平城被围等待解放，学校组织救护中队，生物系同学全都参加，还曾到燕园与燕京同学一起听外伤急救包扎讲座。

1949 年 1 月 15 日天津解放，北平被围为孤城，铁路中断。我们几个清华和燕京的天津同学急于回去看看战争后的家人。我跟随同学出学校步行经蓝靛厂到丰台（已解放），乘火车返津。到天津，街上有地上画着白圈，似是有地雷的警告。我的母校耀华中学曾被国民党军作为据点，有过激烈的战斗，外墙上留有很多弹痕。幸而家中平安没有波及，父母都安康。

在天津得知北平和平解放的消息，在平津火车开通后便赶往学校，与住在崇文门内汇文中学的清华同学集合，参加了进城宣传队。时值隆冬，大家紧挨着睡在地铺上倒也不觉冷。寒假结束回校上课。梅校长走后，叶企孙先生为校务委员会主任，周培源先生、吴晗先生为副主任，周培源先生任教务长。学校的教学工作有条不紊。

第二学期的课程多了一门普通动物学。因理学院的微积分教科书较难，我遂到数学系向段学复主任申请改选了工学院的微积分，吴光磊先生讲授。那时学生申请转系、改选课，只要不违背校规都能得到允许，非常人性化。

1949 年 3 月，学校号召文法学院的同学报名参加南下工作团，扩充干部队伍解放南方。理工学院只有个别同学报名，生物系的乐大鹏被批准参加。1949 年 4 月清华开始建立中国新民主主义青年团，同系一高班同学（她了解我家情况）找我谈话，希望我申请。我与哥哥讨论后提出了申请，很快就被批准了。

一年级的下学期，在已经解放的清华园，曾有解放军文工团来校演出，也常有时事报告。如乔冠华来演讲，他手里拿着香烟，一边讲一边来回不停地从台这头走到那头，一讲就是三个小时。5 月 1 日，清华同学在天安门对面的广场上伫立，冒雨听了天安门城楼上领导人的讲话。暑假中，北平市大中学生暑期学习团在沙滩北京大学处开班，住在红楼的教室里打地铺，我与农学院的赵德芳和康烈年同学为邻。大操场是我们的露天教室，坐着小板凳学习革命人生观、自然辩证法等。有一天半夜起床，大家排队边走边睡去黄寺看解放军的机械化部队表演，这些装备全都是得自国民党军队的战利品。

进入二年级，首先是调整宿舍，我和耀华的同班同学胡长诚（化工）以及其他系的邵文杰（机械）、吴北生（电机）同屋，住新斋 708 室。选课有英文（二），文启昌先生授课；普通物理，由刚从美国归来的彭桓武先生授课，采用萨本栋著教科书；定量

1949 年 7 月，翁铭庆在清华大学图书馆前

分析化学，严仁荫先生讲授；比较解剖学，崔之兰先生教授（减文娣先生指导实验）；还选修了动物切片术，沈善炯先生授课，安排在寒假中。再有全校同学在晚上共同上的必修大课辩证唯物论、历史唯物主义，由费孝通先生主持，请人来讲课。由于大礼堂容不下，同学们按系别安排到各教室听广播，我在二院教室，灯光昏暗，效果不佳。

比较解剖学是生物系的一门重头课，崔先生和蔼耐心，讲得很详细，同学们私下都亲切地称她"崔老太"。崔先生留学德国，对某些名词愿用德文，我们在答题时也随之应用。除生物系卢世璧、李钧荃、周瑛和我以外，还有心理系的徐联仓、季楚卿、郭小远、张一虹也同上此课。后来，生物系报到时的10名新生只余4人同班，2人转去化学系（袁尔立、李文杰），3人南迁（王企祥、曹宁生、陈流求），胡寿文病休。

日军占领清华时，把学校的煤气设备破坏了，复校只修复了一个大压缩空气罐，化学实验用火融化标本只能用煤饼炉，化学系一同学（可能是顾长立？）编了一副对联"不管定量定性全凭煤饼煤炉；无论有机无机都需烧杯烧瓶"，很是诙谐。

10月1日，我们参加了开国大典，看到第一面五星红旗升起。翌年6月朝鲜战争爆发，学校号召学生参军、参干，但也是多以文法学院学生为主。

1950年秋进入三年级，我搬宿舍到明斋331，这年只许同系同学住一起，同屋记得有王泰安、周培爱。我们屋门锁曾被撬，同学的衣物被偷，报告了斋务股也没破案。修读的课有中国近代史、有机化学（恽魁宏先生讲）、体素学（崔之兰先生授课）、生物化学（沈同先生讲授）。胚胎学也由崔之兰先生讲授，当时没有视频，崔先生设法用手绢折叠，形象地讲解胚胎心脏如何形成。进化遗传由陈桢先生授课，因当时孟德尔遗传学受批判，没安排遗传实验，未能学习陈先生研究的金鱼和果蝇遗传，很是遗憾。我曾慕名旁听了一堂钱三强先生讲的普通物理和雷海宗先生的历史课。

1951年，十世班禅曾来校，我们在大礼堂举行了欢迎仪式。礼堂台上幕布、桌椅全都换成了黄色的装饰，事先特别叮嘱女生不要和他握手。那时班禅大师只是一个少年。

1951年春假，生物系与理学院其他系同学到丰台农村宣传抗美援朝，我和张人骥演

1981年，清华70周年校庆返校，左起：
胡寿文、翁铭庆、卢世璧

过活报剧。这年校运动会，我参加了4×100米接力赛，理学院五小系（生物、心理、地质、数学、气象）组成一队。

1951年清华40周年校庆，返校的生物系老前辈有汤佩松、娄成后等先生，曾和我们在读的生物系同学打了一场排球，老学长老将出马大获全胜。1951年暑假，我到协和参加入学考试，生物系赵以炳、崔之兰和陈桢三教授写的推荐信。不久就接到协和的录取通知，我和李钧荃、卢世璧租了校车，连人带行李直驶东单新开路42号文海楼学生宿舍入住。

我结束了三年的清华生活，步入了新的征程。

2015年12月31日初稿，2020年2月25日增补定稿于天津寓所

来源：《清华校友通讯》第81期

无悔年华 解放战争时期清华校友足迹

十 多彩人生
更重晚情

古进学长

古进：一个客家人的三段历程

■ 李　威

古进，一名老编辑、一位客家人，他以他数十载的人生历程，在个人历史的篇章上写下大大的"客家人"三个字。

让我们细细品读这样一个当代客家人铅与火的人生……

火样燃烧的革命往事

回想往事，那些人、事、光、影，来往穿梭脑际，时而波涛汹涌，时而峰峦延展，时而静寂平缓，时而奔腾绵连。生命可以说是一幅精彩的画卷，人生真称得上一阙隽永的诗篇。

牵引出古进的这幅画卷、这阙诗篇的那个点，是清华园。半个多世纪前，他叫徐芳伟，就读于清华大学社会学系。

年轻的徐芳伟像一团火。他踌躇满志，一心想在学业上做出些成绩来。然而20世纪40年代，学子的命运是和国家命运紧紧相连的。徐芳伟的心中涌动着革命的热血，他和他的同学们与坚持独裁、内战的蒋介石反动政府进行着尖锐的斗争。那斗争的烈火形成滚滚洪流，汹涌澎湃。

1948年4月10日，北平师院、北大、清华、燕大等校同学数千人堵住北平行辕所在地新华门，门前的西长安大街也被人群挤满了。愤怒的学生们强烈要求：立即释放"四九"血案中被捕的师院同学，惩办凶手，并取消传讯北大学生自治会理事柯在铄等12位同学的决定。全场学生高唱进步歌曲，歌声此起彼伏。

学生代表已进入新华门，正与北平行辕当局交涉。众多同学在新华门前静坐等待，这时徐芳伟趁机只身离开队伍，到附近商店买了纸张和几尺铁丝，在和平门友人家里赶制了两个孔明灯，又用煤油浸了两叠油钱，带回清华队伍里。夜幕降临时，他和几位同学张灯点火，接连放起两个直径约一米的圆形孔明灯，灯上各写着四个红色大字"团结战斗""反美扶日"。随着它们的冉冉上升，同学们欢呼起来，请愿斗争情绪高涨。那两个孔明灯愈升愈高，飘荡在古城黑暗的夜空。

有趣的是次日报载："昨夜新华门上空出现两个'飞碟'。"

直到深夜，北平当局不得不答应了学生们的要求，同意立即释放被捕的8位师院同学，并送他们进医院治疗；保证不再传讯北大12位同学。全场欢呼雀跃，《团结就是力量》那雄壮的歌声震撼了古旧的新华门。

他的记忆继续回溯，脑中现出卷宗上的"匪嫌"两字，上面还有他刚刚被迫按下的十个指纹。还没待他看清四周的高墙和上面带刺的电网，就被押进低矮的监房，锁进狭窄的小牢房。

徐芳伟被捕入狱了。他清清楚楚地记得那是1948年7月13日。

7月5日，国民党青年军在东交民巷血腥镇压东北流亡北平的请愿学生队伍，开枪杀死9人，打伤130多人，制造了"七五"血案。这是1926年北洋军阀制造"三一八"惨案之后又一次屠杀学生的惨案。反动当局派人连夜用水龙头冲洗街头的血迹，但是，鲜血写成的历史是永远洗不掉的。

作为"平津唐13院校学生抗议'七五'血案后援会"快报组成员的徐芳伟，和朝阳学院的丁治同学带着刚刚出版的快报，准备穿过反动政府的封锁线送到东北同学们手中。不料刚走出快报组所在的北大红楼不远就遭遇军警搜查，快报被搜了出来。他俩在北平警备司令部看守所关了一夜后，又转到20世纪30年代曾关押过中共地下党员彭真、薄一波、刘澜涛、安子文等同志的草岚子监狱，这时草岚子已改为北平特种刑事法庭看守所。

一天两顿饭，每顿两个窝窝头，一小块咸菜，窝窝头里面常咬出耗子屎，咸菜上面常见白蛆爬来爬去，半碗蒸锅水又苦又涩。每天仅有上午20分钟的放风时间，可以走出牢房在院子里排队散步。

"静静地等待吧！同学是有足够力量使你恢复自由的！"以全体清华同学的名义写给他的信里流露着全校同学战斗的激情和关爱之心。他心潮起伏，那字里行间全体同学的深情爱护和斗争决心让他更加坚强，决心在狱中斗争到底。

在狱中，他和丁治并肩战斗，与敌人斗智斗勇。过堂审问，丁治坚决不承认法庭的合法性，躺倒堂上，不理不答。狱卒把他按在靠椅上，他照样不答不理。非法的"法官"无法对付学法的"犯人"，只好让他昂首步行回监房。不管法官说什么、

2016年1月12日，古进学长（右）访问母校，向学校档案馆捐赠珍贵学运史料

问什么，徐芳伟则以不承认、不知道的态度和法官对抗。法官找来的物证人证，他硬是否认。法官的喝斥、恐吓，他全不在乎，处之泰然。

"回牢房去，好好反省，老实认罪。"法官无可奈何，过堂也只好草草收场。

凝望着那小铁窗外的蓝天白云，他眼前不禁现出清华园中的一幕幕情景——荷塘、宿舍、图书馆、体育场、读书会同学的面孔，潘光旦、吴晗、朱自清等老师的身影，还有饭厅前的民主墙、学生公社的菜地，清华园外西柳村的农民孩子识字班……他反对国民党的专政统治，他渴望自由和民主。

有一次，他和丁治领导新捕进来各大学的难友开会，要求改善监狱生活待遇，获得监方答应。他们在敌人的看守所里大唱《团结就是力量》，这是史无前例的斗争场面。

8月24日，由学校出面请清华老校友、光华木材厂老板用2亿金圆券担保，戴世光教授代表学校坐小汽车到看守所接徐芳伟出狱，徐芳伟怀着胜利的喜悦回到清华园。近午时分，徐芳伟走进大饭厅吃午饭时，同学们热烈地鼓掌欢迎，又欢呼着把他抬起来往上抛，庆祝这次斗争的胜利。

当天夜里，他以盟员的身份向"民青"（中共地下党的外围组织中国民主青年同盟的简称）小组的梁时熹老同学汇报他被捕的经过和狱中斗争的情况。他得到称赞："小伟，是好样的。钢铁就是这样炼成的。"

几天后的一个晚上，社会学系的李开鼎同学（清华地下党南系学生支部书记）找徐芳伟到宿舍附近的树林中，详细询问监狱的斗争情况，并了解一些问题。李开鼎听后说："监狱里面有我们的人，你在狱中的情况，我们都了解，你表现得很好。"谈话后两日，让徐芳伟阅读、学习《论联合政府》《新民主主义论》等书籍。徐芳伟赞赏、拥护毛泽东的英明政论，决心为建立独立、自由、民主、富强的新中国而奋斗。

10月10日，李开鼎介绍徐芳伟参加了清华大学的中共地下党组织，候补期半年，他正式投入到中国共产党的怀抱。接着，他化名古进，与外文系的两位同学一起坐校车离开清华园，再坐火车前往天津。这时他化装成牛奶场的小工，与化装成村姑改名王金凤的蒋励君等同学，一同通过敌人的封锁线，同坐一辆马车奔赴华北解放区。

漫长的采编人生

北平解放前夕，古进在河北省良乡，在范长江同志的教导下学习新闻记者的基本知识和采访守则。进城后，在中共北京市委机关报（北平版）《人民日报》（后来改为《北平解放报》）当记者。半年后，他在党中央机关报《人民日报》上发表《辞行》小诗，便和众多战友（包括傅作义将军的爱女傅冬菊，中共党员）随军南下，从湖南长沙步行三千里路到云南昆明。1950年3月4日《云南日报》创刊时，他又以记者身份常驻楚雄古城，一度一手拿笔杆一手拿枪杆参加清匪反霸斗争。接着又调回昆明参加中央访问团云南分团，走访了大半个云南边疆少数民族地区，报道过红军十多年前强渡金沙江的壮举。离团后又深入到云南省当时的中缅未定界的阿佤山区，考察尚处于部落生活的阿佤族人。

1952年，他被调回北京，在对外宣传刊物英俄日文版的《人民中国》杂志当编辑。两年后，调《人民画报》编辑部，从政治编辑组长做到采编室主任，荏苒数十年。

刚到画报社不久，他作为文字记者采访了1954年召开的第一届全国人民代表大会。除了编辑大会稿件，他还跳出会议，另辟蹊径，又额外编了一组题为《关怀人民》的稿件，从本社和新华社资料组搜集图片，还编写了一篇文章，记述了人民政府如何从物质上关怀人民生活的情况，读者反响强烈。

十年动乱时期，他真心实意地无数次高呼万岁，也费心地编写了许多歌颂伟大领袖的功绩、宣扬"文革"的稿件。但他也想方设法编辑了一些较好的题材，如《巴黎公社一百周年》《中国人民的朋友斯诺》《中日友谊源远流长》《何香凝》等。他以顽强的毅力，克服重重困难，从北京图书馆、首都图书馆、人民日报社、新华社摄影部等众多文化、新闻单位浩如烟海的资料中，从许多老前辈、老同志的相册、书籍等资料里发掘、收集到不少极其珍贵的历史图片，其中像巴黎公社的许多历史图片、毛主席和斯诺当年在陕北的合影、毛主席头戴八角帽（斯诺当年在陕北访谈时给主席戴上的军帽）的照片等珍贵历史资料，在国内首次公开发表。

古进，这个记者出身的老编辑，工作认真、作风过硬。1972年1月10日，在八宝山举行陈毅同志追悼会，毛主席参加了追悼会，并亲切慰问陈毅夫人张茜，说："陈毅是个好同志。"可是，次日各报只发表这个简短的消息，并发表追悼会会场照片、周总理致悼词的照片，而没有刊登毛主席慰问张茜的照片。古进负责编辑这个专题，便骑自行车赶到新华总社摄影部，找张磊副主任，要求专发这张慰问照片给《人民画报》独家刊用，以示毛主席为井冈山的老战友陈毅元帅平反。《人民画报》刊用了这张照片，引起广大读者的好评。

后来他才知道，毛主席事先审阅悼词时，把悼词中的"有功有过"4字圈去了。本来没有安排主席参加追悼会，那天他午睡醒来，连睡衣都未脱，就穿上大衣，急忙赶到八宝山去。古进在新华社就看到了这张穿着睡衣的原版照片。

《深切怀念敬爱的周恩来总理》专辑是在困难的1976年，他领导全组编辑共同克服重重困难编出来的，受到国内外读者的好评。

粉碎"四人帮"后，全国政治形势好转，他的思路日益开阔，政治报道题材也大大扩展。他积极贯彻采编合一的方针，想方设法督促摄影记者、编辑发挥主动性，让记者自采（图片和文字）自编；编辑也下去，不仅写文章，也要拍摄照片。因此，大家采编了不少好稿件。如：《泸沽湖畔的纳西族》《残而不废的人们》《马可·波罗和他的传记》《辛亥革命七十周年》《我们都是中国人》《身经百战的刘伯承元帅》《蔡畅大姐》等。

他自己每年也亲自编辑几组有特色的专题稿件，而且亲自编写一些专题文章。如：《中国人民真诚的朋友路易·艾黎》《中国的过去和现在》《挽救迷途的孩子》《女法律家史良》《宋庆龄——中国杰出的妇女》（爱泼斯坦撰文）、《社会人类学家费孝通》《我们的叶帅》（伍修权撰文）、《在中国的大地上——记伊斯雷尔·爱泼斯坦》，等等。

宋庆龄的报道是一组成功的好稿子。宋副主席病中提供了许多珍贵的历史照片，并审阅整组照片稿件和她的老友、著名的老新闻记者爱泼斯坦采写她一生历程的文稿。这期画报出版不久，她升任名誉主席，后不幸去世。《人民日报》和全国各大报都转载了爱泼斯坦所写的这篇文章，新华社也特发了这篇长文，并发表了宋庆龄的珍贵照片。有同事问古进："你编这稿时，事先就晓得宋庆龄即将离开人世吗？"古进没有先见之明，但他向来主张：名人志士的事迹，不一定要等他见马克思以后才报道。碰巧了，所以宋庆龄的报道取得意想不到的宣传效果。

后来在画报上刊登的爱泼斯坦的生平事迹的专题，珍贵的图片是爱老提供的，文章是古进用倒叙的笔法，简明扼要地叙述了这位从5岁起就在中国大地上生活、工作的老前辈的人生历程，既有其历史贡献，又有个人生活。爱老看了，一字不改，举杯嘉奖："写得好！"他还感谢古进拍摄了邓小平祝贺他生日的镜头。

这浸满了古进心血的一张张图片、一篇篇文稿，就像一颗颗小星星，闪亮了文化的天空。

20世纪70年代初期，他年近半百，重访云南边疆，只身背负摄影器材翻越海拔4000米的碧罗雪山，到怒江峡谷去采访。峡谷里的傈僳族老大爷向他伸出大拇指，说："自从修了沿江公路以后，这么多年，没人爬雪山了，你还爬雪山过来了。"老人说完还吐出"啧啧"两声。

业余时间，古进还应邀义务参加编辑《第二次国共合作》画册（周总理生前的政治秘书、中央统战部副部长童小鹏主编）。离休后，与段连城（外文出版事业管理局前局长）等合编了《大陆沧桑》画册。这画册刊登了新中国40年曲折变化的珍贵图片、亿万人喜怒哀乐的生动写照。他还协助叶剑英办公室编辑《叶剑英元帅一生》画册（初稿）。

几十年来，在新中国的新闻战线和对外宣传战线上，他勤勤恳恳、兢兢业业地工作着，从不计较名利地位，在平凡的岗位上取得不平凡的成绩。他的事迹被编入中宣部出版局出版的当代中国《编辑家列传》。他是外文局下属各社众多编辑中唯一被选上的一位。他说：他只是普通的高级编辑，却是个子最矮的一个。也许他常说的一句话能表达他的心声："一个人在战场上或者在敌人的刑场上，会一下子为革命贡献出自己的生命。而多数人则是在平凡的岗位上一点一滴地贡献着自己的生命！"

执着寻根的客家骄子

他的目光深邃，一望就是两千年。

他的脚步坚定，一走就是五万里。

"没有鲜花，没有仪式，年逾花甲，只身背上相机包，默默地走向黄土高原，追寻客家渊源和客家先民南迁的足迹……"

正如他在《客家人》画册序中写到的那样，为了追寻一个梦想，为了探访客家先民两千年的迁徙历程，追寻客家人的根，年逾花甲的他婉辞了公派到国外当汉文改稿专家的美差，也推辞了参加中共党史图片展的编辑工作，下定决心，专心编辑一本《客家人》大型画册，向海内外弘扬客家人的迁徙历程和风土人情。

就这样，这位年届古稀的客家老人只身踏上了万里征程。5年来，他主要靠自费考察，在中国走了5万公里路程，走过了当年学者没有走过的路。为寻找客家人的源头，他单枪匹马走遍黄河上下、大江南北，从黄河上游的甘肃到下游的山东，从黄土高原到五岭内外，他走过18个省区。河南、江西、福建访问过四次，广东一省就访问过七次之多。闽西宁化石壁村后的大山先后爬了三次，只盼望能拍好石壁地区的自然景观，让海内外的客家儿女从画面上欣赏客家摇篮的美景，缅怀祖先在这里披荆斩棘、繁衍生息的辛劳历程。他参加了石壁客家公祠的奠基典礼；后来参加公祠落成盛典时，他亲眼看见公祠大门两侧挂着他应征而编撰的门联：

石山北立先祖定居成新客

壁祠南向后裔归来寻旧家

这高度评价了石壁客家地区的历史地位。没有深入石壁地区认真考察，就写不出这副对联。行行重行行，其间他还考察了二十多个姓氏的发祥地，拍摄了上千张照片，并收集到不少县志、族谱等珍贵文史资料。

古进这些年所到之处，多数是穷乡僻壤、荒山野岭，对一个七十多岁的老人来说，这不仅是体能的考验，更是毅力与胆略的考验。在黄土高原、湖南农村、羊城街头，他多次遭遇车匪、路霸和歹徒打劫扒窃，损失了钱财和照相器材。这位古稀老人气愤填膺，而事后想想：这几十年来，为了人民和党的事业，为了人生的追求，祖国大地不知转了多少圈。天有阴晴，人有旦夕祸福，安危早已置之度外，损失点财物，算得了什么？

五年的艰辛难以用语言来描述。有一年，他在赣闽粤三省山区辗转了两圈。九个月没有回北京，也很少写信回家报平安。在京城家里为他收发信件、联络信息、搜集文字资料的老伴思亲心切，写信问道："窗前的明月都圆了九回，你还不回来？！"他看了信，心中也实在激动。谁不想家，谁不想在家安度幸福晚年？但是为了弘扬客家文化，作为一个新闻界的老兵，责无旁贷，理应像无数客家先贤壮士那样，勇往直前。

古进久驻京华，至今仍乡音未改，乡情满怀。且看看他客厅挂的他自编的对联："客地久盘桓，定居犹是他乡客；家邦常依恋，终老尚宜故园家。"印度尼西亚客家大方家卢爱村乡贤（祖籍广东省大埔县）有感而改撰新联："客地久盘桓，燕山托足他乡客；家邦常依恋，渭水寻根大史家。"寄予鼓励。

古进的路没有白走，他的心血没有白费。这部《客家人》画册分为客家源流、迁移散布、客家方言、客家文化、客家妇女、人物荟萃、学术研究和展望八个部分，收集了八百幅彩色图片。出版后，海内外读者赞誉不断，它被誉为"全球首部客家人大型画册"。台湾传媒称赞《客家人》画册为"划时代的客家文献"。

鸟瞰客家人文历史长河，弘扬原乡民族精神，画册内容丰富，史料翔实，提供了宝贵文物资料。从实地考察中，他认同了客家学的创导人罗香林教授和其他学者的这个论点：客家人根在中原。后来，他赞同众多专家、学者的共识：大量的中原汉人辗转南移到赣闽粤三角地区，与当地的少数民族融合而形成客家民系——汉族的支系。因此，此地区的汉族移民与当时的"百越"后裔和苗、瑶、畲等少数民族都是客家先民。

一位美籍客家人士更是赠联以贺："鸿文传颂客家古今文化；彩图展示吾族进步风情。"把古进二字巧妙嵌了进去，信中说："我一口气看了几个时辰。"寓居羊城的梅州籍孙雄曾教授赞道："古进同志主编的《客家人》画册，是开天辟地以来第一册，上下千年，纵横万里，图文并茂。"

闽西客家联谊会会长、客家社会活动家曾耀东称赞古进："你的客家精神令人敬佩，要向你学习一辈子。你这位名人活在世上是最有意义，最有价值的。"

新加坡《联合早报》以《客家人万里寻根》为题对他进行了专访，并刊登了《客家人》画册的图片；华南理工大学客家文化研究所所长、著名的客家学学者谭元亨教授采写了《当代客家人的万里征程》一文，介绍他的事迹。

就是这个当代客家人，几十年不懈息，用他的一个个脚印，在中国的大地上，写下了属于他，属于客家人，更属于整个中华文化的一页篇章。

徐应潮学长

徐应潮：把一切献给祖国

■ 赵曦荣　傅　强

对于耄耋之年的傅珉老人来说，2015 年 3 月 5 日是一个刻骨铭心的日子，因为这一天，相伴 60 多年的老伴徐应潮——她的"尖头"走了。

"尖头"是徐应潮在清华读书时绰号，意为 gentleman。他走得很安详，因为作为一个有着多年党龄的共产党员，已与病魔抗争 17 年的他，以另外一种形式继续他的奉献——将遗体捐献国家作为医学研究、教学之用，真正实现了他的"把一切献给祖国"的人生信念。

徐应潮，原中航国际离休干部，毕业于清华大学机械系，新中国成立之初就投身新中国航空工业的初创事业。"文革"后，曾担任中国航空技术进出口公司（中航国际前身）驻英国代表，为航空工业民品出口业务做出过重要贡献。

航空梦想的生根与发芽

尖头是棵石头缝里长出的小草，不像花园苗圃里的花木，有园丁呵护。风吹雨淋，烈日暴晒，他顽强地生长，和命运相搏，直到最后一口气，他的一生实在不容易。——老伴傅珉说。

徐应潮 1928 年出生于一个有着"追求进步、报效祖国"传统的家庭，其父徐希麟早年间就以军医身份积极投身国民革命、抗日战争。徐应潮从青少年时期起，就极富爱国情怀和报国理想，尤其是对"天上飞的飞机"充满兴趣。他在南开中学时，曾参加全国航模比赛，得了第一名，这也让他与航空结下了终生之缘。

1946 年考入清华大学机械系后，徐应潮参加了中国共产党外围组织"民主青年同盟"，作为学生运动积极分子活跃于清华大学"剧艺社""松明团契"等学生社团，并积极参加历次学生运动。1948 年 8 月 19 日国民党军警包围清华，进校抓人。他和爱人傅珏虽然得到地下党通知，翻墙逃出校园，准备去解放区，但不幸在德胜门被捕。入狱后，国民党当局因没有确凿证据，最后释放了他。1949 年初，东北人民政府因军事工业急需人才，清华党组织派他俩和其他 16 个清华同学去东北。从此，他们就投身于新中国的航空工业。

徐应潮参加工作后多次获奖：1952 年，研究"热室压铸"工艺，获东北人民政府乙等奖；1964 年，研制"光学曲线磨床"，获国家计委发明创造乙等奖；1977 年，参加并领导"3-yzf-1 型三座标液压防型头研制及推广"；1978 年获全国科学大会奖。

1981 年，他以航空工业部中国航空技术进出口公司驻英国代表处代表的身份，开始了中国航空工业国际合作和民品出口业务的探索。这期间，他开展了和瑞典 JiageKueka 公司的合作，并被该公司聘为顾问，联合将我国 542 厂生产的组合夹具推向国际市场。市场开拓十分艰辛，他常以方便面充饥，手拖数十斤样品坐火车、跑展会，不遗余力地奔忙。在徐应潮大力推销下，中国产组合夹具竟然超越了英国老牌产品，占领了英国三分之二的同类市场。当年英国女王曾为此给瑞典公司颁发"最佳夹具销售商"奖牌，瑞典大使馆还专门举行晚宴，徐应潮夫妇应邀出席，时任英首相希思还到场致辞。

在国外工作中，他捕捉时机开展技术交流合作，对外宣传我国成就。伦敦召开"第三次国际柔性制造会议"时，虽然时间紧迫，他还是利用星期天加班赶写了两篇英文论文，介绍我国航空工业相关领域的技术发展应用情况，赶在截稿之前送审。他的论文不但被大会选用刊入论文集，还特邀他在会上代表中国发言。

他利用在国外参展、考察之机，将所见所闻撰写成数万字的《英、德考察散记》（共 12 篇）等文章在《航空工艺技术》上发表。

他对祖国航空工业的热爱在子女身上得到了延续，儿子傅强成了"航空迷"，关注新机研制、参观"珠海航展"。每当儿子向他讲述中国航空工业新机上天、获新突破时，病中的他总会露出欣慰的笑容。

十七载抗击病魔的坚韧与乐观

清华才子志中航，旰食宵衣为国忙。
十七春秋抗魔病，捐躯虽逝气尤长。

——中航国际退休干部阮宜维

1997 年年底，已离休的徐应潮因高血压突发小脑出血，昏迷数日，危在旦夕。经抢救后即偏瘫，行动不便。

他本来是很活跃的人物，在老同学合唱团担任朗诵。他那激情、高亢的朗诵，感动了很多观众。他还经常写诗，写朗诵词，写剧本。突如其来的病魔让他无法高声朗诵，甚至说话也有障碍，行动更不自由。但病魔并未击退他对生活的热爱。他乐观面对，顽强地进行各种康复锻炼。

不能流畅说话，他就练唱歌，一个字、一个字地练发声，终于做到基本顺利地说话。家里墙上安上扶手，他在护工搀扶下艰难地一步步练走路。老同学们有活动，他坐着轮椅去参加，永远保持乐观向上的心态。他用能活动的一只手在电脑上写心得、朗诵词和剧本。自己不能朗诵，请校友替他朗诵，他坐着轮椅守在旁边。有一年清华研究生毕业典礼上，他就用这种形式抒发了老校友对青年学子的期望。

"父亲患病后导致半身不遂，但他仍然坚持诗文写作，仅从收集到的部分遗作看，他病后创作的 20 篇诗歌、3 个剧本、2 个相声、14 篇文艺评论、15 篇文稿，以及各种日记、周年记约 20 余万字，都是用一个指头，一个字、一个字地在键盘上敲出来的，非常不容易。"谈到父亲病中仍然关心时事、积极面对生活，儿子傅强、女儿徐宁不约而同地选择了"坚韧"这个词语来表达他们对父亲的感佩。

除了自己不放弃、保持积极心态外，徐应潮还经常鼓励附近的病友。一次，在社区绿地，面对同为气管切开无法说话而灰心丧气的病友，他用颤颤巍巍的手写下"绳锯木断、水滴石穿"，虽然字写得歪歪扭扭，但热情鼓励、赤心可鉴。患病 10 周年时，他还写作了 4300 余字的《患病 10 周年记》，将自身与疾病抗争的经历和心得写下分享他人。

清华学弟、剧艺社的李正民与徐应潮相识于他身患重病之后。虽然相交不长，但深受感动。当得知学长病逝的消息后，李正民专门写下悼念文章："他的乐观向上、他的无比坚强深深地打动了我，他是我崇敬的兄长、效仿的榜样，我一生一世都会怀念他！"

熟悉徐应潮夫妻的一些人都说，他之所以能够顽强乐观地与病魔抗争，身材瘦小的老伴傅珏功不可没。他的表妹、著名剧作家曹禺的长女万黛就将功劳归为"瘦弱但却蕴藏巨大力量的大嫂"，"甚至可以说，大哥这最后十几年的生命都是大嫂给的"。

献身：用生命书写理想之歌

理想啊理想，是你鼓舞着红军战士，迈过万水千山；是你支持着铁窗囚徒，要把牢底坐穿；你回荡在雨花台的枪声里，你镶嵌在巴黎公社社员墙上；啊理想，你是炽热的火焰，燃烧在我们的胸膛。

——徐应潮《理想之歌》

坚守信念、追求理想，是徐应潮的优秀品格。因为关心时事，他创作的诗篇大多与国家、政治、社会息息相关，如《祖国哦，我们的母亲》《我们歌唱》《汶川大地震之感动人心的话语》等，无不是一个共产党员对祖国蓬勃发展和社会正能量的热情讴歌。《理想之歌》更是他直抒心意的代表作，是他对理想的深情告白。

学生时代，他曾因揭露国民党的黑暗统治被捕入狱，那是他对理想的坚持；

工作期间，他兢兢业业奉献在新中国航空工业的创建和航空工业民品的出口事业中，那是他对理想的坚持；

患病以后，他积极乐观面对病痛并努力感染身边的人，那也是他对理想的坚持；

而他决定身后捐献遗体，为祖国的医学、教育事业继续奉献，体现了一个彻底唯物主义者的献身精神，更是他对理想的坚持和升华！

"他与病魔抗争和捐献遗体的义举更是他坚强和大爱合为统一体的一生结语。令人钦佩。"清华老同学在徐应潮身后对他的赞誉，恰如其分地概括了他的一生，也表达了我们所有人对他的敬意。

1988 年圣诞节，徐应潮、傅珽夫妇在德国

过往征程　铭刻于心

■ 傅　珽

"十八罗汉"闯关东

1949 年年初，北平刚刚和平解放，东北军工部孔希同志（潘梁的妹夫）找到潘梁（清华地下党原负责人之一，当时已调至北京团市筹委），说东北急需技术人才，要他找些清华同学去东北。潘梁找到张炳萱（地下党员）要他去动员，张炳萱串连了 18 位同学，现在记起来的有：航空系张炳萱、蔡奇图、周钦、顾胜良；机械系徐应潮、吴佑福、冯登泰、王提涛、朱荣超、苏世范、唐突；电机系顾慧、唐道周；化学系吴庆云、外文系傅珽。

1949 年 2 月 28 日，我们 18 人随孔希同志坐火车去了沈阳。后来我们被同学们戏称为"十八罗汉"闯关东，但只有一位"女罗汉"，就是我。

我们到后，东北军工部何长工部长很爱护清华学生，在培训期间，他腿不好，还拄着拐杖亲自带我们下工厂参观，到沈阳 51 厂和 52 厂。何部长说："你们要向工人阶级学习，知识青年要和工农群众相结合才有出路，要不就是墙头草，随风倒，扎不下根。"下厂回来，他又请"中国的'保尔·柯察金'"吴运铎同志给我们做报告。吴运铎人很瘦，穿了一身旧军装，戴着墨镜，他给我们讲了自己是怎么在党的培养下奋斗过来的。他说：自己虽然负伤，眼睛看不见了，可是还有双手，还可以为党和人民、为解放军做很多工作，要把自己的一生都贡献给共产主义这个人类最壮丽的事业。他的报告使我们很受教育，会后讨论大家纷纷表态，一定要向吴运铎同志学习，为共产主义奋斗终生。我们的培训大约两个星期

897

结束，然后就分配工作。

当时，领导让我先到一个技术图书室去工作。其余的机械系的去设计室设计枪炮，化学系的到火药室制造火药，电机系的去了哈尔滨电工系统。

最初我们所在各单位都属于东北军工部的技术处，中华人民共和国成立后，成立了许多军工研究、生产部门和军工院校，大家都分散调到了各部门：张炳萱去了北京航空学院；顾胜良去了南京航空学院；蔡奇图和苏世范去了船舶工程公司；吴佑福因为会说广东话，很快调他随四野南下解放广东、海南岛，后留在海南铁矿。我和应潮辗转调到航空工业部。

我开始去的东北军工部第三研究所（即火药炸药研究所）在沈阳，我在技术图书室工作。那时的图书室存放着一大堆技术书籍，没有整理，各种书籍中有日文、英文和德文的，其中日文书籍最多，而中文书籍则很少。还有俄文技术书籍，阅读困难时好在有字典可用。

起初，我请领导买了一本图书分类法的书。还在清华大学时，我曾经在图书馆工作过，有些经验，知道书籍是分门别类摆放，每本书都有卡片标明书名，当书借出时，把卡片留下，和借书证别在一起放到盒子里。我和另外两位女同志一起把技术图书馆所有书籍整理好，分门别类地放在书架上，给每本书都贴上标签，还将编好的书号贴在纸口袋上，把借阅卡片放进去。我们还印了一些借书证，发给研究室的同志，他们就可以借书了。记得 1949 年的"五一劳动节"，图书室获得集体二等奖，是一面大红锦旗，我们三位女同志都特别高兴。

1951 年开展"三反运动"（即反贪污、反浪费和反对官僚主义）。我从技术图书室调出来搞运动，负责整理材料和搞外调。

奔赴东北工作的部分同学参加顾胜良同学婚礼时合影。前排左起：徐应潮、傅珏、顾胜良（左4）夫妇、苏世范（右2）夫妇；后排左起：张炳萱、朱荣超、周钦、顾慧、冯登泰、蔡奇图、□□□、吴庆云、唐道周

秘 书 生 涯

1952 年年底"三反运动"结束后，我被调去研究所所长办公室，给所长当秘书。此后七年多时间里，我又受到老一辈革命知识分子的培养和影响。

我的第一个领导是肖淦。他是"一二·九"时期从上海交大去延安，由延安自然科学院到东北军工部技术处，后来任第三研究所所长的。他待人和气，说话声音总是很低，从来没有听他大声喊过。他注重职工队伍建设，每个月都要给党员上党课，给团员上团课，给工会会员讲课。记得有一次他上团课前，让我去图书馆借来一本名为《苏联：一个女飞行员的故事》的书，他看完后写了一篇讲稿，然后给我们讲。我曾经把这份讲稿保存下来，但是在"文化大革命"中，红卫兵抄家时给抄走了。

记得有一天傍晚下班时，肖所长让我通知一室范叔先（女）和戚才兴（男）两人到所长办公室来，我把他们叫来后，自己下班走了。第二天上班后，我问肖所长，还有什么交代？肖所长说："范叔先原来在上海时已经有个男朋友。她来东北后，又跟戚才兴好，尤其范叔先是个党员，这样党在群众中的影响不好。我让他们分手，不要随随便便谈恋爱不注意影响。"后来有个机会调动工作，肖所长就把他们两人调出去了。

那时我们每天晚上都有业余学习，晚饭后上课。我还给不识字的工人师傅们扫盲，有时自己也去上课，学习有机化学，由所里的工程师、技术员讲课。徐应潮和另外一位同学被派去跟随苏联专家学习。那时肖所长给他们写了一封信，让他们主要学习专家的技术经验，不要去学他们的生活作风。

我觉得肖所长不光是对别人严格，对自己也很严格，以身作则。他虽然严格，但批评人时是以理服人，耐心说服。

记得有一次肖所长带我出差，从沈阳去西安要经过北京，那时我爱人徐应潮已调到北京第四研究所工作。我们到北京后当天晚上，肖所长让我去四所看望徐应潮。我自己一个人去四所，从颐和园乘坐 46 路公交车到红山口下车，在解放军医院门口给四所打电话找应潮。那时他正在灯光球场打球，听到广播接了电话，找了个车接到我。那天我们在招待所住了一夜。第二天一早我返回城里，跟肖所长一起去西安。

从西安出差回来不久，第四研究所来了调令，我就离开三所，到北京第四研究所所长办公室给高所长和陈克书记当秘书。

第四研究所是搞火炮、弹药研究的，也是保密单位，所的规模要比三所大多了。每天早晨上班时，是所长、副所长和各研究室、车间、科室领导干部开会，布置一天工作。开会时领导讲话，大家都在保密本上记笔记。每天下午下班时间，都把保密本统一收上来，交到保密室锁起来。第二天早上我再去保密室拿出来分还给各位中层领导。那时所长是高霭亭，副所长有洪明光、蔡克非、余琢之、陈根丰，党委书记是陈克。"运动"来了，先是"插红旗、拔白旗"，后来是"梳辫子"。"拔白旗"时是应潮挨批，说他是"青年中的一杆大白旗，要坚决拔掉"。

记得在应潮挨批前一两天，所里中层干部去部里开会时，他还受到部里的表扬。当时教育科丁克中从部里开会回来，对我笑笑，说了应潮受表扬的事。后来我才知道应潮在"大跃进"时期设计了一台小型精密磨床，为此获得了国家计委"发明创造乙等奖"。他设计的磨床由天津磨床厂生产，还销往海外。几年后，在全国科学技术大会上，他们研究室集体搞的一项科研成果也得过奖。

运动中，我们搞不清楚，也不知道问谁，每天就是看看大字报。后来，我不在办公室工作了，要整改，把我和蔡克非的爱人调到幼儿园去搞整改。去的时间不长，好像运动也结束了。随后第四研究所就分所了，四所一室搬到车道沟，归属第五机械工业部。

我被留在第六研究所办公室继续做所长秘书。六所是苏联援助建设的156项之一，是航空材料研究所，对应苏联的全苏航空材料研究院。当时来了很多苏联专家，所里有27个研究室，基本上每个研究室都有苏联专家。所里成立了专家工作组，我就转去做专家工作了。那时专家办公室有两个同志，一个是俄文翻译郭泽佩同志，再一个就是我。老郭是苏联专家组长格吉兹杨的翻译，这位专家是耐热合金专家，六所1室负责研究耐热合金。

我的工作就是负责贯彻执行苏联专家的建议，然后每星期到部里的专家工作办公室栗阳同志那里汇报。记得有一年的"三八妇女节"，北京开了一个专家招待会，所里的专家全都出席了，翻译同志们也去了。我没有去，把票都给了另一位翻译同事。她们回来告诉我，那天晚上周总理出席了，她们都见到总理了。

不久，中苏关系破裂，苏联专家们就撤走了，连资料、样品都带走了。

向技术翻译转型

1966年邢台大地震，震区好多人都没有了手和脚，需要人工关节，六所18室是研究钛合金的，他们就做了一些人工关节，给地震受伤的人试用，效果不错。于是六所18室就做钛合金的人工关节，而且还推广到全国。

这段时间，没有了苏联专家和苏联资料，毛主席号召"自力更生，艰苦奋斗"。六所的科研继续，我们开始从英、美的技术资料中找参考。

那时所里的科研技术人员大多不会英文。六所是苏联援助建设的，好多技术骨干都是留苏学生，他们懂俄文，但是不懂英文，所里就让我来教英文。每天早上7点上班，我先给研究室的主任们上课，主要教语法。晚上再给科研课题负责人上课，也是教语法。我还用"灵格风"的一套英文教学唱片来做教学资料，这样边教边学我自己的英文水平也有了提高，就是太忙太累。

没过多久，我们就开展技术座谈，与英、美、德、法等国家的有关专业专家们举行技术座谈，还是我去做翻译。当时我在22研究室负责科技信息情报的收集整理，被领导分在金属专业组，负责耐热合金专业。因为我没有这方面的知识积累，有时就去1室，看他们做实验，有时就跟他们一起炼钢，确实挺有意思。我参加过25室的高低温疲劳试验技术座谈，但有一次参与同美国的胶接技术座谈，涉及非金属专业，我因为是技术外行一点都不懂，只好临阵磨枪，抓紧背相关技术名词。那次我们参谈小组住在城里航空工业部的招待所，每天晚上我们集体讨论白天老外讲的资料，有不懂的地方就提出来，准备会面时再问。一天座谈和老外一起吃晚饭，主谈的外宾喜欢喝酒，我担心他喝多了，就提醒他少喝酒。因此，那位外宾就叫我"小妈妈"，我的同事就说，我得了一个"干儿子"。

那段时间，我参与接待了好几个国家的技术专家，主要是金属专业的。后来航空工业部调我去北京航空学院和一位英国专家夫人Mrs.Carrot一起教英文，Mr.Carrot是英国Rolls Royes公司派来的代表，我教口语，专家夫人教阅读。每天早上我先去北京饭店等专家夫人，然后一起坐车去北航上课。下课后又一起坐车回北京饭店，我再坐公交车回住处。

北航教完书后，我就借调到部里进口处做翻译。原来进口处有一个翻译，但是实际上不会英文。我去后就是做英文翻译，处理每天来往的文件、传真等，给不会英文的项目经理们当"拐棍"。那时，应潮已经调到航空工业部外事局（后改为"中国航空技术进出口公司"，简称"中航技"）。我借调部里工作了整整10年，因为六所不同意我正式调动，但是实际工作已经与研究所无关了。

1988年春节前，部里让我出差英国，原计划给一个"机载设备局"的索赔小组做翻译。事后我才知道，那次出国是瑞典的Jourgh Quike公司请徐应潮当顾问，应潮帮助瑞典公司把英国发明组合夹具的老牌公司打败了，瑞典产品占领了英国三分之二以上的市场，瑞典公司还因此获得英国女王伊丽莎白颁发的"最佳夹具销售商"奖状。瑞典驻英使馆为此召开一个晚宴来庆祝，邀请我们夫妇出席，所以这家公司就发正式请柬并附上往返机票。航空部利用机会，让我做翻译还省了一份往返机票钱。

陪应潮转战欧洲

那次出国，我先给"机载设备局"的小组做翻译，参与索赔谈判。中方认为外方"卢卡斯"公司出口的机载设备有问题，外方却觉得是中方操作不当。为验证问题要各自操作一遍，找出问题，明确责任。索赔谈判的工作还没完，我就被调到另外一个小组去，给"量具修理"小组做翻译。这个小组的翻译工作比较轻松，中午在公司吃午饭，早晚在驻地自己做饭吃。那时我们小组住在英国的一个小城市 East Leigh，房东去非洲了，托人出租房子，我们离开旅馆住进那栋房子。那是一幢两层楼房，还有一个阁楼。我们小组 3 个人，每个人都有两间房。白天我们去 Drapper 公司工作。每个星期我都去一趟中航技驻英代表处，领取一个星期小组 3 人的生活费。晚上，下班回来我就听听音乐，小组的江师傅和小陈看电视。

那段时间，应潮仍然在瑞典公司当顾问，有一个偶然的机会，他知道这家公司的一位销售经理要参加一个关于"柔性制造"的国际会议，想介绍中国的组合夹具。应潮觉得中国的组合夹具应该由中国人来介绍，便在国际会议组委会截止收取论文前一天，赶写了两篇相关论文。应潮来到我们驻地，让我帮他打印并对论文文字做些完善。那天我们两人整整忙了一个上午，把他的两篇论文打印出来交到国际会议组委会。后来应潮的两篇论文都被选中，刊登在国际会议特刊上。会后组委会送给应潮两本会议特刊，其中一本是精装版。应潮回国后，把这本精装的特刊送给清华机械系了。

借调航空部工作期间，记得有一年，肖所长出差北京。那天我去招待所探望肖所长，并陪他到六所看望从三所调来的老同志们。我们只能坐公交，到了所里后，我想请肖所长去杨大烁家，又把杨学恒找来，接着找魏所长（他和肖所长在延安时就认识）。老同志们在一起，很高兴地聊天。在返回城里的路上，肖所长告诉我，"文化大革命"中他的肋骨被红卫兵打断了 7 根，还罚跪了很长时间。自那次以后，我再也没有见过肖所长，若干年后才知道肖所长已经离开人世了。

我离开"中航技"后，最初和应潮一起去德国汉堡乐嘉文公司（Recherman Ltd.）建立起一个合作经营部，中方提供出口产品组合夹具，外方出办公地点，中方工作人员的工资中方支付，出差费用由德方支付，产品销售后的收入两家平分。这样我们就在德国汉堡住下来了，

1986 年 5 月，傅珏、徐应潮夫妇在英国 EistLeigh 驻地院子留影

中方 3 个人，应潮是负责人，也就是这个部门的经理，我是翻译，542 厂的宋师傅负责组装。

刚开始时，组合夹具没有销量，宋师傅无事可做。好在不久应潮把组合夹具推销到了意大利一家公司，宋师傅和我就出差去意大利。宋师傅教外方如何使用组合夹具，我做翻译。那时我不会意大利文，德文也不太会，只能用英文。可是意大利人的英文也不太好，没有办法，我买了一本英文、德文和意大利文的小字典来帮忙，好不容易总算完成了任务。我们在意大利一个星期就把工作做完了。回德国后，宋师傅不习惯在国外生活，又眼睛疼，他要回国。于是应潮跟 542 厂赵厂长联系，把宋师傅调回国内，换来了黄国桢副总工程师。黄总来后，我们一起出差过瑞士 3 次，瑞典 4 次，意大利好几次。最后，应潮和意大利的 Mr.Jelardi 合作得很好，除了销售组合夹具，后来还销售组合平口钳。组合平口钳原本是意大利的产品，经过应潮和 Jelardi 改进后，由 542 厂生产再外销。由于市场打开，中国产品销售扩大，德国的乐嘉文公司老板和意大利对合作经营都非常满意，大家的辛苦没有白费，实现了合作共赢。

坎坷但愉悦的晚年

1997 年 11 月 29 日，应潮上午去医务室量血压，大夫发现他血压太高，建议他赶快回家睡觉。可他睡不着，脑子想工作停不下来。他觉得去游泳，活动累了，可能就睡着休息了。下午他去英东游泳馆游泳，谁知天气太冷，一下水刚游100 米就头晕、呕吐，泳池急救员看到急忙下水把他扶上岸，他说了家里电话号码后去安贞医院，人就陷入了昏迷。

那天下午大约 4 点多，我接到英东游泳馆电话，得知应潮已在安贞医院抢救。我和儿子傅强赶忙坐公交车赶到安贞医院，那时应潮的瞳孔已经开始放大。我说赶紧给刘力生大夫（应潮南开中学的同学，后任联合国教科文组织高血压联盟主席）打电话，宣武医院说刘大夫刚下班回家了，我说给他家打电话，对方说没有他家的电话。我又赶紧回家，拿南开中学校友通讯录后，匆匆忙忙返回安贞医院抢救科。

给刘力生打通电话，他马上又与老友洪昭光大夫通话，商定要赶紧给应潮做CT 判断病情。但那时安贞医院的 CT 坏了，洪大夫马上给朝阳医院的两位院长写了一封信，我们立即用急救车送应潮到了朝阳医院。经 CT 检查确诊应潮是小脑出血，并因瘀血压迫导致颅压升高昏迷。第二天早上，大夫告诉我："抢救要在头部钻孔引流，降低颅压，但对大脑的伤害比较小。"我同意后手术顺利进行，随之应潮就转到新建的 ICU 病房。

三个月后，应潮又转到朝阳医院脑外科病房，做高压氧治疗。那时"皮球"

（陈莹，原名吴勤娟，清华校友）每天早早就来到病房，帮着我把应潮推到高压氧仓去做治疗，然后再推回病房。那段时间，徐绍仪大夫还每天请北医康复科的一位护士下班后来给应潮按摩。

1998 年 5 月 1 日，应潮顺利转到中日友好医院，住进了一个单间病房。经过一段治疗后病情稳定，应潮就出院了。

应潮回家后有一年，意大利的杰拉蒂先生还来家里探望过。他跟应潮说："您好好养病，等好了我们还可以合作，搞组合平口钳。"可是这个愿望落空了。20多年过去了，意大利杰拉蒂先生还在世吗？

从病倒到去世 17 年 4 个月中，应潮因病情反复多次住院、出院。我们要感谢清华校友们的无私帮助和关爱。应潮患病后，不能自主行走，说话也有障碍，主要在家里调养。找一位有经验又尽责的护工十分重要，赵葆元和陈伯时真是帮了大忙。赵葆元得知亲戚家有位保姆张小霞，有护理瘫痪老人的经验，就千方百计动员她来我家。对此他亲戚很不满意，骂得赵葆元狗血喷头，他也不在乎。小霞来后细心照料，节假日都很少休息。后来赵葆元得了胰腺癌，他去世前两天，小霞代表应潮和我去医院看望赵葆元，他说："有你照顾应潮，我就放心了。"

应潮始终顽强不屈地和病痛作斗争，开始说话不清，他就练习唱歌，努力一字一句地说话，最后终于又可以和校友们交谈了。他还用那个可以活动的手使用计算机，敲键盘写文章。过去他是老同学合唱团的朗诵主力，现在不能上台朗诵了，但逢年过节合唱团有活动时，他用电脑写朗诵诗，请别的校友朗诵，有时还坐着轮椅上台。有一次参加清华研究生毕业大会，请校友朗诵他的诗，他上台陪着，极大地感动和教育了在座的年轻校友。

那段时间，清华解放战争时期的老校友常有聚会，应潮总是坐轮椅参加。以"松明团契"为主的老同学们每年至少有一两次在我家聚会，平时也常有校友来家和应潮聊天，大家谈天说地，忆往论今，并在计算机上交换讯息，应潮一点也不寂寞，也不闭塞。

2015 年 3 月 5 日，和我相伴 60 年的应潮安详地走了。老同学们特意在我家开了个追思会。大家深情地回忆和应潮的交往，对他乐观坚强面对困难，深情地热爱祖国、热爱人民、热爱母校的精神，深为钦佩。我现在还常常聆听追思会的录音，可惜有好几位已去见应潮了。

要感谢的老同学太多了，还没有来得及好好谢他们，一个个不是走了就是病了。趁我的脑子还不糊涂，我想赶快写完，否则就来不及了。

最后希望大家多多保重，心情愉快，身体健康。清华老同学们的友谊地久天长。我们庆幸曾经是这个学校的学生，愿清华永远青春勃发，一代更比一代强，为创造人类更加美好的世界努力学习，奋斗终生。

贺文贞学长

我的母亲贺文贞

■ 贺　阳

　　我的母亲贺文贞（现名为裴棣），1924年3月6日出生于辽宁省法库县（现为沈阳市法库区）。母亲出生时，我的姥爷正在北京协和医学院读书。1927年毕业后不久，姥爷被当时的黑龙江省主席万福麟找去，被任命为省立医院院长兼陆军医院院长。日本人占领齐齐哈尔（当时的省会）后，让姥爷继续当院长，姥爷心想绝对不能给日本人做事，就推说脑袋有病，坚决辞了职。

　　母亲5岁时，姥爷把她和姥姥从老家农村接到齐齐哈尔。1939年，在母亲的一再要求下，姥爷同意她到北平上学，入读教会学校贝满女中。这是一所美国基督教公理会办的教会学校。她在这所学校读了六年。在学校里，母亲是一个有名的穷学生。她买不起衣服，就买块布自己做；她还自己浆鞋底做布鞋；寒暑假同学们都回家了，她没有钱回不去，只能自己住在学校里；有时找到做家庭教师的工作，尽管薪资微薄，她也欢喜不已。好在母亲的学习成绩相当好，各门功课几乎都是全班第一；各种体育运动的成绩也不错，还是篮球和排球校队的队员；她像姥爷一样，热情开朗乐于助人，同学们不但没有人看不起她，还都愿意和她交朋友。

　　1945年高中毕业前夕，母亲和一个要好的同学经西安去重庆，在重庆报考了上海医学院并被录取。几个月的"大后方"生活给她的感觉是，当时的国民党政权实在是太腐败了，听人说共产党好，母亲就想去延安。到陕西后，赶上国民党封锁，她又不会说陕西话，过不去，只好又回到北平。

　　1946年5月，经中共地下党员曾平介绍，母亲到了张家口解放区。她把曾平写的介绍信交给中共晋察冀中央局（后改为华北局）城工部工作人员。第二天，一位老同志找她谈话，这位老同志就是当时的城工部部长刘仁。刘仁爱开玩笑，他上来就问母亲："你的介绍信呢？"母亲说："交了。"刘仁问："交给谁了？我怎么没看见呀？"母亲着急了，说交给一个男同志了。这时刘仁从兜里掏出一张小纸条，说：在这儿呢!

谈话中，刘仁知道母亲的不少同学考上了燕京大学，刘仁当即决定，让母亲回北平打入燕京大学做学生工作。母亲原来是想留在解放区的，既然组织上做了决定，也只好服从。回到北平，母亲同时报考了燕京大学和清华大学。燕京先发榜，她就上了燕京。可是燕京是教会学校，学费不低，母亲哪有这么多钱？好在一个月后国立清华大学也发榜了，母亲就转到清华大学社会学系就读。这时，她已经加入了中共党组织。

在清华，母亲和潘梁、程法毅（陈英）叔叔在一个党支部。1947年，根据中共党组织的指示，母亲竞选校学生会常务理事并顺利当选。1948年暑假，母亲和同学赵斌叔叔以姐弟的身份一起回到设在沧州解放区的华北局城工部学习，原计划8月20日返回北平；8月19日晚得到通知，当天国民党在北平公布了拟抓捕人员的黑名单，母亲名列其中。城工部决定让母亲留下，赵斌自己返回北平。当年年底，母亲和城工部的同事们一起，进入北平西郊的青龙桥。

那时母亲被分配在一位老同志张秀岩的领导下从事妇女工作。张秀岩是彭真夫人张洁清的姑姑，资格很老，张洁清兄弟姐妹几个都是由她带出来参加革命的。张秀岩让母亲去香山慈幼院做一个调查。母亲调查后，很快写了一个材料交给这位老领导。张看来对那份材料很感兴趣，几天后母亲正在她那里汇报工作，正巧彭真进去了。母亲退出来之前，张秀岩对彭真说，你说写得不错的那个香山慈幼院的调查报告，就是她写的。

1949年1月31日，解放军部队进入北京城，北平市妇联筹备成立，作为妇委书记的张秀岩让母亲担任市妇联宣传部的负责人，当时组织部的负责人是"一二·九"时期参加革命的杨沫。工作了一段时间之后，母亲感觉让自己领导资格比自己老得多的张洁珣（张洁清的妹妹，"一二·九"时期参加革命）等老同志不合适，主动要求退出了市妇联宣传部的领导岗位。

1952年，母亲被调到北京女十中担任校长。1954年初中升学考试之后没几天，女十中所在的西四区的区委领导范某找到母亲，要求作为区招生委员会成员的母亲帮他查一下自己儿子的考分，母亲说那怎么行呢，一口回绝了他。录取开始后，知道自己的儿子考得不好，范某又找母亲，要母亲跟北京四中校长温寒江说说，让四中录取他的儿子。母亲再次回绝了他。后来范某亲自找温寒江，把自己的儿子弄进了四中。当年区里开党代会，女十中党支部向区委反映了范某的这一问题，区委书记林彤找母亲和有关人员了解情况后，严肃批评了范某。第二年碰上"肃反"，范某不让母亲参加学校的"肃反"领导小组。当时母亲除担任女十中的校长和党支部书记，还兼任附近一所新建中学的党支部书记。市教育局知道后，说这怎么行呢。协调了半天，范某勉强同意让母亲参加领导小组，但是不能担任组长。"肃反"之后，范某利用权力，让区委组织部的人在母亲的档案里放了一个黑材料：据裴棣同志爱人所在单位中央团校提供的材料，其爱人曲方明有"托派"嫌疑（大意）。这个被装进档案的黑材料母亲一直浑然不知，直到"文革"期间，新疆党校过去曾经看过母亲档案的人告诉她以后才知道。

"肃反"后，父亲被调去新疆支边。母亲的上级领导、北京市教育局局长孙国梁不让母亲走，他说母亲的孩子太小，要走也过几年再走，到时他派人送母亲去。就在之前召开的北京市人代会上，市长彭真刚刚点名表扬了母亲所在的北京女十中，说这所中学高考升学率上升得很快，工作做得好，做得细。既然局长说了话，母亲又去咨询她的同事、女八中校长王季青。王季青是"一二·九"时期参加革命的老同志，那时刚随丈夫王震从新疆回到北京不久，对新疆的情况比较了解。王季青说，你的孩子那么小，还是全家一起去吧。最后，母亲还是带着我和不满周岁的妹妹跟父亲一起走了。

坐了20多天火车、汽车，我们总算到了乌鲁木齐，父母又被自治区党委分配到靠近中苏边界的最西部自治州——伊犁。在正式报到之前，有一次母亲出去办事，手包在公共汽车上被小偷偷走，手包里有钱不说，还有母亲调动工作的介绍信和行政关系、组织关系等全部文件。无奈之下，母亲只好给北京市教育局打电话并写信说明情况，请求补寄有关文件。文件寄来后，母亲发现她的工资关系被提升了一级。开始以为是搞错了，母亲特意打电话问北京市教育局，教育局的同志说，正赶上调整工资，局里领导研究后决定给母亲调升一级。这真是"因祸得福"！

到新疆之后，父母被分配到最西部和苏联接壤的伊犁，在区党委干校工作。一次全区党代表大会上，母亲被要求做大会发言。她上台后，就区党委机关特别是组织部的官僚主义提出批评意见，当时台下的几百名党代表热烈鼓掌，母亲讲出了大家想讲又不敢讲的话。多年后母亲跟我说，当时刚从北京过去，书生气十足，有点初生牛犊不怕虎。在北京，那时党内还比较民主，给领导提意见是很正常的事情。在新疆可就不一样了，当时新疆的各级主要领导干部几乎都来自部队，他们不大习惯听不同意见，特别是来自"非嫡系"的不同意见。好在母亲1956年年底就离开了伊犁，否则1957年"反右"就麻烦了。

1956年年底，父亲调到乌鲁木齐的自治区党校工作，母亲被分配到新疆语文学院工作。本来自治区党委准备让她担任院党委副书记，但是该校党委书记高某提出母亲档案里关于我父亲"托派"的问题，区党委也没有复查，就让母亲改任院长办公室主任。高某进疆时是六军的一个组织科长，资格较老，文化不高，心胸不宽。母亲在语文学院期间，他把自己的妻子提拔为院党委办公室副主任。他看不上一位副院长，组织人员给这个副院长贴大字报，想以男女关系不正为名将其搞下去。而母亲经过了解，认为高某的说法并没有什么真凭实据，这样对待一位老同志是不正常的。除直接给高提出意见外，母亲还就这些问题向自治区党委有关领导作了反映。后来，自治区党委支持了母亲的意见，高某受到严厉的批评。这件事情之后，母亲要求调到父亲所在的自治区党校，在党校的哲学教研室当了一名教员。

从1958年到1974年，母亲在新疆党校工作了16年，其中在中央党校理论班学习4年，在"五七"干校劳动4年。

母亲是一个"大气"的人，这一点可能"遗传"于我的姥爷。她后来有了一点钱以后，也像当年的姥爷一样，时常接济那些有困难的亲戚和同学、朋友。1964年暑假，中央党校要求在校的学员一律停止放假，集中批判杨献珍的"合二而一"。我和妹妹就住在党校的招待所里，和我们同住同玩的，还有母亲党校同学陈迹阿姨的三个儿子姜阳、姜牲和姜山。母亲跟陈迹阿姨本来不算熟，看到孩子们一起玩得那么好，也就走得近了。母亲了解到，陈迹阿姨的丈夫曾留学日本，参加革命后从事情报工作，刚解放就积劳成疾去世了。陈迹阿姨行政16级，每月工资不到120块钱，抚养三个儿子不算富裕，特别是姜阳上大学之后。母亲决定，从那时起每个季度给陈迹阿姨100元，资助姜阳上大学。1965年母亲毕业回到新疆，继续按照约定每季度往北京汇款。记得"文革"开始后，我在陈迹阿姨家住了两个月，母亲一次就寄去500元。这种资助，一直持续到1968年父亲被扣发工资时为止。姜阳当年考上北京石油学院，后来他多次说到母亲对他们家的帮助。

1974年，母亲在北京陈迹阿姨家正好碰上姜阳回去，他主动问母亲想不想从新疆调回来。母亲那时正想着如何离开新疆，她不想把我和妹妹留在那里。姜阳说可以先调到北京附近的河北廊坊，那里有一个石油部新成立的石油天然气管道局。姜阳和石油部的领导很熟，母亲的调动很快就完成了。母亲后来老说："多亏了姜阳，我那时都50岁了，没人说话谁要啊！"我心想，善有善报，好心得好报，真是一点不假。母亲一生与人为善，热情助人，我们全家都跟着"沾光"。1978年父亲从新疆调回北京，母亲也是功不可没。

1978年，母亲从管道局调到中央党校，算是回到了北京；后来又去了中央党史研究室，在那里一直工作到69岁离休。

我的父亲和母亲，都是正直正派的人。他们的命运不同，但是紧密相连。父亲从"肃反""反胡风"开始挨整，直到"文革"前的1965年被撤职降级，带着还在活动期的肺结核下放南疆农村"搞社教"，可以说是一个"老运动员"了。母亲尽管什么问题都没有，却也屡屡因为主持正义而遭人暗算，屡屡因为父亲的"问题"而跟着"吃瓜落"，荒废了许多大好年华，荒废了她那出众的工作能力。

尽管如此，父母从来没有后悔过。为人正直、作风正派、不说假话，这是他们做人的最高准则，也是我们家的最高准则。

不管是在工作中还是在日常生活中，母亲为人处世的那种热情和执着，是一般人少有的。这里我只举出她的两件事。

一件事是坚持游泳。母亲初学游泳是在1980年。几年以后，她不甘心于每年只能夏季游三四个月，看到有的人天凉之后继续下水，她也随着那些人一起游，从此开始了冬泳，一个冬天都没有间断。我印象中老太太的冬泳一共坚持了9年。有一年春节期间，北京市冬泳协会在昌平九龙宫组织冬泳表演。母亲一上岸，就被中央电视台的"半边天"栏目组盯上，因为她是所有参加者中岁数最大的一个，当场做了一个小小的访谈，那个一分多钟的镜头在中央台播放了多次。这些年，妈妈一直坚持游泳，她的愿望是，力争到100岁的时候还能够下水——哪怕只游100米。

另一件事是学英语。大概是在1993年正式离休后，母亲开始自学英语。她过去说过不止一次，在贝满女中读书的那些年，由于日本人占领了北平，要求学校把原来每周6节的英文课压缩到3节；另外3节外语课，让她们学大家都不爱学的日语。在清华的那两年，整天忙于学生运动，英语也没有好好学。离休后正是一个补课的好机会。那一段时间她可真是一个"我党有自觉性的党员"，从早到晚，一有空就学；每天早晨《美国之音》的Special English，她可以说是场场不落。

功夫不负有心人。后来老太太几次去美国我妹妹那里，平时白天妹妹上班，她就自己去附近的俱乐部游泳。和那些游泳健身的美国人做些一般性的交谈，都没有问题；半年下来，她居然还交了几个美国朋友……2006年为孙子办理去美国留学的一系列申请手续时，老太太坚持"自力更生"，没有找中介帮忙，像多次给前来中国招生的美国人打电话询问各种细节，填报几份英文材料这些事，老太太都独立应付下来了。

母亲的这些所作所为，让我每天都看到她的自尊自强，看到她那广泛的业余爱好和做事精益求精的劲头；老太太不禁让我这个做儿子的常常感慨不已感念不已。作为一个94岁的老人，母亲至今耳聪目明，腿脚灵便，每天上午和我一起去游泳。以往30多年每天游500米，最近改为300米。过去她曾经腰疼、髌骨软化、头晕、四肢发麻，一个脑瘤在脑袋里已经生长了20多年，目前有松花蛋大小。老太太常常自豪地跟人说，她现在是哪儿都不疼，浑身上下没有不舒服的地方。母亲极少去医院，很少吃药，从来不吃任何补品。她能吃能睡，能读书看报，能和家人聊天儿，能去院子里散步晒太阳。应该说，母亲目前的生活质量相当高。何以如此？除去生活方式比较科学之外，我看最关键的就是"正能量"的意念在起作用。我总结了一下，老太太涉及这方面的特点至少有三个：一是极具爱心，待人诚恳热情，凡事总是替他人考虑。二是豁达开朗，宽厚随和，从不计较小事。三是对金钱看得比较轻，常常"仗义疏财"。

说到清华精神，我想起8年前母亲在清华的一次发言。那是2010年4月25日，清华提前一年拉开了百年校庆一系列纪念活动的序幕。在那天召开的1946级校友毕业60周年庆祝大会上，母亲应邀做了一个即席发言。半个多小时的发言中，老太太根据自己的亲身经历，从清华精神讲到他们在校时的学习和工作；讲到她几次为了同学们上街游行被捕的事去找梅贻琦校长，梅校长每次都是二话不说，立即驱车进城去救助自己的学生；讲到政治系教授张奚若的一次演讲，当一名"右派"学生问到如何看待国民党政府时，张教授打着手势说："国民党对我而言，是一本书已经翻篇儿了"；讲到他们社会学系的吴泽霖、吴景超、费孝通、潘光旦等教授当年对他们的教诲；讲到自己1948年年底刚从解放区进入北平住在青龙桥，穿着军装去清华看望老师时，吴景超教授问她："新民主主义到底要搞多久？"她对老先生坦白："我也不知道"；讲到那几位早年留学英美、曾经教过自己的社会学著名教授，1957年全部被打成"右派"；讲到1952年院系调整时清华的文科被调走，造成文理分家、人文精神失落；还讲到对当前一些社会不良现象的忧虑和思考……老太太讲完之后，台下不少老同学说她讲得好，纷纷跟她握手、合影。

贺文贞与儿子贺阳一家

70年前，母亲和她的同学们，那一群优秀的热血青年，就是怀着那样一种精神和理念，去学习、去工作、去战斗的。不幸的是，经过多次残酷的政治运动，特别是腥风血雨的十年浩劫，当年人们的纯洁、善良和正直，一定程度上被污秽、狡诈和歪门邪道所取代，即便是像清华这样著名的高等学府，也难以完全幸免。精神、道德上的"陷落"，对一个国家和民族而言，不能不说是最大的损失。尽管如此，母亲和她的那些老同学老朋友们，对粉碎"四人帮"之后的拨乱反正和国家这些年来的现代化建设看在眼里，乐在心头，日渐老迈的他们对未来充满希望，他们坚信建立一个自由、民主、富强的新中国的伟大理想，一定能够实现。

2018年3月19日

蓝天白云送葆元

赵葆元学长

■ 傅 珽 王 浒 陈伯时 张其锟

2010 年 12 月 28 日，天寒地冻，北风呼啸，十几位年过八旬的清华校友从四面八方聚集到小西（傅珽）家中，追思他们敬爱的老校友赵葆元（赵天云）。葆元坚强的老伴王文华来了，葆元的好助手小肖也来了。

陈伯时带领大家默哀三分钟，然后介绍了葆元仙逝的情况。葆元本来身体很好，从没住过医院，2010 年 10 月 16 日他还骑着自己研制的太阳能电动轮椅去清华参加我们的聚会。11 月发现了严重腹水，住进中日友好医院，经专家会诊，确诊为胰腺癌，已是晚期，但他并不疼痛。葆元一生俭朴，这次生了病，而且是癌症，还坚持要住普通病房。老伴王文华想，这回不能听你的，我要让你安详地度过这最后一站。就给他安排了最好的病房。老同学中只允许张其锟一个人和葆元家里保持联系，然后再将他的病情通报给大家。在老伴和子女的精心照顾下，葆元平静地走完了人生旅程，于 12 月 17 日晨 8 时去世。

葆元去世以后，他的老伴很坚强，用鲜花布置了家属告别会的灵堂，不奏哀乐，奏葆元生前喜爱的乐曲。大家用追思会为他送别，正像王文华在花圈上写的："快快乐乐一路走好，高高兴兴飘然西去。"她还给葆元用白缎做枕头，用蓝绸做被面，"蓝天白云"送葆元。

王浒和葆元都是 1946 年考进清华的，葆元是机械系 1950 级。王浒回忆，学生时代的他就是一位生龙活虎、满怀热情的小伙子，他参加了清华剧艺社、"大家唱"歌咏队、"紫藤团契"等社团，并积极参加学生运动，加入了党的秘密外围组织"民青"，1948 年加入地下党。后来去解放区，改名赵天云。北京（北平）和平解放后，他随军进城，接管铁路系统。先参加青年团工作，后任丰台机务段段长、北京铁路局内燃机务段段长等职，"文革"后，调任北京机械局电梯厂厂长。解放战争时期清华老校友聚会时，他成了积极组织聚会的联络员，并经常担任聚会的主持人，或者跑前跑后张罗各种工作，有使不完的劲。

谈到葆元，徐应潮和小西有一肚子的话要说。在老同学合唱团演出中，徐应潮的朗诵曾经感动过多少大中学生和中老年人。1997年他突犯脑溢血，身体偏瘫，生活不能自理。他们找了许多保姆，都不会护理，或不耐烦护理。葆元知道此事后，马上把他亲戚家的保姆小霞动员出来照顾徐应潮，因为小霞伺候过她瘫痪的公公六年多，非常有经验。他嘱咐小霞："你必须照顾徐叔叔到他能走路，才许离开他们家。"小霞来后，解决了小西一家的大问题。应潮身体逐渐好转，后来还能用计算机写诗，写文章，和大家交流，并参加各种聚会和演出，小霞是有功的。小西说："后来我才明白，小霞的妹妹张平曾在葆元家当过小保姆，葆元在她劳动之余，教她学会了英文，张平也非常努力，参加了成人高考，到外企工作一段时间后出国了。可见葆元对小霞姐妹帮助非常大。"

葆元从应潮身上观察到老年人和残疾人的许多困难，首先是行动的困难。他看保姆用轮椅推应潮很费劲，走不了太远。他开始研究把自行车的后半截和轮椅连接起来，保姆可以像骑三轮车一样骑车带轮椅，又省劲，又能骑得远。不用时还可以打开连接链，用手推轮椅上电梯。徐应潮就是坐着这种三轮轮椅扩大了活动范围，去医院、上公园、参加演出，都很方便。后来葆元拿出自己的积蓄，建立了小作坊，在小肖配合下，不声不响地制造出70辆三轮轮椅，在2004年秋天无偿地捐献给北京市残联。他还坚决不用个人名义，非得要用清华老同学的集体名义捐赠。为此，北京残联举行了隆重的捐赠仪式，并送了锦旗答谢。王浒、陈伯时、何祚庥、刘华、徐应潮、傅珏、赵葆元等同学参加了捐赠仪式。徐应潮的护工小张还骑着三轮轮椅表演，教残联的工作人员装卸他发明的链接件。

除了轮椅以外，葆元又观察到老年人骑自行车很费劲，骑摩托车又有危险，而且污染环境，于是又开始致力于电动自行车的研制。他自己设计了电动车的机械结构，并找到从事电气传动控制的同学陈伯时一起研究电动控制方案。伯时建议他采用无刷直流电动机（梯形波永磁同步电动机），并帮助他买到国内已经开发出来的电机和控制器，组装成技术先进的电动自行车。虽然电动自行车和电动轮椅在国内外已有产品，但葆元开发的电动自行车有他的独特思路。一是轻便灵活，能原

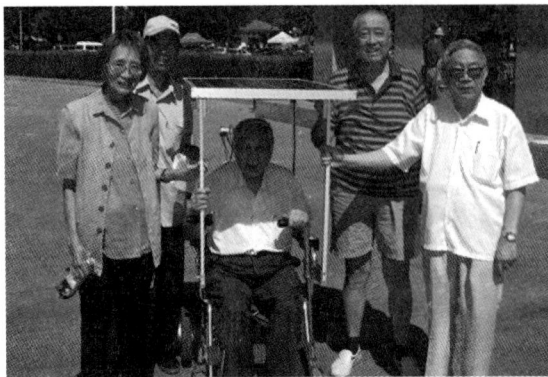

2009年8月，太阳能电动轮椅研制成功，由同学们试用。左起：杨荣（邓乃荣）、赵葆元、方堃（胡积善，车中）、王浒、周干峙

地 360 度大转弯，能进电梯，可放在家里保存；二是运行电流小、耗电少；三是价格便宜。从电动轮椅到电动自行车，从铅酸电池、锂电池到太阳能电池，从服务校友到为老弱病残着想，葆元以深邃敏锐的头脑，孜孜不倦地探索、开发、实验、试制。不论是顶着太阳，还是冒着寒风，他经常和小肖骑着车在全北京市跑，还专门找比较僻静的坡道考验车的爬坡与刹车能力。造出样车后先送给老同学试用，听取他们的反映，不断改进。就这样，十多年来，他研制出来的样车已经获得一项国家专利和一项美国专利。他多次在老同学聚会时介绍他的电动自行车和电动轮椅。他的"菁华"牌电动轮椅可以折叠，可以上电梯，比国外同样性能的产品轻盈、省电、便宜。

为了使葆元的产品技术实现产业化，老校友何祚庥院士、周干峙院士、董贻正学长都曾替他宣传，找企业和他合作。但是，大企业瞧不上，小企业怕冒风险，迄今尚未谈成。在申请美国专利时，老学长张彦义务为他翻译，填写各种文件，专利被批准了。他本想有企业采用这个专利后，可以用所得收益为母校和老校友们多做些事，这个理想也来不及实现了。为了不让他的心血白费，王文华和老同学们都在继续努力着。

葆元一生中执着追求真理，无私奉献社会，体现了清华校训——"自强不息，厚德载物"，他是我们学习的榜样，也是母校的荣光。我们永远怀念他！

来源：《校友文稿资料选编》第 16 辑

十　多彩人生　更重晚情

魏耀荣学长

追思与我"五同"的老伴魏耀荣

■ 彭静云

2017 年 2 月 7 日,与我"五同"(同乡、同学、同事、同志、人生伴侣)的老伴魏耀荣,在刚住进医院十几个小时后,突然撒手西去!当我赶到医院他的病床前时,他已安详而别。震惊、悲痛,我想大哭。女儿和护士安慰我说,他走前几小时是很安详的,没有受什么罪,他已经快 88 岁了,这样走对他来说是幸福的。

他刚离开的那几个晚上我夜不能寐,对他的一生,对一个人怎样度过一生就算是幸福的、成功的,想了很多。我们共同生活了近 60 年,我是这个世界上最了解他的人。他一生过得幸福吗?有价值吗?有人讲,一个人活着做了他喜欢做的事,实现了他的人生价值,他就是幸福的。如果他的人生价值得到了社会的承认,他就是成功的,就没有枉活一生。我同意这种观点。

从他走后,我整理和细阅他的文稿与其他材料,包括汇总他所工作过的单位、与他共事过的同事、同志及亲友对他的评价,我更深地了解了他,我现在感到,他的一生确实是幸福和成功的。

他在 82 岁时曾说过他一生最喜欢的就是学习与工作,他的一生分为三个阶段:20 岁以前(幼年及上学阶段)是他人生的序幕,20 岁以后登上了人生舞台,主要扮演了两个角色,前一阶段是经济工作者;后半辈子是立法工作者。我现在就写写他的学习与工作,以此作为对他的追思与怀念。

914

孜孜不倦，一辈子勤奋学习

魏耀荣出身贫寒，3岁丧父。母借债送他读书，他学习刻苦，在学校成绩优异。他在长郡读初中，高中考入湖南省立一中。在一中他是英语老师张普安的得意门生，张老师曾指派他参加高中生英语讲演比赛，还帮他修改讲稿。高中还未毕业，他就用哥哥的毕业文凭考取了北大经济系，第二年转入清华土木系学习。抗战时的艰难岁月和所受到的教育，以及到北平上学后参加爱国学生运动要为民族复兴奋斗终生的熏陶，促使他萌生了强烈的民族责任感，新中国成立前在清华加入了中国共产党。北平刚解放，他因革命工作需要被调到中共北京市委系统工作了十几年。先做了两年宣传工作，兼理论教员，后一直在市委机关做经济工作。期间在中国人民大学马列主义夜大学读完全部课程，成绩优良。

"文革"前两年，北京开展城市"四清"运动时，他被调到德高望重的市委副书记郑天翔身边工作。天翔同志党性很强，人品高尚，对工作要求极为严格，他前前后后在郑身边工作了8年，言传身教，耳濡目染，他说自己真像是上了8年最好的党校。"文革"后他已53岁，刚成立不久的全国人大常委会法制工作委员会急需干部，他改行到立法机关工作。原来从未沾过法律边儿的他，刻苦学习法律及英文法律用语，逐渐钻了进去，到离休时他感到自己干经济立法工作已比较得心应手了。离休后，他仍任法工委咨询委员和民法起草工作小组成员；因对经济法熟悉和英语好，又被中国国际经济仲裁委员会和北京仲裁委员会聘为仲裁员。为做好这些工作，他继续努力学习相关业务知识。他隔三岔五地去书店买他需要的书。他走后，我决定把他搞立法和法事仲裁所攒的书籍捐给哈尔滨工大法学院。整理他的书籍时发现他的法律书籍有近五百本之多，足见他为钻研法律是如何一直在努力地学习。

他离休后仍十分关心国家大事，特别是立法工作，家里订阅了十多份报刊。每天除了看电视新闻和电脑外，像在学校做功课时似的，还要把当天的报纸看完，重要的内容还要剪下来或摘录在小本子上。直到去年12月第4次住院回来，因身体虚弱才放弃了看电脑。

法工委宋燕妮同志说："魏老是活到老学到老的模范。"

一辈子勤奋工作，后半生为依法治国奋斗不已

1950年6月，他从学校被调到东四区委宣传部工作，兼理论教员，1952年年底因他是学工的，又被调到市委工业部工作。工业部的干部多分工联系大工厂企业，他联系石景山钢铁厂（首钢的前身），每周有4天在厂里做调查研究，另两

天，一天在机关学习，一天回机关汇报。从 1952 年底至 1978 年 5 月，他在中共北京市委、北京市人民政府从事工业、基本建设、农业等经济管理工作，曾任市计委办公室副主任、市农林办副处长、市委经济领导小组秘书等职。直到"文革"期间，1978 年 5 月随郑天翔同志到航天工业部从事科研生产管理和政策研究，任政策研究室副主任，被评为土木工程师。1982 年他到全国人大党委会法制工作委员会工作，任经济法室主任，被评为研究员。他刻苦钻研马克思主义法学理论，坚决贯彻党的路线、方针、政策和党的实事求是的思想路线，先后参与了《物权法》《合同法》《公司法》《专利法》《土地管理法》《城市房地产管理法》及《外商投资法》等 60 部法律的调查研究、起草、修改和宣传解释等具体立法工作，提出了许多好的立法建议和思路。在此期间与离休后，他曾合作撰写或编撰《中华人民共和国法律释义全书》《合同法精解》《城市房地产管理法释义》《建筑法释义》《水法释义》《外商投资企业和外国企业所得税法通解》《信托法立法资料汇编》《中外合作经营企业法释义》《荷兰民法典中译本》等法律著作；撰写发表《在中国民法典论坛上的讲演》《法治刍议》《什么是法治》《关于建筑物区分所有权的探讨》《关于完善我国房地产法律制度的探讨》《关于翻译解释和借鉴外国法律术语问题的探讨》等法律论文；在香港（地区）、澳大利亚、德国宣讲我国法律，分别作了《中国合同法介绍》《中国公司法介绍》《中国合作经营企事业法介绍》等讲演，并以英文发表。

1990 年 11 月，他从领导岗位上退下来后，仍然担任法制工作委员会咨询委员和民法起草小组成员，同时还担任一些法律方面的社会职务。1993 年至 2008 年受聘担任北京市人大党委会法制建设顾问。1993 年，受聘为香港城市大学客座教授，用英文讲授中国经济法。1994 年受聘担任中国国际经济贸易仲裁委员会仲裁员，并任仲裁资格审查考核委员会主任、专家咨询委员会副召集人，2010 年改聘为荣誉仲裁员。1995 年受聘担任北京仲裁委员会仲裁员，2010 年改聘为荣誉仲裁员。2006 年受聘担任中国人民大学公共政策研究院研究员与和谐社区发展中心顾问。在每一个岗位上，他都尽心尽力，努力工作，总想充分发挥自己的才学和智慧，为依法治国多做贡献。在仲裁工作中，他坚持仲裁员操守，精心办案，公正办案，共办理国际商事仲裁案件 300 余件。他总结自己办案的经验是，下大功夫细看深读案卷材料，全面深入地掌握案情，厘清事实，同时坚持对双方当事人保持距离，将仲裁庭的中立立场和公正态度贯穿于仲裁全过程；并讲求调解方法，掌握调解基本功。他所做的仲裁工作得到两个仲裁委和与他合作办案的同仁们的一致认可和尊重。

2009 年他已 80 岁时说："我在过去 60 年的工作中，用自己积蓄的能量铆足劲工作，现在要我停下来很难！" 84 岁时他患上了心脏病，这几年曾四次住院，女儿劝他好好养病养老，他却说："我还有几个法制问题要研究！"他离休后的生活仍然主要是学习与工作。虽然有些单调，但他感到：在读了本好书，被请去演讲，听众专心认真地听他讲解时，他的心情最好。

法工委肖岣同志说："我一直认为魏老是我们这一代人的模范。"

毕生节俭清廉、爱家、乐于助人也是他的优点。而最不足的是，他自认为自己身体好，从不注意身体。80岁以后还经常熬夜，以致84岁时患上严重的心脏病。近几年身体日渐衰弱，不得不在88岁时给自己的生命画上了圆满的句号。

以上是我给老伴做的人生总结。

老伴你好好安息吧！我和女儿、女婿、外孙、重孙会永远向你学习，使生命活得幸福、有价值。

陆祖龙学长

祖龙絮语

■ 陆祖龙

陆祖龙，作曲家。江苏常熟人。1946 年就读于清华大学先修班。1949 年毕业于北京大学。1963 年加入中国共产党。历任第十五兵团文工团、志愿军政治部文工团音乐创作组组长，解放军总政治部文工团歌舞团合唱指挥、创作员，总政治部歌舞团研究员。为毛主席的诗词《忆秦娥·娄山关》作曲，使其更具传唱性和流传性。创作的舞蹈音乐《怒火在燃烧》、合唱《祖国永远是春天》分别获 1964 年、1977 年第三、第四届中国人民解放军文艺会演创作优秀奖。合唱《一束山茶花》1979 年获中华人民共和国建国三十周年献礼演出创作一等奖。曾参加大型音乐舞蹈史诗《东方红》《中国革命之歌》的音乐创作。

自 画 像

出生在一个高级知识分子的家庭，自己却没有成为一个高级知识分子。读过一个名牌中学——西南联大附中，没有毕业，当然就没有文凭。还读过两个名牌大学——清华和北大，也都没有完成学业，当然也都没有文凭。本来想当一名医生，结果稀里糊涂当了一个所谓的"艺术家"。

一个弱不禁风样子的书生，居然穿上了军装，还穿了一辈子。半路出家，先天不足后天又营养不良，结果是在文艺界苦苦挣扎了一辈子。一辈子写的作品不少，但没有一件是上品，更多的是"垃圾"。

年轻时身体不佳，大家都说我活不过 50 岁。虽然陆祖龙是病病歪歪，但是到目前已经超额了 35 年多。因为身体不佳，放弃了指挥工作；也因为身体不佳，却让我走上了一条新的道路——"作曲"。

喜欢指挥，21 岁时就成为一个专业的指挥，但是终结的不是指挥，而是——

作曲。命运对我的照顾——出国 10 次；但是也对我无情地惩戒——大小开刀 10 次。

最值得骄傲的事：1949 年 5 月从北京南下到广州——步行。最恐怖的经历：1949 年底在江西和广东交界处的"三南"大山中筹粮、剿匪。最值得激动的事件：1950 年 10 月 25 日第一批入朝，经历了第一、二、三次残酷的战役。最令人怀念的日子：1951 年初和朝鲜人民军协奏团一起生活，经历了那极其严酷的炮火纷飞的日日夜夜。最惊险的一刻：1950 年的年三十，在卡车上遭到美军飞机轰炸，燃烧弹将棉大衣的后背烧通，所幸人无事。最开心的时代：1951 年随中国青年文工团赴苏联和东欧演出、参观、访问达 13 个月之久。

既不打麻将，也不玩扑克，更不去钓鱼，是一个很枯燥乏味的家伙。不抽烟，不喝酒，就爱吃大鱼大肉，喝咖啡，结果吃出了糖尿病。

虽然搞的是音乐，但既不爱唱歌也不爱听音乐，反而喜欢的是观看体育比赛。喜欢摄影，先后换过 10 台相机，但就是照不出像样出彩的照片。整天坐在电脑前上网，胡乱打字，光写些无用的文章和曲谱。

2008 年，放弃了指挥工作 47 年后，又重新拿起指挥棒操起旧业。不过是从一个专业指挥变成了一个业余指挥。老了，老了，却带领了一个合唱团到美国演出了一圈，圆了年轻时的指挥梦。

在 83 岁的时候，潜心研究了高难度的"西贝柳斯"打谱软件，打印出了一厚本管弦乐总谱，让很多同行刮目相看。

出 生 时 刻

我出生在江苏常熟县（市）的白茆镇，常熟因为年年丰收所以才叫常熟，那是江南的一个著名的鱼米之乡。大闸蟹，沙家浜，无人不知无人不晓。羽绒服第一品牌"波司登"也是出自我们小小白茆镇的乡镇企业。2011 年常熟的 GDP 达到了 1720 亿元（人均超过 2 万美元），超过了海南省的总产值。常熟人才辈出，历史上一共出了如翁同龢等 8 个状元、485 个进士、6000 多名秀才。当代就出了20 多位将军（大部出自新四军），更有像杰出的王淦昌、张光斗、陆宝麟、张青莲等 25 位科学院院士。一个小小的县级市，真的是人杰地灵啊！

1928 年农历四月初一，当我出生时，我父亲（陆近仁，生物学家）并不在家，所以名字就归我的一些姑姑们起了。我是"祖"字辈，属龙，就叫祖龙。如果她们有点历史知识的话，就不会给我起这个名字了。因为"祖龙"就是秦始皇的字号，秦始皇那是个暴君啊。在"文革"后期，因为我写的《娄山关》一曲引起了点麻烦，领导上设法请了叶帅、李先念副总理等领导来审听，来定调。当时叶帅就问："陆祖龙来了没有？"接着他就说："祖龙是秦始皇的字号啊。"这次叶帅的讲话还当作总政的文件发到全军。

战 乱 年 代

我从一岁时就离开老家，跟随父母到苏州，那时父亲是在苏州的东吴大学教书，直到抗战时期才离开苏州。抗战期间，我家一路上颠沛流离，从苏州辗转到武汉，再到重庆，最后到达成都，后来又到昆明。我先在成都上弟维小学，上了一年后，在1940年转到昆明上南菁小学，大约是小学五年级下半学期；后又上南菁中学，直到1943年我才插班到了联大附中三年级下半学期。

在上南菁时，我们住在昆明郊区的岗头村，学校是在山上的涌泉寺，每天要爬山路大约40分钟才能到达，一天要来回四次，应该说是很辛苦的。特别是下雨天，路滑常常摔跤，既没有雨伞，也没有胶鞋，只有布鞋和草帽，所以衣服常常是湿透了的。但是那时一点也没有觉得苦，心情还特别愉快。因为山上有很多好玩的地方和风景，爬山就是我当时最好也是唯一的活动。

到了联大附中，学校离家很近，几分钟就到了。不过这里的老师和同学的确比南菁的强多了。我在这里的时间不长，但是收获却是最大的。这为我以后考入北大打下了坚实的基础。特别使我向往的，就是每天下午在学校打六人制的排球，这使我的身体得到很好的锻炼。不然以后不可能从北京徒步走到广州，当时不但要背背包，还要背乐器，加上粮食等等。早上四点起床，五点出发，直到晚上六点钟才休息。中饭是自己带的一包饭团和两头蒜。一路上还得了痢疾，苦不堪言。但是我还是能坚持下来直达广州。像那种负重的长行军，没有很好的身体的底子是根本不可能的。

1946年秋联大复员，我随父母回到清华。我是从上海坐海轮到达天津塘沽港，那时已经是11月份，在塘沽上岸。一上岸，那北风飕飕地像刀子一样锋利，直刺进我的身体，吹得我浑身发抖，心想北方这样冷啊，以后怎么过啊？所以印象特别深刻。

到了清华，我们是住在北院13号，大小有十间房子。我们的隔壁是著名化学家张青莲，他也是常熟人，我们的老乡。再隔壁就是不吃美国面粉、写著名的《背影》的文豪朱自清先生。

1946年的11月我们才到清华，已经错过了考大学的时间，所以只好先上清华的先修班。先修班是在颐和园对面的农学院内（现在的中央党史办），我们一帮清华子弟，大约有十几个吧，好像有梅祖芬、沈铭鸿等。我们天天骑车去上学，当时的天气的确很冷，骑车更冷，教室里也是冷得够呛。我上了不久，好像兴趣不大，就是三天打鱼两天晒网。母亲就问我："你这样考大学能行吗？"我无言以对。等到来年考大学时，我选了北大学医，这是我第一志愿，还报了一个唐山工学院。但是考唐山工学院时考数学，看那个题目之难就傻了眼，什么高等数学、微积分等，连题目都看不懂的，没有等全部考完我就退场了。后来我才知道，考生最高分也只有二十几分。

在考北大时，觉得考得马马虎虎。给我印象深的是作文题目《你最值得回忆的一件事》。我写了在昆明时闻一多先生就在我们住家隔壁的翠湖路边被刺的这件事，当时我也去看了闻先生被刺的地方。写完后回到家，我说我写了这一段，祖荫哥说："要是碰到位铁杆国民党教师判卷，那你就惨了，肯定就没有戏了。"我说要是碰到一位进步的教师呢？说不定还是个好事啊。结果没想到还真被录取了，多少让我有些安慰。但是那时我一点也没有像现在考大学那样的紧张，好像没有那样的压力。父亲连问都没有问过我考得如何，只有母亲问了一下。我也没有多说什么，就说听天由命吧。他们从小学起就从来没有过问过我们兄弟姐妹的学业，很信任我们，觉得我们一定行的。因为我们在小学和中学时的成绩非常优秀，所以他们从不担心我们的学业，相信我们能学好。

等到发榜的时候，我骑车到清华大门口看了榜，回到家说了一下：考上了。父母亲只夸了一句："不错嘛！"就是表示认同了。全家好像什么也没有发生。既没嘉奖也没有做点好吃的庆祝一下，我也没有什么特别的兴奋。

后来到了我参加革命，偷偷离开家时，并没有告诉父母亲，主要是怕他们反对。我将要离开北京南下时，才硬着头皮回去看他们。其实他们早知道我已经参军了，是我的同学看见我穿着军装排队走着去听报告，回来告诉他们的。当我回到家后，没有想到父亲什么也没有说，看着我穿着黄色的军装，只是淡淡地问了一句："要走那么多的路，你身体能行吗？"母亲说了句："参军没有什么，只是可惜你没有念完大学啊。"只此一句，没有其他的表示，比我想象的要好，因为我回家前就打算回去后挨一顿骂的。他们并没有反对的意思，当然也不是完全赞同的。我们从小受到父母的教育是非常民主的，他们非常信任我们自己的选择，从来没有强迫或压制，相信我们自己选择人生的道路。现在的家长们可能完全不能理解这样的父母，觉得是不是太放任了。

参加南下工作团后，住在先农坛一个旧兵营学习，住大房子，睡草垫子地铺，吃小米饭，菜也很简单，但是我的心情却很好。一次在中山音乐堂听刘宁一的报告之前，大家拉歌，我们分队由我指挥。唱了几首当时非常流行的像《打倒蒋介石，解放全中国》等歌曲。由于我指挥得带劲，大家唱得更加激情，引来的掌声最多、最热烈（大约有几千人），大家拉我们唱的也最多。没有想到就因为这次的指挥，竟改变了我的一生。

第二天三分团的领导找我谈话，说领导上决定调我到 15 兵团宣传队去，看看我有什么意见。我说："既然上级已经决定，我服从。"那时我们参加革命是一腔热血，是最热情的，也是最没有个人打算的。第二天，我就背起背包到另外一栋楼房里的宣传队报到。接待我的是宣传队队长郭介人，瘦瘦黑黑的眉毛很浓，但很和蔼，在部队里也算是一个文人了。就是他看了我昨天的指挥，觉得我还行，也许是个人才，就下决心把我调到宣传队，让我当上了指挥。从此我就踏进了文艺殿堂，当了一辈子的文艺兵。

第二人生小作为

褚律元学长

■ 褚律元

1947年秋，我考进清华大学外文系。可是只读了一年半，1949年2月就离开学校，去北平军管会工作了。以后工作数次变动，都没有用上外文。那么，我还能算是个"清华人"吗？

80多年前的日本侵华战争，是一场噩梦。我随着父母从浙江老家逃难到云南昆明。所幸的是在西南联大的附属中小学读了六年书，得益匪浅。1946年回到上海，在光华大学附中高中毕业。当时，中学里有个风气，大家互询个人的未来志愿。我的志愿是当一名报纸记者。《大公报》驻美记者朱启平、驻英记者萧乾所写的专题报道或评论，我是每篇细读，赞赏之至的。此二人，可以说是我的偶像。我之所以报考外文系，也是为了能掌握外语，好去国外采访。

时局的变化，像铺天盖地的巨大海浪冲击一切，更激荡着年轻人的灵魂。国民党政府腐朽、没落，早已失尽民心。生机勃勃、艰苦奋斗的共产党人和解放区，像磁石一样吸引着众多热血青年。清华园里，进步的学生运动此起彼伏，一浪高过一浪。人民解放军以摧枯拉朽之势，一路高歌猛进，很快前进到清华园附近。迎接解放的筹备活动迅速展开。

我是学生运动的积极分子，加入了党的外围组织"新民主主义青年联盟"。清华园解放不久，我们到海淀青龙桥的扫盲学校当教员，骑着自行车来来往往，同农民亲密接触，兴致极高。1949年2月3日，举行人民解放军入城仪式，清华的队伍安排在前门五牌楼。解放军威武雄壮地大踏步走过来了，人们欢呼雀跃。有一人蹿到了半空中，大喊："人民解放军万岁！"这人正是化工系的滕藤（20世纪80年代曾任清华大学副校长，中国社会科学院副院长）。我距他很近很近，他跃起的镜头，深深地留在我的脑海中。后来这个历史的镜头被作为珍贵记录多次重映。但有的说明词弄错了，说是十月一日天安门的镜头，那是不对的。

923

北京市需要大批干部去组建人民政府。组织上找我谈话，要我去北京市公安局工作。我们一向痛恨国民党政府的警察局，现在自己要去当警察，一开始有些抵触，但很快转变了认识。要去干革命了，太激动了，太高兴了！学外文有什么用？学历史有什么用？一套新买不久的30册的《鲁迅全集》，统统送了人。过去常穿的长袍脱下扔掉了，一心干革命去，别的什么都不想。现在回想起来，当年那种极度兴奋的心情，真是笔墨难以描画的。

我们这一批共80人（以后又有数批），都是北京各大专院校的在校学生。乘敞篷大卡车进了公安局的大门，就见一群老同志抢上前来替我们扛行李。啊，这可都是老区来的老同志，正是我们的"顶头上司"呀！过去旧衙门能见到这种情况吗？

说到"革命"，我们这个家族似乎同"革命"有着不解的缘分。我祖父褚辅成，早年在日本留学，结识孙中山，加入同盟会。1905年12月，他以同盟会浙江支部部长的身份被派遣回国，领导浙江省的革命。1911年辛亥革命成功，他谦辞军政府都督的职务，就任政事部部长（都督以下设军事部、政事部两个部），总揽全省的民政、财政、商务、交通、实业、教育等。但两年后，就被北京的北洋政府免职。"罪名"有二：一是因他严禁鸦片贸易，损害英帝国主义的利益，引起外交交涉；二是他"擅自"在浙江开展地方自治活动。

褚辅成改任国会众议院议员，坚决抵制袁世凯的种种违宪、违法活动，袁世凯恨之入骨，把他关押在安徽，差一点要把他杀掉。1916年袁死后，祖父获释，立即参加护法运动，被选为非常国会众议院副议长。

国共合作的北伐战争进展迅速。北伐军攻克江西南昌，筹组浙江省政府，褚辅成任代省长。他同中共方面的委员关系融洽。但是1927年4月，蒋介石发动反革命政变，杀害了中共负责人宣中华，把褚辅成和时任秘书长的沈钧儒二人免去职务，押解南京受审。从此，国民党反动政府把褚、沈二人排除在浙江省政务之外。

浙江省辛亥革命时，陈独秀在杭州一所中学教书，积极参加了革命活动，褚辅成是了解的。褚辅成在他的回忆录中曾有记述。1923年，陈在上海被捕，褚辅成奉孙中山之命前去将陈保释。国共第二次合作进行抗日战争，褚辅成在国民参政会中同中共方面的参政员来往颇多。1945年7月，由褚辅成领衔，偕同黄炎培、章伯钧、傅斯年等六位参政员去延安与中共领导人毛泽东等商谈国是。后来，毛泽东到重庆会谈，达成一系列协议。但蒋介石反动成性，不顾民意，撕毁协议，悍然发动全面内战，其实是自掘坟墓，加快灭亡。祖父一生追求民主宪政，同中共一贯友好、默契的态度，我们是深切了解，深受教育的。

当然，联大附中以及清华大学多年来提供了一个容许，甚至可以说鼓励学生自由阅读进步报刊书籍，支持学生自由讨论政治问题的开放态度，对于我们这些青年学子来说更是如鱼得水、千金难求的宝贵环境。这是我们的幸运！校方不但订阅《新华日报》，而且张贴在大饭厅前的墙上，报栏前总是人头攒动，川流不息。教师在课堂上，联大教授在经常举办的演讲会上，可以公开批评政府的独裁恶行，揭露它反民主、反正义的罪恶本质。在这样的教育环境下，广大学生自然容易形成忧国忧民、追求民主的人生价值观，走上正确的道路。

1939年，我大哥启元在上海上学期间参加革命，1940年入党，积极参与各种秘密革命活动。可能由于活动过多，引起"鹰犬"们的注意。组织上决定，将他输送到苏北解放区，进了新四军。从此，他在华北、西北多个解放区辗转活动。1947年调进中央外事工作组。新中国成立后，一直在外事部门工作。他的行动在我们兄弟姐妹中起到榜样作用。我们同胞兄妹五人，加上配偶五人，共十人，其中有八人是离休干部（现健在三人）。不是说"离休干部"就高人一等，是说明我们急切追求进步只争朝夕的精神，是可以肯定的。

话说回来，我1949年2月进了北京市公安局，1949年入党。在这里我既不巡逻，也不破案，而是坐办公室搞文字工作，一干就是17年。我工作很勤奋，很努力，抓得很紧，受到领导上的好评，每次提拔干部，我都列在头一批。1965年我被提拔为市局办公室副主任。可是，"文化大革命"从天而降，使我一下子失去了十余年的工作机会。从35岁到50岁这一段人生最宝贵的工作阶段，就被凭空剥夺了。这不得不说是极大的遗憾。

粉碎"四人帮"的消息传来，人民欢欣鼓舞，兴高采烈，那种重获新生的激奋情绪，只有1949年的新中国成立才能相比。1978年9月，我被批准进入中国社会科学院，在院部调研处"重操旧业"，干起编简报的老本行。中央召开的"理论务虚会"激发了广大革命干部与知识分子爱国爱党的巨大热情，对多年来极"左"路线的危害作出客观、理性的分析与批判。我在调研处接触到蜂拥而来的大量理论与思想动态，夜以继日地迅速整理上报中央，先后出了多期《要报》。这是毕生难逢的调研工作黄金时期。

1982年，我调任中国社会科学院西欧研究所办公室主任。1985年，胡绳同志来任院长。他实行一个新办法：由院指定某人任某研究所所长，然后放手由这位所长自己去物色副所长以及研究室的负责人。有人略带调侃地说这是"组阁制"。世界经济与政治研究所的副所长李琮被指定为西欧研究所所长，于是，李琮邀请陈乐民和我担任副所长。李、陈二位都是资深研究员（后来都当选为中国社会科学院学部委员），他们除了领导全所的科研工作，还有充裕的时间继续进行自己的科研课题。至于所里其他的管理工作，如人事工作、外事工作、图书资料、后勤杂务等都交给我。凑巧的是：我们三人都是清华校友，但过去并不认识，我们配合默契，合作愉快，领导工作井井有条，深获全所同志和领导上的好评，没有"清华帮"之类的闲话。

陈乐民的夫人资中筠，是我在外文系读书时的同班同学。她到美国研究所，也被聘任为副所长。1988年换届，陈乐民、资中筠同时被分别任命为西欧研究所与美国研究所的所长。1947级的清华外文系，女生比男生"厉害"。我暗自把冯锺璞、资中筠、蒋励君三人称为"女生三杰"。冯锺璞笔名宗璞，是著名作家、茅盾文学奖获得者。蒋励君1948年去解放区，改名王金凤，是著名的《人民日报》女记者，有著述多部。

1988年，研究所领导班子该换届了。当时，党中央有一项政策，号召老同志退下来，培养中青年干部。我非常赞成，主动提出不再连任，腾出位子给较年轻的同志。我到编译室负责学术刊物《西欧研究》的编辑工作，同时参与一些翻译工作。两年后办了离休。

公务工作到此结束了，今后干什么？含饴弄孙？颐养天年？可惜的是，我是个闲不住的人，不怕忙，只怕闲。好在两年多的翻译工作，提高了译书的信心，又大大提高了译书的兴趣，那就把余生用在翻译上吧。"文革"期间，翻译工作几乎停顿。改革开放，翻译立刻"生意兴隆"。这家出版社约一本书，那家出版公司约一本书，大有应接不暇之势。我是来者不拒，什么样的书我都敢接，包括一本医学方面的书，我也接下，在两位专业医生的帮助下，顺利译出。好像闸门开启，便一发不可收拾。白天比上班时抓得更紧，有时晚上还加班。没有周末，没有假期，没有外出旅游，一干就是18年，到2008年才结束。

促使我这么投入、这么"玩命"的原因，除了"闲不住"的天性外还有两条：一是要把"文革"失去的工作时间补回来；二是不想空挂"清华外文系"的小招牌。理由似乎有些好笑，但的确是当时的真实思想。

17年译出20多部书，500多万字，正式出版的有21种，内容涉及多个领域。有励志类的，如大科学家达尔文的专著《乘小猎犬号环球航行》；久享盛名的英国切斯特菲尔德伯爵的《教子家书》；美国著名传记作家欧文·斯通所著的《杰克·伦敦传》法国印象派画家传；美国首富、沃尔玛创始人自传。有历史类、文学类、科普类、社会问题类、医学类，还有悬念推理类的。总的来说，为青年读者了解"外面的世界"，获得更多的知识，打开了一些窗口。一些西方的哲理与智慧，可以使各种肤色的青年从中获益。清华校歌中所讲的"立德立言，无分西东"，是有道理的。2017年，教育部颁布一份向中学生推荐的课外阅读书目，其中就有我译的上述达尔文的那本名著。还让我非常意外的是，2002年10月，中国翻译工作者协会对我的译著给予好评，发给我"资深翻译家"的荣誉证书，我实在愧不敢当。

今年我已 88 岁，快走到人生的尽头，清华园是我迈上人生道路的出发点。不管道路如何迂回曲折，"自强不息"的校训始终在引领我扎实地工作，一步一步地前进。竭尽所能，奉献社会，不敢虚掷光阴。这不就是老师们教导我们的做人的本分吗？

好友李庆苏，北大中文系的，他也是晚年写了许多诗词和游记，还出版成书。他把我们俩类似的经历说成是"第二人生小作为"引以为傲，我就借来作我文章的题目吧。

2018 年 3 月

关靖华学长

关靖华老人：分享英语单词"助记术"为乐

■ 徐小翔

第一次见到关靖华老人，是在他富春江曜阳国际老年公寓的家中。虽已 89 岁高龄，关老依然精神矍铄。一见面，他就习惯性地用英语开场，"洋气"的英语口语，配上爽朗有磁性的声音，让人折服。

"最近，我正筹划自己的第二本书，还在打磨中……"关老从书房拿出一叠叠手稿，大多都是他的讲稿。老人细心地配上插图。他说："这样给小朋友看效果更好。"最近，他又在做讲义，准备再给富阳东洲中心小学的学生讲讲英语单词"助记术"。

说关靖华是个名人，一点不假。其实，他的名字早就被列入了百度百科词条。2005 年，他还频繁地在百度"英语"贴吧发帖，网红一时。很多人成为他的英语单词"助记术"的疯狂粉丝。

来看看他的履历：毕业于清华大学机械工程学系，教授级高级工程师。1989年年初离休后从事过英语教学、笔译、口译和研究，他发表的论文《浅谈 –re 音节》曾荣获杭州市社会科学优秀成果奖。近些年，他与华成吉女士合作开发的英语单词"助记术"已日臻成熟，先后有若干篇文章在全国性刊物上发表。2011 年关靖华先生与华成吉女士出版《知己知彼出奇制胜——中国人掌握英语词汇的攻略》。

也有不少人对他的"研究成果"并不赞同，不过这些都不能阻挡关老不断学习、专研、提高的决心。为了将英语单词"助记术"与大家分享，他寻找各种机会与他人交流，每天都散发着满满正能量。

39 年前第一课燃起义务讲课这把火

妻子王元琴老师调侃关老："一个'工科男'研究一辈子英语，80 多岁出了一本书还不够，90 岁还想再出一本。"关老这个"工科男"怎么会和英语扯上关系呢？

他出生于北京，从小受过优质的教育。1951 年毕业于清华大学机械工程学系。两年后，他开始在天津市国营工厂从事工艺装备设计工作，当时做到工具车间主任兼党支部书记。

因为英语水平突出，1977 年春，他应邀到工厂附近的中学向学生宣讲"为什么要开设英语课，以及学好英语的必要性"。

报告结束时，天津市河西区教师进修学校的教研员刘铁成先生来到台前，赞许他英语发音地道，约请他到进修学校做辅导报告。这次邀请给了关靖华莫大的鼓励。经过一番认真准备，1977 年暑假，他如约到天津市河西区教师进修学校给该区百余名英语教师做了英语读音知识的报告。"这是我从一名机械工程师步入英语科普研究的'第一堂课'。"关老说，这也是最重要的一课，改革开放后，他就从技术岗位转为从事英语翻译工作。

潜心研究 20 年致力拉近英文与汉字的距离

关靖华始终认为，英文单词也和汉字一样是有"偏旁部首"的。

20 世纪 90 年代，受到两位先行学者的研究影响，关靖华开始将英文基础单词与汉字的部首结合起来。"打个比方：fire 是火的意思，flame 是火焰，fuel 是燃料，fever 是发烧，那字母 f 就代表了'火'字旁。以此类推，记单词不就变得容易多了嘛！"关靖华比画着说。

不过，想拉近英文与汉字的距离可没想象中这么简单。这方面的研究，关靖华已经做了将近 20 年，对应关系从最初的 18 组"部首"扩展到了 58 组。对于这些英语单词"助记术"，关老推荐给大家，希望能在英语学习过程中，作为一种窍门，增加学习效率和兴趣。

离休以后，杭州图书馆的文澜大讲堂、浙江图书馆都有他的身影。另外，北京大学图书馆、清华大学图书馆、南开大学图书馆……几乎全国各地的高校都收藏了他的著作。

2014 年初，为了能够享受郊区清新的空气，他和爱人到富春江曜阳老年公寓居住。在这个新环境中，他毛遂自荐向公寓主管提出给在公寓居住的老年人讲一讲自己对英语的新认知，使老年人的头脑也能够充实新的知识。

公寓领导非常重视关老的诉求，并正式安排了隆重的开学仪式。此后，这个讲座每个星期一次，很受老人的欢迎。持续到 6 月下旬。

2014 年 9 月，关老在富阳东洲中心小学给该校的英语教师讲授"英语新知识"。当天，关老将自己的《知己知彼出奇制胜》和《英语儿歌集》留给他们，希望能够帮助提高教师的教学方法。他还趁暑假，为前来富春江曜阳国际老年公寓探亲的孩子"开小灶"，帮助他们提高朗读课文的能力。

关老不沾烟酒、生活简朴。积极参加诸如希望小学的捐款、清华大学励学金的捐款、汶川大地震的救灾捐助、今年慰问困难老党员的捐助等活动。

来源：《浙江老年报》2016 年 6 月 10 日

吴代法学长

桑榆晚景尽彩霞
——记吴代法同志的晚年风景

■ 罗　乐

初见吴代法老同志，不由得让人惊叹，他八十出头高龄，看起来却精神矍铄，容光焕发，耳聪目明。谈吐中，能感受到他思维敏捷，睿智卓识，沉实稳健，诚挚谦和，一派儒雅风度。

吴老，湖北武汉市人，清华大学土木系学习，1948 年参加革命；1949 年参加南下工作团，至武汉，分配到中南军政委员会工业部工作。三年后，调北京中央燃料工业部。1960 年，支援边区工作到广西，先后在区水电厅、广西教育学院工作；1984 年离休。

桥牌元老　大师风范

聊起离休后的生活，吴老笑着对我们说："离休后，我的生活比在职时更丰富。除了喜欢桥牌，还爱好京剧、诗词。"

吴老最大的爱好是桥牌。他认为，桥牌是一项有益于身心健康的体育活动，既有助于智力开发，又能增进与牌友相互沟通、互相理解、协同作战的团队精神。早在高中读书时，吴老就对桥牌产生了浓厚的兴趣，这个爱好坚持不懈几十年。离休在家，吴老更寄情于桥牌。他说，桥牌易学难精。离休了，可以静下心来研究桥艺，买了几十本桥牌书，越钻研下去，越感到自己水平不济，也越感受到桥牌的魅力无穷。他参加了桥协工作后，常带区市男女队员参加比赛，在比赛实践中提高牌技。比赛中，吴老以准确的叫牌、缜密的思考、敏捷的反应、出色的推理、良好的心理素质和比赛作风受到牌友的称誉。历年来，他参加各项比赛，先后二十多次获奖。比如，参加第五届埃普森桥牌赛（南宁赛场）、信托杯全区名人赛、广西长寿杯和广西银荔杯名人赛、富士通杯全国通讯赛，他都取得过好成绩，获得过奖励。吴老牌风好，牌艺精湛，又屡创佳绩，1991年荣获"广西桥牌大师"称号。因对桥牌事业的贡献，于1995年又荣获"荣誉桥牌大师"称号。

在参加各种桥牌活动和比赛中，吴老的德才深孚众望，逐渐被推举到桥牌团体的领导岗位上。1985年当选为南宁市桥牌协会副主席，不久又当选为广西桥牌协会副秘书长，兼技术委员会主任。1992年当选为区老干部活动中心桥牌协会委员、副主席，1998年当选主席。

吴老从事桥牌活动多年，接待过许多名人。1986年中国女子桥牌队来南宁访问。这是一支世界排名前列，素质很高的桥牌队。吴老参与了接待和组织比赛的工作，为我区市牌手的学习提高作出积极的贡献。同年，在南宁举行第一届广西"健康杯"桥牌赛，著名的围棋大师聂卫平酷爱桥牌，闻讯与万里委员长组队从北京赶来参赛。吴老主持了开幕式。1989年，胡耀邦同志、聂卫平到广西来，吴老奉广西桥协主席之命带领区市队的男女队员桥牌高手与他们切磋牌技。他回忆说，胡耀邦同志平易近人，对桥牌非常爱好，他和聂卫平配对，与广西几位桥牌高手竞技。吴老向胡耀邦同志一一介绍了广西牌手及他们曾取得过全国第三名的好成绩，胡、聂都很高兴，打起牌来全神贯注，精彩纷呈，高潮迭起。

1992年，区老干部活动中心桥牌协会成立，吴老即来参加，先任委员，后任主席。十多年来，他和桥协领导班子及其他成员团结协作，无私奉献，共同努力，把协会办得生机勃勃，长盛不衰。每星期活动5天，各种牌具齐全，配备有磁性黑板，成为老干部牌友一个老有所学、老有所乐、老有所为的新天地。现在，协会会员已经发展到80多名。其中多名会员代表广西老年人参加全国、全区桥牌比赛屡创佳绩，该协会在全国老年桥牌界拥有一定的知名度。

我们问吴老，十多年来桥牌协会一直保持欣欣向荣的状态，诀窍是什么？吴老谈起了他的体会，其中有几点让人印象深刻："作为桥协主席，我最大的特点是善于发现人才，团结人，选拔人，重用人。我们两届秘书长，都是我发现的。""领导就是服务。""桥协会员应淡化名位，互相尊重，平等相待，形成和谐氛围。""我的工作特点就是不开会，有问题提出来，马上解决。听取意见，改进工作。""打桥牌讲求：牌风好、技术精、速度快。""桥牌桌上一律平等，以桥牌规则为最大，听从裁判裁决。""弄点钱，许多日常活动就活了。"滔滔一席话，使我深深感受到吴老管理桥牌协会的大师风范。

京剧票友　鸾凤唱随

京剧是吴老的第二爱好。晚年，他除了爱打桥牌，就喜欢唱京剧。京剧舞台，是他老有所乐的一片天地，尽显他晚年生活的另一番绚丽风采。

吴老喜爱京剧，也是从学生时代开始的。过去，由于学习、工作忙，唱的机会不多，离休以后可又迷上了。十多年来，他饰演过：《赵氏孤儿》（饰魏绛），《遇皇后》（饰包公），《九江口》（饰张定边），《横槊赋诗》（饰曹操），《白良关》（饰尉迟恭），以及赵云、匡忠、韩信等等众多角色，还用英语演唱了《捉放曹》（饰曹操）。

虽说吴老演唱京剧是业余，可是他自学刻苦，表演程式规范，唱腔宗裘、袁派，嗓音嘹亮，韵味醇厚，唱做俱佳，挥洒自如，舞台形象栩栩如生。因此他在2000年广西首届京剧票友选拔赛上，荣获广西京剧"十大名票"称号。

在京剧这片天地里，吴老还有一桩源远流长的佳话。原来，吴老和他的夫人李永芬，年轻时都是清华学子。在校园里，两人都酷爱京剧，并与其他一些同学共同发起成立了清华国剧社，都是剧社的干事，又都是演员，一个演花脸，一个演须生。因京剧良缘情投意合，永结同心。此后，两人一同南下，又一同来到广西。离休以后，更是紧密相依，随唱和谐。区内外，有些重大的京剧票友演出盛会，他们夫妇都不辞年迈路遥，应邀前去参加演出。去年12月，海南省举办"中华票友度假节"，当时吴老已80岁，身体不适，但是夫人未去过海南，非常想去，他为了照顾她，还是勉力奉陪，前去与会。夫人演《辕门斩子》（饰杨延昭）。吴老想，我既来了，不演太可惜，就演了《白良关》（饰尉迟恭）。演出都很成功，受到热烈欢迎。演出后，吴老精神反而好了。夫人打趣说："你看，你一演戏，病就好了。"

吴老伉俪，既是夫妇，又是校友、战友、票友。数十年来，相濡以沫，意笃情深。他们在京剧艺术方面，都有较深造诣，颇负盛名，一个是广西"十大名票"，一个是广西"十佳票友"。他们"夫唱妇随"的佳话，传闻遐迩。有诗赞曰：

犹记清华组班社，弱冠粉墨早登场。

红氍毹上成佳偶，夫妻同台扮徐杨。

弹指一挥一甲子，不觉岁月老吴郎。

晚来桑榆更苍翠，叱咤喑呜学霸王。

词苑诗坛　纵横驰骋

吴老的那一片色彩斑斓的夕阳红天地，还有一处美景，就是他的诗词。他晚年学写诗词，所写不多，但多是有感而抒发情怀之作。他的诗词，内容丰富，感情炽热，意境深邃，格律严谨，韵味悠然。这里摘录两首，以窥其全豹。

其一，七律诗一首《票友》：

老来潇洒票京音，鼓震琴扬舞袖频。

脸抹红白忠佞扮，身披帛布富贫分。

明陈胜败惕黎庶，证辨廉贪诚仆尊。

戏演人来人演戏，台前幕后莫昏昏。

其二，《满庭芳·纪念抗战胜利六十周年述怀》：

鄂雨湘云，桂山蜀水。匆越半纪春秋。卢沟月晓，东寇入侵谋。华夏崔符遍野，黄河怒，敌忾同仇。虽年少，责当救拯，奋起把军投。

回眸。习兵武，呼号抗战，演唱街头。怎奈力微弱，重病空惆。往事如织不悔，常警惕法蒂魂幽。奔康境，居安乐富，莫忘隐敌忧。

离休 20 年来，吴老的晚年生活丰富多彩、健康向上，年逾古稀仍青春焕发，朝气蓬勃地活跃在桥牌赛场上、京剧舞台上、诗坛上。现在他又开始学用计算机撰写回忆录，回首经历的沧桑，笑谈美好的当今，乃至展望多彩的明天。吴老的晚年风采展现了：生命不息，追求不止，保持对生活的热情、热爱，用全身心拥抱生活，生活将回报你一片璀璨夕阳。

来源：广西老干部活动中心主办《晚霞风采》

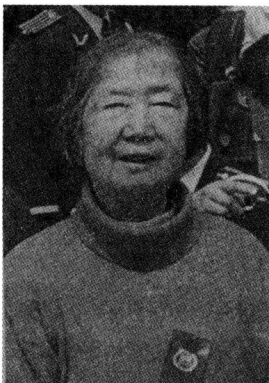

史会学长

我的离休生活片段

■ 史　会

　　史会，原名史哕春，女，1926 年 5 月生。1944 年进北大哲学系；1948 年毕业于清华大学中文系。1945 年去阜平解放区，返校参加学运被捕。出狱后于 1946 年 2 月入党。1948 年 7 月去平山中共华北局党校直属班学习。在党内做过中共北系外围"进步青年联盟"执委，支部宣委、支书。先后在华北革大、中共中央政治秘书室、华北中学、中央组织部、财贸部、北京成套公司、出版局和出版社做秘书、党刊编辑、语文教学和班主任等工作。1958 年和 1969 年下放劳动。1988 年离休。

　　我于 1988 年离休回家，至今 31 年。现年满 93 周岁，眼不花，耳不聋，思路、语言尚可，生活基本可以自理。每天读书、看报、看电视，像《新闻联播》《海峡两岸》节目每天要看。一些历史、战争题材的电视剧、中国诗词大会、"等着我""挑战不可能"等节目，还有女排、乒乓球的国际赛事等，一般也不会放过。我还能有这样的生活质量，该是得益于离休后有意义、有情趣、有规律的生活内容，片段如下：

唱　　歌

　　记得离休前的 1980 年，首都为纪念"一二·九"学生运动 45 周年、"一二·一"学生运动 35 周年，在人民大会堂举办了一场诗歌联唱大会。当时，我和 130 多位战友同学同台高唱抗日战争和解放战争时期的经典歌曲，朗诵诗篇。唱的歌有《毕业歌》《茶馆小调》《延安颂》等，由叶佩英、王秉锐领唱，徐应潮朗诵，方堃指挥。演出取得了很好的社会反响，会后就组成了北京老同学合唱

935

团，我分工为组织干事。算下来，从组团之日到我离休后的 2000 年，前后随团共唱了近 20 年。

当时每周练唱，逢到节假日或纪念日，还时有机会到人民大会堂、音乐厅、中国人民抗日战争纪念馆等地，与各大中院校学生联合演出；还多次去天津等地参加交流和联欢。演唱的歌曲主要是《黄河大合唱》《我爱你中国》等爱国及鼓舞新生活建设的歌曲。有一次深夜，在北大演出结束散场后，院子里有许多热情的学生，他们急切地向合唱队员高声喊话："我们听懂了你们！我们和你们没有代沟！"被意外感动的合唱队员热切地回答："谢谢亲爱的同学们！"现场不知谁起的头，一下子热烈激动地响起了《团结就是力量》雄壮的歌声，激昂震撼，响彻校园的夜空。

在纪念抗战和反法西斯战争胜利的日子里，合唱团练唱的节奏一紧再紧，曲目一增再增。像《新世纪前奏》(即《和平光明》)《歌八百壮士》《旗正飘飘》《松花江上》《二月里来》《嘉陵江上》《长城谣》《五月的鲜花》《游击队之歌》《歌唱二小放牛郎》，还有南斯拉夫的《啊，朋友再见》等。演出新添了一批独唱队员，有叶佩英、彭其畹、方应暄、王萃年、王秉锐、刘文朴、龙秉奇、边宝骏、刘青华、江世惠等。钢琴伴奏队伍也在壮大，有蔡妮、邱晓珊、赵碧璇、吴慰云、袁云桂等。指挥增加了徐汉文、高奉仁，朗诵又新添了张潜生。那时大家唱得真是热火朝天，激情澎湃。由于邀约不断，常常是一日多场，连续演出，最多时一天登台五次。

记得参加延安大学 60 周年校庆，我们应邀演出。延安，这个被半个多世纪封闭隔绝的山城，曾经有多少青年学生前往，我们年轻时曾非常向往。这次活动近 60 人参加，大家兴致高昂，在火车上一路练歌："红米饭，南瓜汤，嗨啰嗨！挖野菜，也当粮，嗨啰嗨""风在吼，马在叫……""啊，延安，你这庄严雄伟的古城……"中途，火车换成大汽车，接我们到了延安。路上看见行人络绎不绝，农

在延安大学露天舞台合唱《黄河大合唱》

民肩挑背扛，大吊车飞速旋转，满城红旗招展，好一派繁荣兴旺的景象。

过了延河水，就到了延安大学。我们迫不及待去瞻仰了枣园、中央大礼堂和鲁迅艺术学院等革命圣地。毛主席和中央其他领导同志居住的窑洞坐北朝南，面倚黄土高坡。主席住的窑洞较大，木质门窗，窗格子糊着白纸。我随瞻仰的人流驻足在这偌大的窑洞里，思绪万千，浮想联翩。当年，毛泽东面对仰仗美帝国主义支持的国民党反动派，面对他们的封锁、镇压、围追堵截，在物质条件极端艰苦匮乏的情况下，奋笔写下了一篇篇气势宏伟、震撼世界的文章，指引中国革命走向胜利。这种精神极大鼓舞了我们，在歌声中充满了激昂的力量。

那天，当身着"黄河儿女"队服的北京老同学合唱队员登上台，全场响起了热烈的掌声。《黄河大合唱》中的"黄河颂"，由男高音方应暄演唱，当他那宽广的音域发出雄浑的"我站在高山之巅，望黄河滚滚，奔向东南……"之声时，全场爆以热烈的掌声。接下来，我们又唱了《黄水谣》《河边对口曲》《保卫黄河》等，二部、三部、四部轮唱，声势雄壮，层次起伏，渲染了祖国儿女在各条战线上的斗争，无论在敌后、在前线、在青纱帐里、在万山丛中……战士们挥舞着刀枪，英勇杀敌。整个演出会场上下呼应，群情激昂，中途曾遭遇舞台上方高倍灯泡着火，彩旗被点燃等突发情况，但场内秩序井然有序，演出没有受到丝毫影响。

2000年，在建团20周年之际，我和团员们以文字、照片、图表等多种素材，制作了《黎明》壁报，合唱团以演出答谢听众。这些都制作成光盘，用以纪念合唱团的成立、发展、壮大的团史。

为纪念2011年母校清华大学百年诞辰，我检点自己解放前后发表的文字，编撰出版了《唱出一个春天来》小书祝福。

养　鸟

离休后我养过一段时间小鸟，牡丹鹦鹉，有多笼数十只。小鸟五颜六色很漂亮，有黄红色或青绿相间彩色羽毛，也有纯青色或纯绿带微白的羽毛。嗝啾鸣啭，俏巧灵动。

一天，同院8号楼李朴同志的夫人，爬了四层楼找到我家，送来一只纯白的非常好看的鹦鹉喂养，哪知隔天它就逃跑了。有时我老伴看书或做事疲惫时，也常常到阳台观赏它们许久。我则每天要把它们从厨房搬到阳台，清笼加水添食，还要准备一些鲜嫩油菜心让其啄食。为此，总要隔一段时间去农贸市场选购鸟食，也不断档新鲜小油菜。

养鸟的乐趣静中有动，动中有静。事物在发展，生物都有灵性。当我和家人看到小鸟生的卵蛋孵出一个个黄茸茸、灵动稚嫩的小雏鸟时，便有了一种家中添丁的惊喜。不过，清扫喂食添水开笼，稍一疏忽，也总遇到个别鸟的飞逸逃出，自由夭夭。心痛得不得了。

一直到2003年北京闹"非典"时，流感来势凶猛，感染速度快，爆发面积大，为了家人和社会的健康安全，我不得不把所有小鸟和鸟笼通通做了处理。

画　　画

我学过几天国画，画牡丹、山水。记得学画过一张自题"高山流水"的画，署名和用印是自己所为。画面一派青绿，双峰间一道山泉瀑布流泻而下。右侧斜倚一岭青峰，缀满杂树野草，左亦平行斜一岩陵高峰。可见露脊岩石，近旁镶嵌树木山石咬合，高大凸出山石和矮树丛林。二者间的背景，用淡墨画出远山前泉溪的回旋。有石块示意水流、转折和流向，汹涌澎湃从上下泻。左峰中下右侧横出一松枝叶繁茂，凌驾飞泉之上。飞泻山泉崖旁可见水草、水流、石块。

史会学长丹青

作画前，应"意在笔先"：画什么，如何落笔，要先有意图想法。而从空白的双峰巅部出现山泉，更是要先设想如何下笔。再动笔勾、勒、皴、擦、点和染，注意和掌握画笔的意向轻重、粗细、线条的匀称和物体纹理的阴阳向背等等。画法说是"计白留黑"，很难。

在所住新华社宿舍大院的学习班，学员前后约60人，每周上课两小时。老师前后三四位，有刘大海、丁峰、王心昌等。课堂讲学示范少，重在学员作画实践、讲评作业。我多次去中国书店和荣宝斋选购图书画册。爱好山水，应根植于1945年读北大一年级暑假，我随人突破鬼子封锁线，第一次只身徒步去解放区时，一路上感受到祖国大好河山雄伟瑰丽和神奇的魅力影响。

学　　习

我喜欢读书的习惯伴随了大半生。现在主要爱看沈从文、汪曾祺等当代文学作品，也爱看契科夫短篇小说等翻译作品。看得很杂，但每天花点时间静心读书，已成为生活中必不可少的习惯。看报主要是《参考消息》等。当然，现在获取信息的渠道已是全媒体多方面的。我的获取渠道除了读书看报，更多的是看电视节目。像每天中午中央四台的《海峡两岸》节目，坚持多年。像中央电视台每天晚上的《新闻联播》节目，实时报道国家各行各业飞速发展的现状，让人始终感觉不到因离休退出工作岗位，因岁数大不常出门而与社会远离隔绝的自我封闭的问题。相反，我觉得自己一直生活在祖国的大家庭中，家中发生的重大事件，我都曾关注甚至牵挂。

最近，我常常关注国家的科技进步、科学事业迅猛发展方面的情况，像高铁、动车、快递、网购、支付宝算账付款、移动电信、宽带、5G 移动设备和人工智能、机器人创新，还有大数据等等与社会日常生活密切相关的新生事物。还有大型科技研发项目 C919 空客、磁悬浮列车、贵州大型天眼、超级计算机天河三号、北斗导航定位等。因为知道了这些，才明白美国特朗普政府为什么要和我们打贸易战，为什么要死死打压我华为公司。但凭现在中国的科技实力和工业发展，美国妄图压制封锁中国科技崛起的目的难以得逞。所以，中国还要努力、努力、再努力，国运日昌，国力日彰；我们还要学习、学习、再学习，牢记使命，不忘初心。

从工作岗位退下来，也写过回忆录，如《1949 年我和香山中国劳动大学》等，过去的一切难以忘怀。

史会初稿，女儿李潞整理，2019 年 8 月于北京黄亭子

十　多彩人生　更重晚情